Kaja Schäfer

Neuseeland

www.fotolia.de © weltreisendertj

„Apart and amazing, bold and beautiful,
clean and green, simple yet sophisticated,
and yes, wild and wonderful,
that's Aotearoa, that's New Zealand."

Paul Gibson (neuseeländischer Autor und Fotograf)

Impressum

Kaja Schäfer
Reise Know-How Neuseeland

erschienen im
Reise Know-How Verlag Peter Rump GmbH
Osnabrücker Str. 79
33649 Bielefeld

1. Auflage 2017

Gestaltung
Umschlag: G. Pawlak, P. Rump (Layout);
Andrea Hesse (Realisierung)
Inhalt: Günter Pawlak (Layout); A. Hesse (Realisierung)
Fotonachweis: siehe S. 744
Titelfoto: Brendan Paget (Motiv: unterwegs auf dem State Highway 8, Otago)
Karten: Thomas Buri, der Verlag

Lektorat: A. Hesse

Druck und Bindung: Media-Print, Paderborn

ISBN 978-3-8317-2959-3
Printed in Germany

Dieses Buch ist erhältlich in jeder Buchhandlung Deutschlands, der Schweiz, Österreichs, Belgiens und der Niederlande. Bitte informieren Sie Ihren Buchhändler über folgende Bezugsadressen:

Deutschland
Prolit GmbH, Postfach 9, D-35461 Fernwald (Annerod) sowie alle Barsortimente

Schweiz
AVA Verlagsauslieferung AG,
Postfach 27, CH-8910 Affoltern

Österreich
Mohr Morawa Buchvertrieb GmbH
Sulzengasse 2, A-1230 Wien

Niederlande, Belgien
Willems Adventure, www.willemsadventure.nl

Wer im Buchhandel trotzdem kein Glück hat, bekommt unsere Bücher auch über unseren
Büchershop im Internet: www.reise-know-how.de

152nz br

Wir freuen uns über Kritik, Kommentare und Verbesserungsvorschläge, gern auch per E-Mail an info@reise-know-how.de.

Alle Informationen in diesem Buch sind von der Autorin mit größter Sorgfalt gesammelt und vom Lektorat des Verlages gewissenhaft bearbeitet und überprüft worden.

Da inhaltliche und sachliche Fehler nicht ausgeschlossen werden können, erklärt der Verlag, dass alle Angaben im Sinne der Produkthaftung ohne Garantie erfolgen und dass Verlag wie Autorin keinerlei Verantwortung und Haftung für inhaltliche und sachliche Fehler übernehmen.

Die Nennung von Firmen und ihren Produkten und ihre Reihenfolge sind als Beispiel ohne Wertung gegenüber anderen anzusehen. Qualitäts- und Quantitätsangaben sind rein subjektive Einschätzungen der Autorin und dienen keinesfalls der Bewerbung von Firmen oder Produkten.

Kaja Schäfer

NEUSEELAND

Vorwort

Aotearoa, das „Land der langen weißen Wolke“, wie Neuseeland in der Sprache der Maori heißt, ist das Land, das am weitesten von Mitteleuropa entfernt ist. Neuseeland liegt südöstlich von Australien, an der Grenze zwischen der Tasmanischen See und dem Südpazifik. Tatsächlich ist es so abgeschieden, dass es immer wieder auf Weltkarten vergessen wird. 2016 wurde sogar eine Neuseeländerin im Kasachstan inhaftiert, weil die dortigen Behörden ihr (und ihrem Reisepass) nicht glaubten, dass Neuseeland tatsächlich ein eigenständiges Land ist ...

Tatsächlich existiert das kleine Land am Ende der Welt seit ca. 23 Millionen Jahren, als sich Erdmassen aus dem Meer erhoben, die dann vor 1,8 Millionen Jahren durch massive Vulkanausbrüche und Erdbeben die heutigen Landmassen schufen. Damit ist Neuseeland geologisch gesehen das jüngste Land der Erde. Auch die Besiedlung durch den Menschen erfolgte erst vor relativ kurzer Zeit, als die ersten Maori aus dem polynesischen Hawaiki im 13. Jahrhundert mit ihren Kanus eintrafen. Tatsächlich entwickelte und veränderte sich das Land aber erst mit der Ankunft der europäischen Siedler ab dem späten 18. Jahrhundert in größerem Ausmaß.

> Die faszinierende Kultur der Maori ist in Neuseeland sehr präsent

Heute ist das grüne Neuseeland vor allem für Naturliebhaber ein attraktives Reiseziel. Die Vielfalt an Naturschauspielen und endemischen Pflanzen und Tieren ist schier unendlich, in kaum einem anderen Land der Welt findet man so viel Abwechslungsreichtum: Es gibt Vulkanlandschaften, Steppen, Regenwälder, Gletscher, Berge und dramatische Küstenlandschaften. Besucher erfreuen sich an Kiwi-Vögeln, Pinguinen, Albatrossen, Robben, Delfinen, Walen sowie unzähligen anderen Tieren, die in ihrer natürlichen Umgebung beobachtet werden können. Rund ein Zehntel der Landesfläche ist als Nationalpark unter Schutz gestellt.

Verständlich, dass das Land zu einem Paradies für Outdoor-Aktivitäten wurde: Wandern ist fast schon ein Muss, auch Radsport sowie unzählige Wasser- und Wintersportarten stehen Besuchern offen. Und spätestens, seit 1988 in der Südinselstadt Queenstown das kommerzielle Bungee-Jumping geboren wurde, entwickelte sich das Land auch zum Dorado für Abenteuer- und Extremsportarten: Immer mehr verrückte Aktivitäten und Nervenkitzel kann man hier ausprobieren.

Neuseeland hat aber viel mehr zu bieten als Natur und Sport: Auch Kunst und Kultur wird im neuseeländischen Alltag ein großer Stellenwert beigemessen, ob in Form erstklassiger Museen (allen voran das Te Papa in Wellington), Galerien lokaler Künstler oder im Rahmen von Vorführungen und Festen. In Neuseeland gibt es reichlich anzugucken und zu erleben. Eine besondere Rolle fällt dabei der Maori-Kultur zu, die fester Bestandteil der neuseeländischen Kultur allgemein ist. Maori-Ausdrücke prägen die englische Alltagssprache, Maori-Zeremonien finden ihren Platz in öffentlichen Veranstaltungen, und für besonders Interessierte werden Kulturveranstaltungen, Workshops und Universitätskurse angeboten.

Neuseeland ist ein vielfältiges, touristenfreundliches Land, in dem man sich leicht zurechtfindet. Nicht ohne Grund wandern immer mehr Menschen nach dort aus, sodass das Straßenbild von Multikulturalismus und Internationalität geprägt ist. Gleichzeitig ist Neuseeland eines der sichersten Länder der Welt. Also ein perfektes Reiseland.

In diesem Sinne wünsche ich eine schöne Reise in mein Lieblingsland!

Kaja Schäfer

www.fotolia.de © Adwo

Inhalt

3 Waikato und Coromandel Pensinsula 126

4 Bay of Plenty und Zentrale Nordinsel 174

Neuseelandbesucher lieben Keas, und Keas lieben die Ausrüstung der Neuseelandbesucher …

Kartenverzeichnis

5 Taranaki und Manawatu-Whanganui 234

6 East Coast 266

7 Wellington und Umgebung 302

8 Marlborough, Nelson und Tasman 334

Exkurse und Info-Kästen

9 Canterbury 380

10 Otago 448

11 Southland 504

154nz ks

12 West Coast 546

13 Praktische Reisetipps von A bis Z 586

Wer die Wanderziel-Wahl hat, ...

Hinweise zur Benutzung

Touristische Highlights

Zu Beginn jedes Kapitels findet sich ein **Kasten mit dem Titel „Nicht verpassen!“**, in dem einige besondere touristische Highlights der Region genannt werden. Diese Sehenswürdigkeiten sind im Text der dann folgenden Ortsbeschreibungen **gelb unterlegt.**

Autorentipps

MEIN TIPP: Mit diesem Kasten sind meine ganz **subjektiven Empfehlungen** jenseits der „offiziellen“ Sehenswürdigkeiten gekennzeichnet. Dies kann beispielsweise ein besonders empfehlenswertes Restaurant sein oder eine Unterkunft mit außergewöhnlichem Flair.

Natur- und Öko-Tipp

Das Schmetterlingssymbol steht für ganz besondere **Naturerlebnisse** in diesem vor Naturschönheiten strotzenden Land, doch auch für **Nachhaltigkeit:** Unternehmen und Geschäfte, die sich durch besonders verantwortungsvollen Umgang mit natürlichen Ressourcen auszeichnen oder die z.B. nur Bio-Produkte verwenden/verkaufen, sind mit dem Schmetterling gekennzeichnet.

4 Die **Ziffern** in den farbigen Kästchen bei den **Praktischen Tipps** der Ortskapitel verweisen auf den Legendeneintrag im Stadtplan.

WiFi und Web-Adressen

Da **Bibliotheken** kostenfreies **WiFi** zur Verfügung stellen, sind diese in den „Praktischen Tipps“ am Ende der Ortskapitel unter „Information“ aufgeführt.

Internet- und **E-Mail-Adressen** in diesem Buch sind stets so notiert, dass **Trennstriche** nur dort erscheinen, wo sie zur Adresse gehören.

Veranstalter

Für die meisten Unternehmen ist eine **Adresse** der jeweiligen Niederlassung vor Ort angegeben. Fehlt diese, wünscht das Unternehmen **keinen direkten Publikumsverkehr,** ist also nur per Mail oder Anruf zu kontaktieren.

Anbieter von Aktivitäten, Verleiher von Sport-Equipment etc. gibt es in fast jedem Ort in Hülle und Fülle. Es wird in diesem Buch aber in den meisten Fällen nur **ein Unternehmen** genannt, das vor Ort besonders empfehlenswert erschien.

Preisangaben

Sehenswürdigkeiten

Ist bei Museen und anderen Sehenswürdigkeiten **kein Eintrittspreis angegeben,** war der Zutritt zum Zeitpunkt der Recherche frei. Bei der Angabe von zwei Preisen gilt der erste für Erwachsene, der zweite für Kinder.

Unterkünfte

Alle **Unterkünfte** in diesem Buch sind **mit Ziffern klassifiziert,** was aber nicht mit einem offiziellen Sterne-System identisch ist, sondern lediglich die Preisklasse kennzeichnet. Die Angaben beziehen sich dabei stets auf eine **Zimmerbelegung** von zwei Personen im Monat **Dezember.** Im **Januar** können die Preise leicht höher sein, von **März bis Oktober** bedeutend niedriger.

① bis 40 $/Person
② 41–90 $/Person
③ über 90 $/Person

Für **Campingplätze** gelten unter den gleichen Konditionen folgende Preise als Richtlinie:

① bis 14 $/Person
② 15–20 $/Person
③ über 20 $/Person

Gastronomie

Wenn möglich, wird eine Auswahl an Imbissen, Restaurants und anderen kulinarischen Einrichtungen in unterschiedlichen Preisniveaus geboten. Die Preiskategorien gelten jeweils für eine **Hauptmahlzeit ohne Getränk.**

① bis 20 $
② 21–30 $
③ über 30 $

Maori-Wörter

In der geschriebenen Sprache Maori werden häufig sogenannte **Macrons** benutzt (z.B. Māori). Die kleinen Striche kennzeichnen eine Dehnung des entsprechenden Vokales. Die Benutzung der Macrons ist im Schriftbild nicht einheitlich geregelt, auch in offiziellen Berichten oder Namen werden sie häufig weggelassen. Aufgrund der uneinheitlichen Nutzung werden sie **in diesem Buch nicht verwendet.**

Zeitangaben Wandern

Die Zeitangaben für in diesem Reiseführer vorgestellte Wanderungen beziehen sich, falls nicht anders angegeben, stets nur auf **eine Wegstrecke,** nicht auf Hin- und Rückweg.

Abkürzungen

Ave. – Avenue
B&B – Bed and Breakfast
BBH – Budget Backpacker Hostel Association
BBQ – Barbeque (Grill)
B&B – Bed and Breakfast
Bvd. – Boulevard
Crs. – Crescent
DOC – Department of Conservation
Dorm – Dormitory (Schlafraum)
DZ – Doppelzimmer
Hwy – Highway
Mt. – Mount
Pl. – Place
Rd. – Road
SH – State Highway
St. – Street
YHA – Youth Hostel Association

Steckbrief Neuseeland

- **Name:** New Zealand, **Maori:** Aotearoa
- **Fläche:** 269.652 km²
- **Hauptstadt:** Wellington
- **Amtssprachen:** Englisch, Maori, New Zealand Sign Language (Gebärdensprache)
- **Politisches System:**
  Parlamentarisch-demokratische Monarchie (im Commonwealth)
  Gesetze mit Verfassungscharakter
  Parlament: Repräsentantenhaus (House of Representatives) mit mindestens 120 Mitgliedern, Wahl alle drei Jahre
  Wahlrecht: ab 18 Jahren
- **Politische Führung:**
  Staatsoberhaupt: Queen *Elizabeth II.*, vertreten durch Generalgouverneurin *Patsy Reddy*
  Regierungschef: Premierminister *Bill English*
- **Nationalfeiertag:** Waitangi Day, 6. Februar. Unterzeichnung der Verträge von Waitangi 1840
- **Landesstruktur:** 16 Regionen und ein Inselterritorium
- **Ausdehnung und Lage:** zwei Hauptinseln (North und South Island) mit über 700 Offshore-Inseln in Ozeanien. Ausdehnung Hauptinseln: 34° 23′ 47″ S im Norden bis 47° 17′ 25″ S im Süden. Größte Ausdehnungsachse 1600 km.
- **Landesvorwahl:** 0064
- **Zeitzone:** UTC+12 NZST,
  UTC+13 NZDT (von Oktober bis März)
- **Größte Städte:**
  Auckland (1,57 Mio. Einwohner)
  Wellington (471.315 Einwohner)
  Christchurch (381.800 Einwohner)
  Hamilton (156.800 Einwohner)
- **Höchste Berge:**
  Nordinsel: Mount Ruapehu (2797 m)
  Südinsel: Aoraki/Mount Cook (3724 m)
- **Längste Flüsse:**
  Waikato (425 km)
  Clutha (332 km)
  Whanganui (290 km)
- **Bevölkerung:**
  Einwohnerzahl: 4.471.100
  Mittlere Bevölkerungsdichte: 17 Einwohner/km² (Deutschland 226)
  Bevölkerungswachstum: +0.887% (13,7 Geburten/7,3 Todesfälle pro 1000 Einwohner)
  Kinder pro Frau: 1,92
  Kindersterblichkeit 0,6 %
  Durchschnittsalter: 37,99 (21,7 % unter 15, 11,6 % über 65)
  Lebenserwartung: 81,15 Jahre (Männer 79,3, Frauen 83)
  Einwohner pro Arzt: 301
  Alphabetisierung: 99 %
  Arbeitslosenquote: 5,8 %
  Religionen: 48,9 % Christen, 41,9 % konfessionslos, Rest Sonstige
- **Nationalsymbole:** Silberfarn, Kiwi-Vogel
- **Staatswappen:** in Blau und Rot geviertes Wappenschild mit silbernem Pfahl, darin Symbole des Staates, der Landwirtschaft, des Bergbaus und des Seehandels. Über dem Schild prangt die britische Krone.
  Links des Schildes steht eine hellhäutige Frau, Symbol für die europäischen Einwanderer, rechts ein Maori. Beide stehen auf Zweigen der Nationalpflanze (Silberfarn), darüber steht auf einem hellen Band „New Zealand".
- **Flagge:** Auf dunkelblauem Hintergrund befindet sich oben links der Union Jack, die Flagge der einstigen Kolonialmacht Großbritannien. Rechts davon ist das Sternbild „Kreuz des Südens" zu sehen, dargestellt durch vier fünfzackige rote Sterne, weiß eingerahmt.
- **Wirtschaft:**
  Währung: Neuseeland-Dollar (NZD)
  Bruttoinlandsprodukt (BIP): 188,4 Mrd. US$
  BIP pro Kopf: 40.481 US$ (Rank 21)
  Wirtschaftssektoren: 61 % Dienstleistung, 30 % Industrie, 9 % Landwirtschaft
  Urbanisierung: 86 %

Die Regionen im Überblick

Neuseeland besteht aus **zwei Hauptinseln,** die sich sehr unterschiedlich präsentieren. Die **Nordinsel** ist vor allem wegen ihrer landschaftlichen Vielfalt beliebt: Es gibt majestätische Berge, vulkanische Mondlandschaften und geothermale Naturschauspiele, subtropische Strände und Buchten mit Insellandschaften, Wüsten und satte Wälder mit majestätischen, uralten Kauri-Bäumen. Dazwischen liegen vier der fünf größten Städte Neuseelands und zahlreiche Siedlungen, allen voran die Metropole Auckland. Drei Viertel der Neuseeländer leben auf der Nordinsel, die kulturell und historisch viel zu bieten hat. Auch Naturliebhaber und Wanderer kommen auf ihre Kosten.

Die **Südinsel** ist das grüne, wilde Herz Neuseelands: Traumhafte Buchten und Strände, immergrüne Regenwälder, Gletscher, Fjorde und gewaltige Alpenzüge. Zehn der 13 Nationalparks befinden sich auf der Südinsel, wie auch das 26.000 Quadratkilometer große UNESCO-Weltnaturerbe Te Wahipounamu. Fauna und Flora sind artenreich, Wale, Delfine, Pinguine, Albatrosse, Kiwis und andere Tiere können in ihrem natürlichen Lebensraum beobachtet werden. Ein Paradies für Wanderer und Naturliebhaber! Auf einer Fläche, doppelt so groß wie Österreich, leben nur eine Millionen Menschen. Es gibt nur wenige Städte hier, Landwirtschaft und Tourismus dominieren.

Spektakuläre Kraterlandschaft im Tongariro National Park

024nz ks

Three Kings Islands
Cape Reinga
Great Exhibition Bay
Aupouri Peninsula
Cape Karikari
Bay of Islands
Kaitaia
2
Kaikohe
Whangarei
Dargaville
Great Barrier Is.
Kauri Coast
NORDINSEL
Hauraki Gulf
Coromandel Peninsula
AUCKLAND
1
Papakura
Tasmansee
Bay of Plenty
HAMILTON
Tauranga
3
Te Awamutu
Rotorua
Whakatane
East Cape
Te Kuiti
4
©Reise Know-How 2017
0 100 km
North Taranaki Bight
Taupo
Te Urewera Park
Gisborne
Taumarunui
Turangi
New Plymouth
5
Tongariro National Park
6
Egmont National Park
Raetihi
Hawke's Bay
Opunake
Waiouru
Napier
NEUSEELAND
Hawera
Whanganui Nat. Park
Taihape
Hastings
Whanganui
Abel Tasman National Park
South Taranaki Bight
Palmerston North
Cape Farewell
Levin
Cape Stephens
Tasman Bay
Waikanae
7
Kahurangi National Park
8
Masterton
Picton
Nelson
WELLINGTON
Karamea
SÜDINSEL
Westport
Blenheim
COOK STRAIT
Cape Palliser
Bight
Nelson Lakes National Park
Paparoa National Park
Kaikoura
Greymouth
12
Hokitika
Arthur's Pass National Park
9
Westland Tai Poutini National Park
Franz Josef Glacier
Pegasus Bay
Rangiora
Fox Glacier
CHRISTCHURCH
Mt. Cook National Park
Banks Peninsula
SOUTHERN ALPS
Ashburton
Fairlie
Geraldine
Mt. Aspiring National Park
Timaru
PAZIFISCHER OZEAN
Milford Sound
Canterbury Bight
Wanaka
Fiordland
Arrowtown
Cromwell
Oamaru
Queenstown
Alexandra
Palmerston
National Park
11
10
DUNEDIN
Gore
INVERCARGILL
Rakiura National Park
Foveaux Strait
Stewart Island

1 Auckland und Umgebung 24

Die Region Auckland ist die urbanste Region des Inselstaates, rund 35 Prozent aller Neuseeländer leben hier. Die Stadt bietet ein breites Spektrum an Kunst und Kultur und allen anderen Annehmlichkeiten einer internationalen Metropole. Die Region hat aber noch viel mehr zu bieten: Im Osten liegt der **Hauraki Gulf (S. 55)** mit seinen zahlreichen Inseln – eine davon beherbergt ein Weltklasse-Weinanbaugebiet. Im Westen findet man traumhafte Strände mit wilder Brandung sowie grüne, dichte Wälder. Einzigartig ist, dass alle Ziele der wohl abwechslungsreichsten Region Neuseelands von Auckland aus als Tagesausflug aus zu erreichen sind.

2 Northland und Bay of Islands 78

Das sonnige, subtropische Nordende Neuseelands ist ein Traum aus blauem Meer vor goldenen Stränden sowie tiefgrünen Kauri-Wäldern. Die dünn besiedelte Region ist eine der ländlichsten Neuseelands. Eine Bucht reiht sich an die nächste, bis schließlich am Ende der Insel, ganz im Norden, das Tasmanische Meer und der Pazifik aufeinandertreffen. Wer Einsamkeit, mildes Klima und Strände liebt, wird hier sein Glück finden. Gleichzeitig ist das Northland Neuseelands geschichtsträchtigste Region, denn hier begann die Siedlungsgeschichte des Landes, und hier wurde 1840 der Treaty of Waitangi unterschrieben, Neuseelands wichtigstes Gründungs- und Verfassungsdokument.

3 Waikato und Coromandel Peninsula 126

Auch Waikato bietet Besuchern viel: **Höhlen mit Glühwürmchen (S. 169),** den „Herr der Ringe"-Ort **Hobbiton (S. 165),** Surfstrände sowie die **Coromandel-Halbinsel (S. 130)** mit heißen Quellen und malerischen Buchten. Inmitten grüner Wälder finden sich beeindruckende Schluchten und schöne Wanderwege.

4 Bay of Plenty und Zentrale Nordinsel 174

Die wohl beeindruckendeste Region der Nordinsel. Im Zentrum der Aufmerksamkeit stehen Vulkanismus und Maori-Kultur. Hier findet man Geothermalparks, Neuseelands größten Vulkan und den **Tongariro National Park (S. 220).** Durch diesen führt der wohl spektakulärste Wanderweg Neuseelands, der **Tongariro Crossing (S. 221).** Die Stadt **Rotorua (S. 193)** gilt als Maori-Hochburg, es gibt Führungen, Shows, traditionelle Speisen und mehr. Sportler können in der Region nicht nur wandern, sondern auch hervorragend surfen und (im Winter) Ski fahren.

5 Taranaki und Manawatu-Whanganui 234

Der Westen der Nordinsel ist vielfältig und naturgewaltig. Es ist eine schöne, vorwiegend ländliche Gegend, in der es etwas ruhiger zugeht als in den benachbarten Regionen. Gleich zwei der vier Nationalparks der Nordinsel liegen hier. **Egmont National Park (S. 247)** punktet durch den imposanten Vulkanberg Taranaki, **Whanganui National Park (S. 251)** durch seine saftigen Wälder, Schluchten und Flusslandschaften. Die Gegend wirkt oft einsam, schier endlose, wilde Strände säumen den Westen. Verlassene Dörfer und Straßen erinnern an eine blühende Vergangenheit, von der heute nur noch wenig zu sehen ist. Als Gegenpol finden sich auch ein paar nette Städtchen, allen voran das lebendige **New Plymouth (S. 237)** mit seiner ausgeprägten Kunst- und Kulturszene.

6 East Coast 266

Im Osten der Nordinsel landeten einst die ersten polynesischen Kanus, später „entdeckte" hier Kapitän *Cook* als erster Europäer Neuseeland, und folglich trafen hier zum ersten Mal Maori und Pakeha aufeinander. Noch heute leben besonders viele Maori vor allem im Norden der East Coast. Die Region ist überwiegend ländlich, weite Teile sind kaum besiedelt. Farm- und Weideland sowie Obstplantagen bestimmen das Bild im Landesinneren, aber auch an der East Coast gibt es dunkelgrüne Wälder, strahlende Seen, wunderschöne Wanderwege und unendliche Strände. Das wirtschaftliches Zentrum der East Coast ist die Hawke's Bay, wo einige der besten Weine Neuseelands gekeltert werden. Die Stadt **Napier (S. 288)** begeistert mit ihren architektonisch interessanten Art-Déco-Fassaden.

7 Wellington und Umgebung 302

Die kleine Region am Südende der Nordinsel wird von Neuseelands Hauptstadt dominiert. Von hier aus wird das Land regiert und verwaltet. Die Stadt bietet eine reiche, bunte Gastronomie-, Kunst- und Kulturszene sowie das international preisgekrönte **Museum Te Papa (S. 320),** das auch Museumsmuffel in vorbildlicher Weise unterhält. Nicht weit entfernt von der windigsten Stadt der Welt liegen die endlosen Strände der **Kapiti Coast (S. 306)** sowie die Region **Wairarapa (S. 309)** mit ihrem Weinbaugebiet **Martinborough (S. 313)** und zahlreichen hübschen Städtchen, die zum Bummeln einladen. Wer Ruhe und Natur sucht, findet in der Region Wellington grüne Gebirgszüge und einsame Strände.

8 Marlborough, Nelson und Tasman 334

Der Norden der Südinsel ist eine der sonnigsten Gegenden Neuseelands. Hier liegen gleich drei Nationalparks: **Abel Tasman (S. 362)** und **Kahurangi,** den der **Heaphy Track** durchquert **(S. 370).** Traumhafte Strände und Buchten laden zu Mehrtagesausflügen ein. **Nelson Lakes National Park (S. 371)** lockt mit Bergen und einer wunderbaren Seenlandschaft. Als Gegenpol zur Natur florieren Kunst und Kultur in der Stadt **Nelson (S. 347),** es gibt zahlreiche sehenswerte Galerien und Museen. Weinliebhaber werden Neuseelands bedeutendstes Weinanbaugebiet **Marlborough (S. 379)** schätzen.

9 Canterbury 380

Als eine der größten Regionen Neuseelands ist Canterbury mit ihrer Geschichte, alpinen Bergen und wunderschönen Küstenabschnitten sehr abwechslungsreich. **Christchurch (S. 398),** die größte Stadt der Südinsel, punktet mit allem, was eine Stadt idealerweise ausmacht. Die benachbarte **Banks Peninsula (S. 414)** zeugt von Neuseelands (französischer) Kolonialgeschichte. In **Kaikoura (S. 387)** kann man Wale, Delfine und Robben beobachten. Der höchste Berg Neuseelands, **Mount Cook (S. 443),** und der höchste Pass des Landes, **Arthur's Pass (S. 423),** liegen inmitten dramatischer Alpenlandschaft und bieten unzählige Wanderwege.

10 Otago 448

Die Region begeistert mit Naturschutzgebieten, beeindruckenden Küsten, den Alpen, Seelandschaften, mit Goldgräbergeschichte und mehr. Im Osten liegt die Universitätsstadt **Dunedin (S. 458)** mit ihren schottischen Wurzeln. Wenige Kilometer entfernt kann man auf der **Otago Peninsula (S. 467)** seltene Königsalbatrosse und Pinguine in herrlicher Küstenlandschaft beobachten. Im Westen pulsiert die Stadt **Queenstown (S. 484),** die weltweit als Hochburg für Extrem- und Abenteuersport bekannt ist und die in einer landschaftlich beeindruckenden Gegend liegt, die zu einzigartigen Wanderungen und Ausflügen einlädt. Das nahe gelegene historische **Arrowtown (S. 478)** profitiert noch heute von seiner einzigartigen Goldgräbergeschichte.

11 Southland 504

Die Landschaft hier ist wild und einzigartig. Die dünn besiedelte Gegend wird vom **Fiordland Nationalpark (S. 523)** dominiert: Tiefe Fjorde graben sich in die Landschaft, umgeben von saftig grünen, nebelumwobenen Steilküsten mit pittoresken Wasserfällen. **Doubtful Sound (S. 536)** und **Milford Sound (S. 531)** haben Vorzeigecharakter, und hier verlaufen einige der besten Wanderwege Neuseelands. Ein weiteres Highlight der Region ist **Stewart Island (S. 537),** Neuseelands drittgrößte Insel: 85 Prozent ihrer Fläche sind als Naturschutzgebiet ausgewiesen, Kiwis und andere seltene Vögel lassen sich in aller Ruhe beobachten. Das Wetter in Southland ist wechselhaft, pauschal gesagt ist es nass und kühl.

12 West Coast 546

Neuseelands geheimnisvollste Region ist dünn besiedelt und lockt mit wilden Küstenabschnitten, hohen Bergen mit endemischen, immergrünen Pflanzen, kargen Gletschern und ihren Moränenlandschaften. Die **Gletscher Fox** und **Franz-Josef (S. 555, 557)** sind quasi mit dem Auto zu erreichen. Aufgrund massiver Regenfälle bestimmen die tiefgrünen Regenwälder das Landschaftsbild. Im kleinen Nationalpark Paparoa kann man wunderschöne Wanderungen unternehmen sowie die **Pancake Rocks (S. 571)** mit ihrem Spiel aus Stein und Meer besichtigen. Wer dem einstigen Goldrausch auf die Spur gehen möchte, ist an der West Coast richtig.

Touristische Highlights

Natur und Tiere

- **Kauri-Bäume** im Waipoua Forest (Northland)
- **Glühwürmchen** in Waitomo
- **Geothermalpark** in Rotorua
- **Kiwis beobachten** (in der Natur auf Stewart Island oder im Wildpark, z.B. in Rotorua, Otorohanga oder Mount Bruce)
- **Pinguine** beobachten auf der südlichen Südinsel (z.B. in Oamaru)
- **Kajaken** oder **Bootstour** im **Fiordland** (Milford oder Doubtful Sound)

Museen

- **Auckland Museum**
- **New Zealand National Maritime Museum** (Auckland)
- **Rotorua Museum**
- **Te Papa** (Wellington)
- **World of Wearable Art Museum** (Nelson)
- **Canterbury Museum** (Christchurch)
- **International Antarctic Centre** (Christchurch)

Geschichte

- **Mission House and Stone Store** in Kerikeri
- **Waitangi Treaty Grounds**
- **Russell,** Bay of Islands
- **Cook Landing Site Historic Reserve** in Gisborne
- **Hafen und Gebäude in Oamaru**
- **Goldgräbergeschichte** in **Arrowtown**
- **Historische Gebäude** in **Dunedin,** allen voran der Bahnhof

Maori-Kultur

- Maori-Kulturshow in **Waitangi**
- **Mataatua – Te Manuka Tutahi Marae** in **Whakatane**
- **Tamaki,** Maori-Dorf in **Rotorua**
- **Te Puia,** Maori-Kunst- und Handwerksinstitut in **Rotorua**
- **Maori-Reliefs** in **Taupo**
- **Okains Bay Maori and Colonial Museum** auf der Banks Peninsula
- **Te Ana Maori Rock Art Centre** in **Timaru**

Tageswanderungen

- **Karangahake-Schlucht** in **Coromandel**
- **Makahu Road** nach Mangatainoka Hot Springs bei **Napier**
- **Tarawera Trail** zum Hot Water Beach bei **Rotorua**
- **Tongariro Crossing**
- **Abel Tasman – Great Walk** (einzelne Abschnitte)
- **Kaikoura Peninsula Walkway**
- **Mount Cook Village nach Muellers Hut** oder **Hooker Valley Track**

Outdoor-Aktivitäten

- Einen der **Great Walks** laufen
- **Segeltörn** in der **Bay of Islands**
- **Tauchen** auf den **Poor Knights Inseln**
- **Surfen** in **Raglan**
- **Mountainbiken** in **Rotorua**
- **Klettern** in **Takaka**
- **Skifahren** und **Snowboarding** in den **Südalpen**

Abenteuer- und Extremsport

- **Skywalk** auf dem Skytower in **Auckland**
- **Black Water Rafting** in **Waitomo**
- **Zorbing** in **Rotorua**
- **Fallschirmspringen** über dem **Lake Taupo**
- **Jetboatfahrt** auf dem **Huka River**
- **Whitewater Rafting** auf dem **Tongariro River**
- **Bungee-Jumping** von der Kawarau-Brücke in **Queenstown**

Relaxen

- **Hot Pool** oder **Spa** genießen (z.B. in Coromandel, Taupo oder Rotorua)
- **Wein trinken** in der **Hawke's Bay**
- **Neuseeländische Filme** im Film-Archiv in **Wellington** ansehen
- Einen **Flat White** trinken in einem der unzähligen Cafés in **Wellington**
- **Strandspaziergang** zu den **Moeraki Boulders**
- **Sterne gucken** in **Tekapo**
- **Delfine** in der **Porpoise Bay** beobachten

Eine Walsichtung ist ein unvergessliches Erlebnis

155nz ro

1 Auckland und Umgebung

Im Zentrum die pulsierende Metropole mit ihrer Kunst- und Kulturszene. Im Westen liegen traumhafte Strände, im Osten eine vielfältige Insellandschaft mit Naturschutzgebieten, Vulkanen und Weingütern.

◁ Blick auf Auckland vom Stadtteil Devonport

AUCKLAND UND UMGEBUNG

Die Region Auckland ist **wunderschön gelegen:** Auf beiden Seiten des Waitemata-Beckens erstreckt sich das Gebiet vom Hauraki Gulf im Südpazifik und dem Manukau-Becken bis zur Tasmansee. Egal, wo man sich befindet, mehr als 20 Kilometer sind es nie bis zur Küste. Knapp **35 Prozent der neuseeländischen Bevölkerung** leben im Großraum Auckland. Dominiert wird die zweitkleinste Region des Inselstaates von der gleichnamigen **Wirtschaftsmetropole.**

Die Gegend hat jedoch viel mehr zu bieten als die pulsierende Stadt: Im Osten liegt der **Hauraki Gulf** mit den Inseln **Rangitoto** und **Waiheke** – Letztere ein Weltklasse-Weinanbaugebiet. Im Westen findet man traumhafte Strände in **Piha, Muriwai** und **Karekare** sowie den **Waitakere Regional Park** mit seinem dichten Wald. Wer in Auckland seine Reise beginnt und nicht in der Stadt bleiben will, findet, ohne weit zu fahren, schöne Örtchen, um sich vom anstrengenden Flug und der Zeitverschiebung zu erholen.

In der Region Auckland herrscht **subtropisches Klima** mit warmen, trockenen Sommern und milden, feuchten Wintern. Bevölkert wird die Region von einer Vielzahl an ethnischen Gruppen, die ein **multikulturelles Straßenbild** er-

schaffen, allen voran Europäer, Asiaten und Menschen von den Pazifischen Inseln. Rund zehnProzent der Einwohner der Region bezeichnen sich als **Maori.** Die Stadt platzt aus allen Nähen, nicht zuletzt, da sich meisten **Einwanderer** in Auckland niederlassen; die hiesigen Immobilienpreise sind um 60 Prozent höher als im Rest des Landes. Schnell liegt der Trugschluss nahe, Auckland wäre die Hauptstadt Neuseelands. Diese Rolle fällt jedoch dem bedeutend kleineren Wellington im Süden der Nordinsel zu.

Die meisten Besucher mit beschränktem Zeitbudget verbringen nur ein paar Tage in Auckland und fokussieren sich auf andere, beeindruckendere Gegenden Neuseelands. Wer mehr Zeit zur Verfügung hat, wird aber durchaus den Charme der Region entdecken können.

Auckland

Auckland ist mit Abstand Neuseelands größte Metropole und der **Dreh- und Angelpunkt seiner Wirtschaft**. Knapp **1,5 Millionen Menschen,** und damit ein Drittel der Gesamtbevölkerung des Inselstaates, leben hier.

Auckland ist die Stadt der **Vulkane:** Das Stadtbild ist mit ihren Kegeln übersät. Der älteste Vulkan ist Auckland Domain, der vor 150.000 Jahren ausbrach, der jüngste brachte bei seinem Ausbruch vor 600 Jahren die Insel Rangitoto hervor. Er spuckte dabei so viel Lava wie alle anderen Vulkane in Auckland zusammen. 48 Feuer speiende Berge liegen im Umkreis von 20 Kilometern, die meisten sind heute als grüne Hügel zu erkennen;

NICHT VERPASSEN!

- **Parnell:** im ältesten Stadtteil Aucklands historische Gebäude bewundern und aus einem Café heraus das Treiben der Großstadt beobachten | 34
- **Auckland Museum:** einen Einstieg in die Kunst und Kultur der Maori finden und Neuseelands (Natur-)Geschichte erleben | 34
- **Auckland Coast to Coast Walkway:** bei einem ausgedehnten Spaziergang die Parks und Sehenswürdigkeiten Aucklands erkunden | 45
- **Rangitoto Island:** durch grüne Wälder und über schwarze Lavafelder den Gipfel der Vulkaninsel erklimmen und Auckland aus der Vogelperspektive anschauen | 55
- **Weintour auf Waiheke Island:** weiße Sandstrände und die hevorragenden Weine der Insel genießen | 57
- **Wilde Westküste:** die schwarzen Strände und die kraftvolle Brandung in Piha oder Muriwai bestaunen | 69, 71
- **Tauchen und Schnorcheln bei Goat Island:** die Unterwasserwelt mit zahlreichen Fischen und Pflanzen im Meeresreservat beobachten | 75

Diese Tipps erkennt man an der gelben Hinterlegung.

Auckland Übersicht

0 2 km ©Reise Know-How 2017 Neus_04

viele Hauptverkehrsstraßen sind auf Lavazungen gebaut.

Wer Auckland zum ersten Mal besucht, wird wahrscheinlich enttäuscht sein. Die moderne Metropole besteht aus **vielen kleinen Stadtteilen,** die jeweils ihr eigenes Zentrum haben. Touristisch interessante **Sehenswürdigkeiten** sind limitiert und über die Stadt verteilt, ein richtiges Zentrum, in dem man das Flair der Stadt erfassen könnte, gibt es nicht. Im CBD (City Business District) gibt es eine Einkaufsstraße (Queen Street), die in Richtung Hafen führt, wo man nette Cafés und Kneipen findet, aber an einem Nachmittag hat man einen guten (und ausreichenden) Überblick gewonnen. Dann bleibt nur, die **Vororte** (allen voran Devonport, Parnell, Ponsonby und Mount Eden) zu erkunden oder Ausflüge in die Region zu unternehmen. Trotzdem ist Auckland einen Besuch wert, denn gerade dieser Mangel an geballten Attraktionen verleiht der Stadt ein ganz eigenes Flair. In jedem Vorort gibt es etwas zu entdecken: Museen, Parks, Strände, Wälder, kleine Geschäftsstraßen und mehr. Je mehr Zeit man in Auckland verbringt, desto mehr wird man die Stadt mit ihrer multikulturellen Atmosphäre schätzen.

Geschichte

Der **Maori-Name** für Auckland lautet **Tamaki,** oft erweitert zu **„Tamaki Makau Rau“** – „Tamaki der hundert Liebenden“ (bezogen auf die fruchtbare Landenge und die Wasserwege, die Reisende in alle Himmelsrichtungen bringen). Über Jahrhunderte hatten verschiedene Stämme wie die Ngati Whatua und Ngati Paoa im Gebiet des heutigen Auckland gelebt und Süßkartoffeln auf einer Fläche von bis zu 2000 Hektar angebaut. Zu Hochzeiten lebten hier mehrere Zehntausend Maori, und bereits vor dem Eintreffen der Siedler war die Region die **reichste** und am **dichtesten besiedelte Gegend Neuseelands.** Dies führte zu **Konflikten,** die ab der Mitte des 18. Jahrhunderts in massiven Auseinandersetzungen und Kriegen zwischen verschiedenen Stämmen eskalierten. Siedlungen wurden zerstört, ganze Stämme ausgemerzt und vertrieben.

Händler und **Missionare aus Europa** kamen ab 1820 in die Gegend, der französische Abenteurer *Dumont D'Urville* berichtete von verlassenen Feldern und Siedlungen. Die bis dahin hier lebenden Maori hatten sich in die Außengebiete zurückgezogen. 20 Jahre später, 1840, als die Verträge von Waitangi unterschrieben wurden, gründete Governor *William Hobson* die **Stadt Auckland.** Mit Unterstützung einiger Stämme, die sich durch die Verbindung mit den Europäern Schutz vor feindlich gesinnten Maori-Stämmen und fruchtbare Handelsbeziehungen erhofften, wurde Auckland im selben Jahr zur **Hauptstadt Neuseelands.** Ihren Namen verdankt die Stadt *George Eden 1. Earl of Auckland,* dem ersten Lord der Admiralität.

Zwischen 1840 und 1850 verkauften die Maori immer mehr **Land** an *Hobson,* sodass ihnen selbst nur noch zwei kleine Gebiete blieben. Auseinandersetzungen über Land waren auf diese Weise vorprogrammiert. Diese eskalierten 1860 in einem **Krieg** zwischen Einwanderern, die über 12.500 Soldaten stellten, und Maori, die nur einen Bruchteil an Kriegern in die Schlacht schicken konnten.

001nz ro

Vier Jahre später wurde dieser Krieg schließlich von europäischer Seite niedergeschlagen, doch noch bis zum heutigen Tag gibt es Uneinigkeiten über Landesbesitzansprüche.

Nachdem viele Soldaten wieder aus Auckland abgezogen waren, stagnierte das Wachstum der Stadt. Als Konsequenz verlor sie den Status als Hauptstadt, **Wellington** wurde 1865 zur **neuen Hauptstadt** Neuseelands ernannt.

Ab 1870 zog die **Wirtschaft** der Region wieder an. Es wurden Gold, Kauri-Bauholz und -Harz exportiert. Der Hafen wurde ausgebaut, Bootsbau wurde ein wichtiger Wirtschaftszweig. Die Bank of New Zealand (BNZ) wurde gegründet und wickelte bereits 1881 mehr als die Hälfte aller Bankgeschäfte in Neuseeland ab. Zuckerverarbeitung, Eisenbahnbau, Ziegelei und Tonverarbeitung repräsentieren weitere Beispiele des Wirtschaftsbooms in den 1870er und 1880er Jahren.

Als Ende der 1880er Jahre der **Grundstücksmarkt** in Neuseeland zusammenbrach, **kollabierte Aucklands Wirtschaft.** Die Goldvorkommen versiegten, die Wälder waren abgeholzt, die bisherigen starken Wirtschaftszweige konnten sich nicht halten. In den folgenden Jahren wurde auf Landwirtschaft (in den Außenbezirken), Fleischverarbeitung und Industrie gesetzt. Das fruchtete: 1911 war Auckland Neuseelands größtes Industriezentrum.

Im **Zweiten Weltkrieg** wurde Auckland als Trainings- und Versorgungsbasis für die Kriegsgebiete im Pazifik genutzt. Die **Nachkriegszeit** war vom Baby-Boom und von Einwanderung geprägt, die Stadt erholte sich schnell und nahm ihr Wachstum wieder auf.

Aucklands Skyline, überragt vom Skytower

Seit den 1980er Jahren **wächst Auckland unaufhaltsam.** Das rasche Wachstum der Stadt hat nicht nur Geld, sondern auch verstopfte Straßen und Wohnungsnot mit sich gebracht. Extrem hohe Wohnkosten führen zu überfüllten Häusern, und die Schere zwischen Arm und Reich klafft weit auseinander. Die Wohnsituation in Auckland ist Dauerthema in den Medien. Trotzdem erstrahlt die Stadt in einer modernen Schönheit.

Die letzte größere **Finanzspritze** gab es zur Austragung der **Rugby-Weltmeisterschaft** im Jahr 2011.

Sehenswertes

Zentrum (Central Business District, Wynyard Quarter, Viaduct Harbour, Britomart)

Das Stadtzentrum beherbergt Aucklands größte Einkaufsstraße, **Queen Street,** das kleine **Nobelviertel Britomart,** in dem sich Aucklands beste Restaurants und Boutiquen befinden, sowie das **Hafenviertel,** unterteilt in Viaduct Harbour und Wynyard Quarter. Beide glänzen mit edlen Jachten, Restaurants und Bars. Tagsüber kann man hier das Treiben auf dem Wasser beobachten (beispielsweise an der Hubbrücke zum Wynyard Quarter) und am Abend ausgehen und Cocktails trinken.

Sky Tower, der 328 Meter hohe **Funkturm,** ist das **Wahrzeichen** Aucklands. 40 Sekunden benötigt der Aufzug, um nach oben zu fahren. Auf verschiedenen Levels und Aussichtsplattformen kann man die Aussicht genießen. Das Café-Restaurant in 182 Metern Höhe bietet einen 360-Grad-Blick. Bei gutem Wetter kann man bis zu 80 Kilometer weit sehen. Bei Sonnenuntergang ist es hier oben natürlich besonders schön. Abenteurer können den SkyWalk oder SkyJump wagen (siehe „Aktivitäten/Extremsportarten“ weiter unten in diesem Kapitel).

■ **Sky Tower,** Vctoria St. Ecke Federal St., Tel. 09-363 6000, www.skycityauckland.co.nz, tägl. 9–22 Uhr, 28/11 $.

Mein Tipp: Das moderne Gebäude der **Auckland Art Gallery** aus Kauri und Glas beherbergt erstklassische Ausstellungen **alter Meister** sowie **moderner und zeitgenössischer Künstler.** *Pablo Picasso, Paul Cézanne, Henri Matisse* und *Paul Gaugin* sind die bekanntesten Namen. Zudem sind Kunstwerke der besten neuseeländischen Maori- und Pakeha-Künstler ausgestellt. Ein Muss für alle, die auch nur im Mindesten an Kunst interessiert sind.

■ **Auckland Art Gallery/Toi o Tamaki,** Kitchener St. Ecke Wellesley St., Tel. 09-307 7700, www.aucklandartgallery.com, tägl. 10–17 Uhr, kostenlose Führungen 11.30 und 13.30 Uhr.

Das **Maritime Museum** erläutert die **Geschichte der Seefahrt** von den frühen Kanus der Maori bis hin zum America's Cup. Gezeigt werden Boote, ein wackelndes Zwischendeck und insgesamt sechs Ausstellungen. Den Besuch kann man mit einer **Hafenrundfahrt** (50/25 $ inkl. Eintrittspreis) auf dem Zweimaster „Ted Ashby“ abschließen.

■ **Maritime Museum/Hui Te Ananui A Tangaroa,** 149–159 Quay St., Tel. 09-373 0800, www.

maritimemuseum.co.nz, tägl. 9–17 Uhr, 20/10 $, Hafenrundfahrt Di–So 10.30 u. 13 Uhr, 50/25 $ inkl. Eintrittspreis.

1907 in ihrer heutigen Form fertiggestellt, ist **Saint Patrick's Cathedral** die schönste und wichtigste **katholische Kirche** Aucklands. Die Kombination aus poliertem Holz, Buntglasfenstern und historischen Schätzen verleiht der Kirche eine warme Atmosphäre. Einen näheren Blick wert sind der Bischofsstuhl, der Grundstein aus dem Jahr 1840 sowie das Tabernakel.

■ **Saint Patrick's Cathedral,** 43 Wyndham St., Tel. 09-303 4509, Mo–Fr 9.30–17 Uhr, Sa 9–17 Uhr, So 9–10.30 u. 12.30–14.30 Uh, Gottesdienste Mo–Fr 7 u. 12.15 Uhr, So 8, 11, 16.30 u. 19 Uhr.

Saint Patrick's Cathedral

www.fotolia.de © Waldteufel

Die **Karangahape Road** ist eine der **bekanntesten Straßen** Aucklands. Im 19. Jahrhundert wohnten hier vorwiegend reiche Kaufleute, im Laufe der Jahre entwickelte sich die Straße zu einer eher schmuddeligen Vergnügungsmeile. Von den Bemühungen, der K-Road ein moderneres Gesicht zu geben, ist bisher wenig zu spüren, allerdings ist die Straße heute weniger anrüchig als **hip:** Es gibt trendige Cafés, Hippie-Läden, Secondhandshops, kleine internationale Garküchen und vor allem ein ausgeprägtes **Nachtleben.** Ein buntes Völkchen trifft sich hier, vor allem am Wochenende ist die K-Road, wie sie kurz genannt wird, einen Blick wert.

Symonds Street Cemetery, der **älteste Friedhof der Stadt,** ist etwas heruntergekommen und **verwildert,** aber genau das macht seinen Charme aus. Die ältesten Gräber stammen aus dem Jahr 1842. Aufgeteilt ist der Friedhof nach Religionen, es gibt einen anglikanischen, katholischen, jüdischen, presbyterianischen und wesleyanischen Teil. Der bekannteste unter den hier Begrabenen ist **William Hobson** (1792–1842), Neuseelands erster Gouverneur und Co-Autor der Verträge von Waitangi. **Achtung:** Bei Dunkelheit lungern hier zwielichtige Gestalten herum ...

Auckland Zentrum
0 200 m ©Reise Know-How 2017
Neus_04a
Übernachtung
2 Hilton
12 Waldorf Stadium Apartment Hotel
13 Hotel DeBrett
16 Attic Backpackers
22 City Lodge
Aktivitäten
3 Auckland Whale and Dolphin Safari
5 Explore
7 Fullers Ferry
8 Treffpunkt Auckland Free Walking Tours
17 Sky Screamer
19 Sky Tower
Einkaufen
1 Fish Market
11 City Farmers Market
Nachtleben
4 Goldfinch
9 Northern Steamship Co
14 Cassette Nine
15 Globe Bar/ Habana Joe's
21 Brothers Beer
23 Eagle Bar
24 Nga Taonga Sound & Vision
25 Ink
26 Family Bar
Essen und Trinken
6 Food Alley
10 Xuxu Dumpling Bar
18 Depot
19 Sky Tower
20 Food Truck Garage
Princess Wharf
Queens Wharf
Maritime Museum
DOC
i-SITE
Te Wero Bridge
Fähranleger
Viaduct Harbour
WYNYARD QUARTER
Downtown Carpark
Hbf/ Britomart Transport Centre
BRITOMART PRECINCT
Fanshawe Street Parking Building
St Patrick's
Victoria Park
Sky Tower
Victoria Street Car Park
Albert Park
Auckland Art Gallery
Bibliothek
Civic Car Park
Myers Park
Western Park
Karangahape Road
Symonds Street Cemetery
Hamer St
Jellicoe St
Fish Ln
Halsey St
Madden St
Pakenham St W
Beaumont St
Daldy St
Gaunt St
Viaduct Harbour Av
Pakenham St E
Customs St W
Customs St E
Market Pl
Market Ln
Lucy Ln
Hobson St
Lower Albert St
Wolfe St
Mills Ln
Albert St
Queen St
Bradnor Ln
Swanson St
Wyndham St
Gorst Ln
Vogel Ln
Kingston St
Nelson St
Victoria St W
Victoria St E
Fort Ln
Fort St
Commerce St
Gore St
Galway St
Tyler St
Emily Pl
Shortland St
O'Connell St
Fields Ln
High St
Chancery St
Kitchener St
Bowen Av
Princes St
Waterloo Quadrant
Hardinge St
Graham St
Dock St
Drake St
Union St
Central St
Adelaide St
Vernon St
Sale St
Wellesley St W
Wellesley St E
Federal St
Elliot St
Darby St
Lorne St
Cook St
Mayoral Dr
Alfred St
Symonds St
Grafton Rd
Wellington St
Hayden St
Howe St
Pitt St
Vincent St
Greys Av
St Paul St
Mount St
Wakefield St
White St
Airedale St
Waverley St
Turner St
Whitaker Pl
Scotia Pl
City Rd
Liverpool St
Hopetoun St
Beresford Sq
Day St
Karangahape Rd
East St
Mercury Ln
Upper Queen St

Östliche Stadtteile (Parnell, Newmarket, Orakei)

Parnell ist einer der ältesten Stadtteile Aucklands, das erste Haus wurde hier bereits im Jahr 1841 gebaut. Heute befinden sich Geschäfte und Cafés in den alten Gebäuden entlang der Parnell Road and Ayr Street. Wer ein bisschen shoppen will, kann sich auf der nahen **Einkaufsstraße** Broadway in **Newmarket** inspirieren lassen.

Der Tamaki Drive verbindet das Zentrum und Parnell mit den östlicheren Stadtteilen wie **Orakei.** Bekannt ist dieser Teil der Stadt für seine kinderfreundlichen **Strände** Mission Bay und Saint Heliers, Restaurants und Bars mit Urlaubsfeeling. Wer bis zum Achilles Point fährt, hat einen herrlichen Blick.

Das große **Auckland Museum** zeigt sehenswerte Dauer- und Wechselausstellungen: Es gibt eine **Maori-Galerie,** eine (natur-)historische Abteilung sowie eine Etage, die der **Kriegsgeschichte** Neuseelands gewidmet ist. Zusätzlich werden Touren, Maori-Vorführungen und andere Aktivitäten gegen Aufpreis angeboten. Das Gebäude von 1929 im neoklassizistischen Stil liegt imposant auf einem Hügel mit Stadtblick im Park Auckland Domain – dem ältesten Vulkan Aucklands.

■ **Auckland Museum,** Domain Dr., Parnell, Tel. 09-309 0443, www.aucklandmuseum.com, tägl. 10–17 Uhr, ab 25/10 $.

Parnell präsentiert seine Geschichte mit etlichen **restaurierten historischen Gebäuden.** Die Folgenden liegen dicht beieinander und sind einen besonderen Blick wert. Weitere historische Gebäude in Auckland findet man auf www.historic.org.nz.

- **Saint Mary's,** Parnell Rd. Ecke St. Stephens Ave.: 1886 gebaute neugotische Holzkirche mit Buntglasfenster und einem Altar aus Kauri.
- **Holy Trinity Cathedral,** Parnell Rd. Ecke St. Stephens Ave.: Nicht historisch, trotzdem einen Blick wert. Holzkirche mit neo-gotischer Kanzel und modernem Schiff.
- **Kinder House,** 2 Ayr St., Mi–So 12–15 Uhr: 1857 aus Vulkangestein gebaut, beherbergt ein Museum mit Kunstwerken von Dr. *John Kinder.*
- **Ewelme Cottage,** 14 Ayr St., So 10.30–16.30 Uhr: 1864 aus Kauri-Holz erbautes Häuschen.

Highlights in **Kelly Tarlton's Sea Life Aquarium** mit 30 Becken und Tunneln sind die **Pinguin-Kolonie** aus der Antarktis und die **Haie.** Beide kann man hautnah im Rahmen von Extratouren erleben – die Haie beim Tauchgang in einem Käfig. Vom Hafen aus gibt es kostenfreie Shuttles.

- **Kelly Tarlton's Sea Life Aquarium,** 23 Tamaki Dr., Orakei, www.kellytarltons.co.nz, Tel. 0800 446 725, tägl. 9.30–17 Uhr, ab 31/17 $ bei Online-Buchung.

Das Auckland Museum liegt auf einem ruhenden Vulkan

Südliche Vororte (Mount Eden, Hillsborough, Epsom)

Die südlichen Vororte sind vorwiegend **Wohngebiete,** darin verstecken sich aber vereinzelte Sehenswürdigkeiten.

Mit 196 Metern ist der **Mount Eden Summit/Maungawhau** der **höchste Vulkan** in Auckland (zu erreichen über die Puh i Huia Road). Sein Krater Te Ipu Kai A Mataaho („Die Essschale von Mataaho") ist bis zu 50 Meter tief und *tapu* (heilig), somit nicht zu betreten. Vom Gipfel hat man einen tollen Auslick.

Das im Monte Cecilia Park gelegene Anwesen (Pah Homestead) **TSB Bank Wallace Arts Centre** aus dem Jahr 1877 zeigt rund 8500 Werke **zeitgenössischer Künstler.** Die Ausstellungen wechseln alle sechs bis neun Wochen.

Übernachtung
- 4 Bavaria B&B
- 5 Oaklands
- 8 Eden Villa B&B

Essen und Trinken
- 1 Mondays Whole Foods
- 7 Olaf's Artisan Bakery
- 9 Best Ugly Bagels
- 10 Basque Kitchen Bar

■ **TSB Bank Wallace Arts Centre,** 72 Hillsborough Rd., Hillsborough, Tel. 09-639 2010, www.tsbbankwallaceartscentre.org.nz, Di–Fr 8–15 Uhr, Sa, So 8–17 Uhr.

Aucklands **größter intakter Vulkan-Kegel One Tree Hill/Maungakiekie** ist 183 Meter hoch, er hat gleich drei Krater und ein Lavafeld, das sich bis zum Manukau-Ufer zieht. Von oben hat man einen beeindruckenden Panoramablick über die Stadt. Acht Kilometer vom Zentrum entfernt, lag hier das einst bedeutendste Maori-Pa (befestigte Siedlung). Heute ist das große Parkgelände ein Zusammenschluss von One Tree Hill Domain und dem Cornwall Park. Im **Infozentrum** gibt es eine kleine Ausstellung und allerhand Wissenswertes über den Park, seine Geschichte und die Frage, was so besonders an dem Baum des One Tree Hill ist, dass sogar die Band U2 einen Song darüber geschrieben hat …

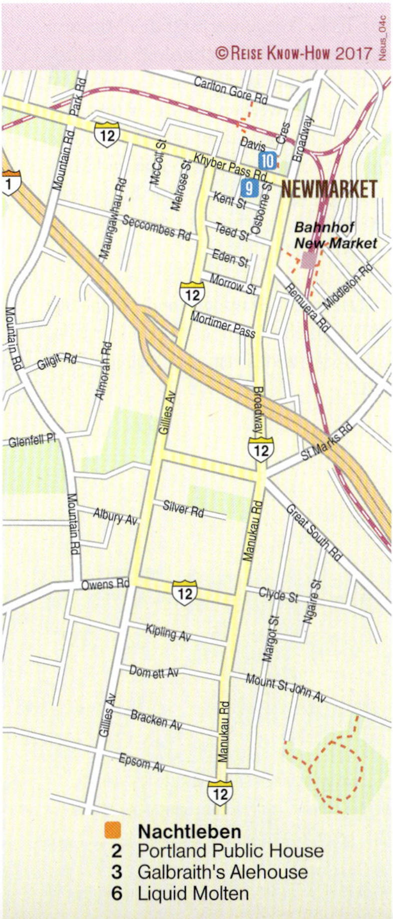

■ **One Tree Hill,** 670 Manukau Rd., Epsom, Tel. 09-379 2020, tägl. 7–20.30 Uhr, Winter bis 19 Uhr, Infozentrum tägl. 10–16 Uhr.

Das **Stardome Observatory and Planetarium** bietet Sternbeobachtung durch Teleskope, eine Ausstellung über den Weltraum und zahlreiche Shows mit verschiedenen Themen.

Mein Tipp: **Wine, Cheese and Astronomy:** Bei einem Glas Wein und Snacks lernt man die Welt der Sterne kennen, das Ganze kostet 35 $. Besonders schön, da das Event nicht auf Touristen abzielt

■ **Stardome Observatory and Planetarium,** 670 Manukau Rd., Epsom, Tel. 09-624 1246, www.stardome.org.nz, Mo–Fr 10–17 Uhr, Di–Do auch 18–21.30 Uhr, Fr 18–22 Uhr, Sa, So 11–23 Uhr, ab 12/10 $.

Westliche Vororte (Ponsonby, Grey Lynn, Kingsland, Western Springs)

Westlich des Zentrums liegt der beliebte Stadtteil **Ponsonby** mit seinen Designergeschäften und Cafés auf der Ponsonby Road. Während das Stadtbild eher hässlich wirkt, sind die Menschen hier besonders schön: Man legt Wert auf sein Erscheinungsbild. Südlich davon liegt das beliebte Wohnviertel **Grey Lynn** und noch weiter im Süden das neu entdeckte und entwickelte **Kingsland.** Touristisch nicht unbedingt relevant, aber nett zum Flanieren und Kaffeetrinken. Weiter im Westen liegt das Viertel **Western Springs**, das allerlei Sehenswertes zu bieten hat (im Folgenden aufgeführt).

Auckland West

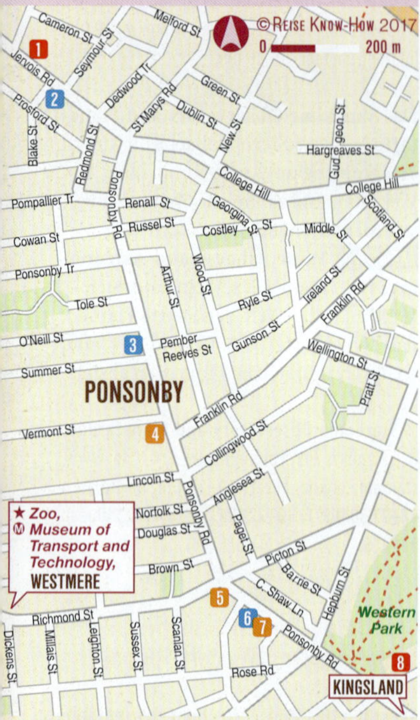

Übernachtung
1 Abaco On Jervois
8 Verandahs

Nachtleben
4 Whiskey
5 The Golden Dawn Tavern
7 Longroom

Essen und Trinken
2 Dida's
3 Little Bird Unbakery
6 Orphans Kitchen

138 Tierarten beherbergt der **Auckland Zoo,** der **größte Zoo Neuseelands.** Großzügig angelegt, gibt es neben den üblichen großen Exoten auch eine Abteilung mit Tieren aus Neuseeland. Diese ist 17 Hektar groß und in die Lebensräume Küste, Inseln, Wald, Nacht, Feuchtgebiete und Hochland unterteilt.

■ **Auckland Zoo,** Motions Rd., Western Springs, Tel. 09-360 3805, www.aucklandzoo.co.nz, tägl. 9.30–17 Uhr, 28/12 $.

Für Technikbegeisterte ist das **Museum of Transport and Technology** ein Muss. Es besteht aus zwei Teilen: In der Great North Road werden **Oldtimer** und **Maschinen** ausgestellt, in der Meola Road gibt es vorwiegend **Flugzeuge** und **Militärfahrzeuge** zu sehen. Eine historische Straßenbahn verbindet beide Gebäude (und den Zoo!).

■ **Museum of Transport and Technology MOTAT,** 805 Great North Rd., Western Springs, Tel. 09-815 5800, www.motat.org.nz, tägl. 10–17 Uhr, 16/8 $.

⊡ Zwergpinguine sind die kleinste Pinguinart; wer sie in freier Natur nicht zu Gesicht bekommt, kann sie im Zoo von Auckland anschauen

www.fotolia.de © witte-art.com

Devonport und die anderen Stadtteile im Norden

Mein Tipp: Nur zehn Bootsminuten vom Hafen entfernt liegt nördlich des Stadtzentrums **einer der schönsten Stadtteile** Aucklands, Devonport. Viele gut erhaltene viktorianische und edwardianische Gebäude bestimmen hier das Bild, kleine Geschäfte, Boutiquen und Cafés laden zum Bummeln ein. Von zwei Vulkankegeln hat man einen Panoramablick auf Auckland, und nach dem Bummel erfrischt man sich an einem der Strände.

- Mit **Informationen** versorgt man sich in der i-SITE am Hafen, Tel. 09-365 9906, Mo–Fr 10–14 Uhr, Sa, So 8–12 Uhr.
- Die **Fähre** verkehrt halbstündlich zwischen Auckland Hafen und Devonport, tägl. 7.30–22 Uhr, 12/6,50 $ return.

Wer auf der sogenannten **North Shore** noch weiter Richtung Norden fährt, passiert entlang der Küste unzählige Wohnviertel, die bis auf ihre Strände (vor allem Takapuna) jedoch eher uninteressant sind.

Devonport erkundet man am besten zu Fuß. Die i-SITE am Hafen hat zehn verschiedene Broschüren zu themenbezogenen **Spaziergängen** im Angebot: von Architektur und Geschichte über Militär bis hin zur Maori-Kultur. Die Touren sind recht kurz und können miteinander verbunden werden. Alternativ gibt es eine 90-minütige **Audio Guide Tour** mit 27 Stationen, die auch als App gekauft werden kann (Audio Guide 15 $, App 20 USD).

Die **Vulkane Takarunga/Mount Victoria** und **Maungauika/North Head** bieten nicht nur herrliche Ausblicke, sie besitzen auch **militärgeschichtliche Bedeutung.** Die dortigen befestigten Maori-Dörfer (Pa) wurden im späten 19. Jahrhundert als Reaktion auf die Bedrohung durch Russland zu einer Art Festung mit Kanonen und Marinepräsenz umfunktioniert und im Verlauf der beiden Weltkriege erweitert. North Head ist zudem mit einem Tunnelsystem durchzogen, das teilweise öffentlich zugänglich ist. Die **DOC-Broschüre „North Head Historic Reserve“** schlägt einen Rundweg über das Gelände vor

und informiert über Sehenswürdigkeiten und Geschichte.

Ein kleines **Marinemuseum** erläutert die Bedeutung der **Seestreitkräfte** für Neuseeland und seine Bewohner. Es ist einen kurzen Besuch wert.

■ **Navy Museum,** 64 King Edward Parade, Tel. 09-445 5186, www.navymuseum.co.nz, täglich 10–17 Uhr.

Aktivitäten

Auckland weiß seine Besucher und Bewohner zu beschäftigen – das nötige Kleingeld vorausgesetzt. Beliebt sind Ausflüge zu den Inseln im Hauraki-Golf, in die nahe gelegenen Wälder und an die Strände westlich der Stadt.

Im Zentrum (Karte Seite 33)

Auf dem Wasser

Das Angebot für **Boots- und Hafenrundfahrten** ist relativ breit gefächert und reicht von einer informativen Hafenfahrt mit und ohne Stopp in Devonport und Rangitoto bis hin zur Bootstour mit Kneipenstopp in Riverhead oder Weinprobe in Waiheke Island.

7 **Fullers Ferry,** 99 Quay St., Ferry Terminal, Tel. 09-367 9111, www.fullers.co.nz, ab 42/21 $. Siehe auch „Hauraki Gulf".

Segeltouren auf Katamaranen, Luxusjachten oder gar einer original America's Cup Yacht – in Auckland kommen Fans des „Weißen Sports" auf ihre Kosten. Es gibt Kombitouren mit Wal- und Delfinbeobachtung oder Dinnertouren.

5 **Explore,** Viaduct Habour, Tel. 09-359 5987, www.exploregroup.co.nz, ab 85/55 $.

Kaikoura an der Ostküste der Südinsel ist der schönere Ort, um **Wale und Delfine** zu beobachten, aber auch im Golf von Hauraki trifft man auf die beeindruckenden Meeressäuger. Das folgende Unternehmen, bei dem man mit Meeresbiologen unterwegs ist, legt Wert darauf, die Tiere nicht zu großem Stress auszusetzen. Es arbeitet eng mit dem DOC zusammen.

3 **Auckland Whale and Dolphin Safari,** 220 Quay St., Tel. 09-357 6032, www.awads.co.nz, ab 160/105 $.

Extremsportarten

Beim **SkyJump** rast man 192 Meter in die Tiefe, elf Sekunden im freien Fall. Anders als beim Bungee-Jump, ist man an einem dicken Drahtseil befestigt, die Landung ist trotzdem sanft.

19 **Skytower,** Federal St. Ecke Victoria St., Tel. 09-368 1839, www.skywalk.co.nz, 225/175 $.

In einer Höhe von 192 Metern kann man beim **SkyWalk** um den Skytower (siehe „Sehenswertes") laufen, an Seilen gesichert, aber ganz ohne Geländer. Ganz Unerschrockene können sich über den Abgrund beugen (145/115 $).

Der **Sky Screamer** funktioniert quasi wie **Bungee-Jumping, nur anders herum:** In einem Sitz wird man zu zweit oder zu dritt vom Boden aus in einer Geschwindigkeit von bis zu 200 Stundenkilometern in die Höhe geschleudert.

17 **Sky Screamer,** Victoria St. Ecke Albert St., www.skyscreamer.co.nz, ab 40 $.

Parks und Gärten

Trotz der dichten Besiedlung und der vielen Straßen hat Auckland **unzählige Grünflächen.** Viele der 48 Vulkankegel wurden zu Parks umfunktioniert, so gut wie jeder Stadtteil hat mindestens einen weitläufigen Park, in dem es etwas zu entdecken gibt. Häufig liegen Sehenswürdigkeiten in oder an einem Park. Die Folgenden sind einen Blick wert und laden zum Schlendern ein:

- **Albert Park,** Princess St., Zentrum. Viktorianischer Garten mit historischen Gebäuden und einem Uhrenturm aus dem Jahr 1926.
- **Auckland Domain,** Domain Dr., Zentrum. Weitläufiger Park auf dem Vulkan Pukekaroa. Mit schönem Wintergarten sowie einem Totara-Baum-Denkmal zum Gedenken an den ersten Maori-König *Potatau Te Wherowhero.*
- **Eden Garden,** Puhi Hiua Rd., Mt. Eden. Rhododendren, Kamelien und Azaleen sowie ein guter Blick auf Auckland (siehe „Sehenswürdigkeiten").
- **One Tree Hill/Cornwall Park,** Olive Grove, Epsom. Geschichte, uralte Bäume und ein hübsches Häuschen von 1841 (siehe „Sehenswürdigkeiten").
- **Dove-Myer Robinson Park** und **Rose Garden,** Gladstone Rd., Parnell. Der sauber angelegte Garten steht von November bis März in Blüte. Mit eigener Bucht und der kleinen Kapelle St. Stephen's.
- **Michael Joseph Savage Memorial Park,** Tamaki Dr., Orakei. Hier sind eine Reihe von Parks, die mehr oder weniger am Meer entlang verlaufen, miteinander verbunden. Highlight ist das Mausoleum von *Michael Joseph Savage,* dem ersten Labour-Premierminister.
- **Western Springs Park,** Motions Rd., Western Springs. Großer Park mit hübschem See, Abenteuerspielplatz und den Hintergrundgeräuschen (Löwen- und Affengebrüll) des Zoos.
- **Botanic Gardens,** Norm Pellow Dr., The Gardens. Im Süden der Stadt mit 10.000 Pflanzen auf einer Fläche von 65 Hektar, in verschiedene Themengärten unterteilt.

Abendstimmung im Park Auckland Domain

Geführte Touren

MEIN TIPP: Im Sommer werden täglich um 10.30 Uhr **kostenfreie Stadtführungen** angeboten. Den Guide erkennt man an seinem blauen Regenschirm.

8 Treffpunktder Free Walking Tours: 89 Quay St., Queens Wharf, www.aucklandfreewalkingtours.co.nz, ca. 3 Std., Spende erwünscht.

MEIN TIPP: Es gibt verschiedene Anbieter für **Stadtrundfahrten,** zu empfehlen ist der **Explorer Bus,** der 14 Sehenswürdigkeiten der Stadt auf zwei Routen anfährt. Man kann nach Belieben ein- und aussteigen.

■ Explorer Bus, Tel. 0800-439 756, www.explorerbus.co.nz, 45/20 $.

Einige Unternehmen bieten Touren an, die einen Einblick in die **Maori-Kultur** vermitteln. Schwerpunkte sind das historische Auckland der Maori sowie Kulturvorführungen. Auch Übernachtungen im Marae und Ausflüge in die Maori-Hochburgen Rotorua und Bay of Islands sind möglich.

■ Time Unlimited, Tel. 09-846 3469, www.newzealandtours.travel, ab 275/138 $.

In der Umgebung (Karte Seite 28)

Auf dem Wasser

Wer länger in Auckland bleiben möchtet, kann **Segelkurse** belegen oder **Boote mieten.**

4 Gulfwind, Westhaven Marina, Tel. 09-521 1564, www.gulfwind.co.nz, Charter ab 445 $ (halber Tag), Segelkurse ab 595 $ (zweimal 5 Std.).

Wer seinen Fisch gerne selber im Rahmen einer **Angeltour** aus dem Meer ziehen möchte kann dies beispielsweise mit dem folgendem Anbieter in die Tat umsetzen:

9 Ultimate Charters, 4 Fairfax Ave., Tel. 0800 262 844, www.ultimatecharters.co.nz, ab 95 $.

Ob in Eigenregie oder als geführte Tour mit unterschiedlichen Zielen, ob als Sonnenuntergangstour oder auf den Spuren der Maori: Eine **Kajakfahrt** ist eine schöne Möglichkeit, dem Krach und der Hektik der Stadt zu entfliehen.

5 Auckland Sea Kayaks, 384 Tamaki Dr., Tel. 09-213 4545, www.aucklandseakayaks.co.nz, ab 95 $.

Diverse **weitere Wassersportarten** sind im Angebot: Wasserratten genießen das feuchte Element beim Schwimmen, Stand Up Paddling, Kitesurfen, Tauchen oder Jetboat-Fahren. Auch werden Ausflüge an die Surfstrände in der Großregion Auckland angeboten. Für individuelle Interessen fragt man am besten in der **i-SITE** nach.

Extremsportarten

MEIN TIPP: Wer Verschiedenes ausprobieren möchte, sollte **Kombi-Angebote** in Betracht ziehen. Exorbitante Rabatte gibt es zudem, wenn man dieselbe Aktivität mehrfach bucht.

Beworben wird der **Auckland Bridge Bungyjump** als Neuseelands **einziger Sprung über dem Meer.** Wer später noch nach Queenstown reist, sollte sich den Sprung für die Geburtsstätte des kommerziellen Bungee-Jumpings in beeindruckender Landschaft aufheben. Der Anbieter ist derselbe.

Wer keine Höhenangst hat, kann die imposante **Brücke** beklettern **(Auckland Bridge Climb)**. Der Blick ist wahrlich atemberaubend. Die Tour dauert etwa 90 Minuten.

3 AJ Hackett, 105 Curran St., Tel. 09-361 000, www.bungy.co.nz, Bungeesprung 160 $, Klettertour 125 $.

Geführte Touren

Es gibt unzählige Touren mit **unterschiedlichsten Schwerpunkten:** von Maori-Touren bis hin zur Weinverkostung und Wanderungen in der Gegend. Auch Touren in die weitere Umgebung (Bay of Islands, Rotorua, Hobbiton usw.) sind möglich, wer die Zeit hat, sollte diese Ziele selber anfahren und mit Muße vor Ort erkunden.

Touren nach Coromandel oder zu den Inseln im Golf von Hauraki: siehe entsprechende Kapitel.

Auf **Weintouren** werden verschiedene Anbaugebiete rund um Auckland angefahren (z.B. Waitakere, Kumeu, Matakana und Waiheke Island), mit Besichtigung und Verkostung.

5 NZ Winepro, 417A Tamaki Dr., Tel. 09-575 1958, www.nzwinepro.co.nz, ab 125 $.

Ob in die Waitakere Ranges, an die schönen Strände der Westküste oder in die nahe gelegenen Hunua Ranges: Generell findet man sich beim **Wandern** gut ohne Guide zurecht, wer aber kein Transportmittel hat, Anschluss sucht oder mehr über die Gegend erfahren möchte, profitiert von einer geführten Tour (z.B. Time Unlimited, siehe oben, ab 175/88 $).

Spazieren und Wandern

Wer Aucklands Umgebung zu Fuß erkunden möchte, kann sich auf den Coast to Coast Walkway begeben oder sich einer geführten Tour anschließen. Infos und Broschüren in rauen Mengen erhält

Festivals und Events

Auckland ist eine Weltmetropole, in der immer irgendwo etwas los ist. Eine Übersicht, was wann wo gefeiert wird, gibt es im Netz unter **www.aucklandnz.com/events.** Einige Highlights:

- **Tamaki Herenga Waka Festival** (Wochenende im Januar): Maori-Kanu-Rennen, Kapa Haka (Tänze), Hangi (traditionelles Essen aus dem Erdofen) und mehr.
- **Pride Festival** (Wochenende im Februar): zweiwöchiges Schwulen-, Lesben- und Travestie-Festival mit Theater, Kabarett, Musik und Kunst.
- **Devonport Food and Wine Festival** (zehn Tage im März): kulinarische Highlights, Musik und lokale Weine in geselliger Atmosphäre.
- **Auckland Festival** (Mitte März in ungeraden Jahren): internationales Kulturfestival mit unterschiedlichsten Veranstaltungen und Events.
- **Pasifika** (Wochenende Mitte März): Kultur, Musik, Märkte und Essen mit Bezug zu den pazifischen Inseln. Ein buntes, frohes Festival.

> Wer genug von der Großstadtluft hat, kann einen Ausflug nach Rotorua buchen – dort duftet es allerdings nach faulen Eiern ...

man in der i-SITE. Wer hinaus in die Natur will, sollte eine der Inseln im Golf von Hauraki oder die Waitakere Range im Osten der Stadt besuchen (siehe jeweilige Kapitel).

Vom Viaduct Harbour am Tasman-Meer geht es auf dem 16 Kilometer langen **Coast to Coast Walkway** in vier Stunden quer durch Auckland bis zur Pazifikküste in Manukau. Der Weg führt vorwiegend auf Naturpfaden entlang der schönsten Parks (u.a. Auckland Domain, Mount Eden, Cornwall) und zu ihren Sehenswürdigkeiten (Auckland Museum, One Tree Hill). Man startet an der Te Wero Bridge am Hafen, alternativ an der BeachcroftAvenue Ecke Normans Hill Road in Onehunga. In der i-SITE gibt es eine Karte, oder einfach den Wegweisern folgen (Blau Richtung Nord, Gelb Richtung Süden). Die Strecke ist Teil des 3000 Kilometer langen **Te Araroa Walkway,** der von Cape Reinga im Norden bis Bluff im Süden führt.

Der 23 Kilometer lange **North Shore Coastal Track** führt in fünf Stunden am Navy Museum und North Head (siehe „Sehenswertes") vorbei, entlang an der Küste bis zum Long Bay Regional Park. Alternativ läuft man nur bis Takapuna auf halber Strecke. Der Track startet am Fähranleger Devonport.

123nz ks

Praktische Tipps

Informationen

- **www.aucklandnz.com**
- **Einwohnerzahl:** 1,57 Mio.
- **i-SITE:**

  Princess Wharf, 139 Quay St., Tel. 09-365 9914, tägl. 9–17 Uhr.

  Skycity, Victoria St. Ecke Federal St., Tel. 09-365 9918, tägl. 9–17 Uhr.

  Devonport, Devonport Wharf, Tel. 09-365 9906, Mo–Fr 10–14 Uhr, Sa, So 8–12 Uhr.

  Flughafen, Arrivals Hall, Tel. 09-365 9925, tägl. 6–22 Uhr.
- **DOC:** Princess Wharf, 137 Quay St., Tel. 09-379 6476, Mo–Fr 9–17 Uhr.
- **Bibliothek:** 44 Lorne St., Mo–Fr 9–20 Uhr, Sa, So 10–16 Uhr (und weitere 17 Bibliotheken in den Stadtteilen)
- **WLAN:** kostenloses WLAN im Zentrum gibt es hier: Aotea Square, North Wharf, Queen Street, Queens Wharf, Viaduct Harbour, Wynyard Quarter, Britomart Transport Station, in den Bibliotheken und der Auckland Art Gallery.

An- und Abreise

- **Auto:** Wer die SH1 zwischen Silverdale und Puhoi benutzt, muss 2,30 $ *toll* zahlen.
- **Bus:** Auckland wird von allen großen Langstreckenbusunternehmen und zahlreichen lokalen Bussen angefahren. So gut wie alle halten am **Busbahnhof Skycity Coach Terminal** (102 Hobson St., Tel. 09-913 6220). Hier können auch Tickets gekauft und Gepäck aufbewahrt (6 $/Tag) werden. Richtung Süden fahrende Busse halten auch am Flughafen.
- **Zug:** Eine der wenigen Zugstrecken Neuseelands verbindet dreimal wöchentlich (Mo, Do, Sa) Auckland und **Wellington.** Um 7.45 Uhr verlässt der Zug die Auckland Strand Station (Ngaoho Pl.), hält in Hamilton, Otorohanga, National Park Ohakune, Palmerston North, Paraparaumu und schließlich um 18.25 Uhr in Wellington. Tickets (ab 119 $) müssen vorgebucht werden.
- **Flugzeug: Auckland International Airport** (Ray Emery Dr., Mangere, Tel. 09-275 0789, www.aucklandairport.co.nz) ist der **wichtigste internationale Flughafen Neuseelands** und Heimat der neuseeländischen Airline Air New Zealand. Von hier aus werden alle wichtigen Städte und touristischen Orte angeflogen. Die meisten Touristen aus Übersee landen in Auckland oder Christchurch. Der Flughafen besteht aus **zwei Terminals** (national und international), die mit kostenfreien Shuttle-Bussen verbunden werden. Alternativ kann man 10 Minuten laufen. Beide Terminals bieten eine Touristeninformation, Gepäckaufbewahrung, Geldautomaten, Wechselstuben und Schalter für Autovermietungen. Der **SkyBus** (18 $) verbindet den Flughafen mit der **20 km entfernten** Stadt (mit Stopps auf der Mt. Eden Rd., der Dominion Rd. und der Queen St.) Er fährt rund um die Uhr alle 15 bis 30 Minuten. **Supershuttle** (www.supershuttle.co.nz) fährt von individuellen Adressen auf Anfrage zum/vom Flughafen (35 $ p.P. zur Innenstadt bei geteiltem Shuttle, 115 $/Auto für die alleinige Nutzung. Preise variieren je nach Standort).

Unterwegs vor Ort

Auto

Vor allem zu den **Hauptverkehrszeiten** (7–9.30 Uhr und 16–19 Uhr) sind die Straßen in und um Auckland hoffnungslos verstopft. **Parken** ist rund um das Zentrum von Mo–Sa 8–20 Uhr kostenpflichtig, Strafzettel werden großzügig verteilt. Parkgebühren müssen im Voraus an Automaten mit Kleingeld oder der neuseeländischen EFTPOS-Karte gezahlt werden. **Parkhäuser** in Auckland kosten 15–20 $/Std., am Wochenende oft 20 $/Tag. Nicht alle haben 24 Std. geöffnet, Schließzeiten beachten! Die günstigsten Parkhäuser sind:

124nz ks

- **Downtown Car Park,** 31 Customs St. West, 3 $/Std., 24 $/Tag.
- **Civic Car Park,** Greys Ave Ecke Mayoral Dr., 3$/Std., 24 $/Tag.
- **Victoria St. Car Park,** 30 Kitchener St., 3 $/Std., 24 $/Tag.
- **Fanshawe St. Car** Park, 72–100 Fanshawe St., 2 $/Std., 26 $/Tag.

Bus

Das **Busnetz** in Auckland ist gut ausgebaut, und aufgrund spezieller Busspuren kommt man verhältnismäßig schnell voran. Die **Fahrpreise** sind überwiegend nach Zonen gestaffelt, man bezahlt bar beim Fahrer. Alternativ gibt es für 10 $ die **AT HOP-Karte,** die mit mindestens 5 $ aufgeladen werden muss und als Zahlkarte in Bussen und Zügen benutzt werden kann (erhältlich z.B. in vielen Supermärkten und im Verkehrszentrum Britomart). Mit AT HOP zahlt man mindestens 20 % weniger. Auf die Karte kann man außerdem eine 24-Stunden-Karte (16 $ für Zone A-B und 22 $ für Zonen A-C) laden. Diese gilt auch für die Fähren innerhalb des Hafens. Bustickets ohne AT HOP-Karte kosten 1 $ für den City Link (Innenstadt) und bis 10,50 $ für acht Zonen. Preise und Infos unter www.at.govt.nz.

Zug

Es gibt **vier Zugstrecken** (Eastern, Southern, Western und Onehunga), die Verbindungen sind schnell und zuverlässig. Mo–Fr fahren die Züge ca. 5–22 Uhr, am Wochenende 7–24 Uhr. **Fahrkarten** gibt es an den Bahnhöfen am Automaten oder an Schaltern. Der **Hauptbahnhof** ist **Britomart Transport Centre** (12 Queen St.). Preise und Informationen unter www.at.govt.nz.

Fähre

Zahlreiche Fähren verbinden die Anleger innerhalb des Hafenbeckens sowie den Hauraki Gulf. Haupt-Fährterminal ist das **Ferry Building** (Queens Wharf), hier erhält man Informationen über Fahrzeiten und Bootsausflüge. Es gibt drei Fähranbieter:

Ausklands Flughafen ist Heimat der Airline Air New Zealand

■ **Fullers/360 Discovery** (www.fullers.co.nz) fährt nach Devonport, Waiheke Island, Rangitoto Island, Tiritiri Matangi Island, Rotoroa Island, Coromandel und veranstaltet Hafentouren.

■ **Sealink** (www.sealink.co.nz) fährt nach Pine Harbour, Waiheke Island, Great Barrier Island und Rakino Island.

■ **Belaire Ferries** (www.belaire.co.nz) fährt nach West Harbour und Rakino Island.

Taxi

Es gibt eine Vielzahl von Taxianbietern. Für die Fahrt zum/vom Flughafen wird ein Zuschlag berechnet. Unternehmen sind z.B. **Green Cabs,** Tel. 0800-464 7336, oder **Blue Bubble Taxi,** Tel. 09-300 3000.

Unterkunft

Auckland hat jede Menge Betten. Es gibt zahlreiche Hotels **gehobener Qualität** und mit entsprechendem **hohem Preisniveau,** andererseits werden in den Vororten günstige und dennoch ansprechende Hostels und Backpacker-Unterkünfte geboten. B&Bs, ebenfalls vor allem in den Vororten zu finden, sind eher teuer, aber bieten meist ein schönes Ambiente. In der **mittleren Preiskategorie** gibt es bedeutend weniger Unterkünfte, und ihre Qualität ist oft fragwürdig. Wer das Geld hat, kann in einem der Luxushotels am Hafen oder einem B&B in einem schönen Wohnviertel, z.B. in Ponsonby oder Mount Eden, unterkommen. Wer sparen muss, sollte einen Blick auf die Hostels in den Vororten werfen. Es gibt zwar auch innerhalb des Zentrums günstige Hostels, aber dort herrscht oft reine Massenabfertigung. Es besteht auch kein wirklicher Grund, direkt im Zentrum unterzukommen, denn die Sehenswürdigkeiten sind weit über das Stadtgebiet verteilt. Der Flughafen dagegen ist zu weit vom Zentrum entfernt, um als Ausgangspunkt für Stadterkundungen und Ausflüge in Frage zu kommen. Für alle Unterkünfte sind Vorabbuchungen zu empfehlen, wer länger bleibt, kann nach Rabatten fragen.

Zentrum (Karte S. 33)

16 **Attic Backpackers**①-②, 31 Wellesley St., Tel. 09-973 5887, www.atticbackpackers.co.nz. Zentral gelegen, modern mit Sofas, Sitzsäcken und stilvoller Einrichtung. Hat auch Dorms nur für Frauen.

22 **City Lodge**②,150 Vincent St., Tel. 09-379 183, www.citylodge.co.nz. Funktionale, saubere Unterkunft, kleine Zimmer, aber mit eigenem Bad. Ein Parkplatz muss separat gebucht werden (15 $).

12 **Waldorf Stadium Apartment Hotel**③, 40 Beach Rd., Tel. 0800-700 001, www.stadium-apartments-hotel.co.nz. Hochwertige Apartments mit gutem Preis-Leistungs-Verhältnis. Häuser der Kette gibt es auch an anderen Standorten in der Stadt.

2 **Hilton**③,147 Quay St., Tel. 09-978 2000, www.hilton.com. Direkt auf der Queens Wharf hat das Hilton den schönstmöglichen Blick auf das Meer und die Stadt.

13 **Hotel DeBrett**③, 2 High St.,Tel. 09-887 8483, www.hoteldebrett.com. Das wohl beste Boutique Hotel der Stadt, berühmt für seine gestreiften Teppiche ...

Östliche Stadtteile (Karte S. 34)

3 **Quality**②-③, 20 Gladstone Rd., Parnell, Tel. 09-303 3789, www.choicehotels.co.nz. Hotel mit einfachen, aber sauberen Zimmern. Wer im Voraus zahlt, spart bis zu 20 %.

Südliche Stadtteile (Karte S. 36)

5 **Oaklands**①-②, 5a Oaklands Rd., Tel. 09-638 6545, www.oaklandslodge.co.nz. Ordentliches Hostel in Kolonialstil-Haus. Bushaltestelle in Laufnähe.

4 **Bavaria B&B**②-③, 83 Valley Rd., Tel. 09-638 9641, www.bavariabandbhotel.co.nz. Die hundert Jahre alte Villa ist entgegen ihrem Namen nicht im Bayern-Stil erbaut (hatte aber einst deutsche Besitzer), sie hat elf Zimmer, ein Sonnendeck und reichlich Parkplätze.

8 MEIN TIPP: **Eden Villa B&B**③,16 Poronui St., Mt. Eden, Tel. 09-630 1165, www.edenvilla.co.nz. Hübsches Haus am Ende einer Sackgasse, in Laufnähe zu Cafés und Geschäften.

Westliche Stadtteile (Karte S. 38)

8 **Verandahs**①, 6 Hopetoun St., Ponsonby, Tel. 09-360 4180, www.verandahs.co.nz. Zwei verwinkelte viktorianische Villen mit großem Garten, direkt am Western Park gelegen.

1 **Abaco On Jervois**②-③,57–59 Jervois Rd., Ponsonby, Tel. 0800-220 066, www.abaco.co.nz. Motel mit modernen Zimmern und Apartments sowie Parkplätzen.

Andere Stadtteile (Karte S. 28)

7 **New Haven**②-③, 3162 Great North Rd., New Lynn, Tel. 09-887 9313, www.new-haven.co.nz. Einfaches Motel im rustikalen Holz-Stil. Mit Pool und ausreichend Parkplätzen.

11 **Ibis Budget Airport**②, 2 Leonard Isitt Dr., Airport, Tel. 09-255 5152, www.accorhotels.com. Einfaches, funktionales Hotel mit Flughafen-Shuttle-Service.

12 **Novotel Airport**③, Ray Emery Dr., Airport, Tel. 09-257 7200, www.accorhotels.com. Klassisches Novotel gegenüber des Terminals.

Camping (Karte S. 28)

Die Campingplätze in Auckland liegen alle relativ **weit außerhalb.** Wer nicht in der Stadt bleiben möchte, erreicht in ein bis zwei Stunden die schönen Campingplätze (und Strände) der Westküste, beispielsweise Piha und Muriwai (siehe entsprechende Kapitel).

Wer in Auckland landet und das Land per **Wohnmobil** erkunden möchte, sollte sich überlegen, den Camper erst ein paar Tage später zu mieten und zuerst Auckland von einem Hotel oder Hostel aus zu erkunden, um sich in Ruhe an die **Zeitumstellung** und den **Linksverkehr** zu gewöhnen.

13 **Manukau Holiday Park**②, 902 Great South Rd., Tel. 0800-422 673, www.manukauhp.co.nz. Nur 12 km vom Flughafen entfernt, bietet sich als Anlaufpunkt an, um auszuschlafen, ohne weit fahren zu müssen.

8 **Avondale Motor Park**②, 46 Bollard Ave., Tel. 09-828 7228, www.avondalemoeotpark.co.nz. Ruhiger Campingplatz mit naher Busverbindung in die 10 km entfernte Innenstadt.

1 **Takapuna Beach Holiday Park**②, 22 The Promenade, Tel. 09-489 7909, www.takapunabeachholidaypark.co.nz. Kleiner Campingplatz direkt am Strand und in Laufnähe zu Takapunas Geschäften und Cafés. Ein Bus fährt nach Auckland City und nach Devonport (von hier aus fährt die Fähre dann nach Auckland City).

Essen und Trinken

Quasi an jeder Ecke gibt es ein Café, einen Imbiss oder ein Restaurant. Die **kulinarische Bandbreite** ist aufgrund der ethnischen Vielfalt Aucklands riesig. Pauschal gesagt ist die Küche hier eher hochwertig (mit entsprechenden Preisen). In der Mittelklasse dominieren Tapas und asiatische Küche. Wer günstig essen will, sollte die Augen nach sogenannten **Food Courts** offen halten. Im Folgenden ein paar Ideen.

Im Zentrum (Karte S. 33)

Das Zentrum ist gespickt von Cafés und Restaurants, Die Restaurants in der Innenstadt sind nicht die günstigsten, ihre Qualität ist oft hoch. Auf der Suche nach dem Passenden sollte man die Augen rund um den **Hafen** (Queens Wharf), **Britomart,** den **Sky Tower** und die **K-Road** offen halten.

6 **Food Alley**①, 9 Albert St., 10–22 Uhr. Nicht hübsch, bietet aber eine riesige Auswahl an kleinen Kochständen: Thai, Indisch, Malaysisch, Indonesisch, Koreanisch, Japanisch, Vietnamesisch ...

10 **Xuxu Dumpling Bar**①, Galway St. Ecke Commerce St., Tel. 09-309 5529, www.xuxu.co.nz, Mo, Di ab 16 Uhr bis spätabends, Mi–Fr ab 12 Uhr, Sa ab 17 Uhr. Kleines, oft ziemlich volles Restaurant, das ausschließlich Dumplings (gefüllte Nudeltaschen) auftischt.

20 **Food Truck Garage**①, 90 Wellesley St., Tel. 09-973 2305, www.foodtruckgarage.co.nz, Mo–Do 12–20 Uhr, Fr 12 Uhr bis spät, Sa 11 Uhr bis spät, So

11–15 Uhr. In einer TV-Show sollte gezeigt werden, dass hochwertiges Essen aus einem Imbisswagen kommen kann. Das ist gelungen, und nun werden die Speisen in einem landesweit bekannten Restaurant serviert.

18 **Depot**②, 86 Federal St., Tel. 09-363 7048, 7 Uhr bis spät. Ein sehr gutes Restaurant mit Gerichten im Tapas Style des Fernsehkochs *Al Brown*. Hier ist immer etwas los, und die Austern sind ein Hit!

19 **Skytower** (siehe „Sehenswertes"): In großer Höhe mit tollem Blick auf die Stadt: ein **Café**① mit leckeren Kuchen, Eis und mehr, das sich drehende Restaurant **Orbit 360**③ sowie das **Fine Dining Restaurant Sugar Club**③.

Östliche Stadtteile (Karte S. 34)

In **Parnell** findet man ein Café neben dem anderen (und viele Restaurants) auf der **Parnell Road** zwischen Garfield Street und St. Georges Bay Road. Eine ähnliche Ballung gibt es auf der **Khyber Pass Road** zwischen Gillies Avenue und Broadway (und den kleinen Sträßchen dazwischen).

1 **Oh Calcutta**②,151 Parnell Rd., Parnell, Tel. 09-377 9090, www.ohcalcutta.co.nz, Di–Fr 12–22.30 Uhr, Sa–Mo 17.30–22.30 Uhr. Eines der besten indischen Restaurants der Stadt mit günstigerem Mittags-Menü.

Südliche Stadtteile (Karte S. 36)

Im Süden liegen hauptsächlich Wohngebiete, aber auch hier findet man ein paar Ballungszentren an Cafés und Restaurants (**Eden Terrace,** Ecke Mount Eden Road und Symonds Street; **Mount Eden,** Mount Eden Road Ecke Valley Road; **Kingsland,** New North Road Ecke Central Road).

7 **Olaf's Artisan Bakery**①-②, 1 Stoke's Rd., Mount Eden, Tel. 09-638 7593, Mo–Fr 7–18 Uhr, Sa, So 7–17 Uhr. Europäische Bäckerei mit angeschlossenem Café. Brote, Kuchen und leckere kleine Genüsse, die an Zuhause erinnern.

1 **Mondays Whole Foods**①-②, 503 New North Rd., Kingsland, Tel. 09-849 7693, www.mondays wholefoods.com, Mo–So 8–15 Uhr. Nahrhaftes, rustikales Essen, auch vegetarisch, glutenfrei, zuckerfreie Kuchen – Hauptsache gesund. Mit angeschlossenem Yogastudio.

10 **Basque Kitchen Bar**①-②, 61–73 Davis Cres., Newmarket, Tel. 09-523 1057, Mo–Do u. Sa 16.30–23 Uhr, Fr 12–23 Uhr. Leckere Tapas-Style-Gerichte mit passenden Weinen, Cocktails und Bier.

9 **Mein Tipp: Best Ugly Bagels**① 3a York St., Newmarket, Tel. 09-529 5993, www.bestugly.co.nz, Mo–Fr 7–15 Uhr, Sa, So 8–15 Uhr. Frisch gebackene, handgerollte Bagels mit leckerem Belag. Auch im Zentrum (Wellesley St. Ecke Nelson St.)

Westliche Stadtteile (Karte S. 38)

Ponsonby Road ist der kulinarische Dreh- und Angelpunkt der westlichen Vororte. Am besten von der Richmond Street aus nach Norden gehen.

2 **Dida's**①-②, 54 Jervois Rd., Tel. 0800-733 505, www.didas.co.nz, tägl. 12–24 Uhr. Für Wein- und Tapas-Liebhaber genau das Richtige. Und wem es schmeckt, kann im angeschlossenen Lebensmittelladen einkaufen.

3 **Mein Tipp: Little Bird Unbakery**②, Summer St. Ecke Ponsonby St., Ponsonby, 7–16 Uhr. Gemütliches Café mit organischen Speisen und einer Trilliarde an Tees, Smoothies, Shakes und anderen Getränken. Und wem die Kuchen geschmeckt haben, kann sich die Rezepte von der Homepage runterladen und selber nachbacken. Filialen auch in Kingsland (385 New North Rd.) und im Zentrum (14 Customs St.).

6 **Mein Tipp: Orphans Kitchen**③, 118 Ponsonby Rd., Ponsonby, Tel. 09-378 7979, www.orphans kitchen.co.nz, Di 16.30 bis spät, Mi–So 8 bis spät. Kleine Auswahl an interessant-außergewöhnlichen Qualitäts-Gerichten (beispielsweise Avocado-Toast mit schwarzem Knoblauch) in guter Atmosphäre. Freitags nachmittags wird Livemusik auf der sonnigen Terrasse dargeboten.

Devonport (Karte S. 40)

1 **Five Loaves**①-②, 29 Church St., Devonport, Tel. 09-445 8954, Mo–Sa 8–17 Uhr, So 8–16 Uhr. In

einer ruhige Seitenstraße. Typisches neuseeländisches Café mit Brunch und Snacks.

Andere Stadtteile (Karte S. 28)

2 **Ramen Takara**①, 4 ANZAC Rd., www.ramentakara.co.nz, tägl. 11.30–15 u. 17–22 Uhr. Japanische Suppen mit handgemachten Nudeln und weitere Gerichte in sehr guter Qualität. Auch in Ponsonby (272 Ponsonby Rd.)

2 **Takapuna Beach Café**②, 22 The Promenade, Takapuna, Tel. 09-484 0002, www.takapunabeachcafe.co.nz, tägl. 6.30–18 Uhr. Beliebtes Café am Strand mit Qualitäts-Gerichten und angeschlossener Eisdiele mit preisgekrönten Sorten (z.B. Salzkaramell oder Erdnussbutter mit Kirschmarmelade). An kalten Tagen schmeckt die weiße heiße Schokolade mit Kokosnuss besonders gut.

6 **St. Heliers Bay Café**②, 387 Tamaki Dr., St. Heliers, www.stheliersbaybistro.co.nz, tägl. 7 Uhr bis spät. Beliebtes Bistro mit Blick auf das Treiben am Strand. Sehr gute Küche, zudem glutenfreie und vegetarische Gerichte. Die Portionen sind klein, aber hochwertig.

Ausgehen

In Auckland ist **wochentags erstaunlich wenig los.** Während die sogenannten *after work drinks* (direkt nach der Arbeit ab ca. 17 Uhr) beliebt sind, ist ab ca. 22 Uhr mehr oder weniger der Hund begraben. Am **Wochenende** erwachen vor allem das Zentrum um Britomart und Viaduct Harbour, die Ponsonby Road sowie die berüchtigte K-Road zum Leben, Letztere erst ab 23 Uhr. Vielerorts ist die Grenze zwischen Bar, Kneipe, Restaurant und Club (mit oder ohne Livemusik) verwischt, alles findet im selben Lokal statt, gleichzeitig oder nacheinander.

Siehe auch **Kasten „Festivals und Events“.**

☐ Aucklands Hafen bei Nacht

Auckland bietet eine große Bandbreite an **Kinos, Theatern** und **Bühnen.** Dienstags ist Kinotag, Tickets für die Aufführungen vor 17 Uhr sind oftmals günstiger. Wer sich für **Livemusik** interessiert, ist in Auckland an der richtigen Stelle. Nicht viele internationale Musiker finden ihren Weg nach Neuseeland, aber wer kommt, spielt hier. Und wer sich national einen Namen machen will, kommt um Gigs in der Stadt nicht herum. Die folgenden **Medien** helfen, die passende Veranstaltung zu finden:

- **Music in Parks** (www.musicinparcs.co.nz): kostenfreie Konzerte von Januar bis März.
- **Eventfinda** (www.eventfinda.co.nz): Überblick über Veranstaltungen.
- **Events NZ** (www.eventsnz.com): Überblick über Veranstaltungen und Workshops.
- **Auckland** (www.aucklandnz.com/events): Lokale Veranstaltungen von Quiz Night bis Konzert.
- **K-Road** (www.kroad.com): Veranstaltungen, Lokale, Shopping und anderes rund um die K-Road.
- **Ticketek** (www.ticketek.co.nz): Ticketverkauf.
- **Auckland Live** (www.aucklandlive.co.nz): Aucklands Kultur-Veranstalter Nummer eins mit mehreren Veranstaltungsorten wie dem Aotea Centre, der Town Hall, den Stadien und mehr. Auf der Homepage können Veranstaltungen nach Interessensgebieten und Daten gefiltert werden.

Zentrum (Karte S. 33)

24 **Nga Taonga Sound and Vision,** 300 Karangahape Rd., Tel. 09-379 0688, www.ngataonga.org.nz. Archiv für neuseeländische Filme und Dokumentationen, die vor Ort gratis gesehen werden können. Zeigt auch Filme in einem kleinen Kino. Zum Recherchezeitpunkt war das Archiv wegen Renovierungsarbeiten geschlossen, bitte nachfragen!

21 **Brothers Beer,** 90 Wellesley St. West, Tel. 09-366 6100, www.brothersbeer.co.nz, tägl. 12–22 Uhr. Eine der besten Bier-Bars Aucklands: Neben dem eigenen Brothers Bier gibt es 200 nationale und internationale Biere (und ein paar Cider).

9 **Northern Steamship Co,** 122 Quay St., Tel. 09-374 3952, www.northernsteamship.co.nz, tägl. 11.30 Uhr bis spät. Großer Pub mit Kamin. Am Wochenende legt ein DJ auf, und es ist rappelvoll.

4 **Goldfinch,** 204 Quay St., Tel. 09-357 6147, www.goldfinchbar.co.nz, tägl. ab 17 Uhr. Cocktailbar und Club mit Aucklands bekanntesten DJs und viel blauem Plüsch.

14 **Cassette Nine,** 9 Vulcan Ln., Tel. 09-366 0196, www.cassettenine.com, tägl. ab 17 Uhr bis spät. Veranstaltungen, (Tanz-)Bar, Restaurant, Partys mit DJs und House Nights.

15 **Globe Bar/Habana Joes,** 4 Darby St., Tel. 09-358 4877, tägl. 20–4 Uhr. In diesem Studentenclub steigt angeblich Aucklands wildeste Party.

25 **Ink,** 262 u. 268 Karangahape Rd., Tel. 021-409 268, www.inkbar.co.nz, Fr u. Sa 24 Std. Für Underground House und Techno Music bekannt. Die besten DJs der Szene legen hier auf.

Südliche Stadtteile (Karte S. 36)

3 **Galbraith's Alehouse,** 2 Mt. Eden Rd., Mount Eden, Tel. 09-379 3557, www.alehouse.co.nz, tägl. 12–23 Uhr. Mikrobrauerei mit deftigem Essen.

6 **Liquid Molten,** 422 Mt Eden Rd., Mount Eden, Tel. 09-638 7236, www.molten.co.nz, Mo, Di u. Sa ab 18 Uhr, Mi–Fr ab 12 Uhr. Weinbar mit attraktiver Auswahl und ein paar Bieren. Ein Restaurant mit guten Speisen ist angeschlossen.

2 **Portland Public House,** 463 New North Rd., Kingsland, Mo–Fr ab 16 Uhr, Sa, So ab 12 Uhr. Musik mit Open-Mic-Abenden, DJs und mehr. Verhungern muss auch keiner, und wem es zu laut wird, der kann im Hinterhof ein Plätzchen finden.

Westliche Stadtteile (Karte S. 38)

7 **Longroom,** 114 Ponsonby Rd., Ponsonby, Tel. 09-360 8803, www.longroom.co.nz, Di–Fr ab 11 Uhr, Sa, So ab 8 Uhr. Bezeichnet sich selbst als „Courtyard Bistro". Do–Sa legen DJs auf. Hier kann man es von morgens bis nachts aushalten.

5 **The Golden Dawn Tavern,** Richmond Rd. Ecke Ponsonby Rd., Ponsonby, Tel. 09-376 9929, www.goldendawn.co.nz, Di–Do 16–24 Uhr, Fr, Sa 15–1 Uhr, So 15–24 Uhr. DJs, Livebands, ordentliches Es-

Tipps für Homosexuelle

Auckland hat eine **ausgeprägte Schwulen- und Lesben-Szene,** die sich kontinuierlich verändert und **progressiv** auftritt. Die meisten homosexuellen Touristen steuern auf ihrer Reise Auckland an, um für ein paar Tage in die Szene einzutauchen. Diese ist, wie alles andere in Neuseeland, eher **klein, aber fein** und kann nicht mit den großen Communities anderer internationaler Metropolen mithalten. So richtig was los ist eigentlich nur am Wochenende. Die meisten Lokale finden sich auf der K-Road und der Ponsonby Road.

Die Websites **www.auckland.gaycities.com** und **www.gayexpress.co.nz** vermitteln einen guten Überblick über aktuelle Veranstaltungen, Nachrichten, Lifestyle und mehr. In Printform gibt es den **„Express"**, der als Zeitschrift in Clubs und *gay friendly* Locations ausliegt. Wer lieber einfach loszieht, kann an den folgenden Adressen starten **(Karte S. 33):**

26 **Family Bar,** 270 Karangahape Rd., Tel. 09-309 0213, tägl. 9–4 Uhr. Tanzbar mit eher jungem Publikum. Jeden Tag ist etwas anderes angesagt, von *pick your own music* über Karaoke bis hin zur Drag Show.

23 **Eagle Bar,** 259 Karangahape Rd., Tel. 09-309 4979, Di 16–24 Uhr, Mi, Do u. So 16–1.30 Uhr, Fr, Sa 16–4 Uhr. Bar mit kostenloser Jukebox mit guter Auswahl an Songs und Videos. Die Bar veranstaltet legendäre Kostüm-Partys.

■ Siehe auch **„Praktische Reisetipps von A bis Z/Homosexualität".**

sen. Der Eingang liegt in der Richmond Road, das Lokal hat kein Eingangsschild.

4 **Whiskey,** 210 Ponsonby Rd., Ponsonby, Tel. 09-361 2666, tägl. 17–3 Uhr. Beliebte Whiskey- und Cocktailbar. Essen kann vom nahe gelegenen Pub 222 bestellt werden.

Einkaufen

Auckland ist der beste Ort in Neuseeland, um einzukaufen. Wenn etwas hier nicht zu haben ist, dann bekommt man es auch nirgendwo anders. Anders als andere internationale Metropolen hat Auckland kein richtiges (Einkaufs-)Zentrum. Wer schlendern will, kann die folgenden Adressen erkundschaften:

■ **Zentrum (Queen St.):** große Marken zu repräsentativen Zwecken.

■ **Zentrum (K-Road):** Secondhandshops und alternativ angehauchte Geschäfte.

■ **Britomart Precinct (Te Ara Tahuhu Walkway):** höherwertige internationale Marken und Boutiquen.

■ **Newmarket (zwischen Teed Street, Broadway u. Nuffield Lane):** neuseeländische Ketten und Geschäfte, hier befindet sich auch eine größere Mall (Westfield).

■ **Ponsonby (Ponsonby Rd.):** Breites Spektrum von Secondhand bis neu, von Kleidung bis Kunst.

Fast jeder Stadtteil hat seinen eigenen **Markt,** auf dem vorwiegend Lebensmittel, Kunst und Kunsthandwerk und manchmal Flohmarktartikel angeboten werden. Einen Überblick über die zahlreichen Märkte gibt es unter **www.aucklandnz.com.**

■ **Night Market:** über 200 Stände, fast die Hälfte davon mit leckerem Essen, begleitet von Livemusik und Straßenkünstlern. Findet jeden Wochentag 5.30–23 Uhr an einem anderen Ort statt (www.aucklandnightmarkets.co.nz).

Zentrum (Karte S. 33)

1 MEIN TIPP: **Fish Market,** 22–32 Jellicoe St., www.afm.co.nz, 6–19 Uhr, Touren Mo–Fr 11 Uhr, 5 $, Buchung Tel. 09-379 1497. Ein Rundumerlebnis! Man kann bei der Versteigerung des frischen Fanges zusehen, durch die Fischläden schlendern oder das Treiben von einem Café oder Fisch-Restaurant aus beobachten. Wer selber Hand anlegen möchte, kann Fisch-Kochkurse belegen. Ein Muss für alle, die noch nie auf einem Fischmarkt waren.

11 City Farmers Market, Gore St., Britomart, Sa 8.30–12.30 Uhr. Es werden hauptsächlich frische Lebensmittel angepriesen, und wenn man von all dem Appetit bekommt, kriegt man hier auch einen Frühstückssnack und guten Kaffee.

Östliche Stadtteile (Karte S. 34)

2 La Cigale, 69 St. Georges Bay Rd., Parnell, Sa u. So 9–14 Uhr. Der kleine Bauernmarkt mit französischem Flair erfreut den Gaumen mit frischem Brot, französischem Käse, Schokolade und mehr.

Devonport (Karte S. 40)

2 Devonport Craft and Fine Food Market, 32 Clarence St., erster So im Monat, 10–14 Uhr. Kleiner, hübscher Markt mit Kunst, Handwerk, Snacks und mehr. Wenn man sowieso in Devonport ist …

Andere Stadtteile (Karte S. 28)

10 Mein Tipp: Otara Market, Newbury St., Otara, Sa 6–12 Uhr. Lebensmittel, Kleidung, Schmuck, Musik und mehr. Die einzigartige Südseeatmosphäre lässt vergessen, dass man in Auckland ist.

Inseln im Hauraki Gulf/ Tikapa Moana

Der Hauraki Gulf (Hauraki ist der Maori-Begriff für „Nordwind") ist das **Meeresgebiet zwischen Auckland und Coromandel bis zur Great Barrier Island.** Der Golf umfasst 4000 Quadratkilometer, der Großteil davon ist Teil des **Hauraki Gulf Marine Park.** Über 50 Inseln unterschiedlichster Größe liegen im Golf verstreut, viele davon sind öffentliches Schutzgebiet und werden vom DOC verwaltet. Die meisten der Inseln sind für die Öffentlichkeit zugänglich, die beliebtesten sind Rangitoto, Waiheke und Great Barrier Island. Vom naturbelassenen kleinen Eiland bis zur bewohnten Insel mit Infrastruktur findet sich hier alles, vom Natur- bis zum Weinliebhaber kommen alle Besucher auf ihre Kosten.

Einige der kleineren Inseln sind als **Schutzgebiete** für bedrohte Tierarten (vorwiegend Vögel) ausgewiesen, wer diese besuchen möchte, braucht eine Erlaubnis (Permit), die über das DOC bezogen werden kann. Zudem gibt es im Golf fünf durch das DOC verwaltete **Meeresreservate,** die von verschiedenen Wal- und Delfinarten besucht werden. Auch die besonders beeindruckenden Orcas, Buckelwale und Großen Tümmler tauchen immer wieder auf.

Treasure Island

Die DOC-Initiative **Treasure Island** („Schatzinsel") zielt darauf ab, **Schädlinge** von den geschützten Inseln fernzuhalten. So bittet man Besucher der unter Naturschutz stehenden Inseln, Boote, Gepäck und Schuhe nach Ratten, Mäusen, Ameisen, Dreck und Samen abzusuchen, damit diese unter keinen Umständen auf die Inseln gelangen können.

Rangitoto Island

Vor nur 600 Jahren erhob sich die **Vulkaninsel** Rangitoto aus dem Meer, sie ist damit Neuseelands jüngster und zugleich Aucklands größter Vulkan. Damals beobachten Maori von der benachbarten Insel Motutapu aus den Ausbruch und die Entstehung der Insel und tauften sie passenderweise „Blutroter Himmel". 1854 kaufte ihnen die englische Regierung die Insel für 15 Pfund ab und nutzte sie als militärische Basis und später als Arbeitslager für Gefangene. Nach dessen Schließung wurde die Insel im Laufe der Jahre bei Privatpersonen immer beliebter, zahlreiche kleine **Strandhäuschen** *(baches)* wurden gebaut. 1937 gab es schon über 100 davon, und die Regierung verbot weitere Neubauten. Einige der schönen Häuschen aus den 1930er Jahren wurden restauriert und können (von außen) bestaunt werden.

Mit ihrer typischen Vulkanform ist Rangitoto ein beliebtes Ziel für **Tagesausflüge.** Wer dem Trubel der Stadt entkommen oder einen ersten (oder letzten) Eindruck von Neuseelands Natur gewinnen möchte, der sollte die Insel besuchen. Zahlreiche Spazier- und Wanderwege führen durch Pohutukawa-Wälder und schwarze Lavafelder, die im Sommer so heiß werden, dass man gern

glaubt, dass diese Lava einst flüssig und glühend war. Unbedingt ausreichend Wasser mitbringen!

Den besten Blick auf Auckland und den Hauraki Gulf hat man vom **Gipfel,** den man über den einstündigen **Summit Track** erreichen kann. Zur Abkühlung laden zahlreiche Buchten ein. Wer sich für **Höhlen** interessiert, sollte eine Taschenlampe einpacken, um die Lavatunnel und -höhlen zu erforschen. Wer nicht so gut zu Fuß ist, kann sich einer Tour auf einem von einem Traktor gezogenen Anhänger anschließen:

- **Fullers Discovery Cruises,** 139 Quay Street, Auckland, Tel. 09-367 9111, www.fullers.co.nz, 65/32,50 $ inkl. Fähre.

Praktische Tipps

- **www.rangitoto.org**
- **An- und Abreise:** Fähre Fullers, drei- bis viermal tägl. von 99 Quay Street, 25 Min., 30/15 $ return, www.fullers.co.nz.

Motutapu Island

Die 178 Millionen Jahre alte Insel Motutapu ist von Rangitoto aus über einen im Zweiten Weltkrieg gebauten **Damm** zu Fuß zu erreichen. Ursprünglich war die Insel von Maori bewohnt, der Ausbruch von Rangitoto vor 600 Jahren zerstörte jedoch ihre Siedlungen und riss viele mit in den Tod. Noch heute ist Motutapu für **Archäologen** eine äußerst interessante Insel. Der bekannteste Fund ist **Sunde Site** (Puharakeke), die Abdrücke von Menschen und einem Hund in erstarrter Asche zeigt.

Heute ist die Insel größtenteils mit Gras bewachsen und von Schafen und Rindern bewohnt. Die Spaziergängen und Wanderungen (30 Min. bis 4½ Std.) führen über Farmland, man kann einheimische **Vögel** beobachten, unter anderen den seltenen Sattelvogel, Kakariki und Glockenvogel.

Blick auf Rangitoto Island von Devonport aus

Praktische Tipps

- **www.motutapu.org.nz**
- **An- und Abreise:** Zum Zeitpunkt der Recherche war Motutapu ausschließlich zu Fuß über Rangitoto (3 Std. von Rangitoto Wharf nach Home Bay) oder per Privatboot zu erreichen.

Waiheke Island

Vor mehreren Millionen Jahren war Waiheke Teil der Coromandel Peninsula, es hat sich jedoch im Laufe der Zeit losgelöst und liegt heute 15 Kilometer von Coromandel und 17 Kilometer von Auckland entfernt. Waiheke ist mit 92 Quadratkilometern nach Great Barrier Island die **zweitgrößte Insel des Hauraki Gulf** sowie die **dichtbesiedelteste Insel Neuseelands.** Lange vor der Besiedelung durch Europäer war die Insel von Te-Arawa- und Hauraki-Stämmen bewohnt. Aufgrund des milden Klimas und der weißen Strände entwickelte sich Waiheke in den 1980er Jahren schnell zu einem **Urlaubsziel.** Straßen wurden gebaut, Fährverkehr eingerichtet und Geschäfte, Cafés und Hotels errichtet. Auch der erfolgreiche Weinanbau ist dem Tourismus zuträglich. In den letzten Jahren wurde Waiheke immer wieder als eines der besten Reiseziele bzw. eine der schönsten Inseln der Welt betitelt. Das ist sicherlich Geschmackssache, aber fest steht: Das Wetter ist vorwiegend gut, die Strände sind zahlreich und schön, und die 30 Weingüter liefern Tropfen erlesener Qualität.

Sehenswertes

Waiheke lockt Kreative an: Rund 35 **Galerien, Ateliers** und andere kunstnahe Einrichtungen sind in der **Karte Art Map** verzeichnet, die auf der Seite der Community Art Gallery (siehe unten) heruntergeladen oder von der i-SITE als Printversion bezogen werden kann. Die wichtigsten Einrichtungen sind:

- **Waiheke Museum and Historic Village,** 165 Onetangi Rd., www.waihekemuseum.org.nz, Mi, Sa, So 12–16 Uhr, 3 $ Spende. Eine Handvoll restaurierter historischer Gebäude, mit Artefakten wie einer Wollpresse und einem Walölkessel.
- **Waiheke Community Art Gallery,** 2 Korora Rd., Oneroa, Tel. 09-372 9907, www.waihekeart gallery.co.nz, tägl. 10–16 Uhr. Wechselausstellung von lokalen und neuseeländischen Künstlern.
- **Whittaker's Musical Museum,** 2 Korora St., Oneroa, Tel. 09-372 9627, www.musicalmuseum.org, tägl. 13–16 Uhr. Zeigt eine beachtliche Sammlung an Akkordeons, Klavieren, Orgeln und Saiteninstrumenten. In unregelmäßigen Abständen finden hier (vorwiegend klassische) Konzerte statt.

Mein Tipp: **Connells Bay Sculpture Park,** 142 Cowes Bay, Tel. 09-372 8957, www.connellsbay.co.nz, 30/15 $. Über 30 Skulpturen neuseeländischer Künstler, in Privatbesitz. Buchung obligatorisch, Führung im Preis inbegriffen.

- **Headland Sculpture,** www.sculptureonthe gulf.co.nz, im Februar in ungeraden Jahren. Alle zwei Jahre werden ca. 30 Skulpturen führender neuseeländischer Künstler ausgestellt. Wer das Glück hat, zur richtigen Zeit da zu sein, sollte die Open-Air-Ausstellung nicht verpassen.
- **Stony Batter Reserve,** Stony Batter Rd. Eindrucksvolle Überreste von Kanonenstellungen, Tunneln und Abwehreinrichtungen aus dem Zweiten Weltkrieg, die zur Verteidigung Aucklands errichtet wurden. Die Anlage ist noch genau so, wie die Armee sie in den 1960er Jahren verlassen hat.

Aktivitäten

Per **Seilbahn (Zipline)** kann man durch die Bäume sausen. Die Tour besteht aus drei Bahnen à 200 Meter plus einem kleinen Spaziergang. Ein Spaß für Groß und Klein. Pickup von der Fähre oder Kombinationen mit Inseltouren sind möglich.

■ **Eco Zip Adventures,** 150 Trig Hill, Onetangi, Tel. 09-372 5646, www.ecozipadventures.co.nz, ab 119/79 $.

Waiheke Island bietet zahlreiche Möglichkeiten für **Spaziergänge** und **Wanderungen** entlang der Küste und quer über die Insel. Eingeteilt ist die Insel in vier Teile: Headlands, Beaches and Baches, Forest Heart und Far End. Für jede Region gibt es eine entsprechende **Karte** mit Routen in der i-SITE. Der 100 Kilometer lange **Te Ara Hura Track** verbindet die besten Tracks der Insel und führt durch alle Gebiete; auch Teilabschnitte können gelaufen werden.

Zahlreiche **Tagesausflüge** können von Auckland oder Waiheke aus gestartet werden: Weintouren, Bootstrips, Reitausflüge, Radtouren, Inselrundfahrten, Übernachtung im Marae, Rundflüge, geführte Wanderungen, Segway-Touren und mehr. Das Angebot wächst stetig. Eine empfehlenswerte Anlaufstelle für Inselrundfahrten ist folgender Anbieter:

■ **See Waiheke,** Tel. 021-055 3527, www.seewaiheke.co.nz, ab 110$.

An zahlreichen **Stränden** und **Buchten** verleitet das teilweise türkisgrüne Wasser zu einem Bad. Allgemein sind die

Strände auf der Auckland zugewandten Seite felsig, mit smaragdgrünem Wasser. Auf der gegenüberliegenden Seite, Richtung Pazifik, befinden sich die schönen Sandstrände, die einem den Eindruck vermitteln, meilenweit von Auckland entfernt zu sein. Zu den schönsten Stränden gehören:

- **Oneroa Beach:** weißer Hauptstrand der Insel und Ankerplatz für Jachten.
- **Little Oneroa Beach:** kleine Bucht, durch ein Kliff von Oneroa Beach getrennt.
- **Onetangi:** 1,8 km langer Sonnenstrand mit jährlichem Sandburgenwettbewerb und FKK-Bereich im westlichen Teil hinter ein paar Felsen.
- **Palm Beach:** Strand in einer kleinen Bucht.
- **Man O'War Bay:** kleiner, feiner, abgelegener Badestrand.
- **Cactus Bay:** laut der Anwohner ein perfekter Strand; nur per Boot oder Kajak zu erreichen.

www.fotolia.de © Adrian Dorrington

Die Buchten laden zum **Kajaken** und Spaß auf dem **SUP-Board** ein: auf eigene Faust oder als Tour (auch bei Sonnenuntergang und Mondschein).

- **Kayak Waiheke,** Matiatia Bay, Tel. 09-372 5550, www.kayakwaiheke.co.nz, ab 30 $.

Weingüter

Wer sich für Wein interessiert, ist in Waiheke richtig aufgehoben. Es gibt knapp **30 Weingüter,** die meisten liefern Qualitätsweine, viele davon preisgekrönt. Die meisten Güter liegen im Westen der Insel zwischen Onetangi Bay und Rocky Bay. Die unterschiedlichen Böden und Klimazonen ermöglichen den Anbau **verschiedenster Rebsorten** von Syrah, Bordeaux-Arten, Rosés bis zu Chardonnays, Sauvignon Blanc und anderen. Wer ein Gut besuchen will, hat die Qual der Wahl. Fast alle sind das ganze Jahr über für Weinproben geöffnet. Eine gute Übersicht gibt es auf www.waihekewine.co.nz. Eine gute Anlaufstelle für Qualitätsweine sind die folgenden Adressen:

- **Stonyridge,** 80 Onetangui Rd., Tel. 09-372 8822, www.stonyridge.com, tägl. 11.30–17 Uhr. Bekannt für seine Cabernet Blends. Weinprobe, Restaurant, Touren Sa, So 11.30 Uhr.

◁ Little Oneroa Beach

- **Goldie Wines,** 18 Causeway Rd., Tel. 09-372 74 93, www.goldiewines.co.nz, Sommer tägl. 12–16 Uhr, Winter Mi–So 12–16 Uhr. Boutique-Weingut der Familie *Goldwater,* eines der ersten auf Waiheke. Weinprobe, Restaurant.
- **Te Whau,** 218 Te Whau Dr., Tel. 09-372 7191, www.tewhau.com, Sommer tägl. 11–17 u. Do–Sa 18.30–21 Uhr, Winter Fr–So 11–16.30 Uhr, Sa ab 18.30 Uhr. Eines der kleinsten Weingüter, in schöner Lage. Weinprobe, Restaurant.

Es gibt eine Handvoll Unternehmen, die **Weintouren** anbieten. Die meisten steuern drei Güter an und verkosten dabei zehn bis 15 Weine. Mahlzeiten müssen meist zusätzlich gezahlt werden. Ein empfehlenswerter Anbieter:

- **Waiheke Island Wine Tours,** Tel. 09-372 2140, www.waihekeislandwinetours.co.nz, ab 120 $.

Praktische Tipps

Informationen

- **www.waiheke.co.nz**
- **Einwohnerzahl:** 8259
- **i-SITE:** Matiatia Wharf, 6 Ocean View Rd., Sommer Mo–Sa 9–17 Uhr, So 9.30–16 Uhr, Winter Mo–Sa 9–16 Uhr, So 10–15 Uhr.

An- und Abreise

- **Von Auckland:**

Fullers Ferry, Tel. 09-367 9111, www.fullers.co.nz, 36/18 $ return. Reine Passagierfähre, verkehrt ca. stündlich von 6–0.30 Uhr, am Wochenende ab 8 Uhr. Die Überfahrt zwischen Auckland (Ferry Terminal, 99 Quay St.) und Waiheke (Matiatia Wharf, 6 Ocean View Rd.) dauert ca. 40 Min.

Sealink, Tel. 0800-732 546, www.sealink.co.nz, 36/18 $/Person, ab 150 $/Auto plus zwei Personen return. Autofähre, verkehrt ca. stündlich von 6–18 Uhr. Die Überfahrt zwischen Auckland (Wynyard Warf, 11 Brigham St. oder Half Moon Bay Terminal, Ara Tai Drive) und Waiheke (Matiatia Wharf, 6 Ocean View Rd.) dauert ca. 40 Min.

- **Von Coromandel:**

Fullers Ferry (siehe oben) hält am Wochenende einmal täglich in der Orapiu Wharf in Waiheke. Der Anleger ist weitab vom Schuss und wird nicht von öffentlichen Verkehrsmitteln angefahren. Insofern ist diese eigentlich attraktive Verbindung für die meisten Reisenden nutzlos.

Unterwegs vor Ort

- **Fahrrad:** In der **Broschüre „Bike Waiheke"** (erhältlich z.B. in der i-SITE) sind verschiedene Touren auf der hügeligen Insel beschrieben. Mieträder gibt es am Hafen oder bei **eCycles NZ**, 124 Ocean View Rd., Tel. 09-372 4428, www.ecyclesnz.com, Mo–Fr 10–16.30 Uhr, Sa, So 9–16.30 Uhr, 35 $/Tag, E-Bike 60 $/Tag.
- **Bus:** Öffentliche Busse verkehren ca. halbstündig zwischen Wharf, Oneroa und Onetangi mit diversen Stopps auf dem Weg. Tickets ab 2 $, Tageskarte 10 $. Informationen und Fahrpläne unter www.at.govt.nz oder im Fullers Ferry Büro.
- **Taxi:** z.B. **Island Taxis,** Tel. 0800-372 4111, www.islandtaxis.co.nz.
- **Mietwagen:** Es gibt eine Handvoll Vermieter auf der Insel, die meisten haben ihre Büros am Fähranleger, z.B. **Waiheke Rental Cars,** Matiatia Wharf, Tel. 09-372 8635, www.waihekerentalcars.co.nz, ab 60 $/Tag.

[>] Auf Waiheke Island wird hervorragender Wein angebaut

Unterkunft

Die Insel ist auf Besucher eingerichtet. Es gibt zahlreiche Hostels, Hotels, B&Bs und Ferienhäuser. Weinliebhaber können auch in Gästezimmern der Weingüter unterkommen. Die Preise sind recht hoch, für eine Luxusunterkunft kann man problemlos 600 $/Nacht zahlen. Am günstigen ist es wochentags im Winter. Ein Blick auf die Ferienhäuser bei www.bookabach.co.nz kann sich lohnen. Vorbuchung ist bei allen Unterkünften notwendig.

■ **Hekerua Lodge**①, 11 Hekerua Rd., Oneroa, Tel. 09-372 8990, www.hekerualodge.co.nz. Ein wenig abgelegen in wunderschöner Buschlage mit Pool und Spa. Inselurlaub pur.

■ **Punga & Tawa Lodge**②, 223 Oceanview Rd., Oneroa, Tel. 09-372 6675, www.pungalodge.co.nz. Zimmer, Apartments und kleine Häuschen zu annehmbaren Preisen, in Laufnähe zum Strand.

■ **Kiwi House**②, 23 Kiwi St., Oneroa, Tel. 09-372 9123, www.kiwihousewaiheke.co.nz. B&B in ruhiger Lage mit sechs Zimmern und hübschem Garten. Betreiben auch **Villa Eleven**③, ein funktionales Apartment.

■ **Oyster Inn**③, 124 Ocean View Rd., Oneroa, Tel. 09-372 2222, www.theoysterinn.co.nz. Hell eingerichtete Zimmer mit angeschlossenem Restaurant.

Camping

■ **Poukaraka Flats**①, Gordons Rd., Tel. 09-366 2000. Einfacher regionaler Campingplatz an der Rocky Bay, weitab vom Geschehen. Ohne Dusche und Strom, maximal sieben Übernachtungen sind erlaubt. Zur Zeit der Recherche der einzige Campingplatz auf der Insel.

Essen und Trinken

Auf Waiheke Island kann man **sehr gut speisen.** Vor allem die zahlreichen Weingüter kredenzen ihre Weine mit Vorliebe zu qualitativ hochwertigen Mahlzeiten. Alternativ gibt es zahlreihe Restaurants mit und ohne Meeresblick und ein paar gute Cafés. Für Unentschlossene sind die **Oneroa Village Lane** und die **Oceanview Road in Oneroa** gute Anlaufstellen. Generell sind die Preise recht hoch.

■ **Sandwich Bar**①, 4a Miami Ave., Surfdale, www.surfdalesandwich.com, Di–Do 10–20.30 Uhr,

www.fotolia.de © anastasiaras

Fr 10–22 Uhr, Sa 11–22 Uhr, So 16–20.30 Uhr. Frisch zubereitete Sandwiches, Burger, Fish&Chips.

■ **Delight Café**①-②, 29 Waikare Rd., Oneroa, www.delightcafe.co.nz, tägl. 8–15 Uhr. Ein Café mit türkischen Einflüssen, in dem es sich aushalten lässt.

■ **Fenice**②-③, 122a Ocean View Rd., Oneroa, Tel. 09-372 8711, www.fenice.co.nz. Italienisches Restaurant mit Fingerfood, Pizza, Pasta und Fisch.

■ **Shed**②-③, 76 Onetangi Rd., Onetangi, Tel. 09-372 6884, www.temotu.co.nz, Mi–So 12–15 Uhr, Fr, Sa ab 18 Uhr. Gutes Restaurant in den Weinbergen. Fr ist Fischtag mit Zwei-Gänge-Menü für 45 $.

■ **Mudbrick**③, Church Bay Rd., Tel. 09-372 9050, www.mudbrick.co.nz, tägl. 11–21 Uhr. Eines der beliebtesten Weingut-Restaurants der Insel. Relativ groß und nicht ganz billig, aber das Essen ist gut, und der passende Wein kann anschließend flaschenweise gekauft werden.

Ausgehen

Das Nachtleben auf Waiheke Island ist überschaubar. In Oneroa gibt es ein **Theater** und ein kleines **Kino.** Vereinzelte Pubs und Bars findet man in Oneroa, Surfdale und Ostend.

■ **Vino Vino,** 3/153 Ocean View Rd., Oneroa, Tel. 09-372 9888, www.vinovino.co.nz, ab 12 Uhr. Bar und Restaurant mit schönem Blick aufs Meer, Happy Hour von 16–19 Uhr und freitagabends Livemusik.

■ **Charlie Farley's,** 21 The Strand, Onetangi, Tel. 09-372 4106, www.charliefarleys.co.nz, Di–So 8.30–23 Uhr. Beliebte Bar mit Strandblick. Mi Steak Night (20 $), Do Happy Hour 16–18 Uhr und Livemusik 17–19 Uhr. Moderate Preise.

Einkaufen

Waiheke Island hat bis auf ein paar Geschäfte rund um die Oneroa Village Lane und die Oceanview Road wenig zu bieten. **Tankstellen** findet man in Oneroa und Ostend.

Ein kleiner **Farmers Market** mit ein paar Ständen mit Bioprodukten, Kunsthandwerk und Imbissständen findet wöchentlich im Ostend statt (76 Ostend, Sa 8–12 Uhr).

Great Barrier Island

Knapp 100 Kilometer nordöstlich von Auckland, im Norden von Coromandel, liegt die mit 258 Quadratkilometern **viertgrößte Insel Neuseelands.** Great Barrier Island erstrahlt in unberührter Wildheit und **schroffer Schönheit.** Die Uhren ticken auf der Insel besonders langsam, es gibt weder eine öffentliche Stromversorgung (immerhin aber ein paar private Generatoren) noch Bankautomaten.

Im Mittelpunkt steht die **Natur.** Rund zwei Drittel der Insel werden vom DOC verwaltet, 43 Prozent der Insel gehören zum **Aotea Conservation Park.** Über alldem thront der 621 Meter hohe **Mount Hobson.** Unberührte Strände, heiße Thermalquellen und die üppige Vegetation vermitteln das Gefühl, unendlich weit von weg von Auckland zu sein. Die meisten Besucher kommen zum Wandern, Schwimmen, Tauchen, Surfen, zum Beobachten von Vögeln oder einfach nur, um abzuschalten.

Einst mit Coromandel verbunden, schützt die Insel heute den Hauraki Gulf vor den Stürmen des Pazifiks. Entsprechend unterschiedlich sind die **Küstenlandschaften:** Im Osten findet man lange Strände, Sanddünen und eine starke Brandung, im Westen unendlich viele kleinere geschützte Buchten, die zum Tauchen einladen. Im **Landesinneren** liegen Feuchtgebiete, schroffe Hügellandschaften und regenerierte Kauri-Wälder.

Die Insel **Aotea** („Wolke") wurde einst von den Stämmen Tainui und Te Arawa bewohnt. Kapitän *James Cook* gab ihr 1796 den Namen „Great Barrier" („Große Barriere") aufgrund des Schutzes, die sie dem Hauraki Gulf bot. Europäische Siedler nutzten die Insel als Walstation, sie betrieben Bergbau und Holzwirtschaft. Innerhalb nur weniger Jahre wurden die **Kauri-Bestände** fast vollständig abgeholzt. In den 1970er Jahren wurde ein (erfolgreiches) Wiederaufforstungsprogramm etabliert, auf das noch heute ein großes Augenmerk gelegt wird und das Fauna und Flora der Insel zugute kommt: Es gibt 500 Pflanzenarten hier, 70 Fischarten und gesunde Mangrovenwälder.

Orientierung

Tryphena ist die größte Siedlung der Insel. Sie erstreckt sich entlang einer Straße über mehrere Kilometer. In dem hübschen Örtchen gibt es ein paar Läden, ein Café und die meisten Unterkünfte der Insel. Zur Fähranleger in Shoal Bay sind es etwa vier Kilometer.

Zwölf Kilometer nördlich von Tryphena liegt der noch kleinere Ort **Claris.** Hier findet man ein paar Geschäftchen, ein Café und einige wenige Unterkünfte. Wer per Flugzeug auf die Insel reist, wird hier landen.

Die einstige Holzfäller-Stadt **Whangaparapara** war auch das Zentrum des Walfanges auf Great Barrier Island. Abgesehen von ein paar Fundamenten der ehemaligen Siedlung gibt es hier heute nur noch wenig zu sehen. Tanken kann man hier immerhin.

Das Örtchen **Port Fitzroy** an der Westküste ist ein idealer Ausgangspunkt für Wanderungen in den Great Barrier Forest. Es gibt ein paar Unterkünfte, einen Burger-Imbiss, einen kleinen Laden und eine Tankstelle.

Sehenswertes und Aktivitäten

Die **Strände** im Westen von Great Barrier Island sind zum **Schwimmen** geeignet, die im Osten sind aufgrund ihrer Brandung mit Vorsicht zu genießen. Der Sandstrand **Medlands Beach** mit seiner hübschen vorgelagerten Insel ist der populärste Strand der Insel. Er lädt mit seinen imposanten Wellen zum Surfen ein. Im Hintergrund steht die kleine Kirche Saint John. **Awana Bay, Whangapoua, Kaitoke** und **Harataonga** sind ebenfalls sehenswert.

■ **Hooked on Barrier Adventure Centre,** 89 Hector-Sanderson Rd., www.hookedonbarrier.co.nz, ist ein Alleskönner in Sachen **Wassersport:** Man kann hier Tauch- und Schnorchelausrüstung, Surfbretter, Angelruten und Kajaks leihen und Bootsausflüge (mit oder ohne Tauchen oder Angeln) buchen.

Das eingezäunte **Naturschutzgebiet Glenfern Sanctuary** Gebiet ist **raubtierfrei** gehalten. Ein zwei Kilometer langer Rundweg führt durch den Park und informiert über Fauna und Flora. Hier leben beispielsweise die Neuseelandente und der Black Petrel, eine endemische Sturmvogelart.

■ **Glenfern Sanctuary,** Glenfern Rd., Tel. 09-429 0091, www.glenfern.org.nz, tägl. 10–17 Uhr.

Rund um die Insel gibt es zahlreiche Möglichkeiten, zu Fuß unterwegs zu sein, vom kurzen **Spaziergang** bis zur mehrtägigen **Wanderung.** Eine Übersicht mit Tracks, Karte und Informationen zu Fauna und Flora gibt die **DOC-Broschüre „Great Barrier Island (Aotea)".** Die besten Tracks sind:

- **Kaitoke Hot Springs Track** (6 km, 1½ Std. return, Start: Whangaparapara Rd.): Man passiert mehrere mit Thermalwasser gespeiste Becken. Das schönste liegt 50 m stromaufwärts.
- **Harataonga Coastal Track** (12 km, 4–5 Std., Start: Harataonga Campingplatz): Entlang der Küste eröffnen sich hervorragende Ausblicke auf das Meer und über die Buchten.
- **Hirakimata (Mt. Hobson) Summit Tracks** (3–8 km, 2½–4 Std.): Auf den Gipfel führen drei verschiedene Wege: über die Hot Pools, den Windy Canyon oder den Kaiaraara Track. Alle drei sind lohnenswert.
- **Aotea Track** (25 km, 3 Tage, Start: Whangaparapara Rd.): Rundweg mit atemberaubenden Blicken und zwei DOC-Hütten. Führt auch an den Hot Springs vorbei.

Praktische Tipps

Informationen

- **www.thebarrier.co.nz**
- **www.thegreatbarrier.co.nz**
- **Einwohnerzahl:** 927
- **Touristeninformation:** am Flughafen in Claris (ca. Mo, Mi, Fr 11–12 Uhr, Sa 8–14 Uhr) und in Port Fitzroy (Tel. 09-429 0848, ca. Mo–Sa 9.30–15 Uhr). Buchungen können auch von den meisten Unterkünften aus getätigt werden.

An- und Abreise

- **Fähre: Sealink,** Tel. 0800-732 546, www.sealink.co.nz, verkehrt zwischen Wynyard Wharf in Auckland und Shoal Bay auf Great Barrier Island, drei- bis fünfmal/Woche, 100 $/Person plus 340 $ pro Auto.
- **Flugzeug:** Es gibt verschiedene kleinere Airlines, die die Insel von Auckland, Whangarei, Whitianga und Tauranga anfliegen. Die meisten bieten auch Komplettpakete mit Mietwagen und Unterkünften an, z.B. **FlyMySky,** Tel. 0800-222 123, www.flymysky.co.nz, täglich, ab 89 $.

Unterwegs vor Ort

- **Bus:** Einmal täglich verkehrt ein Bus zwischen Tryphena und Port Fitzroy.
- **Shuttle:** Manche Unterkünfte bieten Shuttles auf Anfrage. Alternativ kann man diese bei **Great Barrier Travel** buchen, Tel. 09-429 0474, www.greatbarriertravel.co.nz, ab 10 $.
- **Mietwagen** gibt es z.B. bei **Aotea Car Rentals** in Tryphena, Claris und Port Fitzroy, Tel. 09-429 0474, www.aoteacarrentals.co.nz, ab 60 $.

Unterkunft

Es gibt nur eine Handvoll Unterkünfte, die überdurchschnittlich teuer und vor allem in der Hauptsaison schnell belegt sind. Bei der Buchung kann es sich lohnen, direkt die Anreise (Flug oder Fähre) sowie einen Mietwagen mitzubuchen. Island Accommodation (s.u.) hilft gerne bei der Suche nach einem Bett oder Apartment. Auch die beiden DOC-Hütten der Insel müssen im Voraus gebucht werden (www.doc.govt.nz).

- **Island Accommodation,** Tel. 09-429 0995, www.islandaccommodation.co.nz.
- **Medlands Beach**①-②, 149 Sandhills Rd., Tel. 09-429 0320, www.medlandsbeach.com. Verfügt über kleine Villen und ein Backpackers. Mit großem Garten und Blick auf das Meer.
- **Aotea Lodge**②-③, 41 Medland Rd., Tryphena, Tel. 09-429 0628, www.aotealodge.com. Kleine Häuschen in großem Garten, hilfsbereite Besitzer.
- **Mount St. Paul**③, 29 Kaitoke Ln., Tel. 09-887 9369, www.mountstpaulestate.co.nz. Hübsche, stilvolle Zimmer, teilweise mit Blick auf das Meer. Ein Restaurant ist angeschlossen.

Camping

Auf der Insel gibt es **fünf DOC-Campingplätze,** die per Auto/Camper zu erreichen sind. Ein weiterer in der Nähe des Whangaparapara-Hafens kann ausschließlich per Boot oder zu Fuß erreicht werden. Genaue Standorte und Informationen in der Broschüre „Conservation Campsites" (zum Download auf www.doc.govt.nz oder in den DOC-Büros).

150nz ks

Essen und Trinken

Die meisten Restaurants und Cafés befinden sich in **Tryphena.** In Claris bieten einige Unterkünfte auch Mahlzeiten für Besucher. Die Mehrzahl der Lokale ist im Winter geschlossen, aber irgendwas findet man immer. Im Folgenden einige Empfehlungen:

- **Currach Irish Pub**①-②, 78 Blackwell Dr., Tryphena, Tel. 09-429 0211, www.currachirishpub.co.nz, tägl. ab ca. 16 Uhr. Hier trifft sich die Insel auf eine Mahlzeit oder ein Bier. Manchmal auch Livemusik.
- **Wild Rose Café**①-②, 82 Blackwell Dr., Tryphena, Tel. 09-429 0905, tägl. 8–15 Uhr. Gemütliches Café mit deftigen Speisen, Kuchen und Snacks.
- **Hub**①-②, Wharf, Port Fitzroy, Tel. 09-429 0868, tagsüber geöffnet. Die Burger aus diesem kleinen, aber legendären Schuppen zählen zu den besten der Insel.

Einkaufen

Es gibt lediglich ein paar Geschäftchen, eine **richtige Infrastruktur ist nicht vorhanden.** Die wichtigsten Lebensmittel und Benzin bekommt man in Tryphena, Claris und Port Fitzroy.

⌃ New Zealand Robin

Weitere Inseln

Motuihe Island

Die 176 Hektar große Insel Motuihe liegt zwischen Rangitoto und Waiheke Island. Sie punktet vor allem durch einen weißen **Sandstrand** und ihre **Geschichte:** Einst von Maori besiedelt, übernahmen Engländer die Insel, nutzten sie erst als Quarantänestation und später als Gefangenenlager. Heute steht die Wiederaufforstung im Vordergrund, die Insel wird von einer Stiftung verwaltet.

Praktische Tipps

- **www.motuihe.org.nz**
- Außer einem **DOC-Campingplatz** gibt es keine Unterkünfte.
- Zum Zeitpunkt der Recherche wurde der Fährverkehr eingestellt, **Wassertaxen** können auf Anfrage gebucht werden.

Rotoroa Island

Von 1911 bis 2005 nutzte die Heilsarmee die kleine Insel im Osten von Waiheke Island als Therapiezentrum für Drogensüchtige. Erst 2011 wurde die Insel für die Öffentlichkeit zugänglich; sie besticht mit ihren **Sandstränden** und der **Ausstellung** über ihre Sozialgeschichte in den restaurierten Gebäuden des einstigen Entzugszentrums. Es dauert ca. eine Stunde, die Insel zu Fuß zu umrunden. Ein lohnender Tagesausflug.

Praktische Tipps

- **www.rotoroa.org.nz**
- **Übernachten** kann man in den Schlafsälen des umfunktionierten Haus des Heimleiters oder einem der drei Ferienhäuser.
- Die **Fährgesellschaft Fullers** fährt an Wochenenden einmal täglich von Auckland zur Insel und zurück.

Tiritiri Matangi Island

Die 30 Kilometer nördlich von Auckland liegende Insel ist ein 220 Hektar großes, raubtierfreies **Vogelparadies.** Bedrohte einheimische Vögel wie der Südinsel-Takahe, Glocken- und Gelbbandhonigfresser, Sattelvögel, Weißköpfchen, Sittiche, Lappenkrähen, Neuseeland-Enten und sogar Zwergkiwis und Zwergpinguine nisten hier. 80 Vogelarten wurden bisher gezählt. Auch Tuatara, die 50 bis 70 Zentimeter lange Brückenechse, die von den Dinosauriern abstammt, lebt auf der Insel.

Bevor der Insel im Jahr 1984 ihr Stellenwert im Vogelschutz zugesprochen wurde, wurde sie in den 1840ern **abgeholzt** und bis in die 1970er Jahre **landwirtschaftlich genutzt.** Seitdem wurden über **250.000 Bäume gepflanzt,** um das ursprüngliche Gleichgewicht wiederherzustellen.

Man kann die Insel alleine erkunden oder sich einer **Tour** vom Fähranleger aus anschließen.

Praktische Tipps

- **www.tiritirimatiangi.co.nz**
- Eine **DOC-Hütte** bietet nach Vorbuchung die Möglichkeit, auf der Insel zu übernachten.
- Die **Fährgesellschaft Fullers** fährt Mi–So einmal täglich zwischen Auckland und Tiritiri Matangi.

Kawau Island

Rund 50 Kilometer nördlich von Auckland, auf der Höhe von Warkworth, liegt die Insel Kawau, auf der knapp 100 Menschen wohnen. Highlight ist das eindrucksvolle **Mansion House** aus dem Jahr 1845, das einst von Gouverneur *George Grey* bewohnt und erweitert wurde. Das Haus liegt inmitten eines urspünglich von *Grey* angelegten **Tropengartens.** Vieler seiner Pflanzen haben nicht überlebt, dafür haben sich andere Gewächse verbreitet, und die ursprüngliche Anlage ist noch zu erkennen. Das Haus beherbergt zahlreiche originale Einrichtungs- und Kunstgegenstände, die heute von historischem Wert sind.

Auf der Insel gibt es außerdem mehrere hübsche **Sandstrände,** die zu Fuß (10 Min. bis 4 Std. ab Bootsanleger) zu erreichen sind, einen **Aussichtspunkt** und eine alte **Kupfermine.** Die **DOC-Broschüre „Kawau Island Historic Reserve"** beinhaltet eine Karte, Informationen zum Mansion House sowie Wander- und Spazierwege.

Praktische Tipps

- Übernachten kann man in einem **Boutique Hotel**③ oder einem der zahlreichen Ferienhäuser.
- Im **Mansion House** gibt es ein kleines **Café.**
- **Kawau Watertaxis,** www.kawauwatertaxis.co.nz, verkehren drei- bis fünfmal täglich zwischen Sandspit und Kawau (30/16,50 $).

☐ Grünes Paradies ...

Westlich von Auckland

Während die Stadt Auckland nicht wirklich repräsentativ für den Inselstaat ist, zeigt das **typische grüne Neuseeland** mit seinen wilden Küsten sein Gesicht direkt hinter der westlichen Stadtgrenze. Der Waitakere Park vermittelt einen ersten Einblick davon, was man auf seiner Reise über die Inseln immer wieder sehen wird: dichte, dunkelgrüne Wälder mit riesigen Farnen und, ein wenig weiter in Muriwai und Piha, atemberaubende Strände mit wilder Brandung, eingebettet in schroffe Felsen und grüne Berge. Ein Traum!

Waitakere Ranges Regional Parkland

Knapp 20 Kilometer westlich von Auckland beginnt eine andere Welt. Nichts weist hier mehr auf eine Weltmetropole hin, die Straßen sind klein und kurvig, das Grün des Busches dominiert alles, und nur vereinzelte Häuser säumen die Straße. Hier beginnen die Waitakere Ranges mit 16.000 Hektar ursprünglichen **Waldes** und einer schier endlosen **Küste.** Durchzogen sind sie von einem 250 Kilometer langen Netzwerk von Wanderwegen. Schwarze Strände, Klippen, Wasserfälle und atemberaubende Ausblicke: Ein perfekter Ort für alle, die der Stadt entfliehen wollen.

Bis Mitte des 19. Jahrhunderts war die Gegend vorwiegend mit **Kauri-Bäumen** bewachsen und den dort ansässigen Maori als **Wao Nui o Tiriwa** („Großer Wald des Tiriwa") bekannt. Mit der Besiedlung durch Europäer fielen die meisten der imposanten Bäume der Holzindustrie zum Opfer. 1894 überzeugte der erste Professor der Naturwissenschaften am Auckland University College das Auckland City Council, die Gegend zu schützen und aufzuforsten. Heute erinnern einzelne geschützte Kauri-Baumgruppen sowie einige Relikte aus der Holzfällerzeit an die Vergangenheit des Parks.

Schon allein die **Schnitzkunst** des Stammes Te Kawerau a Maki am Eingang des **Besucherzentrums** und der Blick Richtung Auckland sind einen Stopp wert. Vom Parkplatz aus startet ein 1,6 Kilometer langer **Pfad** mit Informationen zu Fauna und Flora. Im Zentrum bekommt man Tipps zu den besten Wander- und Spazierwegen sowie Ausflügen in die Gegend.

■ **Arataki Visitor Centre,** 300 Scenic Dr., Titirangi, Tel. 09-817 0077, Sommer tägl. 9–17 Uhr, Winter 10–16 Uhr.

Auf dem 250 Kilometer langen Netz an **Spazier- und Wanderwegen** ist für jeden etwas dabei. An den Straßen weisen zahlreiche Schilder auf die ihrerseits gut ausgeschilderten Tracks hin. Beliebt sind die Routen, die am Visitor Centre starten, wie z.B. der 5,5 Kilometer lange **Fairy Falls Track,** den man in zwei Stunden hin und zurück laufen kann. Wer länger unterwegs sein möchte, kann dem 70 Kilometer langen **Hillary Trail** folgen, für den man drei bis vier Tage einplanen sollte. Einen **Überblick** über alle Tracks gibt es unter www.regionalparks.aucklandcouncil.govt.nz und in der **DOC-Broschüre „Auckland Day Walks".**

Der von Flüssen, Bächen und Wasserfällen durchzogene Park ist ein großartiger Ausgangspunkt für **Canyoning.** Ein Tagesausflug zum und durch den Blue Canyon entlang an 18 Wasserfällen eignet sich hervorragend, um mit der Natur eins zu werden.

■ **AWOL Canyoning,** Tel. 09-834 0501, www.awoladventures.co.nz, ab 195 $.

▷ Der Lion Rock am Strand von Piha

Karekare

Karekare hat nur ein paar wenige dauerhafte Einwohner, ist aber mit seinen dunklen, wilden Stränden Anziehungspunkt für **Surfer** und **Strandliebhaber.** Diverse Filme wie „Das Piano“ und „Xena, die Kriegerprinzessin“ wurden hier gedreht. So schön das Meer auch zu betrachten ist, schwimmen sollte man hier aufgrund der **extrem starken Unterströmungen** nicht; auch Surfer verunglücken hier immer wieder.

Abgesehen vom traumhaften Strand und den nahe gelegenen **Karekare Falls** (ausgeschildert), an denen diverse Spazier- und Wanderwege starten, gibt es hier wenig. Keine Geschäfte, keine Cafés, nichts. Aber auch das macht den Charme des Örtchens aus, in dem es zum Zeitpunkt der Recherche noch etwas ruhiger zuging als in den nördlicher gelegenen Siedlungen.

Piha

Piha ist **einer der beliebtesten Westküstenstrände.** Bereits die Anfahrt über den Scenic Drive ist lohnenswert, von der Piha Road hat man atemberaubende Blicke auf Piha und das Meer. Das überschaubare Örtchen selbst bietet einen kleinen Laden und das ansprechende Piha Café mit Panoramafenster und Außensitzplätzen. Die Hauptattraktion des Ortes ist der Strand, der unglaublich fotogen und wild daher kommt. Leider so wild, dass hier regelmäßig Schwimmer und Surfer verunglücken. Die **Strömungen** sind so unberechenbar und stark, dass auch starke und geübte Schwimmer keine Chance haben. Wer es trotzdem nicht lassen kann, kann im Piha Surf Shop am Strand Surfbretter ausleihen (ab 25 $/3 Std.).

Unterbrochen wird der Strand durch den 100 Meter hohen **Lion Rock,** auf

den ein kleiner Fußweg führt. Bei Ebbe kann man außerdem am südlichen Ende des Strandes an den Klippen entlanglaufen, darf aber den Rückweg und die kommende Flut mit ihren kraftvollen Wellen nicht unterschätzen. Alternativ gibt es **Spazier- und Wanderwege,** die rund um Piha starten. Empfehlenswert ist der 600 Meter lange, halbstündige **Tasman Lookout Track,** der am Parkplatz am Südende des Strandes startet. Auf der Homepage von Piha (siehe unten) gibt es eine Übersichtskarte mit den Tracks.

Pou zum Gedenken an die Maori-Prinzessin Ngati Tangiaro Taua, die gern am Lion Rock saß

Praktische Tipps

- **www.piha.co.nz**
- **Übernachten** kann man auf dem kleinen (nicht so hübschen) **Campingplatz** mitten im Ort, im schönen **Jandal Palace Hostel**①-② (39 Glenesk Rd., Tel. 09-812 8381,www.pihabeachstay.co.nz), dem attraktiven **Lyonsrock B&B**③ (83 Piha Rd., Tel. 09-812 8387, www.lyonsrockbandb.co.nz) oder in einem der **Ferienhäuser.**

Te Henga (Bethells Beach)

Am Ende des hübschen Scenic Drive liegt der kleine Ort Te Henga, der nur aus ein paar wenigen Hütten und einem Parkplatz besteht, sowie der schöne Bethells Beach. Das raue Meer und der fast schwarze Strand lassen schnell vergessen, dass Auckland nur wenige Kilometer entfernt liegt. Das Meer ist nur minimal unspektakulärer als die Strände von Piha und Muriwai, dafür ist es hier bedeutend einsamer.

Am Strand von Te Henga startet auch der acht Kilometer lange **Te Henga Goldie Bush Walkway,** der in drei bis vier Stunden nach Norden über die Dünen Richtung Muriwai zur Constable Road führt (kürzere Abschnitte möglich). Eine Beschreibung ist in der **DOC-Broschüre „Auckland Day Walks"** zu finden.

Kumeu und Umgebung

Der Ort und die Region waren einst als Weinanbaugebiet bekannt, andere Gebiete haben jedoch inzwischen der Gegend ihren Rang abgelaufen. Es gibt noch ein paar **Weingüter,** die vor allem Pinot Noir, Pinot Gris und Chardonnay produzieren und auch Weinproben anbieten. Als Alternative zum Wein haben sich in den letzten Jahren auch eine Reihe guter **Restaurants** in dem ansonsten eher langweiligen Ort niedergelassen. Eine gute Endstation, bevor es nach Auckland zurückgeht.

Praktische Tipps

- **www.kumeuwinecountry.co.nz**
- **Soljans Estate**①-②, 366 SH 16, Kumeu, Tel. 09-412 5858, www.soljans.co.nz, Mo–Fr 10–15 Uhr, Sa, So 9–15 Uhr. Einen Blick wert ist das kroatisch-neuseeländische Gut mit empfehlenswerten Weinen und leckeren Mahlzeiten im angeschlossenen Café.
- **Riverhead,** 68 Queen St., Riverhead, Tel. 09 412 8903, www.theriverhead.co.nz, tägl. 11–1 Uhr. 1857 gegründet, eine der ältesten Kneipen Neuseelands. Mit **Restaurant Landing**②-③.
- Wem nach französischen Leckereien ist, wird glücklich im **Petit Perigord**①-②, 1/190 Main Rd., Kumeu, Mo–Fr 7–15.30 Uhr, Sa, So 8–15 Uhr. Serviert werden Crêpes und Galettes sowie französische Snacks.
- **Weintouren** von Auckland aus bietet **Fine Wine Tours,** Tel. 09-845 6971, www.insidertouring.co.nz, 269 $.

Muriwai

Wie Piha, so besticht auch Muriwai durch eine 50 Kilometer lange **grandiose Strandlandschaft:** wildes Meer, dunkle Strände, gesäumt von Felsen. Ein paradiesisches Bild, das trügt. Die **Strömung** ist so stark, dass Baden gefährlich werden kann und sich man nur dann ins Wasser wagen sollte, wenn der Strand bewacht ist.

Am südlichen Ende liegt eine große **Tölpelkolonie** (engl. *gannet*), die von einer Aussichtsplattform aus beobachtet werden kann. Im Januar und Februar schlüpfen die Küken, die sich für ihren ersten Flug vom Felsen stürzen und direkt bis nach Australien fliegen müssen.

In und um Muriwai gibt es verschiedene **Spazier- und Wanderwege,** die in der **DOC-Broschüre „Auckland Day Walks"** beschrieben sind. Beliebt ist der Rundweg zu den **Mokoroa Falls** (8 km, 3 Std. Start: Constable Rd.).

Praktische Tipps

- Die **Infrastruktur** für die ca. 1200 Einwohner in Muriwai ist bescheiden. Es gibt ein **Café,** einen 2016 frisch renovierten **Campingplatz,** eine **Reitschule** (Coast Rd., Tel. 09-411 8948, ab 65 $) und eine **Surfschule,** die neben Surfbrettern (ab 15 $) auch Blokarts (kleine Geländewagen mit Segel, ab 60 $) vermietet (Muriwai Surf School, 438 Motuatara Rd., Tel. 021-478 734).

Helensville und Umgebung

Das Städtchen Helensville ist nicht unbedingt einen Besuch wert, aber wer sowieso auf dem SH16 vorbeikommt, kann auch kurz halten. Zu sehen gibt es einen **historischen Bahnhof** mit angeschlossenem Museum. Das nahe **Café Ginger Crunch** ist eines der besten am Ort.

- **Railway Museum,** 2 Railway St., Mi–So 10–15h, 3 $. **Café**① Mi–So 8–16 Uhr.

In der Umgebung gibt es ein paar lohnenswerte Sehenswürdigkeiten und Aktivitäten (von Süden nach Norden):

■ **Tree Adventures,** Boundary Rd., Woodhill Forest, Tel. 0800-827 926, www.treeadventures.co.nz, tägl. 9.30–17.30 Uhr, Winter 10–17 Uhr, ab 19 $. Hochseilgarten mit fünf Routen in verschiedenen Schwierigkeitsgraden.

■ **Woodhill Mountainbike Park,** Restall Rd., Woodhill, www.bikeparks.co.nz, tägl. 7–17.30 Uhr, 10/5 $. Single Tracks in verschiedenen Schwierigkeitsgraden, quer durch den Wald. Auch für Anfänger geeignet. Mountainbikeverleih ab 35 $.

■ **Pakarai Springs,** 150 Parkhurst Rd., Tel. 09-420 8998, www.pakaraisprings.co.nz, tägl. 10–21 Uhr, 24/12 $. Spaßbad mit Wasserrutschen in Thermalwasser. Wer auf dem angegliederten Campingplatz übernachtet, zahlt die Hälfte.

■ **Kaipara Coast Sculpture Gardens,** 1481 SH16, Tel. 09-420 5655, www.kaiparacoast.co.nz, tägl. 9–17 Uhr, 10/5 $. Ein 1 km langer Spazierweg innerhalb einer großen Gartenanlage führt an zahlreichen Skulpturen aus Holz, Stein, Glas und anderen Materialien vorbei. Jährlich wechselnde Ausstellung.

Nördlich von Auckland

Der Übergang der Stadt Auckland in die regionale Umgebung ist fließend. Offiziell liegt die **Stadtgrenze** in Albany, das Einzugsgebiet erstreckt sich jedoch knapp 100 Kilometer in den Norden, bis nach Wellsford, wo der SH16 auf den SH1 trifft. Die Strecke nach Norden führt an zahlreichen kleineren und größeren Orten vorbei. Wer in Eile ist oder die Einsamkeit sucht, kann ohne Gewissensbisse bis nach Northland weiterfahren. Zu entdecken gibt es natürlich trotzdem allerlei, im Folgenden sind die **regionalen Highlights** beschrieben. Für Taucher ein Muss ist das Reservat um Goat Island. Geschichtsfreunde mögen

www.fotolia.de © gracethang

sich an Puhoi erfreuen, Kunstliebhaber am Brick Bay Sculpture Trail, und Naturfreunde und Wanderer werden den Tawharanui Regional Park mögen.

Long Bay Regional Park

Der kleine Park im Norden der East Coast Bay mit seinen charmanten **Stränden** lädt zum Schwimmen ein und bietet ein paar **Spazier- und Radwege** von 30 Minuten bis drei Stunden, die auch verschieden kombiniert werden können. Beliebt ist der einfache, sieben Kilometer lange, dreistündige **Coastal Track,** der am Long Bay Parkplatz startet.

Orewa und Whangaparaoa Peninsula

Die **Stadt Orewa** erstreckt sich hinter einem drei Kilometer langen **Sandstrand** an der Hibiscus Coast. Mit ihren knapp 8000 Einwohnern wächst die Stadt rasant, kontinuierlich werden neue Hochhäuser gebaut, die Infrastruktur ist sehr gut, es gibt sogar eine Skihalle.

Highlight der Gegend ist die etwas südlich vorgelagerte **Halbinsel Whangaparaoa,** die sich weit in das Meer erstreckt, fast bis zur kleinen Vogelschutzinsel Tiritiri Matangi (siehe Kapitel „Inseln im Hauraki Gulf"). Am Ende der Halbinsel (nach dichter Besiedelung) liegt der erfrischende **Shakespear Regional Park,** ein eingezäuntes, schädlingsfreies Areal, zugleich Naturschutz-/Erholungsgebiet und Farmland. Quer über den Park sind einzelne Informationstafeln verteilt, die auf Wissenswertes hinweisen. Es gibt drei **Strände,** der schönste ist **Te Haruhi Bay** am südwestlichen Ende. Von hier hat man einen schönen Blick auf die Inseln im Golf und nach Auckland. Innerhalb des Regional Parks gibt es ausgeschilderte **Spazierwege** von 40 Minuten bis zwei Stunden Länge, die an Maori-Stätten, Aussichtspunkten und Relikten aus dem Zweiten Weltkrieg vorbeiführen. Attraktiv ist der zehn Kilometer lange, vierstündige **Rundweg,** der alle wichtigen Punkte des Parks verbindet (Start: Parkplatz).

Im Shakespear Regional Park

■ **Öffnungszeiten des Parks:** Sommer: 6–21 Uhr, Winter 6–19 Uhr. Am südlichen Ende liegt ein einfacher **DOC-Campingplatz**①, in Orewa gibt es einen **Top-10-Campingplatz**②,265 Hibiscus Coast Hwy., Tel. 09-426 5832.

Waiwera

Der kleine Ort am gleichnamigen Fluss Waiwera wäre unspektakulär, wäre da nicht der hübsche **Strand** und vor allem das **Waiwera Thermal Resort.** Knapp 20 Außen- und Innenbecken werden mit geothermalem Wasser gespeist. Die Wassertemperatur variiert zwischen 30 und 40 Grad. Es gibt ein Becken mit Kinoleinwand, zahlreiche Wasserrutschbahnen, Spa-Einrichtungen und ein Café. Zu mietende Wohneinheiten sind angeschlossen. *Wai wera* ist Maori für „heißes Wasser".

■ **Waiwera Thermal Resort,** 21 Waiwera Rd., Tel. 09-427 8800, www.waiwera.co.nz, tägl. 9–20 Uhr, 30/16 $.

Auf der anderen Flussseite liegt der kleine **Wenderholm Regional Park** mit hübschen Stränden und Spazierwegen, einem Campingplatz und Ferienhäusern. Innerhalb des Parks befindet sich auch das hübsche viktorianisch-edwardianische **Couldrey House** aus den 1860er Jahren, das zu besichtigen ist.

■ **Couldrey House,** Sommer tägl. 13–16 Uhr, Winter Sa, So 13–16 Uhr, 5 $/frei.

Puhoi

Das Örtchen im Norden von Waiwera wurde einst von böhmischen Einwanderern gegründet, die Anfang der 1860er Jahre aus dem Egerland einwanderten. Die Ortsgeschichte wird im **Bohemian Museum** erläutert.

■ **Bohemian Museum,** Ahuroa Rd., Tel. 09-422 0852, www.puhoihistoricalsociety.co.nz, tägl. 12–15h, 3 $ Spende.

Auch die hölzernen **Kirche Saints Peter and Paul** aus dem Jahr 1881 ist einen Blick wert. Wer lieber die Gegend erkunden möchte, kann die zwölf Kilometer zum Wenderholm Regional Park (siehe Waiwera) flussabwärts paddeln, als Tour oder in Eigenregie.

■ **Puhoi River Canoe and Kayaks,** 84 Puhoi Rd., Tel. 09-422 0891, www.puhoirivercanoes.co.nz, ab 25 $.

Warkworth und Umgebung

Wer mag, kann einen Stopp im **Parry Kauri Park,** drei Kilometer südlich von Warkworth, einlegen. Ein kurzer Spazierweg führt durch den Park und erlaubt erste Blicke auf die majestätischen Kauris. Das **Städtchen Warkworth** hat eine hübsche Hauptstraße mit Cafés und Geschäften. Wer länger bleiben möchte, bekommt Informationen in der i-SITE.

■ **i-SITE,** 1 Baxter St., Mo–Fr 9–17, Sa 9–15 Uhr.

MEIN TIPP: Wer Umwege nicht scheut, der sollte einen sieben Kilometer langen Abstecher gen Osten nach **Snells Beach** unternehmen. Hier liegt der **Brick Bay Sculpture Trail.** Entlang eines zwei Kilometer langen Weges finden sich 45 Werke zeitgenössischer neuseeländischer Künstler. Angeschlossen ist ein **Café** mit der Möglichkeit, Weine der Region zu probieren.

■ **Brick Bay Sculpture Trail,** Arabella Ln., Tel. 09-425 4690, www.brickbaysculpture.co.nz, tägl. 10–17 Uhr, 12/8 $.

Strandliebhaber sollten einen Blick auf **Anchor Beach** im **Tawharanui Regional Park** werfen. Der Strand ist einer der sehenswertesten der Gegend, der Regionalpark zählt zu den schöneren und bietet Spaziergänge und Wanderungen bis zu vier Stunden. Besonders abwechslungsreich ist der vier Kilometer lange **Ecology Trail,** der am Parkplatz an der Takatu Road startet. Man läuft etwa zwei Stunden.

Leigh und Goat Island

Das kleine Örtchen Leigh bietet Attraktionen an Land und im Wasser: Highlight ist das **Cape Rodney-Okakari Point Marine Reserve.** In dem Meeresreservat rund um die kleine vorgelagerte Insel Goat Island wimmelt es nur so von Fischen und Unterwasserpflanzen. Tauchen und Schnorcheln sind beliebte Aktivitäten, in der **DOC-Broschüre „Cape Rodney-Okakari Point Marine Reserve"** kann man nachlesen, was man unter Wasser gesehen hat. Auch Infotafeln an der Küste informieren über die Unterwasserwelt wie auch über die Maori-Geschichte und Legenden.

Das **Marine Discovery Centre** gehört der Universität von Auckland an und informiert anschaulich über die **Unterwasserwelt.** Für alle, die tauchen oder schnorcheln, ein Muss.

■ **Goat Island Marine Discovery Centre,** 160 Goat Island R., Tel. 09-923 3645, www.goatislandmarine.co.nz, tägl. 10–16 Uhr, Winter Sa So 10–16 Uhr, 9/5 $.

Die **Glasbodenboot-Touren** werden für Wasserscheue angeboten, die die Unterwasserwelt lieber nur von oben betrachten möchten. Der Anbieter vermietet auch Schnorchel-Ausrüstung (mit oder ohne Tour) und Kajaks.

■ **Glass Bottom Boat,** Goat Island Rd., Tel. 09-422 6334, www.glassbottomboat.co.nz, 30/15 $.

Das Reservat ist **eine der beliebtesten Tauchgegenden Neuseelands.** Das Wasser ist verhältnismäßig warm, das Unterwasserleben reich, und das relativ nah an der Küste. Man kann Tauchausrüstungen mieten, sich einer Tour anschließen oder PADI-Tauchkurse buchen, z.B. bei diesem empfehlenswerten Anbieter:

■ **Goat Island Dive and Snorkel,** 142a Pakiri Rd., Tel. 09-442 6925, www.goatislanddive.co.nz.

Te Hana

Es gibt genau zwei Gründe, in Te Hana zu stoppen:

MEIN TIPP: Der Künstler *Kerry Strongman* verarbeitet Kauriholz auf wunderschöne Art und Weise. Seine Kunstwerke werden auch als **„Schmuck für Riesen"** bezeichnet, denn sie ähneln riesigen Anhängern und Amuletten.

■ **The Arts Factory,** SH1, Tel. 09-423 8069, www.tribestrongman.com, tägl. 9–17 Uhr.

Wer sich für **Maori-Kultur** interessiert, sollte das Maori-Zentrum **Te Hana Te Ao Marama** besuchen. Die Stiftung eines lokalen Stammes bietet Führungen durch das Dorf, Übernachtungen im Marae und andere Touren.

■ **Te Hana Te Ao Marama,** 311 SH1, Tel. 09-423 8701, www.tehana.co.nz, Mi–Sa 9–17 Uhr, ab 28/16,50 $.

Südöstlich von Auckland

Die meisten Reisenden fahren von Auckland aus direkt nach Coromandel, Richtung Hamilton oder gar noch weiter. Bei knappem Zeitbudget ist das die richtige Vorgehensweise. Wer jedoch ein wenig mehr Zeit hat oder längere Zeit in Auckland verbringt, kann durchaus einen Ausflug in die nahe gelegenen Hunua Ranges planen.

Hunua Ranges

Die **Hunua-Bergkette** ist ca. 250 Quadratkilometer groß, 180 davon gehören dem gleichnamigen **Regionalpark** an. Der höchste Berg der Kette ist der Kahukihunui mit 688 Metern. Hier gibt es zahlreiche Flüsse, Bäche und Wasserfälle, der beliebteste ist der 30 Meter hohe **Hunua Falls** (am Ende der Falls Road) am Wairoa River. Hier kann man sich ins erfrischende Nass stürzen oder einem der zahlreichen Spazier- und Wanderwege folgen. Einen schönen Eindruck von die Gegend gewinnt man auf

dem fünf Kilometer langen, dreistündigen **Cossey/Massey Loop Track,** der am Wasserfall startet. Auckland bezieht rund 70 Prozent seines Trinkwassers aus den vier Stauseen innerhalb der Ranges, die eine Gesamtkapazität von 77,1 Millionen Kubikmetern haben und in der Ardmore Water Treatment Plant aufbereitet werden.

Stausee in den Hunua Ranges

004nz kp

Miranda und Umgebung

Der kleine Ort Miranda am Firm of Thames, der Bucht zwischen Coromandel, Auckland und dem Hauraki Gulf gehört eigentlich schon in die Region Waikato, ein Stopp ist vor allem für Ornithologen und **Vogelfreunde** lohnenswert. Diese sollten das nahe gelegene **Pukorokoro Miranda Shorebird Centre** besuchen. Das Zentrum informiert über die Vögel der Gegend: Knapp die Hälfte aller einheimischen **Wrybills** (Schiefschnäbel) besuchen Pukorokoro Miranda. Zeitweise werden hier über 10.000 Vögel gezählt. Die Homepage zeigt auch aktuelle Vogelsichtungen und -zählungen an.

Pukorokoro Miranda Shorebird Centre, 283 East Coast Rd., Tel. 09-232 2781, www.mirandashorebird.org.nz.

Wer nach einem langem Tag die müden Glieder ausruhen möchte, kann das im **Miranda Hotsprings** tun. Es gibt ein drei große Becken und private Spa Pools. Nicht die modernste Einrichtung, sie erfüllt aber ihren Zweck.

Miranda Hotsprings, Front Miranda Rd., Tel. 07-867 3055, www.mirandahotsprings.co.nz, 14/7 $.

www.fotolia.de © m_haberstock

2 Northland und Bay of Islands

Der sonnige Norden glänzt durch seine goldenen Strände und Dünenlandschaften vor tiefgrünen Kauri-Wäldern. Hier begann Neuseelands Siedlungsgeschichte, Geschichtsfans kommen voll auf ihre Kosten.

Gold und Grün: die Bay of Islands

NORTHLAND UND BAY OF ISLANDS

NICHT VERPASSEN!

- **Whangarei:** in die Kunstszene der Stadt eintauchen, das Treiben am Town Basin beobachten und die schönsten Strände des Whangarei Heads erkunden | 83
- **Poor Knights Island Marine Reserve:** schnorcheln oder tauchen in einem der besten Reviere Neuseelands | 90
- **Bay of Islands:** per Bootsausflug in die wunderschönen Szenerie aus Inseln und Buchten eintauchen und an Land die Geschichte Neuseelands kennenlernen | 93
- **Cape Reinga:** am nördlichsten Leuchtturm Neuseelands die Elemente und den Maori Spirit erleben | 111
- **Hokianga Harbour:** sich einen Drink im ältesten Pub Neuseelands genehmigen und die verlassene Landschaft mit unzähligen Meeresarmen genießen | 115
- **Kauri-Bäume im Waipoua Forest:** Tane Mahuta, den größten der majestätischen Riesen, in seiner natürlichen Umgebung bewundern und mehr über die Kauri-Bäume erfahren | 121

Diese Tipps erkennt man an der gelben Hinterlegung.

Northland, die abgeschiedene Region am Ende der Nordinsel, ist ein **Juwel.** Das Zusammenspiel des blauen Meeres mit goldenen Stränden und tiefgrünen Kauri-Wäldern in Kombination mit subtropischem Klima zieht aber nicht nur Sonnenanbeter und Strandliebhaber an, auch Geschichtsinteressierte kommen voll auf ihre Kosten. Denn hier oben begann nicht nur Neuseelands Siedlungsgeschichte, auch der **Treaty of Waitangi,** Neuseelands wichtigstes Verfassungsdokument, wurde hier aufgesetzt und von Vertretern der Krone sowie über 500 Maori Chiefs unterschrieben – vor der herrlichen Kulisse der **Bay of Islands,** die mit türkisem Wasser, unzähligen Inseln und herrlichen Sandstränden heute ein beliebtes Urlaubsziel darstellt. Nicht weit entfernt liegt eines der besten **Tauchreviere** des Landes, das Poor Knights Island Marine Reserve. Wer auf der Suche nach Ruhe und Abgeschiedenheit ist, ist noch weiter im Norden oder auch an der Westküste im **Hokianga Harbour** gut aufgehoben. Viel mehr als kleine, ländliche Siedlungen vor herrlichen Strand- und Meereskulissen gibt es hier nicht. Ganz im Norden der Nordinsel liegt die **Landzunge Aupori** mit ihrem **Ninety Mile Beach,** einem ewig langem Strand, der an Dünenlandschaften in Afrika erinnert. Das Ende der Landzunge markiert das für Maori spirituell bedeutsame **Cape Reinga.** Hier, am Ende der Nordinsel, treffen die Tasmansee und der Pazifik aufeinander.

Das Northland ist geprägt von einer frühen Siedlungsgeschichte, in dessen Fokus vor allem der Abbau von Kauriholz und -harz stand, denn ursprünglich war der Großteil Northlands mit Kauri-Wäldern bedeckt. Heute ist nicht viel mehr als der **Waipoua Forest** im Westen übrig geblieben, der Neuseelands größten Kauri, Tane Mahuta, beherbergt.

Northland ist die **ländlichste Region Neuseelands.** Wichtigste Einnahmequellen hier sind Landwirtschaft und (vor allem in der Bay of Islands) Tourismus. Die **Wirtschaftsentwicklung ist rückläufig,** Arbeitslosigkeit und Unterbeschäftigung hoch. Rund 151.000 Menschen leben in Northland, ein Drittel davon im Wirtschafszentrum **Whangarei.** Der Anteil der **Maori-Bevölkerung** ist mit 32 Prozentfast doppelt so hoch wie in anderen Regionen Neuseelands. Besonders hoch ist der Anteil an Maori im Far North und im Whangarei District. Den größten Iwi stellen die Ngapuhi dar.

Das **Klima** in Northland ist **mild,** die Sommer sind überwiegend trocken und warm, die Winter feucht und nie allzu kalt. Wer Einsamkeit, Meere und Strände liebt und auf seiner Neuseeland-Reise ausreichend Zeit hat, der sollte einen Abstecher in den Norden des Landes einplanen. Wer unter Zeitdruck ist, kann sich ohne Bedenken auf andere Gebiete Neuseelands konzentrieren.

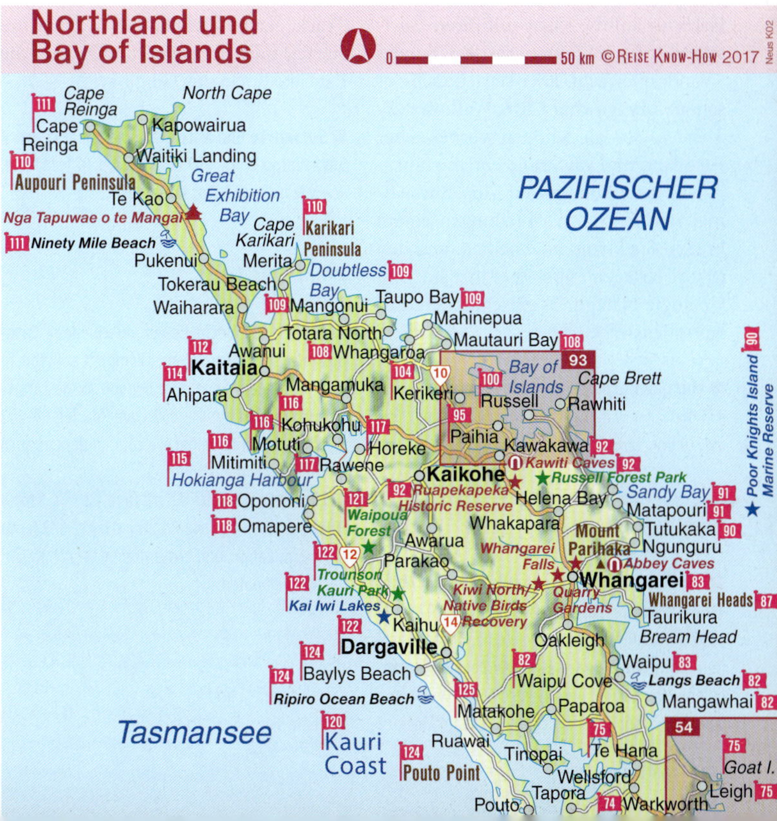

Richtung Whangarei

Mangawhai

Der Ort mit seinen knapp 3000 Einwohnern ist **landwirtschaftliches Versorgungszentrum** und **Ferienziel für Auckländer.** Auf der Moir Street gibt es ein paar Geschäfte, und samstags findet von 9 bis 13 Uhr ein Wochenmarkt statt.

Attraktiver präsentiert sich das wenige Kilometer nördlich gelegene **Mangawhai Heads,** wo der gleichnamige Harbour auf die Küste mit ihrem Surfstrand trifft. Im Sommer ist ein Teil des Strandes bewacht. Hier startet auch der schöne **Mangawhai Cliffs Walkway** (2–3 Std.), der an Klippen vorbei, über Farmland und am Strand entlang führt.

Das neue **Mangawhai Museum** widmet sich in sieben Abteilungen einem breiten Spektrum an Themen, von den Maori-Kriegen über Schiffsbau und Geologie bis zum Vogelschutz. Durchaus sehenswert.

■ **Mangawhai Museum,** Molesworth Dr., Tel. 09-431 4645, www.mangawhai-museum.org.nz, tägl. 10–16 Uhr, 12/6 $.

Praktische Tipps

■ Übernachten kann man in den hübschen **Milestone Cottages**②, 15 Pearson St., Tel. 021-397 139, www.milestonecottages.co.nz, oder im großen **Mangwhai Heads Holiday Park**②, 2 Mangawhai Heads Rd., Tel. 09-431 4675, www.mangawhaiheadsholidaypark.co.nz, direkt am Meer.

Langs Beach

Knapp zehn Kilometer nördlich von Mangawhai liegt der **schöne Surf- und Badestrand** (Zufahrt über Cove Road). Im Sommer gibt es hier einen bewachten Abschnitt.

Waipu Cove/Bream Bay

Wenige Kilometer nördlich von Langs Beach erstreckt sich der **schier endlose Sandstrand** vom Örtchen Waipu Cove entlang der Bream Bay bis zum Marsden Point bei Whangarei. Der lohnenswerte, drei Kilometer lange **Waipu Coastal Track,** der am Parkplatz der Waipu Cove startet, führt in zwei Stunden über die Pancake Rocks zur Ding Bay.

■ **Surfkurse** und **Material** gibt es bei **Learn 2 Surf Waipu Cove,** 897 Cove Rd., Tel. 021-443 224, www.learn2surf.co.nz, Kurs ab 70 $.

Praktische Tipps

■ Entlang der Bucht liegen verschiedene **Campingplätze,** die im Sommer komplett ausgebucht sind. Besonders beliebt ist der voll ausgestattete **Camp Waipu Cove**②, 869 Cove Rd., Tel. 09-432 0410, www.campwaipucove.com, in dem es auch kleine Wohneinheiten gibt.

■ Eine sehr hübsche Alternative ist das **Stone House**②-③, 641 Cove Rd., Tel. 09-432 0432, mit Zimmern, Cabins und kostenfreiem WLAN, Kajaks und Paddelbooten.

[>] Whangarei blickt auf eine bewegte Maori-Geschichte zurück

Waipu

Der Ort **schottischen Ursprungs** zelebriert nicht nur am Neujahrstag die Highland Games (www.highlandgames.co.nz), auch anderweitig kann man den kulturellen Einfluss der 900 schottischen Siedler erkennen, die sich hier Mitte des 19. Jahrhunderts niederließen. Das gut aufbereitete **Waipu Museum** erläutert die Siedlungsgeschichte und mehr.

■ **Waipu Museum,** 36 The Centre, Tel. 09-432 0746, www.waipumuseum.com, tägl. 9.30–16.30 Uhr, 10/5 $.

13 Kilometer nordwestlich liegen die **Waipu Caves** mit ihren Glühwürmchen und Tropfsteinen, die man mit einer Taschenlampe und festem Schuhwerk auf eigene Faust erforschen kann. Der zwei Kilometer lange **Waipu Caves Track** führt in einer Stunde an den Höhlen vorbei, durch malerische Farmlandschaft und sattes Naturschutzgebiet. Er startet an der Waipu Caves Road.

www.fotolia.de © weltreisendertj

Whangarei und Umgebung

Whangarei ist eine der **nördlichsten Städte Neuseelands** und auch eine der kleinsten des Inselstaates. Eingebettet zwischen dem Hatea River und dem Raumanga Stream, die in das große Hafenbecken münden, ist Whangarei eine Binnenstadt, die in unmittelbarer Nähe zum Meer liegt.

Whangarei punktet bei seinen Besuchern durch sein mildes **Klima** mit 2000 Sonnenstunden, seine bewegte **Maori- und Siedlungsgeschichte** und eine ausgeprägte, abwechslungsreiche **Kunstszene** mit Galerien und Museen. Das **Stadtbild** ist geprägt von Parks und Grünflächen, es gibt zahlreiche Spazier- und Wanderwege. Das Gebiet um Whangarei ist durch **Vulkanismus** geformt, was vor allem am nahe gelegenen Bream Head noch gut zu erkennen ist.

Geschichte

Der **Legende** nach war der berühmte polynesische Entdecker **Kupe** der erste Mensch, der auf dem Rückweg nach Hawaiki, nachdem er Aotearoa im Jahr 950 entdeckt hatte, das Hafenbecken von Whangarei und die Headlands erblickte. Archäologische Funde lassen auf eine Besiedlung der Gegend durch Maori ab etwa dem Jahr **1200** schließen. 500 Jahre später war das Gebiet durch Ngapuhi-Unterstämme verhältnismäßig dicht besiedelt, und die Gegend war bei Reisenden ein beliebter **Zwischenstopp.** Bis zu

3000 Menschen gleichzeitig organisierten hier ihre Weiterreise.

Die **Besiedlung durch Europäer** begann, kurz nachdem Kapitän *Cook* 1769 in der Bream Bay geankert hatte. **Konflikte** zwischen Maori-Stämmen waren aufgrund der dichten Besiedlung der Region schon länger an der Tagesordnung, doch mit der Einführung von Schusswaffen durch die Europäer nahmen diese Fehden verheerende Ausmaße an. Die sogenannten **Musketenkriege** forderten Tausende Menschenleben, und zum Zeitpunkt der frühen Kolonialbesiedlung war die Gegend wie ausgestorben. 1845 lebten nur zwölf europäische Familien in Whangarei, von denen die meisten nach Auckland zogen, als die Landkriege ausbrachen. Erst mit dem Eintreffen der **schottischen Siedler** in Waipu wuchs auch die Einwohnerzahl in Whangarei. Holzwirtschaft, Kohleabbau, Landwirtschaft und Schiffsbau waren die dominanten Wirtschaftszweige. Bis zum späten 19. Jahrhundert hatte sich Whangarei zu einer blühenden Stadt entwickelt.

Geologie

Im Gebiet um Whangarei thronen zahlreiche konische Hügel lange erloschener feuerspuckender Berge. Die **Vulkanhügel** in Whangarei Heads sind ca. 20 Millionen Jahre alt, in Manaia und um Bream Head wurden sogar 135 Millionen Jahre alte Steine gefunden. Die Hügel im Westen und Süden sind Überreste massiver Steinblöcke aus dem Jura-Zeitalter, geformt durch die Bewegung der tektonischen Platten, das Hafenbecken von Whangarei entstand durch die Schmelze am Ende der Eiszeit.

Orientierung

Das schön aufbereitete Hafenviertel **Town Basin** mit Einkaufszone, Cafés und Museen liegt an der Ecke Quayside und Walton Street. Einige der Sehenswürdigkeiten finden sich hier, durchaus einen Spaziergang wert. Das eigentliche **Stadtzentrum** befindet sich südlich vom Laurie Hall Park. Die meisten Geschäfte, Cafés und Restaurants haben sich im Viereck zwischen Bank, Cine Walton und Robert Street angesiedelt.Viele der Sehenswürdigkeiten und Aktivitäten liegen **außerhalb der Innenstadt.**

Sehenswertes und Aktivitäten im Stadtgebiet

MEIN TIPP: Das **Whangarei Art Museum** präsentiert wichtige **zeitgenössische Kunstwerke.** Ein weiterer Schwerpunkt liegt auf Artefakten, die das **kulturelle Erbe der Region** veranschaulichen. Die Sammlungen Drummond Te Wake und Whittle zeigen beeindruckende historische **Fotografien,** unter anderem mit Motiven aus der Arbeitswelt, aus der Schifffahrt und dem kulturellen Leben vergangener Zeiten.

- **Whangarei Art Museum Te Manawa Toi,** Dent St., Tel. 09-430 4240, www.whangareiartmuseum.co.nz, tägl. 10–16 Uhr.

Zeitgenössische Kunst und **Kunsthandwerk** aus Neuseeland, vorwiegend Glas, Keramik und Schmuck, zeigt die **Burning Issues Gallery.** Künstler aus Northland stellen auch Werke aus Holz aus. Erstklassige Exponate!

Burning Issues Gallery, 8 Quayside, Tel. 09-438 3108, www.burningissuesgallery.co.nz, tägl. 10–17 Uhr.

Die ausgeschilderten **Themenspaziergänge** des **Art Walk und Heritage Trail** (Start: Town Basin) führen an **Skulpturen lokaler Künstler** vorbei, die sich teilweise auf die Geschichte und Kultur der Gegend beziehen. Andere Spazier- und Wanderwege rund um die Stadt sind in der **Broschüre „Whangarei Walks"** beschrieben, beispielsweise der Hatea River Walk oder Strecken im Parihaka und Coronation Scenic Reserve. Die meisten Wege sind hervorragend ausgeschildert.

Ein sehr hübsch angelegter **Botanischer Garten** mit Tropenhaus, Kakteenhaus und japanischem Garten beherbergt mit der Marge Maddren Fernery eine der größten Farnsammlungen Neuseelands.

Botanica, First Ave St., tägl. 9–16 Uhr.

Es gibt einige Unternehmen, die **geführte Touren** in und um Whangarei anbieten. Schwerpunkte sind meist (Maori-) Kultur und Geschichte.

Pupurangi Hire and Tour, Town Basin, Tel. 09-438 8117, www.hirentour.co.nz, ab 35 $.

Mal was Anderes ist **Minigolf im Dunklen.** Die Anlage ist nett aufbereitet und hat verschiedene Themenbereiche von Glühwürmchenhöhlen bis zur Ruinenlandschaft.

Extreme MiniGlowlf, 2 Reyburn St., Tel. 09-556 1346, www.glowlfworld.com, Mi–Fr 14.30–19 Uhr, Sa 10–19 Uhr, So 10–17 Uhr, 15/12 $.

Sehenswertes und Aktivitäten in der Umgebung

Das **Mahnmal Mount Parihaka War Memorial** auf dem Gipfel des Berges symbolisiert die nationale Identität. Es erinnert an alle neuseeländischen Soldaten, die sich im Zweiten Weltkrieg für die Freiheit anderer eingesetzt haben. 170 Menschen aus Whangarei ließen dafür ihr Leben.

Mount Parihaka War Memorial, Memorial Dr., 3 km östlich.

Ein kurzer Spaziergang führt entlang interessanter Kalksteinformationen zu den **Abbey Caves,** den drei **Höhlen Organ, Mitle** und **Ivy** mit Stalaktiten, Stalagmiten und Glühwürmchen. Um zu den Höhlen zu gelangen, muss man teilweise etwas klettern. Zwei der Höhlen sind unterirdisch miteinander verbunden. Taschenlampe nicht vergessen!

Abbey Caves, 120 Abbey Caves Rd., 5 km östl.

Mehrere Spazierwege (bis zu 1 Std.) führen durch **dichten endemischen Wald** und an diesem entlang bis zu 500 Jahre alten **Kauri-Bäumen.** Ein sehr hübscher Ort, um sich die Beine zu vertreten.

AH Reed Memorial Kauri Park, Whareora Rd., 5 km nordöstlich.

Der 26 Meter hohe **Wasserfall Whangarei Falls** liegt malerisch in dichtem Wald und ist von einer Besucherplattform aus gut zu sehen. Wer sich bewegen möchte, kann in zwei Stunden den 4,8 Kilometer langen Sands Road Loop absolvieren.

■ **Whangarei Falls,** ausgeschildert von Ngunguru Rd., 6 km nördlich.

Im **Quarry Arts Centre,** einer Gruppe von **Ateliers,** können lokale Künstler an ihren Projekten arbeiten. Quasi überall stehen Kunstgegenstände herum, und in der Galerie kann hier hergestellte Kunst gekauft werden.

■ **Quarry Arts Centre,** 21 Selvyn Ave., 2 km westlich, Tel. 09-438 1215, www.quarryarts.org, Galerie Mo–Fr 9–16.30 Uhr.

Die **Quarry Gardens** sind eine schön angelegte, natürlich erscheinende **subtropische Parkanlage** mit verschiedenen Themengärten zwischen endemischem Wald. Highlight ist der natürliche Wasserfall. Ein Besucherzentrum und ein sehr empfehlenswertes Café sind angeschlossen.

■ **Quarry Gardens,** 37a Russell Rd., 3 km nordwestlich, Tel. 09-437 7210, www.whangareigardens.org.nz, tägl. 9–17 Uhr.

Der **Wildkatzen-Park Kamo Wildlife Sanctuary** mit seinen Löwen, Tigern und Geparden war zum Zeitpunkt der Recherche zur Renovierung geschlossen. Eine baldige Wiedereröffnung ist zu erwarten. Interessierte sollten sich in der i-SITE in Whangarei erkundigen.

■ **Kamo Wildlife Sanctuary,** 124 Gray Rd., Tel. 09-435 0110.

Auf den 26 Hektar des Natur- und Kulturzentrums **Kiwi North** befinden sich das **Whangarei Museum** mit 40.000 Ausstellungsstücken zu den Themen Maori-Kultur und -Geschichte, Naturhistorie und Fauna, Militär- und Sozialgeschichte, das **Kiwi House,** das neben Kiwis auch Tuataras und Geckos beherbergt, sowie der großzügig angelegte **Heritage Park,** in dem historische Gebäude ab 1859 besucht werden können.

■ **Kiwi North,** 500 SH14, 5 km westlich, Tel. 09-438 0630, www.kiwinorth.co.nz, tägl. 10–16 Uhr, 35/15 $.

Das **Vogelkrankenhaus Native Bird Recovery** päppelt verletzte und kranke Vögel auf und wildert sie wieder aus. Ob Kiwis, Albatrosse oder Tuis, alle Vögel werden aufgenommen. Auf der Homepage gibt es eine Webcam.

■ **Native Bird Recovery,** 500 SH14, 8 km westlich von Whangarei, Tel. 09-438 1457, www.nbr.org.nz, Mo, Fr 13–16.30 Uhr, Di–Do 10–16.30 Uhr.

Der **Parihaka Mountainbike Park** bietet Single Tracks in allen Schwierigkeitsstufen, auf denen man sich gut einen halben Tag lang austoben kann. Informationen gibt es am Parkeingang oder bei MyBike, die auch Fahrräder vermieten.

■ **Parihaka MTB Park,** 47 Abbey Caves Rd., 5 km östlich von Whangarei.
■ **MyBike,** 2 Reyburn St., Tel. 09-430 2691, www.mybikewhangarei.co.nz, Mi–Fr 8.30–17 Uhr, Sa 9–13 Uhr.

‹ Märchenhaft: die Whangarei Falls

Im **Kletterwald Adventure Forest** kann man sich an zwölf Routen in verschiedenen Schwierigkeitsgraden ausprobieren.

■ **Adventure Forest,** 4 Huanui Rd., Glenbervie, 10 km nordöstl. von Whangarei, Tel. 09-459 4485, www.adventureforest.co.nz, Ferien u. Sa, So 10–17 Uhr, ansonsten auf Anfrage, 37/27 $.

Wer Whangarei mit seinem wunderschönen Whangarei Head vom Himmel aus bewundern möchte (und den nötigen Mut mitbringt), kann das bei einem **Fallschirmsprung** in die Tat umsetzen.

■ **Ballistic Blondes,** 10 Domain Rd., 10 km südöstl. von Whangarei, Tel. 0800-695 867, www.skydiveballisticblondes.co.nz, ab 275 $.

Whangarei Heads

Die malerische **Halbinsel** östlich der Stadt ist ein **Naturparadies** mit subtropischem Klima. Im Westen liegen **geschützte Strände** entlang des Hafenbeckens, an denen man hervorragend schwimmen, tauchen, schnorcheln und Kajak fahren kann. Im Osten liegen die **weißen Pazifikstrände,** allen voran Ocean Beach.

Dazwischen liegen 20 Millionen Jahre alte **vulkanische Gipfel** und **Wälder,** die zu Spaziergängen und Wanderungen einladen. Zu den beliebtesten **Tracks** gehören die Folgenden:

■ **Mount Manaia:** 3,5 km, 2½ Std. return, Start: Whangarei Heads Rd., Parkplatz am Manaia Club.
■ **Bream Head:** 7,5 km, 5–6 Std., Start: Parkplatz Urquhart Bay Rd.
■ **Smugglers Bay Loop:** 3 km, 45 Min., Start: Parkplatz Urquhart Bay Rd.

www.fotolia.de © Bettina Edler

■ **Mount Aubrey:** 3 km, 2 Std. return, Start: Tiller Parkplatz, Reotahi Rd.

Allein die **Fahrt** zur Halbinsel ist ein Erlebnis: Die Straße passiert Mangrovenwälder und (im Frühling) rot blühende Pohutukawa-Bäume in fotogener Umgebung. Hauptverkehrsader ist die **Whangarei Heads Road,** an der ein paar wenige Cafés/Restaurants liegen. Vereinzelte B&Bs und Gästehäuser sind über die Halbinsel verteilt.

■ Kajaks zur Miete sowie Wander- und Radtouren bietet das Unternehmen **Whangarei Heads Eco-Adventures,** 146 Beasley Rd., Pataua South, Tel. 09-436 1959, www.tidesong.co.nz. Ein **B&B**② ist angeschlossen.

Hier geht's zum Backpackers

Praktische Tipps

Informationen

■ **www.whangareinz.com**
■ **www.discoverwhangareiheads.nz**
■ **Einwohnerzahl:** 51.523
■ **i-SITE:** 92 Otaika Rd. (2,5 km südl.), Tel. 09-438 1079, Mo–Fr 9–17 Uhr, Sa, So 9–16.30 Uhr.
■ **Hub Information:** 91 Dent St., Tel. 09-430 1188, Mo–Fr 9–17 Uhr, Sa, So 9–16.30 Uhr. Zentral gelegene Touristeninformation.
■ **Bibliothek:** 5 Rust Ave., Tel. 09-430 4206, Mo–Fr 9–18 Uhr, Sa 9–13 Uhr, So 10–13 Uhr.

Verkehr/An- und Abreise

■ **Taxi:** www.kiwicabs.co.nz, Tel. 09-438 4444.
■ **Bus:** Whangarei wird von den großen Langstreckenbusunternehmen angefahren; zentrale Haltestelle 91 Dent Street.
■ **Flugzeug:** Whangarei ist über den Flughafen mit Auckland verbunden, Handforth St., 7 km südl., Tel. 09-436 0047, www.whangareiairport.co.nz.

Unterkunft

In Whangarei lässt es sich **relativ günstig** und angenehm übernachten. Zahlreiche Motels liegen entlang des Western Hills Drive, der Kamo Road sowie des Hatea Drive. Es gibt auch eine Handvoll gute Hostels.

Little Earth Lodge①, 85 Abbey Caves Rd., Tel. 09-430 65685, www.littleearthlodge.co.nz. 6 km außerhalb im Nordosten liegt dieses hübsche, saubere, ökologisch bewusste Hostel in einem riesigen Garten und in purer Natur im Parahaki Valley – zwei kleine Pferde und ein Hund inbegriffen.

■ **Burgundy Rose Motel**②, 100 Kamo St., Tel. 09-437 3500, www.burgundyrosemotel.co.nz. 3 km vom Stadtzentrum entfernt, sehr gutes Preis-Leistungs-Verhältnis mit günstigen, sauberen Zimmern in Laufnähe zu ein paar Geschäften.

■ **B&B By The Park**②, 11 Rurumoki St., Tel. 09-437 2379, www.bythepark.co.nz. Direkt am Park und Fluss, mit sauberen Zimmern und Frühstück.

■ **Pembrooke Motor Lodge**②, 13 Deveron St., Tel. 09-887 9416, www.pembrooke.co.nz. Klassisches Motel, in Flussnähe, 20 Min. zu Fuß zum Zentrum. Alternativ gibt es Leihfahrräder.

■ **Lupton Loge**③, 555 Ngunguru Rd., Tel. 09-437 2989, www.luptonlodge.co.nz. Sehr schöne Lodge mit verschiedenen Zimmerkategorien, die allesamt schön und wohnlich sind. 10 km außerhalb in schönem Natursetting mit 10-m-Schwimmbecken.

Camping

■ **Whangarei Top 10**③, 42 Mair St., Tel. 09-437 6856, www.whangareitop10.co.nz. Relativ moderner Campingplatz mit allen Annehmlichkeiten am Mair Park gelegen. 2 km zum Zentrum.

■ **Whangarei Central Holiday Park**②, 34 Tarewa Rd., Tel. 09-438 6600, www.whangareicentral holidaypark.co.nz. Die Gemeinschaftseinrichtungen sind etwas in die Jahre gekommen, dafür nur 800 m zum Zentrum und 1,5 km zum Town Basin.

Essen und Trinken

■ **Serenity Café**①, 45 Quay St., Tel. 09-430 0841, www.serenitycafe.co.nz, Mo–Sa 7–15 Uhr, So 8–15 Uhr. Das Café, das zu den besten der Stadt gehört, bietet klassische neuseeländische Speisen.

■ **Mokaba Café**①, 6 Quayside, Tel. 09-438 7557, www.mokabacafe.co.nz, tägl. 8–17 Uhr. Auch dieses empfehlenswerte Café serviert guten Kaffee und leckere Speisen; zahlreiche Außensitzplätze.

■ **Suk Jai Thai**①-②, 93 Kamo Rd., Tel. 09-437 7287, www.sukjai.co.nz, Di–Sa 11.30–14.30 Uhr und Mo–So 17–22 Uhr. Günstige, authentische thailändische Küche.

■ **Fat Camel**①-②, 12 Quality St., Tel. 09-438 0831, tägl. 9–21 Uhr. Leckere Speisen aus dem Nahen Osten: Hummus, Falafel, Shawarma und mehr in typisch neuseeländischem Ambiente.

Ausgehen

MEIN TIPP: **Old Stone Butter Factory,** 8 Butter Factory Lane, Tel. 09-430 0044, www.thebutter factory.co.nz, Mo–Sa 10 Uhr bis spät. Ein selten anzutreffender Alleskönner: Cocktailbar mit einer guten Wein- und Bierauswahl sowie kulinarischen Highlights wie Tapas, Burger und Pizza, dazu gibt es Livemusik und DJs. Hier ist für jeden etwas dabei.

■ **Split,** 15 Rathbone St., Tel. 09-438 0999, www. splitrestaurant. co.nz, Mo–Sa 11 Uhr bis spät. Die Bar unterteilt sich in Restaurant und Cocktailbar auf der einen sowie die entspannte Gartenbar auf der anderen Seite. Die Getränkekarte überzeugt genauso wie die Qualität der Speisen.

Einkaufen

Im Town Basin und Stadtzentrum gibt es neben den üblichen Geschäften auch kleine Boutiquen sowie Läden mit **Kunst und Kunsthandwerk.** Wer sich für Letzteres interessiert, kann sich bei Burning Issues und im Quarry Arts Centre (siehe „Sehenswertes") umschauen. Gute Anlaufstellen sind auch:

■ **Tuatara Design Store,** 29 Bank St., Tel. 09-430 0121, www.tuataradesignstore.com, Mo–Fr 9.30–16.30 Uhr, Sa 8–14 Uhr.

■ **The Bach,** Town Basin, Tel. 09-438 2787, www. thebach.gallery, tgl. 9.30–16.30 Uhr.

■ Der **Kunsthandwerksmarkt Arts and Crafts Market** findet Nov. bis Ende Jan. Sa 9–13.30 Uhr, Okt. u. Feb. bis April alle zwei Wochen statt.

■ Auf dem **Bauernmarkt,** 17 Water St., Sa 9–14 Uhr, werden vorwiegend regionale Lebensmittel angeboten.

Zwischen Whangarei und Bay of Islands

Tutukaka und Poor Knights Island Marine Reserve

Das Küstenörtchen Tutukaka fokussiert sich auf Ausflüge in das nahe gelegene Poor Knights Island Marine Reserve und Wassersport, allem voran Tauchen, Hochseeangeln und Surfen. Tatsächlich befindet sich hier das wohl **beste Tauchrevier Neuseelands:** kristallklares Wasser mit 30 Metern Sicht, eine große Vielfalt an Meereslebewesen, eine wunderschöne Unterwasserlandschaft mit Steilwänden sowie zwei Schiffswracks. Highlight ist die **Blue Mao Mao Cave,** die Höhle zählt zu den besten Tauchspots der Welt. Zum Reservat gehören zahlreiche Inseln, auf denen sich unzählige Brückenechsen tummeln. Nicht alle Inseln dürfen betreten werden.

Aktivitäten

Ein besseres **Tauchrevier** lässt sich in Neuseeland kaum finden. Eine erstklassige Anlaufstelle für Touren sowie Kurse ist folgender Anbieter:

■ **Dive Tutukaka,** Marina Rd., Tel. 09-434 3867, www.diving.co.nz.

Die Schönheit des Meeres lässt sich auch im Rahmen eines **Bootsausflugs** besonders gut erleben. Es werden verschiedene **Buchten der Poor Knights** angesteuert, in denen man kostenfrei Kajaks und Schnorchelausrüstungen ausprobieren kann.

■ **Perfect Day Ocean Cruise,** Marina Rd., Tel. 09-434 4867, www.aperfectday.co.nz, 189/95 $.

Sandy Bay (siehe weiter unten) ist einer der besten **Surfspots** in Northland. In Tutukaka und Umgebung findet man ein paar Surfschulen und Anbieter von Surf-Touren.

■ **Tutukaka Surf,** Marina Rd., Tel. 09-434 4135, www.tutukakasurf.co.nz, ab 75 $.

Die **Hochseeangelsaison** dauert von Dezember bis Mai. Informationen über aktuelle Charter gibt es hier:

■ **Whangarei Deep See Anglers Club,** Tel. 09 434 3818, www.sportfishing.co.nz.

Entlang der Küste gibt es verschiedene hübsche **Wander- und Spazierwege,** viele sind ausgeschildert. Wer einen Überblick gewinnen möchte, kann sich die **Broschüre „Tutukaka Coast Tracks & Walks“** besorgen.

Praktische Tipps

Essen und Trinken

In Tutukaka gibt es ein paar **wenige Restaurants,** keines davon sticht besonders heraus.

Unterkunft und Camping

■ **Quality Hotel Oceans**②, 11 Marina Rd., Tel. 09-470 2290, www.oceansresorthotel.co.nz. Große Hotelanlage mit sauberen Zimmern.

Mein Tipp: Ramoana Homestay②-③, 131 Lawson Dr., Whangaumu Bay, Tel. 09-434 4406, www.ramoana.co.nz. In wunderschöner Lage am Ende des Tutukaka Head.

■ **Tutukaka Holiday Park**③, Marina Rd., Tel. 09-434 3938, www.tutukaka-holidaypark.co.nz. Einfacher Holiday Park in zentraler Lage, wenig Schattenplätze, teilweise etwas in die Jahre gekommen.

Weiter Richtung Norden

Matapouri

Der Ferienort selbst ist unspektakulär, die vorgelagerte gleichnamige **Bucht** jedoch punktet durch ihren breiten, weißen Sandstrand, der an seinen Enden von Buschland eingerahmt ist. Einen Besuch wert ist die im Westen liegende, relativ verlassene **Whale Bay.**

Sandy Bay

Eine Bilderbuchbucht, an der **Ausritte** angeboten werden:

■ **Sandy Bay Horses,** McAuslin Rd., Tel. 09-434 4480, www.sandybayhorses.co.nz, ab 70 $.

Essen und Trinken

■ Wer von Tutukaka nach Norden fährt, kommt hinter Matapouri an der Sandy Bay bei **Havana Cabana** (22 McAulin Rd., Dez.–Feb.) vorbei, wo aus einem knallbunten Wohnwagen heraus südamerikanische Speisen verkauft werden.

Russell Road

Vom Örtchen Whakapara führen zwei Wege zur Bay of Islands. Die Fahrt auf der kleinen, **malerischen** Russell Road dauert etwas länger. Highlights sind wunderschöne Blicke über die Landschaft, traumhafte Buchten und (je nach Jahreszeit) einsame Strände. Auf dem Weg zur Helena Bay lohnt ein Stopp am Helena Bay Hill Restaurant:

■ **Helena Bay Hill Gallery and Café,** 1392 Russell Rd., Tel. 09-433 9934, www.galleryhelenabay.co.nz, Sommer tägl. 10–17 Uhr, Winter Mi–So 10–16 Uhr. Eingebettet in subtropischen Wald mit Meeresblick, liegt neben dem Café (leckerer Kuchen!) auch eine **Galerie,** die zeitgenössische Werke lokaler Künstler ausstellt.

■ Im benachbarten **Hopewell B&B**②, 1349 Russell Rd., Tel. 09-433 9608, www.hopewellbnb.co.nz, lässt es sich gut übernachten.

143nz no

☒ Ausritt am Strand

Im nahe gelegenen **Russell Forest Park** verläuft der 21 Kilometer lange **Russell Forest Track,** für den man fünf bis neun Stunden benötigt, entlang des Ngaiotonga-Passes. Er eröffnet wunderschöne Blicke auf die Bay of Islands und den Whangaruru-Hafen. Startpunkt ist der Parkplatz an der Punaruku Road.

Weiter im Norden führt ein Abstecher zur **Parekura Bay** und nach **Rawhiti,** wo sehr konditionsstarke Wanderer von der Oke Bay aus in acht Stunden 16 Kilometer mit unglaublichen 26.666 Stufen zum **Cape Brett** laufen können (30 $ Nutzungsgebühr für Privatland). Von Cape Brett aus gibt es Wassertaxen von/nach Russell und Paihia. Detailliertere Informationen vermittelt die **DOC-Broschüre „Cape Brett“.**

Ruapekapeka Historic Reserve

Auf diesem Gelände an der Ruapekapeka Road, das als eine der wichtigsten historischen Stätten angesehen wird, wurde 1846 der **„War of the North“** entschieden, in dem neun Monate lang knapp 500 Maori gegen 1500 Engländer und Pro-England-Gesinnte kämpften. Auf einem halbstündigen Spaziergang erläutern Informationstafeln die Geschichte. Alternativ informiert die **Broschüre „Ruapekapeka Pa“.** Das Gelände gilt als *tapu,* Essen und Trinken ist verboten.

Kawiti Caves

Wer die **Höhlen** auf Privatland besuchen möchte, muss sich einer Tour anschließen. Geboten werden Glühwürmchen, Tropfsteine und reichlich Informationen. Sehenswert für alle, die noch keine Glühwürmchen in Neuseeland gesehen haben und/oder den Weg über Waitomo nicht machen möchten.

■ **Kawiti Caves,** 49 Waiomio Rd., Tel. 09-404 0583, www.kawiticaves.co.nz, 20/10 $.

Kawakawa

Das Highlight der Kleinstadt ist die **Hundertwasser-Toilette** (60 Gilles St.), die der österreichische Künstler mit den für ihn typischen bunten Mosaiken entworfen hat. Hinter den WCs liegt der **Hunderwasserpark** mit ein paar (wenigen) Kunstwerken. Auf der anderen Straßenseite findet man das im Hundertwasser-Stil angelegte **Amazespace,** das zum Zeitpunkt der Recherche wegen Renovierung geschlossen war. Auf der Hauptstraße Kawakawas verlaufen Bahnschienen, die einmal täglich von einer alten **Dampf- und Diesellok** aus den 1930er Jahren befahren wird.

Praktische Tipps

■ Informationen und Tickets gibt es bei **Vintage Railway,** Kawakawa Station, Tel. 09-404 0684, www.bayofislandsvintagerailway.org.nz, 20/10 $.

■ Das **39 Gilles Café**①, 39 Gilles St., tägl. 7–17 Uhr, serviert guten Kaffee und Snacks.

Bay of Islands

Der Begriff „Bay of Islands" bezeichnet eine große Bucht im Far North District mit zahlreichen Meeresarmen und über 150 subtropischen, unbewohnten Inseln unterschiedlichster Größe. Blaues Wasser, weiße Sandstrände und grüne Wälder lassen im Sonnenschein an die **Südsee** denken. **Geformt** wurde diese außergewöhnliche Landschaft, als am Ende der Eiszeit der Meeresspiegel anstieg, eine Reihe von Tälern überschwemmte und eine über **800 Kilometer lange Küstenlinie** entstehen ließ.

Die zentralen Siedlungen der Bay of Islands sind die Städte **Paihia** und **Russell** sowie die erste Hauptstadt Neuseelands, **Okiato** (auch als „Old Russell" bekannt). Ein weiterer wichtiger Ort ist das geschichtsträchtige **Waitangi,** in dem 1840 der „Treaty of Waitangi" von der britischen Krone und zahlreichen Maori Chiefs unterschrieben wurde (siehe Exkurs „Der Treaty of Waitangi"). Im Fokus der meisten Touristen stehen Bootstouren, die Maori-Kultur und die neuseeländische Geschichte.

Der Treaty of Waitangi

Das **Abkommen von Waitangi** wurde am **6. Februar 1840** im gleichnamigen Ort zwischen Vertretern der Britischen Krone sowie über 500 Maori Chiefs geschlossen. Der Vertrag existiert in Maori und Englisch; er gilt als **Neuseelands Gründungsdokument** und ist noch heute **Grundlage der neuseeländischen Verfassung.**

Ab den 1830er Jahren erreichten immer mehr **englische Einwanderer** Neuseeland. Eine unklare Gesetzeslage und ein Mangel an sozialen Regeln in Kombination mit dem Anstieg der Bevölkerungszahlen führte zu chaotischen Verhältnissen. Gleichzeitig gab es Anzeichen, dass **Frankreich** eine eigene Kolonie in Neuseeland etablieren wollte. Die britische Krone fühlte sich zum Handeln gezwungen und beauftragte Lieutenant-Governor *William Hobson,* Neuseeland schnellstmöglich zu annektieren. Mit Unterstützung weiterer Staatsmänner setzte er innerhalb weniger Tage das Verfassungsdokument auf. Der Missionar *Henry Williams* und sein Sohn übersetzten das Abkommen von Englisch auf Maori. Rund 500 Maori diskutierten das Dokument einen Tag und eine Nacht lang, bevor es schließlich erstmalig unterschrieben wurde.

Hobson und seine Zuarbeiter betonten die Vorzüge des Vertrags und spielten gleichzeitig die Konsequenzen für die Autorität der Stammesführer (*tino rangatiratanga)* herunter. Sie versicherten, der Status der Stammesführer würde gestärkt, woraufhin viele Chiefs den Vertrag unterstützten. Innerhalb der nächsten sechs Monaten wurde der Vertrag (überwiegend die Maori-Version) von rund **500 Maori unterschrieben**. Etliche Chiefs unterzeichneten, obwohl sie sich bezüglich der Korrektheit des Vertrags nicht sicher waren oder den Inhalt des Dokuments und die Konsequenzen ihrer Unterschrift nicht verstanden. Andere verweigerten ihre Unterschrift. Das Kolonial-Büro in England erklärte zeitnah, der Treaty sei auch für diejenigen Maori-Stämme verbindlich, die nicht unterschrieben hatten. Die **englische Souveränität über Neuseeland** wurde am 21. Mai 1840 erklärt.

Das Dokument beinhaltet **drei Kapitel:** In der englischen Version übertrugen Maori die Unabhängigkeit Neuseelands an Britannien. Maori gaben der Krone das exklusive Recht, Land zu kaufen, das Maori verkaufen wollten. Im Gegenzug bekamen sie uneingeschränktes Eigentumsrecht über ihre Ländereien, Wälder, Fischgründe und andere Besitztümer. Maori bekamen zudem die gleichen Rechte und Privilegien wie die Briten.

Die **Maori-Übersetzung** des Abkommens ist im Wortlaut ein wenig anders, sodass viele Maori dachten, sie würden die Regierung ihres Landes abgeben, nicht aber das Recht, sich selbst zu verwalten. Auch das Wort „Besitztümer" wurde nicht klar definiert und führte zu unterschiedlichen Erwartungen. Weitere Missverständnisse gab es, da das gesprochene Wort für Maori mindestens denselben Stellenwert hatte wie ein Dokument, und mündliche Versicherungen und euphemistische Erläuterungen des Dokuments gab es zuhauf.

Die fehlerhafte Übersetzung des Vertrages und unklare Erläuterungen führten zu **massiven Streitigkeiten** und Differenzen zwischen Maori und der englischen Kolonialmacht. Der Druck auf die Pakeha, also die europäischen Siedler, wurde immer größer, sodass 1975 das **Waitangi Tribunal** eingerichtet wurde, deren Aufgabe es ist, entstandene Ungerechtigkeiten zu klären. Bis heute wurden 54 Schlichtungen mit einer Gesamtsumme von 1,5 Milliarden Dollar beigelegt. Seit 2014 können keine neuen Ansprüche gestellt werden, die 900 noch ausstehenden Forderungen sollen bis zum Jahr 2020 abgearbeitet sein.

Siehe hierzu auch Kapitel „Menschen und Kultur, Die Maori".

Geschichte

Die ersten Menschen, die die Gegend um die Bay of Islands besuchten, waren die Entdecker und Abenteurer **Kupe, Ngake** und später **Toikairakau.** Das angenehme Klima, der Reichtum an Fisch und Meeresfrüchten sowie geschützte Häfen machten die Gegend besonders attraktiv, sodass sich verschiedene Stämme, allen voran **Ngapuhi,** niederließen.

Der erste europäische Besucher war im Jahr 1769 **Kapitän James Cook,** der der Bucht ihren Namen gab. Drei Jahre später ankerte der französische Segler **Marion du Fresne** in der Bay of Islands. Aufgrund einer Reihe von Missverständnissen wurden er sowie 24 seiner Crewmitglieder von Maori getötet. Aus Rache zerstörten die Franzosen drei ihrer Dörfer und brachten 250 Maori um.

Im Dezember 1814 landete der anglikanische **Missionar Samuel Marsden** und hielt die erste Weihnachtsmesse in Neuseeland. Im folgenden Jahr etablierte er eine Missionsstation an der Rangihoua Bay, im Laufe der Jahre folgten weitere in Kerikeri und Paihia. In den 1820er und 30er Jahren zog die Gegend **Walfänger** an, die bei Russell auf Jagd gingen und mit den Maori Handel trieben. Der Engländer **James Busby** zog 1833 nach Waitangi und spielte eine tragende Rolle beim Aufsetzen des Treaty of Waitangi von 1840. Wenig später wurde **Okiato** (Old Russell) zur ersten **Hauptstadt** Neuseelands ernannt und damit Ort des Konflikts zwischen Maori und der Krone.

Die **Wirtschaft** der Bay of Islands dümpelte vor sich hin. Kauri-Holzwirtschaft war die Haupteinnahmequelle, bis der amerikanische Autor und Abenteurer *Zane Grey* 1920 das Hochseeangeln etablierte und die ersten Touristen anzog. Heute steht der **Tourismus** an erster Stelle des Wirtschaftseinkommens.

Paihia und Waitangi

Paihia hat sich aufgrund seiner zentralen Lage zum **„Nabel" der Bay of Islands** entwickelt. Das Städtchen erstreckt sich entlang der Küste und verfügt über eine auf Touristen abzielende Infrastruktur aus Restaurants, Cafés, Unterkünften und Touranbietern. Von Paihia aus führt eine Brücke zum benachbarten Waitangi, dem Geburtsort des Staates Neuseeland, und eine Fußgängerfähre verbindet Paihia mit dem gegenüberliegenden Ort Russell. Paihia selbst ist kein Highlight, aber von hier aus starten die meisten Touren in die Umgebung, sodass sich der Ort als **Ausgangspunkt** sehr gut eignet. Ganz oben auf der Beliebtheitsskala stehen Bootsausflüge zu den zahlreichen Inseln und Buchten sowie Kultur- und Geschichtstouren.

Geschichte

Maori lebten bereits seit langer Zeit in der Gegend um Paihia, als sich 1833 der Engländer **James Busby** an der Nordseite des Waitangi River niederließ, dem späteren Waitangi. Aufgrund der vermehrten Präsenz der Europäer versammelten sich 1834 in Waitangi zahlreiche **Maori Chiefs,** um eine nationale Flagge auszuwählen. 1835 trafen sie sich, um eine Unabhängigkeitserklärung zu unterschreiben. Am 6. Februar 1840 wurde in Waitangi der **Treaty of Waitangi** unter-

005nz ks

zeichnet, ein Abkommen zwischen der englischen Krone und Maori Chiefs, das die Geschichte Neuseelands maßgeblich bestimmte: einerseits durch die rasch folgende Souveränitätserklärung Englands über Neuseeland am 21. Mai 1840 und andererseits durch eine Reihe an Übersetzungsfehlern, die bis heute zu über 2000 Anspruchsforderungen durch Maori führten (siehe Exkurse „Der Treaty of Waitangi" und „Das Waitangi Tribunal"). Waitangi ist noch heute Ort des Konfliktes, was sich vor allem am jährlichen Waitangi Day am 6. Februar im Rahmen von Protesten entlädt.

Nachdem das Treaty House, in dem die bedeutsamen Verträge unterzeichnet wurden, renoviert und eine Bahnlinie nach Auckland gebaut wurde, fanden immer mehr **Touristen** ihren Weg nach Waitangi und Paihia. Die entsprechende Infrastruktur wurde im Laufe der Jahre immer mehr erweitert, und heute ist Tourismus die Haupteinnahmequelle der Stadt.

Die Bay of Islands hat Südseeflair

Sehenswertes

Mein Tipp: Die **Waitangi Treaty Grounds** sind Neuseelands **wichtigste historische Stätte:** Hier wurde 1840 der Vertrag von Waitangi von Vertretern der britischen Krone und Maori Chiefs unterzeichnet (siehe Exkurs „Der Treaty of Waitangi"). Heute findet man hier eine Mischung aus Gedenkstätte und Informationszentrum. Das Treaty House des Briten *James Busby* dient als Museum. Hier ist unter anderem eine Kopie des Abkommens zu sehen. Ein *whare runanga* (Versammlungshaus) wurde zur Ehren der Hundertjahrfeier gebaut, es verfügt über schöne Schnitzereien, die die wichtigsten Maori-Stämme repräsentieren. Auch das **weltweit größte Kanu** *(waka)*, in dem 80 Krieger Platz finden, findet sich auf den Grounds. Im Eintrittspreis sind ein Informationsfilm, eine geführte Tour sowie eine Aufführung enthalten. Eine Kulturveranstaltung mit Hangi und Konzert kann hinzugebucht werden. Die Treaty Grounds verfügen über ein angeschlossenes Café und bieten einen schönen Blick über die Bay of Islands.

■ **Waitangi Treaty Grounds,** 1 Tau Henare Dr., Tel. 09-402 7437, www.waitangi.org.nz, tägl. 9–18 Uhr, Winter 9–17 Uhr, 40 $/frei. **Kulturveranstaltungen** Di, Do u. So 18–20.30 Uhr, im Winter auf Anfrage, 110/50 $.

Der hübsche **Wasserfall Haruru Falls,** der eine hufeisenförmige Felsstufe hinunterfließt, liegt an der Haruru Falls Road und ist per Auto oder zu Fuß zu erreichen. Der fünf Kilometer lange Spaziergang führt in 90 Minuten teilweise über Plankenwege durch Mangrovenwälder und ist durchaus attraktiv. Er startet an den Waitangi Treaty Grounds.

1823 wurde in der Marsden Road **Neuseelands erste Kirche** gebaut, die im Jahre 1925 durch das Steingebäude **Saint Pauls Anglican Church** ersetzt wurde.

Direkt hinter der Stadt liegt das aufgeforstete **Waldgebiet Opua Forest** (zu erreichen über Oromahoe Rd. oder School Rd.). Zu einem Aussichtspunkt führt in einer Stunde der 1,5 Kilometer lange **School Road Track** (Start: School Rd.), wer Kauris sehen möchte, kann dem 500 Meter langen **Opua Kauri Walk** folgen. Von der Oromahoe Road läuft man eine Viertelstunde.

Aktivitäten

MEIN TIPP: Ganz oben auf der Beliebtheitsskala stehen organisierte **Bootsausflüge** in die Inselwelt der Bucht. Die meisten steuern mindestens eine der Inseln an und beinhalten eine Auswahl der folgenden Aktivitäten: Kajaken, Schnorcheln, Angeln, Inselspaziergänge, Sammeln (und Essen) von Meeresfrüchten und Beobachten von Delfinen. Von halben Tagen bis zu Übernachtungstouren oder Dinnertouren wird alles angeboten. Besonders schön ist **Piercy Island**, auf der Tölpel und andere Seevögel leben. Ein beliebtes (aber überbewertetes) Anlaufziel ist der natürliche Felsbogen **Hole in the Rock.**

■ **The Rock Adventure Cruise,** Tel. 0800-762 527, www.rocktheboat.co.nz, ab 118/88 $.

■ **R. Tucker Thompson,** Tel. 09-402 8430, www.tucker.co.nz, ab 65/32 $.

Die ganze Bay of Islands ist ein gutes Areal zum **Kajakfahren** und **Stand Up Paddling.** Ob auf eigene Faust oder als geführte Tour, wunderschöne Inseln, Strände, Buchten und Wasserfälle laden zur Erkundung ein. Das Wasser ist bei gutem Wetter glasklar. Eine attraktive Option ist eine **Kombination aus Boots- und Kajaktour,** die in ruhigere Gegenden oder zu den Haruru Falls führen. Hierbei kann man wählen zwischen einer Tourdauer von einigen Stunden bis zu mehreren Tagen.

■ **Bay of Islands Cruise and Kayak,** Tel. 09-402 8555, www.kayakcruise.co.nz, Touren ab 58 $.

■ **Bay of Islands Kayaking,** Tel. 0508-272 335, www.bayofislandskayaking.co.nz, Miete ab 55 $, Touren ab 80 $.

Subtropisches, klares Wasser macht die Bay of Islands zu einem **attraktiven Tauchrevier.** Neben Flora und Fauna der Unterwasserwelt können Taucher die gesunkene Fregatte „HMNZS Canterbury“ sowie die „Rainbow Warrior“ (siehe „Far North/Von der Bay of Islands Richtung Norden“) erkunden. Es gibt mehrere Anbieter, die Tauchausflüge in alle Ecken der Bay of Islands anbieten, die meisten verleihen auch Schnorchelausrüstungen.

■ **Paihia Dive,** Williams Rd., Tel. 09-402 7551, www.divenz.com, Tauchausflüge inkl. Ausrüstung ab 249 $.

MEIN TIPP: Die kleine **Fußgängerfähre nach Russell** benötigt etwa 15 Minuten und vermittelt einen ersten Vorgeschmack von den Bootstouren in der Bay. Wer mit **Fahrzeug** übersetzen will, kann das von Opua aus tun.

■ **Fußgängerfähre: Fullers Intercity Ferries,** Paihia Harbour, Tel. 09-402 7421, www.dolphincruises.co.nz, tägl. ca. halbstündig 7–22 Uhr, 12/6 $ return.

■ **Autofähre: Fullers Intercity Ferries,** ca. 7–21.30 Uhr, ab 12 $ einfach, Fußgänger 1 $.

Action World ist ein **Open-Air-Abenteuerpark** mit Zirkustrapezen, Tarzan-Schaukeln, Riesenrutschbahn, Seiltänzer-Seil, Kletterwand und mehr.

■ **Action World,** 54 Puketona Rd., Tel. 09-402 6055, www.actionworld.co.nz, Sept. bis Mai tägl. 10–17 Uhr, 24/18 $.

Es gibt immer neue Anbieter von **Maori-Kultur-Touren,** der Markt ist stark in Bewegung.

MEIN TIPP: Einmalig ist die Möglichkeit, an einer Tour auf einem traditionellen **Waka** (Kanu) zu den **Haruru Falls** teilzunehmen. Die Maori Guides tragen traditionelle Kleidung und erzählen Legenden und Geschichten.

■ **Taiamai Tours,** RD2 Te Ahuahu Rd., Tel. 09-405 9990, www.taiamaitours.co.nz, tägl. 9 Uhr, 135 $.

Wanderfreunde sollten einen Fuß auf den **anstrengenden Cape Brett Track** zum letzten Zipfel der Bay of Islands setzen (siehe „Zwischen Whangarei und Bay of Islands/Russell Road“).

Touren an das **Cape Reinga** von Paihia aus sind lang und anstrengend. Man ist zehn bis elf Stunden unterwegs, wird jedoch mit dem **Blick vom nördlichsten Zipfel Neuseelands** und dem Besuch des **Ninety Mile Beaches** belohnt. Wer die Zeit hat, sollte Touren von Kaitaia aus in Betracht ziehen. Touren von Paihia (und Russell) aus bietet:

■ **Explore Group,** Marsden Rd. Ecke Williams Rd., Tel. 0800-365 744, www.exploregroup.co.nz, 150/110 $.

Wer die unglaubliche Landschaft **aus der Luft** bewundern möchte, kann sich bei der **i-SITE** nach (den bislang eher spärlichen) Angeboten wie Rundflügen, Fallschirmspringen und Parasailing erkundigen.

▷ Der Leuchtturm am Cape Reinga

Praktische Tipps

Informationen

- **www.bay-of-islands.co.nz**
- **Einwohnerzahl:** 1770
- **i-SITE:** The Wharf, 101 Marsden Rd., Tel. 09-402 7345, tägl. 8–17 Uhr.
- **Bibliothek:** 2 Williams Rd., Tel. 09-402 8374, Mo–Fr 9–17 Uhr, Sa 9–13 Uhr.

An- und Abreise

- **Bus:** Paihia wird von den großen Langstreckenbusunternehmen angefahren; Busbahnhof Paihia Maritime Building, neben der Wharf.
- **Fähre:** von/nach Russell, siehe „Aktivitäten".

Unterkunft

Es gibt unzählige, tendenziell gute Unterkünfte; im Sommer sollte man dennoch vorbuchen! Die meisten liegen in Laufnähe zum Hafen. Die Preise können sich ab Weihnachten bis Ende Januar verdreifachen. B&Bs sind hier bedeutend teurer als Motels, oft dafür aber sehr schön. Alternativ übernachtet man im gemütlicheren Russell.

006nz ks

- **Seabeds**①, 46 Davis Cres., Tel. 09-402 5567, www.seabeds.co.nz. Gemütlich eingerichtetes Hostel mit 23 Betten. In ruhiger Lage fußläufig zum Hafen. Viele Zimmer haben Meerblick.
- **Admirals View Motel**②, 2 MacMurray Rd., Tel. 09-402 6236, www.admiralsviewlodge.co.nz. Ordentliche Zimmer in zentraler Lage in einer Seitenstraße. Es gibt einen kostenfreien Fahrradverleih und einen Tennisplatz.
- **Sea Spray Suites**②, 138 Marsden Rd., Tel. 0800-732 777, www.heritagehotels.co.nz. Hell und freundlich eingerichtete Zimmer, teilweise mit Blick aufs Meer, in zentraler Lage.
- **Anchorage Motel**②-③, 2 Marsden Rd., Tel. 09-402 7447, www.anchorage.co.nz. Relativ große Anlage mit Wohneinheiten in unterschiedlichen Preiskategorien, viele mit Blick auf das Meer oder den Pool.
- **Decks of Paihia B&B**③, 69 Upper School Rd., Tel. 09-402 6146, www.decksofpaihia.co.nz. Größeres, schönes B&B mit kleinem Schwimmbecken, Balkon und Terrasse.

Camping

In Paihia und Waitangi sowie der direkten Umgebung gibt es eine ganze Reihe an Campingplätzen. Von Weihnachten bis Ende Januar muss trotzdem vorgebucht werden.

- **Bay of Islands Holiday Apartments and Campervan Park**②, 52 Puketona Rd., Tel. 09-402 6601, www.boihacvp.co.nz. Schöne Anlage mit nur 30 Stellplätzen zwischen Olivenbäumen. 15 Min. zu Fuß zum Hafen.
- **Waitangi Holiday Park**②, 21 Tahuna Rd., Tel. 09-402 7866, www.waitangiholidaypark.co.nz. Großzügige Anlage direkt am Meer in ruhiger, grüner Lage. Nur wenige Schattenplätze. In Laufnähe zu den Treaty Grounds.

Essen und Trinken

Die meisten Cafés und Restaurants befinden sich rund um den **Hafen.** Das Preisniveau der Restaurants steigt mit voranschreitender Stunde. Während

Frühstück oft günstig ist, wird für Abendessen deutlich mehr verlangt. Alternativ kann man mit der Fähre nach Russell fahren und dort essen.

- **El Café**①, 2 Kings Rd., Tel. 09-402 7637, www.elcafe.co.nz, tägl. 8–16 Uhr. Günstiges Café mit empfehlenswerten, mexikanisch angehauchten Snacks und Speisen.
- **Whare Waka**①-②, Waitangi Treaty Grounds, tägl. 9–17 Uhr. Großes Café in hübscher Lage auf den Treaty Grounds, bietet die klassischen neuseeländischen Speisen.
- **Charlotte's Kitchen**①-③, 69 Marsden Rd., Tel. 09-402 8296, www.charlotteskitchen.co.nz, Mo–Fr ab 11.30 Uhr, Sa, So ab 8 Uhr. Schöner Alleskönner am Ende des Hafens mit Blick auf das Meer. Manchmal gibt es Livemusik.
- **Alfresco's**①-③, 6 Marsden Rd., Tel. 04-402 6797, www.alfrescosrestaurantpaihia.com, tägl. ab 8 Uhr. Ein sonniges Plätzchen, das zu jeder Tageszeit einen Besuch wert ist.

MEIN TIPP: **Only Seafood**③, 40 Marsden Rd., Tel. 09-402 6066, www.onlyseafood.co.nz. In dem alten Kolonialgebäude werden ausschließlich Meeresfrüchte und Fisch serviert. Der Seafood Salad ist ein wahrer Genuss!

Ausgehen

Aufgrund der zahlreichen Touristen ist in der Sommersaison auch abends etwas los. Wer die Augen und Ohren im Hafen offen hält, wird fündig. Ein möglicher Anlaufpunkt ist:

- **Thirty30 Craft Beer,** 16 Kings Rd., Tel. 09-402 7479, www.thirty30.co.nz, tägl. 16–1 Uhr. In angenehmer Atmosphäre gibt es eine vernünftige Auswahl an Bieren, günstiges Pub-Food und Livemusik (Do–Mo).

Einkaufen

Die meisten Geschäfte liegen rund um Paihias **Williams Road** sowie entlang der **Marsden Road** in der Nähe des Fähranlegers. Es gibt zahlreiche Souvenir-Geschäfte, einen großen Supermarkt und alles für den täglichen Gebrauch.

Russell

Der historische Ort ist durchaus attraktiv, aber ähnlich wie Paihia in den Sommermonaten von **Touristen** überlaufen. Diese kommen aus gutem Grund, denn die historischen Häuser, hübschen Cafés und letztlich auch die Fußgänger-Fährfahrt von Paihia aus haben ihren Charme. Mit dem Auto erreicht man den Ort bedeutend schlechter.

Geschichte

Russell blickt auf eine **bewegte Geschichte** zurück. Lange, bevor die ersten Europäer eintrafen, war das heutige Russell als **„Kororareka"** bekannt. Der Legende nach kam der Name zustande, als ein verwundeter Maori-Stammesführer sich mit einer Brühe stärkte, die aus einem Zwergpinguin gekocht worden war, und ausrief: „Ka reka te korora!" – „So gut ist Pinguin!" Als die ersten Wal- und Robbenfänger Kororareka für sich entdeckten, entwickelte sich das beschauliche Küstendorf zum **„Hell Hole of the Pacific"**. Schnell zog dieser „Höllenschlund" raue Gesellen an, die sich ungehobelt benahmen und oft betrunken waren. Zum Zeitpunkt der Verträge von Waitangi hatte sich Kororareka zur **größten Siedlung** des Landes entwickelt. Hauptstadt wurde trotzdem das etwas südlich liegende Okiato (auch als „Old Russell" bekannt), denn Gouverneur *William Hobson* hatte sich mit Bevölkerung Russells und den dortigen

[>] Landschaft bei Russell

Maori zerstritten. Letztere erkannten immer mehr, dass das Abkommen von Waitangi weder die erwarteten finanziellen noch andere nennenswerte Vorteile mit sich brachte. Als 1844 die Fahne der Confederation of Tribes durch den Union Jack ersetzt wurde und der Anführer *Hone Heke* die englische Fahne viermal aus Protest niederriss, eskalierte der Konflikt. Blutige Auseinandersetzungen folgten und endeten in den **Landkriegen.** Kororareka wurde massiv attackiert, zahlreiche Häuser zerstört, und innerhalb eines Jahres versank die Stadt in Ruinen. Okiato verlor ihren Status als Hauptstadt 1841 an Auckland, und Kororareka wurde im Laufe der Jahre unter dem Namen Russell wieder aufgebaut. Heute ist Okiato eine Feriensiedlung, Russell lebt vom Tourismus.

Sehenswertes

Die meisten historischen Gebäude wurden in den Landkriegen durch Feuer zerstört. **Pompallier Mission and Printery,** gebaut 1842, ist das letzte erhaltene Bauwerk der einstigen **Missionsstation** in Kororareka. Das älteste Industriebauwerk Neuseelands wurde als Druckerei gebaut, in der Kirchentexte von Latein auf Te Reo Maori übersetzt, gedruckt und gebunden wurden – eines der ersten Bücher in Maori. Im Eintrittspreis enthalten ist eine geführte Tour, die über die Architektur, Geschichte und Druckereikunst informiert.

■ **Pompallier Mission and Printery,** The Strand, Tel. 09-403 9015, tägl. 10–17 Uhr, Winter 10–16 Uhr, 10/7 $.

007nz ks

Auf dem **Flagstaff Hill** an der Flagstaff Road stand einst der **Fahnenmast mit dem ersten Union Jack,** der die Konflikte in Kororareka eskalieren ließ. Es gibt ein paar Informationstafeln, und man hat einen guten Blick auf die Gegend.

Der Bau der **Christ Church, Neuseelands ältester Kirche,** wurde 1835 u.a. durch eine Spende von *Charles Darwin* ermöglicht. Der erste Gottesdienst wurde in Englisch und Te Reo Maori abgehalten. Das größte Denkmal auf dem angeschlossenen **Friedhof** erinnert an den Ngapuhi Chief *Tamati Waka Nene,* der sich für den Treaty of Waitangi einsetzte und sich gegen *Hone Heke* stellte.

■ **Christ Church,** Church St., Tel. 09-403 7696, www.oldchurch.org.nz, Gottesdienst So 10.30 Uhr.

Das gut aufbereitete **Russell Museum** bietet neben Informationen um die Schlacht von Kororareka und einer Maori-Abteilung auch einen Nachbau von Kapitän *James Cooks* „Endeavour" im Maßstab 1:5.

■ **Russell Museum,** 2 York St., Tel. 09-403 7701, www.russellmuseum.org.nz, tägl. 10–17 Uhr, Winter 10–16 Uhr, 10/4 $.

An der Ostseite der Halbinsel, 1,5 Kilometer östlich von Russell, befindet sich die **Oneroa Bay** mit ihrem **hellen, kinderfreundlichen Strand** (über Longbeach Rd.) Am Nordende gibt es einen beliebten **FKK-Bereich.** Von der Fähre zu Fuß in etwa 20 Minuten zu erreichen.

⌃ Die Christ Church ist Neuseelands älteste Kirche

Aktivitäten

Die meisten Aktivitäten der Bay of Islands starten in **Paihia.** Fast alle Bootstouren halten auf Anfrage auch in Russell. Alternativ bietet sich die Fährverbindung nach Paihia an, die schon für sich eine nette Aktivität ist (siehe „Paihia/Aktivitäten").

Praktische Tipps

Informationen

- **www.russellnz.co.nz**
- **Einwohnerzahl:** 816
- **Information Centre:** 25 The Strand, Tel. 0800-633 255, tägl. 8–18 Uhr.

An- und Abreise

- **Bus:** Langstreckenbusunternehmen fahren Paihia an, von hier aus mit der Fähre übersetzen (siehe „Paihia/Aktivitäten").

Unterkunft

Es gibt in Russell relativ wenige Unterkünfte, das Preisniveau ist im Schnitt etwas höher als in Paihia, dafür ist die Qualität meist sehr gut.

- **Ferry Landing**①, 395 Aucks Rd., Tel. 09-403 7985, www.ferrylandingrussell.co.nz. Hübsches Hostel direkt an der Fähre mit Blick aufs Meer und Frühstück auf Anfrage.
- **Motel Russell**②, 16 Matauwhi Bay Rd., Tel. 09-886 0554, www.motelrussell.co.nz. Einfache Wohneinheiten in gutem Preis-Leistungs-Verhältnis und Schwimmbecken in kleiner Gartenanlage.
- **Duke of Marlborough Hotel**②-③, 35 The Strand, Tel. 09-887 8379, www.theduke.co.nz, siehe auch „Essen und Trinken". 14 hübsche Zimmer im historischem Gebäude, teilweise mit Meerblick. Eine gute Wahl.
- **Titore Lodge**③, 32 Titore Way, Tel. 09-403 7335, www.titorelodge.co.nz. Hübsches Haus, etwas außerhalb gelegen, von Busch umgeben und mit Blick über Russell und die Bucht.

Camping

- **Russell Top 10 Holiday Park**③, 1 James St., Tel. 09-403 7826, www.russelltop10.co.nz. Am Ortsrand, auf halber Strecke zwischen Fähre und Long Beach.

Essen und Trinken

- **Crusty Crab Takeaway**①, 2 Cass St., Tel. 09-403 7754, tägl. 11–19.30 Uhr. Klassische Takeways mit Fish&Chips und Burgern.
- **Hell Hole**①, 19 York St., ca. 9–17 Uhr. Café mit leckeren Bagels, Smoothies und mehr, das von Einheimischen gerne besucht wird.
- **Duke of Marlborough**②-③, 35 The Strand, Tel. 09-403 7829, www.theduke.co.nz, tägl. 11.30–22.30 Uhr. Das gleichnamige Hotel wurde 1827 von einem ehemaligen Strafgefangenen eröffnet. Heute wird in gediegener Atmosphäre gutes Essen aufgetischt. Wer Tintenfisch mag, sollte den Grilled New Zealand Calamari Salad in Betracht ziehen.
- **Gables**②-③, 19 The Strand, Tel. 09-403 7670, www.thegablesrestaurant.co.nz, tägl. 12–21 Uhr. In dem historischen Gebäude aus dem Jahr 1847 wird ganz hervorragendes Essen serviert, etwa Salat mit roter Bete und Halloumi oder frische Northland-Muscheln. Ein Hotel ist angeschlossen.

Ausgehen

Bedeutend mehr ist in Paihia los. Eine gute Anlaufstelle für ein gemütliches Getränk am Abend ist:

- **Hone's,** 10 York St., tägl. 12–24 Uhr. Vor allem der Garten punktet; auch die Pizza ist gut.

Einkaufen

- Es gibt eine **Tankstelle,** einen kleinen **Supermarkt,** eine **Apotheke** sowie ein paar **Souvenirgeschäfte.** Eine bedeutend größere Auswahl an Geschäften findet man in Paihia.

Die Inseln der Bay of Islands

Die Bay of Islands trägt ihren Namen nicht ohne Grund – über **150 kleine und größere Inseln** liegen in der Bucht. Viele sind Teil des **Projekts „Island Song“**, einer Kooperation des Department of Conservation und Te Rawhiti Hapu. Ziel ist, die Natur der Inseln in ihren Ursprungszustand zurückzuversetzen und von Raubtieren zu befreien. Einige der Inseln in der Bay of Islands werden im Rahmen von Bootstouren angefahren.

Urupukapuka Island

Die größte der Inseln beherbergt eine Vielzahl an heimischen **Vögeln** und verfügt über zahlreiche **archäologische Stätten.** Der 7,3 Kilometer lange **Urupukapuka Island Walk** bietet tolle Ausblicke und führt in fünf Stunden an archäologischen Stätten vorbei, die teilweise mit Informationsschildern versehen sind. Empfohlen ist die Tour im Uhrzeigersinn. Mögliche Startpunkte sind Otehei, Urupukapuka, Cable oder Oneura/ Paradise Bay.

Praktische Tipps

■ Übernachten kann man auf einem der drei **DOC-Campingplätze** (Cable, Sunset und Urupukapuka Bay, 12/6 $). Eine kulinarische Grundversorgung findet man in Otehei Bay im **Waterfront Bar and Café** ①-②, tägl. 11–20 Uhr.

▷ Stone Store auf dem Gelände der Kerikeri Mission Station

Kerikeri

Das Städtchen Kerikeri liegt zwar nicht direkt an der Bucht, gehört aber geografisch zur Bay of Islands. Eingebettet in unzählige **Obstplantagen,** erwacht Kerikeri vor allem in den Sommermonaten zum Leben, wenn die Ernte ansteht und zahlreiche Saisonarbeiter die Stadt stürmen. Es werden vorwiegend Zitrusfrüchte und Kiwis, aber auch ein wenig Wein angebaut. Wer sich für **Geschichte** interessiert, ist in Kerikeri gut aufgehoben. Es gibt eine Reihe von historischen Stätten wie beispielsweise die Missionsstation von *Samuel Marsden.* Kerikeri wird derzeit auf UNESCO-Welterbe-Tauglichkeit geprüft.

Sehenswertes und Aktivitäten

Mein Tipp: In hübscher Lage, direkt am Wasser, steht die **historische Kerikeri Mission Station,** in der während der frühen Kolonialzeit die unterschiedlichen Kulturen der Maori und der Pakeha aufeinandertrafen. Im Jahre 1819 gebaut, war die Missionsstation einer der der ersten Orte, an denen Maori und Einwanderer gemeinsam wohnten. Herzstück sind die beiden **ältesten Gebäude Neuseelands,** der Stone Store und das Kemp House. Der **Stone Store,** 1832 aus Stein gebaut, war ursprünglich ein Warenhaus der Missionsstation, das aber auch als Post, Bibliothek, Schule und Gemischtwarenladen diente. Letzterer ist heute als Souvenirshop zu besuchen. Das Wohnhaus **Kemp House** wurde 1821–22 von Missionaren und Maori erbaut. Es kann ausschließlich im Rahmen von **Führungen** besichtigt werden, die mit unterschiedlichen Themenschwerpunkten angeboten werden.

Auf dem Gelände der Mission Station liegt auch das in den 1770er Jahren errichtete **Kororipo Pa,** das vor allem durch Ngapuhi Chief *Hongi Hika* bekannt wurde, der von hier aus mit seinen frisch erworbenen Musketen die Nordinsel terrorisierte und in den Musketenkriegen Tausende von Opfern forderte. Ein 800 Meter langer Spazierweg führt zu einer Aussichtsplattform.

■ **Mission Station,** 246 Kerikeri Rd., Tel. 09-407 9236, tägl. 10–17 Uhr, Tour 10 $/frei.

Das rekonstruierte **Maori-Dorf Rewa's Village** zeigt, wie diese Dörfer vor dem Eintreffen der Europäer ausgesehen haben. Teilweise wirkt es etwas heruntergekommen.

■ **Rewa's Village,** 1 Landing Rd., tägl. 9.30–16.30 Uhr, 5/1 $.

Im **Wharepuke Sculpture Park** führt ein Spazierweg von einem Kilometer zu zahlreichen Skulpturen und zu dem preisgekrönten subtropischen **Garten** Wharepuke. Erläuternde Broschüren erhält man an der Kasse oder als Download im Internet.

■ **Wharepuke Sculpture Park,** 190 Kerikeri Rd., Tel. 09-407 8933, www.art-park.co.nz, tägl. 10–17 Uhr, 10/5 $.

Ein Damm verbindet das Festland mit **Aroha Island,** einem **Schutzgebiet** für diverse heimische **Vögel** wie den nördlichen Streifenkiwi. Es gibt Spazierwege, ein Informationszentrum, geführte Touren, einen Kajak-Verleih, Übernachtungsmöglichkeiten②-③ sowie einen Campingplatz①.

■ **Aroha Island,** 177 Rangitane Rd., Tel. 09-407 5243, www.arohaisland.co.nz, tägl. 9.30–17.30 Uhr.

www.fotolia.de © Alena Yakusheva

Der drei Kilometer lange **Kerikeri River Track** entlang des Flusses führt in 1½ Stunden zu einem historischen Elektrizitätshäuschen sowie zu den Wharepuke Falls, Fairy Pools und Rainbow Falls. Er startet am Parkplatz Landing Road.

Praktische Tipps

Informationen

- **www.kerikeri.co.nz**
- **Einwohnerzahl:** 5856
- **Bibliothek:** Cobham Rd., Tel. 09-407 9297, Mo–Fr 9–17 Uhr, Sa 9–14 Uhr.

An- und Abreise

- **Bus:** Kerikeri wird von den großen Langstreckenbusunternehmen angefahren; Busbahnhof 9 Cobham Street.

Unterkunft

- **Relax a Lodge**①, 1574 Springbank Rd., SH10, 5 km südwestl., Tel. 09-407 6989, www.relaxalodge.co.nz. Eine sehr gemütliche Lodge inmitten von Obstplantagen, mit großer Sonnenterrasse und einem Pool.
- **Kauri Park Motel**②, 512 Kerikeri Rd., Tel. 09-407 7629, www.kauripark.co.nz. Hübsche Anlage in einem sonnigen Garten, mit Pool und sauberen Zimmern.

MEIN TIPP: **Pagoda Lodge**②-③, 81 Pa Rd., Tel. 09-407 8617, www.pagoda.co.nz. Im chinesischen Stil angelegte Anlage mit Zimmern, Cottages, Wohnwagen, Safari-Zelten und anderen individuellen Häuschen. Haben auch ein paar Stellplätze für Camper und Zelte.

MEIN TIPP: **Avalon Resort**②-③, 340a Kerikeri Rd., Tel. 09-407 1201, www.avalonresort.co.nz. Hübsche Cottages und Zimmer in weitläufiger, natürlich wirkender Grünanlage, mit Pool, Spa und Sauna gegen Gebühr sowie kostenfreien Kajaks, um auf dem angrenzenden Flüsschen zu paddeln.

- **Kerikeri Homestead Motel and Apartments** ②-③, 17 Homestead Rd., Tel. 0800-222 407, www.kerikerihomesteadmotel.co.nz. Sonnige, moderne Anlage mit Schwimmbecken.

Camping

- **Pagoda Lodge,** siehe „Unterkunft".
- **Aroha Island,** siehe „Sehenswertes und Aktivitäten".

Essen und Trinken

Die meisten Cafés und Restaurants liegen im **Zentrum** der Stadt, einige auch auf dem Gebiet der **historischen Stätten.** Alternativ ist manchen **Weingütern** der Umgebung ein Restaurant angeschlossen. Wer sich für die Weine der Region interessiert, kann sich die **Broschüre „Wine Trail"** besorgen.

- Weine vieler lokaler Anbieter gibt es auch im **Café Zest**①, 73 Kerikeri Rd., Tel. 09-407 7164, Mo–Fr 7.30–16 Uhr, Sa, So 7.30–14 Uhr.
- **Village Café**①, 85 Kerikeri Rd., Tel. 09-407 4062, Mo–Fr 8–16 Uhr, Sa, So 8–14 Uhr. Beliebtes Café mit guten Speisen, ansprechenden Außensitzplätzen und gutem Preis-Leistungs-Verhältnis.
- **Café Jerusalem**①, Cobblestone Mall, Kerikeri Rd., Tel. 09-407 1001, www.cafejerusalem.co.nz, tägl. ab 10 Uhr. Israelisches Café mit Schanklizenz und orientalischen Speisen wie Hummus, Falafel, Koftas und Schawarma.

MEIN TIPP: **Food at Wharepuke**②-③, 190 Kerikeri Rd., Tel. 09-407 8936, www.foodatwharepuke.co.nz. Sehr gutes Restaurant in einer subtropischen Gartenanlage mit asiatisch angehauchten Gerichten. Freitags ab 17 Uhr gibt es Drei-Gänge-Menüs für weniger als 50 $.

- **Marsden Estate Winery**①-③, 56 Wiroa Rd., Tel. 09-407 9398, www.marsdenmestate.co.nz. Weingut in hübscher Gartenanlage mit günstigem Frühstück, ein paar Tapas-Gerichten und leckeren Hauptspeisen, natürlich mit passenden Weinen. Im Sommer laden Sitzsäcke zum Entspannen in der Sonne ein.

Ausgehen

Viel ist abends in Kerikeri nicht los. Es gibt immer wieder wechselnde Bars, in denen sich die Obstpflücker auf ein abendliches Getränk treffen. Aktuelle Tipps am besten in der Unterkunft oder der i-SITE erfragen.

■ **Rock Salt,** Cobham Rd. Ecke Kerikeri Rd., Tel. 09-407 1050, www.rock-salt.co.nz, tägl. 11 Uhr bis spät, Winter So geschl. Klassischer, einfacher Pub mit angeschlossenem Restaurant①-②, in dem oft Livemusik gespielt wird.

Einkaufen

In Kerikeri bekommt man alles, was man braucht. Die meisten Geschäfte liegen auf der **Kerikeri Road Ecke Cobham Road.**

■ Zahlreiche **Kunsthandwerksgeschäfte** finden sich an den Zufahrtsstraßen. Die **Broschüre „Art & Craft Trail"** informiert über lokale Läden.

■ Auf dem **Farmers Market** (Parkplatz Hobson St., So 8.30–12 Uhr) gibt es Grundlebensmittel, Snacks, Leckereien und Livemusik.

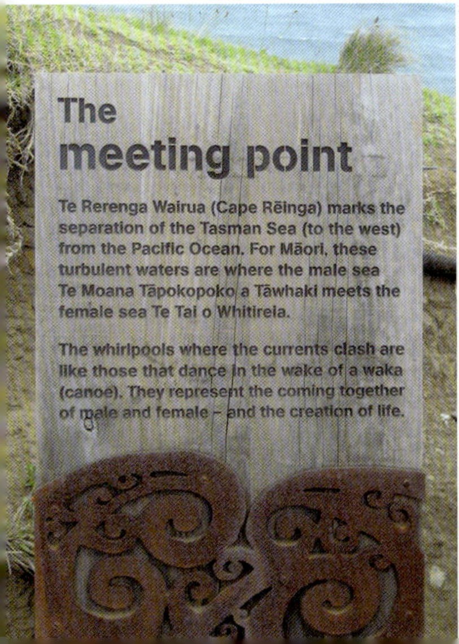

125nz ks

Far North

Der hohe Norden Neuseelands ist eine **sonnige Gegend** mit subtropischem Klima, traumhaften **Stränden** und **Kauri-Wäldern.** Im gesamten Distrikt wohnen knapp 60.000 Menschen, 40 Prozent davon Maori. Entgegen der gesamt-neuseeländischen Entwicklung **verländlicht** der Far North immer mehr. Die **Arbeitslosenquote** ist die höchste des Landes, und ein Viertel der Beschäftigten arbeitet lediglich Teilzeit. Viele Siedlungen sind heruntergekommen, die **relative Armut** ist vielerorts ersichtlich. Trotzdem ist der Far North einen Besuch wert, denn das Gefühl, die Uhren seien stehengeblieben, hat seinen eigenen Charme. Es gibt unzählige wunderschöne Strände zu erkunden, und der nördlichste Punkt Neuseelands, **Cape Reinga,** ist von zahlreichen Legenden geprägt und einer der wichtigsten spirituellen Orte der Maori.

Wer von der belebten Bay of Islands Richtung Norden fährt, stößt auf eine ruhige, verlassen wirkende Gegend. Landschaft, Strände und Natur stehen im Vordergrund, klassische Sehenswürdigkeiten und Aktivitäten findet man immer seltener. Wer sich auf die Ruhe und Abgelegenheit einlassen kann, wird sich an der Gegend erfreuen.

Cape Reinga ist ein wichtiger spiritueller Ort der Maori

Die „Rainbow Warrior"

1985 war Neuseeland einer der stärksten Vertreter der **Anti-Atomkraft-Bewegung,** weshalb im Juli das **Greenpeace-Schiff** „Rainbow Warrior", das in Proteste gegen französische Atomtests im Pazifik involviert war, in der Marsden Wharf in Auckland ankerte. In der Nacht des 10. Juli fiel die „Rainbow Warrior" einem **Bombenangriff** zum Opfer, der das Schiff zerstörte und einen Menschen das Leben kostete.

Zwei Agenten des **französischen Geheimdienstes DGSE** wurden verhaftet und wegen Totschlags zu zehn Jahren Haft verurteilt. Die Welt war empört, dass Frankreich ein solches Attentat auf die Organisation und damit indirekt auch auf Neuseeland initiierte. Es kam zu Auseinandersetzungen und **Drohungen zwischen Frankreich und Neuseeland,** welche die Vereinten Nationen als Mediator zu schlichten versuchten. Ein Jahr später fiel das Urteil: Frankreich wurde zu einer **offiziellen Entschuldigung** und zu einer **Ausgleichszahlung** von **13 Millionen Dollar** gezwungen, die beiden Agenten sollten ihre volle Strafe auf dem Hao-Atoll in Französisch Polynesien absitzen.

Frankreich sah das Urteil als **Beleidigung** an und entließ beide Agenten nach einem bzw. zwei Jahren aufgrund von Krankheit bzw. Schwangerschaft. Beide wurden bei ihrer Rückkehr ausgezeichnet und befördert, und Frankreich versuchte Neuseelands Exporte zu blockieren. Ein nennenswerter Protest der Alliierten blieb aus. Dies führte auf längere Sicht zu einem **verstärkten Nationalgefühl** der Neuseeländer und zu einer **unabhängigeren Außenpolitik.**

Das **Wrack** wurde nahe der Cavalli Islands im Far North versenkt, wo es heute ein beliebtes Ziel von **Tauchern** darstellt (Tauchausflüge werden von Paihia aus angeboten). Die Masten der „Rainbow Warrior" ragen über Dargaville auf, ein Denkmal befindet sich in der Matauri Bay.

Matauri Bay

Der **Blick auf die Bay ist atemberaubend:** ein weißer Sandstrand vor türkisfarbenem Wasser, eingebettet in hellgrünes Farmland sowie dunkelgrünen Wald. Wer sich die Füße vertreten will, kann zum Rainbow Warrior Memorial (20 Min, Start: Nordende der Bucht, siehe Exkurs „Die Rainbow Warrior") laufen. Auf dem Weg zum Strand steht die kleine **Samuel Marsden Memorial Church.** Der gleichnamige Missionar und Schlichter ging 1814 in der Matauri Bay erstmals an Land. Am Nordende der Bucht befindet sich ein Campingplatz, im Matauri Top Shop gibt es Grundnahrungsmittel, Snacks und Kaffee.

Whangaroa Harbour

Ein **Meeresarm** hat sich hier tief in die Landschaft gefressen und ist verantwortlich für die schöne Landschaft mit ihren zahlreichen Buchten. Hauptsiedlungen sind **Whangaroa** auf der Ost- und **Totara North** auf der Westseite. Beide Orte sind überschaubar, beeindrucken aber durch ihre verhältnismäßig große Anzahl an Booten. Auf Anfrage finden Bootsausflüge und Angeltouren, aber auch Kajakausflüge statt. Wassertaxen und alles andere organisiert Bushman's Friend:

- **Bushman's Friend,** Tel. 027-680 5588, www.bushmansfriend.co.nz.

Alternativ gibt es ein paar sehr schöne **Spazier- und Wanderwege,** etwa zum **Saint Paul's Rock** (30 Min., Start: Parkplatz Old Hospital Rd.) oder entlang des **Wairakau Stream Track** (5,6 km, 2 Std. einfach, Start: Ende Campbell Rd.).

Praktische Tipps

- Entlang der Siedlungen liegen ein paar wenige **Unterkünfte,** ein **Pub/Café** und die **Boyd Gallery:** Souvenirshop, Gemischtwarenladen und Touristeninformation in einem, 0448/537 Whangaroa Rd., Tel. 09-405 0230.
- Das **Kahoe Farms Hostel**①, 1266 SH10, Tel. 09-405 1804, www.kahoefarms.co.nz, ist eines der besten im Far North.

Taupo Bay

Die kleine Feriensiedlung liegt in einer bei Surfern beliebten, hübschen **Bucht.**

- **Isobar Surf,** 43 Maki St., Tel. 09-406 0719, bietet Kurse, Leihbretter und ein paar günstige Betten.

Praktische Tipps

- Übernachtungsmöglichkeiten bietet der **Taupo Bay Holiday Park**③, Taupo Bay Rd., Tel. 09-406 0315, www.taupobayholidaypark.co.nz.

Mangonui/Doubtless Bay

Ihr Name wurde der Doubtless Bay von Kapitän *James Cook* verliehen, der beim Näherkommen die Bucht zweifellos *(doubtless)* als eine solche erkannte. Zentrum ist das Fischerdorf **Mangonui** am südlichen Ende der Bucht. Zum Namen Mangonui („Großer Hai") kam der Ort durch den Moehuri-Stammesführer, dem ein Hai den Weg nach Mangonui gewiesen haben soll. Das einstige Wal- und Robbenfängerdorf verlagerte im Laufe der Jahre seinen Fokus auf den Vertrieb von Kauri-Holz und Harz. Heute gibt es eine **Infrastruktur** mit Cafés, Souvenirshops und einer Künstlerszene, zudem eignet sich der Ort als Ausgangsbasis für Ausflüge zum Cape Reinga und den Ninety Mile Beach. Zu sehen gibt es die **Exhibit A Gallery,** in der Werke lokaler Künstler ausgestellt sind.

- **Exhibit A Gallery,** Waterfront Dr., Tel. 09-406 2333.

Der drei Kilometer lange Rundweg **Heritage Trail** (Start: Wharf) passiert 22 Sehenswürdigkeiten rund um die Siedlungsgeschichte der Maori und Europäer. In Sichtweite, aber per Straße etliche Kilometer entfernt, befindet sich das kleine, private **Butler Point Whaling Museum** in einem 1847 von Kapitän *William Butler* gebauten Haus, in dessen Garten der angeblich größte Baum Neuseelands steht, mit einem Umfang von 10,90 Metern.

- **Butler Point Whaling Museum,** Butler Point, 15 km, Tel. 0800-687 386, www.butlerpoint.co.nz, nach Vereinbarung.

Im Westen von Mangonui liegt die kleine, sehenswerte **Taute Gallery,** die auch Workshops in den traditionellen Maori-Künsten sowie Kultur-Touren anbietet.

- **Taute Gallery,** 562 SH10, Taipa, Tel. 09-406 0911, www.tautegallery.com, tägl. 9–16 Uhr, Winter 10–15 Uhr.

Beliebte **Strände** sind Mill Bay, Coopers Beach und Cable Bay.

Praktische Tipps

Wer entlang der Doubtless Bay übernachten möchte, findet zahlreiche **Unterkünfte,** die in der Nebensaison zu günstigsten Preisen angeboten werden. Gute Anlaufpunkte:

- **Mangonui Waterfront Apartments**②-③, 88 Waterfront Dr., Tel. 09-406 0347, www.mangonuiwaterfront.co.nz.
- **Hihi Beach Holiday Park**②, Hihi Rd., Tel. 09-406 0307, www.hihibeachholidaypark.nz.
- Am Ort findet man auch ein kleines **Information Centre,** Waterfront Dr., Tel. 09-406 0246, ca. Mo–Sa 10–16 Uhr.

Karikari Pensinula

Die ländliche Halbinsel punktet durch ihre zahlreichen **Strände.** Hervorzuheben sind Matai Bay, Rangiputa und Puheke. Eine richtige Infrastruktur gibt es nicht, vereinzelt ein Café, eine Unterkunft oder Campingplatz.

Aupouri Peninsula mit Cape Reinga und Ninety Mile Beach

Die schmale Landzunge im Norden Neuseelands endet nach ca. 100 Kilometern am **Cape Reinga,** dem **nördlichsten Punkt Neuseelands** und einer der wichtigsten spirituellen Maori-Stätten sowie Heimat zahlreicher Legenden. Im Westen der Landzunge erstreckt sich der **Ninety Mile Beach,** der faktisch nur 65 Meilen lang ist und durch eine Dünenlandschaft von der Straße getrennt ist.

Vor dem Eintreffen der europäischen Siedler dominierten **Kauri-Wälder** das Landschaftsbild der nördlichen Nordinsel. Im Laufe unendlicher Jahre hinterließen die Kauris wertvolles **Harz** *(gum)* im Boden. Der Abbau des Rohstoffes für Linoleum, Lacke und andere chemische Produkte war nach dem Eintreffen der ersten Siedler bis Anfang des 20. Jahrhunderts Hauptwirtschaftszweig des Nordens. Der **Gumdiggers Park** ist ein **aufbereitetes Abbaugebiet.** Ein Rundweg führt an riesigen Kauri-Stümpfen, aufgelassenen Abbaulöchern und Hütten vorbei. Ein Film vermittelt zusätzliche Informationen.

- **Gumdiggers Park,** 171 Heath Rd., Awanui, Tel. 09-406 7166, www.gumdiggerspark.co.nz, 12,50/erm. 6 $.

Im **Ancient Kauri Kingdom** gibt es **45.000 Jahre altes Kauri-Holz** zu sehen, das vor Ort zu Möbeln und Dekoration in unterschiedlichen Größen verarbeitet wird. Ein Souvenirshop und Café sind angeschlossen.

- **Ancient Kauri Kingdom,** 229 SH 1, Awanui, Tel. 09-406 7172, www.ancientkaurikongdom.co.nz.

Der traumhafte **Strand Great Exhibition Bay** mit seinem weißen Sand kann ausschließlich per Ausflugstour oder per Kajak erreicht werden.

- **Seatoys,** 458 Henderson Bay Road, Houhora, Tel. 09-409 7742, www.hendersonbayrentals.com.

Der auffällige moschee-ähnliche **Tempel Nga Tapuwae o te Mangai** ist Sitz der **Ratana,** einer christlich orientierten Maori-Sekte.

- **Nga Tapuwae o te Mangai,** 6576 Far North Rd., Te Kao.

Cape Reinga

Am Ende der Landzunge markiert ein Leuchtturm das **Ende Neuseelands.** Hier treffen das Tasmanische Meer und der Pazifik aufeinander. An besonders stürmischen Tagen tosen die Wellen, an ruhigeren Tagen gibt es kaum mehr als kleine Schaumkrönchen zu sehen. Im Osten steht ein 800 Jahre alter **Pohutukawa-Baum,** der Inbegriff der **Maori-Spiritualität:** Nach dem Tode wandert die Seele der Maori durch den Baum und seine Wurzeln in den Ozean, von wo aus sie unter Wasser zu den Dreikönigsinseln reisen und sich von Oahu aus, dem höchsten Punkt der Inseln, auf den Weg nach Hawaiki-A-Nui, dem Land ihrer Ahnen, machen. **Achtung:** Aus Respekt sollte man sich dem Baum nicht nähern und weder essen noch trinken.

Vom Cape Reinga aus starten mehrere Wanderwege. Beliebt ist der 48 Kilometer lange **Te Paki Coastal Track** (drei bis vier Tage einfach), in dessen Mitte Cape Reinga liegt und der in Einzelabschnitten in Angriff genommen werden kann.

Ninety Mile Beach

Der Strand ist eigentlich nur **65 Meilen** lang, doch er erscheint endlos. Auf der einen Seite das offene Meer, auf der anderen Seite wüstenartige Dünen, ab und zu ein paar Bäume, mehr gibt es hier nicht. Was die meisten Besucher anzieht, ist die Kombination aus der Tatsache, dass dieser Strand einmalig in Neuseeland ist, dem Abenteuer, auf diesem Strand zu fahren, und der Notwendigkeit, nach dem Ausflug nach Cape Reinga wieder Richtung Süden zu müssen (so braucht man nicht dieselbe Strecke zurückfahren). Ein Highlight für Besucher ist das **Sand-Boarding,** bei dem man auf einem Brett die Dünen hinuntergleitet – Sand in Mund, Augen und sämtlichen Hautfalten inbegriffen.

65 Meilen Sand, Sand, Sand ...

008nz ks

Hinweis: zweiradangetriebene Fahrzeuge eignen sich für die Fahrt am Strand nicht, die meisten Autoverleiher erlauben die Fahrt auf dem Ninety Mile Beach nicht, und auch Autoversicherungen für Privatwagen greifen hier nicht. Wer sein Glück trotzdem probieren will, muss die **Gezeiten** im Blick behalten und sich der Tatsache bewusst sein, dass es weder einen Rettungs- noch einen Abschleppdienst gibt und dass aufgrund mangelnden Handyempfangs keine Hilfe gerufen werden kann. Wer stecken bleibt, kann sein Fahrzeug schnell an die Flut und das Meer verlieren. **Zugänge** zum Strand gibt es im Süden über die Waipapakauri Ramp sechs Kilometer nördlich von Awanui und im Norden am Te Paki Stream.

Touren

Einige Unternehmen bieten von den unterschiedlichsten Ecken Northlands Touren nach Cape Reinga und zum Ninety Mile Beach mit Zusatzangeboten wie Sand-Boarding oder Verpflegung an. Ein guter Ausgangspunkt ist Kaitaia.

- **Dune Rider Unique,** 36 Wireless Rd., Tel. 09-408 2411, www.capereingatours.co.nz, 55/30 $. Bietet ein umfassendes Gesamtpaket.
- Jeep-Touren bietet **Far North Outback Adventures,** Tel. 09-409 4586, www.farnorthtours.co.nz.

Praktische Tipps

- Außer vereinzelten Mini-Geschäften gibt es auf der Halbinsel nicht viel, dem Gumdiggers Park ist ein **Café** angeschlossen, in Pukenui findet man einen **Pub, Imbiss** und **Lebensmittelladen.**
- Ähnlich dünn sieht es mit Übernachtungsmöglichkeiten aus. **Campingplätze** gibt es einige, die meisten ohne Strom und nur mit minimaler Ausstattung.
- **Busabout** (www.busaboutnorth.co.nz) verkehrt jeden Do zwischen Kaitaia und Pukenui, andere öffentliche Verkehrsmittel gibt es nicht.

Kaitaia

Kaitaia ist die **nördlichste Stadt Neuseelands.** Das Provinzstädtchen ist kein Highlight, ist aber als Ausgangsbasis für Ausflüge zum Cape Reinga und Richtung Ahipara okay. Es gibt Supermärkte, Tankstellen, Geschäfte, Lokale und ein sehenswertes Museum, viel mehr aber nicht. Das Zentrum der Stadt erstreckt sich entlang der Commercial Street.

Geschichte

Verschiedene Maori-Stämme lebten bereits seit langer Zeit in der Gegend, bevor der Te-Ratawa-Stammesführer **Nopera Panakareao** Missionare einlud und sein Land zum **Verkauf** bot. 1833 wurde eine Missionsstation gebaut, auf dessen Friedhof heute die Gräber von *Nopera* und den Missionare *Joseph Matthews* und *William Puckey* zu finden sind.

Ab den 1850er Jahren ließen sich vermehrt **Siedler** nieder, und durch den Abbau von **Kauri-Harz** *(gum)* entwickelte sich die Stadt massiv. Viele der ersten Siedler kamen aus Dalmatien. Das serbokroatische Empfangsschild sowie viele Nachnamen der heutigen Bewohner erinnern an die einstigen Wurzeln.

Heute lebt die ärmliche Stadt von der **Holzwirtschaft,** vereinzelt wird auch

Obst angebaut. Die **Arbeitslosenquote** der Stadt ist fast doppelt so hoch wie die des Landesdurchschnitts, das Einkommen liegt weit unter dem Landesschnitt. 50 Prozent der Bevölkerung bezeichnen sich als Maori.

Sehenswertes und Aktivitäten

Ein 2012 neu aufbereitetes, sehenswertes **Regionalmuseum** veranschaulicht die Historie und das Leben im hohen Norden Neuseelands. Es zeigt prä-europäische Artefakte wie Pounamu, Schnitzereien und ein 500 Jahre altes Skelett des ausgestorbenen Kuri (eine polynesische Hunderasse). Weitere Hauptthemen sind die Nutzung von Kauriholz- und -harz sowie die Pioniergeschichte.

- **Te Ahu Far North Regional Museum,** South Rd. Ecke Matthews Ave., Tel. 09-408 9454, www.teahuheritage.co.nz, Mo–Fr 9–16 Uhr.

Touren nach Cape Reinga und Ninety Mile Beach siehe „Aupori Peninsula mit Cape Reinga und Ninety Mile Beach".

Praktische Tipps

Informationen

- **www.kaitaia.co.nz**
- **Einwohnerzahl:** 4887
- **i-SITE:** Matthews Ave. Ecke South Rd., Tel. 09-408 9450, tägl. 8.30–17 Uhr.
- **Bibliothek:** Matthews Ave. Ecke South Rd., Tel. 09-408 9455, Mo–Fr 8.30–17 Uhr, Sa 9–13 Uhr.

An- und Abreise

- **Bus:** Kaitaia wird von den großen Langstreckenbusunternehmen angefahren. Busabout (www.busaboutnorth.co.nz) fährt zur Doubtless Bay, nach Pukenui und Ahipara. Busbahnhof: South Rd. Ecke Matthews Ave.
- **Flugzeug:** Kaitaia ist über den Flughafen (Quarry Rd.) mit Auckland und Hamilton verbunden. Zum Zeitpunkt der Recherche waren bereits viele Strecken gestrichen, eine Schließung des Flughafens ist nicht ausgeschlossen. Die i-SITE kennt den aktuellen Stand der Dinge.

Unterkunft und Camping

Die Übernachtungsmöglichkeiten sind limitiert, aber wer nicht gerade im Januar hier ist, sollte ein Bett finden. In Kaitaia gibt es zurzeit keinen Campingplatz. Die nächsten findet man in Ahipara und Awanui.

- **Mainstreet**①, 235 Commerce St., Tel. 09-408 1275, www.mainstreetlodge.co.nz. Freundliches Hostel in zentraler Lage. Wer eine Tour gebucht hat, kann sich hier abholen lassen. Manchmal werden Knochenschnitzkurse angeboten.
- **Loredo Motel Kaitaia**②, 25 North Rd., Tel. 0800-456 733, www.loredomotel.co.nz. Einfaches, sauberes Hostel am Stadtrand.
- **Waters Edge B&B**②, 25b Kitchener St., Tel. 09-4080870, www.watersedgebandb.co.nz. Freundliches, einfaches B&B mit kleinem Pool.

Essen und Trinken

- **Gecko Café**①, 71 Commerce St., Tel. 09-408 1160, Mo–Fr 7–16 Uhr, Sa 9–14 Uhr. Klassisches Café mit guten Snacks und Speisen.
- **Beachcomber Restaurant**②-③, 222 Commerce St., Tel. 09-408 2010, www.beachcomber.net.nz, Mo–Fr 11–14.30 Uhr u. Mo–Sa 17–21 Uhr. Angesichts der eher mageren Gastro-Szene Kataias ein erstaunlich gutes Restaurant mit vielen Fischgerichten, aber auch Fleisch und vegetarischen Speisen. Eine der besten Adressen der Stadt.

Einkaufen

- Wer **Souvenirs** sucht, sollte einen Blick in **Kotare Krafts,** 130 Commerce St., werfen.

Ahipara

Das Ende des Ninety Mile Beaches markiert das **Ferienörtchen** Ahipara. Es gibt keine große Infrastruktur, dafür einen schier endlosen **Sandstrand,** der zum Baden, Surfen, Sandburgenbauen und Spazierengehen einlädt.

Der **Aussichtspunkt Lookout** in der Gumfields Road ist über eine holprige Schotterstraße zu erreichen und bietet einen grandiosen Blick über die Gegend.

Südlich der Stadt lag einst ein wichtiges Abbaugebiet von **Kauri-Harz,** das Hunderte von Arbeitern anlockte. So bedeutend war der Ort, dass hier gleich drei Hotels betrieben wurden. Heute ist davon nicht viel übrig geblieben. Wer die Gegend zu Fuß erkunden möchte, kann sich auf den zwölf Kilometer langen Rundwanderweg **Gumfield Walk** begeben, für den man etwa sechs Stunden benötigt. Er startet an der Brücke bei der Shipwreck Bay. Unbedingt sollte man sich nach den Gezeiten erkundigen und entsprechend planen.

In der **Shipwreck Bay** kommt nicht nur bei Ebbe ein altes **Schiffswrack** zum Vorschein, auch ist die Bucht **angeblich Neuseelands bester Surf-Strand.**

- Bretter und Kurse gibt es bei **NZ Surf Bros,** 27 Kaka St., www.nzsurfbros.com.

Wer windgetrieben per **Blokarting** oder per Motorkraft mit **Quads** über den Strand brettern will, wird in Ahipara glücklich.

- **Ahipara Adventure,** 15 Takahe Rd., Tel. 09-409 205, www.ahiparaadeventure.co.nz, ab 80 $.

Praktische Tipps

Informationen

- **www.ahipara.co.nz**
- **Einwohnerzahl:** 1065

An- und Abreise

- **Busabout** (www.busaboutnorth.co.nz) fährt einmal täglich von/nach Kaitaia. Abfahrt: Ahipara School in der Ahipara Rd.

Unterkunft und Camping

MEIN TIPP: **Endless Summer Lodge**①,245 Foreshore Rd., Tel. 09-409 4181, www.endlesssummer.co.nz. Die alte Kauri-Villa ist ein Hostel, das annähernd Hotel-Standard erreicht. Sie punktet mit sauberen Zimmern, Hängematten und Surfbrettern zum Mieten.

- **Baylinks Motel**②, 115 Takahe St., Tel. 09-409 4694, www.baylinks.co.nz. Das kleine Motel befindet sich in idyllischer Lage nicht weit vom Strand. Die Zimmer sind einfach, aber sauber.
- **Ahipara Holiday Park**②, 168 Takahe St., Tel. 09-409 4864, www.ahiparaholidaypark.co.nz. Klassischer Campingplatz mit Schattenplätzen, Cabins und einem angeschlossenem YHA-Hostel.

Essen und Trinken

Vereinzelt öffnen und schließen Cafés, die Folgenden haben Bestand und bieten eine grundlegende Qualität:

- **Gumdiggers Café**①, 3 Ahipara Rd., Tel. 09-409 2012, tägl. 7–15 Uhr. Klein, aber fein, nur die Plastikstühle irritieren.
- **Bayview Restaurant and Bar**②-③, 22 Reefview Rd., Tel. 09-409 4888, www.ahiparabaymotel.co.nz. Im gleichnamigen Hotel untergebracht, gibt es vernünftiges Essen mit Blick auf das Meer.

▷ Das Wasser gestaltet die Landschaft im Hokianga Harbour immer wieder um

Hokianga Harbour

Das Meer fließt im Hokianga Harbour mit schier unendlichen Seitenarmen weit bis ins Landesinnere. Oft wird der 32 Kilometer lange Meeresarm fälschlich als „Hokianga River“ bezeichnet. Das Gebiet ist eines der **ländlichsten** und am wenigsten entwickelten auf der Nordinsel. Dominiert von Maori, Hippies und anderen, die die Einsamkeit suchen, **ticken die Uhren hier langsamer.** Die Infrastruktur ist minimal entwickelt, viele Verkehrswege sind Schotterstraßen, es gibt nur wenige Siedlungen. Wer relaxen und entschleunigen möchte, ist hier genau richtig.

Reizvoll ist vor allem die **Landschaft** rund um die Meeresarme: Es gibt Wälder und Buschland, grüne Wiesen und unzählige kleine Buchten. Aufgrund der Gezeiten wirken die zahllosen Tentakel des Meeres wie Sumpf- und Schwemmland. Immer wieder eröffnen sich beeindruckende Blicke über die Landschaft. Am Südende laden 180 Meter hohe Dünen zum Sand-Boarding ein. Die wichtigsten **Siedlungen** sind **Opononi** und **Omapere.**

Geschichte

Der vollständige Name des Hafens ist **Hokianga Nui a Kupe** – „Kupes finaler Abfahrtsort“. Von hier aus soll der polynesische Abenteurer und Entdecker von Neuseeland zurück nach Hawaiki gereist

sein. Hokianga blickt auf eine lange Besiedlung durch **Maori** zurück, vor allem durch **Ngapuhi.** Erst viel später, um 1800, legten gelegentlich Schiffe europäischer Herkunft an, deren Besatzung sich vorwiegend für die Kauri-Bestände interessierte. 1828 wurde von **John Hobbs** in Mangunu eine **Missionsstation** gebaut, zehn Jahre später hielt **Jean Baptiste Francois Pompallier,** Neuseelands erster Missionarsbischof, die erste katholische Messe in Motuti. Dort liegt er auch begraben, nachdem seine Knochen von Frankreich hierher verschifft wurden. Die Gegend um Hokianga entwickelte sich zu einem **Zentrum für Kauriholz- und -harzwirtschaft**. Mit dem Versiegen der natürlichen Ressourcen wurde auf Landwirtschaft gesetzt, die sich bis heute nur langsam etablierte.

Mitimiti

Die kleine Siedlung an der Küste im Norden des Hokianga Harbour liegt am Ende einer ewig lang erscheinenden Schotterstraße. Hier gibt es keine Läden oder Cafés, ausschließlich Wohnhäuser. Sandtrails Hokianga bietet immer mal wieder auf Anfrage **Quad-Ausflüge** und **Touren** an. Wer sein eigenes Board mitbringt kann sich beim **Sand-Boarding** austoben.

■ **Sandtrails Hokianga,** 32 Paparangi Dr., Tel. 09-409 5035.

Motuti

Es gibt mindestens zwei gute Gründe, einen Abstecher in die kleine, unscheinbare Siedlung zu unternehmen: Die kleine **Holzkirche Saint Mary's Church** (224 Motuti Rd.) aus dem Jahre 1899 repräsentiert den Ort, an dem Bischof *Jean Baptiste Francois Pompallier* am 13. Januar 1938 die erste katholische Messe auf neuseeländischem Boden hielt. Seine Knochen wurden 2002 hier begraben, nachdem sie auf einer 16-wöchigen Reise von Frankreich aus verschifft wurden.

Um Maori-Kultur geht es im **Motuti Marae.** Es werden authentische Kulturveranstaltungen und Übernachtungen angeboten.

■ **Motuti Marae,** 318 Motuti Rd., Tel. 09-409 5545, www.motuti.co.nz, ab 36/18 $.

Kohukohu

MEIN TIPP: In der Zeit der Kauri-Wirtschaft war Kohukohu ein lebendiges Städtchen mit 2000 Einwohnern. Die Bevölkerung hat sich heute auf unter 200 Menschen reduziert, die **schönen Kauri-Gebäude** sind geblieben. Der Vergleich mit einem **Museumsdorf** liegt nahe. Einen Besuch wert ist die **Kunstgalerie Village Arts.** Hier werden Werke von etablierten und noch unbekannten Künstlern der Gegend ausgestellt: Gemälde, Skulpturen, Möbel, Schmuck und zeitgenössische Maori-Kunst.

■ **Village Arts,** 1376 Kohukohu Rd., Tel. 09-405 5827, www.villagearts.co.nz, tägl. 10–16 Uhr.

Praktische Tipps

- Im Ort finden sich ein kleines **Lebensmittelgeschäft,** ein **Café** sowie der **The Koke Pub** (1372 Kohukohu Rd., Tel. 09-405 5808), in dem es leckeres Essen gibt und wo gelegentlich auch Livemusik gespielt wird.
- Übernachten kann man z.B. im überdurchschnittlich guten **Tree House**①, 168 West Coast Rd., Tel. 09-405 5855, www.treehouse.co.nz, in dem es u.a. schnuckelige Cabins gibt.
- 4 km südlich des Ortes landet die **Hokianga Vehicle Ferry** aus Rawene (Details siehe Ortskapitel Rawene).

Horeke

Das kleine Horeke ist die **zweitälteste Siedlung Neuseelands.** Sie wurde 1826 von einer australischen Firma durch den Bau einer Werft gegründet. Hier fand auch Neuseelands erster Prozess um einen **Mord** statt, nachdem ein Maori-Fährmann in einem Streit um den Fahrpreis einen Pakeha getötet hatte. Heute geht es aber deutlich weniger aufregend zu. Am meisten los ist im ältesten Pub des Landes:

- **Horeke Tavern**②, 2118 Horeke Rd., tägl. 13 Uhr bis spät. Das einfache Gebäude wurde 1826 gebaut, seitdem sind Millionen Liter Alkohol ausgeschenkt worden. Es gibt auch ein paar Betten.

Sehenswert ist das **Mangungu Mission House.** 1838 gebaut, haben 1840 über 70 Maori-Stammesführer vor einem Publikum von über 3000 Menschen den Treaty of Waitangi (siehe gleichnamiger Exkurs im Kapitel „Bay of Islands") unterschrieben. Heute befindet sich ein kleines Museum in den Räumlichkeiten.

- **Mangungu Mission House,** Motokiore Rd., 3 km westl. tägl. 10–15 Uhr, 10 $/frei.

Ein wenig außerhalb liegen auf Privatland die **Wairere Boulders:** Spazier- und Wanderwege bis zu zwei Stunden führen durch ein Gebiet mit den Überbleibseln eines vor 2,8 Millionen Jahren stattgefundenen **Basaltflusses.**

- **Wairere Boulders,** 70 McDonnell Rd., 4 km südl., Tel. 09-401 9935, www.wairereboulders.co.nz, tägl. ca. 8–19 Uhr.

Rawene

Als dritte Stadt Neuseelands gegründet, ist auch Rawene heute **relativ verlassen.** Es gibt ein kleines Lebensmittelgeschäft, eine Tankstelle und zahlreiche **historische Gebäude,** darunter sechs Kirchen, denen der Ort seinen Charme verdankt. Ein **Heritage Trail** ist ausgeschildert und führt an den wichtigsten historischen Gebäuden vorbei, die teilweise mit Infotafeln versehen sind (alternativ auch als App erhältlich). Die meiste Aufmerksamkeit fällt auf das am Ende der Landzunge liegende **Clendon House.** Das hübsche Gebäude wurde in den 1860er Jahren von dem Geschäfts- und Seemann Kapitän *James Reddy Clendon* errichtet und war bis 1972 in Familienbesitz, bevor es an den Heritage New Zealand Trust überging.

- **Clendon House,** 14 Parnell St., Sa 10–16 Uhr u. nach Wetter und Nachfrage, 10 $/frei.

Lokale Kunst gibt es bei **No. 1 Parnell** (1 Parnell St.) zu bewundern. Am Ende der Clendon Esplanade befindet sich der hübsche **Mangrove Walkway,** der über Holzplanken führt.

Praktische Tipps

- Wer Hunger hat, bekommt im **Boatshed Café** ①, 8 Clendon Espl., Tel. 09-405 7728, tägl. 8.30–16 Uhr, die üblichen Snacks und Gerichte. Vom Balkon aus hat man einen schönen Blick auf die Bucht.
- Übernachten kann man im hübschen, kolonialen **Postmaster Lodgings**②, 3 Parnell St., Tel. 09-405 7676, www.thepostmasterlodgings.co.nz, oder im **Holiday Park**②, 1 Marmon St., Tel. 09-405 7720, www.raweneholidaypark.co.nz.
- **Hokianga Ferry:** Eine Autofähre verkehrt von Rawene nach Kohukohu (4 km südl.). Die Überfahrt dauert 15 Min. (tägl. ca. stündl. 7.30–9.30 Uhr), Fußgänger 2 $, Auto 20 $, Camper 40 $.

Opononi und Omapere

Die beiden am Südende des Hokianga liegenden Siedlungen gehen nahtlos ineinander über. Die Dünenlandschaft ist beeindruckend, das Wasser klar und Baden ungefährlich. **Maskottchen** Opononis ist die **Delfin-Dame Opo,** die 1955 für zehn Jahre in den Gewässern vor dem Städtchen residierte und besonders gerne mit Kindern spielte. Horden von Menschen reisten an, um den großen Tümmler zu sehen. Eine Statue erinnert heute an Opo. Die **Statue** des Delfins Opo stellt nicht wirklich eine Sehenswürdigkeit dar, aber der Gedanke, dass ein Meeressäuger einst Teil der Ortsgemeinschaft war, ist nett. Zu finden in der 19 SH12.

Per Boot geht es über den Hokianga, um die dortigen Dünen beim **Sand-Boarding** auf einem Brett herunterzusausen. Alternativ gibt es immer wieder Anbieter, die **Buggy-Touren** durch die Dünen anbieten. Sand in allen Körperöffnungen ist jedenfalls garantiert!

- **Hokianga Express Charters,** 49 Kokohuia Rd., Tel. 09-405 8872, 27/17 $.

Wer sein eigenes **Andenken** herstellen möchte, ist bei einem **Knochenschnitzkurs** richtig:

- **Hokianga Bone Carving Studio,** 15 Akina St., Tel. 09-405 6061, ab 60 $.

Es gibt **Touren,** die die lokalen **Maori-Traditionen** (mit Fokus auf Natur und Wälder) erläutern. Ein Anbieter:

- **Footprints Waipoua,** 334 SH12, Tel. 09-405 8207, www.footprintswaipoua, ab 25 $.

Der nur 800 Meter lange **Signal Station Track/Arai Te Uru** am Ende des Hokianga Harbour startet am Ende der Signal Station Road und führt zur alten Signalstation, die einst Schiffen den Weg wies. Seit den 1950er Jahren ist sie geschlossen, der 15-minütige Spaziergang dorthin eröffnet wunderschöne Blicke.

Eine beliebte Tagestour ist der 3,7 Kilometer lange **Six Foot Track,** für den man 1½ Stunden benötigt. Man startet am Ende der Mountain Road. Die Frampton's Hut am Ende des Tracks ist Ausgangspunkt für weitere Wanderungen im Waima Forest.

▷ Auf dem Signal Station Track

www.fotolia.de © philipbird123

Praktische Tipps

Information

- **Einwohnerzahl:** 485
- **i-SITE:** 29 SH12, Tel. 09-405 8869, tägl. 8.30–17 Uhr.

An- und Abreise

Weder Opononi noch Omapere werden von öffentlichen Verkehrsmitteln angefahren. Es gibt immer mal wieder Veranstalter, die **Bustouren** in die Gegend anbieten.

Unterkunft und Camping

Am Ort gibt es erstaunlich wenige Unterkünfte, und deren Qualität lässt häufig zu wünschen übrig. Man findet aber schöne und sehr teure B&Bs. Alternativ ist die wahrscheinlich beste Wahl:

- **McKenzies**②, 4 Pioneers Walk, Tel. 09-405 8068, www.mckenziesaccomodation.co.nz. Verfügen über ein einziges kleines Cottage direkt am Strand.
- **Opononi Lighthouse Motel**②, 45 SH12, Tel. 09-405 8824, www.lighthousemotel.co.nz. Verschiedene Wohneinheiten, die nur durch die Straße vom Meer getrennt sind.
- **Opononi Holiday Park**②, 43 SH12, Tel. 09-405 8791, www.opononibeachholidaypark.co.nz. Einfacher, etwas in die Jahre gekommener Holiday Park. Die nächstgelegene Alternative findet man in Rawene.

Essen und Trinken

Es gibt eine kleine Auswahl an Cafés und Restaurants, die aktuell wohl beste Option:

- **Omaparadise**①, 328 SH12, Tel. 09-405 8764, tägl. 8–15 Uhr. Beliebtes Café mit Kuchen, Snacks, leckeren Burgern und anderen Gerichten zu günstigen Preisen.

Einkaufen

- Entlang der Hauptstraße gibt es ein paar **Geschäftchen, Lebensmittelläden** und eine **Tankstelle.**

Kauri-Bäume

Neuseelands endemische Kauri-Bäume sind beeindruckend: Sie wachsen **bis zu 50 Meter** hoch, erreichen einen **Umfang von bis zu 16 Metern** und werden bis zu **2000 Jahre alt.** Vor allem der Norden Neuseelands war ursprünglich von dichten Kauriwäldern bewachsen. **Maori** nutzen Kauriholz zum Bau von Häusern und Kanus, das Harz *(gum)* als Holzanzünder und, gemischt mit Wasser und der Milch der Puha-Pflanze, als Kaugummi.

Mit dem Eintreffen der **Europäer** startete die **Abholzung** der Wälder für den Schiffs- und Häuserbau sowie zum Freilegen von Farmland. Harz wurde durch das Ausgraben toter Baumbestände oder das Melken bestehender Bäume gewonnen. Genutzt wurde es für Lacke und andere harzhaltige Produkte.

Kauriwälder sind Heimat für etliche andere Baumarten, Büsche, Pflanzen sowie Vogelarten. Heute gibt es nur noch sehr wenige Kauri-Bestände, der Waipoura Forest in Northland war der erste, der vor drohender Abholzung bewahrt wurde, als er 1867 von der Krone gekauft wurde und als geschützt deklariert wurde.

Hinweis: Die **Wurzeln** der Kauri Bäume sind extrem empfindlich, daher nicht auf diese treten oder klettern!

135nz no

Kauri Coast

Der Verwaltungsbezirk **Kaipara** ist auch als „Kauri Coast" bekannt. Grund sind die hier bestehenden **Kauri-Bestände,** allen voran der Waipoua Forest sowie seine Nachbarn Mataraua und Waima. Wer mehr über die majestätischen Bäume erfahren möchte, sollte einen Blick in das **Kauri-Museum** im Süden der Region werfen. Auf dem Weg dahin locken endlose **Strände** mit wilder Brandung.

Vom Hokianga kommend, bieten sich Stopps an folgenden Einrichtungen an:

Im **Labyrinth Woodworks and Puzzle Museum** dreht sich alles um **Puzzles** und **Geschicklichkeitsspiele.** Es gibt ein Freilichtlabyrinth, ein Museum und einen Shop. In unmittelbarer Nähe starten diverse Wanderwege.

■ **Labyrinth Woodworks and Puzzle Museum,** 647 Waiotemarama Gorge Rd., Tel. 09-405 4581, www.nzanity.co.nz, tägl. 9–17 Uhr, 5 $.

Das Morell Café, eines der besten der Gegend, ist in Waimamaku zu finden. Angeschlossen ist ein kleines **Kunsthandwerks-Geschäft** mit Produkten aus Kauri und lokaler Kleinkunst.

■ **Morells Café**①-②, 7235 SH12, Waimamaku, Tel. 09-405 4545.

< Desinfektion zum Schutz der Bäume vor der Kauri Dieback Disease

> Zapfen und Blätter des Kauribaums

Waipoua Forest

Waipoua und die angrenzenden Wälder **Mataraua** und **Waima** bilden den **größten ursprünglichen Wald in Northland.** Einst war der Großteil Northlands mit vergleichbaren Wäldern bewachsen, doch diese fielen seit der Besiedlung durch europäische Einwanderer der Holz- und Harzwirtschaft sowie der Rodung zwecks Landwirtschaft zum Opfer. Der SH12 führt quer durch den Wald, Spazier- und Wanderwege ab zehn Minuten Länge sind ausgeschildert. Am Südende des Parks befindet sich das **Waipoua Forest Visitor Centre.** Das Informationszentrum wird vom lokalen Iwi Te Roroa verwaltet Für 180 $ kann man seinen eigenen Kauri-Baum pflanzen. **Touren** in den Wald werden von Footprints Waipoua angeboten.

Highlight des Waldes ist **Tane Mahuta.** Der „Gebieter des Waldes" ist **Neuseelands größter lebender Kauri.** Er ist 51,20 Meter hoch und hat einen Umfang von 13,77 Metern. Über 1000 Jahre alt ist der berühmteste Baum Neuseelands. Der Maori-Legende nach ist Tane der Sohn von Ranginui, dem Himmelsvater, und der Himmelsmutter Papatuanuku. Tane war das Kind, das die Umarmung der Eltern getrennt hat. Alle Waldlebewesen werden als Tanes Kinder angesehen (siehe „Menschen und Kultur/Maori/Legenden und Mythen"). Zu sehen ist Tane Mahuta nahe des gleichnamigen Parkplatzes, von wo kurze Spazierwege zu **wichtigen Kauris** führen: Tane Mahuta, Four Sisters, Yakas und dem Vater des Waldes, Te Matua Ngahere. Die meisten sind mit Informationstafeln versehen. Etwas länger, nämlich eine Stun-

de, dauert der 2,5 Kilometer lange **Lookout Track,** der am Waipoua Visitor Centre oder am Parkplatz Historic Forest Lookout an der Lookout Road startet. Knapp zehn Kilometer südlich des Visitor Centre befindet sich der **Katui Kauri Gum Store,** in dem man Kunst und Andenken aus Kauriholz und -harz käuflich erwerben kann.

- **Waipoua Forest Visitor Centre,** 1 Waipoua River Rd., Tel. 09-439 6445, tägl. 9–18 Uhr, Winter 9–17 Uhr. Ein Café① und ein Campingplatz② mit Cabins② sind angeschlossen.
- **Footprints Waipoua,** 334 SH12, Omapere, Tel. 09-405 8207, www.footprintswaipoua, ab 25 $.
- **Katui Kauri Gum Store,** 4753 SH12, Tel. 09-439 4733, tägl. 9–17 Uhr.

Trounson Kauri Park

Das Trounson Kauri Park Mainland Island Project möchte durch **Wiederaufforstung** die Ursprünglichkeit des Waldes wiederherstellen. Ein Großteil des Gebietes wurde vom Siedler *James Trounson* gestiftet, eröffnet wurde der Park 1921. Der 1,6 Kilometer lange Rundwanderweg **Trounson Kauri Park Loop Track** führt in 40 Minuten durch endemischen Wald und an Kauribäumen entlang. Er startet an der Trounson Park Road. Zum Schutze der Pflanzen soll der Weg nicht verlassen werden.

Praktische Tipps

- In der Umgebung gibt es **DOC-Campingplätze** und einen hübschen **Top 10 Holiday Park**③, 7 Opouteke Rd., Tel. 09-439 0621, www.kauricoast top10.co.nz. Von hier aus werden **geführte Nachtwanderungen** angeboten (30/15 $), mit ein wenig Glück sieht man Brown Kiwis.

Kai Iwi Lakes

Die **drei Süßwasserseen** zwischen SH12 und Meer sind beliebte Ausflugsziele für die Anwohner. Besonders hübsch mit seinen Sandstränden und blauem Wasser ist **Lake Tarahoa.** Hier gibt es auch einen kleinen Campingplatz.

Dargaville

Die Ruhe und ländliche Abgeschiedenheit der Region Kaipara ist auch in der Stadt Dargaville zu spüren. Viel ist hier nicht los, ein Stopp lohnt sich vor allem zum Tanken und für den Lebensmitteleinkauf. Wer aber schon einmal da ist, kann einen Blick in das **Museum** werfen, an dem die Masten der versenkten „Rainbow Warrior“ an das Greenpeace-Schiff erinnern (siehe Exkurs „Rainbow Warrior“).

Geschichte

Wie auch die anderen Siedlungen der Gegend, blühte Dargaville einst durch die **Kauriholz- und Harz-Wirtschaft** auf. Die mächtigen Baumstämme wurden über den Wairoa River nach Onehunga und andere Umschlaghafen gebracht und von dort aus weiter verschifft. Mit dem Versiegen der Ressourcen ab 1920 setzte die Stadt auf Land- und Milchwirtschaft. Die Stadt produziert den größten Anteil an neuseeländischen **Süßkartoffeln** (Kumara).

Sehenswertes und Aktivitäten

Im gut aufbereiteten **Museum für Lokalgeschichte** finden sich u.a. ein Waka (Kanu) aus der Zeit vor der Siedlungsgeschichte und ein nachgebautes Harzgräber-Camp inklusive eines 84 Kilogramm schweren Stücks Kauriharz. Die Schiffsmasten vor dem Museum stammen vom versenkten Greenpeace-Schiff „Rainbow Warrior".

■ **Dargaville Museum,** Harding Park, Tel. 09-439 7555, www.dargavillemuseum.co.nz, tägl. 9–17 Uhr, Winter 9–16 Uhr, 15/5 $.

In einer Galerie kann man **Kauri-Produkte** erwerben, die ins Reisegepäck passen (z.B. Dosen, Schalen, Stifte), und man kann *Rick* beim Verarbeiten des Holzes zusehen.

■ **Woodturners Kauri Gallery and Studio,** 4 Murdoch St., Tel. 09-439 4975, Mo–Sa 9–16 Uhr.

Auf einer pedalbetriebenen **Draisine** lässt sich die Gegend entlang einer **28 Kilometer langen Strecke** erkunden.

■ **Rail and Rivertours,** www.portdargabillecruises.co.nz, 80/40 $.

Ein kreativer Familienbetrieb bietet **Farmtouren** und die Show „Ernie" rund um das Thema **„Süßkartoffel"** (Kumara) sowie Familien- und Lokalgeschichte. Wem das nicht genug ist, kann sich in umfunktionierten, knallbunten Tonnen auf Rädern von einem Traktor durch Kumara-Felder ziehen lassen.

■ **Kumarabox,** 503 Pouto Rd., Tel. 09-439 7018, www.kumarabox.co.nz, ab 10 $.

Praktische Tipps

Informationen

■ **www.dargaville.co.nz**
■ **Einwohnerzahl:** 4455
■ **Visitor Centre:** 4 Mordoch St., Tel. 09-439 4975, tägl. 9–18 Uhr.
■ **Bibliothek:** 71 Normanby St., Tel. 09-439 3150, Mo–Fr 9–17 Uhr, Sa 9.30–12.30 Uhr.

An- und Abreise

■ **West Coaste**r bietet zweimal tägl. Shuttleservices von/nach Whangarei, Te Wai Ora zweimal wöchentlich von/nach Auckland. Buchungen über das Visitor Centre möglich.

Unterkunft und Camping

Es gibt eine kleine Auswahl an Unterkünften, die Qualität ist eher durchschnittlich. **Wohnmobile** können auf dem **Museumsparkplatz**① campen. Wer nicht unbedingt am Ort campen muss, sollte den Campingplatz im nahegelegenen Baylys Beach in Betracht ziehen.

■ **Hobson's Choice**②, 212 Victoria St., Tel. 09-439 8551, www.hobsonschoicemotel.co.nz. Einfaches Motel, in dem man für eine Nacht ganz gut untergebracht ist.

■ **Dargaville Holiday Park and Motel**③, 10 Onslow St., Tel. 09-439 8296, www.dargavilleholiday.co.nz. Inmitten eines Wohngebiets, etwas in die Jahre gekommene Einrichtung, aber dafür mit Schwimmbecken.

Essen und Trinken

Rund um die Victoria Street Ecke Hokianga Street gibt es eine kleine Auswahl an Restaurants und Imbissen. Die durchschnittliche Qualität ist dabei erstaunlich gut.

■ **Matichs Premier**①, 95 Victoria St., Tel. 09-439 7350. Gutes, klassisches Fish&Chips-Restaurant und Takeaway.

■ **Raan Ahaan Thai Aroi Dee**①, 57 Victoria St., Tel. 09-439 1081, www.raanahaanthaiaroidee.com,

Di–Fr 11.30–14 Uhr u. 16.30–21 Uhr, Sa, So 17–21 Uhr. Sehr guter, günstiger Thai in etwas steriler Umgebung mit ausgezeichneten Speisen.

■ **Blah, Blah, Blah**①-③, 101 Victoria St., Di–Sa 9 Uhr bis spät, So, Mo 9–16 Uhr. Café und Restaurant in einem, das wohl beste seiner Art am Ort. Je später der Tag, desto teurer die Gerichte.

Baylys Beach und Ripiro Ocean Beach

Die kleine Feriensiedlung Baylys Beach im Westen Dargavilles liegt am Ende von Neuseelands **längster Strand-Straße.** Der als offizielle Straße verzeichnete Ripiro Ocean Beach ist knapp 100 Kilometer lang und damit länger als der Ninety Mile Beach. Man sollte ihn aber nur befahren, wenn man sich seiner Autoversicherung sicher ist, eine Schaufel zum Ausgraben des Fahrzeuges in Notfällen dabei hat und sich auf dem Fahren von Sand sicher fühlt. Vor dem Aufbrechen unbedingt Einheimische nach aktuellen Gefahren und Tipps befragen. Alternativ können vor Ort Quads gemietet oder Ausritte unternommen werden.

■ **Baylys Beach Horse Treks,** 3 Ripiro Dr., Tel. 09-439 4342, http://baylysbeachhorsetreks.webs.com, ab 50 $.

Der Strand mit seinem hellen Sand und seiner Dünenlandschaft ist wunderschön, das Meer hat eine starke Brandung sowie Strömung und ist nicht zum Schwimmen geeignet. Bei Ebbe kommen Schiffswracks zum Vorschein.

▷ Dies ist eine Straße ...

Praktische Tipps

■ **Holiday Park**②, 24 Seaview Rd., Tel. 09-439 6349, www.baylysbeach.co.nz.

■ **Sunset View Lodge**①-②, 7–9 Alcemene Ln., Tel. 09-439 4342, www.sunsetviewlodge.co.nz.

Pouto Point

Die 55 Kilometer lange **Halbinsel** südlich von Dargaville ist eine wenig besuchte Gegend. Am Ende des Kaps steht das alte **Kaipara Lighthouse,** das 1884 aus Kauriholz gebaut wurde. Die Aussicht von hier ist großartig. Pouto ist ein **Strand- und Sandparadies:** Es gibt schier ewige Strände und Dünen, kleine Seen und versteinerte Kauris. Bei Ebbe kommen einige der 150 **Schiffwracks** zum Vorschein, die hier im Laufe von Neuseelands Seefahrergeschichte gesunken sind. Die **DOC-Broschüre „Pouto, Hidden Treasures“** informiert über Fauna und Flora, Geschichte und Verhaltensregeln für Besucher. Zum Zeitpunkt der Recherche gab es keinen Anbieter von Touren auf die Halbinsel.

Matakohe

Ein Stopp in Matakohe lohnt sich vor allem wegen des **Kauri-Museums.** Das gut aufbereitete, interaktive Museum informiert über den Kauribaum, seine Abholzung und Verarbeitung. Beeindruckend sind die riesigen Holzstücke, die die Dimensionen der mächtigen Bäume veranschaulichen. Außerdem gibt es den Gum Room und eine gigantische Sägemühle. Ein Shop mit Kauri-Produkten ist angeschlossen.

Im Umkreis des Museums befinden sich einige **historische Gebäude,** die aus Kauriholz gebaute **Matakohe Pioneer Church** aus dem Jahr 1867 liegt direkt gegenüber.

■ **Kauri Museum,** 5 Church Rd., Tel. 09-431 7417, www.kau.nz, tägl. 9–17 Uhr, 20/8 $.

Praktische Tipps

■ Einen guten Kaffee brüht das **Matakohe House Café,** 24 Church Rd., Tel. 09-431 7091. Wem es hier gefällt, kann im angeschlossenen **B&B**② übernachten.

■ Alternativ gibt es den **Matakohe Holiday Park** ②, 66 Church Rd., Tel. 09-431 6431, www.matakoheholidaypark.co.nz.

139nz no

3 Waikato und Coromandel Peninsula

Die Region beherbergt spektakuläre Höhlen mit Glühwürmchen und eine Halbinsel mit malerischen Buchten und grünen Wäldern. Für „Herr der Ringe“-Fans ist der Besuch von Hobbiton ein Muss.

< Grün, grüner, Coromandel

WAIKATO UND COROMANDEL PENINSULA

Die Region Waikato, benannt nach dem gleichnamigen Fluss, ist die viertgrößte Region Neuseelands. Sie erstreckt sich im Süden von Auckland 1238 Kilometer entlang der Küste im Westen und umfasst auch die Halbinsel Coromandel im Nordosten der Nordinsel. Geografisch gesehen, gehört auch

der Lake Taupo zu Waikato, aus Gründen der Übersichtlichkeit wird dieser aber dem Kapitel „Bay of Plenty und Zentrale Nordinsel“ zugeordnet.

Knapp **400.000 Menschen** leben in Waikato, ihr Durchschnittsalter liegt bei 35½ Jahren; 20 Prozent sind Maori (der Landesdurchschnitt liegt bei 14 Prozent). Die Region ist in einem **breiten Mix an Wirtschaftszweigen** aktiv, allen voran Milchwirtschaft, Dienstleistung, Bau, Gesundheit und Sozialdienst. Die größte Stadt der Region ist das touristisch eher uninteressante **Hamilton.**

Landschaftlich gesehen kann Waikato in **zwei Teile** gegliedert werden. Im Nordosten liegt die **Coromandel-Halbinsel** mit ihren Traumbuchten, die den dichten, naturbelassenen Coromandel Forest Park säumen. Der Rest der Region ist von **Farmland** dominiert und bietet vereinzelte touristisch interessante Ziele wie **Hobbiton, Raglan** und die weltberühmten **Waitomo Caves** mit ihren Glühwürmchen.

Geschichte

Im **13. Jahrhundert** ließen sich in Waikato die Nachfahren der **Maori** nieder, die einst mit dem Kanu Tainui nach Neuseeland gekommen waren: Ngati Maniapoto, Ngati Toarangatira, Ngati Railava und Stämme der Marutuahu-Konföderation, Ngati Mahuta und Ngati Haua. Sie errichteten im gesamten Gebiet Siedlungen, vorwiegend auf Hügeln und in der Nähe von Gewässern. 500 Jahre später begannen Konflikte rund um ihre Ländereien zu schwelen.

Vom Jahr 1820 an zogen **europäische Händler** und **Abenteurer** nach Waikato. **Missionare** folgten ein Jahrzehnt später, bauten Kirchen und Schulen und brachten den Maori Landwirtschaftstechniken bei, die daraufhin ihre Produkte nach Auckland, Sydney und sogar bis nach Kalifornien verkauften. In der **Königsbewegung** (siehe „Nördliches Waikato“)

NICHT VERPASSEN!

- **Muschelessen:** in Coromandel Town frisch gefangene Grünlippmuscheln genießen | 138
- **Cathedral Cove:** den fotogenen Kalksteinbogen vor seiner traumhaften Strandkulisse an Land oder vom Kajak aus bewundern | 147
- **Karangahake Gorge:** entlang der traumhaften Schlucht durch lange Tunnel und dichten Wald den Spuren der Goldsucher folgen | 153
- **Raglan:** am wunderschönen Ngaruni Beach spazieren oder eine Surfkarriere starten | 160
- **Hobbiton Movie Set:** am Drehort der „Herr der Ringe“ den Spuren der Hobbits nach Hobbingen folgen und im „Green Dragon Inn“ einkehren | 165
- **Waitomo:** in imposanten Höhlen die Magie der Glühwürmchen erleben oder sich beim Black Water Rafting in ein unterirdisches Abenteuer stürzen | 169

Diese Tipps erkennt man an der gelben Hinterlegung.

taten sich verschiedene Maori-Stämme ab den 1850er Jahren zusammen, um ihr Land, ihre Kultur und ihr Mana (Status, Autorität, Macht) zu schützen. Die **englische Regierung** empfand die Bewegung als Bedrohung, stellte sich ihr entgegen, vertrieb den König und **konfiszierte** 1863 das Land der Maori. Erst 25 Jahre später kehrte der König zurück, und weitere 100 Jahre später, 1995, wurde im Rahmen der Waitangi-Tribunal-Anhörungen ein Teil des Landes zurückgegeben und eine Entschädigung von 170 Millionen Dollar gezahlt (siehe Exkurs „Das Waitangi-Tribunal").

Coromandel Peninsula

Einen Katzensprung von Auckland entfernt, liegt die Coromandel-Halbinsel. Mit ihren zahllosen **weißen Stränden** und grünen **Wäldern** ist sie **eines der beliebtesten Urlaubsziele der Neuseeländer.** Die Halbinsel ist rund 85 Kilometer lang, 40 Kilometer breit und von knapp 400 Kilometern Küste gesäumt. Im Landesinneren dominiert die mit gemäßigtem Regenwald bewachsene Berglandschaft: Die **Bergkette Coromandel Range** ragt bis zu 900 Meter auf und gehört größtenteils zum vom DOC verwalteten **Coromandel Forest Park.**

Die Region der **Wälder** ist relativ isoliert und **kaum bewohnt** – ganz im Gegensatz zur **Küstenlandschaft,** an der sich **unzählige kleine Orte und Siedlungen** aneinanderreihen. Nur fünf davon haben mehr als 1000 Einwohner (Coromandel, Whitianga, Thames, Tairua und Whangamata), aber in der **Sommersaison** platzt die Halbinsel aus allen Nähten, wenn Ferienhäuser und Campingplätze mit Besuchern aus Auckland, ganz Neuseeland und der Welt ausgebucht sind. Die Einwohnerzahl (26.178) steigt dann auf das Zehnfache an.

Die **Highlights** der Halbinsel sind Hot Water Beach, Cathedral Cove, der Coromandel Forest Park und die Karangahake Gorge.

Geschichte

Historiker gehen davon aus, dass bereits um **1250** die ersten **polynesischen Migranten** auf die Coromandel-Halbinsel kamen. Später dominierten **Te Arawa** und **Tainui,** die aus dem Westen und Südwesten des Landes kamen und von den reichen Fischbeständen des Meeres und Baumaterialien des Waldes angelockt wurden.

Kapitän **James Cook** war 1769 der erste Europäer, der seinen Fuß an Land setzte. Kurz darauf entdeckten die Europäer die Gegend für sich, denn die reichen Vorkommen an Kahikatea- und Kauriholz eigneten sich hervorragend für den **Schiffsbau.** Coromandel ist nach dem Schiff „HMS Coromandel" benannt, das um 1820 die Gegend nach Kauriwäldern absuchte. Zehn Jahre später ließen sich vermehrt **Missionare** und **Händler** nieder. Mit dem Versiegen der Kauri-Ressourcen erwachte im 20. Jahrhundert der **Goldrausch,** der Tausende von Siedlern anzog. Als auch die Goldvorkommen ausgeschöpft waren, blieb nicht mehr als Landwirtschaft, und viele Menschen verließen die Gegend. Heute

Coromandel Peninsula

0 ▬ 4 km ©Reise Know-How 2017 Neus_08

ist der Hauptwirtschaftszweig **Tourismus,** gefolgt von Milchwirtschaft.

MEIN TIPP: Die **Broschüre „The Coromandel“** beinhaltet eine gute Übersichtskarte mit eingezeichneten Sehenswürdigkeiten, Attraktionen, Spaziergängen und Wanderungen, Campingplätzen, aktuellen Events und vielem mehr. Wer sich speziell für Natur und Wandern interessiert, sollte sich die **DOC-Broschüre „Coromandel Recreation“** besorgen.

- **www.thecoromandel.com**

Hauraki Rail Trail

MEIN TIPP: Der 82 Kilometer lange **Radweg** von **Kaiaua** entlang der Küste des Firth of Thames bis nach **Waihi** im Süden Coromandels ist **einer der einfachsten Radwanderwege Neuseelands** und eignet sich hervorragend für Pedalritter-Neulinge. Er führt entlang verschiedener Landschaftsbilder von Küste, Wäldern und Farmland. Highlight ist die **Karangahake Gorge** mit Tunneln bis zu 1,1 Kilometern Länge. Die Strecke kann in drei Tagen oder in kürzeren Einzelabschnitten geradelt werden. Übernachtungsmöglichkeiten liegen am Wegesrand, Gepäcktransport und Shuttle sind möglich.

- Informationen (auch zum Radverleih) unter **www.haurakirailtrail.co.nz.**

Thames

Thames ist die **größte Stadt an der Westküste der Halbinsel** und Verwaltungssitz des Thames-Coromandel District. Die Stadt wurde während der Goldgräberzeit am 27. Juli 1867 von *James Mackay* unter Einverständnis der Maori gegründet, von denen man das Land „leaste“ und die somit am **Goldrausch** Teil hatten. Auf lange Sicht waren sie jedoch gezwungen, Land zu verkaufen. Die Stadt wuchs rasant und war Ende des 19. Jahrhunderts mit 18.000 Einwohnern und über 100 Hotels die größte Stadt Neuseelands.

Noch immer existieren viele der historischen Häuser, und es gibt ein paar Sehenswürdigkeiten mit Bezug zur Goldgräberzeit. Die meisten Besucher nutzen die Stadt als Ausgangsbasis für die Erkundung der Halbinsel und Ausflüge in das nahe gelegene Kauaeranga Valley.

Sehenswertes

In der **ehemaligen Goldmine** läuft man im Rahmen einer Tour oder eigenständig durch Bergwerkstunnel, kann Stampfern beim Zertrümmern von Steinen zusehen und wird über Goldabbau informiert. Wurde 2016 renoviert und erweitert.

- **Goldmine Experience,** SH25 Ecke Moanataiari Rd., Tel. 07-868 8514, www.goldmine-experience.co.nz, tägl. 10–16 Uhr, Winter 10–13 Uhr, 15/5 $.

> Gerätschaften an der School of Mines

Das **Historical Museum** präsentiert die **Lokalgeschichte** in einem restauriertem Kauri-Gebäude. Ausgestellt sind unter anderem Maschinen, Haushaltsgegenstände und Fotos.

■ **Historical Museum,** Pollen St. Ecke Cochrane St., Tel. 07-868 8509, www.thameshistoricalmuseum.weebly.com, tägl. 13–16 Uhr, Sa 10–16 Uhr, 5/2 $.

In einem restaurierten historischen Schulgebäude befindet sich eine umfangreiche **Sammlung lokaler Gesteine, Mineralien und Fossilien.**

■ **School of Mines and Mineralogical Museum,** 101 Cochrane St., Tel. 07-868 6227, tägl. 11–15 Uhr, Winter Mi–So 11–15 Uhr, 10 $.

www.fotolia.de © Gina Smith

Die **Treasury,** ein **Archiv,** hat seinen Fokus auf **Familiengeschichte.** Hier findet man Zeitungen, Fotos, Jahrbücher und mehr.

■ **Treasury,** 705–709 Queen St., Tel. 07-868 8827, www.thetreasury.org.nz, Mo, Do, Fr, Sa 11–15 Uhr.

Rund **50 Gebäude** in Thames sind als **historisch** gelistet, wer mit offenen Augen durch die Stadt geht, wird viele von ihnen erkennen. Wer gezielter auf die Suche gehen möchte, kann sich die **Broschüren** „Historic Grahamstown“, „Historic Shortland and Tararu“ und „A Walk Around Historic Thames“ in der i-SITE besorgen.

Inmitten des Dickson Holiday Parks liegt ein abgeschlossenes Stückchen Wald mit Hunderten von **Schmetterlingen** sowie einem **Orchideen-Haus.**

■ **Butterfly and Orchid Garden,** 155 Victoria St., Tel. 07-868 8080, www.butterfly.co.nz, tägl. 9.30–16.30 Uhr, 12/6 $, Juni bis Aug. geschlossen.

Aktivitäten

In der Stadt selbst gibt es kaum Angebote für Aktivurlauber. Wer etwas unternehmen möchte, sollte einen Blick in das nahe **Kauaeranga Valley** werfen.

Radler können von Thames aus Etappen des Hauraki Rail Trail fahren (siehe Kasten). Alternativ kann man entlang der Küste oder durch das Kauaeranga Valley zum DOC-Infozentrum radeln.

6 Es gibt mehrere Verleiher von Touren-, Mountain- und E-Bikes, z.B. **Paki Paki Bike Shop,** 535 Pollen St., Tel. 07-867 9025, www.pakipakibikeshop.co.nz, Mo–Fr 9–17 Uhr, Sa 9–13 Uhr, ab 30 $.

Thames
0 100 m ©Reise Know-How 2017
Neus_08c
Victoria Park
Treasury
School of Mines and Mineralogical Museum
1 ★ Butterfly and Orchid Garden
★ Goldmine Experience
Historical Museum
DOC
Thames Hospital
i-SITE
Bibliothek
Danby Field
Waihou River
Waiokaraka Rd
Karaka Rd
Queens St
Brown St
Davy St
Cochrane
Kirkwood St
Pollen St
Bella St
Martha St
Mackay St
Amy St
Pahau St
Walter St
Mary St
Court St
Rolleston St
Edward St
Sandes St
Sealey St
Richmond St
Baillie St
Willoughby St
Mitchell St
Grey St
Übernachtung
1 Dickson Holiday Park, Nightingale Falls
8 Rolleston, Cotswold Cottage, Grafton Cottage and Chalets
Essen und Trinken
3 Nakontong
4 Sola Café
7 The Wharf Coffee House and Bar Restaurant
Nachtleben
5 Grahamstown Bar and Diner
Einkaufen
2 Bauernmarkt
Aktivitäten
6 Paki Paki Bike Shop

Praktische Tipps

Informationen

- **www.thamesinfo.co.nz**
- **Einwohnerzahl:** 7518
- **i-SITE:** 200 Mary St., Tel. 07-868 7284, Mo–Fr 9–17 Uhr, Sa 9–14 Uhr, So 11–16 Uhr.
- **DOC:** siehe Kapitel „Kauaeranga Valley".
- **Bibliothek:** 503 Mackay St., Tel. 07-868 616, Mo–Fr 9–17 Uhr, Sa 9–12 Uhr.

An- und Abreise/Verkehr

- **Bus:** Thames wird von den meisten großen Langstreckenbusunternehmen angefahren; Busbahnhof an der i-SITE, 200 Mary Street.
- **Taxi:** Tel. 07-868 3100.

Unterkunft

Übernachtungsmöglichkeiten in Thames gibt es reichlich, die **Preise sind moderat.** Auch einige **Hostels** findet man hier, deren Qualität ist jedoch weniger überzeugend, in Coromandel gibt es weitaus bessere. In der **Hauptsaison** muss vorgebucht werden.

8 **Rolleston**②, 105 Rolleston St., Tel. 07-868 8091, www.rollestonmotel.co.nz. Einfaches, ordentliches Motel. Am Fluss gelegen, in Laufnähe zur Innenstadt und zum Meer.

8 **Grafton Cottage and Chalets**②-③, 304 Grafton Rd., Tel. 07-868 9971, www.graftoncottage.co.nz. Zimmer und Einheiten in verschiedenen Größen und Preisstufen. Die meisten haben einen großartigen Blick und eine kleine Terrasse.

1 **Nightingale Falls**②-③, 126a Victoria St., Tel. 07-868 8002, www.nightingalefalls.co.nz. Attraktive, moderne Farm mit zwei Cottages. Farmtouren, Austritte und andere Aktivitäten können separat gebucht werden.

8 **Costwold Cottage**②-③, 46 Maramarahi Rd., Tel. 07-868 8306, www.costwoldcottage.co.nz. 3 km südlich des Ortszentrums gelegene Villa mit drei hübschen Zimmern, Sauna und einem leckeren Frühstück.

Camping

1 **Dickson Holiday Park**②, Victoria St., Tel. 07-868 7308, www.dicksonpark.co.nz. In die Jahre gekommener Kiwi Holiday Park mit den üblichen Einrichtungen und einer Auswahl an Wohneinheiten.

- Wer auf den Komfort eines kommerziellen Campingplatzes verzichten kann und nicht in Thames direkt übernachten muss, sollte einen Blick auf die **DOC-Campingplätze** entlang der Kauaeranga Valley Road werfen.

Essen und Trinken

Entlang der Pollen Street reihen sich Cafés und Restaurants aneinander, die Auswahl ist beträchtlich. Am beliebtesten sind die Folgenden:

4 **Sola Café**①, 720 Pollen St., Tel. 07-868 8782, www.solacafe.co.nz, tägl. 7–16 Uhr. Überwiegend frische, gesunde Mahlzeiten und kleine Spezialitätenverkaufsecke. Nette Atmosphäre.

7 **The Wharf Coffee House and Bar Restaurant**①-②, Queen St., Shortland Wharf, Tel. 07-868 6828, Mo, Di 9–15 Uhr, Mi–So 9–21 Uhr. Bei Einheimischen beliebter Alleskönner am Wasser. Snacks, Mahlzeiten, Kaffee, Bier, Wein ...

3 **Nakontong**①-②, 728–730 Pollen St., Tel. 07-868 6821, www.nakontong.com, Mo–Fr 11–14.30 Uhr u. Mo–So 17–22 Uhr. Der Thai ist eines der beliebtesten Restaurants der Stadt.

Ausgehen

5 **Grahamstown Bar and Diner**②, 700 Pollen St., Tel. 07-868 6008, www.thejunction.net.nz, Mo–Fr 11–21 Uhr, Sa, So 8.30–21 Uhr. Rustikale Atmosphäre, deftiges Essen (auch Platten zum Teilen). Am Wochenende oft Livemusik.

Einkaufen

Die meisten Geschäfte liegen an der **Pollen Street.** Neben den üblichen Ketten und kleinen Läden findet man auch ein paar Kunstgewerbeshops.

2 Ein **Bauernmarkt** mit lokalen Bioprodukten und Kunsthandwerk findet am Samstagmorgen von 8–12 Uhr in der Pollen St. statt.

Kauaeranga Valley

Östlich von Thames führt die Kauaeranga Valley Road entlang des gleichnamigen Flusses tief in den **Coromandel Forest Park** hinein. Die Landschaft, von steilen **Klippen und Schluchten** dominiert, wird von den 759 Meter hohen Felsnadeln **Pinnacles** überragt, von denen sich ein großartiger Blick über den Wald bietet. Dieser beherbergt immer noch ein paar alte Rata, Rimu und Kauri und erstreckt sich bis zu den Küsten auf beiden Seiten der Halbinsel. Es gibt zahlreiche kurze und lange Wanderwege, Mountainbike-Pfade, DOC-Campingplätze und Hütten. Die **DOC-Broschüre „Kauaeranga Valley & Broken Hills Recreation"** bietet eine gute Übersichtskarte, informiert über die Natur (und Bäume) der Gegend und beschreibt die wichtigsten Wanderwege.

Aktivitäten

Das **Wandergebiet** ist **sehr gut erschlossen.** Es gibt zahlreiche Spaziergänge unter einer Stunde und etliche längere Strecken, die zu Rundwegen oder Mehrtagestouren kombiniert werden können. Das **Wetter** und die **Naturgewalten** in der Region dürfen auf keinen Fall unterschätzt werden, Wanderer sollten gut ausgerüstet und mit ausreichend Verpflegung aufbrechen. Längere Wanderungem sollten vorab beim DOC angemeldet werden. Die besten Tracks sind:

- **Hoffman's Pool,** 1,5 km, 30 Min. Start: 1,5 km hinter dem DOC-Büro. Der einfache Weg führt entlang zahlreicher Infotafeln zu einem sandigen Flussbecken, in dem gerne gebadet wird.
- **Billygoat-Rundweg,** 10,5 km, 4–5 Std., Start: Parkplatz am Ende der Straße. Der Rundweg vermittelt einen guten Eindruck der Region, er ist in Abschnitten sehr steil. Achtung: Zum Zeitpunkt der Recherche war die Brücke am Beginn des Tracks unbenutzbar, der Fluss musste zu Fuß überquert werden. Beim DOC nach dem aktuellen Stand fragen.
- **Pinnacles,** 18 km, 2 Tage, Start: Parkplatz am Ende der Straße. Billygoat wird durch einen Abstecher zu den Pinnacles erweitert. Die Strecke ist teilweise sehr anstrengend, die großartigen Blicke belohnen für die Mühen.

MEIN TIPP: Der Coromandel Forest Park eignet sich hervorragend zum **Canyoning:** Ausreichend Niederschlag sorgt für zahlreiche Flüsse und Bäche, und die steilen Berge formen Pools, natürliche Rutschbahnen und mehr. Ein Spaß für alle, die kaltes Wasser, Natur und Abenteuer lieben.

- **Canyonz,** Tel. 0800-422 696, www.canyonz.co.nz, 360 $.

Praktische Tipps

Übernachtung/Camping

- Am Wegesrand der Kauaeranga Valley Road befinden sich etliche **DOC-Campingplätze.** An einigen Wanderwegen gibt es **Hütten.**

Informationen

- **DOC:** Kauaeranga Valley Rd. (14 km östlich von Thames), Tel. 07-867 9080, tägl. 8.30–16 Uhr, im Sommer länger; neben Infomaterial auch sehenswerte Ausstellung und Filme über Kauris und die Holzfällergeschichte.

An- und Abreise

Zum Zeitpunkt der Recherche fuhren **keine öffentlichen Verkehrsmittel** das Tal an.

Zwischen Thames und Coromandel Town

Die 50 Kilometer lange Strecke zwischen Thames und Coromandel verläuft entlang der Küste. Kleine Buchten, Siedlungen und Pohutukawa-Bäume wechseln sich ab. Letztere blühen im Sommer bzw. zur Weihnachtszeit strahlend rot.

Sehenswertes

Rapaura Watergardens ist ein von Tapu aus sechs Kilometer im Landesinneren liegender **privater Garten** mitten im Buschland. Sehr schön angelegt mit Wegen, Wasserläufen, Seerosen, einem Wasserfall sowie Kunst und Skulpturen.

■ **Rapaura Watergardens,** 586 Tapu-Coroglen Rd., Tel. 07-868 4821, www.rapaura.com, tägl. 9–17 Uhr, 15/6 $. Ein **Café**①-② und ein **B&B**②-③ sind angeschlossen.

Ein kleines DOC-Schild weist auf den **Square Kauri** hin, einen **1200 Jahre alten Kauri** an der Tapu-Coroglen Road, neun Kilometer im Landesinneren. Er kann über einen kurzen Spazierweg (mit 187 Stufen) erreicht werden. Sein ungewöhnlich eckiger Stamm gab dem 40 Meter hohen Baum seinen Namen.

Kurz nach dem Coromandel Airport zweigt die **309 Road** nach Südosten ins Landesinnere ab. Die 22 Kilometer lange **Schotterpiste** endet in Whitianga (siehe entsprechendes Kapitel) und schlängelt sich durch Pinienwälder, Busch- und Farmland. Die Strecke an sich ist schon eine Sehenswürdigkeit, die folgenden beiden Stopps lohnen sich zusätzlich.

Waterworks ist eine Art **Freizeitpark,** rund ums **Thema Wasser:** Man findet eine riesige Wasseruhr, eine Musikbox, Wasserkanonen, einen Spielplatz, und im Fluss kann gebadet werden.

■ **Waterworks,** 471 The 309 Rd., Tel. 07-868 7191, www.thewaterworks.co.nz, tägl. 10–18 Uhr, Winter 10–16 Uhr, 24/18 $.

Die **Waiau Falls** sind ein beliebter, zehn Meter hoher **Wasserfall** in ursprünglicher Buschlandschaft mit einem natürlichen Schwimmbecken (206 The 309 Rd.). Ein kurzer Spazierweg führt zum **Kauri Grove Lookout,** einer Ansammlung von **600 Jahre alten Kauribäumen** mit einem Umfang von bis zu sechs Metern sowie einem verwachsenen „siamesischen" Kauripaar. Weitere Spazier- und Wanderwege sind ausgeschildert.

> Pohutuwaka in Blüte

Coromandel Town

Das charmante Städtchen (fast) am Ende der Welt besticht durch zahlreiche unter Denkmalschutz stehende Gebäude, hübsche Cafés, eine Handvoll kleiner Läden – und leckere Muscheln. Zwar wird das Örtchen von vielen Touristen besucht, durch das Straßenbild mit dem geschäftigen Treiben der Einheimischen fühlt man sich an ein historisches, ursprüngliches Neuseeland erinnert.

Seinen Boom erlebte Coromandel einst während der Zeit des **Goldrausches,** als sein Hafen als Umschlagplatz für die Gold- und Kauri-Industrie der Halbinsel diente. Heute lebt die Stadt vorwiegend von Muschel-Farmen und Tourismus.

Achtung: Coromandel Town sollte man nicht mit der Coromandel Peninsula verwechseln. Beide werden oft nur „Coromandel" genannt ...

Sehenswertes und Aktivitäten

Im **Goldfield Centre** führt ein Geologe stündlich die historische **Stein-Zerkleinerungsmaschine** vor, die noch heute im Einsatz zur Goldgewinnung ist. Hier steht auch Neuseelands größtes funktionsfähiges **Wasserrad.**

■ **Goldfield Centre and Stamper Battery,** 410 Buffalo Rd., www.coromandelstamperbattery.weebly.com, tägl. 1015 Uhr, 10/5 $.

Auf dem **Driving Creek Railway** geht es mit einer **Mini-Eisenbahn** eine Stunde lang durch Buschland, drei Tunnel und an **Tonskulpturen** vorbei. Der Aussichtspunkt bietet einen schönen Blick über den Firth of Thames.

2 **Driving Creek Railway and Potteries,** 380 Driving Creek Rd., Tel. 07-866 8703, www.drivingcreekrailway.co.nz, tägl. 10–16 Uhr, Winter 10–14 Uhr, 35/13 $.

Coromandel Town

0 — 40 m ©Reise Know-How 2017

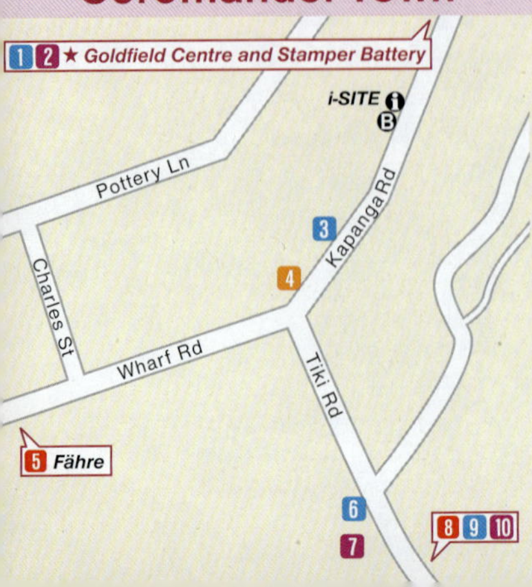

Übernachtung
- 5 Anchor Lodge, Harbour View Motel, Long Bay Motor Camp
- 8 Tui Lodge, Jacaranda Lodge

Essen und Trinken
- 1 Driving Creek Café
- 3 Pepper Tree
- 6 Coromandel Smoking Co.
- 9 Mussel Kitchen

Nachtleben
- 4 Star and Garter

Aktivitäten
- 2 Barge Fishing, Driving Creek Railway and Potteries
- 7 Coromandel Adventures
- 10 Kayak Adventures

www.fotolia.de © creativenature.nl

Der 1,6 Kilometer lange **Kauri Block Track** ist ein hübscher **Spaziergang** entlang des Bergkamms mit schönem 360-Grad-Blick über die Gegend. Man startet von der Harbour View Road oder 356 Wharf Road. Hin und zurück benötigt man 1½ Stunden.

Wer ein wenig entlang der Küste paddeln, vom **Kajak** aus angeln oder sich einer Tour anschließen möchte, ist hier richtig:

10 **Kayak Adventures,** 1945 Tiki Rd., Tel. 07-866 7466, www.kayakadventures.co.nz, ab 25 $.

Der Fischerort Coromandel ist ein hervorragender **Ausgangspunkt für Angel- und Fischerausflüge.** Es gibt verschiedene kleine Anbieter.

2 **Barge Fishing,** 30 Alfred Rd., Tel. 021-114 4485, www.corobargefishing.co.nz, ab 60 $.

Es gibt verschiedene Unternehmen, bei denen man **Touren** in den Norden, nach Cathedral Cove, an den Hot Water Beach, zu den Pinnacles und zu anderen Zielen buchen kann. Auch geführte Wanderungen und Shuttleservice werden angeboten.

7 **Coromandel Adventures,** 480 Driving Creek Rd., Tel. 07-866 7014, www.coromandeladventures.co.nz, ab 35 $.

■ **Tagesausflüge ab Auckland** mit unterschiedlichen Themen werden von Fullers angeboten (s. „An- und Abreise“), ab 35/21 $ plus Fähre.

⌃ Charmantes Städtchen am Ende der Welt: Coromandel

Praktische Tipps

Informationen

- **www.coromandeltown.co.nz**
- **Einwohnerzahl:** 1610
- **i-SITE:** 85 Kapanga Rd., Tel. 07-866 8598, tägl. 10–16 Uhr.

An- und Abreise

- **Bus:** Coromandel wird von **Intercity** und verschiedenen lokalen Busunternehmen angefahren; zentrale Haltestelle am Information Centre.
- **Fähre: Fullers,** www.fullers.co.nz, 2 Std., 55/35 $ einfach, Winter Sa u. So, Sommer tägl. zwischen Auckland (Pier 4, Quay St.) und Coromandel (Hannafords Wharf, 7 km südl.). Bus nach Coromandel Town im Preis enthalten. Auch als Tagesausflug.

Unterkunft

Coromandel bietet eine große Auswahl an Unterkünften mit sehr gutem Preis-Leistungs-Verhältnis. Im Sommer sollte trotzdem vorgebucht werden.

8 **Tui Lodge**①, 60b Whangapoua Rd., Tel. 07-866 8237, www.coromandeltuilodge.co.nz. Das Hostel ist ruhig gelegen, weitläufig angelegt und bietet Fahrräder zur kostenfreien Nutzung.

8 **Jacaranda Lodge**②, 3195 Tiki Rd., Tel. 07-866 8002, www.jacarandalodge.co.nz. B&B im Kolonialstil in großzügigem (Obst- und Gemüse-)Garten. Nicht alle Zimmer haben ein eigenes Bad.

5 **Anchor Lodge**①-③, 448 Wharf Rd., Tel. 07-866 7992, www.anchorlodgecoromandel.co.nz. Modernes Motel & Backpacker mit verschiedensten Zimmern, Wohneinheiten und Betten im Dorm. Spa Pool, Pool und kostenfreie Fahrräder.

5 **Harbour View Motel**②, 25 Harbour View Rd., Tel. 07-866 8690, www.harbourviewmotelltd.co.nz. Sechs Einheiten mit Blick auf das Meer von der eigenen Terrasse. 2 km außerhalb.

Camping

5 **Long Bay Motor Camp**①-②, 3200 Long Bay Rd., Tel. 07-866 8720, www.longbaymotorcamp.co.nz. Etwas außerhalb, direkt am Strand gelegener Park mit schönen Sonnenuntergängen. Weitere Plätze in der 2 Min. entfernten zugehörigen Tucks Bay. Vermietet auch Cabins.

Essen und Trinken

Es gibt eine kleine, aber ordentliche Auswahl an Cafés und Restaurants, die meisten liegen an der Kreuzung Wharf Road und Kapanga Road.

1 **Driving Creek Café**①, 180 Driving Creek Rd., Tel. 07-866 7066, www.drivingcreekcafe.com, tägl. 9–17 Uhr. Hübsches, etwas alternatives Café mit Bio-Produkten, angeschlossener Galerie, WLAN und Kinderspielplatz.

9 **Mussel Kitchen**①-②, 20 309 Road (Ecke SH25/Manaia Road), Tel. 07-866 7245, www.musselkitchen.co.nz, tägl. 9.30–16.30 Uhr, am Wochenende oft länger. Auf Muscheln und Meeresfrüchte spezialisiert, am Wochenende manchmal Livemusik, im Winter zeitweise geschlossen.

3 **Pepper Tree**②-③, 31 Kapanga Rd., Tel. 07-866 8211, www.peppertreerestaurant.co.nz, tägl. 10–21 Uhr. Gutes Essen in entspannter Atmosphäre mit reichlich Außensitzplätzen.

6 **Mein Tipp: Coromandel Smoking Co.**①-②, 70 Tiki Rd., Tel. 0800 327 668, www.corosmoke.co.nz, tägl. 9–17 Uhr. Ladengeschäft mit frischem, vor Ort geräucherten Lachs, Muscheln (z.B. Jakobsmuscheln), Garnelen, Aal und anderen Leckereien aus dem Meer. Zum Kochen oder Sofortessen.

Ausgehen

Viel ist nicht los in Coromandel, aber hier kann man sich abends unter das einheimische Volk mischen:

4 **Star and Garter,** 5 Kapanga Rd., Tel. 07-866 8503, www.starandgarter.co.nz, ab 11 Uhr bis spät. Historischer Pub mit Biergarten, Billardtischen und Livemusik an den Wochenenden.

Einkaufen

In Coromandel findet man alles, was man braucht: Lebensmittel, Benzin und ein paar kleine Läden entlang der Tiki Rd. Ecke Kapanga Rd.

Northern Coromandel Peninsula

Der Norden der Halbinsel ist **wild und einsam.** An der Küste wechseln sich Strände, Buchten und schroffe Klippenlandschaft ab. Das Landesinnere wird dominiert von dicht bewachsenen, **grünen Hügeln.** An den Straßenrändern stehen zahlreiche **Pohutukawa-Bäume,** die um die Weihnachtszeit strahlend rot erblühen. Die Gegend ist kaum besiedelt, Colville ist der einzige nennenswerte Ort, und dahinter endet die geteerte Straße. Wer im Norden übernachten will, muss eines der vereinzelten privaten B&Bs oder Ferienhäuser buchen oder auf einen der zahlreichen DOC-Campingplätze ausweichen.

Colville

Der kleine Ort ist die letzte nennenswerte Siedlung Richtung Norden. Es gibt ein kleines Geschäft mit Grundlebensmitteln, ein Postamt, eine (überteuerte) Tankstelle sowie ein Café:

■ **Green Snapper Café**①, tägl. ca. 8–15 Uhr, Winter kürzer; einmal wöchentlich werden Steinofen-Pizzen serviert (Fr 18–22 Uhr).

Port Jackson

Die 19 Kilometer lange Strecke von Colville nach Port Jackson führt auf einer (im Sommer) von rot leuchtenden Pohutukawas gesäumten Schotterpiste vorwiegend an der Küste entlang. Die einen Kilometer lange **Sandbucht** lädt zum Baden ein, übernachten kann man auf dem dahinter liegenden DOC-Campingplatz.

Fletcher Bay

Vier Kilometer nach Port Jackson liegt ein schöner **Aussichtspunkt,** von dem die 20 Kilometer entfernte Great Barrier

☑ Auf dem Coromandel Coastal Walkway

009nz ks

Island zu sehen ist, die einst mit der Coromandel-Halbinsel verbunden war. Fletcher Bay ist eine **nette Badebucht** mit einem DOC-Campingplatz und einem einfachen Backpackers① (Tel. 07-866 6685). Hier endet die Straße.

Coromandel Coastal Walkway

Mein Tipp: Der einfache, wunderschöne, zehn Kilometer lange Weg verbindet die **Buchten Fletchers** und **Stony.** Auf der 3½ Stunden dauernden Tour entlang der Küste, über Farmland und durch Wälder wird man mit Blicken auf die Pinnacles und über das Meer belohnt. Sie startet in der Fletchers Bay. Schon die Pioniere im historischen Neuseeland sind diesem Track gefolgt, um die Ost- und Westküste zu verbinden. er kann auch geradelt werden.

- **Shuttles** von Coromandel Town mit **Coromandel Discovery,** Tel. 07-866 8175, www.coromandeldiscovery.com, 130/85 $.

Stony Bay

In Stony Bay endet/beginnt die Straße entlang der Ostküste. In der Bucht kann man schwimmen. Der DOC betreibt hier einen einfachen Campingplatz sowie ein kleines Ferienhaus.

Port Charles

Die kleine **Feriensiedlung** ist umringt von hübschen Stränden.

- **Tangiaro Kiwi Retreat**③, 1299 Port Charles Rd., Tel. 07-8666 614, www.kiwiretreat.co.nz. Vermietet unterschiedliche Lodges, hat ein Café-Restaurant①-③ sowie ein angeschlossenes Spa (ab 20 $). Im Winter geschlossen.

Whangapoua und New Chums Beach

Mein Tipp: Der kleine Ferienort Whangapoua liegt an einem hübschen, weißen **Sandstrand** und ist Ausgangspunkt für einen einstündigen **Spaziergang** entlang der felsigen Küste und durch Wald und Busch zum traumhaften, vier Kilometer entfernten New Chums Beach. Der Startpunkt ist ausgeschildert. **Achtung:** Der Weg ist nur bei Ebbe begehbar!

Te Rerenga

Ein Stopp in diesem unspektakulären Örtchen lohnt sich wegen dieses netten Cafés:

- **Castle Rock Café**①-②, 1242 Whangapoua Rd., Tel. 07-866-4542, www.castlerockcafe.co.nz, Do 10–16 Uhr, Fr, Sa 10 Uhr bis spät, So 9–16 Uhr.

Kuaotunu und Otama Beach

Kuaotunu ist ein ansprechender Ort vor der Kulisse eines sehr schönen, weißen Strandes. Es gibt ein Café, ein Restaurant mit leckeren Pizzen (s.u.), einen Tante-Emma-Laden sowie ein paar Unterkünfte (s.u.).

Mein Tipp: Der einsame **Otama Beach** erstreckt sich über mehrere Kilometer vor wilder Kulisse in einem Naturschutzgebiet. Vor allem in der Nebensaison ein Traum.

Praktische Tipps

- **Luke's Kitchen**①-②, 20 Blackjack Rd., Tel. 07-866 4480, Fr–So 11–20.30 Uhr.
- Übernachten kann man im weitläufigen **Otama Beach Camp**①, 400 Blackjack Rd., Tel. 07-866 2362, www.otamabeachcamp. co.nz.

Whitianga

Das Städtchen an der Mercury Bay ist ein guter **Ausgangspunkt für Ausflüge** auf die Halbinsel oder um für kurze Zeit in die Zivilisation einzutauchen. Hot Water Beach, Cathedral Cove und andere Highlights können von Whitianga aus gut erreicht werden. Es gibt eine Promenade mit Geschäften und zahlreichen Cafés und Restaurants. Eine Passagierfähre setzt nach Cooks Bay über, man kann diverse Wassersportarten ausprobieren. In der Hauptsaison ist es hier extrem voll, ansonsten erscheint Whitianga bisweilen als verschlafenes Nest.

Geschichte

Der polynesische Entdecker und Seefahrer **Kupe** besuchte im Jahr 950 n. Chr. Whitianga zum ersten Mal, der Ort wurde unter dem Namen „Te Whitianga a Kupe" („Kupes Überfahrtsort") bekannt. 1769 landete Kapitän **James Cook** in Whitianga und erforschte die Gegend.

Seit der Besiedlung durch Europäer war die Gegend in einem breitem Spektrum an **Wirtschaftszweigen** aktiv: Holzindustrie, Schiffsbau, Harzgewinnung, Flachsverarbeitung sowie Goldgräberei. Heute lebt der Ort vorwiegend vom **Tourismus.**

Sehenswertes

Das kleine **Mercury Bay Museum** hat seinen Fokus auf **Regionalgeschichte** und bietet reichlich Informationen über die Entdecker *Kupe* und *Cook*.

■ **Mercury Bay Museum,** 11a Esplanade, Tel. 07-866 0730, www.mercurybaymuseum.co.nz, tägl. 10–16 Uhr, 7,50/2 $.

Im kleinen **Tierpark Whiti Farm** leben 40 Arten, die teilweise auch angefasst werden dürfen. Jungtiere werden im Frühling (Okt. bis Dez.) geboren. Außerdem finden kleine Besucher einen Mini-Zug, ein Feuerwehrauto und Spielplätze.

■ **Whiti Farm Park,** 2414 SH25, 10 km südl., Tel. 07-866 2349, www.whitifarmpark.co.nz, tägl. 10–16 Uhr, 10/7 $.

Über 400 Vögel, zahlreiche Kleintiere, Esel, Ziegen, Alpakas, Fische und Reptilien leben im **Vogelpark Mill Creek.**

■ **Mill Creek Bird and Animal Encounters,** 365 Mill Creek Rd., 15 km südl., Tel. 07-866 0166, www.millcreekbirdpark.co.nz, 10/3 $. Ein Café①, B&B② und ein Campingplatz② sind angeschlossen.

Aktivitäten

MEIN TIPP: Eine kleine **Passagierfähre** verkehrt zwischen Whitianga Wharf und **Ferry Landing.** Von hier aus bieten sich **Ausflüge** zum Shakespeare Cliff Scenic and Historic Reserve, zur Lonely Bay und zu Cooks Beach an. Wer ein **Fahrrad** mietet, kann Hahei Beach (13 km), Cathedral Cove (15 km) und Hot Water Beach (18 km) ansteuern.

■ **Whitianga Ferries,** www.whitiangaferry.co.nz, 7.30–22.30 Uhr ca. alle 15 Min., 6/4 $ return.

Müde Knochen entspannen sich in der sehr schön angelegten **geothermalen Spa-Pool-Anlage** mit Option auf Massagen und Anwendungen.

2 **Lost Spring,** 121a Cook Drive, Tel. 07-886 0456, www.thelostspring.co.nz, So–Fr 10.30–18 Uhr, Sa 10.30–20 Uhr, ab 40 $.

Es gibt zahlreiche Anbieter unterschiedlichster **Bootstouren ins Te Whanganui A Hei Marine Reserve:** Segel-, Glasboden- und Motorboote nach Cathedral Cove, entlang der Küste, durch Höhlen, mit Fokus auf Meerestieren, Schnorcheln oder Angeln, stundenweise oder ganztägig – für jeden ist etwas dabei. Mit etwas Glück sichtet man neben zahlreichen Fischen auch Delfine und Wale.

■ **Ocean Leopard Tours,** Tel. 0800-843 8687, www.oceanleopardtours.co.nz, ab 60/35 $.

Die Wasserwelt des Marine Parks kann man auch auf einem **Tauchgang** kennenlernen. Zu sehen gibt es unter anderem große Langusten und Snapper. Es gibt Touren für ausgebildete Taucher sowie PADI-Kurse.

8 **Dive Zone,** 7 Blacksmith Lane, Te. 07-8671580, www.divezone.co.nz, ab 150 $.

Die Gegend kann gut per Fahrrad erkundet werden. Vor allem ein Ausflug mit der **Fähre** nach **Ferry Landing** (siehe oben) lohnt sich.

10 **Bike Man,** 16 Coghill St., Tel. 07-866 0745, Mo–Fr 9–17 Uhr, Sa 9–13 Uhr, ab 25 $/Tag.

Ob Knochen, Paua, Horn, Greenstone oder andere Materialien, in einem zweistündigen Kurs kann man seinen **Anhänger** oder sein **Andenken selber schnitzen,** z.B. hier:

9 **Bay Carving,** 5 Coghill St., Tel. 021-105 2151, www.baycarving.com, Kurse Mo–Sa, ab 50 $.

Pferdeliebhaber können die Gegend bei einem **Reitausflug** erkunden, das Angebot reicht von Kinder-Kursen bis zu mehrstündigen Ausritten.

13 **Wairakau Horse Treks,** 390 Kaimarama Rd., Tel. 027-231 6789, www.wairakauhorsetreks.co.nz, ab 25 $.

Praktische Tipps

Informationen

- **www.whitianga.co.nz**
- **Einwohnerzahl:** 4368
- **i-SITE:** 66 Albert St., Tel. 07-886 5555, tägl. 9–17 Uhr.
- **Bibliothek:** 22 Victoria St., Tel. 07-886 4776, Mo, Di, Do, Fr 9–17 Uhr, Mi 9.30–17 Uhr, Sa 9–12 Uhr.

An- und Abreise

- **Bus:** Whitianga wird von Intercity und von den lokalen Busanbietern Go Kiwi und Tairua Bus Company angefahren. Haltestelle an der i-SITE, 66 Albert Street.
- **Passagierfähre:** siehe „Aktivitäten".
- **Flugzeug:** Sunair (www.sunair.co.nz) verbindet Whitianga mit Auckland, Tauranga und der Great Barrier Island.

Unterkunft

1 **On the Beach**①, 46 Buffalo Beach Rd., Tel. 07-866 5380, www.coromandelbackpackers.com. Ein knallblaues Hostel in Strandnähe. Zelten im Garten möglich. Mit Kajak- und Fahrradverleih.

1 **Andrea's B&B**②, 244 Cook Dr., Tel. 07-866 0568, www.andreasbnb.co.nz. Die beiden Apartments sind sauber, *Andrea* ist hilfsbereit; kostenfreie Fahrräder, fußläufig zum Strand.

1 **Oceans Resort**②-③, 18 Eyre St., Tel. 07-808 5062, www.oceansresort.co.nz. Große Ferienanlage mit modernen Einheiten, Tennisplatz, Swimmingpool, kostenlosem Fahrradverleih und eigenem Strandzugang.

11 **Peninsula Motel**②, 93–97 Albert St., Tel. 07-808 5047, www.peninsulamotel.co.nz. Neun Units in zentraler Lage. Die Räume sind etwas altbacken, aber sauber und ordentlich. Großer Garten und kleiner Kinderspielplatz.

Camping

Es gibt mehrere voll ausgestattete Campingplätze in Whitianga. Einer der besten ist zurzeit der Mercury Bay:

12 **Mercury Bay Holiday Park**②, 121 Albert St., Tel. 07-866 5579, www.mercurybayholidaypark.co.nz. Hübscher, gut ausgestatteter Campingplatz in einem ruhigen Wohnviertel. In Laufnähe zum Zentrum und zum Wasser.

3 Eine gute Alternative auf der anderen Seite des Hafens ist das **Cooks Beach Resort**②, 874 Purangi Rd., Cooks Beach, Tel. 07-866 5469, www.cooksbeachresort.co.nz. Mit Pool, allen üblichen Annehmlichkeiten und kostenfreiem WLAN.

Essen und Trinken

Die Auswahl an Cafés und Restaurants ist absolut riesig. Die meisten liegen auf der **Esplanade,** entlang der **Blacksmith Lane** sowie der **Albert Street.** Für alle Geldbeutel und Geschmäcker ist etwas dabei.

4 **Espy Café Restaurant**①, 10 Esplanade, Tel. 07-866 0778, www.espycafe.co.nz, tägl. 7:30–16 Uhr. Beliebtes Café mit großer Sonnenterrasse und Blick aufs Wasser. Auf den Tisch kommen Café, Eis, Snacks und deftige Mahlzeiten.

6 **Squids**②, 1 Blacksmith Ln., Tel. 07-867 1710, www.squids.co.nz, Mo–Fr 11.30–14.30 u. Mo–So 17.30–21 Uhr. Im Squids kommen leckere, preisgünstige Gerichte mit Fisch und Meeresfrüchten auf den Teller.

5 **Poivre & Sel**③, 2 Mill Rd., Tel. 07-866 0053, www.poivreesel.co.nz, Di–Sa 17–22 Uhr. Eines der besten Restaurants am Ort serviert französisch angehauchte Küche.

Ausgehen

7 **Blacksmith Bar,** 1 Blacksmith Ln., tägl. 11 Uhr bis spät. Kneipe mit Biergarten, am Wochenende spielen neuseeländische Bands.

Einkaufen

Whitianga hat für seine geringe Größe eine überraschend **große Auswahl** an Geschäften. Neben Lebensmittelläden und Tankstellen gibt es Strandartikel und -mode, Souvenirs und Gegenstände des täglichen Gebrauchs. Die meisten Geschäfte liegen rund um die **Blacksmith Lane** und die **Albert Street.**

Die Ostküste von Whitianga bis Waihi

Coroglen und Whenuakite

Beide Orte wären wenig spektakulär, gäbe es dort nicht die folgenden Einrichtungen:

■ **Coroglen Tavern**①, 1937 SH25, Tel. 07-866 3809, http://coroglentavern.co.nz, tägl. 10 Uhr bis spät. Die beliebte Taverne ist vielseitig und einen Blick wert. Es gibt nicht nur gute Biere, Burger und Snacks, im Sommer treten hier auch Neuseelands berühmteste Bands auf.

Coroglen Farmers Market, Nov. bis Juni So 9–13 Uhr. Bioprodukte von Obst und Gemüse bis Honig, Brot und Pesto. Es gibt auch Snacks, Eiscreme und Kunstgegenstände.

■ **Hot Water Brewing,** www.hotwaterbrewingco.com. Die Brauerei und ihr angeschlossenes Restaurant liegen auf dem Campingplatz Seabreeze.

010nz ks

■ **Seabreeze Holiday Park**②, 1403 SH25, Tel. 07-866 3050, www.seabreezeholidaypark.co.nz. Bietet neben Stellplätzen verschiedenste Arten von Unterkünften und Zimmern ①-②. Wer dem Getümmel in Whitianga entgehen und trotzdem zentral campen möchte und Bier mag (Hot Water Brewing), ist hier bestens aufgehoben.

Shakespeare Lookout

Am Ende der Purangi Road, 1,5 Kilometer vor Ferry Landing gelegener **Aussichtspunkt** mit freiem Blick in drei Himmelsrichtungen. Von hier aus führt ein ausgeschilderter **Spazierweg** zur Lonely Bay sowie zu Cooks Beach.

Hahei und Cathedral Cove

Der kleine Urlaubsort Hahei hat außer einem Café, einem kleinen Laden und seinem hübschen Strand nicht viel zu bieten. In der Hauptsaison verzehnfacht sich jedoch die Einwohnerzahl in dem sonst verschlafenen Ort, denn er ist Ausgangspunkt für Ausflüge zum Touristenmagneten Cathedral Cove.

Die wunderschöne **Cathedral Cove** mit ihrem berühmten **Steingewölbe in Strandlage** diente als Kulisse für verschiedene Filme wie z.B. „Die Chroniken von Narnia“. Zu erreichen ist der von Traumstränden eingerahmte Gewölbebogen zu Fuß, per Boot oder Kajak. Wer den Touristenmassen entkommen möchte, sollte frühmorgens oder spätabends aufbrechen.

☒ Traumkulisse: Cathedral Cove

Boots-, Tauch- und Schnorchelausflüge in den Marine Park und zur Cathedral Cove sind besonders beliebt.

■ **Explorer,** Hahei Beach, Tel. 07-866 3910, www.haheiexporer.co.nz, ab 85/50 $.

Der sehr gut ausgeschilderte, fünf Kilometer lange **Cathedral Cove Walk** ist teilweise **sehr steil** und sollte nur mit **festem Schuhwerk** und ausreichend **Wasservorräten** bestritten werden. Man läuft 1½ Stunden hin und zurück, Startpunkt ist der Grange Road Parkplatz. In der Nebensaison ein wunderschöner Ausflug.

Bedeutend ruhiger geht es in den beiden **Buchten Gemstone** und **Stingray** zu, in denen man schön schnorcheln kann. Die Unterwasserwelt wird auf DOC-Schildern erläutert. Beide Buchten sind vom Cathedral Cove Walk aus ausgeschildert.

Eine **umweltfreundliche Art,** Cathedral Cove über das Wasser zu erreichen, ist im Rahmen einer **Kajaktour.** Es werden Tages- und Halbtagesausflüge mit unterschiedlichen Zielen und Fokus angeboten.

■ **Cathedral Cove Kajak Tours,** 88 Hahei Beach Rd., Tel. 07-866 3877, www.seakayaktours.co.nz, ab 105/65 $.

An- und Abreise

■ **Bus:** In der Sommersaison verkehren Busse von Ferry Landing, über Hahei nach Hot Water Beach.

■ **Shuttle:** auf Anfrage zwischen Whitianga, Hot Water Beach, Hahei und Cooks Beach (Tel. 027-422 5899).

■ **Wassertaxi:** www.cathedralvobewatertaxi.co.nz. Verkehrt zwischen Hahei Beach und Cathedral Cove (ab 15/10 $ einfach).

011nz ks

Unterkunft und Camping

■ **Tatahi Lodge**①-③, Grange Rd., Tel. 07-866 3992, www.tatahilodge.co.nz. Backpackerbetten und Wohneinheiten in unterschiedlichen Preislagen. Hübsche Anlage, umgeben von viel Grün.

■ **Hahei Holiday Resort**①-③, 41 Harsant Ave, Tel. 07-866 3889, www.haheiholidayresort.co.nz. Von Camping-Stellplätzen über Backpackerzimmer bis zu luxuriösen Cottages ist alles im Angebot.

Essen und Trinken

■ **Mercury Bay Estate**②, 761a Purangi Rd., Tel. 07-866 4066, www.mercurybayestate.co.nz, tägl. 9–17.30 Uhr. Das Weingut produziert köstliche Weine und serviert gute Mahlzeiten und Snacks.

■ **Pour House**②, 7 Grange Rd., Tel. 07-866 3354, www.thepourhouse.nz, tägl. 11–23 Uhr. Biergarten/Restaurant mit Bieren aus der eigenen und lokalen Brauereien, typischem Pub-Essen und Pizzen.

⌃ Extrem geselliges Warmwasservergnügen am Hot Water Beach

Hot Water Beach

Der wohl **berühmteste Strandabschnitt Neuseelands:** Mit einer Schaufel bewaffnet, kann sich hier jeder bei Ebbe sein eigenes **badewannenwarmes Loch** graben und später zur Abkühlung ins Meer springen oder in der Brandung surfen. Im Sommer drängen sich auf dem kurzen Strandabschnitt wahnsinnig viele Menschen, man fühlt sich an volle Freibäder erinnert. In der Nebensaison geht es etwas ruhiger zu, und man kann sich in seinem Loch gemächlich entspannen.

Achtung: Im Meer vor Hot Water Beach gibt es gefährliche **Unterströmungen,** die jedes Jahr ihre Opfer fordern. Bitte nur dann schwimmen gehen, wenn der Strand bewacht ist.

■ **Spaten** zur Miete gibt es im **Hot Water Beach Store,** Pye Pl., Tel. 07-866 3006, tägl. 9–17 Uhr, ab 5 $, dem das **Hotties Beachfront Café**① angeschlossen ist.

■ **Moko Art Space,** 24 Pye Pl., Tel. 07-866 3367, www.moko.co.nz, tägl. 10–17 Uhr, zeigt Kunst mit Maori-Einschlag.

Praktische Tipps

■ **Bus:** In der Sommersaison verkehren Busse von Ferry Landing über Hahei nach Hot Water Beach. Von Süden fahren Busse von/nach Tairua.

■ **Shuttle:** auf Anfrage zwischen Whitianga, Hot Water Beach, Hahei und Cooks Beach (Tel. 027-422 5899).

■ **Hot Water Beach Top 10**②, 790 Hot Water Beach Rd., Tel. 07-866 3116,www.hotwaterbeach top10.co.nz. Der Campingplatz bietet außerdem Backpackerbetten① und Wohneinheiten② ganz unterschiedlicher Art. Hübsch angelegt, in Laufnähe zum Strand.

Tairua

Das **hübsche Örtchen** liegt am gleichnamigen Fluss. Direkt gegenüber, auf einer Landzunge, residieren die reichen Auckländer im **exklusiven Wohnort Pauanui.** Die Landzunge östlich von Tairua dominiert der **Vulkan Mount Paku.** Der 15-minütige Anstieg vom Parkplatz (oder 30 Min. vom Strand) lohnt sich: Am Wegesrand wird die Kolonialgeschichte Tairuas erläutert, und der Blick vom Vulkan ist schlichtweg atemberaubend. Eine kleine **Fußgängerfähre** setzt in den Sommermonaten von Tairua (Tui Terrace) nach Mount Paku (The Esplanade) über.

Praktische Tipps

■ **Information Centre:** 223 Main Rd., Tel. 07-864 7575, tägl. 9–17 Uhr.

■ **An- und Abreise:** Tairua wird von den meisten großen Langstreckenbusunternehmen angefahren. Haltestelle am Information Centre.

Broken Hills

Nördlich der Gabelung des SH25 und SH25A führt die Straße hinter der Siedlung Puketui zu den **historischen Goldgräberstätten** von Broken Hills. Mitte des 19. Jahrhunderts lebten hier 300 Menschen. Heute findet man hier nur noch Überreste von Maschinen. Vom Parkplatz aus starten Spazier- und Wanderwege unterschiedlicher Länge. Empfehlenswert ist der vier Kilometer lange **Collins Drive Walk** (2–3 Std. return), der u.a. durch alte Tunnel führt – Taschenlampe nicht vergessen! Ein einfacher **DOC-Campingplatz** ist vorhanden. Informationen gibt es in der **DOC-Broschüre „Kauaeranga Valley & Broken Hills Recreation“.**

Opoutere

Der kleine Ferienort am Fuße eines Berges besticht durch seinen langen, weißsandigen **Surfstrand.** Im Sommer wird es hier voll, in der Nebensaison liegt in Opoutere der Hund begraben. Die Anfahrt führt am Wharekawa Harbour entlang, an dem das **Wharekawa Wildlife Refuge** liegt. Das Feuchtgebiet, in dem bedrohte Maori-Regenpfeifer leben, erreicht man vom Parkplatz aus in wenigen Minuten zu Fuß. Wer im Meer baden will, sollte dies nur im bewachten Teil tun, **Unterströmungen** sind vor allem im östlichen Teil lebensbedrohlich.

Übernachten kann man auf dem lokalen Campingplatz, in der Jugendherberge oder privat vermieteten Ferienhäusern. **Verpflegung** muss mitgebracht werden, außer einem Kiosk am Strand gibt es keine Einkaufmöglichkeiten.

Whangamata

Der Sommerferienort ist vor allem bei **jüngerem Publikum** und **Surfern** beliebt, in der Hauptsaison wächst er auf mehr als das Zehnfache an. Drei Seiten des Städtchens sind von Meer umgeben, **Ocean Beach** ist der vier Kilometer lange Hauptstrand, der mit einer herrlichen Brandung aufwartet.

Surfen, Angeln, Schnorcheln, SUP und Kajaken stehen bei den **Wassersportlern** im Vordergrund. Beliebt ist der Paddelausflug zur vorgelagerten Insel Whenuakura/Donut Island, die jedoch nicht betreten werden darf. Um Equipment, Touren, Kurse sowie Informationen rund um Wassersport kümmert sich z.B.:

- **Surfsup,** 101b Winifred Ave., Tel. 021-217 1201, www.surfsupwhangamata.com.

Die schöne, zehn Kilometer lange Wanderung **Wentworth Falls** entlang des Flusses Wentworth führt an zahlreichen Badestellen vorbei und endet am zweistufigen, 50 Meter hohen **Wasserfall.** Sie startet am DOC-Campingplatz auf der Wentworth Valley Road. Hin und zurück läuft man zwei bis drei Stunden.

Informationen

- **www.whangamata.co.nz**
- **Einwohnerzahl:** 3555
- **Visitor Information:** 616 Port Rd., Tel. 07-865 8340, tägl. 9–17 Uhr.

An- und Abreise

- **Bus:** Das Unternehmen **Go Kiwi** (Tel. 07-866 0336, www.go-kiwi.co.nz) verbindet Whangamata, den Rest Coromandels und Auckland miteinander; Haltestelle an der Bibliothek, 620 Port Road.

Unterkunft und Camping

- **Breakers**②-③, 318-324 Hetherington Rd., Tel. 07-865 8464, www.breakersmotel.co.nz. Ordentliches Motel nahe der Marina mit unterschiedlichsten Wohneinheiten.
- **Southpacific**②, Port Rd. Ecke Mazfair Ave., Tel. 07-865 9580, www.thesouthpacific.co.nz. Hübsches Motel mit angeschlossenem Bistro sowie Fahrrad- und Kajakverleih.
- **Wentworth Valley Campground** ①, 474 Wentworth Valley Rd., Tel. 07-865 7032, www.wentworthvalleycamp.co.nz. Vom DOC betriebener Campingplatz mit Strom und Münzduschen, 8 km außerhalb. Zum Zeitpunkt der Recherche war der **Stadtcampingplatz** in Whangamata geschlossen.

Essen und Trinken

- **Blackies,** 418 Ocean Rd., Tel. 07-865 9834, Sommer ca. tägl. 9–16 Uhr. Beliebtes Strandcafé mit zahlreichen Außensitzplätzen und leckerem Kuchen und Snacks.
- **Lincoln**②, 501c Port Rd., Tel. 07-865 6338, www.thelincoln.co.nz, tägl. 9–1 Uhr. Alleskönner mit Live-DJs und Musik im Sommer.
- **Argot**②-③, 328 Ocean Rd., Tel. 07-865 7157, tägl. 8.30–23.30 Uhr. Schön angerichtete Mahlzeiten mit passenden Weinen. So Lunch für 20 $.

Einkaufen

Die meisten Geschäfte befinden sich auf der **Port Road,** dort gibt es alles, was man braucht. Lebensmittel kauft man u.a. im New World, der Ort hat mehrere Tankstellen.

> In Waihi wird immer noch Gold gefördert

Waihi und Umgebung

In der historischen **Goldgräberstadt** Waihi wurde 1878 erstmals Gold entdeckt, so richtig boomte die Stadt aber erst 100 Jahre später, als das Gold mittels einer Zyanidlösung extrahiert werden konnte. Nachdem 1952 die Untertagebauminen geschossen worden waren, wurde 1987 die Suche im Tagebau wieder aufgenommen und konzentriert sich seitdem auf die **Martha Mine.** Eine Schließung der Mine wird für 2020 in Betracht gezogen.

Sehenswertes und Aktivitäten

Ein **historischer Zug** aus den 1930er Jahren verkehrt an Wochenenden und in den Schulferien dreimal täglich zwischen Waihi und Waikino am Ostende der Karangahake Gorge. Es erschließen sich tolle Blicke in das Tal des Ohinemuri-Flusses.

■ **Goldfields Railway,** 30 Wrigley St., Tel. 07-863 9020, www.waihirail.co.nz, ab 15/10 $ return.

Anschauliche Ausstellung mit interaktiven Displays erläutern den **Abbau und die Gewinnung von Gold.** Von hier aus starten zudem **Touren** in die Mine.

■ **Gold Discovery Centre,** 126 Seddon St., Tel. 07-863 9015, www.golddiscoverycentre.co.nz, tägl. 9–17 Uhr, Winter 9–16 Uhr, 25/12 $. Touren tägl. 10.30 u. 12.30 Uhr, 34/17 $.

Wer lieber kein Geld ausgeben möchte, kann an der Seddon Street **auf dem Waihi Martha Mine Pit Rim Walkway** um die Mine herumlaufen und vom Krater in den 250 Meter tiefen Grund hinuntergucken.

Das **Pumpenhaus** an der Seddon Street wurde 1904 gebaut und konnte bis zu 7000 Liter pro Minute befördern. Heute stehen nur noch die Mauern des Hauses als Wahrzeichen und Denkmal an die goldenen Zeiten.

Das **Waihi Arts Centre and Museum** zeigt Kunst- und Sammlergegenstände rund um die **Goldgräbergeschichte,** inklusive mehrerer Gläser mit konservierten abgehackten Daumen! Einst wurden für Körperteile, die man bei Arbeitsunfällen in der Mine verlor, nämlich bis zu 400 Dollar Entschädigung bezahlt, und so kam mancher Arbeiter in Finanznöten auf Ideen ...

■ **Waihi Arts Centre and Museum,** 54 Kennedy St., Tel. 07-863 8386, www.waihimuseum.co.nz, Do, Fr 10–15 Uhr, Sa–Mo 12–15 Uhr, Winter Do–Mo 12–15 Uhr, 5/3 $.

Entspannung in kleinen **Hot Pools** findet man auf dem Campingplatz Athenree Holiday Park③, der auch ordentliche Wohneinheiten②-③ bietet. Campingplatzgäste baden gratis.

■ **Athenree Hot Springs,** 1 Athenree Rd., Tel. 07-863 5600, www.athenreehotsprings.co.nz, tägl. 8.30–19.30 Uhr, 7/4,50 $.

Der 82 Kilometer lange **Radweg Hauraki Rail Trail** entlang des Firth of Thames endet bzw. beginnt hier (siehe Infokasten am Anfang des Kapitels).

■ Fahrräder gibt's bei **Waihi Bicycle Hire,** 25 Seddon St., Tel. 07-863 8418, www.waihibicyclehire.co.nz, Mo–Fr 8–17 Uhr, Sa, So 9–15 Uhr, ab 30 $.

Das Feriendorf **Waihi Beach,** elf Kilometer östlich von Waihi, liegt an einem schönen, neun Kilometer langen Strand. Besonders hübsch ist die **ANZAC Bay.** Von hier aus kann man in 45 Minuten zu der noch schöneren, da einsameren **Orokawa Bay** laufen, die ausschließlich zu Fuß oder per Boot erreichbar ist.

Praktische Tipps

Informationen

■ **www.waihi.org.nz**

■ **Einwohnerzahl:** 6660

■ **i-SITE:** 126 Seddon St., Tel. 07-863 6715, tägl. 9–17 Uhr.

■ **Bibliothek:** 40 Rosemont Rd., Tel. 07-862 8609, Mo–Sa 9.30–17 Uhr.

An- und Abreise

■ **Bus:** Waihi wird von den großen Langstreckenbusunternehmen angefahren. Der lokale Busanbieter **Go Kiwi** (Tel. 07-866 0336, www.go-kiwi.co.nz) verbindet Waihi mit der Coromandel Peninsula und Auckland. Haltestelle gegenüber i-SITE, 126 Seddon Street.

Unterkunft und Camping

Rund um Waihi gibt es zahlreiche Campingplätze und ein paar Unterkünfte, die teilweise sehr **teuer** sind. Wer auf der Suche nach einem Bett ist, sollte eine Wohneinheit auf einem der **Campingplätze** in Betracht ziehen. Waihi Beach ist der schönere Ort zum Übernachten.

MEIN TIPP: **Bowentown Beach Holiday Park**②-③, Seaforth Rd., Waihi Beach, Tel. 07-863 5381, www.bowentown.co.nz. Schöner, abgelegener Campingplatz direkt am Strand. Verfügt über zahlreiche moderne Wohneinheiten.

■ **Athenree Holiday Park,** siehe „Sehenswertes und Aktivitäten".

■ **Waihi Beach Lodge**③, 170 Seaforth Rd., Tel. 07-863 5818, www.waihibeachlodge.co.nz. Modernes, sauberes B&B, nah am Meer. Haben auch Ausflugs-, Verwöhn- und andere Pakete im Angebot.

Essen und Trinken

Es gibt eine große Auswahl an Cafés und Restaurants, die meisten liegen wie die Geschäfte rund um die **Seddon Street.** Eine schönere Atmosphäre herrscht in **Waihi Beach** auf der **Wilson Road,** Ecke Citrus Avenue.

■ **Ti Tree**①, 14 Haszard St., Tel. 07-863 8668, tägl. 9–16 Uhr, Do–Sa 18–22 Uhr. Kleines, feines Café mit leckeren herzhaften Speisen und Pizzen am Abend. Manchmal spielen am Wochenende Bands.
■ **Porch**①-③, 23 Wilson Rd., Waihi Beach, Tel. 07-863 1330, tägl. 8–22 Uhr. Das beliebteste Lokal des Ortes bietet alles, von süßen Snacks und Kaffee bis zu deftigen Speisen. Mahlzeiten am Abend sind deutlich teurer.
Mein Tipp: **Flatwhite**①-③, 21 Shaw Rd., Waihi Beach, Tel. 07-863 1346, www.flatwhitecafe.co.nz, tägl. 8–22 Uhr. Schönes Café/Restaurant mit Blick aufs Meer. Günstige Burger, leckere Salate und sehr gute, etwas teurere Abendgerichte.

Einkaufen

Die meisten Geschäfte befinden sich rund um die **Seddon Street** auf der Höhe Moresby Avenue bis zur Bilmour Street. Es gibt große Supermärkte und Tankstellen.

www.fotolia.de © pink candy

Karangahake Gorge

Die **wunderschöne Schlucht** an der SH2 zwischen Waihi und Paeroa ist malerisch, romantisch, historisch von Bedeutung und definitiv einen Stopp wert. Der **Ohinemuri River** schlängelt sich entlang steiler Hänge und satter Wälder tief durch die Schlucht. Einst fuhr hier die East Coast Main Trunk Railway, übrig geblieben ist davon nicht viel mehr als vereinsamte Gleise und etliche **Tunnel,** durch die Spazier- und Wanderwerge führen. Zwei lange **Hängebrücken** verbinden die Seiten der Schlucht, und immer wieder erinnern Relikte an die Goldgräberzeit.

Zahlreiche **Wanderwege** von wenigen Minuten bis zu vier Stunden Länge führen entlang der Schlucht. Die Wege sind vom Hauptparkplatz aus ausgeschildert, ein Bistro findet sich in unmittelbarer Nähe. Bereits bei der Anfahrt eröffnen sich immer wieder spektakuläre Blicke auf die Schlucht. Beliebt ist der 2,5 Kilometer lange Rundweg **Rail Tunnel Loop** durch einen 1100 Meter langen, unbeleuchteten Tunnel; man läuft etwa 1½ Stunden. Die **DOC-Broschüre „Karangahake“** informiert über die Schlucht, die Geschichte der Gegend sowie Spazier- und Wanderwege.

In der Karangahake Gorge

Die Königsbewegung – Te Kingitanga

Einst gab es zwischen den unterschiedlichen Maori-Stämmen **kaum Zusammenhalt,** blutige Kämpfe zwischen rivalisierenden Clans waren an der Tagesordnung. Doch nachdem sich die ersten Europäer niedergelassen hatten und es vermehrte Konflikte um Ländereien gab, schlossen sich in den 1850er Jahren zahlreiche Maori als Te Kingitanga („Königsbewegung") zusammen. Ziel war es, die **Landverkäufe** an die Pakeha zu stoppen und die **Autorität der Maori** zu stärken. Stämme aus verschiedenen Regionen Neuseelands unterstützten die Bewegung und bestimmten 1858 **Potatau Te Wherowhero,** den Waikato Chief, zum ersten König. Zwei Jahre später übernahm sein Sohn **Tawhiao** die Regierung. In seine Amtszeit fiel der **Waikato-Krieg** 1863–64, der dazu führte, dass *Tawhiao* mit seinem Volk in die Ländereien südlich der Stadt Te Awamutu ins Exil ging. Dieses Gebiet heißt heute **King Country.**

Die folgenden Könige, darunter eine Frau (*Te Atairangikaahu,* 1966–2006), setzten sich vor allem für die (Land-)Rechte der Maori ein. 1995 wurde schließlich das **Raupatu Land Settlement** unterzeichnet, mit dem die neuseeländische Regierung (bzw. die englische Krone) den Waikato-Tainui Maori **170 Millionen Dollar Entschädigungszahlungen** für den Landraub in den 1860ern zusprach.

Noch heute gibt es einen **Maori-König. Tuheitia Paki** regiert sein Volk, das aus einer lockeren Koalition besteht und nicht von allen Maori unterstützt wird, seit 2006. Ngaruawahia ist bis heute Zentrum der Königsbewegung, knapp 14.000 Maori leben in der Region Waikato.

■ **www.thewaikatowar.co.nz**

Nördliches Waikato

Rangiriri

Dem kleinen, touristischen Ort Rangiriri fällt große **geschichtliche Bedeutung** zu: Im Zuge des Waikato-Landkrieges fand hier im November 1863 der **Battle of Rangiriri** statt. 1400 britische Soldaten kämpften gegen 500 Maori um Landrechte. Beide Seiten erlitten große Verluste. Die überlebenden 180 Maori wurden gefangen genommen, und die britischen Siedler beschlagnahmten das Land. Erst 1995 entschuldigte sich die englische Krone für den Vorfall. Heute erinnert der **Soldatenfriedhof Maori War and Early Settlers Cemetery** an der Rangiriri Road an die Gefallenen. Gegenüber informiert das **Heritage Centre** über den Landraub und die Auseinandersetzungen.

■ **Heritage Centre,** 12 Rangiriri Rd., Tel. 07-826 3667, tägl. 9–15 Uhr, 5/3 $.

Ngaruawahia

Die kleine Stadt knapp 20 Kilometer nördlich von Hamilton ist weniger von touristischer als von **historischer** und **kultureller Bedeutung.** Die beiden Flüsse Waikato und Waipa, die hier aufeinandertreffen, dienten in frühen Zeiten als wichtige Kanurouten der Maori. Die Königsbewegung von 1858 hatte in Ngaruawahia ihre Wurzeln, über 100 Jahre später wurde hier das Raupatu

www.fotolia.de © Patrik Stedrak

Hamilton

Hamilton ist mit 156.800 Einwohnern **Neuseelands viertgrößte Stadt,** beherbergt aber nur 3,3 Prozent der Gesamtpopulation Neuseelands. Knapp die Hälfte der Einwohner Hamiltons ist unter 30 Jahre alt, jeder fünfte ist Maori. Touristisch gesehen ist Hamilton trotz seiner Größe und wirtschaftlichen Bedeutung für Neuseeland und die Region Waikato **eher uninteressant.** Wer ohne Stopp an der Stadt vorbeifährt, braucht kein schlechtes Gewissen zu haben. Wer Hamilton erkunden möchte, kann einen der 145 Parks besuchen, eine Handvoll Museen besichtigen oder eine Shoppingtour unternehmen.

Land Settlement unterzeichnet (siehe Exkurs „Die Königsbewegung").

Heute noch ist die **Maori-Kultur** in Ngaruawahia stark präsent. Mittelpunkt ist das imposante **Turangawaewae Marae** (32b River Rd.), das für die Öffentlichkeit ausschließlich zum Zeitpunkt der **Waka-Regatta** (dichtester Sa zum 17. März, 5/1 $) zugänglich ist. Es gibt ein Kanurennen und ein buntes Rahmenprogramm mit Musik, Tanz und anderen Maori-Traditionen – ganz ohne Alkohol.

⌃ Silberfarn in einem der 145 Parks von Hamilton

Geschichte

Das Gebiet des heutigen Hamilton wurde bereits vor 700 bis 800 Jahren von **Maori** besiedelt und von Tainui als „Kirikirioa" („Langer Schotterabschnitt") bezeichnet. Die **europäische Besiedlung** begann ab dem 24. August 1864, als Kapitän *William Steele* mit seinem Boot „Rangiriri" vom Waikato aus landete und in der Nähe des heutigen Memorial Parks eine Militär-Redoute errichtete. Er verlieh der Stadt ihren **Namen** zu Ehren von Kapitän *John Charles Fane Hamilton,* der bei der Schlachte Gate Pa in Tauranga fiel.

Anfangs entwickelten sich auf beiden Seiten des Flusses **unabhängige Siedlungen** (Hamilton East und Hamilton West), die ausschließlich per Stechkahn miteinander verbunden waren. Eine

Hamilton

0 100 m ©REISE KNOW-HOW 2017 Neus_15

Übernachtung
2 Central Backpackers
4 City Holiday Park
5 Ibis Tainui
8 Quest on Ward
15 Argent Motor Lodge

Essen und Trinken
9 Chefs International
12 River Kitchen
14 Chim Choo Ree

Nachtleben
10 Good George
11 Wonderhorse
13 Gothenburg

Einkaufen
1 The Base
3 Bauernmarkt
6 Centre Place
7 Central Shopping Centre

Aktivitäten
16 Waikato Explorer

Brücke (Union Bridge) wurde erst 1877 gebaut, nachdem beide Städte beschlossen hatten, sich zu verbünden.

Ursprünglich stark landwirtschaftlich geprägt, ist die heutige **Wirtschaft** Hamiltons breit gefächert: Führender Wirtschaftszweig ist die Produktion mit 11,9 Prozent, der Tourismus erbringt lediglich 4,3 Prozent der Einkünfte. Auch Bildung und Wissenschaft spielen eine große Rolle.

Sehenswertes

Die riesigen **Hamilton Gardens** mit Informationszentrum, Café und Restaurant sind in fünf Großbereiche unterteilt (Paradise, Productive, Fantasy, Cultivar und Landscape), die je drei bis sechs themenbezogene Gärten umfassen, z.B. Chinese Scholars, Indian Char Bagh, Modernist, Tropical und Te Parapara Garden. Das Informationszentrum bietet geführte Touren und vermietet Fahrräder. Empfehlenswert für alle, die Pflanzen und Gärten mögen.

■ **Hamilton Gardens,** Hungerford Cres., Tel. 07-838 6782, www.hamiltongardens.co.nz, tägl. 7.30–20 Uhr, Winter 7.30–17.30 Uhr, Informationszentrum tägl. 9–17 Uhr, Touren 15/8 $.

MEIN TIPP: Das **Waikato Museum** bietet gut aufbereitete Ausstellungen rund um **Kunst, Wissenschaft und Maorikultur.** Ein Highlight ist Te Whare Waka o Te Winika, ein 200 Jahre altes **Kriegskanu.**

■ **Waikato Museum,** 1 Grantham St., Tel. 07-838 6606, www.waikatomuseum.co.nz, tägl. 10–16.30 Uhr. Manche der Sonderausstellungen sind kostenpflichtig.

Im **Hamilton Zoo** leben mehr als **600 heimische und exotische Tiere,** von Kiwis bis zu Giraffen ist alles dabei. Täglich gibt es drei bis sechs Vorträge über unterschiedliche Tierarten.

■ **Hamilton Zoo,** 183 Brymer Rd., Tel. 07-838 6720, www.hamiltonzoo.co.nz, tägl. 9–17 Uhr, 23/11 $.

Das **Classics Museum** zeigt ca. 100 **Oldtimer,** vorwiegend aus den 1920er bis 1960er Jahren. Es gibt regelmäßige Veranstaltungen mit Autokino, 60er-Jahre-Frühstück und mehr.

■ **Classics Museum,** 11 Railside Pl., Tel. 07-957 2230, www.classicsmuseum.co.nz, tägl. 9–16 Uhr, 20/8 $.

Hunderte von gebrauchten und unbenutzten **Zahnbürsten** sind auf dem **Toothbrush Fence** nebeneinander in einem Zaun aufgefädelt (294 Limeworks Loop Rd.). Warum oder weshalb ist unbekannt. Ein Foto ist's wert.

Die große **Teeplantage Zealong,** auf der vorwiegend Oolong-Tee angebaut wird, kann im Rahmen einer einstündigen Tour besucht werden. Inklusive Teeprobe, Informationsfilm und Teezeremonie.

■ **Zealong,** 495 Gordonton Rd., Tel. 07-853 3018, www.zealong.com, Di–So 9.30 u. 14.30 Uhr, Tour 25/13 $, Tour mit High Tea 60/48 $.

Aktivitäten

Der **Waikato** ist mit 425 Kilometern der **längste Fluss Neuseelands.** Er entspringt am Mount Ruapehu, fließt durch den See Taupo und mündet südlich von Auckland am Port Waikato in das Tasmanische Meer. Gemütliche **Flusstouren** von 90 Minuten Länge können mit oder ohne Verpflegung gebucht werden.

16 **Waikato Explorer,** River Jetty Gate 1, Tel. 0800-139 756, www.waikatoexplorer.co.nz, Di, Do, Sa, So 11 u. 13 Uhr, Sa, So auch 15 Uhr, 30/15 $.

Te Parapapa Garden in den Hamilton Gardens

Praktische Tipps

Informationen

- **www.visithamilton.co.nz**
- **Einwohnerzahl:** 156.800
- **i-SITE:** Caro St. Ecke Alexandra St., Tel. 07-839 3580, Mo–Fr 9–17 Uhr, Sa, So 9.30–15.30 Uhr.
- **Bibliothek:** 9 Garden Pl., Tel. 07-838 6826, Mo–Fr 9.30–20 Uhr, Sa 9–16 Uhr, So 12–15.30 Uhr.

An- und Abreise

- **Bus:** Die Stadt wird von den großen Langstreckenbusunternehmen angefahren. Das Hamilton Transport Centre (Busbahnhof) befindet sich zentrumsnah auf der Anglesea St. Ecke Bryce St. Der Regionalbus Busit! (www.busit.co.nz) fährt nach Cambridge, Te Awamutu und Raglan.

■ **Zug:** Hamilton liegt auf der Strecke des Northern Explorer zwischen Auckland und Wellington (siehe „Praktische Reisetipps von A bis Z/Unterwegs im Land/Zug“). Der Bahnhof liegt an der Fraser St. im Stadtteil Frankton.

■ **Flugzeug:** Air New Zealand, Sun Air, Kiwi Regional Airlines verbinden Hamilton mit Kaitaia, Great Barrier Island, Auckland, Whakatane, Gisborne, Palmerston North, Wellington, Nelson, Christchurch und Dunedin. Der Flughafen (Airport Rd., Tel. 07-848 9027) liegt 15 km südlich der Innenstadt.

Unterwegs vor Ort

■ **Bus: Busit!,** www.busit.co.nz, 3,30/2,20 $, Tageskarte 7,90 $, verkehrt auf 20 verschiedenen Routen quer durch die Stadt und deren Vororte. Die **Innenstadt-Rundstrecke CBD Shuttle** (Mo–Fr 7–18 Uhr, Sa 9–13 Uhr, alle 10 Min.) ist kostenfrei.

■ **Taxi: Bubble Taxi,** Tel. 0800-477 477, www.hamilton.bubble.taxi.co.nz.

Unterkunft

Gute Unterkünfte sind rar und zielen überwiegend auf Geschäftsreisende ab. Die wenigen Hostels sind unpersönlich und eher heruntergekommen. Die meisten Motels liegen entlang der lauten **Ulster Street.** Wer komfortabel übernachten möchte, muss tiefer in die Tasche greifen.

2 Central Backpackers①, 846 Victoria St., Tel. 07-839 1928, www.backpackerscentral.co.nz. Fast 100 Betten, zentral, zweckmäßig ausgestattet.

5 Ibis Tainui②, 18 Alma St., Tel. 07-859 9200, www.ibis.com/hamilton. Saubere, einfache Zimmer. In zentraler, dennoch recht ruhiger Lage.

15 Argent Motor Lodge②, 27 Lorne St., Tel. 07-808 1212, www.argenthamilton.co.nz. Ordentliches, modern ausgestattetes Motel, das vorwiegend von Neuseeländern genutzt wird. Etwas ab vom Schuss, aber eine gute Wahl.

8 Quest on Ward②-③, 42–47 Ward St., Tel. 07-839 1676, www.questapartments.co.nz. Sauber, modern, großzügig, in zentraler Lage.

Camping

4 City Holiday Park②-③, 14 Ruakura Rd., Tel. 07-855 8255, www.hamiltoncityholidaypark.co.nz. Einfacher, funktionaler Campingplatz mit zahlreichen Schattenplätzen.

Essen und Trinken

Es gibt schier unendlich viele Cafés, Bars und Restaurants hier. Die meisten liegen in der Nähe der i-SITE auf der **Victoria Street** zwischen Hood und Collingwood Street. Wer sich auf der anderen Seite des Flusses befindet, wird in der **Grey Street** Ecke Clyde Street fündig.

12 River Kitchen①, 237 Victoria St., Tel. 07-839 2906, www.theriverkitchen.co.nz, Mo–Fr 7–16 Uhr, Sa, So 8–15 Uhr. Preisgekröntes Café-Restaurant mit ausgezeichnetem Preis-Leistungs-Verhältnis, leckerem Frühstück, Snacks und süßen Speisen.

9 Chefs International①-②, 357 Victoria St., Tel. 07-839 6599, www.chefsinternationalrestaurant.com, tägl. ab 12 Uhr. Einfaches, aber gutes indisches Restaurant im Herzen der Stadt.

14 Chim Choo Ree②-③, 14 Anzac Pde., Tel. 07-839 4329, www.chimchooree.co.nz, Mo–Fr 11.30–14 Uhr u. Mo–Sa 17–23 Uhr. Das preisgekrönte Restaurant befindet sich in einem denkmalgeschützten Gebäude mit unzähligen Lampenschirmen und bietet ein hochwertiges Menü.

Ausgehen

Aufgrund des niedrigen Durchschnittsalters seiner Bewohner gibt es in Hamilton zahlreiche Kneipen und Bars. Auch viele der besseren Restaurants fungieren zu späterer Stunde als Bar. Rund um die **Victoria** und **Hood Street** wird jeder fündig, auf Letzterer geht es oft etwas lauter zu. Freitags ist am meisten los.

11 **Wonderhorse,** 236 Victoria St., Tel. 07-839 2281, www.wonderhorse.co.nz, Mi–Sa 17 Uhr bis spät. Beliebte, hippe Bar mit Bieren aus neuseeländischen Mikrobrauereien, leckeren Cocktails und günstigen Snacks.

10 **Good George**①-②, 32a Somerset St., Tel. 07-847 3223, www.goodgeorge.co.nz, Mi–So 11–24 Uhr, Mo, Di 11.30–23 Uhr. Biere aus eigener Brauerei, Livemusik am Wochenende und gute, deftige Speisen und Pizzen.

13 **Gothenburg,** 21 Grantham St., Tel. 07-834 3562, www.gothenburg.co.nz, Mo–Do 9–22 Uhr, Fr 9–23 Uhr, Sa 11.30–23 Uhr. Beliebte, eher ruhige Bar mit einer beeindruckenden Auswahl an Weinen und Bieren, direkt am Waikato gelegen.

Einkaufen

In Hamilton lässt es sich gut shoppen. Man findet alle typischen Ketten, kleinere Geschäfte und Boutiquen, und dazwischen liegen zahlreiche Cafés und Restaurants. Die meisten Geschäfte liegen rund um die **Victoria Street** und ihre Seitenstraßen. Zentral gelegene **Malls** sind:

6 **Centre Place,** 501 Victoria St.

7 **Central Shopping Centre** (Ward St., Ecke Bryce und Tristam St.).

1 Neuseelands größtes Shopping Centre **The Base** mit 183 Geschäften liegt 7 km außerhalb, Te Rapa Rd. Ecke Wairere Dr., Sa–Mi 9–18 Uhr, Do, Fr 9–21 Uhr.

3 Ein attraktiver **Bauernmarkt** mit zahlreichen Bioprodukten, Kleinkunst und Musikern findet So 8–12 Uhr an der Brooklyn Road statt, Gate 3, Claudelands.

Raglan und Umgebung

48 Kilometer westlich von Hamilton liegt das populäre **Surfer- und Künstlerstädtchen** Raglan. Während es im Winter eher verlassen daherkommt, tobt im Sommer das Leben. Das überschaubare Zentrum bietet eine beachtliche Zahl an Cafés sowie kleinen Geschäften und Boutiquen. Die meisten Besucher kommen wegen der endlos erscheinenden **Strände** und zahlreichen **Wassersportmöglichkeiten** nach Raglan. Königsdisziplin hier ist das Surfen: Internationale Meisterschaften in diesem Sport wie die Billabong Pro und Rip Curl Pro wurden am Ruapuke-Strand ausgetragen. Neben den Pros finden auch Surf-Neulinge an Raglans Stränden perfekte Bedingungen in einer traumhaften Kulisse.

Raglan liegt an einer 35 Quadratkilometer großen **Flussmündung** (Waigaroa/Raglan Harbour), in dessen Norden sich zahlreiche **Dünen** und von Dünen gestaute **Seen** befinden, deren Sand so eisenhaltig ist, dass er immer wieder als **Bergbaurevier** in Betracht gezogen wird. Die Bevölkerung wehrt sich dagegen seit 2004 im Rahmen der Widerstandsbewegung KASM (Kiwis Against Seabed Mining). Weitere Informationen unter www.kasm.org.nz.

> Der Strand von Raglan ist ein Surferparadies

Geschichte

Ursprünglich war die seit etwa 800 Jahren von Maori bewohnte Gegend um Raglan als **„Whaingaroa"** bekannt. Die ersten Europäer ließen sich 1835 nieder, 1858 erhielt die Gegend zu Ehren von *Fitzroy Somerset, 1. Baron Raglan,* der kurz zuvor die englischen Streitkräfte im Krimkrieg kommandiert hatte, den **Namen** Raglan.

In der Vergangenheit basierte Raglans **Wirtschaft** vor allem auf Flachs- und Holzexport sowie auf Viehzucht. Letzteres ist auch heute noch (neben dem Tourismus) ein wichtiger Wirtschaftszweig.

Im **Zweiten Weltkrieg** baute die neuseeländische Regierung einen **Militärflugplatz auf Maori-Land,** was immer wieder zu Aufruhr führte. 1978 eskalierte die Situation, und 20 Maori-Demonstranten, die sich für die Rückgabe des Landes einsetzten, wurden verhaftet. Inzwischen wurde das umkämpfte Land an die Maori zurückgegeben – heute liegt hier ein Golfplatz.

Sehenswertes

Ein kleines, etwas angestaubtes **Bezirksmuseum** erläutert die Geschichte der lokalen **Maori** und **Pakeha-Pioniere** anhand von Artefakten, Fotos und Bildern.

■ **Raglan and District Museum,** 13 Wainui Rd., Tel. 07-825 8416, www.raglanmuseum.co.nz, Mo–Fr 9.30–17.30 Uhr, Sa, So 9.30–17 Uhr.

In einem **Kunstzentrum** werden Ausstellungen, Konzerte, Filme und Workshops wie traditionelles Schnitzen und Weben geboten.

■ **Old School Arts Centre,** Stewart St, Tel. 07-825 0023, www.raglanartscentre.co.nz, Mo und Mi 10–14 Uhr.

Das auf einer Landzunge gelegener **Te Kopua Reservat** ist vom Zentrum aus über eine Fußgängerbrücke (Marine Parade) zu erreichen, die im Sommer bei Flut von Alt und Jung als Sprungturm ins kalte Nass zweckentfremdet wird.

012nz ks

In der Gegend um Raglan gibt es zahlreiche **Strände.** Am geeignetsten für Kinder ist der Strand im **Reservat Te Kopua** (siehe oben), am hübschesten und wildesten der fünf Kilometer südlich gelegene, schier endlose Sandstrand **Ngarunui,** an dem die meisten Surf-Kurse stattfinden. Kite- und Windsurfer bevorzugen **Ocean Beach,** der über den Riria Kereopa Drive zu erreichen ist. Schwimmen sollte man in Letzterem aufgrund der starken Strömungen nicht.

Der **Wasserfall Bridal Veil Falls** liegt vier Kilometer von der Einfallsstraße von Hamilton entfernt und ist einen Abstecher wert. Vom Parkplatz an der Kawhia Road geht man zehn Minuten.

Aktivitäten

Mein Tipp: Egal ob Anfänger oder Profi, jeder **Surfer** kommt an einem der südlich gelegenen Surf Breaks auf seine Kosten. Die bekanntesten **Surfstrände** sind **Ngarunui** und **Manu Bay.** Manu Bay diente bereits diversen Filmen als Kulisse (z.B. der umstrittenen Semidokumentation „Das letzte Paradies" aus dem Jahr 1956). Ngarunui ist für Anfänger am besten geeignet und wird etwa von Oktober bis April von Rettungsschwimmern bewacht. Es gibt diverse Surfschulen, die Kurse für alle Niveaus anbieten und Surfbretter sowie Neoprenanzüge verleihen.

3 Raglan Surf Emporium, Volcom Ln., Tel. 07-82 0018, www.raglansurfemporium.com, Mo–Do u. So 9–17 Uhr, Fr, Sa 9–18 Uhr, im Sommer auch direkt am Ngarunui-Strand.

Auch **andere Wassersportarten** wie Kajaken, Kitesurfen oder SUP, auf eigene Faust oder als Tour, sind in Raglans Hafenbecken möglich.

10 Raglan Watersports, 5a Bankart St., Tel. 07-825 0507, www.raglanwatersports.co.nz.

Anfänger können eine **Klettertour** (mit Kurs) zu nahe gelegenen Felswänden unternehmen, die unter Anleitung erklommen werden.

9 Raglan Rock, 33 Simon Rd., Tel. 0800-724 7625, www.raglanrock.com, ab 25 $.

In der **DOC-Broschüre „Pirongia and Raglan Tracks"** sind zahlreiche **Spazier- und Wanderwege** von zehn Minuten bis elf Stunden Länge verzeichnet. Highlights sind:

- **Tiohanga Track to Pirongia Summit,** 6,5 km, 3–5 Std., Start: Corcoran Rd.
- **Karioi Track,** 4 km, 2–3 Std., Start: Whaanga Road.
- **Te Toto Gorge Lookout,** 2 km, 1 Std., Start: Whaanga Rd.

Praktische Tipps

Informationen

- **www.raglan.net.nz**
- **Einwohnerzahl**:5000
- **i-SITE:** 2 Wainui Rd., Tel. 07-825 0556, Mo–Fr 10–17 Uhr, Sa 10–16 Uhr, im Winter kürzer.
- **Bibliothek:** 7 Bow St., Tel. 07-825 8929, Mo, Di, Do, Fr 9–17 Uhr, Mi 9–20 Uhr, Sa 9.30–12.30 Uhr.

An- und Abreise

- **Bus:** Busit! (www.busit.co.nz) fährt wochentags viermal, am Wochenende zweimal vom Hamilton Busbahnhof aus nach Raglan und zurück (1 Std. Fahrt). Die Haltestelle liegt an der Bibliothek.

Unterkunft

Die oftmals sehr schönen Unterkünfte in Raglan sind begehrt. Wer in der Hochsaison anreist, muss vorbuchen. Als Alternative können über die i-SITE Ferienwohnungen gemietet werden.

11 MEIN TIPP: **Raglan Backpackers**①, 6 Wi Neera St., Tel. 07-825 055, www.raglanbackpackers.co.nz. Zentral und direkt am Wasser gelegen. Die Zimmer sind um einen Innenhof mit Hängematten und Spa Pool gruppiert. Es gibt eine Slackline, Kajaks, Fahrräder und Surfkurse inkl. Shuttle.

13 MEIN TIPP: **Karioi Lodge**①, 5b Whaanga Rd., Whale Bay, Tel. 07-825 7873, www.karioilodge.co.nz. Die Lodge erstreckt sich über knapp 45 Hektar Waldfläche und bietet neben klassischen Backpacker-Zimmern auch Ferienwohnungen und ein paar Campervan-Stellplätze. Angeschlossen ist die Raglan Surf School.

8 Raglan Farmhouse②-③, 39 Main Rd, Tel. 07-825 8747, www.raglanfarmstay.com. Nettes Ambiente, fußläufig zum Zentrum, mit unterschiedlichsten Zimmern: vom „Flashpacker" bis zum „Master House" sowie ein paar Zelt- und Stellplätzen für Camper. Die Sonnenuntergänge vom Outdoor-Wohnbereich aus sind herrlich.

8 **Mein Tipp: Waters Edge**③, 100e Greenslade Rd., Tel. 07-825 0567, www.watersedge.co.nz. B&B mit einem gemütlichen Studio und einem Cottage mit Kamin und Blick aufs Wasser.

Camping

12 **Kopua Holiday Park**②, 61 Marine Parade, Tel. 07-825 8283, www.raglanholidaypark.co.nz. Der riesige Campingplatz liegt auf einer Halbinsel im Wellington Harbour, fußläufig vom Zentrum. Es gibt Stellplätze, Cottages und Motel-Zimmer.

Essen und Trinken

Gefühlt beherbergt jedes zweite Gebäude im Zentrum um die **Kreuzung Bow Street** und **Wainui Road** ein Café oder Restaurant.

4 **Mein Tipp: Raglan Roast**①, Volcom Ln., Tel. 07-825 8702, www.raglanroast.co.nz, tägl. 7.30–17 Uhr. Hier treffen sich die Einheimischen auf einen Kaffee. Viel mehr gibt es nicht an diesem Mini-Stand, der gerade mal Platz für fünf Personen bietet. Dafür kann man einen Plausch mit den Locals halten.

5 **Mexican Take Aways**①, Ende Volcom Ln., Mo–So 10–16 Uhr u. Do–Sa 18–22 Uhr. Gute, deftige Snacks und Mahlzeiten.

7 **Mama T's Fish&Chips Takeways**①, 35 Bow St., Tel. 07-825 8842, tägl. 12–21 Uhr. Wer es günstig und deftig will, geht zu Mama T. Hier ist immer was los, was eindeutig für ihre Kochkünste spricht.

6 **Shack**①-②, 19 Bow St., Tel. 07-825 0027, www.theshackraglan.com, tägl. 8–16 Uhr. Kaffee, Muffins und liebevoll angerichtete, leckere Speisen. Die Gerichte fallen eher klein aus, dafür gibt es WLAN und einen guten Blick auf das Treiben auf den Straßen.

Ausgehen

2 **Yot Club,** 9 Bow St, Tel. 07-825 8702, 21 Uhr bis spät. Der Dreh- und Angelpunkt des Nachtlebens, in dem lokale Bands und Neuseelands Größen live spielen.

1 **Orca,** 2 Wallis St, Tel. 07-825 6543, www.orca restaurant.co.nz. Hier findet jeden letzten Do im Monat ein Open-Mic-Abend statt, dessen Besuch sich oft lohnt.

Einkaufen

Shopping in Raglan macht Spaß. Die Handvoll Boutiquen und Geschäftchen laden zum Stöbern ein und bieten eine erfrischende Abwechslung zu den Geschäftsketten, die in anderen Orten vorherrschen. Die meisten Geschäfte befinden sich rund um die **Bow Street** und **Wainui Road.** Hier findet man auch Surfbretter, -mode und -accessoires. Es gibt zwei **Supermärkte,** doch preisgünstiger ist es, vor der Fahrt nach Raglan in Hamilton in einem der großen Supermärkte einzukaufen.

14 Ein kleiner **Markt** mit Lebensmitteln und Kleinkram findet jeden zweiten So im Monat von 9 bis 12 Uhr an der Stewart Street statt.

„In einem Loch im Boden, da lebte ein Hobbit ..."

Central Waikato

Matamata

Peter Jackson und **„Der Herr der Ringe“** machten das bis dahin langweilige Städtchen zum weltberühmten Besucherzentrum. Eine nahe gelegene Farm wurde als Drehort für den weltberühmten Film ausgewählt, mehr als 300 Einwohner Matamatas arbeiteten als Statisten für die „Herr der Ringe“-Trilogie und später für den Film „Der Hobbit“. Nach dem Ende des Drehs wurden die Hobbit-Häuser zur Touristenattraktion. Seitdem ist Matamata ein **Mittelerde-Schauplatz:** Es gibt eine riesige Gollum-Statue, und die i-SITE sieht aus wie ein Haus Hobbingens. Für große „Herr der Ringe“-Fans sind Matamata und das nahe gelegene Hobbiton ein Muss, alle anderen können beruhigt weiterfahren.

Das wunderschöne **Hobbit-Pförtnerhaus** ist ein Augenschmaus – auch für weniger eingefleischte Fans.

■ **i-SITE,** 45 Broadway, Tel. 07-888 7260, Mo–Fr 9–17 Uhr, Sa, So 9–16.30 Uhr.

Aus urheberrechtlichen Gründen wurde die Kulisse des „Herr der Ringe“-Films nach Drehende komplett abgebaut, das **Hobbiton Movie Set,** die **Kulisse des Films „Der Hobbit“** mit ihren 42 Häusern, konnte für Touristen erhalten bleiben. Die zweistündigen **Touren** durch Hobbingen führen zum „Green Dragon Inn“, zur Mühle und anderen wichtigen Kulissen. Touren mit Bankett im „Green Dragon“ können gebucht werden. Im Geschäft und Café The Shire kann man sich mit Andenken eindecken.

■ **Hobbiton Movie Set,** 501 Buckland Rd., Tel. 07-888 1505, www.hobbitontours.com, tägl. 9–17 Uhr, ab 80/40 $.

013nz ji

In einem hübsch angelegten Garten, drei Kilometer außerhalb, befindet sich der 1882 als Statussymbol gebaute **Turm Firth Tower.** Heute beherbergt er eine **Ausstellung** mit Maori- und Siedlerartefakten. Zehn weitere historische Gebäude liegen in unmittelbarer Nähe.

■ **Firth Tower,** 266 Tower Rd., www.firthtower.co.nz, Do–Mo 10–16 Uhr, 5/3 $, Garten täglich 10–16 Uhr.

15 Kilometer nördlich von Matamata führt der schöne, fünf Kilometer lange Wanderweg **Wairere Falls Track** vom Parkplatz an der Old Te Aroha Road in 1½ Stunden zum höchsten **Wasserfall** der Nordinsel (von 153 m). Wer nicht so weit laufen möchte, kann auf halber Strecke den Wasserfall von seinem unteren Ende bewundern.

Praktische Tipps

Informationen

■ **www.matamata.co.nz**
■ **Einwohnerzahl:** 6306
■ **i-SITE,** 45 Broadway, Tel. 07-888 7260, Mo–Fr 9–17 Uhr, Sa, So 9–16.30 Uhr.

An- und Abreise

■ **Bus:** Matamata wird von den großen Langstreckenbusunternehmen angefahren; Haltestelle an der i-SITE, 45 Broadway. Tagestouren nach Hobbiton können auch von Auckland, Rotorua, Hamilton und anderen Städten aus gebucht werden.

Unterkunft und Camping

Es gibt einige mittelpreisige Unterkünfte, man kann aber guten Gewissens auch direkt weiterfahren.

■ **Broadway Motel and Miro Court Villas**②-③, 128 Broadway, Tel. 07-808 5082, www.broadwaymatamata.co.nz. Großer Motelblock mit mehreren Zimmerkategorien. Etwas älter, aber sauber und gepflegt.

■ **Opal Hot Springs**②, 257 Okauia Springs Rd., 6 km außerhalb, Tel. 07-888 8198, www.opalhotsprings.co.nz. In die Jahre gekommener Holiday Park mit einfachen Wohneinheiten und Hot Pools, die auch von Tagesbesuchern benutzt werden können (8/4 $).

Essen und Trinken

Es gibt eine gute Auswahl an Cafés und Restaurants, die meisten in der Nähe der i-SITE.

Mein Tipp: **Redoubt**①-③, 48 Broadway, Tel. 07-888 8585, https://matamata.redoubtbarandeatery.co.nz, tägl. 11–1 Uhr. Landesweit legendäre Restaurant-Café-Bar. Das Abendmenü ist bedeutend teurer, aber sein Geld wert. Die Pizzen sind immer preiswert.

www.fotolia.de © daigor

Cambridge

Das unspektakuläre Cambridge vermarktet sich als die **„Stadt der Bäume und Champions“:** Bäume säumen die englisch geprägten Alleen, die 1864 im Rahmen des Aufbaus des Dritten Regiments der Waikato-Miliz gebaut wurden. „Champions“ bezieht sich auf die Zucht und das Training von **Vollblutpferden.** Es gibt zahlreiche Gestüte, und der Equine Stars Walk of Fame im Bürgersteig zeigt Mosaike von preisgekrönten Pferden aus Cambridge. Die i-SITE organisiert Touren durch Zuchtgestüte und informiert über den **Heritage and Tree Trail,** der zu Kirchen, historischen Gebäuden und dem mit Bäumen gesäumten Stadtsee Ko Utu führt. Pferdefanatiker können sich in Cambridge einen Tag lang beschäftigen, alle anderen können getrost weiterfahren.

Praktische Tipps

- **www.cambridge.co.nz**
- **Einwohnerzahl:** 13.890
- **i-SITE:** Queen St. Ecke Victoria St., Tel. 07-823 3456, Mo–Fr 9–17 Uhr, Sa, So 10–16 Uhr.
- **Bus:** Cambridge wird von den großen Langstreckenbusunternehmen angefahren; Haltestelle an der Town Hall, Lake Street.

Te Awamutu

Das unscheinbare Städtchen ist bekannt für seine Militärgeschichte und die Band **Crowded House,** deren Gründungsmitglieder *Tim* und *Neil Finn* in Te Awamutu geboren wurden. Auch der erste **Maori-König,** *Potatau Te Wherowhero,* stammte von hier. Te Awamutu war ein bedeutender Kriegsschauplatz in den New Zealand Land Wars und den Waikato Wars.

Ein kleines **Heimatmuseum** punktet mit Abteilungen über die Gebrüder *Finn* und ihre Band, die europäische Siedlungsgeschichte und die Landkriege der Gegend sowie mit imposanten Maori-Artefakten.

- **Te Awamutu Museum,** 153 Roche St., Tel. 07-872 0085, www.tamuseu.org.nz, Mo–Fr 10–16 Uhr, Sa 10–12 Uhr.

Praktische Tipps

- **www.teawamutu.co.nz**
- **Einwohnerzahl:** 10.305
- **i-SITE:** 1 Gorst Ave., Tel. 07-871 3259, Mo–Fr 9–17 Uhr, Sa, So 9.30–14.30 Uhr.
- **Bus:** Te Awamutu wird von den großen Langstreckenbusunternehmen angefahren; Haltestelle Gorst Ave., 30 m von der i-SITE.

Wharepapa South

Im Hinterland Richtung Lake Arapuni liegt eine von **zerklüftetem Kalkstein** dominierte Landschaft, ein Paradies für Kletterer.

- **Bryce Rockclimbing,** 1424 Owairaka Valley Rd., Tel. 07-872 2533, www.rockclimb.co.nz. Ein Kletter-Allrounder. Es gibt einen Shop, eine Kletterwand, Kurse für Anfänger und Fortgeschrittene, ein kleines Café, Übernachtungsmöglichkeiten① und vor allem Informationen und Euphorie rund um den Sport und das Klettergebiet in Wharepapa South.

☐ Der höchste Wasserfall der Nordinsel: Wairere Falls

King Country und Waitomo

Das King Country („Königsland") wurde einst zu Ehren des **Maori-Königs Tawhiao** so benannt, der von 1864 bis Anfang der 1880er Jahre in der Gegend im Exil lebte (siehe Exkurs „Die Königsbewegung"). Zu dieser Zeit war das King Country (Te Rohe Potahe) größtenteils **für Europäer unzugänglich.** Dies änderte sich erst, als der Stamm Ngati Maniapoto 1882 zustimmte, die Gegend auf Eignung für eine Eisenbahnlinie zu prüfen. Heute lebt die Region von Land- und Forstwirtschaft, Produktion, Energiewirtschaft und Tourismus, Letzterer vorwiegend durch Besucher der Waitomo Caves.

Kawhia

Das kleine **Fischerörtchen** am Ende des SH31 scheint in den 1960er Jahren stehengeblieben zu sein. Knapp 700 Menschen führen hier ein langsames, ursprüngliches Leben. Viel unternehmen kann man hier nicht, aber das verschlafene Örtchen hat **Flair** und einen nahe gelegenen **Strand mit heißen Quellen** (Te Puia Rd., 4 km westlich). Hier kann man bei Ebbe sein eigenes Badeloch graben (**Achtung:** Schwimmen im Meer ist aufgrund der starken Strömungen lebensgefährlich). Alternativ kann man **Reitausflüge** buchen.

- **Kawhia Ocean Beach Horse Riding Treks,** Tel. 021-715 619, www.horse.co.nz, ab 100 $.

Anfang Februar findet in Kawhia das **Maori Kai Festival** („Maori Essen") statt, und 10.000 Besucher sprengen das Örtchen, um traditionelle Maori-Speisen und das bunte Rahmenprogramm zu genießen.

Praktische Tipps

- **www.kawhia.co.nz**
- **Einwohnerzahl:** 678
- **Visitor Information,** Kawhia Wharf, Mi–So 12–15 Uhr.
- **Übernachten** kann man auf dem in die Jahre gekommenen **Campingplatz**②, auf dem es auch ein paar Wohneinheiten①-③ gibt.

Otorohanga

Otorohanga bemüht sich, für Touristen attraktiv zu wirken. Außer einem Tierpark gibt es hier jedoch nicht viel zu sehen, die Stadt profitiert vor allem von den nahen Waitomo Caves. Auffällig ist die Huldigung **neuseeländischer Ikonen:** Es gibt einen riesigen bunten Kiwivogel, auf Straßenschildern findet man Kiwi-Motive, und eine prominente Häuserwand präsentiert klassische Kiwi-Produkte und Nationalsymbole.

Im **Tierpark** leben einheimische Tiere wie Tuatara, Green Tree Gecko, Neuseelandfalke, Kea und Tui. Highlights sind die drei Kiwi-Arten Brown, Great Spottet und Little Spotted Kiwi, die im Nachthaus bei der Futtersuche beobachtet werden können. Wer auf seiner Reise bislang noch keinen Kiwi gesehen hat, sollte hier halten.

- **Kiwi House and Native Bird Park,** 25 Alex Telfer Dr., Tel. 07-873 7391, www.kiwihouse.org.nz, tägl. 9–17 Uhr, 24/8 $.

Praktische Tipps

Informationen

- **www.otorohanga.co.nz**
- **Einwohnerzahl:** 9075
- **i-SITE:** 27 Turongo St., Tel. 07-873 8951, Mo–Fr 9–17 Uhr, Sa, So 10–14 Uhr.

An- und Abreise

- **Bus:** Otorohanga wird von den großen Langstreckenbusunternehmen angefahren; Haltestelle Wahanui Cres. Ecke SH 3. Ein **Shuttle** fährt fünfmal tägl. nach Waitomo, 63 Hinewai St., Tel. 07-873 8279, 12/7 $.
- **Zug:** Otorohanga liegt auf der Strecke des Northern Explorer zwischen Auckland und Wellington (siehe „Praktische Reisetipps von A bis Z/Unterwegs im Land/Zug").

Camping

Zum Zeitpunkt der Recherche gab es keine herausstechende Unterkunft in Otorohanga. Die beste Option ist der Campingplatz.

- **Otorohanga Holiday Park**③, 20 Huiputea Dr., Tel. 07-8737253, www.kiwiholidaypark.co.nz. Einfacher, kleiner Campingplatz in ruhiger Seitenstraße, bietet auch günstige Wohneinheiten①-②.

Essen und Trinken

- Günstige und gute Sandwiches bereitet die **Village Green Bakery**①, 30 Maniapoto St.
- Am meisten los ist im **Thirsty Weta**②, 57 Maniapoto St., tägl. 10 Uhr bis spät.

Einkaufen

Entlang der **Maniapoto Street** gibt es zahlreiche Geschäfte, Restaurants und Cafés sowie Lebensmittelgeschäfte und Tankstellen.

Waitomo

Der Ort selbst ist klein und kaum erwähnenswert. Trotzdem werden im Sommer bis über 2000 Besucher täglich gezählt. Grund sind die **weltberühmten Höhlen,** von deren Decken **Glühwürmchen** hängen und die Höhlen wie märchenhafte Sternenhimmel erscheinen lassen (siehe Exkurs „Glühwürmchen").

Glühwürmchen

Die neuseeländischen Glühwürmchen und ihre magischen Kräfte, Höhlen märchenhaft erscheinen zu lassen, sind weltweit berühmt. Erstaunlicherweise sind die sogenannten Glühwürmchen keine Würmer und auch keine fliegenden Insekten wie in Europa, sondern **Larven der Pilzmücke;** ausgewachsen erinnern sie an Moskitos. Ein paar wenige Arten der Pilzmücken *(Arachnocampa luminosa)* sind Fleischfresser. Ihre wurmartigen Larven produzieren klebrige, nach unten hängende **Fäden** und nutzen ihr attraktives Leuchten, um kleine fliegende **Insekten anzulocken.** Diese Insekten bleiben an den Fäden kleben, die Larve rollt das Opfer in den Faden ein und verspeist es. Hunderte von solchen Larven leben nebeneinander auf geschützten, dunklen und feuchten Flächen wie z.B. Überhängen in Wäldern oder Höhlen. Im Dunklen erinnern sie an einen leuchtenden Sternenhimmel. Maori nennen sie „Titiwai" – „auf Wasser reflektierendes Licht". Die Larven leben sechs bis neun Monate; wenn sie als Mücke schlüpfen, legen sie innerhalb von zwei bis drei Tagen um die 100 Eier und sterben anschließend.

www.fotolia.de © cloud9works

Waitomo trägt seinen **Namen** (*wai* = wasser, *tomo* = Sinkhöhle) zurecht: In der Gegend gibt es schier unendliche Höhlen und Schächte, durch die oftmals ein Fluss führt. Über **3000** solcher **Höhlen** wurden bislang gezählt. Die drei größten sind als Touristenattraktionen geöffnet.

So romantisch können Fliegenfänger aussehen: leuchtende Lockfäden der Pilzmückenlarve in den Waitomo Caves

Sehenswertes und Aktivitäten

Das **Waitomo Caves Discovery Centre** mit seinem informativen **Museum** ist eine gute erste Anlaufstelle, um sich über die Welt der Höhlen zu informieren: Geologie, Geschichte und der Lebenszyklus der Glühwürmchen werden anschaulich dargestellt.

■ **Waitomo Caves Discovery Centre,** 21 Waitomo Village Rd., Tel. 07-878 7640, www.waitomocaves.com, tägl. 9–17 Uhr, 5 $/bei Buchung einer Höhlentour meist frei.

Die Auswahl an **Höhlentouren** ist riesig: zu Fuß, per Boot oder als Abenteuertour, als Kurztour oder über mehrere Stunden. Finanziell attraktiv sind diverse Kombipakte oder Frühbucher-Angebote. Die Höhlen der Standardtouren sind groß genug, dass die meisten zu Platzangst neigenden Menschen klarkommen. Anders sieht es bei Abenteuertouren in weniger besuchte Höhlenabschnitte aus: Es ist oft eng und dunkel.

Die **Glowworm Cave** ist eine wunderschöne, eindrucksvoll beleuchtete, riesige Höhle mit Tropfsteinen, der eindrucksvollen Kathedrale und unzähligen Glühwürmchen. Sie ist die populärste Höhle, und aufgrund des Andrangs herrscht schiere Massenabfertigung. Die Standardtour beinhaltet eine Bootsfahrt (ab 48/21 $ für 45 Min., alle 30 Min. 9–17 Uhr, 500 m westlich der i-SITE).

Die **Ruakuri Cave** ist ein imposantes Höhlensystem mit Glühwürmchen, beeindruckenden Kalksteinformationen sowie unterirdischen Flüssen und Wasserfällen. Reichlich Informationen und Maori-Legenden (ab 67/26 $ für 2 Std., davon 90 Min. in der Höhle, ca. stündlich 9–15 Uhr, 3 km westlich der i-SITE, inklusive Shuttle).

In der kleineren, trockenen **Aranui Cave** findet man keine Glühwürmchen, aber aus geologischer Sicht imposante Stalaktiten und Stalagmiten (ab 48/21 $ für 1 Std., 5 Touren/Tag, 3 km westlich der i-SITE, inkl. Shuttle).

Neben den klassischen Besuchertouren werden **Abenteuertouren** in verschiedensten Varianten angeboten. Am beliebtesten ist das **Black Water Rafting,** das nicht in einem herkömmlichen Raft stattfindet, sondern in Lkw-Reifen *(tubing)*. Beim Treiben durch die stockfinstere Höhle kann man die leuchtenden Glühwürmchen wie Sterne am Himmel bewundern. Für einige Touren ist ein Mindestalter von 12 bzw. 16 Jahren vorgeschrieben. Es gibt zahlreiche Anbieter und Tourpakete.

MEIN TIPP: Abenteuer pur: Mutige können sich einer Kombination aus Abseilen, Klettern, Tubing, Rutschen, Schwimmen und mehr hingeben – bis zu 7 Std. dauern die Touren. Nicht billig, aber ein einmaliges Erlebnis. **Waitomo Adventures,** Tel. 07-878 7788, www.waitomo.co.nz, ab 190–515 $.

■ Mehrere Unternehmen bieten **längere/intensivere Höhlentouren in Kleingruppen zu Fuß** (teilweise mit Bootsfahrt) an, man entkommt dem Massentourismus und erlebt die Höhlen in ihrer einzigartigen Schönheit, z.B. **Spellbound,** Tel. 07-878 7622, ab 75/26 $).

Der **Waitomo Walkway** ist ein hübscher, vier Kilometer langer einstündiger Spaziergang über Farmland und Wald bis zum Parkplatz der Aranui Cave. Man startet gegenüber der i-SITE.

Vom Parkplatz aus kann man auch dem schönen, zwei Kilometer langen **Ruakuri Bushwalk** folgen, der in 45 Minuten durch dichtes Bushland zu zahlreichen Höhlen führt und entlang eines Flusses verläuft. Bei Dunkelheit sieht man Unmengen an Glühwürmchen. Die **DOC-Broschüre „Waitomo and King Country Tracks“** erläutert Spazier- und Wanderungen in Waitomo und der Umgebung.

Praktische Tipps

Informationen

■ **www.waitomo.com**

■ **Einwohnerzahl:** ca. 200

■ **i-SITE:** 21 Waitomo Village Rd., Tel. 07-878 7640, tägl. 9–17 Uhr.

An- und Abreise

■ **Waitomo Shuttle** fährt fünfmal tägl. von/nach Otorohanga (Tel. 07-873 8279, 12/7 $), hier stoppen die meisten Langstreckenbusunternehmen (siehe Otorohanga).

■ Alternativ bietet **Waitomo Wanderer** Tagestouren (mit oder ohne Höhlentour, auch in Kombination mit Hobbiton) von Auckland und Rotorua aus, Tel. 03-477 9083, www.headfirst.com, ab 66 $ einfach.

Unterkunft/Camping

Die meisten der (wenigen) Unterkünfte am Ort sind funktional und nicht unbedingt attraktiv. Eine empfehlenswerte Alternative sind die Wohneinheiten auf dem Top10.

5 **Juno Hall YHA**①-②, 600 Waitomo Caves Rd., Tel. 07-878 7649, www.junowaitomo.co.nz. Hübsches, zweckmäßiges Holzhaus mit Kamin und Schwimmbecken. Campen möglich.

2 **Top10 Holiday Park**③, 12 Waitomo Village Rd., Tel. 07-878 7639, www.waitomopark.co.nz. Terrassenartig angelegter, blitzblanker Park in zentraler Lage und schöner Umgebung. Verfügt auch über zahlreiche Wohneinheiten②-③.

4 Mein Tipp: **Abseil Breakfast Inn**②-③, 709 Waitomo Caves Rd., Tel. 07-808 3155, www.abseilinn.co.nz. Ein extrem steiler Weg führt zu diesem schönen B&B mit seinen vier liebevoll dekorierten Themenzimmern.

Essen und Trinken

Für die Anzahl der Touristen gibt es erstaunlich wenige Cafés und Restaurants. Die Auswahl ist klein, die Preise sind hoch. Zwei der besten Anlaufstellen:

3 **Huhu**②-③, 10 Waitomo Caves Rd., Tel. 07-878 6674, www.huhucafe.co.nz, tägl. 12 Uhr bis spät. Modernes Café-Restaurant mit großer Sonnenterrasse, von der man einen schönen Blick auf die Gegend genießt.

1 **Waitomo General Store**①, 15 Waitomo Village Rd., Tel. 07-878 8613, tägl. ca. 7.30–17 Uhr. Einfaches Café, in dem man schon vor seinem Höhlenabenteuer einen Kaffee bekommt.

Einkaufen

In Waitomo gab es zum Zeitpunkt der Recherche weder einen Supermarkt noch eine Tankstelle.

1 Die allernotwendigsten Lebensmittel (zu hohen Preisen) gibt es im **Café Waitomo General Store** (siehe „Essen und Trinken").

Tawarau Forest

Im Westen von Waitomo führt die (größtenteils unbefestigte) Te Anga Road zum Tawarau Forest und schließlich zum Meer. Das Highlight des Waldes ist die 25 Kilometer von Waitomo entfernte **Mangapohu National Bridge.** Nicht nur der riesige Kalksteinbogen ist imposant, auch die Felsblöcke mit 35 Millionen Jahre alten **Fossilien von Austern und Muscheln** sind beeindruckend. Ein 20-minütiger einfacher **Rundweg** ist ausgeschildert, und bei Dunkelheit leuchten unzählige Glühwürmchen.

Vier Kilometer weiter liegen die **Pipiripi Caves,** die mit **Austernfossilien** gespickt sind. Über eine Treppe kann man die Höhle, mit einer Taschenlampe bewaffnet, auf eigene Faust besuchen.

Noch einmal zwei Kilometer weiter gelangt man auf einem kurzen Gang zu den 30 Meter hohen **Marokopa Falls.**

Kurze Zeit später gabelt sich die Straße. Nach Norden geht es entlang des Inlets nach Kawhia (siehe oben), nach Süden führt die Straße in das kleine Küstenörtchen **Marokopa.** Hier gibt es einen einfachen Campingplatz.

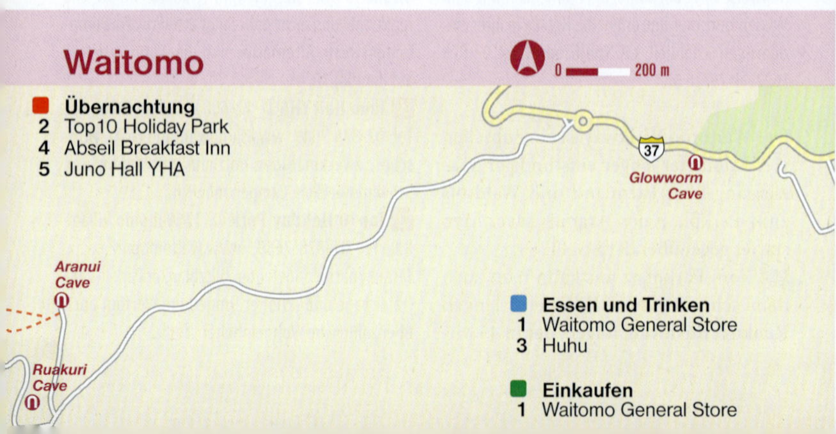

Informationen rund um den Tawarau Forest, Sehenswürdigkeiten und Spaziergänge sind in der **DOC-Broschüre „Waitomo and King Country Tracks“** beschrieben.

Te Kuiti

Te Kuiti ist eine der **Schafschermetropolen** Neuseelands, hier finden Ende März die jährlichen Meisterschaften in dieser Disziplin statt, und am Ortseingang steht die riesige Statue eines Schafscherers. Im August 2016 stahl ein Ire den Neuseeländern den neun Jahre lang verteidigten Weltrekord im Schaf-Entwollen: Er schaffte es, 99,33 Schafe pro Stunde zu scheren. Es bleibt abzuwarten, wann sich die Neuseeländer den Titel zurückholen.

Wer an Te Kuiti vorbeikommt, sollte einen Blick auf das hübsche **Marae Te Tokanganui a Noho** (Rora St. Ecke Awakino Rd.) aus dem Jahr 1917 werfen. Geschäfte, Restaurants und Cafés gibt es auf der Rora Street.

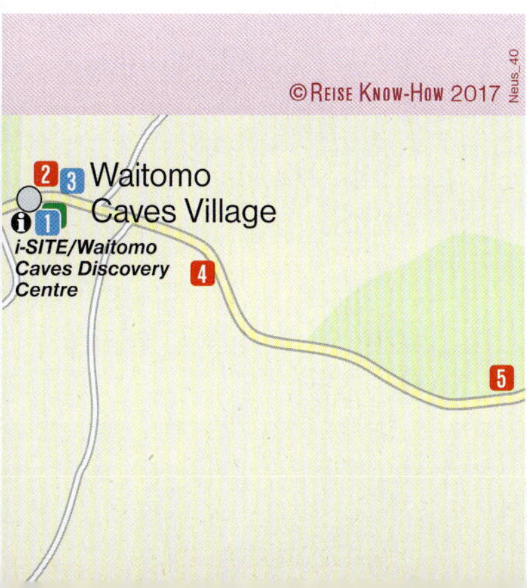

SH3 von Te Kuiti nach Mokau

Der SH3 von Te Kuiti Richtung Südwesten führt entlang schroffer Kalksteinformationen, durch Farmland und später durch Buschland. Entlang der Strecke können ein paar interessante Stopps eingelegt werden.

Eingefleischte **Hobbit-Fans** können bei **Piopio** einen 15-Kilometer-Abstecher zu **Hairy Feet Waitomo** unternehmen und sich einer Tour zu lokalen Drehorten des „Hobbits“ anschließen.

■ **Hairy Feet Waitomo,** 1411 Mangaotaki, Tel. 07-877 8003, www.hairyfeetwaitomo.co.nz, 50/25 $.

Weiter entlang des SH3, kurz hinter dem Ort Awakino, thront auf den Klippen das imposante **Maniaroa Marae.** Das Versammlungshaus birgt den Anker des Tainui Waka (Kanu), mit dem einst polynesische Ahnen nach Neuseeland kamen. Das Betreten der Anlage ist ohne ausdrückliche Einladung verboten.

Nach weiteren fünf Kilometern folgt das Örtchen **Mokau,** das vor allem für seinen **Whitebait** bekannt ist: Zwischen August und November schlüpfen hier im Mokau River Massen an den kleinen Jungfischen, die, mit Eiweiß verquirlt, gebraten oder gegrillt als sogenannte Whitebait Fritter eine neuseeländische Delikatesse sind. Wer über Nacht bleiben möchte, findet einen einfachen Campingplatz und ein Motel im Norden des Orts.

4 Bay of Plenty und Zentrale Nordinsel

Die wahrscheinlich beeindruckendeste Region der Nordinsel punktet mit spektakulären Surfstränden, der Stadt Rotorua mit ihren Geothermalparks und ihrer Maori-Kultur sowie einem der schönsten Nationalparks des Landes.

‹ White Island ist Neuseelands einzige aktive Vulkaninsel

BAY OF PLENTY UND ZENTRALE NORDINSEL

Die Bay of Plenty und die zentrale Nordinsel gehören zu den **vielgestaltigsten** und **touristisch attraktivsten Gegenden** Neuseelands. Wer nur wenig Zeit zur Verfügung hat, sollte einen Besuch der Region unbedingt in Erwägung ziehen. Das **Wetter** ist relativ stabil und sonnig, Kiwi-, Avocado- und andere Obstplantagen verleihen der Region ein mediterranes Flair. Es gibt goldene **Strände** mit **Surfbrandungen,** die zu den besten des Landes gehören.

Den Gegenpol stellen der Vulkanismus und die Geothermalparks des **Central Volcanic Plateaus.** Es beginnt weit vor der Küste, wo Neuseelands aktivster maritimer Vulkan, White Island, brodelt, und endet hinter **Lake Taupo.** Letzterer ist der mit Wasser gefüllte Krater des größten neuseeländischen Vulkans und zugleich das größte Binnengewässer des Inselstaates.

Weiter südlich befindet sich der älteste Nationalpark des Landes, der **Tongariro National Park,** der in gleich zwei Kategorien den Titel **UNESCO-Welterbe** trägt (Natur und Kultur). Hier ragen die drei höchsten **Berge** der Nordinsel auf. Während zwei davon hervorragende Wanderziele sind, erstreckt sich an den Flanken des dritten Neuseelands größtes Skigebiet.

Auch die **Lebensweise der Maori** ist in der Bay of Plenty sehr präsent: Rotorua ist die Hochburg der für Besucher zugänglichen Maori-Kultur, es werden Touren, Vorführungen und Shows sowie traditionelle Speisen aus dem Hangi angeboten.

Das hier beschriebene Gebiet umfasst **Teile der folgenden Regionen:** Bay of Plenty, Waikato und Manawatu-Whanganui sowie deren Verwaltungsdistrikte.

NICHT VERPASSEN!

- **Mount Maunganui:** den tollen Blick vom Berg genießen, surfen lernen und in das Urlaubsflair des Städtchens eintauchen | 183
- **Whakaari – White Island:** per Boot Neuseelands aktivsten Kegelvulkan besuchen und seine gewaltige Kraft spüren | 192
- **Rotorua:** einen der zahlreichen Geothermalparks mit blubbernden Schlammlöchern, Geysiren und Schwefeldampf besuchen, Maori-Kultur erleben und in natürlichen heißen Quellen oder Spa Pools entspannen | 193
- **Taupo:** eine Bootstour auf Neuseelands größtem See unternehmen und dabei Maori-Reliefs bewundern | 211
- **Huka Falls:** den größten Wasserfall des Flusses Waikato bestaunen, in dem 220.000 Liter Wasser pro Sekunde durch das Flussbett schießen | 212
- **Tongariro National Park:** im vulkanischen Wanderparadies zu den Taranaki Falls spazieren, den Tongariro Crossing bestreiten oder gar den mehrtägigen Northern Circuit in Angriff nehmen | 220
- **Mount Ruapehu:** im größten Skigebiet der Nordinsel die Pisten ausprobieren und dabei den Blick zu den Bergen Ngauruhoe und Taranaki schweifen lassen | 223

Diese Tipps erkennt man an der gelben Hinterlegung.

Geschichte

Maori siedeln im Gebiet der Bay of Plenty seit etwa 700 Jahren, sie sind mit den Wakas (Kanus) Mataatua, Takitimu, Nukutere, Te Arawa und Tainui aus Hawaiki gekommen. 1769 segelte Kapitän *James Cook* mit der „Endeavour" entlang der heutigen Bay of Plenty, wenig später ließen sich die ersten **englischen Siedler** nieder. Die Kontakte zu den Maori der Region waren über lange Jahre nur spärlich. Zwischen den Maori-Stämmen kam es immer wieder zu blutigen Auseinandersetzungen; so hinterließ beispielsweise der Stamm **Ngapuhi** im Jahr 1818 Chaos und Zerstörung in der Region.

1830 zog der dänische Händler *Philip Tapsell* nach Maketu und verwaltete die Außenposten Englands in Te Papa (Tauranga) und Matata. In den folgenden Jahren trafen vermehrt **Europäer** in der Bay of Plenty ein, die meisten siedelten in der Gegend um Tauranga. Es kam zu **Konflikten mit den Maori,** die 1836 in der Zerstörung von *Tapsells* Grundstück eskalierten.

Durch die Ernennung von **Auckland** zur **Verwaltungshauptstadt** Neuseelands im Jahre 1841 wurde die **Wirtschaft** angekurbelt, was sich auch auf die Bay of Plenty auswirkte. Der Schiffsbau florierte, und Maori wurden als Geschäftspartner integriert, was zur Stabilisierung der Beziehung mit den europäischen Einwanderern beitrug.

1863 marschierten **englische Streitkräfte** in Waikato ein, um die englische Regierungsautorität zu untermauern und Land für europäische Siedlungen zu sichern. Die sogenannte **Königsbewegung** (siehe gleichnamigen Exkurs) erreichte auch die Bay of Plenty. Wichtige Schlachten fanden in Te Kaokaoroa bei Matata und in Tauranga bei Gate Pa statt. Die **Konflikte** hielten mehrere Jahre an und erreichten ihren Höhepunkt 1865 und 1866, als der Missionar *Carl Völkner,* der Übersetzer *James Fullon* und andere europäische Siedler in der Bay of Plenty von Maori ermordet wurden und die überlegene britische Krone weitläufige Ländereien beschlagnahmte.

Anders als andere Regionen, **entwickelte** sich die **Bay of Plenty** nur **langsam.** Es mangelte an Straßen, das Klima war für die Schafzucht zu mild, auch wurde kein Gold gefunden. Erst mit der Etablierung der **Milchwirtschaft** ab 1900 wurden nennenswerte Gewinne eingefahren, und die Region wuchs. Zusätzlich wurden erhebliche Einnahmen durch den **Tourismus** vor allem in Rotorua erwirtschaftet. Ab 1920 wurde die Pflanzung von Pinienwäldern in Angriff genommen, die einige Jahre später die **Holzwirtschaft** antrieb. Gleichzeitig wurde der **Hafen** in Tauranga ausgebaut, über den 1965 der Transport von mehr als einer Millionen Tonnen Holz abgewickelt wurde. Gleichzeitig wurden **Obstplantagen** angelegt, allen voran mit Kiwis und Avocados. Noch heute kommen knapp 80 Prozent der Kiwi-Früchte Neuseelands aus der Bay of Plenty, und in Taurangas Hafen werden Neuseelands größte Exportmengen abgewickelt.

> In der Region kann man spannende geothermische Aktivitäten bewundern, beispielsweise diesen imposanten Geysir in Rotorua

Tauranga und Umgebung

Tauranga

Tauranga ist eine der am schnellsten wachsenden Städte Neuseelands und wichtiger Standort für **Wirtschaft** und **internationalen Handel.** Für Letzteren ist der Hafen verantwortlich, der zweitgrößte Neuseelands nach Auckland. Immer mehr Menschen zieht es nach Tauranga, und das **rasante Bevölkerungswachstum** seit der Jahrhundertwende macht die Stadt zur fünftgrößten Neuseelands – 130.800 Menschen leben hier. Angezogen wird die (vor allem ältere) Bevölkerung durch die recht zentrale geografische Lage am Meer und das milden Wetter. Rund **20 Prozent der Bevölkerung sind 65 Jahre oder älter.** Die Tendenz steigt, denn viele junge Menschen wandern aufgrund mangelnder qualifizierter Arbeitsplätze ab.

Für **Touristen** bietet die Stadt ein paar historische Gebäude, ein sehenswertes Museum, unzählige Wassersportmöglichkeiten und eine attraktive Uferpromenade. Halten muss man in Tauranga trotzdem nicht unbedingt, man kann auch direkt nach Mount Maunganui weiterfahren.

Geschichte

Die heutige Stadt Tauranga hat ihren Ursprung in einer **Missionsstation** (Te Papa Mission Station) der 1830er Jahre. 1864 wurde Tauranga zentraler Schauplatz in den Landkriegen bei der entscheidenden **Schlacht von Gate Pa:** Die Regierung baute zwei Befestigungsanlagen, mit deren Hilfe die Kämpfer des Maori-Königs von Vorräten und Ver-

127nz ks

stärkung abgeschnitten werden sollten. Die lokalen Ngai Te Rangi Maori hielten durch den Bau eines befestigten Dorfs (Pa) auf dem Pukehinahina-Bergzug dagegen. Am 29. April wurde das sogenannte Gate Pa von 1600 Mann starken Regierungstruppen eingekreist, es kam zu blutigen Kämpfen mit großen Verlusten auf Regierungsseite. Die meisten der 200 beteiligten Maori konnten entkommen, um in Waikato weiterzukämpfen. Dort wurden sie zwei Monate später bei Te Ranga endgültig besiegt. Das Missionshaus (The Elm) und Ruinen der Monmouth-Befestigung sind heute zu besichtigen.

Seit dem 20. Jahrhundert entwickelte sich die **Milch- und Landwirtschaft,** später gewann der Hafen von Mount Maunganui im Rahmen der **Holzwirtschaft** an Bedeutung, und **Obstplantagen** prosperierten. Der Bau der **Hafenbrücke** im Jahr 1988 gab der lokalen Wirtschaft einen erneuten Schub.

Sehenswertes

Die **Elms Mission Station** ist eines der **ältesten Gebäude** der Gegend (1847). Es ist heute noch im Stil seiner Zeit eingerichtet und liegt in einem hübschen Garten zwischen anderen gut erhaltenen Bauten und dem nahen **Missionsfriedhof** (Marsh St. Ecke Drive Cres.).

■ **Elms Mission Station,** 15 Mission St., Tel. Tel. 07-577 9772, www.theelms.org.nz, tägl. 11–16 Uhr, Garten frei, Haus 5 $.

Vereinzelte Überreste der **Monmouth Redoubt,** der Befestigungsanlage der Landkriege, liegen direkt neben dem Robbins Park (Cliff Road), von dem man einen guten Blick bis zum Mount Maunganui hat.

Am Fuße des Parks (Ende The Strand) findet man das **Te Awa Nui Waka,** ein nachgebautes Maori-Kanu.

Der Fokus der **Art Gallery** liegt auf zeitgenössischer Kunst und regionaler Geschichte. Durchaus sehenswert.

■ **Art Gallery,** Wharf St. Ecke Willow St., Tel. 07-578 7933, www.artgallery.org.nz, geöffnet tägl. 10–16.30 Uhr.

Auf eine sehr gut erhaltene, **viktorianische Kauri-Villa** aus dem Jahr 1881 kann man auch von der Straße einen guten Blick werfen.

■ **Brain Watkins House and Museum,** 233 Cameron Rd., Tel. 07-578 1835, So 14–16 Uhr, 4/2 $.

Das überschaubare **Classic Flyers Aviation Museum** widmet sich dem Thema Fluggeschichte und zeigt klassische Flugzeuge und Motoren.

■ **Classic Flyers Aviation Museum,** 9 Jean Batten Dr., Tel. 07-572 4000, www.classicflyersnz.com, tägl. 9–16 Uhr, Fr 9–18 Uhr, 15/7,50 $.

Aktivitäten

Wasserratten lockt ein **Freizeitpark** rund ums nasse Element: Wassertrampoline, Rutschen, Tarzanseile, Kajaks und Kanus (inklusive einer Kajak-Rutsche) und viel mehr.

13 **Waimarino Adventure Park,** 36 Taniwha Pl., Bethlehem, Tel. 07-576 4233, www.waimarino.com, tägl. 10–18 Uhr, Winter 10–17 Uhr, 42/32 $.

Die Nähe zum Meer und die gute Infrastruktur der Stadt lassen **Wassersportler-Herzen** höher schlagen. Die Wassergrenze nach Mount Maunganui und Papamoa ist fließend, viele der Aktivitäten finden dort statt.

Kajaktouren sind auf dem Wairoa, dem Lake McLaren und rund um Tauranga möglich. **Mein Tipp:** Sonnenuntergangstour, zusätzlich illuminiert von Glühwürmchen (Waimarino Adventure Park, siehe oben, ab 75 $).

Verschiedene Anbieter organisieren **Delfin-Beobachtungsstouren** und/oder ermöglichen das **Schwimmen** mit den Meeressäugern.

2 **Dolphin Blue,** Sulphur Point, Tel. 027-666 8047, www.dolphinblue.co.nz, 150/100 $.

Mehrere Anbieter haben **Tauchgänge** z.B. zu Wracks und Riffen sowie PADI-Tauchkurse im Programm.

14 **Dive Zone,** 213 Cameron Rd., Tel. 07-5784050, www.divezone.co.nz/tauranga.

Bei einem **Fallschirmsprung** ist der Blick auf Tauranga, Mount Maunganui, White Island und das Meer einfach traumhaft!

2 **Tandem Skydiving,** 2 Kittyhawk Way, Tel. 07-574 8533, www.tandemskydive.co.nz, ab 325 $.

Praktische Tipps

Informationen

- **www.bayofplentynz.com**
- **Einwohnerzahl:** 130.800
- **i-SITE:** 95 Willow St., Tel. 07-578 8103, Mo–Fr 8.30–17 Uhr, Sa, So 9–17 Uhr.

Übernachtung
1 Seascape Villa
5 Harbourside City Backpackers
7 Hotel on Devonport
9 Tauranga on the Waterfront
11 Tauranga Tourist Park

Essen und Trinken
3 Bobbys Fresh Fish Market
6 La Mexica
8 Harbourside
10 Grindz Café

Nachtleben
4 Phoenix

Einkaufen
12 Bauernmarkt, Tauranga Crossing

Aktivitäten
2 Dolphin Blue, Tandem Skydiving
13 Waimarino Adventure Park
14 Dive Zone

■ **Bibliothek:** 91 Willow St., Tel. 07-577 7177, Mo–Fr 9.30–17.30 Uhr, Sa 9.30–16 Uhr, So 11.30–16 Uhr.

An- und Abreise

■ **Auto:** Wer den SH29 von/nach Hamilton nimmt, muss 1,80 $ Toll zahlen. Die Benutzung der SH2 zwischen Papamoa und Paengaroa kostet 2 $.

■ **Bus:** Tauranga wird von den großen Langstreckenbusunternehmen angefahren; zentrale Haltestelle Willow St. Alternativ verbindet der **Bay Bus** (www.baybus.co.nz) Mount Maunganui, Tauranga, Te Puke und Rotorua zweimal täglich.

■ **Flugzeug:** Air New Zealand verbindet den Flughafen Tauranga (73 Jean Batten Dr.) mit Auckland, Wellington und Christchurch. Shuttles nur auf Anfrage, z.B. **Super Shuttle,** Tel. 0800-748 885, www.supershuttle.co.nz.

Unterwegs vor Ort

■ **Taxi:** Tel. 0800 829 477, www.taurangataxis.co.nz.

■ **Bus: Bay Hopper** (www.baybus.co.nz) fährt diverse Routen innerhalb der Stadt sowie in der Umgebung, beispielsweise nach Mount Maunganui, Papamoa Beach.

Unterkunft

In Tauranga gibt es unzählige Hotels, Motels und Hostels, viele davon in zentraler Lage. Wer auf der Suche nach einem Motel ist, wird u.a. auf der 15th Avenue fündig, die Hostels sind häufig eng, laut oder partylastig.

5 **Harbourside City Backpackers**①, 105 The Strand, Tel. 07-579 4066, www.backpacktauranga.co.nz. Ein ehemaliges Hotel mit einer beliebten Dachterrasse und Meeresblick. Die Zimmer sind teilweise klein, dafür stehen kostenfrei Fahrräder zur Verfügung.

1 MEIN TIPP: **Seascape Villa**②, 179 Carlton St., Tel. 07-808 3158, www.seascapevilla.co.nz. Etwas außerhalb liegendes B&B in hellem, modern eingerichteten Haus im Grünen.

9 **Tauranga on the Waterfront**②-③, 1 Second Ave., Tel. 07-578 7079, www.thetauranga.co.nz. In zentraler Lage, direkt am Wasser gelegen, mit breitem Spektrum an Wohneinheiten.

7 **Hotel on Devonport**③, 72 Devonport Rd., Tel. 07-578 2668, www.hotelondevonport.net.nz. Zentrales, modernes, in Erdfarben gehaltenes Hotel.

Camping

Wer nicht in Tauranga übernachten möchte, findet schönere Campingplätze in Mount Maunganui und entlang der Küste der Bay of Plenty.

11 **Tauranga Tourist Park**②-③, 9 Mayfair St., Tel. 07-578 3323, www.taurangatouristpark.co.nz. Teilweise enger Campingplatz mit allen üblichen Annehmlichkeiten. Sauber, ordentlich, etwas außerhalb an einer Bucht gelegen.

Essen und Trinken

Rund um **The Strand,** am Ende der **Wharf Street** sowie im nördlichen Ende der **Devonport Road** gibt es unzählige Cafés, Bäckereien, Imbisse und Restaurants in jeder Preisklasse.

10 **Grindz Café**①, 50 First Avenue, Tel. 07-579 0017, Mo–Fr 7–16 Uhr, Sa, So 8–15 Uhr. Sehr beliebtes Café mit Sitzplätzen drinnen und draußen. Leckeres Frühstück und die wahrscheinlich größten Kaffeetassen der Stadt ...

3 **Bobbys Fresh Fish Market**①, 1 Dive Cres., Tel. 07-578 1789, Mo 16–20 Uhr, Di–So 10–20 Uhr. Der wahrscheinlich beste Fish&Chips Shop in Tauranga, direkt am Wasser.

6 **La Mexica**②-③, 109 The Strand, Tel. 07-928 0833, www.lamexica.co.nz., Di–Do 16.30–21 Uhr, Fr–So 11–24 Uhr. Gute mexikanische Küche, Außensitzplätze mit Blick aufs Meer. Hat auch ein herzhaftes Brunch-Menü und gute Margaritas.

8 **Harbourside**③, 150 The Strand, Tel. 07-571 0520, www.harboutsidetauranga.co.nz, täglich 11.30–14.30 Uhr u. ab 17 Uhr. Sehr gutes Essen in altem Bootshaus direkt am Wasser. Manchmal muss man ein wenig länger auf seine Gerichte warten, aber die schöne Atmosphäre macht dies wett.

014nz ks

Ausgehen

In Tauranga ist auch abends etwas los. Das Nachtleben spielt sich vorwiegend an The Strand ab. Es gibt ausreichend Kneipen und Pubs, in denen man einen Drink nehmen oder sich unter die Einheimischen mischen kann.

4 **Phoenix**①-③, 67 The Strand, Tel. 07-578 8741, www.thephoenixtauranga.co.nz, Mo–Fr 10.30–3 Uhr, Sa, So 8.30–3 Uhr. Beliebte, moderne Ganztagskneipe mit Monteith's Bier und deftigen Speisen. Fr ab 17 Uhr Burger und Pizza Specials. Livemusik Fr Abend und So Nachmittag.

Einkaufen

Tauranga hat eine **gute Infrastruktur.** Rund um die Straße **The Strand** kann man ein wenig bummeln gehen. An den großen Zufahrtsstraßen liegen Supermärkte, Baumärkte und weitere größere Geschäfte. Zum Recherchezeitpunkt wurde Taurangas größte Mall **(Tauranga Crossing)** gebaut, wenn sie fertig ist, könnte sie einen Blick wert sein.

12 Ein **Bauernmarkt** mit frischen Bioprodukten, etwas Kunsthandwerk und gelegentlicher Livemusik findet Sa 8–12 Uhr an der Tauranga Primary School, Arundel St., statt.

Mount Maunganui

Der Ort ist nach dem 232 Meter hohen **Berg** am Ende der Landzunge benannt. Er erscheint so **gar nicht neuseeländisch** mit seinen Hochhäusern, Partys, Kneipen und der ausgeprägten Surferszene. Allzu leicht wird man an Australiens Strandstädte erinnert. Nichtsdestotrotz ist Mount Maunganui einen Blick wert, denn Urlaubsfeeling ist fast garantiert – nicht ohne Grund ist „The Mount“ für Neuseeländer ein beliebtes Urlaubsziel. Im Sommer wird es voll, und Unterkünfte werden knapp.

⌃ Blick vom Mount Maunganui

Sehenswertes und Aktivitäten

Mein Tipp: Der **Berg Maunganui** (erreichbar über Adams Ave.) ist das „grüne Ende“ der Stadt. **Spazierwege** führen um den Berg herum sowie auf seinen Gipfel, der einen wunderschönen Blick über die Gegend und das Meer eröffnet. Im Sommer kann es sehr heiß werden, unbedingt ausreichend Wasser mitnehmen und mit Sonnenschutzmittel eincremen.

Die kleine **Insel Moturiki** ist bei Ebbe vom Hauptstrand aus begehbar und erlaubt einen schönen Blick auf den Strand und die Surfer. Man sollte die Gezeiten im Blick behalten.

Wellenreiten ist derart populär, dass es Surfen sogar als Schulfach gibt. Die freundlichsten (auch für Anfänger geeigneten) Wellen findet man am **Mount Beach.** Hier wurde einst für 1,5 Millionen Dollar ein 100 Meter langes **künstliches Riff** geschaffen, um sehr gute Surfkonditionen zu schaffen. Das Meer hat sich inzwischen sein Terrain zurückerobert und das Riff nahezu zerstört. Wel-

lenreiten lässt es sich dennoch gut. Es gibt mehrere Surfschulen, die Material und Kurse (auch speziell für Frauen) sowie SUP Boards anbieten. Die größte ist:

3 Hibiscus Surf School, Main Beach, Tel. 07-575 3792, www.surfschool.co.nz, Kurs ab 75 $, Board ab 25 $.

Ein 2016 renovierter **Poolkomplex** mit erhitztem Meerwasser bietet im Sommer auch Livemusik. Perfekt, um die kalten, müden Knochen nach dem Surfen aufzuwärmen.

12 Hot Pools, 9 Adams Ave., tägl. 8–22 Uhr, 11/8,20 $.

Geübte **Kletterer** finden zahlreiche Routen am Mount. Anfänger können ihr Glück in der Kletterhalle probieren, die auch Equipment vermietet:

11 The Rock House, 9 Trition Ave., Tel. 07-572 4920, www.therockhouse.co.nz, Di–Fr 12–19 Uhr, Sa, So 10–18 Uhr, ab 17,50/13,50 $.

Weitere Aktivitäten siehe „Tauranga".

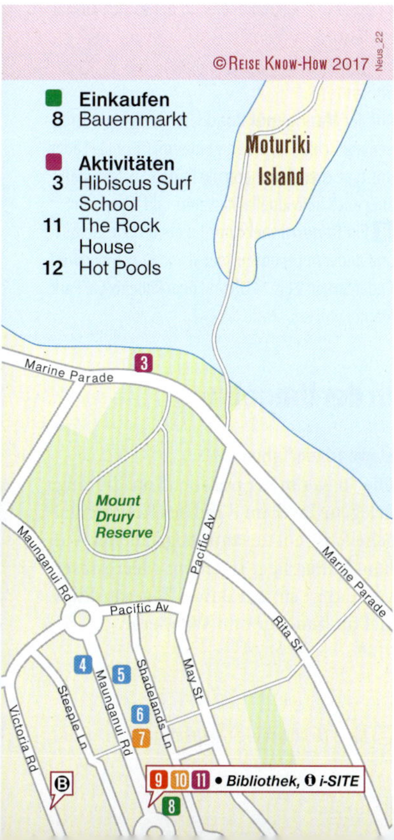

Praktische Tipps

Informationen

- **www.bayofplentynz.com**
- **Einwohnerzahl:** 19.065
- **i-SITE:** siehe „Tauranga".
- **Bibliothek:** 398 Maunganui Rd., Tel. 07-577 7177, Mo–Fr 9.30–17 Uhr, Sa 9.30–13 Uhr.

An- und Abreise

- **Bus:** Mount Maunganui wird von den großen Langstreckenbusunternehmen angefahren; zentrale Haltestelle 10 Salisbury Ave. Alternativ verbindet **Bay Bus** (www.baybus.co.nz) Mount Maunganui, Tauranga, Te Puke und Rotorua zweimal täglich.

Unterkunft

Die Preise in Mount Maunganui sind etwas höher, und viele Unterkünfte sind eher für Langzeiturlauber ausgelegt. In der Sommersaison unbedingt vorbuchen.

9 Seagulls Guesthouse①, 12 Hinau St., Tel. 07-574 2099, www.seagullsguesthouse.co.nz. Sauberes, ordentliches, ruhiges Hostel mit Terrasse und Veranda, abseits des Trubels.

9 **Blue Wave**②, 209 Valley Rd., Omanu, Tel. 07-575 5774, www.bluewavemotel.co.nz. 3,5 km vom Ortsmittelpunkt entfernt, 2 Min. zu Fuß zum lokalen (im Sommer bewachten) Strand; kostenfreie Surfboards, sauber, freundliches Personal.

9 **Beachside B&B**②, 21b Oceanbeach Rd., Tel. 07-574 0960, www.beachsidebnb.co.nz. Nur wenige Schritte vom Strand entfernt, Zimmer teilweise mit Blick aufs Meer.

9 **Aquarius Motor Inn**②-③, 447 Maunganui Rd., Tel. 07-572 3120, www.aquariusmotorinn.co.nz. Modern, sauber und hell. Zimmer in unterschiedlichen Kategorien.

Camping

1 **Beachside Holiday Park**③, 1 Adams Ave., Tel. 07-575 4471, www.mountbeachside.co.nz. Großer Campingplatz am Fuße des Mount Maunganui direkt am Strand. Terrassenartig angelegt, Stellplätze teilweise mit Blick auf das Meer.

Essen und Trinken

Restaurants wechseln sich mit Bars entlang der **Maunganui Road** ab. Das Angebot ist riesig. Wer näher am Strand sein möchte, findet am Ende der **Marine Parade** Möglichkeiten zum Einkehren. Die meisten Lokale haben ganztags geöffnet und verwandeln sich gegen Abend in Bars und Kneipen.

4 **Eighty Eight**①, 88 Maunganui Rd., Tel. 07-574 0384, tägl. 7–16.30 Uhr. Geschäftiges Café mit süßen und herzhaften Leckereien, gutem Kaffee und Außensitzplätzen.

5 **Barrio Brothers**②, 101 Maunganui Rd., Tel. 07-574 9447, www.barriobrothers.co.nz, tägl. 14–22 Uhr, im Winter 16.30–22 Uhr. Schön dekoriertes mexikanisches Restaurant mit täglichen Sonderangeboten, Margaritas und natürlich den obligatorischen Churros.

6 **Drawing Room**②-③, 107 Maunganui Rd., Tel. 07-575 0096, www.thedrawingroom-nz.tumblr.com, tägl. 18–1 Uhr. Hübsches Restaurant mit Gerichten hoher Qualität, vernünftiger Weinkarte und Werken lokaler Künstler an den Wänden.

2 **Copenhagen Cones,** 14 Adams Ave., tägl. 10–17 Uhr. Eisdiele mit gutem Eis in frischen Waffeln (keine Selbstverständlichkeit in Neuseeland).

Ausgehen

Irgendwo im Mount ist immer was los – vor allem auf der **Maunganui Road.** Die meisten Lokale haben mindestens bis Mitternacht geöffnet, viele auch länger.

10 **Major Toms,** 297 Maunganui Rd., Tel. 07-574 5880, Mo–Do 17–23 Uhr, Fr, Sa 16 Uhr bis spät. Quirky Kneipe, passend zu Major Tom und seinem Raumschiff im Old Style dekoriert. Am Wochenende meist Livemusik.

7 **Mount Brewing,** 109 Maunganui Rd., Tel. 07-575 7792, www.mountbrewingco.co.nz, tägl. 11.30–1 Uhr. Mikrobrauerei, in der es sich aushalten lässt.

Einkaufen

Auf der **Maunganui Road** lässt es sich gut shoppen und schlendern. Es gibt übermäßig viele Läden mit typischen Sommerartikeln und Surfgeschäfte, aber auch individuelle Souvenirs und Kleinkram.

8 Ein **Bauernmarkt** mit lokalem Obst, Gemüse und anderen Lebensmitteln sowie Kunsthandwerk findet So von 9 bis 13 Uhr auf dem Phoenix Car Park, Maunganui Rd., statt.

In der Umgebung

Mayor Island/Tuhua

Die 40 Kilometer nördlich von Tauranga gelegene Insel am Rand des Kontinentalschelfs ist ein zusammengefallener Vulkan. Tuhua liegt in einem Meeresreservat und ist ein attraktives Tagesausflugsziel für **Taucher** und **Wanderer.**

> Mehr Meerblick in einer Unterkunft geht nicht!

- **www.doc.govt.nz/tuhua**
- Der DOC bietet **Cabins** und einen **Campingplatz**①, Tel. 07-579 0580.
- **Transport: Blue Ocean,** Tauranga Bridge Marina, Tel. 07-544 3072, www.blueocean.co.nz. Preise auf Anfrage.

Matakana Island

Die lange, schmale Insel ist seit Jahrhunderten von **Maori** bewohnt und in **Privatbesitz.** Großartige Surfstrände und Pinienwälder dominieren die Insel, Hauptaktivitäten sind Spazieren, Vögel beobachten und geführte Touren. Matakana Island kann ausschließlich per Boot oder Kajak besucht werden, z.B. mit folgendem Anbieter:

- **Matakana Experience,** Tel. 027-437 9483, www.matakanaislandexp.co.nz.

McLaren Falls Park

Als Teil des **Kaimai Mamaku Forest Parks** liegt der McLaren Falls Park am gleichnamigen kleinen See (20 Kilometer südwestlich von Tauranga, Zufahrt über McLaren Falls Rd.). Es gibt einfache Campingplätze und zahlreiche ausgeschilderte Wander- und Spazierwege. Highlight ist der **Waterfall Track,** der in einer Viertelstunde an einem Wasserfall vorbeiführt und auf dem bei Dunkelheit Glühwürmchen zu sehen sind.

Kletterwald in Pyes Pa

Ein Kletterwald, 26 Kilometer südlich von Tauranga, bietet **Parcours** hoch in den Baumwipfeln in sechs Schwierigkeitsstufen.

- **Adrenalin Forest,** 18 Whataroa Rd., Pyes Pa, Tel. 07-929 8724, www.adrenalin-forest.co.nz, tägl. 10–14.30 Uhr (letzter Eintritt), Winter 10–14 Uhr (letzter Eintritt), 42/27 $.

Papamoa Beach

Papamoa ist ein schnell wachsender Stadtteil Taurangas, der durch seinen

endlosen, attraktiven **Strand** punktet. Es gibt einen Top10-Campingplatz direkt am Strand (535 Papamoa Beach Rd.), ein paar Unterkünfte und den **Blokart Recreation Park,** in dem man in Karts mit Segeln durch die Gegend brettern kann.

- **Blokart Recreation Park,** 176 Parton Rd., Tel. 07-572 4256, www.blokartheaven.co.nz, tägl. ca. 10–17.30 Uhr, ab 30 $.

Te Puke

Die „Kiwi-Hauptstadt Neuseelands" ist unübersehbar mit einer riesigen **Kiwi-Fruchtscheibe** garniert, die auf die **Kiwi360-Plantage** hinweist. Diese bietet auch eine Art Ausstellung zum Thema, veranstaltet Plantagen-Touren und verarbeitet die Früchte auf alle nur erdenklichen Arten, zu Muffins, Obstsalaten, Likör und anderen Varianten, die sich auch als Souvenir eignen. Zur Zeitpunkt der Recherche zog Kiwi360 lokal um, die neue Adresse war noch nicht bekannt.

- **Infos:** www.kiwi360.com.

Paengaroa

Der kleine Ort wäre unspektakulär, wenn hier nicht die **Marke Comvita** ansässig wäre: Wer sich für **Bienen, Honig** und gesundheitsfördernde Naturprodukte interessiert, sollte das Besucherzentrum von Comvita mit seinem Shop und dem Café besuchen: Es werden auch informative Touren veranstaltet.

- **Comvita,** 23 Wilson Rd., Tel. 07-533 1987, www.comvita.co.nz, Mo–Fr 8.30–17 Uhr, Sa, So 9.30–16 Uhr, Tour 18/9 $.

Whakatane und Umgebung

Whakatane ist die **sonnigste Stadt der Nordinsel.** In Kombination mit dem schier endlosen Strand ist die Stadt (und deren Umgebung) ein gutes Ziel für Reisende, die Sonne und Meer lieben. Das Stadtbild strahlt ein **positives Flair** aus, und die relativ große, mit Cafés gespickte Einkaufszone lädt zum **Schlendern** und **Shoppen** ein. Allzu viel unternehmen kann man hier nicht, außer dem kleinen, sehenswerten Museum und dem historischen Versammlungshaus bleiben Spaziergänge und Ausflüge in die Gegend – allen voran der Besuch der spektakulären **White Island.**

Geschichte

Die ersten Bewohner der Region waren **Tiwakawaka** und sein Volk, die sich vor ca. 1000 Jahren niederließen. *Tiwakawaka* war ein Enkel von *Maui,* dem legendären Abenteurer, der Neuseeland entdeckte. Einige Generation später gesellten sich Mitglieder des Stammes **Toi** hinzu. Weitere 200 Jahre später landete das **Waka Mataatua** in der Nähe des heutigen Stadtzentrums am Whakatane River: Die Männer ließen die Frauen zurück im Waka, während sie auf Erkundungstour gingen. Mit dem Beginn der Ebbe drohte das Waka ins Meer gezogen zu werden, die Frau *Wairaka* rief: „E! Kia Whakatane au i ahau!" („Lass mich wie ein Mann handeln!") und übernahm das Kommando. Die Frauen brachen das Tabu, ein Kanu zu steuern, und brachten es in Sicherheit. So kam die Siedlung zu ihrem **Namen.**

Die ersten **Walfänger** und **Robbenjäger** ließen sich ab den 1830er Jahren nieder, wenig später folgten Missionare und Händler. Die Wirtschaft basierte vorwiegend auf **Schiffsbau** und dem **Handel** per Schiff.

In den **Landkriege** ab den 1860er Jahren spielte Whakatane eine wichtige Rolle. Was genau wann geschah, wird in den Quellen unterschiedlich dargestellt. Sicher ist, dass eigentlich nur wenige Maori der Gegend aktiv an den Auseinandersetzungen beteiligt waren, als der Häuptling *Te Kooti* Whakatane mit seinen Männern überfiel und dort Gebäude zerstörte. Ob dies oder der Mord an dem Missionar *Carl Völkner* sowie dem Regierungsvertreter *James Falloon* ausschlaggebend für das Folgende war, ist unklar. Um die Stadt zu schützen, wurden Verteidigungskräfte stationiert und eine Militärfestung gebaut. Zeitweilig wurde der Kriegszustand ausgerufen.

Heute lebt die Stadt von **Landwirtschaft, Holzverarbeitung** und in geringerem Maße vom **Tourismus.**

Sehenswertes und Aktivitäten

Pohaturoa, der „Lange Felsen" (The Strand Ecke Commerce Street) ist Whakatanes **Wahrzeichen.** Einst wurden hier Maori-Rituale abgehalten, heute erinnert ein Denkmal an den Ngati-Awa-Häuptling *Te Hurinui Apanui,* der sich für den Frieden zwischen den Maori und den Pakeha einsetzte.

Das neue, moderne **Whakatane Museum** im Bibliotheksgebäude ist wirklich sehenswert! Es zeigt eine große Ausstellung über die frühen Maori, die Geschichte Whakatanes sowie Werke nationaler und internationaler Künstler.

■ **Whakatane Museum and Arts,** Esplanade Mall, Kakahoroa Dr., Tel. 07-306 0509, www.whakatanemuseum.org.nz, Mo–Fr 9–17 Uhr, Sa, So 10–14 Uhr.

MEIN TIPP: **Mataatua,** „Das Haus, das nach Hause kam" ist eines der am besten erhaltenen originalen **Versammlungshäuser Neuseelands.** 1875 hier gebaut, zog das Haus nach Sydney, Melbourne, in das Victoria and Albert Museum in London und nach Dunedin. 2011 wurde es schließlich in Whakatana wieder originalgetreu aufgebaut. Besuche, Touren und Hangi können vor Ort oder über die Website gebucht werden.

■ **Mataatua – Te Manuka Tutahi,** 105 Muriwai Dr., Tel. 07-308 4271, www.mataatua.com, ab 49/15 $.

Ohope Beach ist der endlose, freundliche Surf- und Badestrand eines kleinen Ferienortes (Pohutukawa Ave., Ohope). Er wird häufig als **einer der besten Strände Neuseelands** bezeichnet. Im Sommer kann es hier voll werden.

Die wunderschönen Strände Whakatanes und Ohopes laden zum **Surfen** ein. Informationen, Material und Kurse bietet folgendes Unternehmen:

5 **Salt Spray,** 190 The Strand, Tel. 07-308 8807, Mo–Fr 9–17 Uhr, Sa 9–15 Uhr, So 10–15 Uhr.
11 Die gleichnamige **Surfschule** selbst ist in Ohope Beach, West End Rd., Tel. 07-308 4174.

Wer sich sportlich betätigen möchte, kann per **Kajak** auf eigene Faust losziehen oder sich einer Tour z.B. nach Whale Island (siehe unten) anschließen.

11 KG Kayaks, 93 Kutarere Wharf, Kutarere, Tel. 027-272 4073, www.kgkayaks.co.nz, ab 25 $.

Es gibt in und um Whakatane ein paar nette **Spazier- und Wanderwege.** In der i-SITE kann man sich die **Broschüre „Discover the Walks around Whakatane“** mit genauen Beschreibungen und Karten besorgen. Beliebt sind die folgenden Wanderungen:

- **River Walk** (4 km, 1½ Std.): Hübscher Spaziergang am Südufer des Whakatane-Flusses bis zur Mündung. Führt am Botanischen Garten, der Muriwai-Höhle, der Wairaka-Statue und an zwei Nachbildungen des Mataatua Waka (Kanu) vorbei.
- **Kohi Point Scenic Track** (6 km, 4 Std., Start: Seaview Rd., mit dem Bus zurück): Spaziergang um die Landzunge mit Panoramablick auf Whakatane, die Inseln White and Whale sowie den Te Urewera Park im Süden.

Praktische Tipps

Informationen

- **www.whakatane.info**
- **www.whakatane.com**
- **Einwohnerzahl:** 18.759
- **i-SITE:** Quay St. Ecke Kakahoroa Dr., Mo–Fr 8.30–17 Uhr, Sa, So 10–16 Uhr.
- **Bibliothek:** 49 Kakahoroa Dr., Tel. 07-306 0509, Mo–Fr 9–17 Uhr, Sa, So 10–14 Uhr.

An- und Abreise

- **Bus:** Whakatane wird von den großen Langstreckenbusunternehmen angefahren; zentrale Haltestelle nahe i-SITE, Quay St. Alternativ verbindet der **Bay Bus** (www.baybus.co.nz) Whakatane, Tauranga, Ohope und Opotiki.

Unterkunft

Viele Motels liegen an der **Landing Road.** Das Preis-Leistungs-Verhältnis der Motels ist oft sehr gut, die Qualität der Hotels dagegen durchwachsen. Ein überdurchschnittliches gutes Hostel gab es zum Zeitpunkt der Recherche nicht.

4 **Windsor**①, 10 Meritt St., Tel. 07-308 8040, www.windsorlodge-backpackers.co.nz. Das Hostel liegt in einem ehemaligen Beerdigungsinstitut in Laufnähe zum Zentrum und nahe des Supermarktes Countdown. Mit kostenlosem Fahrradverleih.

1 **37 The Landing**②-③, 37 Landing Rd., Tel. 07-307 1297, www.landingmotel.co.nz. Astreines Motel mit breitem Spektrum an Wohneinheiten in Laufnähe zum Fluss und River Walk.

10 **Crestwood B&B**②-③, 2 Crestwood Rise, Tel. 07-308 7554, www.crestwood-homestay.co.nz. Sehr gut geführtes B&B mit Meeresblick aus allen Zimmern. Auf Anfrage wird auch ein Abendessen serviert.

Camping

1 **Whakatane Holiday Park**①-②, McGarvey Rd., Tel. 07-308 8694, www.whakataneholidaypark.co.nz. Einfacher Stadtcampingplatz in Laufnähe zum Zentrum. Etwas in die Jahre gekommen, aber ok.

10 **Mein Tipp:** **Ohope Beach Top10 Holiday Park**②, 367 Harbour Rd., Tel. 07-312 4460, www.ohopebeach.co.nz. Schöne Anlage in einzigartiger Lage direkt am Strand am Ende der Landzunge.

Essen und Trinken

Es gibt eine riesige Auswahl an Lokalen. Wer **The Strand** entlang geht, wird fündig.

2 **Julians Berry Farm and Café**①, 12 Huna Rd., Tel. 07-308 4253, www.juliansberryfarm.co.nz, Ende Sept. bis Feb. tägl. 8–18 Uhr. Auf der Beerenfarm kann man im Sommer selber pflücken, Beereneis essen, Beerenprodukte kaufen oder das Treiben vom Café aus beobachten.

9 **PeeJays**①-②, 15 The Strand, Tel. 07-308 9500, www.whiteislandrendezvous.co.nz, tägl. 7–16 Uhr. Etwas abseits, mit guter Auswahl an Snacks und Speisen sowie leckerem Kaffee.

8 **Spice Junction**①-②, 75 The Strand, Tel. 07-307 2135, www.spicejunction.co.nz, Mo–Sa 10–14 Uhr u. Mo–So ab 17 Uhr. Sehr gutes indisches Restaurant mit wechselnden Angeboten.

6 **Soulsa**③, 126 The Strand, Tel. 07-307 8698, tägl. 17.30–21 Uhr. Beliebtes Restaurant. Nicht ganz billig, einfach eingerichtet mit altmodischen Stühlen, aber die Qualität der Speisen ist sehr hoch.

Ausgehen

7 **Craic,** 79 The Strand, www.whakatanehotel.co.nz, tägl. ab 11 Uhr. Typische irische Eckkneipe, in der die Einheimischen ihr Bier trinken. Am Wochenende gibt es Livemusik.

Einkaufen

Die **Innenstadt** mit ihren Geschäften befindet sich entlang des nördlichen Endes der Straße **The Strand.** Es gibt alles, was man braucht, doch besser lässt es sich in Rotorua oder Mount Maunganui bummeln.

3 Ein **Bauernmarkt** findet So 8–12 Uhr im Mitchell Park (Pine St.) statt.

Motuhora/ Whale Island

Sechs Kilometer nördlich von Whakatane liegt Whale Island, die ihren Namen ihrer angeblich walähnlichen Form verdankt. Die 143 Hektar große Insel besteht aus den **Vulkankegeln Motu Harapaki** (353 m) und **Raetihi** (189 m), die der Taupo Volcanic Zone zuzuordnen sind. Es gibt geothermische heiße Quellen auf der Insel, jedoch keine Frischwasserquellen.

Die Insel wurde von **Maori** bewohnt, bevor sie 1867 in englischen Besitz überging. Noch heute sind einige historische Relikte wie ein Pa und ein Steinbruch zu erkennen.

Die Insel ist in Privatbesitz und als **DOC-Vogelschutzgebiet** ausgewiesen. Maximale Besucherzahlen sind festgelegt, der Besuch der Insel ist ausschließlich über **Touranbieter** möglich und beinhaltet neben Robben- und Vogelbeobachtungen auch ein Bad am Hot Water Beach.

9 **White Island Tours,** 15 The Strand, **Whakatane,** Tel. 07-308 9588, www.whiteisland.co.nz, Abfahrt tägl. 10 Uhr, 99/56 $.

Whakaari/ White Island

White Island ist eine Vulkaninsel im Pazifik, 48 Kilometer nördlich von Whakatane. Er ist der **aktivste Kegelvulkan Neuseelands** und seit 150.000 Jahren ununterbrochen aktiv. Zum letzten Mal brach er im Oktober 2013 aus, auch im Mai 2016 wurde eine erhöhte Aktivität gemessen. Zum Ausbruch kam es bis zur Drucklegung dieses Bandes nicht. Die Insel hat einen Durchmesser von knapp zwei Kilometern und ragt 321 Meter in die Höhe. Tatsächlich ist der Vulkan jedoch 1600 Meter hoch; er versteckt rund 70 Prozent seiner Masse unter dem Meeresspiegel, was ihn zum **größten Vulkan Neuseelands** macht.

Ab 1885 wurde auf der Insel **Schwefel** abgebaut. 20 Jahre später brach ohne Vorwarnung ein Teil der Kraterwand ein und zerstörte die Mine und die dazugehörige Siedlung, was zwölf Menschen das Leben kostete. Der Abbau von Schwefel wurde in den folgenden Jahren wieder aufgenommen, und die Überbleibsel können heute von Touristen besucht werden. Highlight sind aber nicht die Relikte, sondern das **Naturschauspiel** an sich: Es zischt, dampft und spritzt aus diversen Spalten des Kraters, die Kraft der Erde ist spürbar.

Die Insel ist in **Privatbesitz** und kann ausschließlich im Rahmen einer **Tour** per Boot oder Helikopter besucht (oder vom Flugzeug aus beobachtet) werden.

■ **White Island Tours,** s. Motuhora, 199/130 $.

Gänsemarsch auf White Island

Rotorua und Umgebung

Rotorua ist die **Hochburg geothermischer Aktivität** und der für Besucher zugänglichen **Maori-Kultur.** Schon auf dem Weg Richtung Rotorua sieht man Dampfschwaden in der Landschaft aufsteigen, und je näher man an die Stadt herankommt, desto mehr **riecht es nach Schwefel,** was an faule Eier erinnert. Während manche den Geruch als unerträglich empfinden, ist es für die meisten Besucher einfach etwas, das zu diesem Naturerlebnis dazugehört, wenn man die beeindruckende Kraft der Erde in Form von Geysiren, farbenfrohen Gewässern, heißen Schlammlöchern und kraftvollen Dampffontänen erleben möchte. Am Ende eines anstrengenden Tages entspannt man sich in einem der vielen **Thermalbäder** – mit oder ohne Mineralerde-Schlamm-Maske. Um Rotorua herum liegt eines der kompaktesten und zugänglichsten Geothermalgebiete weltweit.

18 Seen liegen im Gebiet um Rotorua, die größten sind **Lake Rotorua, Lake Rotoiti** im Nordosten und **Lake Tarawera** im Südosten. Lake Rotorua ist mit einer Fläche von knapp 80 Quadratkilometern der zweitgrößte See der Nordinsel, sein Volumen ist jedoch aufgrund einer durchschnittlichen Tiefe von nur zehn Metern nicht rekordverdächtig. Lake Rotorua verdankt seine Existenz einem Vulkanausbruch vor 240.000 Jahren. Diser ließ einen Krater zurück, der sich mit Wasser füllte. Rotoruas Seen sind bei **Anglern** und **Sportbootfahrern** sehr beliebt, zum Baden bevorzugen die meisten die geothermischen Quellen der Gegend.

Aufgrund ihrer natürlichen Kräfte verehrten die frühen **Maori** die Gegend

015nz ks

um Rotorua und nannten eine seiner bedeutendsten Quellen „Wai-O-Tapu“ („Heilige Wasser“). Noch heute sind 34 Prozent der Bewohner Rotoruas Maori, und einen Großteil ihrer Umsätze macht die Stadt mit **kulturellen Darbietungen und Touren:** Einführung in die Werte und Traditionen, (Kunst-)Handwerk, Tänze, Gesänge und traditionelles Essen aus dem Erdofen (Hangi).

Rotorua boomt. Es wird von bis zu **drei Millionen Besuchern** jährlich gesprochen, davon 60 Prozent Neuseeländer und 40 Prozent internationale Besucher. Zusammen geben sie pro Jahr 700 Millionen Dollar aus. Die Stadtverwaltung investiert schwer in den Tourismus: Wer als Besucher in die Stadt kommt, wird von touristischen Massenveranstaltungen und Reisegruppen schier überwältigt. Trotzdem sollte man sich nicht abschrecken lassen, denn die vielen Touristen (und Einheimischen!) zieht es mit gutem Grund nach „Roto-Vegas“, wie die Stadt wegen ihrer massenkompatiblen Unterhaltungsindustrie auch genannt wird. Lediglich bei der Wahl der Aktivitäten sollte man genauer hinschauen und nicht unbedingt den Massen folgen.

Im Schatten des Tourismus steht die lokale **Stadtentwicklung:** Die **Arbeitslosenquote** ist mit 7,2 Prozent relativ hoch (5,7 Prozent im Landesdurchschnitt), die **Kriminalitätsrate** ist höher als im Landesdurchschnitt, **Wohngegenden** erscheinen einfacher als in anderen Städten, und ins das **Stadtbild** scheint nur wenig des erwirtschafteten Geldes zu fließen.

Rotorua

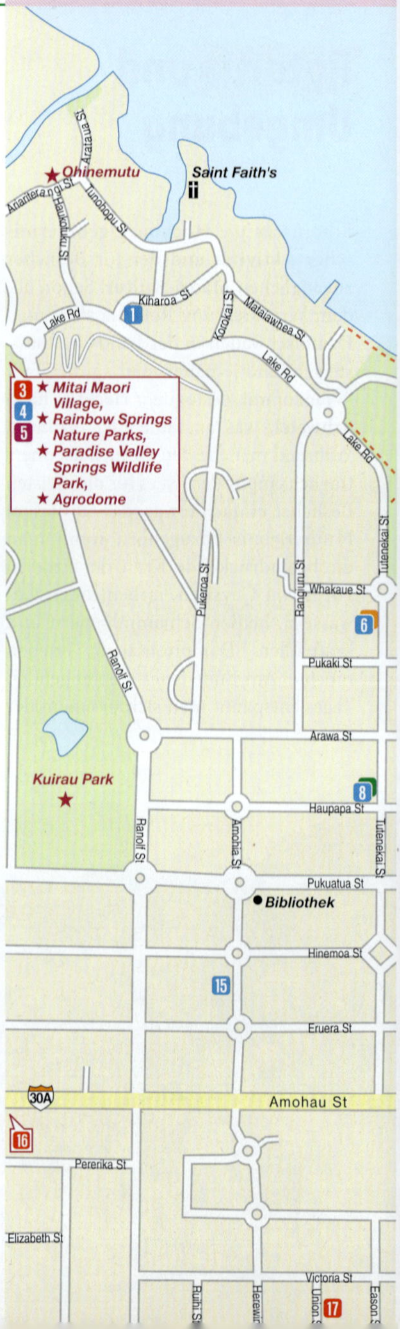

0 200 m
©Reise Know-How 2017
Neus_35
Übernachtung
3 Mokoia Downs Estate
13 Rotorua Central Backpackers
16 Rotorua Top10 Holiday Park
17 Funky Green Voyager
18 Arista Capri Hotel, Sport of Kings, Silver Fern, Regal Palms
21 B&B @ The Redwoods, All Seasons
22 Waikite Valley Thermal Pools
Aktivitäten
2 Kawarau Jet
5 Skyline Rotorua, OGO Zorbing, Canopy Tours, Agroventures Adventure Park, Kaitiaki Adventures
14 O'Keefe's Anglers Depot
20 Treetop Walk, Mountain Bike Rotorua
22 Waikite Valley Thermal Pools, Hells Gate
23 Polynesian Spa
24 Blue Baths
Essen und Trinken
1 Third Place Café
4 Stratosfare Restaurant
6 Eat Street
7 Che Chorizo
8 Night Market
11 Zippy Central
12 Yamato
15 Abracadabra
Nachtleben
6 Eat Street
9 Pig & Whistle
Einkaufen
8 Night Market
10 Out of New Zealand
19 Te Puia
Jetty
Lake Rotorua
Lakefront Dr
Oruawhata Dr
Priest Rd
Memorial Dr
Whakaue St
Fenton St
Pukaki St
Arawa St
Queens Dr
i-SITE
Rotorua Museum (derzeit geschlossen)
Hatupatu Dr
Haupapa St
Hinemaru St
Pukuatua St
Tamaki Maori Village
Hinemoa St
Eruera St
Amohau St
30A
Te Ngae Rd
Toko St
Lake Rotorua
18 19 20 Te Puia, Polizei, Whakarewarewa Forest
21 22 Buried Village of Te Wairoa, Wai-O-Tapu, Waimangu Volcanic Valley, Whakarewarewa Maori Village, Orakei Korako, Flughafen, Whakarewarewa Forest

Geschichte

Die Geschichte Rotoruas begann Mitte des **14. Jahrhunderts,** als das Kanu Arawa, aus Hawaiki kommend, bei Maketu an der Küste der Bay of Plenty landete und seine Insassen auf der Suche nach Nahrung durchs Land zogen. Der junge Mann *Ihenga* entdeckte Lake Rotoiti und später Lake Rotorua, den er zu Ehren seines Onkels „Te Rotorua nui a Kahumatamomoe" („Kahumatamomoes großer See") benannte. Der lange Name wurde bald auf „Rotorua" gekürzt. Im Laufe der Jahrhunderte bildeten sich immer mehr Maori-Unterstämme, es gab Auseinandersetzungen um Land, die 1823 eskalierten, als Stämme aus dem Northland im Rahmen der sogenannten **Musketenkriege** einfielen. Die Verluste auf beiden Seiten waren hoch, die Northland-Stämme zogen sich letztlich wieder zurück.

Mit dem Eintreffen der **Europäer** in Neuseeland begann der **Tourismus.** Die rosafarbenen und weißen Sinter-Terrassen Te Otukapuarangi und Te Tarata waren in ihrer Größe weltweit einmalig und zogen zahlreiche Besucher an, bis 1886 der Mount Tarawera ausbrach und die Terrassen zerstörte.

Anders als in anderen Gegenden, verbündeten sich die **Arawa-Maori** in den Landkriegen um 1868 mit der Regierung gegen ihre Erzfeinde, die **Waikato-Maori** und die **Königsbewegung,** und verhinderten deren Verstärkung durch nachrückende Krieger von der Ostküste (siehe Exkurs „Die Königsbewegung").

Die guten Beziehungen zwischen Maori und Europäern führten dazu, dass die Regierung in den frühen 1880er Jahren Rotorua auf gepachtetem Land der Ngati Whakaue bei Ohinemutu als **Touristenstadt** plante und baute. Nach dem Vulkanausbruch wurden die Vereinba-

016nz ks

rungen zwischen Maori und Regierung gebrochen, 1888 ging Rotorua komplett in die Hand der Regierung über.

Nach einem anfänglichen langsamen Wachstum zählte die Stadt 1926 über 4700 Einwohner, darunter 600 Maori. Nach Ende des Zweiten Weltkrieges wurde neben dem Tourismus auch auf **Holz- und Landwirtschaft** sowie **Wasserkraft** gesetzt. Die Stadt florierte, Anfang der 1960er Jahre lebten 46.000 Menschen in Rotorua.

Heute lebt die Stadt überwiegend vom Tourismus, ist aber auch im Bereich Bildung, Wissenschaft und Technik aktiv.

Maori in Rotorua

Die meisten Maori in Rotorua gehören dem **Stamm Te Arawa** an. Te Arawa ist einer der sieben großen Maori-Stämme Neuseelands, sein Gebiet reicht von Maketu an der Bay of Plenty bis zum Berg Tongariro.

34 Prozent der Bewohner Rotoruas bezeichnen sich als Maori, und damit besitzt die Stadt den zweitgrößten Anteil an Maori nach Gisborne. Maori-Familien wie die *Mitchells*, *Morrisons* und *Bennets* sind bekannte und **erfolgreiche Geschäftsleute,** die Stiftung Pukeroa-Oruawhata Maori Trust ist ein bedeutender Geschäftspartner für zahlreiche Unternehmen. Während auf der einen Seite das Geschäft boomt, ist auf der anderen Seite der Kontrast zum Reichtum groß: In einem der ärmeren Vororte, Fordlands, waren 2013 knapp 75 Prozent der Bewohner Maori, und die Arbeitslosenquote lag bei über 30 Prozent.

Die Legende von Hinemoa und Tutanekai

Einst lebte **Tutanekai** auf der Insel Mokoia auf dem Lake Rotorua. Häufig musizierte er mit seinem Freund Tiki auf einem Horn und einer Flöte. Der Klang der Musik drang über den See bis nach Owhata und verzauberte die aus vornehmem Hause stammende, hier lebende **Hinemoa.** Als Tutanekai eines Tages Owhata besuchte, verliebten er und Hinemoa sich ineinander. Als Tutanekai auf die Insel zurückkehren musste, versprach Hinemoa, seiner Musik zu folgen und so den Weg zu ihm zu finden. Hinemoas Familie, die diese Verbindung als nicht standesgemäß erachtete, ahnte von diesem Vorhaben und versteckte sämtliche Kanus, sodass Hinemoa schwimmen musste. Sie erreichte jedoch heil die Insel und wärmte sich in einer der heißen Quellen. Zur gleichen Zeit sendete Tutanekai nichts ahnend einen Bediensteten zur selben Quelle, um Wasser zu holen. Hinemoa entlockte ihm den Wasserkrug und zerschlug ihn. Der Bedienstete musste mit leeren Händen zu seinem Herrn zurückkehren, der wutentbrannt zur Quelle eilte und dort seine geliebte Hinemoa vorfand.

◁ Rotorua ist eine Hochburg der Maori-Kultur

Sehenswertes und Aktivitäten

Rotoruas Sehenswürdigkeiten und Aktivitäten sind im Stadtgebiet und in einem Umkreis von ca. 30 Kilometern zu finden. Der Übersicht halber ist dieses Ortskapitel **thematisch gegliedert.** Der Transport zu Sehenswürdigkeiten ist oft im Eintrittspreis enthalten oder kann separat gebucht werden. Wer verschiedene Aktivitäten plant, sollte ein Auge auf **preisreduzierte Kombipakete** (Combo) haben. Die Angebote an Sehenswürdigkeiten und Aktivitäten sind schier endlos, der Wettbewerb um die Touristen ist groß. Im Folgenden sind die wichtigsten Attraktionen gelistet.

Sehenswürdigkeiten

Das wunderschöne **Rotorua Museum** wurde im November 2016 aufgrund von Erdbebenschäden **geschlossen.** Es ist abzuwarten, ob es anderswo untergebracht wird. Sollte das neue Museum auch nur halb so schön sein, ist es einen Besuch wert.

■ **Rotorua Museum,** Oruwhata Dr., Tel. 07-350 1814, www.rotoruamuseum.co.nz.

Die **Blue Baths** wurden von 1908 bis 1933 im **Art-Déco-Stil** erbaut; sie waren die erste Einrichtung, die gemischtgeschlechtliches Baden erlaubte. Heute strahlt das Gebäude wie damals, und nicht nur ein Bad in den beheizten Becken, sondern auch die hier abgehaltenen **Veranstaltungen** wie Comedy und Konzerte sind ein Genuss.

24 **Blue Baths,** Queens Dr., Tel. 07-350 2119, www.bluebaths.co.nz, tägl. 10–18 Uhr, Winter 12–18 Uhr, 11/6 $.

MEIN TIPP: Im Rahmen einer **Radtour** werden auf einer Strecke von acht flachen Kilometern **27 Sehenswürdigkeiten** der Stadt angefahren, die von einem sehr guten Tourguide erläutert werden. Auf Anfrage gibt es auch Kindersitze.

■ **Ewe Cycle Tours,** Tel. 022-622 9252, www.happyewetours.com, 55/30 $ inkl. Rad.

The **Buried Village of Te Wairoa,** die Christliche Missionsstation, wurde 1848 nach Plan errichtet, aber keine 40 Jahre später durch den Ausbruch des Mount Tarawera zerstört. Heute kann man das modern aufbereitete **Museum** mit Relikten und Exponaten zur Geschichte Wairoas ansehen, archäologische Stätten besuchen und durch den zugehörigen Waldpark zu den Wairere-Wasserfällen schlendern oder vom Aussichtspunkt den Lake Tarawera bewundern.

■ **Buried Village of Te Wairoa,** 1180 Tarawera Rd., 15 km südöstl., Tel. 07-362 8287, www.buriedvillage.co.nz, tägl. 9–17 Uhr, 32/10 $.

› Wasserdampf und Schwefeldunst

Geothermalparks

Der **Kuirau Park** im Nordwesten der Stadt (Ranolf St./Lake Rd.) gibt einen guten ersten (und kostenlosen) Eindruck geothermischer Tätigkeit: Es dampft, blubbert und spritzt an diversen Stellen, die von den Wegen aus gut zu sehen sind – unbedingt auf den Pfaden bleiben, immer wieder kommt es zu schweren Unfällen.

Te Puia ist die **größte und touristischste Einrichtung Rotoruas.** Der Thermalpark bietet u.a. mehrere Geysire, heiße Quellen und blubbernde Schlammlöcher, die auf einem kurzen Spaziergang erkundet werden können. Im Eintrittspreis enthalten sind die Besuche eines kleinen **Kiwi-Hauses** und traditioneller **Maori-Handwerksstätten.** Hinzu können eine Maori-Darbietung und Hangi gebucht werden. Te Puia erscheint ein wenig künstlich, ist aber geeignet für alle, die es eilig haben und alles in einem abhaken wollen oder müssen (siehe auch „Sehenswertes und Aktivitäten/Maori-Kultur").

017nz ks

■ **Te Puia,** Hemo Rd., 3 km südl., Tel. 07-348 9047, www.tepuia.com, tägl. 8–18 Uhr, Winter 8–17 Uhr, 51/25,50 $.

Ein Spaziergang durch den Park **Hells Gate** dauert etwa eine Stunde und führt an kochenden Seen, dampfenden Löchern, Schwefelkristallen und **Neuseelands größtem aktiven Schlammvulkan** sowie dem **größten heißen Wasserfall** und Landkorallen vorbei – kostenfreies Schlammfußbad inklusive. Außerdem kann man sich über traditionelles Maori-Handwerk im Schnitzhaus informieren oder gegen Aufpreis das angegliederte Spa besuchen. Kostenfreie Shuttles fahren auf Anfrage.

■ **Hells Gate,** 351 SH30, Tikitere, 15 km nordöstl., Tel. 07-345 3151, www.hellsgate.co.nz, tägl. 8.30–22 Uhr, Winter 8.30–20.30 Uhr, ab 35/17,50 $.

Waimangu Volcanic Valley (Waimangu bedeutet „Schwarzes Wasser") ist ein attraktiver Park mit spektakulären geothermischen Phänomenen wie beispielsweise dem 80 Grad heißen **Inferno Crater Lake** und dem **Frying Pan Lake,** der weltgrößten Heißwasserquelle. Es gibt Spazierwege unterschiedlicher Schwierigkeitsgrade, einer davon endet am **Lake Rotomahana** („Warmer See"), von dem man sich mit einem kleinen Shuttle zurückfahren lassen oder eine 45-minütige Bootstour u.a. zu den einstigen Pink and White Terraces unternehmen kann. Tickets können spontan am Bootsanleger erworben werden.

■ **Waimangu Volcanic Valley,** 578 Waimangu Rd., 20 km südl., Tel. 07-366 6137, www.waimangu.co.nz, tägl. 8.30–17 Uhr, Jan. bis 18 Uhr, letzter Einlass 80 Min. vor Schluss, ab 37,50/12 $.

Wai-O-Tapu („Heilige Wasser") ist ein großer, sehr schöner Park mit Rundgängen (1,5–3 km), die an beeindruckenden **geothermalen Phänomenen** vorbeiführen, unter anderem dem vielfarbigen Champagner-Pool, Mineralterrassen, Schlammteichen und dem **Lady Knox Geysir.** Letzterer liegt etwas abseits vom Hauptgelände und bricht täglich mit Hilfe von etwas organischer Seife um 10.15 Uhr aus; er schießt etwa 15 Meter in die Höhe, während Hunderte von Touristen ihre Handys und Fotoapparate in die Höhe halten, um das beste Bild zu ergattern ...

■ **Wai-O-Tapu Thermal Wonderland,** 201 Wiaotapu Rd., 30 km südl., Tel. 07-366 6333, www.waiotapu.co.nz, tägl. 8.30–18 Uhr, Winter 8.30–17 Uhr, letzter Einlass 75 Min. vor Schluss, 32,50/11 $.

Abseits des üblichen Touristen-Trubels liegt das Geothermalgebiet **Orakei Korako** mit seinen Fumerolen, heißen Quellen, blubbernden Schlammlöchern und Geysiren. Mit dem Boot geht es über den Waikato zu einem Wanderweg, der nach etwa 90 Minuten an der Ruatapu-Höhle endet, in der sich früher Maori-Frauen für Zeremonien geschmückt haben („Orakei Korako" bedeutet „Ort des Schmückens").

■ **Orakei Korako,** 494 Orakeikorako Rd., 66 km südl., Tel. 07-378 3131, www.orakeikorako.co.nz, tägl. ab 8 Uhr, letztes Boot 16 Uhr, 36/15 $.

■ Kann auch per **Jetboat** angefahren werden, z.B. **Riverjet,** Waikato-Brücke bei Mihi, 44 km südl. von Rotorua, Tel. 07-333 7111, www.riverjet.co.nz, 169/89 $.

Der „Champagner-Pool" im Wai-O-Tapu-Thermalpark

018nz ji

Maori-Kultur

MEIN TIPP: **Ohinemutu,** das einstige Dorf der Ngai Whakaue Maori, liegt heute als Teil der Stadt zwischen Mataiawhea Street und Ariariterangi Street. Es dringt geothermaler **Dampf** aus Kanaldeckeln und Abflüssen, was dem Ort ein **mystisches Flair** verleiht. Highlight ist das prächtige Versammlungshaus **Tama Te Kapua** an der Ecke Kiharoa und Mataiawhea Street mit schönen Schnitzereien und Hunderten von eingearbeiteten schimmernden Paua-Muscheln. Das Gebäude ist für Touristen nicht zugänglich, aber der Blick von außen lohnt.

■ **Touren** durch Ohinemutu werden u.a. von **Kia Ora Guided Walks** (buchbar via i-SITE) angeboten.

In unmittelbarer Nähe befindet sich die **Saint Faith's Church** (Mataiawhea St. Ecke Korokai St.) aus dem Jahr 1914. Während ihr Äußeres im Tudor-Stil erbaut ist, zeigt das Innere starken Bezug zur Maori-Kultur: Schnitzereien, gewebte Matten und ein Fenster, das Jesus in einem Maori-Umhang zeigt. Gottesdienste finden So um 9 Uhr statt.

Die einheimischen Maori führen Besucher durch das noch immer **bewohnte Dorf Whakarewarewa,** erzählen von Traditionen, Mythen und ihrem Leben. In den Dorfläden kann man Kunst und Kunsthandwerk erwerben und mehr über dessen Herstellung erfahren. Auf Anfrage werden personalisierte *moko* tätowiert. Um 11.15 und 14 Uhr finden im Preis enthaltene Kulturvorstellungen statt. Und wer möchte, kann sich auf Maiskolben oder andere Speisen aus dem Hangi freuen und anschließend im Versammlungshaus übernachten.

■ **Whakarewarewa – The Living Maori Village,** 17 Tryon St., Tel. 07-349 3463, www.whakarewarewa.com, tägl. 8.30–17 Uhr, ab 35/15 $.

Die Kulturveranstaltung **Te Puia** ist eine Mischung aus Unterhaltung, Hangi und traditionellen Geschichten in schönem geothermalen Setting sowie im traditionellen Versammlungshaus. Alternativ kann man beim Besuch des Parks die ansässige National Carving School (Schnitzkunst) und die National Weaving School (Webkunst) besuchen und der Entstehung neuer Kunstwerke beiwohnen.

■ **Infos** siehe „Geothermalparks", ab 116/58 $.

Die 3½ Stunden lange Vorstellung im **Tamaki Maori Village** gibt Einblicke in Kultur und Traditionen und verköstigt aus dem Hangi. An verschiedenen Stationen im nachgebauten Maori-Dorf werden Themen wie Weben, Schnitzen und Tätowieren vorgestellt. Eine Übernachtung im Marae mit Geschichten am Lagerfeuer und Baden im Spa Pool kann extra gebucht werden.

■ **Tamaki Maori Village,** 1220 Hinemaru St., Tel. 07-349 2999, www.tamakimaorivillage.co.nz, ab 115/25 $.

MEIN TIPP: Im **Mitai Maori Village** wird mit Humor der Bogen von einstigen Traditionen zur heutigen Zeit geschlagen – es geht vorwiegend darum, Verständnis für die Kultur zu schaffen, und weniger darum, eine reine Show abzuliefern. Die Klassiker wie die Begrüßungszeremonie, Kriegskunst und Mythen werden dabei nicht vernachlässigt. Man kann sogar ein Waka (Kanu) und deren Krieger auf dem hauseigenen Flüsschen bewundern, bevor es zum Hangi geht. Eine **geführte Tour** durch das Ohinemutu Village sowie ein nächtlicher Besuch des nahe gelegenen **Rainbow Springs Nature Parks** können hinzugebucht werden.

■ **Mitai Maori Village,** 196 Fairy Springs Rd., Tel. 07-343 9132, www.mitai.co.nz, ab 116/57,50 $.

Spa und Wellness

Die 27 heißen Mineralpools des **Polynesian Spa** werden von zwei natürlichen Quellen gespeist. Vom einfachen Becken (27 $) bis zur hübschen Seeanlage (45 $) ist alles vorhanden, das Wasser ist 36 bis 42 Grad warm. Anwendungen können ab 99 $ hinzugebucht werden. Die modernste Anlage Rotoruas.

23 **Polynesian Spa,** 1000 Hinemoa St., Tel. 07-348 1328, www.polynesianspa.co.nz, tägl. 8–23 Uhr, ab 22/9 $.

24 Die **Blue Baths** (siehe „Sehenswürdigkeiten“) bieten einfache Becken mit beheiztem Wasser in schicker Art-Déco-Atmosphäre (11/6 $). Eher etwas für Architekturfans als für Geologen.

22 Auch in **Hells Gate** (siehe „Sehenswürdigkeiten“) gibt es heiße Schwefel- und Schlammbäder. Erstere sind preisgünstiger und haben einen schönen Blick auf den aktiven geothermalen Park, die **Schlammbäder** dagegen sind ein einzigartiges Erlebnis. Der Eintrittspreis für beide Bereiche ist separat (ab 20/10 $), private Pools sind gegen Aufpreis verfügbar.

Die **Waikite Valley Thermal Pools** sind eine hübsche, etwas ältere Anlage in Naturlage mit Blick über das grüne Tal. Hier geht es etwas **weniger hektisch und touristisch** zu als in anderen Spas. Die unterschiedlich warmen Becken im Freien sind teilweise vor Regen geschützt. Ein sehr einfacher, kleiner Campingplatz ist angeschlossen.

22 **Waikite Valley Thermal Pools,** 648 Waikite Valley Rd., 35 km südl., Tel. 07-333 1861, www.hotpools.co.nz, tägl. 10–21 Uhr, 16,50/9 $.

Mitten in der Natur entspringt die heiße Quelle, die sich bis zum **Kerosene Creek** zum Bach mit Mini-Wasserfall entwickelt (2,2 km auf Old Waiotapu Rd., von Rotorua kommend, 30 km südl.). Von der Straße aus sind es ca. 200 Meter zu Fuß, in der Nebensaison kann man hier herrlich baden, im Sommer ist es oft sehr voll. Generell ist das Wasser schön heiß, es kühlt jedoch nach langen Regenfällen deutlich ab. **Achtung:** Es wird hier immer wieder in parkende Autos eingebrochen.

Kriminalität in Rotorua

Die Kriminalitätsrate in Rotorua ist höher als im Landesdurchschnitt, und es wird verhältnismäßig häufig **in Autos eingebrochen.** Dem kann vorgebeugt werden: Man sollte keine Wertgegenstände im Fahrzeug hinterlassen, Autos und Camper aufräumen und Wertgegenstände vor neugierigen Blicken verstecken. Wer Fahrräder, Kanus oder andere Dinge am Fahrzeug befestigt hat, sollte diese unbedingt abschließen – wie auch den Gepäckträger selbst.

Aktivurlaub mit Skyline Rotorua/ Mount Ngongotaha

Im Nordwesten der Stadt liegt Skyline Rotorua, ein touristisches Konglomerat aus **verschiedenen Aktivitäten** auf halbem Weg zum Gipfel des Ngongotaha, mit schönem Blick über den See. Kombipakete sind günstiger als die Buchung von Einzelaktivitäten. Den **Berggipfel** kann man per Auto über die Mountain Road erreichen oder zu Fuß von der Paradise Valley Road/Violet Bonnington Reserve (2,4 km, 1½ Std.).

5 **Skyline Rotorua,** 185 Fairy Springs Rd., tägl. 9–21 Uhr.

■ **Gondola:** Die Fahrt mit der 200 m langen **Seilbahn** ist relativ unspektakulär, dafür oft im Preis für andere Aktivitäten inbegriffen (29/14,50 $).

■ **Luge:** Es gibt drei 1–2 km lange Routen für die **Sommerrodelbahn,** alle enden an einer kleinen Seilbahn, die einen wieder auf die Station hinaufbringt (ab 43/28,50 $).

■ **Skyswing:** Mit einer Geschwindigkeit von bis zu 150 km/h saust man auf der **Drei-Personen-Riesenschaukel** durch die Luft. Auch für jüngere Adrenalin-Junkies ab 110 cm (ab 84/69 $ inkl. fünfmal Luge und Gondola).

■ **Zoom Ziplines Rotorua:** 383 m weit und mit einer Maximalgeschwindigkeit von 80 km/h geht es mit der **Seilbahn** quer durch den **Wald.** Am Ende steht ein **Zehn-Meter-Sprung** in die Tiefe an (ab 95/85 $ inkl. fünfmal Luge und Gondola).

■ **Gravity Park Mountainbiking:** Wer sein Fahrrad mitbringt oder eins an der Talstation der Gondel mietet, kann die Gondola nutzen, um die 10,5 km Single Trails des Gravity Parks zu erkunden (ab 29 $ für Gondola, ab 60 $ Fahrrad). Der Redwoods Park ist besser und größer (siehe unten).

■ **Stargazing:** Durch Teleskope kann man einen Blick auf das Kreuz des Südens, Planeten, die Milchstraße und andere Galaxien werfen. Wer noch nach Tekapo auf der Südinsel reist, sollte sich das Sternegucken besser für dort aufheben (ab 85/45 $ inkl. Gondola).

■ **Volcanic Hills Winery:** Während man regionale Weine probiert, kann man den Blick über die schöne Landschaft schweifen lassen. Sauvignon Blanc, Pinot Noir, Rosé, Chardonnay und Pinos Gris sind im Angebot (ab 9 $).

■ **Stratosfare Restaurant:** siehe „Essen und Trinken", ab 55/29 $ inkl. Gondel.

Extremsport

Beim **Zorbing** rollt man einer transparenten, mit 40 Litern Wasser gefüllten **Riesenkugel** allein, zu zweit oder zu dritt den Berg hinunter und wird ordentlich durchgeschüttelt.

5 **OGO Zorbing,** 525 Ngongotaha Rd., Tel. 07-343 7676, www.ogo.co.nz, tägl. 9–18 Uhr, Winter bis 17 Uhr, ab 45 $.

Bei der abenteuerlichen **Canopy Tour** führen sechs Seilbahnen und zwei Hängebrücken 650 Meter weit durch ursprünglichen Wald. Highlight ist die in 22 Metern Höhe angebrachte Plattform an einem 1000 Jahre alten Baum.

5 **Canopy Tours,** 147 Spring Rd., Tel. 07-343 1001, www.canopytours.co.nz, 139/99 $.

Grundverschiedene Abenteuer können im **Agroventures Adventure Park** einzeln oder als (günstigeres Kombipaket) unternommen werden: Mit dem **Jetboat** mit 100 Stundenkilometern quer über einen künstlichen See, **Bungeejumping** aus 43 Metern Höhe, mit dem **Shweeb** in einer durchsichtigen Kabine mit Pedalantrieb ein Rennen gewinnen, im **Freefall-Windtunnel** schweben und das Gefühl von freiem Fall erleben oder im **Swoop** in einer Art Schlafsack alleine, zu zweit oder zu dritt an einem Seil durch die Luft sausen.

5 **Agroventures Adventure Park,** 1335 Paradise Valley Rd., 10 km nördl., Tel. 07-357 4747, www.agroventures.co.nz, tägl. 9–17 Uhr, ab 49 $, 189 $ als Kombipaket.

Aktivitäten auf dem Wasser

Ein paar Unternehmen bieten **Boots- und Angeltouren** auf dem Lake Rotorua und den umliegenden Seen an. Vom privaten Motorboot über Raddampfer bis zum Amphibien-Boot ist alles dabei, die Erlebnisse sind eher mittelmäßig, wenn man nicht tief in die Tasche greifen (und sich ein eigenes Boot chartern) möchte. Informationen gibt es in der i-SITE oder direkt am Bootsanleger am Lakefront Drive. Zum Thema Fischen kann weiterhelfen:

14 **O'Keefe's Anglers Depot,** 1113 Eruera St., Tel. 07-346 0178, www.okeefesfishing.co.nz.

Je nach Jahreszeit werden am **Jetty** (Lakefront Dr.) **diverse Wassersportgeräte** wie Kajaks, Tretboote etc. für einzelne Stunden oder Tage vermietet.

Auf den umliegenden Flüssen und Seen gibt es verschiedene Anbieter von **Jetboat-Touren,** teilweise kombiniert mit sportlichen oder informativen Aktivitäten. Ein Anbieter:

2 **Kawarau Jet,** Lakefront Dr., Tel. 07-343 7600, www.nzjetboat.co.nz, ab 59/39 $.

Mein Tipp: Die nahen Flüsse Kaituna, Wairoa und Rangitaiki bieten beste Voraussetzungen für **Extremwassersport** wie Abenteuer im Raft oder Sledge bis zum Schwierigkeitsgrad IV. Das Revier genießt internationale Reputation. Am beliebtesten ist der Kaituna River mit seinen spektakulären, sieben Meter hohen **Tuteas Falls,** der etliche der Rafts zum Kentern bringt.

5 **Kaitiaki Adventures,** 1135 Te Ngae Rd., Tikitere, 11 km nordöstl., Tel. 07-357 2236, www.kaitiaki.co.nz, ab 95 $.

Whakarewarewa Forest/Redwoods

Das über 5600 Hektar große **Waldgebiet** verdankt seinen Namen den Kalifornischen Küstenrotholzbäumen. Einst wuchsen hier unzählige Baumarten, die meisten fielen der Holzwirtschaft zum Opfer und wurden durch die Rothölzer ersetzt. Für Frischluftfanatiker hat der Park allerhand zu bieten.

Parkeingang und Besucherinformation: Redwoods, Long Mile Rd., 3 km südl., www.redwoods.co.nz, tägl. 6–20.30 Uhr.

Sechs gut ausgeschilderte **Spazier- und Wanderrouten** von 30 Minuten bis acht Stunden Länge starten an der Besucherinformation. Weitere Wanderungen in der Gegend s. unten.

Auf dem **Treetop Walk** verbinden 21 Hängebrücken in einer Höhe von sechs bis zwölf Metern eine Spazierroute inmitten teils hochbetagter Bäume.

20 **Treetop Walk,** am Parkeingang, www.treewalk.co.nz, tägl. 9–17 Uhr, 25/15 $.

www.fotolia.de © 169169

Mein Tipp: Neuseelands **Vorzeige-Mountainbike-Park** mit internationaler Reputation und 130 Kilometern Tracks in allen Schwierigkeitsgeraden ist ein Traum für alle Mountainbiker und die, die es ausprobieren möchten. Ein Shuttle-Service bringt Räder und Radler auf den Berg (ab 10 $). Fahrräder in unterschiedlichen Qualitätslevels können am Eingang des Parks gemietet werden.

20 **Mountain Bike Rotorua,** Waipa State Mill Road, Tel. 07-348 4295, www.mtbrotorua.co.nz, ab 35/20 $.

Der Wald ist beliebt für **Ausritte** und verfügt über ein **weites Netz an Reitwegen.** Die i-SITE informiert über aktuelle Möglichkeiten, den Wald vom Pferderücken aus zu erleben.

Tiere und Natur

Der hübsch gestaltete **Rainbow Springs Nature Park** präsentiert und erläutert Neuseelands Flora und Fauna. Highlight ist die **Kiwi-Abteilung,** in der 2016 der 1500ste Kiwi-Vogel geboren wurde. Wer möchte, kann eine gerade einmal zehn Meter lange, informative Bootstour durch den künstlichen Fluss unternehmen, die in einem großen Platsch endet. Abends ist der Park kitschig illuminiert.

■ **Rainbow Springs Nature Park,** 192 Fairy Springs Rd., 3 km nördl., Tel. 07-350 0440, www.rainbowsprings.co.nz, tägl. 9.30 Uhr bis spät, ab 40/20 $ plus 10 $ für die Kiwi-Abteilung.

Little Spotted Kiwi

Der **Paradise Valley Springs Wildlife Park** beherbergt heimische Farmtiere, Fische, Vögel (keine Kiwis) sowie Löwen. Letztere werden täglich um 14.30 Uhr gefüttert. Die Farmjungtiere können gestreichelt werden. Vor allem für kleinere Kinder nett.

- **Paradise Valley Springs Wildlife Park,** 467 Paradise Valley Rd., 11 km westl., Tel. 07-348 9667, www.paradisev.co.nz, 30/15 $.

Der **Agrodome** ist ein absolut **touristisches Spektakel,** das trotzdem einen Besuch wert ist: Bei der Farm-Show werden Schafe geschoren, Rassen erläutert, und Hütehunde präsentieren ihr Können. Bei einer Tour fährt man in einem Anhänger über die Farm, erfährt allerhand Wissenswertes und begegnet Alpakas und anderen Farmtieren. Wer zur richtigen Jahreszeit kommt, wird in der Animal Nursery (Jungtierabteilung) entzückt sein.

- **Agrodrome,** 141 Western Rd., 10 km nördl., Tel. 07-357 1050, www.agrodrome.co.nz, tägl. 8.30–17 Uhr, ab 33,50/16,80 $.

Spazieren und Wandern

Rund um Rotorua kann man wunderbar wandern und spazieren. Einen Überblick verschafft man sich mit der **DOC-Broschüre „Walking and Hiking in Rotorua“.** Einige der schönsten Touren:

- **Blue Lake Track** (5,5 km, 1½ Std., Start: Tarawera Rd., 9 km südöstl.): einfache Umrundung des Sees mit schönem Blick vom Aussichtspunkt.

Mein Tipp: **Tarawera Trail zum Hot Water Beach** (15 km, 5–6 Std., Start: Te Wairoa Parkplatz, Tarawera Rd., 15 km südöstl.): Wanderung zur Te Rata Bay, an dessen Strand man in heißen Quellen baden kann . **Wassertaxi** von Tarawera Landing Site möglich, z.B. Totally Tarawera, Tel. 07-362 8080, www.totallytarawera.com, 25/15 $.

- **Hamurana Springs** (1,5 km, 30 Min., Start: 773 Hamurana Springs, 18 km nördl.): Spaziergang entlang der größten (Trinkwasser-)Quelle Neuseelands. Absolut klares Wasser in reiner Natur, mit Infotafeln am Parkplatz.
- **Okere Falls Track** (1,2 km, 30 Min., Start: SH33 Ecke Trout Pool Rd., 20 km nordöstl.): Kurzer Spaziergang mit schönen Blicken auf den Kaituna River und die Rafting-Boote, die die Tutea Falls herabstürzen.
- **Whakarewarewa Forest:** siehe dort.

Praktische Tipps

Informationen

- **www.rotoruanz.com**
- **www.rotorua.nz.com**
- **Einwohnerzahl:** 65.280
- **i-SITE:** 1167 Fenton St., Tel. 07-348 5179, tägl. 7.30–16 Uhr.
- **Bibliothek:** 1238 Pukuatua St., Mo–Fr 9.30–18 Uhr, Do bis 20 Uhr, Sa bis 16 Uhr.
- **Polizei:** 64 Fenton St., Tel. 07-348 0099.

[>] Das wunderschöne Rotorua Museum hat durch das Erdbeben im November 2016 stark gelitten und wird derzeit renoviert

An- und Abreise

■ **Bus:** Die i-SITE in Rotorua wird von den großen Langstreckenbusunternehmen angefahren.

■ **Flugzeug:** Air New Zealand verbindet Rotorua mit Auckland, Wellington und Christchurch. **Baybus** (siehe unten, 2,60 $/1,84 $) bietet von 7–18 Uhr halbstündlich **Shuttles** vom/zum Flughafen (Te Ngae Rd., 10 km nordöstl.) Alternativ bietet **Super Shuttle** (Tel. 0800-748 885, www.supershuttle.co.nz, 21 $, jede weitere Person 5 $) einen Tür-zu-Tür-Service.

Unterwegs vor Ort

Viele Attraktionen bieten kostenfreie **Shuttles,** die jedoch vorab mitgebucht werden müssen.

■ **Bus: Baybus,** Tel. 0800-422 928, www.baybus.co.nz, 2,60/1,84 $. Steuert auf rund zehn Strecken im Stadtgebiet unterschiedliche Ziele und Attraktionen an.

■ **Taxi: Blue Bubble,** Tel. 07-348 1111, www.rotorua.bluebubbletaxi.co.nz.

Unterkunft

Rotorua hat unzählige Unterkünfte in nahezu allen Preiskategorien. Auf der Fenton Street liegt ein Motel neben dem anderen, auch Hostels gibt es zahlreiche. Die meisten haben Spa Pools und sind im Winter geheizt – ein Vorteil der aktiven Geothermie der Stadt. B&Bs gibt es innerhalb der Stadt nur wenige, die schöneren liegen außerhalb.

17 **Mein Tipp: Funky Green Voyager**①, 4 Union St., Tel. 07-346 1754, www.funkygreenvoyager.co.nz. Ein wenig abseits des Trubels in einem Wohngebiet gelegenes, gepflegtes Hostel mit Wintergarten, kleinem Garten, Buchungsservice für Aktivitäten und engagierten Besitzern.

13 **Rotorua Central Backpackers**①, 1076 Pukuatua St., Tel. 07-349 3285, www.rotoruacentralbackpackers.co.nz. Zentrales Hostel mit Spa Pool, Badewanne, Heizung, TV- und Leseraum sowie Parkplätzen.

18 **Sport of Kings**②, 6 Peace St., Tel. 07-348 2135, www.sportofkingsmotel.co.nz. Kleine, ordentliche Einheiten in netter Anlage mit Spa Pools, kostenfreiem Internet und Fahrradwaschstelle.

019nz ks

18 **Arista Capri Hotel**②-③, 290 Fenton St., Tel. 07-347 6126, www.aristacapri.co.nz. Verschiedene Wohneinheiten mit Spa-Wannen in allen Doppelzimmern; kostenfreies WLAN.

18 **Silver Fern**②-③, 326 Fenton St., Tel. 07-346 3849, www.silverfernrotorua.co.nz. Gutes Motel mit Spa-Wannen, einer großen Bandbreite an Zimmern und den üblichen Annehmlichkeiten.

18 **Regal Palms**③, 350 Fenton St., Tel. 07-350 3232, www.regalpalms.co.nz. Sehr gutes Motel mit hübschen Zimmern mit Fußbodenheizung und Spa-Wannen im Bad sowie Balkon oder Terrasse.

21 **B&B @ The Redwoods**③, 3 Awatea Terrace, Tel. 07-345 4499, www.theredwoods.co.nz. Am unteren Ende der höheren Preisklasse, mit zwei schönen Zimmern, netten Hosts und gutem Frühstück.

3 **Mokoia Downs Estate**③, 64 Mokoia Rd., Tel. 07-332 2930, www.mokoiadowns.com. Schönes B&B auf Farmland mit Eseln, Schafen, Meerschweinchen, kleinem Swimmingpool und eigener Bar. Nicht nur für Kinder schön.

Camping

Es gibt eine kleine Auswahl an Plätzen in Rotorua. Alle haben ein Spa-Becken und die üblichen Annehmlichkeiten eines gut ausgestatteten Campingplatzes.

16 **Rotorua Top10 Holiday Park**③, 1495 Pukuatua St., Tel. 07-348 1886, www.rotoruatop10.co.nz. Der wohl modernste und zentralste Campingplatz der Stadt. Mit warmem Schwimmbecken und zwei 36–40 °C warmen Mineralpools.

21 **All Seasons**③, 50–58 Lee Rd., Tel. 07-345 6240, www.allseasonsrotorua.co.nz. Schöner Platz nah am See in einem Wohngebiet knapp 10 km außerhalb.

22 **Waikite Valley Thermal Pools**② (siehe „Sehenswertes und Aktivitäten/Spa und Wellness"). Wer von Süden kommt, keinen Wert auf Komfort legt und sich den Eintritt für gute Hot Pools sparen möchte, ist hier bestens aufgehoben.

Essen und Trinken

6 **Eat Street**②-③, Tutanekai St. zwischen Whakaue St. und Pukaki St. Wie in einer überdachten Mall reiht sich hier ein Lokal ans andere: Inder, Italiener, Thai, ein Steakhaus und mehr. Imbisse sucht man umsonst, es gibt ausschließlich gute Restaurants in der mittleren bis gehobenen Preisklasse, die Zielgruppe sind Touristen. Wer essen gehen möchte, sollte einen Blick in die Eat Street werfen, falsch machen kann man hier nichts.

8 **Night Market** (s. „Einkaufen"), Do 17–21 Uhr.

4 **Stratosfare Restaurant** (siehe „Rotorua Skyline Gondola", ab 55/29 $ inkl. Gondel) Am Ende der Gondelfahrt mit Blick über den See kann man sich am Lunch- oder Dinner-Buffet bedienen. Die Speisen sind gut, das Restaurant ist immer voll und oft laut. Kann auch in Kombination mit Stargazing gebucht werden.

1 **Third Place Café**①, 35 Lake Rd., Tel. 07-349 4852, www.thirdplacecafe.co.nz, Mo–Fr 7.30–16 Uhr, Sa, So 7.30–15.30 Uhr. Einfaches Café mit Blick auf den See und einer großen Auswahl an Kuchen und Leckereien.

11 **Zippy Central**①, 1153 Pukuatua St., Tel. 07-348 8288, tägl. 7–18.30 Uhr. Highlight ist die große Auswahl an lecker belegten Bagels, andere neuseeländische Klassiker gibt es auch.

12 **Yamato**①, 1123 Pukuatua St., Tel. 07-348 1938, Di–So 12–14 Uhr u. 18–21 Uhr. Einfaches, gutes japanisches Restaurant mit Sushi und anderen Klassikern der japanischen Küche.

15 **Abracadabra**①-③, 1263 Amohia St., Tel. 07-348 3883, www.abracadabracafe.com, Di–Sa 10.30–23 Uhr, So 10.30–15 Uhr. Knallrotes Haus mit interessanten mexikanisch-arabischen Speisen zum Frühstück①-②, Mittag-② und Abendessen ②-③. Hat auch ein paar Außensitzplätze.

7 **Che Chorizo**②-③, 1151 Arawa St., Tel. 07-346 1979, www.chechorizo.com, Mo–Mi 15–22 Uhr, Do–So 11.30–14.30 u. ab 17 Uhr. Südamerikanisches Restaurant mit Tapas und Leckereien vom Grill. Am besten vorreservieren, es ist immer voll.

Ausgehen

Trotz der Größe der Stadt ist das Nachtleben nicht sehr ausgeprägt, denn die meisten Besucher verbringen ihre Abende bei einer Maori-Veranstaltung oder erholen sich von den Aktivitäten des Tages. Wer trotzdem losziehen möchte, kann es hier probieren. Die üblichen Brauerei-Ketten gibt es auch.

6 **Eat Street,** siehe „Essen und Trinken“. Wer ein ruhiges Bier, einen Wein oder Cocktail in ordentlichem Ambiente genießen möchte, ist in einer der hiesigen Bars bestens aufgehoben.

9 **Pig & Whistle,** Haupapa St. Ecke TuTanekai St., Tel. 07-347 3015, www.pigandwhistle.co.nz, So–Do 11.30–22 Uhr, Fr, Sa 11.30–1 Uhr. Rustikaler historischer Pub mit Hausbrauerei, typischem Bar-Food und Livemusik Do–So.

138nz no

Grimmig aussehende Maori-Masken

020nz ks

Einkaufen

In Rotorua kann man alles kaufen, was man braucht. Im **Einkaufspark** rund um die Kreuzung Fenton Street Ecke und Victoria Street finden sich mehrere Supermärkte, ein Warehouse, Elektronik-Geschäfte, eine Apotheke, Bekleidungsgeschäfte und mehrere Fastfood-Ketten. Im Zentrum selbst liegen die meisten Geschäfte im Viereck zwischen **Ranolf, Eruera, Fenton** und **Arawa Street.**

10 Wer auf der Suche nach Mitbringseln und Kunstgegenständen ist, kann einen Blick in **Out of New Zealand** (1189 Fenton St.) werfen.

19 Authentische Maori-Kunst gibt es z.B. im **Te Puia Kulturzentrum** (Hemor Rd., siehe „Sehenswertes und Aktivitäten“).

8 **Night Market,** Tutanekai St., Ecke Haupapa St., Do 17–21 Uhr. Auf dem Nachtmarkt kann man sich nicht nur den Magen mit internationalen Leckereien vollstopfen, sondern auch gut nach Kunsthandwerk und anderen netten Kleinigkeiten stöbern. Obwohl es teilweise sehr voll ist, lohnt ein Besuch.

Taupo und Umgebung

Am gleichnamigen See gelegen, präsentiert sich die übersichtliche Stadt Taupo als guter **Ausgangspunkt für Ausflüge** in die Umgebung. Der Ort selbst wird dominiert von zahlreichen Lokalen und Restaurants in der Nähe des Seeufers und einer kleinen, recht attraktiven Einkaufsstraße. Touristisch gesehen gibt es außer einem Museum in der Stadt selbst wenig zu sehen. Trotzdem lohnt sich ein Stopp, denn die Umgebung hat einiges zu bieten, von Maori-Kunst über Geothermie und Staudämme bis hin zu sportlichen Aktivitäten jeglicher Art: Extremsport, Mountainbiken, Wandern, Wassersport und mehr.

Lake Taupo ist **Neuseelands größter Süßwassersee.** Er entstand vor ungefähr 26.500 Jahren aufgrund einer Explosion des Taupo, Neuseelands größtem **Vulkan.** Es war der bislang heftigste Ausbruch: Er brachte geschätzte 1179 Kubikkilometer Masse zutage, ließ mehrere Hundert Quadratkilometer des umliegenden Landes einbrechen und hinterließ einen gigantischen Krater, der sich im Verlauf der Zeit mit Wasser füllte. Experten gehen davon aus, dass der Vulkan seitdem 28 weitere Male ausbrach. Die **letzte Eruption,** im Jahr 118, war einer der gewaltigsten Ausbrüche der letzten 5000 Jahre weltweit. Über 100 Kubikkilometer an Material wurde innerhalb von Minuten bis zu 50 Kilometer hoch in die Atmosphäre gestoßen, der pyroklastische Strom bedeckte das Land mit Asche. Der heute noch aktive Vulkan ist seitdem nicht mehr ausgebrochen.

Lake Taupo ist heute 623 Quadratkilometer groß und 185 Meter tief. Aufgrund der Wassermasse erwärmt er sich nur langsam und ist auch im Sommer

021nz ks

recht kühl. Wer die Augen aufhält, kann den vulkanischen Ursprung des Sees klar erkennen: Klippen markieren den Rand des Kraters, und an den Stränden findet man leichtes **Eruptivgestein** wie Bims, das bei starkem Wind über den See und die Strände geblasen wird.

Geschichte

Benannt wurden der See und später die Stadt nach „Tias großem Umhang", Te Taupo nui a Tia (*Tia* war ein legendärer Maori-Anführer). **Ngati Tuwharetoa** siedelten in der Gegend um Lake Taupo schon seit einigen Jahrhunderten, als die ersten **Europäer** in den 1830er Jahren eintrafen. Aber nur wenige ließen sich in der abgelegenen Gegend nieder, die sich nicht für die Landwirtschaft eignete. Erst mit den **Landkriegen** um 1868 zeigten die Einwanderer Interesse an der Gegend, errichteten eine Art bewaffnete Polizeitruppe **(Armed Constabulary)** und begaben sich in blutige Auseinandersetzungen mit Maori unter der Anführung von *Te Kooti*. Rund zehn Jahre später hatten die Einwanderer die Maori unter Kontrolle, aber erst weitere zehn Jahre später wurde die Armed Constabulary abgezogen.

Spas und Hotels wurden errichtet, die Stadt wuchs. Heute sind die drei größten **Wirtschaftszweige** der Stadt Dienstleistungen, Tourismus und Holzwirtschaft. Die **Arbeitslosenquote** liegt mit 4,1 Prozent unter dem Landesdurchschnitt und ist fast um die Hälfte niedriger als in der nicht weit entfernten Stadt Rotorua.

☒ Lake Taupo verdankt seine Existenz einem mächtigen Knall

Sehenswertes

Viele der Sehenswürdigkeiten liegen **außerhalb der Stadtgrenze,** oft im Norden am Waikato River.

Highlight des kleinen **Lokalmuseums** ist die **Maori-Abteilung** mit einem 150 Jahre alten Kanu der lokalen Tuwharetoa und Schnitzereien des landesweit bekannten Künstlers *Tene Waitere*. Der Rest des Museums beschäftigt sich mit lokaler Geschichte und Kiwiana (siehe Glossar im Anhang dieses Buches). Angeschlossen ist der **Ora Garden,** der ausschließlich mit heimischen Pflanzen angelegt ist und schon diverse Preise gewonnen hat.

■ **Taupo Museum,** Story Pl., Tel. 07-376 0414, tägl. 10–16.30 Uhr, 5/3 $.

Die **Maori Rock Carvings,** über zehn Meter hohe **Felsschnitzereien,** wurden in den 1970er Jahren von *Matahi Whakataka-Brightwell* und *Jonathan Randell* in einer abgelegenen Bucht erstellt. Jede Schnitzerei birgt eine eigene Geschichte, die größte zeigt den Maori-Seefahrer *Ngatoroirangi,* der im 13. Jahrhundert im Kanu Te Arawa von Hawaiki nach Neuseeland kam. Die Schnitzereien sind ausschließlich per Boot oder Kajak zu erreichen.

8 **Sail Barbary,** Redoubt St., Liegeplätze 9, 19, Tel. 07-378 5879, www.sailbarbary.com, 44/25 $.

Die **Huka Falls** (Huka Falls Rd., 5 km nördl.) sind die größten **Wasserfälle** des Waikato, Neuseelands längstem Fluss. Während der **Waikato** normalerweise ca. 100 Meter breit ist, wird das Wasser hier durch einen ca. 15 Meter breiten Engpass gepresst, der zehn Meter abfällt. Pro Sekunde schießen 220.000 Liter Wasser bis zu acht Meter weit durch das Flussbett. *Huka* ist das Maori-Wort für „Schaum“. Voller Kraft schäumt der Wasserfall – nach starken Regenfällen am dramatischsten. Es gibt gute Aussichtsstellen und mehrere Spazierwege unweit des Parkplatzes. Wer die Kraft des Wasserfalls von unten bestaunen möchte, kann das per Boot tun.

22 Huka Falls Cruise, Aratiatia Rd. Parkplatz, Tel. 0800-278 336, www.hukafallscruise.co.nz, 37/15 $.

Taupo

Ein 45-minütiger Weg führt durch das geothermisch aktive Gebiet der **Craters of the Moon** mit blubbernden Kratern und dampfenden Löchern. Nicht mit den großen Parks in Rotorua vergleichbar, trotzdem einen Besuch wert.

■ **Craters of the Moon,** Karapiti Rd., 7 km nördl., www.cratersofthemoon.co.nz, tägl. 8.30–18 Uhr, Winter bis 17 Uhr, 8/4 $.

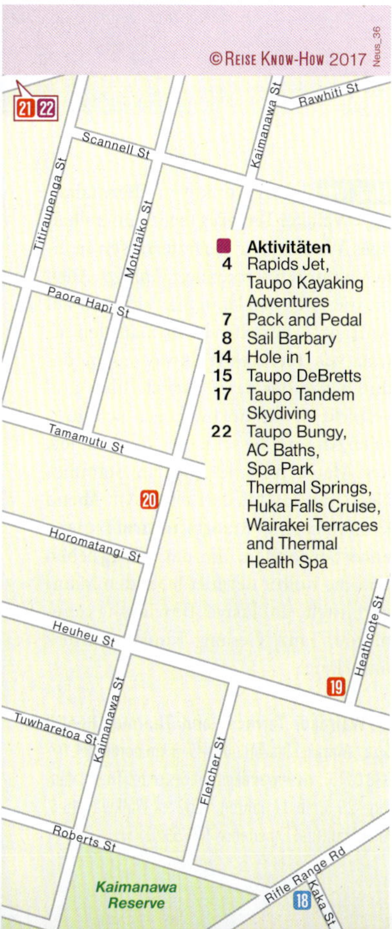

Im **Volcanic Activity Centre** ist alles rund um das Thema **Vulkanismus** aufbereitet. Highlights sind der Seismograf, der aktuelle Erdbewegungen aufzeichnet, ein Erdbebensimulator und das kleine Kino, in dem Vulkanausbrüche gezeigt werden.

■ **Volcanic Activity Centre,** Karetoto Rd. Ecke Huka Falls Rd., 7 km nördl. Tel. 07-374 8375, www.volcanoes.co.nz, tägl. 10–16 Uhr, 12/7 $.

Die **Garnelenzucht Huka Prawn Park** ist als Unterhaltungspark aufgemacht. Es gibt einen Golfplatz, ein geothermisches Fußbad, einen Wasserparcours, eine Garnelen-Aufzucht sowie geführte Touren. Highlight ist das Garnelenangeln. Wer zu faul ist, kann sich im angegliederten Restaurant welche bestellen. Nicht nur für Kinder unterhaltsam.

■ **Huka Prawn Park,** Huka Falls Rd., Wairakei Park, 10 km nördl., Tel. 07-374 8474, www.hukaprawnpark.co.nz, tägl. 9–16 Uhr, 28/16 $.

An den **Stromschnellen Aratiatia Rapids** lässt sich mehrmals täglich, wenn die Fluttore des flussaufwärts gelegenen **Wasserkraftwerks** geöffnet werden, beobachten, wie der Pegel des Waikato River rapide ansteigt und das Wasser deutlich an Geschwindigkeit zunimmt. Wenige Minuten vom Parkplatz entfernt liegen zwei gute Aussichtspunkte. In den Stromschnellen wurde die Szene des Hobbit-Films „Smaugs Einöde" gedreht, in der die Zwerge in Fässern aus der Gefangenschaft entfliehen.

■ **Aratiatia Rapids,** Aratiatia Rd., 12 km nördl., Öffnung der Tore tägl. 10, 12, 14 Uhr, im Sommer auch 16 Uhr.

www.fotolia.de © Fyle

Aktivitäten

Bei **Hole in 1** ist es das Ziel, einen **Golfball** vom Ufer aus in den **Löchern einer Badeinsel** im Lake Taupo zu versenken. Wer trifft, bekommt einen weiteren Ball zum Schlagen. Der Rekord liegt bei 54 Treffern hintereinander. Für Golfer sicher ein Muss!

14 **Hole in 1,** 61 Lake Terrace, Tel. 07-378 8117, www.holein1.co.nz, tägl. 8–20 Uhr, 1 $/Ball.

22 Im **Spa Park Thermal Springs** fließt eine natürliche **Thermalquelle** unter der kleinen Fußgängerbrücke in den Waikato und lässt das Baden zum Genuss werden (Ende Spa Rd.). Die persönliche Vorzugstemperatur kann man wählen, indem man weiter in Richtung Quelle oder in Richtung Fluss sitzt. In der Hauptsaison und am Wochenende ist es oft recht voll. Wer eine ruhige Minute erwischt, wird begeistert sein.

Mein Tipp: In der attraktiven **Thermalanlage Waiakei Terraces** fließt mineralhaltiges Wasser über Quarzterrassen in einer natürlich wirkenden Anlage. Auch massieren lassen kann man sich hier auf Anfrage. Alternativ kann man den attraktiven **Terraces Walkway** laufen, der durch geothermales Gebiet führt und gespickt ist von hochwertigen Schnitzereien, die die Geschichte Neuseelands, der Maori und des lokalen Stammes Ngati Tuwharetoa darstellen. Am Abend kann man einer **Maori Cultural Experience** beiwohnen, die das Alltagsleben und die Kultur der hier lebenden Maori vermittelt. Inklusive Begrüßungszeremonie, Tanz, Gesang, Kunsthandwerk und Hangi.

22 **Wairakei Terraces and Thermal Health Spa,** Wairakei Rd./SH1 u. SH5, 8 km nördl., Tel. 07-378 0913, www.wairakeiterraces.co.nz. Thermalanlage 25 $, ab 14 Jahren, Terraces Walkway 15 $, Maori Cultural Experience 110/55 $.

Es gibt **zwei große Schwimmbäder,** die auch Spa-Becken, Wasserrutschen, Sauna und anderes anbieten:

22 AC Baths, 26 AC Baths Ave., Tel. 07-376 0350, tägl. 6–21 Uhr, 8/5 $.

15 Taupo DeBretts, 76 Napier-Taupo Rd., 4 km südöstl., Tel. 07-378 8559, www.taupodebretts.co.nz, tägl. 8.30–21.30 Uhr, ab 22/11 $. Mit Campingplatz und Motel.

Auf dem Wasser

Vom Hafen (Ferry Rd.) aus starten verschiedene **Boots- und Angeltouren,** im Angebot sind Segelboote, Motorboote in diversen Größen, ein historisches Retro-Boot und Wasserflugzeuge. Fast alle passieren die Maori Rock Carvings (siehe „Sehenswertes").

■ **Informationen** gibt es in der i-SITE oder am kleinen Infostand direkt an der Marina.

Der Lake Taupo ist bei **Anglern** wegen seiner **Forellen** beliebt. Für Touren muss man meist das gesamte Boot chartern. Die Preise sind niedriger als an anderen Orten Neuseelands.

■ **Fish Taupo,** Tel. 0800-347 482, www.fishtaupo.co.nz, ab 110 $ pro Boot.

Mit rasender Geschwindigkeit preschen **Jetboats** auf dem Waikato von den Aratiatia Rapids zu den Huka Falls (siehe „Sehenswertes"). Zwischendurch wird hart gebremst oder im Kreis gefahren. Nichts für schwache Nerven und Mägen.

4 Rapids Jet, Rapids Rd. Ecke Nga Awa Purua Rd., Tel. 07-374 8066, www.rapidsjet.com, 105/60 $.

Es gibt eine gute Handvoll Unternehmen, die allerlei Abenteuer per **Kajak** anbieten, ob zu den Maori Rock Carvings (siehe „Sehenswertes"), auf dem Waikato, auf eigene Faust oder als Tour, in Kombination mit Wanderungen, Radtouren oder Angeln.

4 Taupo Kayaking Adventures, 876 Acacia Bay Rd., Tel. 027-480 1231, www.tka.co.nz, ab 100 $.

Abenteuersport

Aufgrund der großartigen Szenerie hat sich Taupo zu einem beliebten Standort für **(Tandem-)Fallschirmsprünge** auf der Nordinsel entwickelt. Aus unterschiedlichen Höhen kann man sich aus dem Flugzeug stürzen und über den See bis hin zur Küste und zum Tongariro National Park blicken. Auch für Nicht-Springer ist es aufregend, das Treiben zu beobachten.

17 Taupo Tandem Skydiving, ANZAC Memorial Dr., Tel. 07-378 4662, www.taupotandemskydiving.com, ab 249 $.

Sehr schön im Grünen gelegen, kann man sich beim **Bungee-Jumping** über dem Waikato an einem Gummiband 47 Meter in die Tiefe fallen lassen – mit oder ohne Eintauchen ins Wasser.

22 Taupo Bungy, 202 Spa Rd., Tel. 0800-888 408, www.taupobungy.co.nz, ab 169 $.

☐ Schiere Wasserkraft: die Huka Falls

Sonstige Aktivitäten

Es gibt zahlreiche schöne **Ausflugsrouten** in der Gegend rund um Taupo, viele führen direkt zu Sehenswürdigkeiten. Eine gute Übersicht gibt die **Broschüre „10 Great Lake Walks“** der i-SITE. Die wohl schönsten Wege der Gegend sind die folgenden:

- **Spa Thermal Park zu den Huka Falls** (3 km, 1 Std., Start: Spa Rd.): Vom Parkplatz aus führt der einfache Weg zum natürlichen Spa Pool, am Waikato entlang bis zu den Huka Falls.
- **Huka Falls zu Aratiatia Rapids** (7 km, 2 Std., Start: Huka Falls Rd.): einfacher Spazierweg entlang des Waikato River.

MEIN TIPP: **Kinloch nach Kawakawa Bay** (9 km, 2½ Std., Start: Nisbet Terrace): schöne Wanderung mit tollem Blick über Lake Taupo und die Gegend. Wer möchte, kann sich von einem Wassertaxi in Kawakawa Bay abholen lassen, etwa von **Fish Her Charters,** Tel. 07-377 4497, www.fishher.co.nz, 80 $ pro Boot.

Die oben beschriebenen Wander- und Spazierwege können auch **geradelt** werden. Zudem findet man einen netten Mountainbike Park bei den **Craters of the Moon** (siehe „Sehenswertes“). Bei Neuseeländern beliebt ist auch der **Great Lake Trail** (71 km, drei Abschnitte plus Transfer per Boot).

7 Fahrräder und Informationen gibt es z.B. bei **Pack and Pedal,** 5 Tamamutu St., Tel. 07-377 4346, www.packandpedaltaupo.com, Mo–Sa 8.30–17 Uhr, So 9–16 Uhr, ab 30 $.

Bei einem **Rundflug** per **Helikopter** oder **Kleinflugzeug** kann man Taupo und die Gegend von der Luft aus beobachten. Der Blick ist atemberaubend. Ob die damit verbundene CO_2-Belastung tatsächlich sein muss, ist natürlich eine andere Frage.

- **Heli Adventure Flights,** Tel. 0508-435 474, www.helicoptertours.co.nz, ab 99 $.

022nz ks

Praktische Tipps

Informationen

- **www.greatlaketaupo.com**
- **Einwohnerzahl:** 21.864
- **i-SITE:** 30 Tongariro St., Tel. 07-376 0027, tägl. 8.30–17 Uhr.
- **Bibliothek:** Story Pl., Tel. 07-376 0070, Mo–Fr 9–17.30 Uhr, Sa 9–16 Uhr.

An- und Abreise

- **Bus:** Taupo wird von den großen Langstreckenbusunternehmen angefahren, zentrale Haltestelle an der i-SITE, 30 Tongariro St.
- **Flugzeug:** Air New Zealand verbindet Taupo mit Auckland und Wellington. Busit! (siehe unten) fährt vom/zum Flughafen (ANZAC Memorial Dr., 8 km südl.).

Unterwegs vor Ort

- **Bus: Busit!,** Tel. 0800-4287 5463, www.busit.co.nz, fährt auf drei Strecken verschiedene Ziele und Attraktionen in der Umgebung an. Die Busse verfügen über Fahrradgepäckträger (2,50/2 $).
- **Taxi: Blue Bubble Taxis,** Tel. 07-378 5100, www.taupo.bluebubbletaxi.co.nz.

◁ Die Maori Rock Carvings

Unterkunft

In der Hochsaison wird Taupo von derart vielen Touristen besucht, dass Vorbuchen angeraten ist. Die meisten Motels liegen entlang der Lake Terrace quasi direkt am Ufer des Lake Taupo. Auch ein Blick auf die Wohneinheiten der großen Campingplätze ist empfehlenswert.

20 **Haka Lodge**①, 56 Kaimanawa St., Tel. 07-377 0068, www.hakalodge.com. Schönes Hostel mit großer Terrasse, gemütlichen Sofas und kostenlosem WLAN.

13 **Urban Retreat**①, 65 Heuheu St., Tel. 07-378 6124, www.tur.co.nz. Funktionales Hostel mit Schließfächern, Heizung, Billard und Bar.

19 **Amori Lodge**②, 143 Heuheu St., Tel. 07-929 8040, www.amori.co.nz. 2012 eröffnetes B&B mit zwei hübschen Zimmern in zentraler Lage.

15 **Cottage Mews**②, 311 Lake Terrace, Tel. 07-378 3004, www.cottagemews.co.nz. Ansprechende Motelanlage mit freundlichen Zimmern in unterschiedlichen Kategorien. 200 m zum Lake Taupo.

15 MEIN TIPP: **Reef Resort**②-③, 219 Lake Terrace, Tel. 07-378 5115, www.reefresort.co.nz. Hübsches Motel mit beheiztem Pool, Spa Pool und ansprechendem Außenbereich. Die Zimmer sind geschmackvoll eingerichtet, manche haben Blick auf den See. Sehr gutes Preis-Leistungs-Verhältnis.

15 **Taupo DeBretts**②-③ (siehe „Aktivitäten"). Wohneinheiten jeglicher Art gibt es in dieser Spa-Spaß-Bad-Anlage. Praktisch, wenn man nach einem langen Tag im Spa Pool entspannen möchte.

Camping

2 **Reids Farm** (Huka Falls Rd., 4 km nördl., kostenfrei). Recht großes Campingareal in natürlicher Umgebung direkt am Waikato River. Es gibt Plumpsklos. In der Hauptsaison und an Wochenenden kann es hier laut werden.

15 **Taupo DeBretts**③ (siehe „Aktivitäten"). Der Spa- und Spaßbad-Anlage ist ein funktionaler, aber ordentlicher Campingplatz angeschlossen. Teilweise mit Blick auf den See.

21 MEIN TIPP: **Lake Taupo Top 10 Resort**③, 41 Centennial Dr., Tel. 07-378 6860, www.taupotop10.co.nz. Der Luxus-Campingplatz verfügt über eine große (warme) Wasserlandschaft inklusive Bar mitten im Pool sowie einer Kinoleinwand. Alles andere als ein ruhiger Campingplatz im Grünen, aber mal etwas anderes.

Essen und Trinken

Die meisten Lokale liegen in dem Viereck zwischen **Spa Road, Ruapehu Street, Tongariro Street** und **Lake Terrace.** Wer hier entlang schlendert, findet für jeden Geschmack etwas, am touristischsten ist es an der Lake Terrace, von der aus man einen schönen Blick auf den See hat.

6 **Victoria's**①, 127 Tongariro St., Tel. 07-376 7310, www.victorias.co.nz, Mo–Fr 7.30–15.30 Uhr, Sa, So 8.30–15.30 Uhr. Café mit klassischem Frühstücks- und Tagesmenü in hübschem Ambiente. Wer Glück hat, findet Platz auf einem der beiden grünen Sofas.

12 **Replete**①, 45 Heuheu St., Tel. 07-377 3011, www.replete.co.nz, Mo–Fr 8–17 Uhr, Sa, So 8–16 Uhr. Sehr populäres Café mit guten Snacks und Mahlzeiten. Hier gibt es angeblich den besten Kaffee der Stadt.

16 MEIN TIPP: **L'Arte**①-②, 255 Mapara Rd., 7 km südwestl., Tel. 07-378 2962, www.larte.co.nz, Mi–So 8–16 Uhr. Kunst aus Keramik und Mosaike stehen ganz im Vordergrund bei dieser Kombination aus Skulpturengarten, Galerie und Café. Erschwingliches Kunsthandwerk gibt es im angeschlossenen Geschäft.

11 **MalabaR**①-②, 40 Tuwharetoa St., Tel. 07-376 5454, www.malabartaupo.co.nz, tägl. 17–22 Uhr. Typisches indisches Restaurant mit qualitativ hochwertigen Speisen und Samtbänken.

5 **Lotus Thai**②, 137 Tongariro St., Tel. 07-376 9497, www.lotusthai.co.nz, Mi–Mo 18–21.30 Uhr u. Mi–Fr 12–14 Uhr. Der angeblich beste Thai und eines der beliebtesten Restaurants der Stadt.

18 **Brantry**③, 45 Rifle Range Rd., Tel. 07-378 0384, www.thebrantry.co.nz, Di–Sa 18–24 Uhr. Das Restaurant mit rustikal-gemütlichem Flair besticht durch seine guten Drei-Gänge-Menüs zu moderaten Preisen. Hat diverse Preise gewonnen.

Ausgehen

In der Hauptsaison ist auch zu später Stunde noch etwas los, in der Nebensaison geht es bedeutend ruhiger zu. Am besten entlang der **Tuwharetoa Street** die Augen (und Ohren) offen halten.

10 **Vine,** 37 Tuwharetoa St., Tel. 07-378 5704, www.vineeatery.co.nz, tägl. 11–23 Uhr. Restaurant, Wein- und Cocktailbar, die mit einer großen Auswahl an Whiskys aufwarten kann. Ein guter Ort, um ein einen gemütlichen Drink zu sich zu nehmen.

9 **Mulligan's,** 15 Tongariro St., Tel. 07-376 9100, www.mulligansbar.co.nz, tägl. 16 Uhr bis spät. Klassischer, rustikaler Irish Pub mit Livemusik, Quiz Nights und anderen Events.

Einkaufen

Taupo hat ein relativ kleines, recht ansprechendes Geschäftsviertel rund um die **Heuheu Street Ecke Tongariro Street** sowie deren Seitenstraßen. Man bekommt vor allem Sport- und Outdoorartikel, aber auch alles andere. Etwas außerhalb der Stadt mögen die folgenden Geschäfte einen Blick wert sein:

3 **Lava Glass,** 165 SH5, 10 km nördl., Tel. 07-374 8400, www.lavaglass.co.nz, tägl. 10–17 Uhr. Eine Glasbläserei, die ihre farbenfrohen Produkte nicht nur verkauft, sondern auch attraktiv im angegliederten Garten präsentiert. Auch ein Café① ist angeschlossen.

3 **Huka Honey Hive,** 65 Keretoto Rd., 6 km nördl., www.hukahoneyhive.com, tägl. 10–17 Uhr. Es werden Honig und aus ihm gewonnene Produkte

in einem ansprechenden Laden verkostet und verkauft, man kann den Bienen in ihrem Stock bei der Arbeit zusehen und sich über die Tiere und die Honigproduktion informieren.

1 **River Side Market,** Redoubt St., www.taupomarket.kiwi.net, Sa 9–13 Uhr. Auf dem Bauernmarkt bekommt man lokale Lebensmittel und Bio-Produkte. Kunsthandwerk und Imbisse sind auch dabei. Vor allem in der Hauptsaison ist hier richtig was los.

16 **L'Arte,** siehe „Essen und Trinken".

Tongariro National Park und Umgebung

Eines der **Highlights einer Neuseelandreise** ist der Besuch des Tongariro-Nationalparks, welcher zentraler Bestandteil des Central Volcanic Plateaus ist. Die **drei Vulkane Tongariro, Ngauruhoe** und **Ruapehu** dominieren den Nationalpark und sind gleichzeitig die höchsten Berge der Nordinsel. **Mount Ruapehu** ragt 2797 Meter über den Meeresspiegel, bei gutem Wetter ist von seinem Gipfel nicht nur Mount Taranaki im Westen, sondern auch die Küste im Osten zu sehen. **Mount Ngauruhoe** ist Neuseelands jüngster Vulkan und einer seiner aktivs-

Blick auf den Vulkan Ngauruhoe im Tongariro National Park, Fantasyfans auch bekannt als „Schicksalsberg"

023nz ks

ten. Der 2291 Meter hohe Stratovulkan brach im 20. Jahrhundert knapp 50 Mal aus. Auch heute steigt immer mal wieder Rauch aus seinem Krater. Eingerahmt ist der Nationalpark von Hauptverkehrsstraßen. Im Osten verläuft die sogenannte **Desert Road** (SH1) auf einer Höhe bis zu 1074 Metern, und sie erlaubt solch schöne Blicke auf die Berge, dass sogar im Radio Warnungen ausgesprochen werden, nicht einfach zu halten, um Fotos zu machen, sondern ausschließlich an Haltebuchten zu stoppen ...

Die Maori und der Tongariro National Park

1887 **schenkte** der **Stammesführer der Ngati Tuwharetoa,** *Te Heuheu Tukino IV (Horonuku),* die **heiligen Gipfel** von Tongariro, Ngauruhoe und Teile von Ruapehu **den Neuseeländern,** um die Aufspaltung der Gebiete und den Verlust ihrer Ehrwürdigkeit zu verhindern und gleichzeitig das *mana* (Prestige) der Tuwharetoa zu bewahren.

Für die Maori sind die Berge ein wesentlicher **Bestandteil ihrer Geschichte** und ihrer Abstammung. Der **Legende** nach war Ngatoro i Rangi (der Steuermann des Arawa-Kanus) dem Tode nahe, nachdem er die Bergregion um den Tongariro ausgekundschaftet hatte. Er rief nach seinen Schwestern im fernen Hawaiki, damit sie ihm Feuer schicken sollten. Das Feuer kam, hinterließ eine vulkanische Spur von Tongatapu über Whakaari (White Island), Rotorua und Tokaanu, bevor es Ngatoro i Rangi am Fuße des Tongariros erreichte. So entstanden die Taupo Volcanic Zone und das Central Volcanic Plateau.

Tongariro National Park

1887 wurde der Tongariro National Park als **erster Nationalpark Neuseelands** und als fünfter weltweit gegründet. Seit 1993 ist er **UNESCO-Welterbe** in den beiden Kategorien Natur und Kultur, Ersteres aufgrund seiner bedeutenden vulkanischen Eigenschaften, Letzteres wegen seiner Bedeutung in der Maori-Kultur. Die Region ist beeindruckend: Die Steppenlandschaft ist gespickt mit malerischen Vulkankegeln, Kratern und Formationen, türkisen Seen und Wasserfällen. Spektakuläre Aussichtspunkte erlauben meilenweite Blicke über die Gegend. Durchzogen ist die Region von zahlreichen Spazier- und Wanderwegen. Die beliebteste Tageswanderung Neuseelands ist der **Tongariro Crossing.** Im Winter zieht Ruapehu unzählige Besucher in das **größte Skigebiet Neuseelands.** Zusätzliche Beliebtheit haben Park und Crossing durch die „Herr der Ringe"-Trilogie gewonnen, in dem der Ngauruhoe als **Schicksalsberg** (Mount Doom) von Mordor fungiert.

Die beliebtesten **Ausgangspunkte** für Ausflüge in den Park sind **Turangi** im Norden, **National Park Village** und **Whakapapa** im Westen sowie **Ohakune** im Süden. Ein Besuch des sehr gut aufbereiteten DOC-Informationszentrums in Whakapapa ist einen Besuch wert.

Spazieren und Wandern

Der Tongariro National Park ist von unzähligen Spazier- und Wanderwegen durchzogen. In der **DOC-Broschüre „Walks in and around Tongariro National Park"** werden über 30 Wege in der

Gegend beschrieben, im Folgenden die beiden beliebtesten (andere empfehlenswerte Wege siehe Ortskapitel).

Achtung: Das **Wetter** im Nationalpark kann sich **schlagartig ändern.** Auch wer bei Sonnenschein losläuft, muss auf kalte Winde, Regen und teilweise Schnee vorbereitet sein. Die Wetterverhältnisse auf den Parkplätzen sind oft deutlich anders als im Park selbst. Immer wieder müssen schlecht vorbereitete oder verunglückte Besucher aus dem Park gerettet werden. Vor allem bei starken Winden und schlechter Sicht sollte man seine Pläne ändern und zurückkehren. Auch die **Ausrüstung** will wohl durchdacht sein: Feste Wanderschuhe, ausreichend Nahrung und vor allem Wasser, ein Erste-Hilfe-Set, Sonnenschutz, eine Regenjacke und ein warmer Pullover gehören in jedes Tagesgepäck. Außerdem sind zu empfehlen: Kompass, Karte, warme Mütze und Handschuhe. Im Winter gehören Eispickel, Steigeisen und Schneegamaschen zur Grundausrüstung – und das Wissen, wie man damit umgeht.

Tongariro Northern Circuit – Great Walk

Auf der 43 Kilometer langen **Rundwanderung** im nördlichen Teil des Nationalparks umrundet man in drei bis vier Tagen den **Vulkan Ngauruhoe,** passiert die **Taranaki Falls** und absolviert den attraktivsten Abschnitt des beliebten **Tongariro Crossing. Abstecher** zu den Gipfeln Ngauruhoe, Tongariro und den Tama Lakes sind möglich. Es ist eine einzigartige, teilweise anstrengende Wanderung, bei der man den alpinen Elementen ausgesetzt ist. Mögliche Startpunkte sind Whakapapa Village, Mangatepopo Road, Ketetahi Road oder Desert Road.

Achtung: Das Gebiet der Wanderung gilt als **anspruchsvolles Terrain,** das **Wetter** kann sich unglaublich schnell ändern, Winde bis zu 60 Stundenkilometer sind keine Seltenheit. Schneefälle sind zu allen Jahreszeiten möglich. Außerhalb der Saison sollte der Track nur von erfahrenen Wanderern und Alpinisten unternommen werden, die in offenem Terrain gut navigieren können und über Ausrüstung wie Eispickel, Steigeisen usw. verfügen.

■ **Unterkunft:** Entlang der Strecke gibt es drei **DOC-Hütten** mit angeschlossenen **Campingplätzen,** die während der Great Walk Saison (Okt. bis April) vorab gebucht werden müssen (32 $/Hütte, 14 $/Camping). Auch der Holidaypark in Whakapapa kann mit eingeplant werden (21 $).

■ **Informationen:** Die DOC-Broschüre „Tongariro Northern Circuit" beschreibt den Track. Das DOC-Informationszentrum in Whakapapa informiert über aktuelle Gefahren, Vulkanismus und Wetter. Infos im Netz auf www.greatwalks.co.nz/tongariro.

■ **An- und Abreise:** Viele Wanderer starten von Whakapapa aus, es ist aber durchaus sinnvoll, mit dem Abschnitt des Tongariro Crossing von der Mangatepopo Rd. aus zu starten, um für den schwierigsten Teil der Wanderung ein verlässliches Wetterfenster zu haben (siehe An- und Abreise Tongariro Crossing).

Tongariro Crossing

MEIN TIPP: Die **beliebteste Wanderung Neuseelands** bewältigen über 100.000 Besucher im Jahr, in der Hochsaison wurden bis zu 3000 Besucher täglich gezählt, was das Erlebnis natürlich schmälert. Die 19,4 Kilometer lange, sechs- bis achtstündige Tour ist **anstrengend** (über 800 Höhenmeter müssen überwunden werden), aber **unglaublich schön:** Sie bietet grandiose Ausblicke auf vulkani-

www.fotolia.de © ricktravel

sches Gebiet mit Kratern, Mondlandschaften, bizarren Felsformationen, türkisen Seen und mehr. **Abstecher** über Geröllfelder zum Gipfel des **Mount Ngauruhoe** (2–3 Std. return) sowie zum **Red Crater,** dem Gipfel des **Tongariro** (1–5 Std.), können unternommen werden, wenn die Zeitplanung es erlaubt. Es gibt **weder Trinkwasser noch Schatten** auf den ersten zwei Dritteln der Strecke. Generell sollte die alpine Tour nur bei gutem Wetter unternommen werden, die umliegenden Hostels und das DOC informieren gerne.

Die Tour startet am Parkplatz Mangatepopo Road und endet an der Ketetahi Road. **Achtung:** Der Startpunkt ist berüchtigt für **Einbrüche.** Einige Shuttle-Unternehmen unterhalten bewachte Parkplätze. Alternativ kann in einem der Orte geparkt und auf einen Shuttle zurückgegriffen werden. Letzteres empfiehlt sich vor allem in der Hauptsaison, wenn die Massen an Besuchern zu Autostaus führen.

■ **Informationen:** Die i-SITES, DOC-Informationsstellen sowie Hostels informieren über den aktuellen Zustand des Tracks, Wettervorhersagen und vulkanische Aktivität. Die DOC-Broschüre „Tongariro Alpine Crossing" erläutert den Track, die richtige Vorbereitung und alles, was man wissen muss. Infos im Netz: www.doc.govt.nz.

■ **An- und Abreise:** Verschiedene Unternehmen bieten Shuttles vom/zum Start und Ende des Tracks sowie von Turangi, Ohakune, National Park Village und anderen Orten in der Gegend. Die Preise sind vergleichbar.

Tongariro Track, Tel. 0800-462 824, www.tongarirotrack.co.nz, ab 30 $.

Turangi Alpine Shuttles, Tel. 0508-427 677, www.alpineshuttles.co.nz, zwei- bis dreimal tägl., 45 $ return.

⌃ Unterwegs auf dem Tongariro Crossing

Mountainbiketour 42 Traverse

Wer gern mit dem Mountainbike unterwegs ist, sollte einen Blick auf den **46 Kilometer langen Track** quer durch das südliche Gebiet des Tongariro Forest werfen. Die Tagestour verläuft vorwiegend auf 4WD Tracks und beinhaltet insgesamt 570 Höhenmeter downhill und drei Anstiege; sie ist als Grad 3 bewertet. Bei gutem Wetter ist die Strecke in vier bis sechs Stunden gut zu fahren, nach starken Regenfällen können Matsch und Flussüberquerungen eine Herausforderung darstellen. Verschiedene Unternehmen vermieten Fahrräder und organisieren Shuttles.

■ **Tread Routes,** Tel. 07-377 8319, www.treadroutes.co.nz, ab 95 $.

■ **Weitere Infos** zum Track: www.doc.govt.nz/42traverse.

Skifahren

Mount Ruapehu mit seinen beiden Skigebieten ist das **beliebteste Ziel von Wintersportlern auf der Nordinsel.** Die **Qualität** der Skigebiete ist aus europäischer Sicht **durchwachsen.** Aufgrund der Wetterlage sind die Pisten entweder sehr feucht oder vereist, die Lifte sind oft wegen starker Winde außer Betrieb, und am Wochenende ist es oft sehr voll. Trotzdem ist der Besuch des Berges im Winter einen Besuch wert, denn der Blick auf den benachbarten Ngauruhoe, den entfernten Taranaki und das schneefreie Land dazwischen ist etwas Besonders. Skier, Snowboards und Equipment zur Miete gibt es in **Ohakune.** Hier übernachten auch die meisten Besucher. **Skipässe** (95/57 $/Tag) gelten für beide Gebiete, **Gondeln** können (preisreduziert) von Fußgängern benutzt werden.

■ **Whakapapa:** Neuseelands größtes Skigebiet an der Nordseite des Berges mit 65 Pisten in allen Schwierigkeitsgraden, Skischule.

■ **Turoa:** an der südwestlichen Seite des Berges, mit Neuseelands höchstem Sessellift, „High Noon Express". Ca. 40 Pisten in allen Schwierigkeitsgraden und Skischule.

■ **Weitere Informationen** unter www.mtruapehu.com.

Turangi

Das Städtchen am südlichen Ende des Lake Taupo befindet sich wenige Kilometer außerhalb des Tongariro National Parks und wird von Reisenden als **Ausgangspunkt** für Ausflüge in selbigen genutzt. Nicht nur Wanderungen, sondern auch **Rafting** auf dem Tongariro-Fluss stehen hoch auf der Beliebtheitsskala – Letzteres vor allem bei schlechtem Wetter, wenn man sowieso nass wird. Die Spa Pools der Gegend laden zum Aufwärmen nach einem anstrengenden Tag ein. Wer in Eile ist, kann trotzdem getrost weiterfahren.

Geschichte

Mit dem Bau des **Tokaanu-Wasserwerks** entwickelte sich das kleine Anglerdörfchen Turangi rasant. Ab 1962 wurde die Stadt **künstlich aus dem Boden gestampft.** Nach Beendigung des Baus 1963, als Arbeiter und Unternehmen wieder abzogen, entschied die Stadtverwaltung, zukünftig auf Tourismus zu setzen, und baute eine i-SITE. Das **Stadtbild** verbesserte sich in der letzten Dekade erheblich, richtig attraktiv ist Turangi trotzdem nicht.

Sehenswertes und Aktivitäten

Das **Tongariro National Trout Centre** ist für Angel- und **Forellen-Fans** ein Muss: Neben reichlich Informationen gibt es ein Nachzucht-Aquarium, einen schönen Rundweg und vor allem ein Unterwasser-Beobachtungsfenster, von dem aus Forellen in ihrer natürlichen Umgebung beobachtet werden können.

- **Tongariro National Trout Centre,** SH1, 4 km südl., Tel. 07-3868085, www.troutcentre.com, tägl. 10–16 Uhr, Winter bis 15 Uhr, 15 $/frei.

Wer sein Abendessen selber **angeln** möchte, wird unter Anleitung in einem der vielen Flüsse der Gegend erfolgreich sein. Turangi bezeichnet sich selbst als „Forellenhauptstadt Neuseelands“. Auf Anfrage wird der Fang auch geräuchert.

- **Whiskery Mike,** 46 Paekiri St., Tel. 07-3866166, Preis auf Anfrage.

Mein Tipp: Der Tongariro River ist nicht nur hübsch, sondern bietet auch eine optimale Umgebung für **Rafting-Ausflüge** in verschiedenen Schwierigkeitsgraden. Am beliebtesten ist die **14 Kilometer lange Grad-3-Tour,** die über 50 kleine und große Stromschnellen verläuft. Warme Wasserkleidung wird gestellt.

- **Rafting New Zealand,** 41 Ngawaka Pl., Tel. 07-386 0352, www.raftingnewzealand.com, ab 129/119 $.

Die **Tokaanu Thermal Pools,** eine etwas ältere, einfache Anlage direkt neben dem Tokaanu Thermal Walk (siehe unten), haben auch private Pools.

- **Tokaanu Thermal Pools,** Mangaroa St., Tel. 07-386 8575, tägl. 10–20 Uhr, ab 6/4 $.

Der **Tokaanu Thermal Walk** ist ein hübscher Rundweg von 20 Minuten durch **geothermisches Gebiet.** Es blubbert und dampft. Kein Vergleich mit anderen Gebieten, aber einen Blick wert, wenn man in der Nähe ist oder sich die Füße vertreten möchte. Der Weg startet an der Mangaroa Street, neben den Tokaanu Thermal Pools.

Als netter Rundweg führt der 15 Kilometer lange **Tongariro River Loop** in drei bis vier Stunden am Fluss entlang, über eine Hängebrücke und zu zwei Aussichtspunkten. Er kann auch geradelt werden. Man startet am Ende der Koura Street oder am National Trout Centre.

Eine kleine **Kletterhalle** bietet Routen für Anfänger und Fortgeschrittene.

- **Vertical Assault,** 22 Ngawaka Pl., Tel. 07-386 6558, Di–So 10–17 Uhr, 20/15 $.

Praktische Tipps

Informationen

- **www.turangi.co.nz**
- **Einwohnerzahl:** 3240
- **i-SITE:** 1 Ngawaka Pl., Tel. 07-386 8999, tägl. 9–16.30 Uhr.

An- und Abreise

- **Bus:** Turangi wird von den großen Langstreckenbusunternehmen angefahren; zentrale Haltestelle an der i-SITE.

Unterkunft

MEIN TIPP: **Riverstone Backpackers**①, 222 Te Rangitautahanga Rd., Tel. 07-386 7004, www.riverstonebackpackers.co.nz. Ausgesprochen gutes, kleines Hostel mit engagierten Betreibern.

■ **Sportsman Lodge**②, 15 Taupahi Rd., Tel. 07-386 8150, www.sportsmanlodge.co.nz. Günstige Unterkunft, in der man die Küche und einen Aufenthaltsraum mit anderen, vorwiegend neuseeländischen Gästen, teilt. Frühstück auf Anfrage.

■ **Creel Lodge**②, 183 Taupahi Rd., Tel. 07-386 8081, www.creel.co.nz. Sauberes, einfaches Motel mit großen Zimmern und Gartenanlage, direkt am Fluss. Sehr gutes Preis-Leistungs-Verhältnis.

■ **Bridge Motel**②, 4600 SH1, Tel. 04-887 1888, www.turangibridgemotel.co.nz. Weitläufige, helle Anlage direkt am Fluss. Frühstück und Abendessen kann extra gebucht werden.

Camping

■ **Turangi Kiwi Holidaypark**③, 13 Te Reiti Tamara Gr., Tel. 07-386 8754, www.turangiholidaypark.co.nz. Etwas in die Jahre gekommener Campingplatz mit extrem günstigen Wohneinheiten (ab 55 $) und von Bäumen umgebene Buchten für Camper. In Laufnähe zum Zentrum.

Essen und Trinken

Es gibt eine Handvoll Cafés, die meisten befinden sich rund um die **Ohuanga Road.** Wer kein Pub-Essen zum Abend möchte, hat es schwerer, denn gute Restaurants liegen außerhalb, und ihr Preisniveau ist recht hoch.

■ **Toi Café**①, 22 Ngawaka Pl., Tel. 07-386 0805, Di–So 8–17 Uhr. Der Kletterhalle (siehe „Aktivitäten") angeschlossenes Café mit leckeren Speisen und einer gemütlichen Sonnenterrasse.

■ **Hydro Eatery**①, Ohuanga Rd. Ecke Pihanga St., Tel. 07-386 6612, tägl. 6.30–17 Uhr. Recht neues Café mit gutem Kaffee, Muffins, Snacks und leckeren Speisen.

■ **Turangi Tavern**①-②, 17 Ohuanga Rd., Tel. 07-386 6071, tägl. 11–23 Uhr. Deftiges Essen in klassischem Pub mit Billard, Darts und zahlreichen Spielautomaten. Nicht die beste Atmosphäre, aber gutes Preis-Leistungs-Verhältnis.

■ **Lakeland House**③, 88 Waihi Rd., 7 km nordwestl., Tel. 07-386 6449, www.braxmere.co.nz, tägl. 10–15 Uhr u. 18–21 Uhr. Sehr gutes Essen wird in ansprechendem Ambiente direkt am Wasser auf den Tisch gebracht.

Einkaufen

Turangi ist okay, um Lebensmittel aufzustocken oder zu tanken. Die wenigen Geschäfte der Stadt liegen rund um die Straße **Turangi Town Centre.**

National Park Village

National Park Village ist ein kleiner Ort an der Kreuzung des SH4 und SH47. Er selbst bietet wenig und dient hauptsächlich als **Ausgangspunkt** für Ausflüge in den Tongariro National Park, denn Unterkünfte im 15 Kilometer entfernten Whakapapa sind rar.

Sehenswertes und Aktivitäten

Dem National Park Backpackers ist eine acht Meter hohe **Kletterhalle** mit 55 Routen angeschlossen, in der man sich gut beschäftigen kann, während man auf gutes Wetter wartet.

■ **National Park Backpackers,** siehe „Unterkunft", tägl. 9–20 Uhr, 15/10 $.

Folgende **Spaziergänge** und **Wanderungen** sind sehr beliebt:

■ **Taranaki Lookout** (3 km, 1 Std., Start: Fisher Rd.): Bei klarem Wetter hat man einen guten Blick Richtung Westen bis zum Mount Taranaki.

■ **Tupapakurua Falls Track** (11 km, 4–5 Std. return, Start: Fisher Rd.): relativ anspruchsvolle, ausgeschilderte Wanderung, die vom Taranaki Lookout zu den 50 m hohen, malerischen Tupapakurua-Wasserfällen führt.

Wer im Rahmen **geführter Touren** unter professioneller Anleitung einen oder mehrere Tage zu Fuß oder per Kanu unterwegs sein möchte, kann sich z.B. an Adrift wenden:

■ **Adrift,** 10 Waimarino-Tokaanu Rd., Tel. 07-8922 751, www.adriftnz.co.nz, ab 95 $.

Praktische Tipps

Informationen

■ **www.nationalpark.co.nz**
■ **Einwohnerzahl:** 174

An- und Abreise

■ **Bus:** National Park Village wird von den großen Langstreckenbusunternehmen angefahren, Haltestelle am Station Café.
■ **Zug:** Der Ort liegt auf der Strecke des Northern Explorer zwischen Auckland und Wellington (siehe „Praktische Reisetipps von A bis Z/Unterwegs im Land/Zug"). Der Bahnhof liegt an der Station Rd.
■ **Shuttle zum Tongariro Crossing:** kann in den Unterkünften gebucht werden oder direkt bei **Adventure National Park,** 21 Carroll St., Tel. 07-892 2991, www.adventurenationalpark.co.nz, 35 $.

Unterkunft

National Park Village ist vorwiegend auf **zweckmäßige, einfache Unterkünfte** ausgelegt.
■ **National Park Backpackers**①, 4 Findley St., Tel. 07-892 2870, www.npbp.co.nz. Zweckmäßiges Hostel mit großer Gemeinschaftsküche, kleinem Shop, angeschlossener Kletterhalle und Zeltplätzen im Garten.
■ **Plateau Lodge**①, 17 Caroll St., Tel. 07-892 2993, www.plateaulodge.co.nz. Einfache, aber ordentliche Zimmer und Apartments, kostenfreie Benutzung des Spa Pools, kleiner Shop und Trockenraum.
■ **Tongariro Crossing Lodge**②, 17 Carroll St., Tel. 07-892 2688, www.tongarirocrossinglodge.co.nz. Hübsche Anlage im Kolonialstil, passend eingerichtete Zimmer und Apartments.

Camping

Es gibt **keinen Campingplatz vor Ort.** Das **National Park Backpackers** (siehe oben) verfügt über Zeltplätze im Garten, jedoch keine Plätze für Campervans oder Wohnmobile. Alternativ kann in Whakapapa oder auf einem der DOC-Campingplätze in der Gegend übernachtet werden. Letztere sind in der Hochsaison oft überfüllt.

Essen und Trinken

Es gibt zurzeit vier Cafés/Restaurant, die wahrscheinlich beste Wahl sind:
■ **Station**①, Findlay St. Ecke Station Rd., Tel. 07-892 2881, www.stationcafe.co.nz, Mo, Di 9–16 Uhr, Mi–So 9–21 Uhr. Uriges, charmantes Bahnhofs-Café mit klassischem Sonntagsbraten (40 $).
■ **Schnapps**①-②, Findley St., Tel. 07-892 2788, tägl. 12–22 Uhr. Großer, gemütlicher Pub mit Sofas, Kamin und Billard, in dem man auch mal etwas Zeit absitzen kann.

Einkaufen

Es gibt eine **Tankstelle** mit kleinem angeschlossenem **Supermarkt** an der SH4.

Whakapapa

Das kleine Örtchen ist die **einzige Siedlung,** die **innerhalb des Nationalparks** liegt. Von hier aus starten zahlreiche Wanderwege, und hier liegt auch eines der Skigebiete des Mount Ruapehu. Aufgrund stark limitierter Übernachtungsmöglichkeiten wird Whakapapa vorwiegend als **Transit-Ort** wahrgenommen: Die meisten Besucher reisen an, besuchen das DOC-Informationszentrum, unternehmen eine Wanderung und reisen wieder ab. Dominiert wird Whakapapa vom sogenannten **Chateau,** dem riesigen Schloss aus dem Jahr 1929, dem einzigen Hotel des Ortes.

Sehenswertes und Aktivitäten

Mein Tipp: Das **Nationalpark-Besucherzentrum** bietet neben tagesaktuellen Auskünften rund um Wanderungen und Übernachtungsmöglichkeiten im Nationalpark eine sehenswerte **Ausstellung** über die Gegend, ihre Fauna, Flora und den Vulkanismus. Ein 3D-Modell zeigt Wanderwege. Aktuelle Wettervorhersagen und Informationen über Wanderrouten hängen von außen sichtbar aus.

■ **Tongariro National Park Visitor Centre,** am Ende des SH48, Tel. 07-892 3729, www.doc.govt.nz, tägl. 8–17 Uhr, Winter 8.30–16.30 Uhr.

Zahlreiche **Spazier- und Wandertouren** von 15 Minuten bis zu mehreren Tagen starten in und um Whakapapa. Auch rechts und links des SH48 liegen mehre-

Das einzige Hotel Whakapapas vor grandioser Kulisse

re kleine Parkbuchten, von denen ausgeschilderte Wanderungen ausgehen. Die beliebtesten sind:

- **Tawhai Falls** (1 km, 20 Min. return, Start: SH48, 4 km vor Whakapapa): kurzer Spaziergang (Treppen) zu dem pittoresken Wasserfall.
- **Ridge Track** (1–2 km, 30 Min. return, Start: 150 m hinter dem Informationszentrum): kurzer Spaziergang mit Panoramablick auf Ruapehu, Ngauruhoe und die Umgebung.

Mein Tipp: **Taranaki Falls** (6 km, 2 Std. Rundwanderung, Start: Ngauruhoe Pl.): schöne Wanderung, die einen guten Eindruck vom Nationalpark vermittelt und an den fotogenen Taranaki Falls vorbeiführt.

- **Tama Lakes** (17 km, 5–6 Std. return, Start: Ngauruhoe Pl.): attraktive Wanderung zu den beiden Tama Lakes. Bei Westwind sehr windig.
- **Northern Circuit:** siehe „Tongariro Nationalpark/Spazieren und Wandern".

025nz ks

Praktische Tipps

Informationen

- **Visitor Centre,** siehe oben.

An- und Abreise

Whakapapa wird ausschließlich von **Ski- und Wander-Shuttle-Bussen** angefahren, zwei mögliche Anbieter:

- **Turangi Alpine Shuttles,** Tel. 0508-427 677, www.alpineshuttles.co.nz, von/nach Turangi.
- **Ruapehu Connexions,** Tel. 06-385 3122, www.ruapehuconnexions.co.nz, von/nach Raetihi, Ohakune.

Unterkunft

- **Skotel**①-③, SH48, Tel. 07-892 3719, www.skotel.co.nz. Unterschiedlichste Zimmer und Wohneinheiten. Etwas verwohnt, alt und simpel, bietet aber ein Dach über dem Kopf. Mit Spa Pool, Sauna, Skiverleih und angeschlossenem Restaurant.
- **Bayview Chateau**③, SH48, Tel. 07-892 3074, www.chateau.co.nz. Passend zum edlen Stil des Chateaus eingerichtete Zimmer, Suiten und Wohneinheiten.

Camping

- **Whakapapa Holiday Park**③, Bruce Rd., Tel. 07-892 3897, www.whakapapa.net.nz. Guter Platz, an einem Flüsschen gelegen, mit Stellplätzen und unterschiedlichen Hütten sowie Backpacker-Betten.

Essen und Trinken

Die Handvoll Cafés/Restaurants sind immer mal wieder ohne Vorwarnung geschlossen, aber eines von ihnen hat immer bis 16 Uhr geöffnet. Und auch das Chateau (siehe „Unterkunft") lässt einen nicht darben.

< Eine schöne Wanderung führt zu den Taranaki Falls

Ohakune

Zweifellos steht in Ohakune das **Urlaubsflair** im Vordergrund: Unzählige kleine Hütten und Chalets dienen Winter- und Sommersportlern als Ausgangsbasis. Noch dominiert das Wintergeschäft, und im Sommer geht es bedeutend ruhiger zu, die Nähe zum Tongariro National Park und seinen Wanderwegen und zu Kajaktouren auf dem Fluss Whanganui ziehen jedoch immer mehr Urlauber außerhalb der Wintersaison an. Der recht **ansprechende Ortskern** überzeugt mit Cafés, Restaurants und ein paar Geschäften.

Wer sich fragt, was die **überdimensionale Karotte** am südlichen Ortseingang zu bedeuten hat: Ohakune war der erste Ort Neuseelands, in dem Karotten angebaut wurden. Noch heute kommt der Großteil der Möhren aus der hiesigen Gegend.

Sehenswertes und Aktivitäten

Eine kleine **Kletterhalle** verfügt über ausreichend Routen in zehn Metern Höhe, um sich einen Nachmittag lang zu beschäftigen. Zudem gibt es zum Austoben einige knallbunte Clip'n'Climb Parcours mit unterschiedlichen Modulen.

■ **Vertigo Climbing,** 27 Goldfinch St., Tel. 06 385 9018, www.slr.co.nz, Mo–Fr 15–20 Uhr, Sa, So 10–18 Uhr, ab 15/10 $.

Der Nationalpark mit seiner grandiosen Landschaft ist ein hervorragendes Terrain für **Ausritte.** Ruapehu Homestead bietet diese für alle Altersklassen und Level in verschiedenen Längen.

■ **Ruapehu Homestead,** SH49 Ecke Piwari St., Tel. 027-2677 057, www.ruapehuhomestead.kiwi.nz, ab 50/40 $.

MEIN TIPP: Auf der zehn Kilometer langen **historischen Straße Old Coach Road** fuhren einst Pferdekutschen von Ohakune nach Horopito. Sie führt an alten Viadukten vorbei und durch alte Wälder mit riesigen Rimu- und Totora-Bäumen. Die Strecke ist vor allem für **Mountainbiker** ausgelegt (Grad 2), kann aber auch gelaufen werden. Aufgrund des Gefälles startet man am besten in Horopito. Shuttles und Fahrradverleih gibt es z.B. hier:

■ **Mountain Bike Station,** 60 Thames St., Tel. 06-385 8797, www.mountainbikestation.co.nz, ab 50 $ für Shuttle u. Rad.

Ohakune ist der Hauptausgangspunkt für das **Skigebiet Turoa** (siehe auch „Tongariro National Park“). Ausrüstung kann z.B. bei SLR vor Ort oder online vorgebucht und bis spät in den Abend abgeholt werden.

■ **SLR,** 27 Goldfinch St., Tel. 06-385 9018, www.slr.co.nz, Mo–Do 7.30–20 Uhr, Fr 7.30–24 Uhr, Sa, So 7–18 Uhr.

MEIN TIPP: Die 145 Kilometer lange **Kanustrecke** von **Tauramanui** nach **Pipiriki** auf dem **Whanganui River** ist ein fünftägiger Great Walk, obwohl er gepaddelt wird (siehe auch „Raetihi“). Unbestreitbar ist die Schönheit des Flussverlaufes, und auch Tagestouren auf dem Rangitikei River lohnen sich. Touren von Ohakune aus bietet z.B.:

■ **Canoe Safaris,** 6 Tay St., Tel. 06-385 9237, www.canoesafaris.co.nz, ab 185/135 $.

Die meisten **Spazierwege** starten etwas außerhalb von Ohakune an der Ohakune Mountain Road, die auch zum Skigebiet Turoa führt. Die **DOC-Broschüre „Walks in and around Tongariro National Park“** vermittelt einen guten Überblick. Zudem fahren Shuttles von Ohakune zum Tongariro Crossing (siehe „Praktische Tipps“).

- **Mangawhero Forest** (3 km, 1 Std. Rundwanderung, Start: Ohakune Mountain Rd., gegenüber DOC Field Centre): Waldwanderung entlang einheimischer Bäume wie Rimu, Matai und Kahikatea, die bis zu 30 m in die Höhe ragen.
- **Waitonga Falls** (4 km, 1½ Std. return, Start: km 11 auf Ohakune Mountain Rd.): schöner Blick auf den höchsten Wasserfall (39 m) des Nationalparks sowie auf Mount Ruapehu.
- **Lake Rotokura** (2,5 km, 1 Std. return, Start: SH49, 12 km westl.): Durch grüne Buchenwälder, die Heimat für Tui, Kaka, Fantail und andere Tiere sind, gelangt man zu dem kleinen See, auf dessen Oberfläche sich Mount Ruapehu spiegelt.

Praktische Tipps

Informationen

- **www.ohakune.info**
- **Einwohnerzahl:** 1001
- **i-SITE:** 54 Clyde St., Tel. 06-385 8427, tägl. 8–17.30 Uhr.
- **Bibliothek:** 37 Ayr St., Tel. 06-385 8364, Mo–Fr 8–17 Uhr.

An- und Abreise

- **Bus:** Ohakune wird von den großen Langstreckenbusunternehmen angefahren; zentrale Haltestelle 27 Clyde St. **Ruapehu Connexions,** Tel. 06-385 3122, www.ruapehuconnexions.co.nz, fährt zum Tongariro Crossing, in die Skigebiete und zu anderen Zielen im Nationalpark und in der Gegend.

Unterkunft

Es gibt zahlreiche Unterkünfte. Während im Sommer immer etwas zu finden ist, können Unterkünfte im Winter knapp (und bedeutend teurer) sein.

- **Station Lodge**①-②, 60 Thames St., Tel. 06-385 8797, www.stationlodge.co.nz. Hübsche YHA-Anlage in alter Villa mit Dorms, Doppelzimmern und Chalets. Vermieten Mountainbikes und organisieren Touren.
- **Dakune Lodge**①-②, 42 Park Ave., Tel. 06-358 8448, www.dakunelodge.co.nz, nur im Sommer geöffnet. Familiäre Unterkunft mit Hunden und Katzen und einer Reihe an guten, günstigen Zimmern. Außerdem gibt es Billard, zahlreiche Brettspiele und eine Sauna.
- **Peaks Motor Inn**②, Mangawhero Tce. Ecke Shannon St., Tel. 06-385 9144, www.thepeaks.co.nz. Hübsches Motel mit ordentlichen Zimmern, Spa Pools, Sauna und mehr. Bieten auch Kombiangebote mit Shuttleservice zum Tongariro Crossing.
- **Powderhorn Chateau**③, 194 Mangawhero Tce., Tel. 06-385 8888, www.powerderhorn.co.nz. Gehört zu den allerbesten Unterkünften vor Ort. Quasi eine riesige, gemütliche hölzerne Berghütte mit beheiztem Pool und im Winter Ski- und Snowboardverleih.

Camping

- **Ohakune Top10**③, 5 Moore St., Tel. 06-385 8561, www.ohakune.net.nz. Klassische Campinganlage mit allen Annehmlichkeiten. Direkt am Waldrand an einem Bach gelegen. Fußläufig zum Geschehen.

Essen und Trinken

Ohakune hat eine recht große Auswahl an Cafés, Imbissen und Restaurants, die meisten befinden sich entlang des **SH49 (Clyde Street).** Zu den beliebtesten gehören:

- **Mizzoni Woodfired Pizza**①, 20 Goldfinch St., Tel. 07-974 9037, www.mizzoni.co.nz, tägl. 12–21 Uhr. Leckere Steinofenpizza wird aus einem Imbisswagen heraus serviert.

■ **Chocolate Eclair**①, 78 Clyde St., Tel. 06-385 8152, tägl. 6.30–18 Uhr. Für Schleckermäuler gibt es hier besonders leckere Kuchen, Eclairs und andere süße Teilchen.

■ **Eat**①-②, 49 Clyde St., tägl. 8–15 Uhr. Burger, Burritos, vegetarische und vegane Speisen und Snacks sowie guter Kaffee.

■ **Cyprus Tree**②, Miro St. Ecke Clyde St., Tel. 06-385 8857, www.cyprustree.co.nz, Di–Do 17–22 Uhr, Fr–Mo 9–23 Uhr. Italienisch-neuseeländische Speisen werden hier in netter Atmosphäre inklusive Kamin und Sofas serviert.

■ **Bearing Point**②-③, 55 Clyde St., Tel. 06-385 9006, www.thebearingpointrestaurant.co.nz, Di–Sa ab 18 Uhr, Winter Di–So ab 17 Uhr. Das schickste Restaurant am Ort überzeugt mit guten Speisen.

Ausgehen

■ **Powderkeg,** Thames St., Tel. 06-385 8888, www.powderhorn.co.nz, Mo–Fr ab 16 Uhr, Sa, So ab 15 Uhr. Wer feiern oder sich unters Volk mischen möchte, sollte das Powderkeg ansteuern. Im Winter legen hier DJs auf, und es wird bis spät nachtsgetanzt. Im Sommer geht es meist etwas ruhiger zu.

Einkaufen

Die Haupteinkaufsstraße ist der untere Teil der **Goldfinch Street** (Ecke SH49). Es gibt einen großen Supermarkt, Tankstellen, einen Baumarkt und alles rund ums Ski- und Snowboardfahren sowie Wandern.

Desert Road

Der 50 Kilometer lange Abschnitt des SH1 zwischen Waiouru und Rangipo, östlich des Tongariro National Parks, ist landesweit als „Desert Road“ bekannt. Ihren Namen verdankt sie der **Rangipo-Wüste,** die aufgrund ihres jährlichen Niederschlags keine Wüste im geografischen Sinne ist. Trotzdem wird einem schnell klar, warum man die Gegend rechts und links des Highways als solche bezeichnet: Die kahle Landschaft mit Geröllfeldern und Grasbüscheln inmitten der Vulkanlandschaft wirkt unwirtlich und so ganz anders als der Rest Neuseelands. Immer wieder öffnen sich großartige Blicke auf die Gipfel von Tongariro, Ngauruhoe und Ruapehu.

Achtung! Immer wieder kommt es zu schweren **Unfällen,** da Autos auf der Schnellstraße halten, um Fotos zu schießen – obwohl man den besten Ausblick von den extra eingerichteten Haltebuchten aus hat.

Die Desert Road verläuft auf bis zu über 1000 Metern Höhe, und im **Winter** führen **Schneefälle** und -stürme immer wieder dazu, dass die Straße komplett gesperrt wird. Wer im Winter reist, sollte sich rechtzeitig auf www.nzta.govt.nz nach der aktuellen Situation erkundigen.

Waiouru

Die kleine Siedlung an der Kreuzung zwischen SH1 und SH49 wäre keine Erwähnung wert, wenn da nicht Neuseelands wichtigstes **Militärmuseum** wäre. Es liegt hier, da Waiouru Neuseelands größten Militärstützpunkt beherbergt.

Das sehr gut aufbereitete, multimediale, interaktive Museum thematisiert Neuseelands Beteiligung in verschiedenen Kriegen und Kriegszonen inklusive der Weltkriege, Vietnam, Afghanistan und anderen Schauplätzen. Wer sich für Neuseelands Geschichte interessiert, sollte den Besuch nicht verpassen. Auch ist es interessant zu sehen, wie andere Länder mit dem Thema Krieg und internationalen Konflikten umgehen. Angeschlossen sind ein kleines Lädchen und ein Café.

■ **National Army Museum,** SH1, Tel. 06-387 6911, www.armymuseum.co.nz, tägl. 9–16.30 Uhr, 15/5 $

Taihape und Umgebung

Als **„Gummistiefelhauptstadt Neuseelands"** definiert sich das Städtchen Taihape mit dem etwas weit hergeholten Grund, dass ihre Bevölkerung genauso bescheiden und hart arbeitend sei wie ein Gummistiefel ... Nicht nur der Ortseingang ist mit einem riesigen Wellblechgummistiefel geziert, auch wird jährlich zu wechselnde Terminen der Gummistiefeltag gefeiert. Taihape ist eines der großen **landwirtschaftlichen Zentren** der Nordinsel, es verfügt über nette Cafés und bietet sich als **Zwischenstopp** auf der Fahrt entlang des SH1 an. Nicht weit entfernt finden Adrenalin-Junkies das Gravity Centre mit dem höchsten Bungeesprung der Nordinsel.

Aktivitäten

Das **Extremsportzentrum Gravity Canyon,** bislang bekannt für den höchsten Bungee-Jump der Nordinsel, seine Riesenschaukel, die Seilbahn und den sogenannten Hydrolift, war zur Zeit der Recherche aufgrund eines Besitzerwechsels **geschlossen.** Es ist zu vermuten, dass die Einrichtung in leicht veränderter Form wieder eröffnet. Augen und Ohren offen halten.

■ **Gravity Canyon,** 332 Mokai Rd., 21 km östl., www.gravitycanyon.co.nz.

Mein Tipp: **River Valley** bietet **Outdoor-Touren** per Raft (bis zu Grad 5), Aufblaskajak und Pferd sowie in jeglichen Kombinationen. Ab vom Schuss, lohnt sich ein Besuch auch zum Übernachten .

■ **River Valley,** 266 Mangahoata Rd., 30 km östl., Tel. 06-388 1444, www.rivervalley.co.nz. Restaurant, Lodge③, Backpacker① und Campingplatz②.

Tarata Fishaway bietet **Angeltouren, Rafting** und andere Ausflüge in die Gegend an. Highlight ist der großartige Blick vom sogenannten Baumhaus über die Schlucht des Rangitikei River.

■ **Tarata Fishaway,** 925 Mokai Rd., 27 km östl., Tel. 06-388 0354, www.tarata.co.nz. B&B②-③. Mahlzeiten können zugebucht werden.

⊡ Go with the flow!

Praktische Tipps

Praktische Informationen

■ **Einwohnerzahl:** 1509

■ **Bibliothek:** 92 Hautapu St., Tel. 03-388 0604, Mo–Fr 9–17 Uhr.

An- und Abreise

■ **Bus:** Taihape wird von den großen Langstreckenbusunternehmen angefahren; zentrale Haltestelle gegenüber Tankstelle, Kuku St.

Unterkunft

■ **River Valley** und **Tarata Fishaway,** siehe „Aktivitäten".

Essen und Trinken/Einkaufen

Es gibt zahlreiche Cafés und Imbisse, die meisten liegen an der **Hautapu Street** (SH1). Zu den empfehlenswertesten gehören:

■ **Brown Sugar**①, 1 Huia St., Tel. 06-388 1886, tägl. 9–17 Uhr. Hübsches, rustikales Café mit integriertem Verkauf von Geschenkartikeln und netten Kleinigkeiten. Süße und herzhafte Speisen. Hat auch ein paar Außensitzplätze im Hinterhof und einen Eingang im benachbarten Outdoorgeschäft.

Mein Tipp: **Café Telephonique**①-②, 8 Huia St., Tel. 06-388 0599, www.le-cafe.co.nz, tägl. 8.30–21 Uhr. Ansprechendes Café mit Tischen quer durch einen Verkaufsraum von nettem Schnickschnack. Mit ein paar sonnigen Außensitzplätzen.

■ **Hub Café**①, Mangaweka, 20 km südl., Tel. 06-382 5747, tägl. 8–17 Uhr. Das knallblaue Flugzeug am Straßenrand ist nicht zu übersehen. Nicht nur Kinder werden da neugierig und klettern ins Cockpit. Nebenbei kann man ein heißes Getränk und einen Snack in gutem Preis-Leistungs-Verhältnis genießen.

■ **River Valley** und **Tarata Fishaway,** siehe „Aktivitäten".

122nz ks

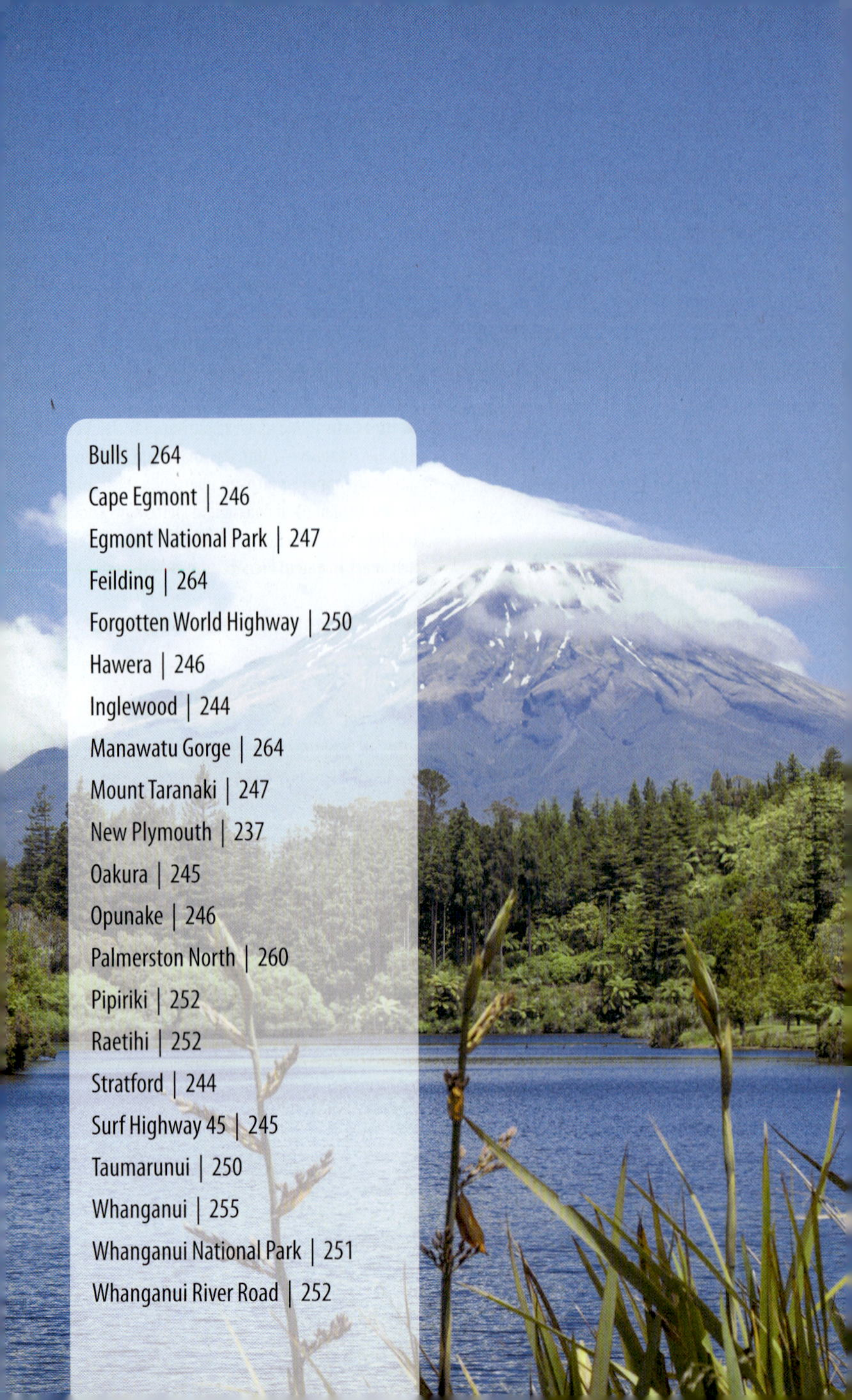

www.fotolia.de © hardyuno

5 Taranaki und Manawatu-Whanganui

Naturfreunde ergötzen sich an einem Bilderbuch-Vulkan, traumhaften Schluchten und Flusslandschaften und verlassenen Gegenden mit wilden Stränden. Im Kontrast dazu steht das Städtchen New Plymouth mit seiner lebendigen Kunstszene.

◁ Mount Taranaki im Egmont National Park

TARANAKI UND MANAWATU-WHANGANUI

Das Gebiet im Westen der Nordinsel ist **vielfältig** wie kaum ein anderes: **New Plymouth** ist eine lebendige Stadt mit einer ausgeprägten Kunst- und Kulturszene, umgeben von wilden Surfstränden. In unmittelbarer Nähe ragt der beeindruckende **Mount Egmont/Taranaki** auf und bietet schöne Wandermöglichkeiten im gleichnamigen Nationalpark. Alternativ lädt der nahe **Whanganui National Park** zu Flusswanderungen und Ausflügen in verlassene Gegenden mit historischen Relikten wie der Bridge to Nowhere ein. Kleine Straßen wie der **Forgotten World Highway** und die **Whanganui River Road** führen

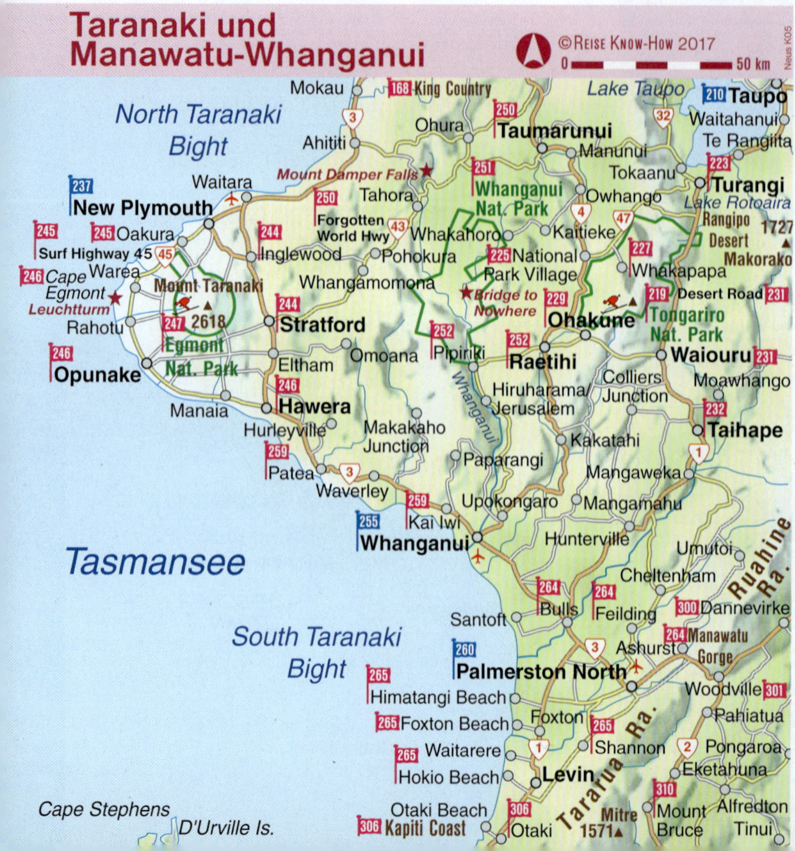

durch malerische Natur, vorbei an historischen Stätten und Örtchen mit ganz eigenem Flair. Wer Stadtleben mag, kann sich in **Whanganui** und **Palmerston North** umsehen, bummeln gehen und in einem der zahlreichen Cafés das Treiben auf den Straßen beobachten. Die Region von Taranaki und Manawatu-Whanganui punktet nicht unbedingt mit touristischen Highlights, ist aber eine schöne, vorwiegend ländliche Gegend, in der man das Land auf etwas ruhigeren Pfaden kennenlernen kann.

New Plymouth und Umgebung

Das überschaubare New Plymouth liegt als **einzige Stadt an der Westküste** der Nordinsel. Umgeben von weitläufiger landwirtschaftlicher Nutzfläche auf der einen und der Küste mit ihrem internationalen Tiefseehafen und Surfstränden auf der anderen Seite, thront im Hinter-

NICHT VERPASSEN!

- **New Plymouth:** in die Kunst-Szene eintauchen, durch wunderschöne Gärten und Parks spazieren und das Treiben aus einem der vielen Cafés beobachten | 237
- **Surf Highway 45:** unzählige schwarze Surfstrände erkunden und ein Postkarten-Foto vom Cape Egmont Lighthouse vor der Kulisse des Mount Taranaki knipsen | 245
- **Egmont National Park:** durch den von Moosen und knorrigen Bäumen gestalteten Koboldwald spazieren und den Park mit dem prominenten Mount Taranaki auf einer der zahlreichen Wanderungen erkunden | 247
- **Forgotten World Highway:** der 155 Kilometer langen Straße durch subtropische Regenwälder, malerische Landschaften und Schluchten folgen | 250
- **Whanganui National Park:** eine Mehrtages-Kanutour auf dem Whanganui durch den gleichnamigen Nationalpark unternehmen oder mit dem Jetboat zur verlassenen Bridge to Nowhere fahren | 251
- **Whanganui River Road:** auf der Hinterland-Straße beeindruckende Natur, Maori-Kultur und Siedlungsgeschichte entdecken | 252

Diese Tipps erkennt man an der gelben Hinterlegung.

grund Mount Taranaki, dessen Nähe zu New Plymouths **hohem Freizeitwert** beiträgt.

Die Stadt selbst ist geprägt von einer landesweit anerkannten **Kunst-, Kultur- und Musikszene.** Es gibt zahlreiche Museen und Galerien, und das jährlich stattfindende Kunst- und Musikfestival WOMAD lockt internationale Künstler.

Geschichte

Maori lebten in **Ngamotu,** dem heutigen New Plymouth, bereits seit mehreren Jahrhunderten, als 1828 die ersten **Pakeha-Siedler** eintrafen. 15 Jahre später entwarf die Plymouth Company die heutige Struktur der Stadt. Landverkäufe führten zu starken Unruhen, die 1860 in

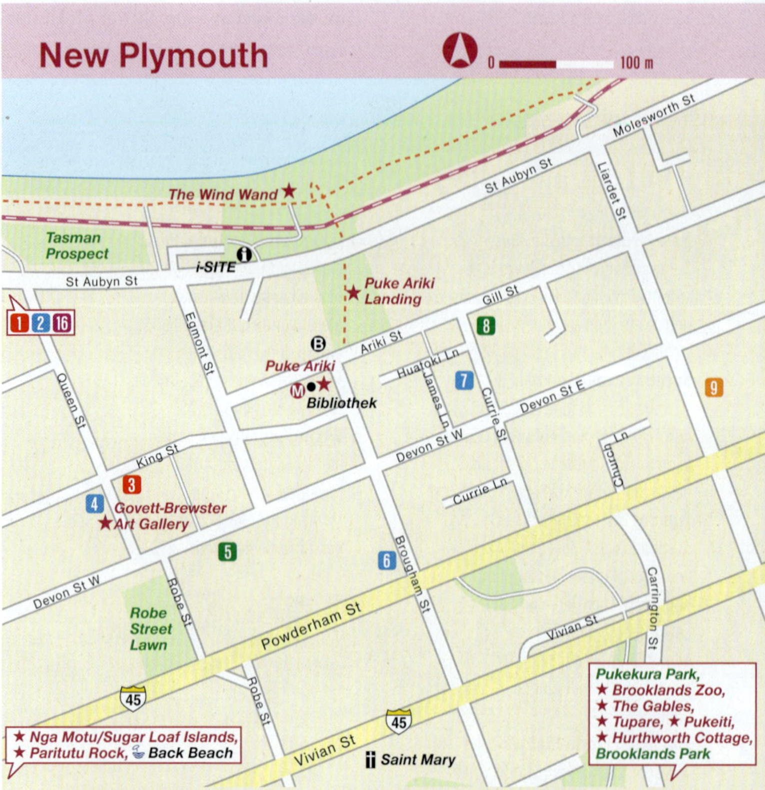

Übernachtung
1 Belt Road Seaside Holiday Park
3 King and Queen Hotel Suites
11 State Hotel
14 One Burgess Hill
15 Ducks and Drakes

Essen und Trinken
2 Catch & Co.
4 Monica's Eatery
6 Social Kitchen
7 Petit Paris
10 Gengy's
12 Federal Store

einem **Krieg** zwischen Pakeha und Maori eskalierten. Aufgrund der unsicheren Lebensumstände nahm die Einwohnerzahl bis zum Ende der Auseinandersetzungen im Jahr 1870 um fast 40 Prozent ab. Trotz des Baus eines **Hafens** im Jahre 1885 und einer **Eisenbahnlinie** nach Wellington **entwickelte** sich New Plymouth nur **langsam.** 1949 wohnten

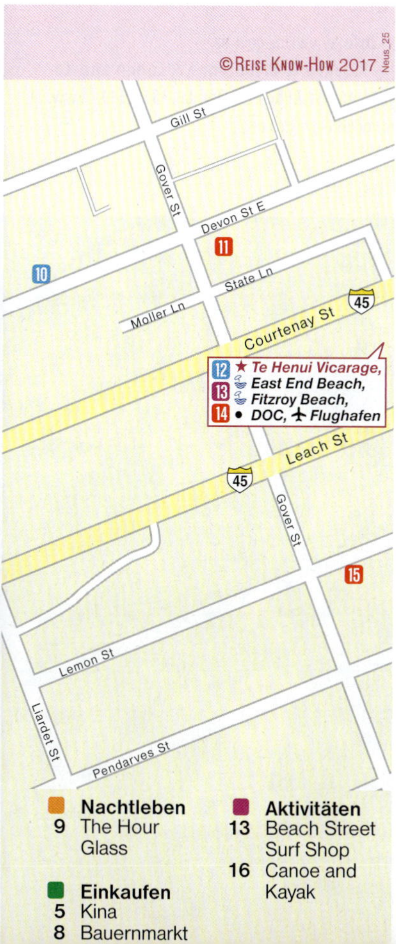

20.000 Menschen in der Stadt, die vorwiegend von Milchwirtschaft und ab den 1950er Jahren auch von der Petroleumindustrie lebten.

Sehenswertes

Mein Tipp: **Puke Ariki,** das kombinierte **Kunst-, Kultur- und Informationszentrum,** vereint i-SITE, Bibliothek und ein sehenswertes interaktives Museum miteinander: Es gibt Displays zur Regionalgeschichte, eine Maori-Abteilung, Informationen zur Geologie des Mount Taranaki und wechselnde Sonderausstellungen. Auf dem Gelände befindet sich auch das historische **Richmond Cottage** aus dem Jahr 1853.

Von Puke Ariki aus führt ein Weg durch eine Grünanlage zum **Skulpturenpark Puke Ariki Landing** an der Aubyn Street, in dem der **Wind Wand** steht, ein 48 Meter hohes Karbonfaserrohr mit einer Leuchtkugel am Ende, das sich im Wind bewegt – eine kinetische Skulptur von *Len Lye,* der unter anderem mit dieser Kunstform bekannt wurde.

■ **Puke Ariki,** 1 Ariki St., Tel. 06-759 6060, www.pukeariki.com, Mo, Di, Do, Fr 9–18 Uhr, Mi 9–21 Uhr, Sa, So 9–15 Uhr.

Mein Tipp: Die **Govett-Brewster Art Gallery** zeigt moderne, experimentelle Kunst sowie Werke des modernen Filmemachers und Bildhauers *Len Lye.* Eines der besten Museen zeitgenössischer Kunst in Neuseeland.

■ **Govett-Brewster Art Gallery,** 42 Queen St., Tel. 06-759 6060, www.govettbrewster.com, Mo, Mi, Fr–So 10–18 Uhr, Do 10–21 Uhr.

Saint Mary aus dem Jahr 1842, die **älteste Steinkirche Neuseelands,** beherbergt ein imposantes Innenschiff aus dunklem Holz sowie ein beeindruckendes Maori-Denkmal in traditioneller Ausführung. 2010 wurde die Kirche zur **Kathedrale** ernannt.

■ **Church of Saint Mary,** 39 Vivian St., www.taranakicathedral.org.nz, Gottesdienst So 8 u. 10 Uhr.

Das fotogene **Steinhäuschen Te Henui Vicarage** aus dem Jahr 1846 gehört der Töpfervereinigung an und öffnet an Wochenenden als Galerie seine Türen.

■ **Te Henui Vicarage,** 290 Courtenay St., Sa, So 13–16 Uhr.

Der 52 Hektar große **Pukekura Park** an der Brooklands Park Road ist die **größte Grünfläche der Stadt** und mit dem internationalen Green Flag Award ausgezeichnet. Es gibt Spazierwege, nett angelegte Gärten, Bäche und Seen. Im Sommer werden Ruderboote vermietet. Häufig finden hier auch Sport-, Kultur- und Musikveranstaltungen statt. Integriert ist der am Südende liegende **Brooklands Park,** mit einem 2000 Jahre alten Puriri-Baum und 250 Rhododendronarten.

Auf dem Areal steht auch das hübsche Gebäude **The Gables.** Es war einst ein Krankenhaus (1848) und dient an Wochenenden als Museum und Galerie. Nicht weit entfernt befindet sich der kleine **Brooklands Zoo.**

■ **Pukekura Park** tägl. ca. 8–19 Uhr, **The Gables** Sa, So 13–16 Uhr, **Brooklands Zoo** tägl. 9–17 Uhr.

Zentrum des 750 Hektar großen **geschützten Meeresgebiets Nga Motu/Sugar Loaf Islands** sind die 1,75 Millionen Jahre alten Überreste des Vulkans Nga Motu – ein Paradies für Meerestiere, Robben und Vögel, die auch vom Festland aus beobachten werden können. Alternativ kann man sich ein **Kajak** leihen oder sich einer Tour anschließen.

■ **Info:** www.doc.govt.nz.

16 **Kajakverleih/Touren:** z.B. **Canoe and Kayak,** 468 St Aubyn St., Tel. 06-751 2340, www.canoeandkayak.co.nz.

> Die White Cliffs mit den Three Sisters

Aktivitäten

Der 20-minütige Aufstieg (vom Centennial Drive) auf den **Paritutu Rock** ist anstrengend und steil, aber vom 154 Meter hohen **vulkanischen Hügel** hat man einen 360-Grad-Blick auf die Küste, die Sugar Loaf Islands und Taranaki.

New Plymouths **Strände** bieten beste Surfbedingungen. **Fitzroy Beach** und **East End Beach** im Osten und **Back Beach** im Westen sind die attraktivsten und saubersten Strände in Stadtnähe. Material, Kurse und Informationen über die besten Strände und Breaks sowie Webcams (Homepage) hat folgendes Unternehmen im Angebot:

13 **Beach Street Surf Shop,** 39 Beach St., Fitzroy, Tel. 06-758 0400, Mo–Do 9–17.30 Uhr, Fr 9–18 Uhr, Sa, So 10–16 Uhr.

Beliebte **Spazier- und Wanderstrecken:**

■ **Coastal Walkway** (11 km, 3 Std., Start: East End Reserve): Der abwechslungsreiche Weg entlang der Küste führt an drei Badestränden vorbei. Alternativ kann geradelt werden, Fahrräder gibt es am East End Reserve (ab 10 $).

Mein Tipp: White Cliffs Walkway (22 km, 8 Std. return, Start: Pukearuhe Boat Ramp, Pukearuhe Rd.): schöne Küstenwanderung, die durch Schutzgebiete, entlang der White Cliffs (Paraninihi), der Steinformation Three Sisters und dem historischen Viehtunnel Te Horo führt.

026nz ji

Praktische Tipps

Informationen

- **www.visitnewplymouth.nz**
- **Einwohnerzahl:** 74.184
- **i-SITE:** 65 Aubyn St., Tel. 06-759 0897, Mo–Fr 9–18 Uhr, Sa, So 9–17 Uhr.
- **DOC:** 55a Rimu St., Tel. 06-759 0350, Mo–Fr 8–16.30 Uhr.
- **Bibliothek:** 1 Ariki St., Tel. 06-759 6060, Mo, Di, Do, Fr 9–18 Uhr, Mi 9–21 Uhr, Sa, So 9–17 Uhr.

An- und Abreise

- **Bus:** New Plymouth wird von den großen Langstreckenbusunternehmen angefahren; Busbahnhof an der Ariki Street.
- **Flugzeug:** Vom Flughafen (Airport Dr., 11 km östl., www.newplymouthairport.com) gibt es Verbindungen nach Auckland, Wellington und Christchurch.
- **Shuttles:** Scott's Airport Shuttle, www.npairportshuttle.co.nz, ab 25 $.

Unterwegs vor Ort

- **Bus: Citylink** (www.trc.govt.nz, Tickets 3,70/2,30 $) unterhält elf Busrouten quer durch die Stadt und in die Umgebung. Auf manchen Strecken kann man Fahrräder mitnehmen.
- **Taxi: Blue Bubble Taxis,** Tel. 0800-228 294, www.new-plymouth.bluebubbletaxi.co.nz.

Unterkunft

Die oft guten und günstigen Unterkünfte von New Plymouth sind mehr oder weniger auf das Stadtgebiet verteilt. Ein paar vereinzelte Motels liegen auf der Coronation Avenue und der Leach Street.

15 **Ducks and Drakes**①-②, 48 Lemon St., Tel. 06-758 0404, www.ducksanddrakes.co.nz. Ein Alleskönner mit Schlafsälen, Doppelzimmern, Studios, Cottages und Zeltplätzen. In Laufnähe zum Geschehen.

11 **State Hotel**②, 162 Devon St., Tel. 06-757 5162, www.thestatehotel.co.nz. Gutes Hotel, stylische Zimmer mit hervorragendem Preis-Leistungs-Verhältnis.

14 **One Burgess Hill**②, 1 Burgess Hill Rd., Tel. 06-757 2056, www.oneburgesshill.co.nz. Etwas südlich gelegen, mit hellen Zimmern und Blick ins Grüne.

3 **King and Queen Hotel Suites**②-③, King St. Ecke Queen St., Tel. 06-757 2999, www.kingandqueen.co.nz. Relativ neues, hübsches Boutique-Hotel mit Zimmern in verschiedenen Preisklassen.

Camping

New Plymouth verfügt über mehrere Campingplätze, alle sind relativ teuer. Empfehlenswert ist der Folgende:

1 **Belt Road Seaside Holiday Park and Motels** ③, 2 Belt Rd., Tel. 0800-804 204, www.beltroad.co.nz. Am Coastal Walkway gelegen, teilweise Stellplätze mit Meeresblick, 2 km vom Zentrum entfernt.

Essen und Trinken

Ähnlich dem Einkaufzentrum, befinden sich die meisten Cafés und Restaurants rund um die **Devon Street.**

2 **Catch & Co.**①, 41 Ocean View Parade, Tel. 06-758 0280. Das wohl beste Fish&Chips-Restaurant der ganzen Stadt serviert auch Burger mit und ohne Brötchen.

12 **Federal Store**①-②, 440 Devon St., Tel. 06-757 8147, www.thefederalstore.com, Mo–Fr 7–17 Uhr, Sa, So 9–17 Uhr. Beliebtes Café im Retro-Style. Leckere Kuchen, Snacks und klassische Gerichte.

7 **Petit Paris**①, 34 Currie St., Tel. 07-759 0398, www.petitparis.co.nz. Französisches Café mit Broten, Patisserie, Tartes und anderen Leckereien.

4 **Monica's Eatery**①-②, King St. Ecke Queen St., Tel. 06-759 2038, www.monicaseatery.co.nz, tägl. 8–21 Uhr. Helles Restaurant mit liebevoll angerichteten Speisen.

10 **Gengy's**②, 109 Devon St., Tel. 06-758 3022, www.gengys.co.nz, tägl. 17.30 Uhr bis spät. Klassisches mongolisches Buffet, wer vor 19 Uhr isst, zahlt weniger.

6 **Social Kitchen**②-③, 40 Powderham St., Tel. 06-757 2711, www.social-kitchen.co.nz, tägl. 12 Uhr bis spät. Das Bistro-Restaurant im Industrialstil serviert gute Speisen in angenehmer Atmosphäre.

Ausgehen

Es gibt ein paar Kneipen und Bars, aber so richtig viel ist abends nicht los. Eine gute erste Anlaufstelle ist das folgende Lokal:

9 **The Hour Glass,** 124 Devon St., Tel. 06-757 9130, Mo–Sa 16–24 Uhr. Cocktails, eine gute Weinkarte und leckere Tapas in rotem, brokatlastigen Ambiente.

Einkaufen

Entlang der **Devon Street** zwischen Queen Street und Gover Street liegen die meisten Geschäfte. Es gibt die klassischen Ketten, ein paar Boutiquen und Einzelhändler.

5 Einen Blick wert ist **Kina,** 101 Devon St., Tel. 06-759 1201, www.kina.co.nz, Mo–Fr 9–17.30 Uhr, Sa 9.30–16 Uhr, So 11–16 Uhr. Hier gibt es kunstvolle Keramiken, Glas, Schmuck, Skulpturen und Bilder, die sich hervorragend als individuelle Souvenirs eignen. Dient auch als Galerie.

8 Ein **Bauernmarkt** findet So von 9 bis 13 Uhr auf der Currie Street (im Winter auf der Huatoki Plaza) statt.

In der Umgebung

Tupare

Im hübsch angelegten **Parkgelände** gibt es schöne Rhododendren-, Azaleen- und Hortensien-Gärten, durchzogen von drei Rundwegen. Im Cottage wird über die Geschichte des Gartens informiert, und es gibt kostenfreie Führungen durch das vom Architekturbüro Chapman Taylor entworfene Haus.

■ **Tupare,** 487 Mangorei Rd., 5 km südl., www.tupare.info, tägl. 9 bis Sonnenuntergang. Führungen Chapman Taylor House Sommer Fr–Mo 11 Uhr.

Hurthworth Cottage

Das in 1856 für Neuseelands Premierminister **Harry Atkinson** gebaute Häuschen ist das einzige, das die Landkriege überstanden hat, und auch seine Einrichtung ist noch im Original erhalten.

■ **Hurthworth Cottage,** 906 Carrington Rd., 9 km südl., Sa, So 11–15 Uhr, 5 $.

Pukeiti

Einer der schönsten **Gärten** der Gegend mit zahlreichen Rundwegen (bis zu 2 Std.) durch bunte Rhododendren- und Azaleengärten inmitten des Regenwaldes. Es gibt auch ein Café①.

■ **Pukeiti,** 2290 Carrington Rd., 22 km südwestl., www.pukeiti.org.nz, tägl. 9–17 Uhr.

Rund um Egmont National Park

Im Osten (SH3)

Inglewood

Das Örtchen an der Zugangsstraße zu North Egmont ist eine Möglichkeit, sich mit Lebensmitteln einzudecken, bevor man den Nationalpark besucht. Es gibt zudem ein paar Geschäfte und Cafés, viel mehr ist hier nicht los. Spielzeugfans können einen Blick in **Fun ho!** werfen, in dem handgemachte Modellautos von 1935 bis 1982 ausgestellt und (teilweise) verkauft werden.

- **Fun ho!**, 25 Rata St., Tel. 06-756 7030, www.funhotoys.co.nz, tägl. 10–16 Uhr, 7/3,50 $.

Stratford

Im Osten des Taranaki liegt Stratford mit seinen über 5000 Einwohnern. Von hier aus geht es über Pembroke zu Dawson Falls im Egmont National Park oder Richtung Nordosten auf den Forgotten World Highway. Seinen Namen verdankt der Ort *William Shakespeares* Geburtsort Stratford-upon-Avon, und zu Ehren des großen Dichters sind zudem viele Straßen nach Figuren aus *Shakespeares* Stücken benannt.

Stratford ist ein guter **Versorgungspunkt** mit Supermärkten, Geschäften, Tankstellen und einer i-SITE. Hier erhält man auch Informationen über den Nationalpark.

Reizvoll ist Neuseelands erstes **Glockenspiel** (Broadway) von 1996, das um 10, 13, 15 und 19 Uhr ertönt und dabei lebensgroße Figuren Romeos und Julias erscheinen lässt.

In der **Percy Thomson Gallery** werden durchaus sehenswerte Werke lokaler und nationaler Künstler ausgestellt.

- **Percy Thomson Gallery,** 56 Miranda St., Tel. 06-765 0917, www.percythomsongallery.org.nz, Mo–Fr 10.30–16 Uhr, Sa, So 10.30–15 Uhr.

Zwei Kilometer südlich der Stadt befindet sich das **Taranaki Pioneer Village.** Das Freilichtmuseum veranschaulicht das Leben der Pioniere ab 1853.

- **Taranaki Pioneer Village,** Main Rd. South, www.pioneervillage.co.nz, tägl. 10–16 Uhr, 12/5 $.

Praktische Tipps

- **i-SITE,** Prospero Pl., Tel. 06-765 6708, Mo–Fr 8.30–17 Uhr, Sa, So 10–15 Uhr.
- **Amity Court Motel**②, 35 Broadway, Tel. 06-765 4496, www.amitycourtmotel.co.nz. Wer in Stratford übernachten möchte, ist hier gut aufgehoben, die Zimmer sind sauber, der Service freundlich.
- **Stratford Holiday Park**②, 10 Page St., Tel. 06-765 6440, www.stratfordholidaypark.co.nz. Der zentral gelegene Campingplatz bietet neben Stellplätzen auch Wohneinheiten.
- **Cafés** und **Restaurants** findet man rund um den **Broadway.**

▷ Was für ein Kontrast: Cape Egmont Lighthouse vor der Kulisse des Mount Taranaki

Im Westen – Surf Highway 45

Der SH45, der sich von New Plymouth an der Küste entlang um den Mount Taranaki schlängelt, wird aufgrund seiner Nähe zu unzähligen, in der Szene sehr beliebten **Surfstränden** auch „Surf Highway 45" genannt. Bei jeder Windrichtung kann man hier aufs Board steigen. Der Großteil der Strecke verläuft in sicherer Entfernung zum Strand, einen Blick auf das Meer erhascht man nur rund um Opunake. Wem das nicht reicht, der kann eine der etlichen kleinen Stichstraßen nehmen, die vom SH45 zu einsamen, unbewohnten Buchten mit überwiegend schwarzem Sand führen.

In den lokalen i-SITEs gibt es die **Broschüre „Surf Highway 45".**

Oakura

Der Ort mit seinen 1500 Einwohnern gehört zum Einzugsgebiet von New Plymouth, hat sich aber trotzdem seinen eigenen **Charme** bewahrt. Man findet ein paar Kunsthandwerksläden und Cafés.

■ Surfequipment, SUPs und Kurse bietet **Vertigo,** 1135 Main South Rd., Tel. 06-752 7363, www.vertigosurf.com, Mo–Fr 9–17 Uhr, Sa 10–16 Uhr.

Praktische Tipps

■ Übernachten kann man im **Oakura Beach Holiday Park**③, 2 Jans Tce., Tel. 06-752 7861, www.oakurabeach.com, oder im **Oakura Beach Motel** ②, 53 Wairau Rd., Tel. 06-752 7861, www.oakurabeachmotel.co.nz.

■ Ein Bierchen genießt man im **Butlers Reef,** 1133 South Rd., Tel. 06-752 7765, www.butlersreef.co.nz, Mo–Mi 12–22 Uhr, Do–So 11–24 Uhr.

027nz ji

Cape Egmont Lighthouse

Der **Leuchtturm** befand sich einst auf der nördlich von Wellington liegenden Insel Mana. Heute steht er am westlichsten Zipfel des Kaps und bildet mit Mount Taranaki im Hintergrund eine hübsche Kulisse.

Opunake

In diesem Ferienort dreht sich alles um **Wassersport,** denn außer Surfen und Schwimmen (am im Sommer bewachten Strand) gibt es wenig zu tun.

■ **Dreamtime Surf Shop,** 102 Tasman St., Tel. 06-761 7570, www.dreamtimesurfshop.co.nz, Mo–Fr 9–17.30 Uhr, Sa 9.30–16 Uhr, So 10–15 Uhr. Hier kann man Boards mieten und Surfkurse belegen.

Praktische Tipps

■ Übernachten kann man im **Opunake Beach Holiday Camp**②, Beach Rd., Tel. 06-761 7525, www.opunakebeachnz.co.nz, der auch Wohneinheiten② vermietet.

■ **Sugar Juice Café**①-③, 42 Tasman St., Di–Sa 9 bis spät, So 9–16 Uhr. Das beliebte Café serviert neben Snacks auch leckere größere Mahlzeiten.

Hawera

Das von Weideland umgebene, eher schmucklose Hawera ist das **Versorgungszentrum der Region.** Hier befindet sich die **größte Molkerei der Welt,** die 20 Prozent der neuseeländischen Milch verarbeitet. Der Großteil der Milch kommt aus der Region, wird aber auch aus anderen Regionen der Nordinsel per Lkw angeliefert.

Zu sehen gibt es das kleine **Elvis-Presley-Museum,** in dem „Vollzeitfan" *David Wasley* eine riesige Sammlung von Memorabilia präsentiert.

■ **Elvis Presley Museum,** 51 Argyle St., Tel. 06-278 8599, www.elvismuseum.co.nz, am besten vorher anrufen.

Das **Tawhiti Museum** veranschaulicht anhand von Modellen in Lebensgröße und in Miniaturform das gesellschaftliche und kulturelle Erbe Neuseelands. Angeschlossen sind ein Café① und ein kleiner Shop.

■ **Tawhiti Museum,** 401 Ohangai Rd., Tel. 06-278 6837, www.tawhitimuseum.co.nz, Fr–So 10–16 Uhr, 15/5 $.

Wer sich auf die Spuren des neuseeländischen Autors **Roland Hugh Morrieson** begeben möchte, sollte einen Blick in das Morrieson's Café and Bar werfen. Hier befinden sich der Kamin und die Treppe seines Wohnhauses, zahlreiche seiner Bücher und eine Kurzbiografie zum Sofortlesen.

■ **Morrieson's Café and Bar**①-②, 60 Victoria St., Tel. 06-278 5647, tägl. 11–21 Uhr.

Praktische Tipps

■ **Park Motel**②, 61 Waihi Rd., Tel. 06-278 7275, www.theparkmotel.co.nz. Einfache Zimmer.

■ Der benachbarte **Hawera Holiday Park**②, 70 Waihi Rd., Tel. 06-278 0872, bietet Stellplätze.

■ Weitere **Cafés** und **Restaurants** finden sich auf der **High Street.**

Von **Hawera Richtung Süden** siehe „Whanganui und Umgebung/In der Umgebung/Richtung Westen/SH3".

Egmont National Park/Mount Taranaki

Schon von Weitem ist der Gipfel des majestätisch in die Höhe ragenden Berges zu sehen. Im Winter ist er schneebedeckt, im Sommer präsentiert er sich mit seinen kargen Geröllfeldern eindeutig als Vulkan. Üppige **Regenwälder** umgeben den Fuß des 2618 Meter hohen Bergs, in höheren Gegenden dominieren **Buschland** und **alpine Kräuter.** Der **Kamahi-Wald** ähnelt mit seiner Vielzahl an Moosen und knorrigen Bäumen einem verwunschenen Reich und wird daher „Koboldwald" genannt. Ausgebrochen ist der junge Vulkan vor über 350 Jahren zum letzten Mal.

Drei Straßen führen in den Nationalpark hinein: Die **Egmont Street** im Nordosten endet am DOC Egmont National Park Visitor Centre bzw. in North Egmont auf 978 Meter. Die **Pembroke Road** von Osten her führt zum Skigebiet, und die **Manaia Road** im Südosten endet in der kleinen Siedlung Dawson Falls, in der sich auch das DOC Dawson Falls Visitor Centre befindet. Von allen drei Zugängen aus starten schöne Wanderungen. Wer Tagestouren unternehmen möchte, startet am besten in Dawson Falls, wer zum Gipfel möchte, wandert in North Egmont los.

Die Legende von Mount Ruapehu und Taranaki

Die junge Magd **Ruapehu** war **mit Taranaki verheiratet.** Eines Tages, als ihr Mann beim Jagen war, wurde sie von **Tongariro** umschwärmt und in seine Arme gelockt. Taranaki erwischte die beiden, und es kam zu einer **Schlägerei,** in der Taranaki unterlag. Geschlagen zog er Richtung Westküste und hinterließ auf seinem Weg tiefe Furchen, in denen heute der **Fluss Wanganui** fließt. Als Taranaki die Küste erreichte, zog er Richtung Norden und ließ sich am westlichen Ende der Insel nieder. Hier **sitzt er noch immer** und blickt in Richtung seiner Frau und seinen Rivalen. Trotz ihrer Untreue liebt Ruapehu ihren Mann noch immer und seufzt bei dem Gedanken an ihn. Das **ärgert Tongariro,** der vor Ärger pufft und raucht ...

Spazieren und Wandern

Der Nationalpark bietet unzählige schöne Spazier- und Wanderwege, von wenigen Minuten bis zu mehreren Tagen Länge. Das DOC hat die **Broschüren „North Egmont Walks"** und **„Dawson Falls and East Egmont Walks"** herausgegeben, die einen guten Überblick über alle Routen geben.

Mehrere Unternehmen bieten **geführte Touren** und **Bergsteigerkurse** an.

■ **Taranaki Tours,** 48 Buller St., Tel. 06-757 9888, www.taranakitours.com.

Die nachfolgend vorgestellten Wander- und Spazierwege gehören zu den landschaftlich attraktivsten und beliebtesten der Region:

■ **North Egmont Short Walks** (5–45 Min., Start: North Egmont): sechs Spazierwege, die schöne Blicke auf den Taranaki bieten und einen ersten Eindruck vom Nationalpark vermitteln.

■ **Wilkies Pools Loop** (1½ Std., Rundwanderung, Start: Dawson Falls): Spaziergang durch den subalpinen Koboldwald zu glasklaren Seen, deren Wasser von 20.000 Jahre alter Lava gefiltert wird. Die Bachüberquerung ist nach starken Regenfällen gelegentlich nicht möglich.

■ **Curtis Falls Track** (2–3 Std. return, Start: Dawson Falls): teilweise anstrengende Wanderung durch Täler, an Bächen entlang und zum Curtis-Wasserfall. Mit diversen Bademöglichkeiten.

■ **Kokowai Track** (6 Std., Rundwanderung, Start: North Egmont): abwechslungsreiche Tageswanderung in Wäldern und auf alpinen Wanderwegen. Vermittelt einen guten Überblick über den Nationalpark.

■ **Summit Track** (8–10 Std. return, Start: North Egmont, nur im Sommer!): sehr anstrengende Wanderung mit teilweise extrem steilen Abschnitten über Geröllfelder und erhöhter Gefahr, sich zu verlaufen. Vom Gipfel sehr schöner Blick über die Nordinsel. Die DOC-Broschüre „Mt. Taranaki Summit Climb" informiert. Steigeisen und Eispickel (und fundierte Praxiserfahrung damit) sind in allen Monaten außer Januar und Februar empfehlenswert.

Poukakai Circuit (2–3 Tage, Start: North Egmont): Schöne, abwechslungsreiche Wanderung durch alpine Areale, Wälder und Sumpfgebiete. Mehrere Abstecher sind möglich. Alle wichtigen Informationen findet man in der DOC-Broschüre „Poukakai Circuit".

■ **Around the Mountain** (52 km, 4–5 Tage, Start: North Egmont oder Dawson Falls): Schöne Wanderung mit langen Tagesabschnitten um den Mount Taranaki herum. Anstrengend, streckenweise schlecht ausgebaut und schlammig mit Bachüberquerungen. Man sollte unbedingt eine Karte mitnehmen (und auch wissen, wie diese zu lesen ist). Die DOC-Broschüre „Around the Mountain Circuit" informiert.

Achtung: Das **Wetter** am Taranaki schlägt häufig extrem schnell um. Wer bei Sonnenschein losläuft, kann von heftigen Regenschauern oder gar Schnee überrascht werden. Auf allen Strecken sollte man nur gut ausgerüstet losgehen. Wer eine längere Tour in Angriff nimmt, sollte sein Vorhaben ins **DOC Intention Book** eintragen, die Wettervorhersage studieren, sich mit dem DOC absprechen und dessen Warnhinweise ernstnehmen. Schlechtes Wetter schränkt die Sicht ein, sodass man sich schnell **verlaufen** kann. Jedes Jahr sterben Wanderer beim Gipfelanstieg, weil sie schlecht ausgerüstet sind, die Orientierung verlieren oder anderweitig verunglücken. Am besten bei DOC einen sogenannten **Emergency Beacon** ausleihen, der im Notfall aktiviert werden kann.

151nz ks

Skifahren

In der Verlängerung der Pembroke Road befindet sich die **Manganui Ski Area.** Das relativ kleine Skigebiet verfügt über wenige Anfänger- und ein paar Fortgeschrittenenpisten, punktet aber durch sein „Off-Piste Adventure-Type Terrain" für Könner. Es gibt drei Lifte (45 $/Tag).

- **www.skitaranaki.co.nz**
- Skiausrüstung kann bei **Taranaki Ski Hire,** 111 Pembroke Rd., Stratford, gemietet werden.
- Übernachten kann man in der Skihütte **Manganui Lodge,** Upper Pembroke Rd., 45 $/Nacht plus 30 $ Bearbeitungsgebühr. Vom Parkplatz aus läuft man ca. 20 Min.

Praktische Tipps

Informationen

- **www.doc.govt.nz**
- **DOC,** North Egmont Visitor Centre, 2679 Egmont Rd., Tel. 06-756 0990, tägl. 8–16.30 Uhr.
- **Dawson Falls Visitor Centre,** Manaia Rd., Do–So 9–16 Uhr.

An- und Abreise

Zum Zeitpunkt der Recherche fuhren **keine öffentlichen Verkehrsmittel** den Nationalpark an. Ein paar private Betreiber bieten **Shuttles** auf Anfrage, z.B. **Taranaki Mountain Shuttle,** Tel. 027-270 2932, ab 35 $ von New Plymouth.

< Innenleben eines Farnbaums

Unterkunft und Camping

Es gibt an allen **Zugangsstraßen** ein paar wenige Unterkünfte. Vorabbuchung ist angeraten, soweit möglich. Alternativ bieten sich Übernachtungen in Inglewood oder Stratford an. Es gibt **keine Campingplätze** im Gebiet des Nationalparks. Wer *self contained* ist, kann am Ende der drei Zufahrtsstraßen für max. vier Nächte/Monat als Freedom Camper übernachten. Fernab der Straßen liegen klassische **DOC-Hütten** über den Nationalpark verteilt. Es gilt *first come, first serve.*

- **Camphouse**①, Egmont Rd., North Egmont, Tel. 06-756 0990, www.doc.govt.nz. Historische, einfache DOC-Hütte mit vier Schlafsälen, Duschen und einer Küche. Mit tollem Blick über die Gegend.
- **Konini Lodge**①, Manaia Rd., Dawson Falls, Tel. 06-756 0990, www.doc.govt.nz. Ski- und Wanderhütte mit sechs Schlafräumen, Heizung, Trockenraum und Duschen.
- **Andersons Alpine Lodge**②, 922 Pembroke Rd., East Egmont, nahe Stratford, Tel. 06-765 6620, www.andersonsalpinelodge.co.nz. Kleine Lodge mit wenigen Zimmern und schönem Blick.
- **Dawson Falls Mountain Lodge**③, Manaia Rd., Dawson Falls, Tel. 06-765 5457, www.dawsonfallsmountainlodge.kiwi.nz. Zimmer im bäuerlichen Stil mit viel Holz, Halbpension kann hinzugebucht werden.

Einkaufen/Essen und Trinken

Zum Zeitpunkt der Recherche gab es **keine Geschäfte und Tankstellen** im Nationalpark, sämtliche Verpflegung muss mitgebracht werden.

- Dem North Egmont Visitor Centre angeschlossen ist das **Mountain Café**①-②, Egmont Rd., tägl. 9–15 Uhr, Winter 10–15 Uhr.
- In Dawson Falls öffnet am Wochenende das **Dawson Falls Lodge Restaurant**①-②, Manaia Rd., Tel. 06-765-5457, www.dawsonfallsmountainlodge.kiwi.nz, Do–So 10.30–15 Uhr.

028nz kp

Forgotten World Highway (SH 43)

Die 155 Kilometer lange Straße zwischen Stratford (siehe „Rund um Egmont National Park/Mount Taranaki“) und Taumarunui schlängelt sich entlang subtropischer Regenwälder und malerischer Landschaften des Whangamomona-Passes und der Tangarakau-Schlucht – eine **unveränderte Landschaft,** wie sie vor Tausenden von Jahren geschaffen wurde. Außer ein paar alten Pa (befestigten Siedlungen), Kohlebergwerken und kleinen Dörfchen weist nur wenig auf den Einfluss des Menschen in der Gegend hin, und so gibt es hier auch weder Supermärkte noch Tankstellen. Die Strecke, für die man drei bis vier Stunden einplanen sollte, führt über vier Pässe, zwölf Kilometer des Straßenverlaufes sind nicht asphaltiert. Die **Broschüre „Forgotten World Highway“** beschreibt über 30 Sehenswürdigkeiten entlang der Strecke. Die Highlights sind die **Mount Damper Falls,** der höchste Wasserfall der Nordinsel, die malerische **Tangarakau Gorge** sowie das Örtchen **Whangamomona,** das 1989 nach Meinungsverschiedenheiten über die lokale Zugehörigkeit die Unabhängigkeit ausrief und diese im Januar in ungeraden Jahren mit geradezu pompös feiert.

Wer selbst nicht fahren möchte, kann sich einer **Tour** (auch als Wander- oder Fahrradtour möglich) anschließen, z.B. bei folgendem Anbieter:

- **Eastern Taranaki Experience,** www.eastern-taranaki.co.nz, ab 60 $.

Taumarunui

Der Ort selbst hat außer einer i-SITE wenig zu bieten, ist aber ein guter **Ausgangspunkt** für Ausflüge in den Whanganui National Park und zum Forgotten World Highway.

- **i-SITE,** 116 Hakiaha St., Tel. 07-895 7494, tägl. So 8.30–17 Uhr.

⌃ Wanderpause mit grandiosem Ausblick

Whanganui National Park

Der Whanganui National Park liegt im Osten an der Grenze zur Region Taranaki sowie zwischen Taumarunui im Norden und Whanganui im Süden. Durch den Park fließt der gleichnamige **Fluss** auf seiner 300 Kilometer langen Reise vom Mount Tongariro zum Tasmanischen Meer. Der Park ist mit **Tieflandwald** bewachsen, der auf weichem Sandstein und Schiefer steht, sodass sein Gewicht in Kombination mit starken Regenfällen über die Jahrtausende hinweg **tiefe Schluchten** und **imposante Felsen** hinterließ. Farne, Südbuchen und Steineibengewächse dominieren die **Pflanzenwelt.** Zahlreiche **Vogelarten** wie verschiedene Schnäpper-Arten, Tui und Streifenkiwi sind im Park beheimatet. Vereinzelt sind Überreste von einstigen Maori-Dörfern zu finden. Der Park bietet **sagenhaft schöne Wander- und Kanurouten.** Aufgrund seiner Abgelegenheit ist er relativ schlecht zu erreichen, Hauptausgangspunkt für Ausflüge in den Park ist **Pipiriki** im Süden.

Maori-Legenden

Verschiedene Legenden ranken sich um die **Entstehung des Flusses Whanganui.** Eine berichtet davon, dass die Berge Tongariro und Taranaki einst über die liebliche Jungfrau Pihanga in Konflikt gerieten. Ruapehu riet Taranaki, die Gegend zu verlassen, um sein *tapu* (Heiligkeit) zu erhalten. Voller Trauer machte dieser sich in Richtung Sonne auf und hinterließ eine Schlucht, die sich mit seinen Tränen füllte – den Fluss Whanganui (alternative Variante siehe „Mount Egmont National Park/Mount Taranaki", zur Geschichte der Region siehe „Whanganui und Umgebung").

Sehenswertes und Aktivitäten

Whanganui River Journey

Der Trip wird zwar als **„Great Walk"** bezeichnet, es handelt sich aber um eine **Flusstour per Kajak oder Kanu.** Die 145 Kilometer lange Strecke kann **nicht gelaufen werden.** Auf dem ruhigen Whanganui geht es von Tauramanui aus in fünf Tagen durch tiefe Schluchten, entlang malerischer Wälder, Strände und Buchten nach Pipiriki. Eine kürzere Fahrt über drei Tage ist von Whakahoro aus möglich. Die Route ist eine der schönsten Kajak- bzw. Kanutouren Neuseelands.

Es gibt eine Handvoll Anbieter, die **Kajaks** vermieten und **Shuttles** organisieren. Beliebte Ausgangspunkte sind Raetihi und Taumarunui, aber auch andere Startpunkte sind möglich. Die Kanuvermieter informieren gern, auch über aktuelle Gefahren, das Wetter und weiteres Wissenswertes.

- **Whanganui River Canoes,** 10 Parapara Rd., Raetihi, Tel. 06-385 4176, whanganuirivercanoes.co.nz, ab 160 $.
- **Taumarunui Canoe Hire,** 292 Hikumutu Rd., Taumarunui, Tel. 07-895 7483, www.taumarunuicanoehire.co.nz, ab 150 $.

Praktische Tipps

- **www.greatwalks.co.nz/tongariro**
- Die DOC-Broschüre **„Whanganui Journey"** bietet grundlegende Information über Entfernungen, Hütten und Wissenswertes.
- Die Broschüre **„Whanganui Journey Guide"** informiert über Fauna und Flora, den Seitenabstecher zur Bridge to Nowhere, gibt Sicherheitshinweise und erläutert die Verhaltensrichtlinien beim Besuch des einstigen Pa Tieke Kaitanka.
- Entlang der Strecke gibt es **elf Campingplätze** sowie **zwei DOC-Hütten,** die während der Great Walk Saison (Okt. bis April) vorab gebucht werden müssen (32 $/Hütte, 20 $/Camping).

Whanganui River Road

Die **80 Kilometer lange Landstraße** zwischen Upokongaro im Süden (am SH4) und Pipiriki im Norden ist geprägt von beeindruckender **Natur, Maori- und Siedlungsgeschichte.** Nur die Hälfte der Strecke ist asphaltiert, nach starken Regenfällen können Erdrutsche die Straße versperren. Unterwegs gibt es weder Geschäfte noch Tankstellen, mindestens zwei Stunden müssen für die Strecke eingeplant werden. Die Broschüre „Whanganui River Road" erläutert die Sehenswürdigkeiten der Strecke. Highlights sind die großartigen Blicke auf den Fluss, die **Oyster Shell Cliffs,** die vielen **Maori-Dörfer** mit ihren Marae und der Ort **Hiruharama/Jerusalem** mit seinem Kloster und der historischen Kirche Saint Joseph's.

⊡ Die Bridge to Nowhere

Pipiriki

Der kleine Ort ist **Transferort für Paddelausflüge** auf dem Whanganui River. Außer einem kleinen Kiosk mit unregelmäßigen Öffnungszeiten gibt es hier schlichtweg nichts.

Raetihi

Ein guter **Ausgangspunkt** für Ausflüge in den Nationalpark. Raetihi bietet eine **ausreichende Infrastruktur** mit einem Supermarkt und Unterkünften.

Praktische Tipps

- **Snowy Waters Lodge**②-③, 58 Ward St., Tel. 06-385 3157, www.snowywaterslodge.co.nz. Die Lodge bietet ordentliche Zimmer.
- Stellplätze gibt es auf dem einfachen **Raetihi Holiday Park**①, 10 Parapara Rd., Tel. 06-385 4176, www.raetihiholidaypark.com.

Bridge to Nowhere

Ein beliebtes Ausflugsziel ist die **Betonbrücke,** die in den 1930er Jahren eine Straßenverbindung zum Mangapuruna Valley Soldiers Settlement ermöglichte. Bei Fertigstellung der Brücke war das Tal bereits verlassen, sie wurde kaum genutzt und letztlich komplett überflüssig. Die Brücke, die nirgendwohin führt, steht inmitten dichten Waldes und ist ein **reines Touristenziel.** Erreicht werden kann sie per Boot, zu Fuß oder mit dem Fahrrad; ein empfehlenswerter Anbieter für Touren aller Art:

- **Bridge to Nowhere,** Tel. 06-385 4622, www.bridgetonowhere.co.nz.

Kanu- und Kajaken

Eine beliebte Art, den Nationalpark zu erleben, ist ein Ausflug auf dem **Whanganui River.** Es gibt verschiedene Anbieter, die Kajaks stunden- oder tageweise vermieten und auch Shuttles organisieren (s. „Whanganui River Journey/Kajak- bzw. Kanuverleih und Shuttle").

Jetboat-Touren

Wer den Fluss auf weniger anstrengende Art erkunden möchte, kann sich einer Jetboat-Tour von Pipiriki oder Whanganui aus anschließen.

- **Whanganui Scenic Experience Jet,** 1195 Whanganui River Rd., Tel. 06-342 5599, www.whanganuiscenicjet.com, ab 80/60 $.

Spazieren und Wandern

Im Nationalpark findet man zahlreiche Spazier- und Wanderwege. Von der Whanganui River Road aus sind sie ausgeschildert. Die bekanntesten Touren im Park sind:

- **Bridge to Nowhere Walk** (3 km, 1½ Std. return, Start: Mangapurua Landing): beliebte Tour in Kombination mit Jetboat-Shuttle zur verlassenen Brücke (siehe oben).
- **Atene Skyline Track** (18 km, 6–8 Std., Rundweg, Start: Parkplatz kurz hinter Atene): anstrengende Rundwanderung entlang des Bergkammes. Vorwiegend im Wald, ab und zu schöne Ausblicke.
- **Matemateaonga Track** (42 km, 3–5 Tage, Start: Upper Mangaehu Rd., Stratford oder Whanganui River, Pipiriki): einsame Wanderung durch natürliche Wälder. Jetboat von bzw. zum Track muss vorab gebucht werden.

029nz ks

■ **Mangapurua/Kaiwhakauka Track** (40 km, 2–3 Tage, Start: Whakahoro oder Ruatiti Rd. bei SH4): gut ausgebauter, einfacher Track entlang der gleichnamigen Nebenflüsse des Whanganui. Die Strecke kann auch mit dem Mountainbike bestritten werden.

Mountainbiken

Es gibt eine Reihe von Rad-Tracks. Die meisten Jetboats können auch Fahrräder transportieren (vorab buchen!). Beliebt ist die Fahrt von Pipiriki nach Mangapurua Landing und mit dem Jetboat zurück oder der Mangapurua/Kaiwhakauka Track (siehe oben). Informationen und Fahrräder gibt es hier:

■ **Whanganui River Adventures,** 2522 Pipiriki Raetihi Rd., Tel. 06-385 3246, www.whanganuiriveradventures.com.

■ **Bike Shed,** 70 Ridgeway St., Whanganui, Tel. 06-345 5500, www.bikeshed.co.nz, Mo–Fr 8–17.30 Uhr, Sa 9–14 Uhr.

Praktische Tipps

Informationen

■ **www.doc.govt.nz**

■ **www.visitruapehu.com**

■ Die **i-SITEs** in Whanganui, Stratford und Ohakune bieten ausführliche Informationen.

Unterkunft und Camping

Im Whanganui National Park gibt es zahlreiche vom DOC verwaltete **Campingplätze,** im südlichen Teil rund um den Matemateaonga Track befinden sich zusätzlich einige **Hütten** (www.doc.govt.nz). Kommerzielle Unterkünfte gibt es im Park selbst relativ wenige.

■ **Bridge to Nowhere Lodge**②-③, Whanganui River, Tel. 06-385 4622, www.whanganuiriveraccommodation.co.nz, am Ausgangspunkt zur Brücke. Recht beliebte Unterkunft.

■ Auf halber Strecke der Whanganui River Road liegt das **Flying Fox**②-③, Tel. 06-927 6809, www.theflyingfox.co.nz, mit Zimmern, Wohneinheiten und Stellplätzen.

▷ Blick über Whanganui

Whanganui und Umgebung

Die Stadt am gleichnamigen Fluss erscheint etwas **altmodisch,** eingerostet. Whanganui präsentiert nicht allzu viel von touristischem Wert, bietet sich aber als **Planungstopp** für die Weiterreise in den Whanganui-Nationalpark an. Supermärkte und eine Geschäftsstraße versorgen Reisende mit allem, was sie brauchen. Bei einem Spaziergang am Fluss kann man sich die Beine vertreten, Kunstinteressierte finden eine wachsende kreative Szene.

Aufmerksame Reisende können feststellen, dass der Stadtname Whanganui manchmal auch **ohne h (Wanganui) geschrieben** wird. Seit Jahrzehnten gibt es diesbezüglich Streitigkeiten, eine einheitliche Schreibweise gibt es nicht. Ob mit oder ohne h, ausgesprochen wird der Stadtname „Wanganui" (statt f für wh, wie es im Maori wäre).

Geschichte

1840 gegründet, ist Whanganui **eine der ältesten Städte Neuseelands.** Sie wurde als zweite Stadt nach Wellington durch die New Zealand Company gegründet und ursprünglich „Petre" benannt, nach dem Direktor der Company. 1854 erhielt die Stadt den Namen „Whanganui". Die ersten Siedlungsjahre waren von Unruhen durch **Landstreitigkeiten** mit den Maori geprägt, die Mitte der 1860er Jahre eskalierten. Es wurden Schanzen und Festungsanlagen entlang des Flusses gebaut und Truppen stationiert. Erst im Januar 1870 endete nach 23 Jahren die Militärpräsenz. Doch noch heute gibt es Unstimmigkeiten zwischen den Maori und Pakeha.

Ab den 1870er Jahren entwickelte sich die Stadt zum regionalen **Wirtschaftszentrum:** Wollverarbeitung und -vertrieb, Kühlanlagen und der Hafen standen im Mittelpunkt des geschäftigen Treibens. Die **Wirtschaftskrise** traf Whanganui hart, auch die zunehmende Erschließung des Hinterlandes trug zur

030nz ks

Stagnation der Entwicklung bei. Seit den 1980er Jahren wandern immer mehr Firmen nach Palmerston North ab, andere schließen komplett. Seit der Jahrtausendwende versucht die Stadtverwaltung, vermehrt auf **Produktion und Tourismus** zu setzen, das Wirtschaftswachstum vollzieht sich dennoch nur schleichend. Noch immer ist die Einwohnerzahl der Stadt auf dem selben Niveau wie 1966.

Sehenswertes und Aktivitäten

Ein gut aufbereitetes, interaktives **Regionalmuseum** zeigt einen interessanten Querschnitt durch Natur, Kultur, Geschichte sowie Maorikunst und -kultur.

■ **Whanganui Regional Museum,** 62 Ridgway St., Tel. 06-349 1110, www.wrm.org.nz, tägl. 10–16.30 Uhr.

Übernachtung
1 Siena Motor Lodge
3 Wanganui Seaside Holiday Park
5 Rutland Arms Inn
8 Fordell Homestead
9 Whanganui River Top 10 Holiday Park, Tamara Riverside Lodge

Essen und Trinken
2 Mischief
4 Japanese Kitchen WA
6 Mud Ducks Café
10 Caroline's Boatshed

Einkaufen
7 Rivers Traders Market

In der **Sarjeant Gallery** werden hochwertige zeitgenössische Werke vorwiegend **nationaler Künstler** in frisch renovierten Räumlichkeiten präsentiert.

■ **Sarjeant Gallery,** Queens Park, Tel. 06-349 0506, www.sarjeant.org.nz, tägl. 10.30–16.30 Uhr.

Bei **Chronicle Glass** dreht sich alles ums Thema **Glas:** Ausstellung, Shop und Show-Glasblasen. Hier findet man originelle Souvenirs. Bieten auch Glasbläserkurse mit verschiedenen Themen.

■ **Chronicle Glass,** 2 Rutland St., Tel. 06-347 1921, www.nzglassworks.com, tägl. 10–16.30 Uhr.

Der **historische Raddampfer „Waimarie"** wurde 1900 von England nach Neuseeland gebracht und war hier fünf Jahrzehnte im Einsatz, bis er 1952 sank. 41 Jahre später wurde das Wrack geborgen, restauriert und als Touristenboot eingesetzt. Bietet auch Themenfahrten (z.B. Jazz, Vintage). Ein **Museum** zeigt die Geschichte der „Waimarie".

■ **Waimarie Paddle Steamer and Museum,** 1a Taupo Quay, Tel. 06-347 1863, www.waimarie.co.nz, tägl. 11 u. Fr 17.30 Uhr, 45/15 $, Museum frei.

1919 wurde der **Untergrund-Lift Durie Hill Elevator** gebaut, um die Stadt mit einem Wohngebiet zu verbinden. Erst geht es 210 Meter tief in einen Tunnel und dann 66 Meter in die Höhe, zum Fuß des Durie Hill War Memorial Tower, von dem man (nach unzähligen Stufen) bei gutem Wetter bis zu Taranaki und Ruapehu schauen kann.

■ **Durie Hill Elevator,** 42 ANZAC Pde., Tel. 0800-926 426, Mo–Fr 8–18 Uhr, Sa, So 10–17 Uhr, 2 $.

An der ANZAC Parade findet man den riesigen **Kinderspielplatz Kowhai Park** mit Wasserspielen, Abenteuer-Attraktionen und einem Eisenbähnchen. Ein Muss für alle Kleinen.

Praktische Tipps

Informationen

■ **www.visitwhanganui.nz**
■ **Einwohnerzahl:** 42.639
■ **i-SITE** und **DOC:** 31 Taupo Quay, Tel. 0800-926 426, Mo–Fr 8.30–17 Uhr, Sa, So 9–16 Uhr.
■ **Bibliothek:** Queens Park, Tel. 06-349 1000, Mo–Fr 9.30–18 Uhr, Sa 10–17 Uhr, So 10–15 Uhr.

An- und Abreise

■ **Bus:** Whanganui wird von den großen Langstreckenbusunternehmen angefahren; Busbahnhof 156 Ridgway St.
■ **Flugzeug:** Air Chatham verbindet Whanganui mit Wellington und Auckland. Der Flughafen (Airport Rd., www.whanganuiairport.co.nz) liegt 5 km südlich der Innenstadt.

Unterwegs vor Ort

■ **Taxi:** z.B. **Wanganui Taxis,** Tel. 06-343 5555.
■ **Bus: Horizons,** Tel. 0508 800 800, www.horizons.govt.nz, betreibt verschiedene Buslinien im Stadtgebiet. Tickets kosten 2,50/1,50 $.

Unterkunft

Es gibt eine ordentliche Anzahl an (verhältnismäßig günstigen) Übernachtungsmöglichkeiten. Wer sich noch nicht festgelegt hat, kann einen Blick auf die

Motels entlang der Somme Parade oder das nördliche Ende der Victoria Avenue werfen.

9 **Tamara Riverside Lodge**①, 24 Somme Pde., Tel. 06-347 6300, www.tamaralodge.com. Zentral gelegen in einer Villa am Fluss, mit Klavier, Hängematten, kostenfreien Fahrrädern und Heizung.

1 **Siena Motor Lodge**②, 335 Victoria Ave., Tel. 06-880 0489, www.siena.co.nz. Einfache, saubere Zimmer in gutem Preis-Leistungs-Verhältnis in Laufnähe zum Zentrum.

5 **Rutland Arms Inn**②, 48–52 Ridgway St., Tel. 06-347 7677, www.rutlandarms.co.nz. Hotel mit altenglischem Charme in zentraler Lage; ein Restaurant ist angeschlossen.

8 **Fordell Homestead**②, 1065E No. 2 Line, Fordell, 10 km östl., Tel. 06-929 5752, www.fordellhomestead.nz. Hübsches B&B in Villa aus dem Jahr 1880, in großer Gartenanlage und tollem Service.

Camping

9 **Whanganui River Top 10 Holiday Park**③, 460 Somme Pde., 6 km nördl., Tel. 06-343 8402, www.wrivertop10.co.nz. Klassischer Holiday Park mit viel Grünfläche. Direkt am Fluss gelegen, mit allen üblichen Annehmlichkeiten, Pool, Fahrrad- und Kajakverleih.

3 **Wanganui Seaside Holiday Park**②, 1a Rangiora St., Castlecliff, 7 km südwestl., Tel. 06-344 2227, www.wanganuiholiday.co.nz. Etwas in die Jahre gekommen, nur wenige Schritte zum Strand.

Essen und Trinken

Auf der **Victoria Avenue** gibt es zahlreiche Cafés und Restaurants, bei schönem Wetter lässt es sich gut draußen sitzen und das Treiben auf Whanganuis geschäftigster Straße beobachten. Kulinarisch gesehen, liegen Whanganuis Restaurants eher im Mittelfeld, aber Hunger leiden muss niemand. Gute Anlaufstellen sind:

2 **Mischief**①-②, 96 Guyton St., Tel. 06-347 1227, Mo–Fr 7.30–15 Uhr. Kleines Café in rustikal-hübsch-quirky Ambiente mit klassischen neuseeländischen Gerichten. Es gibt auch ein paar Außensitzplätze.

6 **Mud Ducks Café**①-②, 31 Taupo Quay, Tel. 06-348 7626, www.mudducks.co.nz, tägl. 8.30–16 Uhr. Direkt neben der i-SITE gelegen, kann man hier in Ruhe seine Reisepläne überdenken, bevor es samstags weiter auf den gegenüber liegenden Markt geht.

4 **Japanese Kitchen WA**①-②, 92 Victoria Ave., Tel. 06-345 1143, Mo–Fr 11.30–14.30 Uhr u. 17–20.30 Uhr, Sa 17–20.30 Uhr. Japanisches Restaurant mit frischem Fisch und gutem Preis-Leistungs-Verhältnis in zentraler Lage.

10 **Caroline's Boatshed**①-③, 181 Somme Pde., Tel. 06-281 3377, www.carolinesboatshed.co.nz, Mo–Do 10–22 Uhr, Fr 10–24 Uhr, Sa 9–24 Uhr, So 9–22 Uhr. Am Fluss gelegen (durch eine Straße getrennt), gibt es zu jeder Tageszeit gute Speisen.

Einkaufen

Die Haupteinkaufsstraße Whanganuis ist die **Victoria Avenue** zwischen Plymouth Street und Taupo Quay. Hier befinden sich die üblichen Geschäftsketten sowie Einzelhändler. Es lässt sich gut ein Stündchen (oder zwei) bummeln.

7 Samstagmorgens findet am Flussufer (Moutoa Quay, bei der i-SITE) der **River Traders Market statt,** eine Mischung aus Bauern-, Künstler- und Flohmarkt.

[>] Im Whanganui National Park

In der Umgebung (Richtung Westen/SH3)

Kai Iwi Beach

Der 15 Kilometer westlich von Whanganui gelegene **dunkelsandige Strand** mit tosenden Wellen und massig Treibholz ist bei Einheimischen beliebt und einer der attraktivesten Strände der Umgebung (Zufahrt über Kai Iwi Valley Rd).

Patea

Das Örtchen Patea 60 Kilometer nordwestlich wäre kaum einen Blick wert, wäre da nicht das **Aotea Utanganui – Museum of South Taranaki.** Das kleine Museum verfügt über eine Mischung aus lokalhistorischen und kulturellen Displays. Highlights sind der 3,5 Millionen Jahre alte fossile Kieferknochen eines Wales und das angeschlossene Kino, das täglich einen neuseeländischen Kultstreifen wie „Goodbye Pork Pie" oder „Footrot Flats" zeigt. Berühmt wurde Patea durch den Kinofilm „Poi E" aus dem Jahr 2016, der die Geschichte des gleichnamigen Songs, gesungen vom Maori Club Patea, zeigt.

■ **Aotea Utanganui – Museum of South Taranaki,** 127 Egmond St., Tel. 0800-111 323, Mo–Sa 10–16 Uhr.

Palmerston North und Umgebung

Palmerston North ist **eine der größten und wichtigsten Inlands-Städte Neuseelands.** Am Fluss Manawatu in der gleichnamigen Provinz gelegen, floriert die Stadt durch Milchwirtschaft und dient als Standort der Massey University sowie als Militärbasis. Das **Stadtbild** ist freundlich, aber unspektakulär. Es gibt ein paar Sehenswürdigkeiten, eine großes Einkaufszentrum und die übliche Auswahl an hübschen Cafés. Wer in Eile ist, kann einen Bogen um „Palmy" machen, so richtig verpasst man nichts. Der britische Schauspieler und Komödiant *John Cleese* sagte einst über die Stadt: „Wer sich umbringen will, aber einfach nicht genug Mut dafür aufbringt, sollte nach Palmerston North fahren. Das wirkt todsicher." Als Reaktion benannte die Stadtverwaltung eine Mülldeponie nach ihm.

Geschichte

Vor 1866 war das Gebiet des heutigen Palmerston North eine Lichtung inmitten eines gewaltigen **Waldes,** der sich von der Ruahine Range bis zur Westküste erstreckte – bekannt unter dem Namen **Papaioea.** 1846 erwarb die britische Krone 250.000 Morgen Land vom Stamm Rangi Tane, um die Siedlung **Manawatu** zu gründen. Der Landvermesser *J.T. Stewart* plante die Stadt, und 1866 stand der Ort Palmerston, benannt nach dem Engländer und 3. Viscount *Henry John Temple Palmerston.* Um Verwechslungen mit Palmerston auf der Südinsel zu vermeiden, fügte die Post dem Namen ein „North" hinzu, was 1877 allgemeingültig wurde.

Die ersten **Siedler** kamen aus **Skandinavien,** die Stadt entwickelte sich spätestens mit dem Bau von Verbindungsstraßen stetig. 1911 lebten 10.000 Menschen in Palmerston North, 1927 bereits doppelt so viele.

Aufgrund ihrer breit angelegten (Land-)Wirtschaft litt die Stadt weniger stark unter der **Wirtschaftskrise** als z.B. das nahe gelegene Whanganui. Heute lebt die Stadt nach wie vor von **Landwirtschaft** und beschäftigt einen Großteil seiner Bevölkerung an der **Massey University,** dem **Militärcamp Linton** und in einer Reihe von für Neuseeland bedeutsamen Unternehmen.

www.fotolia.de © kruchaung

Sehenswertes

Im **Museum Te Manawa** werden Kunst, Wissenschaft und Geschichte unter einem Dach sehr gut miteinander verbunden und präsentiert. Das Museum hat zudem einen Schwerpunkt auf der Maori-Kultur, die Galerie beherbergt Wechselausstellungen.

■ **Te Manawa,** 326 Main St., Tel. 06-355 5000, www.temanawa.co.nz, tägl. 10–17 Uhr, Do bis 19.30 Uhr.

Im **Rugby Museum** steht die Geschichte des neuseeländischen **Nationalsports** und seines meistgefeierten Teams, den **All Blacks,** im Vordergrund. Natürlich können auch ein paar Bälle gekickt werden. Für Sport-Fans ein Muss.

■ **New Zealand Rugby Museum,** 326 Main St., Tel. 06-358 6947, www.rugbymuseum.co.nz, tägl. 10–17 Uhr.

Rund um den großen **Platz The Square** im Zentrum der Stadt reihen sich Geschäfte, Cafés und Restaurants. Der Platz selbst wird vom Clock Tower (Uhrenturm) dominiert, die Maori-Schnitzereien am Te Marae o Hine sind sehenswert; der Ententeich und ein paar Statuen runden das Parkerlebnis ab.

◁ Zeugnisse verschiedener Kulturen in Palmerston North

Praktische Tipps

Informationen

■ **www.pncc.govt.nz**
■ **Einwohnerzahl:** 80.079
■ **i-SITE:** The Square, Tel. 0800-626 292, Mo–Do 9–17.30 Uhr, Fr u. So 9–19 Uhr, Sa 9–15 Uhr.
■ **DOC:** 28 North St., Tel. 06-350 9700, Mo–Fr 8–16.30 Uhr.
■ **Bibliothek:** 4 The Square, Tel. 06-351 4101, Mo, Di u. Fr 9.30–18 Uhr, Mi 10–18 Uhr, Do 9.30–20 Uhr, Sa 10–16 Uhr, So 13–16 Uhr.

An- und Abreise

■ **Bus:** Palmerston North wird von den großen Langstreckenbusunternehmen angefahren, Busbahnhof The Square.
■ **Zug:** Palmerston North liegt auf der Strecke des **Northern Explorer** zwischen Auckland und Wellington (siehe Kapitel „Praktische Reisetipps von A bis Z/Unterwegs im Land/Zug").
■ **Flugzeug:** Vom Flughafen (Airport Dr., 5 km nördl., Tel. 06-351 4415, www.pnairport.co.nz) gibt es Verbindungen nach Wellington, Blenheim, Nelson und Christchurch. **Super Shuttle** (Tel. 06-835 0055, www.supershuttle.co.nz) bietet Tür-zu-Tür-Service.

Unterwegs vor Ort

■ **Bus: Horizons,** Tel. 0508 800 800, www.horizons.govt.nz, betreibt verschiedene Buslinien im Stadtgebiet. Tickets kosten 2,50/1,50 $.
■ **Taxi: PN Taxis,** Tel. 06-355 533, www.pntaxis.co.nz.

Unterkunft

Palmerston North zielt vor allem auf **Geschäftsreisende** ab, die Preise sind am Wochenende oft niedriger als unter der Woche. Auf der **Fitzherbert Avenue** reiht sich eine Unterkunft an die andere. Hostels gibt es nur wenige, die meisten in minderer Qualität.

2 Pepper Tree①, 121 Grey St., Tel. 06-355 4054, www.peppertreehostel.co.nz. Das empfehlenswerte Hostel liegt zentral, ist etwas altmodisch, hat aber alles, was man braucht, und einen Kamin.

12 Destiny on Fitzherbert②, 127 Fitzherbert Ave., Tel. 06-355 0050, www.destinymotel.co.nz. Sauber, modern, mit bunten, stylisch eingerichteten Zimmern.

12 Harringtons Motor Lodge②, 301 Fitzherbert Ave., Tel. 06-354 7259, www.harringtonsmotorlodge.co.nz. Funktionale, saubere Wohneinheiten, teilweise mit Spa-Wannen.

12 City Corporate②-③, 209 Fitzherbert Ave., Tel. 06-355 4522, www.citycorporate.co.nz. Vernünftige, saubere Zimmer, die günstigeren haben eine Spa-Wanne im Zimmer, die anderen im Bad oder auf dem Balkon. Kostenloses WLAN.

Camping

12 Palmerston North Holiday Park②, 133 Dittmer Dr., Tel. 06-358 0349, www.palmerstonnorthholidaypark.co.nz. In Flussnähe am Rande eines Parks gelegen. Etwas in die Jahre gekommen, aber es fehlt an nichts.

Essen und Trinken

8 Food Court①, The Plaza, siehe „Einkaufen". Im Erdgeschoss des Einkaufszentrums gibt es eine Fressmeile mit zahlreichen verschiedenen Imbissen und Takeaway-Ständen.

9 MEIN TIPP: Theobroma①, The Plaza, siehe Einkaufen. Ein Traum für Schokoladenfans: Pralinen, Fondue, Kakao aus richtiger Schokolade. Hier kann man seine tägliche Kalorienbilanz nach oben hin korrigieren …

7 Café Cuba①-②, 236 Cuba St., Tel. 06-356 5750, www.cafecuba.co.nz, tägl. 7 bis ca. 22 Uhr. Beliebtes, geschäftiges Café mit leckeren Kuchen und Süßem sowie herzhaften Speisen. Wer Mo, Di oder So zu Abend isst, kann den Würfel rollen lassen und muss mit ein wenig Glück nicht bezahlen.

5 Saigon Corner①, 54 Princess St., Tel. 06-355 4988, tägl. 10–19.30 Uhr. Übersichtliche Auswahl an leckeren vietnamesischen Speisen mit sehr gutem Preis-Leistungs-Verhältnis.

10 Café Express②, 41 The Square, Tel. 06-353 8440, www.cafeexpress.net.nz, Mo–Fr 7–16 Uhr, Sa, So 8–16 Uhr. Herzhafte Leckereien im Tapas-Style, aber auch größere Gerichte wie Beef Bourguignon in netter Atmosphäre.

3 Aberdeen③, 161 Broadway Ave., Tel. 06-952 5570, www.aberdeenonbroadway.co.nz, Di–Fr 12–14 Uhr u. tägl. ab 17.30 Uhr. Erstklassiges Steakhouse, mit einer guten Auswahl an Alternativspeisen. Ein wahrer Genuss.

Ausgehen

Palmerston North ist eine **Studentenstadt,** irgendwo ist immer etwas los. Am besten erkundigt man sich in der i-SITE oder der Unterkunft, wo die aktuellen Hot Spots sind.

6 Fish, Regent Arcade, Mi–Sa ab 16 Uhr. Angesagte Cocktailbar, in der vor allem Do u. Fr etwas los ist, wenn DJs auflegen.

11 Brewer's Apprentice, 334 Church St., Tel. 06-358 8888, Mo–Mi ab 16 Uhr, Do–So ab 11 Uhr. Die Kneipe hat einen schönen Außenbereich, Mittwoch ist Steak-Night, Freitag Burger-Night, und ab 21 Uhr gibt es Livemusik.

Einkaufen

Zahlreiche Geschäfte liegen rund um **The Square.**

8 Noch mehr Geschäfte gibt es in der benachbarten Shopping Mall **The Plaza,** 84 The Square, www.theplaza.co.nz, Mo–Mi u. Sa 9–17.30 Uhr, Do 9–21 Uhr, Fr 9–19 Uhr, So 10–17.30 Uhr.

4 Der **Manawatu Flea Market** findet Sa von 6 bis 10 Uhr auf dem Parkplatz der Albert Sports Bar (Albert St.) statt.

1 Der **Bauernmarkt** findet So von 7 bis 14 Uhr in der 150 Rangitikei St. statt.

Im Norden von Palmerston North

Te Apiti – Manawatu Gorge

MEIN TIPP: Die hübsche **Schlucht** 15 Kilometer nordöstlich am SH3 wurde im Laufe von Jahrtausenden vom Fluss Manawatu tief in die Landschaft geschliffen. „Te Apiti" bedeutet „Enger Durchgang". Angeblich verändert sich die Farbe der Felsen, wenn ein bedeutendes Mitglied des Rangi-Tane-Stammes stirbt.

Es gibt einen **kurzen Rundweg** (1,5 km, Start: Ostende, Parkplatz Ballance Bridge), einen **zweistündigen Rundweg** (4 km, Start: Westende, Parkplatz Gorge Entrance) und eine **schöne Streckenwanderung von drei bis fünf Stunden** (10 km, Start: Westende, Parkplatz Gorge Entrance). Ein **Shuttle** kann über die i-SITE in Palmerston North organisiert werden.

Neuseelands größte Windparks **Tararua Wind Farm** und **Te Apiti Wind Farm** sind nicht hübsch, aber auffällig. Von der Hall Block Road sowie der Saddle Road eröffnet sich ein guter Blick auf die zahlreichen Windräder.

Feilding

Das unspektakuläre Örtchen am SH54, 18 Kilometer nördlich von Palmerston North (www.feilding.co.nz), verfügt über zwei interessante Museen.

Das **Coach House Museum** ist ein Geschichts- und Landwirtschaftsmuseum, das eine Maori-Abteilung und zahlreiche restaurierte historische Fahrzeuge und Traktoren präsentiert.

- **Coach House Museum,** 121 South St., Tel. 06-323 6401, www.coachhousemuseum.org, tägl. 10–16 Uhr, 12/6 $.

Wer sich für Uhren interessiert, sollte einen Blick in **Colyton Clocks** werfen. In einem historischen Gebäude befindet sich die größte **Uhrenausstellung** der südlichen Hemisphäre.

- **Colyton Clocks,** Colyton Rd., Tel. 06-328 7978, Sa, So 10–16 Uhr.

Bulls

Der Ort am SH3/SH1, 30 Kilometer nordwestlich, hat ein bemerkenswertes Stadt-Marketing und ist bei Einheimischen beliebt für Tank- und Essens-Stopps. Öffentliche Einrichtungen sind amüsant bezeichnet durch Wortspiele, die das **Wort „Bull"** (statt *ble*) beinhal-

ten. Die Polizeistation Constable wird dadurch zum Const-a-Bull, Toiletten werden zu Reliev-a-Bull.

Praktische Tipps

- **www.unforgetabull.co.nz**
- Gute, gesunde Kebabs gibt es bei **Jabies①**, 95 Bridge St., Tel. 06-322 1445, www.jabies.co.nz, tägl. 11–20.30 Uhr.

Im Süden von Palmerston North

Die ländlichen Städte im Süden von Palmerston bieten eine **gute Infrastruktur,** aber **wenig Attraktionen.** Stoppen muss man hier nicht unbedingt, es sei denn zum Tanken, für einen Lebensmitteleinkauf oder um sich die Beine zu vertreten – was man am besten an einem der Strände tut.

Der **Wildpark Owlcatraz** in **Shannon** mit Fokus auf **Eulen** beherbergt auch ein paar Farmtiere, Höhlen und ein ehemaliges Gefängnis. Es gibt verschiedene geführte Touren. Durchaus lohnenswert.

- **Owlcatraz,** 44 Margaret St., Shannon, Tel. 06-362 7872, www.owlcatraz.co.nz, tägl. 10–15 Uhr, ab 15/8 $.

Entlang des SH1 zwischen Himatangi (Norden) und Manakau (Süden) führen zahlreiche Seitenstraßen zu **Stränden,** die breit, flach und wild sind. Beliebt sind **Himatangi Beach, Foxton Beach** und **Hokio Beach.**

Abendstimmung in der Manawatu Gorge

6 East Coast

Die Hochburg des Art Déco und Neuseelands beste Weine. Farmland und Obstplantagen kontrastieren mit einsamen, dunkelgrünen Wäldern und strahlenden Seen. In dieser Region „entdeckte" Kapitän Cook als erster Europäer Neuseeland.

< Den Lake Waikaremoana kann man auf einem Great Walk bewundern

031nz ks

EAST COAST

Die Ostküste von Neuseelands Nordinsel ist ein ganz besonderes Juwel. In weiten Teilen kaum besiedelt, dominieren vor allem im Norden wilde Küsten und saftige Wälder. Wer Einsamkeit und ein **ursprüngliches Neuseeland** sucht, der wird im **Te Urewera Park** und am **East Cape** fündig. Letzteres punktet nicht nur durch seine zerklüftete Landschaft und die einsamen Strände, sondern auch durch seine Maori-Geschichte. Noch heute ist knapp die Hälfte der hiesigen Bevölkerung maorischer Abstammung, was für Besucher vor allem an der hohen Dichte schöner Versammlungshäuser zu bemerken ist.

Aufgrund seiner Abgeschiedenheit verschlägt es nur verhältnismäßig **wenige Touristen** in diesen Teil des Landes, von Massenandrang keine Spur. Wer sich alleine beschäftigen, sich mit der Schönheit der Natur zufrieden geben kann und das zeitliche Budget für den recht großen Abstecher hat, der wird Gefallen an der East Coast finden.

Auch die **Stadt Gisborne,** das Tor zum East Cape, hat sich eine Ursprünglichkeit erhalten, die mancher Besucher mit einem Mangel an Attraktivität verwechseln könnte. Tatsächlich ist Gisborne ein funktionales Städtchen, das vor allem mit seiner Nähe zu wunderschönen (Surf-)Stränden auftrumpfen kann.

Die etwas weiter südlich gelegene **Hawke's Bay** punktet nicht nur mit **Weinen,** die zu den besten Neuseelands zählen, sondern auch mit **Napiers** architektonisch einmaligem Straßenbild. Gut erhaltene Art-Déco-Gebäude strahlen mit ihren geraden, pastellfarbenen Fassaden im Sonnenschein des milden Klimas. Oldtimer aus den 1930er Jahren fahren durch die Straßen, manchmal sind passend gekleidete Menschen zu sehen. Ein guter Ort, um Stadtleben zu genießen, die Geschmackssinne zu verwöhnen und Ausflüge in die Umgebung zu unternehmen. Wer Zeit oder ein besonderes Interesse an Wein und/oder Archi-

NICHT VERPASSEN!

- **East Cape:** die verlassenen Strände, kleine Siedlungen und wunderschöne Maraes entlang des Pacific Coast Highways (SH35) bestaunen | 270
- **Te Urewera Park:** auf ellenlangen Schotterstraßen durch unberührte Wälder Staub einfangen und ihn an verlassenen Stränden am Lake Waikaremoana wieder abwaschen | 285
- **Art Déco in Napier:** bei mediterranem Wetter in die Architektur und das Flair der Stadt eintauchen | 288
- **Weinanbaugebiet Hawke's Bay:** von Weingut zu Weingut fahren und die besten Weine Neuseelands probieren | 290
- **Cape Kidnappers:** in dramatischer Klippenlage das Treiben zweier Tölpelkolonien beobachten | 299

Diese Tipps erkennt man an der gelben Hinterlegung.

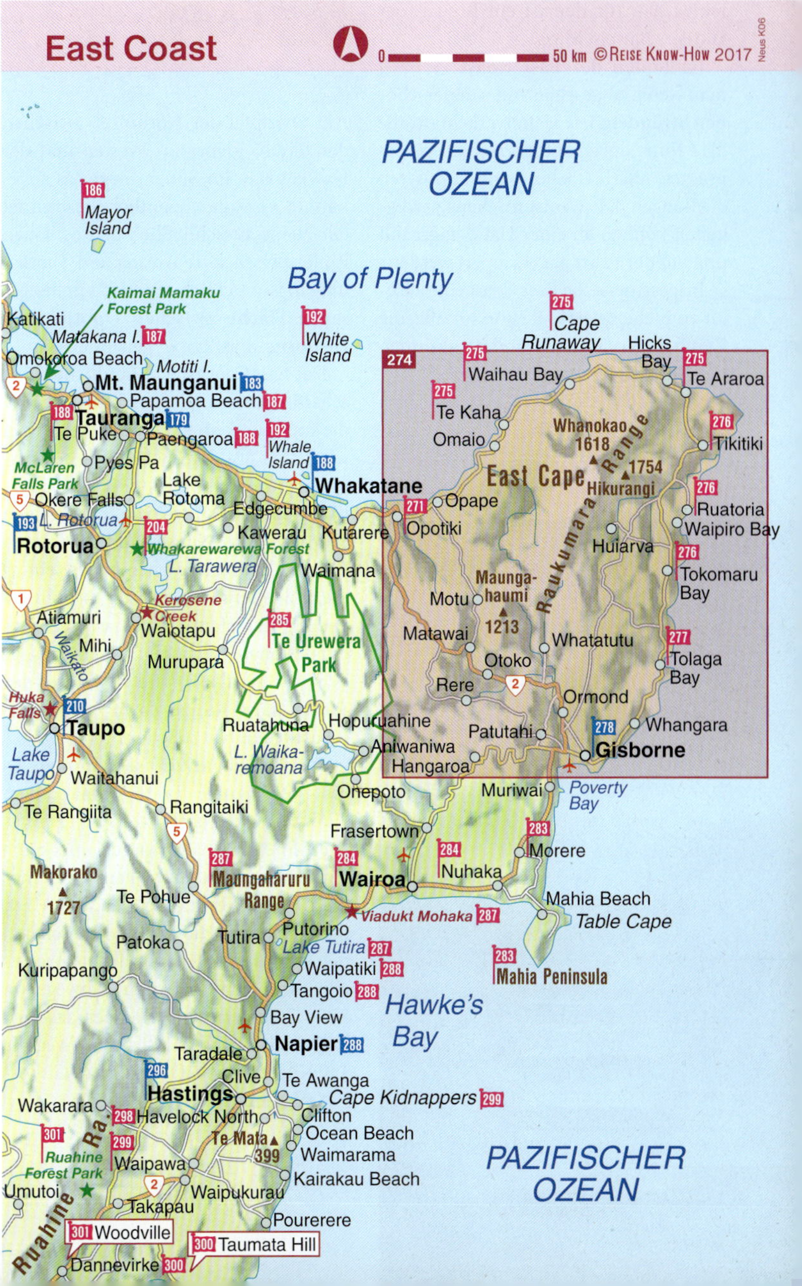
East Coast
0 50 km ©Reise Know-How 2017
Neus K06
PAZIFISCHER OZEAN
Bay of Plenty
186 Mayor Island
Kaimai Mamaku Forest Park
Katikati
Matakana I. 187
Omokoroa Beach
Motiti I.
Mt. Maunganui 183
Papamoa Beach 187
188 Tauranga 179
Te Puke
Paengaroa 188
Pyes Pa
McLaren Falls Park
Okere Falls
Lake Rotoma
193 L. Rotorua
Rotorua
204 Whakarewarewa Forest
L. Tarawera
192 White Island
192 Whale Island 188
Whakatane
Edgecumbe
Kawerau
Kutarere
Waimana
Kerosene Creek
Atiamuri
Waiotapu
Mihi
Waikato
Murupara
285 Te Urewera Park
Huka Falls
210 Taupo
Lake Taupo
Waitahanui
Ruatahuna
Hopuruahine
L. Waikaremoana
Aniwaniwa
Hangaroa
Onepoto
Te Rangiita
Rangitaiki
274
275 Cape Runaway
275 Waihau Bay
Hicks Bay
275 Te Araroa
275 Te Kaha
Omaio
Whanokao 1618
Range
1754 Hikurangi
276 Tikitiki
East Cape
271 Opotiki
Opape
276 Ruatoria
Waipiro Bay
Huiarva
Raukumara
276 Tokomaru Bay
Motu
Maungahaumi 1213
Matawai
Whatatutu
277 Tolaga Bay
Otoko
Rere
Ormond
Patutahi
278 Gisborne
Whangara
Muriwai
Poverty Bay
Frasertown
283 Morere
284 Nuhaka
284 Wairoa
287 Maungaharuru Range
Makorako 1727
Te Pohue
Viadukt Mohaka 287
Mahia Beach
Table Cape
Putorino
Tutira
Lake Tutira 287
Patoka
Waipatiki 288
283 Mahia Peninsula
Kuripapango
Tangoio 288
Hawke's Bay
Bay View
Napier 288
Taradale
296 Hastings
Clive
Te Awanga
Cape Kidnappers 299
Wakarara
298 Havelock North
Clifton
301 Ruahine Forest Park
299 Waipawa
Te Mata 399
Ocean Beach
Waimarama
Kairakau Beach
Umutoi
Waipukurau
Takapau
Ruahine Ra.
Pourerere
301 Woodville
300 Taumata Hill
Dannevirke 300

tektur hat, für den ist ein Besuch der Hawke's Bay ein Muss.

Im **Süden der East Coast** verpasst man wenig, abgesehen von wunderschönen **Stränden.** Die Hauptverkehrsstraße SH2 führt durch landwirtschaftlich geprägtes, relativ flaches Land und deren Siedlungen. Die wenigen Sehenswürdigkeiten können an einer Hand abgezählt und auf der Fahrt abgeklappert werden.

Insgesamt ist die East Coast eine absolut empfehlenswerte Region für alle, die **Zeit haben** oder die **Hauptattraktionen** der **Nordinsel** schon **kennen.**

East Cape

Am Ostzipfel der Nordinsel, zwischen der Bay of Plenty im Westen und der Hawke's Bay im Süden, liegt das sogenannte Ostkap. Eigentlich bezeichnet der Name ausschließlich den östlichen Zipfel zwischen Te Araroa und Tikitiki, umgangssprachlich wird jedoch die gesamte **Fläche zwischen Opotiki und Gisborne** „East Cape" genannt.

Das East Cape ist eine **ländliche,** wirtschaftlich minimal entwickelte **Gegend,** die nur von wenigen Touristen besucht wird. Wer auf der Suche nach dem ursprünglichen Neuseeland ist, ist hier genau richtig. Ähnlich wie am hiesigen Kap muss das **Neuseeland der ersten Einwanderer** ausgesehen haben: einsame, wilde Strände, ein paar Siedlungen entlang der Hauptverkehrsstraße. Das Landesinnere ist geprägt vom ursprünglichen **Buschland** und **Wäldern der Raukumara Range** sowie von **landschaftlichen Nutzflächen.**

Die **Infrastruktur ist minimal:** Es gibt nur wenige Tante-Emma-Läden, Tankstellen, ein paar Imbisse und einfache Motels. Selbstversorgen und keine Ansprüche an Luxus stellen, lautet hier die Devise. Wer die Zeit hat, das Meer, die Natur und die Einsamkeit schätzt, der wird das East Cape lieben. Wer es eilig hat, kann sich den Umweg von 325 Kilometern (6 Std.) über das East Cape sparen und auf direktem Weg die 140 Kilometer von Opotiki nach Gisborne (oder umgekehrt) fahren.

< Leuchtturm am East Cape

Praktische Tipps

Informationen

- **www.outeast.co.nz**
- Wer nichts verpassen möchte, besorgt sich das **Heftchen „Pacific Coast Highway Guide".**
- Die **Broschüre „Hikes and Walks Out East"** beschreibt 40 Spazier- und Wanderwege am East Cape. Man kann sie auf www.outeast.co.nz herunterladen, sie liegt aber auch in den lokalen i-SITES in Gisborne, Wairoa und Opotiki aus.

Camping

Entlang der Strecke gibt es knapp **zehn kommerzielle Plätze.** Wildes Campen ist verboten. Für **Self Contained Camper** werden im Sommer **sechs Gebiete** freigegeben, für die vorab sogenannte Permits gekauft werden müssen (online, im Okitu Store oder in der i-SITE in Opotiki, Whakatane; 16 $/2 Nächte).

Tanken

Es gibt **fünf Tankstellen** entlang der Strecke, von denen aber nicht immer alle in Betrieb sind. Am häufigsten Glück hat man in **Te Araroa** und **Tolaga Bay.** Es ist angeraten, vor dem Start um das East Cape nochmal vollzutanken.

An- und Abreise

Zum Zeitpunkt der Drucklegung gab es **keine öffentliche Busverbindung** entlang des East Capes. **Baybus** (www.baybus.co.nz) fährt zwischen Opotiki und dem nördlichen Zipfel bei Potaka. Alternativ bietet **Stray** (www.straytravel.com) einen Drei-Tages-Pass entlang des East Capes von bzw. nach Rotorua.

Opotiki

Das unscheinbare Städtchen Opotiki ist pittoresk zwischen den **Flüssen Waioeka** und **Otara** eingebettet, die in **attraktiver Strandlandschaft** im Opotiki Harbour in den Pazifik fließen. Der im Westen gelegene **Waiotahi Beach** ist einer der schönsten Strände in der Umgebung. Wer sich die Füße vertreten möchte, sollte einen Spaziergang entlang der Hauptstraße unternehmen, denn hier findet man diverse **Holzschnitzereien mit Maori-Ursprung.** Knapp 70 Prozent der Bevölkerung sind Maori. Ansonsten ist Opotiki ein beliebter Ort, um sich mit Lebensmitteln einzudecken und zu tanken, bevor es weiter zum East Cape geht.

Sehenswertes

Das kleine Opotiki war schon ab 1150 bewohnt und spielte in der **Siedlungsgeschichte** durch Europäer eine bedeutende Rolle (siehe Saint Stephen's Church). Entsprechend viele historische Gebäude und Stätten gibt es. **Die Broschüre „Historic Opotiki"** informiert.

Das **District Museum** ist ein einfaches Stadtmuseum, das vorwiegend die **regionale Geschichte** veranschaulicht. Hübsch ist der historische Gemischtwarenladen im angeschlossenen **Francis and Shalfoon Museum** zwei Häuser weiter (127 Church St.).

- **District Museum,** 123 Church St., Tel. 07-315 5193, www.opotikimuseum.org.nz, Mo–Fr 10–16 Uhr, Sa 10–14 Uhr, 10/5 $.

Die hübsche, weiß vertäfelte anglikanische **Saint Stephen's Church** aus dem

Jahre 1864 (128 Church St.) ist **geschichtlich bedeutsam:** Am 1.3.1865 wurde hier der Missionar und Priester **Carl Völkner** ermordet, was die Krone zum Anlass nahm, weitläufige Ländereien der Tuhoe zu konfiszieren. Der angebliche Mörder wurde gehängt und 1992 im Nachhinein begnadigt. Die entsprechenden Papiere sind im Eingangsbereich ausgehängt. Messen finden Sa um 9.30 Uhr statt.

Der 4,5 Hektar große Naturpark **Hukutaia Domain** an der Woodlands Road vermittelt einen Eindruck davon, wie die **Gegend ursprünglich einmal ausgesehen** haben muss. Spazierwege führen durch Buschland mit alten Puriri-Bäumen, Tawa, Farnen und Moosen. Das Highlight ist der 2000 Jahre alte, 24 Meter hohe **Puri-Baum Taketaterau,** der einst ein Begräbnisplatz der Upokorehe war.

Aktivitäten

Gut ausgebaute **Radwege** in diversen Schwierigkeitsstufen vereinen sich unter dem Namen **„Motu Trails“.** Auf bis zu 91 Kilometern kann man sich austoben und die Gegend kennenlernen. Der 20 Kilometer lange **Dunes Trail** ist hübsch und für Anfänger geeignet.

- **www.themotutrails.co.nz**
- Informationen, Shuttleservice und Räder gibt es z.B. bei **Bushaven,** Church St., Tel. 07-929 7564, www.bushaven.co.nz, ab 50 $.

Rafting und **Jetboatfahrten** siehe „Pacific Coast Highway“.

Praktische Tipps

Informationen

- **www.opotikinz.com**
- **Einwohnerzahl:** 8973
- **i-SITE:** 70 Bridge St., Tel. 07-315 3031, Mo–Fr 9–16.30 Uhr, Sa, So 9–13 Uhr.
- **Bibliothek:** 101 Church St., Tel. 07-315 6170, Mo–Fr 9–17 Uhr, Sa 9–13 Uhr.

An- und Abreise

- **Bus:** Opotiki wird von den großen Langstreckenbusunternehmen angefahren; zentrale Haltestelle St. John St Ecke Bridge St. Alternativ fährt der **Baybus** (Tel. 0800-422 928, www.baybus.co.nz) über Whakatane nach Tauranga.

Unterkunft

Es gibt nur ein paar wenige vernünftige Unterkünfte. Als Alternativen sind auch die Wohneinheiten der Campingplätze in Betracht zu ziehen.

Mein Tipp: **Beach House**①, 7 Appelton Rd., 5 km westl., Tel. 07-315 5117, www.opotikibeachhouse.co.nz. Direkt am Strand, in bester Lage befindet sich dieses saubere, schöne Hostel. Man kann schwimmen, angeln, kajaken, bodyboarden oder einfach nur den Blick vom Balkon genießen.

- **East Coast Pacific Motor Lodge**②, 44 St John St., Tel. 07-315 5524, www.eastcoastpacific.co.nz. Einfaches, sauberes Motel an der Kreuzung des SH2 und SH35. Am besten nach den Zimmern nach hinten raus fragen.
- **Kukumoa Lodge**②, 19 Bairds Rd., Tel. 07-315 8545, www.kukumoalodge.co.nz. Westlich des Ortszentrums liegt diese etwas altmodisch eingerichtete, aber ordentliche und saubere Lodge. Pluspunkte der Unterkunft sind der Swimmingpool, der Spa-Pool, der Billardtisch und der großzügige Außenbereich.

Camping

Es gibt eine ganze Reihe von Campingplätzen in und um Opotiki, einige davon direkt am Meer.

■ **Ohiwa Beach Holiday Park**②, 380 Ohiwa Harbour Rd., 15 km westl., Tel. 07-315 4741, www.ohiwaholidays.co.nz. Großer Campingplatz in toller Lage am Ende einer Landzunge, in sicherer Entfernung zu den Hauptverkehrsstraßen. Terrassenartig angelegt, sodass besonders viele Stellplätze Blick aufs Meer haben.

■ **Opotiki Holiday Park**①-②, 39 Potts Ave., Tel. 07-315 6050, www.opotikiholidaypark.com. Am Stadtrand gelegen, in Flussnähe und fußläufig zum Zentrum.

Essen und Trinken

Opotiki ist nicht für seine kulinarische Vielfalt bekannt. Es gibt eine Reihe von Imbissen und Cafés, viel mehr nicht.

■ **Two Fish Café**①, 104 Church St., Tel. 07-315 5448, Mo–Fr 8–16 Uhr, Sa 8–14 Uhr. Nette Atmosphäre mit leckeren Snacks und Gerichten. Es gibt klassische neuseeländische Speisen und eine gute Auswahl aus der Vitrine. Hat auch ein paar Außensitzplätze.

Einkaufen

Rund um die **Church Street** (Ecke Elliott St.) sind die meisten Geschäfte zu finden. Entlang der **Hauptverkehrsstraßen** (SH2 und SH35) gibt es einen Supermarkt, einen Baumarkt, Tankstellen und diverse andere Geschäfte.

Waioeka/ Matawai Road (SH2)

Wer auf direktem Weg nach Gisborne/Opotiki fahren möchte, kann die 145 Kilometer lange **Inlandstrecke** nehmen. Als reine Fahrzeit sollten mindestens 2½ Stunden eingeplant werden. Es gibt ein paar lohnenswerte Stopps, die den Zeitrahmen dann natürlich entsprechend dehnen.

Waioeka Gorge

Der SH2 führt über etliche Kilometer (fast die Hälfte der Strecke) entlang des **Flusses** und gibt immer wieder malerische Blicke auf die Schlucht frei. Man findet zahlreiche Picknick- und Parkplätze. Ein Stopp an den folgenden Etappen lohnt sich.

Tauranga Bridge

Allein die 60 Meter lange **historische Brücke** ist einen Blick wert. Wer sich die Beine vertreten will, kann einen **Rundweg** (2–3 Std.) in Angriff nehmen.

Wairata

Die kleine Siedlung punktet durch ihr **Living Bush Café** mit organischem Kaffee und hausgebackenen Leckereien.

Matawai

Der Ort ist nicht nur einer der Startpunkte des Motu Trails (siehe „Opotiki"), sondern verfügt auch über eine grundlegende **Infrastruktur** mit einem Lädchen, einem Café und einer Galerie.

Motu Falls und Whinray Reserve Bush Walk

Die zwei- bis dreistündige **Rundtour** folgt einem alten Militärpfad. Den Wasserfall **Motu Falls** kann man sich von einer Hängebrücke aus anschauen. Am Wochenende kann man sich in Motu mit einem Kaffee im Vation Café (Fr–So 10–16 Uhr) stärken, bevor man sich zur Wanderung aufmacht.

Otoko/Heritage Trail Walkway

Ein hübscher, fünf Kilometer langer Rundweg, der in zwei bis drei Stunden zahlreiche **Kowhai-Bäume** und einen **Wasserfall** passiert.

Pacific Coast Highway (SH35)

Los geht es in die idyllische Einsamkeit. Wer genau hinguckt, entdeckt viel mehr als ursprüngliches Land mit schier unzähligen Buchten und Stränden.

Lohnenswerte Stopps

Omarumutu

Wer sich für **Maori-Kunst** interessiert, sollte einen Blick in die **War Memorial Hall** werfen, die mit qualitativ hochwertiger Kunst ausgestattet ist. In der Nähe befindet sich das **Tutamure Marae.**

Hawai

Wer wollte nicht schon immer mal das Südsee-Paradies Hawai besuchen? Viel mehr als ein Bild mit dem Ortschild und ein Strandspaziergang ist hier aber nicht drin. Hier endet auch das Gebiet der Whanau a Apanui.

Motu River

Der 110 Kilometer lange **Fluss** verläuft durch unberührtes **Buschland,** das ausschließlich per Boot zu bewundern ist.

■ **Motu River Jet,** Tel. 07-315 5028, www.motu riverjet.com, 95/65 $.
■ **Wet 'n Wild,** Tel. 07-348 3191, www.wetnwild rafting.co.nz, drei Tage 995 $.

Te Kaha

Die **Strände** der Gegend scheinen endlos und verlassen, sie sind mit Treibholz übersät. Bei klarem Wetter hat man einen guten Blick auf White Island. Im Ort selbst steht ein wunderschönes **Marae,** es gibt ein paar historische Überreste des ursprünglichen **Walfängerortes.** Heute erwirtschaftet Te Kaha vorwiegend Geld durch den Anbau von **Kiwifrüchten.**

In der **Schoolhouse Bay** (3 km) befindet sich im örtlichen Marae ein altes **Walfangboot.** Sein originales Bootshaus steht etwas unterhalb. In der Nähe ist auch die **Musikerin Prinzessin Te Tangi Pai** begraben, deren neuseeländischer Dauerklassiker „Poi E" sogar der Queen in England vorgetragen wurde und der im Jahr 2016 Grundlage des gleichnamigen Kinofilms wurde.

■ Übernachten kann man in der schönen **Tui Lodge**②-③, 200 Copenhagen Rd., Tel. 07-325 2922, www.tuilodge.co.nz, oder im **Te Kaha Holidaypark Motel**②, RD 3, Tel. 07-325 2894, http://holi daypark.apanui.co.nz, dem auch ein kleiner Laden und ein Café angeschlossen sind.

Whanarua Bay

Eine der schönsten Buchten des Kaps hat ihr eigenes **subtropisches Mikroklima.** Es lässt sich hier ausgezeichnet schwimmen. Die Kommune bittet darum, nicht mit dem Fahrzeug zum Strand zu fahren, sondern die paar Schritte vom Parkplatz zu laufen.

■ Auf der **Plantage Pacific Coast Macadamias** ① (www.macanuts.co.nz) gibt es im Sommer neben Macadamia-Produkten auch Kaffee und Snacks.
■ Ca. 1,5 km weiter liegt das hübsche **Maraehako Bay Retreat**①, Tel. 07-325 2648, www.maraeha ko.co.nz. Neben einfachen Wohneinheiten und einem Campingplatz in toller Lage bietet es auch Kajaks, Angelausflüge, geführte Wanderungen und Touren durch das lokale Marae an.

Waihau Bay

Noch immer wird der **kleine Laden** aus dem Jahre 1870 betrieben, und fast immer kann man hier sein Fahrzeug auftanken. Es gibt ein paar Unterkünfte sowie einen Campingplatz.

Whangaparoa/Cape Runaway

Das nur zu Fuß zu erreichende Whangaparoa ist aus zweierlei Gründen von Bedeutung: Erstens landeten hier um **1350** die **Krieger des Tainui** und des **Arawa Waka,** und zweitens fand hier der **Anbau von Süßkartoffeln** ihren Ursprung.

Te Araroa

Te Araroa wurde 2016 von einem **Erdbeben** der Stärke 7,1 heimgesucht, was vermutlich aber kaum langfristigen Einfluss auf den Ort haben wird. Vor dem Erdbeben gab es eine Tankstelle, einen

4 Square Supermarkt, ein kleines Besucherzentrum, ein Café und einem Imbiss. Auf dem Schulhof thront mit 350 Jahren und 40 Metern Breite der angeblich älteste sowie größte **Pohutukawa-Baum** Neuseelands.

East Cape

Eine hübsche Fahrt führt zum **östlichsten Zipfel Neuseelands.** Wer die 700 Stufen zum **Leuchtturm** bewältigt, wird in 154 Metern Höhe mit einem schier endlosen Blick belohnt. Frühaufsteher können bewundern, wie die ersten Strahlen der Morgensonne auf Neuseeland fallen.

■ Übernachten kann man im nahe gelegenen, sehr einfachen **East Cape Camping Ground**①, 1480 E Cape Rd., Tel. (06) 864 4022.

Tikitiki

Nicht verpassen sollte man die **Kirche Saint Mary.** Sie basiert auf einem Projekt, das Architektur, Kunst und Kunsthandwerk der Maori widerspiegeln soll. Es gibt wunderschöne Schnitzereien, gewebte Paneele und Malereien, die der Ngati Porou dem Te Arawa Stamm übergab. Spenden sind erwünscht.

Ruatoria

Nicht der hübscheste Ort, aber es gibt ein Lebensmittelgeschäft, eine Tankstelle und einen Imbiss. Aus Maori-Perspektive ist Ruatoria von Bedeutung, denn die beiden Persönlichkeiten **Sir Apirana Ngata** und **Leutnant Ngarimu** lebten hier bzw. wurden hier geboren.

Mount Hikurangi

Der 1754 Meter hohe Hikurangi, der die Raukumara Range überragt, ist der **höchste nicht-vulkanische Berg Neuseelands.** Für den Stamm Ngati Porou ist Mount Hikurangi **heilig,** denn er ist derjenige, der die ersten Sonnenstrahlen des Tages empfängt. Auf dem Berg selbst befinden sich neun eindrucksvolle **Holzskulpturen** *(whakairo),* welche die Familie *(whanau)* von *Maui (Tikitiki a Taranga)* darstellen, die der Legende nach einst die Nordinsel aus dem Meer zog. Es gibt einen **Spazierweg** zu der Stätte, deren Benutzung muss durch Ngati Porou Tourism (s.u.) **genehmigt** werden. Nach Absprache gibt es zudem die Möglichkeit, den Gipfel von Mount Hikurangi zu erwandern und in einer Hütte zu übernachten.

■ **Ngati Porou Tourism,** 1 Barrys Ave., Ruatoria, Tel. 06-864 9004, www.ngatiporou.com.

Tokomaru Bay

Seit in den 1950er Jahren die Industrie abgewandert ist, kämpft das Örtchen ums Überleben. Gelegen an einer **schönen Bucht,** die von imposanten Klippen eingerahmt ist, kommen Meerliebhaber voll auf ihre Kosten.

■ Es gibt eine große **Taverne**①, Tel. 06-864 5465, www.tepukatavern.co.nz, mit Blick auf das Meer und ein paar ordentlichen **Zimmern**② sowie **Campervanstellplätzen**①.

Anaura Bay

Einst landete Kapitän *James Cook* an dieser Bucht und trat mit den Maori in Kontakt. Noch heute lässt sich die einstige unberührte Idylle erahnen. Vor Ort lädt der 3,5 Kilometer lange und teils steile **Anaura Bay Walkway** dazu ein, die Bucht aus verschiedenen Perspektiven zu bewundern.

■ Übernachten kann man auf dem **Anaura Bay Family Motor Camp**②, Tel. 06-862 6380.

Tolaga Bay

Die Bucht beeindruckt durch ihre massiven **Klippen** zur Rechten sowie den **660 Meter langen Steg,** der mitten ins Meer führt und einem eine neue Perspektive auf das Meer und die Landschaft erlaubt. 1929 gebaut, wurde er knapp 40 Jahre lang kommerziell genutzt und ist heute ausschließlich für Fußgänger zugänglich. Lohnenswert sind auch der **Cook's Cove Walkway** (5 km, 2½ Std.) sowie der **Tatarahake Cliffs Lookout** (15 Min.).

■ Übernachten kann man im **Tolaga Bay Holiday Park**②, Tel. 06-862 6716, www.tolagabayholidaypark.co.nz.
■ Im **Tolaga Inn,** Tel. 06-862 6856, www.tolagainn.co.nz, gibt es einfache Speisen① und ein paar simple Zimmer①-②.

Waihau Bay

Wer noch nicht genug von Stränden hat, wird hier glücklich, denn Waihau Bay ist ein **Alleskönner:** Sicheres Schwimmen, Surfen, Tauchen und Vogelbeobachtung, alles ist am knapp sechs Kilometer langen Strand möglich.

Te Tapuwae o Rongokako Marine Reserve

Kurz vor den Toren von Gisborne liegt das 2450 Hektar große **Meeresreservat,** in dem sich unter anderem Robben, Delfine und Wale tummeln.

■ **Dive Tataouri,** 532 Whangara Rd., Tel. 06-868 5153, www.divetatapouri.com, bietet neben Tauchausflügen auch Schnorchelausrüstung, Surfkurse, Rifftouren und anderes.

☑ Der Steg am der Tolaga Bay ist 660 Meter lang

032nz ks

Gisborne

Auf den ersten Blick erscheint die sonnige Stadt Gisborne ein wenig trist, wer aber genauer hinschaut, kann sich hier schnell wohlfühlen: Die Stadt hat touristisch gesehen recht wenig zu bieten, erfreut aber mit guten Cafés und noch besseren **Stränden.** Kilometerweit erstrecken sich die malerischen Surfstrände im Norden und die teilweise ruhigeren Strände entlang der Poverty Bay im Süden. Das vorwiegend rasterartig angelegte Straßenbild selbst ist geprägt von einfachen, flachen Häusern.

Überdurchschnittlich viele **Maori** leben hier (knapp 50 Prozent). Die **Arbeitslosenquote** ist zwei Prozent höher als im Rest des Landes, und die Gesamtproduktivität der Stadt ist im Vergleich niedrig. Unterschwellig spürt man Armut. Die hiesige Wirtschaft basiert überwiegend auf Obst- und Getreideanbau, Wald- und Holzwirtschaft, Weinanbau sowie Fischwirtschaft. Tourismus spielt eine untergeordnete Rolle.

Geschichte

Die frühen **Maori** kannten Gisborne unter dem Namen **Turanganui a Kiwa,** das vor etwa 700 Jahren nach dem Steuermann des Takitimu Waka benannt wurde, das einst im Turanganui River anlegte. 1769 ankerte **Kapitän Cook** mit der „Endeavour" vor Turanganui und ging am 8. Oktober an derselben Stelle an Land wie einst *Kiwa.* Es war **das erste Mal, dass ein Europäer Neuseeland betrat.** *Cook* wollte Kontakt zu den Maori aufnehmen, was in einem Desaster mit

einigen toten Maori endete. Ursprünglich wollte er die Bucht „Endeavour Bay" nennen, entschied sich aber für „Poverty Bay", da er nicht genügend Proviant und Ausrüstung für sein Schiff fand.

1831 baute **John Harris** im Namen einer Firma aus Sydney die erste **Handelsstation** auf. Die weitere Entwicklung zur Stadt ist dem Geschäftsmann **George Edward Read** zu verdanken, der sich 1852 in der Gegend niederließ. 15 Jahre später kaufte die Regierung 300 Hektar Land, **plante dort eine Stadt** und nannte sie Gisborne. 1926 lebten bereits über 15.000 Menschen dort. Es wurden ein Hafen und eine Eisenbahnlinie gebaut, eine Flugverbindung zu anderen Teilen des Landes wurde etabliert. Lebensmittelverarbeitung und die Konservendosenindustrie boomten. 1976 lebten 30.000 Menschen in Gisborne. Seit 2000 ist die Wirtschaft jedoch rückläufig.

Übernachtung
1 Pouawa
6 Whispering Sands
7 Waverley Apartments
8 Waikanae Beach Top 10
16 YHA Gisborne
17 Oasis, Ridge House

Essen und Trinken
2 Bushmere Estate, Peppers
5 Sunshine Brewery
10 PBC
11 Bookshop Café
12 Zest
15 Works

Nachtleben
3 Smash Palace
9 Dome Cinema
13 Rivers

Einkaufen
4 Stone Studio
14 Gisborne Wine Centre

Aktivitäten
18 Wow Surfschool

Sehenswertes

Ein grauer Obelisk an der Kaiti Beach Road, **Cooks Landing Site,** repräsentiert die Stelle, an der Kapitän *Cook* als **erster Europäer seinen Fuß auf neuseeländischen Boden setzte.** Leider ein wenig inspirierender Ort für solch ein historisches Ereignis.

Der junge *Nicholas Young* war **der Erste, der Neuseeland sah** (vom Mast der „Endeavour" aus). Ihm und seinem Kapitän *James Cook* zu Ehren wurden **Statuen** errichtet (Waikanae Park, Awapuni Rd.). Ein weiteres Standbild von *Cook* steht auf dem **Kaiti Hill.** Diese aus Italien importierte Statue hat erstaunliche wenig mit seinem wahren Erscheinungsbild gemeinsam.

Mein Tipp: Das **Tai Rawhiti Museum** hat seinen Fokus auf lokaler **Maori- und Siedlungsgeschichte.** Von einem Waka bis zu einer Surfbrettausstellung ist alles dabei. Die angeschlossene **Kunstgalerie** ist die bedeutendste der Region.

■ **Tai Rawhiti Museum,** 10 Stout St., Tel. 06-867 3832, www.tairawhitimuseum.org.nz Mo–Sa 10–16 Uhr, So 10.30–16 Uhr, 5 $/frei.

Te Tauihu Turanga Whakamana, das fein geschnitzte, moderne Monument eines **Tauihu** (Kanubugs), steht für die Anerkennung früher Maori-Entdecker und deren Kultur. Zu finden an der Customhouse Street Ecke Gladstone Road.

Am Queens Drive steht das wunderschöne Gebäude **Te Poho O Rawiri Marae** von 1930 mit kunstvollen Schnitzereien. Betreten darf man es nur nach Anmeldung (Tel. 06-867 2021).

Wer sich für **Wein** interessiert, ist im **Gisborne Wine Centre** richtig. Neben

Informationen über die Anbauregion, ihre 25 Weingüter und verschiedene Weine gibt es auch Touren. Ein Geschäft mit regionalen Weinen sowie eine Bar sind angeschlossen.

14 **Gisborne Wine Centre,** 50 Esplanade, Tel. 06-867 4085, www.gisbornewine.co.nz, tägl. 11–20 Uhr.

Im **Eastwoodhill Arboretum, Neuseelands größter Baumschule,** gibt es 3500 verschiedene Baumarten, ein Besucherzentrum, zahlreiche gut ausgeschilderte Spazier- und Wanderwege, und es werden Jeeptouren angeboten. Vor Ort kann auch günstig übernachtet werden①-②.

■ **Eastwoodhill Arboretum,** 2392 Wharekopae Rd., 35 km nordwestl., Tel. 06-863 9003, www.eastwoodhill.org.nz, 15/2 $.

Die Rere Falls

Aktivitäten

Die **Surfstrände** um Gisborne gehören zu den besten Neuseelands. **Waikanae Beach** und **Roberts Road** sind für Anfänger geeignet. Andere beliebte Abschnitte sind **Pipe, Sponge Bay, Wainui** und **Makorori** (alle nordöstlich). Anfänger und Fortgeschrittene kommen auf ihre Kosten. Es gibt eine Reihe von Surfschulen, die auch Bretter verleihen.

18 **Wow surfschool,** Moana Rd., Tel. 06-863 2969, www.wowsurfschool.com, ab 60 $.

Der fünf Kilometer lange, zweistündige **Te Kuri Walkway** führt **durch Farmland** mit tollen Blicken über die Stadt, das Meer und die Gegend. Er startet an der Shelly Road, vier Kilometer nördlich von Gisborne.

An der **Rockslide, einer natürlichen Felsrutschbahn** an einem hübschen Wasserfall des Flusses Rere (Wharekopae Rd., 48 km westl.), erfreuen sich Alt und Jung. Am besten ein Bodyboard oder eine Luftmatratze mitbringen.

www.fotolia.de © malau92

Praktische Tipps

Informationen

- **www.outeast.co.nz**
- **www.gisbornewine.co.nz**
- **Einwohnerzahl:** 43.653
- **i-SITE:** 209 Grey St., Tel. 06-868 6139, Mo–Sa 8.30–17 Uhr, So 10–16 Uhr.
- **DOC:** 63 Carnavon St., Tel. 06-869 0460, Mo–Fr 8–16.30 Uhr.
- **Bibliothek:** Peel St., Tel. 06-867 6709, Mo–Fr 9.30–17.30 Uhr, Di bis 20 Uhr, Sa 9.30–13 Uhr.

An- und Abreise

- **Bus:** Gisborne wird von den großen Langstreckenbusunternehmen angefahren; zentrale Haltestelle an der i-SITE.
- **Flugzeug:** Der Flughafen (Aerodrome Rd., 4 km westl.) verbindet mit Air New Zealand und Sunair Gisborne mit Auckland, Hamilton, Rotorua, Tauranga, Whakatane und Westport.

Unterwegs vor Ort

- **Bus: GizzyBus,** www.gdc.govt.nz/gizzybus-timetable, Mo–Fr, 2/1,50 $, fährt sechs Routen innerhalb des Stadtgebiets.
- **Taxi: Gisborne Taxis,** Tel. 06-867 2222.

Unterkunft

Die meisten Unterkünfte liegen entlang der **Gladstone Road** im Zentrum, an der **Salisbury Road** am Meer und am **Reeds Quay** an der Flussmündung. Es gibt nur ein empfehlenswertes Hostel:

16 **YHA Gisborne**①, 32 Harris St., Tel. 06-867 3269, www.yha.co.nz. Großzügiges Hostel in einer von Garten umgebenen Villa. Ca. 15 Min. zu Fuß zum Zentrum. Hier werden auch Fahrräder und Surfbretter verliehen.

17 **Oasis**②, 5 Sponge Bay Rd., Tel. 06-867 9453, www.moteloasis.co.nz. Einfaches Motel mit verschiedenen Wohneinheiten, teils mit Spa-Wanne und Playstation im Zimmer. Solargeheizter Pool.

17 **Ridge House**③, 103b Wheatstone Rd., Tel. 06-888 7076, www.ridgehouse.co.nz. In traumhafter Lage, hübsch eingerichtete Zimmer mit Panoramablick über die Landschaft. Ebenso toller Blick vom Pool. Massage auf Anfrage.

6 **Mein Tipp: Whispering Sands**②-③, 22 Salisbury Rd., Tel. 06-867 1319, www.whisperingsands.co.nz. Schönes Motel direkt am Strand mit Wohneinheiten in breiter Preisspanne. Teilweise mit Blick aufs Meer.

7 **Waverley Apartments**②, 287 Grey St., Tel. 06-868 4450, www.waverleyapartments.co.nz. B&B mit zwei hübschen Zimmern mit eigener Terrasse/ Balkon und Blick aufs Meer.

Camping

8 **Waikanae Beach Top 10**②, 280 Grey St. Tel. 06-867 5634, www.gisborneholidaypark.co.nz. Guter Campingplatz mit allen Annehmlichkeiten, in bester Lage direkt am Strand gelegen. Vermietet auch Surfbretter, SUP Boards, Kajaks und mehr.

1 **Pouawa,** Whangara Rd., 20 km nordöstl., 16 $/ zwei Nächte. Wer *self contained* ist, kann im Sommer in wunderschöner Dünenlandschaft entlang der Whangara Rd. campen. Ein Permit muss vorher in Okito im Okito Store erworben werden.

Essen und Trinken

11 **Mein Tipp: Bookshop Café**①-②, 62 Gladstone Rd., Tel. 06-867 9742, www.muirsbookshop.co.nz, Mo–Fr 8.30–15.30 Uhr, Sa 9–15 Uhr. Das kleine Café ist in einem Buchgeschäft untergebracht, die Atmosphäre ist einzigartig.

5 **Sunshine Brewery**①, 49 Awapuni Rd., Tel. 06-867 7777, www.sunshinebrewery.co.nz, Mo–Sa 12–20 Uhr. Wer ein Bierchen schlürfen möchte, der sollte das in der hiesigen Brauerei tun. In moderner Umgebung können 14 Biersorten und Snacks genossen werden.

12 **Zest**①-②, 22 Peel St., Tel. 06-867 5787, www.zestcafe.co.nz, Mo–Sa 7–16 Uhr. Klassisches kleines Kiwi Café mit Sonnenplätzen, gutem Kaffee und leckeren Speisen. Beliebt auch bei Einheimischen.

2 **Bushmere Estate**②, 166 Main Rd. South, 6 km nordwestl., Tel. 06-868 9317, www.bushmere.com, Mi–So ca. 11–15 Uhr. Auf dem renommierten Weingut kann man im Sommer eine Weinprobe besuchen und das ganze Jahr über im Restaurant die hier gekelterten Weine zu guten Speisen genießen.

2 **Peppers**②, 40 Centennial Marine Dr., Tel. 06-867 7696,www.peppers.net.nz, Di–Do 11–15 Uhr, Fr 11 Uhr bis spät, Sa 9 Uhr bis spät, So 9–15 Uhr. Auf der Dachterrasse des am Strand gelegenen Lokals kann man es sich mit Blick auf das Meer gut gehen lassen. Das Abendessen ist deutlich teurer③.

15 **Works**②, 41 Esplanade, Tel. 06-868 9699, tägl. 11–20 Uhr. Im altem restaurierten Backsteingebäude werden gute Speisen und Weine serviert.

10 **PBC**②, 38 Childers Rd., Tel. 06-863 3165, Mo–Fr 7–15 Uhr, Sa, So 8–15 Uhr. Der ehemalige Herrenclub Poverty Bay Club aus dem Jahr 1874 ist heute ein durchaus anständiges Café, in dem man gut draußen sitzen kann.

Ausgehen

3 **Smash Place,** 24 Banks St., Tel. 06-867 7769, www.smashplace.strikingly.com, Mo–Do ab 15 Uhr, Sa, So ab 12 Uhr. Hier fällt als Erstes die schrottplatzähnliche Dekoration ins Auge. Trotzdem wirkt es aufgeräumt und vor allem ansprechend. Neben guter Musik (am Wochenende oft live) punktet man mit einer offenen Feuerstelle.

13 **Rivers,** Gladstone Rd. Ecke Reads Quay, Tel. 06-863 3733, www.therivers.co.nz, tägl., 11 Uhr bis spät. Klassischer Pub, in dem man immer ein gemütliches Bier trinken und damit auch ein vernünftiges Kneipenessen runterspülen kann. Manchmal gibt es Livemusik.

9 **Dome Cinema,** Childers Rd. Ecke Customhouse St., Tel. 08-324 3005, www.domecinema.co.nz. Künstlerisch wertvolle Filme werden hier nicht in klassischen Sitzreihen, sondern auf Sofas und vor allem aus Sitzsäcken mit einer Pizza in der Hand angesehen.

Einkaufen

Es gibt alles, was man von einer Stadt erwartet. Auf der **Gladstone Road** (und ihren Seitenstraßen) zwischen Derby Street und Lowe Street liegen die meisten Geschäfte, auf der einen Seite hoch- und auf der anderen runterzulaufen ist durchaus nett. Unterwegs passiert man zahlreiche Cafés. Wer auf der Suche nach originellen Souvenirs ist, sollte ein Blick in das folgende Geschäft werfen:

4 **Stone Studio,** 237 Stanley Rd., Tel. 06-867 3900, www.stonestudio.co.nz, ca. Mo–Fr 10–16 Uhr, Sa 10–15 Uhr. Hier kann man bei der Herstellung von Greenstone-Anhängern und Kunstwerken zusehen und diese auch kaufen.

14 **Gisborne Wine Centre,** siehe „Sehenswertes".

⊡ Kricket am Mahia Beach

Von Gisborne nach Napier

Der erste Teil der Strecke auf dem SH2 führt entlang der **Poverty Bay,** im Süden des kleinen Ortes Wharerata verlässt man den Distrikt Gisborne, die **Hawke's Bay** beginnt. Die 216 Kilometer lange Strecke führt durch zahlreiche kleinere Siedlungen und lässt immer wieder Blicke auf das Meer zu. Viel gibt es unterwegs nicht zu tun und zu sehen, es sei denn, man macht einen Abstecher über den Te Urewera Park, um zu wandern.

Morere

Der unscheinbare Ort ist vor allem durch seine **Hot Springs** bekannt. Hier fließt uraltes, fossiles Meereswasser in acht Thermalbecken, umgeben von Nikau-Palmen und Farnen.

■ **Morere Hot Springs,** SH2, Tel. 06-837 8856, www.morerehotsprings.co.nz, tägl. 10–17 Uhr, 12/6 $.

Wer sich das heiße Bad erst verdienen will, kann sich auf einen der dort startenden Spazier- und Wanderwege begeben. Beliebt ist der drei Kilometer lange **Mangakawa Track,** den man in zwei Stunden läuft. Ein paar Hundert Meter hinter Morere passiert man auf der linken Seite das hübsche **Tane Nui A Rangi Marae,** das sich von der Straße aus bewundern lässt.

Mahia Peninsula

Die Halbinsel punktet vor allem durch **ausgewaschene Hügel, schöne Strände und das Meer.** Los ist hier nichts, aber Surfer, Badeurlauber und Bootsbesitzer kommen auf ihre Kosten. Ornithologen können in der Maungawhio Lagoon den **Vogelreichtum** bewundern, Romantiker sollten den **Sonnenuntergang in Mahia Beach** nicht verpassen. Hier liegt auch die größte (aber immer noch kleine) Siedlung der Halbinsel mit Campingplatz und ein paar B&Bs. Die Geschichte von Moko dem Delfin kann man sich dann abends in der Kneipe erzählen lassen und am nächsten Morgen den 4,5 Kilometer langen **Mahia Peninsula Sce-**

033nz kp

nic Reserve Track** in Angriff nehmen, für den man 2½ Stunden benötigt; er startet an der Kinikini Road. Oder man besteigt in einer halben Stunde den steilen **Mokotahi Hill,** um den tollen Blick von oben zu genießen.

Nuhaka

Im Örtchen Nuhaka lässt sich ein Blick auf das hübsche **Kahungunu Marae** (Ihaka St. Ecke Mataira St.) werfen.

Wairoa

Wairoa ist mit 8481 Einwohnern nicht nur der größte Ort auf der Strecke zwischen Gisborne und Napier, sondern auch der **Ausgangspunkt** für Ausflüge in den **Te Urewera Park** (siehe unten). Hier kann man sich mit Lebensmitteln eindecken und tanken. Die i-SITE informiert über den Ort, die Region und den Te Urewera Park.

Das kleine **Geschichtsmuseum** ist einen kurzen Besuch wert.

■ **Wairoa Museum,** 142 Marine Parade, Tel. 06-838 3108, www.wairoamuseum.org.nz, Mo–Fr 10–16 Uhr, Sa 10–12 Uhr.

Die Füße vertreten kann man sich auf dem **Wairoa River Walkway.** Für die fünf Kilometer lange Strecke benötigt man ungefähr zwei Stunden; der Startpunkt liegt an der Marine Parade, die Wanderung endet an der Flussmündung.

Der Stadtstrand **Whakamahia Beach** ist dunkel, weitläufig und bietet Blicke auf pure Natur.

Praktische Tipps

Informationen

■ **i-SITE,** SH2 Ecke Queen St., Tel. 06-838 7440, Mo–Fr 8–17 Uhr, Sa, So 10–16 Uhr.

Die Wahl der Strecke von Wairoa nach Rotorua

Es ist offensichtlich: Der **SH38** über den **Lake Waikaremoana** ist mit 221 Kilometern die **kürzeste und malerischste Strecke.** Beim genaueren Blick fällt jedoch auf, dass fast die gesamte Strecke **ungeteert** ist, man also mit Höchstgeschwindigkeiten zwischen 30 und 50 Stundenkilometern rechnen muss. Nicht nur die Reisedauer, sondern auch die Anforderungen an das eigene Auto steigen massiv; viele Fahrzeugvermieter verbieten die Benutzung unbefestigter Straßen.

Wer es eilig hat und lediglich schnell von A nach B kommen möchte, der ist mit den 308 Kilometern der Kombination aus **SH2 Richtung Napier** und **SH5** über **Taupo** besser bedient.

Wer kleinere Straßen bevorzugt, aber auf **Asphalt** fahren möchte, kann den **SH2 oder Tiniroto Road** bis Gisborne fahren und von dort aus über **Opotiki** und die **SH30** nach **Rotorua** fahren. Diese Strecke ist streckenweise malerisch und mit 356 Kilometern nur wenig länger als die Südroute, dauert aufgrund der kleineren, kurvenreicheren Straßen aber bedeutend länger. Wer die Wahl hat, hat die Qual!

www.fotolia.de © Jiri Foltyn

Unterkunft

Die Übernachtungsmöglichkeiten sind eher spartanisch, einfach und tendenziell alt.

- Ebendies gilt auch für das **Riverside Motor Camp**①, 19 Marine Parade, Tel. 06-838 6301, www.riversidemotorcamp.co.nz. Hier gibt es nicht nur Stellplätze, sondern auch Backpackerzimmer und Cabins mit Küche.
- Alternativ fährt man die 16 km ins Landesinnere zum beliebten **Lake Road B&B**②, 2311 Lake Rd., Tel. 06-838 6890, www.staywitha.kiwi.

Essen und Trinken

- **EastEnd**①-②, 205 Marine Parade, Tel. 06-838 6070, Mo–Sa 7.30–16 Uhr, So 8.30–16 Uhr, im Winter So geschlossen. Hier werden tolle Pfannkuchen serviert!
- **Olers**①, 116 Marine Parade, Tel. 06-838 8299, Mo–Fr 4.30–16.30 Uhr, Sa, So 5–15 Uhr. Wer neuseeländische Pies mag, wählt hier aus 25 Sorten.

⌃ Lake Waikaremoana

Te Urewera Park

Der Park (der seit 2014 gemäß dem Te Urewera Act kein offizieller Nationalpark mehr ist) besteht überwiegend aus zehn bis 15 Millionen Jahre altem **Gestein,** das ursprünglich Teil des Meeresbodens war, bevor es vor zwei Millionen Jahren bei Erdbewegungen durch die Meeresoberfläche gedrückt wurde. Seitdem hat Erosion **Täler** und **Bergkämme** geschaffen, die mit dichten **Wäldern** bewachsen sind. Dominiert wird der Park durch die **Seen Waikaremoana** und **Waikareiti.** Der 248 Meter tiefe Lake Waikaremoana wurde vor 2200 Jahren durch einen riesigen Bergrutsch geformt, der die schmale Schlucht des Waikaretaheke River blockierte.

Im Te Urewera Park finden sich etwa **650 endemische Pflanzenarten.** Im Süden dominieren Buchenwälder, im Norden Rimu und Tawa. Alle endemischen **Waldvögel** Neuseelands (außer dem Weka) bewohnen den Park, so auch Kiwi, Kokako, Kaka, Falken und Whio (Blaue Ente). Unter www.doc.govt.nz gibt es Auflistungen aller Pflanzen sowie Erläuterungen.

Die Gegend ist **dünn besiedelt,** vorwiegend wohnen **Tuhoe** hier. Die „Kinder des Nebels" haben sich größtenteils in **Ruatahuna** niedergelassen.

Wairoa (siehe oben) ist die dem Naturpark am nächsten gelegene Stadt. Fährt man von hier aus Richtung Park, passiert man zuerst das Örtchen **Onepoto,** in dem Shuttles zu den Wanderungen starten und wo es eine Unterkunft mit Campingplatz gibt.

- **Big Bush Holiday Park**②, Onepoto, Tel. 06-837 3777, www.lakewaikaremoana.co.nz.

Aniwaniwa, weiter im Osten, ist die größte Siedlung. Der SH38, der zu den beiden Ortschaften führt, ist größtenteils unbefestigt, für die 65 Kilometer nach Aniwaniwa benötigt man gut zwei Stunden. Der Ort bietet neben einem Museum, in dem die Natur des Parks erläutert wird, ein paar Unterkünften und einem Campingplatz (s.u.) einen Kajakverleih und ein DOC Visitor Centre (s.u.). Auch eine extrem teure Zapfsäule ist vorhanden, jedoch kein Supermarkt.

- **Lake Waikaremoana Holiday Park**②, 6249 Lake Rd., Tel. 06-837 3826.
- **DOC Visitor Centre,** Tel. 06-837 3803, tägl. 8–16.30 Uhr.

Aniwaniwa ist Ausgangspunkt für **Spaziergänge und Wanderungen** bis zu mehreren Tagen. Im Informationscenter gibt es die **DOC-Broschüre „Lake Waikaremoana Walks".** Beliebt Touren sind (von Süd nach Nord):

- **Onepoto Caves Track** (2 km, 2 Std. return, Start: kurz hinter Onepoto, ausgeschildert)
- **Lou's Lookout** (45 Min. return, Start: kurz hinter Onepoto, ausgeschildert)
- **Papakorito Falls** (2 Min., Start: 2 km auf Aniwaniwa Rd.)
- **Lake Waikareiti Track** – Teil des Ruapani Circuit (2 Std. return, Start: 200 m nördl. vom Visitor Centre)
- **Ruapani Circuit** (6 Std. Rundwanderung, Start: 200 m nördl. vom Visitor Centre)

Lake Waikaremoana Track – Great Walk

Der 46 Kilometer lange Lake Waikaremoana Track umrundet in drei bis vier Tagen den gleichnamigen **See** an seinem Süd- und Westufer. Startpunkte sind Onepoto oder Hopuruahine. Wer an eine flache Uferwanderung denkt, liegt falsch. Wer von Onepoto aus startet, für den geht es bereits die ersten vier Kilometer **steil bergauf,** 600 Höhenmeter sind zu überwinden. Immer wieder erschließen sich großartige Blicke auf und über den See. **Die Wanderung zählt zu den schönsten der Nordinsel,** das Gefühl der absoluten Abgeschiedenheit ist beeindruckend.

Achtung: Im diesem Gebiet regnet es überdurchschnittlich viel, und das Wetter kann sich schnell ändern. Schneefälle sind auch im Frühling und Herbst möglich. Aufgrund des häufigen Niederschlags muss man mit teils sehr matschigen Pfaden rechnen, nasse Füße sind nicht zu vermeiden. Feste Schuhe, Regenschutz und warme Kleidung sind unerlässlich. Die Strecke kann in beide Richtungen gelaufen werden.

Praktische Tipps

Informationen

- **www.greatwalks.co.nz/waikaremoana**
- Die **DOC-Broschüre „Lake Waikaremoana"** gibt grundlegende Informationen.
- Das **DOC-Informationszentrum** in Aniwaniwa (tägl. 8–16.30 Uhr) informiert über aktuelle Gefahren und das Wetter.

An- und Abreise

- **Big Bush Holiday Park** (siehe oben) bietet **Shuttles** zum/vom Track, Wassertaxen für Teilabschnitte sowie Unterkünfte② und einen Campingplatz②. Wer mit dem eigenen Fahrzeug anreist, kann hier für die Dauer der Wanderung parken. Zur Zeit der Recherche war Big Bush Holiday der einzige Anbieter von Shuttles von/nach Wairoa.

Unterkunft

- Entlang der Strecke gibt es fünf **DOC-Hütten** (32 $) und fünf **Campingplätze** (14 $). Alle müssen vor Antritt des Tracks vorgebucht werden. Es ist das ganze Jahr über Great Walk Season.

Mohaka Viaduct

Die Strecke zwischen Wairoa und Napier verläuft vorwiegend über Farmland, das Meer sieht man nur selten. Kurz nach dem Ort **Raupunga,** nachdem man den Mohaka River überquert hat, passiert man den Mohaka Viaduct. Gebaut im Jahr 1937, ist er mit einer Höhe von 97 Metern der **höchste Viadukt in Neuseeland.**

Lake Tutira und Maungaharuru Range

Wer sich die Füße vertreten möchte, kann am südlichen Ende des Sees eine kleine (1,1 km, 20 Min.), mittlere (5 km, 2 Std.) oder größere (7,1 km, 5 Std.) **Rundwanderung** starten. Wer lieber im Hinterland läuft, findet zahlreiche Mög-

034nz ks

⟩ Bush am Lake Waikaremoana

lichkeiten in der Maungaharuru Range. Einfach bei Tutira nach Südwesten auf die Matahoruna Road abbiegen. Neun Kilometer sind es bis zum **Lake Opouahi,** weitere acht zum **Boundary Stream Mainland Island Reserve.** An beiden Orten kann man schöne Wanderwege von 30 Minuten bis zu mehreren Stunden unternehmen.

■ **www.doc.govt.nz**

Waipatiki

Wer in Abgeschiedenheit übernachten möchte, sollte beim Ort **Tangoio** den SH2 Richtung Westen verlassen und der Tangoio Settlement Road bis zum Ende folgen. Hier liegt eine malerische Bucht mit nicht viel mehr als einem schönem Strand und einem einfachen Campingplatz, der auch Cabins vermietet.

■ **Waipatiki Beach Holiday** Park①-③, 498 Waipatiki Rd., Tel. 06-836 6075, www.waipatikibeach.co.nz. Die Preise variieren je nach Saison ganz beträchtlich.

Tangoio und Te Ana Falls

Die beiden **Wasserfälle** liegen 30 bzw. 60 Minuten zu Fuß vom Parkplatz Tangoio Falls entfernt, der am SH2 liegt, ca. sechs Kilometer hinter Tangoio auf der westlichen Seite.

Napier und Umgebung

Die sonnige Stadt Napier punktet nicht nur durch sein auffälliges **Art-Déco-Straßenbild,** sondern auch durch seine **endlosen, wilden Strände** und seine guten **Weine.**

Sein Stadtbild verdankt Napier dem **Erdbeben** vom Februar 1931. Mit einer Stärke von 7,8 kostete es 261 Menschenleben. Das durch das Beben ausgelöste **Feuer** zerstörte die komplette Innenstadt. Der Wiederaufbau fiel in die Zeit des **Art Déco** (1920–1940), weshalb die Stadt über eine der weltweit dichtesten Ansammlungen von Gebäuden in diesem Stil verfügt. Napier ist auch eine der wenigen Städte Neuseelands, die eine **verkehrsberuhigte Fußgängerzone** hat, hier kann man nicht nur die historischen Gebäude bewundern, sondern auch bummeln gehen.

Nahe der Fußgängerzone, direkt bei der i-SITE, beginnt das **Meer. Schwimmen** kann man hier wegen der gefährlichen **Strömungen** und **Brandung nicht,** aber was gibt es Schöneres, als sich mit einem Eis an den Strand zu setzen?

Wer genug von der Stadt hat, kann sich in den umliegenden, weltweit renommierten **Weingütern** ein Schlückchen gönnen oder einen Ausflug in die nahen Berge der **Kaweka Range** unternehmen.

Napier

Übernachtung
1 Seaview Lodge
9 Art Deco Masonic Hotel
10 Criterion Art Deco
12 Kennedy Park Resort
18 Beach Front Motel
19 Shoreline

Essen und Trinken
6 Mister D
7 Ujazi
15 Kilim
16 Pacifica Kaimoana
17 Thai Hutt

Nachtleben
3 Gintrap
4 Cabana Bar
5 Brazenhead
8 Emporium

Einkaufen
13 Classic Sheepskins

Aktivitäten
2 Ocean Spa
11 City Bike Hire and Tours
14 Pandora Kayaks, Absolute De Tours

Das Weinanbaugebiet Hawke's Bay

Hawke's Bay ist die **älteste und zweitgrößte Weinregion Neuseelands** (nach Marlborough). Die Region ist vor allem für seine **Rotweine** wie Merlot, Cabernet Sauvignon und Syrah bekannt, aber auch weltweit renommierte **Chardonnays** kommen aus der der Gegend.

Innerhalb der Hawke's Bay werden **drei Weinregionen** unterschieden: Küste, Berge und Ebenen. Auf der insgesamt 4774 Hektar großen Fläche werden jährlich 45.000 Tonnen Wein von 72 Weingütern produziert. Das macht zehn Prozent des Gesamtvolumens neuseeländischer Weine aus.

Die in der i-SITE erhältliche **Broschüre „Wine Trail Map"** gibt einen Überblick über 32 besucherfreundliche Weingüter: Kontaktdaten, Öffnungszeiten für Weinproben und (falls vorhanden) Restaurants sowie Übernachtungsmöglichkeiten. Viele der Weingüter liegen nahe beieinander, sodass Fahrradtouren beliebt sind.

- **www.hawkesbaywine.co.nz**

11 **Fahrräder** und/oder **Touren** bietet z.B. **City Bike Hire and Tours,** 117 Marine Parade, Napier, Tel. 0800-245 344, www.bikehirenapier.co.nz, ab 15 $/Fahrrad, 140 $ Tour.

Mein Tipp: Wer sich lieber chauffieren lässt, kann eine der vielen Touren buchen, z.B. bei **Vines and Views,** 11 Seapoint Rd., Napier, Tel. 0800-220 660, www.vinesandviewswinetours.co.nz, ab 95 $.

Einige **besuchenswerte Weingüter** (neben vielen anderen) sind:

- **Mission Estate,** 198 Church Rd., Taradale, Tel. 06-845 9350, www.missionestate.co.nz, Weinproben Mo–Sa 9–17 Uhr, So 10–16.30 Uhr, Restaurant tägl. ab 10 Uhr.
- **Elephant Hill,** 86 Clifton Rd., Te Awanga, Tel. 06-872 6060, www.elephanthill.co.nz, Weinproben tägl. ca. 10–16 Uhr, Restaurant tägl. ab 12 Uhr, Winter Do–Sa ab 18 Uhr.
- **Craggy Range,** 253 Waimarama Rd., Havelock North, Tel. 06-873 7126, www.craggyrange.com, Weinproben tägl. 10–18 Uhr, Winter Mi–So 10–17 Uhr, Restaurant tägl. ab 12 Uhr.
- **Black Barn,** Black Barn Rd., Havelock North, Tel. 06-877 7985, www.blackbarn.com, Weinproben tägl. 10–17 Uhr, Restaurant Mi–So ab 12 Uhr, Abendessen nur Fr, Unterkunft③.
- **Te Mata,** 349 Te Mata Rd., Havelock North, Tel. 06-877 4399, www.temata.co.nz, Weinproben Mo–Fr 9–17 Uhr, Sa 10–17 Uhr, So 11–16 Uhr, Winter So geschlossen.

142nz no

In der Hawke's Bay werden hervorragende Rotweine gekeltert

Geschichte

Die Gegend um Napier war schon lange von verschiedenen Stämmen besiedelt, bevor die ersten Europäer eintrafen. **Ngati Kahungunu** dominierten, als Kapitän *Cook* 1769 die Küste entlangsegelte. Händler, Walfänger und Missionare waren die ersten **europäischen Siedler,** die sich in Napier niederließen, Bauern und Hoteliers folgten. 1851 erwarb die Krone das Gebiet des sogenannten Ahuriri Block, der auch Napier umfasste. Drei Jahre später wurde **Alfred Domett** als Verwalter ausgerufen. Er plante die Stadt und benannte sie nach Sir *Charles Napier,* dem Helden der Schlacht von Meeanee in Indien. Viele Straßen wurden nach kolonialen Gebieten, Künstlern und Charakteren aus Dichtung und Literatur benannt.

Im Gegensatz zum Umland wuchs die Stadt rasant, und ein Hafen wurde gebaut. Am 3. Februar 1931 wurde das florierende Napier durch ein 2½ Minuten dauerndes **Erdbeben** der Stärke 7,8 erschüttert. 261 Menschen verloren ihr Leben, die Innenstadt wurde komplett zerstört. Der Erdboden hob sich bis zu 2,50 Meter an, 4000 Hektar Meeresfläche wurden brachgelegt. Hier wurde später der Flughafen gebaut.

Die **Hawke's Bay** ist die größte Produktionsstätte von **Kreuzzuchtwolle** auf der Südhalbkugel sowie eines der größten **Äpfel-, Birnen- und Steinfruchtanbaugebiete.** Vom Hafen werden zudem große Mengen an gefrorenem Fleisch und Bauholz verschifft.

Sehenswertes

Die Innenstadt Napiers ist gespickt von **Art-Déco-Gebäuden,** die das Stadtbild so ganz anders wirken lassen als das anderer neuseeländischer Städte. Wer die Hauptgeschäftsstraße **Emerson Street** entlang läuft, gewinnt einen ersten Eindruck. Das **Centre** des **Art Deco Trust** ist ein guter Ausgangspunkt, für Erkundigungen. Hier kann man sich die Broschüre „Self-guided Walks" besorgen, sich einer Tour anschließen (ab 19 $) oder gar eine Vintage Car Tour (175 $/vier Personen) unternehmen. Einige der Highlights sind das **National Tobacco Company Building** (Bridge St., Ecke Ossian St.) und das **Daily Telegraph Building** (49 Tennyson St.).

■ **Art Deco/Deco Centre,** 7 Tennyson St., Tel. 06-835 0022, www.artdeconapier.com, tägl. 9–17 Uhr.

Die Uferstraße **Marine Parade** ist Napiers **Boulevard.** Auf der einen Seiten reihen sich Motels und hübsche Wohnhäuser aneinander, in der Mitte der Straße stehen mächtige Tannen, und auf der anderen Seite befinden sich der Kiesstrand und das Meer. Zum Baden ist es hier zu gefährlich, aber das Meer verleiht Flair. Entlang des Strandes führt ein Weg, der bei Fußgängern und Radfahrern gleichermaßen beliebt ist. An der Promenade befinden sich außerdem **Spielplätze,** ein **Skatepark,** ein **Minigolfplatz,** ein **Aquarium,** eine **Aussichtsplattform** und die sogenannten **Sunken Gardens,** ein hübsch angelegter Blumengarten.

Einst ankerte in **Ahuriri** die „Endeavour", später entstand ein klassisches, dreckiges Hafenviertel. Seitdem hat sich viel geändert: Heute ist Ahuriri ein **modernes Wohnviertel,** die Uferpromenade ist ansehnlich und ein beliebter Ausflugsort für alle, die durch Cafés und Bars ziehen oder in der **Parkanlage** am Meeresrand spazieren möchten.

Vom **Aussichtspunkt Bluff Hill** an der Lighthouse Road genießt man einen schönen Blick auf den Hafen. Wer die kurvenreiche Anfahrt vermeiden will, kann vom jeweiligen Ende der Hornsey Road oder Karaka Road aus den steilen Bluff Hill Walkway bestreiten.

Das historische **Maori Pa Otatara** im Vorort Taradale (Springfield Rd.) ist nicht nur schön aufbereitet und mit Infotafeln versehen, auch der Blick über die Landschaft, der bei schönem Wetter bis zum Cape Kidnapper und Mount Ruapehu reicht, ist grandios. Ein einfacher, einstündiger Rundweg von 2,6 Kilometern führt durch das Pa und die Umgebung. Infos findet man auf der Website des DOC (www.doc.govt.nz):

MEIN TIPP: Das **MTG Hawke's Bay** vereint **Museum, Theater** und **Galerie** unter einem Dach. Neben zwei Dauerausstellungen über das Erdbeben und die Taonga (vereinfachend: Kulturschätze) der Maori bietet das Kulturzentrum auch zahlreiche Wechselausstellungen.

■ **MTG Hawke's Bay,** Marine Pde Ecke Tennyson St., Tel. 06-835 7781, www.mtghawkesbay.com, tägl. 10–17 Uhr, 10/7,50 $.

Das **größte Aquarium Neuseelands** kann zwar nicht mit den riesigen Aquarien anderer Länder mithalten, ist aber trotzdem gut aufbereitet und sehenswert. Gegen Aufpreis kann man mit Haien schwimmen, tauchen und verschiedene Tiere aus der Nähe erleben.

■ **National Aquarium,** 546 Marine Parade, Tel. 06-834 1404, www.nationalaquarium.co.nz, tägl. 9–17 Uhr, 20/10 $.

Napier Prison, das **älteste Gefängnis Neuseelands** aus dem Jahre 1862, ist heute eine Touristenattraktion. Bewaffnet mit einem Audio-Guide oder als (Grusel-)Tour kann man den Geschichten des Gefängnisses und seiner Insassen lauschen.

■ **Napier Prison,** 55 Coote Rd., Tel. 06-835 9933, www.napierprison.com, tägl. 9–17 Uhr, ab 20/10 $.

Das lokale **Technikmuseum Faraday Centre** zeigt Exponate zum Thema Kommunikation, Transport, Energie, Motoren und mehr.

■ **Faraday Centre,** 2 Faraday St., Tel. 06-835 2338, www.faradaycentre.org.nz, Mo, Mi, Fr 9–13 Uhr, Sa 9–11.30 Uhr, 9/2,50 $.

Aktivitäten

Es gibt eine Reihe von Anbietern, die **Stadttouren** zu Fuß, per Oldtimer, Bus oder Fahrrad mit verschiedenem Themenschwerpunkten anbieten, etwa Art Déco, Landschaft und Geschichte.

14 Eine kompakte, breit gefächerte Tour bietet **Absolute De Tours,** 112 Avenue Rd., Tel. 06-844 8699, www.absolutedetours.co.nz, ab 60 $.

Weintouren siehe Kasten „Das Weinanbaugebiet Hawke's Bay".

Die Gegend um Napier hat ein sehr gut ausgebautes Netz an **Radwegen.** Auf verschiedenen Rundtouren (Water Ride,

Landscapes Ride, Wineries Ride, je 15–35 km) kann man die Region per Drahtesel kennenlernen.

■ **Karten** gibt es in der i-SITE oder unter **www.hawkesbaynz.com.**

14 **Fahrräder** vermietet z.B. **City Bike Hire and Tours,** 117 Marine Parade, Tel. 0800-245 344, www.bikehirenapier.co.nz, ab 15 $.

Im **Ocean Spa** gibt es neben einem **Schwimmbecken** einen **beheiztem Pool** sowie zwei **Spa Pools,** alles unter freiem Himmel.

2 **Ocean Spa,** 42 Marine Parade, Tel. 06-835 8553, www.oceanspanapier.co.nz, Mo–Sa 6–22 Uhr, So 8–22 Uhr, 10,70/8 $.

Zum **Baden** ist der Stadtstrand an der Marine Parade zu gefährlich. Die nächste Alternative ist der **Westshore Beach** (The Esplanade).

Kajaken oder **SUP** gefällig? Am Pandora Pond kann man Equipment mieten und Kurse buchen. Es gibt auch Dachgepäckträger, für die, die das Equipment an anderer Stelle nutzen wollen.

14 **Pandora Kayaks,** 53 Pandora Rd., Tel. 06-835 0684, www.pandorakayaks.co.nz.

Für alle, die **Outdoorsportarten** wie Rafting, Angeln, Reiten, Mountainbiking oder Paintball ausüben wollen, lohnt sich die knapp 60 Kilometer lange Fahrt gen Nordwesten zur **Adventure Lodge Mountain Valley.** Sie bietet all das, inklusive diverser Übernachtungsmöglichkeiten.

■ **Mountain Valley,** 408 McVicar Rd., Te Pohue, Tel. 06-8349 756, www.mountainvalley.co.nz.

Praktische Tipps

Informationen

■ **www.napier.govt.nz**
■ **Einwohnerzahl:** 57.240
■ **i-SITE:** 100 Marine Parade, Tel. 06-834 1911, tägl. 9–17 Uhr.
■ **DOC:** 59 Marine Parade, Tel. 06-834 3111, Mo–Fr 9–16.30 Uhr.
■ **Bibliothek:** 32 Station St., Tel. 06-834 4180, Mo–Fr 9.30–17.30, Sa 10–16 Uhr, So 10–14 Uhr.

An- und Abreise

■ **Bus:** Napier wird von den großen Langstreckenbusunternehmen angefahren; zentrale Haltestelle 12 Carlyle St.
■ **Flugzeug:** Der kleine **Hawke's Bay Airport** (Main North Rd., 8 km nördl., Tel. 06-834 0742, www.hawkesbay-airport.co.nz) verbindet Napier mit Auckland, Wellington, Blenheim, Christchurch, es fliegen die Airlines Air New Zealand, Jetstar und Sounds Air. **Super Shuttle** (Tel. 06-835 0055, www.supershuttle.co.nz) bietet Tür-zu-Tür Service.

Unterwegs vor Ort

■ **Bus: Gobus** (www.gobus.co.nz) verkehrt innerhalb der Stadt und verbindet Napier mit Clive, Hastings und Havelock North. Preise sind nach Zonen gestaffelt (ab 3,60/1,80 $).
■ **Taxi:** z.B. **Napier Taxis,** Tel. 06-835 7777.

Unterkunft

Klassische **Motels** findet man entlang der **Kennedy Road,** zahlreiche weitere Unterkünfte liegen auf der **Marine Parade.** Wer in **Ahuriri** übernachten möchte, sollte den **Meeanee Quay** ansteuern. Reservierungen sind in der Weihnachtszeit sowie Ende Februar (Festival) notwendig. Klassische **Backpacker** gibt es eine gute Handvoll in durchschnittlicher Qualität.

10 **Criterion Art Deco**①, 48 Emerson St., Tel. 06-835 2059, www.criterionartdeco.co.nz. In einem fotogenen Art-Déco-Gebäude gelegen, bietet das Hostel kostenfreies Frühstück, einen Billardtisch und rote Ledersofas auf lila Teppich ...

19 **Shoreline**②-③, 377 Marine Parade, Tel. 0508-101 112, www.shorelinenapier.co.nz. Breites Spektrum an Zimmern, alle in gutem Zustand, teilweise mit eigenem Spa-Pool und Blick zum Meer.

1 MEIN TIPP: **Seaview Lodge**②-③, 5 Seaview Terrace, Tel. 06-835 0202, www.hawkesbay.co.nz. B&B mit hübschen, gemütlichen Zimmer in zentraler Lage und am Meer. Perfekt!

18 **Beach Front Motel**②-③, 373 Marine Parade, Tel. 0800-778 888, www.beachfrontnapier.co.nz. Ordentliche Zimmer, teilweise mit Meeresblick vom eigenen Balkon.

9 MEIN TIPP: **Art Deco Masonic Hotel**②-③, Tennyson St. Ecke Marine Parade, Tel. 06-835 8689, www.masonic.co.nz. Ein Traum in Art Déco in zentraler Lage.

Camping

Im Stadtgebiet selbst gibt es nur einen Campingplatz (siehe unten), vier weitere Plätze finden sich entlang der Küste zwischen Napier und der Abzweigung zur SH5.

Wer *self contained* ist, darf für maximal drei Nächte auf dem **Foreshore Reserve Carpark** (Nähe Ellison St.), auf dem **Northern Ocean Spa Carpark** (22 Marine Parade) oder am **Perfume Point Carpark** (46 Nelson Quay) übernachten. Am besten in der i-SITE nach dem aktuellen Stand fragen.

12 **Kennedy Park Resort**③, Storkey St., Tel. 06-843 9126, www.kennedypark.co.nz. Gepflegter, recht großer Holiday Park mit allen erdenklichen Annehmlichkeiten inmitten eines Wohnviertels.

Essen und Trinken

Ob in Cafés, Restaurants oder auf Weingütern, an Speis und Trank in bester Qualität mangelt es in Napier nicht. Quer durch die **Innenstadt** (allen voran an der Ecke Tennyson und Hastings Street) wird jeder fündig. Alternativ kann man sich in **Ahuriri** am West Quay oder im Quadrat innerhalb des Nelson Quays oder in **Taradale** entlang der Gloucester Street umsehen.

15 **Kilim**①-②, 19 Hastings St., Tel. 06-835 9100, www.kilimnapier.co.nz, tägl. 11–21 Uhr. Sehr gutes türkisches Restaurant, wie man sie nur selten in Neuseeland findet. Wer zum Mitnehmen bestellt, spart Geld.

7 **Ujazi**①-②, 28 Tennyson St., Tel. 06-835 1490, tägl. 8–17 Uhr. Das Café serviert gute Speisen in vernünftigem Preis-Leistungs-Verhältnis. Beliebt sind im Sommer auch die Außensitzplätze, von denen sich das Treiben auf der Straße schön beobachten lässt.

17 **Thai Hutt**②, 255 Marine Parade, Tel. 06-834 3868, tägl. 17–22 Uhr. Gutes, klassisches Thai-Restaurant mit ansprechender Cocktailkarte.

6 **Mister D**②-③, 47 Tennyson St., Tel. 06-835 5022, www.misterd.co.nz, Mo–Mi u. So 7.30–16 Uhr, Do–Sa 7.30 Uhr bis spät. Sehr gutes Restaurant mit hervorragend zubereiteten Speisen und beliebten Doughnuts, die man mit einer Spritze selbst füllt. Hat auch exzellente Weine und eine ordentliche Auswahl an Bieren.

16 MEIN TIPP: **Pacifica Kaimoana,** 209 Marine Parade, Tel. 06-833 6335, www.pacificarestaurant.co.nz, Di–Sa 18–22.30 Uhr, 50 $/fünf Gänge. In einem blauen Strandbungalow untergebracht, kann man zwischen zwei Menüs wählen, beide beinhalten Fisch/Meeresfrüchte.

> Überall in Napier kann man schöne Beispiele des Art Déco entdecken

https://de.dreamstime.com © Leung Shiny

Ausgehen

4 **Cabana Bar,** 11 Shakespeare Rd., Tel. 06-835 1102, www.cabana.net.nz, Mi–Sa ab 18 Uhr. Die bekannteste Livemusik-Location Napiers. Jeden Abend spielt eine andere Band.

8 **Emporium,** Marine Parade Ecke Tennyson St., www.emporiumbar.co.nz, tägl. 7–23 Uhr. Hübsche Bar im Art-Déco-Style, die auch ganztägig Mahlzeiten②-③ und Snacks anbietet. Leider kommen nicht alle Weine aus der Region (aber immerhin aus Neuseeland).

5 **Brazenhead,** 21 Hastings St., Tel. 06-835 3517, Mi–So 11–23 Uhr. Klassischer Pub mit vielen Sonnensitzplätzen; ein guter Ort, um sich bei einem Bier vom Urlaub zu erholen. Hat auch gutes Pub-Essen①-②.

3 **Gintrap,** 64 West Quay, Tel. 06-835 0199, www.gintrap.co.nz, tägl. 11–24 Uhr. Eine der beliebtesten Bars in Ahuriri, direkt am Wasser, mit abwechslungsreichem Menü, Pizza und Tapas①-③.

Einkaufen

Das Geschäftsviertel von Napier befindet sich nahe der Marine Parade rund um die **Emerson, Hastings** und **Dickens Street.** Bummeln macht besonders in der verkehrsberuhigten Emerson Street Spaß, in der auch mehrere hübsche Art-Déco-Gebäude liegen. Supermärkte, Tankstellen und andere große Geschäfte findet man am City-Ende der **Thackeray Street** und deren Verlängerung **Station Street.**

13 Wer **Schafsfelle** und aus ihnen hergestellte Produkte mag, sollte einen Blick hierauf werfen: **Classic Sheepskins,** 22 Thames St., Pandora, Tel. 06-835 9662, www.classicsheepskins.com, Mo–Fr 8.30–17 Uhr, Sa, So 9–16 Uhr. Classic Sheepskins veranstaltet nicht nur Touren, sondern bietet Produkte aus Schafsfell und Wolle im Fabrikverkauf massiv reduziert an. Wer auf der Suche nach Hausschuhen, Stiefeln, Fellen oder Teppichen ist, kann ein Schnäppchen machen.

Hastings

Hastings leidet ein wenig darunter, dass alle (Touristen-)Augen auf Napier gerichtet sind. Das Erdbeben von 1931 hat hier bedeutend weniger Schäden angerichtet als in Napier, trotzdem findet man wunderschön restaurierte Häuser im Art-Déco-Stil bzw. im Spanischen Missionsstil. Das **Stadtbild** ist insgesamt sehr hübsch, es ist klar zu erkennen, dass Hastings das Wirtschaftszentrum der Region ist. Umgeben ist die Stadt von Obstplantagen und Weinreben, was ihr ein **mediterranes Flair** verleiht.

Sehenswertes und Aktivitäten

Wen die **Architektur** der Stadt interessiert, der sollte sich in der i-SITE die **Broschüre „Art Deco Hastings“** besorgen und dem darin beschriebenen, einstündigen Rundgang folgen. Hauptattraktionen sind das **Westerman's Building** (Russell St. Ecke Heretaunga St.) und die **Hawke's Bay Opera** (Hastings St. Ecke Heretaunga St.).

Die **City Art Gallery** präsentiert sehenswerte wechselnde Ausstellungen und Kunstwerke renommierter, vorwiegend **zeitgenössischer neuseeländischer** und **internationaler Künstler.**

■ **City Art Gallery,** 201 Eastbourne St. East, Tel. 06-871 5095, www.hastingscityartgallery.co.nz, tägl. 10–16.30 Uhr.

Weingüter siehe Kasten „Das Weinanbaugebiet Hawke's Bay.“

■ **Weintouren** werden von verschiedenen Anbietern angeboten und beinhalten den Besuch mehrerer Weingüter, z.B. **Prinsy's Tour,** Tel. 06-845 3703, www.prinsystours.co.nz, ab 80 $.

Das Splash Planet ist ein großes **Spaßbad** mit zahlreichen Rutschbahnen und anderen Wasserattraktionen. Eines der besten seiner Art in Neuseeland.

8 **Splash Planet,** Grove Rd., Tel. 06-873 8033, www.splashplanet.co.nz, Nov. bis Feb. 10–17.30 Uhr, 29/19 $.

Praktische Tipps

Informationen

■ **www.hastings.nz.com**

■ **Einwohnerzahl:** 73.245

■ **i-SITE:** Russel St. Ecke Heretaunga St., Tel. 06-873 5526, Mo–Fr 9–17 Uhr, Sa 9–15 Uhr, So 10–14 Uhr.

■ **Bibliothek:** Warren St. South, Tel. 06-871 5180, Mo 10–18 Uhr, Di 9–20 Uhr, Mi–Fr 9–18 Uhr, Sa 10–16 Uhr, So 13–16 Uhr.

An- und Abreise

■ **Bus:** Hastings wird von den großen Langstreckenbusunternehmen angefahren; zentrale Haltestelle Russell St.

Unterkunft

Hastings bietet relativ **wenige Unterkünfte,** die vor allem in der Erntesaison ausgebucht sein können. Wer flexibel ist, kann Übernachtungen in Napier oder die besseren (und entsprechend teureren) Unterkünfte in Havelock North in Betracht ziehen.

1 **A1 Backpackers**①, 122 Stortford St., Tel. 06-873 4285, www.a1backpackers.co.nz. Einfaches, unspektakuläres Hostel, wahrscheinlich trotzdem das beste in Zentrumsnähe.

1 **Eco Lodge Pakowhai**①, 1000 Pakowhai Rd., Tel. 06-876 6887, www.ecolodge-pakowhai.co.nz. Etwas außerhalb gelegen, in einer Parkanla-

ge. In diesem Öko-Hostel kann man auch in Wohnwagen übernachten.

1 Omahu Motor Lodge②, 327 Omahu Rd., Tel. 06-870 7061, www.omahumotorlodge.co.nz. Modern, saubere Zimmer mit einem Klacks von Rot ...

5 Valdez Motor Lodge②, 1107 Karamu Rd. North, Tel. 06-876 5453, www.valdezmotorlodge.co.nz. Einfaches, aber ordentliches Motel mit Schwimmbecken in Laufnähe zur Innenstadt.

5 Mein Tipp: Clive Colonial Cottages②-③, 198 School Rd., Tel. 06-870 1018, www.clivecolonialcottages.co.nz. Außerhalb der Stadt im Küstenörtchen werden in einer gepflegten Gartenanlage kleine Cottages vermietet.

Camping

7 Hastings Top 10②, 610 Windsor Ave., Tel. 06-878 66692, www.hastingstop10.co.nz. Am Stadtrand, am Windsor Park gelegen, in dem sich auch Splash Planet befindet. 2 km zur Innenstadt.

Essen und Trinken

Was gibt es Schöneres, als auf einem der umliegenden Weingüter zu speisen und dabei lokale Weine zu genießen? Das nahe Havelock North hat kulinarisch gesehen mehr zu bieten (siehe auch Kasten „Das Weinanbaugebiet Hawke's Bay"). Wer lieber in der Stadt bleibt, findet Cafés und Restaurants in der **Heretaunga Street** und ihren Seitenstraßen.

3 Bay Espresso①, 141 Karamu Rd., Tel. 06-876 5682, www.bayespresso.co.nz, Mo–Fr 7–16 Uhr, Sa, So 8–16 Uhr. Das Mutterschiff der Bay Espresso Cafés hat Außensitzplätze im Garten und ist bei Einheimischen sehr beliebt.

4 Taste Cornucopia①-②, 219 Heretaunga St., Tel. 06-878 8730, www.tastecornucopia.co.nz, Mo–Fr 7.30–16 Uhr u. Fr 18.30–22 Uhr. Bio-Café mit hochwertigen, gesunden Produkten und Abendessen an Freitagen.

2 Gengy's Mongolian BBQ Buffet②, 301 Heretaunga St. West, Tel. 06-878 8300, www.gengys.co.nz, tägl. ab 17.30 Uhr. Klassisches mongolisches Buffet-Restaurant, bei dem die Speisen frisch zubereitet werden. Wer Fr oder Sa um 17 Uhr einkehrt, zahlt weniger.

Einkaufen

Hastings Geschäfte liegen vorwiegend auf und um die **Heretaunga Street** Ecke **Russel Street.** Tankstellen und Supermärkte befinden sich entlang des SH2.

6 Ein **Wochenmarkt** findet So 8.30–12.30 Uhr auf der Kenilworth Road statt.

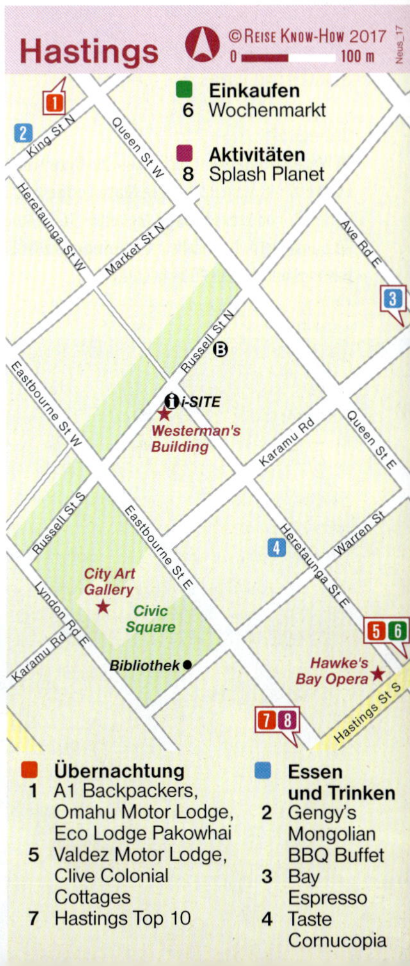

Havelock North

Das Örtchen Havelock North ist touristisch nicht von Bedeutung, es verdankt seine wenigen Besucher dem **Weinanbau** und der Nähe zum **Te Mata Peak** sowie zum **Cape Kidnappers.** Zentraler Punkt des Ortes ist der **große Kreisel,** auf dem die Joll, Ta Aute, Te Mata, Napier und Havelock Roads aufeinandertreffen. Hier findet man Cafés, Restaurants und Geschäfte.

Praktische Tipps

Unterkunft

■ Wer eine Unterkunft sucht, kann die **Blue Moon Lodge**① (48 Main Rd.), die **Te Mata Lodge**② (21 Porter Dr.) oder das **Village Motel**② (16 Te Aute Rd.) ansteuern. Der nächste **Campingplatz** ist in Hastings oder an der Küste in Clifton.

Essen und Trinken

■ Wer Hunger hat, bekommt gute Pizzen im **Maina** (1 Havelock Rd.) oder **Pipi** (16 Joll St.), Tapas im **Deliciosa** (21 Napier St.) oder moderne neuseeländische Speisen im **Diva** (10 Napier Rd.).

■ Wer lieber in einem der umliegenden **Weingüter** speisen möchte, siehe Kasten „Das Weinanbaugebiet Hawke's Bay".

In der Umgebung

Arataki Honey

Für **Honig-Fans** ein Muss: In hübsch aufbereitetem Ambiente kann man Bienen beim Arbeiten zusehen, sich über die Tiere und das Produkt Honig informieren, Honig probieren und natürlich auch kaufen.

Spektakuläre Klippen am Cape Kidnappers

035nz ks

■ **Arataki Honey,** 66 Arataki Rd., östl. Stadtrand von Havelock North, Tel. 06-877 7300, www.aratakihoneyhb.co.nz, tägl. 9–15 Uhr.

Te Mata

Der **Legende** nach ist der **Berg** Te Mata der verwandelte Körper von **Chief Rongokako,** dem Großvater von Kahungunu und Vorfahr sämtlicher Iwi von Ngati Kahungunu. Den 399 Meter hohen Gipfel von Te Mata kann man schon aus der Ferne sehen. Irgendwie fehl am Platz wirkt die quasi einzige Hügelkette der Gegend. Wer den Gipfel erklimmt, hat an schönen Tagen einen Blick bis zum Mount Ruapehu. Es gibt eine gute Anzahl von **Spazier- und Wanderwegen** im Te Mata Park. Beliebt ist der 5,5 Kilometer lange **Giant Circuit,** den man in 2½ Stunden läuft. Entlang der Strecke findet man QR Codes, die über Flora, Fauna, Geologie und Geschichte informieren.

■ **Te Mata,** Te Mata Peak Rd., 7 km südöstl. von Havelock North, www.tematapark.co.nz.

British Car Museum

Im Museum warten 450 wunderschön aufbereitete **Oldtimer** englischen Ursprungs auf ihre Bewunderer.

■ **British Car Museum,** 63 East Rd., Te Awanga, Tel. 06-875 0561, www.britishcarmuseum.co.nz, Mo–Fr nach Absprache geöffnet, Sa, So 9–16 Uhr, 10/3 $.

Cape Kidnappers und Tölpelkolonie

Neben spektakulären Klippen an rauer Küste bietet das Cape Kidnappers am östlichsten Punkt der Hawke's Bay auch Spannendes für Vogelfreunde: Es ist Heimat für zwei große Kolonien **Australischer Tölpel** *(gannets).* In der Brutzeit von November bis Februar wimmelte es nur so von den Tieren. Informationen findet man in der **DOC-Broschüre „Cape Kidnappers Gannet Reserve".** Erreichen kann man die Kolonie in 2½ Stunden **zu Fuß,** vom Parkplatz Clifton Reserve am Strand entlang. Oder man schließt sich einer **Tour** an, lässt sich in einem Traktor-Anhänger chauffieren und wird unterwegs mit Informationen versorgt.

■ **Gannet Beach Adventures,** 475 Clifton Rd., Tel. 06-8750 898, www.gannets.com, 44/24 $.
■ **Info:** www.doc.govt.nz.

Wer auf der Suche nach schönen **Surf- und Badestränden** ist, wird in **Haumoana, Ocean Beach** oder **Waimarama** fündig.

Südliche Hawke's Bay

Waipawa

Die kleine **Artmosphere Gallery** hat einen hübschen Garten mit kleineren Exponaten, auch das Haus ist voller ansehnlicher Malereien, Fotografien und Kleinkunst. Wenn die Galerie geöffnet ist, hängt ein Schild „OPEN" am SH2. Einen Stopp wert.

■ **Artmosphere Gallery,** 1307 SH2, Waipawa, www.artmosphere-gallery.com, unregelmäßige Öffnungszeiten.

Das **Central Hawke's Bay Settlers Museum** ist ein **Regional- und Geschichtsmuseum,** das auch ein Waka (Kanu) ausstellt. Gut aufbereitet.

■ **Central Hawke's Bay Settlers Museum,** 23 High St., Waipawa, Tel. 06-857 7288, www.chbsettlersmuseum.co.nz, tägl. 10–16 Uhr, 5/1 $.

Taumatawhakatangihangakoaua-uotamateaturipukakapikimaunga

Der Ort mit dem **zweitlängsten Namen der Welt** ist ein unspektakulärer Hügel (Wimbledon Rd., Porangahau). Trotzdem ein Erlebnis für sich, denn welcher Ort trägt schon den Namen „Der Ort, an dem Tamatea, der Mann mit den großen Knien, der rutschte, kletterte und Berge verschluckte, bekannt als Landesser, seinem Geliebten (Bruder) auf der Flöte vorspielte"? Abgekürzt lautet der Name **Taumata Hill.**

Dannevirke

Das Städtchen mit dänischen Wurzeln ist ein hübsches Plätzchen, um sich die Füße zu vertreten, länger bleiben muss man nicht. Highlights sind neben der **Windmühle** auf dem Copenhagen Square das **International Police Museum** und die **Fantasy Cave,** eine kunterbunte und leicht bizarre Nostalgiewelt.

■ **International Police Museum,** 137 High St., Tel. 06-374 6455, www.policemuseum.co.nz, So 10–15 Uhr, 8/4 $.
■ **Fantasy Cave,** 60 High St., Tel. 06-374 9011, Öffnungszeiten variieren, 5/2 $.

Praktische Tipps

- **www.dannevirke.net.nz**
- **Vault Café**①-②, 113 High St., Tel. 06-374 6046, Mo–Fr 8.30–15 Uhr, Sa 10–14 Uhr, So 9–14 Uhr. Guter Kaffee sowie leckere Snacks und Speisen.

Ruahine Forest Park

Das von DOC verwaltete Gebiet erstreckt sich im Westen des SH2 von Woodville im Süden bis auf die Höhe von Napier. Das **bergige Buschland** wird vorwiegend von einheimischen Wanderern und Jägern besucht. Es gibt ein paar Hütten und zahlreiche **Wanderwege,** viele starten in der Nähe von Dannevirke. Informationen besorgt man sich am besten bei DOC in Palmerston North oder in Wellington (Infos auch auf www.doc.govt.nz).

037nz ks

Woodville

Das Städtchen, an dem der SH2 auf den SH3 stößt, könnte man glatt ignorieren, wäre da nicht das **Reed Organ Museum,** das in einem Privatgebäude über 100 Orgeln und Harmoniums ausstellt. Für Fans der Tasteninstrumente ein Muss.

- **Reed Organ Museum,** 50 Tay St., Tel. 06-376 4427.

Tui Brewery

Eine der größten neuseeländischen **Bierbrauereien** öffnet hier ihre Tore für Touren und Bierproben. Ein kleines Museum sowie ein Café sind angeschlossen.

- **Tui Brewery,** SH2, Mangatainoka, Tel. 06-376 0815, www.tui.co.nz, Mo–Do 10–16 Uhr, Fr–So 10–17 Uhr, Touren tägl. 11 u. 14 Uhr, Vorabbuchung nötig, 25 $, Bierproben 20 $.

Strände

Wer einen Abstecher an den Strand machen möchte, muss mit relativ langen Fahrten auf kleinen, teils kurvenreichen Straßen rechnen. Am zugänglichsten sind **Kairakau, Pourerere, Aramoana, Blackhead, Porangahau, Cape Turnagain, Akitio** und **Owahanga** (von Nord nach Süd).

Farmland in der südlichen Hawke's Bay

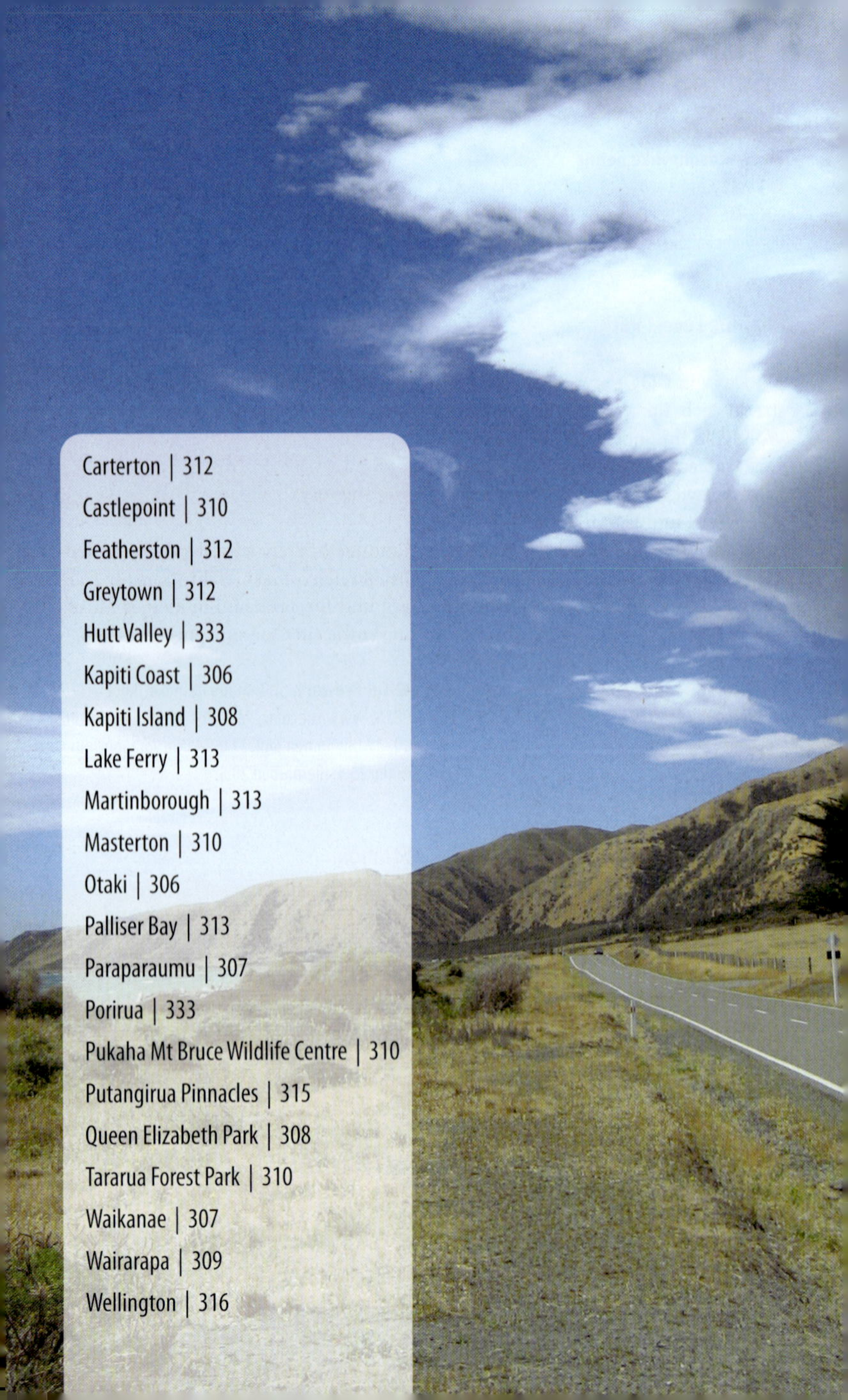

Wellington 7 und Umgebung

Wellington ist quicklebendig: Kunst und Kultur, eines der weltbesten Museen und unzählige Straßencafés und Restaurants machen den Charme der Hauptstadt aus. Einen Katzensprung entfernt liegen Weinanbaugebiete, endlose Strände und grüne Gebirgszüge.

< Straße am Cape Palliser

NICHT VERPASSEN!

- **Kapiti Island:** auf einer Überachtungstour Kiwis, Pinguine und andere Vögel beobachten und dabei mehr über Maori-Legenden erfahren | 308
- **Cape Palliser:** am Ende der abwechslungsreichen Palliser Bay Road die 253 Stufen zum hübschen Leuchtturm aufsteigen und den endlosen Blick genießen | 313
- **Martinborough:** zu Fuß oder per Fahrrad Weingüter ansteuern und deren Weine probieren | 314
- **Te Papa Tongawera, Wellington:** in einem der am besten aufbereiteten Museen der Welt die Zeit vergessen und in Neuseelands Geschichte, Kultur, Fauna und Flora eintauchen | 320
- **Botanic Garden, Wellington:** mit der Cable Car zum schönen Botanischen Garten fahren und einen Abstecher in das Cable Car Museum und zum Space Place unternehmen | 323
- **Cuba Street, Wellington:** durch die künstlerisch beeinflusste Fußgängerzone bummeln und das Treiben von einem kleinen Café aus beobachten | 324

Diese Tipps erkennt man an der gelben Hinterlegung.

WELLINGTON UND UMGEBUNG

Neuseelands **Hauptstadt** liegt am südlichen Ende der Nordinsel, das durch die **Tararua Range** in zwei Regionen geteilt ist. Die **Kapiti Coast** im Westen ist direktes Einzugsgebiet von Wellington, dicht besiedelt und mit kilometerlangen Stränden. Den Gegenpol zum urbanen Erscheinungsbild stellt die unter Naturschutz gestellte vorgelagerte **Insel Kapiti.** Auf der anderen Seite der Tararua Range erstreckt sich das ländlich geprägte **Wairarapa.** Hübsche Städtchen schlängeln sich entlang des SH2, landwirtschaftlich genutzte Ebenen ziehen sich über weite Flächen. Und wer den Abstecher an die Ostküste oder das südliche **Cape Palliser** wagt, wird mit rauem Meer in malerischer Umgebung belohnt. Zwischen all diesen unterschiedlichen Landschaftsbildern liegt das kleine **Weinanbaugebiet Wairarapa,** das mit seinen hervorragenden Tropfen auch international Anerkennung findet. Das **Wetter** in Wairarapa und Kapiti Coast ist bedeutend **milder und trockener** als im nur wenige Kilometer südlich gelegenen Wellington.

Wellington ist Neuseelands schönste und besuchenswerteste Stadt. Mit einer übersichtlichen Innenstadt, einer ausgeprägten Kunst- und Kulturszene, unzähligen Cafés, Restaurants und Bars herrscht hier eine ganz besondere Atmosphäre. Wer ein paar Tage bleibt, kann sich gut beschäftigen und in die Vielseitigkeit der Stadt eintauchen. Wer es eilig hat, darf zumindest den Besuch des Museum Te Papa nicht verpassen – auch Museums-Muffel nicht!

Kapiti Coast

Nördlich von Wellington erstreckt sich an der Westküste zwischen **Porirua** und **Otaki** die nach der vorgelagerten **Insel Kapiti** benannte Küste. Eingekesselt zwischen der Tararua Range und der Küste verläuft der SH1 (im südlicheren Teil) entlang wunderschöner Küstenabschnitte und durch zahlreiche Ortschaften des großen Einzugsgebietes von Wellington. Nach Feierabend, zwischen 16 und 18 Uhr, bilden sich hier elendig lange Staus Richtung Norden. Touristisch Interessantes bietet die Region außer **Stränden,** Wanderungen in den **Tararuas** und **Kapiti Island** kaum. Wer ein knappes Zeitbudget hat, kann die Kapiti Coast ohne Reue ignorieren. Wer längere Zeit in Wellington verbringt, sollte einen Ausflug an die Küste im Norden von Wellington in Erwägung ziehen.

Geschichte

Maori, vor allem **Mauapoko,** lebten seit Langem im Gebiet der heutigen Kapiti Coast. Im Zuge der **Musketenkriege** in Waikato kamen auch **andere Stämme** in die Gegend, was immer wieder zu Konflikten führte. Ab 1833 entdeckten **australische Walfänger** die Region für sich, die bis ins 19. Jahrhundert von Kaufleuten aus Wellington kontrolliert wurde.

Immer mehr britische Siedler ließen sich an der Kapiti Coast nieder, die sich rasch zu einer **Urlaubsregion** für das nahe Wellington entwickelte. 1940 eröffnete der **Flughafen** in Paraparaumu, die Siedlungen wuchsen und wuchsen.

Heute ist die hiesige **Wirtschaft** eine der am schnellsten wachsenden in Neuseeland – mit den Zweigen Produktion, Bauwirtschaft und Dienstleistungen. Rund 50.000 Menschen leben in der Region. Aufgrund seines milden Klimas und der guten Zuganbindung nach Wellington ist die Region vor allem bei **Rentnern** und **Familien** beliebt.

Otaki

Ein Stopp in Otaki ist vor allem für **Sparfüchse** interessant. Hier finden sich die **billigsten Tankstellen** (ca. 0,2 $/l günstiger als in Wellington) sowie eine Reihe an **Outlet Shops** führender Marken wie Kathmandu (Outdoorkleidung und -equipment), Icebreaker (sportliche Merino-Kleidung) und Amazon (Surf- und Beachwear). Wer sich die Füße vertreten will, kann in einer Stunde den 3,8 Kilometer langen **Otaki River Walk** zum Meer laufen. Er startet am Parkplatz am Otaki River.

Tararua Forest Park

Siehe Kapitel „Wairarapa".

> Wekas leben im Nga Manu Nature Reserve

Waikanae

Das Städtchen selbst ist touristisch wenig attraktiv, interessanter ist das nahe **Nga Manu Nature Reserve.** Spazierwege führen durch den Naturpark, in dem über 700 endemische Pflanzen wachsen und einheimische Tiere, darunter auch Kiwis, gehalten werden. Die Führungen sind besonders lohnenswert.

■ **Nga Manu Nature Reserve,** 281 Ngarara Rd., Tel. 04-293 4131, www.ngamanu.co.nz, tägl. 10–17 Uhr, 18/8 $.

Das kleine **Kapiti Coast Museum** informiert über die Lokalgeschichte.

■ **Kapiti Coast Museum,** 9 Elizabeth St., Tel. 04-905 6313, www.kapiticoastmuseum.org.nz, Sa, So 14–16 Uhr.

An der fünf Kilometer westlich gelegenen **Strandpromenade** gibt es ein paar **Cafés** und **Restaurants.**

Paraparaumu

Hier befindet sich das **Wirtschaftszentrum** der Kapiti Coast. Die fast 20.000 Einwohner besiedeln den kompletten Abschnitt zwischen dem SH2 und dem Strand, die meisten Geschäfte liegen in unmittelbarer Nähe des Highways, an der Marine Parade in Höhe der Maclean Street gibt es zahlreiche Cafés und Restaurants.

Sehenswert ist das **Southward Car Museum.** Das **Oldtimermuseum** ist mit über 400 Autos das größte seiner Art in Neuseeland.

■ **Southward Car Museum,** Otaihanga Rd., Tel. 04-297 1221, www.southwardcarmuseum.co.nz, tägl. 9–16.30 Uhr, 17/3 $.

Geradezu legendär ist die **Tuatara Brewery.** Wellingtons älteste Brauerei bietet neben einem beliebten Pub mit ungefähr 30 Biersorten, Snacks und Pizzen auch **Touren.**

■ **Tuatara Brewery**①, 7 Sheffield St., Tel. 0508-882 8272, www.tuatarabrewing.co.nz, Mi, Do 15–19 Uhr, Fr, Sa 11–20 Uhr, So 11–19 Uhr; Touren Sa 15.15 Uhr, 35 $, Vorabbuchung notwendig.

Kapiti Island

Die fünf Kilometer von der Küste entfernte, zehn Kilometer lange und zwei Kilometer breite Insel ist nicht nur als **Schutzgebiet** für **Vögel** und **endemische Wälder** ausgewiesen, sondern auch von einem **Meeresreservat** umgeben. In einer Umgebung ganz ohne Raubtiere können sich Kiwis, Pinguine, Takahe, Tölpel, Tui, Weka und viele andere Vogelarten frei entfalten. Die tägliche **Besucherzahl** der Insel ist vom DOC **auf hundert Personen beschränkt.** Besonders lohnenswert ist die Übernacht-Tour, auf der man Kiwis und Pinguine beobachten kann, in Komfort die Nacht verbringt und von einer Maori-Familie verpflegt und gehegt wird.

■ **Kapiti Island Nature Tours,** Tel. 0800-527 484, www.kapitiislandnaturetours.co.nz, 78 $ Fähre, 355 $ Übernacht-Tour.

Queen Elizabeth Park

Die **Dünen- und Sumpflandschaft** (erreichbar über die Whareroa Road) ist durchzogen von Spazierwegen, die Blicke auf das Meer eröffnen. Ein schöner Fleck, um den geschäftigen Orten der Kapiti Coast zu entkommen. Auch **Ausritte** sind möglich:

■ **Stables on the Park,** Tel. 06-364 3336, www.stablesonthepark.co.nz, ab 25 $.

Fans des Schienenverkehrs können das kleine **Wellington Tramway Museum** am Eingang des Parks besuchen.

■ **Wellington Tramway Museum,** www.wellingtontrams.org.nz, Sa, So 11–16.30 Uhr, 12/6 $.

Praktische Tipps

Informationen

■ **www.kapiti.org.nz**
■ **i-SITE:** im Mediterranean Food Warehouse, Main Rd., Paraparaumu, Tel. 04-298 8195, Mo–Fr 9–17 Uhr, Sa, So 10–14 Uhr.

An- und Abreise

■ **Bus:** Die Kapiti Coast wird von den großen Langstreckenbusunternehmen angefahren.
■ **Zug:** Die Kapiti Coast liegt auf der Strecke der Capital Connection zwischen Wellington und Palmerston North. Züge halten in Otaki, Waikanae und Paraparaumu.
■ **Flugzeug:** Vom Flughafen in Paraparaumu (60 Toru Rd., Tel. 04-298 1013, www.kapiticoastairport.co.nz) gibt es Verbindungen nach Wellington, Blenheim, Nelson und Christchurch.

„Vorsicht Frackträger!"
Wildwechsel der besonderen Art

Wairarapa

Als „Wairarapa" wird das Gebiet zwischen der **Tararua Range** und der **Ostküste** bezeichnet. Seinen Namen („Glitzernde Gewässer") hat der Bezirk Wairarapa dem gleichnamigen **See** zu verdanken, der über Lake Ferry mit dem Meer verbunden ist. Durchschnitten wird Wairarapa vom SH2, der von Eketahuna im Norden bis Featherston im Süden verläuft, bevor er sich über die Gebirgskette nach Wellington schlängelt.

Wairarapa ist ein vielgestaltiges Gebiet: malerische **Strände** im Osten, schroffe **Klippen** im Süden und dazwischen die **Weinregion Martinborough** sowie **hübsche Städtchen,** die zum Bummeln einladen. Wer die Zeit aufbringen kann, der wird sich problemlos ein paar Tage im Wairarapa beschäftigen können. Die Stadt **Masterton** ist das Wirtschaftszentrum der Region, touristisch interessanter sind die Örtchen **Greytown, Carterton** und **Martinborough.**

038nz ks

Geschichte

Bereits im **14. Jahrhundert** siedelten **Maori** im südlichen Wairarapa in der Palliser Bay. Im Laufe der Jahre dominierten die Stämme **Rangitane** und **Ngati Kahungunu,** die friedlich nebeneinander existierten und sich gemeinsam gegen den Einzug anderer Stämme verteidigten. in den 1840er Jahren ließen sich **Europäer** im Wairarapa nieder, um Landwirtschaft zu betreiben. Die beiden ersten Orte, Greytown und Masterton, wurden gegründet. Später stießen Siedler aus Skandinavien und weiteren Ländern hinzu, die zur Abholzung des Forty Mile Bush im nördlichen Wairarapa angeworben wurden. Die Beziehungen zwischen Maori und Siedlern waren vorwiegend gut, die Neuseelandkriege hinterließen kaum Spuren, obwohl viele Maori inzwischen ihre Ländereien verkauft hatten und in Armut lebten. Viele fanden Arbeit auf den Farmen der europäischen Siedler. Lange Zeit lebte die Region von **Schaf- und Rinderzucht.** Noch immer spielt **Landwirtschaft** hier eine bedeutende Rolle, hinzu kommen Forst- und Fischwirtschaft sowie Landschaftsbau. **Wein** wurde ab den 1970er Jahren erfolgreich angebaut, und immer mehr **Touristen,** anfangs aus Wellington, heute aus aller Welt, machen Wairarapa zu einem sehr erfolgreichen Wirtschaftsstandort.

Pukaha Mount Bruce Wildlife Centre

Der **Natur- und Wildpark** eröffnet einen guten Einblick in Neuseelands Fauna und Flora. Verschiedene Rundwege informieren und präsentieren Vögel, Aale und Tuataras. Highlight ist der **weiße Albino-Kiwi Manukura,** der im Nachthaus beobachtet werden kann. Informative Vorträge sind im Eintrittspreis inbegriffen. Wir bisher noch keinen Kiwi gesehen hat, sollte den Park besuchen.

■ **Pukaha Mount Bruce Wildlife Centre,** 85379 SH2, Tel. 06-375 8004, www.pukaha.org.nz, tägl. 9–16.30 Uhr, 20/6 $.

Tararua Forest Park

Der Naturpark ist der **größte von DOC verwaltete Park der Nordinsel** (Infos auf www.doc.govt.nz). Dominiert wird er von dichten Wäldern, hohen Bergen, reißenden Flüssen und schnell wechselndem Wetter. Der höchste Berg mit 1571 Metern ist der **Mitre.** Das scheint nicht hoch, das eigene Mikroklima der Tararuas ist aber mit **alpinem Klima** zu vergleichen, das nicht zu unterschätzen ist. Nur **sehr gut ausgerüstete Wanderer** sollten sich auf Touren begeben, immer wieder kommt es zu Unglücken. **Hauptzugänge** zu den Tararuas sind Mount Holdsworth bei Masterton, Waiohine Gorge bei Carterton und von Westen her Otaki Forks an der Kapiti Coast. An allen drei Eingängen gibt es einfache DOC-Campingplätze. **Waiohine Gorge** beeindruckt mit einer langen **Hängebrücke** am Parkeingang, **Mount Holdsworth** punktet durch eine große Auswahl an **Spazier- und Wanderwegen;** beliebt sind die Folgenden:

MEIN TIPP: Lookout Walk (2 Std. return): Wie der Name des Spaziergangs schon sagt, ist die Aussicht oft spektakulär.

■ **Gentle Annie Loop Track** (4 Std. Rundwanderung)

■ **Mount Holdsworth Jumbo Circuit** (2–3 Tage Rundwanderung)

Castlepoint

Das Örtchen 66 Kilometer östlich von Masterton punktet durch seine **Postkartenlandschaft:** Das Meer peitscht an helle Klippen, eine blaue Bucht in Herzform ermöglicht sicheres Schwimmen, und am Ende der Landzunge thront ein hübscher Leuchtturm, meist braust einem der Sturm um die Ohren. Im Örtchen selbst gibt es nicht viel mehr als ein kleines Geschäft mit Grundlebensmitteln und einen Campingplatz.

Masterton

Masterton ist die **größte Stadt** und das **wirtschaftliche Zentrum** Wairarapas. Touristisch ist die Stadt nur bedingt interessant; Geschäfte und Lokale findet man in der Queen Street. Das lokale Highlight ist die jährlich Anfang März stattfindende nationale **Schafschurmeisterschaft Golden Shears** (www.goldenshears.co.nz), bei der die schönsten Schafe ausgestellt und der schnellste Schafscherer ermittelt werden. Ein durchaus erlebenswertes, jahrmarktähnliches Spektakel. Wer außerhalb der Sai-

son kommt, kann im **Schafscherermuseum Wool Shed** alles über Schafe, Wolle, Scherer und ihre Geschichte im Land der Schafe erfahren.

■ **Wool Shed,** 12 Dixon St., Tel. 06-378 8008, www.thewoolshednz.com, tägl. 10–16 Uhr, 8/2 $.

Durchaus sehenswert ist auch das **Aratoi Museum,** ein sehr gut aufbereitetes **Kunst- und Geschichtsmuseum** mit einem hübschen Shop.

■ **Aratoi Museum,** 11 Bruce St., Tel. 06-370 0001, www.aratoi.org.nz, tägl. 10–16.30 Uhr.

Praktische Tipps

■ Es gibt eine kleine **i-SITE,** Bruce St. Ecke Dixon St., Mo–Fr 9–17 Uhr, Sa, So 10–16 Uhr, im Winter kürzer.

■ **Gateway Motor Inn**②, 290 High St., Tel. 06-378 8795, www.gatewayinnmasterton.com.

■ Moderne Wohneinheiten bietet der zentral gelegene **Mawley Holiday Park**①-②, 15 Oxford St., Tel. 06-378 6454, www.mawleypark.co.nz.

■ Wer ganz auf Komfort verzichten kann, sollte den **DOC-Campingplatz** bei **Mount Holdsworth** (siehe Tararua Forest Park) in Betracht ziehen.

■ Gut einkehren kann man direkt gegenüber bei **Farriers**①-②, 4 Queen St., www.thefarriers.co.nz, Mo–Fr ab 11 Uhr, Sa, So ab 9 Uhr.

■ Auf der Suche nach Snacks und Süßem ist die beste Anlaufstelle das preisgekrönte **Ten o'clock Cookie**①, 180 Queen St., Tel. 06-377 4551, www.tenoclockcookie.co.nz, Mo–Fr 7–16.30 Uhr, Sa 9–16 Uhr.

■ Die lokale Musikszene trifft sich in der Bar **King Street Live,** 21 King St., Tel. 06-370 4332, Do–Sa 16–1 Uhr.

■ Wer auf der Suche nach frischem Brot oder Käse ist, wird auf dem kleinen **Bauernmarkt** fündig, 4 Queen St., Sa 9–13 Uhr.

⌃ Postkartenidyll am Castle Point

Carterton

Das Örtchen präsentiert eine **hübsche Hauptstraße** mit künstlerisch angehauchten Geschäften, durch die es sich gut bummeln lässt. Wer auf der Suche nach Souvenirs ist, sollte ein Blick in **Paua World** werfen. Interessant ist auch die multimediale Karte, aus welchen Orten der Welt die bisherigen Besucher kommen.

- **Paua World,** 54 Kent St., Tel. 06-379 4247, www.pauaworld.com, Mo–Fr 8.30–17 Uhr, Sa, So 9–15 Uhr.

Etwas weiter außerhalb liegt **Stonehenge Aotearoa.** Der Besuch des modernen **Steinkreises,** der dem historischen Stonehenge nachgebildet ist, lohnt sich für Hobbyisten oder in Form einer Tour.

- **Stonehenge Aotearoa,** 51 Ahiaruhe Rd., Tel. 06-377 1600, www.stonehenge-aotearoa.co.nz, tägl. 10–16 Uhr, 20/10 $.

Praktische Tipps

- **www.cartertonnz.com**
- Essen und Trinken lässt es sich in Carterton gut im **Wild Oats**①, 127 High St., Tel. 06-379 5580, www.wildoatscafe.co.nz, Mo–Fr ca. 8–17 Uhr.

Greytown

Vergleichbar mit Carterton, gibt es in Greytown **ansprechende Geschäfte,** die zum Bummeln einladen. Alternativ kann man sich das **Cobblestone Museum** ansehen, ein restauriertes historisches Dorf, in dem Geschichte, Berufe und das Leben der Siedler dargestellt wird. Teilweise etwas verstaubt.

- **Cobblestone Museum,** 169 Main St., Tel. 06-304 9687, www.cobblestonemuseum.org.nz, tägl. 10–16.30 Uhr, 7/3 $.

Nebenan gibt es bei **Schoc Chocolates** (177 Main St., ab 1 $) leckere Pralinen, die auch einzeln verkauft werden. Es gibt so exotische Sorten wie dunkle Schokolade mit Curry und Papadam.

Praktische Tipps

- **www.greytown.co.nz**
- Wer nicht mehr weiterfahren möchte, kann im **Oak Estate Motor Lodge**② übernachten, Main St. Ecke Hospital Rd., Tel. 06-304 8188, www.oakestate.co.nz.
- Alternativ bietet sich der **Greytown Campground**①-② an, Kuratawhiti St., Tel. 06-304 938, www.greytowncampground.co.nz.
- Leckere Tapas und herzhafte Speisen in gemütlicher Atmosphäre gibt es im **Salute**②, 83 Main St., Tel. 06-304 9825, www.salute.net.nz, Mi–Fr 12–23 Uhr, Sa, So 11.30–23 Uhr.

Featherston

Featherston ist der letzte Ort, bevor sich der SH2 mühselig über die Hügel der Rimutaka Range schlängelt. In den vergangenen Jahren wurde in Featherston investiert, um seine Attraktivität zu steigern. Einzelne **Geschäfte** und einen **Supermarkt** gibt es bereits.

Mein Tipp: Wer einen Tag übrig hat, kann mit dem **Postauto** von Featherston zum Lake Ferry und zum Cape Palliser fahren und unterwegs allerhand über Land und Leute erfahren.

- **To the Coast with the Post,** Tel. 02-7430 8866, tothecoastwiththepost.co.nz, 85 $, drei Personen max., Buchung notwendig.

Martinborough

Am Ende des SH53 hat sich das ländliche, trotzdem lebhafte Martinborough einen **guten Namen** gemacht. Die meisten Besucher kommen wegen der guten Weine oder stoppen auf der Durchfahrt von Lake Ferry. Abgesehen von vielen **Weingütern** (siehe Kasten „Die Weinregion Martinborough") gibt es keine nennenswerten Sehenswürdigkeiten.

Praktische Tipps

- **i-SITE:** 18 Kitchener St., Tel. 06-306 5010, Mo–Fr 9–17 Uhr, Sa, So 10–16 Uhr.
- Es fahren **öffentliche Verkehrsmittel** von Wellington und Featherston nach Martinborough (www.metlink.org.nz).
- Wer nach der Wein- oder Bierprobe nicht mehr autofahren sollte, kann zentral im **Martinborough Hotel**②-③ (Memorial Square, Tel. 06-306 9350, www.martinboroughhotel.co.nz), im **Claremont Martinborough**②-③ (38 Regent St., Tel. 06-880 0662, www.theclaremont.co.nz) oder auf dem nahe gelegenen **Top10 Holiday Park**② (10 Dublin St., Tel. 06-306 8946, www.martinboroughholidaypark.com) übernachten.
- Wer verschiedene Weine probieren, aber nicht durch die Gegend fahren möchte, ist gut aufgehoben in der **Micro Wine Bar,** 14c Ohio St., Tel. 06-306 9716, Mo–So 16–24 Uhr.
- Wer Bier vorzieht, kann in der **Martinborough Brewery** einkehren, 10 Ohio St., Tel. 06-306 6249, www.martinboroughbeer.com, Do–Mo 11–19 Uhr. Alternativ gibt es eine gute Auswahl an Cafés und Restaurants auf der **Kitchener Street.** Beliebt ist das **Café Medici,** 9 Kitchener St., Tel. 06-306 9965, www.cafemedici.co.nz, tägl. 8–16 Uhr, u. Fr, Sa auch 18–20.30 Uhr.

Palliser Bay

Lake Ferry

Der See, der nur durch eine schmale Sandbank vom Meer getrennt ist, wirkt ganz harmlos. Bei Gezeitenwechsel entstehen hier jedoch **lebensgefährliche Strömungen,** immer wieder kommt es zu Todesfällen. Wer mit seinem Auto auf die Sandbank fährt, muss damit rechnen, dass es binnen weniger Minuten vom Meer verschlungen wird. In sicherem Abstand kann man die Naturgewalt bewundern oder sich in der Dorfkneipe den allerneuesten Tratsch und Klatsch anhören.

040nz ks

☒ Leuchtturm am Cape Palliser

Die Weinregion Martinborough

■ www.winesfrommartinborough.com

Die **südlichste Weinregion der Nordinsel** ist mit knapp 1000 Hektar Fläche und einem Anteil von 1,3 Prozent der Weinproduktion Neuseelands **klein, aber oho.** Unterteilt wird das Anbaugebiet in die drei Unterregionen **Masterton** im Norden, **Martinborough** im Süden und **Gladstone** dazwischen. Das Klima ist semi-maritim mit einem langen, trockenen Herbst. Auf einem Untergrund aus Schluff, Ton und Kies wird vorwiegend vollmundiger **Pinot Noir** und intensiver **Sauvignon Blanc** gekeltert (90 Prozent). Vereinzelt sind auch **Aromatics** (allen voran dem Pinot Gris und Riesling) und ein paar wenige **Syrah** zu finden.

Auf nur drei Prozent der Gesamtfläche Wairarapas wird seit den 1970er Jahren Wein angebaut. Von den **über 40 Weingütern** genießen einige internationalen Ruf. Wer Weine probieren möchte, sollte Martinborough als Ausgangsbasis in Betracht ziehen. Im **Martinborough Wine Merchants** bekommt man einen guten Überblick über Weine und Weingüter.

■ **Martinborough Wine Merchants,** 6 Kitchener St., Tel. 06-306 9040, www.martinborough winemerchants.com, tägl. 10–17 Uhr.

Mein Tipp: Von hier aus kann man sich ein **Fahrrad** mieten und quer durch die Weinberge von Weingut zu Weingut radeln (z.B. Martinborough Wine Merchants, siehe oben, ab 25 $).

Alternativ kann man mit dem Auto fahren (bis zur Promillegrenze!), oder man schließt sich einer Tour an, z.B. bei folgendem Anbieter:

■ **Martinborough Wine Tours,** 7 Campbell Dr., Tel. 06-306 8032, www.martinboroughwine tours.co.nz, ab 75 $.

Zu den **besten Weingütern** der Region gehören die Folgenden:

■ **Palliser Estate,** Kitchener St., Tel. 06-306 9019, www.palliser.co.nz, tägl. 10.30–16 Uhr.

■ **Martinborough Vineyard,** 57 Princess St., Tel. 06-306 9955, www.martinborough-vine yard.co.nz, tägl. 11–16 Uhr.

■ **Ata Rangi,** 14 Puruatanga Rd., Tel. 06-306 9570, www.atarangi.co.nz, Mo–Fr 13–15 Uhr, Sa, So 12–16 Uhr.

■ **Coney,** 107 Dry River Rd., Tel. 06-306 8345, www.coneywines.co.nz, Fr–So 11–16 Uhr, Restaurant② Fr–So 12–15 Uhr.

■ **Margrain Vineyard,** Ponatahi Rd. Ecke Huangarua Rd., Tel. 06-306 8333, www.thevineyard cafe.co.nz, Mi–Fr 11–15 Uhr, Sa, So 10–16 Uhr, Restaurant①-② bis 15 Uhr.

■ **Schubert,** Huangarua Rd., Tel. 06-306 8505, www.schubert.co.nz, tägl. 11–15 Uhr.

Cape Palliser Road

Mein Tipp: Die **Straße** von Lake Ferry nach Süden bis zum Cape Palliser ist **malerisch.** Die Fahrt entlang der Küste, vorbei an Wäldern, weißen Klippen, Robbenkolonien und (fast) verlassenen Siedlungen, ist nicht nur ein Augenschmaus, sondern auch ein **Abenteuer:** Teilweise ist die Strecke nicht asphaltiert und eng, und an einer Stelle führt sie durch eine schmale Furt, an der Pfosten markieren, ob sie durchquerbar ist ... Unterwegs gibt es weder Geschäfte noch eine Tankstelle.

Putangirua Pinnacles

In den Aorangi Ranges, südlich von Martinborough (Cape Palliser Rd., 13 km von Lake Ferry), befinden sich **erodierte Felsformationen,** die vom Parkplatz aus über verschiedene Wanderwege (ab 2 Std. return) erreicht werden können. Eine kleine Aussichtsplattform gibt einen schönen Blick frei.

Infos: www.doc.govt.nz

Ngawi

Der kleine Ort fällt vor allem durch seine große Flotte an **Bulldozern** auf, die in bunten Farben, mit und ohne Gesichter, am Straßenrand aufgereiht sind. In der sonst einsamen Gegend wirkt das fast gespenstisch.

Cape Palliser Lighthouse

In rauer Umgebung überragt der kleine, aber fotogene **Leuchtturm** seit 1897 das Meer (Ende Cape Palliser Rd.). 253 Stufen führen vom Parkplatz zum Leuchtturm hinauf. Die Anstrengung lohnt sich, der Blick ist sehr schön.

Die Felsnadeln Putangirua Pinnacles

041nz ks

Wellington

Neuseeländer bezeichnen Wellington liebevoll als **„The coolest little Capital“** („Die coolste kleine Hauptstadt“). Wer sich ein wenig Zeit zum Eintauchen in die Stadt nimmt, versteht auch, warum. Eingefasst zwischen Meer und Bergen, präsentiert sich die **Hauptstadt Neuseelands** am südlichen Ende der Nordinsel **bedeutend attraktiver als** ihr großer Bruder **Auckland** (dem viele Besucher fälschlich den Titel der Hauptstadt zuschreiben). Die knapp halbe Millionen Einwohner des Ballungsgebietes arbeiten vorwiegend in Regierungsministerien, verbringen ihre Freizeit mit Outdoorsport und ihre Abende in erstklassigen Restaurants. **Kunst und Kultur** werden hoch geschätzt, und Geschäfte werden häufig bei einem Flat White in einem der zahlreichen Cafés abgeschlossen. Tatsächlich hat Wellington **mehr Cafés und Bars pro Einwohner als New York.** Immer wieder wählen internationale Reisemagazine und Organisationen die südlichste Hauptstadt zu **einer der besten Städte der Welt.**

Und das, obwohl Wellington auch die **windigste Stadt der Welt** ist. In „Windy Welly“ weht kontinuierlich ein durchschnittlicher Wind von 29 Stundenkilometern, an 173 Tagen im Jahr weht der Wind über 60, und an 22 Tagen über 75 Stundenkilometer. Zudem **regnet** es an knapp der Hälfte aller Tage, aber Regenschirme sind aufgrund des Windes nutzlos. Womöglich ist ja gerade diese Kombination aus schwierigen Wetterverhältnissen, kultureller Vielfalt und dem Fehlen großer Unternehmen der Ursprung des ganz eigenen, lebensfrohen, positiven Flairs der Stadt.

Wellington ist nicht nur Verwaltungshauptstadt, sondern auch **Kulturhauptstadt.** Hier befinden sich die renommiertesten Museen und Galerien des Landes, zahlreiche Theater und Kleinbühnen, die durch die „Herr der Ringe“-Trilogie bekannt gewordenen Weta Filmstudios sowie zwei Universitäten.

Das **Stadtzentrum** von Wellington liegt rund um den **Lambton Harbour,** eingerahmt von zahlreichen (Wohn-) Vororten, die sich an die umliegenden Berge drücken und deren Häuser im grünen Gebüsch verschwinden.

Geschichte

Der **Legende** nach angelte einst der Halbgott Maui den gigantischen **Fisch Te Ika a Maui,** der später zur **Nordinsel** wurde. Das Haupt des Fisches bildet die Region Wellington (die daher auch als Upoko o Te Ika, „Kopf des Fisches“, bekannt war), seine Augen das Hafenbecken und der Lake Wairarapa. Ursprünglich war das Hafenbecken ein See, aber Ngake, eines der beiden Wassermonster, die hier lebten, frustrierte das Eingeschlossensein, und so bahnte er sich einen Weg zum offenen Meer. Das andere Wassermonster, Whataitai, versuchte ihm zu folgen, wurde aber völlig erschöpft an die südliche Küste gespült, wo es heute als Hügel bei Haitaitai zu sehen ist.

Den Überlieferungen nach war **Whatonga,** der Chief des Kurahaupo-Kanus, der erste Siedler in der Region des heutigen Wellington. Im Laufe der Zeit wurde die Gegend von Nachfahren der Kura-

Wellington Übersicht

haupos (u.a. die Stämme Ngai Tara, Mua Upoku, Ngati Apa, Ngati Rangi Tane und Ngati Tu Mata Koriki) besiedelt. Es kam immer wieder zu **Auseinandersetzungen** zwischen verschiedenen Stämmen, befestigte Siedlungen (Pa) wurden an strategischen Punkten entlang des Wellington Harbour errichtet.

Europäer kamen vermehrt ab 1840 nach Pito-one (Petone) und siedelten am südwestlichen Ende der Bucht. Im Auftrag der New Zealand Company plante *William Mein Smith* die Struktur der Siedlung am Hutt River und vergab die entsprechenden Baugebiete per Losverfahren. Kirchen und Pubs wurden gebaut, für die bisherigen Maori-Siedler war kein Platz mehr.

Am 23. Januar 1855 wurde Wellington vom bisher **stärksten Erdbeben in der Geschichte Neuseelands** erschüttert. Das Beben der Stärke 8,2 hatte sein Epizentrum nur 25 Kilometer entfernt; es zerstörte die Stadt, hob die Küstenlinie bis zu 1,50 Meter an und schuf eine schmale Ebene rund um die Bucht, die später als Verkehrsweg genutzt werden konnte. Große Teile der Stadt wurden am Südende des Hafenbeckens wieder aufgebaut, das heutige Wellington entstand. Zehn Jahre später hatte sich Wellington so weit entwickelt, dass es zur **Hauptstadt Neuseelands** ernannt wurde; Auckland verlor den Titel. Wellingtons Zukunft war gesichert, und die Stadt entwickelte sich rasant: Ein Parlamentsgebäude und andere große Bauten wurden errichtet, Straßen und Zugverbindungen bildeten die Grundlage für eine gute Infrastruktur und ermöglichten eine Ausdehnung der Stadt. Am Ende des 19. Jahrhunderts lebten fast 50.000 Menschen in Wellington, das über eine gute Trinkwasserversorgung, Elektrizität, zahlreiche Geschäfte und ein abwechslungsreiches Kulturprogramm verfügte. Der inzwischen gebaute Hafen war über lange Zeit der geschäftigste in Neuseeland, und die Stadt machte Dunedin den Status des Finanzzentrums streitig. Autos gehörten inzwischen zum Straßenbild, im Jahr 1911 flog das erste Flugzeug in Wellington, neun Jahre später gab es eine Flugverbindung zur neuseeländischen Südinsel. Urlaub machte man an der Kapiti Coast.

Auch den **Ersten Weltkrieg** und die Wirtschaftskrise überstand Wellington gut. Der **Zweite Weltkrieg** brachte 20.000 Amerikaner, die in Wellington für den Kampf geschult werden sollten, sowie Hunderte von griechischen und niederländischen **Einwanderern,** die aufgrund von Platzmangel größtenteils im Hutt Valley untergebracht wurden. In den 1950er Jahren plante und baute die Regierung die Stadt **Porirua,** um Wohnraum und Arbeitsplätze zu schaffen. Es kam zu einem Arbeitskräftemangel, der zahlreiche Einwanderer der pazifischen Inseln anzog und so zur **kulturellen Vielfalt** Wellingtons beitrug.

Ab den 1960er Jahren begann Neuseelands stark regulierte Wirtschaft zu schwanken. Es kam zu einem Regierungswechsel und einer Phase tiefgreifender **Reformen,** in der viele Unternehmen nach Auckland abwanderten, Neuseelands Wirtschafts- und Finanzzentrum. Produktionsstätten wurden geschlossen, und Entlassungswellen trafen die Stadt.

Heute fokussiert sich Wellington auf die Regierungsgeschäfte des Landes, Dienstleistungen, kreative Industrien, IT, Biotechnologie und Design.

Stadtteile und Orientierung

Wellington ist eine relativ **kompakte Stadt.** Das **Zentrum** verläuft zwischen dem SH1 und Lambton Harbour vom **Regierungsgebäude Beehive** im Norden bis zur **Kent Terrace** im Süden. Hier liegen auch die Geschäftsstraßen, die meisten Sehenswürdigkeiten, Hotels und Restaurants. Die **Stadtteile Pipitea** und **Te Aro** werden oft dem Zentrum zugerechnet.

Einen Ausflug wert sind außerdem der östlich gelegene Vorort **Oriental Bay,** der vor allem durch seinen Badestrand punktet, sowie das südlich gelegene **Newtown.** Im etwas alternativ angehauchten Vorort gibt es zahlreiche Cafés und Secondhandshops. Das noch weiter südlich gelegene **Lyall Bay** bietet einen langen Sandstrand sowie ein paar nette Cafés mit Blick auf das Meer. Wer noch mehr Meer will, sollte **Houghton Bay** ganz im Süden ansteuern. Hier gibt es einen kleinen Badestrand, viel besser lässt es sich aber an der Küste entlang spazieren, an der die Wellen auf Vulkangestein treffen und Algen wie riesige Tentakel durch das Wasser wabern.

Blick über die „coole Capital"

www.fotolia.de © skylynxdesign

Sehenswertes

Museen

Auch Ausstellungsmuffel sollten sich das Te Papa Tongawera keinesfalls entgehen lassen – vielen gilt es als das mit Abstand **beste Museum Neuseelands.** Auf vier Etagen bietet es verschiedene multimediale Ausstellungen, die Themenvielfalt reicht von der Entstehung Neuseelands, Fauna und Flora, Siedlungsgeschichte, Maori-Kunst und -Kultur, Erdbeben bis zu zeitgenössischer Kunst. Besonders schön ist, dass es viel zum **Anfassen** und **Ausprobieren** gibt.

■ **Te Papa Tongawera,** 55 Cable St., Zentrum, Tel. 04-381 7000, www.tepapa.govt.nz, tägl. 10–18 Uhr.

Mein Tipp: Das **Wellington Museum** hat in einem historischen Gebäude aus dem Jahr 1892 seinen Sitz. Auf vier Stockwerken wird **Wellingtons Geschichte** anschaulich präsentiert.

■ **Wellington Museum,** 3 Jervois Quay, Zentrum, Tel. 04-472 8904, www.museumswellington.org.nz, tägl. 10–17 Uhr.

Die **New Zealand Portrait Gallery** zeigt Porträts in jeder nur denkbaren Form: Malereien, Skulpturen, Karikaturen, Fotografie, neue Medien. Unterschiedlicher können Porträts nicht sein.

■ **New Zealand Portrait Gallery,** 11 Customhouse Quay, Shed 11, Zentrum, Tel. 04-472 2298, www.nzportraitgallery.org.nz, tägl. 10.30–16.30 Uhr.

Übernachtung
- 1 Park Hotel Lambton Quay
- 3 Travelodge
- 8 Hotel St. George
- 15 Museum Art Hotel
- 19 YHA
- 36 Capital View Motor Inn

Essen und Trinken
- 4 Crab Shack
- 13 Whitebait
- 16 Zumo Coffee House
- 24 Pan de Muerto
- 27 Night Market
- 29 KK Malaysian
- 30 Floriditas
- 32 Olive Café
- 33 Logan Brown

Nachtleben
- 9 Meow
- 10 Little Beer Quarter
- 12 Circa
- 20 Establishment
- 21 Embassy Theatre
- 22 Library
- 25 Opera House
- 26 Golding's Free Dive
- 28 Matterhorn
- 31 San Fran
- 34 Lighthouse
- 35 Southern Cross

Einkaufen
- 7 Wellington Underground Market
- 14 Harbourside Market
- 16 Commonsense Organics
- 17 Kura
- 18 Ora
- 23 Moore Wilson's
- 27 Night Market

Aktivitäten
- 2 East by West Ferries
- 5 Switched on Bikes
- 6 Fergs Kayaks
- 11 Treffpunkt Walk Wellington
- 37 Flat Earth

Wellington Zentrum

0 200 m

Neus_42a

Die kleine **City Gallery** gegenüber der i-SITE beherbergt vorwiegend Wechselausstellungen **zeitgenössischer nationaler und internationaler Künstler.** Ein kurzer Blick lohnt sich immer.

■ **City Gallery,** 101 Wakefield St., Zentrum, Tel. 04-801 3021, www.citygallery.org.nz, tägl. 10–17 Uhr.

„Risk! Risk anything! Care no more for the opinion of others ... Do the hardest thing on earth for you. Act for yourself. Face the truth.“ **Katherine Mansfield** (1888–1923) ist **Neuseelands international bekannteste Autorin.** Das Haus und der hübsche Garten, in dem sie fünf Jahre ihrer Kindheit verbrachte, sind der Autorin und ihren Werken gewidmet.

■ **Katherine Mansfield House and Garden,** 25 Tinakori Rd., Thorndon, Tel. 04-473 7268, www.katherinemansfield.com, Di–So 10–16 Uhr, 8 $/frei.

Im neu aufbereiteten **Planetarium Space Place/Carter Observatory** kann man nicht nur Sterne beobachten, sondern auch lernen, wie Weltraumtechnologie das Leben auf der Erde beeinflusst.

■ **Space Place/Carter Observatory,** 40 Salamanca Rd., Kelburn, Tel. 04-910 3140, www.museumswellington.org.nz, Di u. Fr. 16–21 Uhr, Sa 10–23 Uhr, So 10–17.30 Uhr, 12,50/10 $.

In Wellingtons ältestem Häuschen, dem **Nairn Street Cottage** aus den 1850er Jahren, sieht man, wie das Leben damals war, inklusive Gärtchen.

■ **Nairn Street Cottage,** 68 Nairn St., Mount Cook, Tel. 04-384 9122, www.museumswellington.org.nz, tägl. 12–16 Uhr, Winter nur Sa, So, 8/4 $ inkl. Tour.

Das 2016 neu gestaltete **National War Memorial** erinnert an die **Gefallenen** im Südafrika-Krieg, dem Ersten und Zweiten Weltkrieg sowie daraus resultierenden Nachkriegs-Konflikten. Neben dem Mahnmal findet man hier die **Hall of Memories** und das **Grab der unbekannten Krieger.** Bis zum 11. November 2018 kann man täglich um 17 Uhr einer kurzen Gedenk-Zeremonie beiwohnen.

■ **National War Memorial and Museum,** 7 Buckle Str., Mount Cook, Tel. 04-385 2496, tägl. 10–17 Uhr.

Natur, Tiere und Pflanzen

MEIN TIPP: Der große **Naturpark Zealandia** ist komplett eingezäunt, um Raubtiere fernzuhalten und einen möglichst authentischen Lebensraum herzustellen, wie er in Neuseeland **vor der Besiedlung durch den Menschen** ausgesehen haben müsste – mit Vögeln, Reptilien und Pflanzen. Der Park ist durchzogen von Spazierwegen, über den See schippert ein Fährboot. Informationsschilder erläutern Fauna und Flora, freiwillige Mitarbeiter stehen für Fragen zur Verfügung. Mehrmals täglich werden geführte Touren angeboten. Ein Café ist angeschlossen.

■ **Zealandia,** 53 Waiapu Rd., Highbury, Tel. 04-920 9200, www.visitzealandia.com, tägl. 9–17 Uhr, 18,50/10 $. Von der Innenstadt aus verkehren kostenfreie Shuttlebusse.

Der 25 Hektar große **Botanische Garten** ist ein schön angelegter Naturpark, durchzogen von Spazierwegen, mit unter anderem einem Begonien-Haus, Saisonbeeten, Sukkulenten, einem Steingarten und Hortensien. Bei Dunkelheit leuchten Glühwürmchen. Eine der Skulpturen-Touren fokussiert sich auf den Botanischen Garten (siehe „Aktivitäten"). Informationen und Karten gibt es im **Visitor Centrum Treehouse.**

■ **Botanic Garden,** 101 Glenmore St., Kelburn, Visitor Centrum Mo–Fr 9–16 Uhr, Sommer Sa, So 10–15 Uhr. Der Garten kann von der Innenstadt aus zu Fuß, per Bus (Linie 3 u. 13) oder mit dem Cable Car (siehe „Aktivitäten") erreicht werden.

Der kleine, hübsche **Zoo** ist wunderschön in die natürliche Umgebung eingebettet. Neben neuseeländischen Tieren und den obligatorischen Kiwis und Tuataras leben hier Affen, Raubtiere, Giraffen und mehr. Der Streichelzoo beherbergt unter anderem Wallabys. Etwa halbstündlich werden Vorträge über verschiedene Tierarten gehalten.

■ **Wellington Zoo,** 200 Daniell St., Newtown, Tel. 04-381 6755, www.wellingtonzoo.com, tägl. 9.30–17 Uhr, 23/11 $.

Der riesige botanische Garten **Otari-Wilton's Bush** fokussiert sich auf **endemische Pflanzen.** Das **Besucherzentrum** Te Marae O Tane hält Informationen und eine kleine Ausstellung bereit. Direkt nebenan startet ein 75 Meter langer **Steg** in 18 Metern Höhe, oberhalb der Baumkronen. Zahlreiche ausgeschilderte Rundwege (30 Min. bis 1 Std.) durchziehen das Gelände und können miteinander kombiniert werden.

■ **Otari-Wilton's Bush,** 160 Wilton Rd., Tel. 04-499 1400, www.wellington.govt.nz, Wilton, ca. 8–19 Uhr (bei Tageslicht), Besucherzentrum tägl. 8–16 Uhr.

Die kleine **Insel Matiu/Somes Island** mitten im Wellington Harbour diente in der Vergangenheit als Quarantänestation, als Internierungscamp und als Verteidigungsstützpunkt. Heute ist die Insel ein **raubtierfreier Naturpark** mit einem kleinen Leuchtturm, Gebäuden und Spazierwegen mit schönen Blicken auf Wellington und die Umgebung.

■ **Matiu/Somes Island,** Hafenbecken, www.doc.govt.nz/matiusomes, Fähre: Tel. 04-499 1282, www.eastbywest.co.nz, Queens Wharf, 23 $ return.

Weitere Sehenswürdigkeiten

Mein Tipp: Seit 1866 steht die komplett aus Holz gebaute **Kirche Old Saint Paul's** an ihrem Platz. Im Inneren verleihen Holzbögen, Buntglasfenster und Schnitzereien dem Gotteshaus seinen warmen Charme. Touren auf Anfrage.

■ **Old St Paul's,** 34 Mulgrave St., Zentrum, Tel. 04-473 6722, www.oldstpauls.co.nz, tägl. 9.30–17 Uhr, Touren 7,50 $.

Mein Tipp: Auch die **Parliament Buildings,** Neuseelands Regierungssitz, sind sehenswert. Im **Beehive,** dem „Bienenstock", sitzt Neuseelands Regierung. **Touren** werden ca. stündlich angeboten, die einstündige Tour informiert über Neuseelands Geschichte und Regierungsprozesse, die halbstündige Tour führt zum Debating Chamber, in dem die Regierungsvertreter diskutieren. Direkt neben dem Beehive befinden sich die **Old Government Buildings:** Das **größte Holzgebäude der Südhalbkugel** sieht aus wie aus Stein gebaut.

- **Parliament Buildings,** Molesworth St., Zentrum, Tel. 04-817 9503, www.parliament.nz, tägl. 10–17 Uhr.

In der **Cuba Street,** Wellingtons einziger Fußgängerzone, drängen sich zahlreiche Cafés, Bars, Restaurants, Boutiquen und Secondhandshops. Straßenkünstler und Musiker erhoffen sich ein paar Cent von vorbeiziehenden Passanten. Die **Bucket Fontain** ist ein von Besuchern gern fotografiertes, buntes Wasserspiel, vor dem man sich in Acht nehmen muss, um nicht selbst nass zu werden. Nur wer die Cuba Street gesehen hat, hat Wellington erlebt.

Vom **Mount Victoria Lookout** hoch im Park des gleichnamigen Vororts, den man über die Alexandra Lookout Road erreicht, hat man einen **traumhaften Blick** über die Stadt und den Hafen. Auch bei Dunkelheit sehr schön. Kann u.a. von der Maoribanks Street aus in 30 Minuten zu Fuß erreicht werden.

Wellington hat zahlreiche sehenswerte **Skulpturen** und andere **Kunstwerke im öffentlichen Raum.** Einen Überblick gibt die Site www.sculptures.org.nz (siehe auch „Touren"). Die wichtigsten sind:

- **City to Sea Bridge** (Civic Square): Brücke mit Holzskulpturen des Maori-Künstlers *Para Matchitt.*
- **Hikitia** (Uferpromenade): das älteste dampfbetriebene Kranschiff, von 1929.
- **Solace of the Wind** (Uferpromenade): Am Meeresrand lehnt sich hier die bekannteste Statue in den Wind.

042nz ks

■ **Bucket Fountain** (Cuba Street): Wasserspiel aus knallbunten Metalleimern.
■ **John Plimmer and Fritz** (Plimmer Steps/ Lambton Quay): in Erinnerung an *John Plimmer,* der Wellingtons Entwicklung maßgeblich vorantrieb.

In der kleinen **Weta Cave** wird die Arbeit von Neuseelands bekanntestem Filmstudio vorgestellt. „Der Herr der Ringe", „Der Hobbit", „King Kong", „Die Chroniken von Narnia", „Tim und Struppi": Alle kommen aus den inzwischen weltberühmten **Weta Studios.** Im Vorgarten kann man mit zwei Trollen aus dem „Herrn der Ringe" posieren, der (sehr) kleine Shop gibt einen Überblick über das Spektrum der Filme und dient gleichzeitig als Museum. Ein 20-minütiger Film vermittelt einen Einblick in die Welt der Filmproduktion. Zusätzlich kann eine 45-minütige Studiotour (25/ 12 $) gebucht werden. VIP Tours gibt es ab 2500 $.

■ **Weta Cave,** 1 Weka St., Tel. 04-909 4100, www.wetaworkshop.com, tägl. 9–17.30 Uhr.

Aktivitäten

Seit über 100 Jahren verbindet die **rote Cable Car** das Zentrum mit Kelburn und dem Botanischen Garten. Die Fahrt verläuft durch mehrere futuristisch beleuchtete Tunnel und bietet einen schönen Blick auf die Stadt. An der Endstation befindet sich das **Cable Car Museum.** Alternativ kann man den Botanischen Garten oder das Observatorium besuchen.

☐ Standseilbahnfahrt mit schönem Ausblick

■ **Cable Car,** 280 Lambton Quay, Zentrum/Kelburn, Tel. 04-472 2199, www.wellingtoncablecar.co.nz, Mo–Fr 7–22 Uhr, Sa, So 8.30 Uhr–21 Uhr, 7,50/3,50 $ return). **Cable Car Museum,** 1A Upland Road, Tel. 04-475 3578, tägl. 9.30–17 Uhr.

Im **Nga Taonga Sound and Vision** werden sämtliche neuseeländischen **audiovisuellen Medien** archiviert. Im Untergeschoss kann man nach Filme recherchieren und sie direkt an kleinen Bildschirmen ansehen. Perfekt für Regentage, wenn das Budget klein ist. Im kleinen Kinoraum werden täglich unterschiedliche Filme (0–10 $) gezeigt, ein Café ist angeschlossen.

■ **Nga Taonga Sound and Vision,** 84 Taranaki St., Zentrum, Tel. 04-384 7647, www.ngatonga.org.nz, Mo–Fr 9.30–17 Uhr, **Café**① Mo, Di 9.30–16 Uhr, Mi–Fr 9.30–19 Uhr, Sa 14–19 Uhr.

Die Maori-Legende besagt, dass der polynesische Entdecker Kupe Paua-Seeohren sammelte und sich dabei verletzte. Sein Blut färbte die Steine des **Red Rocks Reserve** (Owhiro Bay Parade, Owhiro Bay) rot. Eine wissenschaftlichere Erklärung der **roten Steine** ist, dass es vor 200 Millionen Jahren zu einem Vulkanausbruch unter Wasser kam, dessen Lava durch **Eisenoxide** rot gefärbt ist. Von der kleinen Informationshütte aus verläuft ein drei Kilometer langer **Spazierweg** entlang der Küste bis Sinclair Head (1 Std. einfach), wo sich die Red Rocks und eine Robbenkolonie finden.

Fergs Kayaks, der Alleskönner in Sachen **Outdoorsport,** hat seinen Sitz mitten im Zentrum. Sein Angebot reicht von der Kletterhalle bis zur Vermietung von Kajaks, SUP-Boards, Inlineskates, Longboards etc.

6 Fergs Kayaks, 6 Queens Wharf, Zentrum, Tel. 09-529 2230, www.fergskayaks.co.nz, Mo–Fr 10–20 Uhr, Sa, So 10–18 Uhr.

Wellington ist eine kleine, relativ übersichtliche Stadt, weshalb es nur ein paar wenige Anbieter gibt, die **Stadtführungen** und **Ausflüge in die Umgebung** anbieten.

37 Ein breites Spektrum an Angeboten von Stadt-, Kunst und Kultur-, Natur- über Maori-, Wein- und Feinschmecker- bis zu „Herr der Ringe"-Touren bietet **Flat Earth,** 124 Waterloo Quay, Zentrum, Tel. 04-472 9635, www.flatearth.co.nz, ab 95 $.

11 **Mein Tipp:** **Walk Wellington,** i-SITE, Zentrum, www.walkwellington.org.nz, tägl. 10 Uhr, 20 $. Zwei Stunden geht es quer durch die Innenstadt, man wird mit reichlich Informationen versorgt. Sehr gutes Preis-Leistungs-Verhältnis.

5 E-Bike Fahrradtour: Was gibt es Schöneres, als das hügelige Wellington bequem mit dem E-Bike zu erkunden? *Ryan* und seine Crew verleihen nicht nur Räder, sondern bieten auch Stadttouren an: **Switched On,** Shed 1, Queens Wharf, Tel. 0800-386 877, www.switchedonbikes.co.nz, ab 95 $.

2 Bootstour: East by West Ferries, Queens Wharf, Zentrum, Tel. 04-499 1282, www.eastbywest.co.nz, Mo–Fr 7–19 Uhr, Sa, So 10–17 Uhr, 11/6 $ einfach. Wer eine günstige Tour durch das Hafenbecken und/oder nach Petone, Days Bay, Seatoun sowie Somes Island unternehmen möchte, kann das bequem mit der Dominion Post Fähre tun. Vor allem bei schönem Wetter einen Ausflug wert.

■ **Skulpturentour** (www.scultpures.org.nz): Wellington verfügt über eine beträchtliche Anzahl an interessanten Skulpturen, Springbrunnen, Monumente, Brücken und andere Kunstwerken auf öffentlichen Plätzen. Viele sind mit QR-Codes versehen, denen Informationen hinterlegt sind. Alternativ kann man sich selbstständig auf eine der sechs Skulpturen-Touren begeben: Waterfront (1 Std.), Civic Square (40 Min.), Lambton to Parliament (1 Std.), Courtnay (1 Std.), Botanic Gardens (1½ Std.), Coastal Tour (6 Std. plus 2 Std. Fahrt).

■ **Welly Walks:** Die Stadtverwaltung hat die **kostenfreie App** mit verschiedenen Spazier- und Wanderwegen, teilweise themenbezogen, auf den Markt gebracht. Es gibt Karten, Bilder und reichlich Informationen. Aktuell noch ein wenig ausbaufähig, überarbeitete Updates sind zu erwarten.

Außerhalb des Zentrums (Karte Seite 317)

Im **Makara Peak Mountain Bike Park** erschließt sich mit knapp 50 Kilometern Single Tracks in unterschiedlichen Schwierigkeitsstufen ein **Paradies für Mountainbiker** in traumhafter Lage direkt vor den Toren Wellingtons.

■ **Makara Peak Mountain Bike Park,** 116 South Karori Rd., Karori, www.makarapeak.org.

3 Qualitätsräder und **Infos** bekommt man vor Ort bei **Mud Cycles,** 424 Karori Rd., Karori, Tel. 04-476 4961, www.mudcycles.co.nz, ab 35 $.

Praktische Tipps

Informationen

■ **www.wellingtonnz.com**

■ **Einwohnerzahl:** 471.315

■ **i-SITE:** Victoria St. Ecke Wakefield St., Tel. 04-802 4860, Mo–Fr 8.30–17 Uhr, Sa, So 9–17 Uhr.

■ **DOC:** 18–32 Manners St., Tel. 04-384 7770, Mo–Fr 9–17 Uhr, Sa 10–15.30 Uhr.

■ **Bibliothek:** 65 Victoria St., Tel. 04-801 4068, Mo–Fr 9.30–20.30 Uhr, Sa 9.30–17 Uhr, So 13–16 Uhr.

■ **WLAN:** im Zentrum gibt es kostenfreies WLAN (www.cbdfree.co.nz)

☒ Ein Teil des Parlamentsgebäudes trägt den Spitznamen „Beehive"

043nz ks

An- und Abreise

■ **Bus:** Wellington wird von den großen Langstreckenbusunternehmen angefahren. Sie halten am Bahnhof.

■ **Zug:** Die Strecke des Northern Explorer verbindet Wellington und Auckland (siehe „Praktische Reisetipps von A bis Z/Unterwegs im Land/Zug").

■ **Fähre:** Bluebridge und Interislander verbinden Wellington mit Picton auf der Südinsel (siehe „Praktische Reisetipps von A bis Z/Unterwegs im Land/Fähre").

■ **Flugzeug:** Vom Wellington International Airport (Stewart Duff Dr., Tel. 04-385 5100, www.wellingtonairport.co.nz) aus werden alle wichtigen Städte und touristischen Orte Neuseelands sowie einige internationale Flughäfen angeflogen. Der Airport liegt 8 km vom Zentrum entfernt und hat Geldautomaten, Wechselstuben und Schalter für Autovermietungen. Der **Shuttle Airport Flyer** (ca. alle 20 Min., 9 $) verbindet den Flughafen mit der Stadt. **Supershuttle** fährt von individuellen Adressen auf Anfrage zum/vom Flughafen (www.supershuttle.co.nz, 20 $p.P.).

Unterwegs vor Ort

■ **Auto:** Zu den Hauptverkehrszeiten (7–9.30 Uhr und 16–19 Uhr) sind die Straßen in und um Wellington verstopft. **Parken** ist rund um das Zentrum Mo–Sa 8–20 Uhr kostenpflichtig, Strafzettel werden großzügig verteilt. Parkgebühren müssen im Voraus mit Kleingeld oder EFTPOS-Karte an Automaten gezahlt werden. Parkhäuser kosten ca. 5 $/Std., ca. 20–30 $/Tag. Viele Parkhäuser bieten Early-Bird-Angebote mit Tagespreisen von etwa 13–20 $; Wochenenden sind oft günstiger. Nicht alle Parkhäuser haben rund um die Uhr geöffnet, Schließzeiten beachten. Einen Überblick über Parkhäuser gibt es unter **www.wilsonparking.co.nz.**

Zentrale **Parkhäuser** sind z.B.:

2 Chaffers Street (bei Te Papa)
179–181 Victoria Street (bei Cuba Street)
1 Jervois Quay (bei Queens Wharf)

■ **Bus:** Das Busnetz in Wellington ist gut ausgebaut. Fahrpreise richten sich überwiegend nach Zonen und sind beim Fahrer in bar zu entrichten. Alternativ kann man für 10 $ die **Snapper Card** kaufen, die mit mind. 10 $ aufgeladen werden muss und als Zahlkarte in Bussen benutzt werden kann. Mit Snapper zahlt man ca. 20 % weniger. Bustickets ohne Snapper Card kosten innerhalb des Zentrums 2 $ plus ca. 1,50 $ pro weiterer Zone. Preise und Informationen unter **www.metlink.org.nz.**

■ **Zug:** Es gibt drei Zugstrecken (Johnsonville, Waikanae, Hutt), die Verbindungen sind schnell und zuverlässig. Mo–Fr fahren die Züge von ca. 5–22 Uhr, am Wochenende 7–24 Uhr. Fahrkarten gibt es an den Bahnhöfen am Automaten oder an Schaltern. Der Hauptbahnhof liegt in der Bunny Street. Preise und Informationen unter **www.metlink.org.nz.**

Fähre: Die Fähre Dominion Post verbindet Wellingtons Zentrum von der Queens Wharf aus mit Petone, Days Bay, Seatoun sowie Somes Island. Tickets 11 $. Infos unter **www.eastbywest.co.nz.**

■ **Taxi:** Es gibt eine Vielzahl von Anbietern, sie warten an Taxiständen oder fahren auf der Suche nach Kundschaft durch die Gegend. Für die Fahrt zum/vom Flughafen wird ein Zuschlag berechnet. z.B. **Green Cabs,** Tel. 0800-464 7336, oder **Capital Taxis,** Tel. 04-384 5678.

Unterkunft

Das generelle Preisniveau ist hoch. Hotels sind an Wochenenden günstiger als unter der Woche. Bei Großveranstaltungen wie Sevens oder WOW ist es extrem schwer, überhaupt eine Unterkunft zu finden. Vorab-Buchung ist dann absolut notwendig, und es muss mit erhöhten Preisen gerechnet werden. Air BNB ist in Wellington immer eine gute Alternative. Die Qualität von Hostels und günstigen Motels/Hotels ist eher gering, mit Business Hotels kann man wenig falsch machen. Parkplätze sind rar, bei der Buchung evtl. einen Parkplatz mit buchen.

Zentrum (Karte S. 321)

8 **Hotel St. George**①, 124 Willis St., Tel. 04-470 7777, www.hotelstgeorge.co.nz. Gut und günstig, in zentraler Lage, vermietet nur wochenweise. Hat keinen Parkplatz.

19 **YHA**①, 292 Wakefield St., Tel. 04-801 7280, www.yha.co.nz. Eines der besten Hostels in Wellington, zentral, sauber, mit Heizung, bietet günstiges Frühstück und hat eine Touristeninformation. Gegenüber liegt ein Supermarkt.

36 **Capital View Motor Inn**②, 12 Thompson St., Mt. Cook, Tel. 04-385 0515, www.capitalview.nz. Simples Motel ohne Schnickschnack in einem mehrstöckigen Gebäude mit kostenfreien Parkplätzen mit guter Busanbindung ins Zentrum.

1 MEIN TIPP: **Park Hotel Lambton Quay**③, 101 The Terrace, Tel. 04-260 5000, www.parkhotel.co.nz. Hübsches Hotel mit guter Atmosphäre am Rande des Stadtzentrums. Inkl. Benutzung des Fitness Studios Les Mills on Lambton Quay.

3 **Travelodge**③, 2–6 Gilmer Terrace, Tel. 04-499 9911, www.tfehotels.com. Vernünftiges Hotel mit sauberen Zimmern in sehr guter Lage.

15 MEIN TIPP: **Museum Art Hotel**③, 90 Cable St., Tel. 04-802 8900, www.museumhotel.co.nz. Eines der besten Hotels der Stadt, zudem ganz zentral gelegen. Es ist im Stile eines Museums eingerichtet.

In den Vororten (Karte S. 317)

5 **88 Wallace Court**②, 88 Wallace St., Mount Cook, Tel. 04-385 3935, www.88-wallace-court-motel.mozello.com. Einfaches Motel am Rande des Zentrums, mit kostenfreien Parkplätzen und guter Busanbindung.

1 **Best Western**②-③, 17/19 Burgess Rd., Johnsonville, Tel. 04-939 0039, www.bestwesternwellington.co.nz. Einfaches Hotel in einem der Vororte, fußläufig zum dortigen Zentrum und Bahnhof nach Wellington.

8 **Airport Motor Lodge**②-③, Hobart St. Ecke Broadway, Miramar, Tel. 04-380 6044, www.airportmotorlodge.co.nz. Sauberes Motel mit ordentlichen Zimmern, 700 m zum Flughafen, nach 7 Uhr kostenfreier Shuttle, gute Busanbindung.

Camping (Karte S. 317)

Zum Zeitpunkt der Recherche wurde das einzige Motorcamp der Stadt geschlossen. Es ist zu erwarten, dass die Stadtverwaltung für diesen Mangel in absehbarer Zeit eine Lösung findet. Zu diesem Zeitpunkt sind die nahe gelegensten Optionen:

1 **Wellington Top10**③, 95 Hutt Park Rd., Seaview, Lower Hutt, Tel. 04-568 5913, www.wellingtontop10.co.nz. Klassischer Top10-Campingplatz, am Rande des Industriegebietes. 15 km über die Autobahn bis nach Wellington, die Fahrt kann in der Hauptverkehrszeit 1 Std. dauern.

1 **Elsdon Camp**②, 18 Raiha St., Elsdon, Porirua, Tel. 04-237 8987, www.campelson.co.nz. Einfacher, simpler, in der Hauptsaison etwas enger Campingplatz. 21 km über die Autobahn bis nach Wellington, die Fahrt kann in der Hauptverkehrszeit über 1 Std. dauern.

Essen und Trinken

Wellington hat mit rund 1700 Cafés, Bars und Restaurants eine **unglaubliche Vielfalt** an kulinarischen Möglichkeiten. Ganz vorne steht der Kaffee: Auch als „Coffee Capital" bezeichnet, ist die **Kaffee-Kultur** in Wellington so ausgeprägt wie in keiner anderen Stadt des Landes. Allen voran steht der **Flat White,** ein Espresso mit kurz aufgeschäumter Milch, in dem ein hübsches Muster zu sehen ist. Beliebte Kaffee-Marken sind L'Affare, Mojo und Flight Café. Zu finden sind Cafés an quasi jeder Ecke der Innenstadt.

Auch kulinarisch hat Wellington einiges zu bieten. Von internationalen Imbissen bis zur Sterneküche ist alles vertreten. Eine gute Anlaufstelle ist die **Cuba Street,** in der das gesamte Spektrum zu finden ist. Alternativen sind über das restliche Zentrum verstreut.

Im Zentrum (Karte S. 321)

27 **Night Market** (siehe „Märkte")

16 **Zumo Coffee House**①, 1 Tory St., Tel. 04-801 7336, www.zumo.coffee, Mo–Fr 7–16 Uhr, Sa, So 8–15 Uhr. Großes, modernes Café mit einer riesigen Auswahl an Kaffeesorten, Außensitzplätzen, einem Kamin und zahlreichen Steckdosen. Optimal, um mehr über die Kaffeekunst zu lernen.

29 **KK Malaysian**①, 54 Ghuznee St., Tel. 04-385 6698, www.kkmalaysian.co.nz, Mo–Sa 11.30-21.30 Uhr, So 17–21.30 Uhr. Kleines, simples Restaurant mit authentischen Speisen in sehr gutem Preis-Leistungs-Verhältnis.

32 **Olive Café**①-③, 170/172 Cuba St., Tel. 04-802 266, www.oliverestaurant.co.nz, Mo–Fr 8–23 Uhr, Sa, So 8–15 Uhr. Gemütliches Café-Restaurant, in dem es sich gut entspannen lässt.

30 **Floriditas**②, 181 Cuba St., Tel. 04-381 2212, www.floriditas.co.nz, Mo–Sa 7–22 Uhr, So 15.30–21.30 Uhr. Von Frühstück bis Abendessen, hier gibt es klassisch Neuseeländisches in guter Atmosphäre.

24 **Pan de Muerto**②, 82 Tory St., Tel. 04-913 4252, www.pandemuerto.co.nz, Mo–Sa 11.30–14 Uhr u. 17–24 Uhr, So 17–24 Uhr. Mexikanisches Restaurant und Tequila-Bar. Gruselig-schön dekoriert in ansprechendem Ambiente.

4 MEIN TIPP: **Crab Shack**②, Queens Wharf, Tel. 04-916 4250, www.crabshack.co.nz, tägl. 11.30–23 Uhr. Lobster, Krabben und alles andere aus dem Meer gibt es hier direkt am Wasser. Die gemischten Muscheln in Weißweinsoße sind ein Gedicht!

33 **Logan Brown**③, 192 Cuba St., Tel. 04-801 5114, www.loganbrown.co.nz, Di 17.30–24 Uhr, Mi–Sa 12–24 Uhr. Das Fine Dining Restaurant gewinnt immer wieder Preise und ist über die Grenzen Wellingtons hinaus bekannt.

13 MEIN TIPP: **Whitebait**③, 1 Clyde Quay Wharf, Tel. 04-385 8555, www.white-bait.nz, Di–Fr

11.30–14.30 Uhr u. Mo–So ab 17.30 Uhr. In schöner Lage am Hafen, gehört das Whitebait unumstritten zu den besten Fisch- und Meeresfrüchterestaurants der Stadt. Verfügt auch über eine gute Auswahl an passenden Weinen.

In den Vororten (Karte S. 317)

4 **Beach Babylon**①-②, 232 Oriental Parade, Oriental Bay, Tel. 04-801 7717, www.beachbabylon.co.nz, Mo–Do 8–20.30 Uhr, Fr, Sa 8–24 Uhr, So 8–21.30 Uhr. Geschäftiges Café-Restaurant mit einer ordentlichen Auswahl an Gerichten und legendären Milchshakes. Mit Blick auf die Bucht.

10 **Maranui**①-②, 7 Lyall Parade, Lyall Bay, Tel. 04-387 4539, www.maranuicafe.co.nz, tägl. 7–17 Uhr. Beliebtes Café-Restaurant in direkter Strandlage. Vor allem am Wochenende muss man oft Schlange stehen, bevor man einen Platz ergattert.

9 **Spruce Goose**①-②, Moa Point Rd. Ecke Cochrane St., Lyall Bay, Tel. 04-387 2277, www.sprucegoose.net.nz, tägl. 7–24 Uhr. Großes, beliebtes Café in Flughafennähe direkt am Meer. Hier lässt es sich gut aushalten.

6 **Brooklyn Deli**①-②, 199 Ohiro Rd., Brooklyn, Tel. 04-801 7543, Di–Do 8–19 Uhr, Fr 8–17 Uhr, Sa, So 9–17 Uhr. Österreichisches Café mit guten Broten und Brötchen, Kaiserschmarrn und mehr.

Ausgehen (Karte S. 321)

Wellington hat ein **ausgeprägtes Nachtleben.** Von Partykneipen über gemütliche Wein- und Cocktailbars bis zu Konzertkneipen ist für alle etwas dabei. Es lohnt sich, mit offenen Augen durch die Stadt zu gehen, die meisten Bars, Kneipen und Musiklokale sind klein und liegen versteckt. Eine relativ gute Übersicht über aktuelle Veranstaltungen, Ausstellungen, Konzerte, Festivals und mehr findet man auf **www.wellingtonnz.com/events.** Touristenfreundlich lässt sich nach Datum filtern.

Musik und Veranstaltungen

In Wellington immer etwas los. Es gibt zahlreiche Theater, Kleinbühnen, Kinos und Kneipen, die Musik, Theater und mehr präsentieren. Wellingtons Musikszene ist klein, aber fein. Wer auf der Suche nach Gigs ist, sollte einen Blick auf **www.undertheradar.co.nz** werfen.

34 Wer ins **Kino** gehen möchte, ist gut aufgehoben im kleinen **Lighthouse,** 29 Wigan St., www.lighthousecuba.co.nz.

21 Alternativ geht man ins große **Embassy Theatre,** 10 Kent Terrace, www.eventcinemas.co.nz.

12 Wer lieber eine **Kleinbühne** besucht, kann einen Blick auf das Programm des **Circa,** 1 Taranaki St., www.circa.co.nz, werfen.

25 Die großen Aufführungen gibt es im **Opera House,** 111 Manners St., www.nzopera.com.

9 Die lokale **Musikszene** trifft sich im **Meow,** 9 Edward St., www.welovemeow.co.nz.

31 Auch im **San Fran** (171 Cuba St., www.sanfran.co.nz) spielt die Musik live.

Bars und Pubs

26 **Golding's Free Dive,** 14 Leeds St., Tel. 04-381 3616, www.goldingsfreedive.co.nz, tägl. 12–24 Uhr. Beliebte Kneipe mit vorwiegend Bieren aus Mikro-Brauereien. Sehr gute Pizzen werden von der Pizzeria Pomodoro geliefert. Am Wochenende rappelvoll.

10 **Little Beer Quarter,** 6 Edward St., Tel. 04-803 3304, www.littlebeerquarter.co.nz, Mo ab 15.30 Uhr, Di–Sa ab 12 Uhr, So ab 15 Uhr. Es gibt über 100 wechselnde Biere und Weine in netter Kneipenatmosphäre mit Kamin.

28 **Matterhorn,** 106 Cuba St., Tel. 04-384 3359, www.matterhorn.co.nz, Mo–Do ab 15 Uhr, Fr ab 11 Uhr, Sa, So ab 10 Uhr. In der versteckten Wein- und Cocktailbar geht es etwas ruhiger zu, hier kann man den Tag gut ausklingen lassen. Servieren auch sehr gute Speisen①-③.

☒ Der Civic Square

22 **Library,** 53 Courtenay Pl., Tel. 04-382 8593, www.thelibrary.co.nz, Mo–Do ab 17 Uhr, Fr–So ab 16 Uhr. Hauptmerkmal der Wein- und Cocktailbar im ersten Stock sind die zahlreichen Bücher, die ihr den Namen „Bibliothek" geben und zur schönen Atmosphäre beitragen.

35 **Southern Cross,** 39 Abel Smith St., Tel. 04-384 9085, www.thecross.co.nz, Mo–Do 8–24 Uhr, Fr 8–3 Uhr, Sa 9–3 Uhr, So 9–12 Uhr. Das Cross ist zu jeder Tageszeit einen Besuch wert, ob zum Frühstück oder zum Ausklingen des Tages. Gemütliche Atmosphäre, mit großem Hinterhof und zahlreichen Gesellschaftsspielen.

Partyszene

Am **Courtney Place** reiht sich eine Party-Kneipe an die andere. Am besten spontan entscheiden, worauf man Lust hat.

20 Wer unentschieden ist, kann ins **Establishment** (Courtney Pl. Ecke Blair St., www.theestablishment.co.nz, tägl. 19–4 Uhr) gehen, hier ist immer was los.

Einkaufen

Wer in Shopping- und Bummel-Laune ist, kann sich von der **Cuba Street** über die **Manners Street** in die **Willis Street** und weiter zum **Lambton Quay** treiben lassen. Während die Cuba Street ein wenig alternativer ist und neben den Ketten auch kleine Boutiquen und Secondhandläden hat, findet man auf den anderen Straßen die üblichen Geschäfte für Bekleidung, Souvenirs und anderes. Wer es noch etwas alternativer möchte, kann sich auf der **Riddiford Street** in Newtown umsehen.

■ Wer **Shopping-Center** vorzieht, muss zum **Westfield Queensgate** nach Lower Hutt fahren, Queens Dr. Ecke Bunny St., Lower Hutt, www.westfield.co.nz, Mo–Sa 9–18 Uhr, So 10–17.30 Uhr.

■ Ein kleines **Outlet-Zentrum** liegt außerhalb der Stadt in Tawa, 24 Main Rd., www.outletcity.co.nz, tägl. 10–17 Uhr. Am besten vorher nachgucken, ob einen die Marken interessieren.

17 **Kura,** 19 Allen St., Tel. 04-802 4934, www.kuragallery.co.nz, Mo–Fr 10–18 Uhr, Sa, So 11–16

044nz ks

Festivals und Events

Fast das ganze Jahr über finden in Wellington Feste, Festivals und Events statt. Am besten in der i-SITE nachfragen, was gerade wo los ist. Die wichtigsten regelmäßigen Festivitäten sind:

- **Sevens** (www.sevens.co.nz): Das Rugby-Spektakel, Kostümfest und feuchtfröhliche Party in einem findet im Januar statt.
- **Cubadupa** (www.cubadupa.co.nz): Konzerte, Vorführungen und Märkte, die Cuba Street steht an diesem Wochenende im März Kopf.
- **Newtown Festival** (www.newtownfestival.org.nz): Wellingtons größtes Straßenfest findet jährlich an einem Wochenende im März/April statt.
- **Fringe Festival** (www.fringe.org.nz): Alles dreht sich im Monat August um Musik, Tanz und Theater.
- **Wellington on a Plate** (www.visawellingtononaplate.com): kulinarischer Hochgenuss mit Extra-Menüs in über 100 Restaurants. Zudem wird der beste Burger gewählt. Findet im August statt.
- **World of Wearable Art** (www.worldofwearableart.co.nz): Beeindruckend kreative Kleidungsstücke werden im September in Shows präsentiert. Alternativ kann man das passende Museum in Nelson besuchen.

Uhr. Verkauft wunderschöne Kunst und Designergegenstände rund um das Thema Aotearoa.

18 **Ora,** 23 Allen St., Tel. 04-384 4157, www.oragallery.co.nz, Mo–Fr 10–18 Uhr, Sa, So 11–16 Uhr. Auch hier findet man Kunstgegenstände, Schmuck und Kleinkunst mit neuseeländischem Einfluss.

23 Eine große Auswahl an Lebensmitteln gibt es bei **Moore Wilson's,** 93 Tory St., www.moorewilsons.co.nz, Mo–Fr 7.30–19 Uhr, Sa 7.30–18 Uhr, So 8.30–18 Uhr.

16 Organische Lebensmittel bietet **Commonsense Organics,** 260 Wakefield St., www.commensenseorganics.co.nz, Mo–Fr 8–19 Uhr, Sa, So 9–16 Uhr).

Märkte

7 **Wellington Underground Market,** Parkhaus Jervois Quay bei Frank Kitts Park, Zentrum, www.undergroundmarket.co.nz, Sa 10–16 Uhr. Kleinkunst, individuelle Kleidung, hübscher Kleinkram und optisch ansprechende Süßigkeiten.

14 **Mein Tipp: Harbourside Market,** Cable St. Ecke Barnett St., Zentrum, www.harboursidemarket.co.nz, So 7.30–14 Uhr. Der lebhafte Lebensmittelmarkt hat nicht nur Obst und Gemüse im Angebot, sondern auch frischen Fisch und etliche Café- und Imbissstände. Wer nichts kaufen möchte, kann auch am Wasser sitzen und das Treiben beobachten.

27 **Night Market,** Cuba St., www.wellingtonnightmarket.co.nz, Fr 17–23 Uhr. Wer hungrig ist, sollte den Nachtmarkt nicht verpassen. Unzählige Imbissstände aus aller Welt reihen sich aneinander. Zwischendrin wird Kleinkunst verkauft, untermalt wird das Ganze mit Straßenmusik. Hier ist es immer ganz schön voll.

In den Vororten (Karte S. 317)

7 **Newtown Market,** Mein St., Newtown, Sa 7.30–14 Uhr. Reiner Obst- und Gemüsemarkt in exotisch angehauchter Atmosphäre. Lässt sich gut mit einem Cafébesuch in Newtown verbinden.

Bootsschuppen in Wellington

In der Umgebung

Hutt Valley

Benannt nach dem **Fluss Hutt,** umfasst das im Nordosten von Wellington liegende Tal die beiden Städte **Lower Hutt** und **Upper Hutt** sowie deren zahlreiche Vororte, die sich entlang des SH2 drängen. So richtig von touristischem Interesse sind die Städte nicht.

Wer aber ein wenig Zeit hat, kann einen Blick auf das beschauliche **Petone** werfen, an der endlosen Promenade spazieren, das kleine, aber feine **Settlers Museum** über die Siedlungsgeschichte von Pito-one, bevor es zu Petone wurde, besuchen, in der lebhaften Jackson Street bummeln und in eines der vielen Cafés einkehren.

■ **Settlers Museum,** The Esplanade, Petone, Tel. 04-568 8373, www.petonesettlers.org.nz, tägl. 10–16 Uhr.

045nz ks

Das Zentrum von **Lower Hutt** bietet neben dem größten **Shopping Center** der Region, **Westfield Queensgate,** das gut aufbereitete **Dowse Art Museum** mit Wechselausstellungen zeitgenössischer Kunst sowie ein **Maori-Vorratshaus** aus dem Jahre 1857. Nebenan findet man die regionale **i-SITE.**

■ **Westfield Queensgate,** Queens Dr. Ecke Bunny St., Lower Hutt, www.westfield.co.nz, Mo–Sa 9–18 Uhr, So 10–17.30 Uhr.

■ **Dowse Art Museum,** 45 Laings Rd., Tel. 04-570 6500, www.dowse.org.nz, tägl. 10–15 Uhr.

■ **i-SITE,** 25 Laings Rd., Tel. 04-560 4715, Mo–Fr 9–17 Uhr, Sa 10–14 Uhr.

Porirua

Am SH1, im Norden von Wellington, liegt die Arbeiterstadt Porirua. Viel Zeit muss man hier nicht verbringen, sogar die i-SITE hat vor Kurzem geschlossen. Ein paar lohnenswerte Attraktionen gibt es dennoch: Abenteurer können sich im **Hochseilgarten Adrenaline Forest** austoben, Kulturinteressierte sollten das **Pataka Art + Museum** besuchen, das sich auf Maori-Kunst sowie Kunst aus dem pazifischen Raum fokussiert. Das Zentrum befindet sich entlang des Hartham Place North.

■ **Adrenaline Forest,** Okowai Rd., Tel. 04-237 8553, www.adrenalin-forest.co.nz, tägl. 10–14.30 Uhr, 43/18 $.

■ **Pataka Art + Museum,** 17 Parumoana St., Tel. 04-237 1511, www.pataka.org.nz, Mo–Sa 10–17 Uhr, So 11–16.30 Uhr.

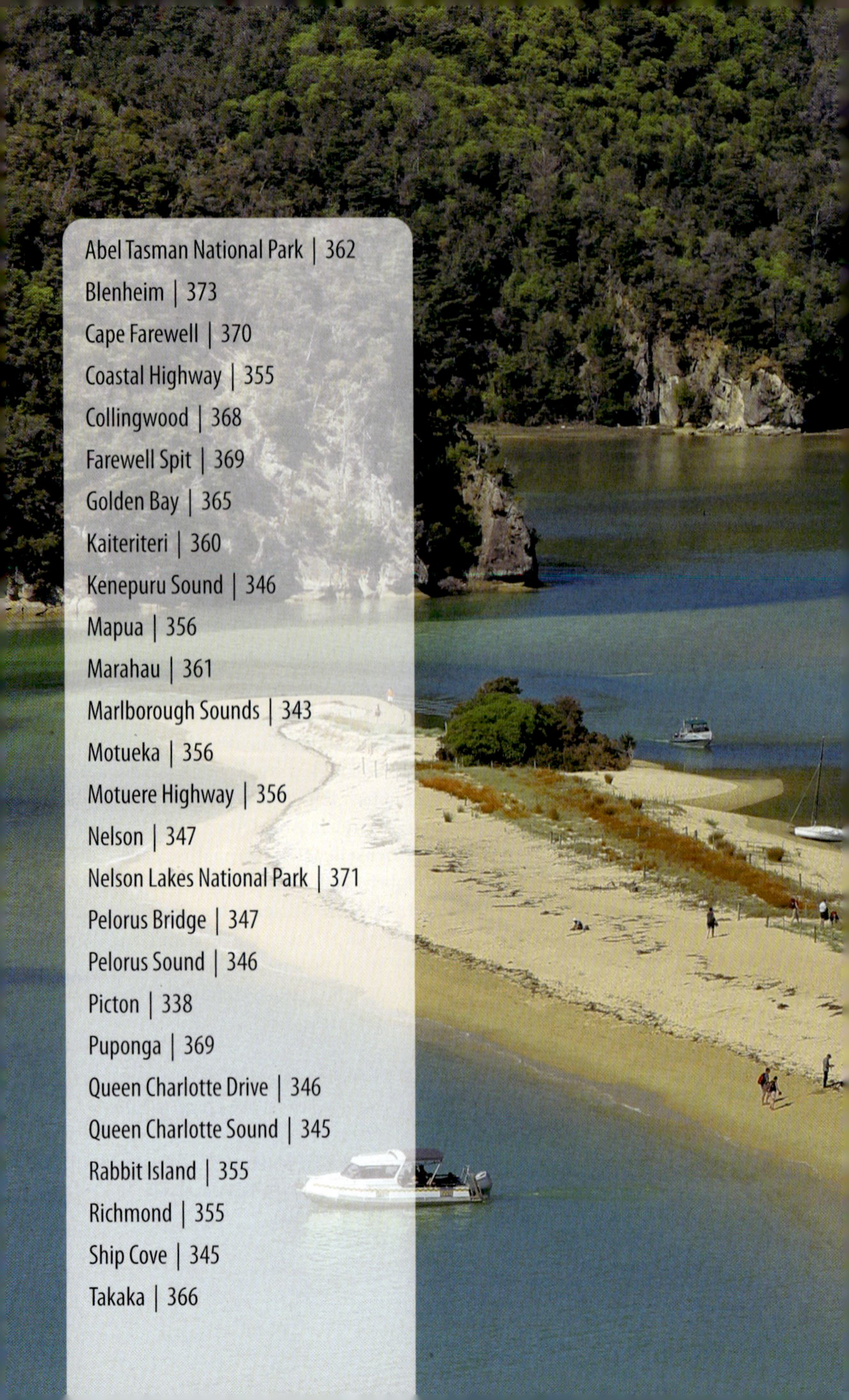

Marlborough, Nelson und 8 Tasman

Die sonnige Region beherbergt drei Nationalparks mit traumhaften Stränden und Buchten, Bergen und Seen. Dazwischen liegen ein Weinanbaugebiet und die Stadt Nelson, die für ihre lebendige Kunstszene bekannt ist.

[<] Die Torrent Bay im Abel Tasman National Park

MARLBOROUGH, NELSON UND TASMAN

Wer von Wellington aus mit der Fähre auf die Südinsel übersetzt, wird schon lange vor dem Eintreffen mit grandiosen Blicken auf die **Buchtenlandschaft** Marlboroughs begrüßt. Das Grün der Landausläufer und das Blau des Meeres bilden eine wunderschöne Symbiose. Die **Marlborough Sounds**

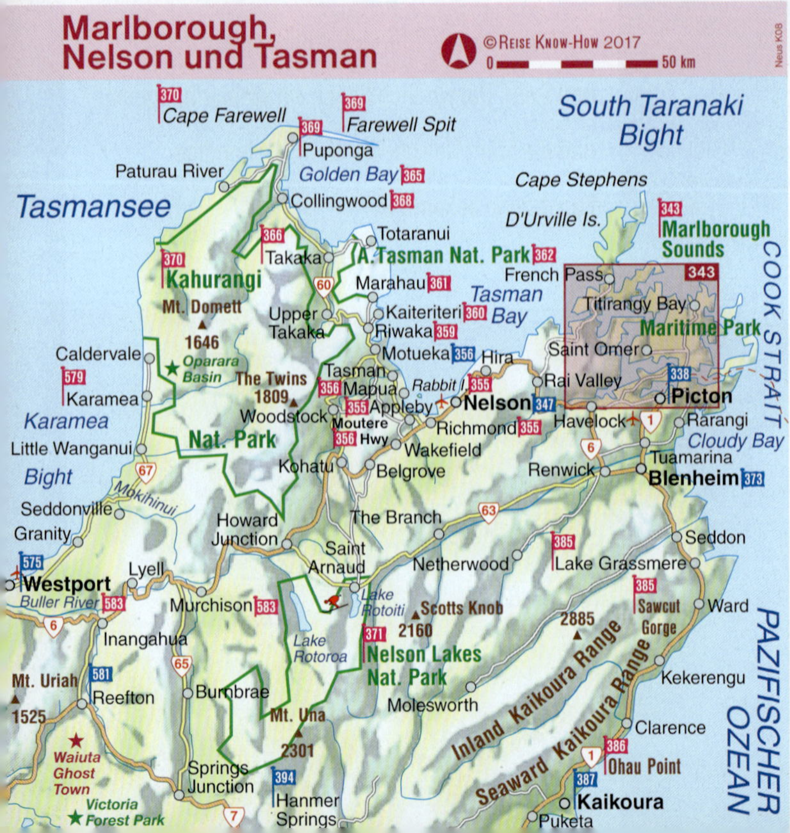

und der dortige **Queen Charlotte Track** sind unbestritten ein Highlight der Region Tasman. Im Westen liegt der **Abel Tasman National Park** mit seinem **Coastal Track,** einem der schönsten der neun Great Walks Neuseelands, und der einfachste von ihnen. Zahlreiche kleine **Buchten** mit weißen Stränden und türkisfarbenem Wasser, gesäumt von dunkelgrünem Buschland, erinnern an die Südsee. Und zwischen all den schönen Küstenlandschaften liegt die Stadt **Nelson,** die für Reisende mit knappem Zeitbudget ein optimaler Ausgangspunkt für Ausflüge in alle Richtungen ist. Mit etwa 2500 Sonnenstunden im Jahr zählt die Region zu den **sonnigsten** des Landes (zum Vergleich: Florenz hat ebenfalls 2500). Auch der **Nelson Lakes National Park** mit seinen Bergseen **Rotoroa** und **Rotoiti** bietet eine traumhafte Kulisse, um müde Knochen in Schwung zu bringen. Die Stadt **Blenheim** erscheint auf den ersten Blick wenig attraktiv, punktet aber durch ihre Nähe zu Neuseelands bedeutendstem **Weingebiet Marlborough.** Der hier angebaute Sauvignon Blanc hat Weltklasse. Hätte **Abel Tasman** damals gewusst, was ihn erwartet, wäre er vielleicht doch an Land gegangen, als er im Jahr 1642 als erster Europäer Neuseeland entdeckte und vor dem heutigen Abel Tasman National Park ankerte ...

NICHT VERPASSEN!

- **Marlborough Sounds:** die zahlreichen Wasserarme und Buchten erkunden. In Ship Cove den Spuren James Cooks folgen, der hier als erster Europäer 1770 Neuseeland betrat, und Wandern auf dem Queen Charlotte Track | 343
- **Nelson:** die Kunstszene der kleinsten Region Neuseelands mit ihren zahlreichen Museen und Galerien entdecken | 347
- **Abel Tasman National Park:** Wandern, Kajaken oder Bootfahren in traumhafter Küstenlandschaft mit Südseeflair | 362
- **Farewell Spit:** auf einer geführten Tour die einsame Dünenlandschaft und Vogelwelt auf Neuseelands längster Landzunge erkunden | 369
- **Heaphy Track:** auf einer Mehrtageswanderung durch den Kahurangi National Park den abwechslungsreichen und noch wenig bekannten Great Walk entdecken | 370
- **Weinregion Marlborough:** sich einer Weintour anschließen oder auf eigene Faust dem Ruf des „flüssigen Goldes“ (Sauvignon Blanc) folgen | 379

Diese Tipps erkennt man an der gelben Hinterlegung.

Picton

Die meisten Reisenden kommen mit der Fähre auf die Südinsel. Das Städtchen Picton ist *der* **Knotenpunkt für den Verkehr zwischen Nord- und Südinsel.** Fußgänger, Haustiere, Autos, Fahrräder, Lkw, Maschinen, ja sogar ganze Züge werden hier über die Cook Strait von und nach Wellington transportiert. Von hier aus geht es weiter nach Westen Richtung Nelson und Tasman oder nach Süden Richtung Canterbury, Otago und Southland.

Im Sommer ist Picton ein **lebhaftes Städtchen.** Seine landschaftlich attraktive Lage macht es zu einem hervorragenden **Ausgangspunkt** für Ausflüge in die Marlborough Sounds und für den Queen Charlotte Track. Zu Fuß, per Fahrrad, Kajak oder Boot, alles ist möglich. Auch Angelausflüge sind sehr beliebt. Wer es nicht eilig hat, ist hier für ein paar Tage gut aufgehoben.

Geschichte

Picton wurde **1828** neben der Siedlung Te Ati Awa bei Waitohi **gegründet** und wuchs langsam, aber stetig an. 1956 zählte die Stadt bereits 2000 Einwohner. Wenige Jahre später wurde die erste Fähre, die auch Fahrzeuge transportieren konnte, in Betrieb genommen. Seitdem fokussiert sich Picton fast ausschließlich auf den **Tourismus** und den **Fährbetrieb.**

Benannt ist die kleine Stadt nach dem britischen General **Sir Thomas Picton,** der sich im Krieg auf der Iberischen Halbinsel vielfach auszeichnete und zu Wellingtons fähigsten Divisionskommandeuren zählte, bis er in 1815 bei Waterloo fiel.

Das lebhafte Städtchen Picton – viel mehr als nur ein Verkehrsknotenpunkt

046nz ks

Sehenswertes

Das **Edwin Fox Maritime Museum** bietet einen kleinen, aber großartigen Einblick in die Vergangenheit. Größte Attraktion ist die „Edwin Fox" aus dem Jahre 1853, das drittälteste noch existierende **Holzschiff.** Es transportierte Truppen zum Krim-Krieg, Einwanderer nach Neuseeland und Verurteilte nach Australien ...

- **Edwin Fox Maritime Museum,** 1 Auckland St., Tel. 03-573 6868, www.edwinfoxsociety.com, tägl. 9–17 Uhr, 10/5 $.

Das **Picton Heritage and Whaling Museum** präsentiert Historisches: Vom Walfang und Seefahrt über Maori-Kultur, Kleidung und Textilien bis hin zu lokalen Besonderheiten reicht das Themenspektrum.

- **Picton Heritage and Whaling Museum,** 9 London Quay, Tel. 03-573 8283, www.pictonmuseum-newzealand.com, 10–16 Uhr, 5/1 $.

Im **National Whale Centre** widmet man sich dem **Wal** und seiner Geschichte in Neuseeland: von der Walfangindustrie vor über 100 Jahren bis hin zu Neuseelands Status als offizielles Walschutzland seit 1964. Auch für kleine Besucher sehr interessant.

- **National Whale Centre/Te Tari Tohora o Waitohi,** 1 London Quay, Tel. 03-573 7876, www.aworldwithwhales.com, Mi–So 12–17 Uhr.

Eigentlich handelt es sich beim **Eco World Aquarium** um ein **Rehabilitationszentrum für Fische, Reptilien und Amphibien.** Nicht das modernste, aber das Fachpersonal gibt sich Mühe, zu informieren und zu begeistern. In einem Streichelzoo kann man mit Seesternen, Muscheln usw. auf Tuchfühlung gehen.

- **Eco World Aquarium,** Picton Foreshore, Tel. 03-573 6030, www.ecoworldnz.wix.com/ecoworldnz, tägl. 9.30–17 Uhr, 22/11 $.

Aktivitäten

Rund um Picton kann man schöne **Spaziergänge** und **Wanderungen** unternehmen. Am besten in der i-SITE die **Broschüre „Picton Walks"** besorgen oder auf eigene Faust losziehen. Beliebt sind:

- **Bob's Bay** (1 km, 30 Min., Start: Shally Beach, ausgeschildert)
- **Snout Tracks** (5 km, 1½ Std., Start: Harbour View Parkplatz, ausgeschildert)
- **Tirohanga Track** (3 km, 1 Std., Start: New Gates Street den Berg rauf)
- **Queen Charlotte Track** (70 km, 3 Tage, Einzelabschnitte möglich. Siehe Kapitel „Marlborough Sounds")

Das **Naturschutzgebiet Kaipupu Point Wildlife Sanctuary** liegt im Hafenbecken von Picton und ist mit einem Zaun abgeschirmt, um Beutetiere wie Possums auszuschließen. Kaipupu Point ist ausschließlich über eine zehnminütige Bootsfahrt zu erreichen (Anbieter s.u.). Es gibt auch geführte Naturtouren (s.u.).

- **www.kaipupupoint.co.nz**

7 **Bootsfahrt** z.B. **Cougar Line,** London Quay, Tel. 03-573 7925, www.cougarline.co.nz.

4 **Naturtouren: Wilderness Guides,** Waterfront Ecke London Quay, Tel. 03-573 5432, www.wildernessguidesnz.com.

Picton
0 50 m
©Reise Know-How 2017
Neus_30
Übernachtung
9 Gateway Motel Picton
11 Tombstone Backpackers
12 Sounds Vista B&B
14 Harbour View Motel
15 Picton Top 10 Holiday Park, DOC Whatamango Bay Campsite
Essen und Trinken
2 Café Cortado
3 Le Café
10 Picton Village Bakkerij
Nachtleben
1 Picton Cinema
8 Irish Pub Seamus
Aktivitäten
4 Wilderness Guides
5 Dolphin Watch E-Ko/ Nature Tours
6 Beachcomber Fun Cruises
7 Cougar Line
13 Go Dive Marlborough
Fähre nach Wellington,
Kaipupu Point Wildlife Sanctuary
Edwin Fox Maritime Museum
EcoWorld Aquarium
Auckland St
i-SITE
Bahnhof
Picton Heritage and Whaling Museum
National Whale Centre/ Te Tari Tohora o Waitohi
London Quay
Endeavour Ln
Wellington St
High St
Dublin St
Waikawa St
Bibliothek
Tankstelle
Taranaki St
Russel St

Es gibt eine Handvoll Anbieter von **Bootstouren in die Marlborough Sounds.** Shuttleservice für Wanderer und Radfahrer, Angelausflüge oder reine Bootstouren und Minikreuzfahrten, alles ist möglich (siehe auch Kapitel „Marlborough Sounds“).

6 **Beachcomber Fun Cruises,** London Quay, Tel. 03-573 6175, www.beachcombercruises.co.nz, halber Tag 81/45 $.

Naturtouren werden mit verschiedenen Schwerpunkten und unterschiedlicher Dauer angeboten. Im Fokus stehen vorwiegend Vogel- und Delfinbeobachtungen, je nach Thema vom Boot oder vom Land aus.

5 **Dolphin Watch E-Ko/Nature Tours,** Picton Foreshore, Tel. 03-573 8040, www.naturetours.co.nz, ab 99 $.

Ein beliebtes Ziel für geübte **Taucher** ist das **Wrack der „Mikhail Lermontov“,** die 1986 in den Sounds gesunken ist und nun in 38 Metern Tiefe liegt. Angeboten werden Tauchgänge, Tauchkurse und Schnorcheltouren.

13 **Go Dive Marlborough,** 66 Wellington St., Tel. 0800 463 383, www.godive.co.nz, ab 195 $.

Praktische Tipps

Informationen

- **www.visitpicton.co.nz**
- **Einwohnerzahl:** 4487
- **i-SITE:** The Foreshore, Tel. 03-520 3113, Mo–Fr 8.30–16 Uhr, Sa, So 9–15 Uhr.
- **Bibliothek:** 67 High St., Tel. 03-520 7493, Mo–Fr 8–17 Uhr, Sa 10–13 Uhr, So 13.30–16.30 Uhr.

An- und Abreise

- **Fähre:** Bluebridge und Interislander verbinden Picton mit Wellington auf der Nordinsel (siehe Kapitel „Praktische Reisetipps von A bis Z/Unterwegs im Land/Fähre“).
- **Tipp:** Das **Benzin** ist in Picton meist bedeutend billiger als in Wellington. Wer sein Auto mit auf die Fähre nimmt, sollte hier auftanken.
- **Bus:** Picton wird von allen Langstreckenbusunternehmen angefahren. Sie halten in der Nähe der Fähre und fahren in alle Himmelsrichtungen.
- **Zug:** Die Zugstrecke Coastal Pacific verbindet Picton und Christchurch.
- **Flugzeug: Soundsair** (www.soundsair.com) fliegt die Strecke Picton/ Wellington.

www.fotolia.de © WearyTraveller77

◁ Auch, wenn die Robben noch so süß gucken, sollte man unbedingt Abstand halten

Unterkunft

11 **Tombstone Backpackers**①, 16 Gravesend Pl., Tel. 03-573 7116, www.tombstonebp.co.nz. Ist schon von der Fähre aus zu sehen, mit Blick auf den Hafen und Meer. Fußläufig vom Zentrum. Es gibt Billard, Tischtennis, ein Klavier, einen Spa Pool und ein kleines kostenloses Frühstück mit Scones!

9 **Gateway Motel Picton**②, 32 High St., Tel. 03-573 6398, www.gatewaypicton.co.nz. Saubere Einheiten mit Kitchenette. Zentraler geht es nicht.

12 **Sounds Vista B&B**②-③, 58 Dorset St., Tel. 03-5738449, www.soundsvista.com. *Brent* und *Nikki* tun (fast) alles, um ihren Gästen einen gelungenen Aufenthalt zu ermöglichen. Die Zimmer sind sauber, das Sonnendeck ist gemütlich. Nicht alle Zimmer haben das Badezimmer direkt am Zimmer.

14 **Harbour View Motel**②-③, 30 Waikawa Rd., Tel. 03-573 6259, www.harbourviewpicton.co.nz. Zentral gelegen. Große Auswahl an Zimmerkategorien, teilweise mit Meeres-/Hafenblick.

Camping

15 **Picton Top 10 Holiday Park**②-③, 78 Waikawa Rd., Tel. 03-574 7212, www.pictontop10.co.nz. Große Anlage, ein wenig abseits, mit Schattenplätzen und alle üblichen Annehmlichkeiten.

15 **DOC Whatamango Bay Campsite**①, Port Underwood Rd., Tel. 03-546 9339, www.doc.govt.nz. Ohne Strom und Dusche, schön angelegt, 10 km außerhalb. Bezahlen nicht vergessen, es wird täglich kontrolliert. Hunde und Feuer sind verboten.

Essen und Trinken

Auf dem **London Quay** befindet sich quasi ein Café/Restaurant neben dem anderen. Klar, von hier aus hat man einen guten Blick auf das Meer.

3 **Le Café**①-②, 12–14 London Quay, Tel. 03-573 5588, www.lecafepicton.co.nz, tägl. 8–23 Uhr. Beliebter Spot zu allen Tageszeiten mit Sitzsäcken und Sonnenplätzen. Es gibt Kaffee, Snacks, Hauptgerichte und mehr, manchmal mit Livemusik als zusätzlichem Genuss.

2 **Café Cortado**②-③, Ecke High St. und London Quay, Tel. 03-573 5630, www.cafecortado.co.nz, tägl. 8–24 Uhr. Eine gute Adresse im Zentrum des Geschehens mit leckerem Kaffee. Vom Frühstück bis zum Abendessen kann man eigentlich den ganzen Tag bleiben.

10 **Mein Tipp:** **Picton Village Bakkerij,** 46 Auckland St., Tel. 03-573 7082, Mo–Fr 6–16 Uhr, Sa 6–15.30 Uhr. Eine niederländisch-neuseeländische Bäckerei mit Vollkornbroten, Brötchen, belegtem Allerlei und Pies– eben alles aus beiden Kulturen. Am besten früh morgens herkommen und ein süßes Teilchen mit Kaffee genießen.

Ausgehen

Das Nachtleben ist überschaubar. In ein paar Bars rund um den **London Quay** trinkt das Volk gemütlich ein Bier oder Wein trinken.

8 **Irish Pub Seamus**②, 25 Wellington St., Tel. 03-573 8994, www.theirish.co.nz. Typisch geselliger Irish Pub. Ist gleichzeitig eine der besten Pizzerien Pictons.

1 **Picton Cinema,** Picton Foreshore, Tel. 03-573 6030, www.ecoworldnz.wix.com/picton-cinema, 15/10 $, Di 10 $. Das Kino ist dem Eco World Aquarium (s. „Sehenswertes") angeschlossen, es zeigt aktuelle und künstlerisch interessante Filme.

Einkaufen

Shopping beschränkt sich mehr oder weniger auf die **High Street.** Hier findet man ein paar Souvenir- und Schmuckläden, Buchhandlungen mit neuen und alten Schmökern, ein Outdoor-/Anglergeschäft, eine Apotheke und alles, was wichtig ist, viel mehr aber nicht.

Marlborough Sounds

Die Marlborough Sounds sind ein ausgedehntes Netzwerk an Meeresarmen, Landzungen, Buchten, Stränden, Halbinseln und Wasserwegen. Sie sind keine durch Gletscher geformten Fjorde im klassischen Sinne, sondern **Meerengen,** die durch Erdbewegungen entstanden, welche das Gebiet langsam absenkten, sodass Meereswasser die Täler füllte.

Der **Maori-Legende** nach kämpfte der sagenumwobene polynesische Entdecker Kupe einst gegen einen riesigen Oktopus. Dabei soll er seine Hand in Richtung Südinsel gestreckt haben, um sich an ihr festzuhalten. Seine Finger hinterließen tiefe Furchen in der Erde, die sich mit Wasser füllten und die heutigen Meeresarme bildeten.

Das **Gebiet** der Sounds umfasst ca. **4000 Quadratkilometer.** Die größten Buchten sind der **Queen Charlotte Sound,** der **Kenepuru Sound** und der **Pelorus Sound.** Letzterer vermittelt eine gute Vorstellung von der Ausdehnung

047nz ks

des Gebiets: Auf eine Länge von 42 Kilometern verteilen sich über 380 Kilometer Küstenlinie!

Die Landflächen der Sounds sind zum Großteil von endemischem **Regenwald** bewachsen und nur dünn besiedelt. **Picton** ist **Hauptzugang** für die Sounds, **zahlreiche Siedlungen** können ausschließlich **per Boot oder Flugzeug** erreicht werden.

Während der Schiffsverkehr den Tourismus ankurbelt, schaden die großen Heckwellen der Boote den **Fischzuchtfarmen** gravierend. 2006 wurden deshalb **Geschwindigkeitsbegrenzungen** auf der ganzen Länge des Queen Charlotte Sounds eingeführt – zum Vorteil der Touristen, denn jetzt dauern die Bootstouren ein wenig länger.

An- und Abreise

Auto

Einige Orte wie **Anakiwa** oder **Portage** sind mit dem Auto zu erreichen, die Anreise mit dem Boot von Picton aus bietet aber weitaus dramatischere Ausblicke auf die Sounds und ist häufig bedeutend schneller – die Straßen sind oft lang, eng, sehr kurvig und nicht immer geteert.

Wassertaxen

Von Picton aus fahren etwa zehn Anbieter mehr oder weniger dieselbe Strecke. Reservierung ist notwendig (siehe Kapitel „Picton/Aktivitäten"). Von Havelock aus fahren Boote in den Kenepuru Sound und Pelorus Sound. Auch hier bieten mehrere Anbieter ihre Dienste an (siehe unten).

Queen Charlotte Sound

Queen Charlotte Track

Der beliebte Track führt 70 Kilometer durch DOC-Gelände sowie privates Land und verläuft von **Ship Cove** im Norden der Sounds bis nach **Anakiwa** im Süden. Die Nutzung des Privatlandes kostet 18 $ am Tag. Verschiedene Lodges und Campingplätze liegen am Weg. Die **Strecke** ist **sehr gut ausgebaut,** in Abschnitten aber relativ **steil** (es geht vom Meeresspiegel auf bis zu 420 Meter). Wer nicht ganz so fit ist, wählt einfach einen leichteren Abschnitt. Ob Tagesausflug oder mehrtätige Wanderung mit Übernachtungen im Zelt oder einer Lodge, mit oder ohne Gepäcktransport, alles ist hier möglich.

Der Track kann auch mit dem **Mountainbike** befahren werden. In der Hochsaison, also von Dezember bis Februar, sind einige Abschnitte für Räder gesperrt, aber auch Teilstrecken zu radeln ist ein (anstrengendes) Erlebnis. Je nach Abschnitt muss man sich darauf einstellen, sein Fahrrad die teils steilen Berge hinaufzuschieben. Die Abfahrt dagegen stellt kein Problem dar, die Wege sind gut befestigt.

Ship Cove

MEIN TIPP: Hier legte **Kapitän James Cook** am 16. Januar 1770 als erster Europäer in Neuseeland an. Heute erinnern ein Denkmal mit Informationstafeln sowie ein Abbild einer seiner damaligen Kanonen an dieses Ereignis. Bis auf den Bootsanleger trifft man die Bucht genauso an wie *Cook* vor 250 Jahren mit seiner „Endeavour".

Touranbieter und Wassertaxen

Es gibt zahlreiche Unternehmen, die sich auf Aktivitäten im Queen Charlotte Sound spezialisiert haben. Am besten besorgt man sich den **Flyer „Queen Charlotte Track".** Touren starten von **Picton** und **Anakiwa** aus. Die meisten Anbieter fahren alle gängigen Anleger an, bieten Wander-, Bike- oder Kajak-Touren mit und ohne Gepäcktransport sowie reine Bootsausflüge.

- **Beachcomber Fun Cruises,** London Quay, Picton, Tel. 03-573 6175, www.beachcombercruises.co.nz, ab 80/45 $.

Praktische Tipps

Informationen

- **www.qctrack.co.nz**

Unterkunft/Essen und Trinken

Eine Vielzahl von **DOC-Campingplätzen** liegt entlang des Queen Charlotte Tracks, Platz für ein Zelt findet sich immer. Auch gibt es eine Reihe von **Resorts** und **Lodges.** Aufgrund ihrer Abgelegenheit sind sie etwas teurer, aber trotzdem hoch begehrt. Unbedingt reservieren! Separate Restaurants und

Geschäfte gibt es nicht. Wer sein Essen nicht mitbringt, muss auf die Restaurants der Unterkünfte zurückgreifen. Am günstigsten liegen:

- **Furneaux Lodge**①-③, Queen Charlotte Sound, Tel. 03-579 8259, www.furneauxlodge.co.nz. Es gibt Unterkünfte in verschiedenen Preisklassen, alle sind sauber und gut ausgestattet. Eine Bar/Restaurant ist angeschlossen.
- **Portage Resort Hotel**②-③, 2923 Kenepuru Rd., Tel. 03-573 4309, www.portage.co.nz. Das Portage besticht vor allem durch seine Bar, von deren Terrasse man aufs Meer blickt. Um 15 Uhr wird die Mittagskarte mit der bedeutend teureren Abendkarte ausgetauscht.
- **Anakiwa 401**②, 401 Anakiwa Rd, Tel. 03-574 1388, www.anakiwa401.co.nz. Das hellblaue Haus ist sauber, hat einen schönen Garten mit Rückzugsmöglichkeiten und Hängematten. Ein richtig schöner Ort, um sich am Ende des Queen Charlotte Tracks auszuruhen.

Kenepuru Sound und Pelorus Sound

Die weit weniger besuchten Meerengen Kenepuru und Pelorus sind beide von **Havelock** aus zu erreichen und bieten **atemberaubende Landschaften,** einsame Strände und das Gefühl, nun wirklich am Ende der Welt angekommen zu sein. Beide Sounds bieten zahlreiche Möglichkeiten zum Wandern und Baden sowie für individuelle Ausflüge.

Nydia Track

Der 27 Kilometer lange Track, für den man etwa zehn Stunden benötigt, verläuft zwischen **Kaiuma Bay** und **Duncan Bay.** Er ist **weniger überlaufen** als der Queen Charlotte Track, aber nicht weniger attraktiv. Die Strecke ist auch für erfahrene **Mountainbiker** offen (5–8 Std.). Es gibt einen DOC-Zeltplatz sowie ein paar Lodges. Am besten vor Ort nach Verfügbarkeiten erkundigen.

Praktische Tipps

Informationen

- **www.pelorusnz.co.nz**
- **www.doc.govt.nz**

An- und Abreise

- Bootstouren und Service als Wassertaxi bietet **Kenepuru Water Taxi,** 7170 Kenepuru Rd.,Picton, Tel. 03-573 4344, www.kenepuru.co.nz.

Unterkunft/Essen und Trinken

Es gilt Selbstverpflegung, und es gibt **keine Geschäfte** in den Sounds. Alles muss aus Picton oder Havelock mitgebracht werden!

Mein Tipp: **Hopewell Lodge**①-③, 7204 Kenepuru Rd., Tel. 03-573 4341, www.hopewell.co.nz. Diese wunderschöne Lodge ist quasi Urlaub im Urlaub. Die unterschiedlichen Zimmer und Cottages bieten ein breites Spektrum an Komfort. Die Lage ist traumhaft, die neuesten Cottages sind 20 m vom Strand entfernt. Fahrräder, Kajaks und Angelausrüstung stehen zur freien Verfügung.

Queen Charlotte Drive

40 Kilometer lang schlängelt sich der Queen Charlotte Drive von **Picton** nach **Havelock.** Die Blicke auf Meer, Buchten und Wälder sind traumhaft. Hier sollte man unbedingt genug Zeit einplanen, um an Aussichtspunkten zu halten und die Landschaft zu genießen. Während des **Fahrens** sollte man nämlich Vorsicht

walten lassen und sich absolut auf die Straße konzentrieren; diese ist teilweise sehr eng, mit scharfen Kurven, und immer wieder kommt es hier zu Unfällen.

Havelock ist ein verschlafenes Örtchen mit 450 Einwohnern, das sich selbst „Grünschalenmuschel-Hauptstadt der Welt" nennt – aus europäischer Sicht nicht unbedingt der Nabel der Welt. Hier braucht man eigentlich nur anzuhalten, um seinen Grundbedarf an Kaffee, Lebensmitteln oder Benzin zu decken oder um den Pelorus oder Kenepuru Sound zu besuchen (siehe gleichnamige Abschnitte). Der Ort ist so überschaubar, dass man sich sein Restaurant und seine Unterkunft zu Fuß aussuchen kann. Es gibt ein paar durchschnittliche Hostels.

■ Klein, aber empfehlenswert ist das 6 km entfernte **Pelorus Hights Homestay**②, 4727 SH6, Tel. 03-574 1119, www.pelorusheights.co.nz.

Pelorus Bridge

19 Kilometer hinter Havelock liegt das beliebte **Pelorus Scenic Reserve** mit der gleichnamigen Brücke. Diese 1863 gebaute Brücke diente als Kulisse für den „Hobbit", und ein Sprung von ihr oder einem weniger hohen Felsvorsprung ist perfekt, um sich an einem heißen Tag abzukühlen. Spaziergänge und Wanderwege bis zu vier Stunden Dauer sind ausgeschildert.

■ Angeschlossen sind ein **Café** sowie ein **DOC-Campingplatz**① (Tel. 03-571 6092, www.doc.govt.nz), der in der Hauptsaison bis auf den letzten Stellplatz ausgebucht ist (vorwiegend mit Einheimischen).

Nelson und Umgebung

Nelson ist **eine der populärsten Städte Neuseelands.** Das milde Klima mit 2500 Sonnenstunden im Jahr (die Stadt hat den Spitznamen „Sunny Nelson"), die Kunst- und Kulturszene und die Nähe zu den Marlborough Sounds und zur Region Tasman machen die Stadt so beliebt. Eine Vielzahl an Cafés und Geschäften lädt zum Bummeln ein, der lebendige Wochenmarkt ist mit seinen Ständen und Musikern eine nette Abwechslung zum sonst eher ruhigen Neuseeland. Für viele Reisende ist Nelson der Ausgangspunkt für Ausflüge und Touren in den Abel Tasman National Park.

Geschichte

Der Maori-Name für das Gebiet, in dem Nelson heute liegt, lautet **Whakatu,** was so viel wie „aufbauen" heißt. Berichten zufolge wurde die Gegend von Nelson erstmals vor etwa 700 Jahren von den **Maori** besiedelt. Die ersten angesiedelten Iwi (Stämme) waren Ngati Kuia, Ngati Tumatakokiri, Nagati Apa und Rangi Tane. Überfälle nördlicher Stämme dezimierten und verdrängten die Bevölkerung in den 1820ern massiv.

Nelson, die älteste Stadt der Südinsel, wurde im Jahr **1841 gegründet** und erhielt 1858 die Stadtrechte. Benannt ist sie nach Admiral *Horatio Nelson* umbenannt, der 1805 im Kampf um Trafalgar die französische und spanischen Flotten besiegte. Wer seine Augen offen hält, er-

Nelson

0 — 100 m

Übernachtung
1 Tasman Bay Backpackers
2 Collingwood Manor Bed & Breakfast
4 Tahuna Beach Kiwi Holiday Park and Motel, Arrow Motel Apartments
7 Nelson City Holiday Park
16 Trampers Rest
17 Maitai Valley Motor Camp

Essen und Trinken
5 Stefano's
11 The Baker's Coffee Shop
13 Nicola's Cantina
14 Hopgoods

Nachtleben
6 Rhythm and Brown
9 Theatre Royal
10 The Freehouse Pub

Einkaufen
8 Farmers Market/ Monthy's Sunday Market

Aktivitäten
3 Kitescool, Bay Tours
12 Ubike
15 Nelson Paragliding

kennt, dass viele Straßennamen und öffentliche Plätze nach Menschen und Schiffen benannt wurden, die sich in **Trafalgar** einen Namen machten.

Die New Zealand Company in London kaufte die Ländereien um Nelson von den Maori zu Spottpreisen und verkaufte sie an vorwiegend **englische Siedler.** Auch **deutsche Einwanderer** kamen nach Nelson, viele mit dem Schiff „Sankt Pauli" aus Hamburg. Nelson florierte anfangs weniger als erwartet, und bis 1846 verließen ca. 25 Prozent der Zuwanderer die Stadt wieder. Heute jedoch boomt Nelson mehr als je zuvor.

Die New Zealand Company

Die New Zealand Company wurde 1825 von **Edward Gibbon Wakefield** in London mit dem Ziel gegründet, die **Kolonisation Neuseelands** zu fördern. Land sollte günstig von Maori gekauft und erschlossen werden, um es anschließend an Siedler und Spekulanten zu verkaufen. Die Städte Wellington, Whanganui, New Plymouth, Nelson, Dunedin und Christchurch wurden allesamt zwischen 1840 und 1850 von der New Zealand Company bzw. ihren diversen Folgefirmen gegründet. Die englische Regierung unterstützte das Unternehmen. Die ursprünglich guten Prinzipien im Umgang mit den Maori und ihrem Land wurden im Laufe der Zeit jedoch mehr und mehr ignoriert, und Geschäfte auf Kosten der Maori waren keine Ausnahme. **Konflikte** waren vorprogrammiert. Die Landstreitigkeiten gipfelten 1843 in der sogenannten **Wairau Affray,** in der vier Maori und 22 Europäer ums Leben kamen.

Sehenswertes

Im Zentrum erhöht gelegen, kann man die **Christ Church Cathedral** kaum übersehen. Von außen wenig anziehend, machen nicht nur die wunderschönen Buntglasfenster das Innere der Kirche attraktiv, auch die Orgel mit ihren 2500 Pfeifen und das Taufbecken aus Takaka-Marmor sind einen Blick wert.

■ **Christ Church Cathedral,** Trafalgar Sq., www.nelsoncathedral.org, tägl. 8–19 Uhr, im Winter bis 17 Uhr.

Die hübschen **Queen's Gardens** an der Bridge Street folgen dem viktorianischen Stil. Angelegt im Jahr 1887, wurden sie dem 50. Kronjubiläum von Queen *Victoria I.* gewidmet. Wer ein wenig Ruhe sucht, ist hier bestens aufgehoben.

South Street ist **Neuseelands älteste komplett erhaltene Straße,** die Häuser stammen zum Teil aus dem Jahr 1863. Sie vermittelt einen schönen Eindruck vom Leben in der Kolonialzeit.

Galerien und Museen

Nelson hat eine **erstaunliche Anzahl** an Galerien, Ausstellungen und Kunsthandwerksmanufakturen. Wer sich für Kunst interessiert, besorgt sich am besten in der i-SITE die **Broschüre „Art & Crafts Nelson City".** Es gibt unzählige Galerien, und je nach Interesse und Geschmack ist für jeden etwas dabei. Einen besonderen Stellenwert haben:

■ **Suter Art Gallery,** 28 Halifax St., Tel. 03-548 4699, www.thesuter.org.nz, Mo–Sa 7.30–16 Uhr, So 8.30–16 Uhr. Die wohl bedeutendste Galerie der

Südinsel bietet wechselnde Ausstellungen, Vorträge und Vorstellungen von regionalen, nationalen und internationalen Künstlern.

■ **Red Art and Design,** One Bridge Street, Tel. 03-548 2170, www.redartgallery.com, Mo–Fr 8–16 Uhr, Sa 10–14 Uhr. Die Kombination aus Café, Galerie und Design Store hat auch bezahlbare kleinere Kunstgegenstände im Angebot.

Mein Tipp: **Craig Potton,** 255 Hardy St., Tel. 03-548 9554, www.craigpottongallery.co.nz, Mo–Fr 10–17 Uhr, Sa 10–14 Uhr. *Potton* ist der bekannteste Landschaftsfotograf Neuseelands. Wer tolle Bilder seines Reiseziels sehen möchte, sollte unbedingt einen Blick in seine Galerie werfen.

■ **Jens Hansen,** Ecke Selwyn Pl. Trafalgar Sq., Tel. 03-548 0640, www.jenshansen.com, Mo–Fr 9–17 Uhr, Sa 9–14 Uhr. Der wohl berühmteste Ring dieses Jahrhunderts wurde hier hergestellt, das Exemplar aus „Herr der Ringe"! Ein Muss für Fans (und Schmuckliebhaber). Der Künstler selbst ist mittlerweile verstorben.

■ **World of Wearable Art and Classic Cars Museum,** Cadillac Way off Quarantine Rd., Tel. 03-547 4573, www.wowcars.co.nz, tägl. 10–17 Uhr, 24/10 $. Das Museum ist Heimat der jährlichen World of Wearable (WOW) Art Show in Wellington – quasi Kunst zum Anziehen. Diese Ausstellung ist wirklich etwas Besonderes. Wer sich mehr für Technik interessiert, kann sich der beachtlichen Ansammlung an Oldtimern widmen.

■ **Nelson Provincial Museum,** Ecke Trafalgar St. und Hardy St., Tel. 03-548 9588, www.nelsonmuseum.co.nz, Mo–Fr 10–17 Uhr, Sa, So 10–16.30 Uhr, 5/3 $. Das Museum erläutert mit 1,4 Mio. Ausstellungsstücken Nelsons Geschichte von geologischen Hintergründen bis hin zu individuellen Familiengeschichten.

■ **Founders Heritage Park,** 87 Atawhai Dr., Tel. 03-548 2649, www.founderspark.co.nz, tägl. 10–16.30 Uhr, 7 $/frei. Ein wenig außerhalb Nelsons wurde ein historisches Dorf nachgebildet. Kinder können in einem kleinen Zug fahren, Erwachsene das Biermuseum besuchen und dessen Biere verkosten. Traditionelle Handwerke werden vorgestellt und es gibt ein Feuerwehrhaus, ein Flugzeug und vieles mehr.

Aktivitäten

In und um Nelson gibt es schier **unendlich viele Möglichkeiten** für Aktivitäten aller Art, an Land, auf dem Wasser und in der Luft. Die Angebote wechseln häufig, am besten informiert man sich in der i-SITE, um nichts zu verpassen. Viele Aktivitäten finden außerhalb des Stadtgebiets statt (siehe auch „Marlborough" und „Tasman").

Am **Stadtstrand Tahuna Beach** treffen sich die Nelsonians zum Schwimmen, Kiten und SUP. Hier ist immer was los. Wer seine Ruhe will, sollte bis zum westlichen Ende laufen, hier hört man die Straße weniger.

Anbieter für **Ausflüge in den Abel Tasman National Park** gibt es wie Sand am Meer. Am besten sucht man sich in der i-SITE den passenden für die eigenen Interessen und Bedürfnisse heraus. Ob ein- oder mehrtägig, zu Fuß, mit dem Kajak, mit dem Boot, als Angeltour, es gibt alles (siehe „Tasman/Abel Tasman National Park").

Das **Brook Waimarama Sanctuary** verdankt seine Existenz einer Bürgerinitiative. Ein 14 Kilometer langer Schädlings-Zaun umgibt den Park, um ausschließlich **einheimische Tiere und Pflanzen** gedeihen zu lassen. Das interessante **Besucherzentrum** ist nur am Wochenende geöffnet, der Park selbst ist uneingeschränkt zugänglich. Auch Touren können gebucht werden.

■ **Brook Waimarama Sanctuary,** 651 Brook St., Tel. 03-539 4920, www.brooksanctuary.org, Besucherzentrum Sa, So 10–16 Uhr.

In Eigenregie oder als Tour, in Nelson fährt man gerne und viel **Fahrrad.** Der **Nelson City Centennial Cycleway** ist ein touristisch interessanter, einfach zu radelnder Weg mit Start in der Innenstadt.

■ **www.nelson.govt.nz**

Alternativ gibt es den **Tasman's Great Taste Trail,** den 175 Kilometer langen, einfachen **Rad- und Fußweg** von Nelson nach Keriteri. Man kommt an zahlreichen Weingütern und Brauereien vorbei, in denen man einkehren kann. Auch Ausflüge nach Rabbit Island und Mapua können eingeschoben werden. Als Ein- und Mehrtagestour machbar.

■ **www.tasman.govt.nz**

Wer es anstrengender möchte, kann den **Dun Mountain Trail** in Angriff nehmen. Der 43 Kilometer lange **Rad-Track** steigt bis auf 878 Meter an und folgt historischen Zuggleisen. Unterwegs genießt man immer wieder tolle Ausblicke.

■ **www.nzcycletrail.com**

Auch **Mountainbiker** kommen in und um Nelson voll auf ihre Kosten: **Codgers** in Nelson, **Silvan Forest** in Richmond und **Kaiteriteri MTB Park** in Kaiteriteri sind *die* Mountainbike-Parks der Gegend und haben landesweit einen guten

◁ Die South Street ist Nelsons älteste Straße

Ruf. Hier kann man sich auf Singletracks mit verschiedenen Schwierigkeitsgraden austoben. Saisonal werden auch **Shuttles** angeboten (www.mtbtrailtrust.org.nz). Citycruiser, Tandems, Mountainbikes und alles dazwischen kann man mieten. Die Anbieter haben auch Kartenmaterial und viele nützliche Infos auf Lager.

12 **Ubike,** 114 Hardy St., Tel. 03-548 1666, www.ubike.co.nz, 30–60 $/halber Tag.

Wer lieber auf dem Wasser dahingleiten möchte, kann sich beim **Kiten** von einem Drachen ziehen lassen oder beim **SUP** selbst paddeln.

3 **Kitescool,** 13 Beachville Crs., Tel. 0800 548 326, www.kitescool.co.nz, Kiten ab 150 $, SUP ab 60 $.

Beim **Paragliding** kann man mit einem erfahrenem Piloten auf seinem Rücken die Tasman Bay von oben bewundern.

15 **Nelson Paragliding,** 108 Queen St., Tel. 03-544 1182, www.nelsonparagliding.co.nz, Tandemsprünge 180 $.

Es gibt eine Vielzahl von Anbietern, die die unterschiedlichsten **geführten Touren** in der Gegend anbieten. Viele fahren zum Abel Tasman National Park, in die Marlborough Sounds oder zu den Nelson Lakes (siehe entsprechende Kapitel). In Nelson selbst sind Stadt- und Kunstführungen, Weinwanderungen nebst Verkostung, Gourmetausflüge, Biertouren und mehr im Angebot.

3 **Bay Tours,** 30 Orakei St., Tel. 0800-229 868, www.baytours.co.nz, ab 85 $.

Praktische Tipps

Informationen

- **www.nelsonnz.com**
- **Einwohnerzahl:** 46.437
- **i-SITE:** 77 Trafalgar St., Tel. 03-548 2304, Mo–Fr 8.30–17 Uhr, Sa, So 9–16 Uhr.
- **DOC:** in der i-SITE (s.o.).
- **Bibliothek:** 27 Halifax St., Tel. 03-546 0414, Mo, Di, Do, Fr 9.30–18 Uhr, Mi 10–18 Uhr, Sa 10–16 Uhr, So 13–16 Uhr.

An- und Abreise

- **Bus:** Nelson wird von allen Langstreckenbusunternehmen angefahren; Busbahnhof 27 Bridge St. Die meisten Verbindungen gibt es nach Picton und an die Westküste. **Naked Bus** fährt auch nach Motueka.
- **Flugzeug:** Von Auckland, Hamilton, Palmerston North, Paraparaumu, Wellington, Christchurch und Dunedin kann man nach Nelson fliegen.

Unterkunft

Nelson ist auf Touristen eingestellt, und entsprechend viele Unterkünfte aller Qualitätsstufen gibt es. Die meisten Unterkünfte liegen am Stadtrand.

16 **Trampers Rest**①, 31 Alton St., Tel. 03-545 7477. Das wohl kleinste Hostel in Nelson hat nur sieben Betten, davon vier im Dorm. Das supergemütliche Haus mit viel Charme ist sehr beliebt. Unbedingt vorab reservieren.

1 **Tasman Bay Backpackers**①, 10 Weka St., Tel. 03-548 7897, www.tasmanbaybackpackers.co.nz. Wer Farben mag, ist hier richtig aufgehoben: Die Zimmer sind knallbunt, die sonnige Veranda einladend (und die Hängematte meist besetzt). Es gibt WLAN, Fahrräder und Schokopudding mit Eis. Für halbverhungerte Backpacker genau das Richtige.

4 Arrow Motel Apartments②, 24 Golf Rd., Tel. 03-546 4030, www.arrowmotel.co.nz. In einer ruhigen Wohngegend, mit sauberen Einheiten in verschiedenen Preisklassen und einem Pool. Wem tatsächlich langweilig sein sollte, der kann sich kostenfrei DVDs an der Rezeption ausleihen.

2 Collingwood Manor Bed & Breakfast②, 29 Collingwood St., Tel. 03-545 9022, www.collingwoodmanor.co.nz. Die Villa aus dem Jahre 1910 strahlt genauso viel Flair und Charakter aus wie seine Eigentümer *Ray* und *Jules*. Das Frühstück ist gut und reichhaltig, besonders *Jules'* selbst gemachtes Müsli.

Camping

4 Tahuna Beach Kiwi Holiday Park and Motel②, 70 Beach Road, Tel. 03-548 5159, www.tahunabeachholidaypark.co.nz. Der riesige Platz liegt am Strand, ist relativ simpel ausgestattet, bietet aber alles, was man braucht. Wer in Strandnähe campen will, muss unbedingt vorbuchen.

7 Nelson City Holiday Park②, 230 Vanguard St., Tel. 03-548 1445, www.nelsonholidaypark.co.nz. Ist kleiner, ein wenig hübscher als der oben genannte Platz und liegt in Laufnähe zur Stadt. Mit Fahrradverleih und -service. Verfügt über alle nötigen Annehmlichkeiten und saubere Cabins.

17 Maitai Valley Motor Camp①, 472 Maitai Valley Rd., Tel. 03-548 7729, www.maitaivalleymotorcamp.co.nz. Wem der Trubel in der Stadt zu viel ist, der ist hier gut aufgehoben. Mit vielen Bäumen und direkt am Fluss gelegen. Duschen kosten 2 $, dafür ist der Platz billig.

☑ Nette Unterkunft für Backpacker in Nelson

130nz ks

Essen und Trinken

Es gibt zahlreiche Lokale und Cafés. Mit einem leeren Magen ist man rund und um die **Bridge Street** gut aufgehoben.

11 **The Baker's Coffee Shop**①, 105 Collingwood St., Tel. 03-545 9136, www.thebakerscoffeeshop.com, tägl. 7.30–15 Uhr. Einheimische behaupten, der leckere Kaffee sei der beste der ganzen Stadt, die süßen Teilchen und das Brot sind auch nicht zu verachten.

13 **Nicola's Cantina**①, 6 Church St., Di–Sa 11.30–14 Uhr u. 17–21 Uhr. Ein leckerer mexikanischer Imbiss, an dem man auch mal Schlange stehen muss.

5 **Stefano's**②, 91 Trafalgar Sq., im Obergeschoss des State Cinema, Tel. 0800-7499 3742, www.pizzaria.co.nz, tägl. 10 Uhr bis spät. Angeblich gibt es hier die besten Pizzen Neuseelands. Köstlich sind sie jedenfalls!

14 **Hopgoods**③, 284 Trafalgar St., Tel. 03-545 7191, www.hopgoods.co.nz, Mo–Sa 17.30 Uhr bis spät. Nobles Restaurant in einem klassischen Kolonialstilhaus mit modernen neuseeländischen Speisen in astreiner Qualität. Dazu wird (vorwiegend) regionaler Wein angeboten. Unbedingt reservieren.

Ausgehen

Nelson ist nicht nur für seinen Wein bekannt, auch richtig gute Biere werden hier gebraut. In der i-SITE kann man sich die Broschüre „Nelson Craft Beer Trail" besorgen und den süffigen Bieren durch die Pubs folgen.

10 MEIN TIPP: **The Freehouse Pub**①, 95 Collingwood St., Entrance on Church St., Tel. 03-548 9391, www.thefreehouse.co.nz. Wer schon immer mal ein Bier in einer ehemaligen Kirche trinken wollte, kann das hier tun. Und das Beste: vom Inder gegenüber darf man Takeaways mit in den Pub bringen!

6 **Rhythm and Brown**①, 19 New St., Tel. 03-546 6319, Di–Sa 16 bis ca. 22 Uhr. Gute Cocktails, Biere und anderes in schöner Atmosphäre. Ab und zu gibt finden hier Konzerte statt.

9 **Theatre Royal,** 78 Rutherford St., Tel. 03-548 3840, www.theatreroyalnelson.co.nz. Schon im Jahr 1878 konnte das Theater 1000 der 6000 Einwohner von Nelson fassen. Im Originalgebäude werden nationale und internationale Programme aller Art geboten.

Einkaufen

Für neuseeländische Verhältnisse kann man in Nelson gut shoppen. Besonders interessant sind die kleinen Boutiquen und Galerien, die Unikate anbieten. Alle Geschäfte befinden sich im Zentrum rund um den **Montgomery Square** und sind nicht zu übersehen.

8 **Farmers Market,** Montgomery Sq., www.nelsonmarket.co.nz, Sa 8–13 Uhr. Der riesige Markt bietet (Bio-)Lebensmittel, Kunstgegenstände, Schmuck und viel Livemusik.

8 **Monthy's Sunday Market,** Montgomery Sq., www.nelsonmarket.co.nz, So 8–13 Uhr. Der Flohmarkt ist ein Mekka für Sammler des Besonderen.

129nz ks

Zwischen Nelson und Motueka

Im Westen von Nelson beginnt die Region Tasman. Wer von Nelson aus nach Motueka fährt, hat die Wahl: Der **Coastal Highway** schlängelt sich vorwiegend an der Küste entlang, eröffnet schöne Blicke, Stopps bieten sich im Örtchen Mapua und auf der vorgelagerte Insel White Rabbit an. Der Motuere Highway verläuft im landwirtschaftlich geprägten Landesinneren. Er ist bedeutend weniger befahren, und man kommt entsprechend schneller vorwärts. Theoretisch kann man die rund 40 Kilometer von Richmond nach Motueka in weniger als einer Stunde schaffen. Beide Strecken laden zu Fotostopps, zum Besuch von Weingütern, Galerien und anderen Ausflügen ein. Es gibt in der i-SITE **Broschüren** zu speziellen Themen, die man sich besorgen sollte, um nichts zu verpassen (nicht vom Titel „Nelson" verunsichern lassen). Wer keine Broschüre zur Hand hat, wird durch Schilder auf Interessantes hingewiesen. Infos findet man auch im Netz:

- **Nelson Wine Guide,** www.winenelson.co.nz, www.nzwinedirectory.co.nz
- **Nelson Art Guide,** www.wineart.co.nz
- **Nelson's Creative Pathways,** www.upthegardenpath.co.nz
- **Tasman's Great Taste Trail,** www.tasman.govt.nz, siehe auch „Nelson"

☐ Von Nelson aus kann man Ausflüge in den Abel Tasman National Park unternehmen

Richmond

Touristisch gesehen ist die Stadt **eher unattraktiv.** Wer aber auf der Fahrt nach Motueka (oder Nelson, je nach Reiseroute) einen Kaffee braucht, Lebensmittel einkaufen oder tanken muss, ist hier richtig. Was immer man zur Weiterreise braucht, man wird es entlang der Hauptstraße finden.

Coastal Highway (SH60)

Höglund Art Glass in Appleby

Neuseelands bedeutendste Glasbläserei genießt internationales Ansehen. Man kann bei der Glasproduktion zusehen, die Werke in der Galerie bestaunen und mit dem nötigen Kleingeld auch einkaufen.

- **Höglund Art Glass,** 52 Lansdowne Rd., Tel. 03-544 6500, www.hoglundartglass.com, tägl. 10–17 Uhr.

Rabbit Island

Wer Strände und Meer mag, kann einen Abstecher auf die Insel unternehmen, die durch eine Brücke mit dem Festland verbunden ist (Achtung, diese Brücke schließt abends!). Acht Kilometer hinter Richmond einfach den Schildern folgen. Übernachten auf Rabbit Island ist nicht erlaubt.

MEIN TIPP: Alternativ kann man auch von **Mapua** aus die kleine Passagier- und Fahrradfähre nehmen. Die Überfahrt dauert nur ein paar Minuten, ist aber eine schöne Abwechslung.

■ **Mapua Ferry,** 8 Aranui Rd., Tel. 03-540 3095, www.mapuaferry.co.nz, ca. stündl. 10–17 Uhr, 8/4 $ einfach.

Mapua

Die kleine Hafenstadt Mapua hat nicht einmal 2000 Einwohner, aber am **Ostersonntag** stürmen bis zu 30.000 Besucher das Örtchen, um sich auf dem dortigen **Jahrmarkt** zu vergnügen. Es gibt ein paar Geschäfte und Cafés, einen Fish-and-Chips-Verkauf und natürlich den Hafen mit seiner Fähre nach Rabbit Island (siehe oben).

Ein Blick lohnt in die **Kereru Gallery,** die Wechselausstellungen lokaler Künstler zeigt.

■ **Kereru Gallery,** 5 Iwa Street, Tel. 03-5403 725, www.kererugallery.co.nz, Di–So 11–16.30 Uhr.

Praktische Tipps

■ **www.mapua.gen.nz**

■ Wer übernachten möchte, findet einige **B&Bs** und **Hotels;** den Abend kann man gemütlich in der **Golden Bear Brewery** verbringen, 12 Aranui Rd., Tel. 03-540 3210, www.goldenbearbrewing.com, Mo–Do 15–23 Uhr, Fr–So 12–23 Uhr.

Moutere Highway

Der Begriff „Highway" ist etwas verwirrend, handelt es sich doch eher um eine gemütliche, **idyllische Hinterlandstraße.** Es geht an Farmen, Obstplantagen und Anwesen vorbei. Was abseits der Straße liegt, ist mehr oder weniger gut ausgeschildert, es gibt ein paar Galerien und Weingüter, richtig touristisch ist es hier nicht.

Einen Blick wert ist das **Moutere Inn.** 1850 von *Cordt Bensemann* eröffnet, ist der Pub mit angeschlossenem Hotel angeblich der älteste Neuseelands. Das Flair des Alters ist nicht zu übersehen. Neben lokalen Bieren gibt es deftige Mahlzeiten und regelmäßige Livekonzerte. Ein neuseeländisches Erlebnis!

Praktische Tipps

■ **www.themoutere.co.nz.**

■ **Moutere Inn,** 1406 Moutere Highway, Tel. 03-543 2759, www.moutereinn.co.nz.

Motueka

Motueka ist ein **überschaubares Städtchen,** das ausreichend Annehmlichkeiten wie Geschäfte, Restaurants, Cafés und Übernachtungsmöglichkeiten bietet. Alles ist auf der langen Hauptstraße (High Street) zu finden, die Orientierung ist einfach. Im Sommer beherbergt Motueka mehr Touristen als Einwohner.

Die meisten Besucher nutzen die Stadt als **Ausgangspunkt** für Ausflüge in den Abel Tasman National Park (siehe gleichnamiges Kapitel). Motueka liegt in der Region mit den landesweit **meisten Sonnenstunden,** und somit erwirtschaftet es seine Einkünfte nicht nur mit Tourismus, sondern auch mit **Obstplantagen** (vor allem Äpfel und Kiwis), dem Anbau von **Hopfen** sowie der **Holzverarbeitung.** Auch ein paar **Weingüter** sind zu finden. Einst boomte Motueka durch den Anbau und die Verarbeitung von Tabak. Heute ist dieser Wirtschaftszweig nicht mehr vorhanden.

Geschichte

Der **Name** „Motueka" hat seinen Ursprung im Maori (Motuweka) und bedeutet „Kleiner Weka" (ein Rallenvogel).

Nach *Abel Tasman* war der Franzose **Jules Dumont d'Urville 1827** der erste Europäer, der die Küste von Motueka besuchte und die Gegend der Tasman Bay erkundete. **1842** wurde dann die erste **Siedlung** gegründet, die ursprünglich in den Verwaltungsbezirk von Nelson fiel, 1900 aber als Gemeinde unabhängig wurde.

Sehenswertes und Aktivitäten

Das **Motueka District Museum** hat seinen Sitz in einem imposanten, 1913 gebauten Gebäude, das nicht zu übersehen ist. Ursprünglich eine Schule, eröffnete das Museum 1987 für Besucher seine Türen. Es gibt **wechselnde Ausstellungen** und Exponate zur **Regionalgeschichte.** Auch kann hier **Ahnenforschung** betrieben werden.

■ **Motueka District Museum,** 140 High Street, Tel. 03-5287660, www.motuekadistrictmuseum.org.nz, Mo–Fr 10–15 Uhr, So 10–14 Uhr.

In der i-SITE ist die **Broschüre „Motueka Art Walk"** erhältlich, die Besuchern den Weg zu Galerien, Skulpturen und anderen **Kunstwerken** ausweist. Dabei geht es mehr um Kunst als um das Laufen an sich.

Doch in Motueka hat man zahlreiche Möglichkeiten, sich auf **Wanderungen** die Beine zu vertreten. Touren außerhalb der Stadt sind oft wenig gebucht, und wer die **Einsamkeit** sucht, ist hier genau richtig. Informationen und Broschüren gibt's in der i-SITE.

Ein schöner Spaziergang ist der **Sandspit Walk,** der am Ende der Staples Street startet und an der schmalen Sandzunge entlangführt (unbedingt auf Gezeiten achten!). Wer es einsamer möchte, sollte einen Blick auf **Mount Arthur Tablelands** werden (Start: Graham Valley Rd., 30 km südlich). Spaziergänge bis Mehrtageswanderungen auf dem Hochplateau sind in der **DOC-Broschüre „The Cobb Valley, Mount Arthur and the Tablelands"** beschrieben.

Fallschirmsprünge, Luftakrobatik oder Rundflüge mit einem Ultraleichtflugzeug und Drachenflüge: Wer auf angenehme Weise **in die Luft gehen** möchte, findet hier die Gelegenheit dazu. Wer lieber am Boden bleibt, hat trotzdem allerlei zu gucken, während er gemütlich einen Kaffee schlürft. Alle Aktivitäten starten am **Motueka Aerodrome** an der College Street.

11 Ein guter Anlaufpunkt für Abenteuer im Himmel ist **Tasman Sky Adventures,** 60 College St., Tel. 0800-114 386, www.skyadventures.co.nz.

Ausflüge in den Abel Tasman National Park

Anbieter gibt es wie Sand am Meer. Am besten in der **i-SITE** den richtigen für die eigenen Bedürfnisse heraussuchen und auch dort buchen. Ob ein- oder mehrtägig, zu Fuß, mit dem Kajak, mit dem Boot, als Angeltour, es bleiben keine Wünsche offen (siehe auch „Abel Tasman National Park").

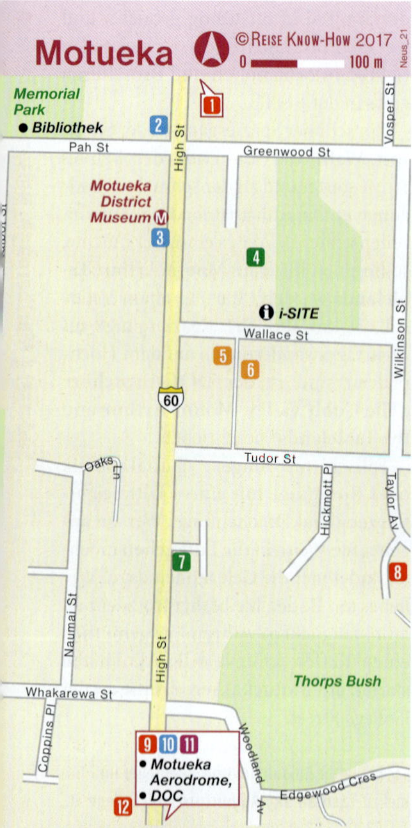

Übernachtung
1 Motueka Top 10 Holiday Park, Edens Edge Lodge
8 Equestrian Lodge Motel and Gardens
9 Fernwood Holiday Park
12 Laughing Kiwi Backpackers

Essen und Trinken
2 Precinct Dining Co
3 Patisserie Royale
10 Up the Garden Path, Toad Hall Store and Café

Nachtleben
5 Sprig & Fern
6 Gecko Theatre

Einkaufen
4 Bauernmarkt
7 Coppins Outdoor Centre

Aktivitäten
11 Tasman Sky Adventures

Praktische Tipps

Informationen

- **www.ourtownmotueka.co.nz**
- **Einwohnerzahl:** 7593
- **i-SITE:** 20 Wallace St., Tel. 03-528 6543, Mo–Fr 8.30–17.30, Sa, So 9–17 Uhr.
- **Bibliothek,** 12 Pah St., Tel. 03-528 1047, Mo–Do 9.30–17 Uhr, Fr 9.30–18 Uhr, Sa 9.30–13 Uhr.

An- und Abreise

- **Bus: Naked Bus** (www.nakedbus.com) fährt, von Nelson aus kommend, einmal täglich. Alternativ gibt es den lokalen Anbieter **Abel Tasman Coachlines,** Tel. 03-548 0285, www.abeltasman travel.co.nz. Letzterer fährt die Strecke Marahau – Motueka – Nelson zweimal täglich im Sommer und einmal täglich im Winter. Auch Verbindungen bis nach Collingwood sind möglich.

Unterkunft

1 Edens Edge Lodge①, 137 Lodder Lane, Tel. 03-528 4242, www.edensedge.co.nz. Das Hostel, das zu den besten der Gegend gehört, liegt etwas außerhalb. Mit weitläufigem Garten und schönem Blick auf die Berge. Urlaub auf der Obstplantage!

12 Laughing Kiwi Backpackers①, 310 High St., Tel. 03-528 9229, www.laughingkiwi.co.nz. Der „Lachende Kiwi" ist alles in einem: BBH, YHA, Ferienwohnung und Erholungsinsel. Nur wenige Schritte vom Ortskern entfernt, mit Spa Pool und allen anderen üblichen Annehmlichkeiten.

8 Equestrian Lodge Motel and Gardens②, 2 Avalon Court, Tel. 0800-668 782, www.equestrian lodge.co.nz. Das klassische Motel hat verschieden große Einheiten, die Anlage ist einfach und sauber. Mit Pool, Spa Pool, BBQ, Spielplatz und vielem mehr. Nur Pferde gibt es nicht …

Camping

1 Motueka Top 10 Holiday Park③, 10 Fearon St., Tel. 03-669 4609, www.motuekatop10.co.nz. Klassischer Top-10-Campingplatz mit Pool, Spielplatz, sauberer Küche und auch Cabins.

9 Fernwood Holiday Park③, 519 High St., Tel. 03-528 7488, www.fernwoodholidaypark.co.nz. Ca. 50 Stellplätze und 20 Cabins. Schöner Platz, der allerdings an der Hauptverkehrsstraße liegt. Pool, Spielplatz, Kräutergarten, Fahrradverleih, 1 GB WLAN kostenfrei. Passt!

Essen und Trinken

Die meisten der ca. 30 Restaurants, Cafés und Imbisse findet man auf der **High Street.** Am besten folgt man einfach seiner Nase ...

3 MEIN TIPP: **Patisserie Royale**①, 152 High Street, Tel. 03-528 7200, Mo–Fr 5–16.30 Uhr, Sa, So 6–14 Uhr. Eine französisch-neuseeländische Bäckerei. Es gibt ein paar Tische, aber am besten deckt man sich hier mit Vorräten für unterwegs ein: Croissants, Tartes, gute Brote, belegtes Allerlei – ein Genuss für vernachlässigte Geschmackssinne!

10 Toad Hall Store and Cafe①-②, 502 High Street, Tel. 03-528 6456, www.toadhallmotueka.co.nz, tägl. 8–18 Uhr. Ein Alleskönner: kleines Lebensmittelgeschäft mit ausgewählten Produkten, Café, Saftbar, Eisdiele und Abenteuerspielplatz. Im Sommer ist länger geöffnet, dann gibt es auch Steinofenpizza – und Konzerte.

10 Up the Garden Path②, 473 High St., Tel. 03-528 9588, www.upthegardenpath.co.nz, Mi–So 9–16 Uhr. Eine tolle Mischung aus Galerie und Café mit Spielzimmer für die Kleinen. Bei gutem Wetter sollte man unbedingt draußen sitzen und den Garten bewundern!

2 Precinct Dining Co②, 108 High St., Tel. 03-528 5332, www.precinctdining.com, tägl. 9–21 Uhr. Recht kleines Restaurant mit ein paar Sitzplätzen im Freien. Einfaches Menü in hoher Qualität.

Ausgehen

Das Nachtleben in Motueka ist beschaulich. Am besten aufgehoben ist man hier:

5 Sprig & Fern①, Wallace St., Tel. 03-528 4684, www.sprigandferntaverns.co.nz, tägl. 14 Uhr bis spät. Es werden ca. 20 Biersorten ausgeschenkt, dazu gibt's Pub Food. Ab und zu spielen Bands.

6 Gecko Theatre, 23b Wallace St., Tel. 03-528 9996, www.geckotheatre.co.nz, So–Mi, 13 $. Kleines unabhängiges Kino, das nationale und künstlerisch ansprechende Filme zeigt. Aktuelle Hollywoodstreifen gibt es hier nicht.

Einkaufen

Alle nötigen (und auch einige unnötige) Geschäfte befinden sich auf der **High Street.**

7 Coppins Outdoor Centre, 255 High Street, Tel. 03-528 7296, Mo–Fr 9–17.30 Uhr, Sa 9–14 Uhr. Hier findet man alles, was man zum Campen, Wandern, Radeln und Angeln braucht. Fahrräder werden vermietet, und man bekommt Karten zum Wandern/Biken der Old Ghost Road (siehe „Westcoast/Westport und Umgebung“).

4 Ein **Bauernmarkt** findet So von 8 bis 13 Uhr statt, Decks Reserve Carpark, Tel. 03-540 2709.

In der Umgebung

Hop Federation Brewery

Eine kleine, aber feine **Brauerei** mit Golden, Pale Ale, American Brown Ale, Red und Rakau IPA und Saisonbieren. Der Hopfen wird lokal gekauft, das Malz kommt aus den Canterbury Plains.

■ **Hop Federation Brewery,** 483 Main Rd., Riwaka, Tel. 03-528 0486, www.hopfederation.co.nz, tägl. 11–18 Uhr.

Kaiteriteri

Im Sommer ist der kleine Ort mehr als überfüllt, und der Strand ist mit Handtüchern gepflastert. Kein Wunder, denn der Meeresarm und das Meer treffen hier aufeinander und erlauben **sicheres Baden** auch für Kinder. Es gibt ein paar Unterkünfte und einen großen Campingplatz. In der Hauptsaison sollte man unbedingt lange im Voraus buchen. Ausflüge zum Abel Tasman National Park können auch von hier gestartet werden.

Eine nette Tour ist die **Coffee Cruise.** Mit einem kleinen blauen Boot wird man zum kugelrunden, in der Mitte gebrochenen **Split Apple Rock** (Moonraker Way, fünf Kilometer im Norden von Kaiteriteri) geschifft, um dort einen Kaffee zu trinken oder einfach nur ein Foto zu machen. Es gibt sicher spannendere Bootstouren, aber man spart sich die Autofahrt.

- **Coffee Cruise,** Tel. 0800-000 901, www.coffeecruisekaiteri.com, 25/10 $.

Wer sich austoben will, ist im **Kaiteriteri Mountainbike Park** gut aufgehoben. 26 tolle Single Tracks für Beginner und Experten kann man hier erstrampeln.

- **Kaiteriteri Mountainbike Park,** 37 Martin Farm Rd., www.kaiteriterimtbpark.org.nz.
- Räder gibt es im **Kimi Ora Eco Resort,** 99 Maritim Farm Rd., Tel. 03-527 8027, www.kimiora.com, ab 45 $ für 3 Std.

Der Split Apple Rock ist im Rahmen einer gemütlichen Bootstour zu besuchen

Marahau

200 Einwohner und mehr als hundert Mal so viele Besucher jährlich zählt Marahau, doch das ist lediglich der Grenzlage zum **Abel Tasman National Park** zu verdanken. Eigentlich ist Marahau nicht wirklich ein Ort, vielmehr eine Straße, an der Ferienhäuser aller Qualitätsstufen aneinandergereiht sind. Eine richtige Infrastruktur mit Geschäften gibt es nicht.

Der Nationalpark beginnt am Ende des Ortes. Hier findet man einen **DOC-Infostand,** an dem Infotafeln Fauna, Flora und mehr erläutern. Personal gibt es hier nicht, das nächste DOC-Informationszentrum findet man in Nelson. Bestens informiert auch das **Abel Tasman Centre:**

■ **Abel Tasman Centre,** 9 Franklin St., Tel. 0800 808 018, www.abeltasmancentre.co.nz. Der Alleskönner bietet nicht nur Ausflüge in den Park, sondern verkauft auch **Grundnahrungsmittel** im Tante-Emma-Laden und betreibt einen Campingplatz② sowie ein Hostel①. Beides muss in der Hauptsaison unbedingt vorgebucht werden.

Praktische Tipps

■ **Übernachten** kann man auf dem oben genannten **Campingplatz** des Abel Tasman Centre oder hier:

MEIN TIPP: **Ocean View Chalets**②-③, RD2, Tel. 03-527 8232, www.accommodationabeltasman.co.nz. Kleine, am Hang gelegene Hütten mit Blick über die Bucht. Nur wenige Hundert Meter von der Grenze des Nationalparks entfernt. Ist auf Selbstversorger ausgelegt, Frühstück gibt es trotzdem.

■ Wer aus dem Nationalpark kommt, passiert das **Park Café**①-③, 1 Harveys Rd., Tel. 03-527 8270, www.parkcafe.co.nz, tägl. 8–22 Uhr, und wird mit frischem Fruchteis, einem Bier, einer Pizza oder einem Burger gelockt. Einfach den Rucksack fallen lassen und genießen.

■ Eine gute Alternative ist **Fat Tui**①, Marahau St. Ecke Sandy Bay Rd., Tel. 04-527 8420, tägl. 12–20 Uhr. Serviert superbe Burger aus einem Wohnwagen. Es gibt ein paar Sitzbänke.

131nz ks

☒ Schnell nochmal das Gewicht des Rucksacks checken, bevor es zum Wandern in den Abel Tasman National Park geht …

Abel Tasman National Park

Neuseelands **kleinster Nationalpark** ist ganz groß! Ein Küstenparadies mit weißsandigen Südseebuchten und glasklarem Wasser, Wäldern mit romantischen Bächen, Wasserfällen und Moosbetten sowie Marmor-, Granit- und Kalksteinfelsen – **wie im Märchen!** Benannt ist der 225 Quadratkilometer große Park nach **Abel Tasman,** der 1642 als erster europäischer Seefahrer Neuseeland entdeckte und in der Golden Bay ankerte. 300 Jahre nach dieser Entdeckung, im Jahr 1942, wurde der Park gegründet. Maori bewohnen bereits seit 500 Jahren diese Gegend, die ersten Siedlungen durch Europäer entstanden ab 1855.

Heute ist der Park Anziehungspunkt für ca. **250.000 Besucher jährlich,** die vorwiegend den **Abel Tasman Coast Track** besuchen und dem DOC mehr als zehn Millionen Dollar einbringen. Nicht nur das Land, auch große Teile des dem Park vorgelagertem **Meeresgebiets** stehen unter Naturschutz und gehören zum **Tonga Island Marine Reserve.**

Auch **Neuseeländer lieben den Park**. 2016 haben sie sich zusammengetan und insgesamt zwei Millionen Dollar gesammelt, um einem Privatmann einen Strand abzukaufen, der an den Nationalpark grenzte. Heute ist er Teil des Parks und wird vom DOC verwaltet.

www.fotolia.de © Jiri Foltyn

Abel Tasman Coast Track – Great Walk

Viele Besucher bezeichnen diese Mehrtageswanderung als das **Highlight ihrer Reise.** Und tatsächlich führt der 60 Kilometer lange Wanderweg durch traumhaftes Gebiet. Die Strecke ist sehr gut ausgebaut und beschildert und auch für die meisten ungeübten Wanderer zu bewältigen. Vom Meeresspiegel geht es auf maximal 180 Meter, Wandern in Turnschuhen ist hier ausnahmsweise okay. Startpunkt ist in **Marahau,** der Weg ende in **Wainui Bay.** Die meisten Besucher benötigen für die Gesamtstrecke drei bis fünf Tage, gut trainierte Cross-Country-Läufer schaffen es sogar an einem Tag.

Wer nur einen Tag zur Verfügung hat, kann Einzelabschnitte laufen oder eine Wander-Kajak-Kombination buchen.

Wer seine **Route** nicht richtig **plant,** muss mit **nassen Füßen** und Wartezeiten rechnen, denn es gibt Abschnitte, die ausschließlich bei Ebbe gelaufen werden können. Der Höhenunterschied zwischen Ebbe und Flut ist hier mit bis zu sechs Metern einer der größten Neuseelands. Das hat zur Folge, dass z.B. der Streckenabschnitt zwischen Awaroa und Waiharakeke Bay überflutet wird. Gezeitenkalender sind an den entsprechenden Stellen angeschlagen, am besten aber vorher in der i-SITE oder über die App (siehe unten) informieren.

Wer nur einen Tag Zeit hat, kann in sechs Stunden von **Marahau** nach **Apple Tree Bay** und zurück laufen. Wer es sich leisten kann, nimmt ein Wassertaxi (siehe unten) in den nördlicheren Teil des Parks, hier ist es weniger voll.

Kajaken

Viele Besucher entscheiden sich, ein Stück an der Küste des Parks entlang zu kajaken. Auch eine **Kombination** von **Wandern** und **Kajaken,** mit oder ohne Wassertaxi, ist möglich. Die meisten Touren sind **geführt,** man kann aber auch Kajaks ohne Guide ausleihen. Es gibt zahlreiche Anbieter, die Preise sind vergleichbar: ca. 80 $/Tag Miete, 130 $/Tag geführt, 620 $/drei Tage geführt.

■ **Abel Tasman Kayaks,** 273 Sandy Bay, Tel. 03-527 8022, www.abeltasmankayaks.co.nz.

☐ Kajakpäuschen im Abel Tasman National Park

Die Alternative: Inland Track

Wer den Touristenmassen entfliehen, aber den Nationalpark erkunden möchte, kann sich alternativ auf den 41 Kilometer langen, eher anspruchsvollen Inland Track begeben, den man in drei Tagen bewältigen kann. Startpunkt ist **Marahau,** Ziel **Totaranui,** somit kann der Track als Kombination mit dem Coast Track als Rundweg gelaufen werden (sechs bis sieben Tage). Da hier weit weniger Besucher unterwegs sind, kann man sich ganz auf die Natur konzentrieren. Drei einfache DOC-Hütten (6 $) stehen auf dem Weg zur Verfügung. Gute Fitness, Wanderschuhe und -ausrüstung sind erforderlich.

Wichtige Hinweise!

- **Unterkünfte** (DOC-Hütten, Campingplätze und private Lodges) auf dem Track müssen **vorab gebucht** werden.
- **Trinkwasser** gibt es in Totaranui, Bark Bay und Anchorage, an allen anderen Orten muss das Wasser abgekocht oder aufbereitet werden, es wurden Giardien im Park gefunden (siehe hierzu auch „Praktische Reisetipps von A bis Z/ Gesundheit").
- Alles, was unterwegs an **Müll** anfällt, bitte wieder mitnehmen – an Mülltüte denken!
- Es herrscht absolutes **Feuerverbot.**
- **Lebensmittel** kann man unterwegs nicht kaufen.
- Im **Meeresschutzgebiet** Tonga Island Marine Reserve zwischen Bark Bay und Awaroa Head ist **Angeln verboten.**

Praktische Tipps

Informationen

- **www.doc.govt.nz**
- In den regionalen i-SITEs, in den DOC-Büros und online gibt es die folgenden Broschüre, die zur Planung und Durchführung der Wanderung ausreicht: **„Abel Tasman Coast Track Walking Guide"** (Informationen, Übersichtskarte, Höhenprofil und anderes) bzw. Inland Track.

Mein Tipp: Die **App „Abel Tasman Virtual Visitor Centre"** beinhaltet Wettervorhersagen, Karten sowie Infos zu Gezeiten und Gehzeiten, Points of Interest, Geschichte, Fauna und Flora und mehr.

An- und Abreise

- Der Track beginnt in **Marahau** (siehe Kapitel „Marahau") und endet in **Wainui Bay.**
- **Auto:** Awaroa, Totaranui und Wainui können per Auto erreicht werden.
- **Bus:** Die Eingänge zum Park werden von Motueka und Nelson aus von folgenden Unternehmen angefahren: **Abel Tasman Coachlines,** Tel. 03-548 0285, www.abeltasmantravel.co.nz; **Golden Bay Coachlines,** Tel. 03-525 8352, www.goldenbaycoachlines.co.nz.
- **Wassertaxi:** Die beliebteste Art der Anreise ist das Wassertaxi von/nach Marahau oder Kaiteriteri. Beinahe alle Buchten im Park können angefahren werden. Je nach Ziel muss man mit ca. 30–50 $ pro Strecke rechnen. Häufig kann ein **Shuttle** von und nach Nelson und Motueka mitgebucht werden, z.B. **Abel Tasman Sea Shuttles,** Tel. 03-527 8688, www.abeltasmanseashuttles.co.nz.

▷ Strand bei Takaka in der Golden Bay

Unterkunft

- Auf der Strecke gibt es 19 **DOC-Campingplätze** mit 3–50 Zeltplätzen (14 $) und vier **DOC-Hütten** mit 20–34 Betten (32 $). **Wild campen ist nicht erlaubt.** Man darf maximal zwei Nächte pro Standort bleiben, in Totaranui auch länger. **Buchen** kann man in jedem DOC-Besucherzentrum oder online unter www.greatwalks.co.nz.
- Es gibt eine Handvoll **privater Unterkünfte,** am besten vorab in der i-SITE erkundigen und unbedingt vorbuchen: **Aquapackers**②, Anchorage, Tel. 0800-430 744, www.aquapackers.co.nz; **Peppers Awaroa Lodge**③, Awaroa Bay, Tel. 0800-448 891, www.peppers.co.nz.

Golden Bay

Die Golden Bay ist anders als der Rest von Neuseeland. Ab vom Schuss gelegen, herrscht hier ein relaxter **Hippie-Lifestyle** mit stabilem **Sonnenwetter.** Die namensgebenden goldenen Strände und die schmale Landzunge Farewell Spit sind die Highlights der Gegend. Kletterer finden eins der besten Gebiete Neuseelands in Takaka.

048nz ks

Geschichte

Maori leben seit **1450** in der Golden Bay. Natürlich war **Abel Tasman** der erste Europäer, der die Bucht **1642** erforschte. Er sichtete mindestens 22 Kanus mit je etwa 17 Männern an Bord. **1770** hat sich dann auch **James Cook** in der Bucht umgesehen, aber erst 1842 ließ sich die Familie *Lovell* in Motupipi in der Nähe des Maori Pa nieder.

Richtung Takaka

Schon allein die Fahrt über den 791 Meter hohen **Takaka Hill** ist ein Erlebnis. Wer unter Reisekrankheit leidet, hat hier keinen Spaß, so kurvig ist der Straßenverlauf. Unterwegs weisen zahlreiche **Schilder** auf Interessantes hin, z.B.:

- **Ngarua Caves:** Höhlen, in denen man sogar Moa-Knochen bewundern kann!
- **Canaa Downs Scenic Reserve:** Hier schlagen die Herzen von „Herr der Ringe"- und „Hobbit"-Fans schneller.
- **Harwood's Hole:** mit 357 m Tiefe und 70 m Breite die größte Doline Neuseelands.
- **Harwood Lookout:** Von hier hat man einen prima Blick auf das Takaka-Tal und die Golden Bay.

Takaka

Takaka ist der **größte Ort der Golden Bay.** Geprägt von Dreadlocks und Schlabberhosen, hat der Ort ein **ganz besonderes Flair.** Alle wichtigen Einrichtungen liegen an der Hauptstraße: kleine Schmuck- und Kunstgeschäfte, Bioläden, Restaurants, Cafés und Hostels. Es gibt sogar eine öffentliche Sauna.

Sehenswertes und Aktivitäten

Das kleine **Golden Bay Museum** spiegelt die **Geschichte** der Gegend wider. Manche Stücke sind etwas skurril. Angrenzend liegt eine Galerie, die lokale Kunst präsentiert.

- **Golden Bay Museum,** 73 Takaka Valley Hwy, Tel. 03-525 6268, www.goldenbaymuseum.org.nz, Mo–Sa 10–16 Uhr.

Etwa sechs Kilometer außerhalb an der Pupu Springs Road liegen die **Te Waikoropupu Springs.** 14.000 Liter pro Sekunde sprudeln aus der **größten Frischwasserquelle Neuseelands** hervor! Hier wurde auch das bisher klarste Wasser gemessen. Informationstafeln klären auf, ein etwa ein Kilometer langer Rundweg erlaubt Blicke auf die Quelle.

- **www.doc.govt.nz**

Das **Grove Scenic Reserve** ist ein kleines, nettes Fleckchen Natur mit **Nikau-Palmen** und **Kalksteinformationen.** Es liegt zehn Kilometer außerhalb, zuerst geht es in Richtung Pohara, dann den Schildern folgen. 20 Minuten Fußmarsch sind es bis zum **Aussichtspunkt** mit Blick über die Golden Bay.

- **www.doc.govt.nz**

Der zweistündige **Pupu Hydro Walkway,** der an der Pupu Valley Road startet, führt als einfacher, teils etwas steiler **Spaziergang** durch Wälder, entlang des Pupu-Wasserlaufs und Relikten der Goldgräberzeit. Teilweise wird auf Holzplanken gelaufen, die etwas rutschig sein können.

■ **www.doc.govt.nz**

Takaka gilt als eine der **besten Klettergegenden** Neuseelands. Informationen zum Gebiet und Material erhält man im Hangdog Camp, einem einfachen, etwas heruntergekommenen Campingplatz, den vor allem Kletterer nutzen.

■ **Hangdog Camp,** Paynes Ford RD1, Tel. 03-525 8531, www.hangdogcamp.co.nz.

Für **Wassersportler** werden Kajaks, SUP-Boards und andere Spielzeuge für's nasse Element angeboten, als Tour oder auf eigene Faust.

■ **Golden Bay Kayaks,** 29 Cornwall Pl., Tel. 03-525 9095, www.goldenbaykayaks.co.nz.

Wer **Pferde** liebt, ist auf der Hack Farm an der richtigen Adresse. Alle Arten von Aktivitäten mit den Tieren sind im Angebot: **Ausritte, Kutschfahrten, Voltigieren etc.**

■ **Hack Farm,** 22 Grant Rd., Tel. 03-525 9434, www.hackfarm.co.nz, ab 65 $. Auch Übernachtungen① im Dorm oder Doppelzimmer möglich.

Sechs Kilometer südlich von Takaka kann man seinen **eigenen Lachs fangen** und direkt zubereiten lassen. Angeln und Ausrüstung gibt es zur freien Verfügung, geangelter Fisch kostet 24 $/kg plus Zubereitung ab 5 $. Und wer kein Glück hat, kann im Café auch fremd-gefangenen Fisch bestellen.

■ **Anatoki Salmon,** 230 McCallum Rd., Tel. 03-525 7251, www.anatokisalmon.co.nz, tägl. 9–16.30 Uhr.

Rundflüge über die Gegend kann man vom kleinen Flugplatz südlich von Takaka aus unternehmen.

■ **Adventure Flights Golden Bay,** Tel. 03-525 6167, www.adventureflightsgoldenbay.co.nz.

■ **Golden Bay Air,** Tel. 03-525 8725, www.goldenbayair.co.nz.

Nach einer anstrengenden Wanderung oder wenn das Wetter nicht mitspielt, kann man sich in der klassischen **finnischen Sauna** aufwärmen oder seine Muskeln entspannen.

■ **Waitapu Springs,** 50 Waitapu Road, Tel. 03-525 9181, www.waitapusprings.com, 15 $. Auch Übernachtungen im B&B① sind möglich.

Praktische Tipps

Informationen

■ **www.goldenbaynz.co.nz**

■ **Einwohnerzahl:** 1150

■ **Visitor Centre:** Willow St., Tel. 03-525 9136, www.goldenbaynz.co.nz, Mo–Fr 10–16 Uhr, Sa 10–15 Uhr.

■ **Bibliothek:** 3 Junction St., Tel. 03-525 0059, Mo–Do 9.30–17 Uhr, Fr 9.30–18 Uhr, Sa 9.30–12.30 Uhr.

An- und Abreise

■ **Bus: Golden Bay Coachlines,** www.goldenbaycoachlines.co.nz, fährt je einmal täglich nach Nelson, Totaranui und Collingwood/Heaphy Track.

■ **Flugzeug: Golden Bay Air,** www.goldenbayair.co.nz, fliegt nach/von Wellington.

Unterkunft

■ **Golden Bay Barefoot Backpackers**①, 114 Commercial St., Tel. 03-525 7005, www.bare-foot.co.nz. Kleines Hostel in Laufnähe zum Geschehen.

Es gibt *home-made* Müsli zum Frühstück, Billard, kostenfreies WLAN, Fahrradverleih und anderes.

■ **Kiwiana Backpackers Hostel**①, 73 Motupipi St., Tel. 0800-805 494, www.kiwianabackpackers.co.nz. Nettes Hostel mit Kamin, Pool, Tischtennis und Fahrradverleih. Einfach, nicht unbedingt modern, aber sauber, und mit allem, was man braucht.

■ **Waitapu Springs B&B**①, siehe oben. Es gibt Zimmer mit und ohne eigenes Bad und eine kleine Hütte.

■ **Hack Farm**①, siehe „Sehenswertes und Aktivitäten". Auf der Farm gibt es ein paar Doppelzimmer und ein kleines Dorm.

■ **Rocks Chalets**①-②, 2086 Takaka Valley Hwy, Tel. 03-525 8096, www.accommodationtakaka.co.nz. Kleine, hübsche Hütten, die schon von der „Herr der Ringe"-Crew bewohnt wurden. Liegt etwas außerhalb, ist die Fahrt aber wert.

Camping

■ **Takaka Camping and Cabins**②, 56 Motupipi St., Tel. 03-525 7300, www.takakacampingandcabins.co.nz. Der einzige Campingplatz im Ort selbst. Einfach, nicht unbedingt modern, erfüllt aber seinen Zweck.

■ **Golden Bay Holiday Park**②, 99 Tukurua Rd., Tel. 03-525 9742, www.goldenbayholidaypark.co.nz. 18 km nördlich, direkt am Strand; mit etwas Glück kann man in erster Reihe zum Strand campen. Ist ok, aber nichts Besonderes. Duschen kosten extra. Ein Vorteil ist die Nähe zum Mussel Inn (siehe „Ausgehen").

Essen und Trinken

Was fürs Einkaufen gilt, gilt auch für Restaurants, Cafés und Imbisse. Alles ist zentral und leicht zu finden. Wer sich nicht entscheiden kann, ist in den folgenden Lokalen gut aufgehoben:

■ **Dangerous Kitchen**①-②, 46 Commercial St., Tel. 03-525 8686, tägl. 9–21 Uhr. Gesundes, günstiges Essen, im sonnigen Hinterhof.

■ **Café Wholemeal**①, 60 Commercial St., Tel. 03-525 9426, www.wholemealcafe.co.nz, tägl. 7.30–15.30 Uhr. Süße Teilchen, Snacks, Pizza und gesunde Mahlzeiten.

Ausgehen

Mein Tipp: **Mussel Inn**①-②, 1259 SH60, Onekaka, Tel. 03-535 0241, www.musselinn.co.nz, tägl. 11 Uhr bis spät. Die wahrscheinlich bekannteste Kneipe Neuseelands. Es gibt Bier aus der eigenen Brauerei, Livemusik von lokalen Bands und am Abend ein Lagerfeuer im Hof, um das sich einheimische Hippies und Nicht-Hippies drängen. 17 km außerhalb Richtung Collingwood.

■ **Village Theatre,** 32 Commercial St., Tel. 03-525 8453, www.villagetheatre.org.nz, 14/8 $. Das Kinoprogramm beinhaltet aktuelle sowie künstlerisch wertvolle Streifen.

Einkaufen

Alle Geschäfte sind im Ortskern an der **Commercial Street** auf ca. 200 m verteilt. Es gibt auch einen Supermarkt.

Weiter zum Farewell Spit

Die Gegend nördlich von Takaka ist dünn besiedelt. Man passiert einzelne Farmen und kleine Örtchen.

Collingwood

Der Ort mit seinen knapp über 200 Einwohnern bietet wenig von touristischem Interesse, die meisten Besucher nutzen den kleinen Ort als Durchgang zum Farewell Spit oder als Ausgangspunkt für den Heaphy Track. Umso erstaunlicher, dass Collingwood um 1850 als **Hauptstadt** Neuseelands in Betracht gezogen wurde. Mit dem Versiegen der Goldvorkommen wurde der Plan jedoch schnell wieder verworfen. Das **Collingwood**

Museum und das **Aorere Centre** erläutern die ursprüngliche Idee und präsentieren regionale Kunst und Geschichte.

■ **Collingwood Museum** und **Aorere Centre,** 2 Tasman St., Tel. 03-524 8131, tägl. 9–18 Uhr.

Schokoladen-Fans können **Rosy Glow** einen Besuch abstatten, es gibt hausgemachte Schokolade und leckere Kuchen.

■ **Rosy Glow,** 54 Beach Rd., Tel. 03-524 8348, Sa–Do 10–17 Uhr.

Puponga

Puponga ist die **nördlichste Siedlung der Südinsel** und Ausgangspunkt für Besuche ans Farewell Spit. Hier ist der Hund begraben. Informationen und die allernötigsten Lebensmittel gibt es beim Wharariki Beach Holiday Park, wo auch Touren organisiert werden.

■ **Wharariki Beach Holiday Park**②, Wharaiki Rd., Tel. 03-524 8507, www.whararikibeachholidaypark.co.nz.

Farewell Spit

Mit einer Länge von 25 Kilometern Neuseelands längste Landzunge. Das zum Naturreservat ernannte Gebiet ist Hei-

049nz ji

☑ Felsbogen am Wharariki Beach nahe der LandzungeFarewell Spit

mat für über 90 verschiedene **Vogelarten:** Schnepfen, Raubseeschwalben, Tölpel und viele mehr (passenderweise sieht das ganze Gebiet der Golden Bay aus der Luft selbst aus wie ein Kiwivogel – die Landzunge bildet den Schnabel ...). Hier stranden leider regelmäßig Wale. Seinen Namen erhielt das Farewell Spit 1770 von *James Cook,* der hier seinen Inselbesuch beendete.

Wer die Gegend erkunden möchte, besorgt sich am besten die **Broschüre „Farewell Spit and Puponga Farm Park".** Auf eigene Faust kann man sich auf dem Gebiet des **Puponga Farm Parks** frei bewegen. Der Spaziergang zur Aussichtsplattform lohnt sich auf jeden Fall, andere Ausflüge von bis zu zwölf Kilometern Länge sind in der Broschüre beschrieben. **Weiter als vier Kilometer auf das Spit selbst kommt man als Privatperson nicht.** Wer weiter möchte, muss sich einer **geführten Tour** anschließen, z.B. mit:

- **Farewell Spit Nature Experience,** Pakawau Rd., Tel. 0800-250 500, www.farewell-spit.co.nz.

Cape Farewell

Der **nördlichste Punkt der Südinsel** prahlt mit seinem hübschen **Leuchtturm Pillar Point.** Zwei Wanderwege zum Turm sind ausgeschildert und auch in der oben genannten Broschüre beschrieben.

Heaphy Track – Great Walk

Der Heaphy Track, benannt nach dem Forscher *Charles Heaphy,* ist ein 78,4 Kilometer langer Wanderweg quer durch den **Kahurangi-Nationalpark** bis an die Westküste. Die meisten Wanderer benötigen vier bis sechs Tage für die Strecke. Kahurangi ist mit 4520 Quadratkilometern der **zweitgrößte Nationalpark Neuseelands** und auch einer der **facettenreichsten.** Strandlandschaften wech-

050nz kp

Unterwegs auf dem Heaphy Track

seln sich ab mit Klippen, Steppen und dichten Wälder. Der **Track** selbst ist gut ausgebaut, trotzdem **anstrengend** und nicht zu unterschätzen. Wie auf allen Great Walks, sind Vorabbuchungen und eine genaue Planung unbedingt notwendig. Gepäcktransport und das Einfliegen von Lebensmitteln per Flugzeug ist möglich. Der Track ist auch für Mountainbiker zugelassen, die meisten fahren die Strecke in zwei Tagen. Die meisten Besucher laufen bzw. fahren von Ost nach West.

Praktische Tipps

Informationen

Alles rund um den Track erfährt man beim **DOC** (www.doc.govt.nz), in den **Broschüren „Heaphy Track"** und **„Heaphy Track Walking Guide"** sowie unter **www.heaphytrack.com.**

Transport

Der Heaphy Track verläuft von **Collingwood** in der Golden Bay bis nach **Karamea** an der Westküste. Beide Orte liegen ca. **400 Straßenkilometer** auseinander. Insofern muss der Rück- oder Weitertransport per Shuttle oder Flugzeug gut geplant und vorab gebucht werden. Die Anbieter wechseln immer wieder, auf der DOC-Internetseite gibt es aktuelle Informationen. Zuverlässig sind:

- **Heaphy Bus,** Seaton Valley Rd., Upper Moutere, Tel. 0800-128 735, www.theheaphybus.co.nz.

MEIN TIPP: **Golden Bay Air,** Takaka, Tel. 03-525 8725, www.goldenbayair.co.nz, ab 169 $. Flüge inklusive Shuttles vom/zum Track. Ein Flug lohnt sich, die Blicke sind grandios!

Unterkunft

Auf der Strecke gibt es **sieben Hütten** (32 $) und **neun Campingplätze** (14 $). Nicht alle verfügen über Trinkwasser.

Nelson Lakes National Park

Das Naturschutzgebiet ist 102.000 Hektar groß, die **Bergseen Rotoroa** („Langer See") und **Rotoiti** („Kleiner See") liegen in seinem Zentrum. Da hier die Südalpen beginnen, sind die Seen von steilen, mit Scheinbuchenwäldern bewachsenen Bergen umgeben und bieten vielen Singvögeln ein Zuhause. Von gemütlichen Spaziergängen bis zu mehrtätigen alpinen Klettertouren bietet der Nationalpark für jede Kondition etwas. Unabhängig von der eigenen Fitness ist das kleine **Saint Arnaud** ein guter Ort, um die Gegend zu erkunden.

Der **Maori-Legende** nach wurden die Seen vom Häuptling Rakaikaitu geschaffen, als dieser mit seinem Stock Löcher in den Boden grub. Ein Loch wurde zu Lake Rotoroa, das andere zum Lake Rotoiti.

Aktivitäten

Wanderungen, Mountainbiken, Angeln, Kajaken im Sommer, Skifahren und Schlittschuhlaufen im Winter – was darf es sein? Am besten man erkundigt sich im DOC-Besucherzentrum (siehe „Informationen") und besorgt sich die **Broschüre „Nelson Lakes National Park Walks".** Es gibt schier **unendlich viele Tracks** und auch Wassertaxen, die einen an den am See gelegenen Wanderwegen absetzen. Das **Wetter** ist oft sehr wechselhaft, auch im Sommer kann es in höheren Lagen Schneefall geben. Beim

Wandern unbedingt alpines Schuhwerk tragen und auf alle Wetterlagen vorbereitet sein. Zu den beliebtesten Touren gehören die Folgenden:

- **Travers Sabine Loop** (80 km, 4–7 Tage, Start Kerr Bay)
- **Angelus Hut Track** (12 km, 6 Std., Start Mt. Robert Trailhead)
- **Mount Robert Circuit Track** (9 km, 5 Std., Start Mt. Robert Trailhead)
- **Whisky Falls** (10 km, 3–5 Std. return, Start Mt. Robert Trailhead)

Mountainbikes bringt man mit oder mietet man im St. Arnaud Alpine Village Store (siehe unten, ab 20 $). **Kajaks, Kanus** und **Schlittschuhe** vermietet Rotoiti Water Taxis (siehe unten). Hier kann man auch **Angeltouren** buchen.

Praktische Tipps

Informationen

- **www.nelsonlakes.co.nz**
- **DOC:** Nelson Lakes Visitor Centre, View Road, Tel. 03-521 1806, www.doc.govt.co.nz.

An- und Abreise

- **Nelson Lakes Shuttles,** Tel. 03-547 6896, www.nelsonlakesshuttles.co.nz, 45 $. Fährt auf Anfrage mit mindestens vier Personen oder gegen Aufpreis. Fahrten auch zum Lewis Pass, Lake Rotoroa und zur Kawatiri Junction.

Transport vor Ort

- **Rotoiti Water Taxis,** Tel. 027-702 278, www.rotoitiwatertaxis.co.nz. Fahren auf Anfrage zu allen möglichen Anlegestellen auf dem Lake Rotoiti und bieten Touren. Andere Anbieter sind immer mal wieder auf dem Markt. Googeln lohnt sich.

051nz br

Unterkunft

Es gibt eine Handvoll Unterkünfte in unterschiedlichen Preiskategorien. Reservieren ist vor allem in der Hauptsaison notwendig.

■ **Travers Sabine Lodge**①-②, SH 63, Tel. 03-521 1887, www.nelsonlakes.co.nz. Modernes Hostel, zweckmäßig ausgestattet mit Dorms, DZ und Familienzimmern. Nichts Besonderes, aber sauber und in guter Lage.

■ **St. Arnaud House B&B**②, 4 Holland St., Tel. 06-888 5029, www.st-arnaudhouse.co.nz. Rustikales, gemütliches B&B, im Wald gelegen, 10 Min. zu Fuß zum See. Gutes, aber recht teures Essen.

Camping

■ **DOC Kerr Bay Campground**①, Lake Rd., Tel. 03-521 1808, www.doc.govt.nz. Direkt am Lake Rotoiti gelegen, von Birkenwäldern umgeben. Mit 13 Zeltplätzen und neun Stellplätzen mit Strom, ist der hübsche Campingplatz eher klein. Es gibt heiße Duschen und Kochgelegenheiten. Im Winter ist alles bis auf eine Toilette geschlossen.

Einkaufen

■ Zum Zeitpunkt der Recherche gab es ausschließlich den **St. Arnaud Alpine Village Store,** tägl. 8–18 Uhr, Takeaways Fr, Sa 16.30–19.30 Uhr. Hier gibt es alles Notwendige: Lebensmittel, Getränke, Benzin, ein wenig Outdoorausrüstung und Mountainbikes zur Miete. Die Pies und Sandwiches schmecken nach einer mehrtägigen Wanderung richtig lecker. In der Hauptsaison wird auch manchmal mehr gekocht.

◁ Der Legende nach eines von Häuptling Rakaikaitu gegrabenen Löchern: Lake Rotoroa im Nelson Lakes National Park

Blenheim

Blenheim liegt im Herzen des **Marlborough-Weinanbaugebietes** und zählt zu den sonnigsten Städten Neuseelands. Mehr als 20 Weingüter sind von der Stadt aus bequem mit dem Auto zu erreichen, die meisten bieten Verkostungen und verkaufen ihren Wein quasi an der Haustür. Abgesehen vom Museum Omaka Aviation Heritage Centre ist Blenheim touristisch gesehen eher uninteressant. Wer nur wenig Zeit hat, kann den Ort guten Gewissens umfahren.

Geschichte

Blenheims Geschichte ist so unspektakulär wie die Stadt selber: Im **12. Jahrhundert** besiedelten **Maori** die Gegend und bauten Getreide und Kumara (Süßkartoffeln) an. Als Siedlung unter europäischem Einfluss wurde Blenheim ursprünglich von Nelson mitverwaltet, wurde dann **1859 selbstständig.** Obwohl um 1860 Gold in der Gegend von Blenheim gefunden wurde, hielt der Boom nicht lange an. Man setzte mehr auf **Schafzucht,** die in Umfang und Reichtum lange Zeit mit der der Region Canterbury mithalten konnte. Benannt wurde Blenheim nach der Schlacht von Blenheim (1704), in der die Truppen von *John Churchill,* Duke of Marlborough, die vereinten französischen und bayrischen Streitkräfte besiegten.

Sehenswertes

Im **Omaka Aviation Heritage Centre** können **historische Flugzeuge** bestaunt werden. Es gibt wechselnde Ausstellungen, allein die mit dem Namen „Knights of the Sky“ („Ritter der Lüfte“) erstreckt sich über 3000 Quadratmeter. Etliche der Ausstellungsstücke gehören dem Regisseur **Peter Jackson,** der auch Vorsitzender der Museumsstiftung ist. Es gibt viel zu gucken, die Displays und Erläuterungen sind liebevoll aufbereitet und auch für Kinder interessant. Eine Führung ist durchaus ihr Geld wert.

■ **Omaka Aviation Heritage Centre,** 79 Aerodrome Rd., Tel. 03-579 1305, www.omaka.org.nz, tägl. 10–16 Uhr, 30/12 $, Tour 45 $.

Omaka Classic Cars liegt direkt neben dem Aviation Centre. Es sind **Autos** von den 1950er bis 1980er Jahren ausgestellt, und es werden Einblicke in die Automobilgeschichte Neuseelands gegeben.

■ **Omaka Classic Cars,** Aerodrome Rd., Tel. 03-577 9419, www.omakaclassiccars.co.nz, tägl. 10–16 Uhr, 15 $/frei.

Seymour Square ist ein **hübscher Park** mit sorgsam angelegten Blumenbeeten, einem 15 Meter hohem historischen Uhrenturm und einem Gedenk-Springbrunnen.

Im **Marlborough Museum** ist neben klassischen Displays rund um die **Geschichte der Region** vor allem die **Wein-Ausstellung** interessant.

■ **Marlborough Museum,** 12 Arthur Baker Place, Tel. 03-578 1712, www.marlboroughmuseum.org.nz, tägl. 10–16 Uhr, 10/5 $.

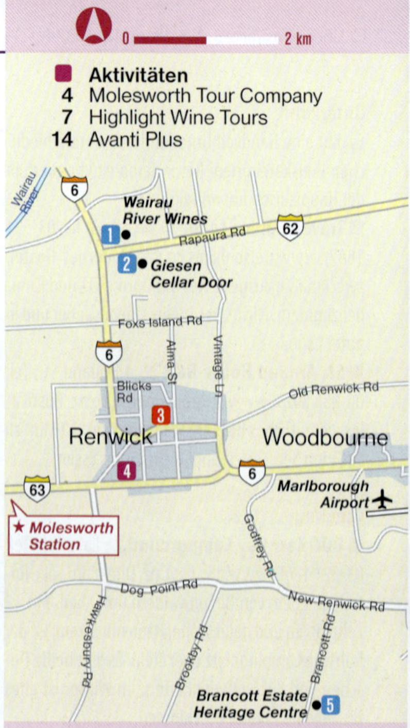

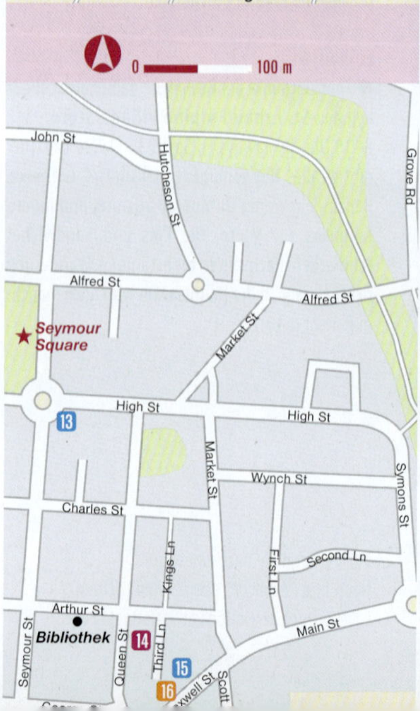

Blenheim und Umgebung

Übernachtung
3 Watson's Way Lodge
6 St Leonards Vineyard Cottages
9 Blenheim Top 10 Holiday Park
10 Blenheim Backpackers and Motor Camp
11 Centre Court Motel
12 Mountain View Villa
17 Koanui Lodge and Backpackers

Essen und Trinken
1 Wairau River Wines
2 Giesen Cellar Door
5 Brancott Estate Heritage Centre
13 Watery Mouth Café
15 Ritual Café
18 Gramado's

Nachtleben
8 Dodson Street
16 Scotch

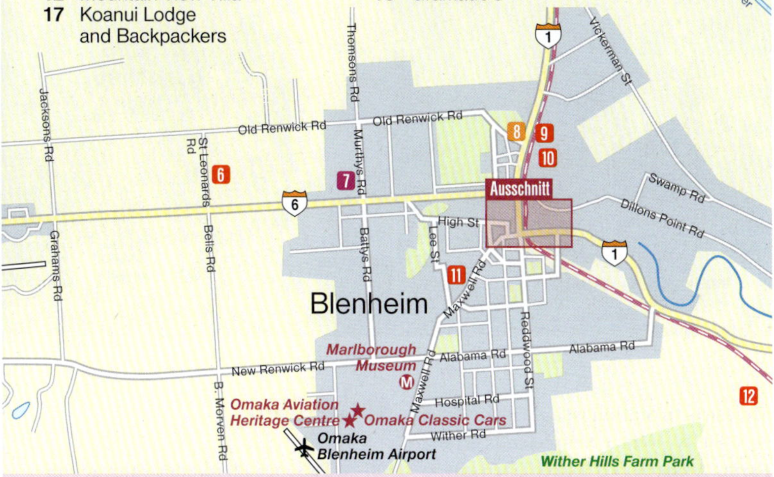

Ausschnitt Blenheim

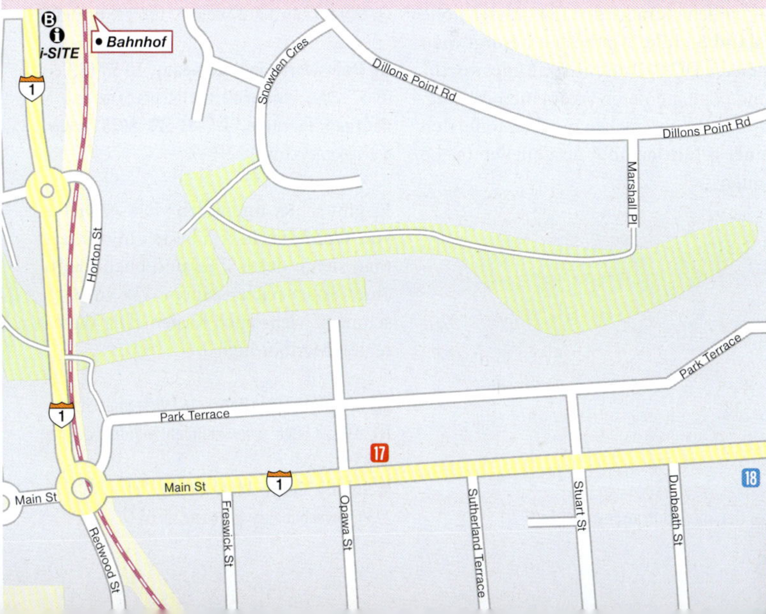

www.fotolia.de © Patrik Stedrak

Molesworth Station ist auf einer Fläche von 180.787 Hektar **Neuseelands größte Farm** (Archeron Rd.). Hier leben knapp 10.000 Kühe und Rinder. Und hier findet sich auch Neuseelands höchstgelegene öffentliche Straße: der 1347 Meter hohe **Island Saddle.** Am besten besorgt man sich die **DOC-Broschüre „Molesworth"** und plant auf deren Basis einen Ausflug. Wer nicht nur gucken möchte, sollte sich einer geführten Tour anschließen (siehe unten).

Der Uhrenturm im Seymour Park

Aktivitäten

Ob zu Fuß, per Pferd oder Fahrrad, im Four Wheel Drive, als Abstecher oder als Mehrtagestour: die **Molesworth Station** (s. oben) kann auf viele Arten erkunden.

4 **Molesworth Tour Company,** 50 SH 63, Tel. 03-572 8025, www.molesworthtours.co.nz.

■ **Green Journeys,** Tel. 03-572 8025, www.greenjourneys.co.nz.

Es gibt schier unendlich viele Anbieter von **Weintouren.** Am besten informiert man sichin der I-SITE und bucht dann eine Tour nach seinem (Wein-)Geschmack (siehe auch Kasten „Die Weinregion Marlborough").

7 **Highlight Wine Tours,** 167 Vickerman St., Tel. Tel. 03-577 9046, www.highlightwinetours.co.nz, ab 85 $.

■ **Bubbly Grape Wine Tours,** Tel. 0800-228 2253, www.bubblygrape.co.nz, ab 65 $.

Der **Wither Hills Farm Park** bietet **Spaziergänge** und **Wanderungen** sowie einen gut ausgebauten **Mountainbike-Park** mit etlichen Single Tracks in allen Schwierigkeitsgraden. Die **Broschüre „Discover the Wither Hills Farm Park"** gibt einen guten Überblick. Fahrräder mietet man z.B. bei:

14 **Avanti Plus,** 61 Queen St., Tel. 03-578 0433, www.avantiplus.co.nz, ab 40 $.

Praktische Tipps

Informationen

- **www.cityofblenheim.co.nz**
- **Einwohnerzahl:** 26.550 Einwohner
- **i-SITE:** 8 Sinclair St., Tel. 03-577 8080, Mo–Fr 9–17 Uhr, Sa 9–15 Uhr, So 10–15 Uhr.
- **Bibliothek:** 33 Arthur St., Tel. 03-578 2783, Mo, Di, Do, Fr 9–18 Uhr, Mi 10–18 Uhr, Sa 10–13 Uhr, So 13.30–16.30 Uhr.

An- und Abreise

- **Bus:** Blenheim wird von allen Langstreckenbusunternehmen angefahren; zentrale Haltestelle an der i-SITE. Die meisten Busse fahren von/nach Picton, Kaikoura und an die Westküste. Kurzstrecken werden von **Blenheim Shuttles** (Tel. 03-577 5277, www.blenheimshuttles.co.nz) gefahren.
- **Zug:** Blenheim liegt auf der Coastal Pacific Zugstrecke zwischen Picton und Christchurch; Bahnhof an der Grove Rd.
- **Flugzeug:** Air New Zealand, Soundsair und Air2There fliegen Blenheim an. Es gibt Verbindungen zu den meisten großen Städten und zu manchen kleinen Orten wie Paraparaumu.

Unterkunft

Man übernachtet am besten direkt auf einem der **Weingüter.** Anlaufstellen gibt es zahlreiche. Die Hostels in der Stadt sind nicht hitverdächtig, ganz okay sind:

17 **Koanui Lodge and Backpackers**①, 33 Main St., Tel. 03-578 7487, www.koanui.co.nz. Die zentral gelegene Lodge verfügt über die üblichen Annehmlichkeiten und 50 Betten, die auch an Langzeitbewohner vermietet werden.

11 **Centre Court Motel**②, 58a Maxwell Rd., Tel. 03-577 7203, www.centrecourtmotel.co.nz. Nicht unbedingt spektakulär, aber sauber.

In der Umgebung

3 **Watson's Way Lodge**①, 56 High St., Renwick, Tel. 03-572 8828, www.watsonwaylodge.com. Hat genau zwei Doppelzimmer. Das macht das Hostel so großartig. Die Hosts kümmern sich um alle Belange.

6 **St Leonards Vineyard Cottages**②-③, 18 St Leonard Rd., Woodbourne, Tel. 03-577 8328, www.stleonards.co.nz. Kleine Häuschen in verschiedenen Preisklassen, alle sind schön eingerichtet, sauber und ihr Geld wert. Man fühlt sich in die Kolonialzeit zurückversetzt.

12 **Mountain View Villa**②-③, 81 Cob Cottage Rd., Tel. 03-579 5408, www.mtnviewvilla.com. Tolle Lage, einfach und geschmackvoll eingerichtet. Mit Swimmingpool und Spa Pool. Sehr hübsch.

Camping

9 **Blenheim Top 10 Holidaypark**②-③, 78 Grove Rd., Tel. 03-578 3667, www.blenheimtop10.co.nz. Typischer Top-10-Campingplatz mit der üblichen Ausstattung. Der Platz liegt an und um eine befahrene Brücke, je nach Stellplatz hört man die Autos. In Laufnähe zur Innenstadt.

10 **Blenheim Backpackers and Motor Camp** ①-②, 27 Budge St., Tel. 021-034 3913, www.blenheimbackpackers.co.nz. Hier gibt es alles: Dorms,

Cabins und Stellplätze für Zelte und Vehikel. Einfach ausgestattet, etwas verwohnt, aber sonst ok. Vergünstigte Preise ab einer Woche Aufenthalt.

Essen und Trinken

Wer eine Wein-Tour unternimmt, sollte unbedingt auf einem der **Weingüter** essen. Hier ist es zwar oft ein wenig teurer, aber das gute Gläschen Wein und die Umgebung sind den Aufpreis wert (siehe Infokasten „Die Weinregion Marlborough"). In der Stadt gibt es die üblichen Cafés und Restaurants. Die folgenden werden die Geschmacksnerven nicht enttäuschen:

15 MEIN TIPP: **Ritual Café**①-②, 10 Maxwell Rd., Tel. 03-578 6939, www.ritualcoffee.co.nz, Mo–Mi 7–16.30, Do–So 7–22.30 Uhr. Von Alt und Jung geliebt, bezeichnet das Café selbst sein Essen als „Urban Hippy", weiß aber selbst nicht so recht, was das ist. Das Retro-Ambiente passt wunderbar.

13 **Watery Mouth Café Restaurant**①, 71 High St., Tel. 03-578 3828, www.waterymouthcafe.co.nz, tägl. 7–16 Uhr. Von Einheimischen geliebt, gibt es klassische neuseeländische Gerichte.

18 **Gramado's**②, 74 Main St., Tel. 03-579 1192, www.gramadosrestaurant.com, Di–So 16–24 Uhr. Brasilianisch-neuseeländische Gerichte. Die Steaks sind perfekt. Wer es scharf mag, kann zwischen verschiedenen Chili-Sorten wählen.

Ausgehen

8 **Dodson Street**②, 1 Dodson St., Tel. 03-577 8348, www.dodsonstreet.co.nz, tägl. 11–23 Uhr. Wer als Deutscher die Heimat vermisst, sollte hier einkehren. Der deutsche Besitzer *Dietmar* hat alles Kulinarische mitgebracht, was man braucht, von der Bierbraukunst über Brezeln, Schweinshaxen, Bratwurst und Zigeunerschnitzel bis hin zum Apfelstrudel. Es gibt 20 Bier- und vier Cidresorten.

16 **Scotch**①-②, 26 Maxwell Rd., Tel. 03-579 1176, www.scotchbar.myshopify.com, tägl. 16–3 Uhr. Der richtige Ort, um sich unter die Einheimischen zu mischen. Die Musik ist eventuell etwas laut, das Essen aber gut und die Getränkekarte lang.

Einkaufen

Shopping Queens und Kings finden die meisten Geschäfte **südlich vom Bahnhof** und Richtung **Seymour Square.**

Die Weinregion Marlborough

Die Neuseeländer sind stolz auf ihre Weine aus dem Marlborough Wine Country. Vermarktet werden sie wie folgt: „Die Balance aus außerordentlicher Reinheit und die Geschmacksintensität aus beeindruckenden Aromen, unverwechselbarem Fruchtcharakter und einem ausgewogenen Säuregehalt ist hervorragend. Es sind stylische, aufregende Weine, die überraschen und entzücken." So steht es auf www.wine-marlborough.co.nz.

Große Worte eines gelungenen Marketings. Doch die kleine Weinregion mit ihren über hundert Gütern auf 22.600 Hektar Fläche genießt tatsächlich internationales Ansehen, viele hier angebaute Weine erreichen **Spitzenqualität.** Das spiegelt sich auch in den 1,1 Milliarden Dollar wider, die der Weinexport aus der Marlborough Gegend jährlich einbringt. Insgesamt kommen **75 Prozent der in Neuseeland produzierten Weine von hier,** die meisten sind Varianten des Sauvignon Blanc. Es werden aber auch Chardonnay, Pinot Noir, Pinot Gris, Riesling und Gewürztraminer gekeltert.

Wer eines der ca. 35 für Besucher geöffneten **Weingüter** der Gegend besuchen will, schließt sich einer **organisierten Tour** an (siehe Blenheim) oder sucht sich selbst Güter heraus. Die meisten liegen in der Nähe von **Blenheim** und **Renwick** und haben etwa zwischen 11 und 16 Uhr geöffnet. Weine können normalerweise gegen eine kleine Gebühr probiert werden.
Eine gute **Übersicht** über die Güter und ihre Weine gibt es auf **www.wine-marlborough.co.nz.** Auch die **i-SITE** hält Infos bereit. Eine Auswahl von Gütern, die auch Essen anbieten:

1 Wairau River Wines②, 11 Rapaura Rd., Blenheim, Tel. 03-572 9800, www.wairauriverwines. com, tägl. 10–17 Uhr.

2 Giesen Cellar Door②, 26 Rapaura Rd., Blenheim, Tel. 03-572 8500, www.giesen.co.nz, tägl. 10–16.30 Uhr.

5 Brancott Estate Heritage Centre②-③, 2 Vineyard Rd., Blenheim, Tel. 03-520 6975, www.brancottestate.com, tägl. 10–16.30 Uhr.

MEIN TIPP: Die **App „The Marlborough Wine Trail"** ist eine interaktive Karte, die nicht nur die Standorte von Weingütern anzeigt, sondern auch deren genaue Adresse, Website, Telefonnummer und Öffnungszeiten.

www.fotolia.de © Patrik Stedrak

Canterbury

9

Unendliche Farmlandschaft, dramatische Alpenszenerien mit dem höchsten Berg Neuseelands, wunderschöne Küstenabschnitte mit Walen und Delfinen – Canterbury ist vielfältig. Hier liegt auch Christchurch, die größte Stadt der Südinsel.

< Lupinenblüte auf dem Mount John am Lake Tekapo

CANTERBURY

Die 45.346 Quadratkilometer große Region Canterbury erstreckt sich von der Küste über ausgedehnte Ebenen bis hin zu den Alpen. Etwa 586.500 Menschen leben hier.

Das wirtschaftliche Zentrum nicht nur der Region, sondern der gesamten Südinsel ist **Christchurch,** das 2011 von zwei schweren **Erdbeben** heimgesucht wurde, die große Teile der Stadt zerstörten. Rund ein Drittel aller Bewohner Canterburys leben in Christchurch, das macht die Stadt zur drittgrößten Neuseelands und zur größten der Südinsel. Von Christchurch aus kann man innerhalb weniger Auto-Stunden eine Vielzahl an **Attraktionen** erreichen: Man kann Wale und Delfine beobachten, Weingüter besuchen, einen Bungeejump wagen, auf Wildwasser raften, wandern, Mountainbike fahren und vieles mehr. Die **touristischen Highlights** der Gegend sind Kaikoura, Christchurch und die Banks Peninsula, Mount Cook und Arthur's Pass. Wer im Winter kommt, kann auf dem Mount Hutt Ski fahren. Im Sommer ist das Wetter überwiegend freundlich, denn mit einem durchschnittlichen Jahresniederschlag von 648 Millimetern ist Canterbury **eine der trockensten Regionen Neuseelands.**

50 km ©Reise Know-How 2017
Neus K09
COOK STRAIT
Seddonville
Mokihinui
Granity
Westport
Buller River
Lyell
Paparoa Nat. Park
Mt. Uriah 1525
Coastal Hwy
Inangahua
Reefton
Murchison
Howard Junction
Saint Arnaud
The Branch
Lake Rotoiti
Lake Rotoroa
Scotts Knob 2160
Nelson Lakes Nat. Park
Netherwood
Lake Grassmere
Seddon
Sawcut Gorge
Ward
2885
Inland Kaikoura Range
Seaward Kaikoura Range
Kekerengu
Molesworth
Burnbrae
Mt. Una 2301
Springs Junction
Clarence
Ohau Point
Kaikoura
Puketa
Waiuta Ghost Town
Victoria Forest Park
Grey River
Ngahere
Hanmer Springs
L. Brunner
Mt. Elizabeth 1737
L. Sumner
Waiau
Hundalee
Parnassus
Culverden
Cheviot
Gore Bay
Arthur's Pass Nat. Park
Otira
Arthur's Pass
ALPS
Masons Flat
Waikari
Waipara
Motunau
Motunau Beach
Castle Hill
Great Alpine Hwy
Amberley
Oxford
Rangiora
Pagasus Bay
Kaiapoi
Lake Coleridge
Springfield
Waddington
Darfield
Belfast
CHRISTCHURCH
Mount Hutt
Windwhistle
Hornby
Lyttelton
Okains Bay
Methven
Canterbury Plains
Mount Somers
Burnham
Banks Peninsula
Leeston
Akaroa
Rakaia
Mayfield
Ashburton
Arundel
Hinds
Canterbury Bight
Geraldine
Winchester
Washdyke
Timaru
PAZIFISCHER OZEAN

NICHT VERPASSEN!

- **Kaikoura:** auf dem Peninsula Walkway die traumhafte Küste erkunden und Robben, Delfine und Wale beobachten | 387
- **Christchurch:** durch die erste europäische Siedlung Lyttelton flanieren und die Nachwehen des Erdbebens von 2011 hautnah erleben | 398
- **Banks Peninsula:** in das französischen Kolonialflair Akaroas eintauchen und die pittoreske Landschaft der Halbinsel erkundschaften | 414
- **Arthur's Pass:** mit dem TranzAlpine Zug fahren und die märchenhafte Berglandschaft des Nationalparks erwandern | 423
- **Lake Tekapo:** vom Mount John Observatory den klarsten Sternenhimmel der Welt beobachten | 435
- **Mount Cook Nationa Park:** den höchsten Berg Neuseelands, Gletscher und strahlende Seen vom Hooker Valley aus bewundern oder grandiose Blicke von der Muellers Hutt genießen | 443

Diese Tipps erkennt man an der gelben Hinterlegung.

Geschichte

Im **13. Jahrhundert** besiedelten die ersten **Maori** die Gegend von Canterbury. Sie lebten vorwiegend am Lake Ellesmere (Te Waihora) und Lake Forsyth (Wairewa), da es hier reichlich Aale und andere Fische gab. Auch die Banks Peninsula (Horomaka) war durch ihre Ressourcen aus Wald und Meer ein wichtiger Standort.

Die ersten **Europäer** landeten **1815** mit einem Robben- und Walfängerschiff in Akaroa. Tiefgreifende Veränderungen gab es, als *Edward Gibbon Wakefield* und *John Robert Godley* im Jahre 1848 die **Canterbury Association** (siehe gleichnamigen Exkurs) gründeten. Unter ihrem Einfluss wurde im April 1848 der Hafen Port Cooper (heute Lyttelton Harbour) gebaut, um im Dezember desselben Jahres die vier Boote der erste Einwanderungswelle mit 750 Siedlern aufzunehmen.

1853 wurde auf Basis des New Zealand Constitution Act 1852 die **Region Canterbury gegründet,** die sich im Laufe der Jahre geografisch immer wieder veränderte. In den frühen 1850er Jahren wurde die **Schafzucht** etabliert, und die Region entwickelte sich großartig. 1860 gab es bereits drei Millionen Schafe, die Fleisch und Wolle einbrachten.

> Beim Schäfchenzählen in Canterbury kann man sehr schnell müde werden ...

Von Blenheim nach Kaikoura

Wer in Eile ist, der kann, ohne viel zu verpassen, bis nach Kaikoura fahren. Wer allerdings ein wenig Zeit hat, der kann den einen oder anderen Stopp einlegen. Die Strecke, vor allem die zweite Hälfte, wenn sich der **SH1** an der imposanten Küste entlangschlängelt, ist traumhaft. Er zählt zu den **schönsten Küstenstraßen Neuseelands.**

Lake Grassmere

Wer im Spätsommer unterwegs ist, kann einen Blick auf die Lagune Lake Grassmere werfen, die 32 Kilometer südlich von Blenheim liegt. In dieser Zeit verwandelt sich der See durch die in die im Salzwasser lebenden Halobakterien in eine nahezu pinkfarbene Fläche, die von weißen Salzhügeln durchzogen ist. Rund 70.000 Tonnen **Speisesalz** werden hier jährlich gewonnen.

Sawcut Gorge

Die „Sägeschnitt-Schlucht" liegt 55 Kilometer südlich von Blenheim. Hier können Erfahrene, die nasse Füße nicht scheuen, eine schöne dreistündige **Wanderung** unternehmen – ein Teil der Strecke wird *im* Fluss gelaufen. Zum Startpunkt geht es vom SH1 auf der Nordseite der Waima River Bridge Richtung Wauna/Ure Valley, zwölf Kilometer teils sehr steile Schotterpiste. Man sollte unbedingt auf dem ersten Parkplatz parken, der zweite ist ausschließlich für erfahrene 4WD-Fahrer.

■ **www.doc.govt.nz**

149nz no

Die Canterbury Association

Die Canterbury Association wurde 1848 als Vereinigung zwischen **britischem Parlament, Hochadel** und der **anglikanischen Kirche** gegründet. Köpfe des Vereins waren *Edward Gibbon Wakefield* und der Jurist *John Robert Godley*. Ziel war die **Ausweitung der Besiedlung Neuseelands.** Im Mai 1848 wurde der Kapitän und Landvermesser **Joseph Thomas** nach Neuseeland geschickt, um für das Siedlungsvorhaben „Canterbury" geeignetes Land zu finden. In Port Cooper (Lyttelton) und weiter landeinwärts fand er, was er suchte. *Godley* segelte 1849 nach Neuseeland, um das Eintreffen der neuen Siedler vorzubereiten, und kaufte von den Maori im großen Stil Land. 1850 brachen vier Schiffe mit 750 Siedlern in die neue Heimat Canterbury auf. 1853 geriet die Vereinigung in finanzielle Schwierigkeiten und wurde schließlich aufgelöst.

Ohau Point

MEIN TIPP: Ohau Point (22 km nördlich von Kaikoura, ausgeschildert) ist eine Art **Abenteuerspielplatz für Robben:** Aus dem Meer kommend, schwimmen sie einen Bachlauf entlang, um dann in einem Pool zu planschen, oder sie versuchen, den pittoresken Wasserfall heraufzuspringen. Zum Ausruhen liegen sie überall herum – auch auf den Besucherpfaden. Nichts, aber auch gar nichts scheint die Robben hier aus der Ruhe zu bringen. Vor allem im Frühjahr ist es ein Spaß, die Babyrobben zu beobachten. **Hinweis:** Das **Erdbeben** von 2016 hat Ohau Point stark beschädigt. Zum Zeitpunkt der Recherche war noch nicht abzusehen, inwieweit sich dies auf die Robbenkolonie auswirkt, doch neueren Meldungen zufolge kehren die Robben allmählich wieder zum Ohau Point zurück.

Essen und Trinken

■ **Nin's Bin,** 7371 SH1, Half Moon Bay, 20 km nördlich von Kaikoura, www.ninsbin.com, tägl. 9–17 Uhr. Wer **Langusten** und **Meeresfrüchte** mag, aber nicht zu tief in die Tasche greifen will, sollte unbedingt bei Nin's Bin einkehren. Der kleine, coole umgestaltete Anhänger ist nichts für Genießer mit hohen Ansprüchen an ein tolles Ambiente. Hier ist es quirky, cool und anders. Aber die Meerestiere werden frisch gefangen und serviert.

Küstenlandschaft bei Kaikoura

Kaikoura

Hinweis: Kurz vor der Recherche ereignete sich in Kaikoura ein **Erdbeben,** das Teile des Ortes und deren Infrastruktur zerstörte. Der folgende Abschnitt bezieht sich auf die Zeit vor dem Erdbeben, Entwicklungen sind zu beobachten. Aufgrund des touristischen Wertes des Ortes ist zu erwarten, dass Kaikoura schnell wieder „funktionsfähig" wird.

Von Norden kommend, ist alleine die **Anfahrt** nach Kaikoura eine Reise wert: Der SH1 verläuft nah am Meer, sodass man immer wieder die **wilde Küstenlandschaft** bestaunen kann (siehe „Von Blenheim nach Kaikoura"). Kaikoura selbst liegt auf einer steinigen **Halbinsel,** inmitten eines komplexen marinen Systems, das **Walen** und **Delfinen** wie auch **Seevögeln** optimale Lebensbedingungen bietet. Hierdurch fühlen sich Touristen angezogen, sodass sich Kaikoura in den letzten Jahren zu einem netten Städtchen entwickelt hat, das genügend Infrastruktur bietet, um ein paar Tage zu verweilen. Auch haben sich in Kaikoura zahlreiche **Künstler** und **Handwerker** niedergelassen, sodass auch kunstbegeisterte Besucher auf ihre Kosten kommen.

Geschichte

Die **Maori-Legende** besagt, dass der Held Maui von der Kaikoura-Halbinsel (Taumanu o Te Waka a Maui) aus den riesigen Fisch fing, der sich aus der Tiefe des Meeres erhob und zur Nordinsel Neuseelands wurde.

Die Kaikoura-Halbinsel war bereits vor etwa 1000 Jahren von **Maori** bewohnt und diente als **Basislager** für die **Jagd auf Moa und Langusten.** Mindestens 14 Maori Pa (befestigte Siedlungen) wurden hier bisher entdeckt. Ihren **Na-**

132nz ji

men verdankt die Stadt einem Maori-Entdecker, dem die Langusten hier besonders gut schmeckten (*kai* = „Essen", *koura* = „Languste").

Im **17. Jahrhundert** segelte **James Cook** an der Halbinsel vorbei und beobachtete eine Gruppe von über 50 Maori in Kanus, die auf sein Schiff „Endeavour" zukamen. *Cook* fühlte sich bedroht – ein Kontakt kam nicht zustande, an Land ging er auch nicht.

Im Jahr 1828 fielen Krieger der Maori **Ngati Toa** an Kaikouras Küste ein und nahmen mehrere Hundert Stammesmitglieder der Ngai Tahu gefangen bzw. töteten sie.

Obwohl Kaikoura bis 1900 ausschließlich über Reitpfade oder das Meer zu erreichen war, wurden im 19. Jahrhundert europäische **Walfangstationen** errichtet. Auch die **Schafzucht** und der **Ackerbau** florierten. Seit den 1980er Jahren lebt die Stadt hauptsächlich vom **Tourismus.**

Sehenswertes

Im **Kaikoura Museum** findet man Informationen und Ausstellungsstücke zu den Themen Maorikultur, Walfang, Fischerei und Landwirtschaft, Sozialgeschichte, Meeresfossilien und mehr.

■ **Kaikoura Museum,** 14 Ludstone Rd, Tel. 03-319 7440 Mo–Fr 10–16.30 Uhr, Sa, So 14–16 Uhr, 5/1 $.

Das **Heimatmuseum Fyffe House** ist Kaikouras **ältestes Haus,** es wurde um 1842 als *Robert Fyffes* Walstation gebaut. Besuchern wird das harte Leben der damaligen Zeit dargelegt. Das Gartentor steht aber auch allen offen, die das Haus nur von außen betrachten möchten.

■ **Fyffe House,** 62 Avoca St, Tel. 03-319 5835, tägl. 10–17 Uhr, Feiertage geschlossen, 10 $/frei.

Das **Kaikoura Marine Aquarium** macht einen etwas traurigen Eindruck und ist für jede Spende dankbar. Trotzdem ist es einen Besuch wert, denn nicht nur Kinder lieben den „Streichelzoo", in dem man lokale Meerestiere nicht nur angucken, sondern auch anfassen darf. Die Informationen sind gut aufgearbeitet und illustriert.

■ **Kaikoura Marine Aquarium,** Wakatu Quay, Tel. 27-618 7480, Mo–Fr 10–16 Uhr, 8/4 $.

An der Point Kean Robbenkolonie, 4,4 Kilometer vom Zentrum, am Ende des Fyffe Quays, tummeln sich **zu jeder Jahreszeit zahlreiche Robben.** Nicht vergessen: mindestens zehn Meter Abstand halten und den Robben niemals den Weg zum Wasser abschneiden!

Und auch in Kaikoura kann man Einblicke in die **Schafzucht** bekommen: Rassen, Wollarten und die Schur werden im Rahmen einer Führung auf der **Farm The Point** anschaulich erläutert, Anfassen ist erlaubt. Vor allem in der **Lammzeit** im Frühling eine Attraktion für sich. Auch als Unterkunft empfehlenswert.

■ **Point,** 85 Fyffe Quay, Tel. 09-886 0184, www.pointbnb.co.nz, tägl. 13.30 Uhr u. 16 Uhr, 12/5 $.

Die **Maori Leap Cave** ist eine **Kalksteinhöhle** mit interessanten Formationen, Höhlenkorallen und -algen. Eine Besonderheit sind die sogenannten **Straws,** lange, dünne Röhren aus Kalkstein.

■ **Maori Leap Cave,** SH1, 2 km südl., ausgeschildert, Tel. 03-319 5023, tägl. 10.30–15.30 Uhr, 15 $.

Aktivitäten

Wassersport

Der **Strand** im **Norden** ist in der Hauptsaison bewacht, hat meist ordentliche Wellen und lädt zum Wasserspaß ein. Weiter **südlich** der Esplanade geht es im Wasser etwas ruhiger zu, allerdings liegt der Strand unmittelbar an der Straße.

Surfer und **Stand Up Paddler** finden ein paar Anbieter von Mietbrettern und Kursen. Boardsilly beispielsweise fährt zu den besten Wellen der Gegend. Der beste Spot für Standup Paddling liegt bei der Robbenkolonie am Point Kean.

25 Boardsilly, 134 Southbay Parade, Tel. 03-319 6464, www.surfsilly.co.nz, ab 40 $.

Ob auf eigene Faust oder als Tour: **Kajaking** zur Robbenkolonie, Familientouren, Angeln vom Kajak aus usw., alles ist möglich.

18 Kaikoura Kayaks, 19 Killarney St., Tel. 0800-452 456, www.kaikourakayaks.co.nz, Kajakverleih 3 Std. ab 70 $.

Beim **Rafting** auf dem idyllischen **Clarence River** mit seinen Schnellen des Grades 2 kommt man auf seine Kosten, von der Halbtages- bis zur Mehrtagestour.

2 Clarence River Rafting, SH1, Clarence Bridge, Tel. 03-319 6993, http://clarenceriverrafting.co.nz, ab 120 $.

133nz ks

Taucher und Schnorchler, die die Unterwasserwelt mit ihren Kelpwäldern und Riffen erkunden möchten, können sich auf Oktopusse, Krebstiere und diverse wirbellose Meeresbewohner freuen. Delfine und Seebären lassen sich auch blicken, und mit etwas Glück sieht man vielleicht sogar einen Wal.

21 Dive Kaikoura, Yarmouth St., Tel. 03-319 662, www.divekaikoura.co.nz, ab 250 $.

Es gibt zahlreiche Anbieter, die **Angeltouren** von einer Stunde Dauer bis zu ganzen Tagen organisieren, für Anfänger, Kinder und Erfahrene. Der Fisch wird üblicherweise unter allen Teilnehmern aufgeteilt.

22 Kaikoura Fishing Tours, 204 Esplanade, Tel. 0800-246 6587, www.kaikoura-fishing-tours.co.nz, ab 100 $.

Tierbeobachtung

Bei Touristen ist Kaikoura vor allem für **Wal- und Delfinbeobachtung** (Pott-, Grind-, Buckel-, Südkaperwal und Orca/ Hector, Großer Tümmler und Schwarzdelfin) bekannt. Es finden sich zahlreiche Anbieter; bei der Wahl der Tour (per Boot, Flugzeug oder Helikopter) sollte man unbedingt ein **ökologisch verträgliches und tierfreundliches** Unternehmen auswählen. Einen diesbezüglich guten Ruf genießen beispielsweise:

5 Boot: Whale Watch Kaikoura, Tel. 0800-655 121, www.whalewatch.co.nz, 3½ Std. 145/ 60 $.

4 Helikopter: Kaikoura Helicopters, Whaleway Station Rd., Tel. 03-319 6609, www.worldofwhales.co.nz, 30 Min. ab 220 $.

25 Flugzeug: Air Kaikoura, Peketa RD2, Tel. 03-319 6579, www.airkaikoura.co.nz, 30 Min. ab 145 $.

Touren, bei denen man **mit Delfinen schwimmen** kann, beginnen und enden auf dem Boot. Sobald die Tiere in der Nähe sind, springt man über Bord. An Delfinen mangelt es nicht, über deren Begeisterung lässt sich streiten. Das folgende Unternehmen fühlt sich dem Wohl der Tiere verpflichtet und darf sich mit dem goldenen Qualmark-Enviro-Logo schmücken:

20 Dolphin Encounter, 96 The Esplanade, Tel. 03-319 6777, www.dolphin.co.nz, ab 170/155 $.

^ Robbe beim Verschnaufen

> Auf dem Kaikoura Peninsula Walkway

Auch mit **Robben** kann man **schwimmen.** Seal Swim Kaikoura behält den Umweltschutz im Auge und hat eine Initiative gegen Plastiktüten und die Verschmutzung der Meere gegründet.

14 Seal Swim Kaikoura, 58 West End, Tel. 03-319 6182, www.sealswimkaikoura.co.nz, 2 Std. ab 80/60 $.

Für Hobby-Ornithologen ist Kaikoura ein Muss: **Über 40 Vogelarten** leben hier, darunter die beiden größten **Albatrosarten,** Königs- und Wanderalbatros.

19 Albatross Encounter, 96 Esplanade, Tel. 03-319 6064, www.albatrossencounter.co.nz, Tour ab 115/55 $.

Spazieren und Wandern

Der **Kaikoura Peninsula Walkway** ist ein absolutes Muss! Vom Point Kean aus bietet der elf Kilometer lange, einfache und gut ausgeschilderte Spazierweg **wunderbare Ausblicke** über das Meer und benachbarte Buchten. Hinweisschilder erläutern Fauna, Flora, Winde und anderes. Mit etwas Glück kann man bei Flut gigantische **Stachelrochen** aus einer Höhe von 100 Metern im glasklaren Wasser beobachten. Am Ende des Weges wird man mit der schönen Maori-Legende belohnt, die erzählt, wie Neuseeland entstand.

■ **www.doc.govt.nz**

052nz ks

Mein Tipp: Der 40 Kilometer lange, sehr schöne und landschaftlich abwechslungsreiche **Kaikoura Coast Track** führt über privates Land und ist kostenpflichtig. Der Preis gilt für drei Übernachtungen in gut ausgestatteten Hütten. Auch ein Gepäcktransport kann in Anspruch genommen werden.

■ **Kaikoura Coast Track,** 356 Conway Flat Rd., Conway Flat, Tel. 03-319 2715, www.kaikouratrack.co.nz, ab 190 $.

Beim **Lama-Trekking** ist man während der bis zu fünfstündigen Tour nicht nur mit seinem „persönlichen" Tier unterwegs, die Wanderung beinhaltet auch Stopps an zahlreichen **Sehenswürdigkeiten** (Fyffe House, Kaikoura Farm Park, Robbenkolonie), den Coastal Beach Walk und ein **Picknick** – inklusive aller Eintritte.

7 **Kaikoura Llama Trekking,** 12 Kowhai Ford Rd., Tel. 03-319 5033, www.llamatrekking.co.nz, 1 Std. 59/39 $, 5 Std. 99/79 $.

Sonstiges

Man kann sich **Touren** anschließen, die Einblicke in die **Maori-Kultur** und ihre Traditionen vermitteln. Durchaus empfehlenswert!

16 **Maori Tours,** 10 Churchill St., Tel. 03-319 5567, www.maoritours.co.nz, 134/74 $.

Der **Fyffe View Ranch Adventure Park** bietet Pferde, Bogenschießen, Luge (eine Art Sommerrodelbahn) und einen Streichelzoo mit Fütterung. Hier kann man ein paar Stunden verbringen.

25 **Fyffe View Ranch Adventure Park,** 82 Chapmans Rd., Tel. 03-319 5069, ab 45 $.

8 **Minigolf** kann man im Hinterhof eines lustig bemalten Hauses spielen, das auf einen künstlerisch veranlagten Hippie schließen lässt (Beach Rd. Ecke The Esplanade). Nichts für professionelle Spieler, aber es wird für kleines Geld viel fürs Auge geboten. Zumindest vorbeigehen lohnt sich.

Praktische Tipps

Informationen

- **www.kaikoura.co.nz**
- **Einwohnerzahl:** 3800
- **i-SITE** und **DOC:** West End, Tel. 03-319 5641, tägl. 8.30–18 Uhr.
- **Bibliothek:** Harakeke Mall, Shop 8, 134–136 Beach Rd., Tel. 03-319 5282, Mo–Do 9.30–17.30 Uhr, Fr bis 19 Uhr, Feiertage geschlossen.

An- und Abreise

- **Bus:** Kaikoura wird von allen Langstreckenbusunternehmen angefahren. **Hinweis:** Zum Zeitpunkt der Recherche war der SH1 Richtung Norden aufgrund des Erdbebens geschlossen. Eine Wiedereröffnung ist für 2017/2018 zu erwarten. Der aktuelle Stand kann auf www.nzta.govt.nz nachgeschaut werden.
- **Zug:** Kaikoura liegt an der Coastal Pacific Strecke. Tickets müssen vorab erworben werden.
- **Taxi: Kaikoura Shuttles,** Tel. 03-319 6166.

Unterkunft

17 **Dolphin Lodge**①, 15 Deal St., Tel. 03-319 5842, www.dolphinlodge.co.nz. Zentral gelegenes kleines Hostel mit ca. 20 Betten, einem Sonnendeck und Garten mit Hängematten. Kräutergarten und Fahrräder können nach Belieben genutzt werden.

15 **Fish Tank Lodge**①, 86 West End, Tel. 03-319 7408, www.fishtanklodge.co.nz. Relativ neues Hostel mit netter maritimer Dekoration, Sonnenbalkon mit Grill und Blick zum Meer. Direkt an der i-SITE gelegen, aber auch das freundliche Personal der Lodge hilft bei der Buchung von Aktivitäten. Kostenloses WLAN.

26 **Bay Cottages**②, 29 South Parade, Tel. 03-319 5506, www.baycottages.co.nz. Ein wenig außerhalb mit verschiedenen Units. Sauber, ordentlich und mit einem extrem hilfsbereiten Besitzer.

1 **Ardara Lodge**②-③, 233 Schoolhouse Rd., Tel. 03-319 5732, www.ardaralodge.co.nz. Etwas außerhalb, Zimmer mit und ohne Küche für zwei bis sechs Personen. Nicht nur steht der sonnige Garten zur Verfügung, auch ein Spa Pool mit Blick auf die umliegenden Berge dient der Erholung.

24 **Point**②-③, siehe „Sehenswertes".

Camping

3 **Kaikoura Top 10 Holiday Park**②-③, 34 Beach Rd., Tel. 03-319 5362, www.kaikouratop10.co.nz. Ist dem Ortszentrum am nächsten. Ein wenig steril mit wenig Schatten, aber mit Pool, Spa und Spielplatz mit dem für Top 10 typischen riesigen Hüpfkissen.

Essen und Trinken

Kulinarisch ist man in Kaikoura gut versorgt. Von Pizza, Steak, Seafood bis zu Fish&Chips und Thai ist alles zu haben. Am besten das **West End** langschlendern und den leckeren Düften folgen.

23 **Mein Tipp:** **The Original World Famous Kaikoura Seafood BBQ**①, 85 Fyffe Quay, mittags geöffnet. Hat wohl den längsten Namen für den kleinsten Stehimbiss(-wagen). Aber so klein der Stand auch ist, so groß ist der kulinarische Genuss. Wer bislang noch keine Whitebait Fritters probiert hat, kann und sollte das nun nachholen. Abgesehen von den Pommes, kommen die meisten Speisen aus dem Meer.

9 **Coopers Catch**①, 9 Westend, Tel. 03-319 6362, tägl. 9.30–24 Uhr. Klassischer Fish&Chips-Imbiss. Sitzbänke mit Sonnenschirmen vorhanden.

6 **Tuti's Restaurant and Bar**②-③, 35 Beach Road, Tel. 03-319 3370, Mo–Sa 17–22 Uhr. Gute Fisch- und Fleischgerichte, teilweise mit asiatischem Touch. Nette Atmosphäre mit freundlichen Besitzern.

23 **Green Dolphin**②-③, 12 Avoca St., Tel. 03-319 6666, www.greendolphinkaikoura.com, tägl. 17–23 Uhr. Serviert werden Seafood und Fleisch. Die Speisen sind frisch und appetitlich angerichtet.

Ausgehen

10 **Mein Tipp:** **Strawberry Tree**②, 21 West End, Tel. 03-319 6451, Mi–Sa 15.30–3 Uhr. Fröhliche Musik und Bands, die wunderbar zur entspannten Atmosphäre passen. Man kann für ein Getränk vorbei schauen, aber auch den Magen mit einer ordentlichen Mahlzeit erfreuen.

13 **Whaler**②, West End, Tel. 03-319 3333, tägl. 15–3 Uhr. Nachmittags auf dem Sonnendeck im ersten Stock E-Mails checken oder ein Bier genießen und abends ein Steak am offenen Kamin schlemmen, um dann das Tanzbein zu schwingen.

Einkaufen

Von Norden kommend, passiert man das **Harakeke Shopping Centre** (130–137 Beach Rd.). Der recht neue Komplex wächst zunehmend und ist ein idealer Stopp, um sich für die Weiterreise mit Lebensmitteln und anderen Notwendigkeiten einzudecken. Im Ort selbst befinden sich alle Geschäfte auf der Hauptstraße **West End.**

12 **Kaikoura Cheese,** 45 West End, Tel. 03-319 7598, tägl. 10–17 Uhr. Käseliebhaber mögen einen Blick in dieses Geschäft werfen. Die Ziegenkäserolle ist besonders lecker.

11 An jedem ersten Sonntag im Monat findet von 10 bis 13 Uhr ein **Bauernmarkt** statt, West End Town Centre, www.kaikourafarmersmarket.co.nz.

Waipara

Weinliebhaber sollten das Waipara-Tal nicht unterschätzen. Pinot Noir, Riesling, Pinot Gris, Gewürztraminer, Chardonnay und Sauvignon Blanc gedeihen auf 74 Weinbergen und werden auf **31 Weingütern** zu besten Tropfen verarbeitet. Wer nicht nur trinken, sondern auch essen möchte, wird im Pegasus Bay Winery and Restaurant bestens verköstigt. Das Weingut ist eines der ältesten und erfolgreichsten Neuseelands. Auch ein Besuch im Fasskeller des Familienbetriebes lohnt sich.

- **www.waiparawines.co.nz**
- **Pegasus Bay Winery and Restaurant**③, 263 Stockgrove Rd., Tel. 03-314 68869, www.pegasusbay.com, tägl. 10–17 Uhr.

Hanmer Springs und Umgebung

Die Strecke zwischen Christchurch nach Hanmer ist relativ unspektakulär, außer den beiden folgenden Sehenswürdigkeiten gibt es keinen wirklichen Grund, zu halten.

Kurz nach dem Weka Pass, ca. zehn Kilometer vor Waikari, ist der auffällige **Frosch-Felsen** zu sehen.

Maori-Felszeichnungen kann man in Waikari bewundern, 40 Gehminuten vom Ort entfernt (dem Weg gegenüber des Star and Garter Hotel folgen).

Hanmer Springs

Neuseelands **alpiner Spa- und Kurort** Hanmer Springs wird auch als „Zentrum der Erholung" bezeichnet. Vor allem Neuseeländer entspannen sich in Spa und Thermal Pools, gehen auf Wanderungen und angeln. Wenn das Zeitbudget es zulässt, ist Hanmer den Zehn-Kilometer-Abstecher vom SH1 durchaus wert. Trotz seiner zahlreichen Möglichkeiten an Aktivitäten ist Hanmer eher ein **ruhiges, verschlafenes Örtchen.**

Achtung: zum Zeitpunkt der Recherche ereignete sich in Hanmer Springs ein **Erdbeben,** das Teile der Stadt zerstörte, der folgende Abschnitt bezieht sich auf die Zeit vor dem Erdbeben, Entwicklungen sind abzuwarten.

› Thermalquellen in Hanmer Springs

Aktivitäten

Das 125 Jahre alte Bad **Hanmer Springs Thermal Pools and Spa** ist gerade für 7,5 Millionen Dollar renoviert worden und kann sich nun wirklich sehen lassen. Für Alt und Jung ist jeden etwas dabei: 15 Open-Air-Becken, drei Schwefel-Becken, drei Becken für die Wassertherapie, Sauna und Dampfbad, 25-Meter-Sportbecken, Massage- und Beauty-Anwendungen, Wasserspielplatz mit Riesenwasserrutsche und Restaurant.

8 **Hanmer Springs Thermal Pools and Spa,** 42 Amuri Ave., Tel. 0800-442 663, www.hanmersprings.co.nz, tägl. 10–21 Uhr, 22/11 $, 1 Std. Private Pool 40 $ p.P.

Für **Wanderer** und **Spaziergänger** ist die Umgebung von Hanmer Springs ein schönes Fleckchen. Grüne Berglandschaft erfreuen im Sommer, schneebedeckte Wipfel im Winter. Die i-SITE hält Informationshefte bereit. Beliebt sind die folgenden Routen:

- **Conical Hill** (2 km, 1 Std. return, Start Conical Hill Rd.).
- **Waterfall Track** (2,5 km, 1½ Std., Start Mullans Road).

Wer auf der Suche nach einer passenden **Outdoor-Aktivität** ist, sollte bei diesen Alleskönnern nachfragen:

3 **Hanmer Springs Adventure Centre,** 20 Conical Hill Rd., Tel. 03-315 7233, www.hanmeradventure.co.nz.

Mountainbiking: Es gibt zehn Tracks für Anfänger bis zu Experten von 4 bis 25 km Länge. Erfahrenere Radler können sich zum Jack's Pass fahren lassen und über den Jollies Pass zurück in den Ort fahren. Für 125 $ inkl. Fahrrad und Shuttle.

www.fotolia.de © Xufang Zhang

Hanmer Springs

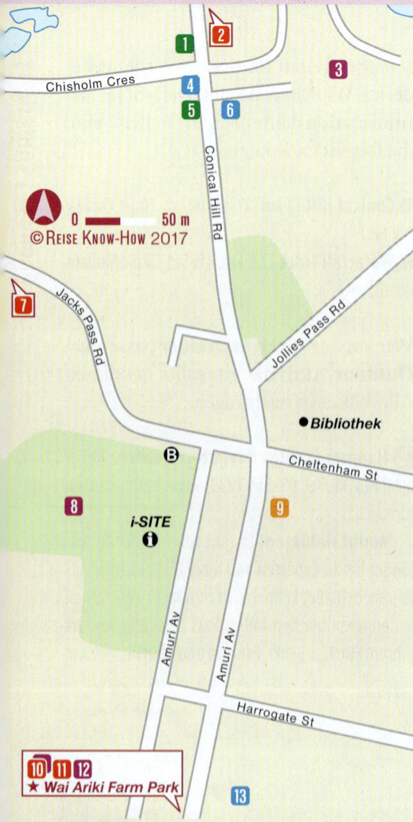

Übernachtung
2 Alpine Adventure Holiday Park
7 Jack in the Green
10 Stash Palace
11 Hot Springs Motor Lodge

Essen und Trinken
4 Hanmer Bakery Café Restaurant
6 Malabar Restaurant
13 No.31 Restaurant and Bar

Nachtleben
9 Monteith's Brewery Bar

Einkaufen
1 Decadent Fudge Co.
5 Alpine Pacific Centre

Aktivitäten
3 Hanmer Springs Adventure Centre
8 Hanmer Springs Thermal Pools and Spa
10 Stash Palace
12 Thrillseekers

Quad-Touren: Der ausschließlich für die Quads angelegte Track führt durch Bäche und Furchen. Nach Regenfällen ist das Schlammbad inbegriffen (1½ Std. 129 $, Mitfahrer 75 $).

Tontaubenschießen: 18 Schuss 59 $.

Bogenschießen: 30 Min. 45 $.

Ski- und Snowboardverleih (im Winter) mit Shuttleoptionen in das 17 km entfernte Skigebiet (www.skihanmer.co.nz)

12 **Thrillseekers,** 830 Hanmer Springs Rd., Tel. 03-315 7046, www.ires.co.nz/online/availability/thrillseekers, Hat ein ähnliches Angebot wie das Adventure Centre für Aktivitäten in und um Hanmer Springs und bietet zusätzlich: Jetboats (115/60 $), Kanus (6 Std. Tour 225/142 $) und Bungee-Jumps (190 $).

Der **Tierpark Wai Ariki Farm Park** ist auf knapp einem Hektar angelegt. Es gibt Rehe, Ziegen, Emus, Esel, Schafe, Alpakas, Lamas, Hasen, Enten Hühner und ein Yak. Die meisten der Tiere kann man anfassen und füttern. Das angegliederte Café hat eine große Terrasse, sodass man seine Kinder gut im Auge behalten kann, während man sich selbst ein Heißgetränk gönnt.

■ **Wai Ariki Farm Park,** 108 Rippingale Rd., Tel. 03-315 7772, www.hanmer-animal-park.co.nz, Di–So 10–17 Uhr, Winter 10–15 Uhr, 12/6 $.

10 **Stick- und Strickworkshops** siehe „Unterkunft/Stash Palace“.

Praktische Tipps

Informationen

- **www.visithanmersprings.co.nz**
- **Einwohnerzahl:** 840
- **i-SITE:** 42 Amuri Av., Tel. 03-315 0020, Mo–Fr 10–17 Uhr.
- **Bibliothek:** Amuri Av., Ecke Cheltenham Street, Mo–Fr 12–16.30 Uhr, Sa 10.30–14 Uhr.

An- und Abreise

- **Bus:** Hanmer wird von den meisten Langstreckenbusunternehmen auf der Verbindung zwischen West- und Ostküste angefahren; zentrale Haltestelle Amuri Ave. Ecke Jacks Pass Rd.
- Von Christchurch aus (jedoch nicht von Kaikoura) gibt es auch spezifische Busunternehmen wie **Hanmer Connection,** Tel. 03-382 2952, www.hanmerconnections.co.nz, von/nach Christchurch 30/20 $.

Unterkunft

7 **Jack in the Green**①-②, 3 Devon Street, Tel. 03-315 5111, www.jackinthegreen.co.nz. Recht kleines Hostel, fußläufig zum Zentrum, der große Garten mit Blick auf die Berge lädt zum Entspannen ein. Aufenthaltsraum mit Kamin, die Küche wurde erst kürzlich renoviert.

10 **Stash Palace**②, 12 Lochiel Dr., Tel. 03-315 7778, www.janevk.com. Gästeflügel mit drei Zimmern für max. fünf Personen. *Jane* bietet Workshops rund ums Sticken, Stricken und andere Handarbeiten. An kalten Tagen macht man es sich am Kamin gemütlich. Benötigtes Material kann im angegliederten Shop erworben werden.

11 **Hot Springs Motor Lodge**②-③, 35 Hanmer Springs Rd., Tel. 03-315 5138, www.hotspringsmotorlodge.co.nz. Bietet einen schönen Blick auf die Berge und hat saubere Zimmer mit eigener Spa-Wanne. Super hilfsbereites Personal.

Camping

2 **Alpine Adventure Holiday Park**②, 200 Jacks Pass Rd., Tel. 03-315 7112, www.hanmerspingsaccommodation.co.nz. Ordentliche Anlage mit schönem Spielplatz und kleinem Pool.

Essen und Trinken

Hanmer Springs verfügt über eine Reihe von guten Cafés, Restaurants und Bars. Am besten durchs Zentrum schlendern und sich verlocken lassen ...

4 **Hanmer Bakery Café Restaurant**①, 24 Conical Hill Rd., Tel. 03-315 7714, www.hanmerbakery.co.nz, tägl. 6–16 Uhr. Serviert guten Kaffee und hat eine attraktive Auswahl an kleinen Gerichten auf der Karte. Die Pies sind besonders lecker.

6 **Malabar Restaurant**②, 5 Conical Hill Rd., Tel. 03-315 7745, www.malabar.co.nz, Di–So 17–22 Uhr, Sa auch 12–14.30 Uhr. Ist mit seinem netten Ambiente und den leckeren Gerichten aus ganz Asien sehr beliebt. Frühstück und Brunch gibt es auch, das fällt aber mit Eggs Benedict, Burgern und Co. weniger asiatisch aus.

13 MEIN TIPP: **No. 31 Restaurant and Bar**③, 31 Amuri Av., Tel. 03-315 7031, tägl. 17–23 Uhr. Von außen unspektakulär, innen gemütlich und freundlich. Das Menü ist von lokalen Speisen geprägt.

Ausgehen

9 **Monteith's Brewery Bar,** 47 Amuri Av., Tel. 03-315 5133, www.mbbh.co.nz. Direkt gegenüber des Thermalbades gelegen, bietet es sich direkt an, hier ein für ein gutes Bier (oder auch Essen) einzukehren. Rustikal-gemütliches Ambiente.

Einkaufen

Hanmer Springs ist ganz sicher kein Ort zum großen Shoppen. Das Zentrum ist übersichtlich, am besten die **Conical Hill Road** entlang flanieren.

5 Im dortigen **Alpine Pacific Centre** gibt es Badesachen, Kunst und Geschmeide sowie Geschenkartikel.

1 MEIN TIPP: **Decadent Fudge Co.,** 1/30 Conical Hill, Tel. 03-315 5210, Mo–Sa 9.30–17 Uhr. *Mick* und *Sue O'Callaghan* machen leckeren Fudge, von Cranberry und Ingwer über Irish Cream bis hin zu Dark Chocolate Caramel Sea Salt.

Christchurch und Lyttelton

Christchurch ist **die größte Stadt der Südinsel** und die drittgrößte Neuseelands (nach Auckland und Wellington). Aufgrund ihres internationalen Flughafens mit Strecken nach Europa und Asien besuchen jedes Jahr Hunderttausende Touristen die Stadt. Viele verbringen vor oder nach ihren Trips auf der Südinsel einige Tage hier. Christchurch ist eine durchaus **attraktive Stadt,** die sich im ständigen Wandel befindet.

Im Jahr **2011** wurde Christchurch von einer der **schwerwiegendsten Naturkatastrophen Neuseelands** heimgesucht: Am 22. Februar um 12.51 Uhr ereignete sich ein **Erdbeben** mit Epizentrum in Lyttelton (einem Vorort der Stadt). Durch seine **Stärke von 6,3** auf der Richterskala in einer Tiefe von nur fünf Kilometern **zerstörte es große Teile der Stadt und forderte 185 Todesopfer.** Das Beben gilt als Nachbeben des vorangegangenen Bebens mit der Stärke 7,1 im September 2010, das zwar keine Menschenleben forderte, aber große materielle Schäden hinterließ. Die Stadt wurde von über 100 weiteren Nachbeben erschüttert. Der **Notstand** wurde ausgerufen, die Innenstadt als Red Zone definiert und für die Öffentlichkeit geschlossen. Polizei, Feuerwehr und Militär arbeiteten rund um die Uhr, ein Notkrankenhaus wurde errichtet und ein Hilfstrupp, vorwiegend aus Studenten, formierte sich. Auch aus dem Ausland wurde **Unterstützung** in Form von Hilfskräften und Geld geschickt: Australien,

Christchurch

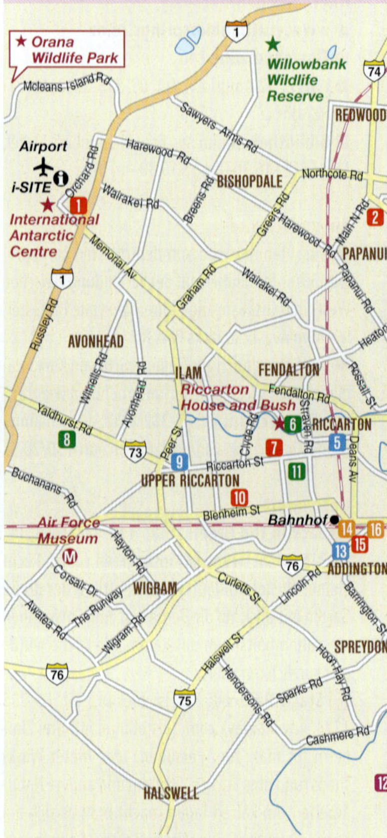

Einkaufen
6 Christchurch Farmers Market
8 Riccarton Sunday Market
11 Westfield Riccarton
22 Tannery Woolston
27 Lyttelton Farmers Market

Aktivitäten
3 Bone Dude's
12 Adventure Park (vorübergehend geschlossen)
18 Roxx Climbing Centre
23 Gondola

0 2 km
©Reise Know-How 2017
Neus_07
Übernachtung
1 Jucy Snooze
2 Christchurch Top 10 Holiday Park
4 Strathern Motor Lodge
7 Metropolitan Executive Motel
10 Amber Kiwi Holiday Park and Motel
15 Jailhouse
19 Haka Lodge
25 Sumner Retreat
Essen und Trinken
5 Dux Dine
9 Zenbu Japanese Restaurant and Bar
13 Addington Coffee Co-Op
17 Burgers and Beers
26 Cornershop Bistro
Nachtleben
14 Court Theatre
16 Dux
20 Twisted Hop Pub
21 Cassels Brewery
24 Hollywood 3
28 Wunderbar
Prestons Rd
Marshland Rd
Waimairi Beach
Travis Wetland
Beach Rd
Queen Elizabeth II Dr
74
North Beach
Marine Parade
Cranford St
MAIREHAU
Innes Rd
Hills Rd
BURWOOD
ST ALBANS
Shirley Rd
NEW BRIGHTON
ARANUI
Anzac Dr
MERIVALE
EDGEWARE
402
New Brighton Beach
Breezers Rd
Pages Rd
Woodham Rd
Bridge St
South Brighton Beach
LINWOOD
Linwood Av
Aldwins Rd
Dyers Rd
Ferry Rd
Colombo St
Brougham St
WOOLSTON
76
Strickland St
Opawa Rd
Wilsons Rd
Main Rd
Ferrymead Heritage Park
Centaurus Rd
Port Hills Rd
FERRYMEAD
SUMNER
Taylors Mistake Beach
Tunnel Rd
Godley Beach Park
LYTTELTON
CASS BAY
Lyttelton Information Centre
RAPAKI
CORSAIR BAY
GOVERNORS BAY
Quail Island
DIAMOND HARBOUR

Japan, Kanada, England, China, die Europäische Union sowie die United Nations unterstützen die krisengeschüttelte Stadt. Innerhalb von drei Tagen waren 75 Prozent der Stadt wieder mit Strom versorgt, der Wiederaufbau der Wasser- und Abwasserversorgung dauerte bedeutend länger. Über die Hälfte der Gebäude in der Innenstadt mussten abgerissen werden. Noch heute kann man als Besucher der Stadt die Auswirkungen des Erdbebens sehen, und die Einwanderbehörde vergibt besondere Visa für Fachkräfte. Aufgrund der Insellage und des Mangels an qualifizierten Kräften und Material **geht der Wiederaufbau nur langsam voran.** Eine konkrete **Gefahr für Besucher besteht jedoch nicht.**

Aufgrund des Wiederaufbaus erscheint Christchurch in einem **neuen, modernen Licht.** Das einstig englische Flair ist verschwunden, Internationalität und eine Kombination aus Funktionalität und modernem Design prägen das Straßenbild der Innenstadt. Der Botanische Garten, das Canterbury Museum, das Antarctic Centre sind den Besuch von Christchurch definitiv wert, auch und ein Ausflug nach Lyttelton lohnt sich. **Christchurch verändert sich kontinuierlich,** sodass man auf der Suche nach den interessantesten Sehenswürdigkeiten und Aktivitäten unbedingt die Augen aufhalten muss – was heute noch ist, muss morgen nicht mehr sein. Wer auf seiner Neuseeland-Reise zeitlich eingeschränkt ist und Naturerlebnisse vorzieht, kann allerdings ohne schlechtes Gewissen um Christchurch einen Bogen machen.

☒ Blick auf Lyttelton Harbour

Geschichte

Wann die Region des heutigen Christchurch erstmalig besiedelt wurde, kann nicht genau datiert werden. Wissenschaftler schätzen, dass sich Maori um das Jahr **1000** niederließen und Matai- und Totarawälder niederbrannten, um Moas zu jagen. Um 1450 starb der Moa aus, die Siedler aber blieben.

Es kam zu **Stammeskämpfen** mit Nordinsel-Maori (Ngati Mamoe und später Ngai Tahu). Um 1800 dominierten die Ngai Tuahuriri, die mit Pounamu (Greenstone) handelten und Vögel, Fische und Süßwasser-Langusten jagten. Eines der beiden verbliebenen Waldgebiete (und damit Jagd- und Sammelgebiete) war Putaringamotu.

Am 16. Februar **1770** sichtete Kapitän **James Cook** die Banks Peninsula. Die Geschichte der frühen europäischen Siedler nahm dort ihren Anfang.

1843 erreichten **William** und **John Deans** Neuseeland und bauten das erste europäische Haus in den Canterbury Plains, in Putaringamotu. Die Gegend benannten sie **„Riccarton"** nach ihrer Heimatgemeinde in Schottland, den Fluss Avon nach dem Bach auf der Farm ihres Großvaters. Riccarton ist heute ein Stadtteil Christchurchs.

1848 wurde die **Canterbury Association** von *John Robert Godley* und *Edward Gibbon Wakefield* gegründet (siehe Exkurs „Die Canterbury Association"). Die Gesellschaft machte es sich zur Aufgabe, die **Stadt- und Landentwicklung zu planen,** bevor die entsprechenden Siedler eintrafen. Die Haupt-Stadt wurde „Christchurch" genannt, nach dem College, das *Godley* einst besuchte. Teil des Besiedlungsplanes war, Land günstig von den Maori zu kaufen, teurer an Siedler zu verkaufen und mit dem Gewinn die Infrastruktur (Straßen, Schulen usw.) aufzubauen. Lächerliche 2000 Pfund wurden für eine beträchtliche Landfläche im Rahmen des **Kemp's-Deed-Vertrags** an die Maori gezahlt. Der Kaufbeauftragte *Walter Mantell* hielt sich nicht an den Vertrag und betrog die Maori um weiteres Land.

Das **erste Schiff** mit **neuen Siedlern,** die **„Charlotte Jane"**, erreichte Lyttelton Harbour im Dezember 1850, weitere folgten. Der populärste Stadtteil war Lyttelton, aber die Besiedlung weitete sich schnell über Port Hills nach Christchurch aus und wuchs rasant. Aufgrund seines **Bischofssitzes** erlangte Christchurch als erster Ort Neuseelands im Jahre **1856 Stadtrechte.** Der Grundstein der Kathedrale wurde bereits 1864 gelegt, aber erst 1904 wurde sie fertiggestellt. Christchurch erhielt den Spitznamen „Cathedral City".

Im Laufe der Jahrzehnte entwickelte sich die Stadt prächtig. Mit den Erdbeben von 2010/2011 erlitt Christchurch dann einen massiven Rückschlag, von dem sich die Stadt nur langsam erholt.

Sehenswertes

Mein Tipp: Etliche touristische Attraktionen kann man mit (teilweise kostenfreien) **Shuttles** erreichen. Die i-SITE hält alle nötigen Infos bereit. Alternativ gibt es **Bus- und Straßenbahntouren** durch die Stadt, teilweise mit beliebigen Ein- und Ausstiegsmöglichkeiten. Wer mehrere Attraktionen besuchen will, sollte außerdem nach **Kombi-Angeboten** wie dem „Christchurch Pass" fragen.

Die **zahlreichen Stadtteile** Christchurchs haben alle ihren persönlichen Flair. Besonders beliebt und abwechslungsreich sind neben dem Zentrum **Riccarton** und **Addington.**

Christchurch Zentrum

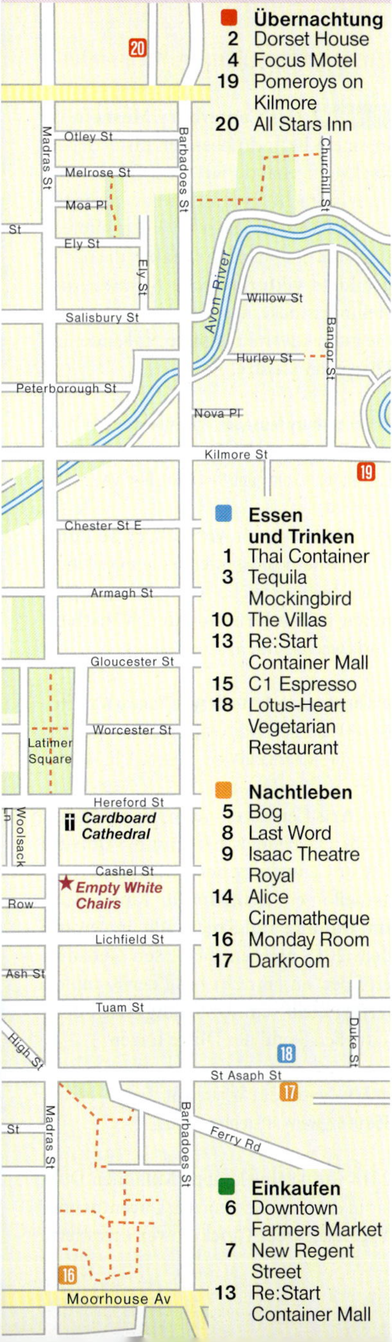

Das Quadrat zwischen Deans, Moorhouse, Fitzgerald und Bealey Avenue definiert das **Zentrum** der Stadt mit seinen wichtigen Sehenswürdigkeiten, Erdbeben-Gedenkstätten und Einkaufsmöglichkeiten. Rund ein Drittel der Fläche fällt dem **Botanischen Garten** und dem **Hagley Park** zu.

Mein Tipp: In **Lyttelton** begann die Kolonialgeschichte der Südinsel, als die ersten Segelschiffe in Lyttelton Harbor ankerten. Lyttelton ist eine unabhängige Stadt mit knapp 3000 Einwohnern, die schwere Erdbebenschäden erlitt. Viele historische Gebäude mussten abgerissen werden. Trotzdem behielt die Stadt ihr Flair und ist Anziehungspunkt für Kunst- und Kulturschaffende. Aufgrund ihrer Nähe zu Christchurch wird im Folgenden Lyttelton in das Christchurch-Kapitel eingebettet.

Erdbeben-Gedenkstätten

Die Gedenkstätte **Empty White Chairs Earthquake Memorial** hat der Künstler *Pete Majendie* erschaffen. An der Cashel Street Ecke Madras Street repräsentieren **185 weiße Stühle** je ein Todesopfer des Bebens. Quasi mitten in der Stadt, umgeben von Baustellen und Straßen.

Mein Tipp: Quake City ist eine erschütternde, gut aufbereitete Ausstellung rund um das Beben 2011. Besonders bewegend ist der **Film,** in dem Augenzeugen von ihren Erlebnissen berichten.

■ **Quake City,** Re:Start Mall, 99 Cashel St., Tel. 03-365 8375, www.quakecity.co.nz, tägl. 10–17 Uhr, 20 $/frei.

Gap Filler

Aufgrund des Erdbebens und seiner Konsequenzen verändert sich die Stadt fast täglich. Die Organisation bemüht sich, leere oder triste Plätze mit **(Kunst-)Projekten, Workshops und Veranstaltungen** zu füllen. Ein Blick auf die Homepage lohnt sich, oder man besucht die Niederlassung in der Kilmore St.

■ **www.gapfiller.org.nz**

Die vorwiegend aus **Pappe** errichtete **Cardboard Cathedral** fungiert als temporäre Ersatzkirche für die beim Erdbeben massiv beschädigte Christchurch Cathedral.

■ **Cardboard Cathedral,** 234 Hereford St., Gottesdienst tägl. 8.30 und 12.05 Uhr.

Die 1864–1904 gebaute anglikanische **Christchurch Cathedral** am Cathedral Square im Zentrum war lange Zeit das **Wahrzeichen** der Stadt und erster **Bischofssitz** in Neuseeland. Im Laufe ihrer Geschichte wurde die Kirche immer wieder durch Erdbeben beschädigt. So auch im Juni 2011, als sie so starken Schaden nahm, dass sie komplett abgerissen werden sollte. Diverse Gruppierungen formierten sich und setzten sich vor Gericht für den Erhalt der Kirche ein. Im Dezember 2015 einigte man sich darauf, die Kirche wieder aufzubauen, es bleibt aber abzuwarten, was tatsächlich geschieht.

☒ Was wohl aus der Christchurch Cathedral wird?

Museen, Ausstellungen, Architektur

Mein Tipp: Das **Canterbury Museum** ist in einem beeindruckenden historischen Backsteingebäude aus dem Jahre 1870 untergebracht. Es präsentiert naturhistorische Exponate, aber wirklich interessant sind die **Maori-Artefakte,** die nachgebildete **viktorianische Straße,** Ausstellungsstücke aus der **Antarktis** und die interaktiven Erlebnisse für Kinder im **Discovery Centre.**

■ **Canterbury Museum,** Rolleston Ave. Ecke Worcester Blvd., Central, Tel. 03-366 5000, www.canterburymuseum.com, tägl. 9–17 Uhr, Disc. Centre 2 $.

Die **Christchurch Art Gallery Te Puna o Waiwhetu** präsentiert eine exzellente, abwechslungsreiche Auswahl an **nationalen und internationalen Künstlern** und (wechselnden) Ausstellungen.

■ **Christchurch Art Gallery Te Puna o Waiwhetu,** 49 Worcester Blvd., Central, Tel. 03-941 7300, www.christchurchartgallery.co.nz, tägl. 10–17 Uhr.

Das **Arts Centre,** ein Komplex aus historischen Gebäuden, hat einst die University of Canterbury beherbergt und wird aktuell in ein **Zentrum für Kunst, Kultur, Bildung und Kreativität** umgewandelt. 2015 wurden die ersten Gebäude eröffnet, im Jahr 2019 soll der Komplex fertiggestellt sein. Unbedingt nach dem aktuellen Stand der Dinge fragen.

■ **Arts Centre,** 301 Montreal St., Central, Tel. 03-366 0989, www.artscentre.org.nz.

2014 wurde eine knappe Millionen Dollar in die Renovierung des **Uhrenturmes Victoria Street Clock Tower** investiert.

1860 wurde er in England gebaut und in 147 einzelnen Paketen nach Neuseeland geschickt. Der Turm ist im Laufe der Jahre mehrmals innerhalb von Christchurchs umgezogen, nun steht er seit 1930 an seinem jetzigen Ort (Montreal St. Ecke Victoria St., Central).

Die **Bridge of Remembrance** an der Cashel Street im Zentrum gedenkt ausnahmsweise nicht der Erdbebenopfer, sondern denen der **Weltkriege.**

Isaac Theatre Royal siehe „Praktische Tipps/Ausgehen".

MEIN TIPP: Das **International Antarctic Centre** ist ein interessantes Museum über die **Antarktis,** Expeditionen und die dortigen Lebensbedingungen. Mit Eiskammer, Pinguinen, Huskys, 4D-Erlebniskino und mehr. Unbedingt einen Besuch wert.

■ **International Antarctic Centre,** 38 Orchard Rd., Airport, Tel. 03-357 0519, www.iceberg.co.nz, tägl. 9–17.30 Uhr, ab 39/19 $.

Für Luftfahrtfans ist das **Air Force Museum** ein Muss, aber auch für alle anderen ist es interessant: Flugzeuge, Technik, Hintergrundinformationen, ein Flugsimulator und mehr. Kostenlose halbstündige Touren.

■ **Air Force Museum,** 45 Harvard Ave., Hornby, Tel. 03-343 9532, www.airforcemuseum.co.nz, tägl. 10–17 Uhr.

Riccarton House and Bush, das historische Haus der Familie *Dean* aus dem Jahre 1856 war nach dem Erdbeben lange Zeit geschlossen, nun ist es wieder für Touren (1 Std.) geöffnet. Es gibt mehr als 20 Räume, die liebevoll aufbereitet und dekoriert sind. **Deans Cottage** („Häuschen") im Garten stammt aus dem Jahr 1843 und ist damit das **älteste Gebäude der Canterbury Plains.** Um die Gebäude liegt ein schöner, zwölf Hektar großer Park mit bis zu 650 Jahre alten Bäumen. Samstagvormittags findet hier der Far-

053nz ks

www.fotolia.de © irakite

mers Market statt (siehe „Praktische Tipps, Einkaufen").

■ **Riccarton House and Bush,** 16 Kahu Rd., Riccarton, Tel. 03-341 1018, www.riccartonhouse.co.nz, Sa sechs Touren in der Zeit von 10–12.30 Uhr, So–Fr nur 14 Uhr, 18/5 $.

Im Botanischen Garten von Christchurch kann man ganze acht Routen ablaufen

Natur und Tiere

Es gibt schier **unendliche viele Parks und Gärten** in Christchurch. Zu den sehenswertesten zählen die im Folgenden vorgestellten.

Der wunderschön angelegte, vom Fluss Avon eingeschlossene **Botanische Garten** ist nicht nur für Touristen ein beliebtes Ziel. Zu jeder Jahreszeit sieht man andere Pflanzen, und vor allem im **Frühling** strahlen die Beete in allen nur erdenklichen Farben. Im Visitor Centre kann man sich die Broschüre **„Walking Guide"** besorgen, der acht Strecken mit reichlich Information abdeckt. Alternativ gibt es geführte **Touren** und Caterpillar-Touren in Elektromobilen. Für **Kin-**

der gibt es eine Schatzsuche in Eigenregie und einen Spielplatz mit Planschbecken. Auch werden immer wieder verschiedene Events angeboten.

■ **Botanic Garden,** 6 Rolleston Ave., Central, Tel. 03-941 8999, tägl. 7–18.30, Visitor Centre 8–17 Uhr. Touren ab 10 $, Caterpillar-Touren 20/9 $.

Der **Hagley Park** umschließt den Botanic Garden und ist mit einer Fläche von 164 Hektar die **größte zusammenhängende Grünfläche** in Christchurch. Er umfasst zwei Seen, etliche Sportfelder, einen Golfplatz und mehr. Die Geschichte des Parks reicht bis ins Jahr 1850 zurück.

■ **Hagley Park,** Riccarton Ave., Central, Parkverwaltung Tel. 03-366 1701.

Wer noch keinen **Kiwi-Vogel** gesehen hat, wird im nett aufbereiteten Wildpark **Willowbank Wildlife Reserve** fündig. Außerdem kann man viele endemische Tiere, Pflanzen und ein nachgebautes Maori-Dorf bewundern. In Letzterem findet jeden Abend eine Ko-Tane-Maori-Vorführung statt. Fünf Minuten vom Flughafen entfernt.

■ **Willowbank Wildlife Reserve,** 60 Hussey Rd., Northwood, Tel. 03-359 6226, www.willowbank.co.nz, tägl. 9.30–18 Uhr, 30/12 $.

Orana Wildlife Park ist ein klassischer, netter **Zoo** mit Gorillas, Giraffen und den anderen vierbeinigen Publikumsmangeten. Ein Highlight ist die Fahrt in einem Käfigwagen durch das **Löwengehege.** Man fühlt sich fast wie auf einer Afrika-Safari. Kiwis gibt es natürlich auch zu sehen.

■ **Orana Wildlife Park,** McLeans Island Rd., Airport, Tel. 03-359 7109, www.oranawildlifepark.co.nz, tägl. 10–17 Uhr, 34,50/9,50 $, Fahrt durchs Löwengehege 45 $.

Das **Travis Wetland** umfasst 56,5 Hektar **Sumpfland,** das zwischen 900 und 1700 eines der wichtigsten Nahrungssammelgebiete der hier lebenden Maori war. Hier leben zahlreiche **Vogelarten,** darunter geschätzte 700 Pukeko, die hier überwintern. Es gibt einen netten Rundwanderweg.

■ **Travis Wetland,** Travis Rd., Burwood, www.traviswetland.org.nz.

Sonstiges

Der **Ferrymead Heritage Park** ist eine nachgebaute Stadt aus der **Epoche Edwards VII.** mit Wohnhäusern, Kino, Schulraum, Kirche, Gefängnis, Bahnhof, Post und vielem mehr. In der Museums-Stadt finden oft Sonderausstellungen statt. Das Ganze ist auch für Kinder interessant.

■ **Ferrymead Heritage Park,** 50 Ferrymead Park, Ferrymead, Tel. 03-384 1970, www.ferrymead.org.nz, tägl. 10–16.30 Uhr, ab 20/10 $.

Quail Island, die **ehemalige Lepra-Kolonie** und **Quarantäne-Insel** im Lyttelton Harbor, ist per Fähre zu erreichen und bietet hübsche Rundwanderwege. Wer dem Trubel der Stadt entkommen will, hat hier ein schönes Halbtages-Ausflugsziel.

■ **Black Cat Cruises,** Okt. bis April einmal tägl., www.blackcat.co.nz, 30/15 $.

Aktivitäten

Zentrum (Karte Seite 402)

Eine gemächliche **Bootstour** auf dem **Fluss Avon** kann man mit den unterschiedlichsten Wasserfahrzeugen unternehmen: Ruderboote (ab 25 $), Kajaks (ab 12 $) und Kanadier (ab 24 $). Oft ist auch Radverleih möglich (ab 10 $) bzw. Boot-Rad-Kombis (ab 15 $).

11 **Antigua Boat Sheds,** Cambridge Terrace, Central, Tel. 03-366 6768, www.boatsheds.co.nz.

Christchurch ist mit über 350 Kilometern an Radwegen ein **fahrradfreundliches Pflaster.** Es gibt mehrere Anbieter von geführten Touren durch die Stadt und die Umgebung sowie Radvermieter.

12 **Christchurch Bike Tours,** 2 Cambridge Terrace, Tel. 0800 733 257, www.chchbiketours.co.nz.

In den Vororten (Karte Seite 398)

Ende 2016 wurde in den Port Hills ein **Abenteuerpark** mit Gondel, Mountainbikestrecken, Kletterareal, Seilrutschen und Lokalen eröffnet. Wenige Monate später wurden große Teile des Parks durch Waldbrände beschädigt. Zum Zeitpunkt der Drucklegung dieses Bandes war unklar, wann der **Adventure Park** wieder öffnet. (Abenteuer-)Sportbegeisterte sollten einen Blick auf die Homepage für Updates werfen.

12 **Adventure Park,** www.porthillsleisure.nz.

Mit der **Gondola** kann man eine gemütliche, zehnminütige **Seilbahnfahrt** auf den **Mount Cavendish** in den Port Hills unternehmen. Der im Preis inbegriffene Time Tunnel Ride führt durch die Geschichte der Region. Auf dem Gipfel gibt es einige Wander- und Spazierwege sowie das Red Rock Café②. Wer sich das Geld für die Gondel sparen will, kann über den Bridal Path vom Parkplatz aus zur Gondelstation laufen.

23 **Gondola,** 10 Bridle Path, Lyttelton, Tel. 03-384 0310, www.welcomeaboard.co.nz, tägl. 10–17 Uhr, 28/12 $.

Mein Tipp: Bei einem **Knochenschnitzkurs** wählt man aus 16 zeitgenössischen Designs eines aus, das dann eigenständig erstellt wird. Ein besonderes Neuseeland-Erlebnis. Auch eine kleine Galerie ist angeschlossen.

3 **Bone Dude's,** 153 Marshland Rd., Burwood, Tel. 03-385 4509, www.thebonedude.co.nz, 60 $.

Eine Schlechtwetteroption zum Austoben ist die **Kletterhalle.** Sie bietet Spaß für Groß und Klein an bunten Wänden mit zig Schwierigkeitsgraden.

18 **Roxx Climbing Centre,** Waltham Rd. Ecke Byron St., Waltham, Tel. 03-377 3000, www.clipnclimb.com, Mi–Fr 16–20.15 Uhr, Sa, So 10–18.15 Uhr, 18/14 $.

Es gibt unzählige Möglichkeiten, Christchurch und Umgebung **zu Fuß** kennenzulernen. Die Stadtverwaltung hat eine gute **Liste** von Citywalks, Spaziergängen und Wanderungen in der Umgebung sowie Mehrtageswanderungen erstellt. Beliebt sind der **Bridle Path** (90 Min.) in den Port Hills, der **Coastal Cliffs Walk** (3 Std.) im Diamond Harbour und **Lyttelton Township** (60 Min.).

- **www.ccc.govt.nz**

Man kann aus einer ganzen Palette von **Stadttouren** wählen.

- **Christchurch Sightseeing Tours,** www.christchurchtours.co.nz, ab 69 $.
- **Hassle Fee Double-Decker Bus Tour,** www.hasslefree.co.nz, 69 $.
- **Rebuild Tour,** www.redbus.co.nz, 35 $.
- **Christchurch Tramway,** www.welcomeaboard.co.nz, ab 20 $.
- **Christchurch Walking Tours,** www.freetours.co.nz, kostenlos.
- **Christchurch Bike Tours,** www.chchbiketours.co.nz, ab 50 $.
- **Christchurch Segway Tours,** www.urbanwheels.co.nz, 109 $.

Mountainbiker finden in Port Hills gute Single Tracks in unterschiedlichen Schwierigkeitsgraden, 2016 wurde hier ein ganz neuer MTB Park eröffnet.

Wer lieber die Gegend kennenlernen möchte, ist auf dem 49 Kilometer langen **Little River Railtrail** gut aufgehoben, auch Teilstrecken sind möglich.

- **www.littleriverrailtrail.co.nz**
- **Christchurch Bike Tours,** s. „Zentrum".

Christchurch liegt an der **Pegasus Bay** mit ihren zahllosen **Stränden.** Am zentralsten liegen **New Brighton** sowie die benachbarten Strände **South Brighton** (im Süden), **North Beach** und **Waimairi** (beides Richtung Norden). Die **Marine Parade** lädt auch bei Regenwetter zum Schlendern ein. An den Stränden **Taylors Mistake** und **Godley Beach Park** in Sumner (nordöstlich von Lyttelton) ist es ruhiger, und man kann zum Godley Head laufen und den tollen Blick genießen. Zum Baden ist **Corsair Bay** in Lyttelton Harbour eine gute Wahl.

Die **Zugverbindung TranzAlpine** von Christchurch über Arthur's Pass nach Greymouth gilt als **eine der schönsten der Welt** (siehe „Praktische Reisetipps von A bis Z/Unterwegs im Land/Zug").

Praktische Tipps

Informationen

- **www.christchurchnz.com**
- **www.ccc.govt.nz**
- **www.lyttelton.net.nz**
- **Einwohnerzahl:** 381.800
- **i-SITE:** 9 Rolleston Ave., Tel. 03-379 9629, tägl. 8.30–19 Uhr.
- **i-SITE:** Airport, Tel. 03-741 3980, tägl. 8–18 Uhr.
- **Lyttelton Information Centre:** 20 Oxford St., Tel. 03-328 9093, Mo–Sa 10–16 Uhr, So 10–15 Uhr.
- **DOC:** 9 Rolleston Ave., Tel. 03-379 4082, tägl. 8.30–17 Uhr.
- **Bibliothek:** 36 Manchester St., Tel. 03-941 7923, Mo–Fr 9–18 Uhr, Sa 10–17 Uhr.
- **Weitere Bibliotheken** in den Vororten: www.christchurchcitylibraries.com.
- **Festivals und Veranstaltungen:** www.bethere.co.nz (siehe auch „Praktische Reisetipps von A bis Z/Feste und Veranstaltungen").
- **Canterbury Earthquake Recovery Authority (CERA),** www.cera.govt.com. Informiert über den Wiederaufbau in Christchurch und den Zustand einzelner Gebäude.

An- und Abreise

- **Bus:** Christchurch wird von allen Langstreckenbusunternehmen angefahren; Busbahnhof Glocester St. Ecke Rolleston Av.
- **Zug:** Christchurch ist der Start/Endpunkt des TranzAlpine und der Strecke Coastal Pacific von Ki-

wirail (siehe „Praktische Reisetipps von A bis Z/Unterwegs im Land/Zug"). Zu buchen im Bahnhof (Troup Dr.). Infos: Tel. 0800-872 467, www.kiwirailscenic.co.nz.

- **Flugzeug:** Der 10 km vom Zentrum entfernte Christchurch Airport ist der größte Knotenpunkt für den Flugverkehr der Südinsel. Die Airlines Air New Zealand, Jetstar und einige der regionalen Airlines fliegen die meisten Städte Neuseelands an. Als internationaler Flughafen gibt es Verbindungen nach Australien, Asien und in den Rest der Welt.

Unterwegs vor Ort

- **Bus:** Das Metro-Busnetz (Tel. 03-366 8855, www.metroinfo.co.nz) ist relativ dicht und preisgünstig. Die meisten Busse halten an der **Central Station** (46–50 Lichfield St.). Fahrpläne gibt es dort oder in der i-SITE. Tickets kosten für die Stadtzone 3,50/1,80 $, gelten für zwei Stunden und erlauben einmaliges Umsteigen. Wer länger bleibt, kann sich die **Metrocard** (10 $) besorgen, die Fahrten kosten dann nur noch 2,50 $ bzw. 5 $ für eine Tageskarte. Manche Buslinien transportieren Fahrräder auf einem speziellen Fahrradrack.
- **Taxi:** z.B. **First Direct,** Tel. 0800-505 555, www.firstdirect.net.nz.

Vom/zum Flughafen

- **Taxi:** ca. 50–60 $
- **Bus** (www.metroinfo.co.nz): Linie 3 (via Riccarton, Busbahnhof, Sumner) und 29 (via Fendalton, Busbahnhof), je 8 $, ca. alle 30 Min von 7–23 Uhr.
- **Super Shuttle,** Tel. 0800-748 885, www.supershuttle.co.nz, 24 Std., 23 $ Basispreis plus 5 $ pro weiterer Person.

Unterkunft

Angeblich gibt es knapp 400 Unterkünfte in Christchurch. Wie viele es auch tatsächlich sein mögen, es ist in jeder Preisklasse und für jeden Geschmack etwas dabei. Auch hier befindet sich vieles noch im Wiederaufbau (und ist dann entsprechend hochpreisig). Die meisten Unterkünfte sind deshalb in den Vororten zu finden. Wer nicht unbedingt in Christchurch übernachten muss, sollte die qualitativ hochwertigen Unterkünfte auf der Banks Peninsula in Betracht ziehen. Eine kleine Auswahl:

Zentrum (Karte Seite 402)

20 **All Stars Inn**①-②, 263 Bealey Ave., Tel. 03-366 6007, www.allstarsinn.com. 2015 neu eröffnet, mit über 100 Betten, funktional ausgestattet, in zentraler Lage. Für Koch-Faule gibt es Sonderpreise im gegenüber liegenden Speight's Ale House.

2 **Dorset House**①-②, 1 Dorset St., Tel. 03-366 8268, www.dorset.co.nz. Viktorianisches Haus in grüner Gegend, in Laufnähe zum Hagley Park. Nette Terrasse, kleiner Garten und Parkplätze vorhanden.

4 **Focus Motel**②-③, 344 Durham St., Tel. 03-943 0800, www.focusmotel.co.nz. Zentral gelegen, saubere und hübsche Zimmer mit Kochgelegenheit. Freundliches Personal.

19 MEIN TIPP: **Pomeroys on Kilmore**②-③, 284 Kilmore St., Tel. 03-668 0692, www.pomeroysonkilmore.co.nz. Exzellentes B&B mit fünf Zimmern im Herzen der Stadt, gleich neben der gleichnamigen Brauerei. Parkplätze vorhanden.

Vororte (Karte Seite 398)

15 **Jailhouse**①-②, 338 Lincoln Rd., Addington, Tel. 03-982 7777, www.jail.co.nz. Wer schon immer mal im Gefängnis schlafen wollte, ist hier richtig. Von 1874 bis 1999 saßen hier Schurken ein, seit 2006 ist das Gebäude ein Hostel. Das Flair und die Einrichtung sind der Lokalität angepasst, die Türen sind aber nicht abgeschlossen.

1 **Jucy Snooze**①-②, 5 Peter Leeming Road, Burnside, Tel. 0800 427 736, www.jucyhotel.com. Nagelneues Hostel, nahe des Flughafens, im typischen Jucy-Grün. Neuseelands erstes Hostel mit praktisch-funktionalen Schlafkapseln (Pods). Auch Standard-Doppel- und Familienzimmer.

19 **Haka Lodge**①, 518 Linwood Ave., Woolston, Tel. 03-980 4252, www.hakalodge.com. Schönes Holzhaus in grünem Garten. Recht neues Hostel, mit allen Annehmlichkeiten, hübschen Gemeinschafsräumen und freundlichem Personal.

4 **Strathern Motor Lodge**②-③, 54 Papanui Rd., Merivale, Tel. 03-355 4411, www.strathern.co.nz. Zentrumsnah gelegen, sauber, kostenloses WLAN, günstige Wochentagspreise.

7 **Metropolitan Executive Motel**②-③, 175 Riccarton Rd., Riccarton, Tel. 03-343 4638, www.metropolitanmotel.co.nz. Relativ neues Motel mit funktionaler Ausstattung in gutem Zustand und zufriedenen Gästen.

25 **Sumner Retreat**②-③, 1 Wakefield Ave., Sumner, Tel. 03-326 5443, www.sumnerretreat.co.nz. Helle, moderne Studios und Apartments, fünf Gehminuten vom Meer entfernt, Pool und Spa-Pool. Auch Langzeittarife.

10 **Amber Park**①-②, siehe „Camping". Verfügt über diverse Studios und Apartments mit und ohne Ensuite Bad.

Camping

Es gibt eine Handvoll Campingplätze in und um Christchurch, darunter auch Plätze der beiden großen Ketten:

10 **Amber Kiwi Holiday Park and Motel**②-③, 308 Blenheim Rd., Riccarton, Tel. 03-348 3327, www.amberpark.co.nz. Klassischer Campingplatz mit einigen Schattenplätzen, Spielplatz und den üblichen Einrichtungen.

2 **Christchurch Top 10 Holiday Park**②-③, 39 Meadow St., Papanui, Tel. 03-352 9176, www.christchurchtop10.co.nz. Nicht der modernste Park, aber trotzdem eine gute Wahl. Mit Hallenbad, Spielplatz und -zimmer. Hat eine eigene Touristeninformation an der Rezeption. (Fast) alles kann von hier aus gebucht werden.

Essen und Trinken

Wie jede Großstadt bietet auch Christchurch eine schier unendliche Auswahl von Cafés, Restaurants und Imbissen. Anders als in anderen Städten liegen viele Restaurants in **Wohngebieten,** denn nach dem Erdbeben mussten viele ihre zentrumsnahen Gebäude verlassen und sich in sichereren Gegenden niederlassen.

Zentrum (Karte Seite 402)

13 **Re:Start**①, siehe „Einkaufen". Eine gute Anzahl an internationalen Imbissen hat sich in der Container-Shopping-Mall niedergelassen. Libanesisch, Pizza, Würstchen, Tacos, Dumplings, es gibt alles, was Herz und Gaumen begehren ...

15 **C1 Espresso**①-②, 185 High St., Tel. 03-379 1917, www.c1espresso.co.nz, tägl. 7–22 Uhr. Populäres Café, das 2016 seinen 20. Geburtstag feierte. Beim Erdbeben stark beschädigt, strahlt es jetzt im neuen, modernen Outfit.

18 **Lotus-Heart Vegetarian Restaurant** ①-②, 363 St Asaph St., Tel. 03-377 2727, www.thelotusheart.co.nz, Di–So 7.30–15 Uhr, Fr, Sa 17–21 Uhr. Vegetarisch, vegan, glutenfrei, ob indisch, Pizza oder Burger. Alles gesund und lecker.

1 **Thai Container**①, Bealey Ave. Ecke Caledonian Rd., Tel. 021-139 4881, www.thaicontainer.co.nz, tägl. 10–21.30 Uhr. Wegen des Erdbebens in einen Container umgezogen. Es gibt ein paar Außensitzplätze, sonst Takeaway. Schnell, preiswert und sehr gut.

10 **The Villas**①-②, 290 Montreal St., Tel. 03-365 6066, www.thevillas.co.nz, Mo–Fr 7–23 Uhr, Sa, So 8–23 Uhr. Das ehemalige Coffee House ist in eine viktorianische Villa umgezogen und erfreut in der neuen Aufmachung. Von Frühstück bis Abendessen wird hier typisch neuseeländische Küche serviert.

3 **Tequila Mockingbird**②-③, 98 Victoria St., Tel. 03-365 8565, www.tequilamockingbird.co.nz, Mo–Fr 17–3 Uhr, Sa, So 9.30–3 Uhr. Lateinamerikanisches Restaurant, das man bei knapper Kasse auch nur für einen Drink besuchen kann.

www.fotolia.de © Ueli Riegg

Vororte (Karte Seite 398)

9 Zenbu Japanese Restaurant and Bar②, Shop 5, 394 Riccarton Rd., Riccarton, Tel. 03-343 0505, www.thezenbu.com, Di–Sa 17–1 Uhr, So 11.30–21 Uhr. Trendy mit sehr guten, original japanischen Gerichten in einer rustikalen Atmosphäre.

5 Dux Dine②-③, 28 Riccarton Rd., Riccarton, Tel. 03-348 1436, www.duxdine.co.nz, Mo–Fr 7–21 Uhr, Sa, So 9–21 Uhr. Klassisch neuseeländische Küche. Hat diverse Preise gewonnen, z.B. als das beste neue bzw. wiedereröffnete Geschäft 2014.

13 Addington Coffee Co-Op①, 297 Lincoln Rd., Addington, Tel. 03-339 4581, www.addingtoncoffee.org.nz, Mo–Fr 7.30–16 Uhr, Sa, So 9–16 Uhr. Aus einer alten Mechaniker-Werkstatt entstanden, umgewandelt in ein attraktives Café. Groß und beliebt. Mit **Waschsalon** (3 $, Trockner 2 $)!

26 Cornershop Bistro②-③, Nayland St. Ecke Wakefield Ave., Sumner, Tel. 03-326 6720, www.cornershopbistro.co.nz, Fr–So 10–15 Uhr, Mi–So 17.30 Uhr bis spät. Beliebtes Bistro in Sumner. Das französisch angehauchte Essen ist hochwertig.

17 Burgers and Beers①-②, 355 Colombo St., Sydenham, Tel. 03-366 3339, www.burgersandbeersinc.co.nz. Ordentliche Auswahl an Burgern und Bieren. Hier ist man auf Sonderwünsche wie glutenfreies Essen etc. eingestellt.

Ausgehen

Christchurch ist neben Auckland wahrscheinlich der beste Ort, um sich in die neuseeländische Musikszene zu stürzen. Eine **Übersicht** über Musikbühnen und Clubs gibt es hier auf **www.christchurchmusic.org.nz** und **www.munuka.co.nz.** Es gibt auch eine ordentliche Auswahl an Pubs und Bars in Christchurch. Am besten fragt man in seiner Unterkunft nach den aktuellen Highlights in der Nähe.

Zentrum (Karte Seite 402)

9 Isaac Theatre Royal, 145 Gloucester St., Tel. 03-366 6326, www.isaactheatreroyal.co.nz. 1863 erstmals eröffnet, hat das Museum nicht nur künstlerischen, sondern auch historischen Wert; im Laufe der Jahre hat es zahlreiche Veränderungen mitgemacht. Tolle Atmosphäre, und von fast allen Plätzen hat man gute Sicht.

14 **Alice Cinematheque,** 209 Tuam St., Tel. 04-465 0615, www.aliceinvideoland.co.nz. 2015 mit dem Preis des besten unabhängigen Kinos Neuseelands ausgezeichnet. Nur 35 Sitze in ägyptischem Ambiente.

17 **Darkroom,** 366 St Asaph St., www.darkroom.bar, Mi–Sa 18 Uhr bis spät. Kombination aus Bar und Live-Bühne. Ein guter Ort, um ein Bier oder einen Cocktail zu schlürfen und in das neuseeländische Nachtleben einzusteigen.

8 **Last Word,** 31 New Regent St., Tel. 03-377 9464, www.lastword.co.nz, Mo–Fr 16 Uhr bis spät, Sa 14 Uhr bis spät. Whisky aus aller Welt mit guter Beratung durch das Personal. Selbiges gilt für die Cocktails. Natürlich gibt es auch Bier und Wein.

16 **Monday Room,** 161 High St., Tel. 03-377 5262, www.themondayroom.co.nz, tägl. 9 Uhr bis spät. Der „Montagsraum" ist ein Alleskönner, Restaurant ②, Cocktail- und Weinbar. Ein netter Ort, um den Tag ausklingen zu lassen.

5 **Bog,** 50 Victoria St., Tel. 03-929 0177, www.thebog.co.nz, tägl. 11.30 Uhr bis spät. Irish Pub, ab und an mit Livemusik. Riesige Portionen Pub Food.

Vororte (Karte Seite 398)

14 **Court Theatre,** Bernard St., Addigton, Tel. 03-963 0870, www.courttheatre.org.nz. Wunderschönes altes Lagerhaus mit Programm neuseeländischer und internationaler Werke.

24 **Hollywood 3,** 28 Marriner St., Sumner, Tel. 03-326 6102, www.hollywoodcinema.co.nz. Wurde bereits 1938 eröffnet, heute werden in drei Sälen Independentfilme und künstlerisch wertvolle Streifen gezeigt.

16 **Dux,** 363 Lincoln Rd., Addington, Tel. 03-366 6919, www.duxlive.co.nz. Hier spielt die Livemusik, teilweise kostenfrei. Der Online Gig Guide informierte über aktuelle Konzerte.

28 **Wunderbar,** 19 London St., Lyttelton, Tel. 03-328 8818, www.wunderbar.co.nz, Mo–Fr 17 Uhr bis spät, Sa, So 13 Uhr bis spät. Diese Bar und Konzertlocation („For Nice People Only") besticht durch die kuriose Einrichtung und Dekoration mit Lampen aus Puppenköpfen, historischen Fotos und Marienfigur ... Unterschiedlichste Konzerte.

21 **Cassels Brewery,** 3 Garlands Rd., Woolston, Tel. 03-389 5359, www.casselsbrewery.co.nz, tägl. bis spät. Brauerei, Café, Restaurant② und Pizzeria ②. Das Bier wird im mit Holz befeuerten Kessel gebraut. Hat (verdient!) diverse Preise gewonnen.

20 **Twisted Hop Pub,** 616 Ferry Rd., Woolston, Tel. 03-943 4681, www.thetwistedhoppub.co.nz, Mo–Do 15–23 Uhr, Fr–So 12–23 Uhr. Wirbt mit importiertem englischen Draught Beer und Ale. Livemusik, Pub Games und klassisches Pub-Essen.

Einkaufen

Zentrum (Karte Seite 402)

13 MEIN TIPP: **Re:Start Container Mall,** Cashel St. Ecke Durham St., www.restart.org.nz, Mo–Fr 10–17.30 Uhr, Sa, So 10–17 Uhr. „Geboren" aus der Zerstörung des Erdbebens, wurde dieses einzigartige Einkaufszentrum aus Containern gebaut und im Laufe der Jahre erweitert. Über 50 Geschäfte haben sich hier niedergelassen.

☒ Hübsche Gebäude in der New Regent Street

7 **New Regent Street,** Central, www.newregentstreet.co.nz. 1932 als schönste neuseeländische Straße gepriesen, reihen sich hier heute hübsche pastellfarbene Häuschen aneinander. Eine klassische Einkaufsstraße, durch die auch die Straßenbahn fährt.

6 **Downtown Farmers Market,** 70 Kilmore St., Central, So 9.30–14.30 Uhr. Der zentrale Markt suchte zur Zeit der Recherche nach einem neuen Standort, vor Besuch unbedingt prüfen, wo er aktuell stattfindet.

Vororte (Karte Seite 398)

Große K**aufhäuser** und **Baumärkte** findet man auf der **Blenheim Street.**

22 **Tannery Woolston,** 3 Garlands Rd., Woolston, www.thetannery.co.nz, tägl. 10–17 Uhr. Nennt sich selbst „Boutique Shopping Imperium". Und unrecht hat es nicht: Eine Boutique neben der anderen befindet sich in dem Industriegebäude. Quasi eine sehenswerte viktorianische Mall mit über 100 Geschäften und Einrichtungen.

11 **Westfield Riccarton,** 129 Riccarton Rd., Riccarton, Tel. 03-983 4500, www.westfield.co.nz, tägl. 9–18 Uhr. Größtes Einkaufszentrum in Christchurch mit nationalen und internationalen Geschäften und Boutiquen.

6 **Christchurch Farmers Market,** 16 Kahu Rd., Riccarton, www.christchurchfarmersmarket.co.nz, Sa 9–13 Uhr. Klassischer Markt mit vorwiegend Bio-Obst, Gemüse und anderen Lebensmitteln. Schönes Flair im Riccarton Bush (siehe „Sehenswertes").

8 MEIN TIPP: **Riccarton Sunday Market,** Riccarton Racecourse Rd., Riccarton, Tel. 03-339 0011, www.riccartonmarket.co.nz, So 9–14 Uhr. Christchurchs größter Markt, mit Livemusik, Künstlern und über 300 Ständen. Toll!

27 **Lyttelton Farmers Market,** London St., Lyttelton, www.lyttelton.net.nz, Sa 10–13 Uhr. Klassischer Farmers Market mit vorwiegend Lebensmitteln und Bio-Produkten.

Banks Peninsula und Akaroa

Die attraktive Banks-Halbinsel mit ihren 7800 Einwohnern liegt südlich von Christchurch, nur wenige Autominuten entfernt. Geologisch gesehen, besteht die 1150 Quadratkilometer große Halbinsel aus den acht bis elf Millionen Jahre alten Überresten der beiden **Schildvulkane Lyttelton** und **Akaroa** sowie der kleineren **Vulkangruppe Mount Herbert.** Lyttelton Harbour im Norden und Akaroa Harbour im Süden sind die Überreste jener Krater.

Vom dichten **Wald,** der die Halbinsel ursprünglich fast vollständig bedeckte, ist heute aufgrund **extensiver Landnutzung** nur noch ein Bruchteil übrig. Um den Waldrückgang einzudämmen, wurde das **Hinewai Reserve** gegründet und ein Wiederaufforstungsprogramm etabliert. Um nicht nur das Land, sondern auch das Leben im Wasser (allen voran die Hector-Delfine und Zwergpinguine) zu schützen, wurden das kleine **Pohatu Marine Reserve** und das bedeutend größere **Akaroa Marine Reserve** geschaffen. Fischen ist hier nur beschränkt erlaubt, aber der Tourismus mit Tier-Beobachtungen boomt: Delfine, Pinguine und Robben werden per Motor- oder Segelboot beguckt, mit Kajak, 4WD, zu Fuß, ... Apropos zu Fuß: Die Halbinsel ist auch ein guter Ausgangspunkt für **Wanderungen** unterschiedlicher Länge.

Ein weiteres Highlight für Touristen ist die Fahrt auf der **Summit Road.** Atemberaubende Blicke erschließen sich hier. Weiter geht es zur **einstigen fran-**

zösischen Siedlung Akaroa (Maori für „Langer Hafen"), die etwa 85 Kilometer von Christchurch entfernt liegt. Akaroa ist der **Hauptanlaufpunkt für Besucher** der Halbinsel. Ganzjährlich beherbergt das charmante Örtchen ca. 700 Einwohner. Im Sommer ist es hier bedeutend voller, man spricht von bis zu 15.000 Besuchern. Das französische Flair hat sich bis heute erhalten, und Boutiquen und Cafés laden zum Verweilen ein. Unbedingt einen Stopp einplanen!

Geschichte

Rakaihautu brachte als Erster seinen Stamm Waitaha in seinem Waka (Kanu) Uruao auf die Halbinsel. Im Laufe der Jahre wurden die Waitaha vom Stamm Kati Mamoe verdrängt, der wiederum vom Stamm Ngai Tahu abgelöst wurde, der um 1800 das Gebiet zwischen Hunrunui River im Norden und Lake Ellesmere im Süden beherrschte.

Am 17. Februar 1770 sichteten **Kapitän Cook** und seine Crew an Bord der „Endeavour" als erste Europäer die Halbinsel. *Cook,* der sie für eine Insel hielt, benannte sie zu Ehren des Botanikers *Joseph Banks,* der mit ihm segelte, „Banks Island", und fuhr weiter. Es wird vermutet, dass die Segler des Schiffes „Gouverneur Bligh" die ersten Europäer waren, die Fuß auf die Halbinsel setzten, als sie 1815 an der Banks Peninsula ankerten.

Zwischen den Jahren 1820 und 1830 dezimierte sich die Zahl der **Maori** massiv. **Kämpfe** zwischen den unterschiedlichen Gruppierungen des Stammes Ngai Tahu und Überfälle und Massaker des Nordinsel-Stammes Ngati Toa unter seinem berüchtigten Stammesoberhaupt *Te Rauparaha* in diesem Zeitraum waren einige der Gründe. Zudem starben Hunderte Maori an eingeschleppten **Krankheiten** wie Masern und Influenza.

Immer mehr **Wal- und Robbenfänger-Schiffe** besuchten die Halbinsel und den (Lyttelton-)Hafen. 1837 wurde die erste **Walfangstation** an Land, in Peraki, aufgebaut. Im Jahr zuvor hatte sich bereits Captain *William Rhodes* mit knapp 50 Schafen in der Nähe von Akaroa niedergelassen. Zwei Jahre später sah der Walfänger Kapitän **Jean François Langlois** das Potenzial der Gegend und kaufte in einem dubiosen Deal den lokalen Maori die Halbinsel ab. Er segelte nach Frankreich, um Siedler für seine geplante französische Kolonie zu rekrutieren.

Im Mai 1840 landete Major **Thomas Bunbury** auf der „HMS Herald" hier, um Unterschriften der Ngai-Tahu-Häuptlinge für den **Treaty of Waitangi** zu sammeln, der vorab am 6. Februar 1840 von etlichen Nordinsel-Häuptlingen in der Gegend der Bay of Islands unterzeichnet worden war. Nur zwei der Ngai-Tahu-Häuptlinge unterschrieben.

Am 21. Mai 1840 ließ Neuseelands erster britischer Gouverneur, **William Hobson,** die **englische Souveränität über Neuseeland** ausrufen. Der Franzose *Langlois* konnte quasi zusehen, wie britische Fahnen in Akaroa gehisst wurden, während er aufgrund unvorteilhafter Winde auf seinem Boot vor Akaroa in der Pidgeon Bay festsaß, und wie Akaroa/Neuseeland nun doch nicht französisch wurde.

Ab den 1850er Jahren wurde **Akaroa** in seinem Wachstum von Lyttelton und Christchurch überholt. Akaroa entwickelte sich seitdem zu einem **Urlaubs- und Ausflugsort.**

Die **Erdbeben** von 2011 (siehe Kapitel „Christchurch/Geschichte“) hatten ihr Epizentrum zwischen Christchurch und der Banks-Halbinsel in den Port Hills. Die Halbinsel und ihre Bewohner erlitten große Schäden, der Wiederaufbau dauert bis zum heutigen Tage an. Den Tourismus beeinflusst das aber mittlerweils nicht mehr.

Sehenswertes

Wer sich für **historische Bauten** interessiert, sollte sich in der i-SITE die **Broschüre „Akaroa Historic Area Walk“** besorgen. Der dreistündige Spaziergang führt an allen wichtigen Gebäuden und Kirchen vorbei. Es gibt auch Führungen und Audio-Guides.

Die Künstlerin **Jodie Martin** stellt in ihrem Garten (und in Teilen des 1880 gebauten Hauses) skurrile **Skulpturen** aus, die an eine Mischung aus *Gaudí* und *Miró* erinnern. Das **Giants House** dient auch als **B&B.** In einem der drei Zimmer schläft man in einem Boot.

■ **Giants House**③, 68 Rue Balguerie, Tel. 03-304 7501, www.thegiantshouse.co.nz, tägl. 12–17 Uhr, 20/10 $.

Das gut aufbereitete **Akaroa Museum** stellt die **Geschichte der Banks Peninsula** vor. Die Ausstellungsstücke sind infolge des Erdbebens von 2011 limitiert. Das original koloniale Gerichtshaus ist 2014 zum **Museums-Kino** umfunktioniert worden, ein Besuch des 20-minütigen Films lohnt sich.

■ **Akaroa Museum,** 71 Rue Lavaud, Tel. 03-304 1013, www.akaroamuseum.org.nz, tägl. 10.30–16.30 Uhr.

Die **Saint Patrick's Church** ist eine hübsche, kleine **Kirche,** 1865 gebaut. Die Fenster sollen aus Stuttgart stammen.

■ **Saint Patrick's Catholic Church,** 29 Rue Lavaud, www.akaroacatholicparish.co.nz, 8–20 Uhr, Gottesdienst So 9.30 u. 12 Uhr.

Die weiße **Saint Peter's Anglican Church,** 1864 gebaut, wirkt von außen weniger spektakulär, aber ein Blick ins holzverkleidete Innere lohnt sich. Ein Hostienteller und ein Kelch wurden 1850 von den ersten europäischen Siedlern mitgebracht.

■ **Saint Peter's Anglican Church,** 10 Rue Balguerie, www.akaroa.com.

Seit dem Erdbeben von 2011 wurden etwa 700.000 $ in die Renovierung des **Kriegsmahnmales Banks Peninsula War Memorial and Grounds** (81 Rue Lavaud) investiert. Im Oktober 2015 fand die Neueröffnung statt.

Das hübsche **Lighthouse Akaroa** an der Beach Road wurde 1878 im typisch neuseeländischen Stil gebaut, 1977 wurde es mit einem automatischen Licht ausgestattet. Für kleines Geld (2,50/1 $) kann man den **Leuchtturm** von innen ansehen und den Blick über die Bucht genießen.

MEIN TIPP: Das **Okains Bay Maori and Colonial Museum,** ursprünglich eine Privatsammlung, ist heute das bedeutendste Museum mit **Maori-Artefakten** der Südinsel. Hat auch eine Ausstellung zur Kolonialgeschichte Neuseelands.

■ **Okains Bay Maori and Colonial Museum,** 1146 Main Road Okains Bay, Tel. 03-304 8611, www.okainsbaymuseum.co.nz, tägl. 10–17 Uhr, 10/2 $.

Aktivitäten

Die Fahrt auf der **Summit Road** ist ein **Abenteuer,** die Ausblicke sind traumhaft. Unbedingt aufs Fahren konzentrieren und nicht auf die Landschaft, die Straßen sind eng und kurvig. Am **Aussichtspunkt** ist genug Zeit, um sich in Ruhe umzuschauen.

Es gibt zahlreiche **Spaziergänge** und **Wanderungen** von zehn Minuten bis zu mehreren Tagen Dauer rund um Lyttelton, Akaroa, Gouverneurs Bay, Diamond Harbour im Hinewai Reserve und in der Umgebung. Am besten online gucken (www.bankspeninsulawalks.co.nz)

oder die **DOC-Broschüre „Banks Peninsula Conservation Walks"** besorgen. Besonders beliebt sind:

MEIN TIPP: **Banks Peninsula Track** (35 km), Tel. 03-304 7612, www.bankstrack.co.nz, zwei Tage 195 $, vier Tage 320 $ je inkl. Übernachtungen. Große landschaftliche Vielfalt (Felsküste, Bush, Wasserfälle) und eine reiche Flora und Fauna (Seehunde, unzählige Vogelarten)

- **Round the Mountain** (10 km, 4 Std., Start Purple Peak Rd.)
- **Beach Road zur Red House Bay** (5 km, 1½ Std., Start Beach Rd.)
- **Mount Herbert Walkway** (15 km, 5–6 Std. return, Start Diamond Harbour, Aug.–Okt. geschl.)

Es gibt diverse Anbieter von **Kajaktouren** zum Thema **Natur und Wildlife.** Anfänger werden immer gut eingewiesen. Besonders erfolgreich ist:

6 **Akaroa Guided Kayak Safari,** Rue Lavaud, Tel. 021-1564 591, www.akaroakayaks.com, ab 125 $.

Touren

MEIN TIPP: Beim **Akaroa's Eastern Bay Scenic Mail Run** begleitet man einen Briefträger mit dem **Postauto** auf seiner 120 Kilometer langen Tour, zu zehn Bays, vom Meeresspiegel rauf zum Krater, zu Farmen und Ortschaften. Besonders lohnenswerte Tour für Reisende, die kein Auto/Wohnmobil haben. Vorabbuchung ist unbedingt nötig.

- **Akaroa's Eastern Bay Scenic Mail Run,** Tel. 03-304 7784, www.akaroa.com, 75 $.

Bei der **Akaroa Farm Tour** handelt es sich um eine abwechslungsreiche Führung in und um eine **Schaffarm.** Mit Schafschurdemonstration, Hütehunde-Vorstellung und vielen Informationen rund um die Farm.

15 **Akaroa Farm Tours,** 113 Beach Rd., Tel. 03-304 8511, www.akaroafarmtours.com, 80/50 $.

054nz ks

Bei der Tour über die **Shamarra Alpaca Farm** stellen etwa 100 Alpakas die Attraktion dar, inklusive Fütterung, Anfassen, einem Heißgetränk und Snack. Im kleinen Shop muss man nichts kaufen, auch gucken macht Spaß. Toll auch für Kinder.

2 **Shamarra Alpaca Farm Tours,** 328 Wainui Main Rd., Tel. 03-304 5141, www.shamarra-alpacas.co.nz, 55/35 $.

Das Unternehmen **Pohatu Penguins** hat sich spezialisiert auf Pohatu, die größte Kolonie von **Weißflügel-Zwergpinguinen.**

9 **Pohatu Penguins,** 8/2 Rue Balguerie, Tel. 03-304 8542, www.pohatu.co.nz. Pinguin-Touren ab 25 $, Sea Kayaking ab 55 $, andere Naturtouren ab 65 $. Auch Mehrtages-Kombi-Touren, ab 130 $.

Seebären kann man an vielen Stellen Neuseelands sehen, die Tour von **Akaroa Seal Colony Safari** ist hilfreich, um reichlich Informationen über die Tiere und ihr Verhalten zu bekommen und sie gleichzeitig beobachten zu können.

■ **Akaroa Seal Colony Safari,** Goat Point, Tel. 03-304 7255, www.sealtours.co.nz, 85/60 $.

Es gibt zahlreiche Anbieter von **Boots-** und **Delfin-Touren** per Motor- oder Segelboot z.B. die Folgenden:

13 **Akaroa Dolphins,** 65 Beach Rd., Tel. 03-304 7866, www.akaroadolphins.co.nz, ab 75 $. Auf der Suche nach Hector-Delfinen, Pinguinen und Seebären im Akaroa-Hafen teilt *Pip* nicht nur ihr Wissen, sondern auch die Ergebnisse ihrer Backkünste.

16 **Akaroa Sailing Cruises,** End of Main Wharf, Tel. 0800-724528, www.aclasssailing.co.nz, 75/38 $. Umweltschonende Segeltouren im Akaroa-Hafen mit dem Skipper *Ray*. Die Tour gewinnt immer wieder Preise.

10 **Mein Tipp:** **Fox II Sailing,** 41 Muter St., Tel. 0800-369 7245, www.akaroafoxsail.co.nz, 80/40 $. 1922 gebaut, war die „Fox II" ursprünglich ein Frachttransporter, später ein Fischerboot, und heute ist sie eine Attraktion für Touristen und lokale Schulklassen. Die Sichtung von Delfinen wird garantiert, ansonsten bekommt man sein Geld zurück oder kann gratis an der nächsten Tour teilnehmen.

Praktische Tipps

Informationen

■ **www.akaroa.com**
■ **Einwohnerzahl:** 700
■ **i-SITE:** 74a Rue Lavaud, Tel. 03-304 7784, tägl. 9–17 Uhr.
■ **Bibliothek:** 2 Selwyn Ave., Tel. 03-304 1176, Mo–Do 10–16.30 Uhr, Sa 10–13 Uhr.

An- und Abreise

■ **Bus:** Es gibt mehrere Busunternehmen, die zwischen Christchurch und Akaroa pendeln. Die Fahrt dauert 2 Std. Zentrale Bushaltestelle Rue Balguerie Ecke Rue Lavaud.

Intercity, www.intercity.co.nz, ab 20 $.

Akaroa French Connection, Tel. 0800-800 575, www.akaroabus.co.nz, 25 $.

Akaroa Shuttle, Tel. 0800-500 929, www.akaroashuttle.co.nz, 35 $.

☒ Banks Pensinsula

Unterkunft

7 **Chez La Mer**①-②, 50 Rue Lavaud, Tel. 03-304 7024, www.chezlamer.co.nz. Zentral in Akaroa gelegen, erinnert das pinkfarbene Hause etwas an Barbie – aber die Qualität passt. Es gibt außerdem kostenfreie Fahrräder, Angeln und ein Klavier.

1 MEIN TIPP: **Double Dutch**①-②, 32 Chorlton Rd., Okains Bay, Tel. 03-304 7229, www.doubledutch.co.nz. Klein, aber oho! Das Hostel liegt im Grünen, abseits vom Trubel, und erinnert an das Zuhause einer Gastfamilie. Ein kleiner Shop liegt gleich um die Ecke.

1 MEIN TIPP: **Halfmoon Cottage**①-②, 5849 Christchurch-Akaroa Rd., Barrys Bay, Tel. 03-304 5050, www.halfmoon.co.nz. Nur 14 Betten, ordentliche Zimmer, alle Annehmlichkeiten und ein schöner Garten mit Hängematten.

4 **La Rochelle Motel**②, 1 Rue Grehan Ecke Rue Lavaud, Tel. 03-668 5142, www.larochellemotel.co.nz. Zentral gelegen, mit sauberen Studios, Apartments und Parkplätzen.

www.fotolia.de © Patrik Stedrak

17 **Akaroa on the Beach**②-③, 229 Beach Rd., Tel. 027-3047010, www.akaroaonthebeach.com. Hat Studios und Apartments am Ortsrand von Akaroa. Tolle Blicke, großzügige Gemeinschaftsräume.

Camping

1 **Okains Bay Camping Ground**①, 1162 Okains Bay Rd., Okains Bay, Tel. 03-304 8789, www.okainsbay.co.nz. Einfacher Campingplatz direkt am Meer. Duschen kosten extra.

1 **Akaroa Top 10 Holiday Park**③, 96 Morgans Rd., Tel. 03-304 7471, www.akaroa-holidaypark.co.nz. Üblicher Top-10-Park mit Stellplätzen, Cabins, Schwimmbecken, Spielplatz und Rezeption, die auch als Informationsbüro dient. Schön am Wasser gelegen.

Essen und Trinken

Akaroa und die Peninsula gehören kulinarisch gesehen eher zu den teureren Pflastern. Wer knapp bei Kasse ist, bringt am besten sein Picknick mit und lässt sich an einem der vielen Plätzen mit schöner Aussicht nieder.

14 **L'Escargot Rouge**①, 67 Beach Rd., Tel. 03-304 8774, www.lescargotrouge.co.nz, tägl. 8–15 Uhr.

Blick zurück auf Arthur's Pass

Kleine französische Bäckerei mit klassischem französischen Frühstück. Mal was anderes, der Gaumen wird sich freuen!

12 **Bully Hayes**①-②, 57 Beach Rd., Tel. 03-304 7533, www.bullyhayes.co.nz, tägl. 8–21 Uhr. Beliebtes Café-Restaurant, benannt nach dem Bösewicht *William Henry Hayes* ...

11 **HarBar Beach Café and Bar**①-②, 83 Rue Jollie, Tel. 03-304 8889, tägl. 10–22 Uhr. Tolle Lage, schön zu jeder Tageszeit, am Abend ist der Blick auf das Meer aber besonders spektakulär. Um 22 Uhr ist dann aber leider schon Schluss.

8 MEIN TIPP: **The Bach**②, 57 Rue Lavaud, Tel. 03-304 8039, So–Do 8–16 Uhr, Fr, Sa 8–22 Uhr. Nettes Lokal zu allen Tageszeiten. Auf den Tisch kommen Burger, Sandwiches, Pizza und Kuchen; auch der Kaffee ist köstlich! Mit Außensitzplätzen im Garten.

5 **Little Bistro**③, 33 Rue Lavaud, Tel. 03-304 7314, www.thelittlebistro.co.nz, tägl. 17.30–22 Uhr. Nicht ganz billig, und die Auswahl an Speisen ist recht klein, aber: sehr gut.

Ausgehen

3 MEIN TIPP: **Hilltop Tavern,** 5207 Christchurch-Akaroa Rd., Tel. 03-325 1005, www.thehilltop.co.nz, Mo, Di 10–16 Uhr, Mi–So 10 Uhr bis spät. Einer der besten Spots für ein spätes Bier. Mit tollem Blick über die Halbinsel. Hat gute Pizzen und typisch neuseeländische Speisen.

Einkaufen

Akaroa lädt zum Schlendern in Boutiquen und kleinen Geschäften ein. Kunst und Kunsthandwerk, Souvenirs und Alltägliches werden angeboten. Die meisten Geschäfte finden sich entlang der **Beach Road** und der **Rue Lavaud.** Es lohnt sich auch, die Augen außerhalb Akaroas auf der Banks Peninsula offenzuhalten.

Great Alpine Highway nach Arthur's Pass

Der Great Alpine Highway **(SH73)** verbindet die Ostküste bei Christchurch mit der Westküste bei Greymouth. Die Fahrt ist äußerst malerisch und die **spektakulärste der Ost-West-Verbindungen der Südinsel.** Besonders schön ist die Landschaft, wenn die Gipfel der Alpen noch/schon mit Schnee bedeckt sind, während in den Tälern das saftige Grün der Wälder und Wiesen leuchtet. Der SH73 führt quer durch den **Distrikt Selwyn,** benannt nach Neuseelands erstem anglikanischen Bischof, *Georg Augustus Selwyn.* Der Bezirk ist 6420 Quadratkilometer groß und von knapp 45.000 Menschen bewohnt, von denen die meisten in den Außenbezirken von Christchurch leben. Die Strecke kann auch mit dem TranzAlpine Express erkundet werden (siehe hierzu „Praktische Reisetipps von A bis Z/Unterwegs im Land/Zug").

Von Christchurch auf der SH73 Richtung Westküste fahrend, verlässt man bald die flachen Ebenen der Canterbury Plains und stößt nach dem Örtchen Springfield auf die majestätisch aufragenden **Alpen.** Weiter geht es über den **Porter Pass,** nach dem sich zur Linken (Süden) etliche **Skigebiete** aneinander reihen, alle sind mehr oder weniger bequem von Castle Hill zu erreichen. Am höchsten Punkt des SH7, dem 924 Meter hohen **Arthur's Pass,** hat sich ein gleichnamiger kleiner **Ort** entwickelt. Er selbst ist unspektakulär, die Umgebung dafür umso dramatischer. Unzählige Wanderungen und Spaziergänge führen durch die Berge und an unzähligen Wasserfällen vorbei.

Springfield

Das 68 Kilometer von Christchurch entfernte Springfield ist ein verschlafenes Nest mit knapp 300 Einwohnern. Fährt man in Richtung Westküste, findet man hier die letzte **Tankstelle** und den letzten kleinen **Supermarkt,** bevor man wieder auf das Meer trifft. Man kann in einer der kleinen Unterkünfte absteigen, aber eigentlich ist ein Stopp nur für Fans der **„Simpsons"** ein Muss. Das Filmstudio Twentieth Century Fox hatte dem Ort 2007 zur Premiere des Films „The Simpsons Movie" einen riesigen **Donut** als Werbemittel geschenkt. 2009 brannte dieser Donut ab, er wurde aber 2012 durch ein neues pinkes, sechs Tonnen schweres und brandsicheres Exemplar ersetzt. Wer also die Simpsons, Donuts oder etwas verrückte Sachen mag: Es gibt ein Visitor Centre.

- **Visitor Centre,** King St., Tel. 03-318 4000, tägl. 8.30–16 Uhr.

Castle Hill

Kurz nach Porters Pass, 32 Kilometer hinter Springfield, erreicht man den auf 700 Metern gelegenen Ort Castle Hill. Seinen Namen verdankt er einem beeindruckenden **Kalksteinfelsen,** der einer Burg ähnlich sieht und über dem Örtchen thront. Ein optimaler Platz, um sich die Füße zu vertreten. Die imposante Gegend rund um Castle Hill gilt als eines der besten **Boulder-** und **Kletter-Gebiete** der Südinsel und diente darüber hinaus den Filmen der „Chroniken von Narnia" als Kulisse.

- **www.castlehill.net.nz**

Skifahren

Alle Skigebiete der Region sind von Castle Hill aus gut zu erreichen. Das Gebiet kann weder in Qualität noch in Größe mit denen der südlichen Alpen mithalten. Wer aber in der Gegend ist, hat trotzdem Spaß. Es gibt **sechs Skigebiete** unterschiedlicher Größe und Qualität, Abfahrten in allen Schwierigkeitsgraden, Halfpipes für Snowboarder, Langlaufpisten, Nachtskifahrten und Langlaufloipen. Das größte und kommerziellste Skigebiet ist Porters Hights, aber ein Blick auf die anderen lohnt durchaus. Von Christchurch nach Westen:

- **Mount Cheeseman,** www.mtcheeseman.co.nz, 79/39 $/Tag. Alle Schwierigkeitsgrade, auch Off-Piste, Skischule, Unterkünfte am Berg.
- **Porters Heights,** www.skiporters.co.nz, 84/44 $/Tag. Abfahrten verschiedener Schwierigkeitsgrade, Skischule, Half-Pipe, Langlaufloipen.
- **Mount Olympus,** www.mtolympus.co.nz, 70/35 $/Tag. Nur mit 4WD zu erreichen, etwas abseits, nur für Fortgeschrittene, Langlaufloipen, Hüttenübernachtung am Berg möglich.
- **Broken River,** www.brokenriver.co.nz, 75/35 $/Tag. Alle Schwierigkeitsgrade, Skischule, Lawinenkurse, Hüttenübernachtung am Berg möglich, 20 Min. Fußweg zum Skifeld.

> Der Kea: destruktiv, aber sympathisch!

- **Craigieburn,** www.craigieburn.co.nz, 75/35 $/Tag. Vorwiegend für Fortgeschrittene, Skischule, Übernachtung am Berg möglich.
- **Temple Basin,** www.templebasin.co.nz, 70/25 $/Tag. 40 Min. Fußweg zum Skigebiet. Alle Schwierigkeitsgrade, Skischule, Hüttenübernachtungen möglich.

Arthur's Pass

Der Arthur's Pass ist mit 900 Metern der **höchste Pass über die Alpen.** Die Gegend um den Pass ist mit ihren Viadukten, Brücken, Felsvorsprüngen und Wasserfällen spektakulär. Der **Nationalpark** kann in **zwei Landschaftsformen** geteilt werden: Die Ostseite ist geprägt von **Buchenwäldern,** die von breiten, mit Kies gefüllten Flusstälern durchzogen sind. Auf der Westseite herrscht dichter **Regenwald** vor, und Flussläufe haben über die Jahrtausende tiefe Schluchten und Furchen in die Landschaft gegraben.

Der kleine **Ort Arthur's Pass** liegt fünf Kilometer vor dem eigentlichen Pass und ist mit einer Höhe von 740 Metern die **höchstgelegene Siedlung Neuseelands.** Mit weit unter 100 Einwohnern gibt es hier deutlich mehr Touristen als Einheimische. Was den Ort so attraktiv macht, sind Fauna, Flora und die dramatische Landschaft des umliegenden Nationalparks. Eine besondere Attraktion der Gegend sind die neugierigen **Keas,** die einzigartigen Bergpapageien, die durch ihre Intelligenz (und ihren Unterhaltungswert) beeindrucken. Aber Vorsicht, die Vögel haben eine Vorliebe dafür, auf Autotürdichtungen herumzukauen und sie zu zerstören. Bitte nicht füttern!

In und um Arthur's Pass verläuft eine Vielzahl von attraktiven **Spazier- und Wanderwegen,** die in die einzigartige Landschaft entführen. Vor allem bei Regen und Nebel hat man schon nach wenigen Schritten das Gefühl, in einer **verwunschenen Welt** zu sein. Und es regnet hier überdurchschnittlich viel, darauf sollte man sich als Reisender einstellen und vorbereiten.

Geschichte

Lange bevor die ersten Europäer in die Gegend kamen, nutzten **Maori** den noch unbenannten Pass. Mit dem **Goldrausch** der Westküste in den 1850er Jahren wurde eine gut befahrbare Verbindung von Ost nach West benötigt. Der bereits bekannte Pass wurde als zu steil empfunden, ein Preisgeld von 220 Pfund für eine bessere Alpenroute wurde ausgesetzt. Doch es wurde keine gefunden. 1908 begann schließlich mit dem Bau des Otira-Tunnels der Ausbau des bekannten Passes. Erst 1923 wurde er fertiggestellt und schließlich nach Sir *Arthur Dudley Dobson* benannt,der 1864 die ersten Europäer über den alten Pass geführt hatte. Noch heute fährt der **TranzAlpine Express** durch jenen Tunnel. Die gesamte 223 Kilometer lange Strecke von Christchurch nach Greymouth gilt als **eine der schönsten Zugstrecken der Welt.**

055nz ji

Aktivitäten

Arthur's Pass lädt zu **Spaziergängen und Wanderungen** untersschiedlicher Länge und Schwierigkeitsgrade ein. Am besten die **Broschüren „Arthur's Pass"** und **„Tramping in Arthur's Pass"** besorgen und das Passende raussuchen. Bei längeren Wanderungen unbedingt nach den Wetterbedingungen und aktuellen Warnungen erkundigen. Die Miete eines Notrufgerätes ist dringend angeraten, immer wieder kommt es zu Unglücken aufgrund von Wetterumschwung oder Lawinen. Populäre Ausflüge sind:

- **Devil's Punchbowl** (2 km, 1 Std. return)
- **Bridal Veil** (2,5km, 2 Std. return)
- **Avalanche Peak** (5km, 6–8 Std. return)

Praktische Tipps

Informationen

- **www.arthurspass.com**
- **Einwohnerzahl:** 80
- **DOC:** 80 Main Rd., tägl. 8.30–16.30 Uhr.

An- und Abreise

- **Bus:** Einige der Langstreckenbusse halten in Arthur's Pass auf dem Weg zwischen Greymouth und Christchurch, auch der **West Coast Shuttle,** Tel. 07-768 0028, www.westcoastshuttle.co.nz.

The Devil's Punchbowl

■ **Zug:** Der **TranzAlpine** fährt täglich von Greymouth über Arthur's Pass nach Christchurch und zurück, die Zugstrecke gilt als eine der schönsten der Welt (siehe „Praktische Reisetipps von A bis Z/Unterwegs im Land/Zug").

Unterkunft

Es gibt ein paar wenige Unterkünfte in Arthur's Pass. Die meisten liegen im Umkreis von 15 km. Unbedingt vorbuchen!

■ **Mountain House YHA**①-②, 84 West Coast Rd., Tel. 03-318 9258, www.yha.co.nz.

■ **Bealey Hotel**①-②, 12858 W Coast Rd., Tel. 03-318 9277, www.thebealeyhotel.co.nz.

■ **Arthur's Pass Village B&B Homestay,** 72 School Terrace, Tel. 03-318 9183, www.arthurspass.org.nz.

Camping

Es gibt einen **DOC-Campingplatz** in Arthur's Pass und zwei weitere 5 km und 8 km östlich. Freedom Camping ist nicht erlaubt. Alle Plätze sind einfach und haben keinen Strom. Wer Elektrizität benötigt, muss 30 km westlich im Jackson Retreat übernachten. **Warnung:** immer wieder attackieren und zerstören **Keas** Zelte. Diese am besten nicht unbeaufsichtigt lassen und erst bei Einbruch der Dunkelheit aufbauen ...

■ **Avalanche Creek Public Shelter**①, gegenüber Visitor Centre, 80 Main Rd., www.doc.govt.nz.

■ **Klondyke Shelter,** 8 km östlich von Arthur's Pass auf SH73, www.doc.govt.nz.

Einkaufen/Essen und Trinken

Es gibt keine reinen **Lebensmittelgeschäfte** in Arthur's Pass. Entlang der Hauptstraße findet man drei **Cafés,** die Frühstück, Mittag- und Abendessen servieren. Im **Arthur's Pass Store and Café** gibt es außerdem Grundnahrungsmittel und Benzin zu horrenden Preisen.

Central Canterbury

Von Christchurch nach Timaru via SH1

Der direkte Weg von Christchurch nach Timaru führt auf dem SH1 durch **unspektakuläres Farmland.** Das Highlight der Strecke ist die 1939 eröffnete **Rakaia Bridge,** mit 1,7 Kilometern die **längste Brücke Neuseelands.** Sie verbindet die Distrikte Selwyn und Ashburton miteinander. Einen expliziten Besuch ist sie nicht wert, aber wer drüber fährt, ist sich immerhin ihrer Bedeutung bewusst.

Von Christchurch nach Timaru via Inland Scenic Route

Wer ein wenig Zeit hat und gerne wandert, sollte von Christchurch aus die Inland Scenic Route (SH77 und 72) durch Central Canterbury nach Timaru nehmen. Die Strecke ist knapp 50 kilometer länger, aber aufgrund einiger Ausflugsmöglichkeiten bedeutend attraktiver.

Rakaia Gorge Walkway

Von Christchurch kommend, passiert man nach ca. 80 Kilometer den kleinen Ort **Windwhistle.** Weniger Kilometer später stößt man auf die Rakaia Gorge Bridge. Von hier aus führt die einfache, zehn Kilometer lange Wanderung in 1½ bis zwei Stunden flussaufwärts. Sie ist geologisch und historisch interessant (Vulkangestein wie Rhyolith, Pechstein und Andesit sowie ehemalige Kohleminen). Informationen erhält man in der i-SITE in Methven oder auf der DOC-Website www.doc.govt.nz.

Mount Hutt

Auf 2190 Metern Höhe findet sich das wohl beste **Skigebiet** Canterburys. Es ist gleichermaßen für Anfänger und Fortgeschrittene geeignet, die längste Piste ist zwei Kilometer lang. Im Winter gibt es einen Bus-Shuttle von Methven aus.

■ **www.nzski.com/mt-hutt,** 95/50 $.

Methven

Der Ort mit seinen 1700 Einwohnern ist im Winter am lebhaftesten, wenn **Wintersportler** hier ihr Basislager aufschlagen. Aber auch im Sommer ist der Ort nicht unattraktiv, denn Ausflugsziele in der Umgebung sind schnell zu erreichen, und Methven bietet eine **ausreichende Infrastruktur** mit Unterkünften, Restaurants, Pubs und sogar einem Kino – alles an oder nahe der Main Street.

⊡ Während der Sommermonate kann der Rangitata River austrocknen

Praktische Tipps

■ **www.methvenmthutt.co.nz**

■ **Big Tree Lodge**①-②, 25 South Belt, Tel. 03-302 9575, www.bigtreelodge.co.nz.

■ **Snow Denn Lodge**①-②, 6 Bank St., Tel. 03-302 8999, www.snowdenn.co.nz.

■ **Methven Resort Hotel**②, 51 Main St., Tel. 03-302 8724, www.methvenresort.com.

■ **Methven Camping Ground**②, 72 Barkers Rd., Tel. 03-302 8005, www.methvencampingground.com.

Mount Somers

Der kleine Ort Mount Somers liegt 30 Kilometer von Methven entfernt und ist Ausgangspunkt für den **Mount Somers Walkway.** Der 26 Kilometer lange Rundwanderweg um den gleichnamigen Berg herum, für den man zwei Tage benötigt, bietet Blicke auf vulkanische Felsformationen, Maori-Felszeichnungen und fotogene Schluchten. Es gibt zwei Hütten auf der Strecke, erfahrene Wanderer können einen fünfstündigen Abstecher auf den Gipfel unternehmen. Unbedingt beim DOC eventuelle Strecken- und Wetterwarnungen erfragen (www.doc.govt.nz).

Peel Forest

Die **Legende** besagt, dass Chief Tarahaoa und seine Frau Huatekerekere am Shag Point Schiffbruch erlitten. Sie wanderten ins Inland und beteten zu ihren Göttern, sie nach ihrem Tode in **Berge** zu verwandeln. Und sie wurden erhört: Mount Peel/Tarahaoa und Little Mount Peel/Huatekerekere sind noch heute eng verschlungen. Ihre beiden Kinder wurden nach ihrem Tode in zwei riesige Bäume verwandelt, ihre Kindeskinder in die angrenzende Bergkette ...

Der Peel Forest ist am besten von **Arundel** (SH72) aus zu erreichen – einfach den Schildern folgen. Die 500 Hektar ursprünglichen, einheimischen Waldes haben die zahlreichen Rodungen überlebt, und Peel Forest zählt heute zu den wichtigsten **Steineibenwäldern.** Es gibt Totara, Kahikatea und Matai-Bäume, die eine Vielzahl von **Vogelarten** beherbergen. Hier stehen Bäume, die über 1000 Jahre alt sind und einen Durchmesser von über sechs Metern haben. Es gibt zahlreiche **Wander- und Spazierwege** ab 30 Minuten. Länge, die auch für Kinder gut zu bewältigen sind. Hinweisschilder erläutern Flora und Fauna. Am besten besorgt man sich die **Broschüre „Peel Forest Area".** Nicht verpassen sollte man den **Big Tree Walk** (30 Min. return) zu gigantischen Totaras. Wer nicht gerne läuft, kann alternativ auch eine **Tour zu Pferde** buchen oder sich zu einem Abenteuer auf und im **Rangitata River** hinreißen lassen, z.B. beim Raften mit Rangitata Rafts, auf dem Pferderücken mit Peel Forest Horse Trekking oder als Canyoning Tour mit Big Rock Canyons (Adressen siehe unten). Ein paar Unterkünfte, ein DOC-Campingplatz sowie ein kleiner Allzweckladen mit Lebensmitteln, Internet und warmen Mahlzeiten finden sich auf der Peel Forest Road.

■ **Rangitata Rafts,** Rangitata Gorge Rd., Tel. 0800-251 251, www.rafts.co.nz, ab 170 $.

■ **Peel Forest Horse Trekking,** 105 Dennistoun Rd., Tel. 03-6963 703, www.peelforesthorsetrekking.co.nz, ab 55/45 $.

■ **Big Rock Canyons,** 2 Arowhenua St., Tel. 0800-244 762, www.bigrockcanyons.co.nz, ab 240 $.

Geraldine

Geraldine ist ein kleines hübsches **Künstlerdorf** und ein guter Ort, um eine Pause einzulegen, einen Kaffee zu trinken und seine Beine im River Garden Walk zu vertreten. Vielleicht findet man auch ein hübsches Andenken in einer der Boutiquen und Galerien.

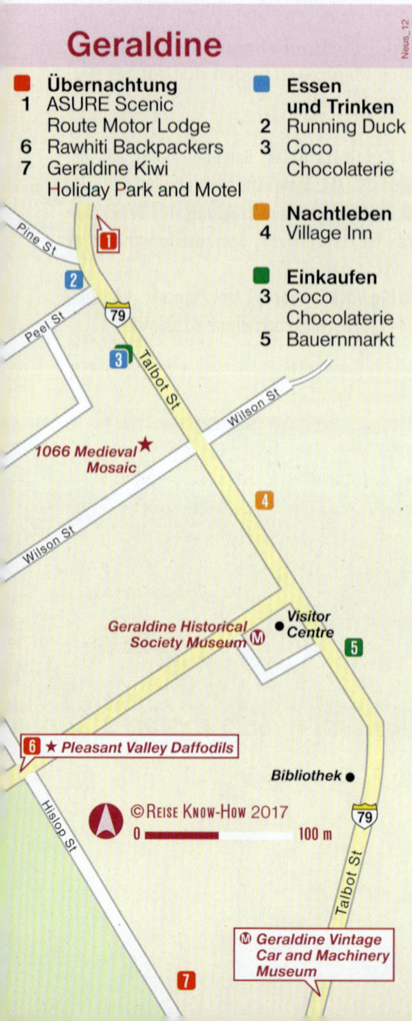

Sehenswertes

Das **Geraldine Vintage Car and Machinery Museum** zeigt aufbereitete Traktoren, Autos und Maschinen aus der Zeit ab 1907, darunter große Marken wie Harley Davidson, Bentley, Mercedes.

■ **Geraldine Vintage Car and Machinery Museum,** 178 Talbot St., Tel. 03-693 8756, tägl. 9.30–16.30 Uhr, Winter nur Sa, So.

Über 15.000 Besucher im Jahr hat das kleine, feine **Geraldine Historical Society Museum.** Fotos, Displays, Filme, die **Geschichte von Geraldine** und der Region wird ansprechend dargestellt.

■ **Geraldine Historical Society Museum,** 5 Cox Str., Tel. 03-693 7028, Mo–Sa 10–15 Uhr, So 12.30–15.30 Uhr.

1066 Medieval Mosaic zeigt eine **Kopie des Teppichs von Bayeux,** dem Teppich der Königin *Mathilda* aus dem 11. Jahrhundert – **aus Stahl!** Über zwei Millionen Einzelteile alter Nähmaschinen stecken in dem beeindruckenden Kunstwerk. **Hinweis:** Zum Zeitpunkt ders Drucklegung wurde ein Verkauf des Mosaiks diskutiert (siehe Homepage).

■ **1066 Medieval Mosaic,** 10 Wilson St., Tel. 03-693 9820, www.1066.co.nz, tägl. 10–16 Uhr.

In der Blumenfarm **Pleasant Valley Daffodils** kann man durch die Blütenfelder spazieren und unzählige Zuchtformen der **Narzisse** bewundern.

■ **Pleasant Valley Daffodils,** 66 Brophy Rd., Tel. 03-693 8081, www.pleasantvalleydaffodils.co.nz, Sept bis Okt.

Aktivitäten

Die meisten Aktivitäten finden im **Peel Forest** und der Umgebung statt (siehe „Peel Forest"). Wer von Geraldine aus starten möchte, findet entsprechende Infos in der i-SITE.

Praktische Tipps

Informationen

- **www.gogeraldine.co.nz**
- **Einwohnerzahl:** 2300
- **Visitor Centre:** Talbot St. Ecke Cox St., Tel. 03-693 1006, Mo–Fr 10–16 Uhr, Sa, So 10–15 Uhr.
- **Bibliothek:** 78 Talbot St., Tel. 03-693 9336, Mo–Do 8.30–17 Uhr, Fr 8.30–18 Uhr, Sa 10–13 Uhr.

An- und Abreise

- **Bus:** Geraldine wird von den meisten großen Langstrecken- und einigen lokalen Busunternehmen angefahren; zentrale Haltestelle am Kiwi Country Tourism Complex im Norden des Ortes.

Unterkunft

6 **Rawhiti Backpackers**①, 27 Hewlings St., Tel. 03-693 8252, www.rawhitibackpackers.com. Einfaches Hostel mit allen üblichen Annehmlichkeiten und Heizdecken. Strikte Check-out-Policy.

1 **ASURE Scenic Route Motor Lodge**②-③, 28 Waihi Terrace, Tel. 03-693 9700, www.asuregeraldine.nz. Ordentliche, saubere Zimmer. Eher unspektakulär, aber durchaus in Ordnung.

Camping

7 **Geraldine Kiwi Holiday Park and Motel**②, 39 Hislop St., Tel. 03-693 8147, www.geraldineholidaypark.co.nz. Der in Laufnähe zum Zentrum gelegene Platz ist etwas in die Jahre gekommen, aber sauber. 100 Jahre alte, große Bäume spenden ausreichend Schatten.

Essen und Trinken

Es gibt eine Handvoll Cafés und Restaurants in Geraldine, fast alle auf der **Talbot Street.**

2 **Running Duck**①, 1 Peel St., Tel. 03-693 8320, www.therunningduck.co.nz, Mo, Mi, Do 8–16 Uhr, Fr 8–20 Uhr, Sa, So 9–16 Uhr. Nettes Café mit leckeren Burgern. Kleiner Spielplatz und extra Kinder-Menü.

3 MEIN TIPP: **Coco Chocolaterie,** 10 Talbot St., Tel. 03-693 9982, www.coco-geraldine.co.nz, Mo–Fr 10–17 Uhr, Sa 10–16 Uhr, So 11–16 Uhr. Perfekte Pralinen, auch einzeln zum Kaffee zu genießen. Neben den Schoko-Klassikern gibt es auch außergewöhnliche Geschmacksnoten wie Brandy und Karamell, Passionsfrucht oder Honig und Ingwer. Ein tolles Mitbringsel ist „Rocky Road", Schokoladenbruchstücke mit einem bunten Innenleben aus Nüssen, Marshmallows etc.

Ausgehen

4 **Village Inn,** 41 Talbot St., Tel. 03-693 1004, www.villageinn.co.nz. Pub, Restaurant und Sports Bar. Hier tobt nicht unbedingt der Bär, aber ok für ein Feierabendbier.

Einkaufen

Die meisten Geschäfte liegen auf der **Talbot St.** Für Lebensmittel gibt es einen **Freshchoice,** 7 Peel St., tägl. 7–20 Uhr.

5 Ein **Bauernmarkt** mit Livemusik findet Sa von 9 bis 12.30 Uhr auf dem St. Marys Church Carpark statt.

3 **Coco Chocolaterie,** siehe „Essen und Trinken".

Timaru

Timaru ist die **zweitgrößte Stadt Canterburys.** Die Hafenstadt ist auf den Lavahügeln des erloschenen Vulkans Mount Horrible gebaut. Der Name des Vulkans klingt abschreckend, die Stadt selbst ist zwar nicht grässlich, aber touristisch gesehen auch **kein Highlight.** Wer wissen will, wie sich Neuseelands Städte ohne Tourismus entwickelt hätten, gewinnt in Timaru einen guten Eindruck. Aber natürlich gibt es auch hier ein paar **Sehenswürdigkeiten** wie das Te Ana Maori Rock Art Museum und das South Canterbury Museum. Wer Jahrmärkte mag, der kann sich im Dezember/Januar beim **Caroline Bay Carnival** unters Volk mischen.

Geschichte

Es wird angenommen, dass der Name Timaru eine Ableitung von **Te Maru** (Maori für „Ort der Zuflucht") ist. Schon lange, bevor die ersten europäischen Siedler in die Gegend kamen, nutzten Maori Te Maru, um sich von ihren Reisen im Kanu zu erholen.

Timarus erster offizieller Einwohner war **Samuel Williams,** der sich in der 1838 errichteten Walfangstation niederließ, die sich aber nicht lange hielt. 1859 ankerte das englische Schiff „Strathallan", mit 120 Immigranten, deren Mehrzahl sich in Timaru niederließ. Damit begann die **Entwicklung der Stadt,** und der Hafen gewann Ende des 19. Jahrhunderts immer mehr an Bedeutung. Gleichzeitig wurde auch auf die Weiterverarbeitung von Landwirtschaftsprodukten der Canterbury-Farmen gesetzt. Seit den 1950er Jahren wuchs die Stadt wenig, und das Straßenbild der Main Street ist noch immer von Gebäuden aus dem 20. Jahrhundert geprägt.

Sehenswertes

Mein Tipp: Das **Te Ana Maori Rock Art Museum** zeigt die bedeutendsten (ausstellbaren) **Felszeichnungen** der Welt. Bietet eine multimediale Ausstellung sowie Touren in die Umgebung.

■ **Te Ana Maori Rock Art,** 2 George St., Tel. 03-684 9141, www.teana.co.nz, tägl. 10–15 Uhr, 22/11 $, Touren 130/52 $.

Das **South Canterbury Museum** fokussiert sich auf **naturhistorisches Erbe** und die **Geschichte** der Region. Die Maori-Ausstellung ist interessant und gut aufbereitet. Das Highlight ist das nachgebaute Flugzeug von *Richard Pearse,* mit dem angeblich der **erste Flugversuch** gelang. Da dieser aber nicht korrekt dokumentiert wurde, fiel der Erfolg schließlich den Gebrüdern *Wright* zu.

■ **South Canterbury Museum,** 4 Perth Street, Tel. 03-687 7212, https://museum.timaru.govt.nz, Di–Fr 10–16.30 Uhr, Sa, So 13–16.30 Uhr.

Die **Aigantighe Art Gallery** wurde 1956 gegründet und beherbergt Werke bedeutender Künstler aus Neuseeland und dem gesamten pazifischen Raum, aber auch aus Europa. Außerdem bietet sie wechselnde Ausstellungen und einen Skulpturengarten.

■ **Aigantighe Art Gallery,** 49 Wai Iti Rd., Tel. 03-688 4424, Di–Fr 10–16 Uhr, Sa, So 12–16 Uhr.

Die 1896 erbaute **Sacred Heart Church** ist sehr gut erhalten. Die Basilika gilt als einer der bemerkenswertesten Bauten der Kirchenarchitektur in Neuseeland. Sie vereint romanisch-byzantinische Architektur mit Art-Nouveau-Dekoration.

■ **Sacred Heart Church,** 7 Craigie Ave., www.chch.catholic.org.nz, Gottesdienst So 9 und 17 Uhr.

Caroline Bay Beach ist der Stadtstrand am Timaru Port mit einem Kriegerdenkmal, Wasserspiel und etlichen **Attraktionen** wie Karussell, Riesenschaukeln usw. Für Kinder ein Traum. Augen aufhalten, manchmal sieht man **Pinguine!**

■ **www.carolinebay.org.nz**

Aktivitäten

Im **Sumpfgebiet Otipua** gibt es einen schönen einstündigen **Rundwanderweg.** Die Kombination aus Salinen, Lagunen, Sumpfwäldern und Sumpfflächen bietet ein optimales Ökosystem für eine Vielzahl von **Vögeln.** Eine gute Möglichkeit, um sich auf der langen Fahrt von Christchurch nach Oamaru die Beine zu vertreten.

■ **Otipua Wetland,** SH 1 Richtung Süden, nach Saltwater Creek ausgeschildert, www.ecan.govt.nz.

Praktische Tipps

Informationen

- **www.cityoftimaru.co.nz**
- **Einwohnerzahl:** 27.048
- **Visitor Centre:** 2 George St., Tel. 03-687 9997, Mo–Fr 10–16 Uhr, Sa, So 10–15 Uhr.
- **Bibliothek:** 56 Sophia St., Tel. 03-687 7202, Mo, Mi, Fr 9–20h, Di, Do 9–18 Uhr, Sa 10–13 Uhr, So 13–16 Uhr.

An- und Abreise

- **Bus:** Timaru wird von allen Langstreckenbusunternehmen angefahren; zentrale Haltestelle Travel Centre Railway Station an der Station St.
- **Flugzeug:** Timaru Airport (Falvey Rd.) wird von Air New Zealand von Wellington aus zwei- bis dreimal täglich angeflogen.

Unterkunft

Zur Zeit des Druckes dieses Buches gab es in Timaru kein empfehlenswertes **Hostel.** Wer eine relativ **günstige Bleibe** sucht, ist auf den unten aufgeführten Campingplätzen am besten aufgehoben. Beide haben saubere Cabins in verschiedenen Preisklassen (ab 50 $), teilweise mit eigenem Bad. Bei Weitem besser als ein schlechtes Hostel. Die Anlage von Top 10 ist ein wenig hübscher.

9 **ASURE Ashley Motor Lodge**②, 95–99 King St., Tel. 06-880 0619, www.ashleymotorlodge.co.nz. Ordentliche, saubere Zimmer und Units. Die Hosts *Carl* und *Janet* sind freundlich und bemühen sich, Besuchern einen angenehmen Aufenthalt zu ermöglichen.

4 **Elizabeth Court Guest House**②, 39 Elizabeth St., Tel. 03-686 6091, www.elizabethcourtbnb.com. Unscheinbares B&B in Laufnähe zum Zentrum und zur Carolina Bay. Kontinentales Frühstück, Extras gegen Aufpreis.

Camping

1 **Timaru Top 10 Holiday Park**②-③, 154a Selwyn St., Tel. 0800-242-121, www.timaruholidaypark.co.nz. Typischer Top 10 Park, hübsch angelegt und sauber. Hat im Badehaus Fußbodenheizung – im Winter nicht zu verachten. Ein wenig außerhalb.

9 **Glenmark Holiday Park**②, 30 Beaconsfield Rd., Tel. 03-684 3682, www.glenmarkholidaypark.nz. Hat die üblichen Annehmlichkeiten eines größeren Campingplatzes, einen Pool und einen kleinen Shop.

Essen und Trinken

7 **Copper Café**①, 154 Stafford St., Tel. 03-688 0086, www.coppercafetimaru.co.nz, Di–So 10–14 Uhr und 17.30–24 Uhr. Beliebtes Café-Restaurant mit günstigen, deftigen Speisen. Auch für Gruppen geeignet.

5 **Zest**①-②, 4a Elizabeth Place, Tel. 03-688 8313, www.zestrestaurant.co.nz, tägl. 10–21 Uhr. Essen in einer umgebauten Kirche mit netter Atmosphäre. Es gibt Pizzen (mit etwas speziellen Belag-Kombinationen wie Aprikose, Huhn und Paprika oder Kürbis, Süßkartoffel, Brie und Pflaumensoße), aber auch Pasta, Salate, Fisch, Curries und Steak. Für jeden etwas dabei.

2 **Fusion**①-③, 64 The Bay Hill, Tel. 03-688 8550, www.restaurantfusion.co.nz, tägl. 10 Uhr bis spät. Neuseeländisch-britisch-asiatische Speisen in guter Qualität. Je später der Tag, desto teurer die Mahlzeiten. Die Portionen sind etwas klein, aber lecker.

6 **Custom Steak House**②-③, 2 Strathallan St., Tel. 03-684 5528, www.customhouse.co.nz, tägl. 17 Uhr bis spät. Etwas besseres Steak House, serviert Prime Rib, New York Strip, Ribeye, T-Bone und Filet. Ein Paradies für Fleischesser.

Ausgehen

8 **Speight's Ale House**①-③, 2 George St., Tel. 03-686 6030, www.timarualehouse.co.nz, tägl. 11.30 Uhr bis spät. Typische Speight's Bar in sehenswertem Gebäude von 1870. Großer Bier-Auswahl, deftige Speisen und Snacks. Netter Außenbereich. Einer der besten Pubs der Stadt.

3 **Monteith's Brewery**①-②, 54 The Bay Hill, Tel. 03-688 4367, www.monteiths.co.nz, tägl. 12–

056nz ks

23 Uhr. Wer das Bier von Speight's nicht mag, findet hier eine gute Alternative.

Einkaufen

Die meisten Geschäfte liegen nordwestlich des Bahnhofs auf der **Stafford Street.** Hier befinden sich alle typischen Ketten und Geschäfte. Man bekommt alles, was man braucht, aber es gibt sicherlich schöner Orte zum Einkaufen.

☐ Unterwegs im Mackenzie Basin

Weiter Richtung Lake Tekapo und Mackenzie Basin

Wer von der Ostküste über die Seen Tekapo, Pukaki und Ohau weiter nach Süden reisen möchte, hat die Wahl zwischen dem **SH79 von Geraldine** und dem **SH8 von Timaru** (bzw. Temuka). Beide führen über Farmland, und bis Fairlie gibt es nicht viel zu sehen oder zu tun. Auch der kleine Ort **Fairlie** selber ist bestenfalls für einen Kaffee-Stopp geeignet. Wer sich für **Maori-Felsmalereien** interessiert, wird in der Umgebung von **Opuha** und **Cave** fündig. Am besten in den jeweiligen Orten nach der Richtung fragen.

Mackenzie Basin und Omarama

Das Mackenzie-Becken ist das **Flachland** zwischen dem **südlichen Canterbury, den Südalpen** und der **Gebirgskette Ben Ohau.** Die Gegend lebt hauptsächlich von der **Schafzucht** und dem **Wasserkraftwerk** Upper Waitaki Hydro Scheme. Auf einer Kanalstrecke von über 50 Kilometern werden jährlich durch gestautes Wasser aus den Seen Tekapo, Pukaki, Ohau und Benmore über 4000 Gigawatt-Stunden generiert. Gesteuert wird das Kraftwerk vom Ort Twizel aus.

Seit Juni 2012 gilt der Himmel über dem Mackenzie Basin als das größte **Dark Sky Reserve** (Dunkelhimmel-Reservat) der Welt. Die Luft ist hier so sauber, dass das Mount John Observatory zu großer internationaler Bedeutung gelangte. Die **Sternegucker-Touren** für Touristen sind oft schon Tage im Voraus ausgebucht.

Neben dem Observatorium zieht die Gegend Touristen hauptsächlich aufgrund ihrer grandiosen, fotogenen **Landschaft** an. Besonders beeindruckend ist das Becken im Juni, wenn es in rosa- und lilafarbene Lupinen eingebettet ist. Auch ein Besuch des abgelegenen **Mount Cook Village** ist einen Besuch wert, um das Sir Edmund Hillary Centre

057nz br

zu besuchen und grandiose Blicke auf Mount Cook und die umliegenden, mit Gletschern bedeckten Berge zu erhaschen.

Seinen **Namen** verdankt die Gegend dem Schotten **James Mackenzie,** dem Schafsdieb und Volkshelden. Vom Aufseher der Levels Station und zwei Maori, die auf der Suche nach 1000 vermissten Schafen waren, wurde *Mackenzie* am 4. März 1855 im Upper Waitaki River Basin verhaftet. Er beteuerte seine Unschuld und floh insgesamt zweimal. Später wurde *Mackenzie* aufgrund mangelnder Beweise begnadigt. Sein Name steht für die Auflehnung gegen die Reichen und Mächtigen. Im Laufe der Jahre wurde er zu einer solchen Legende, dass es heute fast unmöglich ist, die wahre Geschichte von Fiktion zu unterscheiden.

■ **Buchtipp:** *Sarah Lark,* „Im Land der weißen Wolke".

Geschichte

Vor 250 bis 300 Millionen Jahren lagen die Southern Alps und die Gegend des heutigen Mackenzie-Beckens noch auf dem **Meeresboden.** Massive **Bewegungen der Erdkruste** bildeten in den folgenden Jahrmillionen die Berge, wie wir sie heute kennen. Die letzte **Eiszeit** vor 15–18.000 Jahren schob dann gigantische Mengen an Eis und Stein durch die Berge und ließ das Tal sowie die Seen entstehen.

Die ersten **Maori** kamen vor ca. 700 auf der Suche nach Nahrung zu Fuß in die Gegend. Moas und andere Vögel wurden gejagt sowie Aale gefangen. Der Maori-Name der Gegend, **Tekapo,** bedeutet „In Eile bei Nacht verlassen" (oder auch, rätselhaft, „Scheinbeere").

Die erste **Schafsfarm** wurde 1857 von *John* und *Barbara Hay* am Ufer des Lake Tekapo aufgebaut. Ein Hotel folgte 1861. 1930 wurde mit dem Bau des Elektrizitätswerkes begonnen, fertiggestellt wurde es erst 1951.

Lake Tekapo Village

Beide, der See sowie die Ortschaft, heißen „Lake Tekapo". Der von Bergen umgebene idyllische **See** erstrahlt in leuchtendem, milchig grünem **Türkis,** das durch feinen Felsstaub entsteht, der durch Gletscherbewegungen in den See gelangt und das Sonnenlicht reflektiert. Der Ort selbst ist eher etwas trist, und die meisten Touristen bleiben nur eine Nacht – die Unterkunftspreise hier sind gesalzen. Alle wichtigen Einrichtungen liegen an der Main Road. Hausnummern scheint es nicht zu geben.

Sehenswertes

Als die Gletscher ihren Weg durch das Mackenzie-Tal suchten, ließen sie als einzigen Berg **Mount John** (1031 m) stehen, auf dessen Kuppe sich das gleichnamige **Observatorium** befindet (siehe „Aktivitäten"). Wer die 5 $ Straßennutzungsgebühr zahlt, kann den Berg hochfahren, den Blick über Lake Tekapo und die Gegend genießen und einen ersten

☒ Mount John Observatory

Eindruck vom Observatorium bekommen. Aber Achtung, hier ist es oft **extrem windig,** ein längerer Aufenthalt ist oft nur im Café möglich.

Mount John liegt knapp zehn Kilometer außerhalb. Wer lieber laufen möchte, kann dem ausgeschilderten **Spazierweg** folgen (2½ Std. einfach).

MEIN TIPP: Die hübsche kleine **Church of the Good Shepherd** aus Stein wurde 1935 errichtet, ihr Grundstein wurde vom Duke of Gloucester gesetzt. Ihre Steine wurden im Umkreis von fünf Meilen gesammelt und in ihrer ursprünglichen Form belassen.

■ **Church of the Good Shepherd,** Pioneer Drive, www.tekapochurch.org.nz, 9–17 Uhr, Winter 10–16 Uhr.

Die **Statue eines Collies** am Pioneer Drive ist ein **Tribut an die Hütehunde** der Gegend, die für die Schafzucht eine wichtige Rolle spielen. Ob es sich bei der Statue um *Friday,* den Hund von **James Mackenzie,** handelt oder nicht, ist letztlich unwesentlich.

Aktivitäten

Aufgrund des internationalen Stellenwertes des **Mount John Observatory** und der Größe des Dark Sky Reserves ist dies eine **einzigartige Gelegenheit,** den Himmel mit anderen Augen zu betrachten. Es werden verschiedene Touren angeboten, manche auch für Kinder. Alternativ gibt es auch tagsüber kurze Führungen durch die Einrichtung, die auch spontan gebucht werden können. Alle anderen Touren unbedingt im Voraus buchen.

■ **Mount John Observatory,** 422 Godley Peaks Rd., Tel. 03-680 6960, www.earthandskynz.com, Touren ab 148 $, Kurzführungen 20/10 $.

Es gibt mehrere Anbieter von **Rundflügen** über den See bis hin zum Mount Cook, mit und ohne Gletscherlandung. Die Ausblicke sind bei schönem Wetter einzigartig, aber man sollte immer in Hinterkopf behalten, dass Flüge nicht unbedingt umweltschonend sind.

■ **Air Safaris,** SH8, Tekapo Aerodrome, Tel. 03-680 6880, www.airsafaris.co.nz, ab 360/230 $.

2015 renoviert und umbenannt, kann man im **Spa- und Spaß-Bad Tekapo Springs** seine Seele baumeln lassen. Hot Pools und Massagen gibt es das ganze Jahr über, die Wasserrutschen sind nur im Sommer geöffnet, die Eisbahn und der Tube Park (wo man auf einem Gummireifen auf dem Schnee den Hang runterrutschen kann) nur im Winter.

■ **Tekapo Springs,** 6 Lakeside Dr., Tel. 03-680 6550, www.tekaposprings.co.nz, tägl. 10–21 Uhr, ab 25/14 $.

Ein **Ausritt** ist das Richtige für alle, die die Gegend aus der Perspektive *James Mackenzies* erleben möchten. Es werden Halb- bis Mehrtagestouren angeboten.

■ **Mackenzie Alpine Horse Trekking,** Godley Peaks Rd., Tel. 0800-628 269, www.maht.co.nz, ab 45/35 $.

Wie fast überall in Neuseeland, gibt es auch hier zahlreiche **Wanderwege** und ein gutes Netz an Hütten. Karten gibt's im Visitor Centre, Infos auch im Netz unter www.doc.govt.nz. Beliebt sind:

- **Mount John Lakeshore & Summit** (6 km, 2 Std., Start Promenade Richtung Norden)
- **Camp Stream Hut Track** (9 km, 5–8 Std., Start Lilybank Rd. Parkplatz)
- **Richmond Trail** (13 km, 4–5 Std., Start Lilybank Rd. Parkplatz)
- **Alps2Ocean Radwanderweg:** Die 300 km lange Radstrecke (4–6 Tage) nach Oamaru kann wahlweise von Mt. Cook oder Lake Tekapo aus unternommen werden (siehe „Canterbury/Aoraki/Mount Cook National Park").

Im Ort werden **Fahrräder** und **Kajaks** zur Miete angeboten. Im Winter kann man als Abfahrtsskier die kleinen **Skigebiete** Mount Dobson und Roundhill besuchen, als Langläufer die Two Thumb Range (Informationen hierzu im Visitor Centre).

Praktische Tipps

Informationen

- **www.tekapotourism.co.nz**
- **www.laketekapountouched.co.nz**
- **Einwohnerzahl:** 370
- **Tekapo Springs Visitor Centre,** Main Rd., Tel. 03-680 6579, tägl. 10–18 Uhr. Erstaunlicherweise gibt es keine i-SITE und kein unabhängiges Visitor Centre. Aber das freundliche und hilfsbereite Personal vom Tekapo Springs macht einen guten Job und berät auch zu Themen, die nicht unmittelbar das Spaßbad betreffen …

An- und Abreise

- **Bus:** Tekapo wird von den meisten Langstreckenbusunternehmen angefahren; zentrale Haltestelle am Parkplatz neben der Lake Tekapo Tavern.
- **Flugzeug:** Es gibt keine planmäßigen Flugverbindungen nach Lake Tekapo. Wer aber nur nach/von Mt. Cook kommt, kann bei Air Safaris (siehe „Aktivitäten/Rundflüge") nachfragen.

Unterkunft

- **Tailor-Made-Tekapo Backpackers**①-②, 11 Aorangi Cres., Tel. 03-680 6700, www.tailor-made-tekapo-backpackers.co.nz. In einem großzügigen Garten gelegen, mit Kamin und der üblichen Ausstattung. Es werden Rad-, Ski- und Snowboard-Instandhaltungs-Workshops angeboten.

Mein Tipp: Chalet Boutique Motel②, 14 Pioneer Dr., Tel. 03-680 6774, www.thechalet.co.nz. In der mittleren Preisklasse eine der besten Unterkünfte am Ort. Zentral gelegen, sauber, und die Betreiberin *Zita* bemüht sich sehr um ihre Gäste. Je nach Zimmer tolle Blicke auf den See und die Church of the Good Shepherd.

- **Lake Tekapo Village Motel**②-③, Main Rd., Tel. 0800-118 666, www.laketekapo.com. Das Motel ist eine halbwegs erschwingliche, zentrale Alternative zu den teuren Unterkünften am Ort. Kleine Zimmer, aber sauber, ordentlich und teilweise mit toller Sicht.
- **Lake Tekapo Motels and Holiday Park** (s. unten). Hier ist das Lakefront Lodge Backpackers①-② angeschlossen. Auch Cabins und Units②-③ mit und ohne eigenes Bad sind auf dem Campingplatz zu mieten.

Camping

- **Lake Tekapo Motels and Holiday Park**②-③, Lakeside Dr., Tel. 03-680 6825, www.laketekapo-accomodation.co.nz. Ein großer Campingplatz mit integriertem Hostel und zahlreichen Cabins. Die Plätze in der ersten Reihe haben einen großartigen Blick auf den See. Bei Wind kann es hier schon mal etwas staubig werden.

Essen und Trinken

Es halten viele asiatische Reisebusse in Tekapo. Das merkt man auch an der Auswahl der Restaurants, da gibt es Japanisch, Chinesisch, Koreanisch … Man findet aber auch eine gute Pizzeria. Die Auswahl der Restaurants und Cafés ist für die Größe des Ortes erstaunlich, alle liegen an der **Main Road** im Umkreis von 200 m.

■ **Tin Plate**②, Main Rd., Tel. 03-680 6677, tägl. ca. 11–21 Uhr. Die Pizzen sind sehr gut, es gibt auch andere Gerichte. Das Feuer im Kamin brennt mehr oder weniger rund um die Uhr und gibt der Lokalität ein gemütliches Flair. Im Nebenraum befindet sich eine Bar, die nicht weniger gemütlich ist.

■ **Kohan Restaurant**①-②, Main Rd., Tel. 03-680 6688, www.kohannz.com, tägl. 11–14 Uhr u. Mo–Fr 18–21 Uhr. Das Kohan zählt zu den besten japanischen Restaurants der Südinsel. Die Außensitzplätze erinnern eher an einen Biergarten, aber dafür kann man auf den See gucken.

Mein Tipp: **Astro Café**①, 422 Godley Peaks Rd., Tel. 03-680 6007, www.earthandskynz.com, ca. 9–18 Uhr. Das Café auf dem Mt. John (siehe oben) ist ein willkommener Schutz gegen Wind und Wetter. Der Ausblick auf den See und das Mackenzie-Becken ist grandios. Serviert werden einfache Sandwiches und Bagels.

Ausgehen

In Lake Tekapo steppt definitiv kein Bär. Trotzdem verbringen viele Touristen ihre Abende in einem Pub, denn hier wartet es sich bei einem Bier am besten auf die Sterne-Gucker-Führung, die erst bei Dunkelheit stattfindet. Gut aufgehoben ist man im **Tin Plate** (siehe oben).

Einkaufen

Tekapo ist ein kleines Örtchen, trotzdem gibt es alles, was man braucht: **Lebensmittel** im **Four Square** (Main Rd., tägl. 7–20 Uhr), **Benzin** an der **Challenge** (Main Rd., tägl. 7–18 Uhr) und **touristischen Schnickschnack** in kleinen Geschäftchen auf der **Main Road.** Am besten bringt man aber alles mit und verlässt sich auf nichts.

Church of the Good Shepherd am Lake Tekapo

058nz ks

Twizel

Twizel wurde in den 1960er Jahren künstlich aus dem Boden gestampft, um den Arbeitern des Wasserkraftwerks Upper Waitaki Hydro Scheme Unterkunft zu bieten. Noch heute erscheint die kleine Stadt als etwas **sterile Ferienhaussiedlung.** Im Sommer verdreifacht sich die Einwohnerzahl, und das aus gutem Grund, denn Twizel ist für Neuseeländer ein guter, bezahlbarer **Ausgangspunkt für Ausflüge** in die Umgebung. Als Besucher aus Europa braucht man Twizel keine Bedeutung zu schenken, es sei denn, man muss tanken, Lebensmittel einkaufen, oder man ist auf den Spuren von **„Der Herr der Ringe“.**

Sehenswertes und Aktivitäten

Die meisten Aktivitäten haben ihren wortwörtlichen Angelpunkt in und um **Lake Pukaki** und **Lake Ohau.** Fischen, Bootsausflüge und Wandern stehen hoch im Kurs. Aktuelle Angebote am besten im lokalen Visitor Centre erfragen. Richtig kommerzielle Anbieter gibt es bislang nicht; wer also ein paar Tage unter Kiwis verbringen möchte, ist hier richtig.

Der **Ruataniwha Conservation Park** liegt zwischen den Seen Pukaki und Ohau, rund um die Gebirgskette Ben Ohau Range, und ist via Twizel zu erreichen. Der **Naturschutzpark** bietet diverse Wanderwege, Mountainbike-Tracks und Kletterrouten. Am besten besorgt man sich die **DOC-Broschüre „Ruataniwha Conservation Park“,** die neben Wanderwegen auch eine Übersichtskarte enthält (www.doc.govt.com).

Es werden ein- und mehrstündige **„Herr der Ringe“-Touren** mit maximal neun Personen veranstaltet, auch eine besonders stimmungsvolle Abendtour. Man kann König Theodens Waffen schwingen, sieht u.a. den Schauplatz der Schlacht auf den Pelennor-Feldern und wird mit Informationen rund um den Dreh der beiden Trilogien um den „Herrn der Ringe“ und den „Hobbit“ gefüttert. Die Guides verstehen es, die Tour in ein **richtiges Event** zu verwandeln.

- **OneRing Tours,** 1 Ostler Rd., Tel. 03-435 0073, www.lordoftheringstour.com, ab 69/49 $.

In einem knallroten **Doppeldecker** über das Mackenzie-Becken zu fliegen, ist schon etwas Besonderes. Unbedingt vorabbuchen!

- **Red Cat Biplane Flights,** 1 Harry Wigley Dr., Tel. 03-435 0077, www.redcat.co.nz, ab 295 $.

Praktische Tipps

Informationen

- **www.twizel.info**
- **Einwohnerzahl:** 1017
- **Twizel Information Centre:** Market Pl., Tel. 03-435 3124, Mo–Fr 9–17 Uhr, Sa, So 11–14 Uhr.

An- und Abreise

- **Bus:** Twizel wird von allen großen Langstreckenbusunternehmen angefahren; zentrale Haltestelle am Mackenzie Dr.

Unterkunft

Es gibt einige Hotels und Motels, die meisten sind etwas in die Jahre gekommen und keine Erwähnung wert. Das beste Preis-Leistungs-Verhältnis hat wahrscheinlich:

■ **Mountain Chalets②**, Wairepo Rd., Tel. 03-435 0785, www.mountainchalets.co.nz. Bietet moderne Dreieckshäuser unterschiedlicher Größe und Ausstattung.

■ **Omahau Downs②-③**, SH 8, Tel. 03-669 4619, www.omahau.co.nz. 2 km nördlich von Twizel gelegen. Saubere, hübsche Cabins in malerischer Umgebung. Holzbefeuerter Spa Pool an der frischen Luft gegen Aufpreis.

Camping

■ **Twizel Holiday Park②**, 122 Mackenzie Dr., Tel. 03-435 0544, www.twizelholidaypark.co.nz. Nett mit Blumen und hohen Bäumen angelegter typischer Kiwi-Holidaypark. Hat auch gute und günstige Cabins.

Essen und Trinken

Es gibt eine Handvoll Cafés und Restaurants, alle liegen um den **Market Place** und bieten recht gute Qualität. Keines sticht besonders heraus.

■ Gute Anlaufstellen sind: **Shawty's,** das **Hydro Café** sowie **Poppies Café** (alle 1 Benmore Place).

Einkaufen

Es gibt ein paar Geschäfte wie Apotheke, einen Outdoor-Laden (Southern Alps Outdoors) und andere, insgesamt aber geringe Auswahl.

■ Der überdurchschnittlich große **Four Square** (27 Market Pl., tägl. 8–20 Uhr) versorgt das ganze Mackenzie-Becken mit Lebensmitteln und hat daher moderate Preise und ein breites Angebot.

Omarama

Politisch gesehen gehört Omarama in den **Waitaki District,** deren Fläche zu zwei Dritteln in der Region Canterbury und zu einem Drittel in Otago liegt. Da die meisten Besucher Omarama auf dem Weg von Lake Tekapo und Mount Cook nach Wanaka/Queenstown (und umgekehrt) passieren, erscheint es sinnvoll, Omarama im Zusammenhang mit dem Mackenzie Basin vorzustellen.

Der **Name** „Omarama" kann aus den Maori-Begriffen *o* („Platz") und *marama* („Mondlicht") abgeleitet werden. Nicht ganz unpassend, ist Omarama ein **verschlafener, aber nicht unattraktiver Ort,** der gut als Übernachtungsstopp genutzt werden kann. Neben ordentlichen Unterkünften und Campingplätzen gibt es einen grandiosen Spa Pool, ein paar Lädchen und eine klassisch neuseeländische Schafschurvorführung. Wer sich für **Segelfliegen** interessiert, ist hier absolut richtig, denn in Omarama herrschen optimale Winde, weshalb der Ort auch als „Gliding Capital of New Zealand" bezeichnet wird. So richtig was los ist hier beim jährlichen Rodeo im Dezember und bei der Hütehundeprüfung im März.

Sehenswertes

Wrinkly Rams ist ein **Alleskönner:** Es gibt 30-minütige Schafscher-Vorführungen, einen Shop mit Merino- und anderer Wollkleidung, eine Galerie mit Gemälden lokaler Künstler, ein Café sowie eine Weinstube. Ein netter Ort, wenn nicht gerade ein Reisebus gehalten hat ...

■ **Wrinkly Rams,** 24–30 Omarama Ave., Tel. 03-438 9751, www.thewrinklyrams.co.nz, tägl. 8–16 Uhr, 25/12,50 $.

☒ Kauzig: die Totara Peak Gallery

Die **Clay Cliffs** sind **bizarre Felsformationen.** Vor ein bis zwei Millionen Jahren wurden Schlamm und Schotter mit den Gletschern transportiert und aufgehäuft, sodass massive Zinnen und Felsnadeln entstanden. Das Ergebnis ist beeindruckend und sehenswert, es gibt leider keine Erläuterungen vor Ort (Privatland, Eintritt 5 $). Von den höher gelegenen Felsspalten hat man einen tollen Blick. Die Zufahrt erfolgt über die Qualiburn Road, dann sind die Cliffs ausgeschildert.

In erster Linie ist das **Wildwest-Gebäude** der **Totara Peak Gallery** einen Blick wert. Die Gallery selber ist eine Art **Krimskrams-Geschäft** für Sammler. Wer ein ganz besonderes Mitbringsel sucht, ist hier richtig.

■ **Totara Peak Gallery,** 18 Chain Hills, Tel. 03-438 9757, www.omaramaantiques.com, tägl. 9–17.30 Uhr.

Aktivitäten

MEIN TIPP: Die hölzernen, modernen Bottiche der **Hot Tubs Obarama** sind alle **unter freien Himmel** mit Blick auf den See und die Berge. Das Wasser wird mit Holz geheizt, und der Garten ist so angelegt, dass man von seinem Tub aus kein anderes sehen kann. Auch **Saunaräume** können gemietet werden.

■ **Hot Tubs Omarama,** 29 Omarama Ave., Tel. 03-438 9703, www.hottubsomarama.co.nz, tägl. 11–22 Uhr, 45/17 $.

MEIN TIPP: In der **Segelflughochburg** Omarama gibt es natürlich auch Touren und Kurse. Die Landschaft, auf die man aus den umweltfreundlichen Fliegern herunterblickt, ist grandios.

■ **Glide Omarama,** Airfield Rd., Tel. 03-438 9555, www.glideomarama.com, ab 345 $.

059nz ks

Vor allem **mit Kindern** kann man am **Ladybird Hill** hier gut einen halben Tag verbringen: Man kann auf der Lachsfarm angeln oder Essen im Café-Restaurant bestellen, beim Verdauungsspaziergang einen Blick auf die Weingegend werfen, und die Kinder toben sich auf dem Spielplatz aus.

■ **Ladybird Hill,** 1 Pinot Noir Court, Tel. 03-438 9550, www.ladybirdhill.co.nz, Aug. bis Mai tägl. 10 Uhr bis spät.

Der 49.000 Hektar große **Ahuriri Conservation Park** umfasst Bergzüge, Feucht- und Sumpfgebiete, Grasebenen und Buchenwälder. Die meisten Besucher kommen zum Wandern, Angeln oder Klettern hierher, auch 4WD-Touren sind beliebt. Die **DOC-Broschüre „Ahuriri Conservation Park"** informiert und gibt Ausflugstipps (Infos findet man auch auf der Website des DOC, ww.doc.govt.nz).

Praktische Tipps

Informationen

■ **www.discoveromarama.co.nz**
■ **Einwohnerzahl:** 304
■ **Visitor Centre** im Hot Tubs Omarama, 29 Omarama Ave., Tel. 03-438 9703, tägl. ca. 11–16 Uhr. Alternativ kennt sich auch das Personal vom **Top 10 Holiday Park** gut aus.
■ **Bibliothek:** Omarama School, Main Rd., Mo, Di, Do, Fr 12.30–13 Uhr u. 15–15.30 Uhr, Mi 14–15 Uhr.

An- und Abreise

■ **Bus:** Omarama wird von den meisten Langstreckenbusunternehmen angefahren; zentrale Haltestelle 7 Chainhill Highway.

Unterkunft/Camping

■ **Buscot Station**①, 912 SH8, Tel. 03-438 9646. Hostel auf einer Farm, umgeben von Schaf- und Rinderherden. Hat alle üblichen Annehmlichkeiten und einen tollen Blick.
■ **Omarama Top 10 Holiday Park**②, 1 Omarama Ave., Tel. 03-438 9875, www.omaramatop10.co.nz. Am Bach gelegener Campingplatz mit modernen Cabins und Motel-Räumen. Bietet einen schönen Blick auf die Berge.
■ **Ahuriri Bridge DOC Campground**①, SH8, 3 km nördlich, Tel. 03-435 0802, www.doc.govt.nz. Direkt am Fluss gelegen, mit Möglichkeiten, sich und sein Wohnmobil im Grünen zu verstecken. Kein Strom, keine Duschen.

Essen und Trinken

■ **Wrinkly Rams**②, siehe „Sehenswertes".
■ **Ladybird Hill**①-③, siehe „Aktivitäten".
■ **Kahu Café**①-③, 68 Airport Rd., Tel. 03-438 9821, tägl. 9–15 Uhr, Mo, Di, Fr–So 18–21 Uhr. Kleines, nettes Café mit Sofas, gemütlichen Stühlen, kostenfreiem WLAN und abwechslungsreichem Menü.

Einkaufen

Alle Geschäfte befinden sich im Umkreis von 200 m um die **Kreuzung SH8/SH83.** Es gibt einen **Four Square** mit Lebensmitteln, eine **Tankstelle** und ein paar kleine Geschäfte mit **Wollkleidung** sowie **Souvenirs.**

› Mount Cook

Aoraki/ Mount Cook National Park

Der Aoraki/Mount Cook National Park ist ein **alpiner Nationalpark,** der 19 über 3000 Meter hohe Berge beherbergt, darunter auch den **höchsten Berg Neuseelands,** dem der Nationalpark seinen Namen verdankt. Mount Cook ragt stolze **3754 Meter** über dem Meeresspiegel auf. Felsen, Gletscher, Eis und Gebirgsseen dominieren das **schroffe, beeindruckende Landschaftsbild.** Ein Drittel der Fläche ist ganzjährig mit Eis und Schnee bedeckt. Der bedeutendste **Gletscher** ist der **Tasman Glacier,** der sich 27 Kilometer lang vom Tasman Saddle bis zu den östlichen Ausläufern der Mt. Cook Range erstreckt. Der Nationalpark ist Teil des 2.600.000 Hektar großen **UNESCO-Welterbes Wahipounamu,** das bis zum Fiordland reicht.

Der **Ngai-Tahu-Legende** zufolge waren Aoraki und seine drei Brüder die Söhne des Himmelsvaters Rakinui. Auf einer Seereise kenterte ihr Kanu an einem Riff, und als sich die Brüder retten wollten, wurden sie vom eisigen Südwind in Felsen verwandelt. Das Kanu wurde zur Südinsel (Te Waka o Aoraki), und Aoraki und seine Brüder wurden zu den Gipfeln der Alpen.

Bergsteiger schätzen die Gegend als **beste Region in Australasien.** An Weihnachten 1894 gelang die Erstbesteigung von Aoraki über den Nordgrat durch *Fyfe, Graham* und *Clarke.* 1913 erreichte *Freda du Faur* als erste Frau den Gipfel. Im Laufe der Jahre ließen viele Bergsteiger hier ihr Leben. Der von Neuseeländern bewunderte Sir **Edmund Hillary** nutzte Mount Cook, um sich auf die Besteigung des Mount Everest vorzubereiten. Ihm zu Ehren ist wurde das nach ihm benannte Alpine Centrum eröffnet.

060nz ks

Auch weniger abenteuerlustige Besucher schätzen die Gegend um **Mount Cook Village: Bergwanderwege** unterschiedlicher Längen und Schwierigkeitsgrade führen beispielsweise durch das Hooker Valley zu fotogenen Bergseen und bieten spektakuläre Aussichten auf den Mount Cook und andere mit Gletschern bedeckte Gipfel. Vor allem während der Jahreszeitenwechsel kann man Augenzeuge von **Gebirgslawinen** werden, die tosend in die Tiefe donnern. Man selbst ist im Village sicher vor herabstürzenden Eis- und Schneemassen.

Wer Eis und Berge mag, sollte (vor allem bei gutem Wetter) den 56 Kilometer langen Abstecher von **Twizel** aus unbedingt auf sich nehmen (Informationen zu Gletschern siehe Kapitel „Westland/Tai Poutini National Park mit den Gletschern Fox und Franz Josef/Gletscher in Neuseeland“).

Sehenswertes

Das **DOC-Besucherzentrum** bietet neben den typischen DOC-Informationen rund um Wanderungen, Hütten und Wetter auch eine sehenswerte **Ausstellung** über den Nationalpark, Fauna und Flora, Gletscher und die Geschichte des Bergsteigens. Das riesige Fenster erlaubt einen tollen Blick auf die Gegend.

■ **DOC Visitor Centre,** 1 Larch Grove, Tel. 03-435 1186, tägl. 8.30–16 Uhr, Winter 8.30–16.30 Uhr.

Das **Sir Edmund Hillary Alpine Centre** hat seinen Sitz im Hermitage Hotel, eröffnet wurde es zu Ehren des berühmten neuseeländischen Bergsteigers. Das Museum ist winzig, aber im Kino/Planetarium werden beeindruckende 2D- und 3D-Filme gezeigt. Das Center bietet auch Sternegucker-Touren. Auf jeden Fall ein informativer Zeitvertreib.

■ **Sir Edmund Hillary Alpine Centre,** 89 Terrace Rd., Hermitage Hotel, Tel. 03-435 1809, www.hillarycentre.com, tägl. 7.30–20 Uhr, Winter 8–19 Uhr, 20/10 $.

27 Kilometer lang, bis zu drei Kilometer breit und 500 Meter stark: Der **Tasman Glacier** ist **der größte und bedeutendste Gletscher Neuseelands.** Er bedeckt ganze 101 Quadratkilometer und erstreckt sich zwischen den Südhängen des Minarets und der Ostflanke des Mount Cook, dessen Gipfel nur fünf Kilometer vom Gletscher entfernt ist. Das Schmelzwasser des Tasman sowie der Gletscher Murchison, Hooker und Mueller münden in den **Tasman River,** der den **Lake Pukaki** speist. Wie die meisten neuseeländischen Gletscher befindet sich auch der Tasman-Gletscher aufgrund von Klimaveränderungen im Rückzug.

Durch das **Erdbeben** 2011 in Christchurch brach vom Gletscher ein **30 Millionen Tonnen schweres Eisstück** ab, stürzte in den **Tasman Glacier Lake** und erzeugte eine drei Meter hohe Flutwelle. Der See selbst entstand erst in den 1990er Jahren, er erstreckt sich mittlerweile über sieben Kilometer.

Den einfachsten Zugang zum Tasman Glacier hat man von der **Tasman Valley Road** (8 km vor Mt. Cook Village) aus. Hier kann man zu den **Blue Lakes** und zum **Tasman Glacier View** (40 Min. return) oder zum **Tasman Glacier Lake** (1 Std. return) spazieren.

Aktivitäten

Im Nationalpark gibt es zahlreiche **Wanderwege,** davon etliche für Nicht-Bergsteiger geeignet. Am besten beim DOC die **Broschüre „Walking und Cycling Tracks“** besorgen, immer das Wetter im Blick behalten, nur gut ausgerüstet losgehen und sich bei der Wahl der Tracks nicht überschätzen. Routen abseits der in der Broschüre beschriebenen sollten nur von erfahrenen Bergsteigern in Angriff genommen und mit dem DOC Centre abgesprochen werden. Es kommt regelmäßig zu fatalen Unglücken, da die Gegend, das Wetter und die Lawinengefahr unterschätzt werden!

Beliebt bei Touristen sind die folgenden Routen:

■ **Kea Point Lookout** (1–2 Std. return): Einfach, auch für Kinder geeignet.
■ **Hooker Valley Track** (2–3 Std. return): Einfach, auch für Kinder geeignet.

- **Muellers Hut** (3–5 Std.): Wer fit ist und ein Gefühl für Bergsteigen bekommen möchte, der kann sich auf den steilen, anspruchsvollen Weg zur Muellers Hut machen und dort übernachten. Übernachtungen in der Hütte müssen beim DOC gebucht werden. Die Wanderung beginnt mit 2200 Treppenstufen, gefolgt von unwirtlichem Geröll. Insgesamt überwindet man 1000 Höhenmeter, wird aber mit grandiosen Blicken belohnt. Im Sommer ist der Aufstieg besonders beschwerlich. Es gibt unterwegs keinen Schatten, und nach längeren Hitzeperioden sind die Wasservorräte in der Hütte aufgebraucht. Vor Anstieg unbedingt informieren, ausreichend Wasser mitnehmen und auf schnelle Wetterumschwünge vorbereiten. Sportliche Wanderer können den Track auch an einem Tag hoch und runter laufen und ersparen sich das Schleppen von Gepäck.

Es werden halbtägige **Kajaktouren** auf dem **Tasman Glacier Lake** angeboten. Eine umweltschonende Art, um den Gletscher aus der Nähe zu beobachten.

2 **Glacier Sea Kayaking,** Old Mountaineers Café, Larch Grove, Tel. 03-435 2890, www.mtcook.com, ab 155 $.

Auf einer Tour auf dem Tasman Lake zum Gletscher kann man 300 bis 500 Jahre alte **Eisformationen** bewundern. Im Frühling ist die Fahrt besonders beeindruckend, wenn das Boot zwischen Eisschollen und -bergen daherschippert.

4 **Glacier Explorers,** 89 Terrace Rd., Hermitage Hotel, Tel. 03-435 1809, www.glacierexplorers.co.nz, Sept. bis Mai, 155/77,50 $.

Es gibt mehrere Veranstalter von **Rundflügen** mit und ohne Gletscherlandung, Wanderung und Skifahren, per Flugzeug oder Hubschrauber. Der Ausblick ist natürlich atemberaubend, aber das Ganze ist nicht gerade umweltfreundlich. Manche Veranstalter bieten auch geführte Wanderungen an, etwa der Folgende:

6 **Mount Cook Ski Planes and Helicopters,** Tel. 03-430 8026, www.mtcookskiplanes.com.

Mit einem achträdrigen **Geländefahrzeug** geht es auf eine Tour in den Nationalpark. Es gibt reichliche Informationen über die Gegend sowie schöne Fotostopps.

1 **Tasman Valley 4WD and Argo Tours,** 89 Terrace Rd., Hermitage Hotel, Tel. 0800-686 800, www.mountcooktours.co.nz, ab 79/30,50 $.

Mount Cook liegt im Dark Sky Reserve und hat aufgrund seiner Entfernung zur nächsten Stadt einen der **dunkelsten Himmel überhaupt** – perfekt, um Sterne zu beobachten.

1 **Big Sky Stargazing,** 89 Terrace Rd., Hermitage Hotel, Tel. 03-435 1809, www.bigskystargazing.co.nz, 65/32,50 $.

Praktische Tipps

Informationen

- **www.mtcooknz.com**
- **DOC,** siehe „Sehenswertes".

An- und Abreise

- **Bus:** Mount Cook wird von den meisten Langstreckenbusunternehmen täglich angefahren; zentrale Haltestelle am Hermitage Hotel.

Unterkunft

9 YHA Mount Cook②, 1 Bowen Dr., Tel. 03-435 1820, www.yha.co.nz. Günstigste Übernachtungsmöglichkeit in Mt. Cook. Modern, mit großer Küche, Kamin und kostenloser Sauna im Winter.

5 Aoraki Court Motel③, 26 Bowen Dr., Tel. 03-435 1111, www.aorakicourt.co.nz. Moderne, saubere Räume. Das WLAN ist oft etwas langsam.

1 Hermitage③, 89 Terrace Rd., Tel. 03-435 1809, www.hermitage.co.nz. Der einzige Hotelkomplex hier, mit 164 sauberen Zimmern, im Zentrum des Geschehens. Im Sommer unbedingt vorabbuchen!

7 Glentanner Holiday Park②, siehe unten, hat Units und ein angeschlossenes Backpackers.

Camping

7 Glentanner Holiday Park②, SH8, 18 km vor Mt. Cook, Tel. 03-435 1855, www.glentanner.co.nz. Zwar etwas außerhalb gelegen, aber in sehr beeindruckender Landschaft. Mit Café, Souvenirshop und den üblichen Einrichtungen. Mit Stromanschluss.

3 White Horse Hill①, Hooker Valley Rd., Tel. 03-435 1186, www.doc.govt.nz. Typischer DOC-Campingplatz ohne Strom, dafür mit tollen Blicken auf Mt. Cook und die umliegenden Gletscher. Kann im Sommer sehr voll werden. Entgegen der Informationen auf der Homepage gibt es hier keine Duschen, diese befinden sich im Village!

Essen und Trinken

8 Tasman Delta Café Restaurant②, s. „Camping/Glentanner Holiday Park", tägl. ab 8.30 Uhr.

2 Old Mountaineers②-③, Larch Grove, Tel. 03-435 2890, www.mtcook.com, tägl. 10–21 Uhr. Gemütliche Berghütte mit Klavier, Kamin und Panoramafenster mit Blick auf den Mount Cook.

1 Hermitage②-③, siehe „Unterkunft". Das Hotel hat ein angeschlossenes Café (9.30–17 Uhr), ein Buffet-Restaurant (ca. 6.30–21.30 Uhr) sowie ein A-la-carte-Restaurant (18–21.30 Uhr). Ist für Massentourismus ausgelegt, aber ok.

Einkaufen

Im Mt. Cook Village gibt es **keine Lebensmittelgeschäfte.** Die allernötigsten Dinge und auch Souvenirs bekommt man im teuren Shop des **Hermitage Hotels.** Ebenso gibt es eine teure **Tankstelle.**

Der Alps 2 Ocean Radwanderweg

Der **301 Kilometer lange Radweg** führt von den **Southern Alps bei Mount Cook Village** bis **Oamaru** am Pazifik. Alternativ kann auch in Lake Tekapo gestartet werden. Die Strecke ist in acht (teilweise lange) Abschnitte geteilt und kann in vier bis sechs Tagen ganz oder auch in Teilabschnitten geradelt werden. Teile der Route verlaufen auf der Hauptverkehrsstraße, rund 50 Prozent auf Rad-Pfaden. Bis auf einen längeren Anstieg geht es meist **bergab.** Der Großteil der Strecke ist auch für **Anfänger** zu bewältigen, es gibt aber auch ein paar Abschnitte, die ein wenig Erfahrung erfordern (Grade 2–3). Über die gesamte Strecke wird man mit **schönen Blicken** belohnt: Seen, goldenes Grasland, Kalksteinklippen, Wälder und mehr.

Der eigentliche Start des Tracks liegt in den Bergen und kann nur **per Helikopter** erreicht werden. Die meisten Radler fahren daher im Mount Cook Village oder in Lake Tekapo los. Am Ende jedes Abschnitts gibt es eine Auswahl an Unterkünften (reservieren!). Es können auch Pakete durch Touranbieter gebucht werden.

■ **www.alps2ocean.com**

10 Otago

Die Heimat des Extrem- und Abenteuersports punktet durch ihre Seenlandschaft und Alpen. Ein Paradies für Wanderer, das einst Goldgräber anzog und heute durch die Universitätsstadt Dunedin Heimat zahlreicher Studenten ist.

< In Neuseeland wurde das Bungee-Jumping erfunden

OTAGO

Otago ist eine **extrem vielgestaltige Region,** hier findet man Naturschutzgebiete, schroffe Küsten, die Alpen, Seelandschaften, Obstplantagen, Weiden, Weinanbaugebiete und vieles mehr. Inmitten dieser beeindruckenden Landschaften liegen **Queenstown,** die Geburtsstätte des neuseeländischen Outdoor-Extremsports, ihr kleiner Bruder **Wanaka** sowie die renommierte **Universitätsstadt Dunedin.** Die Städte könnten unterschiedlicher nicht sein.

Wer den südlichen Teil Neuseelands bereist, sollte Zeit mitbringen und Flexibilität in seiner Routenplanung zulassen. Es gibt viel zu tun und vor allem viel zu entdecken in der zweitgrößten Provinz Neuseelands.

NICHT VERPASSEN!

- **Oamaru:** Pinguine beobachten, die viktorianische Innenstadt bewundern und die Kunstszene entdecken | 451
- **Moeraki Boulders:** kugelrunde Felsen am Strand bewundern | 457
- **Dunedin:** schottische Geschichte einsaugen, die steilste Straße der Welt hochlaufen und auf der Otago Peninsula Pinguine, Seelöwen und Albatrosse beobachten | 458
- **Taieri Gorge Railway:** mit der Museumsbahn durch Schluchten, Tunnel und über zahlreiche Viadukte tuckern | 462
- **Otago Central Rail Trail:** der alten Zugstrecke durch die malerische Landschaft Central Otago s folgen | 470
- **Queenstown:** in die pulsierende Stadt eintauchen, einen Bungee-Sprung wagen, der Goldgräbergeschichte in Arrowtown folgen und sich auf einen Mehrtageswanderweg bei Glenorchy begeben | 484

Diese Tipps erkennt man an der gelben Hinterlegung.

Geschichte

Zwischen **1250** und **1300** erreichten die ersten **Maori** das heutige Gebiet Otago. Sie jagten Moas und brannten im Landesinneren große Waldflächen ab. Die ersten Stämme waren Waitaha, dann kamen Ngati Mamoe. Später dominierten Ngai Tahu, die Ehen mit den ersten Europäern Otagos (Seehund- und Walfänger) eingingen.

Im Jahre 1844 verkauften die Ngai Tahu Chiefs ein beträchtliches Stück Land an die **New Zealand Company** (siehe gleichnamiger Exkurs), woraufhin sich vermehrt Siedler, hauptsächlich aus Schottland, in der Gegend niederließen und vier Jahre später die **Stadt Dunedin** gründeten. In den 1850er Jahren begann man in Otago vermehrt **Schafzucht** für Wolle zu betreiben, erst ab 1882 wurde auch deren Fleisch exportiert. In Zentral-Otago entstanden auch zahlreiche **Obstplantagen.**

Als *Gabriel Read* **1861** nahe des Tuapeka River (heute als „Gabriels Gully" bekannt) **Gold** fand, änderte sich das beschauliche Leben in Otago. Goldsucher aus der ganzen Welt begaben sich auf die Suche nach dem Edelmetall und wurden vor allem in Cromwell und den Flüssen Arrow und Shotover fündig. Mehrere **Goldgräberstädte** entstanden, darunter auch **Queenstown.**

Um 1880 waren Wolle und Gold die Haupteinnahmequellen, Dunedin war Neuseelands größte und reichste Stadt. Rund ein Fünftel der neuseeländischen Bevölkerung lebte dort. 2013 wohnten gerade noch 5 Prozent der Neuseeländer in Otago.

Oamaru und die Moeraki Boulders

Oamaru

Auf halber Strecke zwischen Timaru und Dunedin liegt im Schutze des Cape Wanbrow das Städtchen Oamaru. Die historischen Gebäude aus der Kolonialzeit, interessante Museen, die Kunstsze-

ne und vor allem die **Pinguinkolonien** am nahe gelegenen Kap Wanbrow und am Bushy Beach sind Highlights für passierende Touristen. Anders als andere Provinzstädte Neuseelands, ist Oamaru weder verstaubt noch langweilig. Literaturfans wird interessieren, dass die neuseeländische Schriftstellerin *Janet Frame* hier ihre Kindheit verbrachte.

Geschichte

Es gibt einige archäologisch bedeutsame Stätten um Oamaru, die auf die Besiedlung der Gegend durch **Moa-Jäger** ab **1100** schließen lassen. Ab **1814** ließen sich auch europäische **Robben- und Walfänger** in der Gegend sehen. Die Begegnungen zwischen Europäern und Maori waren nicht immer freundlich.

Oamaru wurde 1858 vom **Stadtplaner John Turnbull Thomson** entworfen. Zwei Jahre später baute man den **Hafen** aus, der Woll- und Kornexport florierte, und die Stadt verdreifachte ihre Einwohnerzahl bis 1871 auf 5781. Ein weiteres Jahrzehnt später bestand das Stadtzentrum aus einem beeindruckenden Ensemble von Häusern aus lokalem Kalkstein. Die Stadtentwicklung **stagnierte** in der Folgezeit, denn eingekesselt zwischen dem Pazifik, dem Fluss Waitaki und den Kakanui-Bergen, **mangelte es schlichtweg an Platz.** Seit der Hafen 1974 geschlossen wurde, wandern immer mehr **junge Leute** aus Oamaru ab. 2013 wurden halb so viele 20- bis 24-Jährige gezählt wie 10- bis 14-Jährige.

Sehenswertes

Oamaru ist ein vielfältiges Städtchen mit kleinen Museen, Galerien, Gärten, interessanter Architektur und mehr. Ein Blick in die i-SITE lohnt, um sich einen Überblick von dieser Fülle zu verschaffen und nichts zu verpassen. Ansonsten einfach die Augen in der **Tyne Street** und der **Thames Street** offen halten.

MEIN TIPP: **Oamaru's Victorian Precinct,** der Bezirk um die Harbour und Tyne Street, beherbergt einige der am besten erhaltenden **viktorianischen Geschäftsgebäude** Neuseelands. Man fühlt sich wie in eine andere Welt versetzt. Heute gibt es in dem kleinen Bezirk Geschäfte aller Art, z.B. für Bücher, Antiquitäten und Kunsthandwerk, Galerien, Restaurants, Bars und vieles mehr. Ob tagsüber zum Shoppen und Stöbern oder abends auf ein Glas Wein, hier ist man immer richtig. Der **Whitestone Civic Trust** hat sich der Erhaltung des viktorianischen Erbes in Oamaru verschrieben.

■ **Oamaru Whitestone Civic Trust,** 2 Harbour St., Tel. 03-434 5385, www.victorianoamaru.co.nz.

Steampunk HQ ist ein **Museum** etwas anderer Art: Hier findet man **Installationen aus Eisen, Stahl, Licht, Feuer und Krach.** Hauptattraktion ist die Eisenbahn vor dem Gebäude, die man mit einem Dollar zum Dampfen bringen kann. Oamaru hat sich zu einer Hochburg der Steampunk-Szene entwickelt, was im Stadtbild immer wieder zu bemerken ist.

■ **Steampunk HQ,** 1 Itchen St., Tel. 27-778 6547, www.steampunkoamaru.co.nz, tägl. 10–17 Uhr, 10/5 $.

Oamaru
0
100 m
© Reise Know-How 2017
Neus_26
Severn St
1
1 2 ★ Janet Frame House,
ii St Patrick's Basilica
Bahnhof, B
3
4
5
Wear St
Bibliothek
Thames St
Stewart St
M
North Otago Museum
Humber St
Medwey St
Meek St
6
7
Itchen St
i i-SITE
8
Itchen St
Steampunk HQ
9
Tyne St
Grainstore Gallery
10
Oamaru Whitestone Civic Trust
Oamaru's Victorian Precinct
11
Tees St
Harbour St
Wansbeck St
12
13
Wansbeck St
Tyne St
14 ★ Pinguinkolonien
Friendly Bay Playground
Übernachtung
1 Oamaru Creek, AAA Thames Court Hotel
4 Top 10 Holiday Park, Glendale B&B
14 Old Bones Lodge
Essen und Trinken
2 Whitestone Cheese
6 Last Post
7 Steam Café
8 Cucina 1871
10 Harbour Street Bakery
Nachtleben
3 Opera House
5 Fat Sallys
11 Penguin Club
Einkaufen
2 Whitestone Cheese
13 New Zealand Whisky
Aktivitäten
9 Oamaru Steam and Rail
12 Vertical Ventures

Der **Friendly Bay Playground,** auch als „Steampunk-Spielplatz“ bekannt, ist ein toller Abenteuerspielplatz an der Wansbeck Street mit Turngeräten, Riesenrad, bizarrer Elefantenstatue und Rutsche. Auch für Große einen Besuch wert.

In der **Grainstore Gallery** stellt die Künstlerin **Donna Demente** ihre ausdrucksstarken Köpfe, Gesichter und Tiere aus. Faszinierend, anders, mit interessanter Musik im Hintergrund.

■ **Grainstore Gallery,** 7 Harbour St. u. 9 Tyne St., Tel. 03-434 8117.

Das **North Otago Museum,** ein klassisches **Regionalmuseum,** präsentiert Exponaten zu Geologie, zur Geschichte der Maori und Pakeha sowie zur Schriftstellerin *Janet Frame.*

062nz ks

■ **North Otago Museum,** 60 Thames St, Tel. 03-433 0852, www.culturewaitaki.org.nz, Mo–Fr 13–16.30 Uhr.

Die katholische **Saint Patrick's Basilica** in der Reed Street wurde vom neuseeländischen Architekten *Francis Petre* geplant und ist ein **Meisterwerk** ihrer Art. 1918 fertiggestellt, prahlt sie mit korinthischen Säulen, einer Kassettendecke mit 78 Elementen und einer lichtdurchfluteten Kuppel.

Das kleine **Janet Frame House** ist heute noch so eingerichtet, wie die **Autorin** einst darin gelebt hat. Highlight ist die **Tonbandaufnahme,** auf der sie aus „Owls do Cry“ („Wenn Eulen schrein“) vorliest und von dem Sofa berichtet, auf dem man gerade sitzt. *Janet Frame* wurde hierzulande bekannt durch ihre Autobiografie „Ein Engel an meiner Tafel“, die von *Jane Campion* verfilmt wurde.

■ **Janet Frame House,** 56 Eden St., Tel. 03 434 2300, www.jfestrust.org.nz, Nov. bis April tägl. 14–16 Uhr, 5 $, Tour 50 $.

Die **Little Blue Penguins** sind mit einer Größe von etwa 25 Zentimetern die kleinsten ihrer Art. Am Ende der Waterfront Road kann man sie kurz vor Sonnenuntergang in einem ehemaligen Steinbruch beobachten (die Uhrzeiten sind in der i-SITE ausgehängt). Die meisten **Zwergpinguine** kommen im neuseeländischen Sommer (November bis Januar) an Land, über 100 Tiere sind es oft, aber auch im Winter kann man die seltenen Pinguine in kleineren Gruppen an Land watscheln sehen. Wer den

< In Oamaru ist der (Steam-)Punk los!

besten Blick erhaschen und mehr über die kleinen Gesellen erfahren möchte, kann sich einer Tour von Blue Penguin Colony anschließen.

■ **Blue Penguin Colony,** 2 Waterfront Rd., Tel. 03-433 1195, www.penguins.co.nz, ab 10/5 $. Zugang zu den Aussichtsplattformen sowie einer Premiumplattform mit noch besserem Blick möglich. Tagestouren mit und ohne Führung informieren über die Pinguine und ihre Nist- und Brutstätten, die Abendtour führt direkt ans Geschehen.

Es gibt schätzungsweise nur 200 **Gelbaugenpinguin-Pärchen** (Yellow Eyed Penguin) in Neuseeland. Einige von ihnen nisten bei **Bushy Beach** und kommen am Nachmittag an Land, um ihre Jungen zu füttern. Da die Pinguine extrem scheu sind, ist der Strand ist ab ca. 15 Uhr gesperrt. Ein kurzer Weg führt zu Unterständen, von denen man die (wenigen) Pinguine beobachten kann.

■ **www.yellow-eyedpenguin.org.nz**

Richtiges Verhalten bei Pinguinbeobachtungen

Achtung: **Fotografieren** ist verboten, und es sollte immer ein Mindestabstand von 10 m zu den Tieren gehalten werden. Der **natürliche Lebensraum** der Pinguine sollte **so wenig wie möglich gestört werden,** deshalb sollte man weder auf den Felsen herumklettern noch aktiv nach den Tieren suchen. Auch **schnelle Bewegungen** und **lautes Reden** verschrecken die kleinen Vögel. Vor allem die Gelbaugenpinguine sind extrem scheu und bleiben im Wasser oder watscheln zurück, wenn sie sich gestört fühlen. Ihre Jungen müssen dann hungern.

Aktivitäten

Ganz im Geiste des Steampunk fährt sonntags die **Dampflok** zwischen dem Hafen und der Quarry Siding (25 Min.).

9 **Oamaru Steam and Rail,** Harbour, www.oamaru-steam.org.nz, So fünfmal tägl. ab 11 Uhr, 8/3 $ return.

Wer sich körperlich betätigen möchte, kann **Fahrradtouren** (eintägig, mehrtätig, Alps 2 Ocean, Heli) buchen. Außerdem werden **Tages-Klettertouren zum Elephant Rock** (dem allerdings beim letzten Erdbeben 2016 der Rüssel abfiel) und an die **Küste** angeboten.

12 **Vertical Ventures,** 4 Wansbeck St., Tel. 03-434 5010, www.alps2oceancycletours.co.nz.

Praktische Tipps

Informationen

■ **www.visitoamaru.co.nz**
■ **Einwohnerzahl:** 13.050
■ **i-SITE:** 1 Thames St., Tel. 03-434 1656, Mo–Fr 9–17 Uhr, Sa, So 10–16 Uhr.
■ **Bibliothek:** 62 Thames St., Tel. 03-433 0850, Mo–Mi, Fr 9.30–17.30 Uhr, Do 10–17.30 Uhr, Sa 10–12.30 Uhr.

An- und Abreise

■ **Bus:** Oamaru wird von den großen Langstreckenbusunternehmen angefahren; zentrale Haltestelle an der Eden St.

Unterkunft

14 Mein Tipp: **Old Bones Lodge**②, 468 Beach Rd., 5 km außerhalb, Tel. 03-434 8115, www.oldbones.co.nz. Hostel mit Hot Pool, Sauna und Massage gegen Aufpreis. Nur Twin- und Doppelzimmer.

1 **AAA Thames Court Hotel**②, 252 Thames St., Tel. 03-434 6963, www.aaathamescourt.co.nz. Geräumige, helle und saubere Apartments und Studios in zentrumsnaher Lage.

4 **Glendale B&B**②, 11 Arthur St., Tel. 03-434 0351, www.glendalebedandbreakfast.co.nz. Vier Zimmer im imposanten Anwesen von 1908 mit großzügigem Garten. Etwas altmodische Einrichtung, die wunderbar zum Flair des Hauses passt.

1 **Oamaru Creek**②, 24 Reed St., Tel. 03-434 1190, www.oamarucreek.co.nz. Zentrale, aber ruhige Lage. Sieben Zimmer in einem 1901 gebauten, hübschen Haus. Die Besitzer geben gerne Ausflugstipps.

Camping

4 **Top 10 Holiday Park**②-③, 30 Chelmer Rd., Tel. 03-434 7666, www.oamarutop10.co.nz. Zentrale Lage, direkt neben dem Stadtpark, mit ausreichend Schattenplätzen. Die Ausstattung ist etwas älter, aber sauber.

Essen und Trinken

Oamaru ist **ein Schlaraffenland.** Es gibt zahlreiche gute und sehr gute Restaurants, Bars und Eateries. Die Auswahl ist erstaunlich groß.

10 **Harbour Street Bakery**①, 4 Harbour St., Di–So 10–16 Uhr. Bäckerei mit europäischen Broten, süßen Teilchen und mehr. Ein Hauch von Zuhause.

7 **Steam Café**①-②, 7 Thames St., Tel. 03-434 3344, Mo–Fr 7.30–16.30 Uhr, Sa, So 8–14.30 Uhr. Beliebtes Café mit guten Gerichten, Snacks aus der Auslage und frischen Säften.

8 **Cucina 1871**②-③, 1 Tees St., Tel. 03-434 5696, Mo–Sa 17–23 Uhr. Italienische Speisen wie Pasta und Pizza. Ein Gaumenschmaus in hübschem viktorianischen Ambiente.

6 **Last Post**②-③, 12 Thames St., Tel. 04-434 8080, www.thelastpostoamaru.co.nz, tägl. 11 Uhr bis spät. Zu jeder Tageszeit gute Gerichte und grandiose Nachtische, z.B. die Toffee-Birnen-Ingwer-Tarte mit Sahne, Eis und Karamellsoße.

2 **Whitestone Cheese,** siehe „Einkaufen".

Ausgehen

5 **Fat Sallys**①-②, 84 Thames St., Tel. 04-434 8828, www.fatsallys.co.nz, Di–So 11.30 Uhr bis spät. Hübscher Pub mit typischen Bar-Speisen, Speight's-Bieren, Cider und anderem. Jeden Mi ist ab 19.30 Uhr Quiz-Night.

11 **Penguin Club,** Emulsion Lane, www.thepenguinclub.co.nz. Kleiner Konzertraum, der regelmäßig mit Pop, Rock, Punk und allem dazwischen beschallt wird. Hier trifft sich die Musikszene.

3 **Opera House,** 90 Thames St., Tel. 03-433 0779, www.oamaruoperahouse.co.nz. 1907 eröffnet, ist das Opernhaus schon optisch ein Schmaus. Mit entsprechenden Aufführungen ein Besuch wert!

Einkaufen

Die meisten Geschäfte befinden sich auf der **Tyne Street** und der **Thames Street** bzw. im **Victorian Precinct.** Entsprechend der Größe der Stadt gibt es alles, was man braucht und mehr.

2 **Mein Tipp: Whitestone Cheese**②, Torrige St. Ecke Humber St., Tel. 03-434 8098, www.whitestonecheese.com, Mo–Fr 9–17 Uhr, Sa, So 10–16 Uhr. Fabrikverkauf des lecken Whitestone-Käses mit angeschlossenem kleinen Café. Für wenig Geld gibt es eine Käseplatte zum Probieren, und von einer Galerie aus kann man der Käseproduktion zusehen. Klein, aber fein.

13 **Mein Tipp: New Zealand Whisky,** 14–16 Harbour St., Tel. 03-434 8842, www.thenzwhisky.com, tägl. 10.30–16.30 Uhr. Für Liebhaber ein Muss. Knapp 20 Whiskysorten zur Auswahl, für 25 $ kann man vier probieren.

Legendäre „Kartoffeln": die Moeraki Boulders

Moeraki Boulders

38 Kilometer südlich von Oamaru, zwischen den Dörfchen **Hampden** und **Moeraki,** liegen am Strand **Koekohe** verstreut die Moeraki Boulders. Die ca. **50 kugelförmigen Felsen** (Konkretionen) haben einen Durchmesser von bis zu 2,20 Metern und wiegen bis zu sieben Tonnen. Die Kugeln bestehen Lehm, Schlamm und Ton, die von Calcit zusammengehalten werden – der Entstehungsprozess hat vier bis fünf Millionen Jahre gedauert, das Alter der Kugeln wird auf **60 Millionen Jahre** geschätzt. Den besten Blick hat man bei **Ebbe,** wenn die meisten der Felsen freigelegt sind. Ein kurzer Spazierweg führt vom Parkplatz an einem Café vorbei direkt zu den Boulders.

Die **Legende** besagt, dass Kahui Tipua das Kanu Arai Te Uru bauten, das vom südlichen Neuseeland zum polynesischen Heimatland Hawaiki segelte, um Lebensmittel zu besorgen. Auf dem Rückweg bekam es an der Flussmündung des Waitaki ein Leck und verlor seine Vorratskörbe mit Aal, Kumara (Süßkartoffeln) und anderem. Das Boot zerfiel schließlich bei Matakaea am Shag Point. Auf der Suche nach Trinkwasser entdeckte das Besatzungsmitglied Pahihiwitahi den Fluss Waitaki. Er erreichte das Boot jedoch nicht mehr vor Einbruch der Dunkelheit, verwandelte sich gemäß Legenden-Logik zu Stein und schmückt heute als Hügel das Shag-Tal. Die Moeraki Boulders sind die verloren gegangenen Körbe und Kartoffeln, die ebenfalls zu Stein wurden.

063nz ks

Dunedin und Umgebung

Dunedin ist eine **lebendige Universitätsstadt mit schottischem Flair.** Einst war sie die größte Stadt Neuseelands, heute liegt sie gerade noch auf Platz 7 (Platz 2 auf der Südinsel). Wer Stadtleben mag, wird Dunedin lieben. Es locken zahlreiche Museen, historisch und architektonisch interessante Gebäude wie z.B. der Bahnhof, eine ausgeprägte Musikszene und etliche Bars und Cafés. In unmittelbarer Nähe liegt die **Otago Peninsula.** Hier thront Larnach Castle, Königsalbatrosse brüten, und Pinguine watscheln ungestört zu ihren Brutstätten. Ob Stadt- oder Naturliebhaber, Dunedin und Umgebung haben für alle etwas zu bieten, und wer die Zeit hat, kann sich hier problemlos ein paar Tage beschäftigen.

Geschichte

Archäologische Funde lassen auf die Besiedlung der Gegend um Dunedin durch Moa-Jäger ab ca. **1250** schließen. Im frühen 19. Jahrhundert gab es erhebliche **Spannungen** zwischen verschiedenen **Maori-Stämmen,** vorwiegend zwischen Ngai Tahu und Ngati Toa. Viele verloren dadurch ihr Leben, und ihre Zahl wurde weiterhin durch eingeschleppte **Krankheiten** wie Influenza dezimiert. Zu Beginn der europäischen Besiedlung um das Jahr 1848 wurden hier lediglich noch 100 Maori gezählt.

Selbstverständlich war es **Kapitän James Cook,** der im Frühjahr **1770** als erster Europäer Otago entdeckte. Er beschrieb einen sattelförmigen Hügel (heute Saddle Hill) und benannte den Eingang zur Bucht des Otago Harbour nach Admiral Sir *Charles Saunders* „Cape Saunders".

1948 erreichten die ersten 347 **schottischen Siedler** Port Chalmers, nördlich von Dunedin, mit dem Ziel, ein „neues Schottland" zu gründen und freiheitlicher leben zu können. *Charles Kettle,* der Aufseher der New Zealand Company (siehe Exkurs „Die New Zealand Company"), gründete Dunedin im selben Jahr. In der ersten Zeit wuchs die Stadt nur langsam heran, erst mit dem **Goldrausch** von 1861 veränderte sie sich signifikant. Innerhalb von wenigen Jahren verzehnfachte sich die Einwohnerzahl und verdreifachte sich nochmals bis 1881 auf knapp 45.000 Menschen. Die Stadt investierte in Bildung, Religion, Öffentlichkeitsarbeit sowie in wichtige Gebäude. Die meisten davon entstanden zwischen 1873 und 1884: der Bahnhof, das Otago Museum, die Universität, die Kathedrale und andere. Es wurde **weltweit gehandelt,** und jüdische, libanesische und chinesische Kommunen waren im öffentlichen Leben sehr präsent.

Nach dem Ende des Goldrauschs konzentrierte man sich mehr und mehr auf das Hinterland und seine **Schaffarmen.**

Die **Aussprache des Städtenamens** Dunedin **(„Da-nieden")** überrascht Touristen immer wieder. Etwas ungewöhnlich klingend, ist der Name„Dunedin" die anglisierte Form des schottisch-gälischen Namens „Dùn Èideann" für „Edinburgh" – „Festung am Hügelhang".

Übernachtung
2 315 Euro
3 Amross Motel, Beechwood Motel, Leith Valley Touring Park
15 Hogwartz
18 Manor Motel

Essen und Trinken
1 Miga Korean BBQ
5 Gaslight
9 Perc
12 Best Café Seafood
17 Speight's Brewery
19 Esplanade

Nachtleben
4 Allen Hall Theatre
6 Fortune Theatre
7 Scotia
10 Carousel
16 Tonic

Einkaufen
13 Otago Farmers Market

Aktivitäten
8 City Walks
11 Cycle World
14 Taieri Gorge Railway

Dunedin wurde zum führenden **Wollmarkt** der Südinsel, und die Stadt entwickelte sich prächtig. 1926 lebten 85.000 Menschen hier, die Stadt erlebte eine ökonomischen Hochzeit. In der Folgezeit entwickelte sich Dunedin aber wieder langsamer und wurde in Größe und Bedeutung von Städten wie Auckland überholt.

Heute spielt vor allem die international renommierte **University of Otago** eine tragende Rolle für den Ruf und das Stadtbild Dunedins. Rund 15 Prozent der Einwohner sind Studenten (18.800 im Jahr 2013).

Sehenswertes und Aktivitäten

Museen

Die **Dunedin Public Art Gallery** ist das **älteste Kunstmuseums Neuseelands** in moderner Erscheinung. Eine gute Adresse, um in die lokale und nationale Kunstszene einzutauchen.

■ **Dunedin Public Art Gallery,** 30 Octagon, www.dunedin.art.museum, tägl. 10–17 Uhr.

Mein Tipp: Das **Toitu Otago Settlers Museum** präsentiert mit über 100.000 Exponaten Charakter, Kultur, Technologien, Kunst und Transportwesen der Otago Provinz. Unbedingt einen Besuch wert.

064nz ks

Der Bahnhof von Dunedin ist im flämischen Renaissancestil erbaut

■ **Toitu Otago Settlers Museum,** 31 Queens Garden, Tel. 03-477 5052, www.toituosm.com, tägl. 10–17 Uhr.

Mein Tipp: Das **Themenspektrum** des **Otago Museums** ist breit gefächert: Es gibt eine naturhistorische Ausstellung, ein Schmetterlingshaus, eine Maori-Galerie mit einem Waka (Kanu), ein Moa-Ei und mehr. Auch Touren und Kurse sind im Angebot, diese kosten allerdings etwas. Es lohnt sich, ein Auge auf das aktuelle Programm zu werfen.

■ **Otago Museum,** 419 Great King St., Tel. 03-474 7474, www.otagomuseum.nz, tägl. 10–17 Uhr.

Mein Tipp: **Olveston Historic Home and Theomin Gallery** ist ein **Herrenhaus von 1906,** mit originaler Einrichtung und Kunstsammlung. Es kann ausschließlich im Rahmen einer Tour besichtigt werden. Unbedingt reservieren!

■ **Olveston Historic Home and Theomin Gallery,** 42 Royal Terrace, Tel. 03-477 3320, www.olveston.co.nz, tägl. 9–17 Uhr, 19,50/10,50 $.

Historische Gebäude

Das **Straßenbild** von Dunedin ist **geprägt von historischen Gebäuden** (ab 1871), viele davon sind sehr gut erhalten. Die Stadt trägt nicht umsonst die Spitznamen „Edinburgh of the South" oder „City of Spires and Towers". Wer sich für Architektur interessiert, kann auf eigene Faust losziehen, in der **i-SITE** ist ein **Stadtplan** mit einer sinnvollen Route erhältlich. Alternativ kann man sich einer der zahlreichen geführten **Touren** anschließen.

8 **City Walks,** 50 Octagon, Tel. 0800-925 571, www.citywalks.co.nz, ab 30/5 $

■ Per Kleinbus: **Nev's Tours,** Tel. 03-488 5959, www.nevstoursdunedin.com, ab 35/17,50 $.

Bedeutende historische Gebäude

■ **Bank of New Zealand** (1882, Princess St.)

■ **Consultancy House** (1919, Bond St.)

Mein Tipp: **Olveston Home** (1906, Royal Tce., siehe „Museen")

■ **Dunedin Prison** (1898, Castle St.)

Mein Tipp: **Railway Station** (1906, ANZAC Sq.)

■ **First Church of Otago** (1875, Moray Pl.)

■ **Larnach Castle** (1871, Company Bay, 145 Camp Rd., siehe „Otago Peninsula")

■ **Law Courts** (1902, Lower Stuart St.)

■ **Municipal Chambers** (1880, Moray Pl.)

■ **Old National Bank Building** (1913, Princess Street)

■ **Otago Boys High School** (1863, Arthur St.)

■ **Otago Museum** (1865, Great King St., siehe „Museen")

■ **Speight's Brewery** (1876, Rattray St., siehe „Sonstiges")

■ **Saint Paul's Cathedral** (1919, Octagon)

■ **Toitu Otago Settlers Museum** (1930, Queens Garden, siehe „Museen")

■ **University of Otago Registry** (1879, St. David Street)

Sonstiges

Dunedins **Botanischer Garten** begeistert Pflanzenfans mit einem großen Wintergarten-Glashaus, Statuen, Kräutergarten und einer vier Hektar großen Fläche mit Rhododendren.

■ **Botanic Garden,** Great King St. Ecke Opoho Rd., Tel. 03-477 4000, www.dunedinbotanicgarden.co.nz.

Im attraktiven **Chinese Garden** findet man ein Teehaus und einen Shop. Audiotouren sind im Preis inbegriffen.

■ **Chinese Garden,** Rattray St. Ecke Cumberland St., Tel. 03-477 3248, www.dunedinchinesegarden.com, tägl. 10–17 Uhr, 9 $.

Der 90-minütige Spaziergang **Dunedin Street Art Trail** führt zu **25 Wandkunstwerken** internationaler Straßenkünstler. Eine Karte gibt's in der i-SITE.

In der **Speight's Brewery** kann man eine Tour durch die Geschichte des **neuseeländischen Bieres Speight's** unternehmen. Auch in Kombination mit Essen im Ale Haus nebenan möglich.

■ **Speight's Brewery,** 200 Rattray St., Tel. 03-477 7697, www.speights.co.nz, tägl. 12–19 Uhr, 28/12 $, Tour 1½ Std.

Für **Schokoladenliebhaber** ist **Cadbury World** mit seinem Café, dem Besucherzentrum und einer Fabrikführung mit Schokoladenbrunnen ein Traum!

■ **Cadbury World,** 280 Cumberland St., Tel. 0800 223 2879, www.cadbury.co.nz, tägl. 10–16.30 Uhr, Besucherzentrum 5 $, Führung 20 $.

MEIN TIPP: **Baldwin Street,** die wohl bekannteste Straße Neuseelands, ist laut „Guinness-Buch der Rekorde" die **steilste Straße der Welt.** Pro 2,86 Meter steigt sie einen Meter in die Höhe. Hoch- und runterzulaufen ist ein echtes Erlebnis, aber Achtung, es ist eine Straße, also immer ein Auge auf den Verkehr haben!

Vom **Signal Hill** hat man bei gutem Wetter einen **großartigen Panoramablick** über die Stadt und den Otago Harbor. Anfahrt über die Signal Hill Road.

Mit der **Museumsbahn Taieri Gorge Railway** tuckert man durch Schluchten, Tunnel und über zahlreiche Viadukte. Vom Bahnhof Dunedin fährt man nach Pukerangi oder weiter nach Middlemarch. Fährt einmal täglich.

14 **Taieri Gorge Railway,** ANZAC Sq., Tel. 03-477 4449, www.dunedinrailways.co.nz, ab 91/50 $ return.

Dunedins **Strände** sind **wild und attraktiv,** ob zum Spazieren, Schwimmen oder Surfen. Der Stadtstrand in **Saint Clair** ist nur fünf Kilometer vom Zentrum entfernt und ein beliebter Ausflugsort. Am südlichen Ende der Esplanade liegt das **Freibad Saint Clair Hot Salt Water Pool** (6,50/3,10 $) mit 28 Grad warmem Wasser und Blick aufs Meer. Das dortige Café ist sehr beliebt (siehe „Praktische Tipps/Essen und Trinken").

Sieben Kilometer außerhalb liegt der Strand **Tunnel Beach,** der seinen Namen einer echten Fleißarbeit verdankt: *John Cargill* grub in den 1870er Jahren seiner Familie zuliebe per Hand einen Tunnel zu einer versteckten Bucht, damit sie dort ungestört und ungesehen baden konnten. Die Umgebung ist wild und dramatisch, der Pfad (30 Min.) teil-

▷ Nur in Schieflage zu erklimmen: Baldwin Street

weise sehr anstrengend zu laufen. **Achtung:** das Baden ist hier aufgrund starker Strömungen sehr gefährlich!

■ **Tunnel Beach,** Tunnel Beach Rd., Blackhead, Aug. bis Okt. geschlossen.

In der (nahen) Umgebung von Dunedin findet man zahlreiche schöne **Spazier- und Wanderwege.** In der **DOC-Broschüre „Dunedin Walks"** sind knapp 50 Wege von zwischen wenigen Minuten und elf Stunden Länge beschrieben. Beliebt sind:

■ **Tunnel Beach Walk** (30 Min., siehe oben)
■ **Mount Cargill** (4 Std. return, Start: Bethunes Gully Car Park)
■ **St. Clair Esplanade to St. Kilda Beach** (1 Std., Start: Esplanade, St. Clair)
■ **Hawksbury Lagoon and Beach** (1½ Std., Start: Beach St.)

In der Broschüre „Dunedin Walks" (siehe oben) sind auch einige **Mountainbike Tracks** erläutert. Räder und mehr Infos gibt es z.B. hier:

11 **Cycle World,** 67 Stuart St., Tel. 03-477 7473, www.cycleworld.co.nz, Mo–Fr 8.30–18 Uhr, Sa, So 10–15 Uhr, ab 50 $/Tag.

Quasi **alle Attraktionen** der Gegend können im Rahmen einer **Tour** besucht werden, das Angebot reicht von Stadtrundfahrten über Ausflüge zur Otago Peninsula, zum Schloss Larnach, zur Albatross-Kolonie und in die Catlins bis zu kulinarischen Trips, Geistertouren und mehr. Unterwegs ist man per Kleinbus, Reisebus, Quad, Pferd, Boot, Kajak, Fahrrad oder zu Fuß. Die **i-SITE** berät gerne bei der Auswahl des richtigen Anbieters unter Berücksichtigung individueller Interessen.

Praktische Tipps

Informationen

- **www.dunedinnz.com**
- **Einwohnerzahl:** 120.249
- **i-SITE** und **DOC:** 50 Octagon, Tel. 03-474 3300, Mo–Fr 8.30–17.30 Uhr, Sa, So 9–17.30 Uhr.
- **WLAN:** rund um die Uhr am Octagon.
- **Bibliothek:** 230 Moray Pl., Tel. 03-474 3690, Mo–Fr 9.30–20 Uhr, Sa, So 11–16 Uhr.

An- und Abreise

- **Bus:** Dunedin wird von allen großen Langstreckenbusunternehmen angefahren, zentrale Haltestelle am Octagon. Andere kleiner Busunternehmen bieten Shuttles innerhalb Otago s.
- **Flugzeug:** Mehrere Airlines verbinden Dunedin mit Auckland, Christchurch, Nelson, Wellington und sogar Brisbane in Australien. Der Flughafen liegt knapp 30 km außerhalb und kann per Shuttle erreicht werden, z.B. mit **Kiwi Shuttles,** Tel. 0800-365 494, www.kiwishuttles.co.nz, ab 20 $.

Transport vor Ort

- **Taxi: Dunedin Taxi,** Tel. 03-477 7777, www.dunedintaxis.co.nz.
- **Bus: GoBus,** www.gobus.co.nz, hat ein gutes Streckennetz, fährt auch in die Umgebung und bis zur Otago Peninsula. Tickets ab 2,20/1,60 $.

Unterkunft

Dunedin hat überdurchschnittlich **viele Unterkünfte.** Die meisten liegen in der High Street, Princess Street und George Street.

15 **Hogwartz**①, 277 Rattray St., Tel. 03-474 1487, www.hogwartz.co.nz. Im späten 18. Jh. gebaut, voller Ecken und Winkel und vielen Möglichkeiten, sich zurückzuziehen. Aktuell eines der besten Hostels in Zentrumsnähe.

3 **Beechwood Motel**②, 842 George St., Tel. 03-477 4272, www.motel-accomodation-dunedin.co.nz. Ordentliches, einfaches Motel mit Zimmern in verschiedensten Kategorien und Größen.

3 **Amross Motel**②-③, 660 George St., Tel. 03-471 8924, www.amrossmotel.co.nz. Modern eingerichtete, saubere Zimmer und Studios in der Nähe des Otago-Museums.

18 **Manor Motel**②, 22 Manor Pl., Tel. 03-477 6729, www.manormotel.co.nz. Einfaches Motel, 1 km vom Octagon entfernt, Kinderspielplatz im gegenüberliegenden Market Reserve (Park).

2 **Mein Tipp: 315 Euro**②-③, 315 George St., Tel. 03-477 9929, www.eurodunedin.co.nz. Saubere Studios und Apartments in moderner Anlage. Der Eingang ist etwas versteckt. 500 m vom Octagon entfernt.

Camping

3 **Leith Valley Touring Park**②, 103 Malvern St., Tel. 03-467 9936, www.leithvalleytouringpark.co.nz. 3 km vom Octagon entfernt. Qualitätscampingplatz in Flusslage, von viel Grün und hohen Bäumen umgeben.

Essen und Trinken

Mit Magenknurren muss in Dunedin niemand leben: Es gibt unzählige Cafés und Restaurants. Die meisten liegen um das **Octagon,** auf der **Princess Street** und auf der **George Street.**

9 **Perc**①-②, 142 Stuart St., Tel. 03-477 5462, www.perc.co.nz, Mo–Fr 7–16 Uhr, Sa, So 8–16 Uhr. Klassisches Kiwi-Café in zentraler Lage mit Frühstück, Lunch und Snacks aus der Auslage. Es wird täglich frisch gebacken.

12 **Best Café Seafood**①-②, 30 Stuart St., Tel. 03-477 8059, Mo–Sa 11.30–14.30 Uhr u. 17–20

Uhr, So 15.30–20 Uhr. Exzellente Fischgerichte in simpler Umgebung.

1 **Miga Korean BBQ**①-②, 4 Hanover St., Tel. 03-477 4770, www.migadunedin.co.nz, Mo–Sa 11–14 Uhr u. 17–23 Uhr. Klassische koreanische Gerichte mit extrem gutem Preis-Leistungs-Verhältnis. 10 $ Lunch-Combos.

17 **Speight's**①-②, siehe „Sehenswertes".

19 **Esplanade**①, 2 Esplanade, St. Clair, Tel. 03-456 2544, www.esplanade.co, tägl. 8–22 Uhr. Pizza, Pasta und mehr am Meer. Das Lokal ist immer gut besucht.

5 **Gaslight**②-③, 73 St. Andrew St., Tel. 03-477 7300, www.gaslightdunedin.co.nz, Do–Sa 11.30–17 Uhr, Di–So bis 21 Uhr. Italienisch-französisches Restaurant im Backsteinhaus mit entsprechenden Gerichten und passenden Weinen. Von 17 bis 18 Uhr ist Happy Hour für Wein und Bier.

Ausgehen

In der **Studentenstadt** vibriert das Nachtleben. Ob in Kneipen, Bars oder Konzerthallen: Nachteulen werden immer fündig. Für Whisky-Liebhaber ist die Stadt mit ihren schottischen Wurzeln ein Paradies. Am besten die Augen und Ohren nach den neuesten In-Locations aufhalten, ansonsten rund um das Octagon umgucken und einen Blick auf **www.eventfinda.co.nz** werfen.

MEIN TIPP: Dunedin hat eine sehr große **Musikszene,** Bands wie The Clean, The Chills, The Verlaines, Straitjacket Fits und Sneaky Feelings haben ihre Wurzeln hier. Auf **www.dunedinmusic.com/gigs** gibt es einen Konzertkalender mit Links zu den entsprechenden Locations. Jeden Tag ist etwas los.

7 **Scotia,** 199 Upper Stuart St., Tel. 03-477 7704, www.scotiadunedin.co.nz, Di–So ab 16 Uhr. Im Erdgeschoss ein Restaurant②, im Obergeschoss eine Whisky Bar. Es gibt aber auch Weine, Biere und vor allem leckere Cocktails.

16 **Tonic,** 138 Princess St., Tel. 03-471 9194, www.tonicbar.co.nz, Di–Sa 16–2 Uhr. Hat geschätzt 50 Biersorten im Angebot, die meisten von lokalen Brauereien. Es gibt aber auch Wein und Whisky.

10 **Carousel,** 141 Stuart St., Tel. 03-477 4141, www.carouselbar.co.nz, Di–Sa ab 17 Uhr. Cocktails, Whiskys, Champagner, Wein, Bier, Zigarren und Tapas, Live DJs und Jazz.

4 **Allen Hall Theatre,** 90 Union St., Tel. 03-479 8825, www.otago.ac.nz/theatrestudies. Das von Studenten geführte Theater ist dank seiner Mittagspausenaufführungen Do u. Fr besonders populär.

6 Wer es professioneller mag, geht in das **Fortune Theatre,** 231 Stuart St., Tel. 03-477 8323, www.fortunetheatre.co.nz.

Einkaufen

Die Haupteinkaufsstraße ist die **George Street.** Hier findet man die typischen neuseeländische Ketten, Buchgeschäfte, Souvenirshops, aber auch kleine Boutiquen. Auch die **Malls Meridian, Wall Street** und **Golden Centre** sind hier zu finden.

13 **Otago Farmers Market,** 1 ANZAC Ave., www.otagofarmersmarket.org.nz, Sa 8–12.30 Uhr. Der Bauernmarkt ist lebhaft und ansprechend. Ein spätes Frühstück hier ist perfekt, um den Musikern lauschen und das bunte Treiben zu beobachten.

Port Chalmers

Folgt man dem malerischen SH88 Richtung Norden, erreicht man nach 14 Kilometern das Örtchen Port Chalmers. **1844** verkauften die **Maori** hier einen Großteil Otagos, den sogenannten **Otago Block,** an die **New Zealand Company** (siehe Exkurs „Die New Zealand Company"). Wenige Jahre später entstand ein Dorf, das sich schließlich zu einer **Hafenstadt** entwickelte. Hier wurde 1882 erstmals in Neuseeland tiefgefrorenes Fleisch nach Europa verschifft. Immer wieder stand der Hafen Port Chalmers mit dem Dunedins in Konkurrenz, gewann aber den Wettbewerb mit der Eröffnung des Tiefsee-Containerhafens im Jahr 1977. 1989 wurde Port Chalmers nach Dunedin **eingemeindet.** Heute ist Port Chalmers ein charmantes **Künstlerdorf:** Es gibt Cafés, Boutiquen, Galerien und Livekonzerte im Chicks Hotel.

Sehenswertes und Aktivitäten

In einem 1877 gebauten Gebäude ist im **Seafaring Museum** die **Hafengeschichte von Port Chalmers** aufbereitet. Wer ein halbes Stündchen übrig hat, kann sie hier gut verbringen.

- **Seafaring Museum,** Beach St., Tel. 03-472 8233, Mo–Fr 9–15 Uhr, Sa, So 13.30–16.30 Uhr.

Die **Iona Church** wurde 1871 entworfen und 1882 erweitert. Heute teilen sich presbyterianische, methodistische und kongregationalistische Gemeinden das historische Gotteshaus an der Mount Street.

Das **Orokonui Ecosanctuary** ist ein **Schutzgebiet für Artenvielfalt,** in dem Pflanzen und Tiere vor Raubtieren und anderen Einflüssen geschützt werden. Das 307 Hektar große Gebiet ist von einem Zaun umgeben. Es gibt Vögel, Geckos, Skinks und auch ein Kiwi-Aufzucht- und Auswilderungsprogramm. Geführte Touren werden gegen Aufpreis angeboten. Es gibt auch ein Infoszentrum, ein Café und einen kleinen Shop.

- **Orokonui Ecosanctuary,** am Ende der Blueskin Rd., Tel. 03-482 1755, www.orokonui.nz, tägl. 9.30–16.30 Uhr, 18/9 $.

Man kann **Ausritte** in toller Umgebung mit Blick auf das Hafenbecken oder Strandausflüge unternehmen.

- **Horseback Adventures,** 207 Aramoana Rd., Tel. 03-472 8496, www.horseriding-dunedin.co.nz, ab 95 $.

Es gibt **fünf Hotels/Pubs,** die vor 1880 gebaut wurden. Eine **Tour** stoppt an allen, Anekdoten der Lokalmatadore sorgen für Amüsement, während man sein Getränk genießt.

- **Pub Tour,** Tel. 03-472 7505, www.portchalmerstours.co.nz.

Praktische Tipps

Informationen

- **www.portchalmers.com**
- **Einwohnerzahl:** 1365

An- und Abreise

- **Bus:** Port Chalmers wird von Dunedin aus angefahren; zentrale Haltestelle George St.

Unterkunft

- **Billy Browns**①, 423 Aramoana Rd., Tel. 03-472 8323, www.billybrowns.co.nz. Hostel in toller Lage mit Blick auf das Hafenbecken von allen Zimmern aus. Hier stimmt alles!

Essen und Trinken/Ausgehen

- **Carey's Bay**②, 17 Macandrew Rd., Tel. 03-472 8022, www.careysbayhotel.co.nz, tägl. ab 11 Uhr. Ursprünglich ein viktorianisches Hotel aus dem Jahr 1874, heute ein Restaurant mit leckerem Seafood.
- **Chicks Hotel,** 2 Mount St., www.dunedinmusic.com. Hier spielt Konserven- und Livemusik lokaler Musiker, die vom bunten Mix aus Hipstern, Hafenarbeitern und Studenten geschätzt wird.

Otago Peninsula

Keine fünf Kilometer vom Zentrum entfernt beginnt die Otago-Halbinsel, die sich über 20 Kilometer an der Bucht von Otago (Otago Harbour) erstreckt. Die Halbinsel hat ihr eigenes warmes, sonniges Mikroklima und damit das **beste Wetter** an der Küste Otagos. Grüne Hügellandschaft, schroffe Küsten, historische Gebäude, einsame Wanderwege und vor allem die **Artenvielfalt der lokalen Tierwelt** machen einen Ausflug auf die Halbinsel so attraktiv: Königsalbatrosse, Zwergpinguine, Gelbaugenpinguine, Robben und Seelöwen sind hier zu Hause, und mit ein wenig Glück können sogar Wale gesichtet werden. Das Örtchen **Portobello** ist der Hauptort der Halbinsel.

Sehenswertes

1871 baute der Geschäftsmann und Politiker **William Larnach** das imposante Schloss **Larnach Castle** für seine Frau *Eliza.* Hierfür beschäftigte er 200 Arbeiter und zahlreiche Innenausstatter, die insgesamt 15 Jahre an der Perfektion des Schlosses feilten. Noch immer ist es in privater Hand, und die Besitzerfamilie *Barker* investiert die Eintrittsgelder in die Instandhaltung. Täglich wird um 15 Uhr **High Tea** im 915 Quadratmeter großen Ballsaal serviert (Vorabbuchung notwendig). Umgeben ist das Schloss von einem beeindruckenden 14 Hektar großen **Garten.**

■ **Larnach Castle and Gardens,** 145 Camp Rd., Tel. 03- 476 1616, www.larnachcastle.co.nz, tägl. 9–17 Uhr, Garten 15/4 $, Schloss und Garten 31/10 $, Audiotour 5 $, geführte Tour zusätzlich 125 $, High Tea 26 $.

Albatrosse sind die **größten existierenden Meeresvögel.** Sie können eine Flügelspannweite von 3,50 Metern erreichen. Normalerweise leben und nisten sie auf abgelegenen Inseln und verbringen 85 Prozent ihres Lebens über dem Meer, außer Sichtweite von Menschen. **Taiaroa Head** ist weltweit die einzige **Kolonie von Albatrossen, die auf dem Festland nistet.** Hier kann man das ganze Jahr über die imposanten Vögel sehen, am besten in der Zeit von September bis Februar, wenn gebrütet und der Nachwuchs aufgezogen wird. Der einzige Zugang zum Schutzgebiet erfolgt im Rahmen einer **Tour,** allerdings fliegen die Vögel auch über das nahe gelegene Gelände. Die Ausstellung im **Informationszentrum** ist einen Besuch wert.

■ **Royal Albatross Centre,** 1260 Harington Point Rd., Tel. 03-478 0499, www.albatross.org.nz, tägl. 11.30 Uhr bis zur Dämmerung, Tour 45/15 $.

Das Albatross Centre ist auf dem **Fort Taiaroa** gebaut, einem 100 Jahre alten **Militärfort,** das einst der Bedrohung durch eine russische Invasion trotzen sollte. Der Aussichtsposten bietet einen Blick über die Albatros-Kolonie und die Umgebung, das Fort selbst beherbergt ein **Informationszentrum.** Highlights sind die versenkbare Verschwindlafette (ein historisches Geschütz) und die unterirdische Festung. Touren können auch in Kombination mit der Albatross-Kolonie gebucht werden.

■ **Fort Taiaroa,** siehe Royal Albatross Centre, Tour 20/10 $.

Unterhalb des Parkplatzes des Albatross Centre am **Pilot Beach** tummeln sich **Little Blue Penguins** (auf Maori Korora). Die **kleinsten Pinguine der Welt** kommen hier bei Einbruch der Dunkelheit an Land, um Nester zu bauen bzw. ihre Jungen zu füttern. Wer näher herankommen will, bucht am besten über das Albatross Centre einen Platz auf der Besucherplattform (siehe oben, 25/10 $).

Das **Schutzprojekt Penguin Place** ist eine private Initiative, die auf den Schutz und Erhalt der Yellow Eyed Penguins (Maori: Hoiho) abzielt. Die Touren beginnen mit einem informativen Spaziergang, gefolgt von einer kurzen Fahrt zum Reservat, wo die Besucher die Gelbaugenpinguine von versteckten Aussichtspunkten aus beobachten können. Die Eintrittspreise kommen zu 100 Prozent dem Projekt zugute.

■ **Penguin Place,** 45 Pakihau Rd., Harington Point, Tel. 03-478 0286, www.penguinplace.co.nz, Tour 52/15 $.

■ **Verhaltensregeln bei Pinguinbeobachtung** siehe „Oamaru".

Nature's Wonders ist ein privat finanziertes **Naturschutzprojekt** auf einer Schaffarm, das auf die natürliche Entfaltung von Tieren und die Erhaltung ihres natürlichen Lebensraumes abzielt. Hier werden Tiere nicht erfasst, getestet, gefüttert oder in irgendeiner anderen Art massiv durch den Menschen beeinflusst. Mit etwas Glück sieht man auf der **Wildlife Tour** Zwergpinguine, Gelbaugenpinguine, Robben, Kormorane und andere Tiere. Alternativ erläutert eine Tour die Kunst der **Schafzucht.** Unterwegs ist man mit einem achträdrigen Geländewagen.

■ **Nature's Wonders,** Taiaroa Head, Tel. 03-478 1150, www.natureswonders.co.nz, ab 45/22,50 $.

Aktivitäten

Über 20 **Spazier- und Wanderwege** in unterschiedlichen Schwierigkeitsgraden durchziehen die Halbinsel. Die **Broschüre „Otago Peninsula Tracks"** des Dunedin City Councils erläutert alle Wege und bietet eine gute Übersichtskarte. Auch die **DOC-Broschüre „Walks around Dunedin"** gibt Anregungen. Besonders beliebt ist der einstündige **Seal Point to Sandfly Bay** (Seal Point Rd., ausgeschildert): Mit etwas Glück sieht man Robben und Pinguine.

Es gibt einige Anbieter, die **Touren** in die Natur zu Fuß, per Boot oder Kajak anbieten. Startpunkt ist meist das Octagon in Dunedin. Das Angebot wechselt häufig und passt sich den natürlichen Gegebenheiten und dem Wetter an.

☐ Selten und wunderschön: Gelbaugenpinguine

066nz ji

Praktische Tipps

Informationen

- **www.otago-peninsula.co.nz**

An- und Abreise

- **Bus:** Busse verkehren regelmäßig zwischen Dunedin und Portobello. Die Halbinsel selbst kann man mit öffentlichen Verkehrsmitteln leider nicht erkunden.
- Es gibt **keine Tankstelle** auf der Halbinsel.

Unterkunft und Camping

4 **Portobello Motel**②, 10 Harington Point Rd., Otago Peninsula, www.portobellomotels.com. Helle Studios und Cottages, teilweise mit Blick auf den Hafen.

2 MEIN TIPP: **Larnach Castle**②-③, siehe oben. Es gibt verschiedene Häuser und Zimmer von sehr guter bis zu exquisiter Qualität. Die Preise sind recht hoch, allerdings beinthalten sie Frühstück und den Eintritt zum Schloss und Garten.

5 **Portobello Tourist Park,** 27 Hereweka St., Tel. 03-478 0359, www.portobellopark.co.nz, Camping ②, Units ①-②. Nett angelegter Campingplatz mit verschiedenen Units und Studios, bedeutend ruhiger als die Stadtcampingplätze Dunedins.

Essen und Trinken

Entlang der Küstenstraße Portobello Road und in Portobello selbst gibt es eine Handvoll Lokale.

1 **Bay Café**①-③, 494 Portobello Rd., Tel. 03-476 0075, www.thebaycafe.co.nz, So–Do 10–16 Uhr, Fr, Sa 10–20 Uhr. Lädt auf halber Strecke nach Portobello zu Steak, Pie, Burger, Pizza, Fish and Chips und mehr ein.

3 MEIN TIPP: **1908**②-③, 7 Harington Point Rd., Tel. 03-478 0801, www.1908cafe.co.nz, ca. Mi–So 11.30–14 Uhr u. 18–22 Uhr. Erstmals 1908 als Teehaus eröffnet, strahlt das Café heute eine rustikalschöne Atmosphäre aus. Ob zum Aufwärmen mit einem Heißgetränk oder zum eher anspruchsvollen Dinner, jeder ist hier willkommen.

Central Otago

Central Otago ist ein **sonniges, trockenes Gebiet,** das sich je nach Jahreszeit überwiegend grün (Winter) oder braun (Sommer) präsentiert. In den 1860er Jahren schwelgte das Gebiet im **Goldrausch,** übrig geblieben sind historische Wege (Trails), Steingebäude und Relikte alter Maschinen. Als „wahres Gold Otagos“ wird heute sein **Wein** bezeichnet, Pinot Noir produzierende Weingüter sind weit verbreitet. Auch **Obstplantagen** finden sich reichlich hier (etwa Kirschen, Aprikosen, Pfirsiche und Birnen).

Touristisch gesehen ist die Region weniger aufregend, als ihr Marketing vermuten lässt: **Weinliebhaber** können Güter mit Qualitätsweinen besuchen, **Radfahrer** historische Trails erkunden. Die meisten Touristen durchqueren die Region und beschränken ihre Stopps auf Kaffeepausen und kurze Spaziergänge, um sich die Beine zu vertreten. Wer einen Vitamin-Schub braucht, kann an einem der zahlreichen **Obstläden** am Straßenrand halten oder eine der **Plantagen** besuchen. Ein Hit im Sommer ist **Real Fruit Icecream:** Milcheis, in das echte Früchte püriert werden – lecker und erfrischend.

Otago Central Rail Trail

Von 1879 bis 1990 verband eine **Zugstrecke Dunedin** mit **Clyde** und machte die Region nicht nur für Goldsucher zugänglich. Der Zug verkehrt heute nur noch von **Dunedin nach Middlemarch** (siehe „Dunedin/Taieri Gorge Railway“).

Der Rest der Strecke ist stillgelegt und wurde für **Radfahrer** und **Wanderer** aufbereitet. Der Weg führt über Eisenbahnbrücken und Viadukte, durch Tunnel und entlang pittoresker Landschaft mit sehr beeindruckenden Blicken. Die 150 Kilometer lange Strecke ist gut ausgeschildert, Radfahrer benötigen ca. vier Tage, Wanderer etwa eine Woche, es können aber auch Teilabschnitte bestritten werden. Am Wegesrand gibt es ausreichend Unterkünfte und Restaurants. Fahrräder können in Alexandra, Clyde, Middlemarch, Ranfurly oder Dunedin gemietet werden. Auch Gepäck- und Fahrradtransport sowie Shuttleservice wird durch verschiedene Unternehmen angeboten.

- **Cycle Surgery,** Tel. 03-464 3630, www.cyclesurgery.co.nz.
- **www.otagocentralrailtrail.co.nz**

Wein

In Otago wird auf knapp 2000 Hektar Fläche Wein angebaut. Jährlich werden 10.500 Tonnen produziert, die 2,4 Prozent der gesamten neuseeländischen Weinproduktion ausmachen. Führend ist **Pinot Noir** mit einem Anteil von 75 Prozent, der Rest verteilt sich auf sogenannten Aromatics (Pinot Gris, Riesling, Gewürztraminer), Chardonnay, Sauvignon Blanc und Nischenprodukte. Die meisten Weingüter sind in der Gegend um Wanaka, Gibbston, Bannockburn, Alexandra, Bendigo und Cromwell zu finden, sie sind ausgeschildert. Viele haben einen Verkaufsraum mit Probierstube und können ohne Anmeldung besucht werden.

- Eine **Liste** (und Karte) von allen Weingütern gibt es unter **www.nzwine.com/regions/central-otago**.
- Wer lieber eine Papierversion möchte, kann sich die **Broschüre „Central Otago Wine Map“** in der i-SITE besorgen.

Ranfurly

Wer sich die Beine vertreten will, kann in Ranfurly halten und sich auf den **Rural Art Deco Ranfurly Walk** begeben. Eine entsprechende Broschüre gibt es in der i-SITE. Der Rundweg dauert etwa 50 Minuten und führt an diversen Art-Déco-Gebäuden vorbei. Ranfurly versucht schon seit Jahren, eine Assoziation des Ortsnamens mit dem Art Déco zu erreichen und nennt sich selbst (etwas übertrieben) „Art-Déco-Hauptstadt der Südinsel“ ... Ein paar Cafés gibt es natürlich auch, viel mehr aber nicht.

- **i-SITE,** 3 Cherlemont St., tägl. 9–17 Uhr.

Saint Bathans

Zehn Kilometer nördlich des SH85 liegt das kleine und unspektakuläre Saint Bathans. Der Ort lag ursprünglich neben dem Kildare Hill in einer natürlichen Rinne. Der Berg wurde über die Jahre hinweg durch Minenbau abgetragen, und an seiner Stelle entstand ein See. Der **Blue Lake** füllte sich mit mineralhaltigem Wasser, das türkis-blau leuchtet und ihm seinen Namen gab. Es gibt einen zwei Kilometer langen Rundweg, der schöne Blicke auf den See und den Ort eröffnet. Der Startpunkt liegt im Ort am DOC-Parkplatz.

Alexandra

Alexandra gilt als der **heißeste, trockenste und kälteste Ort Neuseelands.** Die Temperaturen fallen im Winter unter den Gefrierpunkt und steigen im Sommer über 30 Grad, Neuseelands Rekordtemperaturen werden hier gemessen. Mitte des 19. Jahrhunderts gegründet, war Alexandra über lange Jahre eine **florierende Goldgräberstadt** (bis 1863 als „Lower Dunstan" bekannt). Heute lebt die Stadt vorwiegend von der Landwirtschaft und der Weinproduktion.

Die **Strecke** von/nach Alexandra über **Cromwell** nach **Queenstown** ist sehr malerisch.

Sehenswertes und Aktivitäten

Das überraschend interessante, interaktive **Central Stories Museum and Art Gallery** in der i-SITE informiert über die **Goldgräbergeschichte** und die Stadt Alexandra. Auch für Kinder spannend. Die **Galerie** ist die einzige öffentliche in ganz Central Otago. Auf 43 Wandmetern werden Fotografien und andere Werke lokaler Künstler ausgestellt.

■ **Central Stories Museum and Art Gallery,** 21 Centennial Ave, Tel. 03-448 6230, www.centralstories.com, tägl. 10–16 Uhr.

Die **Shakey Bridge** war einst die einzige Möglichkeit, den **Fluss Manuherika** zu überqueren. Heute führt sie zu einem Café und zum **Aussichtspunkt Tucker Hill,** der Panoramablicke über die Gegend bietet. Für die zwei Kilometer benötigt man 40 Minuten, Startpunkt ist an der Graveyard Gully Road.

Den **Roxburgh Gorge Trail** entlang der gleichnamigen Schlucht kann man radeln oder laufen, allerdings kann der **Mittelteil ausschließlich per Boot** bestritten werden: zehn Kilometer nach Doctors Point, 13 Kilometer Bootstour (40 Min.) nach Shingle Creek, elf Kilometer nach Roxburgh. Der 73 Kilometer lange **Clutha Gold Trail** kann angeschlossen werden.

Fahrradverleih (ab 40 $/Tag) und Bootstransfer (95/55 $) siehe unten.

■ **www.roxburghgorge.co.nz,** 10 $ Spende zur Erhaltung des Trails sind willkommen.

Radfahrer können City Cruiser, Mountainbikes und alles dazwischen mieten, auch Tandems, Kinderräder, Kinderanhänger und mehr.

■ **Altitude Bikes,** 88 Centennial Ave., Tel. 03-448 8927, www.altitudebikes.co.nz, ab 40 $/Tag.

Bei den Bootstouren ist die ist die **Twilight Heritage Tour,** die in der Abenddämmerung stattfindet, besonders beliebt. Es werden aber auch andere Touren auf dem Clutha River angeboten.

■ **Clutha River Cruises,** Tel. 0800-258 842, www.clutharivercruises.co.nz, 95/55 $.

› Herbst am Clutha River

Praktische Tipps

Informationen

- **www.alexandra.co.nz**
- **Einwohnerzahl:** 4827
- **i-SITE:** 21 Centennial Ave., Tel. 03-262 7999, tägl. 9–16 Uhr.
- **Bibliothek:** 43 Tarbert St., Tel. 03-448 9412, Mo–Fr 10–17 Uhr, Sa 10–13 Uhr.

An- und Abreise

- **Bus:** Alexandra wird von den großen Langstreckenbusunternehmen angefahren; zentrale Haltestelle an der i-SITE.

Unterkunft/Camping

- **Almond Court Motel**②, 53 Killarney St., Tel. 03-448 7667, www.almondcourtmotel.co.nz. Kleines, ordentliches, umweltbewusstes Motel mit allen Annehmlichkeiten und kostenlosem WLAN.
- **Alexandra Holiday Park**②, 44 Manuherikia Rd., Tel. 03-448 8297, www.ahp.nz. Etwas in die Jahre gekommener Campingplatz direkt am Fluss mit 400 Stellplätzen.

Essen und Trinken

- **Tin Goose**①-②, 22 Centennial Ave, Tel. 03-448 5995, tägl. 6–17 Uhr. Gegenüber der i-SITE und direkt neben dem lokalen Radiosender, hat man einen wunderbaren Blick über das Treiben im Ort. Die Bagels sind ein Traum!
- **Chatto Creek Tavern**②, 1544 SH85, Chatto Creek, Tel. 03-4473710, http://chattocreektavern.co.nz, tägl. 10 bis spät, Winter ab 11.30 Uhr. 18 km vor Alexandra liegt das schöne Steinhaus aus dem Jahre 1886. Serviert werden gutes Essen (z.B. Chicken Parmigiana mit Panade nach „geheimer Rezeptur") und erfrischende Getränke zu (fast) jeder Tageszeit. Wer zu tief ins Glas geguckt hat, kann in einem der Gästezimmer absteigen.

Cromwell

Das Städtchen Cromwell liegt von allen Orten Neuseelands **am weitesten von der Küste entfernt.** Die 120 Kilometer zum Meer wirken sich auf das **Klima** aus, das sich hier hervorragend für den **Obstanbau** eignet. Die überdimensionale Fruchtskulptur am Ortseingang weist auf die Bedeutung des Wirtschaftszweiges hin. Touristisch gesehen erscheint Cromwell auf den ersten Blick eher langweilig, je nach Interessenlage kann ein Besuch sich trotzdem lohnen. Und wer an einem Sonntagmorgen an Cromwell vorbei fährt, sollte einen Blick auf den **Markt** im Heritage Precinct werfen – vor allem bei gutem Wetter herrscht hier eine schöne Atmosphäre.

Sehenswertes und Aktivitäten

Das **Goldfields Mining Centre** ist ein aufbereitetes **Goldsucherdorf** mit historischen Gebäuden, Geräten und Maschinen. Besucher können selbst nach Gold suchen und dieses auch behalten. Auch Touren sind möglich.

■ **Goldfields Mining Centre,** Kawarau Gorge SH6, Tel. 0800-111 038, www.goldfieldsmining.co.nz, tägl. 9–17 Uhr, 25/10 $.

Das örtliche **Regionalmuseum** ist ein wenig verstaubt und sehr übersichtlich. Wer sich für die Geschichte Otagos und das Leben der ersten Siedler interessiert, sollte trotzdem einen Blick hier hinein werfen.

■ **Cromwell Museum,** 47 The Mall, Tel. 03-445 0212, www.cromwell.org.nz, tägl. 10–16 Uhr.

Mit dem Bau des **Clyde-Damms** im Jahr 1990 verschwand Cromwells Hauptstraße im Lake Dunstan. Einige **Gebäude** wurden gerettet und auf der Melmore Terrace wieder aufgebaut. In historischer Atmosphäre gibt es im **Heritage Precinct** heute Cafés, Kunst und nette Geschäftchen – hübsch.

■ **Heritage Precinct,** Melmore Terrace, www.cromwellheritageprecinct.co.nz.

Stellvertretend für die **Weingüter** der Region sei **Mount Difficulty** genannt. In toller Lage werden hier aus Trauben von 40 Hektar Weinbergen Qualitätsweine hergestellt. Das angeschlossene Restaurant serviert passende Speisen. Weinprobe 1 $/Wein.

■ **Mount Difficulty,** 73 Felton Rd., Bannockburn, Tel. 03-445 3445, www.mtdifficulty.co.nz, tägl. 10.30–16.30 Uhr, Restaurant③ 12–16 Uhr.

Der **Highlands Motorsport Park** ist Rennstrecke, Gokartbahn und mehr. Alles rund um den Motorsport wird hier in Vorzeigequalität geboten.

7 **Highlands Motorsport Park,** Sandflat Rd., Tel. 03-445 4052, www.highlands.co.nz, tägl. 10–17 Uhr.

Für alle, die es nach **weiteren Aktivitäten** dürstet: Über die i-SITE können Motorrad- und Jetboat-Touren, Führungen durch Obstplantagen, Wein-Touren und mehr gebucht werden.

▷ Das Weingut Chard Farm ist von Cromwell aus gut zu erreichen

134nz ks

Praktische Tipps

Informationen

- **www.cromwell.org.nz**
- **i-SITE:** 2 The Mall, Tel. 03-445 0212, tägl. 9–19 Uhr.
- **Bibliothek:** 43 The Mall, Tel. 03-445 0213, Mo–Fr 10–17 Uhr, Sa 10–13 Uhr.

An- und Abreise

- **Bus:** Cromwell wird von den meisten großen Langstreckenbusunternehmen angefahren; zentrale Haltestelle an der Lode Ln. Alternativ steuern lokale Firmen wie **Alpine Connexions** und **Catch-a-Bus** Dunedin von Queenstown und Wanaka an.

Unterkunft

Cromwell bietet unglaublich viele gute, günstige Unterkünfte und ist damit eine echte Alternative zum überteuerten, vollen Queenstown.

- **Carrick Lodge**②, 10 Barry Ave., Tel. 03-445 4519, www.carricklodge.co.nz. Günstige, gute Zimmer und Units in Laufnähe zum Zentrum.
- **Heritage Lake Resort**②-③, 12–23 Perriam Pl., Pisa Moorings, Tel. 03-455 3417, www.lakeresort.co.nz. Direkt am See gelegen, mit modern ausgestatteten Zimmern und ganzen Häusern.

Camping

Die beiden Campingplätze in Cromwell gehören nicht zu den allerbesten. Zum Übernachten sicherlich ok, aber nicht unbedingt zum Urlaub machen. Alternativ kann man in Alexandra, Arrowtown oder Wanaka übernachten.

- **Cromwell Top 10 Holiday Park**②-③, 1 Alpha St., Tel. 03-445 0431, www.cromwellholidaypark.co.nz. Nicht der allermodernste Campingplatz, aber für eine Nacht ok. Mit Motel.

Essen und Trinken

Wen die etwas höheren Preise nicht stören, kehrt am besten in einem der zahlreichen **Weingüter** ein (z.B. Mount Difficulty, siehe oben). Alternativ gibt es einige Cafés und Restaurants innerhalb weniger Hundert Meter auf **The Mall.** Eine gute Wahl mit ordentlichem Preis-Leistungsverhältnis ist:

- **Tin Goose**②, 63B The Mall, Tel. 03-445 0217, www.tingoosecafe.co.nz, Mo–Sa 6–16 Uhr, So 7–16 Uhr. Café mit Frühstück, Mittag und Snacks.

Einkaufen

- **Farmers Market,** Melmore Terrace, Nov. bis März So 9–13 Uhr. Lokale und regionale Produkte, vorwiegend Nahrungsmittel. Ein schönes Flair vor der Kulisse des Heritage Precinct.

Rund um Queenstown

Queenstown bezeichnet sich selbst als **„Adventure-Hauptstadt der Welt“:** Bungee-Jumping wurde an der Kawarau Bridge geboren, Riesenschaukeln, Flying Fox, Fallschirmspringen, Flyboarding, Zorbing, Canyoning und Mountainbiken sind nur einige der hier möglichen Freizeitaktivitäten. Quasi jedes Jahr kommen weitere verrückte Ideen dazu. Weniger Mutige kommen aber auch voll auf ihre Kosten, wenn sie dabei zusehen, wie sich andere in Schluchten stürzen, aus Flugzeugen springen oder Hügel in Bällen herunterkullern.

Eine Bootstour auf dem Lake Wakatipu, Golfen auf einem der fünf Plätze oder Wandern in der Gegend von Glenorchy erscheint dagegen direkt langweilig. Aber der Schein trügt, die **Mehrtagestouren** auf dem Routeburn, Rees-Dart, Greenstone oder Copeland sind **wunderschön,** denn der Lake Wakatipu und die Bergzüge der Remarkables bilden eine malerische Kulisse.

Ein Muss für alle ist der Besuch des Örtchens **Arrowtown,** das sich durch seine Goldgräbergeschichte einen Namen gemacht hat.

Cardrona siehe Kapitel „Wanaka und Umgebung/In der Umgebung“.

Kawarau Gorge Suspension Bridge

Mein Tipp: Dies ist wohl die **berühmtestes Brücke Neuseelands,** denn hier öffnete am 12. November 1988 der weltweit erste kommerzielle **Bungee-Sprung-Anbieter** seine Türen – initiiert von *Henry van Asch* und *A.J. Hackett.* Das DOC stellte eine Lizenz für 30 Tage aus, nur

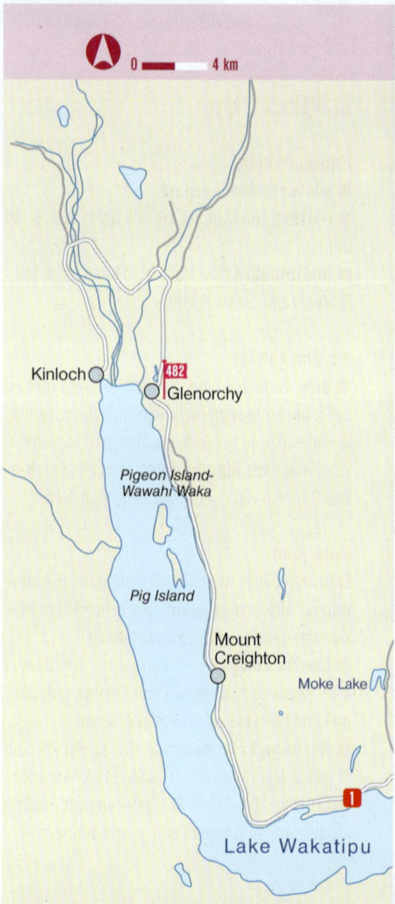

wenige glaubten an einen Erfolg. Am ersten Tag zahlten 28 Mutige den Preis von 75 $ und stürzten sich an einem Gummiband von der 43 Meter hohen Brücke in die Tiefe.

Auch für alle, die selbst nicht springen möchten, lohnt sich ein Stopp auf dem Weg nach oder von Queenstown, denn hier ist immer was los, und es ist unterhaltsam, beim Bungee-Jumping und dem Zipride auf der 130 Meter langen Seilbahn zuzusehen. Es gibt auch ein Café, ein Informationszentrum und einen Shop. Die Springer erkennt man übrigens an der schwarzen Zahl auf ihrem Handrücken – das Sprunggewicht, um das Seil perfekt abzustimmen ...

6 Bungy New Zealand, SH6, 23 km vor/nach Queenstown, ausgeschildert, Tel. 0800-286 4958, www.bungy.co.nz. Bungee-Jump 195/145 $, Zipride 50/40 $, auch mit Transport von/nach Queens-

town möglich. Alle Aktivitäten müssen vorab gebucht werden, um lange Wartezeiten (im Sommer manchmal Tage!) zu vermeiden.

Arrowtown

Das **Goldgräberstädtchen** Arrowtown hat einiges zu bieten. Seine Hauptstraße ist hübsch restauriert und strahlt mit seinen Boutiquen, Cafés and Bars ein **charmantes Flair** aus. Insgesamt gibt es mehr als 60 **historische Gebäude.** Nur wenige Schritte entfernt kann man durch die ehemalige chinesische Goldgräbersiedlung schlendern, selber Gold schürfen oder am Arrow River spazieren gehen. Wer dem Trubel des 21 Kilometer entfernten Queenstown entfliehen will, ist hier gut aufgehoben.

Geschichte

Jack Tewa, ein Maori-Schafscherer, fand 1861 im heutigen Gebiet von Arrowtown **Gold,** gefolgt von einem beträchtlichen Fund durch *Bill Fox* im Jahr 1862, nach dem der Ort (Fox's) benannt wurde, bevor er kurze Zeit später den Namen „Arrowtown" erhielt. 1500 Goldgräber folgten, campten entlang des Flusses und fanden innerhalb eines Jahres 340 Kilogramm Gold. Diese Menge ist heute ca. 18 Millionen Dollar wert.

Als um 1865 die Westküste in den Goldrausch verfiel und die Erfolge am Arrow River geringer wurden, verließen viele Goldgräber Arrowtown. Die Verwaltung von Otago versuchte, die Wirtschaft aufrechtzuerhalten, und lud chinesische Minenarbeiter nach Arrowtown ein. Eine **chinesische Siedlung** wurde errichtet, die bis zu 3500 Bewohner beherbergte und bis 1928 bewohnt wurde. Nachdem die Goldminen endgültig erschöpft waren, erfolgte die nächste Abwanderungswelle. Diejenigen, die blieben, lebten vorwiegend von Landwirtschaft, der Ort dümpelte so vor sich hin.

Seit den 1950er Jahren wird erfolgreich auf **Tourismus** gesetzt: Der alte Ortskern wurde restauriert und wird seitdem erfolgreich vermarktet.

Sehenswertes

Mein Tipp: **Restaurierte Häuser aus der Zeit des Goldrausches** reihen sich im **Arrow Village** an der Buckingham Street aneinander und beherbergen kleine Boutiquen, Geschäfte, Cafés, Restaurants und mehr.

Mein Tipp: Die teilweise restaurierte Siedlung **Chinese Settlement** am Bush Creek an der Buckingham Street vermittelt ein gutes Bild davon, wie **chinesische Einwanderer** während des Goldrausches lebten. Informationstafeln erläutern die Gebäude, den Friedhof, Ah Lum's Store und mehr.

> So lebten chinesische Einwanderer während des Goldrausches in Arrowtown

Das **Lakes District Museum** ist eines der besten Museen der Gegend. Das Themenspektrum des gut aufbereiteten **Regionalmuseums** reicht vom Leben der frühen Maori über den Goldrausch bis zur heutigen Zeit. Eine **Kunstgalerie** ist angeschlossen, auch ein kleiner Laden und das Posthaus. Kinder haben besonders Spaß am Goldschürfen.

■ **Lakes District Museum and Art Gallery,** 49 Buckingham St., Tel. 03-442 1824, www.museumqueenstown.com, tägl. 8.30–17 Uhr, 10/3 $.

Aktivitäten

Zweimal täglich werden geführte **Touren** durch das Örtchen angeboten.

8 **Arrowtown Time Walks,** Buckingham St., Tel. 03-428 2843, www.arrowtowntimewalks.com, 20/12 $.

Beim **Goldschürfen** wird jeder reich, und sei es nur an Erfahrung ... Und wer tatsächlich Gold findet, kann es gleich im angegliederten Shop oder im Café wieder ausgeben. Wer ernsthaft schürfen möchte, versucht sich besser am **Fluss außerhalb von Arrowtown.**

1 **Dudley's Cottage,** 4 Buckingham St., Tel. 03-409 8162, www.dudleyscottage.com, tägl. 9–17 Uhr, ab 10 $.

In der Gegend gibt es zahlreiche Möglichkeiten, auf Schusters Rappen unterwegs zu sein, von **Mini-Spaziergängen** bis zu mehrtägigen **Wanderungen.** Kurze Strecken sind vom Ort aus ausgeschildert, längere Touren sollten mit dem DOC in Queenstown abgestimmt werden. Informationen gibt's in der i-SITE, beim DOC oder unter www.wakatipu trails.co.nz. Beliebt sind die folgenden Touren:

068nz ks

- **Bush Creek Trail** (1 Std. return, Start am Fluss)
- **Big Hill Trail** (5–6 Std. return, Start Macetown via River Trail)
- **Lake Hayes Walkway** (2 Std. Rundwanderung, Start z.B. von Lake Hayes Pavillon and Show Grounds SH6, auch für Fahrräder geöffnet)
- **Arrow River Trail** (50 Min. return, Startpunkt am Fluss)
- **Sawpit Gully** (5 km, 2–3 Std., Start vom Arrow River Trail)

Die Umgebung von Arrowtown lädt zum **Mountainbiken** ein. Es gibt einige ausgebaute Tracks, aber auch Rad-4WD-Kombination sowie Weintouren mit Elektrorädern oder Transportoptionen. Die i-SITE und Radverleiher beraten gerne. Räder gibt's z.B. bei:

2 Queenstown Bike Tours, 4 Buckingham St., Tel. 03-442 0339, www.queenstownbiketours.co.nz, ab 45/30 $.

Praktische Tipps

Informationen

- **www.arrowtown.com**
- **Einwohnerzahl:** 2445
- **Visitor Information Centre,** 49 Buckingham St., Tel. 03-442 1824, tägl. 8.30–17 Uhr (im Lakes District Museum).
- **Bibliothek:** 58 Buckingham St., Tel. 03-442 1607, Mo–Fr 10–17 Uhr, Sa 10.30–12.30 Uhr.

An- und Abreise

- **Bus:** Linie 10 von **Connectabus** fährt ca. stündlich von Queenstown nach Arrowtown, 15 $.

Unterkunft

Die Beliebtheit des Örtchens lässt die Preise nach oben schnellen. Günstige/gute Hostels gab es zum Zeitpunkt der Recherche nicht, auch für Standard-Zimmer muss man etwas mehr zahlen. Wer aber ein wenig tiefer in die Tasche greifen kann, hat eine große Auswahl an Unterkünften.

10 Shades of Arrowtown②-③, 9 Merioneth St., Tel. 03-442 1613, www.shadesofarrowtown.co.nz. Günstig gelegen, mit großem Garten und erschwinglichen, hübschen Units ab 120 $.

11 Arrowtown Motel Apartments②-③, 48 Adamson Dr., Tel. 03-442 1833, www.arrowtownmotel.co.nz. Ordentliche, moderne Zimmer, Units und mehr. 2015 renoviert.

11 Old Villa②, 13 Anglesea St., Tel. 03-442 1682, www.arrowtownoldvilla.co.nz. Stilvoll-rustikal eingerichtetes B&B mit großzügigem Garten. Zentral gelegen.

Camping

11 Born of Gold Holiday Park②, 12 Centennial Ave., Tel. 03-442 1876, www.arrowtownholidaypark.co.nz. Großer Campingplatz mit allen Annehmlichkeiten in Laufnähe (700 m) zum Geschehen. Hat auch ein paar Units.

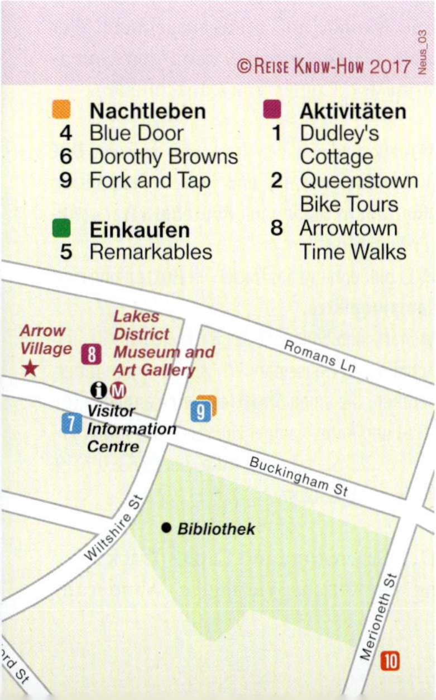

Essen und Trinken

Es gibt überproportional viele Lokale, die meisten davon in sehr guter Qualität (und mit etwas höheren Preisen). Fündig wird man in der **Buckingham Street** und in der **Romans Lane.**

3 Arrowtown Bakery Café a. Restaurant①-②, 1 Buckingham St., Tel. 03-442 1587, tägl. 8–16 Uhr. Leckere Snacks in der Auslage, gute Brote, aber auch Frühstück und komplette Mahlzeiten.

9 Fork and Tap②, 51 Buckingham St., Tel. 03-442 1860, www.theforkandtap.co.nz, tägl. ab ca. 11 Uhr. Bar-Restaurant in historischem Bankgebäude. Eigens gebrautes Bier, abwechslungsreiches Menü, Pizza und Außenbereich. Mi ab 18 Uhr Livemusik, im Sommer auch So ab 18 Uhr.

7 Mein Tipp: La Rumbla②-③, 54 Buckingham St., Tel. 03-442 0509, Di–So ab 16 Uhr. Beliebte Tapas-Bar mit guter Auswahl, Cocktails, einladender Atmosphäre und Außensitzplätzen.

Ausgehen

9 Fork and Tap, siehe oben.

4 Mein Tipp: Blue Door, 18 Buckingham St., Tel. 03-442 0415, tägl. ab 17 Uhr. Hinter einer blauen Tür neben dem Saffron Restaurant versteckt sich diese gemütlich-rustikale Kneipe inklusive Kamin.

6 Dorothy Browns, 18 Buckingham St., Tel. 03-442 1968, www.dorothybrowns.com, 18/10 $. Kleines Boutique-Kino mit Bar und Buchladen. Zeigt eine Mischung aus Kunst- und Hollywoodstreifen.

Einkaufen

Arrowtown lädt zum Bummeln ein. Es gibt zahlreiche Boutiquen, Galerien und Geschäfte mit Kunsthandwerk und Souvenirs. Fast alle Geschäfte liegen auf der **Buckingham Street** und in deren Seitengassen.

5 Und niemand kommt am Süßigkeitenladen **Remarkables** vorbei, der mit seinen Leckereien in allen Regenbogenfarben Naschkatzen erfreut; 27 Buckingham St., Tel. 03-442 1374.

Glenorchy

Nur 50 Kilometer vom betriebsamen Queenstown entfernt und trotzdem eine andere Welt. Glenorchy ist ein **verschlafener Ort** am nördlichen Ende des Lake Wakatipu. Nur verhältnismäßig wenige Touristen finden ihren Weg in die Sackgasse nach Glenorchy (und die am Ende der Schotterpiste liegende Siedlung Kinloch). Hauptattraktion ist die Natur: der malerische **Lake Wakatipu** und der **Gebirgszug** der **Remarkables** mit ihren zahlreichen traumhaften Wanderwegen. **Caples, Greenstone, Rees-Dart** und der **Great Walk Routeburn** sind in ganz Neuseeland bekannt und starten/enden hier in der Gegend. Wer die Natur liebt und eine Erholung von Queenstown braucht, ist hier genau richtig.

Benannt ist der Ort wahrscheinlich nach der Schlucht *(glen)* of Orchy in Schottland.

Aktivitäten

Glenorchy hat sich in den letzten Jahren **stark entwickelt,** das Angebot an Aktivitäten wird stetig größer. So gut wie alle geführten Unternehmungen können auch mit Transfer von Queenstown aus (gegen Aufpreis) gebucht werden.

Wandern

Die Gegend von Glenorchy ist ein fantastisches **Wandergebiet,** einige der **bekanntesten Mehrtageswanderungen der Südinsel** starten hier.

Die **DOC-Broschüre „The Head of Lake Wakatipu“** und die Website **www.glenorchyinfocentre.co.nz/daywalks** bieten eine gute Übersicht über kürzere Ausflüge. Attraktiv sind die Folgenden:

- **Diamond Creek** (1 Std., Start: Glenorchy/Routeburn Rd.)
- **Glenorchy Lagoon Walkway** (1–2 Std. Rundweg, Start: Glenorchy Town)

Mein Tipp: Glacier Burn (2–4 Std., Start: Glenorchy/Kinloch Rd.). Wanderung durch Buchenwald mit Blick auf die Humboldt Mountains.

Auch wer sich auf **Mehrtageswanderungen** begeben will, hat die Qual der Wahl, die drei Folgenden sind die beliebtesten. Im Vorfeld sollte man mit dem DOC die aktuellen Konditionen absprechen.

Der **Routeburn – Great Walk** ist eine wunderschöne, zwei- bis viertägige Wanderung durch vielfältige Natur in den Nationalparks Mount Aspiring und Fiordland. Der am Routeburn Shelter startende Track ist mit 32 Kilometern der kürzeste der Great Walks. Im Winter führt die Strecke über 32 Lawinenbereiche und ist nur etwas für erfahrene Alpinisten. Buchung beim DOC ist ganzjährlich notwendig, oft ist der Track bereits Monate im Voraus ausgebucht. Wer weiter laufen möchte, kann den Greenstone and Caples Track anschließen.

- Alles rund um den Track gibt es beim **DOC (www.doc.govt.nz)** und in den **Broschüren „Routeburn Track“** und **„Routeburn Track Winter Tramping“.**
- Es gibt entlang des Tracks vier **Hütten** und zwei **Campingplätze.**
- Start- und Endpunkt des Tracks liegen 350 Straßenkilometer auseinander! Es gibt einige Unternehmen, die einen **Shuttleservice** anbieten (ca. 45 $) und Autos/Camper zum Ende des Tracks fahren (ca. 285 $), z.B. **Easy Hike,** Tel. 027 370 7019, www.easyhike.co.nz.

Der **Greenstone and Caples Track** ist eine gemütliche viertägige Wanderung über 61 Kilometer entlang der **Flüsse Caples** und **Greenstone.** Man startet Parkplatz am Ende der Greenstone Road.

- Alle nötigen Informationen findet man in der **DOC-Broschüre „Greenstone Caples Track"** oder unter **www.doc.gvt.nz.**
- Vier **Hütten** und ein **Campingplatz** liegen auf dem Weg, Vorbuchung ist nicht nötig.

Der **Rees-Dart Track** ist eine anspruchsvolle 60-Kilometer-Wanderung über einen **Gebirgspass,** die man in vier bis fünf Tagen absolvieren kann. Im Winter ist der Weg nur für erfahrende Alpinisten geeignet, und auch im Sommer sollte man unbedingt Hinweise des DOC berücksichtigen. 2015 wurde ein Teil des Tracks durch Erdrutsch verschüttet. Er wird wohl in absehbarer Zeit wieder geöffnet. Start ist Rees at Muddy Creek.

- Informationen findet man in der **Broschüre „The Rees-Dart Track".**
- Es gibt drei **Hütten** und **Campingplätze** auf dem Weg, Vorbuchung ist nicht nötig.
- Der Track kann mit dem **Bus** oder dem **Jetboat** erreicht werden (Vorbuchung nötig), Infos auf www.doc.govt.nz

Andere Aktivitäten

Auf dem **Lake Wakatipu** kann man **Kajaktouren** unternehmen, auch speziell in der Abenddämmerung, mit Dinner, oder kombiniert mit einem Ausritt.

- **Rippled Earth,** 21 Mull St., Tel. 03-442 9904, www.rippledearth.co.nz, ab 155/125 $.

Für **Pferdeliebhaber** ist die Gegend ein Traum. Das Angebot reicht von kurzen Ausritten auf der Farm bis zu Ganztagestouren in die Berge.

- **High Country Horses,** 243 Priory Rd., Tel. 03-442 9915, www.high-country-hourses.co.nz, ab 80/60 $.

Die Region ist malerisch, die Blicke aus dem **Helikopter** traumhaft. Angeboten werden **Rundflüge,** Heli-Skiing/Boarding, -Angeln, -Wandern und -Surfen. Sogar Heiratsantragspakete und Hochzeitsfotografien sind möglich. Aber wie immer: Öko-Tourismus ist das nicht ...

- **Heli Glenorchy,** Mull St., Tel. 0800 435 449, www.heliglenorchy.co.nz, ab 245 $.

Für Ausflüge sind **elektrobetriebene dreisitzige Geländewagen** eine wirklich tolle Alternative zu herkömmlichen 4WD, und sie können fast mit diesen mithalten. Eine tolle, umweltschonende Selbstfahr-Alternative.

- **Delta Discovery,** Dart Bridge, Tel. 03-450 0031, www.deltadiscovery.co.nz, 240 $/Auto.

Auch **geführte Wanderungen** und **Geländewagen-Touren** sind im Angebot. Oft ist auch Shuttleservice für Wanderungen möglich.

- **Glenorchy Journeys,** Oban St., Tel. 03-409 0800, www.glenorchyjourneys.co.nz.

Praktische Tipps

Informationen

- **www.glenorchy.co.nz**
- **Einwohnerzahl:** 363
- **Informationszentrum:** 2 Oban St., Tel. 03-441 0303, tägl. 8–20 Uhr.
- **Bibliothek:** 13 Island St., Tel. 03-442 4378, Mi u. Fr 13.30–15.30 Uhr.

An- und Abreise

Es gibt keine öffentliche Busverbindung nach Glenorchy. Viele **Tour- und Shuttleanbieter** verbinden aber Queenstown und Glenorchy miteinander (s. „Queenstown/Praktische Tipps/An- u. Abreise").

Unterkunft/Essen und Trinken

MEIN TIPP: **Kinloch Lodge**①-③, 862 Kinloch Rd., Tel. 03-442 4900, www.kinlochlodge.co.nz. Der Alleskönner in toller Lage am See hat Dorm-Betten, stilvolle Doppelzimmer und alle Varianten dazwischen. Der Koch und Besitzer *John* zaubert traumhafte Gerichte aus lokalen Zutaten.

■ **Glenorchy Peaks**②, 5 Ampfion Way, Tel. 03-409 2311, www.glenorchypeaks.co.nz. B&B mit drei hellblauen Zimmern in wunderschöner Lage. Das Frühstück wird extra berechnet.

■ **Mt. Earnslaw Motel**②, 87 Oban St. Tel. 03-442 6993, www.mtearnslawmotel.co.nz. Etwas in die Jahre gekommen und altbacken, aber ordentliches Preis-Leistungs-Verhältnis.

Camping

■ **Mrs. Woolley**②, 64 Oban St., Tel. 021-0889 4008. Dieser Campingplatz ist nur in der Sommersaison von Nov. bis April. geöffnet. Er ist einfach gehalten, es gibt wenig Schatten. Die Glamping-Unterkünfte sind allerdings einen Blick wert.

■ **DOC Kinloch**①, 862 Kinloch Rd. Wer auf Strom verzichten kann, fährt am besten bis Kinloch. Der Campingplatz mit WCs liegt direkt am See und neben der Kinloch-Lodge, in der man ein leckeres Kaltgetränk schlürfen oder eine gute Mahlzeit einnehmen kann. Achtung Sandflys!

Einkaufen

Am besten man bringt alles aus Queenstown mit. Ansonsten gibt es zwei bis drei **Lädchen** mit Souvenirs, Kunst und Schnickschnack. Auch ist eine relativ teure **Tankstelle** vorhanden.

■ Zur Not bekommt man die nötigsten Sachen im **General Store bei Mrs. Woolly's,** 64 Oban St., tägl. 10–17.30 Uhr.

Queenstown

Wer ein paar Tage im ruhigen Southland oder Central Otago hinter sich hat, kann im quirligen Queenstown leicht **überfordert** sein. Das Straßenbild der Innenstadt ist ein Gemisch aus Werbung für Extremsportarten, Outdoorgeschäften und wimmelnden Touristen, die in (gefühlten) Massen durch die Gegend ziehen. Nimmt man sich aber ein wenig Zeit und lässt sich auf das Treiben ein, merkt man schnell, dass Queenstown **durchaus attraktiv** ist. Es gibt gute Restaurants und Bars, eine ordentliche Auswahl an Geschäften lädt zum Shoppen ein, und die Möglichkeiten der Freizeitgestaltung in Form von Aktivitäten und Ausflügen ist so breit gefächert, dass für jeden etwas dabei ist. Wem das alles zu hektisch ist, der kann sich in einen der Wellnesstempel zurückziehen, Golf spielen oder auf einsame Wanderungen gehen. Die meisten Touristen (vor allem junge, hippe) besuchen die Stadt aufgrund ihrer Extremsportarten. Unabhängig von der Aktivitäten, Queenstown ist ein recht **teures Pflaster.** Man muss entweder Geld mitbringen oder genügsam sein.

Geschichte

William Rees hütete seine Schafe schon seit über zwei Jahren in der Gegend, als im Shotover River im November **1862 Gold** entdeckt wurde. Schnell wurde eine Stadt gegründet, die in der Folgezeit rasant wuchs. Die Überreste kann man noch immer im Zentrum von Queenstown sehen. Mit dem Rückgang an

Goldfunden stagnierte auch die Stadtentwicklung. Lediglich ein paar Sommerurlauber kamen über die Jahre zum Besuch. Der **Touristenboom** startete erst **1981**. Ob er mit der Eröffnung der ersten kommerziellen Bungee-Sprungstätte zu tun hatte, sei einmal dahingestellt. Heute besuchen **jährlich** mehr als **eine Million Menschen** die Stadt, die Hälfte davon neuseeländische Besucher. Damit ist Queenstown nach Auckland der meistbesuchte Ort Neuseelands.

Wie Queenstown zu seinem **Namen** kam, ist nicht mehr ganz nachzuvollziehen, es wird angenommen, dass es eine Querverbindung zum irischen Queenstown gibt, und auf einer Bürgerversammlung soll ein Minenarbeiter ausgerufen haben, dass der Ort „fit for a Queen" („für eine Königin geeignet") sein muss.

Sehenswertes

Mein Tipp: Der **Queenstown Hill/Te Tapu-nui** („Berg intensiver Heiligkeit") ist 907 Meter hoch, er kann zu Fuß auf einem einstündigen Spaziergang oder per **Seilbahn** erklommen werden. Nicht nur der Blick über die Stadt und den See ist von **Bob's Peak** sehr schön, auch kann man hier das bunte Treiben von Bungeejumpern, Mountainbikern, Wanderern, Lugerodlern (Sommerrodelbahn) und mehr beobachten – am besten bei einem Café von der Sonnenterrasse. Alle Aktivitäten gibt es auch in preisreduzierten Kombipaketen (siehe auch „Aktivitäten).

■ **Queenstown Hill/Skyline Gondola,** Belfast Tce., Seilbahn tägl. 9–21 Uhr, 33/21 $.

Die **Queenstown Gardens,** eine hübsche **Parkanlage,** liegen auf einer kleinen Halbinsel im Lake Wakatipu. Ein guter Ort, um vom Trubel der Stadt zu entspannen.

Der **Kiwi Birdlife Park,** ein zwei Hektar großer **Naturpark,** lädt zu einem Spaziergang durch ursprüngliche Wälder ein. Im Kiwi-Haus darf man bei der Fütterung der possierlichen Vögel zusehen. Im Park leben auch Keas, Tuataras, Falken, Geckos und viele andere **Tiere.** Ein Maori-Dörfchen vermittelt einen Eindruck vom Leben der Moa-Jäger und Greenstone-Sammler. Um 11 und 15 Uhr finden Vorführungen statt. Wer bislang noch keine Kiwis gesehen hat, sollte die Chance nutzen.

■ **Kiwi Birdlife Park,** Upper Brecon St., Tel. 03-442 8059, www.kiwibird.co.nz, tägl. 9–17 Uhr, 45/23 $.

Inmitten der Stadt liegt die hübsche anglikanische **Steinkirche Saint Peter's** aus dem Jahre 1932. Die adlerförmige Kanzel wurde vom Chinesen *Ah Tong* gezimmert und bereits 1874 an die Gemeinde übergeben. Die beiden Buntglasfenster und die hölzernen Deckenbalken sorgen für eine anmutige Atmosphäre.

■ **Saint Peter's Church,** 2 Church St., www.stpeters.co.nz, Gottesdienst So 11 Uhr.

Im **Underwater Observatory** geben sechs große Fenster die Sicht auf das **Unterwasserleben des Lake Wakatipu** frei. Vor allem Enten, Forellen und Aale können in ihrem natürlichen Lebensraum beobachtet werden. Nicht mit einem Aquarium wie Seaworld zu vergleichen, aber mal etwas anderes.

Queenstown
0 50 m
Übernachtung
3 Bumbles Backpackers
9 Lomond Lodge
10 Lakeview Holiday Park
21 Flaming Kiwi Backpackers
34 Amity Lodge, Queenstown Motel Apartments, Alexis
Essen und Trinken
4 Stratosfare
6 Walter Peak Evening Dining Excursion
13 Fergburger und Fergbaker
25 Kappa
28 Blue Kanu
30 Winnies
32 Eichardts
33 Patagonia
Nachtleben
8 Ice Bar
24 Winery
26 Debajo
27 World Bar
29 Bardeaux
31 Ballarat Trading Company
Aktivitäten
1 Flyboard Queenstown
5 Tandem Paragliding
7 Real Journeys
11 Skyline Queenstown
12 Vertigo Bikes
14 Skippers Canyon Jet
15 Skydive Paradise
16 Lord of the Rings Tour
17 Canyon Fox
18 Queenstown Rafting
19 AJ Hackett Bungy
20 Climbing Queenstown
22 Riverboarding
23 Canyoning
11 ★ Skyline Gondola Base, ★ Kiwi Birdlife Park
Isle St
Brecon St
Camp St
Cemetery Rd
Man St
Duke St
Shotover St
Hay St
Rees St
Main St
Lake St
Beach St
Underwater Observatory ★
Anlegestelle „TSS Earnslaw"
4 5 Fußweg zum Queenstown Hill
Brunswick St
Lake Esplanade
Saint Omer Park
Lake Wakatipu

■ **Underwater Observatory,** Rees St., Tel. 03-442 8538, www.kjet.co.nz, tägl. 8.30 Uhr bis Sonnenuntergang, 10/5 $.

Aktivitäten

Im Zentrum/Veranstalter mit Sitz im Zentrum (Karte Seite 486)

Es gibt unzählige Möglichkeiten für Aktivurlaub in Queenstown. Ob man seinen Adrenalinspiegel anheben oder einfach nur Spaß haben möchte, man hat die Qual der Wahl. Für fast jede Aktivität gibt es **mehrere Anbieter,** die **Preise** und **Leistungen** sind **vergleichbar.** Häufig wird zwischen **Sommer- und Winterangebot** unterschieden. Wer Verschiedenes ausprobieren will, sollte sich nach **Kombipaketen** erkundigen, diese sind weitaus günstiger als Einzelbuchungen (www.combos.co.nz). Will man dieselbe Aktivität zweimal hintereinander buchen, kostet das zweite Mal oft nur einen Bruchteil des Originalpreises. Im Preis inbegriffen ist meist der Shuttle vom Hotel oder vom Zentrum. Vorabbuchen ist empfohlen.

Skyline Queenstown

Das Unternehmen Skyline Queenstown mit Sitz auf dem Queenstown Hill bietet eine **ganze Angebotspalette an Freizeitspaß,** vom Bungeesprung (siehe „Abenteuer- und Extremsport") bis zur Sommerrodelbahn, vom Sternegucken bis zur Maori-Kulturveranstaltung. Damit man genügend Power für den ganzen Spaß hat, kann man sich mit der **Seilbahn** auf den Berg fahren lassen (siehe „Sehenswertes"); auch Fahrräder darf man gegen Aufpreis mit in die Gondel nehmen. In der **Stratosfare Bar** wird für das leibliche Wohl gesorgt (siehe „Essen und Trinken").

11 Skyline Queenstown, Brecon St., Tel. 03-441 0101, www.skyline.co.nz.

Vom Queenstown Hill aus kann man den **Nachthimmel** besonders gut beobachten. Allein die Seilbahnfahrt im Dunklen ist schon den Ausflug wert. Oben angekommen, guckt man durch **Teleskope,** dabei wird erklärt, was zu sehen ist: das Kreuz des Südens, Planeten, die Milchstraße und mehr. Das ganze kann auch mit Abendessen auf dem Hill verbunden werden.

■ **Skyline Stargazing,** ab 89/47 $ inkl. Seilbahn.

Die **Sommerrodelbahn (Luge)** ist ein Spaß für Alt und Jung. Eine kleine Seilbahn bringt die Rodler zum Startpunkt, auf zwei verschiedenen Routen geht es ca. 800 Meter abwärts zurück zur Basisstation.

■ **Luge,** tägl. 9 Uhr bis Einbruch der Dunkelheit, ab 12 $.

Kiwi Haka ist eine Abendveranstaltung mit traditionellem Maori-Gesang, Tänzen, Legenden und mehr. Es wird ein guter Einblick in die **Kultur und Traditionen der Maori** gegeben. Wer bisher noch keine Vorstellung gesehen hat, kann die Gelegenheit hier nutzen, wer noch nach Rotorua reist, kann sich den Besuch für dort aufsparen

069nz ks

■ **Kiwi Haka,** tägl. alle 45 Min. ab 17.45 Uhr bis 20 Uhr, 39/27 $ inkl. Seilbahn.

Abenteuer- und Extremsport

MEIN TIPP: **Bungee-Jumping** ist natürlich die Königin der Adrenalin-Aktivitäten. Angeboten wird der Sprung an der Geburtsstätte des kommerziellen Bungeejumpings an der **Kawarau Bridge,** an der Endstation der **Queenstown Gondola (Ledge)** oder auf **Privatland (Nevis)** – hier stürzt man sich aus der größtmöglichen Höhe von 134 Metern in die Tiefe!

19 **A.J. Hackett Bungy,** Shotover St. Ecke Camp Street, Tel. 0800 286 4958, www.bungy.co.nz, 195/145 $. Siehe auch Kapitel „Kawarau Gorge Suspension Bridge".

An der **Riesenschaukel Giant Swing** stürzt man sich in die Tiefe. In bis zu 160 Metern Höhe schwingt man an bis zu 120 Meter langen Seiten 300 Meter hin und her. Vorwärts, rückwärts, alleine, zu zweit, alles ist möglich über dem Shotover River, am Ende der Queenstown Gondola (Ledge) oder auf Privatland (Nevis).

■ **A.J. Hackett,** siehe oben, ab 160/ 110 $.

Die 240 Meter lange **Seilbahn Canyon Fox** befindet sich über 100 Meter über dem Fluss Shotover. Das ist ziemlich aufregend, aber immer noch die harmloseste Variante der Abenteuer-Aktivitäten und auch für (ältere) Kinder möglich.

☐ Auf der Sommerrodelbahn muss man die grandiose Aussicht schnell genießen

17 **Canyon Fox,** 35 Shotover St., Tel. 03-442 6990, www.canyonswing.co.nz, 165 $.

Ab 2017 soll *A.J. Hackett* ein **neues Adrenalin-Erlebnis** anbieten. Was das genau sein wird, war zum Zeitpunkt der Drucklegung leider noch **geheim,** der Arbeitstitel **„Nevis Thriller"** macht aber neugierig. Augen aufhalten!

In der Luft

Auch beim **Gleitschirm-** oder **Drachenfliegen** genießt man aus der Vogelperspektive einen tollen Blick auf die Gegend. Angeboten werden ausschließlich **Tandemflüge** mit erfahrenen Guides.

5 **Tandem Paragliding,** Coronet Peak Ski Field, Tel. 0800 467 325, www.tandemparagliding.com, ab 199 $.

Skydiving, also **Fallschirmspringen,** ist in ganz Neuseeland eine populäre Touristenaktivität. Queenstown mit seiner traumhaften Umgebung ist also ein attraktiver Startpunkt für alle, die freiwillig aus allen Wolken fallen wollen ...

15 **Skydive Paradise,** 37 Shotover St., Tel. 03-442 8333, www.skydiveparadise.co.nz, ab 335 $.

Auf und im Wasser

Bei **Jetboatfahrern** beliebt ist der **Skippers Canyon.** Auf der bis zu 80 Stundenkilometer schnellen Fahrt gibt es auch Infos zur Umgebung und zur Goldgräbergeschichte, der Fokus liegt aber auf dem Rausch der Geschwindigkeit. Touren auf dem **Kawarau** sind auch möglich.

14 **Skippers Canyon Jet,** Shotover St. Ecke Camp St., Tel. 03-442 9434, www.skipperscanyonjet.co.nz, ab 139/79 $.

Mit einer Länge von knapp 80 Kilometern und einer Fläche von 291 Quadratkilometern ist **Lake Wakatipu** der längste und drittgrößte See Neuseelands. Seine maximale Tiefe von 380 Metern liegt ca. 70 Meter unter dem Meeresspiegel. Die Angebote und Anbieter für **Bootstouren,** ob mit einem Dampfschiff oder einem Segelboot, ob als Wassertaxi, Gourmet- oder Angeltour, sind zahlreich. Sehr beliebt ist die 1½-Stunden-Tour auf dem **Dampfschiff „TSS Earnslaw“,** die auch mit einem BBQ auf der Walter Peak High Country Farm verbunden werden kann.

7 **Real Journeys,** Steamer Wharf, 88 Beach Street, Tel. 03-249 6000, www.realjourneys.co.nz, ab 57/22 $

Canyoning ist ein nasser, abwechslungsreicher Spaß auf einem „Natur-Parcours“: Mit Sprüngen von Klippen, Abseilen durch Wasserfälle, Schwimmen, Rutschen und weiteren Aktivitäten folgt man einem **Fluss** durch seine Schlucht.

23 **Canyoning,** 39 Camp St., Tel. 03-441 3003, www.canyoning.co.nz, ab 199 $.

Auch für das **Rafting** gibt es eine Handvoll Anbieter mit verschiedenen Möglichkeiten von familiengerechten Touren bis zur aufregenden Stufe 5 auf dem Shotover und dem Kawarau. Auch als Heli-Tour (mit Anflug im Helikopter) oder Mehrtagestour möglich.

18 **Queenstown Rafting,** 35 Shotover St., Tel. 03-442 9792, www.queenstownrafting.co.nz, ab 219 $.

Queenstown, stimmungsvoll illuminiert

River Boarding/Sledging ist der neueste Trend: Auf einer Art **Wasserschlitten** treibt man durch die Stromschnellen. Der nasse, aufregende Spaß ist nur etwas für sehr sichere Schwimmer, die das Untertauchen mit dem Kopf nicht fürchten.

22 **Riverboarding,** 39 Camp St., Tel. 03-442 5262, www.riverboarding.co.nz, ab 210 $.

Beim **Flyboarding** erhebt man sich mit dem Wasserstrahl-Rückstoß eines Jetskis wie Superman in die Luft und **schwebt** (mehr oder weniger) graziös über das Wasser.

1 **Flyboard Queenstown,** St. Omer Park, Tel. 027-723 2964, www.flyboardqt.com, ab 135 $.

Touren auf dem Dart River siehe Kapitel „Glenorchy“.

An Land

Der bis zu 2319 Meter hohe Gebirgszug der **Remarkables** lädt zum **Alpinsport** ein. Geübte können auf eigene Faust losziehen, unsichere Alpinisten können mit einem **Guide** die Berge und/oder Wände erklimmen. Benötigte Ausrüstung wird zur Verfügung gestellt.

20 **Climbing Queenstown,** 23 Brecon St., Tel. 0800-CLIMBING, www.climbingqueenstown.com.

Queenstown ist ein **Paradies für alle Mountainbiker** und zieht nationale und internationale Profis an. Hier finden auch immer wieder professionelle Rennen statt, die Seite des **Queenstown Mountain Bike Clubs** (www.queenstownmtb.co.nz) informiert umfassend. Für Besucher besonders interessant sind folgende Gebiete:

■ **Queenstown Hill:** Hier findet man 27 bis zu 6 km lange Singletracks in allen Schwierigkeitsstufen, und die Räder können in der Gondel mitgenommen werden (siehe Kapitelbeginn „Aktivitäten", ab 60/35 $ halber Tag). Downhill Mountainbikes und Sicherheitsequipment werden direkt an der Gondel (und an zahlreichen anderen Stellen in Queenstown) vermietet (ab 80 $).

■ **Cardrona,** Cardrona Valley Rd., zwischen Wanaka und Queenstown, ab 49/35 $ halber Tag. Im Winter ein Skigebiet, im Sommer ein Mountainbike Park. Inmitten von kargen Bergen gelegen, gibt es zahlreiche Singletracks in verschiedenen Schwierigkeitsgraden. Hoch geht's wieder im Lift. Im Sommer geht es hier oft sehr staubig und stürmisch zu, und wenn es zu sehr weht, wird die Anlage geschlossen – am besten vorab anrufen. Täglich kostenloser Shuttle von/nach Wanaka und Queenstown. Räder und Ausrüstung können an der Station gemietet werden (ab 89/49 $).

■ **7 Mile Riding Area,** Glenorchy-Queenstown Rd. 7 Meilen vom Zentrum entfernt liegt dieses Mountainbike-Gebiet mit 26 Tracks, auf knapp 20 km Streckenkilometer verteilt. Hier geht es ein bisschen ruhiger zu als auf dem Queenstown Hill, aber dafür muss man sich die Anstiege selber erstrampeln.

■ **Queenstown Trail** (www.queenstowntrail.co.nz): Wer längere Strecken mag, kann sich auf dem über 120 km langen Trail zwischen Queenstown, Arrowtown, Gibbston und den Seen Wakatipu und Heyes austoben. Auch Einzelabschnitte sind möglich.

Es gibt etliche **Geschäfte,** die Qualitätsräder vermieten, verkaufen und reparieren. Die Preise sind in den unterschiedlichen Geschäften vergleichbar.

12 **Vertigo Bikes,** 4 Brecon St., Tel. 03-442 8378, www.vertigobikes.co.nz, tägl. min. 8.30–18 Uhr.

Bei der Thementour zum **„Herrn der Ringe"** gibt es Waffen, Kostüme, Fotos

und vor allem die **Drehorte** der Film-Trilogie zu sehen. Manche erkennt man sofort, andere wurden digital stark nachbearbeitet. Untermalt wird alles durch Erzählungen der Tourguides. Es gibt verschiedene Tages- und Mehrtagestouren (bis neun Tage).

16 **Lord of the Rings Tours,** Tel. 0800-568 759, www.lordoftheringstours.co.nz, ab 170/120 $.

In der Umgebung von Queenstown (Karte Seite 476)

In der Luft

Bei einem **Rundflug** per Helikopter oder Flugzeug ist der Blick **fantastisch** (die Umweltbilanz jedoch weniger ...). Man schwebt über die Stadt und die Remarkables, den Milford, Doubtful oder Dusky Sound. Es gibt auch Kombinationen mit Bootstouren, Wanderungen, Rafting, Mountainbiken und mehr.

3 **Over the Top,** Blue Hangar, 10 Tex Smith Lane, Tel. 0800 123 359, 03-442 2233, www.flynz.co.nz, ab 265 $.

An Land

Es gibt ein paar Anbieter, die **Ausritte** auf das eigene Farmland und in die Umgebung von Queenstown organisieren. Eine tolle Möglichkeit, die Gegend auf die selbe Art wie die ersten europäischen Siedler kennenzulernen.

5 **Moonlight Stables,** 69 Morven Ferry Rd., Tel. 03-442 1229, www.moonlightstables.co.nz, ab 120/95 $.

Es gibt unendlich viele Möglichkeiten, Queenstown und die Gegend **zu Fuß** zu erkunden, vom kleinen Rundweg auf dem Queenstown Hill bis zu Mehrtageswanderungen im Hinterland, auf eigene Faust oder als geführte Tour. Die **DOC-Broschüre „Wakatipu Walks“** gibt einen guten Überblick über Wanderungen von 30 Minuten bis zu einem Tag. Sehr beliebt sind:

- **Queenstown Hill Walkway:** Laufen statt Gondelfahrt (2–3 Std., Start: Belfast Rd.)
- **Queenstown Gardens:** um die Halbinsel (40 Min., Start: Ende der Marine Parade)
- **Ben Lomond Walkway:** Wer die Ausrüstung (und Erfahrung) hat, kann hier zelten und den traumhaften Sonnenaufgang am Morgen erleben (6–8 Std. zum Gipfel, sehr anstrengend, Start: Skyline Access Rd.)
- **Moke Lake Loop Track:** Rund um den idyllischen Bergsee (2–3 Std., Start: Moke Lake Reserve)
- **Routeburn Great Walk:** siehe „Glenorchy“.
- **Caples, Greenstone** und **Rees-Dart:** siehe „Glenorchy“.

Queenstown ist **Neuseelands Wintersportziel Nummer eins.** Am größten und beliebtesten sind die folgenden Skigebiete:

- **Coronet Peak,** www.nzski.com, 164/102 $/Tag. 280 ha großes Gebiet mit zwei Schneeparks, Tubing Park, vier Liften. Längste Piste 2,4 km, Skischule, -verleih und Café.
- **Remarkables,** www.nzski.com, 99/52 $/Tag. 220 ha großes Gebiet mit drei Schneeparks, 100 Schneemaschinen, vier Liften mit sieben Pisten. Längste Piste 1,5 km, Skischule, -verleih und Café.
- **Cardrona,** www.cardrona.com, 103/52 $/Tag. Das neueste der Skigebiete. 235 ha mit Schneepark und acht Liften, Skischule, -verleih, Cafés, Restaurants und Übernachtungsmöglichkeiten am Berg.

Der **Pinot Noir** der regionalen Weingüter genießt internationales Renommee und verführt zu einem weiteren Gläschen des nassen Goldes. Es gibt zahlreiche **Weingüter,** die auf eigene Faust oder im Rahmen einer Tour in Kleingruppen besucht werden können (siehe auch Kapitel „Central Otago/Wein"). Die Touren steuern meist mehrere Güter an, in denen man nicht nur probieren darf, sondern auch allerhand Informatives über den Weinanbau in Neuseeland erfährt.

■ **Queenstown Wine Trail,** Tel. 03-441 3990, www.queenstownwinetrail.co.nz, ab 176 $.

Touren

Vor 25.000 Jahren wurde die attraktive Schlucht **Skippers Canyon** durch Gletscheraktivitäten geformt, über die Jahrhunderte hinweg hat der Fluss Shotover sie immer tiefer gegraben. 1862 stolperten zwei Maori-Schäfer über neun Kilogramm Gold, womit auch hier der Goldrausch begann. Neben Giant Swing und Flying Fox (siehe oben) haben diverse Unternehmen Touren in Jetboats, Kajaks oder zu Fuß im Angebot, mit und ohne kulturelle Einblicke, auch als Weintour.

4 **Queenstown Heritage Tours,** 174 Glenda Dr., Frankton, Tel. 03-409 0949, www.queenstown-heritage.co.nz, ab 130/65 $.

Von Queenstown aus werden zahlreiche Touren in den **Milford Sound** angeboten. Die Fahrt mit dem Bus dauert aktuell vier Stunden einfach (der Bau eines Tunnels ist geplant – und sehr umstritten). Die Gesamttour dauert **etwa zwölf Stunden** und ist damit relativ anstrengend. Der Besuch des Sounds **von Te Anau aus** ist bedeutend einfacher.

Siehe auch Kapitel „Southland/Fiordland National Park/Milford Sound".

■ **BBQ Bus,** Tel. 03-442 1045, www.milford.net.nz, ab 210/105 $.

☐ Wasserspaß am Lake Wakatipu

067nz kp

Mein Tipp: Bei einer **Fotokurs-Tour** geht es per Geländewagen in den Skippers Canyon, nach Macetown, ins Nevis Valley oder zu anderen landschaftlich herausragenden Spots. Vor Ort wird unter Anleitung fotografiert. Kameras, Objektive, Stative und anderes Zubehör werden bei Bedarf gestellt. Die etwas andere Art, die Region zu entdecken.

- **Photo Tours,** Tel. 03-409 0549, www.qtphototours.com, ab 220 $/halber Tag.

Praktische Tipps

Informationen

- **www.queenstown.co.nz**
- **Einwohnerzahl:** 13.150
- **i-SITE:** 22 Shotover St., Tel. 03-442 4100, tägl. 8.30–21 Uhr.
- **DOC:** 50 Stanley St., Tel. 03-442 7935, tägl. 8.30–16.30 Uhr.

An- und Abreise

- **Bus:** Queenstown wird von allen großen Langstreckenbusunternehmen angefahren; es gibt mehrere zentralen Haltestellen, z.B. Connells Mall/Camp St. Zusätzlich gibt es regionale Busse, die Queenstown mit Wanaka und anderen Orten in Central Otago verbinden.
- **Flugzeug:** Der Flughafen (Sir Henry Wigley Dr., Frankton, 7 km vom Zentrum) wird von Air New Zealand und Jetstar angeflogen und verbindet Queenstown mit Auckland, Christchurch, Wellington und den australischen Städten Coolangatta, Sydney und Melbourne. Connectabus (siehe unten) fährt den Flughafen vom Zentrum aus an.
- **Parken:** Grundsätzlich ist Parken in der Stadt kostenpflichtig. Die wenigen Plätze am Straßenrand sind meist belegt, am besten fährt man direkt zu einem öffentlichen Parkplatz (ausgeschildert).

Transport vor Ort

- **Taxi:** z.B. **Green Cabs,** Tel. 0508-447 336, www.greencabs.co.nz.
- **Connectabus,** www.connectabus.com, Fahrpläne z.B. in der i-SITE, fährt regionale Orte wie den Flughafen, Arrowtown, Frankton usw. an
- **Shuttle** in die Umgebung: Es gibt ein paar kleine Anbieter, die auf Anfrage Shuttleservice zu Wanderzielen bieten, teilweise auch mit praktischem Autotransfer. Am besten in der i-SITE nach aktuellen Anbietern fragen; z.B. **Track Hopper,** Tel. 021-187 7732, www.trackhopper.co.nz.
- **Ski Shuttle:** Verschiedene Anbieter fahren die Skigebiete ab. **Kiwi Discovery,** 37 Camp St., Tel. 03-442 7340, www.kiwidiscovery.com, fährt alle Skigebiete an (ab 29 $) und verleiht Equipment.

Unterkunft

Es gibt unzählige Hotels, Motels und B&Bs von günstig bis Luxusklasse. Vor allem in der Hochsaison sind ordentliche Zimmer begehrt und teuer. Vorabbuchung ist nötig. Eine Alternative sind Cabins und Units auf Campingplätzen. Bei der Wahl der Unterkunft unbedingt berücksichtigen, dass es nur wenige (kostenpflichtige!) Parkplätze in Queenstown gibt und die Stadt chronisch von Fahrzeugen verstopft ist. Wer eine schöne Unterkunft zum reduzierten Preis ergattern möchte, kann einen Blick auf www.groupon.co.nz oder www.grabone.co.nz werfen. Es gibt über 20 Hostels, die Preise sind kaum höher als anderswo, und man findet eigentlich immer ein Bett. Wer sich etwas leisten will und tiefer in die Tasche greifen kann (150–500 $ p.P./Nacht) sollte sich nach den folgenden Unterkünften erkundigen: **Azur, Dairy, Park Boutique, Rees, Twin Peaks, Kinross ...**

Zentrum (Karte Seite 486)

21 Flaming Kiwi Backpackers①, 39 Robins Rd., Tel. 03-442 5494, www.flamingkiwi.co.nz. Ein wenig abseits des Trubels gelegen, aber noch in Laufnähe zum Zentrum und nah am Supermarkt. Kostenfreie Fahrräder und WLAN.

3 Bumbles Backpackers①, Esplanade Ecke Brunswick, Tel. 03-442 6298, www.bumblesbackpackers.co.nz. Direkt im Geschehen gelegen, mit Blick auf den See und Sonnenterrasse. Groß, modern, funktional. Alles gut in Schuss. Auch Zelten im Garten ist möglich.

34 Alexis②-③, 69 Frankton Rd., Tel. 03-409 0052, www.alexisqueenstown.co.nz. Direkt am See, fußläufig zur Innenstadt. Recht modern eingerichtet.

34 Queenstown Motel Apartments②, 62 Frankton Rd., Tel. 03-442 6095, www.qma.co.nz. Einfaches Motel mit ordentlichen Zimmern. Gewährt Rabatte bei längeren Aufenthalten. Leider nicht für Kinder unter 14 Jahren geeignet.

34 Amity Lodge③, 7 Melbourne St., Tel. 03-442 7288, www.amitylodge.co.nz. Zentral gelegen, mit sauberen Zimmern.

9 Lomond Lodge②-③, 33 Man St., Tel. 03-442 8235, www.lomondlodge.com. Fußläufig zum Zentrum und der Seilbahn gelegen. Ordentliche Zimmer und Apartments, teilweise mit Balkon mit Blick auf den See. Gutes Preis-Leistungs-Verhältnis.

Im Umland (Karte Seite 476)

2 Nugget Point②-③, 146 Arthurs Point, Tel. 03-441 0288, www.nuggetpointhotel.com. 7 km außerhalb in toller Lage. Eine gute und recht günstige Wahl für alle, die dem Trubel entgehen wollen. Romantisch-geschmackvoll eingerichtet.

Camping

Das Campen in Queenstown kann je nach Saison recht **kostspielig** sein. Um in der Hauptsaison einen Platz ohne Vorbuchung zu ergattern, muss man sein Glück in den Morgenstunden versuchen. In Arrowtown oder Glenorchy ist es kostengünstiger und etwas ruhiger.

☑ Zur Abwechslung mal keine Action? Dann ist man in einem Boot auf dem Lake Wakatipu richtig

071nz ks

Zentrum (Karte Seite 486)

10 **Lakeview Holiday Park**③, 4 Cemetery Rd., Tel. 03-442 7252, www.holidaypark.net.nz. Funktionaler Campingplatz nahe der Seilbahn und in Laufnähe zur Stadt. Saubere, moderne Einrichtung mit als Touristeninfo fungierender Rezeption. Den Namen „Lakeview" trägt der Platz unverdient.

Im Umland (Karte Seite 476)

2 **Queenstown Top 10 Holiday Park**③, 70 Arthurs Point Rd., Tel. 03-442 9306, www.qtowntop10.co.nz. Moderner, recht großer Platz mit allen Annehmlichkeiten. Hübscher als der Lakeview, aber 6 km vom Zentrum entfernt.

1 **DOC 12 Mile Delta**①, Queenstown-Glenorchy Hwy., 6 km von Queenstown, Tel. 027-534 2426, www.queenstowncamping.co.nz. Es gibt keinen Strom und nur einfache WCs, aber der Platz ist großzügig, hübsch, und er bietet viele kleine Stellplätze mit Privatsphäre. Direkt am See gelegen.

Essen und Trinken

Da eine Millionen Besucher gefüttert werden müssen, gibt es Hunderte von Cafés, Restaurants und Imbissen. Wer in der Innenstadt die Augen aufhält, wird ganz bestimmt etwas finden, was ihn bzw. seinen Magen anspricht. Wer knapp bei Kasse ist, sollte einen Blick auf die **Lunch-Angebote** werfen, die oft ab 10 $ angeboten werden. Eine besondere Erwähnung verdienen die Folgenden:

4 **Stratosfare,** Queenstown Hill, Tel. 03-441 0085, www.skyline.co.nz, 12–21 Uhr, ab 60/35 $ inkl. Gondola. Am Ende der Seilbahnfahrt lädt das Stratosfare zu Lunch und Dinner. Serviert wird neuseeländische Küche mit internationalen Einflüssen. Man hat einen tollen Blick über den See und die Stadt, bei Dunkelheit funkelt Queenstown geheimnisvoll. Wer es klein und gemütlich mag, ist hier verkehrt, wen eine recht große Anzahl anderer Menschen nicht stört, der wird einen schönen Abend verbringen. Reservierungen erforderlich!

6 MEIN TIPP: **Walter Peak Evening Dining Excursion,** siehe „Aktivitäten/Auf und im Wasser", Aug. bis Mai, ab 125/63 $. Kombination aus Dampfschifffahrt, einer kleinen Farmtour und einem Qualitätsbuffet mit auf den Punkt gegrilltem Fleisch, leckeren Salaten, Beilagen und köstlichen Desserts.

13 MEIN TIPP: **Fergburger und Fergbaker**①, 42 Shotover St., Tel. 03-441 1232, www.fergburger.com, tägl. min. 10–23 Uhr, Der wohl berühmteste Burgerladen Neuseelands. Deshalb muss man zu Stoßzeiten auch mal eine Stunde (oder länger) Schlange stehen. Online kann man die aktuellen Wartezeiten abfragen. Wie Fergs so berühmt wurde, ist unklar. Klar ist aber, dass die Burger lecker und groß sind. Nebenan gibt es seit ein paar Jahren den Fergbaker, der als klassischer Bäcker sehr erfolgreich süße und herzhafte Teilchen verkauft.

33 **Patagonia**①, 50 Beach St., Tel. 03-441 2891, www.patagoniachocolates.co.nz, 9–21 Uhr. Eine der besten Schokoladen- und Eiscremeketten Neuseelands. Es gibt auch süßes Frühstück, Sundaes, Heißgetränke, Smoothies und Shakes und natürlich zahlreiche kleine Verlockungen.

30 **Winnies**①-③, 7–9 The Mall, Tel. 02-442 8635, www.winnies.co.nz, tägl. 12 Uhr bis spät. Gemütliche Pizzeria, die auch andere Speisen auf der Menükarte hat und wo man auch gut sitzt, wenn man nur etwas trinken möchte. Bei schönem Wetter wird das komplette Dach des Restaurants geöffnet, sodass sich ein Blick auf den Sternenhimmel eröffnet.

32 **Eichardts**①-③, 1–3 Marine Parade, Tel. 03-441 0450, www.eichardtsbar.com, tägl. 7 Uhr bis spät. Die kleine Tapasbar lädt mit ihren gemütlichen Sofas und dem Kamin zu einer Pause vom hektischen Queenstown ein. Die kleinen Gerichte zum Teilen (im Tapas-Style) werden ab 12 Uhr serviert.

25 **Kappa**①-②, 36 The Mall, Tel. 03-441 1423, Mo–Sa 12–14.30 Uhr u. 17.30–22 Uhr. Einer der besten Japaner der Stadt lädt zu leichten Gerichten ein, wer mag, genießt sie auf der Terrasse.

28 **Blue Kanu**②-③, 16 Church St., Tel. 03-442 6060, www.bluekanu.co.nz, tägl. 16–23 Uhr. Ausgezeichnete polynesisch-asiatische Küche in an-

sprechendem Ambiente, z.B. Lammcurry mit Kumara, Auberginen und Bohnen mit Thai-Basilikum. Gesund, frisch und mal etwas anderes.

Ausgehen

Queenstown ist eine der wenigen neuseeländischen Städte, in denen tatsächlich ein halbwegs ernstzunehmendes Nachtleben stattfindet. Zahlreiche Bars und Kneipen stehen Nachteulen offen, oft mit Livemusik. Ein paar Veranstalter organisieren Kneipentouren, sogenannte **Pubcrawls,** die vorwiegend auf junge, partylustige Reisende abzielen, z.B.:

■ **www.kiwicrawl.co.nz**

8 **Ice Bar,** 88 Beach St., Tel. 03-442 6050, www.minus5icebar.com, tägl. 12–23 Uhr. Über 18 Tonnen Eis wurden in dieser Bar verarbeitet, und eine stetige Temperatur von -5 °C sorgt dafür, dass die Pracht erhalten bleibt. Eine witzige Idee, doch leider nicht gerade umweltfreundlich und angesichts des hohen Energieverbrauchs auch kostspielig. Das spiegelt sich auch in den Getränkepreisen wider.

31 **Ballarat Trading Company,** 7–9 The Mall, Tel. 03-442 4222, www.ballarat.co.nz, tägl. 15–4 Uhr. Quirky Einrichtung mit ausgestopften Tierköpfen. Wer sich unters Volk mischen möchte, ist hier richtig. So Quiznight, Sa oft Livemusik.

27 **World Bar,** 12 Church St., Tel. 03-450 0008, www.theworldbar.com, tägl. 11.30–2.30 Uhr. Eine Kombination aus Bar, Restaurant und Location für tanzbare Live-Events.

24 **Winery,** 14 Beach St. Tel. 03-409 2226, www.thewinery.co.nz, tägl. 10.30 Uhr bis spät. Die etwas andere Weinprobierstube. Flaschen hängen von den Wänden und können mit Chipkarten bedient werden. Es gibt über 80 regionale Weine, Sektsorten, Portweine und Sherries zum Probieren, dazu passende Snacks. Alle Weine können vor Ort gekauft und international versandt werden.

29 **Bardeaux,** 1 The Mall, Tel. 03-442 8284, tägl. 16–4 Uhr. Wein- und Cocktailbar, hier genießt man edle Tropfen in gemütlicher Atmosphäre mit Kamin und Ledersesseln.

26 **Debajo,** Cow Ln., Tel. 03-442 6099, Mo–Sa 20–4 Uhr, So 20–24 Uhr. Beliebter Club mit House, Electro, Funk und Hip Hop. Hier ist immer was los, und wer das Tanzbein schwingen, will ist hier richtig – oft mit Live-DJs.

■ **Kiwi Haka,** siehe „Aktivitäten/Skyline Queenstown".

Einkaufen

Während das Shoppen im Rest von Neuseeland eher ein begrenztes Vergnügen ist, macht das Bummeln und Einkaufen in Queenstown richtig Spaß. Neben den üblichen Ketten gibt es internationale Marken, Boutiquen, Souvenirs, Alltagsgegenstände, Kunst und alles andere. Vor allem Outdoorfanatiker und Sportler können sich über die große Auswahl an entsprechenden Geschäften freuen. Die meisten

070nz ks

☒ Nach dem Bungee-Sprung kann man im Stratosfare etwas essen – falls man dann noch Appetit haben sollte

Geschäfte (und Arkaden) liegen zwischen der **Gorge Road** und der **Earl Street.** Eine gute Auswahl an Souvenirs gibt es auch auf dem **Queenstown Hill,** am Ende der Gondola.

2 Kunst- und Kunsthandwerksmarkt, Lake Esplanade, Sa 9–16.30 Uhr, Winter 10–15.30 Uhr. Gegenüber dem Real Journey Bootsanleger findet dieser ansprechende Markt statt. Hier findet man mit Sicherheit nette Souvenirs. Bei gutem Wetter besonders schön.

■ **Lebensmittel:** Wer aufstocken und ein paar Besorgungen machen muss, kann das im **Shoppingcenter** an der SH6 Ecke Grant Road in **Frankton** tun. Hier geht es etwas ruhiger zu als in der Stadt. Es gibt einen Countdown, ein Sportgeschäft, ein Café, einen Waschsalon und mehr.

Wanaka und Umgebung

Das Örtchen liegt malerisch am **Lake Wanaka,** mit Blick auf die Ausläufer des **Mount-Aspiring-Nationalparks,** und es bietet alles, was man als Reisender so braucht: eine gute Infrastruktur mit Unterkünften, Restaurants und ein paar Geschäften, pittoresk gelegene Weingüter und vor allem eine Landschaft, die mit Seen, Gletschern und Wäldern lockt. Wanaka ist zwar touristisch, hat sich

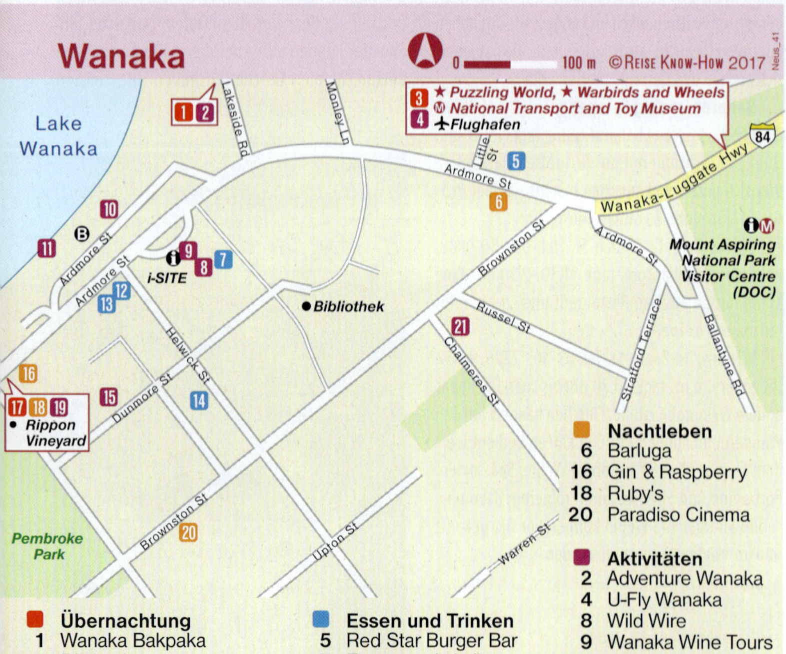

Übernachtung
1 Wanaka Bakpaka
3 Distinction
17 Lakeview Holiday Park, Wyndham, Altamont Lodge, Kiwi Holiday Park, Alpine View Lodge

Essen und Trinken
5 Red Star Burger Bar
7 Francesca's Italian Kitchen
12 Kai Whakapai
13 WGK - Wanaka Gourmet Kitchen
14 Spice Room

Nachtleben
6 Barluga
16 Gin & Raspberry
18 Ruby's
20 Paradiso Cinema

Aktivitäten
2 Adventure Wanaka
4 U-Fly Wanaka
8 Wild Wire
9 Wanaka Wine Tours
10 Canyoning Wanaka
11 Paddle Wanaka
15 Outside Sports
19 Basecamp
21 Adventure Consultants

aber einen natürlichen Charme bewahrt. Wer von der Westküste oder über die Cardrona Valley Road von Queenstown anreist, wird bereits bei der Anfahrt mit traumhaften Blicken belohnt.

Sehenswertes

Das **National Transport and Toy Museum** zeigt eine beeindruckende Privatsammlung an Flugzeugen, Autos und anderen Fahrzeugen sowie über 50.000 Spielzeugen von „Star Wars" bis Barbie.

■ **National Transport and Toy Museum,** 851–905 Wanaka Luggate Hwy., Tel. 03-443 8765, www.nttmuseumwanaka.co.nz, tägl. 8.30–17 Uhr, 17/5 $.

Warbirds and Wheels ist eine Ausstellung von **Oldtimern** und **Kriegsflugzeugen.** Angeschlossen ist ein 50er-Jahre-Retro-Diner.

■ **Warbirds and Wheels,** 11 Lloyd Dunn Ave., Tel. 03-443 7010, www.warbirdsandwheels.com, tägl. 9–17 Uhr, 20/5 $.

Mein Tipp: **Puzzling World** bietet zahlreiche **optische Täuschungen,** ein großes **Labyrinth** und mehr. Wer Geduldsspiele mag, kann sich im angeschlossenen Café kostenlos die Zeit vertreiben.

■ **Puzzling World,** 188 Wanaka-Luggate Hwy., Tel. 03-443 7489, www.puzzlingworld.co.nz, tägl. 8.30–17 Uhr, ab 16/12 $.

Das **Mount Aspiring National Park Visitor Centre** (siehe „Informationen") hat eine kleine, aber sehr interessante **Ausstellung** zu Fauna, Flora und Geologie der Gegend.

Aktivitäten

Beim **Canyoning** folgt man dem Verlauf eines Flusses, inklusive Abseilen, Rutschen, Springen, Seilbahn und mehr. Eine schöne Art, der Natur näher zu kommen.

10 **Canyoning Wanaka,** 100 Ardmore St., Tel. 03-443 7922, www.deepcanyon.co.nz, ab 230 $.

Eine geführte Tour können Abenteurer auf der **Via Ferrata** (Klettersteig) am **Twin Falls Wasserfall** unternehmen. Verschiedene Schwierigkeitsgrade.

8 **Wild Wire,** 103 Ardmore St., Tel. 0800-9453 9473, www.wildwire.co.nz, ab 189 $.

Ob auf eigene Faust oder als Tour, die Gegend um Wanaka bietet gleichermaßen **Fahrradtracks** für Familien und Beginner wie für erfahrene Mountainbiker. Auch als Bike/Boot oder Bike/Heli Combo. Besonders hübsch ist die Tour um den See. Räder (ab 30 $) und Informationen gibt es z.B. hier:

15 **Outside Sports,** 17–23 Dunmore St., Tel. 03-443 7966, www.outsidesports.co.nz, tägl. 8–19 Uhr.

Wanaka bietet hervorragende Voraussetzung zum **Klettern.** Unerfahrene sind in der Halle oder in einem Kurs bestens aufgehoben, erfahrene Kletterer finden zahlreiche gute Routen in der Gegend.

19 Halle und Informationen: **Basecamp,** 50 Cardrona Valley Rd., Tel. 03-443 1110, www.basecampwanaka.co.nz, Mo–Fr 12–20 Uhr, Sa, So 10–18 Uhr, 20/17 $.

Wer **richtig bergsteigen** möchte, sollte sich mit dem Unternehmen Adventure Consultants in Verbindung setzen. Es bietet Touren, Kurse und Infos.

21 **Adventure Consultants,** 20 Brownston St., Tel. 03-443 8711, www.adventureconsultants.com.

Im Sommer machen **Wassersportler** ordentlich Wellen auf dem Lake Wanaka: Schwimmen, SUP, SUP Yoga, Kajaken, Parasailing und mehr wird angeboten, selbstständig oder als Tour.

11 **Paddle Wanaka,** Foreshore, ggü. Ecke Dungarvon/Ardmore St., Tel. 0800-926 925, www.paddlewanaka.co.nz.

Die Landschaft ist perfekt, um auf dem See eine **Bootstour** zu unternehmen und seinen eigenen **Fisch zu fangen.** Es gibt verschiedene Anbieter.

4 **Adventure Wanaka,** Lakeside Rd., Tel. 03-443 6665, www.adventurewanaka.com, ab 110/55 $.

Es liegen zahlreiche kleine und noch kleinere **Weingüter** in und um Wanaka. Der **Rippon Vineyard** beispielsweise ist strategisch günstig gelegen, sodass man ihn zu Fuß erreichen kann. Dort genießt man neben den guten Tropfen einen grandiosen Blick auf den Lake Wanaka. Bei gutem Wetter kann man eine Tour über das Gut und die Weinberge unternehmen, bei Regen muss man sich mit Wein und Snacks begnügen.

■ **Rippon Vineyard,** 246 Mt. Aspiring Rd., Tel. 03-443 8084, www.rippon.co.nz, tägl. 12–17 Uhr.
9 Es gibt auch ein paar Weintour-Anbieter, z.B. **Wanaka Wine Tours,** 103 Ardmore St., Tel. 0800-946 387, www.wanakawinetours.com, ab 195 $.

Ein paar Anbieter offerieren **Rundflüge** in diversen Flugzeugmodellen oder per Helikopter. Auch Kurse kann man buchen, sogar Selberfliegen ist möglich.

4 **U-Fly Wanaka,** 1 Spitfire Lane, Tel. 03-443 4005, www.u-flywanaka.co.nz, ab 200 $.

Wer die spektakulärsten Fotos mit nach Hause bringen möchte, kann sich auf eine **Fotosafari** mit oder ohne Kurs begeben. Im Geländewagen oder per Helikopter geht es an die schönsten Stellen rund um Wanaka.

■ **Ridgeline Adventures,** Tel. 0800-234 000, www.ridgelinenz.com, ab 425 $.

Die **Tageswanderungen** und **Spaziergänge** in der Gegend um Wanaka gehören zu den schönsten überhaupt. Die **DOC-Broschüre „Wanaka Outdoor Pursuits"** gibt einen guten Überblick über Outdoor-Aktivitäten und Wanderungen in Wanaka, **„Matukituki Valley Tracks"** informiert über Wanderungen in der Gegend. Zu den Highlights gehören folgende Touren:

■ **Mt. Iron** (4,5km, 1½ Std. return, Start: Wanaka Luggate Hwy., Mt. Iron Parkplatz)
Mein Tipp: **Roys Peak** (16 km, 5–6 Std., Start: Mt. Aspiring Rd., Roys Peak Track Parkplatz). Anstrengend, dafür fantastische Blicke über Lake Wanaka und die umliegenden Berge.
Mein Tipp: **Rob Roy Valley** (10 km, 3–4 Std., Start: Matukituki Valley, Raspberry Flat Parkplatz). Dramatische Landschaftsbilder mit Schneefeldern, schroffen Felsen, Wasserfällen und Gletschern.
■ **West Matukituki Valley** (9 km, 2 Std., Start: Matukituki Valley, Raspberry Flat Parkplatz)

Praktische Tipps

Informationen

- **www.lakewanaka.co.nz**
- **Einwohnerzahl:** 6474
- **i-SITE:** 103 Ardmore St., Tel. 03-443 1233, tägl. 9–17 Uhr.
- **Mount Aspiring National Park Visitor Centre (DOC):** Ardmore St. Ecke Ballantyne Rd., Tel. 03-443 7660, tägl. 8–17 Uhr.
- **Bibliothek:** 2 Bullock Creek Lane, Dunmore St., Tel. 03-443 0420, Mo–Mi, Fr 9–17.30 Uhr, Do 9–19 Uhr, Sa 10–17 Uhr.

An- und Abreise

- **Bus:** Wanaka wird von den großen Langstreckenbusunternehmen angefahren; zentrale Haltestelle an der Ardmore St. Zusätzlich verbindet **Ritchies** (http://alpineconnexions.co.nz) die Orte der Gegend.
- **Taxi: Yello,** Tel. 03-443 5555, www.yello.co.nz.

Unterkunft

Die Preise in Wanaka sind meist saftig, für Zimmer mit Seeblick muss man noch tiefer in die Tasche greifen. Wer es etwas ruhiger und abgeschiedener möchte, findet außerhalb zahlreiche B&Bs und kleinere Unterkünfte. Günstige Alternativen sind die Cabins auf den Campingplätzen.

1 **Wanaka Bakpaka**①, 117 Lakeside Rd., Tel. 03-443 7837, www.wanakabakpaka.co.nz. Hübsches Qualitäts-Hostel mit Seeblick und in Laufnähe zum Zentrum. Absolut empfehlenswert!

17 **Altamond Lodge**②, 121 Wanaka-Mt. Aspiring Rd., Tel. 03-443 8864, www.altamontlodge.co.nz. Einfache, saubere Zimmer mit Gemeinschaftsbad, schönem Kamin im Aufenthaltsraum und Spa-Pool. Gutes Preis-Leistungs-Verhältnis.

17 **Wyndham**②-③, 109 Mt. Aspiring Rd., Tel. 03-443 0025, www.wyndhamap.com. Geschmackvoll eingerichtete Studios und Apartments, Pool, Spa Pool, Dampfbad, kleiner Fitnessraum.

17 **Alpine View Lodge**③, 23 Studholme Rd. South, Tel. 03-443 7111, www.alpineviewlodge.co.nz. Hübsches B&B in toller Lage (etwas außerhalb) mit engagierten Hosts. Ein positives Erlebnis.

3 **Distinction**②-③, 144–154 Anderson Rd., Tel. 03-443 2325, www.distinctionwanaka.co.nz. In einem ruhigen Wohngebiet gelegen, mit ordentlichen Studios und Apartments, Spa Pool und anderen Annehmlichkeiten.

Camping

17 **Lakeview Holiday Park**②, 212 Brownston St., Tel. 03-443 7883, www.lakeview.co.nz. Zentral gelegen, sauber, bietet ein paar Schattenplätze und hat alle Annehmlichkeiten eines großen Campingplatzes.

17 **Kiwi Holiday Park**②, 263 Studholme Rd. North, Tel. 03-443 7766, www.wanakakiwiholidaypark.nz. Saubere Anlage in schöner Lage mit Blick auf die Gegend. Mit Spa Pool, Sauna und anderen Annehmlichkeiten.

Essen und Trinken

Die zahlreichen Cafés und Restaurants Wanakas liegen vorwiegend im Zentrum um die **Ardmore Street** sowie um die **Post Office Lane.**

5 **Red Star Burger Bar**①, 26 Ardmore St., Tel. 03-443 9322, tägl. 11.30–21 Uhr. Mini-Restaurant, das sehr gute Burger serviert. Es gibt auch ein paar Außensitzplätze. Für Burger-Fans ein Muss.

12 **Kai Whakapai**①-②, Admore St. Ecke Helwick St., Tel. 03-443 7785, tägl. 7–23 Uhr. *Der* Treffpunkt in Wanaka für Locals und Besucher, zu jeder Tageszeit ist hier was los. Auf der Karte steht ein breites Angebot an Speisen.

7 **MEIN TIPP: Francesca's Italian Kitchen**②, 93 Ardmore St., Tel. 03-443 5599, https://fransitalian.co.nz, tägl. 12–22 Uhr. Großartige italienische Küche mit Pizza, Pasta und passendem Wein. Wer es schnell will, kann alternativ im Pizza-Anhänger auf der Dunmore St. glücklich werden.

14 **Spice Room**②, 43 Helwick St., Tel. 03-443 1133, www.spiceroom.co.nz, tägl. 17–22 Uhr. Klassische indische Gerichte in sehr guter Qualität. Takeaway ist ein wenig günstiger.

13 **WGK – Wanaka Gourmet Kitchen**③, 123 Ardmore St., Tel. 03-443 8579, www.wgk.co.nz, tägl. 18–23 Uhr. Gerichte vom heißen Stein und anderes. Einfach gut. Mit Blick auf den See.

Ausgehen

6 **Barluga,** Post Office Lane, 33 Ardmore St., Tel. 03-443 5400, tägl. ab 16.30 Uhr. Hippe Cocktailbar, oft mit Live-DJs. Wer sich unters Volk mischen möchte, ist hier bestens aufgehoben.

16 **Gin and Raspberry,** 155 Ardmore St., Tel. 03-443 4216, www.ginandraspberry.co.nz, tägl. ab 16 Uhr. Cocktail- und Bierbar mit tollem Blick und gemütlicher Einrichtung inklusive Klavier und Kamin.

29 **Cinema Paradiso,** 72 Brownston St., Tel. 03-443 1505, www.paradiso.net.nz. Das kleine Kult-Kino zeigt populäre Streifen. Im Kinoraum kann man in einem 50er-Jahre-Auto Platz nehmen.

18 **Ruby's,** 50 Cardrona Valley Rd., Tel. 03-443 1505, www.rubycinema.co.nz. Nettes Arthouse-Kino inklusive Bar mit schöner Atmosphäre. (Ist im Basecamp-Wanaka-Gebäude versteckt).

Einkaufen

Wanaka hat ein gutes Angebot an kleinen Geschäften. Die meisten liegen auf der **Helwick Street.** In der kleinen **Fußgängerzone** zwischen Ardmore und Dunmore Street gibt es ein paar Boutiquen, Souvenirs, Outdoorgeschäfte sowie leckeres Eis.

Lake Wanaka mit einem der meistfotografierten Bäume des Landes

072nz ji

160nz ks

In der Umgebung

Cardrona

Auf halber Strecke zwischen Queenstown und Wanaka liegt dieses Örtchen. Seine Blütezeit während des Goldrausches ist längst vorbei, heute kommen die meisten Besucher zum Skifahren oder Mountainbiking (siehe „Queenstown/Aktivitäten") oder um Fotos zu machen. Die **Crown Range Road** führt bis auf 1076 Meter und ist damit die höchste asphaltierte Straße Neuseelands. **MEIN TIPP:** In Cardrona findet man auch das wohl legendärste und **älteste Hotel-Restaurant-Café** in Neuseeland. Seit 1863 ist es in Betrieb und sieht nach wie vor ansprechend aus. Allein schon für ein Foto lohnt sich ein Stopp. Aber auch essen, trinken und schlafen kann man hier sehr gut.

- **Cardrona Hotel**②, 2310 Cardrona Valley Rd., Tel. 03-443 8153, tägl. ca. 9–18 Uhr.

Ein Foto wert: das Cardrona Hotel

Auf dem SH 6 nach Makarora

Die Strecke von Wanaka zum kleinen Örtchen Makarora ist besonders malerisch: Es geht vorbei am **Lake Hawea,** durch **The Neck** (die kleine Landfläche zwischen Lake Wanaka und Lake Hawea) und weiter am Lake Wanaka entlang. Man könnte alle 100 Meter halten, um die atemberaubenden Blicke zu genießen und Vorzeigefotos zu schießen.

Makarora selbst ist eine über viele Kilometer gestreckte Siedlung, die wenig zu bieten hat. Die Highlights sind **Jetboat-Touren** auf dem Wilkin River (www.wilkinriverjets.co.nz) und kombinierte **Wander-Rundflüge** (www.southernalpsair.co.nz). Außerdem gibt es ein paar hübsche Wanderungen in der Gegend (alle sind in der **DOC-Broschüre „Tramping in the Makaroa Region"** zu finden):

- **Blue Pools** (1,5 km, 30 Min., Start: Blue Pools Parkplatz)
- **Bridal Track** (3,5 km, 1½ Std., Start: Davis Flat oder Tioripatea)
- **Gillespie Pass** (58 km, 3–4 Tage, Start: Makaroa – man muss mit dem Jetboat übersetzen)

073nz ji

11

Southland

Mystische Fjorde ziehen sich durch saftig grüne, nebelumwobene Steilküsten mit pittoresken Wasserfällen. Trotz seines feuchten Klimas ist das Southland eine der besten Wanderregionen des Landes. Stewart Island begeistert durch ihr reiches Vogelleben.

< Der Leuchtturm am Nugget Point in den Catlins

Southland

0 50 km ©Reise Know-How 2017 Neus K11

SOUTHLAND

Wer das Southland besucht, taucht in **eine wilde und einzigartige Landschaft** ein. In der 35.000 Quadratkilometer großen Region leben nur 97.300 Menschen, die Hälfte von ihnen in der Stadt **Invercargill.** Die zweitgrößte Siedlung ist **Gore,** weitere größere Städte gibt es nicht. Touristisch sind die Orte **Te Anau** und **Oban** (auf Stewart Island) am bedeutendsten.

Im Südosten liegt die Gegend **Catlins.** Beeindruckende Leuchttürme thronen über dem Meer, Pinguine, Seelöwen und Delfine tummeln sich in der See, und Wasserfälle plätschern durch dichte, grüne Wälder. Im Westen beansprucht der **Fiordland National Park** rund ein Drittel der Fläche von Southland. Zusammen mit Westland und dem Mount Cook National Park gehört das Fiordland dem **UNESCO-Welterbe Te Wahipounamu** an: Hier graben sich tiefe Fjorde in die Landschaft, umgeben von saftig grünen, nebelumwallten Steilküsten mit pittoresken Wasserfällen. Der **Doubtful** und der **Milford Sound** bieten sensationelle Naturkulissen, und hier kann man einige der schönsten Wanderungen Neuseelands unternehmen.

Im südlichsten Ort der Südinsel, Bluff, gibt es die berühmten **Bluff-Austern,** die in der Foveaux Strait (der Meeresenge zwischen der Südinsel und Stewart Island) gezüchtet und vor allem in der Hauptsaison von März bis August für kleines Geld geschlürft werden können.

Stewart Island ist Neuseelands drittgrößte Insel und ein Paradies für Ornithologen und Wanderer. 85 Prozent der Insel sind Naturschutzgebiet, und Kiwis und andere seltene **Vögel** lassen sich in aller Ruhe beobachten.

Das **Wetter** in Southland ist **wechselhaft,** oft erlebt man alle Jahreszeiten innerhalb eines Tages. Pauschal gesagt ist es im Southland **nass und kühl.** Im Sommer liegt die Tagestemperatur zwischen 16 und 23 Grad, im Winter ist Frost üblich, ab und zu fällt Schnee.

NICHT VERPASSEN!

- **Catlins:** Leuchttürme in dramatischer Lage, Strände, Wasserfälle, Delfine, Pinguine, Seelöwen und mehr entdecken | 509
- **Porpoise Bay:** vom Strand aus den Delfinen im Wasser zusehen – ganz ohne Tour. Und abends auf die Pinguine warten | 512
- **Wandern:** Neuseelands Landschaft zu Fuß erkunden auf dem Kepler, Routeburn, Milford, South Coast oder Hump Ridge Track | 524
- **Milford und Doubtful Sound:** per Boot oder Kajak in die Märchenlandschaft der Fjorde eintauchen. Ein Traum ausNebel, Grün und Wasser | 531, 536
- **Stewart Island:** Neuseelands dritte Insel besuchen, in ihr ganz besonderes Flair eintauchen und die Landschaft auf dem Rakiura Track zu Fuß erkunden | 537
- **Ulva Island:** Kiwis und andere seltene Vögel in freier Natur auf der kleinen Insel vor Stewart Island beobachten | 540

Diese Tipps erkennt man an der gelben Hinterlegung.

Geschichte

Die Maori können ihre Ankunft im Southland bis zu den Chiefs **Rakaikhautu** und **Tamatea** zurückverfolgen. Der **Legende** nach erlitt Tamateas Waka (Kanu) an der Te Waewae Bay (am heutigen SH99) Schiffbruch. Sein Kanu verwandelte sich in die nördlich gelegenen Takitimu-Berge. Auf der südlichen Südinsel lebten ca. 200 **Murihiku Maori,** die von der Moa- und Robbenjagd lebten. Als der Moa ausstarb, zogen sie zwischen ihren Siedlungen im heutigen Waikawa, Bluff und Riverton und der Küste hin und her, um sich mit ausreichend Nahrungsmitteln (vorwiegend aus dem Meer) zu versorgen. Bis zum frühen 19. Jahrhundert ging der Stamm Ngai Tahu sukzessive in den der Ngati Mamoe über.

James Cook erforschte 1770 mit dem Schiff „Endeavour" die Südinsel und verlieh einigen Gegenden ihren Namen (beispielsweise Doubtful Harbour, der später zum Doubtful Sound wurde). 1773 trat er in Kontakt mit den Maori im Dusky Sound.

Die ersten **Robbenjäger** landeten um 1790, der Bestand an Robben wurde innerhalb der nächsten 30 Jahren so dezimiert, dass sich der Wirtschaftszweig nicht hielt. Ein paar **Siedler** und **Walfänger** blieben, hielten sich aber vorwiegend an der Küste auf. Europäer und Maori heirateten untereinander und trieben Handel. 1836 brachen Maori-Krieger aus dem Norden zur Südküste auf. Der hiesige Stamm wurde rechtzeitig gewarnt, setzte sich unter dem Stammesführer **Tuhawaiki** zur Wehr, tötete den Anführer aus dem Norden und nahm Gefangene. Im Juni 1840 unterschrieb *Tuhawaiki* den Treaty of Waitangi und starb wenige Jahre später.

Von 1850 an ließen sich **europäische Einwanderer** auch im **Landesinneren** nieder, um Landwirtschaft zu betreiben. Zwei Jahre später kaufte *Walter Mantell* von den Maori den sogenannten Murihiku Block (was ungefähr dem heutigen Southland entspricht). Das „neue Neuseeland" entwickelte sich schnell, doch für die Maori war hierin kein Platz mehr.

Die **Landwirtschaft** boomte, die Städte Bluff und Invercargill profitierten vom Goldrausch in Otago und wuchsen schnell. Mit dem Versiegen des Goldes ging Southland **bankrott,** das Entwicklungsprogramm des Politikers *Julius Vogel* investierte jedoch weiterhin und ließ Straßen bauen. Heute lebt die Region von Tourismus und gleichermaßen von Landwirtschaft und Produktion. 2012 gab es im Southland 4,5 Millionen Schafe und 850.000 Rinder.

075nz ks

Südliches Southland

An der südlichen Küste des Southlands schlängelt sich die sogenannte **Southern Scenic Route** von Balclutha im Osten bis zum Fiordland im Westen. Geprägt ist die Landschaft von sattem Grün mit dichter Flora, imposanten Küsten und einer Seenlandschaft im Osten. Dazwischen räkeln sich Seelöwen und Robben, Pinguine watscheln an Land, Delfine schwimmen in den Wellen, und Massen an Sandflys saugen einem das Blut aus dem Körper. Die Agar- und Industriestadt **Invercargill** und das südliche **Bluff** zerteilen die Küstenstrecke in zwei Teile: die Catlins (im Osten) und die westliche Southern Scenic Route bis zum Lake Hauroko.

In dem großen Dreieck zwischen Fiordland, Otago und dem Hinterland der Südküste befindet sich außer dem Städtchen Gore nicht viel: Das Farmland und die Bergketten Takitimu, Taringatura sowie die Eyre Mountains sind touristisch gesehen keine Highlights.

■ **www.southlandnz.com**

☒ Gelbjacke trifft Gelbaugenpinguine

Die Catlins mit Balclutha

Die Catlins sind eine kleine, von Tourismus noch weitgehend unentdeckte Region zwischen Balclutha und Fortrose (Richtung Invercargill). Auf knappen 100 Kilometern findet man **beeindruckende Landschaften:** schroffe Küsten mit Leuchttürmen, dichte Wälder mit malerischen Wasserfällen sowie Gras- und Sumpfebenen. In der Tierwelt kann man Seelöwen beobachten, in freier Wildbahn mit Delfinen schwimmen und Pinguine auf ihrem Landgang begleiten. In den Wäldern thronen Rimu-Bäumen, Totara-Steineiben und andere endemische Pflanzen.

Balclutha ist das Tor zu den Catlins und der letze Ort, um nochmal zu tanken und einzukaufen. Politisch gehören Balclutha und der östliche Teil der Catlins zu Otago, der westliche Teil zum Southland. Der Einfachheit halber wurde auf die Einhaltung der politischen Grenzen im Folgenden verzichtet.

MEIN TIPP: In den Touristeninformation in der Gegend erhält man die kleine **Übersichtskarte „Welcome to the Catlins"** und die **Broschüre „Southern Scenic Route"**, die alle Attraktionen in den Catlins aufzeigen. Alles Sehenswerte ist jedoch auch von der Küstenstraße aus ausgeschildert und ohne Karte zu finden.

Sehenswertes

Balclutha

Das Städtchen mit knapp 4000 Einwohnern liegt am Clutha River, Neuseelands wasserreichstem Fluss. Touristisch gesehen muss man hier nicht unbedingt halten. Ein Stopp in der i-SITE und der Einkauf von Lebensmitteln und Benzin ist aber durchaus eine gute Idee, denn Läden und Tankstellen sind in den Catlins rar und hochpreisig.

■ **i-SITE,** 4 Clyde St., Tel. 03-418 0388, tägl. ca. 10–16 Uhr.

Nugget Point und Roaring Bay

Die **traumhafte Lage des Leuchtturms** Nugget Point sucht auf der Südinsel ihresgleichen. Auf einer kleinen Landzunge mit Steilküste an der Roaring Bay kann man **Robben** in der Tiefe beobachten. Mit etwas Glück schwebt auch ein **Stachelrochen** vorbei.

Cannibal Bay

In der etwas abseits gelegenen Bucht mit dem grausigen Namen kann man mit etwas Glück **Seelöwen** beobachten. Die beeindruckenden Riesen sind schneller, als man denkt, man sollte unbedingt genügend Abstand halten und ihnen niemals den Weg zum Meer abschneiden. Wenn keine Seelöwen zu sehen sind, lädt die hübsche Bucht zu einem Strandspaziergang ein.

Jack's Blowhole

Das Blowhole liegt 200 Meter vom Strand entfernt: ein großes, 55 Meter tiefes Loch, das mit dem Meer verbunden und aus dem das Wasser mit Getöse hervorschießt. Für den Spaziergang von der Jack's Bay aus sollte man knapp eine Stunde Laufzeit einplanen.

Owaka

Der kleine Ort hat in den letzten Jahren in sein **Erscheinungsbild** investiert, eine rasante Weiterentwicklung ist zu erwarten. Es gibt ein Café, ein Restaurant, ein Steinofen-Imbiss und ein paar Geschäfte mit Souvenirs und Schnickschnack. Lebensmittel kann man im Four Square einkaufen. Wer von Westen kommt, wird das Örtchen als erfrischende Abwechslung empfinden. Ein Blick in das **Regionalmuseum** lohnt sich. Hier hat auch die Touristeninfo ihren Sitz.

■ **Owaka Museum,** Campbell St., Tel. 03-415 8323, Mo–Fr 9.30–16.30 Uhr, Sa, So 10–16 Uhr.

River-Wisp Loop

Die 24 Kilometer lange **Rundwanderung,** für die man neun bis elf Stunden benötigt, ist eine Verbindung des Catlins River Walk mit dem Wisp Loop Walk. Sie startet an der Chloris Pass Road bei Purekireki und verläuft im Inland, mit schönen Blicken über die Gegend.

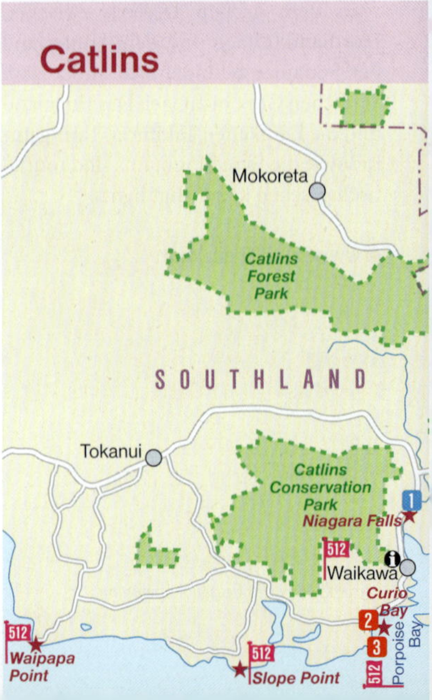

Purakaunui Falls

Ein kurzer Fußweg an einem Bächlein entlang führt zu diesem **Wasserfall,** der seinen Weg über drei Kaskaden findet. Je nachdem, welche Lichtverhältnisse hier gerade herrschen, fühlt man sich wie im Elfenland.

Papatowai

Im kleinen Ort mit teurer Tankstelle und einem Café sollten Liebhaber des Kuriosen ein Blick in die **Lost Gypsy Galerie** werfen: Fundstücke aus Plastik, Metall und Naturmaterialien wurden zu Kunstwerken verarbeitet. Es leuchtet, kracht, bewegt sich oder regt einfach nur zum Nachdenken an.

■ **Lost Gypsy Galerie,** geöffnet meist Do–Di 10–17 Uhr, 5 $.

Florence Hill

Dieser Aussichtspunkt beeindruckt mit einem großartigen Blick auf die tiefer liegende **Tautuku Bay.** Bei schönem Wetter kann man hier ein Postkartenfoto schießen.

Lake Wilkie

Ein kurzer Spaziergang führt zu dem **kleinen See,** der bei richtigem Lichteinfall die umgebene Landschaft wunderschön spiegelt.

Cathedral Caves

Der 200 Meter lange und 30 Meter hohe, natürlich entstandene **Felstunnel** ist beeindruckend. Man erreicht ihn in einem 20-minütigen Fußmarsch durch Farne und am Strand entlang, nasse Füße inbegriffen.

■ **Cathedral Caves,** gezeitenabhängig geöffnet von Okt. bis Mai, 5/1 $.

McLean Falls

40 Minuten läuft man zu Fuß zu dem hübsch gelegenen, 22 Meter hohen **Wasserfall.** Am Parkplatz befindet sich ein Campingplatz mit angeschlossenem Café-Restaurant (Whistling Frog), in das man gut einkehren kann (siehe unten).

Niagara Falls

Ein Marketing-Gag: Der **Wasserfall** wird als der „kleinste Wasserfall der Welt" bezeichnet, um Besucher in das nahe gelegene Café (s. unten) zu locken.

Waikawa

Unspektakuläres Örtchen mit **Informationscenter** (siehe unten).

Curio Bay/Porpoise Bay

Für viele das **Highlight der Catlins:** Auf der einen Seite der Landzunge liegt die Curio Bay mit ihren schroffen **Klippen,** an die das wilde Meer mit viel Getöse prallt, auf der anderen Seite der **endlos lange Sandstrand** der Porpoise Bay. Hier ist auch die Kinderstube für **Hector-Delfine:** Ganze Familienverbände surfen hier in den Wellen. Wen das kalte Wasser nicht abschreckt, der kann mit etwas Glück mit den Tieren schwimmen. Achtung: Man sollte immer darauf warten, dass die Tiere von selbst zu einem kommen.

Ein paar Hundert Meter weiter Richtung Westen findet man einen 180 millionen Jahre alten **versteinerten Wald (Petrified Forest).** An sich schon spektakulär genug, kommen hier auch noch ca. eine Stunde vor Sonnenuntergang häufig **Gelbaugenpinguine** an Land.

Zwischen all diesen Naturschauspielen liegt ein Campingplatz (siehe „Praktische Tipps") – ein Traum für alle, die auf Komfort verzichten können. Es gibt auch einen kleinen Kiosk mit Eis und (teuren) Grundnahrungsmitteln.

Slope Point

Der **südlichste Punkt der Südinsel,** umgeben von windschiefen Bäumen und einem Blick aufs offene Meer.

Waipapa Point

1884 wurde hier der **Leuchtturm** gebaut, nachdem drei Jahre zuvor vor an der Küste über 131 Menschen bei einem Schiffsunglück ertranken. Eine Gedenktafel informiert. Mit etwas Glück kann man auch **Seelöwen** beobachten.

Die Porpoise Bay mit ihren vielen Naturschönheiten ist für viele das Highlight der Catlins

Praktische Tipps

Informationen

- **www.catlins.org.nz**
- **www.southernscenicroute.co.nz**
- **Information Centres:** 447 Main Rd., Waikawa, Tel. 03-246 8464, tägl. 10–16 Uhr, und Campbell St., Owaka, Tel. 03-415 8323, Mo–Fr 9.30–16.30 Uhr, Sa, So 10–16 Uhr.

An- und Abreise

- **Bus: Button Bus** (www.travelheadfirst.com) fährt drei- bis fünfmal pro Woche von Dunedin über die Catlins nach Invercargill (225/99 $).
- **Touren:** Es gibt ein paar Anbieter in Dunedin, die Trips in die Catlins anbieten, z.B. **Elm Wildlife Tours,** 19 Irvine Rd., Tel. 03-454 4121, www.elm wildlifetours.co.nz, ab 122 $.

Unterkunft

Die Catlins haben sich vom Geheimtipp zu einem beliebten Ziel internationaler Reisender gemausert. Die Infrastruktur ist entsprechend mitgewachsen. Es gibt ein paar Hostels, Motels, B&Bs sowie private Unterkünfte. Viele Einrichtungen vermieten nur ein oder zwei (oft nicht ganz so attraktive) Zimmer. Gute Alternativen sind die Studios auf den Campingplätzen. In der Hauptsaison unbedingt vorbuchen!

6 Split Level①, 9 Waikawa Rd., Owaka, Tel. 03-415 8868, www.thesplitlevel.co.nz. Das Hostel sieht von außen etwas langweilig aus, ist aber freundlich eingerichtet und hat Flair.

6 Catlins Retreat Guest House②, 27 Main Rd. Owaka, Tel. 03-415 8300, www.catlinsreteat.co.nz. Saubere Zimmer in etwas älterem Holzhaus in Owaka. Der Host *Robbie* gibt Insidertipps.

5 Mohua Park③, 744 Catlins Valley Rd., Tawanui, Tel. 03-415 8613, www.catlinsmohuapark.co.nz. Hübsche, umweltbewusst geführte Cottages inmitten der Natur. Ein bisschen ab vom Schuss, aber lohnenswert.

2 Curio Bay Accomodation②-③, 521a Curio Bay Rd., Tokanui, Tel. 03-246 8797, www.curiobay.co.nz. Direkt am Strand mit Meeresblick, gemütlich eingerichtet, sauber.

2 Curio Bay Salthouse③, 517 Waikawa Curio Bay Rd., Tokanui, Tel. 03-2468 598, www.curiobay salthouse.co.nz. Recht neues Motel direkt am Strand mit Panoramafenstern und Zentralheizung.

Camping

Es gibt über zehn Campingplätze, die Hälfte davon kommerzielle Holiday Parks. Wer auf Luxus wie Strom und Duschen verzichten kann, wirft am besten einen Blick in die DOC-Broschüre. Alternativ sind die Folgenden zu empfehlen:

7 New Haven Holiday Park②, 324 Newhaven Rd., Surat Bay, Tel. 03-415 8834, www.newhaven holiday.com. Recht kleiner Campingplatz direkt am Meeresarm vom Fluss Catlins. Hat auch Cabins.

4 Whistling Frog/Catlins Kiwi Holiday Park ③, 9 Rewcastle Rd., Tel. 03-415 8338, www.catlins kiwiholidaypark.com. Großer Platz in der Nähe der McLean Falls, auch als Ausgangspunkt für die Cathedral Caves günstig. Hat auch zahlreiche Cabins.

3 MEIN TIPP: Curio Bay Holiday Park①-②, Waikawa Curio Bay Rd., Tokanui, Tel. 03-246 8879, www. curiobayholidaypark.com. Simpler Campingplatz ohne Komfort auf der Landzunge zwischen Curio Bay und Porpoise Bay inmitten von hohem Flachsgebüsch. Eine tolle Lage!

Essen und Trinken

In den Catlins gibt es nur wenige Lokale und Imbisse. Die Folgenden sind zu empfehlen.

4 Whistling Frog②, Newcastle Rd., McLean Falls, Tel. 03-415 883, www.whistlingfrogcafe.com, tägl. 8–21 Uhr. Nettes Lokal mit deftigem Frühstück, Mittag- und Abendessen, auch Steinofenpizza. Der Catlins Kiwi Holiday Park ist angeschlossen.

1 Niagara Falls Café②, 256 Niagara Waikawa Rd., Tel. 03-246 8577, www.niagarafallscafe.co.nz, tägl. 9 Uhr bis spät, Winter Do–Mo 11–16 Uhr. In einem alten Schulgebäude, mit schönem Garten. Typisch neuseeländische Küche mit Fisch, Burgern, Lamm, Eggs Benedict und mehr.

Gore

Auf halber Strecke zwischen Balclutha und Invercargill liegt das Städtchen, das zugleich Sitz der Distriktsverwaltung ist. Der Fokus hier liegt nicht auf Toursmus, sondern auf **Landwirtschaft.** Ein Stopp lohnt sich aber, um sich die Füße zu vertreten, sich mit Lebensmitteln einzudecken oder in einem der Cafés das gemütliche Treiben der Neuseeländer zu beobachten, die noch wenig unter touristischem Einfluss stehen.

Wenn das jährliche **Countrymusik-Festival (Gold Guitar Week)** stattfindet, erwacht Gore zum Leben. Die Einwohnerzahl verdoppelt sich, Musik und gute Laune bestimmen das Bild. Whisky- und/oder Kunstliebhaber sollten einen Blick auf die folgenden Sehenswürdigkeiten werfen.

Sehenswertes

Das **Hokonui Moonshine Museum,** eine **Whiskybrennerei,** erläutert die Geschichte des hiesigen Whiskys und des Schwarzbrennens. Ein Shop ist angeschlossen. Nicht vom langweiligen Gebäude abschrecken lassen!

■ **Hokonui Moonshine Museum,** 16 Hokonui Dr., Tel. 03-208 9907, www.hokonuiwhiskey.com, Mo–Fr 9–17 Uhr, Sa ca. 13–16 Uhr, 5 $.

Die sehenswerte **Eastern Southland Gallery** trägt den Spitznamen „Goreggenheim" (ganz bescheiden angelehnt an das New Yorker Guggenheim Museum) und beherbergt zeitgenössische Werke neuseeländischer Künstler sowie indigene Kunst aus Afrika und Australien.

■ **Eastern Southland Gallery.** Hokonui Dr. Ecke Norfolk St., Tel. 03-208 9907, www.esgallery.co.nz, Mo–Fr 10–16 Uhr, Sa, So 13–16 Uhr.

Der **Mataura River** eignet sich hervorragend zum **Fliegenfischen.** Vor allem in dieser touristisch wenig erschlossenen Gegend ein Highlight.

■ **Fly Fish Mataura,** 86a Wentworth St., Tel. 03-208 6476, www.flyfishmataura.co.nz, ab 200 $, auch mit Unterkunft möglich.

Praktische Tipps

Information/Unterkunft

■ **www.gorenz.com**

Hokonui B&B②, 258 Reaby Rd., Tel. 03-208 4890, www.hokonuibandb.co.nz. Ein wenig außerhalb, in schöner Lage mit astreinem Preis-Leistungs-Verhältnis.

■ **Wentworth Heights B&B**③, über Fly Fish Mataura, siehe oben.

Invercargill

Invercargill ist die **größte Stadt** und **Verwaltungssitz** der Region Southland. Hauptwirtschaftszweige sind Landwirtschaft und Aluminiumschmelzerei. Viele Besucher sind erst einmal **entäuscht vom Stadtbild Invercargills:** ein geometrisches Gitternetz aus Straßen mit einfachen Gebäuden und eine ein wenig heruntergekommen wirkende Innenstadt – und wenn es dann noch regnet ... Wer aber genau hinschaut, wird ein paar interessante Sehenswürdigkeiten finden.

Geschichte

John Turnbull Thomson, der Hauptverwalter der Region Otago, wählte **1856** den Standort für die neue Stadt Invercargill und entwarf ihr Straßennetz. Ein Jahr später standen die ersten 14 Häuser, zwei Hotels und drei Geschäfte. Die Stadt wurde 1861 zur **Provinzhauptstadt** ernannt, als sich Southland von der Provinz Otago trennte. Der Goldrausch der 1860er Jahre verlieh der Stadt weiteren Schwung, was jedoch nicht lange anhielt. Zugstrecken wurden gebaut, aber nicht vollendet, die Provinz versank in **Schulden** und wurde schließlich 1870 **mit Otago wiedervereinigt.**

In den folgenden Jahren wurden ein Gas- und ein Wasserwerk gebaut, ein Straßenbahnnetz etabliert, und die Landwirtschaft boomte. Zwischen 1891 und 1916 verdoppelte sich die **Einwohnerzahl**, die Stadt wuchs stetig weiter. Seit den 1980er Jahren stagniert die Entwicklung der Stadt: Die Einwohnerzahl war rückläufig, Schulen wurden zusammengelegt, Zugstrecken stillgelegt. Heute lockt die Stadt erfolgreich mit niedrigen Gebühren für Hochschulbildung. Von einer Studentenstadt kann aber noch lange nicht gesprochen werden.

Sehenswertes/Aktivitäten

Mein Tipp: Fans des legendären **Films „Mit Herz und Hand"** mit *Anthony Hopkins* (Originaltitel: „The World's Fastest Indian", 2005) werden in Invercargill glücklich. Die originale „Indian", mit der *Burt Munro* in den 1960er Jahren zwei Geschwindigkeitsrekorde brach, ist im Baumarkt E. Hayes & Sons zu bewundern. Die passende Ausstellung und eine Film-Dokumentation gibt es im Southland Museum, *Munros* Rennstrecke war der Oreti Beach (beides siehe unten)

■ **E. Hayes & Sons,** 168 Dee St., Tel. 03-218 2059, Mo–Fr 7.30–17.30 Uhr, Sa 9–16 Uhr, So 10–16 Uhr.

Das **Southland Museum and Art Gallery** beherbergt verschiedene Ausstellungen zur Geschichte Southlands, zum Ersten Weltkrieg und zur Kunst der Maori, eine naturhistorische Abteilung, eine interessante multimediale Darstellung über die Natur südlich des 40. Breitengrades sowie eine Ausstellung zum Film „Mit Herz und Hand". Wer bislang noch keinen Tuatara (Nachfahren der Dinosaurier) gesehen hat, kann den 110 Jahre alten *Henry* bewundern.

■ **Southland Museum and Art Gallery** 108 Gala St., Tel. 03-219 9069, www.southlandmuseum.co.nz, Mo–Fr 9–17 Uhr, Sa, So 10–17 Uhr.

Transport World ist eine Privatsammlung zahlreicher makellos aufgearbeiteter **Oldtimer.** Mit Lego-Ecke und interaktiven Spielen für Kinder. Auch ein Café ist angeschlossen.

■ **Transport World,** 491 Tay St., Tel. 03-217 0199, www.transportworld.co.nz, tägl. 10–17 Uhr, 25/15 $.

Die sehenswerte **Anderson Park Gallery** hat ihren Sitz in einem **Herrenhaus** aus dem Jahr 1925, inmitten eines Parks. Sie zeigt traditionelle und zeitgenössische Werke neuseeländischer Künstler, manchmal Wechselausstellungen. Im Park befindet sich ein Maori-Haus mit fotogenen Schnitzereien.

■ **Anderson Park Gallery,** 91 McIvor Rd., Tel. 03-215 7432, tägl. 10–17 Uhr.

Die **Invercargill Brewery** ist eine erstklassige **Mikrobrauerei** mit den unterschiedlichsten Bieren, klassisch, schokoladig oder beerig.

■ **Invercargill Brewery,** 72 Leet St., Tel. 03-214 5070, www.invercargillbrewery.co.nz, Mo–Sa 10–18 Uhr, Tour tägl. 13 Uhr für 25 $.

Schwerfällig wirkt der 1889 gebaute, 40 Meter hohe **Water Tower** aus Backstein an der Doon Street Ecke Leet

Street. Wer die Chance hat, ihn zu besteigen, wird mit einem weiten Blick über die Stadt belohnt.

■ Der Turm wurde zum Zeitpunkt der Recherche **renoviert** und war nicht zugänglich, die i-SITE informiert über den aktuellen Fortschritt.

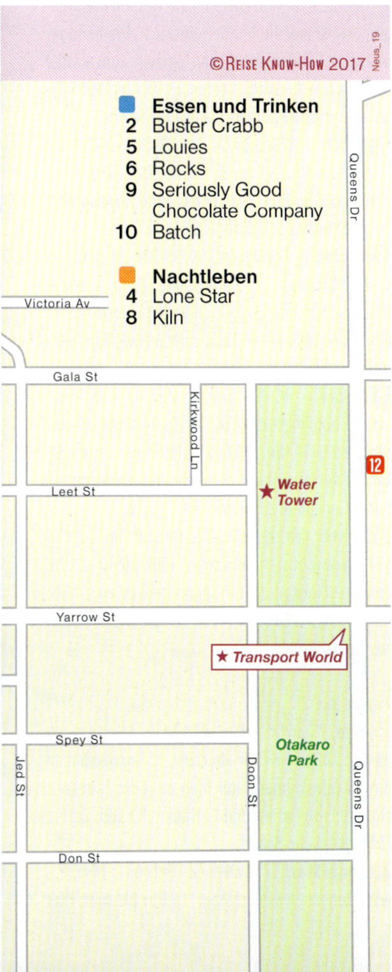

Der stolze 26 Kilometer lange **Sandstrand Oreti Beach,** zehn Kilometer westlich von Invercargill (Zufahrt über Dunns Road), wurde einst von **Burt Munro** als Rennstrecke benutzt, 1957 erreichte er hier die Rekordgeschwindigkeit von 131,39 Meilen pro Stunde. Die Halbinsel **Sandy Point** am westlichen Ende ist ein beliebtes Ausflugsziel.

Wer sich auf einem Spaziergang die Füße vertreten möchte, findet in den **Broschüren „Invercargill Heritage Trail"** und **„Short Walks"** verschiedene Touren in der Stadt und der Umgebung.

Praktische Tipps

Informationen

■ **www.invercargill.nz.com**

■ **Einwohnerzahl:** 47.892 Einwohner

■ **i-SITE:** 108 Gala St., Tel. 03-211 0895, Mo–Fr 8–17 Uhr, Sa, So 8–16 Uhr.

■ **DOC:** Level 7, 33 Don St., Tel. 03-211 2400, Mo–Fr 9–16 Uhr.

■ **Bibliothek:** 50 Dee St., Tel. 03-211 1444, Mo–Fr 9–19 Uhr, Sa, So 10–16 Uhr.

An- und Abreise/Unterwegs vor Ort

■ **Bus:** Invercargill wird von allen großen Langstreckenbusunternehmen angefahren; zentrale Haltestelle z.B. Victoria Av. Verschiedene regionale Buslinien verbinden die Orte Southlands. Der **Catch-a-Bus-South** (Tel. 03-479 9960, www.cathabus south.co.nz) fährt zweimal täglich von/nach Bluff.

■ **Flugzeug:** Christchurch, Wellington und Stewart Island werden von Invercargill aus angeflogen. Der Flughafen liegt knapp 3 km außerhalb (76 Clyde St., Tel. 03-486 2358, www.invercargillairport.co.nz). Es gibt **Shuttle-Services** (Executive Shuttle, 106 Airport Ave., Tel. 03-214 3434, www.executivecarservice.co.nz), ein Taxi von/zur Innenstadt kostet ca. 25 $.

■ **Taxi: Blue Star Taxis,** Tel. 03-217 7777.

■ **Stadtbus:** In der Innenstadt und den Außenbezirken gibt es vier Nahverkehrsbusrouten. Alle verfügen über WLAN und haben Fahrradträger. Preise variieren von 1,60 $ (Mo–Fr 9–15 Uhr, Sa 10.30–15.40 Uhr) bis 3,60 $. Die **Broschüre „Invercargill City Bus Timetable"** informiert.

Unterkunft

Invercargill ist weniger auf Touristen als auf Geschäftsreisende ausgelegt. Die meisten Motels liegen auf der **Tay Street** und der **North Road.** Die Qualität ist oft durchschnittlich, und unter der Woche sind Motels oft ausgebucht, am Wochenende bekommt man immer ein Zimmer.

3 Southern Comfort①, 30 Thomson St., Tel. 03-218-3838, www.southerncomfortbackpackers.com. Dieses nette Hostel ist in einer viktorianischen Villa mit großem Garten untergebracht. Urige Atmosphäre mit Kaminofen, Spülmaschine, kostenlosen Fahrrädern und allem, was man braucht.

12 Tower Lodge Motel②, 119 Queens Dr., Tel. 03-217 6729, www.towerlodgemotel.co.nz. Zentral gelegen, mit sauberen, ordentlichen Einheiten. Sehr gutes Preis-Leistungs-Verhältnis.

7 Victoria Railway Hotel②-③, 3 Leven St., Tel. 03-218 1281, www.hotelinvercargill.co.nz. In dem Haus, das 1896 gebaut und immer schon als Hotel genutzt wurde, fühlt man sich wie ein Zeitreisender. Alle Zimmer sind in unterschiedlichen Stilen eingerichtet.

Camping

11 Central City Camping Park②-③, 209 Tweed St., Tel. 03-214 2226, www.invercargillcamping.co.nz. Mitten in der Stadt gelegen, einfach, aber zweckmäßig.

1 Kiwi Holiday Park②, 352 Lorne-Dacre Rd., Lorneville, Tel. 03-235 8031, www.lornevillelodge.nz. Etwas außerhalb, schön gelegen, mit hübsch angelegtem Park und Farmtieren. Man findet reichlich Schattenplätze und angenehme Gemeinschaftseinrichtungen.

Essen und Trinken

Man findet mehr oder weniger an jeder Ecke ein Café oder Restaurant. Generell ist die Küche Invercargills **deftig, reichhaltig und wenig raffiniert.** Fisch und Meeresfrüchte sind frisch und die Austern aus Bluff eine Gaumenfreude. In der **Esk Street** gibt es gute und günstige Imbisse.

9 Seriously Good Chocolate Company①, 147 Spey St., Tel. 03-218 8060, www.seriouslygoodchocolate.com, Mo–Mi 8–16 Uhr, Do, Fr 8–17 Uhr, Sa 9–14 Uhr. In diesem kleinen Café werden Pralinen- und Schokoladenliebhaber glücklich. Die handgemachten Sünden kann man einzeln zum Kaffee oder als Geschenkbox kaufen. Es werden auch Fabriktouren und Pralinen-Kurse angeboten.

10 Batch①, 173 Spey St., Tel. 03-214 6357, Mo–Fr 7–16.30 Uhr, Sa, So 8–16 Uhr. Das Café räumt immer wieder Preise ab. Entspannte Atmosphäre, leckere Muffins und deftige Gerichte.

5 Louies②, 142 Dee St., Tel. 03-214 2913, Di–Sa 17 Uhr bis spät. Der Kamin hält warm, spendet schönes Licht und lässt einen im Sofa versinken. Es gibt Drinks aller Art und eine gute Auswahl an Tapas sowie „vollständige" Gerichte.

6 Rocks②-③, 101 Dee St., Tel. 03-218 7597, http://shop5rocks.com, Di–Fr 10–14 Uhr u. 17–21 Uhr, Sa 11–14 Uhr u. 17–21 Uhr. Etwas steril wirkendes Restaurant mit einem breiten Spektrum an guten Gerichten, z.B. Cidre-Pilz-Risotto.

2 Buster Crabb②-③, 326 Dee St., Tel. 03-214 4214, www.bustercrabb.co.nz, tägl. 10.30–2 Uhr. Beliebtest Restaurant mit sehr gutem Essen in hübscher Villa. Das Dessert-Menü verführt, z.B. mit Kokos-Crème Brûlée.

Ausgehen

8 Kiln, 7 Don St., Tel. 03-218 2258, 7 Don St., Tel. 03-218 2258, www.thekiln.co.nz, 11 Uhr bis spät. In diesen Alleskönner kann man zu jeder Tageszeit einfallen, ob nur auf ein Getränk oder zum Essen. Freitags spielen Bands.

4 Lone Star, 22 Walker St., Tel. 03-214 6225, www.lonestarinv.co.nz, tägl. 16 Uhr bis spät. Hier ist immer was los, am Wochenende legen auch mal DJs auf, das Tanzbein kann immer geschwungen werden. Wer sich unters Volk mischen möchte, ist hier richtig.

Einkaufen

Die meisten Geschäfte sind etwas verteilt und befinden sich östlich des Bahnhofs zwischen **Leuven Street, Yarrow Street** und **Tay Street.** Eine attraktive Shoppingstraße oder Mall sucht man vergebens.

Bluff

Es gibt mindestens zwei gute Gründe nach Bluff zu kommen: **Austern** und die **Fähre nach Stewart Island.** Das Fischerörtchen wirkt auf den ersten Blick industriell, windschief, verlassen und etwas traurig – als hätte man das Ende Neuseelands erreicht. Zum Mittelpunkt der Aufmerksamkeit wird Bluff in der **Austernsaison** (März bis August). Die *Ostrea Chilensis* (Latein für die Bluff-Auster) steht im Ruf, zu den besten der Welt zu gehören. Im Mai findet sogar ein Festival zu Ehren der Austern statt (siehe „Praktische Reisetipps von A bis Z/Feste und Veranstaltungen").

Wer seinen Weg nach Bluff findet, sollte einen Blick auf den **Stirling Point** werfen (siehe unten).

Geschichte

Früher als an anderen Stellen Neuseelands, gingen die ersten **Europäer** bereits **1813** in Bluff an Land: Eine Expedition aus Sydney sollte die Möglichkeiten prüfen, mit den Maori Flachs zu handeln. Der erste Siedler, *James Spencer,* ließ sich zehn Jahre später nieder und gründete eine der ersten europäischen Siedlungen in Neuseeland – die erste, die langfristig bestehen blieb. In den folgenden Jahren entwickelte sich Bluff langsam, aber mit Bestand.

Sehenswertes/Aktivitäten

Die Landmarke **Stirling Point** (39 Ward Parade) am Ende des SH1 wird vermarktet als der südlichste Punkt der Südinsel. Dieser liegt jedoch tatsächlich 90 Kilometer östlich (Slope Point, siehe „Catlins"). Hier lassen sich aber gute Fotos schießen, und der Blick auf das endlose Meer ist grandios.

Hier sieht man auch das Ende der **Ankerkette** (als Skulptur), die symbolisch mit einer Kette in Bluff verbunden ist und den Ankerstein von Mauis Kanu (Te Punga o Te Waka a Maui) aus der Maori-Legende versinnbildlichen soll (siehe auch „Stewart Island/Geschichte").

Das kleine, einfache **Maritime Museum** zeigt die (Seefahrts-)Geschichte Bluffs, eine Dampfmaschine und andere Exponate.

■ **Maritime Museum,** 241 Foreshore Rd., Tel. 03-212 7534, Mo–Fr 10–16 Uhr, Sa, So 13–17 Uhr, 3 $.

Der 6,5 Kilometer lange **Foveaux Walkway** ist ein einfacher, zweistündiger Spaziergang entlang der Küste mit schönen Blicken. Er startet am Stirling Point.

Für ganz Mutige: Sicher in einem Käfig geschützt, taucht man von Angesicht zu Angesicht mit **weißen Haien,** alternativ kann man auch vom Boot aus zuschauen (z.B. www.sharkdivenz.com, 630 $).

Praktische Tipps

Informationen

- **www.bluff.co.nz**
- **Einwohnerzahl:** 1788
- **i-SITE:** in Invercargill, siehe dort.

An- und Abreise

- **Bus: Catch-a-Bus-South** (Tel. 03-479 9960, www.catchabussouth.co.nz) verkehrt zweimal täglich zwischen Bluff und Invercargill. Der **Stewart Island Experience** fährt auf die Fähre abgestimmt von/nach Invercargill.
- **Von/nach Stewart Island:** siehe „Stewart Island/An- und Abreise/Fähre".

Unterkunft/Camping

- **Ocean Vista Motel**②, 152 Marine Parade, Tel. 03-212 8444, www.bluffoceanvista.co.nz. Einfaches Motel, teilweise mit Meeresblick.
- **Lands End**③, 10 Ward Parade, Tel. 03-212 7575, www.landsendhotel.co.nz. Direkt am Stirling Point gelegen. Von außen etwas schäbig aussehend, innen astrein. Eines der besten Hotels in Bluff.
- **Camping Ground**②, Gregory St., Tel. 027-626 2018. Kleiner, einfacher Campingplatz mit ordentlichen Gemeinschaftseinrichtungen.

Essen und Trinken

Man findet ein paar Cafés und Restaurants durchschnittlicher Qualität auf der **Ocean Beach Road.** Die Fish&Chips Shops sind gut.

- **Oyster Cove**②-③, 8 Ward Parade, Tel. 03-212 8855, www.oystercove.co.nz, Mo–Do 10–16 Uhr, Fr, Sa 10–19 Uhr. Gutes Essen (inkl. Austern). Alle Tische haben Meeresblick. Vor allem bei schlechtem Wetter ein schöner Rückzugsort.

Einkaufen

Es gibt eine Handvoll Gemischtwarenläden und ein Lebensmittelgeschäft auf der **Ocean Beach Road.**

- **Austern: Fowler Oysters,** 99 Ocean Beach Rd., Mo–Fr 9–18 Uhr, Sa, So 11–18 Uhr.

Die Southern Scenic Route (Invercargill – Te Anau)

Wer es **eilig** hat, kann getrost von Invercargill (oder Gore) über den **SH94** nach Te Anau und zum Milford Sound weiterfahren. Die Strecke ist eher unspektakulär, bringt einen aber relativ schnell ans Ziel. Wer viel Zeit zur Verfügung hat und auch entlegenere, einsamere und weniger touristische Ecken von Neuseeland entdecken möchte, sollte der Southern Scenic Route folgen.

Sehenswertes und Aktivitäten

Riverton

Die Siedlung wurde bereits 1790 von Walfängern genutzt. 1836 wurde Riverton dann offiziell von *John Howell* gegründet, womit es zu den **ältesten Orten Neuseelands** gehört. *Howell* soll außerdem den Grundstein für die erfolgreiche **Schafzucht** in Neuseeland gelegt haben. Das Alter und seine Bedeutung sieht man dem Örtchen nicht an, doch die Lage zwischen Meer und des Jacob River Estuary ist reizvoll.

Hier befindet sich auch das **Te Hikoi,** ein modernes, sehenswertes interaktives Museum über die Geschichte der Südküste: von den frühen Maori über die Seefahrer- und Kolonialgeschichte bis zu zeitgenössischer Kunst (in der angeschlossenen Galerie).

- **Te Hikoi,** 172 Palmerston St., Tel. 03-234 8260, www.tehikoi.co.nz, tägl. 10–17 Uhr, Winter 10–16 Uhr, 6/3 $.

Entlang der Küste bis Waihoaka

Zahlreiche Buchten, tolle Surfstrände, fotogene Aussichten und immer wieder nette Cafés sind schuld, wenn man nicht vorankommt: Colac Bay, Cosy Nook, Monkey Island, Mc Cracken's Rest ...

Tuatapere

Der kleine Ort ist mit seinen 588 Einwohnern die **größte Siedlung der Gegend.** Früher lebte der Ort von Waldwirtschaft und Sägewerken, heute sind weder Sägewerke noch Wald (bis auf eine dürftige Ausnahme) übrig. Tuatapere versprüht trotzdem **Charme.** Als Ausgangspunkt für wunderschöne Mehrtageswanderungen, Jetboat-Fahrten und andere Ausflüge ist der Ort ideal. Zudem gibt es zwei gute Cafés, eines davon mit angeschlossener Unterkunft.

- **Yesteryears Museum**①, 3a Orawia Rd., tägl. ca. 8–17 Uhr.
- **Last Light**①-③, 2 Clifden Highway, tägl. 11 Uhr bis mind. 20 Uhr. Mit Zimmern①-② und einem angeschlossenen Campingplatz②.

Jetboat-Touren auf dem Wairaurahiri River

Der Fluss liegt wunderschön im Süden Fiordlands in einzigartigem Regenwald. Rund 100 Kilometer und mehrere Rapids werden bei dem **Tagesausflug** zurückgelegt, BBQ und andere Annehmlichkeiten inklusive. Auch Übernachtungspakete oder Halbtagestouren sind möglich.

- **Wairaurahiri Jet,** 1260 Clifden-Orawia Rd., Tel. 03-225 5677, www.wjet.co.nz, 249/149 $.

Lake Hauroko

Der 30 Kilometer lange See umfasst eine Fläche von 63 Quadratkilometern und ist mit 462 Metern **Neuseelands tiefster See.** Die Maori nennen den See „Das Rauschen des Windes", denn aufgrund von Luftströmungen kann der Wind innerhalb weniger Minuten große, brausende Wellen auf dem See erzeugen. Per Auto erreicht man den See von Clifden aus (20 km Schotterpiste einplanen!). Bootsausflüge auf den See sind einzigartig und können von Tuatapere aus unternommen werden (z.B. mit Wairaurahiri Jet, siehe Jetboat-Touren)

Clifden Suspension Bridge

Drei Kilometer hinter Clifden überspannt die mit 111,50 Metern **längste Hängebrücke Neuseelands** den Waiau River. Im Jahre 1899 gebaut, wurde als Haupt-Verkehrsbrücke genutzt, bis sie 1978 durch die neue Brücke flussaufwärts ersetzt wurde. Zum Zeitpunkt der Recherche war die Brücke auch für Fußgänger gesperrt. Trotzdem ist sie einen Blick wert.

Spaziergänge und Wanderungen im südlichen Southland

Im südlichen Southland kann man traumhafte Wanderungen und Spaziergänge unternehmen. Wen die Sandflys nicht von Ausflügen abhalten, wird mit großartigen Blicken auf eine vielgestaltige Landschaft belohnt. Die meisten Wege liegen im Fiordland National Park (siehe gleichnamiges Kapitel). Die **DOC-Broschüre „Southern Fiordland**

Tracks" gibt einen guten Überblick über Touren von 30 Min. bis zu mehreren Tagen. Highlight sind die Folgenden:

Lake Hauroko Lookout

Mein Tipp: Auf der vierstündigen Tour läuft man vom Parkplatz am Lake Hauroko los, am See entlang, und steigt schließlich steil zum Lookout herauf. Bei gutem Wetter erschließt sich ein atemberaubender **360-Grad-Blick** auf den See, die Foveaux Strait und die umliegende Berglandschaft.

South Coast Track

Eine wunderschöne, weniger belaufene Vier-Tages-Wanderung von 61 Kilometern mit einfachen bis mühseligen Streckenabschnitten. Los geht es am Rarakau-Parkplatz an der Papatotare Coast Road in Tuatapere. Man folgt alten **Holzfällerpfaden,** historischen **Bahnstrecken,** überquert **Viadukte** und lässt sich vom **Regenwald** beeindrucken. Am Ende kann man sich von einem Jetboat abholen lassen (siehe „Jetboat-Touren auf dem Wairaurahiri River") oder zurücklaufen. Auch Einzelabschnitte oder die Verbindung mit dem Hump Ridge Track sind möglich.

■ **Informationen** unter doc.govt.nz und im Bushman's Museum, 31 Orawia Rd., Tuatapere, Tel. 03-226 6739, Mo–Fr 9–17 Uhr, Sommer außerdem Sa, So 15–17 Uhr.

Hump Ridge Track Loop

Mein Tipp: Eine tolle Rundwanderung von 55 Kilometern für alle, die sich **erstmalig an einem mehrtägigen Track** versuchen wollen: Der private Track (ab 130 $) kann selbstständig mit oder ohne Gepäcktransport, als Tour oder in Kombination mit Helikopterflügen und Jetboats gebucht werden. Übernachtet wird in komfortablen Lodges. Die Route ist teilweise anstrengend, belohnt wird man mit beeindruckender Küstenlandschaft, Farn- und Buchenwäldern und weiten Blicken. Startpunkt siehe South Coast Track. Weitere Varianten sind möglich.

■ **Informationen** und **Buchung:** www.humpridgetrack.co.nz und im Bushman's Museum (siehe South Coast Track).

Dusky Track

Eine **anstrengende Tour** zwischen den **Seen Hauroko** und **Manapouri.** In acht bis zehn Tagen bewältigt man 84 Kilometer mit reißenden Flüssen, 21 Drahtbrücken, dichten Waldabschnitten und viel Matsch. Nur für erfahrene, fitte Wanderer geeignet. An beiden Enden ist ein Boot-Shuttle notwendig.

■ **Informationen** unter www.doc.govt.nz, im Bushman's Museum (siehe South Coast Track) oder in Manapouri.

Fiordland National Park

Das Fiordland ist für viele Reisende eines der **Highlights** Neuseelands. Einst von Gletschern ins Land gefräste Fjorde, pittoreske Wasserfälle, malerische Seen und Täler, schroffe Granitfelsen und ein atemberaubendes Ensemble aus saftigem Grün und weißem Nebel lassen einem den Atem stocken. Das Land ist wild und ursprünglich, **eine Landschaft wie in einer anderen Welt.** Nicht ohne Grund dient sie häufig als **Drehort:** Hier sollte der Film „Jurassic Park" gedreht werden; aufgrund des Dauerregens wurden die Dreharbeiten jedoch bald abgebrochen und nach Hawaii verlegt. Für die „Herr der Ringe"-Trilogie diente das Fiordland als Kulisse für den Fangorn Forest, und auch „Der Hobbit: Eine unerwartete Reise" wurde hier gedreht.

1,2 Millionen Hektar Fläche (rund ein Drittel des gesamten Southlands) gehören zum Fiordland National Park, der zusammen mit Westland und dem Nationalpark Mount Cook das **UNESCO-Welterbe Te Wahipounamu** darstellt. Er ist der **größte Nationalpark Neuseelands** und einer der größten der Welt.

14 Fjorde gibt es hier, alle entstanden vor ca. 100.000 Jahren. Der tiefste von ihnen ist der **Doubtful Sound** (421 m), der bekannteste und meistbesuchte ist der **Milford Sound.** Die Landschaft ist vorwiegend von Buchen- und Steineiben-Wäldern bewachsen. Aufgrund der relativen Abgeschiedenheit der Gegend dominieren **endemische Pflanzen,** seltene **Vögel** wie Takahe und Kakapo haben hier überlebt. Auch Delfine, Robben und Pinguine leben in den Fjords und können auf Touren beobachtet werden.

Das Fiordland im Allgemeinen und der Milford Sound im Speziellen zählen zu den **feuchtesten Regionen der Welt:** im Durchschnitt fallen 7,50 Meter (ja,

076nz br

Die schönsten Wanderungen im Fiordland und Umgebung im Überblick (von Süd nach Nord)

Für Natur- und Outdoorfans sind Wanderungen im Fiordland ein Muss. Die Landschaft ist atemberaubend, Fauna und Flora sind einzigartig, und das Netz an Wanderstrecken ist gut ausgebaut. Wer die Wahl hat, hat die Qual. Die beliebtesten und schönsten im Folgenden:

- **Lake Hauroko Lookout,** 4 Std. return, Start: Tuatapere, siehe S. 522.
- **South Coast Track,** 61 km, 4 Tage, Start Tuatapere, siehe S. 522.
- **Hump Ridge Track Loop,** 55 km, 3 Tage, Start: Tuatapere oder Clifden, siehe S. 522.
- **Dusky Track,** 84 km, 8–10 Tage, Start: Clifden oder Manapouri, siehe S. 522
- **Kepler Track – Great Walk,** 60 km Loop, 3–4 Tagen, Start: Te Anau, siehe S. 528.
- **Lake Marian,** 2,4 km, 3 Std. return, Start Te Anau-Milford Highway, siehe S. 531.
- **Gertrude Saddle,** 7 km, 4–6 Std. return, Start: Te Anau-Milford Highway, siehe S. 531.
- **Milford Track – Great Walk,** 53 km, 4 Tage, Start: Te Anau, siehe S. 534.
- **Routeburn – Great Walk** (32 km, 2–4 Tage, Start: Te Anau oder Glenorchy, siehe S. 482 und 531.
- **Key Summit,** 3,4 km, 3 Std. return, Start: Te Anau, siehe S. 531.
- **Greenstone and Caples Track,** 61 km, 4 Tage, Start: Te Anau-Milford Highway oder Glenorchy, siehe S. 482.
- **Rees-Dart Track,** 60 km, 4–5 Tage, Start: Glenorchy, siehe S. 483.

- Wer sich **Equipment** (Rucksack, Schlafsack, Kleidung, Wanderschuhe, Gaskocher, ...) für seine Tour ausleihen möchte, kann das in Te Anau z.B. bei **Bev's Tramping Gear Hire,** 16 Homer St., Tel. 03-249 7389, www.bevs-hire.co.nz, Mo–Sa 9–12 Uhr u. 17.30–19 Uhr. Überschüssiges Gepäck kann man meist in seiner Unterkunft lagern.

www.fotolia.de © naruedom

Unterwegs auf dem Kepler Track

Meter!) Niederschlag im Jahr, es regnet fast jeden Tag. Dunkle, schwere Regenwolken dominieren den Himmel, zudem stürmt es in Küstennähe ca. sechs Monate im Jahr, das Wetter wechselt schnell und ist unvorhersehbar. Die gute Nachricht: Im **Sommer** herrschen oft **milde Temperaturen,** und Te Anau liegt im Regenschatten der Berge, sodass es hier ein wenig trockener ist.

Te Anau ist die **zentrale Siedlung.** Die meisten Touristen unternehmen von hier aus Ausflüge in die Fjorde, bereiten sich auf Wanderungen vor – auf 500 Kilometern gibt es spektakulär schöne Wege, darunter auch die Great Walks Milford und Kepler.

Geschichte

Über die Geschichte Fiordlands ist relativ wenig bekannt. Laut dem Historiker *John Hall-Jones* wurden im hier die **ältesten Spuren von Menschen in Neuseeland** gefunden. Ihm zufolge wurden in der Gegend auch das erste europäische Haus sowie das erste Schiff gebaut.

Vor rund 800 Jahren begannen **Maori** die Gegend des heutigen Fiordland zu erforschen. Im Laufe der folgenden Jahrhunderte gab es mindestens zwei große **Gefechte** zwischen verschiedenen Stämmen, die dadurch stark dezimierte Bevölkerung verteilte sich auf das Gebiet der Fjorde.

1770 näherte sich Kapitän **James Cook** mit seiner „Endeavour" von Südwesten her dem Dusky und dem Doubtful Sound, musste aber aufgrund ungünstiger Winde ohne anzulegen weitersegeln. Drei Jahre später kam er zurück und sammelte über einen Monat lang reichlich Informationen über die Gegend. Er berichtete von einer großen Robbenpopulation und weckte das Interesse von **Robbenjägern,** die sich in den folgenden Jahren vereinzelt auf den Weg in die Sounds machten. In den 1790er Jahren landeten zwölf von ihnen, die über 4000 Robbenfelle an den Stationen Dusky, Dag und Doubtful gewannen und die Robben fast zum Aussterben brachten. In den folgenden Jahrzehnten ließen sich vereinzelte **Jäger** und **Forscher** nieder, doch keine der Siedlungen hatte Bestand. Erst ab Mitte des 19. Jahrhunderts wurden vereinzelt erste dauerhafte Siedlungen gegründet. Der aus Schottland stammende Entdecker *Donald Sutherland* war der erste Europäer, der sich am Milford Sound niederließ. Ein Wasserfall, den man lange für Neuseelands höchsten hielt, ist nach ihm benannt. Touristisch erschlossen ist das Fiordland erst seit den 1990er Jahren. Heute gibt es in Te Anau über 4000 Betten für Reisende.

www.fiordland.org.nz

Te Anau

Das Städtchen Te Anau ist das Tor zum Fiordland und damit **Dreh- und Angelpunkt für Ausflüge** in die Region. Die Stadt selbst liegt hübsch und überschaubar am gleichnamigen See. Der malerische **Lake Te Anau** ist mit einer Länge von 65 Kilometern und einer Fläche von 344 Quadratkilometern der zweitgrößte See Neuseelands.

Te Anau wurde erstmals 1893 vermessen, kurz nachdem der Milford Track eröffnet wurde. Der Ort entwickelte sich

Te Anau

0 100 m

Neus_38

aber erst so richtig, nachdem in den 1950er Jahren der Homer Tunnel auf dem SH94 und die Straße nach Milford gebaut wurden.

Te Anau ist klein, stellt Tourismus in den Mittelpunkt, und es gibt alles, was man braucht: ein paar Geschäfte, Restaurants, Cafés, Kneipen, professionelle Touranbieter und vor allem ein gutes DOC-Informationszentrum, im dem man sich über Fauna und Flora der Gegend informieren und die Erkundung der Gegend zu Fuß planen kann. Sehenswertes im klassischen Sinne gibt es wenig, alles bezieht sich auf Aktivitäten im Nationalpark.

Sehenswertes und Aktivitäten

Im **Fiordland Cinema** wird der 32 Minuten lange **Film „Ata Whenua – Shadowland“** gezeigt, eine Naturdokumentation über das Fiordland. Eine schöne Einstimmung auf die Gegend.

■ **Fiordland Cinema,** 7 The Lane, Tel. 03-249 8844, www.fiordlandcinema.co.nz, 10 $.

Der öffentlich zugängliche **Wildpark Punanga Manu o Te Anau** wird vom DOC geführt: Man kann hier im Fiordland heimische Vögel wie z.B. den Takahe sehen. Zur Fütterungszeit am Morgen informiert ein DOC-Ranger.

■ **Punanga Manu o Te Anau,** Lakefront Dr., Tel. 03-249 7924, www.doc.govt.nz, tägl. bei Tageslicht.

Mein Tipp: Mit dem Boot geht es auf die andere Seite des Lake Te Anau in eine 12.000 Jahre alten **Glow Worm Caves,** um dort **Glühwürmchen** (die keine Würmer, sondern Larven einer Pilzmückenart sind) von den Decken und Wänden hängen zu sehen, sodass die Höhle wie ein Sternenhimmel erscheint. Für alle zu empfehlen, die bislang noch keine Glühwürmchen gesehen haben und nicht nach Waitomo fahren.

2 **Real Journeys,** Lakefront Dr., Tel. 03-249 6000, www.realjourneys.co.nz, tägl. 14–19 Uhr, ab 79/ 22 $.

Auch aus der Luft beeindruckt die region mit spektakulärer Landschaft und Blicken über die Fjorde und den Tutoko-Gletscher. **Rundflüge** sind auch mit Bootstouren kombinierbar. Bei schlechtem Wetter kann die Sicht aus dem Flugzeug eingeschränkt sein.

6 **Fly Fiordland,** 52 Town Centre, Tel. 03-249 4352, ab 195 $.

Ob im Jetboat oder als Cruise Tour: Die mächtigen **Seen** der Gegend (allen voran der Te Anau Lake) sind immer einen Ausflug wert – am besten mit einer **Angel** in der Hand. Auch verkehren Boote zu/von Wanderwegen als Wassertaxi.

Hinweis: Touren zum Milford und Doubtful Sound und zum Lake Manapouri können auch von Te Anau aus als Tour gebucht werden! Details zu den Zielen siehe entsprechende Kapitel. Selbiges gilt für Wanderungen im Fiordland.

Wer mehrere Aktivitäten mit demselben Anbieter plant, sollte auf **Kombi-Angebote (Combo Offers)** achten. Bei Real Journeys z.B. kann man bei der Buchung mehrerer Touren bis zu 20 Prozent auf den Gesamtpreis sparen.

10 **Fishjet,** Queens Reach Rd., Tel. 0800-3474 538, www.fishjet.co.nz.

Wer das Fiordland aus der Perspektive früher Siedler entdecken will, schwingt sich am besten auf einen **Pferderücken.**

15 **Westray Horse Treks,** 55 Ramparts Rd., Tel. 03-249 9079, www.fiordlandhorsetreks.com, ab 120 $.

Die Erkundung der Gegend um Te Anau ist ein Muss. Es gibt zahlreiche kurze und lange **Wanderungen** in der Gegend, alle haben ihren eigenen Charme (siehe auch Kasten „Die schönsten Wanderungen im Fiordland"). Einen guten Überblick (auch über Fauna und Flora) vermittelt die **DOC-Broschüre „Fiordland Day Walks"**. Wer sich lieber einer Gruppe anschließen möchte, kann das z.B. organisieren bei:

10 **Trips and Tramps,** Caswell Rd., Tel. 03-249 7081, www.tripsandtramps.com.

Folgende **Tagestouren** (Abschnitte des Kepler Tracks, siehe unten) sind besonders schön und von Te Anau aus gut zu erreichen:

- **Brod Bay,** 4 Std., Start: DOC Visitor Centre) Mit dem Wassertaxi (buchen!) nach Brod Bay übersetzen, dann zurück durch Buchenwald, entlang des Sees. Ein einfacher Ausflug.

Mein Tipp: **Mount Luxmore,** 4–6 Std., Start: Brod Bay. Mit einem Wassertaxi (buchen!) nach Brod Bay übersetzen, durch Buchenwälder und Graslandschaft oberhalb der Baumgrenze den Blick von der Luxmore Hut und schließlich vom Gipfel des Mt. Luxmore genießen. Für den Abstieg mind. 3–5 Stunden einplanen. Die Uhr im Blick behalten und notfalls früher umdrehen!

- **Rainbow Reach,** 2½ Std., Start: Control Gates Parkplatz. Vom Parkplatz aus folgt man dem Waiau flussaufwärts durch schöne Landschaft und über eine lange Hängebrücke. Zurück geht's mit dem Shuttle-Bus (fährt nur im Sommer).

Der **Kepler Track,** einer der **Great Walks,** startet praktischerweise direkt vor den Toren von Te Anau. Durch Buchenwälder geht es über die Baumgrenze und die Wolken hinaus, am Luxmore Peak (1472 m) vorbei, wieder hinunter ins Tal und am Iris Burn River entlang zurück nach Te Anau. Die Blicke ins Fiordland mit seiner traumhaften Natur sind einzigartig. Der **Rundweg** ist **60 Kilometer lang** und wird meist in drei bis vier Tagen gelaufen. Der Track ist gut ausgebaut, aber in Teilen steil und sehr exponiert. Eine entsprechende Fitness und Wanderausrüstung ist absolut erforderlich. Es muss mit **Schnee, Eis,** in der Nebensaison von Mai bis Oktober auch mit **Lawinengefahr** gerechnet werden. Das DOC hält aktuelle Informationen über eventuelle Gefahren bereit.

- **www.doc.govt.nz**
- **www.greatwalks.co.nz**
- Die **DOC-Broschüre „Kepler Track"** informiert umfassend. Auf der **DOC-Homepage** gibt es zusätzliche Informationen zum Track in der Nebensaison („Walking the Kepler Track outside the Great Walk Season")
- **Equipment** kann man in Te Anau ausleihen.
- Entlang des Kepler Tracks gibt es **drei Hütten** und **zwei Campingplätze.** Buchungen sind in der Hauptsaison zwingend (54 $/Nacht Hütte, 18 $/Nacht Camping), vor allem die Hütten sind oft Monate im Voraus ausgebucht. In der Nebensaison muss nicht gebucht werden (15 $/Nacht), die Ausstattung der Hütten ist dann limitiert.
- **Transport:** siehe „Praktische Tipps".

077nz ks

Praktische Tipps

Informationen

- **www.te-anau.com**
- **www.teanau.net.nz**
- **Einwohnerzahl:** 1899
- **i-SITE:** 19 Town Centre, Tel. 03-249 8900, tägl. 8.30–18.30 Uhr.
- **DOC Fiordland National Park Visitor Centre:** Lake Front Dr., Tel. 03-249 0200, tägl. 8–17 Uhr, Winter bis 16.30 Uhr.
- **Bibliothek:** 24 Milford Cres., Mo 13–18 Uhr, Di–Fr 9–18 Uhr, Sa 10–13 Uhr.

An- und Abreise

- **Bus:** Te Anau wird von den meisten großen Langstreckenbusunternehmen angefahren; zentrale Haltestelle z.B. an der Miro St. Zusätzlich gibt es lokale Anbieter, die die Orte Southlands verbinden, z.B. **Tracknet,** www.tracknet.net.

Einsamer Wanderer auf dem Kepler Track

Transport vor Ort

- **Bus: Tracknet** (s.o.) fährt nach Milford und zum Kepler Track. In der Sommersaison gibt es immer mal wieder auch andere Anbieter.
- **Wassertaxi: Fiordland Water Taxi,** Tel. 0800 3474 538, www.fiordlandwatertaxi.co.nz, fährt nach Brod Bay (auf Anfrage auch andere Ziele). Buchung notwendig.

Unterkunft

Entlang des **Lake Front Drive** und **Quintin Drive** reihen sich die Motels aneinander. Im Sommer sollte vorgebucht werden. In der Nebensaison nach Rabatten fragen (falls sie nicht automatisch angeboten werden). Es gibt auch eine gute Auswahl an Hostels, die auf die kleine Stadt verteilt sind. Günstig und gut sind auch die Unterkünfte auf den Campingplätzen.

9 **Bob and Maxine's**①, 20 Paton Pl., Tel. 03-249 7429. Relativ neues, hervorragendes Hostel mit 20 Betten, viel Platz, Kaminofen und hilfsbereiten Herbergseltern.

12 **Bella Vista**②-③, 9 Mokoroa St. Tel. 03-928 7064, www.bellavista.co.nz. Saubere, funktionale Zimmer von 18 bis 54m². Nah am See gelegen.

13 **Explorer**②-③, Mokoroa St. Ecke Cleddau St., Tel. 03-249 7156, www.explorermotel.co.nz. 16 Einheiten in verschiedenen Größen, teilweise etwas in die Jahre gekommen, aber noch ok.

14 **Radfords on the Lake**③, 56 Lakefront Dr., Tel. 03-668 0686, www.radfordsonthelake.co.nz. Astreine Studios und Apartements in verschiedenen Größen, teilweise mit Seeblick.

Camping

Es gibt drei große Campingplätze in Te Anau und einen weiteren ein paar Kilometer weiter Richtung Milford. Alle sind groß, ordentlich und unterscheiden sich wenig voneinander. Die Preise sind saisonabhängig. Auf der Milford Road gibt es knapp zehn DOC-Campingplätze für *self contained camper.*

16 **Lakeview Holiday Park**③,77 Manapouri-Te Anau Rd., Tel. 03-249 7457, www.teanauholiday park.co.nz.

11 **Kiwi Holiday Park**③, 15 Luxmore Dr., Tel. 03-249 8538, www.teanaukiwiholidaypark.co.nz.

1 **Top 10 Holiday Park**③, 128 Te Anau Terrace, Tel. 03-249 7462, www.teanautop10.co.nz.

Essen und Trinken

Die Massen an Touristen, die im Sommer in Te Anau einfallen, müssen auch gefüttert werden. Die Auswahl an Restaurants und Cafés ist groß, die Qualität ist okay. Wer die Straßen **Town Centre** und **Milford Crescent** entlang läuft, wird fündig.

8 **Mainly Seafood**①, 106 Town Centre, Tel. 027-516 5555, tägl. 11.30–20.30 Uhr. Fish&Chips und Burger sowie Meeresfrüchte aus dem Imbisswagen. Günstiges Essen in guter Qualität.

4 **Miles Better Pies**①, Milford Rd., Tel. 03-249 9044, www.milesbetterpies.co.nz, Okt. bis Mai tägl. 6–18 Uhr. Wer neuseeländische Pies liebt oder sie bislang nicht probiert hat, ist hier richtig. Der Venison Pie mit Wild ist besonders beliebt.

7 **Sandfly Café**①-②, 9 The Lane, Tel. 03-249 9529, tägl. 7–16.30 Uhr. Aktuell eines der beliebtesten Cafés im Ort mit dem angeblich besten Espresso des Fiordlands. Gemütliche Atmosphäre.

5 **Redcliff**③, 12 Mokonui St., Tel. 03-249 7431, www.theredcliff.co.nz, tägl. 11.30–20 Uhr. Das sehr empfehlenswerte Restaurant bietet ein übersichtliches Gourmet-Menü und passende Weine. In der angeschlossenen Bar gibt es ab und zu Live-Events.

Ausgehen

3 **Moose**②-③, 84 Lakefront Dr., Tel. 03-249 7100, www.themoosebarteanau.com, Mi–Sa 11–2 Uhr, So, Mo 11–23 Uhr, Di 11–24 Uhr. Das Nachtleben in Te Anau ist überschaubar, man trifft sich hier im Moose auf ein Bier oder zwei. Im Sommer kann man nett draußen sitzen. Serviert wird unter anderem eine große Auswahl an Steaks.

Einkaufen

Te Anau bietet alles an Geschäften, was man braucht: Kleidung, Souvenirs, Outdoor-Ausrüstung, Schnickschnack und Lebensmittel. Die meisten Geschäfte finden sich auf der Straße **Town Centre,** die man relativ schnell hoch- und runtergelaufen ist. Kein Ort für ausschweifende Shopping-Orgien.

Te Anau – Milford Highway

Die 120 Kilometer von Te Anau zum Milford Sound auf dem **SH94** sind **eine Reise für sich.** Zahlreiche Naturerlebnisse, Spaziergänge und Wanderungen entlang des Wegesrandes machen die Strecke zur lohnenden Tagestour. Und wer länger braucht und im Camper unterwegs ist, kann auf einem der zahlreichen DOC-Campingplätze übernachten und am nächsten Tag weiterfahren.

Auftanken in Te Anau nicht vergessen! Im Winter muss mit **Schnee und Eis** sowie **Lawinengefahr** gerechnet werden (Warnschilder sind vorhanden), teilweise herrscht Schneekettenpflicht. Die Ketten kann man an Tankstellen in Te Anau mieten.

Einen guten Überblick gibt die **DOC-Karte „Te Anau – Milford Highway, a Journey into the Heart of Fiordland National Park"**, es finden sich aber auch ausreichend Hinweisschilder entlang der Straße. Die **Highlights** (von Te Anau aus Richtung Milford fahrend) werden im Folgenden vorgestellt:

- **Lake Mistletoe** (45 Min. return): einfacher Spaziergang durch den Wald zum kleinen See.
- **Mirrow Lakes** (10 Min. return): Bei guten Bedingungen sind die kleinen Seen so glatt, dass sich die Earls Mountains in ihnen spiegeln. Ein Traum für (Hobby-) Fotografen.
- **Divide:** Hier starten die Mehrtageswanderungen Routeburn, Caples und Greenstone (s. „Queenstown und Umgebung/Glenorchy").

Mein Tipp: Wer Wanderluft schnuppern möchte kann auf dem **Routeburn Track** zum Key Summit (3 Std. return) laufen. Weitere Touren sind auf der dortigen Wanderkarte zu sehen.

- **Pops View:** Beim richtigen Wetter hat man einen atemberaubenden Blick in das Hollyford-Tal.
- **Lake Marian** (3 Std. return): Über eine Hängebrücke geht es an einer Serie hübscher Wasserfällen entlang, hinauf zum alpinen See Marian.
- **Gunns Camp:** Das Bauarbeitercamp von 1938 beherbergt heute eine kleine Unterkunft mit angeschlossenem Campingplatz (www.gunnscamp.org.nz), einen kleinen Laden und ein Museum (2 $). Um 22 Uhr wird der Stromgenerator abgestellt.
- **Humboldt Falls** (30 Min.): Wer noch nicht genug Wasserfälle gesehen hat, kommt hier auf seine Kosten.
- **Gertrude Saddle** (4–6 Std. return): nur für fitte, erfahrene Wanderer ohne Höhenangst. Der Ausblick ist atemberaubend.
- **Chasm** (20 Min. return): noch mehr Wasserfälle. Vor allem nach Regenfällen beeindruckend.

Milford Sound/Piopiotahi

Von Neuseeländern wird er gern als **„Achtes Weltwunder"** bezeichnet: Der nördlichste Meeresarm Fiordlands ist eine Berühmtheit. Egal, bei welchem Wetter man von Te Anau anreist, der erste Anblick ist atemberaubend: glattes Wasser, umrahmt von steilen, mit Bäumen, Farnen und Moosen gespickten Felsen, an denen Wasserfälle hinabfließen. Mächtig und geheimnisvoll wirkt Piopiotahi, wie der Fjord in der Sprache der Maori heißt. Mit 15 Kilometern Länge und einem Kilometer Breite gehört er zu den schmalsten Fjorden. Die 1200 Meter hohen Felswände und der 1692 Meter hohe Mitre Peak lassen ihn noch imposanter wirken. Und so richtig erfasst man seine Dimensionen nur, wenn ein Boot auf dem Wasser unterwegs ist. Sitzt man dann selbst in einem, lassen sich zahlreiche Robben und mit etwas Glück Pinguine und Delfine beobachten.

7,50 Meter (!) **Regen** fallen hier im Jahresdurchschnitt. Kleine Bächlein verwandeln sich schnell in reißende Wasserfälle, und Moose nehmen bis zum Zwanzigfachen ihres Gewichtes an Wasser auf. **Dunkelgrün** ist die vorherrschende Farbe. Doch egal, ob bei Sonne, Regen oder Schnee: Der Milford Sound ist immer attraktiv.

Am **Anleger** herrscht **Massenabfertigung.** Ist man aber erst einmal auf dem Boot, bekommt man von dem Treiben nicht mehr viel mit. Die Anmut und Größe des Fjords ziehen den Blick schnell auf sich, und die Boote verteilen sich gut auf dem Wasser.

Geschichte

Seinen **Namen** verdankt Milford **John Grono,** der sich 1823 als erster Europäer im Milford Sound als Robbenfänger verdingte. Er benannte den Fjord nach seinem Heimathafen in Südwales, Milford Haven. Als erster Siedler ließ sich der Schotte **Donald Sutherland** mit seinem Hund *John O'Groat* im Jahr 1877 nieder. Er arbeitete als Reiseführer, errichtete einige Hütten und benannte die kleine Siedlung „City of Milford".

Bis zum Bau des Homer Tunnels im Jahr 1953 war diese Siedlung ausschließlich über den Milford Track oder per Boot zu erreichen. Seitdem hat sich doch einiges getan: 2015 wurden **530.000 Besucher** gezählt. Die meisten von ihnen reisen im Rahmen einer Tour per Reisebus an.

Milford

Die **Ortschaft** Milford mit ihren 150 Einwohnern ist überschaubar. Es gibt ein Café/Restaurant mit angeschlossenem Pub (Blue Duck, tägl. 11–22 Uhr), ein Hostel (siehe unten) und den alles dominierenden **Cruise Terminal** für Touren in die Umgebung. Hier wird man professionell abgefertigt, kann Souvenirs kaufen und sich ein wenig über Fauna und Flora informieren. Wer noch ein bisschen Zeit hat, kann einen kurzen Spaziergang zum **Aussichtspunkt** hinter der Mitre Peak Lodge, die vorwiegend für geführte Milford-Sound-Touren reserviert ist, unternehmen oder die 164 Meter hohen Wasserfälle **Lady Bowen Falls** bewundern.

- **Milford Sound Lodge**①, 1,5 km hinter dem Anleger, Tel. 03-249 8071, www.milfordsoundlodge.com.
- Es fahren täglich ein paar **Busse** (Intercity, Naked, Tracknet) nach Milford.

Touren

Alles hier dreht sich um Touren auf den Milford Sound. Es ist ratsam, diese vorab in **Te Anau** zu **buchen.** Die Angebote sind zahlreich, man sollte sich vorab überlegen, was einem wichtig ist, sonst ertrinkt man schier in den ähnlich aussehenden Offerten: (Halb-)Tagestour versus Übernachtungstour, kleines Boot versus großes Boot, Segel versus Motor, Boot versus Kajak, Tageslicht- versus Sonnenuntergangstour, mit Angeln, Tauchen oder mit Stopp im Discovery Centre und **Underwater Observatory** ... in Letzterem kann man die Unterwasserwelt (vor allem mit Pflanzen, seltenen Korallen und kleineren Fischen) beobachten. Manchmal schwimmen auch Robben oder gar Haie vorbei. Oberhalb des Wassers gibt es zahlreiche Infotafeln über den Milford Sound und seine Erschließung. Wer dem Trubel entgehen möchte, sollte eine Tour am Morgen oder am Nachmittag buchen, die meisten Touristen starten mittags.

Bootstouren

Trips per Boot sind die populärste Ausflugsart im Sound und vermitteln einen sehr guten Eindruck von Landschaft, Fauna und Flora. Je nach Anbieter dauern die Touren von wenigen Stunden bis zu mehreren Tagen. Je länger die Tour, desto tiefer gelangt man in den Sound hinein.

Real Journeys, am SH94 in Milford oder am Lakefront Dr. in Te Anau, Tel. 03-249 6000, www.realjourneys.co.nz, tägl. 14–19 Uhr, ab 88/22 $.

Kajaken

Im Kajak erscheint der Sound noch größer und beeindruckender. In geführten, nach Schwierigkeitsgrad eingeteilten Kleingruppen lernt man viel über Fauna und Flora, während man vor sich hin paddelt. Zu bedenken ist, dass man als Gruppe mit Kajaks nicht sehr schnell und nicht sehr weit in den Sound hineinkommt. Zudem paddelt man anfangs nahe der allgemeinen Bootsstrecke. Mit der **Boot-Kajak-Kombination** genießt man das Beste aus beidem.

Rosco's Milford Kayaks, 72 Town Centre, Tel. 03-249 8500, www.roscosmilfordkayaks.com, ab 99 $/mit Boot ab 199 $.

Tauchen

Das **Meeresreservat** kann beim Tauchen am besten erkundet werden. Zu sehen gibt es Korallen, Delfine, Haie, Aale, Oktopusse, Stachelrochen und über 150 Fischarten. Bei der Buchung sollte man beachten, dass der Milford Highway über einen Pass auf knapp 1000 Metern führt. Nach dem Tauchgang wird eine Übernachtung in Milford empfohlen. Es gibt auch Touren für Anfänger.

Descend Scubadiving, Tel. 027-3372363, www.descend.co.nz, ab 345 $.

Aus dieser Perspektive erscheint der Milford Sound noch beeindruckender

078nz je

Milford Track – Great Walk

Der Milford Track ist die **bekannteste und beliebteste Mehrtageswanderung in Neuseeland.** Knapp 15.000 Menschen laufen jährlich die 53,3 Kilometer vom **Lake Te Anau** zum **Milford Sound.** Unbestreitbar ist die Schönheit der Natur mit tiefen Fjorden, reißenden Flüssen, Wasserfällen, Seen, steilen Granitfelsen und tiefgrünem Regenwald.

Die Tour startet mit einer **Bootsfahrt** zum nördlichen Ende des Lake Te Anau, geht über den 1150 Meter hoch liegenden **Mackinnon Pass** und anschließend hinab zum Milford Sound. Immer wieder erschließen sich traumhafte Blicke, mal hat man das Gefühl von unfassbarer Weite, mal meint man, durch eine Elfenlandschaft zu laufen. Eines der Highlights ist einer der längsten Wasserfälle Neuseelands, die 580 Meter hohen Sutherland Falls.

Die Wege sind extrem **gut ausgebaut** (und ausgeschildert), auch unerfahrene Wanderer finden sich problemlos zurecht. Eine **gute Fitness** und vor allem eine angemessene **Wanderausrüstung** sind trotzdem unabdingbar (Equipment kann in Te Anau gemietet werden). Die Wanderung dauert vier Tage und kann in der Hauptsaison (ca. Nov. bis April) nicht verlängert werden.

Mein Tipp: Wer keinen der Plätze für den Milford Track ergattern kann, kann als Alternative den **Kepler Track – Great Walk** versuchen. Der Track startet in Te Anau und ist genauso traumhaft (siehe „Te Anau“).

Geschichte

Maori haben auf der Suche nach Pounamu (Greenstone) den Track bereits lange Zeit genutzt, bevor europäische Siedler nach Neuseeland kamen, geschweige denn den Milford Track entdeckten. *Donald Sutherland* und *John Mackinnon* erkannten die Schönheit der Gegend, bauten 1888 den Pfad zu den Sutherland Falls aus und machten so den Milford Track für Reisende und Abenteurer begehbar.

Praktische Tipps

- **www.milfordtrack.net**
- **www.greatwalks.co.nz**
- **www.doc.govt.nz**
- Die beiden **DOC-Broschüren „Milford Track“** und **„Milford Track Winter Tramping“** informieren umfassend.
- Es gibt **drei Hütten** auf dem Track, Camping ist nicht erlaubt. Buchung in der Hauptsaison ist zwingend (54 $/Nacht). Die Hütten sind meist Monate im Voraus ausgebucht. In der Nebensaison muss nicht gebucht werden (15 $/Nacht), die Ausstattung der Hütten ist dann limitiert.
- Der **Transport** zum und vom Track kann über das **DOC** gebucht werden, je nach Tageszeit variieren die Preise minimal: Bus von Te Anau zum Bootsanleger (ab 25/18 $), Boot zum Track (ab 81/22 $), Ende des Tracks nach Milford (ab 47/26 $), Milford nach Te Anau (ab 49/37 $ – Stopps unterwegs möglich). Auch ein Shuttle von/nach Queenstown ist im Angebot (90 $).

Manapouri

Das kleine Örtchen Manapouri ist Ausgangspunkt für Ausflüge in den **Doubtful Sound** und zum **Manapouri-Wasserkraftwerk.** Die meisten Besucher würdigen den Ort keines Blickes und übersehen in all dem Trubel oft die Schönheit des **Lake Manapouri.** Dabei ist der See eine Attraktion für sich: Vor der Bergkette Cathedral gelegen, mit 33 kleinen Inseln, umrahmt von Buschland, Sandstränden und kleinen Buchten, strahlt der See eine große Ruhe und malerische Schönheit aus. Kaum zu glauben, dass hier die einst größten Umweltproteste Neuseelands stattfanden (siehe „Manapouri Power Station").

Sehenswertes und Aktivitäten

Am Ende des Westarms des Manapouri Lake, 200 Meter unter dem Wasserspiegel, liegt die **Manapouri Power Station,** das **größte Wasserkraftwerk Neuseeland.** Es erzeugt ein Output von ca. 800 Megawatt und versorgt jährlich knapp 620.000 Haushalte mit Strom; betrieben wird es von der Firma Meridian. Acht Jahre und 1800 Arbeiter wurden zum Bau des riesigen Kraftwerkes benötigt; 1969 wurde der erste Strom erzeugt, 1972 lief es auf Hochtouren. Parallel zum Bau des Kraftwerkes fanden zahlreiche **Umweltproteste** statt; Manapouri wird heute als **Geburtsstätte des neuseeländischen Umweltbewusstseins** gesehen. Die ursprünglichen Pläne des Kraftwerkes wurden in den 1960er Jahren entwickelt und beinhalteten die **Anhebung des Seespiegels** um 30 Meter. Damit wären die meisten der kleinen Inseln im See verschwunden, und der Buchenwald der Küsten wäre überschwemmt worden. Zahlreiche Neuseeländer setzten sich gegen diese Pläne ein, und 1972 bestätigte die Regierung schließlich, dass der Pegel nicht verändert werden würde. Die Vereinigung Guardians of Lakes Manapouri, Monowai und Te Anau wurde gegründet, sie überwacht bis heute die Aktivitäten an den Seen. Besucht werden kann das Kraftwerk in Kombination mit einer Bootstour auf dem Doubtful Sound.

■ **Real Journeys,** Waiau St., Tel. 03-249 6000, www.realjourneys.co.nz, ab 230 $.

Wer der Schönheit des Lake Manapouri näherkommen möchte, sollte eine **Bootstour** unternehmen. Besonders stimmungsvoll ist dies natürlich auf einer speziellen Sunset-Tour. Auch Bootscharter ist möglich.

■ **Lake Cruises,** 10b Anderson Pl., Tel. 021-135 4029, www.manapourilakecruises.co.nz, ab 400 $/ Boot.

Die umweltfreundlichste Art, den Manapouri Lake (oder den Doubtful Sound) zu erkunden, ist die Fahrt mit dem **Kajak, Paddelboot** oder **Kanu.** Aktuell ist dies nur von Oktober bis April möglich.

■ **Fiordland Adventure,** 33 Waiau St., Tel. 03-249 6626, www.fiordlandadventure.co.nz, ab 50 $.

Für **Spaziergänge** und **Wanderungen** gibt die **DOC-Broschüre „Fiordland Day Walks"** zahlreiche Ideen und Anregungen. Beliebt ist der **Circle Track** (7 km, 3 Std., Start: Bootsanleger am Waiau River) und seine Verlängerung nach **Hope Arm** (15 km, 4–6 Std. einfach, Start: Bootsanleger am Waiau River). Als Mehrtageswanderung kann von Hope Arm der Rundweg über die Back Valley Hut angehängt werden. Auch der **Dusky Track** (siehe Kasten „Spaziergänge u. Wanderungen im Südlichen Southland") kann angeschlossen werden.

Mein Tipp: für Fitte ist der **Monument Track** (2 Std. return, Start: per Boot zur

Rawiri Bay). Er ist anstrengend, teilweise sehr steil und exponiert. Man wird mit traumhaften Blicken über den See belohnt.

Praktische Tipps

Informationen

- **www.manapouri.nz.com**
- **Einwohnerzahl:** 306

An- und Abreise

- **Bus: Tracknet** (www.tracknet.net) pendelt von Okt. bis Mai zweimal täglich zwischen Te Anau und Manapouri, außerhalb der Saison auf Anfrage. Touren in den Doubtful Sound von Te Anau aus beinhalten Shuttleservice.

Essen und Trinken/Unterkunft/Camping

Obwohl die Besucherzahl Manapouris jedes Jahr steigt, ist die Infrastruktur bislang dürftig. Es gibt drei Café-Restaurants durchschnittlicher Qualität in der Waiau Street. Unterkünfte sind rar, gute noch seltener. Mit ein wenig Glück bekommt man hier ein Bett:

- **Freestone Backpackers**①-②, 270 Hillside – Manapouri Rd., Tel. 03-249 6893, www.freestone.co.nz. Hostel mit separaten Cottages und Ferienwohnungen mit Bauernhof-Flair.
- **Acheron Cottages**③, 98 Hillside – Manapouri Rd., Tel. 03-249 6869, www.manapouriaccommodation.co.nz. Etwas außerhalb, mit zwei hübschen Cottages. In der Nebensaison②.
- **Possum Lodge**①-②, 13 Murrell Ave., Tel. 03-249 6623, www.possumlodge.co.nz. Am See gelegen, mit hübschen Stellplätzen und einfachen, teilweise in die Jahre gekommen Wohneinheiten.

▷ Zweifellos atemberaubend: Doubtful Sound

Doubtful Sound

Mit 421 Metern Tiefe ist der Doubtful Sound der **tiefste Fjord in der Region.** Er besteht aus drei langen Wasserarmen (First Arm, Crooked Arm und Hall Arm). Sein **Name** wurde ihm von Kapitän *James Cook* verliehen, dem es 1770 zweifelhaft *(doubtful)* erschien, dass die Winde innerhalb des Fjords das Navigieren unter Segel erlaubten. Aus diesem Grund nannte er den Fjord „Doubtful Harbour". Robben- und Walfänger änderten den Namen in „Doubtful Sound", auch wenn er genau genommen kein Sound (Meerenge) ist, sondern ein Fjord, der im Land endet – wie alle anderen Sounds im Fiordland. Der Spanier *Alessandro Malaspina* hatte 1793 mit seiner Crew mehr Glück und vermaß Teile des Sounds. Bis zum Bau des Manapouri-Kraftwerkes war der Sound nur unter schwierigsten Bedingungen per Wanderung durch den Regenwald zu erreichen. Heute nehmen Besucher ein Boot über den Manapouri Lake, gefolgt von einer 20 Kilometer langen Busfahrt über den Wilmot Pass.

Der Doubtful Sound ist wunderschön: häufige Nebelfelder, unzählige Wasserfälle, darunter die über 600 Meter langen Helena Falls und Neuseelands längster Wasserfall, Browne Falls (843 m), sowie ein reiches, unberührtes Tierleben machen den Fjord so attraktiv. Hier leben Pelzrobben, Dickschnabelpinguine, Kiwis, Kakas, und mit ein wenig Glück kann man Große Tümmler beobachten. Möglich macht all das der schier endlose **Regen,** der an mehr als der Hälfte aller Tage in Schleiern fällt.

Der Doubtful Sound ist fast dreimal so groß wie der Milford Sound, doch mit erheblich weniger Touristen. Hier kann man die Einsamkeit am Ende der Welt quasi spüren – am besten bei einer Übernachtungstour.

Touren

Es gibt eine Handvoll Touranbieter mit einem **breiten Spektrum** an Möglichkeiten: Tagestour oder Übernachtungstour, großes oder kleines Boot, Segel oder Motor, mit oder ohne Besichtigung des Kraftwerkes, mit oder ohne Angeln, (Mehrtages-)Wanderung oder Kajaktour. Eine Übernachtungstour auf einem kleinen Boot ist eine sehr gute, aber auch die teuerste Wahl. Buchen kann man die Touren online, in Te Anau (man kann auch von dort aus starten) oder direkt in Manapouri am Anleger.

■ **Real Journeys,** Waiau St., Tel. 03-249 6000, www.realjourneys.co.nz, ab 230/64 $.

Stewart Island/ Rakiura

Stewart Island ist mit 1570 Quadratkilometern **Neuseelands drittgrößte Insel,** sie liegt 30 Kilometer südlich der Südinsel an der Foveaux Strait. Ihr Maori-Name Rakiura bedeutet **„Glühender Himmel“.** Wer das **Polarlicht Aurora Australis** am südlichen Horizont leuchten sieht, versteht, warum. Quasi abgeschnitten vom Rest der Welt, sind die Insel und ihre Bewohner etwas ganz Besonderes. Idyllische Buchten, schroffe Küsten, Dünen, Sümpfe, Regenwälder, bizarre Granitfelsen: Die Landschaft ist extrem vielfältig. Die meisten der Insulaner wohnen in **Oban,** der größten Siedlung der Insel. Jährlich werden sie von etwa 30.000 Touristen überrannt. Die meisten Besucher kommen zum Wan-

079nz ks

dern oder zum Beobachten von Kiwis in freier Natur. Die vorgelagerte Insel **Ulva Island** zieht Ornithologen an. Über 85 Prozent Rakiuras sind **Nationalpark,** der höchste Berg ist mit 981 Metern der Mount Anglem (Hananui).

Das **Klima** auf der Insel ist feucht. Die Sonnenstunden liegen im Landesdurchschnitt, aber es regnet an überdurchschnittlich vielen Tagen. Das ist auch notwendig, um die Regenwälder und Feucht- und Sumpfgebiete zu erhalten.

Der Ort **Oban** ist der zentrale Punkt der Insel. Hier kommt die Fähre an, es gibt einen kleinen Lebensmittelmarkt, einige Cafés, Restaurants und mehr. Das Angebot an Aktivitäten und Attraktionen in Oban selber ist überschaubar, die meisten Touristen nutzen den Ort als Ausgangspunkt für Ausflüge.

Geschichte

Stewart Island ist auch unter dem Namen **„Te Punga o Te Waka a Maui"** („Der Anker von Mauis Kanu") bekannt. Der **Legende** nach wurde Neuseeland vom Halbgott Maui aus dem Meer gezogen. Stewart Island war der Anker, der Mauis Kanu in Position hielt, als er die Nord- und Südinsel aus dem Wasser hievte. An der Lee Bay sieht man das Ende der Ankerkette (als Skulptur), die symbolisch mit der Kette in Bluff verbunden ist.

Erste Spuren der Besiedlung durch **Maori** lassen sich bis in das 13. Jahrhundert zurückverfolgen, vermutlich gehörten sie zum Stamm Waitaha. Sie lebten von Fisch, Meeresfrüchten und Sturmtauchern, die sie später auch mit anderen Stämmen tauschten.

Im Jahre 1770 sichtete **Kapitän Cook** die Insel, hielt sie für mit der Südinsel verbundenes Festland, nannte sie deshalb „Südkap" und segelte weiter. Erst Anfang 1809 entdeckte Kapitän **Eber Bunker** mit der „Pegasus" die Wasserstraße zwischen den beiden Inseln. Im August desselben Jahres wurde Stewart Island zum ersten Mal umrundet und teilweise kartografiert – unter Kapitän *Chace* und seinem ersten Offizier **William Stewart,** nach dem die Insel 1816 benannt wurde.

Robbenjäger und später **Walfänger** hielten sich bis ca. 1840 auf Stewart Island auf, **Port Pegasus** war ihr Anlaufpunkt. Im Laufe des 19. Jahrhunderts gab es weitere Besiedlungsversuche im Hinterland. Sägemühlen, Fischfangstationen und Schafzucht wurden eingerichtet, überdauerten aber häufig nicht lange. Auch der Versuch, eine Zinnmine bei Port Pegasus zu etablieren, scheiterte. Heute kann Port Pegasus ausschließlich per Boot oder zu Fuß erreicht werden. Das Haupteinkommen der Insel stammt aus dem **Tourismus.**

Pflanzen und Tiere

Stewart Island ist ein Stück ursprünglichen Landes, 85 Prozent des Inlandes gehört zum **Rakiura National Park,** der 2002 gegründet wurde.

Mehr als die Hälfte der Insel ist mit **Steineibengewächsen** und **Hartholzwäldern** wie Rimu, Miro, Kamahi und Southern Rata bewachsen. Viele der üblichen neuseeländischen Pflanzen (z.B. Steinbuchen) sind hier nicht verbreitet.

Buschland dominiert an den Küsten. Vor allem an felsigen Küsten herrschen verschiedene Arten von **Gänseblümchen-Büschen** (Tree Daisies) vor. In alpinen Gebieten dominieren Scheinulmen. Insgesamt findet man hier **21 endemische alpine Pflanzenarten,** es gibt keine eingeführten Pflanzen. Die einzigartige **Dünenlandschaft** im Westen wird von orangenem Gras (Pingao) zusammengehalten.

Auf Stewart Island gibt es **keine Raubtiere** wie Wiesel, Frettchen und Hermeline, und die Vogelwelt kann sich frei entfalten. Auch Ziegen, Hasen, Schweine oder Mäuse sucht man vergeblich. Die Insel hat deshalb eine der **größten und artenreichsten Vogelpopulationen Neuseelands.** So leben hier beispielsweise ca. 15.000 **Stewart Island Kiwis.** Zwar sind auch sie, wie die meisten anderen Kiwi-Arten, primär Nachttiere, sie gehen aber auch bei Tageslicht auf Nahrungssuche. Gut zu beobachten sind sie auf **Ulva Island** und in **Mason Bay.** Zudem kann man das Stewart Island Robin (ein Rotkehlchen ohne rotes Kehlchen), Kakapos, Kakas, verschiedene Sitticharten *(kakariki),* Tuis, Glockenfresser, Farnsteiger sowie zahlreiche Meeres-

vögel wie Regenpfeifer, Kormorane, Albatrosse, Sturmtaucher und andere beobachten.

Entlang der Küsten nisten **drei Pinguin-Arten:** Zwergpinguin, Fjordland-Schopfpinguin und Gelbaugenpinguin, doch selten sieht man alle drei Arten an der gleichen Küste. Mit ein wenig Glück kann man die abendliche Pinguin-Parade im Hafen von Oban beobachten. Am besten die Einheimischen nach den aktuellen Brutstellen fragen.

Wie an den meisten Küsten, gibt es auch hier zahlreiche **Robben.** Auch der bedrohte **Neuseeland-Seelöwe** wird immer wieder an der Küste von Port Pegasus gesichtet. Manchmal lassen sich auch **Seeelefanten** blicken.

Beim Wandern sollte man auch die Augen nach dem kleinen, gelb-braunen **Harlekin-Gecko** aufhalten. Ihn findet man vornehmlich im Süden der Insel.

Und wie immer gilt: **Bitte keine Tiere füttern!** Auch keine Möwen, Spatzen oder andere.

Sehenswertes

Das Bunkhouse Theatre zeigt den 40-minütigen Film **„A Local's Tail" über Oban aus der Perspektive eines Hundes.** Etwas speziell, aber einen Besuch wert, wenn man sich die Zeit vertreiben oder die müden Füße ausruhen möchte.

■ **Bunkhouse Theatre,** 10 Main Rd., Tel. 027-867 9381, www.bunkhousetheatre.co.nz, tägl. 11, 14, 16 Uhr, 10 $.

Das **Rakiura Museum** erläutert die Geschichte von Stewart Island anhand unzähliger Ausstellungsstücke. Man erfährt unter anderem etwas über die frühe Besiedlung durch die Maori, Vogeljagd und Walfang und Bootsbau. Sehenswert ist die große Muschelsammlung.

■ **Rakiura Museum,** 9 Ayr St., Tel. 03-219 1221, www.rakiuramuseum.co.nz, Okt. bis Mai Mo–Sa 10–13.30 Uhr, So 12–14 Uhr, Juni bis Sept. Mo–Fr 10–12 Uhr, Sa 10–13.30 Uhr, So 12–14 Uhr.

Die hübsche **Presbyterian Church** an der Kamahi Road wurde 1904 gebaut, sie steht auf einem Hang und überblickt den Hafen. Einen kurzen Besuch ist sie wert. Gottesdienste finden So um 11 Uhr statt.

Hinweis: Im November 2015 sind in der Doughboy Bay 29 **Grindwale** gestrandet und verendet. Sie wurden dort nicht beseitigt, der Strand ist von ihren Überresten übersät, die in absehbarer Zeit vom Strand verschluckt sein werden. Wer sich interessiert, kann beim DOC nach dem aktuellen Stand fragen.

Ulva Island (Te Wharawhara)

Die nur 2,7 Quadratkilometer große Insel im **Paterson Inlet,** im Osten von Stewart Island, gehört größtenteils zum Rakiura-Nationalpark. Die relativ isoliert liegende Insel ist eines der wenigen **frei zugänglichen schädlingsfreien Natur- und Vogelschutzgebiete.** Katzen, Marder und Possums gab es niemals auf der Insel, nur Ratten, die vom DOC pedantisch verfolgt und 1997 schließlich ausgerottet wurden. Die Insel mit ihrem Regenwald und Vögeln vermittelt einen gu-

> Naturparadies Stewart Island

ten Einblick davon, wie es in ganz Neuseeland **ursprünglich** einmal ausgesehen haben muss. Rimu, Koniferen, Steineiben, Rata und andere Bäume gedeihen wunderbar. Während man sich umschaut, kann man den zahlreichen Vögeln lauschen. Aufgrund mangelnder natürlicher Feinde sind die **Vögel** hier besonders **zutraulich,** nicht selten sieht man Kiwis auf dem Spazierweg flanieren. Außerdem leben hier South Island Sattelvögel, Gelbköpfe, Stewart-Island-Rotkehlchen, Grünschlüpfer und viele mehr. Eine **Liste** der hier beheimateten **Vogelarten** findet man auf **www.ulva.co.nz.** Wer mehr über das Schutzgebiet wissen möchte, kann sich die **DOC-Broschüren „Ulva Island Open Sanctuary"** und **„Ulva Island Marine Reserve"** besorgen.

MEIN TIPP: Es gibt einen ausgebauten und gut ausgeschilderten, etwa einstündigen **Rundwanderweg,** den man auch ohne Karte nicht verpassen kann. Man sollte unbedingt ausreichend Zeit einplanen, denn man bleibt oft stehen, um Vögel und Pflanzen zu beobachten. Wer lieber eine Karte möchte, kann sich das „Ulva Island Self-guide Booklet" besorgen. Es gibt auch geführte Touren, z.B. hier:

- **Ulva's Guided Walks,** Tel. 03-219 1216, www.ulva.co.nz, ab 125 $ inkl. Transport.
- **Anfahrt: Ulva Ferry,** Tel. 03-219 1013, Sommer dreimal tägl., Winter auf Anfrage, 20/10 $.

Aktivitäten

Die meisten Touristen kommen zum **Wandern** nach Rakiura. Besonders beliebt ist der **Rakiura Track – Great Walk,** aber die Insel hat mehr zu bieten, von kurzen Spaziergängen in der Gegend oder auf Ulva Island bis hin zum 125 Kilometer langen North-West Circuit. Auch Kombinationen mit Bootstouren und Flugzeugtransport sind möglich. Egal, wofür man sich entscheidet, man sollte unbedingt auf **Regen und**

080nz ks

Matsch vorbereitet sein: Die populären Wege wie der Great Walk und die Strecke von Freshwater Hutt nach Mason Bay sind gut ausgebaut, auf allen anderen Strecken muss man sich zuweilen durch **hüfttiefen Matsch** kämpfen. Entsprechend langsam kommt man voran.

Man kann zahlreiche Tageswanderungen auf der Insel unternehmen, viele von Oban aus. Am besten besorgt man sich die **DOC-Broschüre „Stewart Island/ Rakiura Short Walks".** Sie bietet eine Übersicht, vom halbstündigen Spaziergängen bis zu langen Tagesmärschen ist für alle etwas dabei. Zu den besten Wanderungen gehören die Folgenden:

- **Observation Rock** (15 Min., Start: Ende Leonard Rd.)
- **Ackers Point Lighthouse** (3 Std., Start: Harrold Bay)
- **Maori Beach** (3 Std., Start: Halfmoon Bay)
- **Ulva Island Rundwanderweg** (siehe oben)

MEIN TIPP: Wer die Insel (in Tagesausflügen) erkunden möchte, sollte unbedingt ein Boot oder Flugzeug zu einem **entlegenerem Punkt** nehmen, eine ordentliche Strecke über die Insel laufen und sich am anderen Ende wieder einsammeln lassen. Die aktuellen Konditionen der gewählten Strecke unbedingt im DOC Büro erfragen.

Den besten Eindruck von der Insel gewinnt man auf einer **mehrtägigen Wanderung.** Einsame Sandstrände, verwunschene Regenwälder, Steppen und Sümpfe, all das macht Stewart Island aus. Man sollte unbedingt genügend **Verpflegung** einpacken, unterwegs kann man nichts kaufen. Vor Beginn der Wanderung erkundigt man sich beim **DOC** nach aktuellen Warnungen und der Wetterlage. Und man muss sich auf nasses Wetter und langsames Laufen einstellen.

- **Infos: www.doc.govt.nz**
- **Rakiura Track – Great Walk** (32 km, 3 Tage): schöne, nicht allzu schwierige Wanderung, die tolle Einblicke in die Inselnatur gibt. Wie bei allen Great Walks gilt, dass Übernachtungen vorab gebucht werden müssen.
- **North West Circuit** (125 km, 9–11 Tage): nur für erfahrene Wanderer, die schweres Gepäck (Verpflegung für 1½ Wochen!) tragen können. Die Strecke führt mehr oder weniger die Küste entlang, es muss trotzdem mit sehr sumpfigen Abschnitten mit langsamem Vorankommen gerechnet werden.
- **Southern Circuit** (71 km, 4–6 Tage): anstrengende Wanderung durchs Landesinnere mit abwechslungsreichen Landschaften. Man muss sich auf lange sumpfige Strecken einstellen.
- **Freshwater Landing nach Mason Bay** (11 km, 2 Tage): einfache Strecke, weitgehend matschfrei, teilweise über Holzplanken. In und um Mason Bay kann man bei Dunkelheit gut Kiwis beobachten, eine Übernachtung in der Hütte lohnt sich daher.

Es gibt zahlreiche Anbieter von **Touren** mit den unterschiedlichsten Schwerpunkten, zu Fuße, per Boot, Kajak oder Flugzeug. Am besten im Visitor Centre nach interessanten Angeboten gucken. Auch Ausflüge mit Übernachtung sind möglich. Individuelle Touren auf Anfrage sind oft nicht viel teurer als fest definierte Touren.

3 **Ruggedy Range Wilderness Experience,** 14 Main Rd., Oban, Tel. 03-219 1006, www.ruggedyrange.com.

Mit der Fähre geht es nach Ulva Island

081nz ks

Praktische Tipps

Informationen

- **www.stewartisland.co.nz**
- **www.stewartislandexperience.co.nz:** klärt Fragen rund um den Inselbesuch.
- **Einwohnerzahl:** 389
- **Oban Visitor Centre Red Shed,** 12 Elgin Tce., Tel. 03-219 0056, www.stewartislandexperience.co.nz, tägl. 7.30–18.30 Uhr. Hilfreich bei allen Fragen rund um den Besuch der Insel.
- **DOC,** 15 Main Rd., Tel. 03-219 0002, www.doc.govt.nz, tägl. 8–17 Uhr, kürzer in der Nebensaison.
- **Bibliothek:** 10 Ayr St., Tel. 03-219 1477, Mo, Fr 12.30–13.30 Uhr, Mi 14.30–15.30 Uhr, Sa 11–12 Uhr.

An- und Abreise

- **Fähre: Stewart Island Experience,** Tel. 03-212 7660, www.stewartislandexperience.co.nz, bis zu viermal tägl., ab 130/65 $ return). Verkehrt zwischen Bluff und Oban. Die einstündige Überfahrt kann rau sein, die Crew ist geübt im Einsammeln von Spucktüten … Transportieren auch Fahrräder (8 $), Kajaks (ab 25 $), Dingis (35 $), kleine Motorräder (30 $) und anderes auf Anfrage. Tickets müssen vorgebucht werden. Bietet Shuttles von Invercargill, Queenstown und Te Anau und Ausflugsprogramme auf der Insel. Eine Autofähre gibt es nicht.
- **Flugzeug: Stewart Island Flights,** Tel. 03-218 9129, www.stewartislandflights.com, einfach 122,50/128 $. Der Flug zwischen Invercargill und Oban dauert 20 Min. und bietet bei gutem Wetter tolle Blicke auf die Insel. Das Unternehmen bietet auch Flüge und Ausflüge innerhalb der Insel an. In der Nebensaison gibt es Special Deals, die den Rückflug und eine Unterkunft beinhalten.
- **Parken:** Wer sein Auto oder Wohnmobil während seines Inselaufenthaltes parken möchte, tut dies am besten auf einem bewachten Parkplatz am Fährterminal (24 Std. 9 $, 50 Std. 17 $, 74 Std. 23 $, 98 Std. 29 $, 122 Std. 33 $, pro weiteren 24 Std. 33 $. Parkplätze können nicht reserviert werden.

Transport vor Ort

4 **Wassertaxen:** Es gibt verschiedene Anbieter, die etliche Buchten und Inlets der Insel anfahren, z.B. **Aihe Eco Charters and Water Taxi,** 14 Main Rd., Tel. 03-219 1066, www.aihe.co.nz.

Unterkunft

Unterkünfte auf Stewart Island sind relativ teuer. Es gibt drei Hostels und eine ordentliche Auswahl an B&Bs und anderen Übernachtungsmöglichkeiten. Die Preise sind saisonabhängig, viele Unterkünfte haben in der Nebensaison geschlossen. Unbedingt vorabbuchen!

8 **Stewart Island Backpackers**①, 18 Ayr St., Tel. 03-219 1114, www.stewartislandbackpackers.co.nz. Zentral gelegenes Hostel, das auch Zelten im Garten erlaubt. *Vicki* ist sehr engagiert und bietet Extras um Weihnachten und Silvester.

2 **Jo and Andy's B&B**②, 22 Main Rd., Tel. 03-219 1230. Mischung aus Hostel und B&B. Günstige Zimmer mit Frühstück und Transferservice in einem hübschen kleinen hellblauen Haus.

7 **Bay Motel**②-③, 9 Dundee St., Tel. 03-219 1119, www.baymotel.co.nz. Sauber, zentral, mit Abholservice von der Fähre.

10 **Greenvale B&B**③, 2 Petersons Hill Rd., Tel. 03-219 1357, www.greenvalestewartisland.co.nz. Pickup vom Flugplatz oder der Fähre, sauberes, hübsches B&B.

Camping

8 **Stewart Island Backpackers**② (siehe oben) Hat einen auf Terrassen angelegten Garten, in dem etliche Zelte Platz finden. Die einzige zentral gelegene Zeltmöglichkeit.

082nz ks

083nz ks

Essen und Trinken

5 **Kiwi-French Creperie**①-②, 6 Main Rd., tägl. 8–20 Uhr, saisonabhängig. Nettes Café mit traumhaften Crêpes. Bei Regen kann man am Fenster sitzen und das langsame Treiben in Oban beobachten.

9 **Mein Tipp:** **Kai Kart**①, 7 Ayr St., Tel. 03-219 1225, tägl. 11.30–14.30 Uhr u. 17–21 Uhr, saisonabhängig. Ein kultiger Fish&Chips-Imbiss unter *Holgers* Leitung. Serviert wird lokal gefangener Fisch. Ein Muss nach anstrengenden Wanderungen.

6 **South Sea Hotel and Pub**①-②, The Waterfront, Tel. 03-219 1059, www.stewart-island.co.nz, tägl. ca. 7–22 Uhr. Hier mischt sich die lokale Bevölkerung mit Touristen, denn viel mehr Alternativen zum Essen und Trinken gibt es nicht.

1 **Church Hill Restaurant and Oyster Bar**③, 36 Kamahi Rd., Tel. 03-219 1123, www.churchhill.co.nz, tägl. 17.30–20.30 Uhr. Kleines, verstecktes Restaurant mit qualitative hochwertigem Abendessen in netter Atmosphäre. Manchmal auch nachmittags für Kaffee und Snacks geöffnet.

Einkaufen

Es gibt ein paar wenige Geschäftchen mit Kleidung, Souvenirs, Kunsthandwerk und Krimskrams. Alle befinden sich auf der **Elgin Terrace** und der **Main Road.** Lebensmittel bekommt man im kleinen **Supermarkt,** hier gibt es alles, was man zum Leben (und Wandern) braucht, aber auch nicht mehr. Die Preise sind hoch. Daher am besten alles vom Festland mitbringen.

Achtung: Es gibt nur einen **Geldautomaten** auf der Insel, und der ist oft außer Betrieb.

^ Farnbäume

< Im Pub des South Sea Hotels trifft man die Einheimischen

12 West Coast

Wild, dünn besiedelt und verregnet, wirkt die Region sehr geheimnisvoll. Die von kargen Gletscherlandschaften durchzogenen tiefgrünen Regenwälder treffen auf wilde Küstenabschnitte und verleihen der West Coast etwas Mystisches.

‹ Auf dem Franz Josef Glacier Walk

0
50 km
Tasmansee
Kumara Junction
561
Hokitika
565
L. Kaniere
565
Ross
Hokitika Gorge Scenic Reserve
Fergusons
6
Mt. Whitcombe
2644
Whataroa
553
Westland Tai Poutini National Park
557
Franz Josef Glacier
555
Fox Glacier
552
Bruce Bay
SOUTHERN
443
Mt. Cook Nat. Park
Mt. Cook
3754
Tasman Lake
Lake Tekapo
Mount Cook
443
Mt. John
1031
Lake Tekapo
435
Opuha
Fairlie
8
Albury
Cave
551
Haast
Waiatoto
Jackson Bay
Lake Pukaki
Ben Ohau Range
80
434
Mackenzie Basin
551
Haast Pass
562
Lake Ohau
Ruataniwha Conservation Park
Mt. Aspiring National Park
Mt. Alba
2355
503
Makarora
Ahuriri Conservation Park
Lake Ohau Lodge
Twizel
439
Kirkliston Ra.
The Hunters Hills
Mt. Aspiring
3030
Lake Wanaka
Mt. Alta
2347
440
Omarama
Lake Hawea
6
8
Otematata
Mt. Tutoke
2746
Waimate

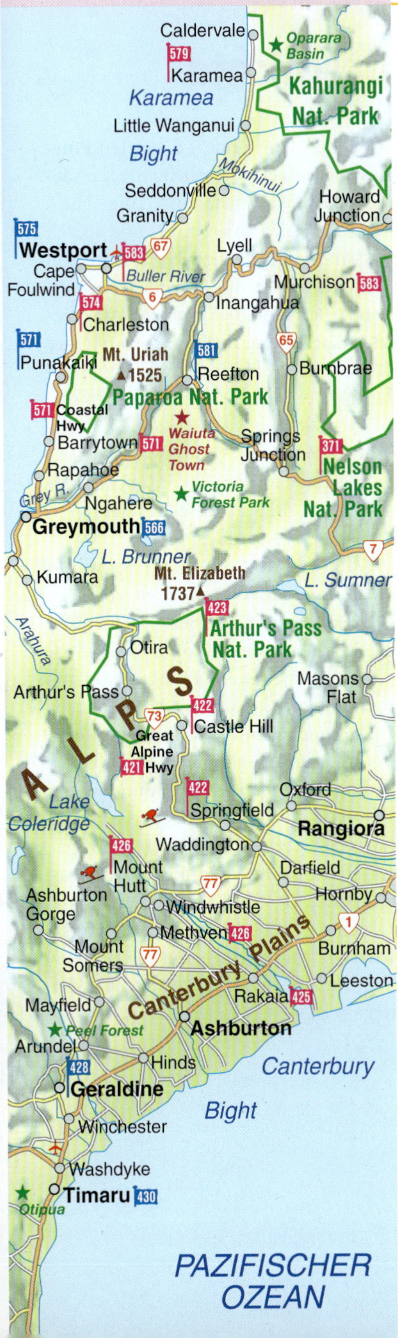

WEST COAST

Die West Coast ist Neuseelands **geheimnisvollste Region,** und mit durchschnittlich 1,4 Einwohnern (sogenannten Coastern) pro Quadratkilometer auch die am dünnsten besiedelte Region des Inselstaats. Unterteilt ist die West Coast in die Distrikte **Westland** im Süden und **Grey** und **Buller** im Norden. Knapp 600 Straßenkilometer schlängeln sich vom Haast Pass im Süden bis nach Karamea im Norden an den Southern Alps im Osten und dem rauen Tasman-Meer im Westen entlang.

Die **Landschaft** an der Westküste ist einzigartig und malerisch, mit wilden Küstenabschnitte, hohen, mit endemischen immergrünen Pflanzen bewachsen Bergen, kargen Gletschern und Moränenlandschaften. Müsste man die Westküste anhand einer **Farbe** beschreiben, wäre diese sattes, nasses **Grün.** Die **Regenwälder** dominieren das Landschaftsbild. Verantwortlich dafür sind die massiven Niederschläge zwischen 2000 Millimeter in der Küstengegend und bis zu 10.000 Millimeter in den Bergen (zum Vergleich: In Hamburg regnet es jährlich ca. 750 Millimeter). Man muss sich auf viel Regen einstellen. Und auf **Sandflys.** Die kleinen, gemeinen Blutsauger sind überall und finden die kleinsten Stellen nackter Haut.

Die Region präsentiert sich im Netz auf www.westcoast.co.nz.

NICHT VERPASSEN!

- **Gletscher Fox und Franz Josef:** bei Spaziergängen und Wanderungen über den Kontrast zwischen Gletschereis und Regenwald staunen | 555, 557
- **Hokitika:** sich vom gewaltigen Meer beeindrucken lassen, sein eigenes Souvenir aus Jade, Knochen oder Paua schnitzen und einen Ausflug in die Hokitika Gorge unternehmen | 561
- **Gold:** den historischen Spuren des Edelmetalls folgen, z.B. in Shantytown | 568
- **Coast Road zwischen Greymouth und Charleston:** Fotostopps an einer der schönsten Küstenstraßen Neuseelands einlegen | 571
- **Punakaiki:** die Formationen der Pancake Rocks und das Blow Hole bewundern und Pfaden durch den traumhaften Paparoa National Park folgen | 571
- **Old Ghost Road:** die 85 Kilometer lange einstige Straße der Goldsucher entlangradeln und die historischen Relikte der am Wegesrand bestaunen | 577

Diese Tipps erkennt man an der gelben Hinterlegung.

Geschichte

Als im 13. Jahrhundert die ersten **Polynesier** Neuseeland erreichten, erkundeten sie die Westküste, und einige Hundert ließen sich an der Küste und an den Flussmündungen nieder. Als dann im 19. Jahrhundert die **Europäer** einwanderten, erhoben die **Ngati Waewae** Besitzansprüche auf einen Großteil der Westküste. Die Hauptsiedlung der Maori befand sich zu dieser Zeit zwischen den Flüssen Grey und Hokitika, da hier die größten Pounamu-Vorkommen existierten. 2013 lebten ca. 3000 **Maori** an der Westküste, 10,5 Prozent der gesamten dortigen Bevölkerung.

Aufgrund der isolierten Lage waren **europäische Siedler** anfangs wenig an der Westküste interessiert. 1860 kaufte die Regierung den Maori den Großteil der Westküste für 300 Pfund ab, die ersten Siedler ließen sich nieder. Nachdem 1864 größere **Gold- und Kohlevorkommen** u.a. in Greymouth und Hokitika gefunden wurden, kamen immer mehr Europäer an die Westküste, die Städte florierten, verloren aber drei Jahre später, am Ende des Goldrauschs, ihre Attraktivität.

Heute lebt die Westküste von **Landwirtschaft** und **Tourismus,** wobei letztere Branche der Hauptarbeitgeber der Region ist.

> Wanderung am Franz Josef Glacier

Haast und Umgebung

Haast Pass

Der 562 Meter hohe Pass des SH6 markiert die **Grenze zwischen Otago und der West Coast.** Bereits vor seiner „Entdeckung" durch europäische Siedler wurde er von den Maori benutzt. Er ist der südlichste der drei Südalpen-Pässe, die Ost und West verbinden (die beiden anderen sind Lewis Pass und Arthur's Pass). Der heutige Bergübergang wurde 1962 gebaut, aber erst 1995 vollständig geteert. Benannt ist er nach dem Entdecker und Geologen *Julius von Haast.*

www.fotolia.de © FAUP

Haast

Haast ist das südlichste Gebiet des Westland District, welches zur West Coast gehört. Die Region ist ca. 2500 Quadratkilometer groß, die meisten Einwohner leben in den Orten Haast, Haast Junction und Haast Beach, die nur wenige Kilometer voneinander entfernt liegen. Die Haupteinnahmequellen sind Agrar- und Fischwirtschaft sowie Tourismus. Für die meisten Besucher liegt der Charme der Region Haast in ihrer **unberührten Natur** mit Regenwäldern und Stränden. Typische Touristenattraktionen sucht man hier vergebens. Es gilt, die Augen offen zu halten und dort zu stoppen, wo es einem gefällt, um die wilde Natur der Westküste einzuatmen. Viele Aussichtspunkte sind ausgeschildert und mit einem Parkplatz versehen.

Geschichte

Die ersten wenigen **Siedler** ließen sich um **1870** in Haast nieder, der Ort entwickelte sich aber erst mit dem Straßenbau. Haast selbst war ursprünglich vom Arbeitsministerium als Camp für die Straßenbauer geplant, etablierte sich dann aber mit Fertigstellung des Passes als Ortschaft. 1990 wurde der Haast District in das **UNESCO-Weltkulturerbe Te Wahipounamu** integriert.

Sehenswertes und Aktivitäten

Das **Haast Visitor Centre** ist eine Kombination aus DOC-Büro, Touristeninformation, lokalem Museum, Schulausstellungsraum und Souvenirshop. Es ist einen kurzen Stopp wert, um sich die Beine nach einer langen Fahrt ein bisschen zu vertreten und sich nach Sehenswertem zu erkundigen.

- **Haast Visitor Centre,** SH6 Ecke Jackson Bay Rd., Tel. Tel. 03-750 0809, tägl. 9–18 Uhr, Winter 9–16.30 Uhr.

Bei **Jetboat-Touren** auf dem türkisfarbenen **Waiatoto** fühlt man sich in eine andere Welt versetzt, die urtümlich anmutende Uferlandschaft ist beeindruckend. Boote können auch für individuelle Touren gemietet werden.

- **Waiatoto River Safaris,** 1975 Jackson Bay Rd., Tel. 03-750 0780, www.riversafaris.co.nz, 199/139 $.

Praktische Tipps

Informationen

- **www.hastnz.com**
- **Einwohnerzahl:** 297
- **Visitor Centre:** siehe „Sehenswertes".

An- und Abreise

- **Bus:** Haast wird von den großen Langstreckenbusunternehmen angefahren; Busbahnhof hinter dem Wilderness Backpackers, Marks Rd.

Unterkunft/Camping

Ob zum Campen oder in einem der angeschlossenen Studios, die beiden Campingplätze sind für alle Belange die (aktuell) beste Wahl.

- **Haast River Top 10 Holiday Park,** 52 Haast Pass Highway, Tel. 03-750 0020, www.haasttop10.co.nz, Camping③, Motel und Units②. Ordentliche Anlage, die optisch an einen Hangar erinnert, hat alles, was man braucht, inklusive sehr schöner Ausblicke.
- **Haast Beach Holiday Park②**, 1348 Haast-Jackson Bay Rd., Tel. 03-750 0860. 15 km außerhalb, etwas in die Jahre gekommen, aber sauber und in toller Lage direkt am Strand.

Essen und Trinken

Es gibt ein paar wenige Restaurants und ein Café um die **Jackson Bay Road,** allerdings bieten sie im Moment nichts Besonderes, und nach der hohen Qualität der Cafés und Restaurants in Otago wird man eher enttäuscht sein.

MEIN TIPP: **Craypot**①-②, Jacksons Bay, Tel. 03-750 0035, www.thecraypotnz.com, tägl. ca. 12–16 Uhr. Imbiss mit Fisch- und Meeresfrüchte-Gerichten sowie klassischen Burgern.

Einkaufen

An der **Jackson Bay Road** findet man einen kleinen General Store mit Lebensmitteln, eine Tankstelle, eine Kfz-Werkstatt und einen Souvenirshop.

Bruce Bay

MEIN TIPP: Auf halber Strecke zwischen Haast und Fox liegt die Bucht Bruce Bay. Es scheint, dass jeder Tourist hier einen **Kiesel** mit einer persönlichen Botschaft verziert und auf den bereits angesammelten Haufen legt. Leider verblassen die kleinen Kunstwerke recht schnell. Je nach Jahreszeit findet man außerdem interessante Skulpturen aus Treibholz am Strand.

› Fox Glacier bittet um Abstand ...

Westland Tai Poutini National Park

Der 1175 Quadratkilometer große Nationalpark erstreckt sich von der Westküste bis an den Aoraki/Mount Cook National Park (siehe gleichnamiges Kapitel) und ist Teil des 2.600.000 Hektar großen **UNESCO-Welterbes Wahipounamu,** das bis zum Fiordland reicht. Beeindruckende Gletscher, malerische Seen und gemäßigte Regenwälder prägen das Landschaftsbild. Die **Gletscher Fox** und **Franz Josef** sind Anziehungspunkte für viele Touristen, auch der Copland Track entlang der Flüsse Karangarua und Copland ist sehr beliebt.

Copland Track

Der 18 Kilometer lange Track ist beliebt bei erfahrenen, gut ausgestatteten Wanderern. Am besten ist er im Sommer und Herbst zu laufen, da ansonsten Schnee und Eis Probleme bereiten können. Schroffe Felsvorsprünge und tiefe Schluchten sind nichts für Schwindelgeplagte. Man berechnet etwa sieben Stunden für den Weg. Es gilt, unbedingt das Wetter im Auge zu behalten, Pufferzeit einzukalkulieren und das Vorhaben mit dem DOC abzusprechen. Belohnt wird man mit grandiosen Blicken auf den Fluss und die Bergwelt, einem großen Pflanzenreichtum (z.B. große Fuchsien und Rata) in dichten Wäldern und einem Bad im natürlichen Hot Pool der Welcome Flats. Der ausgeschilderte Startpunkt liegt am SH6, zwischen Jacobs River und Karangarua.

085nz ks

Gletscher in Neuseeland

In den **südlichen Alpen** Neuseelands sind **über 3000 Gletscher** registriert, die eine Fläche von über 1000 Quadratkilometern bedecken. Die meisten Gletscher der Gegend sind weniger als 200 Quadratkilometer große Kar- und Hanggletscher. Der größte Gletscher ist mit einer Fläche von 95 Quadratkilometern der **Tasman Glacier** im Aoraki/Mount Cook National Park. Seine Masse macht ca. 30 Prozent der gesamten neuseeländischen Gletscher aus.

Die hohen **Niederschlagsmengen** von jährlich bis zu 10.000 Millimeter in der großen Höhe der Alpen (bis über 3000 Meter) sind für die **Gletscherbildung** verantwortlich. Da die Akkumulationsgebiete häufig nicht mehr als 30 Kilometer von der Küste entfernt liegen, fällt die Oberfläche der Gletscher häufig steil ab und sorgt für einen effektiven Massentransport in der bedeutend wärmeren Küstennähe.

Kleinere Gletscher reagieren mit ca. fünf Jahren Verzögerung auf **klimatische Veränderungen,** die großen Talgletscher mit bis zu 100 Jahren. Um 1900 unterschied sich die Länge der meisten Gletscher kaum von der in der kleinen Eiszeit im 14. Jahrhundert Das Eisvolumen der neuseeländischen Gletscher betrug 1850 ca. 170 Kubikkilometer. Doch davon waren 2015 noch gerade einmal 45 Kubikkilometer übrig. Diese **Entwicklung ist bedrohlich.** Die Talgletscher Tasman, Fox und Franz Josef sind mit einer dicken **Schuttschicht** bedeckt und wiesen anfangs nur geringe Veränderungen auf. Seit 2000 ist aber auch hier eine starke Gletscherschmelze zu beobachten, man schätzt einen jährlichen Verlust von mindestens 0,1 Kubikkilometer pro Jahr. Einst kalbten Fox und Franz Josef Glacier direkt ins Meer.

Die **Ursachen der Gletscherschmelze** liegen vorwiegend im Anstieg der jährlichen Durchschnittstemperatur, Schwankungen im Niederschlag spielen eine untergeordnete Rolle. Die Konsequenzen der Klimaerwärmung sind im Tai Poutini National Park quasi mit bloßem Auge zu erkennen – wer einen der Gletscher in der Vergangenheit besucht hat, wird den Unterschied bemerken.

Für Touristen am leichtesten zugänglich sind die beiden Gletscher **Fox und Franz Josef,** die man von der Westküste aus besichtigen kann. Beide fließen so nah an die Küste, dass sie in einem bequemen Spaziergang zu erreichen sind, der beeindruckende Blicke auf die Gletscher ermöglicht. Wer nur einen der beiden Gletscher besuchen kann oder will, hat die Qual der Wahl. Wer es ruhiger mag, ist im kleineren **Fox Village** wahrscheinlich besser aufgeboben. **Franz Josef Village** ist größer und turbulenter. Bei Regen gibt es um den Franz Josef Glacier eine Vielzahl an Wasserfällen, die der Gegend eine besondere Atmosphäre verleihen. Wer die Gletscher der europäischen Alpen kennt, wird von beiden vielleicht etwas enttäuscht sein.

Achtung: Es kommt immer wieder zu (teilweise fatalen) **Unfällen** mit Touristen, da diese Barrieren und Hinweisschilder nicht beachten. Es gilt: alle Warnschilder lesen, ernst nehmen und entsprechend handeln! Sich ohne professionellen Führer außerhalb der ausgewiesenen Wege aufzuhalten, ist lebensgefährlich – auch wenn es nicht immer so aussieht. Über das richtige Verhalten in Gletschergebieten informiert die **DOC-Broschüre „Visiting the Fox and Franz Josef Glacier Valleys safely".** 2015 starben außerdem sieben Personen, als ein Helikopter auf einem Rundflug am Gletscher Fox abstürzte.

Und apropos **Umweltschutz:** Wer an einem der beliebten Helikopterflüge über die Gletscher teilnimmt, trägt zur Klimaerwärmung und damit unmittelbar zur Gletscherschmelze bei ...

Fox Glacier und Fox Glacier Village

Te Moeka o Tuawe, wie der Fox Glacier auf Maori heißt, ist ein Talgletscher. Er wird auf seiner Länge von 13 Kilometern mit einem Höhenunterschied von 2600 Metern von vier alpinen Gletschern gespeist. Fox Glacier endet nur 300 Meter über dem Meeresspiegel im üppigen Regenwald; er ist einer der wenigen Gletscher weltweit, die so nah ans Meer heranreichen. Seit ungefähr 100 Jahren **zieht sich der Gletscher immer weiter zurück.** Seine einstigen Ausmaße kann man noch immer an der heutigen Vegetationslinie erkennen. In der letzten Eiszeit reichte der Fox Glacier weit über die heutige Küste hinaus und hinterließ im Laufe seines Rückzuges zahlreiche Moränen – **Lake Matheson** ist eine davon. Das heutige Schmelzwasser des Gletschers bildet den **Fox River.**

Leonard Harper überquerte 1852 als erster Europäer den Harpers Pass und taufte die beiden Gletscher auf die Namen **Victoria** (Franz Josef) und **Albert** (Fox), nach den Monarchen, die zu dieser Zeit das Britische Weltreich regierten. Der 19 Jahre alte *Harper* ließ die Namen jedoch nie registrieren. 1872 wurde einer der Gletscher schließlich nach dem Premierminister Sir **William Fox** benannt. Im Ngai Tahu Claims Settlement Act 1998 wurde der Gletscher offiziell in Fox Glacier/Te Moaka o Tuawe gleichberechtigt umbenannt.

Der Fox Glacier ist einer der am **leichtesten zugänglichen Gletscher** der Welt. Sein Ausläufer liegt nur sechs Kilometer vom Fox Glacier Village entfernt. Bis 1990 lebte der Ort primär von Landwirtschaft, doch spätestens, seit in der Hochsaison über 1000 Touristen täglich in Fox halten, steht der **Tourismus** im Vordergrund. Alles dreht sich hier alles um den Gletscher: Spaziergänge und Helikopterflüge mit Landung auf dem Gletscher sind am beliebtesten.

Aktivitäten

Die natürlichste Art, sich im Tal des Fox zu bewegen, ist sicherlich auf Schusters Rappen Es gibt **Spaziergänge** von 20 Minuten bis zu mehreren Stunden Länge in und um den Gletscher. Alle sind in der **DOC-Broschüre „Glacier Region Walks"** erläutert und starten am ausgeschilderten Gletscherparkplatz, 3,5 Kilometer vom Ort entfernt. Wer dorthin laufen (oder radeln) möchte, folgt dem hübschen Te Weheka Walkway (zu Fuß 1½ Std., ausgeschildert).

- **Fox Glacier Walk** (1 Std.)
- **River Walk** zum Glacier Valley Viewpoint (2 km, 30 Min., Start: Glacier Rd.)
- **Chalet Lookout Walk** (4 km, 1½ Std., Start: Glacier Valley View Point)

MEIN TIPP: Einen Abstecher wert ist der **Lake Matheson** mit seinem auch für Kinder geeigneten **Lake Matheson Walk** (1 Std.). Im Wasser des Sees, der von organischen Stoffen des umgebenden Waldes dunkel gefärbt ist, spiegeln sich Mount Cook und Mount Tasman – spektakulär!

Wer dem Gletscher näherkommen will, kann sich einer **geführten Tour** anschließend, die bis zur Gletscherzunge führt. Touren in Eigenregie sind nicht möglich. Der größter Anbieter vor Ort ist **Fox Glacier Guiding** (siehe Helikopterflüge, ab 60 $).

Es gibt mehrere Anbieter, die **Rundflüge per Helikopter,** Gletscherlandungen, Wanderungen in unterschiedlichen Schwierigkeitsgraden auf dem Fox sowie Eisklettern anbieten. Auch in Kombination mit Wanderungen in der Umgebung, die tolle Blicke auf die Gegend und den Gletscher eröffnen. Dass man dabei an der Gletscherschmelze mitwirkt, steht auf einem anderen Blatt.

4 **Fox Glacier Guiding,** 44 Main Rd., Tel. 03-751 0825, www.foxguides.co.nz, ab 250 $.

Praktische Tipps

Informationen

- **www.glaciercountry.co.nz**
- **Einwohnerzahl:** 375
- Eine offizielle **Touristeninformation** gab es zum Zeitpunkt der Recherche nicht. Unterkünfte und Touranbieter informieren und übernehmen Buchungen. **Fox Glacier Guiding** (siehe oben) ist im Zweifelsfall eine gute Anlaufstelle.
- **DOC:** in Franz Josef, siehe dort.

An- und Abreise

- **Bus:** Fox wird von den großen Langstreckenbusunternehmen angefahren; zentrale Haltestelle am Gebäude von Fox Glacier Guiding an der Main Rd. Busse halten auch auf Anfrage am Top-10-Campingplatz.

Unterkunft

In Fox gibt es erstaunlich viele Unterkünfte, die Preise sind recht hoch, aber die Qualität ist nicht überall die beste – typisch für einen Ort, an dem die meisten Touristen nur eine Nacht bleiben. In der Hauptsaison sollte vorgebucht werden.

8 **White Fox**②, 4 Fox Glacier Highway, Tel. 03-751 0717, www.thewhitefoxbandb.co.nz. Ein Bed and Breakfast in Laufnähe zum Ortszentrum mit stilvoll eingerichteten Zimmern und sehr freundlichen Betreibern.

6 **Fox Glacier Lodge**②, 41 Sullivan Rd., Tel. 03-751 0888, www.foxglacierlodge.com. Holzhäuser mit Einheiten in unterschiedlicher Größe und Ausstattung. Hat auch einen Fahrradverleih.

2 **Misty Peaks**②-③, 105 Cook Flat Rd., Tel. 03-751 0849, www.mistypeaks.co.nz. Ordentliche, saubere Zimmer in toller Lage mit großzügigem Garten Blick auf Mt. Cook und Mt. Tasman.

3 **Fox Glacier Top 10 Holiday Park**②-③, siehe unten. Motel, Cabins und mehr in unterschiedlichen Preisklassen und gutem Zustand.

Camping

3 **Fox Glacier Top 10 Holiday Park**③, Kerr Rd., Tel. 03-751 0821, www.top10.co.nz. Etwas außerhalb gelegen, mit großzügigen Stellplätzen, in einer modernen Anlage mit tollen Blicken.

Essen und Trinken

Es gibt eine gute Handvoll Cafés und Restaurants entlang der **Main Road.** Zu den besten der Gegend gehören die Folgenden.

5 **Last Kitchen**①-③, Sullivan Rd. Ecke Main Rd., Tel. 03-751 0058, tägl. 11.30–21.30 Uhr. Klassisch neuseeländische Mahlzeiten, Burger, Snacks, Kuchen und mehr. Am besten schmeckt es draußen im Sonnenschein.

1 **Mein Tipp:** **Matheson Café**①-③, 1 Lake Matheson Rd., Tel. 03-751 0878, www.lakematheson.com, tägl. 8 bis mind. 16 Uhr. Café-Restaurant mit guten Mahlzeiten und einer angeschlossenen Galerie mit Souvenirshop. Hier lässt es sich aushalten.

Einkaufen

Entlang der **Main Road** gibt es ein paar wenige Geschäfte. **Tanken** kann man ein paar Meter weiter. Wer Richtung Süden fährt, sollte wissen, dass die nächste Tankstelle 120 km entfernt ist.

7 Lebensmittel bekommt man im übersichtlichen **Fox General Store,** 37 Main Rd., tägl. 8–20 Uhr.

Franz Josef Glacier und Franz Josef Village

Auch Franz Josef Glacier ist ein Talgletscher. Er ist ca. zehn Kilometer lang und wird von einem 20 Quadratkilometer großen Schneefeld gespeist. Über den Waiho River entwässert der Gletscher in das Tasman Meer – quasi inmitten des Regenwaldes. Wie auch Fox, zieht sich Franz Josef immer weiter zurück, seine einstigen Ausmaße sind noch immer an der Vegetationslinie zu erkennen. Vor ca. 150.000 Jahren war Franz Josef so groß, dass er Mount Cook und die umliegenden Berge komplett einschloss. Im Laufe der Jahrtausende schmolz und wuchs der Gletscher mehrfach und ließ mehrere **Hügelketten aus Moränengestein** entstehen. Franz Josef ist ein sogenannter temperierter Gletscher, der **pro Tag etwa einen halben Meter fließt.** Diese hohe Geschwindigkeit ist unter anderem bedingt durch das viele Wasser, das an den Seiten des Gletschers über Wasserfälle unter ihn fließt.

Der **Maori-Legende** nach starb der Ahne Tuawe, als er die Gegend des heutigen Fox erkundete. Das Gletscherbett wurde zu seiner Ruhestätte *(moeka).* Seine Geliebte Hine Hukatere weinte und schluchzte, ihre unvergänglichen Tränen formten den Franz Josef Glacier, und so heißt der Gletscher auf Maori **Ka Roimata o Hine Hukatere,** „Die Tränen der Hukatere".

Wie auch bei der Benennung des Nachbargletschers Fox, vergaß *Leonard Harper* nach der ersten Überquerung des Harpers Pass 1852, seinen gewählten Namen „Victoria" für Franz Josef eintragen zu lassen. 1865 wurde der Gletscher

086nz ro

vom Entdecker *Julius von Haast* offiziell nach **Franz Josef I. von Österreich** benannt. Auf der Grundlage des Ngai Tahu Claims Settlement Act von 1998 wurde der Gletscher in „Franz Josef Glacier/Ka Roimata o Hine Hukatere“ gleichberechtigt umbenannt.

Fünf Kilometer vom Ausläufer des Gletschers entfernt liegt das **Touristendorf Franz Josef.** Alles, aber auch wirklich alles dreht sich hier um den Tourismus und den Besuch des Gletschers; auf jeden Einwohner kommen fünf Hotelbetten. In der Hochsaison strömen über 2000 Touristen täglich in den kleinen Ort, um den Gletscher zu Fuß oder aus der Luft zu bestaunen.

Die Eismassen des Franz Josef Glacier mit ameisenkleinen, staunenden Besuchern

Sehenswertes und Aktivitäten

Das **West Coast Wildlife Centre** ist eine Art **All-in-one-Museum:** Zuchtstation des seltenen Rowi Kiwi, der in der Gegend um Franz Josef zu Hause ist, Eis- und Gletscher-Informationszentrum sowie Museum über die Geschichte der Region. Mit Café und Souvenirshop. Mit dem Backstagepass (55/35 $) kann man die Brut- und Aufzuchtstation der Kiwis besuchen.

- **West Coast Wildlife Centre,** Cowan Ecke Cron St., Tel. 03-752 0600, www.wildkiwi.co.nz, tägl. 8.30–17 Uhr, 35/20 $.

Im Örtchen gibt es eine riesige Auswahl an **Aktivitäten** zu Lande, zu Wasser und in der Luft. Die jeweiligen Anbieter sind meist auf eine Aktivität spezialisiert, organisieren aber preisreduzierte Kombi-Angebote mit anderen Anbietern.

Spaziergänge und Wanderungen

Wer den Gletscher auf **umweltschonende** Art besuchen möchte, kann sich auf einen der zahlreichen Spaziergänge und Wanderungen rund um Franz Josef begeben, teilweise mit dramatischem Blick auf den Gletscher. Die Wanderungen dauern zwischen 20 Minuten und acht Stunden. Sie sind in der **DOC-Broschüre „Glacier Region Walks"** erläutert und in folgende Kategorien untergliedert:

Spaziergänge im Glacier Valley: Die meisten starten am (ausgeschilderten) Gletscherparkplatz südlich des Villages. Die Glacier Access Road ist nicht für Wohnwagen und Anhänger geeignet, andere Fahrzeuge sind ok, soweit nicht anders ausgeschildert. Wer lieber laufen (oder radeln) will, folgt dem hübschen **Te Ara a Waiau Walkway** (8,7 km, 2 Std.). Einen guten Blick erhält man am Ende des **Sentinel Rock Walk** (20 Min. return) und des **Forest Walk to Glacier View** (30 Min. return).

■ **Wanderungen am Gletscher:** Touren über 5 Std. für erfahrene, gut ausgerüstete Wanderer. Unbedingt vorab das DOC aufsuchen und aktuelle Konditionen der Tracks erfragen.

■ **Ausflüge vom Village:** Die Spaziergänge von 30 Min. bis 4 Std. Länge sind gut ausgeschildert. Aktuelle Wetterkonditionen berücksichtigen! Bei Unklarheit wendet man sich an das DOC.

Geführte Wanderungen: Wer mehr über den Gletscher erfahren und ihm näherkommen möchte als über die herkömmlichen Wander- und Spaziergänge möglich, der kann sich einer geführten Tour anschließen, z.B. über **Franz Josef Glacier Guides** (siehe unten, 75/65 $).

In der Luft

3 **Helikopter-Touren:** Rundflüge, Heli-Wandern, Heli-Eisklettern und mehr ist im Angebot. Mehrere Anbieter stehen zur Auswahl, z.B. **Franz Josef Glacier Guides,** 63 Cron St., Tel. 03-752 0763, www.franzjosefglacier.com.

10 **Flugzeugrundflüge:** Es gibt verschiedene Strecken und Längen; **Air Safaris,** Main Rd., Tel. 0800-723 274, www.airsafaris.co.nz, ab 360/230 $.

12 **Fallschirmspringen:** Sprünge aus bis zu 19.000 ft (5791 m) Höhe bietet **Sky Dive Franz,** Main Rd., Tel. 03-752 0714, www.skydivefranz.co.nz, ab 319 $.

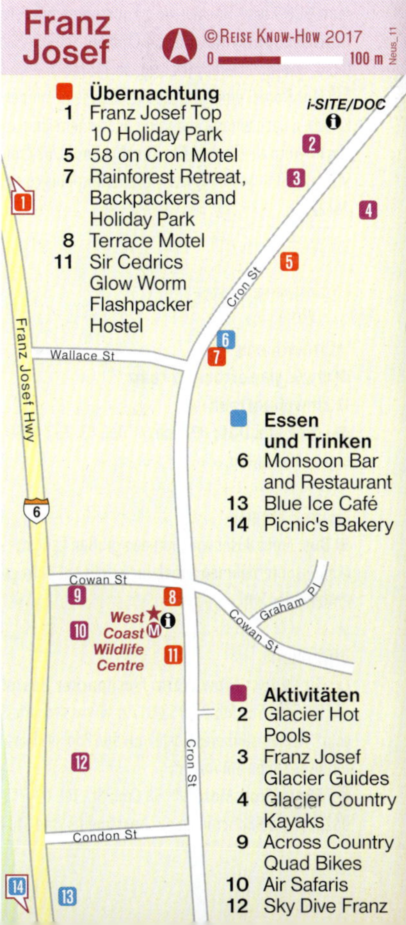

Sonstiges

9 **Quad Bikes:** Mit dem Geländefahrzeug braust man durchs Gletschertal oder am Strand entlang und genießt die tollen Ausblicke. Man kann selbst fahren (Quad) oder als Beifahrer im Acht-Sitzer (Buggy) Platz nehmen. Sonderpreise werden gewährt in Kombination mit Air Safaris; **Across Country Quad Bikes,** Main Rd., Tel. 03-752 0123, www.acrosscountryquadbikes.co.nz, ab 70 $.

4 **Mein Tipp:** **Kajaken:** Man paddelt auf dem 10 km entfernten Lake Mapourika im Okarito Sanctuary. Auch als Sonnenuntergangstour oder in Kombination mit Wanderung möglich. Außerdem kann man SUP-Kurse buchen und Equipment mieten; **Glacier Country Kayaks,** 64 Cron St., Tel. 03-752 0230, www.glacierkayaks.com, ab 115/70 $.

2 **Hot Pools:** eine gute Möglichkeit, seine müden Knochen nach einer Wanderung oder einem langem Tag im Auto zu erholen; **Glacier Hot Pools,** 63 Cron St., Tel. 0800-044 044, www.glacierhotpools.co.nz, 26/22 $.

Praktische Tipps

Informationen

- **www.glaciercountry.co.nz**
- **Einwohnerzahl:** 441
- **i-SITE** und **DOC:** 69 Cron St., Tel. 03-752 0360, tägl. 8.30–18 Uhr.

An- und Abreise

- **Bus:** Franz Josef wird von den großen Langstreckenbusunternehmen angefahren. Hält auf Anfrage entlang des SH6.

Unterkunft

11 **Sir Cedrics Glow Worm Flashpacker Hostel** ①, 27 Cron St., Tel. 03-752 0172, www.sircedrics.co.nz. Nettes, sauberes Hostel mit Spa Pool und kostenloser Suppe am Abend.

5 **58 On Cron Motel**②, 58 Cron St., Tel. 03-752 0627, www.58oncron.co.nz. Apartments und Studios in guter Lage. Sonderangebote beim Buchen mehrerer Nächte.

8 **Terrace Motel**②-③, 15 Cowan St., Tel. 03-752 0130, www.terracemotel.co.nz. Nettes Motel mit bis zu 60 % Preisnachlass außerhalb der Hauptsaison.

7 **Rainforest Retreat, Backpackers and Holiday Park**①-③, 46 Cron St., Tel. 03-752 0220, www.rainforestretreat.co.nz. Im Grünen gelegene, größere Anlage mit hübsch-rustikalen Zimmern in verschiedenen Größen und Ausstattungen.

Camping

1 **Franz Josef Top 10 Holiday Park**③, 2902 Franz Josef Highway, Tel. 03-752 0735, www.top10.co.nz. In einer Ebene gelegener Campingplatz mit angeschlossenem Motel. Bietet alles, was man braucht, inklusiver schönem Blicke auf die Berge.

7 **Rainforest Retreat – Holidaypark**②-③, siehe oben.

Essen und Trinken

Die vielen Touristen müssen versorgt werden, insofern gibt es ausreichend Restaurants und Imbisse auf der **Main Road.** Alle Lokale sind mehr oder weniger in Ordnung, so richtig positiv sticht keines heraus. Beliebt sind:

14 **Picnic's Bakery**①-②, Main Rd., Tel. 03-752 0668, tägl. 7.30–18 Uhr. Leckere süße und salzige Teilchen zum Sofortverschlingen oder Mitnehmen.

13 **Blue Ice Café**②, 5 Main Rd., Tel. 03-752 0707, tägl. 11–16.30 Uhr. Klassische Kiwi-Gerichte in rustikal-gemütlicher Atmosphäre.

6 **Monsoon Bar and Restaurant**②-③, 46 Cron St., Tel. 03-752 0101, www.rainforestretreat.co.nz, tägl. 16–1 Uhr. Dem Rainforest Retreat angeschlossen; hier gibt es eine breite Auswahl an ordentlich zubereiteten Mahlzeiten (und Getränken).

Einkaufen

Es gibt ein paar wenige Geschäfte, alle liegen auf der **Main Road** zwischen Cowan Street und Condon Street. Hier befinden sich auch ein **Lebensmittelgeschäft** und eine **Tankstelle.**

Hokitika und Umgebung

Das kleine Städtchen Hokitika hat seinen **ganz eigenen Charme.** Hier scheinen die Uhren stillzustehen, und auch hektische Gemüter können einen Gang zurückschalten. Verträumt, mit künstlerischem Flair und netten Cafés, ist das Highlight für die meisten Touristen das wilde Meer und sein mit **Treibholz** übersäter Strand. Einmal im Jahr findet sogar ein Treibholz-Kunstwerk-Wettbewerb statt, und auch während des restlichen Jahres erstellen Jung und Alt Skulpturen und Bauwerke aus *driftwood,* die bei einem Strandspaziergang bewundert werden können.

Acht Kilometer südlich von Hokitika strömt der Fluss **Arahura** dahin, der große Vorkommen an **Greenstone** birgt. Maori vom Stamm Ngai Tahu siedelten hier lange Zeit und verarbeiteten das wertvolle grüne Gestein. Heute hat die Mawhera Incorporation das Vorrecht am Greenstone des Flusses. Die Organisation in Maorihand zielt auf die sinnvolle wirtschaftliche Nutzung und den Erhalt des Landes ab. Die kunstvolle Verarbeitung des Minerals in Hokitika ist noch immer weit verbreitet. Der Bedarf an Greenstone übertrifft jedoch die Nachfrage, sodass Jade importiert und verarbeitet wird.

Hokitika ist ein charmantes Städtchen

147nz no

Geschichte

Kurze Zeit, nachdem 1864 im Taramakau Valley **Gold** gefunden worden war, ankerten die ersten Boote in der Mündung des Hokitika River, denn diese lag den Grabungsstätten am nächsten. Die Goldgräbereuphorie erreichte die Stadt, und **Hokitika florierte.** Für einen kurzen Zeitraum zählte die Stadt mehr als 4000 Einwohner. Nachdem die Goldvorkommen erschöpft waren, verlor Hokitika seine Attraktivität und damit auch die Hälfte seiner Bewohner. Im **Fluss** wurde dann kaum mehr geankert, da die Passage als **extrem gefährlich** galt und das Risiko nicht mehr wert war. Allein in den Jahren 1965 bis 1967 strandeten hier 108 Schiffe, 42 davon wurden dabei vollends zerstört.

Im 20. Jahrhundert dümpelte die Stadt vor sich hin und fokussierte sich auf **Forst- und Agrarwirtschaft.** Spätestens seit dem Bau des SH6 nahm der **Tourismus** immer mehr zu und ist seither ein bedeutender Wirtschaftsfaktor.

Sehenswertes

Der **Aussichtspunkt Sunset Point** am Gibson Quay bietet nicht nur zum Sonnenuntergang einen wunderschönen Blick auf das Meer. Die 50 Meter entfernte **Gedenkstätte** in Form eines Schiffes erinnert an die Opfer der zahlreichen Havarien, die sich an der Mündung des Hokitika ereigneten. Die spürbare Gewalt des Meeres ist beeindruckend, die Vorstellung, hier zu ankern, beschert einem eine Gänsehaut. Der **Sandstrand Hokitika Beach** ist übersät mit Treibholz und lädt zum Bauen von Skulpturen und Ähnlichem ein.

Das nett aufbereitete **Hokitika Museum** präsentierte neben anderen Themen die **(Goldgräber-)Geschichte** der Region. Aufgrund von Gebäudeschäden war das Museum Zum Zeitpunkt der Drucklegung dieses Bandes geschlossen; die Website informiert über den aktuellen Stand der Dinge.

■ **Hokitika Museum,** www.westlanddc.govt.nz.

Hokitika

Vom SH6 am nördlichen Stadteingang führt ein 50 Meter langer Weg zur **Glowworm Dell,** einer kleinen **Höhle mit Glühwürmchen,** die von Decken und Wänden hängen und nach Einbruch der Dunkelheit als leuchtende Bänder erscheinen. Eine Informationstafel erläutert das Gesehene.

Viele Künstler fühlen sich vom rauen Klima und der Einsamkeit der Westküste inspiriert und lassen sich in Hokitika nieder. Kunstinteressierte finden zahlreiche kleine **Galerien** und Ausstellungen. Die meisten liegen im Zentrum in der **Weld Street** oder südlich davon. Achtung: Oft handelt es sich bei Verkaufsstücken um importierte **Jade** und nicht um lokalen Greenstone.

MEIN TIPP: Die **Wilderness Gallery** zeigt **großartige Fotografien** mit Neuseeland-Motiven, Kleinkunst und Souvenirs, alles im Land hergestellt.

■ **Wilderness Gallery,** 29 Tancred St., Tel. 03-755 7575, www.juergenschacke.photoshelter.com, tägl. 9–17 Uhr.

©REISE KNOW-HOW 2017 Neus_18

Übernachtung
1 Drifting Sands
8 Annabelle Motel
9 Bellavista Motel
10 Stations Inn
11 Shining Star

Essen und Trinken
2 West Coast Wine Company
3 Stumpers Bar and Café Restaurant
4 Fat Pipi Pizza
5 Stella Café and Cheesery

Aktivitäten
6 Cycles and Sports World
7 Bonz'n Stonz Carving

Aktivitäten

Hokitika ist ein guter Ausgangpunkt für **Wanderungen** in der Gegend. Am besten besorgt man sich die **DOC-Broschüre „Walks in the Hokitika Area".** Der 20-minütige Tunnel Terrace Walk, der an der Stafford Loop Road startet, ist besonders für Tunnelliebhaber und Kinder interessant.

Hokitika ist der Start-/Endpunkt der **Radwanderung West Coast Wilderness Trail** (siehe „Greymouth/Aktivitäten"). Fahrräder und Informationen gibt es z.B. hier:

6 **Cycles and Sports World,** 33 Tancred St., Tel. 03-755 8662, www.hokitikasportsworld.co.nz, Mo–Fr 9–17 Uhr, Sa 10–13 Uhr, ab 55 $/Tag.

MEIN TIPP: Bei **Bonz'n Stonz Carving** kann man seine **eigene Schnitzkunst** herstellen, aus Jade, Knochen oder Paua-Muschel. Eine schöne Aktivität, bei der ein sehr persönliches Souvenir entsteht. Vorabbuchung ist empfohlen.

7 **Bonz'n Stonz Carving,** 16 Hamilton St., Tel. 03-755 6504, www.bonz-n-stonz.co.nz, ab 85 $.

Eine informative Tour, bei der die Geschichte der lokalen **Maori** und die Bedeutung von Greenstone erläutert wird, führt durch das **Arahura Pa** (befestigte Siedlung) und am Fluss Arahura entlang. Nasse Füße inklusive!

■ **Arahura Greenstone Tours,** Tel. 03-755 6936, www.greenstonetours.co.nz, ab 135/50 $.

Praktische Tipps

Informationen

- **www.hokitika.org**
- **Einwohnerzahl:** 3447
- **i-SITE:** 36 Weld St., Tel. 03-755 6166, Mo–Fr 8.30–17 Uhr, Sa, So 10–16 Uhr.
- **Bibliothek:** 20 Sewell St., Tel. 03-755 6208, Mo–Fr 9.30–17.30 Uhr, Sa 10–16 Uhr.

An- und Abreise

- **Bus:** Hokitika wird von den großen Langstreckenbusunternehmen angefahren; zentrale Haltestelle Tancred St.
- **Flugzeug:** Air New Zealand fliegt täglich von/nach Christchurch und wöchentlich von/nach Blenheim und Hamilton.

Unterkunft

1 Drifting Sands①-②, 197 Revell St., Tel. 03-755 7654, www.driftingsands.nz. Hübsches, sauberes Hostel mit 14 Betten und der Möglichkeit zum Zelten im an den Strand angrenzenden Garten. Man schläft beim Tosen der Wellen ein. 5 Min. vom Zentrum entfernt.

8 Annabelle Motel②, 214 Weld St., Tel. 03-755 8160, www.annabellemotel.co.nz. Haben Zimmer in verschiedenen Größen, alle sauber und nett eingerichtet. 20 Min. zu Fuß zur Innenstadt.

9 Bellavista Motel②, 52 Fitzherbert St., Tel. 03-755 8047, www.bellavista.co.nz. Die Zimmer sind freundlich, sauber, zweckmäßig eingerichtet; nur 5 Min. vom Zentrum entfernt.

10 Stations Inn②-③, Blue Spur Rd., Tel. 03-755 5499, www.stationsinnhokitika.co.nz. Modernes Hotel in sehr schöner Lage ein wenig außerhalb von Hokitika mit Blick auf das Meer. Mit empfehlenswertem Restaurant.

Camping

11 Shining Star②, 16 Richards Dr., Tel. 03-755 8921, www.shiningstar.co.nz. Aktuell der einzige Campingplatz vor Ort. Vorabbuchung ist in der Hauptsaison empfehlenswert. Etwas in die Jahre gekommen, aber die direkte Strandlage macht das wett. Es gibt auch diverse Cabins mit und ohne Bad.

Essen und Trinken/Ausgehen

5 MEIN TIPP: **Stella Café and Cheesery**①-②, 84 Revell St., Tel. 03-755 5432, tägl. 7.30–17 Uhr. Café mit netter Atmosphäre und Käsekühlraum mit Glastüren, sodass einem permanent das Wasser im Mund zusammenläuft. Die Käseplatte für 20 $ stillt den ersten Hunger. Außerdem gibt es einen Bienenstock, den man durch eine Plexiglasscheibe beobachten kann. Der Honig wird am Tresen verkauft.

4 Fat Pipi Pizza②, 89 Revell St., Tel. 03-755 6373, Mo, Di 17–20 Uhr, Mi–So 12–21 Uhr. Nicht vom Namen irritieren lassen, die Pizzen sind lecker, es gibt aber auch Snacks und Kuchen. Der Garten lädt zum Verweilen ein.

3 Stumpers Bar and Café Restaurant①-③, 2 Weld St., Tel. 03-755 6154, www.stumpers.co.nz, tägl. 7 Uhr bis spät. Ein Alleskönner: Kulinarisches von Frühstück bis Abendessen (die Snacks in der Auslage sind großartig!), Pub und Hotel. Wer sich unter Einheimische mischen möchte, sollte sich am Abend an die Bar setzen.

2 West Coast Wine Company, 108 Revell St., Tel. 03-755 5417, www.westcoastwine.co.nz, tägl. ab 15 Uhr. Im historischen Feuerwehrgebäude werden gute Weine auf Wunsch auch mit Snacks serviert. Qualitätsweine können online oder vor Ort flaschenweise gekauft werden.

> Hängebrücke über den Hokitika River

Einkaufen

Es gibt zahlreiche kleine Geschäfte, die zum Bummeln durch das Zentrum einladen. Wer auf der Suche nach individuellen Souvenirs ist, wird hier sicherlich fündig. Die hiesigen Galerien stellen nicht nur aus, sondern verkaufen die Werke auch – oft zu erschwinglichen Preisen. Die meisten Geschäfte befinden sich auf der zentralen **Weld Street** oder südlich von ihr.

In der Umgebung

Hokitika Gorge Scenic Reserve

Mein Tipp: In einer Schlucht schlängelt sich der türkisfarbene **Hokitika River** an grünem Busch und grauen Felsen vorbei. Ein 15-minütiger Spaziergang führt über eine Hängebrücke zu diversen Aussichtsplattformen. Gute Fotos sind garantiert. Das Reservat liegt 33 Kilometer südlich von Hokitika, Zugang vom Ende der Whitcombe Valley Road.

West Coast Treetop Walk

Ein 450 Meter langer Spazierweg führt in etwa **20 Metern Höhe** über die Baumwipfel mit Blick auf die Pflanzenwelt und die Umgebung. Zahlreiche Informationstafeln erläutern Flora, Fauna und mehr. Höhepunkt im Wortsinne ist der 40 Meter hohe Aussichtsturm.

■ **West Coast Treetop Walk,** 1128 Woodstock-Rimu Rd., 12 km südwestlich von Hokitika, Tel. 03-755 5052, www.treetopsnz.com, tägl. 9–17 Uhr, Winter 9–16 Uhr, 38/15 $.

Lake Kaniere

Der 22 Quadratkilometer große See liegt idyllisch inmitten grüner Wälder und Berge. Rund um den See gibt es verschiedene **Wanderwege** von zwei bis sieben Stunden Dauer, die meisten beginnen in Hans Bay, wo auch der DOC-Campingplatz liegt. Vor allem in der Nebensaison ein hübsches und einsames Fleckchen.

www.fotolia.de © shantihesse

Greymouth und Umgebung

Greymouth ist die größte Stadt an der Westküste und der Angelpunkt des Distriktes Grey, der nach dem gleichnamigen Fluss benannt wurde. Greymouth wuchs als Goldgräber- und später Hafenstadt heran und ist relativ **wenig vom Tourismus beeinflusst,** was die Stadt spürbar von anderen neuseeländischen Städten unterscheidet.

Geschichte

Bereits lange, bevor 1846 europäische Siedler die heutige Gegend von Greymouth erreichten, hatten **Maori** die Siedlung **Mawhera** am Fluss Mawherenui (dem heutigen Grey River) errichtet. Die Maori waren den Neulingen (*Thomas Brunner* und *Charles Heaphy*) gegenüber wohlgesinnt und ließen sie in ihrer Siedlung wohnen. 1860 verhandelte James Mackay den **Kauf der Region West Coast,** die bis auf die Fläche der ursprünglichen Siedlung am 21. Mai in europäische Hand überging. Noch heute ist das Land, auf dem Greymouth gebaut ist, größtenteils in der Hand der Maori.

Der Ort erlebte einen ersten Boom während der **Goldgräberzeit,** stellte um 1870 auf Kohleabbau und -export und später auf Bauholz um. Der **Hafen** war immer der zentrale Punkt der hiesigen Wirtschaft. Im 20. Jahrhundert nahm das Wachstum der Stadt langsam ab, vor allem, als der Otira-Eisenbahntunnel 1923 eröffnet wurde und dem Hafen

Greymouth

0 200 m
©Reise Know-How 2017
Neus_14
Nelson Quay
Peel St
Blackett St
Bright St
Sturge St
Fox St
Newcastle St
Cardwell St
Taylor St
Weld St
Nimmo Park
Grey River-Mawheranui
Gilbert St
Gresson St
History House Museum
Left Bank Art Gallery
Ashton Ln
Mawhera Quay
Mackay St
Bibliothek
Bahnhof
i-SITE
Smith St
Johnston St
Arney St
Swainson St
Guinness St
Tarapuhi St
Albert St
Tainui St
Willis St
Mount St
King Park
Chapel St
Boundary St
Leonard St
Williams St
Herbert St
Lord St
Alexander St
Preston Rd
Puketahi St
Lombard St
Turumaha St
Monteith's Brewing Company
Threadneedle St
Murray St
Hinchy Ln
Thompson St
Stratford St
Dixon Park
Ngarimu St
Frickleton St
ANZAC Park
Main S Rd
Franklin St
Heaphy St
Cowper St
High St
Buccleugh St
Shakespeare St
Perotti St
Kilgour Rd
Devon St
Tindale Rd
Übernachtung
1 North Shore B&B
7 Global Village
8 Coleraine
9 Scenicland Motels
10 Seaside Top 10
Essen und Trinken
3 Olly's Restaurant
4 Ali's Eating and Drinking
5 Gap Café
6 Monteith's Brewing Company
Einkaufen
11 Garth Wilson Jade
Aktivitäten
2 On Yer Bike!

schwere Konkurrenz machte. Heute lebt die Stadt vom Hafen, von Landwirtschaft und Tourismus.

Die **Flussmündung** des Grey, die sogenannte **Greymouth Bar,** gilt als ein **gefährliches Gewässer.** 1992 sank hier das 45. Schiff, die „Lady Anna". Im Laufe der Jahre verloren hier 231 Menschen ihr Leben; heute erinnert ein Mahnmal an die Opfer.

Sehenswertes

Am Packers Quay findet man die **Southern Breakwater Viewing Plattform,** eine **Gedenkstätte** für die Opfer der Schiffsunglücke in eindrucksvoller Lage: von drei Seiten mit Wasser umgeben, mit Blick auf das wilde Tasman-Meer, den Fluss Grey, Mount Cook und die Paparoa Range. Vor allem bei stürmischem Wetter beeindruckend.

Die **Left Bank Art Gallery** ist im 1924 gebauten einstigen Bankgebäude untergebracht. Das kleine Museum stellt eine Mischung aus moderner Kunst, Vintage und Maori-Kunst **zeitgenössischer neuseeländischer Künstler** aus.

■ **Left Bank Art Gallery,** 1 Tainui St., Tel. 03-768 0038, www.leftbankarts.org.nz, Di–Fr 12–16.30 Uhr, Sa 11–14 Uhr.

Das **History House Museum** zeigt die **frühe Geschichte Greymouths** und seiner Umgebung anhand von Fotos, Zeitungsausschnitten und weiteren Zeitzeugnissen.

■ **History House Museum,** 27 Gresson St., Tel. 03-768 4028, www.greydc.govt.nz, Mo–Fr 10–16 Uhr.

Monteith's Brewing Company ist eine der bedeutendsten **Bierbrauereien** Neuseelands. Sie wurde vor nicht allzu langer Zeit renoviert, und eine Besuch mit oder ohne Tour lohnt sich. Leckere Snacks gibt es auch.

■ **Monteith's Brewing Company,** Turumaha St. Ecke Herbert St., Tel. 0800-102 337, www.monteiths.co.nz, tägl. 10.30–19.30 Uhr, 20 $.

Shantytown, eine nachgebaute **Goldgräberstadt,** entstand aus einer Bürgerinitiative. Sie bietet neben historischen Gebäuden im Stil der 1860er Jahre allerhand **Attraktionen,** wie eine Dampflokfahrt, einen Hologramm-Film (beides im Eintrittspreis inbegriffen), Goldschürfen, ein Sägewerk, Post, Pub, Chinatown, ein Café und mehr. Vor allem für Kinder ein Spaß.

■ **Shantytown,** 316 Rutherglen Rd., Paroa, Tel. 03-762 6634, www.shantytown.co.nz, tägl. 8.30–17 Uhr, 33/16 $.

Aktivitäten

Ein großer Spaß sind **Touren auf Quads** und anderen Geländefahrzeugen, die über 150 Hektar **Waldgelände** preschen. Auch als dreckige **Matschtour** zu buchen, die einem das Grinsen ins Gesicht bringt – wenn man's mag!

2 **On Yer Bike!,** 551 SH6, Tel. 03-762 7438, www.onyerbike.co.nz, ab 50/30 $.

Der **Point Elizabeth Walkway** ist eine einfache, 5,5 Kilometer lange Strand/Busch-Wanderung mit schönen Aussichten und vorbei an vereinzelten historischen Relikten. Der an der North Beach Road startende Weg ist gut ausgeschildert. Informationen findet man auf der DOC-Website www.doc.govt.nz.

Wer kein Geld für den Besuch einer Mine ausgeben will, ist mit dem **Brunner Mine Site Walk** gut beraten. Der ausgeschilderte, zwei Kilometer lange Rundweg, der elf Kilometer östlich von Greymouth am SH7 startet, führt an zahlreichen Minenrelikten aus dem Zeitraum von 1860 bis 1940 vorbei, die gut erläutert sind. Beim DOC gibt es die **Broschüre „Brunner Mine Site Self Guide"**; Informationen findet man auch auf der DOC-Website www.doc.govt.nz. **Mein Tipp:** Der **West Coast Wilderness Trail** ist ein 132 Kilometer langer, gut bestreitbarer **Radweg** von Greymouth über Kumara, Cowboy Paradise und Hokitika nach Ross. Kann auch in Einzelabschnitten gefahren werden. Auf der Homepage findet man Informationen, Radverleiher, Shuttles, Unterkünfte usw.

- **www.westcoastwildernesstrail.co.nz**

Die **Zugstrecke TranzAlpine** von Greymouth über Arthur's Pass nach Christchurch gilt als **eine der schönsten Strecken der Welt** (siehe auch „Praktische Reisetipps von A bis Z/Unterwegs im Land/Zug").

Praktische Tipps

Information

Zum Zeitpunkt der Recherche gab es **keine Homepage** für Greymouth.

- **Einwohnerzahl:** 69.654
- **i-SITE:** 164 Mackay St., Tel. 03-768 7080, tägl. 9–17 Uhr.
- **Bibliothek:** 18 Albert St., Tel. 03-768 5597, Mo, Di, Do, Fr 9.30–17 Uhr, Mi 9.30–19 Uhr, Sa 9.30–12.30 Uhr.

Ortsgeschichte kompakt in Greymouth

087nz ks

An- und Abreise

■ **Bus:** Greymouth wird von allen Langstreckenbusunternehmen angefahren, zentrale Haltestelle Greymouth Railway Station, 164 MacKay St.

■ **Zug:** Greymouth ist der Start-/Endpunkt der Tranz Alpine Kiwirail (siehe „Praktische Reisetipps von A bis Z/Unterwegs im Land/Zug"). Zu buchen im Bahnhof (164 Mackay St.) oder über www.kiwirailscenic.co.nz, Tel. 0800-872 467.

Unterkunft

7 MEIN TIPP: **Global Village**①, 42–54 Cowper St., Tel. 03-768 7272, www.globalvillagebackpackers.co.nz. Eine kleine Wohlfühlinsel mit Zentralheizung, Klavier, Spa Pool, Sauna, kostenfreien Kajaks, Fahrrädern und mehr.

1 **North Shore B&B**②, 107 Bright St., Tel. 03-768 0626, www.northshorebedandbreakfast.co.nz. Kleines, einfaches Privathaus mit freundlichen Betreibern und gutem Frühstück. Fußläufig zum Zentrum gelegen.

8 **Coleraine**②-③, 61 High St., Tel. 03-768 0077, www.colerainegreymouth.nz. Modernes, sauberes Motel mit verschiedenen Wohneinheiten in unterschiedlichen Größen mit und ohne Spa.

9 **Scenicland Motels**②, 108–110 High St., Tel. 0800 768 510, www.sceniclandmotel.co.nz. Einfaches Motel. Nicht von der Optik abschrecken lassen, es ist sauber, der Service ist toll und der Supermarkt nebenan durchaus praktisch.

Camping

10 **Seaside Top 10**③, 2 Chesterfield St., Tel. 03-768 6618, www.top10greymouth.co.nz. Großer Campingplatz mit reichlich Büschen und Bäumen und direktem Strandzugang. Achtung, die frechen Wekas stehlen sogar Schuhe. Auch Kaninchen hüpfen durch die Gegend.

Essen und Trinken

Greymouth ist keine kulinarische Hochburg, aber hungern muss man nicht. Bei den folgenden Establishments ist man auf der sicheren Seite:

5 **Gap Café**①-②, 1 Guinness St., Tel. 03-768 0988, tägl. ca. 9–17 Uhr. Modernes Café mit klassischen Kiwi-Gerichten und Snacks. Gutes Preis-Leistungs-Verhältnis.

4 **Ali's Eating and Drinking**②, 9 Tainui St., Tel. 03-768 5858, tägl. 9–20.30 Uhr. Die Mischung aus viel orangener Farbe und Kunst schafft eine gemütliche Atmosphäre. Bietet Querbeet-Gerichte wie Pasta, Curry, Steak und mehr.

6 **Monteith's Brewing Company,** siehe „Sehenswertes".

3 **Olly's Restaurant**②-③, im Railway Hotel, 120 Mawhera Quay, Tel. 03-768 7023. Italienische Gerichte und guter Service.

Einkaufen

Die meisten Geschäfte liegen in und um die **Mackay Street.** Man findet die üblichen Ketten, Kleingeschäfte und alles, was man braucht. Es gibt bessere Städte zum Einkaufen und Flanieren.

11 **Garth Wilson Jade,** 63 Rutherglen Rd., Tel. 03-762 6226, www.garthwilsonjade.co.nz, tägl. 9–17 Uhr. Der Jadejuwelier *Garth* stellt nicht nur tolle Exemplare seines Schmucks aus und verkauft sie, sondern teilt auch gern sein Wissen über Pounamu und Maori-Tradition.

> Die Pancake Rocks locken jährlich bis zu einer Million Besucher nach Punakaiki

Die Coast Road von Greymouth nach Westport

Der **SH6** von Greymouth nach Norden verläuft die nächsten 65 Kilometer **an der Küste entlang,** mit Felsen, Klippen, Stränden und dem tosenden Ozean im Westen und der Paparoa Range im Osten. Wer das wilde Meer liebt, will immer wieder anhalten und Fotos machen – auch von den großartigen Nikau-Palmen, die im **Paparoa National Park** heimisch sind. Die Strecke zählt zu den **spektakulärsten Küstenstraßen Neuseelands,** man hat das Gefühl, der Wald fällt direkt in das Meer. Es gibt vereinzelte Unterkünfte in dramatischer Lage; da sich in der Gegend in Sachen Tourismus einiges tut, sind eine aktuelle Internetrecherche und Vorabbuchung nötig.

Barrytown

Knapp 30 Kilometer nach Greymouth erreicht man den verschlafenen **Künstlerort** Barrytown. Er ist keinen Stopp wert, es sei denn, man möchte sein eigenes Messer schmieden:

Mein Tipp: Es geht ein wenig chaotisch zu, aber aus einem Stück Metall und Holz zaubert man letztlich ein scharfes, beeindruckendes und vor allem individuelles **Messer.** Vorabbuchung ist nötig.

■ **Barrytown Knifemaking,** 2662 Coast Road, Tel. 03-731 1053, www.barrytownknifemaking.com, 150 $.

Punakaiki und Umgebung

Als „richtige“ Ortschaft kann man Punakaiki nicht bezeichnen, und trotzdem stoppen hier mehr als **eine Million Besucher** jährlich, um die berühmten **Pancake Rocks** mit ihrem Meeresgetose zu

088nz ks

bestaunen. In Kürze startet hier auch der zehnte Great Walk (Pike29 Memorial Track), der sicherlich noch mehr Touristen anziehen wird. Wer etwas Zeit hat und die Natur liebt, für den lohnt sich ein Besuch der Gegend.

Sehenswertes und Aktivitäten

Vor 30 Millionen Jahren bildeten sich die Kalksteinformationen **Punakaiki Pancake Rocks,** als Fragmente von Muscheln und Ähnlichem auf den Mee-

resgrund sanken und von Ton und Schlamm bedeckt wurden. Heute ragen die schichtenreichen „Pfannkuchenfelsen“ in die Höhe, und aus den Höhlen und Durchlässen zwischen ihnen, **Blowholes** genannt, spritzt das Meer bei Flut mit großem Getöse in die Höhe. Der 15 Minuten lange Rundkurs kann problemlos ausgedehnt werden. Die Pancake Rocks sind am SH6 ausgeschildert.

300 Meter nördlich der Pancake Rocks, nur wenige Meter von der Straße entfernt, befindet sich die **Punakaiki Cavern,** ein Netz von **Kalksteinhöhlen,** das 138 Meter lang ist. Besonders für Kinder ist es interessant. Taschenlampe nicht vergessen und in der Dämmerung nach Glühwürmchen Ausschau halten!

Im angrenzenden **Paparoa National Park** gibt es ein ausgedehntes Netz an wunderschönen **Wegen** unterschiedlicher Länge. Die **DOC-Broschüre „Paparoa National Park Walks“** vermittelt einen guten Überblick, vom Spaziergang bis zur Mehrtageswanderung ist alles dabei. Besonders attraktiv und beliebt sind die folgenden Wege; alle starten am **Parkplatz Pororari River:**

- **Truman Track** (15 Min.)
- **MEIN TIPP: Punakaiki-Pororari Loop** (11 km, 3 Std.): teils anspruchsvolle Rundwanderung durch Flusslandschaften und Regenwald.
- **Ballroom Overhang Track** (2 Std. return)
- **Inland Pack Track** (27 km, 2–3 Tage)
- **Pike29 Memorial Track – Great Walk** (ca. 45 km, zum Zeitpunkt der Recherche noch nicht fertiggestellt).

MEIN TIPP: Bei der **Kanufahrt auf dem Pororari River** fühlt man sich wie in der **Südsee.** Vor allem bei schönem Wetter ein Traum.

1 Punakaiki Canoes, SH6 Pororari River Parkplatz, Tel. 03-731 1870, www.riverkayaking.co.nz, ab 40/20 $.

Auch ein **Ausritt** in der Gegend ist ein Erlebnis. Die Hosts kümmern sich liebevoll um ihre Pferde und lassen nur Personen unter 95 Kilogramm aufsitzen.

7 Punakaiki Horse Treks, 4224 SH6, Tel. 03-731 1839, www.pancake-rocks.co.nz, ab 175 $.

Praktische Tipps

Informationen

- **www.punakaiki.co.nz**
- **Einwohnerzahl:** unter 100
- **Visitor Centre und DOC:** 4294 Coast Rd., Tel. 03-731 1895, ca. 9–17 Uhr.

An- und Abreise

- **Bus:** Punakaiki wird von den meisten Langstreckenbusunternehmen mehrmals wöchentlich angefahren; zentrale Haltestelle am Pancake Rocks Café, 4300 Coast Rd. Die Busse stoppen lange genug, um die Pancake Rocks zu bewundern. Auf die Gezeiten wird keine Rücksicht genommen.

Unterkunft/Camping

Aufgrund der Massen an durchreisenden Gästen gibt es eine ordentliche Auswahl an Unterkünften. Man sollte früh ankommen oder vorbuchen, um die Herberge seiner Wahl zu bekommen.

4 MEIN TIPP: Punakaiki Beach Hostel①, 4 Webb St., Tel. 03-731 1852, www.punakaikibeachhostel.co.nz. Ein tolles, sauberes Hostel in grandioser Lage. Highlights sind das am Strand gelegene Sunset Cottage und der House Truck, ein umgebauter Lastwagen.

5 Punakaiki Beachfront Motels②-③, Mabel Street, Tel. 03-731 1008, www.punakaikibeachfrontmotels.co.nz. Hat sechs typische Motel-Einheiten, das Beach House mit fantastischem Blick und das Cottage.

2 Punakaiki Tavern②-③, siehe „Essen und Trinken".

3 Punakaiki Beach Camp①-②, Owen St., Tel. 03-731 1894, www.punakaikibeachcamp.co.nz, Camping②, Units①-②. Der derzeit einzige Campingplatz in Punakaiki erlitt in 2016 eine partielle Bodenabsenkung von über einem Meter. Nicht der ganze Platz ist betroffen, vor Anreise am besten den Stand der Dinge erfragen und in der Hauptsaison unbedingt vorbuchen.

Essen und Trinken

2 Punakaiki Tavern②, Owen St., Tel. 03-731 1189, www.punakaikitavern.co.nz, tägl. von früh bis spät. Klassischer Old Style Pub mit entsprechend herzhaften Mahlzeiten und Snacks sowie gutem Bier. Nah am Ausgangspunkt zu den Wanderungen gelegen, mit hübschem Außenbereich.

6 Pancake Rocks Café②, 4300 Coast Rd., Tel. 03-731 1122, www.pancakerockscafe.com, tägl. früh bis nachmittags. Großes Café mit Pizzeria und kleinem Souvenirshop. Direkt an den Pancake Rocks und dem Visitor Centre gelegen, kann man hier gut auf die Flut warten.

Einkaufen

Es gibt keine nennenswerten Geschäfte. Einen Noteinkauf von Lebensmitteln tätigt man an der Rezeption des Campingplatzes, Souvenirs kauft im Pancake Rocks Café. Eine Tankstelle gibt es nicht.

Weiter nach Norden

Wer sich von Punakaiki auf den Weg Richtung Westport macht, folgt der traumhaften Küste gen Norden. Erfahrene **Surfer** finden auf der Strecke zahlreiche Spots, Beginner sollten sich mit dem Blick auf das Meer begnügen. Auch auf diesem Abschnitt der Coast Road gibt es zahlreiche fotogene Kulissen, die zu Stopps verleiten.

Charleston

Der nächste sehenswerte Ort ist Charleston, das 1867 während der Goldgräberzeit gegründet wurde und einst eine bedeutende Stadt mit knapp 100 Hotels und einer Einwohnerzahl irgendwo zwischen 30.000 und 100.000 war. Heute leben hier keine 300 Personen, und auch touristisch gesehen ist wenig los. Die einzigen Highlights sind **Underworld Adventures,** die Abenteuer rund um Höhlen und Regenwald anbieten (siehe „Westport") sowie **Mitchells Gully Gold Mine.** In Letzterer erläutert der direkte Nachkomme eines Goldgräber-Pioniers die (Familien-)Geschichte der Mine, die man natürlich auch besuchen kann.

■ **Mitchells Gully Gold Mine,** 7664 SH6, Tel. 03-789 6257, tägl. 9–17 Uhr, 10 $/frei.

[>] Tiefenentspannte West-Coast-Robbe

Westport und Umgebung

Wer aus dem Süden kommt, empfindet die Hafenstadt Westport als **erfrischend.** Größer als das kleine Nest Hokitika und freundlicher als das graue Greymouth, ist Westport ein optimaler Ort, um ein bisschen herumzuspazieren, seine Vorräte aufzufüllen und sich ein wenig von der langen Fahrt von Haast zu erholen. Es gibt ausreichend Geschäfte, Restaurants, Cafés, ein paar Museen und einige gute Ausflugsmöglichkeiten. Von hier aus wird der Buller District, der nördliche Teil der West Coast, verwaltet.

Geschichte

Die Kolonialgeschichte Westports begann **1858,** als *John Rochford,* über den Fluss Buller kommend, die Gegend von Westport als **Hafenstandort** in Betracht zog. Nachdem in den 1860er Jahren **Gold** im Buller gefunden worden war, wuchs die kleine Handelssiedlung. 1861 lebten 80 Personen im **Dorf Buller,** 1867 bereits 1500. Buller wurde im Jahre 1863 von *J.C. Richmond* in „Westport" umbenannt – angeblich aufgrund der Ähnlichkeit zu Westport im County Mayo in Irland. Der Hafen wurde ausgebaut, nachdem **Kohle** in der Region gefunden worden war, die über See verschifft wurden. 1944 erreichte die ersten Eisenbahn Westport, das inzwischen auf 5000 Ein-

144nz no

wohner angewachsen war. Kohle und Zement sind noch heute die größten Industriezweige Westports.

Sehenswertes

Das modern gestaltete **Coaltown Museum** widmet sich dem **Kohleabbau** in der Region.

■ **Coaltown Museum,** 123 Palmerston St., Tel. 03-789 6658, Mo–Fr 9–16.30 Uhr, Sa, So 10–16 Uhr, 10/2 $.

Das zehn Kilometer außerhalb gelegene **Denniston Plateau,** einst das größte Kohlebergwerk Neuseelands, ähnelt heute einer **Geisterstadt.** 1991 lebten hier 1500 Einwohner, heute weniger als zehn. Infotafeln erläutern die Geschichte, die **DOC-Broschüre „Denniston Walking Tracks"** weist den Weg des 40-minütigen Town Walks und weitere Spaziertouren bis zu drei Stunden aus. Touren siehe Aktivitäten. Infos findet man auf www.doc.govt.nz.

An der fünf Kilometer außerhalb gelegenen **Tauranga Bay** (Zufahrt über Coast Road) kann man die Tiere der **Cape Foulwind Robbenkolonie** das ganze Jahr über von der Aussichtsplattform aus beobachten. Ende November gibt es Nachwuchs. Wem nach Bewegung ist, der kann sich auf den 90 Minuten dauernden **Küstenwanderweg** machen und wird mit tollen Blicken auf die Landschaft und den hübschen Leuchtturm belohnt. Cape Foulwind erhielt seinen wenig schmeichelhaften Namen von Kapitän *Cook,* dessen Schiff hier bei schlechtem Wetter weit auf das Meer getrieben wurde.

Westport hat eine **bedeutende Kunstszene** und betreibt ein sich ständig veränderndes Netzwerk an **Galerien** und **Ausstellungen.** Stellvertretend seien hier die Honeycomb Gallery (204 Palmerston St.) und Interspace Gallery (10 Brougham St.) genannt.

Aktivitäten

Beim Besuch des **Kohlebergwerks Denniston** geht es per Untergrundbahn zur Mine aus dem Jahr 1880, in der Aktivitäten und Informationen warten. Alternativ gibt es eine Express Tour. Vorabbuchung ist notwendig!

4 **Denniston Experience,** Denniston Plateau, Tel. 03-789 9021, www.denniston.co.nz, ab 45/20 $.

Zu den **Spaziergängen** am Cape Foulwind und Denniston Plateau siehe „Sehenswertes".

Surfer können Bretter mieten oder einen Kurs buchen. Unbedingt sollte man nach den aktuellen Wasserkonditionen und geeigneten Spots fragen.

8 **West Coast Surf,** 299 Tauranga Bay Rd., Tel. 0800-927 873, www.wcsurf.co.nz, ab 30 $.

Die lange vergessene Straße der Goldsucher, **Old Ghost Road,** wurde für Wanderer und Mountainbiker wiedereröffnet. Die 85 Kilometer lange Strecke zwischen Lyell und Seddonville wird liebevoll als „längstes Outdoor-Museum" bezeichnet, denn immer wieder stößt man auf Relikte der Goldgräberzeit.

- **www.oldghostroad.org.nz:** Informationen zu Unterkünften, Transport, Touren etc.

25 Kilometer südlich von Westport werden verschiedene **unter- und überirdische Touren** angeboten: Höhlenrafting, Glühwürmchentour, Caving mit Abseilen und für Bewegungsmuffel eine Fahrt auf dem Rainforest Train. Für jeden ist etwas dabei, und das angeschlossene Café sorgt für den Energienachschub.

9 **Underworld Adventures,** SH6 Charleston, Tel. 03-788 8168, www.caverafting.co.nz.

Praktische Tipps

Informationen

- **www.westport.nz.com**
- **Einwohnerzahl:** 4100
- **i-SITE:** 123–125 Palmerston St., Tel. 03-789 6658, Mo–Fr 9–16 Uhr, Sa, So 10–16 Uhr.
- **Bibliothek:** 87 Palmerston St., Tel. 03-788 8030, Mo–Fr 9–17 Uhr, Sa 10.30–13 Uhr.

An- und Abreise

- **Bus:** Westport wird von den meisten Langstreckenbusunternehmen angefahren; zentrale Haltestelle an der i-SITE, Palmerston St. Außerdem fahren auch **Karamea Express** und **East West Coaches** nach Westport.
- **Flugzeug: Soundsair** fliegt mehrmals täglich von/nach Wellington.

Unterkunft

6 **Mein Tipp: Beaconstone Eco Lodge**①-②, Bird Ferry Rd., Tel. 027-431 0491, www.beaconstoneecolodge.co.nz. 17 km südlich, in toller Umgebung, mit nur 14 heiß begehrten Betten. Rustikal, aber schön eingerichtet, es fehlt an nichts.

6 Steeples②, 48 Lighthouse Rd., Tel. 03-789 7876, www.steeplescottage.co.nz. Cottages, Studios und B&B in dramatischer Lage an den Klippen von Cape Foulwind. Nicht nur der Blick ist großartig, auch die Unterkünfte sind einwandfrei.

3 Havenlee Homestay②, 76 Queen St., Tel. 03-789 8543, www.havenlee.co.nz. *Ian* und *Jan* sind tolle Hosts in diesem großartigen B&B. Sauber, geschmackvoll eingerichtet, ruhige Lage, schöner Garten, gutes Frühstück: Was will man mehr?

5 Buller Court②, 235 Palmerston St., Tel. 03-668 0639, www.bullercourtmotel.co.nz. Modernes, sauberes Motel mit günstigen Preisen.

Camping

6 Carters Beach Top 10②-③, 57 Marine Parade, Tel. 03-789 8002, www.top10westport.co.nz. Nah am Strand gelegen (und auch am Flugplatz). Mit den üblichen Einrichtungen, alles gut in Schuss.

080nz dl

Essen und Trinken

Gefühlt gibt es in Westport überdurchschnittlich viele Restaurants und Kneipen, die meisten findet man auf der **Palmerston Street.** Wer Hilfe bei der Auswahl braucht, kann einen Blick in die folgenden Lokale werfen:

1 PR's①, 124 Palmerston Street, tägl. 7–16.30 Uhr. Leckere Snacks, Sandwiches, Kaffee und mehr.

7 Star Tavern①-②, 6 Lighthouse Rd., Tel. 03-789 6923, wechselnde Öffnungszeiten. Klassische, rustikale neuseeländische Taverne mit deftigen Mahlzeiten und leckerem Bier. Hat auch einen Außenbereich.

7 Mein Tipp: Bay House Café①-③, Tauranga Bay, Tel. 03-789 4151, www.bayhouse.co.nz, tägl. ca. 12–16 Uhr. Nettes Café mit tollem Blick aufs Meer am Cape Foulwind. Die Küche serviert Schmankerl wie Arancini Salad (Risottoklößchen, gefüllt mit Pilzen und Käse, mit Tomatensalsa).

Einkaufen

Alle Geschäfte befinden sich auf der **Palmerston Street** (Hauptstraße). Apotheken, Buchladen, Kleidung, Supermärkte, alles ist nah beieinander.

2 Es gibt auch einen Sport- und Outdoorladen: **Habitat Sports,** 234 Palmerston St.

< Radtour im Märchenwald an der Old Ghost Road

Von Westport nach Karamea

Wer von Westport aus gen Norden fährt, erlebt ein **wildes, abgelegenes Neuseeland.** Die 96 Kilometer lange Strecke führt vorbei an Klippen, durch grüne Wälder und saftige Hügel. In der dünn besiedelten Region ist quasi der Hund begraben, aber für **Naturfreunde** bietet sich ein **Paradies.** Dieses ist durchzogen von einem Netz an **Wanderwegen.** Highlights sind der Great Walk **Heaphy Track,** der in Karamea beginnt und quer durchs Land bis zur Golden Bay verläuft, sowie das **Oparara Basin.**

Auf der Fahrt lohnt es sich, die Augen nach kleinen **Cafés** und **Geschäften** aufzuhalten, denn man kann hier so manchen Juwel finden. Auch an Unterkünften und abgelegenen Campinplätzen kommt man vorbei. Die meisten Besucher steuern **Karamea** an, die größte Siedlung am Ende der Verlängerung des SH67. Viel weiter geht es nicht.

Wandern

Die **DOC-Broschüre „Walks in the Westport and Lower Bull Area"** bietet auch einen guten Überblick über Spaziergänge und Wanderungen nördlich von Westport, und es gibt auch DOC-Broschüren über die längeren Touren weiter nördlich. Populäre Routen sind die Folgenden:

■ **Britannia Track** (12 km, 4 Std. return, Start: 3 km nördl. von Waimangaroa)

MEIN TIPP: **Charming Creek Walkway** (7 km, 3 Std., Start: Ngakawau od. Seddonville), auch für Mountainbiker. Highlights sind der Mangatini Fall, der Blick in die Ngakawau Gorge und eine historische Mühle.

■ **Wangapeka Track** (60 km, 4–6 Tage, Start: von Little Wanganui 5 km auf der Wangapeka Rd. bis zum Parkplatz)

■ **Leslie-Karamea Track** (91 km, 6–9 Tage, Start: Wangapeka Track, s.o.)

Heaphy Track – Great Walk (siehe „Marlborough, Nelson und Tasman/Golden Bay"), auch für Mountainbiker.

Karamea

Karamea selbst vermarktet sich als friedliches Paradies am nördlichen Ende der West Coast, und das trifft auch zu. Abgeschieden vom Rest der Zivilisation, ticken hier die Uhren besonders langsam.

Sehenswertes und Aktivitäten

Im **Oparara Basin,** 25 Kilometer nördlich von Karamea (MacCallums Mill Rd., ausgeschildert, nicht für Busse und Wohnmobile) findet man eindrucksvolle **Kalksteinformationen** und -bögen, die in das Grün der umliegenden Wälder eingebettet sind. Die Gegend ist auch Heimat der Powelliphanta, einer bis zu sieben Zentimeter großen **Riesenschnecke.** Es sind verschiedene einfache Spazier- und Wanderwege von 30 Minuten bis fünf Stunden Länge ausgeschildet. **Festes Schuhwerk** ist absolut notwendig.

Die 13 Kilometer langen **Honeycomb Hill Caves and Arch** innerhalb des Oparara Basins sind von internationaler Bedeutung, da in den **Höhlen** Knochen von **Moas** und anderen ausgestorbenen Vogelarten gefunden wurden. Der Besuch ist ausschließlich im Rahmen einer Tour möglich

- **The Oparara Kahurangi National Park Guided Tours,** Market Cross, Tel. 03-782 6652, www.oparara.co.nz, ab 95/45 $.

Viele **Spaziergänge** und **Wanderungen** sind in der **Broschüre „Karamea Area Walks"** beschrieben. Populäre Routen:

- **Karamea Riverbank and Estuary Walkway** (1 km, 45 Min., Start: Ende Ray St.)
- **Flagstaff** (3 km, 1½ Std., Start: Richtung Flugplatz, dann Richtung Strand)
- **Big Rimu** (2 km, 1 Std. return, Start: Umere Rd.)
- **Lake Hanlon** (20 Min. einfach, Start: 20 km südl. von Karamea, ausgeschildert)
- **South Terrace Zig Zag Track** (2,5 km, 1 Std., Start: 2,5 km am Karamea River entlang)
- **The Fenian** (verschiedene Wege von 1 bis 5 Std., Start: Oparara Loop Rd.)

In Sachen **Outdoorsport** ist dieser Anbieter ein Alleskönner:

- **Karamea Outdoor Adventures,** Bridge St., Tel. 03-782 6181, www.karameaoutdooradventures.co.nz. Kajaken (ab 45/30 $), Mountainbiking (ab 30/20 $), Reiten (ab 75 $), Rivertubing (ab 60/40 $) und vieles andere ist auf Anfrage möglich.

Wer per **Helikopter** die Luft gehen will, ist hier gut aufgehoben. Ob zum Wandern, Angeln, Heli-Biken, einfach nachfragen.

- **Karamea Helicopter Charters,** 79 Waverley St., Tel. 03-782 6111, www.helicharterkaramea.com.

Praktische Tipps

Informationen

- **www.karameainfo.co.nz**
- **www.karamea.com**
- **Einwohnerzahl:** 375
- **Touristeninformation:** 106 Bridge St., Tel. 03-782 6652, Mo–Fr 9–17 Uhr, Sa, So 9–12 Uhr.
- **Bibliothek:** Waverley St., Tel. 03-782 6990, Mo, Di u. Do–Sa 10.30–12.30 Uhr, Mi 13.30–15.30 Uhr.

An- und Abreise

- **Bus: Karamea Express** (Tel. 03-782 6757, www.karamea-express.co.nz, 35 $) fährt mind. einmal am Tag von/nach Westport mit diversen Stopps unterwegs.
- **Flugzeug: Golden Bay Air** (Tel. 03-525 6167, www.goldenbayair.co.nz) fliegt von/nach Takaka. Eine gute Shuttleoption für den Heaphy Track.

Unterkunft

- **Rongo Backpackers and Gallery**①-②, 130 Waverley St., Tel. 03-782 6667, www.rongobackpackers.com. Ein kunterbuntes Hostel mit 22 Betten und angeschlossener Galerie. Bietet alles, was man braucht.
- **Karamea Domain Camp,** siehe „Camping".
- **Last Resort**①-②, 71 Waverley St., Tel. 03-782 6617, www.lastresortkaramea.co.nz. Hat unterschiedliche Cottages, Studios, Doppelzimmer und ein Backpacker Dorm. Die Qualität variiert sehr stark. Am besten die Zimmer angucken und dann entscheiden.

Camping

- **Karamea Holidaypark**②, Maori Point Rd., Tel. 03-782 6758, www.karamea.com. 3 km südlich an der Flussmündung gelegen, etwas in die Jahre gekommen, aber okay. Hat auch saubere Cabins①.
- **Karamea Domain Camp**①-②, Waverley St., Tel. 03-782 6069, www.karamea.org.nz. Einfach, billig, mitten im Ort am Fluss gelegen. Hat auch ein angeschlossenes Backpackers für kleines Geld.

Essen und Trinken

Die Auswahl an Lokalen zum Einkehren ist sehr eingeschränkt. Manche Unterkünfte bieten gelegentlich Mahlzeiten an.

■ **Karamea Village Hotel**①-②, Waverly St. Ecke Wharf Rd., Tel. 03-782 6800, www.karameahotel.co.nz, tägl. früh bis spät. Urig und original neuseeländisch: Es gibt deftige Mahlzeiten, mit einer großen Portion Gastfreundlichkeit serviert.

■ **Last Resort**①-②, siehe „Unterkunft". Die Mahlzeiten im Hotelrestaurant sind sättigend und lecker bei gutem Preis-Leistungs-Verhältnis,

Einkaufen

Es gibt ein paar **Privathaushalte,** die Kunsthandwerk oder hausgemachte Lebensmittel wie Honig oder Kuchen verkaufen, viel mehr allerdings nicht. Man findet ein **Lebensmittelgeschäft** mit hohen Preisen, teures **Benzin** bekommt man an der Touristeninformation. Besser in Westport einkaufen und tanken.

Reefton

Das kleine Reefton ist die letzte Stadt, bevor man weiter zur Tasman Bay oder Richtung Christchurch fährt. Die Entwicklung der Stadt ist dem **Goldrausch** der 1860er Jahre zu verdanken. Reefton brüstet sich mit der Tatsache, dass hier in 1888 **das erste öffentliche Stromnetz** sowie die ersten elektrischen Straßenlampen der südlichen Hemisphäre installiert wurden. Die „Stadt des Lichts", wie sich Reefton selbst betitelt, ist heute ein nettes Städtchen, in dem man **historische Gebäude** aus den 1870er Jahren bewundern kann. Ansonsten geht es recht verschlafen zu. Wer in Eile ist, muss nicht unbedingt halten.

Sehenswertes und Aktivitäten

Im Umkreis von wenigen Hundert Metern sind etliche **historische Gebäude** zu bewundern: Gerichtshaus, Banken, eine Kirche, Schule und mehr. Am besten besorgt man sich in der i-SITE die **Broschüre „Heritage Walk"** (40 Min.).

Bearded Miners nennt sich eine zwielichtig erscheinende **Bergbauhütte** mit ebenso zwielichtig erscheinenden bärtigen Gestalten. Die Idee dahinter ist, die Bergbaugeschichte am Leben zu erhalten. Hier kann noch nachgebessert werden, aber der Billy Tea ist gut ...

■ **Bearded Miners,** 37 Walsh St., Tel. 03-732 8377, tägl. 11–16 Uhr.

Das **Bergbaumuseum Black's Point,** zwei Kilometer außerhalb von Reefton ist eine Anlaufstelle alle, die an Neuseelands Pioniergeschichte interessiert ist. Es gibt eine noch funktionierende Golden Fleece Battery, mit der einst goldhaltiges Gestein zertrümmert wurde.

■ **Black's Point Museum,** Franklyn St., Tel. 03-732 8391, Mi–Fr u. So 9–12 Uhr u. 13–16 Uhr, Sa 13–16 Uhr, 5/3 $.

Waiuta Ghost Town, eine **ehemalige Goldgräberstadt,** liegt 37 Kilometer von Reefton entfernt; sie ist vom SH7 ausgeschildert. Die Stadt florierte von 1930 bis 1951, wurde aber von immer mehr Einwohnern verlassen, nachdem ein bedeutender Schacht eingebrochen war. Heute wohnt kaum noch jemand hier. Die verlassenen Gebäude (Schwimmbad!) wirken geradezu **gespenstisch.**

Der **Blick vom Plateau** ist großartig und reicht bei klarem Wetter bis zum Mount Cook. Spaziergänge und Wanderungen von Waiuta aus findet man in der **DOC-Broschüre „Reefton Walks“.** Touren werden von der i-SITE in Reefton organisiert.

- **www.waiuta.org.nz**

Der **Victoria Forest Park** erstreckt sich über 209.000 Hektar. Er ist der **größte Waldpark Neuseelands.** Als Fundstätte von Gold-Quarz birgt er zudem historische Stätten wie Goldfelder und Minen. Der Park bietet eine Anzahl von interessanten **Tages- und Mehrtageswanderungen.** Die meisten sind in der **Broschüre „Reefton Walks“** beschrieben.

Zum **Raften** bieten die **Flüsse Arnold** und **Grey** zahlreiche Möglichkeiten. Es sind auch Extra-Touren für Kinder im Angebot.

1 **Inland Adventures,** 21 Soldiers Rd., Tel. 0800-465263, www.inlandadventures.co.nz, ab 130/100 $.

Praktische Tipps

Informationen

- **www.reefton.co.nz**
- **Einwohnerzahl:** 1026
- **i-SITE:** 67–69 Broadway, Tel. 03-732 8391, Mo–Fr 9–16.30 Uhr, Sa 9.30–14 Uhr, So 9.30–13 Uhr.
- **Bibliothek:** 66 Broadway, Tel. 03-732 8821, Mo–Fr 10.30–12.30 Uhr u. 13.30–16.30 Uhr.

An- und Abreise

■ **Bus:** Die Busse von **East West Coaches** (www.eastwestcoaches.co.nz) fahren die Strecke Westport – Christchurch via Reefton täglich; zentrale Haltestelle an der i-SITE.

Unterkunft/Camping

2 Lantern Court Motel②, 63 Broadway St., Tel. 03-668 1224, www.lanterncourtmotel.co.nz. Vor nichtallzu langer Zeit frisch renoviert, sauber und in zentraler Lage mitten in Reefton.

3 Reef Cottage B&B②, 51–55 Broadway, Tel. 0800 770 440, www.reefcottage.co.nz. Rustikales B&B in 1887 gebautem Haus. Ein Café ist angeschlossen, die Küche dampft von früh bis spät.

6 Reefton Motor Camp①-②, The Strand, Tel. 03-732 8477, www.reefton.co.nz. Der einfache Stadtcampingplatz liegt direkt am Fluss, hat zahlreiche Schattenplätze und ist nur einen Katzensprung vom Zentrum entfernt. Es gibt auch ein paar Cabins①.

Essen und Trinken

4 Wilsons Hotel①-②, 32 Broadway, Tel. 03-732 8875, www.reefton.co.nz, ab mittags geöffnet. Klassischer Stadtpub mit typischen Mahlzeiten und vegetarischen Optionen. Wer zu viel Bier trinkt, kann in einem der vier Zimmer② unterkommen.

5 Broadway Tearooms and Bakery①-②, 31 Broadway, Tel. 03-732 8497, www.thefuturedough co.co.nz, tägl. 5–17 Uhr. *Der* Anlaufpunkt in Reefton – hier ist immer was los. Es gibt Frühstück, herzhafte Mahlzeiten, Snacks und Backwaren. Hat einen netten Außenbereich.

Murchison und Buller Gorge

Der Buller District ist der nördlichste Distrikt der West Coast. Benannt ist die Gegend nach **einem der längsten Flüsse Neuseelands,** dem Buller. Der auch „Mighty" („mächtiger") Buller genannte Fluss spielte vor allem in der Goldgräberzeit eine bedeutende Rolle. Aus touristischer Perspektive steht der Buller heute für **beeindruckende Schluchten** und **aufregenden Wasserspaß** wie Rafting und Jetboatfahrten. Eingebettet ist der Fluss in das saftige Grün der umliegenden Wälder und ist so auch für weniger Abenteuerlustige ein Augenschmaus.

Der kleine **Ort Murchison** mit seinen ca. 600 Einwohnern liegt 98 Kilometer von Westport und 124 Kilometer von Nelson entfernt am SH6. Eigentlich gehört Murchison zur Region Tasman, aufgrund seiner abgeschiedenen Lage und der Nähe zur Westküste wird es aber oft zur West Coast gezählt. Die Gegend um Murchison wird **„Four Rivers Plain"** („Ebene der vier Flüsse") genannt, die Flüsse Matiri, Matakitaki und Mangles fließen im Verlauf weniger Kilometer in den Buller. Auch hier dreht sich das touristische Leben mehr oder weniger komplett um den Fluss.

Eine kleine Hilfe: Für die Weiterfahrt in Richtung Nelson Lakes siehe „Marlborough, Nelson und Tasman", in Richtung Richmond siehe „Tasman" bzw. „Nelson".

Sehenswertes und Aktivitäten

Das **Murchison Museum** bietet Informationen rund um die **(Goldgräber-) Geschichte** der Gegend. Ein Schwerpunkt liegt auch auf dem Erdbeben von 1929, das die Entwicklung Murchisons stark beeinflusste.

- **Murchison Museum,** 60 Fairfax St., Tel. 03-523 9392, tägl. 10–16 Uhr.

Mit ihren 110 Metern ist die **Buller Gorge Swingbridge** eine der längsten **Hängebrücken** Neuseelands. Ebenfalls sehr beeindruckend ist die **Bruchlinie des Erdbebens** von 1929, die hier bestaunt werden kann. Wer noch mehr Abenteuer braucht, kann sich auf der Riesenschaukel, der Seilbahn oder im Jetboat vergnügen. Wer auf Adrenalin-Aktivitäten verzichten kann, kann einen Spaziergang in der Umgebung unternehmen oder sein Glück beim Goldschürfen versuchen.

- **Buller Gorge Swingbridge,** SH6 Upper Buller Gorge, Tel. 03-523 9809, www.bullergorge.co.nz, ab 5/2 $.

Natural Flames Experience nennt sich eine 4WD- und Spazier-Tour in die Natur mit Fokus auf Farmleben, Wald und Feuer. Highlight sind die Pancakes, die mitten im Wald über einer Flamme gebacken werden, die von **natürlichem Gas** gespeist ist und seit 1922 durchgehend brennt.

- **Natural Flames Experience,** 38 Waller St., Tel. 0800 687 244, www.naturalflames.co.nz, 84/65 $.

Wer den Buller richtig erleben will, muss sich aufs Wasser begeben. **Jetboat-Touren** werden auch in Kombination mit Helikopter-Flügen angeboten

- **Buller Canyon Jet,** SH6, Tel. 03-523 9883, www.bullercanyonjet.co.nz, ab 105/60 $.

Ein lokaler Anbieter organisiert **diverse Aktivitäten** wie Rafting-Touren mit oder ohne Helikopterflug, Fliegenfischen, Familienausflüge und individuelle Touren nach Absprache: Spaß ist vorprogrammiert.

- **Ultimate Descents,** 38 Waller St., Tel. 03-523 9899, www.rivers.co.nz.

Praktische Tipps

Informationen

- **www.bullergorge.co.nz**
- **Visitor Information:** 47 Waller St., tägl. ca. 10–18 Uhr.
- **Bibliothek:** 92 Fairfax St., Di–Fr 10–12.30 u. 13.30–16 Uhr.

An- und Abreise

Bus: Murchison wird von den meisten Langstreckenbusunternehmen angefahren; zentrale Haltestelle Waller St.

▷ Die Buller Gorge Swingbridge im Morgennebel

Unterkunft

MEIN TIPP: Lazy Cow①, 37 Waller St., Tel. 03-523 9451, www.lazycownz.wordpress.com. Hübsches Hostel mit 19 Betten und angeschlossener Pizzeria.

■ **Kiwi Park Motels and Holiday Park**②, siehe „Camping".

MEIN TIPP: Awapiriti Lodge②, 560 Shenandoah Hwy., Tel. 03-523 9889, www.awapiritilodge.co.nz. Kleines, hübsches B&B in grüner Lage.

Camping

■ **Kiwi Park Motels and Holiday Park**②, 179 Fairfax St., Tel. 03-523 9248, www.kiwipark.co.nz. Großzügige Grünfläche mit einigen Schattenplätzen. Es gibt auch ein paar Farmtiere, die von den Besitzern gehalten und von Kindern gestreichelt werden können.

Essen und Trinken

Es gibt eine Handvoll Cafés und Restaurants, Hunger leiden muss niemand. Zu den empfehlenswertesten gehören:

■ **Cow Shed**②, 37 Waller St., Tel. 03-523 9523, tägl. ca. 17–21 Uhr. Hat sehr gute Pizzen.

■ **Beachwoods**①-②, 32 Waller St., Tel. 03-523 9571, tägl. 7–19 Uhr. Süß oder herzhaft, es ist für alle etwas dabei.

Einkaufen

Es gibt einen **Four Square,** in dem man das Nötigste bekommt, sowie eine **Tankstelle,** viel mehr aber nicht.

090nz je

www.fotolia.de © naruedom

13

Praktische Reisetipps von A bis Z

< Gut ausgerüstet für die Great Walks

Anreise

Per Schiff

Nur wenige reisen per Schiff nach Neuseeland, vorwiegend aus Kosten- und Bequemlichkeitsgründen. Die einfachste Art, auf diese Weise anzureisen, ist ein **Kreuzfahrtschiff.** Allerdings halten diese nur für einige wenige Nächte in Neuseeland. Wer das Schiff als reines Transportmittel nutzen will, muss entweder auf einem **Frachter** eine Koje mieten oder **auf einem Boot anheuern.**

■ **Infos zu Reisen per Frachter:** www.langsamreisen.de.

Per Flugzeug

Auckland auf der Nordinsel und **Christchurch** auf der Südinsel sind die größten internationalen Flughäfen, die meisten Besucher landen hier. Weitere internationale Flughäfen sind **Wellington, Dunedin** und **Queenstown.**

Alle **großen asiatischen** und **europäischen Airlines** fliegen von Mitteleuropa nach Neuseeland, meist in Form eines Kooperationsflugs zwischen verschiedenen Gesellschaften.

Nonstop-Flüge von Deutschland nach Neuseeland **gibt es nicht.** Der aktuell kürzeste Flug von Frankfurt nach Auckland dauert (inklusive Umsteigen in Dubai) 25 Stunden, oft ist man aber **über 30 Stunden** unterwegs. Das ist lang. Sehr lang ... Insofern sollten Flugstrecke und Airline sehr bewusst gewählt sein. Viele Reisende entscheiden sich für einen verlängerten **Stopover in Asien,** um die Füße auszustrecken und richtig schlafen zu können. Beliebte Ziele sind Bangkok, Singapur und Hongkong.

Preise

Je nach Fluggesellschaft, Jahreszeit und Aufenthaltsdauer bekommt man ein Economy-Ticket von Deutschland, Österreich oder der Schweiz hin und zurück nach **Auckland** für **etwa 1100 €** (inklusive aller Steuern, Gebühren und Entgelte). **Gabelflüge** (z.B. Hinflug nach Auckland, Rückflug ab Christchurch) sind in der Regel etwas teurer.

Preiswertere Flüge sind mit **Jugend- und Studententickets** (je nach Fluggesellschaft für alle jungen Leute bis 29 Jahre und Studenten bis 34 Jahre) möglich. Außerhalb der Hauptsaison gibt es einen Hin- und Rückflug von Frankfurt nach Auckland für etwa 1000 €.

Kinder unter zwei Jahren fliegen ohne Sitzplatzanspruch für etwa 10 Prozent des Erwachsenenpreises, ansonsten werden für ältere Kinder die regulären Preise je nach Fluggesellschaft um 25 bis 50 Prozent ermäßigt. Ab dem zwölften Lebensjahr gilt der Erwachsenentarif oder ein besonderer Jugendtarif (siehe oben).

Von Zeit zu Zeit offerieren die Fluggesellschaften **befristete Sonderangebote.** Diese Tickets haben in der Regel eine befristete Gültigkeitsdauer und eignen sich nicht für Langzeitreisende.

In Deutschland wird Auckland am häufigsten von **Frankfurt** aus angeflogen. Tickets für Flüge von und zu anderen deutschen Flughäfen sind oft teurer. Da kann es attraktiver sein, mit einem **Rail-and-Fly-Ticket** per Bahn nach

Frankfurt zu reisen (entweder bereits im Flugpreis enthalten oder 35 bis 60 € extra). Man kann je nach Fluglinie auch einen preiswerten **Zubringerflug** der gleichen Fluggesellschaft von einem kleineren Flughafen in Deutschland buchen.

Indirekt sparen kann man als Mitglied eines **Vielflieger-Programms** wie **www.staralliance.com, www.skyteam.com** sowie **www.oneworld.com.** Die Mitgliedschaft ist kostenlos, und mit jedem Flug bei Fluggesellschaften innerhalb eines Verbundes können Meilen gesammelt werden.

Buchung

Heute werden Flüge gern online gebucht, aber welche Plattform ist zu empfehlen? Bequemer ist die Buchung per **Reisebüro** auf alle Fälle. Für die Tickets der Linienfluggesellschaften kann man bei folgendem zuverlässigen Reisebüro meistens günstigere Preise als bei vielen anderen finden:

- **Jet-Travel,** In der Flent 7, 53773 Hennef, Tel. (02242) 868606, www.jet-travel.de. Buchungsanfragen oder Onlinebuchungen auf der Webseite unter der Auswahl „Flüge".

Klimabewusst fliegen

Wie man es auch dreht und wendet: Fliegen ist eine **Umweltsünde.** Bei einem Flug von Mitteleuropa nach Auckland verbraucht man über 13.000 Kilogramm CO_2 pro Strecke – das ist so viel, wie ein Mittelklassewagen im Schnitt in sechs Jahren produziert. Als „Absolution" kann man über die Möglichkeit nachdenken, ein **Klimaschutzprojekt zu unterstützen.** Wer online bucht, wird meist schon automatisch gefragt, ob er eine ausgleichende Spende tätigen möchte. Alternativ kann man seinen genauen CO_2-Fußabdruck auch auf **www.atmosfair.de** berechnen und einen frei wählbaren Betrag spenden.

Ausrüstung und Reisegepäck

Wer eine organisierte Hotelreise unternimmt, ist mit einem Koffer oder Trolley gut bedient, wer als Backpacker durch das Land tingeln möchte, sollte unbedingt auf einen großen Rucksack (50–60 Liter) zurückgreifen.

Pauschal gesagt, wird in Neuseeland relativ **wenig Wert** auf eine **modische Erscheinung** gelegt. Auf formelle/schicke Kleidung kann auf reinen Urlaubsreisen komplett verzichtet werden, das gilt auch für den Besuch von Kirchen und Maori-Stätten. Kurze Hosen können genauso mit einer Winterjacke kombiniert werden wie Leggings mit einem Rock und Wanderstiefeln. Ob es farblich zusammenpasst, ist nebensächlich. Auch muss nicht übermäßig viel eingepackt werden, denn es gibt es in fast allen Hostels und auf den großen Campingplätzen **Waschmaschinen,** und auch die meisten Motels und Hotels bieten einen Reinigungsservice an. Was zu Hause vergessen wurde oder fehlt, kann problemlos nachgekauft werden.

Aufgrund des instabilen Wetters gehören (unabhängig von der Jahreszeit)

Mini „Flug-Know-how"

Check-in

Ohne einen **gültigen Reisepass** kommt man nicht an Bord eines Flugzeuges. Auch mitreisende Kinder brauchen ein eigenes Reisedokument.

Bei den meisten internationalen Flügen muss man **zwei bis drei Stunden vor Abflug** am Schalter der Fluggesellschaft eingecheckt haben. Je nach Fluggesellschaft kann man das in der Regel ab 23 Stunden vor dem Flug vorab zuhause im Internet erledigen und muss am Flughafen nur noch die ausgedruckte Bordkarte mit Barcode nach unten auf den Scanner legen und sein Gepäck an dem entsprechenden Schalter abgeben. Reist man nur mit Handgepäck, kann man je nach Fluggesellschaft nach einer kurzen Prüfung gleich durch die Schranke in den Boardingraum.

Das Gepäck

In der **Economy Class** darf man pro Person in der Regel ein Handgepäckstück bis zu 7 kg in die Kabine mitnehmen (nicht größer als 55 x 40 x 20 cm) und bei Bedarf zusätzlich ein Gepäckstück bis zu 23 kg einchecken (bei vielen arabischen Airlines bis zu 30 kg). In der **Business Class** sind es pro Person meist zwei Handgepäckstücke (insgesamt nicht mehr als 12 kg) und ein Gepäckstück bis zu 30 kg zum Einchecken (bei arabischen Airlines bis zu 40 kg). Man sollte sich beim Kauf des Tickets über die Bestimmungen der Airline informieren.

Sondergepäck wie Fahrräder oder Surfboards kann in allen Airlines gegen Aufpreis mitgenommen werden. Meist ist das günstiger, als sich vor Ort etwas Neues zu kaufen.

Beim Packen des **Handgepäcks** sollte man darauf achten, dass man **Getränke** oder vergleichbare Substanzen (Gel, Parfüm, Shampoo, Creme, Zahnpasta, Suppe, Käse, Lotion, Rasierschaum, Aerosole etc.) nur in geringen Mengen bis zu jeweils **100 Milliliter** mit ins Flugzeug nehmen darf. Diese Substanzen muss man separat in einem durchsichtigen **Plastikbeutel** (z.B. Gefrierbeutel) transportieren, den man beim Durchleuchten in eine der bereitstehenden Schalen auf das Fließband legen sollte. Auch das **Notebook** oder **Smartphone** muss in eine solche Schale gelegt werden, und es empfiehlt sich auch für metallene **Gürtelschnallen.**

Aus Sicherheitsgründen dürfen **Nagelfeilen** sowie **Messer** und **Scheren** aller Art, also auch Taschenmesser, nicht im Handgepäck untergebracht werden. Diese sollte man unbedingt daheim lassen oder im aufzugebenden Gepäck verstauen, sonst werden sie bei der Sicherheitskontrolle einfach weggeworfen. Darüber hinaus gilt, dass **leicht entzündliche Gase in Sprühdosen** (Schuhspray, Campinggas, Feuerzeugfüllung), **Benzinfeuerzeuge** und **Feuerwerkskörper** etc. nicht im Koffer oder im Handgepäck transportiert werden dürfen.

Von einen Verschließen des Koffers mittels **Vorhängeschloss** wird abgeraten, da das Gepäck vom Flughafenpersonal bei Auffälligkeiten beim Durchleuchten durchsucht werden muss.

Gesundheitstipps

Lange Flüge sind anstrengend. Am besten trägt man bequeme **Kleidung** in Zwiebelschichten und packt Ersatzkleidung nach Bedarf ein. Auch **Zahnbürste** und Zahnpasta gehören ins Handgepäck. **Thrombosestrümpfe** klingen unromantisch, minimieren jedoch die Gefahr von Durchblutungsstörungen in den Beinen. Auch gilt es, jede Menge **Wasser** zu trinken. Am besten bringt man eine leere Flasche durch die Sicherheitskontrollen und füllt sie vor dem Einstieg in den Flieger am Gate auf. Der Verzehr von **gesunden Snacks** macht es dem Körper ebenfalls leichter, den Flug zu überstehen. Aber Achtung, alle Nahrungsmittel müssen in Neuseeland bei der Einreise deklariert werden, frische Lebensmittel wie Äpfel werden entsorgt.

Aufgrund der Zeitverschiebung von zehn bis zwölf Stunden ist der **Jetlag** massiv. Am schnellsten gewöhnt sich an die neue Zeitzone, wer der Müdigkeit trotzt und sich sofort nach den neuen Tageszeiten richtet. Schläfchen zwischendurch wirken kontraproduktiv.

warme Kleidung und **Regenschutz** ins Gepäck. Für die Sommermonate natürlich auch Sommerkleidung.

Hinweis: In das Reisegepäck gehört unbedingt **Sonnencreme** mit Lichtschutzfaktor 30 oder höher. Die Sonne in Neuseeland ist extrem aggressiv und verbrennt die Haut innerhalb kürzester Zeit, auch im Schatten! Wer im Sommer länger als 20 Minuten an der Sonne ist, muss sich eincremen. Erfahrende Reisende verwenden ausschließlich **LSF 50.**

Obwohl man in Neuseeland sämtliche **Sportartikel** kaufen kann, spart die Mitnahme von zu Hause Zeit und Geld.

Die folgende **Liste** ist ein Beispiel für eine Reise im Sommer (muss natürlich individuell angepasst werden).

Kleidung

- **Unterwäsche** (für Damen: Sport Top oder nicht wattierter BH, der trocknet bei schweißtreibenden Aktivitäten schneller)
- **T-Shirts** (Tops sind aufgrund der Sonnenbrandgefahr eher mit Vorsicht zu genießen und für Rucksacktragende oft unangenehm. Mindestens ein schnelltrocknendes T-Shirt für anstrengendere Aktivitäten)
- **Warmer Pulli,** z.B. aus Fleece
- **Jacke** (je nach Jahreszeit mehr oder weniger warm, **Regenjacke** (unabdingbar!)
- **Shorts** (am besten aus schnell trocknendem Material)
- **Lange Hosen** (als Schutz vor Sandflys, auch hier am besten schnelltrocknendes Material)
- **Sandalen, feste Schuhe** (zum Wandern Trailrunner oder Wanderschuhe)
- **Badesachen**
- **Kopfbedeckung** (Sonnenschutz)
- **Sonnenbrille!!!**

Sonstiges

- **Tagesrucksack**
- **Sonnencreme** (ganz wichtig! Gerne auch zusätzlich eine Miniflasche, die immer im Rucksack dabei sein kann. **Tipp:** Falls man sich doch einen Sonnenbrand zuzieht, Gesichtsmaske oder Feuchtigkeitscreme mitnehmen)
- **Körperpflegeprodukte** (in NZ eher teuer)
- **Medikamente/Reiseapotheke** nach Bedarf
- **Stabile Trinkflasche** (Plastik oder Alu)
- **Wichtige Dokumente** wie Reisepass, Flugtickets usw. (Tipp: scannen und im eigenen Mailfach oder einer Cloud als Sicherheitskopie speichern)
- **Fotokamera, Mobiltelefon** mit Ladegerät
- **Steckdosenadapter**
- **Handtücher** (für Wanderer: ein kleines Mikrofaserhandtuch für unterwegs)

Zusätzlich für Camper und Wanderer

- **Rucksack**
- **Schlafsack, Schlafmatte** (selbstaufblasende Markenmatten sind oft leicht und klein packbar)
- **Zelt** (optional)
- **Warme Kleidung** wie Mütze, Schal, lange Unterhose/Leggings (auch mal zum Schlafen oder auf dem Campingplatz)
- **Ohrstöpsel** (Campingplätze und Hütten können mitunter etwas laut sein)
- **Taschenlampe** (am besten Stirnlampe)
- **Wanderstöcke** (erleichtern vor allem das Laufen mit Rucksack)
- **Gaskocher** und **Töpfe** (Gaskartuschen dürfen nicht im Flugzeug mitgenommen werden!)
- **Campinggeschirr**
- **Taschenmesser**

- Tipps rund ums **Wandern in Neuseeland** siehe „Outdoor- und Abenteuersport/Wandern und Great Walks“.

Barrierefreies Reisen

Neuseeland ist ein aufgeschlossenes Land, in dem **Barrierefreiheit sogar gesetzlich vorgeschrieben** ist: Jedes neue Gebäude sowie alle, die in größerem Maße umgebaut werden, müssen einen „angemessenen und adäquaten" Zugang für Menschen mit Handicap bereitstellen. Auch die meisten **Touristenattraktionen** und **Restaurants** sind rollstuhlgerecht. Beim Buchen von touristischen **Touren** am besten eine eventuell benötigte Rollstuhltauglichkeit vorab klären (anrufen oder in der i-SITE nachfragen).

Straßenkreuzungen haben ebenerdige Zugänge, und öffentliche **Verkehrsmittel** sind größtenteils behindertengerecht ausgestattet, Fahrer und Passagiere generell hilfsbereit. Die meisten **Taxi-Unternehmen** verfügen über Rollstuhl-Taxen, die großen **Autovermietungen** bieten auf Anfrage Fahrzeuge mit Handbedienung.

Personen mit Gehbehinderungen dürfen **Behindertenparkplätze** in Anspruch nehmen, wenn sie sich für die Dauer des Aufenthaltes einen Behindertenparkausweis ausstellen lassen. Als Nachweis muss der Behindertenausweis von zuhause bzw. eine ärztliche Bescheinigung übersetzt vorgelegt werden. Beantragt wird der Schein bei CCS (siehe unten).

- **www.ccsdisabilityaction.org.nz** (allgemeine Information für Behinderte in Neuseeland)
- **www.weka.net.nz** (Liste von Informationsstellen und allgemeine Information für Behinderte in Neuseeland)
- **www.accessiblewalks.co.nz** (mehr als 100 Südinsel-Wanderungen)
- **www.disabledsnowsports.org.nz** (Wintersport für Menschen mit Handicap)

www.fotolia.de © Jiri Foltyn

Botschaften und Konsulate

Im Heimatland

Deutschland

- **Neuseeländische Botschaft,** Friedrichstr. 60, 10117 **Berlin,** Tel. 030-20 6210, www.mfat.govt.nz/germany.
- **Neuseeländisches Generalkonsulat,** Domstr. 19, 20095 **Hamburg,** Tel. 040-442 5550.

Österreich

- **Neuseeländische Botschaft,** Mattiellistr. 2–4/3, 1040 **Wien,** Tel. 01-505 3021, nzemb@ aon.at.

Schweiz

- **Neuseeländisches Generalkonsulat,** 2 Chemin des Fins, 1218 **Le Grand Saconnex, Genève,** Tel. 022-929 0350, mission.nz@bluewin.ch.

In Neuseeland

Für Deutsche

- **Deutsche Botschaft,** 90–92 Hobson St., Thorndon, **Wellington** 6011, Tel. 0064-4-473 60 63, www.wellington.diplo.de.
- **Deutsches Honorarkonsulat,** 13. Stock, PWC Tower, 188 Quay St., **Auckland** 1010, Tel. 0064-9-375 8718, auckland@hk-diplo.de.
- **Deutsches Honorarkonsulat,** 46B Haywyn Dr., Hei Hei, **Christchurch** 8014, Tel. 0064-2-75 37 5906, christchurch@hk-diplo.de.

[<] Die Great Walks muss man Monate im Voraus buchen – hier der Routeburn Track

Für Österreicher

- **Österreichisches Konsulat,** 75 Ghuznee St., 4. Stock, **Wellington** 6011, Tel. 0064-4-384 1402, austria@vodafone.co.nz.
- **Österreichisches Honorarkonsulat,** 22 William Pickering Dr., Rosedale, 0632 **Auckland,** Tel. 0064-9-476 09 94, austrianconsulate_auckland@xtra.co.nz.
- **Österreichisches Honorarkonsulat,** 19 Joyce Crs., Ilam, **Christchurch** 8031, Tel. 0064-3-351 5379, austrianconsulate.christchurch@xtra.co.nz.

Für Schweizer

- **Schweizer Botschaft,** 12. Stock, Maritime Tower, 10 Customhouse Quay, **Wellington** 6010, Tel. 0064-4-472 1593, www.eda.admin.ch/wellington.

Buchung

Vor allem in der **Hauptsaison** von November bis Februar ist in Neuseeland sehr viel los, das Land ist voller Touristen und einheimischen Reisenden. Zu dieser Zeit empfiehlt es sich, Unterkünfte und besonders populäre Ausflüge einige Tage oder sogar Wochen **im Voraus zu buchen.** Das geht bequem per Internet oder Telefon. Während sich ein Zimmer im Hostel oft auch in der Hochsaison noch findet, sind kommerzielle Campingplätze, Hotels und Motels meist gnadenlos überfüllt (siehe „Unterkunft“). In der Nebensaison müssen weder Aktivitäten noch Unterkünfte vorgebucht werden.

Wer einen **Great Walk** unternehmen möchte, muss sogar einige Monate vorausbuchen (Näheres siehe Kapitel „Outdoor- und Abenteuersport/Wandern und Great Walks“).

Einkaufen und Souvenirs

In Neuseeland kann man alles erwerben, was man braucht. Trotzdem ist der Inselstaat kein Einkaufsland: Das **Angebot ist klein** und die **Preise sind hoch.** Allerdings gibt es extrem häufig Ausverkäufe und Sonderangebote mit Preisreduzierungen von 20 bis 60 Prozent.

Zahlungsmodalitäten siehe Kapitel „Geldfragen".

Kleidung

Die neuseeländische Tourismuszentrale behauptet mutig, man könne einen Großteil seiner Reisezeit mit Shopping verbringen. Abgesehen davon, dass dies wohl für die meisten Neuseelandreisenden eine eher absurde Idee darstellt, trifft es auch nicht wirklich zu. Die **Geschäftslandschaft** ist selbst in den größeren Städten wie Auckland **überschaubar.** Sie ist vor allem von australischen und lokalen Ketten geprägt, deren Produktpalette landesweit ähnlich ist. Internationale und europäische Marken dagegen sind kaum vertreten. Die Eröffnung des ersten Shops von Zara im Jahr 2015 sowie des ersten H&M 2016 in Auckland waren Highlights.

Neben den verbreiteten Ketten gibt es **Boutiquen,** in denen das Stöbern auch in kleineren Städten Spaß macht. Das Angebot ist generell eingeschränkt, und die Mode trifft nicht immer den europäischen Geschmack, aber wer etwas Individuelles sucht, wird fündig. Bekannte lokale **Designer** und **Marken** sind z.B. *Trelise Cooper, Karen Walker, Kate Sylvester,* WORLD, Zambesi, *Annah Stretton* und *Huffer/Ruby.*

Neuseeländische **Kleidergrößen** werden überwiegend in **englischen Größen** angegeben (Größe 38 wäre demnach Größe 12, Schuhgröße 39 enspricht 6).

Lebensmittel

Es gibt in den größeren Orten drei große Supermarktketten: **New World, Countdown** und den günstigeren **Pak'nSave.** Sie sind billiger als kleinere Supermärkte und Tante-Emma-Läden, die es auch in kleineren Ortschaften gibt. In ganz kleinen Siedlungen gibt es oft **gar keine Lebensmittel** zu kaufen (in den „Praktischen Tipps" am Ende der Ortskapitel wird darauf hingewiesen).

Das **Angebot** an Lebensmitteln in den Läden ist ausreichend, aber nicht so groß wie in Europa. Käse ist entweder minderer Qualität oder sehr teuer, Brot gibt es fast nur als Toastvarianten. Saisonales, lokales Gemüse und Obst wird zu vernünftigen Preisen angeboten, importierte Ware kann sehr teuer sein.

Anders als in Deutschland werden einem die gekauften Lebensmittel in Neuseeland in Tüten gepackt oder hübsch in den Einkaufswagen zurückgelegt. Man selber braucht nur zuzugucken.

Märkte

Wochenmärkte gibt es in jedem größeren Ort. **Farmers Markets** beschränken sich oft auf Lebensmittel und Naturprodukte, manchmal ist auch eine Art Flohmarkt mit Kleidern und Haushaltswaren angeschlossen. Auf Farmers Markets gibt es oft auch gutes Brot, günstiges Obst und Gemüse sowie heimischen Manuka-Honig. In den Ortskapiteln finden sich die Märkte unter „Praktische Tipps/Einkaufen".

Körperpflegeprodukte

In Supermärkten, Apotheken und dem Drogeriemarkt **Farmers** bekommt man alles, was man braucht. Das **Angebot** ist im Vergleich zu Deutschland **eingeschränkt,** und vor allem Kosmetik und Körperpflegeprodukte sind verhältnismäßig teuer. Wer auf bestimmte Produkte und Marken Wert legt, bringt diese am besten von zu Hause mit.

Outdoorausrüstung

In Neuseeland kann man alles Notwendige für Abenteuer in der Natur kaufen, generell jedoch teurer als daheim. Die führenden, auf Outdoor spezialisierten Geschäftsketten sind **Bivouac, Kathmandu** und **Macpack.** Bivouac führt internationale Marken, Kathmandu verkauft vorwiegend seine Eigenmarke, ist eher Mainstream und qualitativ nicht das Allerhochwertigste, aber doch ok. Macpack ist mit seiner Eigenmarke ein guter Kompromiss für den Spaß auf Wald und Wiese. Alle drei führen Kleidung sowie Ausrüstung. Das Sportgeschäft **Torpedo7** hat eine große Outdoor-Abteilung und führt internationale Marken und eine Eigenmarke.

Billig- und Basisprodukte wie Campinggeschirr, Billigzelte, Klappstühle usw. gibt es günstig im **Warehouse.** Wer Zeit hat, kann Schnäppchen bei **Trademe** ersteigern. Günstiger und stressfreier ist es, alles aus Deutschland mitzubringen. Wenn dann aber doch etwas fehlen sollte, kann man es problemlos in Neuseeland besorgen.

- **www.bivouac.co.nz**
- **www.kathmandu.co.nz**
- **www.macpack.co.nz**
- **www.torpedo7.co.nz**
- **www.thewarehouse.co.nz**
- **www.trademe.co.nz**

Souvenirs

Souvenirs und Andenken gibt es in Hülle und Fülle. Nicht nur die i-SITE, sondern auch viele Geschäfte haben eine Ecke mit Produkten, die als Reisesouvenirs taugen, die aber auch von den Neuseeländern gerne gekauft werden. **Typische Souvenirs** sind Manuka-Honig oder aus ihm hergestellte Kosmetik, T-Shirts, Geschirrhandtücher, Merino-Kleidung, Paua-Muscheln, Anhänger aus Greenstone etc.

Hinweis: Der **Warenwert** von Mitbringseln darf bei der Einfuhr nach Deutschland nicht höher als 430 Euro sein (bei Reisenden unter 15 Jahren bis 175 Euro), sonst muss verzollt werden!

Generell gilt, dass man **nichts aus der Natur entwenden** und dann konsequenterweise auch nicht ausführen darf. Aber gegen ein paar Muscheln hat dann doch keiner was. Originale Maori-Artefakte dürfen auch nicht ausgeführt werden, aber an die kommt man als Tourist sowieso nicht heran (weitere Infos zu Ein- und Ausfuhr siehe „Zollvorschriften").

Ein- und Ausreisebestimmungen

Dokumente

Wer als Tourist nach Neuseeland einreisen will, braucht einen **Reisepass,** der noch mindestens einen Monat über das geplante Rückreisedatum hinaus gültig sein muss.

Zum Zeitpunkt der Recherche benötigten Deutsche, Österreicher, Schweizer und weitere 47 Nationalitäten für einen Aufenthalt von bis zu drei Monaten **kein Visum,** wenn sie ein Weiterflug- oder Rückflugticket in ein Land, in das sie einreisen dürfen, vorweisen konnten sowie über **ausreichende Zahlungsmittel** verfügten, um den Aufenthalt in Neuseeland zu finanzieren (ca. 1000 $ pro Monat und Person).

Jedes **Kind** benötigt seinen eigenen **Reisepass.** Kindereinträge im Reisepass eines Elternteils sind nicht mehr gültig.

Wer **länger als drei Monate** bleiben möchte, benötigt ein **Visum.** Das Besuchervisum kann vor Ort oder bereits von Deutschland aus auf bis zu neun Monate verlängert werden.

Um Geld verdienen zu dürfen, benötigt man ein **Arbeitsvisum.** Wer Reisen und Arbeiten kombinieren möchte und unter 30 Jahre alt ist, kann ein **Working Holiday Scheme** (WHS) beantragen. Das WHS ist 12 Monate gültig, und der Besitzer darf **Aushilfsjobs** (keine qualifizierte, feste Beschäftigung) annehmen. Für Deutschland gibt es kein festgesetztes Kontingent an WHS, für Österreich werden derzeit hundert solcher Visa pro Jahr ausgestellt, für die Schweiz gibt es dieses Visum bisher nicht. Das WHS für Neuseeland kann man nur **einmal im Leben** erwerben.

■ Verbindliche Informationen erteilt die neuseeländische **Einwanderungsbehörde:** www.immigration.govt.nz.

Zollvorschriften

Biosecurity

Um Neuseeland und seine **Umwelt** zu schützen, bestehen strenge Einfuhrrichtlinien für **Lebensmittel, Pflanzen** und **bestimmte Gegenstände.** Dinge, die ein sogenanntes Biosicherheitsrisiko bergen, dürfen entweder gar nicht eingeführt werden oder sind bei Ankunft auf der „Passenger Arrival Card" zu deklarieren. Auch **Wanderausrüstung** wie Schuhe, Zelte usw. müssen bei Biosecurity deklariert werden, um aufs Gründlichste nach Dreck, Samen, Insekten usw. untersucht und gegebenenfalls professionell gereinigt werden zu können. Um Reinigungskosten zu umgehen und keine unnötige Zeit am Flughafen verbringen zu müssen, am besten schon zu Hause alles ordentlich putzen! Auch **pflanzliche und tierische Produkte** sowie **Nahrungsmittel** jeglicher Art sind zu deklarieren. Als **Faustregel** gilt: Eingeführt werden darf, was industriell verarbeitet wurde. Im Zweifelsfall alles angeben, um Strafen zu vermeiden. Ein aus Versehen eingeführter Apfel aus der Provianttasche kostet z.B. 200 $ Strafe.

■ **Verbindliche Informationen** unter www.biosecurity.govt.nz oder Tel. 0064-0800-222 018.

Zollfreibeträge

Besucher Neuseelands ab 17 Jahren dürfen folgende Waren zollfrei einführen:

- 4,5 l **Wein** oder **Bier**
- Drei Flaschen **Spirituosen** mit je max. 1125 ml
- **Tabakwaren:** 50 Zigaretten oder 50 g Tabak oder Zigarren
- Andere Waren bis zu einem Gesamtwert von **700 $.** Wird der Freibetrag überschritten, wird der Komplettbetrag verzollt.

Medikamente

Wer mit einer großen Menge an Medikamenten einreist, sollte eine **ärztliche Bescheinigung** mit sich tragen, um Probleme mit dem Zoll zu vermeiden. Kleine Mengen an nicht verschreibungspflichtigen Medikamenten in einer Reiseapotheke brauchen nicht angegeben werden.

Informationen

Verbindliche Informationen sowie eine **Liste mit verbotenen und anmeldepflichtigen Gegenständen** gibt es bei New Zealand Customs:

- **www.customs.govt.nz**

Elektrizität

Neuseelands Spannung in herkömmlichen Steckdosen beträgt **230/240 Volt.** Mit einem **Adapter** können deutsche Geräte problemlos betrieben werden. An den Steckdosen sind **Schalter** zum An- und Abschalten angebracht.

In den meisten Badezimmern gibt es **110-Volt-Steckdosen** zur Nutzung elektrischer Rasierapparate.

Nicht alle neuseeländischen **Campingplätze** haben Stromanschluss (in den Praktischen Tipps der Ortskapitel wird jeweils darauf hingewiesen).

091nz ks

▷ Originale Maori-Kunst bleibt im Lande!

Essen und Trinken

> **Preiskategorien Gastronomie**
>
> Die Preiskategorien in den Praktischen Tipps der Ortskapitel gelten jeweils für eine **Hauptmahlzeit** ohne Getränk.
>
> | | |
> |---|---|
> | ① | bis 20 $ |
> | ② | 21–30 $ |
> | ③ | über 30 $ |

Auch in Neuseeland isst man durchschnittlich dreimal am Tag, wobei die **Hauptmahlzeit am Abend** eingenommen wird. Viele Cafés und Restaurants haben unterschiedliche Menüs für Frühstück, Mittag- und Abendessen, wobei letzteres oft deutlich teurer ist.

Zum **Frühstück** gibt es Porridge, Toast, Pancakes oder Eier in allen möglichen Varianten – bevorzugt als **Eggs Benedict,** pochiert auf Toast, mit Bechamelsauce und, je nach Variante, Bacon (Speck), Spinat oder Lachs. Zum **Mittag** isst man **Snacks** wie herzhafte Muffins, Toasts oder Takeaways wie Sushi oder Pies. Am **Abend** wird gekocht oder ausgegangen. Klassische neuseeländische Gerichte beinhalten **Fleisch, Fisch oder Meeresfrüchte.**

Es gibt **drei grundsätzliche kulinarische Trends:**

Die **englisch beeinflusste Küche** mit pochierten Eiern (Poached Eggs), Hash Browns (eine Art Kartoffelpuffer), Würsten sowie Fish and Chips (frittierter Fisch mit Pommes): Die Gerichte sind deftig, schwer und reichhaltig. Diese neuseeländische Küche ist oft relativ preisgünstig und überall zu haben.

Die **internationale Küche:** Was bei uns der Italiener ums Eck ist, ist in Neuseeland der Asiate und Inder. Es gibt Restaurants aus quasi allen Ländern der Welt, aber **asiatische Restaurants** und der Einfluss der **Südsee** dominieren. Die Qualität der Gerichte ist meist sehr gut, die Zutaten sind frisch.

Auch in Neuseeland ist der Trend diverser Esskulturen wie **gluten-, laktosefrei und vegan** angekommen. Als Anhänger einer bestimmten Diät hat man es nicht immer leicht, aber viele Restaurants und Cafés haben sich auf den Trend eingestellt und bieten entsprechende Gerichte an. Die Auswahl ist dann meist nicht groß, aber verhungern muss niemand, und man ist auch nicht in der Erklärungspflicht.

Cafés sind in Neuseeland weit verbreitet. Hier gibt es süße Teilchen und Snacks aus der Auslage (Pies, Sandwiches, Quiches) und häufig auch frisch gekochte Mahlzeiten. Man kommt zum Frühstück, zum Mittagessen oder natürlich zum Kaffeetrinken her. Cafés öffnen meist frühmorgens und schließen am Nachmittag.

Getränke

In Cafés und Restaurants gibt es **kostenfreies Trinkwasser** (aus dem Kran). Zum Essen können Getränke bestellt werden, es ist aber nicht verpflichtend.

Es gibt eine gute Auswahl an (neuseeländischen und internationalen) **Bieren,** erstklassische **Weine** (aus Neuseeland und der ganzen Welt). Je nach Qualität zahlt man ca. 8–15 $ für ein Glas. Die

Wahl an nicht-alkoholischen Getränken ist eingeschränkter, vor allem die Auswahl an Säften ist minimal und deren Qualität oft schlecht.

Eines der wichtigsten Getränke in Neuseeland ist **Kaffee.** An jeder Ecke, zu jeder Uhrzeit, Kaffee wird immer getrunken, und er schmeckt großartig. Ein Klassiker ist der **Flat White:** Espresso mit heißer Milch und ein wenig Milchschaum. Angeblich wird in Wellington der beste Kaffee der Welt zubereitet.

Im Folgenden ein paar Speisen und Getränke, die man probiert haben sollte:

- **Lammgerichte:** z.B. als Stew (Eintopf)
- **Seafood Chowder:** dicke Meeresfrüchtesuppe
- **Whitebait Fritters:** Minifische, in Rührei- oder Kartoffelpufferfladen verquirlt
- **Paua:** die Muschel wird meist gebraten oder als Fritter serviert
- **Kumara:** Süßkartoffel
- **Pie:** herzhaft gefüllter Blätterteig; Steak & Mushroom oder Mince & Cheese sind die Klassiker
- **Fish&Chips:** Ob man es mag oder nicht, es gehört einfach zu Neuseeland
- **Hangi:** im Erdofen zubereitete klassische Maori-Gerichte
- **Pavlova:** Baiser-Torte mit Sahne und Obst
- **Karottenkuchen:** gibt es in jedem Café
- **Hokey-Pokey-Eis:** Vanilleeis mit knusprigen Honigstückchen
- **Chocolate Fish:** Mäusespeck in Fisch-Form, mit Schokolade überzogen.
- **Manuka-Honig:** der edelste und reinste unter den Honigen
- **L&P:** steht für „Lemon and Paeroa" und ist eine der bekanntesten Limonaden Neuseelands

Zum **Einkaufen von Lebensmitteln** siehe „Einkaufen und Souvenirs".

Zum **Bestellen** in Lokalen und zum Thema **Trinkgeld** s. „Verhaltenstipps".

Feiertage

Nationale Feiertage

Wenn nationale Feiertage auf ein Wochenende fallen, werden sie arbeitnehmerfreundlich auf den darauf folgenden Montag verschoben.

- 1. Januar: **New Year** (Neujahr)
- 2. Januar: **Day after New Year** (Tag nach Neujahr)
- 6. Februar: **Waitangi Day** (Nationalfeiertag)
- März/April: **Good Friday** (Karfreitag)
- März/April: **Easter Monday** (Ostermontag)
- 25. April: **ANZAC Day** (Gedenktag für alle Neuseeländer und Australier, die im Krieg, in internationalen Konflikten oder Friedensmissionen umgekommen sind)
- Erster Montag im Juni: **Queen's Birthday** (Geburtstagsfeier von Queen *Elizabeth II.*)
- Vierter Montag im Oktober: **Labour Day** (Tag der Arbeit)
- 25. Dezember: **Christmas Day** (erster Weihnachtsfeiertag)
- 26. Dezember: **Boxing Day** (zweiter Weihnachtsfeiertag)

Regionale Feiertage

Jede Provinz feiert ihren Jahrestag *(anniversary).* Wenn regionale Feiertage auf ein Wochenende fallen, werden sie auf den folgenden Montag verschoben.

- 22. Januar: **Wellington** (in Wellington, Manawatu, Wanganui)
- 29. Januar: **Auckland** (in Waikato, Kind Country, Coromandel, Bay of Plenty, Gisborne/East Coast)
- 29. Januar: **Northland** (in Whangarei)

093nz ks

- 1. Februar: **Nelson** (in Nelson, Tasman, Buller und Teilen von Nord Canterbury)
- 23. März: **Otago** (in Dunedin, Queenstown)
- 25. März: **Southland** (in Invercargill, Bluff, Milford Sound, Fiordland)
- 31. März: **Taranaki** (in New Plymouth)
- 25. September: **South Canterbury**
- 1. November: **Hawke's Bay** (in Napier, Hastings)
- 1. November: **Marlborough** (in Blenheim, Picton)
- 16. November: **Canterbury** (in Christchurch, Ashburton)
- 30. November: **Catham Islands**
- 1. Dezember: **Westland** (in Hokitika, Greymouth)

Weitere Feste

- Mai/Juni: **Matariki** (Maori-Neujahrsfest)
- 31. Oktober: **Halloween**
- 5. November: **Guy Fawkes Day** (Jahrestag des Plots katholischer Verschwörer, 1605 das Parlamentsgebäude in London zu sprengen)

Hinweis: viele Restaurants und Cafés erheben einen **Feiertagszuschlag** von zehn bis zwanzig Prozent.

Schulferien

Das neuseeländische Schuljahr besteht aus **vier Unterrichtsblöcken.** Auf die Blöcke eins bis drei folgen zwei Wochen Schulferien, auf den vierten Block mindestens sechs Wochen (Mitte November bis Mitte Januar). Genaue Daten findet man unter www.education.govt.nz.

Sommer- und Weihnachtsferien

Nicht nur Schulen, sondern auch viele **Unternehmen** schließen ihren Betrieb über Weihnachten, sodass sich quasi ganz Neuseeland von Mitte Dezember bis Mitte Januar im Urlaub befindet. In dieser Zeit muss mit ausgebuchten Unterkünften und öffentlichen Transportmitteln gerechnet werden.

Die Lupinenblüte fällt in Neuseeland in die Ferienzeit im Dezember

Feste und Veranstaltungen

Neuseeländer feiern gerne und viel – irgendwo ist immer etwas los! Der trubeligste Monat ist der **März,** auf den über 50 Feste und Veranstaltungen fallen. Im Folgenden eine kleine Auswahl der wichtigsten jährlich (oder zweijährlich) stattfindenden Veranstaltungen.

Weitere Infos findet man auf der folgenden Website:

- **www.eventfinda.co.nz**

- **Garden City Summer Times (Christchurch),** Dezember bis März, www.summertimes.co.nz: Sommerfestival mit Musik, Kunst, Kultur und Sport-Events.
- **Vintage Weekend (Whanganui),** Januar, www.vintageweekend.co.nz: Straßenumzüge, Konzerte, Burlesque Shows, Seifenkistenrennen etc.
- **Nelson Jazz Festival (Nelson),** Januar, www.nelsonjazzfestival.co.nz: Über ein verlängertes Wochenende finden zahlreiche Konzerte meist nationaler Künstler statt, viele davon kostenlos.
- **World Buskers Festival (Christchurch),** Januar, www.worldbuskersfestival.com: zehntägiges Straßenmusikfestival mit über 500 Künstlern und Shows.
- **Sevens (Wellington),** Januar, www.sevens.co.nz: Rugby-Spektakel, Kostümfest und feuchtfröhliche Party in einem.
- **Tamaki Herenga Waka Festival (Auckland),** Januar, www.aucklandnz.com: familienfreundliches Fest mit Fokus auf Maori-Geschichte und Kultur: Waka-Rennen, Kapa Haka, Hangi und mehr.
- **Driftwood and Sand (Hokitika),** Januar, www.driftwoodandsand.co.nz: Festival rund um das Thema Treibholz und Sand. Highlight ist der Skulpturenwettbewerb, an dem jedermann teilnehmen kann.
- **Rippon Festival (Wanaka),** in geraden Jahren Anfang Februar, www.ripponfestival.co.nz: Open-Air-Musikfestival mit Konzerten neuseeländischer Bands auf dem Weingut Rippon.
- **Kawhia Traditional Maori Kai Festival (Hamilton),** Anfang Februar, www.kawhiaharbour.co.nz: Festival rund um Maori-Speisen sowie familienfreundliches Rahmenprogramm.
- **Pride Festival and Big Gay Out (Auckland),** Februar, www.aucklandpridefestival.org.nz: ein Schwulen-, Lesben- und Travestie-Festival mit Theater, Kabarett, Musik und Kunst.
- **Devonport Food Wine and Music Festival (Auckland),** drittes Wochenende im Februar, www.devonportwinefestival.co.nz: Lokale Weine, internationales Essen und Musik treffen aufeinander.
- **Art Déco Weekend (Napier),** Februar, www.artdeconapier.com: Wochenende im Stil der 1930er Jahre, mit Oldtimerparade, Picknicks, Themen- und Kostümpartys.
- **Festival of Flowers (Christchurch),** Februar, www.festivalofflowers.co.nz: Gärten, Pflanzen und alles Florale steht im Mittelpunkt des Festivals.
- **Oamaru Wine and Food Festival (Oamaru),** Februar, www.oamaruwineandfoodfest.co.nz: Es gibt Essen und lokale Weine, Bands und Kinderbespaßung.
- **Marlborough Wine Festival (Blenheim),** Februar, www.wine-marlborough-festival.co.nz: Lokale Weine, Speisen und Unterhaltung.
- **Art Déco Festival (Ranfurly),** Februar: Kabarett, Straßenfest, Parade mit Oldtimern und Mode und weitere Veranstaltungen rund um das Thema Art Déco.
- **Mission Bay Jazz and Blues Festival (Auckland),** Februar: Outdoor-Event mit Jazz und Blues Straßenmusik am Meer.
- **Golden Shears (Masterton),** März, www.goldenshears.co.nz: großes Stadtfest rund um das Thema Schafe. Highlight ist die nationale Schafschermeisterschaft.

- **Wildfoods Festival (Hokitika),** März, www.wildfoods.co.nz: ein Fest für die Sinne: ungewöhnliche Speisen, Kochvorführungen, Seminare und Musik.
- **Dunedin Fringe Festival (Dunedin),** März, www.dunedinfringe.nz: hauptsächlich unabhängige, zeitgenössische Künstler, die Musik, Tanz und Theater präsentieren.
- **Cubadupa (Wellington),** März, www.cubadupa.co.nz: Konzerte, Vorführungen und Märkte, die Cuba Street steht an diesem Wochenende Kopf.
- **Waka Regatta (Hamilton/Ngaruawahia),** März, www.turangawaewaeregatta.co.nz: traditionelles Waka-Rennen mit Rahmenprogramm und Alkoholverbot.
- **Auckland Festival (Auckland),** März, www.aucklandfestival.co.nz: internationales Kulturfestival mit unterschiedlichsten Veranstaltungen von Musik über Kunst, Theater bis hin zu Vorträgen.
- **Pasifika (Auckland),** März: Kultur, Musik, Märkte und Essen mit Bezug zu den Pazifischen Inseln. Ein buntes, frohes Festival.
- **Ellerslie International Flower Show (Christchurch),** März, www.nzflowergardenshow.co.nz: Bunte, kreative, kunstvolle Blumen- und Gartenshow.
- **Hütehundeprüfung (Omarama),** März, www.sheepdogtrials.co.nz: Knapp 100 Hundeschulen konkurrieren um den Titel des besten Hütehundes des Landes. Mit Rahmenprogramm.
- **Great New Zealand Muster (Te Kuiti),** März: Landwirtschaftsmesse mit Unterhaltungsprogramm und über 100 Ständen mit Kunst, Kunsthandwerk, Essen und mehr.
- **Waipara Wine and Food Festival (Waipara),** März, www.ncwineandfood.co.nz: Gute Weine und Verköstigung, Musik und Unterhaltung.
- **Newtown Festival (Wellington),** März oder April, www.newtownfestival.org.nz: Wellingtons größtes Straßenfest findet jährlich an einem Wochenende im März/April statt.
- **Warbirds over Wanaka (Wanaka),** Ostern, www.warbirdsoverwanaka.com: Flugschau mit vorwiegend historischen Kampfflugzeugen und Rahmenprogramm.
- **National Jazz Festival (Tauranga),** Ostern, www.jazz.org.nz: Größtes Jazz-Festival in Neuseeland mit über 60.000 Besuchern.
- **Middlemarch Singles Ball (Middlemarch),** Ostern in Jahren mit ungerader Zahl: Größte Single-Party des Landes.
- **Bluff Oyster Festival (Bluff),** Mai, www.bluffoysterfest.co.nz: Kulinarisches Fest rund um Neuseelands berühmteste Austern.
- **Gold Guitar Week (Gore),** Mai o. Juni, www.goldguitars.co.nz: Großes Countrymusik-Festival mit zahlreichen Konzerten und Rahmenprogramm.
- **Kids Fest (Christchurch),** Juli, www.kidsfest.co.nz: Breites Programm an Veranstaltungen für Kinder.
- **NZ International Film Festival** (div. Städte), Juli bis September, www.nziff.co.nz: Nationale und internationale, künstlerisch wertvolle Filme.
- **Christchurch Arts Festival (Christchurch),** August, www.artsfestival.co.nz: Kunst und Unterhaltung von führenden nationalen und internationalen Künstlern.
- **Wellington Fringe Festival (Wellington),** August, www.fringe.org.nz: Hauptsächlich unabhängige, zeitgenössische Künstler, die Musik, Tanz und Theater präsentieren.
- **Wellington on a Plate (Wellington),** August, www.visawellingtononaplate.com: Kulinarischer Hochgenuss mit Extra-Menüs in über 100 Restaurants. Zudem wird der beste Burger gewählt.
- **Taranaki International Arts Festival (New Plymouth),** August, www.artsfest.co.nz: Künstler aller Art stellen aus und treten auf Bühnen auf.
- **World of Wearable Art (Wellington),** September, www.worldofwearableart.co.nz: Beeindruckend kreative Kleidungsstücke werden in Shows präsentiert. Alternativ kann man das passende Museum in Nelson besuchen.
- **Scallop Festival (Whitianga),** September, www.scallopfestival.co.nz: Coromandels kulinarisches Fest rund um Muscheln und Meeresfrüchte.

■ **Hastings Blossom Fest (Hastings),** September: Bunte Stadtparade mit Künstlern, Vereinen, Schulen und anderen Vereinigungen.

■ **Festival of Glass (Whanganui),** September, www.wanganuiglass.co.nz: Alles rund ums Glas: Ausstellungen, Vorführungen, Workshops.

■ **Scottish Week Dunedin (Dunedin),** September: Stadtfest, um das schottische Erbe der Stadt zu feiern. Mit Paraden, Veranstaltungen, kulinarischen Events, Konzerten ...

■ **Otago Festival of Arts (Dunedin),** September/Oktober, www.artsfestivaldunedin.co.nz: Theater, Tanz, Musik, Comedy und zahlreiche andere Veranstaltungen.

■ **French Fest (Akaroa),** Oktober: Französisches Stadtfest mit kulinarischen Highlights, Musik, Flaggenparade und einem Markt.

■ **Nelson Art Festival (Nelson),** Oktober, www.nelsonartfestival.co.nz: Knapp zwei Wochen lang treten Künstler aller Sparten auf: Theater, Konzerte, Kabarett, Artistik und vieles mehr.

■ **Festa (Christchurch),** September/Oktober, www.festa.org.nz: Fest, das Christchurchs Stadtbild in einem anderen Licht erscheinen lassen möchte, u.a. durch spektakuläre Lichtinstallationen.

■ **Tauranga Arts Festival (Tauranga),** Oktober/November, www.taurangafestival.co.nz: Kunst, Musik, Shows und andere Bühnenprogramme, Märkte usw.

■ **NZ Cup & Show Week (Christchurch),** November, www.nzcupandshow.co.nz: Großes Pferderennen und Rahmenspektakel.

■ **Victorian Heritage Celebrations (Oamaru),** November, www.vhc.co.nz: Straßenparade, Märkte, Straßenkünstler, Theater und andere Veranstaltungen mit Bezug zum viktorianischen Zeitalter.

■ **Rhythm and Vines (Gisborne),** Dezember, www.rhythmandvines.co.nz: Riesiges, vier Tage langes Musikfestival zwischen Weinbergen.

■ **Caroline Bay Carnival (Timaru),** Dezember/Januar, www.carolinebay.org.nz: Feuerwerk, kostenfreie Konzerte, Jahrmarkt und andere Veranstaltungen.

■ **Festival of Lights (New Plymouth),** Dezember/Januar, www.festivaloflights.nz: Der Pukerkura Park erstrahlt in bunten Lichtern, es gibt Livemusik, Open-Air-Kino und andere Veranstaltungen.

Fotografieren

Fotoapparate, GoPros, Camcorder usw. sowie entsprechendes Zubehör sind in Neuseeland problemlos zu kaufen. Die **Preise** sind oft höher als in Europa.

Fotografiert werden darf überall, es sei denn, ein Schild verbietet es (z.B. auf dem Flughafen am Einwanderungsschalter). Beim **Fotografieren von Menschen** sollte man erst um Erlaubnis bitten. Mit einem freundlichen Lächeln wird man selten abgewiesen.

> Fruchtige Laterne in Christchurch

Frauen allein unterwegs

Für allein reisende Frauen ist Neuseeland ein **sicheres Reiseland.** Es gibt keine besonderen Verhaltensregeln, außer, stets seinem Verstand zu folgen und ein bisschen Diskretion walten zu lassen. Oben-ohne-Baden oder Kleider in der Öffentlichkeit zu wechseln (auch am Strand!), ist z.B. nicht angemessen.

Geldfragen

In Neuseeland wird mit dem **Neuseeländischen Dollar** (NZD, $) gezahlt. Ein Dollar sind 100 Cent. In den vergangenen Jahren schwankte der Kurs stark.

Wechselkurs (Stand: Juli 2017)

1 NZD = 0,64 €	1 € = 1,54 NZD
1 NZD = 0,70 CHF	1 CHF = 1,42 NZD

Bei **Preisangaben** ist oft die zweite Cent-Stelle (z.B. 1,99$) angezeigt, diese wird beim Barzahlen aber gerundet, denn seit 2006 werden keine Münzen unter 10 Cent mehr herausgegeben.

Bargeld wird zwar überall akzeptiert, die **Kartenzahlung** auch von Kleinstbeträgen ist aber üblich. Für einen Städtetrip benötigt man Bargeld maximal für den Parkautomaten, auf einer Campingreise in entlegene Gegenden sollte man dagegen stets welches mitnehmen.

Geläufigstes Zahlungsmittel der Neuseländer ist die **EFTPOS-Karte** (für die man aber als Urlauber ein Bankkonto eröffnen müsste); sie entspricht der deutschen Maestro-Karte. **Kreditkarten** werden weitgehend (aber nicht überall) akzeptiert.

Die **größten Banken** sind ASB, ANZ, Kiwibank und Westpac. **Geldautomaten** („ATM" genannt) gibt es reichlich, man kann hier rund um die Uhr Bargeld abheben. Mit einer Bankkarte mit Maestro-Logo oder der Kreditkarte kommt man bequem an Bargeld. Aufgepasst: Bankkarten mit dem **V PAY-Logo** funktionieren nicht in Neuseeland.

Wie hoch die **Kosten für die Barabhebung** sind, variiert jedoch sehr je nach kartenaustellender Bank und je nach Geldinstitut, bei dem die Abhebung erfolgt. Man sollte sich daher vor der Reise bei seiner Hausbank informieren, mit welcher Bank sie in Neuseeland zusammenarbeitet und z.B. bei www.geld-abheben-im-ausland.de die Konditionen für die Kreditkarten vergleichen, mit denen man im Ausland gebührenfrei Bargeld abheben kann. **Achtung:** Hat man bei Barabhebungen am Geldautomaten die Wahl, erzielt man günstigere Konditionen, wenn man den Betrag in der **Landeswährung** (statt in Euro) vom Konto abbuchen lässt.

> Hübsche Kiwi-Münzen

Wer **Bargeld tauschen** muss, kann das am Flughafen wie auch in allen Banken und Tauschbüros (Money Changers) gegen Gebühr tun.

Um ein **Konto zu eröffnen,** benötigt man einen gültigen Reisepass mit Visum sowie den Nachweis einer Adresse in Neuseeland, an die dann auch sämtliche Korrespondenz geschickt wird. Manche Hotels und Hostels stellen auf Anfrage Adressbescheinigungen aus.

Die **Mehrwertsteuer** beträgt 15 Prozent und ist in ausgezeichneten Preisen bereits enthalten. Sie wird bei der Ausreise nicht zurückerstattet.

Reisekosten

Die Kosten für eine Reise nach Neuseeland hängen stark von individuellen Bedürfnissen und Kaufverhalten ab:

Wer als **Alleinreisender** im Mehrbettzimmer im **Hostel** übernachtet, im **Supermarkt** einkauft, statt Essen zu gehen, **öffentliche Verkehrsmittel** benutzt und keine kostenpflichtige Aktivitäten unternimmt, muss mit Kosten von etwa **200 bis 300 $** pro Woche rechnen.

- Wer **zu zweit** mit dem **Wohnmobil** unterwegs ist, auf **Campingplätzen** übernachtet, 500 bis 700 Kilometer in der Woche fährt, ab und zu im **Café** einkehrt und ein paar wenige kostenpflichtige **Aktivitäten** unternimmt, muss mit durchschnittlichen Kosten von **350 bis 500 $** pro Woche pro Person rechnen. Hinzu kommt die **Miete** für das Wohnmobil (200–2000 $ pro Woche).
- Wer mit einem **Mietwagen** unterwegs ist, 500 bis 700 Kilometer wöchentlich fährt, in einem Doppelzimmer in **Motels** der mittleren Kategorie übernachtet, häufiger in einem **Café** oder **Restaurant** einkehrt und einige kostenpflichtige **Ausflüge** unternimmt, kann mit durchschnittlichen Kosten von **500 bis 800 $** pro Woche pro Person rechnen. Hinzu kommt die **Miete** für das Fahrzeug (150–500 $ pro Woche).

www.fotolia.de © Vladimir Wrangel

Gesundheit und Hygiene

Der **medizinische Standard** in Neuseeland ist so hoch wie hierzulande. Krankenhäuser findet man in jeder größeren Stadt, ebenso wie gut ausgebildete **Allgemeinmediziner** (*General Practicioner*, GP). Auch gibt es mindestens so viele frei verkäufliche **Arzneimittel** wie in Deutschland. Diese können nicht nur in der Apotheke *(pharmacy)*, sondern auch im Supermarkt bezogen werden.

Neuseeland hat **keine Impfvorschriften** für Reisende. Es wird empfohlen, Standardimpfungen (Tetanus, Polio, Hepatitis) vor Reiseantritt aufzufrischen. Informationen findet man auch auf den Websites des Auswärtigen Amtes und des Centrums für Reisemedizin:

- **www.auswaertiges-amt.de**
- **www.crm.de**

Neuseeland verfügt über eine extrem hohe Dichte an **öffentlichen Toiletten.** Diese gibt es an mehr oder weniger allen öffentlichen Plätzen und Parkplätzen. Aus den Wasserhähnen in Ortschaften fließt **sauberes Trinkwasser.**

Das Gesundheitsministerium warnt vor **Giardien** (einer Gattung von mikroskopisch kleinen Dünndarm-Parasiten). Um auf der sicheren Seite zu sein, sollte man kein Wasser aus Seen, Flüssen oder Bachläufen trinken. Aufgefangenes **Regenwasser** sollte mindestens eine Minute lang abgekocht oder mit einem geeigneten Filter gereinigt werden. Auch sollte nicht in kleineren **stehenden Gewässern gebadet** werden. Um Giardien an der Verbreitung zu hindern, sollte man sich nach dem Toilettengang oder dem Wechseln von Windeln, vor und nach dem Bereiten von Lebensmitteln und nach dem Anfassen von Tieren die **Hände waschen.**

Wer in **heißen Quellen** badet, sollte den Kopf über Wasser halten. Ansonsten besteht die Gefahr, sich mit Amöben-Meningitis zu infizieren. Die Krankheit ist selten, aber schwerwiegend.

Weitere Infos siehe auch „Notfälle".

Homosexualität

Seit 1986 ist Homosexualität in Neuseeland nicht mehr strafbar, 1991 erschien die erste Schwulenzeitung („Man to Man"). Die **Gleichstellung** in der Arbeitswelt und beim Militär wurde 1993 durch die Reform des Human Rights Act eingeräumt. Im gleichen Jahr outete sich der Minister *Chris Carter.* Seit 2004 können durch den Civil Union Act gleichgeschlechtliche Partnerschaften eingetragen werden, und seit 2013 können diese Paare **heiraten.**

Im Straßenbild sind gleichgeschlechtliche Paare nicht unüblich, und die meisten Neuseeländer gehen mit dem Thema **entspannt** um. Auckland und Wellington stehen dem Thema Homosexualität am offensten gegenüber. Vereinzelt kann man auf Ressentiments stoßen. Maori sind bezüglich gleichgeschlechtlicher Liebe oft traditioneller in ihrem Denken.

Die **Community** ist relativ groß, im Internet wird man mit Informationen und Angeboten überflutet:

- **www.gaynz.com:** Events, Szene guide, Forum, Kontaktbörse.
- **www.gayexpress.co.nz:** Infos, Lifestyle, Kunst und Kultur.
- **www.auckland.gaycities.com:** spezielle Infos rund um Auckland.
- **www.wellington.gaycities.com:** spezielle Infos rund um Wellington.

Veranstaltungen

- **Big Gay Out** (www.biggayout.co.nz): kostenloses Festival, jeden Februar in Auckland.
- **Gay Ski Week** (www.gayskiweek.co.nz): jährliches Ski-Fest im August/September in Queenstown.
- **Out Takes** (www.outtakes.org.nz): Filmfestival in Auckland, Wellington und Christchurch, im Juni.

Informationsstellen

Neuseelands **offizielle Touristeninformation** ist die **i-SITE.** Es gibt über 90 Büros im Land verteilt und damit in quasi jedem touristisch interessantem Ort. Man kann selbst die zahlreichen **Broschüren** und **Informationsblättchen** nach Interessantem in der Region durchstöbern oder sich mit Fragen rund um Sehenswürdigkeiten, Aktivitäten, Unterkünften usw. an das Personal wenden. Den meisten i-SITEs ist ein kleiner **Souvenirshop** angeschlossen, oft auch ein **Museum,** das lokale Geschichte oder Besonderheiten erläutert. In manchen Orten gibt es statt einer i-SITE ein in der Leistung vergleichbares Visitor Centre.

Das **Department of Conservation (DOC)** hat ein Netzwerk an Visitor Centers in Nationalparks und größeren Städten. Hier werden Fragen rund um Fauna, Flora und Natur allgemein beantwortet, und es können Wanderungen, Hütten sowie Campingplätze gebucht werden. Auch hier sind häufig Souvenirshops und Museen oder Ausstellungen zu lokalen Themen angeschlossen.

www.newzealand.com/de von Tourism New Zealand ist **Neuseelands offizielle Reise-Website,** die mit dem Slogan „100% Pure New Zealand" wirbt. Sie informiert über Reiseziele, Aktivitäten, Fakten, empfohlene Touren, Transport, Unterkünfte und zeigt viele inspirierende Fotos.

094nz ks

Die i-SITE ist stets eine gute Anlaufstelle für Touristen

Internet

Internet ist in Neuseeland eine **Selbstverständlichkeit.** Die durchschnittliche Verbindungsgeschwindigkeit ist etwas niedriger als hierzulande, aber das ist nicht wirklich von Bedeutung.

Den einfachsten und kostengünstigsten Zugang zum WWW stellen **Bibliotheken.** Auch im kleinsten Ort kann am Computern oder im WLAN gesurft werden – rund um die Uhr oder während der Öffnungszeiten, je nach Standort.

Kostenfreies WLAN gibt es zudem in vielen Stadt- und Ortszentren. Das WLAN ist dann nach dem Ort selbst benannt oder mit CBD *(central business district)* gekennzeichnet. Die Benutzung ist häufig auf eine Stunde beschränkt.

Fast alle **Unterkünfte** und **Campingplätze** stellen kostenpflichtiges Internet zur Verfügung. Klassische Internetcafés sind wenig verbreitet.

Wer eine SIM Card vom **Telefonanbieter Spark** hat, kann an Hunderten von Telefonzellen im Land kostenfreies WLAN nutzen (s. auch „Telefonieren").

Das Land im Internet

- **www.aa.co.nz:** Neuseelands Äquivalent zum ADAC. Alles Wichtige um das Thema Auto/Camper.
- **www.doc.govt.nz:** Das Department of Conservation bietet Informationen über Naturschutzgebiete, Wanderungen, Campingplätze, Hütten, Fauna und Flora. Hat auch gute Outdoor-Karten.
- **www.legislation.govt.nz:** alle Gesetze, Richtlinien und wichtigen Papiere.
- **www.metservice.com:** Wettervorhersagen inklusive Winde, Gezeiten und Videos.
- **www.newzealand.com:** Ob Urlaub, Business oder Leben in Neuseeland: Hier gibt es einen guten Überblick und praktische Tipps.
- **www.stats.govt.nz:** für Zahlenliebhaber, Statistiken über Neuseeland.
- **www.teara.govt.nz:** Neuseelands Online-Enzyklopädie – Geschichte, Kultur und vieles mehr.
- **www.tourismnewzealand.com:** alles rund um Reiseziele innerhalb Neuseelands, Sehenswürdigkeiten, Aktivitäten und Attraktionen. Mit Reiserouten und Tipps zu Transport und Unterkünften.
- **www.trademe.co.nz:** das neuseeländische ebay. Verkäufe und Versteigerungen, aber auch Jobportal, und sogar Neuseelands größte Partnervermittlung findsomeone gehört zu Trademe.

Nützliche Apps

- **CamperMate:** ermittelt Campingplätze, Hostels, kostenfreies WLAN, öffentliche Toiletten, Supermärkte, Tankstellen und anderes. Absolutes Muss für alle Camper!
- **Essential New Zealand Travel Guide:** listet und erklärt Neuseelands (Touristen-)Attraktionen. Es können individuelle Listen erstellt werden. Umkreissuche (bis zu 100 km) möglich.
- **GeoNet Quake:** gibt Auskunft über Ort, Tiefe und Stärke von Erdbeben. Individuelle Einstellungen erlauben Hinweise auf Beben in der Reiseregion.
- **Itravel NZ:** Veranstaltungen, Aktivitäten, Sehenswürdigkeiten, Restaurants, Hotels und mehr können anhand von GPS-Daten (oder Ortsnamen) lokalisiert werden. Wer gerne sein Smartphone nutzt, wird die App mögen.
- **MetService:** Wettervorhersage inklusive Gezeiten und Winden.
- **New Zealand Maps:** topografische Karte, mit der man Wegmarken setzen, Routen aufzeichnen und Streckengeschwindigkeiten inklusive Höhenprofilen abrufen kann. Mit integriertem Kompass.
- **Te Kete Maori:** Einführung in die Sprache und Kultur der Maori. Mit Hörproben.

Jobben

Mit einem Touristenvisum darf man keiner bezahlten Beschäftigung nachgehen. Wer arbeiten möchte, braucht ein **Working Holiday Scheme** oder ein **Arbeitsvisum** (vgl. „Einreise"). Wer dagegen verstößt, kann umgehend des Landes verwiesen werden.

Neuseelands Wirtschaft ist auf ausländische **Saisonarbeiter** eingestellt, die Angebote reichen von der Obsternte über Jobs in Cafés, Touristenzentren und auf Baustellen bis zu Bürotätigkeiten – je nach Qualifikation und Erfahrung. Generell sind ausreichend Jobs für alle da – zumindest, wenn man nicht ganz so wählerisch ist und gut Englisch spricht.

Der **Mindestlohn** liegt bei 15,25 $ (Stand 2016) und wird mit mindestens 17,5 Prozent versteuert. Ein Teil der Steuer kann nach Ausreise beim Finanzamt (IRD – Inland Revenue Department) per Telefon oder schriftlich zurückgefordert werden.

Empfehlenswerte **Jobportale** sind:

- **www.seek.co.nz** (qualifizierte Positionen)
- **www.trademe.co.nz** (niedrig qualifizierte Positionen und Hilfsarbeiterstellen)
- **www.backpackerboard.co.nz** (speziell für Reisende, oft auch Jobs gegen freie Unterkunft)
- **www.seasonalwork.co.nz** (Saisonarbeit)
- **www.seasonaljobs.co.nz** (Saisonarbeit)
- **www.picknz.co.nz** (Saisonarbeit)

Wer als **Au-Pair** nach Neuseeland gehen möchte, findet zahlreiche Agenturen, die gegen ein Entgelt Familien vermitteln und als Ansprechpartner für Probleme zur Verfügung stehen. Generell sind deutsche Au-Pairs in neuseeländischen Familien gerne gesehen.

- **www.aupair.de**
- **www.au-pair-neuseeland.org**

Mit Kindern unterwegs

Neuseeland eignet sich **hervorragend** für Reisen mit Kindern. Die Infrastruktur ist sehr gut, es gibt alles, was kleine Urlauber brauchen, und auch über Hygiene, Sicherheit oder Gifttiere muss man sich keine Gedanken machen. Lediglich beim Baden im Meer sollte man vorsichtig sein und Kinder nur an beaufsichtigten Stränden ins Wasser lassen.

In jedem Ort findet man einen (häufig tollen) **Spielplatz,** ebenso auf den größeren Campingplätzen, die zusätzlich oft auch Pools und Trampoline haben. In vielen **Restaurants** gibt es spezielle Menüs für die Kleinen, Kinderstühle und manchmal Spielecken. **Museen** sind oft interaktiv und auf kleine Besucher ausgerichtet. **Auto- und Camper-Vermieter** haben Kindersitze und andere kindgerechte Ausstattung im Angebot. Oft gibt es bei Attraktionen usw. **Familienpässe.** Weitere Informationen unter:

- **www.kidspot.co.nz** (alles rund ums Kind)
- **www.plunket.org.nz** (Hilfe und Infos für Kinder unter 5 Jahren)
- **www.kidsfriendlytravel.com** (Aktivitäten, Unterkünfte, Urlaub)
- **www.kidzgo.co.nz** (Aktivitäten, Unterkünfte, Urlaub)

Maße und Gewichte

In Neuseeland wird das **angloamerikanische** wie auch das **metrische System** genutzt. Während Körpergrößen und kurze Längen in Inch angegeben werden, sind Entfernungen im Straßensystem in Kilometern ausgewiesen. Für Gewichte sind Gramm und Kilogramm gebräuchlich. Temperaturen werden in Grad Celsius gemessen. Die noch am häufigsten vertretenen Einheiten des angloamerikanischen Systems sind:

- 1 Inch = 2,54 Zentimeter
- 1 Foot = 30,48 Zentimeter
- 1 Yard = 91,44 Zentimeter
- 1 Meile = 1,61 Kilometer
- 1 Pint = 0,56 Liter

Nachtleben

Das **Partyleben** in Neuseeland ist allgemein eher **überschaubar.** In den großen Städten und Touristenzentren wie Auckland, Wellington, Dunedin und Queenstown herrscht jedoch kein Mangel an Clubs, Bars und anderen Lokalitäten. In kleineren Orten kann man in Pubs sein Bier genießen. Die vorhandenen Clubs öffnen früh, und spätestens um 4 Uhr ist die Partynacht zu Ende. In den **Ortskapiteln** finden sich Ausgehtipps.

Bei der arbeitenden Bevölkerung sind die sogenannten **Friday Night Drinks** weit verbreitet: Direkt nach Feierabend gegen 17 Uhr oder sogar schon im Büro wird mit Kollegen und Freunden angestoßen. Nach ein paar Getränken löst sich die Runde auf.

Und apropos Trinken: Wer **betrunken** ist, dem werden keine weiteren alkoholischen Getränke verkauft, er muss die Lokalität verlassen oder wird erst gar nicht hineingelassen.

Wer gerne auf **Konzerte** geht, wirft am besten einen Blick auf Eventim (www.eventim.co.nz).

Notfälle

Notfallnummern in Neuseeland

- **Polizei** *(police):* **111**
- **Feuerwehr** *(fire brigade):* **111**
- **Krankenwagen** *(ambulance):* **111**
- **Bergrettung** *(mountain rescue):* **111**
- **Giftnotruf: 0800 POISON (0800 764 766)**

Hilfe in Notlagen

In schwerwiegenden Notfällen medizinischer oder rechtlicher Art, bei der Vermisstensuche und bei Todesfällen können die jeweiligen **Auslandsvertretungen** kontaktiert werden (siehe „Botschaften und Konsulate“).

Tipp: vor Reiseantritt eine **Kopie** von Reisepass, Geldkarten und allen anderen **wichtigen Dokumenten** elektronisch sichern und in einer Cloud speichern; Notrufnummern, Sperrnummern für Geldkarten, IBAN bzw. Kreditkartennummer im Mobiltelefon speichern. Das reduziert den Ärger bei Verlust.

Verlust des Reisepasses

Der Verlust des Reisepasses muss einer **diplomatischen Vertretung** gemeldet werden, damit ein Ersatz-Reisepass ausgestellt wird. Nur mit (Ersatz-) Reisepass darf man das Land verlassen.

Verlust von Geldkarten

Bei Verlust oder Diebstahl der Kredit- oder Geldkarte sollte man diese umgehend **sperren lassen.**

- **Deutscher Sperr-Notruf** für alle Debit- und Kreditkarten: Tel. **0049-116 116,** aus dem Ausland Tel. **0049-30-40504050.** Sperr-Notruf bietet auch eine kostenlose Sperr-App für iOS und Android an.
- **Österreichischer Sperr-Notruf** für Bankomat-Karten: Tel. **0043-1-204 8800.**
- **Schweizerischer Kartensperrservice** des TCS: Tel. **0041-844-888 111.**

Für österreichische und schweizerische MasterCard, VISA, American Express und Diners Club sollte man sich vor der Reise die Rufnummer der kartenausstellenden Bank notieren.

Geldnot

Wer dringend eine größere Summe Bargeld in Neuseeland benötigt, kann dies über **www.westernunion.de** regeln und das Geld bei der entsprechenden Vertretung von Western Union vor Ort auszahlen lassen. Allerdings ist dieser Service in Neuseeland nicht billig, für eine Bargeldauszahlung von 5000 $, per Sofort-Überweisung von einem deutschen Konto angewiesen, fallen 131 € Gebühr an. Solche Überweisungen kann man per App von Western Union beauftragen, über Online-Banking von seiner eigenen Bank oder durch eine dritte Person von Deutschland aus.

Autopannen

Wer mit dem **Mietwagen** oder einem gemieteten **Wohnmobil** das Land bereist, hat in seinen Unterlagen in der Regel die Telefonnummer eines Pannendienstes, der mit dem jeweiligen Vermieter kooperiert.

Wer ein **eigenes Fahrzeug** erworben hat, kann den neuseeländischen Automobilklub **AA (Automobile Association)** rund um die Uhr unter Tel. 0800 500222 bzw. 222 vom Handy aus rufen.

Öffnungszeiten

Es gibt **keine verbindliche Regelung** für die Öffnungszeiten in Neuseeland, die folgenden Informationen sind eher Faustregeln.

- **Supermärkte:** tägl. 7–22 Uhr, kleinere Supermärkte bis 19 Uhr. An Feiertagen geschlossen.
- **Ladengeschäfte/Apotheken:** Meist tägl. 10–17 Uhr, in ländlichen Gegenden Sa bis 15 Uhr, So und an Feiertagen geschlossen.
- **Post und Banken:** Mo–Fr 9–16.30 Uhr, Sa 10–14 Uhr, So und Feiertage geschlossen.
- **Cafés:** tägl. 7–16 Uhr, oft feiertags geschlossen.
- **Restaurants:** Servieren Essen meist bis 21 Uhr, an Wochenenden manchmal länger.
- **Kneipen, Bars** und **Discos:** öffnen zwischen 12 und 20 Uhr und schließen So–Do um Mitternacht, Fr, Sa spätestens um 4 Uhr.
- **Tankstellen:** tägl. etwa 6–20h. Einige haben Zapfsäulen, die unabhängig von den Öffnungszeiten mit Kreditkarte bedient werden können.
- **Museen** und andere **Sehenswürdigkeiten:** Es gibt keine einheitlichen Öffnungszeiten. Die größeren haben tägl. mindestens von 9–17 Uhr geöffnet, meist auch länger.

Post

New Zealand Post betreibt in fast allen Ortschaften eine Filiale, in kleinen Orten häufig innerhalb eines Lebensmittelgeschäftes *(dairy)*. Das Unternehmen ist verlässlich und für Sendungen innerhalb Neuseelands relativ günstig. Internationale **Briefe** und **Postkarten** nach Europa kosten 2,50 $, ein **Paket** bis zwei Kilogramm 58,52 $. Zusatzkosten fallen an, wenn Batterien enthalten sind. Die aktuellen Tarife sind auf der Homepage zu finden. Post aus Neuseeland ist in den meisten Fällen zwischen einer und drei Wochen unterwegs.

Poste Restante ist ein Service speziell für Reisende, die sich Post und Pakete an Postfilialen schicken lassen (quasi postlagernd). Holt man seine Sendung innerhalb von sieben Tagen ab, ist der Service kostenfrei. Ansonsten fallen für Pakete über zwei Kilogramm 2,50 $ pro weiterer Woche an.

- **www.nzpost.co.nz**

Reiserouten

Bei der Reiseplanung gibt es grundsätzlich zwei Ansätze: Wer in der vorhandenen Zeit **so viele Highlights wie möglich** abhaken möchte, muss damit rechnen, die meiste Zeit im Fahrzeug auf der Straße zu verbringen. Die Reise ist dann ein Roadtrip mit relativ kurzen Stopps. Dieser Ansatz erscheint sicher vielen für eine Neuseelandreise verlockend, da das Land so unglaublich viel Sehenswertes bietet und man es womöglich nur einmal im Leben bereist.

Die Alternative ist, seinen Fokus auf **wenige Ziele** zu legen und diese dafür **umfassender und in Ruhe zu erkunden.** Der Vorteil ist, man erlebt mehr von Land und Leuten, hat mehr von seiner Urlaubszeit, und die Reise ist weniger anstrengend. Der Nachteil liegt klar auf der Hand, man sieht weniger vom Land. Es ist empfehlenswert, sich bereits vor der Abreise zu überlegen, was man von seinem Urlaub erwartet, wie man ihn gestalten möchte und wo persönli-

095nz ks

che Prioritäten liegen. Nach meiner Erfahrung ist **weniger oft mehr!** Die folgenden Bausteine sind Anregungen für mögliche Stationen auf der Reise.

Nordinsel

Eine Woche

- **Auckland:** Neuseelands größte Stadt
- **Rotorua:** Geothermalparks und Maori-Kultur
- **Taupo:** Wasserfälle, Adrenalin-Aktivitäten und Maori-Kunst
- **Tongariro National Park:** der schönste Nationalpark der Nordinsel
- **Wellington:** das Herz Neuseelands: Museum Te Papa, „Lord of the Rings" und mehr

Zwei Wochen

- **Auckland:** Neuseelands größte Stadt
- **Hauraki Gulf:** Inselausflüge und Weingenuss
- **Coromandel:** traumhafte Strände, Landschaften und Schluchten
- **Mount Maunganui:** Surfer- und Urlaubsparadies
- **Rotorua:** Geothermalparks und Maori-Kultur

◁ Im Tongariro National Park

- **Taupo:** Wasserfälle, Adrenalin-Aktivitäten und Maori-Kunst
- **Tongariro National Park:** der schönste Nationalpark der Nordinsel
- **Whanganui National Park:** Wandern und/oder Bootstouren in entlegene Gegenden
- **Whanganui River Road:** Geschichte, Natur und großartige Landschaft
- **Wellington:** das Herz Neuseelands: Museum Te Papa, „Lord of the Rings" und mehr

Drei Wochen

- **Auckland:** Neuseelands größte Stadt
- **Hauraki Gulf:** Inselausflüge und Weingenuss
- **Bay of Islands:** Geschichte, Segeln und Erkundung der Insellandschaft
- **Cape Reinga:** der nördlichste Punkt Neuseelands
- **Ninety Mile Beach:** Wüstenlandschaft
- **Waipoua Kauri Forest:** die majestätischsten und größten aller Bäume
- **Coromandel:** traumhafte Strände, Landschaften und Schluchten
- **Mount Maunganui:** Surferparadies
- **Rotorua:** Geothermalparks und Maori-Kultur
- **Taupo:** Wasserfälle, Adrenalin-Aktivitäten und Maori-Kunst
- **Tongariro National Park:** der schönste Nationalpark der Nordinsel
- **Whanganui National Park:** Wandern und/oder Bootstouren in entlegene Gegenden
- **Whanganui River Road:** Geschichte, Natur und großartige Landschaft
- **Wellington:** das Herz Neuseelands: Museum Te Papa, „Lord of the Rings" und mehr

Zusätzliche lohnenswerte Bausteine

- **East Cape** von Whakatane nach Gisborne: die wohl einsamste Ecke Neuseelands
- **Napier und Umgebung:** Weine, Art Déco und Kultur
- **Taranaki und Umgebung:** der höchste Berg der Nordinsel und einsame Surfstrände

Südinsel

Eine Woche Norden (von Picton)

- **Marlborough Sounds:** Meeresbuchten per Boot, Kajak oder zu Fuß erkunden
- **Abel Tasman National Park:** einer der schönsten Nationalparks der Südinsel
- **Nelson:** Kunst und Kultur
- **Kaikoura**: Wal- und Delfinbeobachtung, Spaziergänge entlang der Klippen
- **Christchurch:** die größte Stadt der Südinsel und ihre Erdbebengeschichte

Zwei Wochen Norden (von Christchurch)

- **Christchurch:** die größte Stadt der Südinsel und ihre Erdbebengeschichte
- **Kaikoura:** Wal- und Delfinbeobachtung, Spaziergänge entlang der Klippen
- **Marlborough Wine Country:** für Weinliebhaber
- **Marlborough Sounds:** Meeresbuchten per Boot, Kajak oder zu Fuß erkunden
- **Nelson:** Kunst und Kultur
- **Abel Tasman National Park:** einer der schönsten Nationalparks der Südinsel
- **Buller Gorge**: der mächtige Fluss mit Schluchten, Hängebrücken und Goldgräbergeschichte
- **Westport** und **Cape Foulwind:** Robben, Kohle, Gold und Meer
- **Pancake Rocks:** Natur pur
- **Arthur's Pass:** Neuseelands spektakulärster Pass
- **Christchurch:** die größte Stadt der Südinsel und ihre Erdbebengeschichte

Eine Woche Süden (von Christchurch)

- **Christchurch:** die größte Stadt der Südinsel und ihre Erdbebengeschichte
- **Banks Peninsula**: französische Geschichte, Buchten und beeindruckende Blicke
- **Oamaru:** Pinguine, Steampunk und viktorianische Architektur
- **Moeraki Boulders:** Steinkugeln am Strand
- **Dunedin:** Universitätsstadt mit schottischer Geschichte und historischen Gebäuden
- **Dunedin Peninsula:** Königsalbatrosse, Pinguine, Robben, ein Schloss und mehr

Zwei Wochen Süden (von Christchurch)

- **Christchurch:** die größte Stadt der Südinsel und ihre Erdbebengeschichte
- **Banks Peninsula:** französische Geschichte, Buchten und beeindruckende Blicke
- **Oamaru:** Pinguine, Steampunk und viktorianische Architektur
- **Moeraki Boulders:** Steinkugeln am Strand
- **Dunedin:** Universitätsstadt mit schottischer Geschichte und historischen Gebäuden
- **Dunedin Peninsula:** Königsalbatrosse, Pinguine, Robben, ein Schloss und mehr
- **Te Anau/Fiordland:** beeindruckende Fjorde und großartige Wanderungen
- **Queenstown:** Adventure-Sport, Berge, Seen und Goldgräbergeschichte
- **Mount Cook:** der höchste Berg Neuseelands inmitten von Eis und Felsen
- **Lake Tekapo:** Sternegucken in Neuseelands Himmelreservat
- **Christchurch:** die größte Stadt der Südinsel und ihre Erdbebengeschichte
- **Arthur's Pass:** Neuseelands spektakulärster Pass

Zusätzliche lohnenswerte Bausteine

- **Catlins:** Natur pur mit Delfinen, Seelöwen, Pinguinen, Wasserfällen und wildem Meer
- **Stewart Island:** Kiwis in der Natur beobachten und das eigene Flair der südlichsten Insel erleben
- **Südliche West Coast:** Gletscher Fox und Franz Josef und Goldgräbergeschichte
- **Nördliche West Coast:** Pancake Rocks und dramatische Küstenabschnitte

› Mount Cook

Reisezeit

Die beste Reisezeit für Europäer liegt zwischen **Ende Januar und März,** wenn das Wetter relativ sonnig, trocken und stabil ist. Generell ist das Wetter bereits oft von Dezember an gut, aber aufgrund der nationalen **Sommerferien** ist quasi ganz Neuseeland von Mitte Dezember bis Mitte Januar im Land unterwegs, und es kann an beliebten Sehenswürdigkeiten unangenehm voll werden. Eine weitere beliebte Reisezeit ist das **Chinesische Neujahr,** das auf unterschiedliche Tage fällt (2018 am 16. Februar, 2019 am 5. Februar).

Die meisten Europäer sind von **November bis Januar** unterwegs, sodass die Preise für Unterkünfte, Mietautos und -camper bis auf das Doppelte ansteigen. Vorbuchungen in touristischen Metropolen sind dann unabdingbar.

Man kann Neuseeland **zu allen Jahreszeiten** besuchen, es ist nur eine Frage der richtigen Bekleidung und Unterkunft. Tatsächliche Temperaturen fühlen sich häufig aufgrund von Wind und hoher Luftfeuchtigkeit kälter an, Gebäude sind schlecht isoliert und haben meist keine Heizung. Viele Wohnmobile dagegen sind mit Heizungen ausgestattet.

Saisonale Vergnügungen wie **Skifahren** und **Badeurlaub** sind auch in Neuseeland an die Jahreszeiten gebunden.

096nz br

Sicherheit

Laut dem Global Peace Index ist Neuseeland das **drittsicherste Land der Welt,** nach Island und Dänemark. Es bestehen kaum politische Sicherheitsrisiken, die Gefahr, gekidnappt oder Opfer eines anderen schweren Verbrechens zu werden, ist minimal. Prinzipiell kann man sich überall frei bewegen, ohne sich bedroht zu fühlen.

Das größte Risiko ist ein **Einbruch in ein Mietfahrzeug,** vor allem in Touristenzentren. Also kein Gepäck sichtbar herumliegen lassen – besonders nicht in Wohnmobilen. Auch **Taschendiebe** machen schonmal lange Finger.

Neuseeland ist ein **erdbebengefährdetes Land.** Näheres zum Thema siehe „Land und Natur/Erdbeben".

Zu Gefahren und Risiken im **Natursport** siehe „Outdoorsport".

Aktuelle Reisehinweise zur allgemeinen Sicherheitslage erteilen:

- **In Deutschland:** www.auswaertiges-amt.de, Tel. 030-18172000.
- **In Österreich:** www.bmeia.gv.at, Tel. 01-90115 4411.
- **In der Schweiz:** www.eda.admin.ch, Tel. 0800-247365.

Sprache

Neben **Englisch** sind seit 1987 **Te Reo (Maori)** und seit 2006 auch **New Zealand Sign Language (Gebärdensprache)** offizielle Amtssprachen. Alle drei Sprachen beherrschen jedoch nach offiziellen Angaben nur ungefähr 6000 Einwohner fließend.

Englisch dominiert das Sprachbild und wird von so gut wie allen Neuseeländern gesprochen. Aufgrund der vielen Einwanderer sind die Neuseeländer Dialekte und individuelle Sprachfärbungen gewöhnt.

Te Reo (Maori) wird von ca. drei Prozent der Gesamtbevölkerung und 21 Prozent der Maori gesprochen. Trotz dieser niedrigen Zahlen ist die Sprache sehr präsent in Neuseeland, bereits jedes Kind kennt einige Worte und Ausdrücke in Maori. Die meisten **Schulen** unterrichten in Englisch, bieten jedoch **Maori als Unterrichtsfach** an. Einige wenige Schulen halten auch andere Unterrichtsfächer in Maori ab. Verbreiteter dagegen sind maorisprachige Kindergärten.

New Zealand Sign Language (NZSL), die **Gebärdensprache,** wird nur von einem halben Prozent der Bevölkerung beherrscht.

Siehe auch Kapitel „Kleine Sprachhilfe" im Anhang.

Studium und Sprachkurse

Ob zum Studium, zur Weiterbildung, oder zum Englischlernen, Neuseeland bietet die passende Infrastruktur.

Die großen Universitäten akzeptieren ausländische **Studenten** für ein oder mehrere Semester, die meisten Auslandsstudenten kommen aus China und anderen asiatischen Staaten. Informationen und Beratung gibt es z.B. unter:

- **www.in-neuseeland-studieren.de:** alles zum Thema Studieren in NZ.
- **www.edu-institut.de:** Institut für Studien- und Berufsberatung.
- **www.studyinnewzealand.govt.nz:** Informationen zum Studium in NZ.

Sprachkurse in Neuseeland sind sehr beliebt, ob als reine Sprachreise oder in Kombination mit einer Urlaubsreise. **Sprachschulen** sind im gesamten Land verteilt. Manche integrieren Aktivitäten, Sport oder Kultur in ihr Unterrichtsprogramm – bis hin zu Englischlernen auf einer Farm. Eine Übersicht über Sprachschulen, mit Filterfunktionen gibt es auf Englisch Schools:

- **www.english-schools.co.nz.**

Andere **große Bildungsanbieter** in Neuseeland sind:

- **WelTec:** www.weltec.ac.nz (berufsbezogene Ausbildungen und Kurse)
- **Open Polytechnic:** www.openpolytechnic.ac.nz (Online-Kurse)

Telefonieren

Das eigene **Mobiltelefon** lässt sich auch in Neuseeland problemlos nutzen, allerdings geht es beim Telefonieren ganz schön ins Geld wegen der internationalen **Roaminggebühren.** Das gilt umso mehr für die Nutzung von **Smartphone-Datapacks.** Rechnungen mit vierstelligen Summen nach 14 Tagen Urlaub sind da keine Ausnahme! Solche Kosten kann man umgehen, wenn man sich auf Kommunikation per **SMS** beschränkt oder über eine kostenlose **WLAN-Verbindung E-Mails** schreibt, **Skype** oder **Facetime** zum Telefonieren bzw. **Whats App** und andere kostenlose Bericht-Apps für „Kurzmeldungen" nutzt.

Wenn man innerhalb Neuseelands viele Gespäche führen muss, kann man sich vor Ort eine **Prepaid-SIM-Karte** besorgen. Die größten **Anbieter** sind Spark (ehemals Telecom), Vodafone, Skinny und 2degrees. Alle bieten Prepaid-Optionen mit und ohne Daten-Optionen; SIM-Karten kosten 5 $.

Noch immer gibt es in vielen ländlichen Gebieten **keinen Handyempfang,** zur Zeit der Recherche für diesen Reiseführer bot Spark die beste Abdeckung. Der Anbieter erfreut seine Kunden außerdem an rund tausend Telefonzellen mit kostenfreiem WLAN.

Ortsgespräche vom Festnetz sind meist gebührenfrei, das Gleiche gilt für **0800er-Nummern,** und **Ferngespräche** innerhalb des Landes kosten nur Cent-Beträge. Viele Unterkünfte stellen Telefone zur kostenfreien Benutzung zur Verfügung.

Siehe auch Kapitel „Internet".

Internationale Vorwahlen

Nach der internationalen Vorwahl lässt man die **0 der Ortsvorwahl** weg.

- **Neuseeland** +64
- **Deutschland** +49
- **Österreich** +43
- **Schweiz** +41

Unterkunft

Über **drei Millionen Touristen** besuchen Neuseeland jährlich, und alle müssen irgendwo untergebracht werden. Entsprechend leistungsfähig und breit gefächert ist die Infrastruktur. Von der Luxus Lodge übers Baumhaus bis hin zur Campingwiese auf der Farm ist für alle Ansprüche etwas dabei. Die geläufigsten Unterkünfte sind Hostels, Motels, Hotels, Lodges, B&Bs und Campingplätze. Wer in der **Hauptsaison** Mitte Dezember bis Ende Januar reist, muss vorabbuchen; sogar Campingplätze können dann bis auf den letzten Platz belegt sein.

Hostels

Hostels sind die preisgünstigste Möglichkeit, ein Dach über den Kopf und ein sauberes Bett zu bekommen. Sie sind vor allem bei **Backpackern** beliebt, öffnen ihre Tore aber auch für andere Reisende (und Familien). Es gibt Hunderte von Hostels in Neuseeland, die meisten verfügen über einzelne Betten im Dorm (Schlafsaal, meist gemischtgeschlechtlich), Doppelzimmer, Twin-Zimmer (zwei getrennte Betten) und oft auch Einzel- bzw. Familienzimmer für drei bis vier Personen. **Badezimmer** werden mit anderen Gästen geteilt, selten gibt es Ensuites (eigenes Bad direkt am Zimmer). Hostels verfügen über **Gemeinschaftsküchen,** die mit Kochutensilien und Geschirr ausgestattet sind, und meist einen zusätzlichen **Aufenthaltsraum** mit TV, Gesellschaftsspielen und Büchern. Das Mitbringen von Schlafsäcken ist erlaubt, Bettwäsche gibt es meist kostenfrei. Hostels sind optimal, um andere Reisende kennenzulernen. Eine Übernachtung im **Dorm** kostet **etwa 15 bis 30 $,** ein **Doppelzimmer 60 bis 100 $.**

Hostels können individuell betrieben werden, viele gehören aber einem der folgenden **Verbände** an. Eine Mitgliedschaft als Reisender ist nicht obligatorisch, bringt aber einen Preisnachlass mit sich.

Preiskategorien Unterkünfte

Die Angaben in diesem Buch beziehen sich stets auf eine Zimmerbelegung von **zwei Personen** im Monat **Dezember.** Im Januar können die Preise leicht höher sein, von März bis Oktober bedeutend niedriger.

① bis 40 $/Person
② 41–90 $/Person
③ über 90 $/Person

Für **Campingplätze** gelten unter den gleichen Konditionen folgende Preise als Richtlinie:

① bis 14 $/Person
② 15–20 $/Person
③ über 20 $/Person

Qualmark

Qualmark ist Neuseelands **Qualitätssicherungsorganisation für Tourismus.** Ob Unterkünfte, Restaurants oder Attraktionen – wer das Qualmark-Zeichen trägt, erfüllt strenge Auflagen. Aktuell können Auszeichnungen erworben werden für Qualität (Quality Assured), Umweltverträglichkeit (Eco Assured) und Sicherheit (Safety). Mehr unter **www.qualmark.co.nz.**

- **BBH – Budget Backpacker Hostels,** 208 Kilmore St., Christchurch 8011, Tel. 03-379 3014, www.bbh.co.nz. Rund 300 Hostels gehören Neuseelands größtem Verband an. Wer Mitglied wird (50 $), bekommt 3 $ Rabatt pro Nacht.
- **YHA New Zealand – Youth Hostelling Association,** 166 Moorhouse Av., Sydenham, Christchurch 8011, Tel. 03-379 9970, www.yha.co.nz. Das Jugendherbergswerk mit seinen deutschen Wurzeln betreibt ca. 50 Hostels in Neuseeland – mehr oder weniger in jeder Stadt bzw. an jedem touristisch interessanten Ort. Die Jahresmitgliedschaft kostet 35 $ für Neuseeland oder 40 $ weltweit und bringt einen Rabatt von 10 %. Unter anderem der deutsche, österreichische und schweizerische Jugendherbergsausweis werden anerkannt.
- Kleinere Verbände sind **Base Backpackers** (www.stayatbase.com), **Nomads Backpackers** (www.nomadsworld.com) und **VIP Backpackers** (www.vipbackpackers.com).

Hotels

Es gibt ein **großes Spektrum** an Hotels, von der Spelunke bis zur Luxusbleibe; entsprechend variieren die Preise. Eine Nacht im Doppelzimmer in einem Mittelklasse-Hotel kostet ungefähr **100 bis 200 $ pro Person.** Hotels verfügen über ein Restaurant und eine Bar, häufig auch über ein kleines Fitnessstudio und verschiedene Dienstleistungen.

Motels/Motor Lodges

Motels gibt es überall im Land, und man muss nicht mit dem Auto unterwegs sein, um dort übernachten zu dürfen. Die Auswahl ist riesig, die Qualität variiert. Die Wohneinheiten sind funktionell mit Wasserkocher und Kühlschrank, manchmal auch mit einer Kocheinheit ausgestattet. Die günstigeren Motels zielen auf Selbstversorger ab, die größeren und/oder teureren besitzen oft ein angeschlossenes Restaurant, einen kleinen Pool und andere Einrichtungen. Ein **Zimmer mit Doppelbett** kostet je nach Standort und Ausstattung etwa **100 bis 200 $,** nach oben sind selbstverständlich keine Grenzen gesetzt.

Mein Tipp: Die meisten größeren **Campingplätze** vermieten **kleine Wohneinheiten** mit und ohne Bad und Küche, die als Units, Studios oder Cabins bezeichnet werden. Oft findet man hier eine preiswerte, saubere Alternative zu den klassischen Unterkünften.

Lodges

Die Bezeichnung „Lodge" sagt prinzipiell nichts über die Art, Ausstattung oder Qualität einer Unterkunft aus. Ein genauer Blick auf die Beschreibung der Unterkunft verrät, ob es sich um ein Hostel, ein Motel, Hotel oder ein B&B handelt.

098nz ji

B&B – Bed and Breakfast

Wer überschaubare Unterkünfte mit **Kontakt zu Einheimischen** sucht, ist in B&Bs gut aufgehoben. Oft werden nur einzelne Zimmer in Privathäusern vermietet, und die Herbergseltern sind gleichzeitig Köche, Putzpersonal, Tourguides und Seelsorger. B&Bs liegen preislich ähnlich wie Hotels, ein Frühstück ist, wie der Name schon sagt, inbegriffen. Einen Überblick über das Angebot gibt es auf folgenden Websites:

- **www.bnb.co.nz**
- **www.bed-and-breakfast.co.nz**

Wohnmobil with a view ...

Baches

Wer in einer **Ferienwohnung** Urlaub machen möchte, der kann auf ein Netz von zahlreichen Wohnungen und Häusern in allen möglichen Größen und Standards zurückgreifen. So breit das Spektrum ist, so unterschiedlich sind auch die Preise. Zwischen 50 und 2000 $ am Tag ist alles dabei.

- **www.bookabach.co.nz**

Campingplätze

Neuseeländer lieben Camping. Entsprechend **viele Plätze** gibt es, grob aufgeteilt in zwei Kategorien: Holiday Parks und einfache Campgrounds.

Holiday Parks

Dies **sind voll ausgestattete Campingplätze** mit Stellplätzen mit oder ohne Strom, Gemeinschaftsküchen und -bädern mit heißen Duschen. Häufig gibt es außerdem Kinderspielplätze, einen Fernsehraum, ein Schwimmbecken oder Spa Pool, Waschmaschinen, Trockner und große Gasgrills. Rezeptionen dienen auch als Besucherinformation und verkaufen häufig auch Grundlebensmittel und Süßigkeiten. Kostenpflichtiges WLAN ist fast schon überall Standard. Neben Stellplätzen werden auch motelähnliche Units mit oder ohne Bad und Küchenzeile vermietet.

Holiday Parks gibt es an jedem mehr oder weniger interessanten Ort. In der Hauptsaison muss vorgebucht werden. Ein Stellplatz mit Strom kostet **15 bis 30 $ pro Person.** Häufig wird der Preis für zwei Erwachsene veranschlagt, auch wenn man alleine reist.

Die zwei größten **Ketten** sind **Top 10 Holiday Parks** (www.top10.co.nz) und **Kiwi Holiday Parks** (www.kiwiholidayparks.com). Beide bieten vergleichbare Leistungen. Wer eine Mitgliedschaft abschließt (Top 10 49 $, Kiwi 35 $), bekommt Stellplätze und Unterkünfte zum niedrigeren Mitgliedspreis, zehn Prozent Rabatt auf die Nord-Südinsel-Fähre und andere Vergünstigungen.

Einfache Campgrounds

Wer auf Strom und Komfort verzichten kann, findet an vielen Orten einfache Campingplätze, die meist nur aus einer Stellfläche, einer Toilette und einem Unterstand bestehen. Strom und Duschen gibt es nicht, Trinkwasser nur gelegentlich. Müll muss wieder mitgenommen werden. Einfache Campingplätze werden von den **Gemeinden** und vom **DOC** betrieben. Letztere liegen in oder bei den Naturschutzgebieten und Nationalparks – nicht alle sind per Auto zu erreichen. Die Kosten liegen pro Person und Nacht bei **6 bis 15 $.** Ein Verzeichnis über alle DOC-Campingplätze findet man auf www.doc.govt.nz oder in den i-SITEs.

Mein Tipp: Die sehr empfehlenswerte **App Campermate** zeigt alle Campingplätze, deren Ausstattung und Preise auf einer übersichtlichen Karte an.

Wildcampen

Wildcampen **(Freedom Camping)** ist nicht überall erlaubt. Wer gegen die strengen Vorschriften verstößt, muss mit Bußgeldern rechnen. Prinzipiell darf nur derjenige wild campen, der **self contained** („unabhängig, in sich geschlossen“) ist, wer also kein WC und kein Wasser braucht, sein Abwasser wieder mitnimmt und keinerlei Spuren in der Umwelt hinterlässt. Um als *self contained* zu gelten, muss das Fahrzeug mit einem entsprechenden **Aufkleber** gekennzeichnet sein. Diesen kann beantragen, wessen Fahrzeug so ausgestattet ist, dass seine Benutzer mindestens drei Tage lang in ihm wohnen können, ohne Müll oder Abwasser entsorgen zu müssen. Ein benutzbares WC, eine Dusche, ein eigener Wasserkreislauf und ein ausreichend großer Trinkwasser- und Abwasserspeicher sind Grundvoraussetzung.

Ein Aufkleber „Responsible Camper“ ist nicht mit *self contained* gleichzusetzen und erlaubt kein *freedom camping.*

Es gibt keine festen Regeln, wo Wildcampen erlaubt ist, **Gemeinden** können **individuell entscheiden.** Unbedingt auf entsprechende Schilder achten und sich in der jeweiligen i-SITE informieren.

Anders verhält es sich auf **DOC-Land.** Hier dürfen unter folgenden Voraussetzungen auch Fahrzeuge ohne Self-Contained-Aufkleber über Nacht parken:

- Das DOC hat **keine Ausnahme definiert** (z.B. weil es sich um eine Maori-Grabstätte *(urupa)* handelt oder Tiere geschützt werden müssen).
- Man parkt nicht auf **privatem Land** (ist ja dann kein DOC-Land mehr).
- Man hinterlässt keinerlei **Müll** (Strafen bis zu 10.000$ sind möglich!).
- Man benutzt **öffentliche Toiletten** (wenn es keine Toiletten gibt und man nicht *self contained* ist, darf man nicht campen).

Weitere Informationen zum Thema Freedom Camping unter:

- **www.govt.nz**
- **www.camping.org.nz**

Auf den Great Walks kann man in solchen Hütten übernachten

DOC-Hütten

Das **Department of Conservation** betreibt entlang seines Netzes an Wanderwegen über **950 Hütten** unterschiedlicher Größe und Ausstattung. Die kleineren, älteren Hütten bieten vorwiegend Schutz vor den Elementen, ohne jeglichen Komfort. Größere Hütten verfügen über mehrere Zimmer mit Stockbetten, eine Küche mit Gaskochern und fließendem Wasser und einen Kamin. Fast alle Hütten sind ausschließlich **zu Fuß zu erreichen,** müssen nicht vorgebucht werden und kosten zwischen **12 und 20 $ pro Nacht und Person.** Ausnahmen sind die Hütten entlang der **Great Walks** (siehe Kapitel „Outdoor- und Extremsport/Wandern"), diese müssen, zumindest in der Hochsaison, online beim DOC vorgebucht werden und kosten **32 $** pro Person. Eine Übersicht über alle Hütten gibt es unter:

- **www.doc.govt.nz**

097nz ks

Unterwegs im Land

Wer Neuseeland bereisen möchte, kann selber fahren oder auf öffentliche Verkehrsmittel zurückgreifen. Mit dem eigenen Fahrzeug ist man natürlich deutlich flexibler, dafür muss man sich auf den **(Links-)Verkehr** konzentrieren. Wer sich für öffentliche Verkehrsmittel entscheidet, kann mit **Einheimischen in Kontakt** kommen, sich auf der Fahrt ausruhen und uneingeschränkt aus dem Fenster gucken.

Nahverkehr und Taxi

Die größeren Städte wie Auckland und Wellington bieten ein gut ausgebautes Kurzstreckennetz an **Bussen,** manchmal auch **Straßenbahnen.** Am Wochenende ist der Betrieb öffentlicher Verkehrsmittel eingeschränkt, manche Strecken sind komplett eingestellt. Auch abends fahren oft keine Busse, auf manchen Strecken werden Nachtbusse eingesetzt.

Das Angebot an **Taxen** ist in größeren Städten sehr gut, und auch in kleineren Orten gibt es oft ein Taxiunternehmen. **Blue Bubble Taxis** fahren in 16 Städten, es gibt keine einheitliche Telefonnummer, aber eine **App,** über die Taxen gebucht werden können. Wer in Auckland, Wellington und anderen Großstädten viel Taxi fährt, kann einen Blick auf das billigere **Uber** werfen.

- **www.bluebubbletaxi.co.nz**
- **www.uber.com**

Fernbusse

Linien- und Fernreisebusse sind in Neuseeland **weit verbreitet,** sie fahren alle Städte und viele kleine Orte an. Es gibt **Tickets** für eine oder mehrere Fahrten, für bestimmte Routen oder für beliebig viele Fahrten innerhalb eines bestimmten Zeitraums. Die Fahrten dauern meist etwas länger als mit dem Auto, sind je nach Ticket aber für Einzelpersonen preisgünstiger. Je nach Anbieter und Zeitpunkt kostet ein Ticket z.B. von Auckland nach Wellington 30 bis 70 $. Je nach Reisezeit sollten Busfahrten zwei bis zehn Tage **im Voraus gebucht** werden. In vielen Bussen gibt es kostenfreies WLAN.

Intercity ist das führende Busunternehmen mit der größten Flächenabdeckung. Der Intercity wird auch von Einheimischen oft genutzt. Man kann Einzelfahrten, Busstunden (Flexipass) oder ganze Strecken mit beliebig vielen Ein- und Ausstiegen (Travelpass) kaufen. Im Pass sind zusätzliche Rabatte für touristisch Interessantes erhalten. Die Busse von **Newmans Coach Lines** gehören zu Intercity.

- **www.intercity.co.nz**

Naked Bus ist das zweitgrößte Unternehmen Neuseelands; es wird von Einheimischen und vielen Backpackern genutzt. Es gibt Einzelfahrten, Mehrstreckenpässe und sogar ein Ganzjahresticket (597 $). Zusätzlich werden preisreduzierte Aktivitäten und Ausflüge angeboten. **Mana Bus** und Naked Bus gehören zusammen.

- **www.nakedbus.com**

Kiwi Experience zielt speziell auf **Backpacker** ab. Wer mit Gleichgesinnten unterwegs sein möchte, ist hier richtig aufgehoben. Während der Fahrt können im Bus Aktivitäten und Übernachtungen gebucht werden. Wer mit Kiwi Experience fährt, bekommt ein **Bett am Zielort garantiert** – das ist in der Hauptsaison nicht unattraktiv. Es gibt Strecken- und Tourenpässe für verschiedene Zeiträume sowie passende Unterkunftspässe.

- **www.kiwiexperience.co.nz**

Weitere **Backpacker-Busunternehmen** sind **Stray Travel** und **Haka Tours.**

- **www.straytravel.com**
- **www.hakatours.com**

Flugzeug

Wer es eilig hat oder größere Distanzen überwinden will, ist mit Inlandsflügen gut beraten. Das **Streckennetz** ist gut ausgebaut, die Airlines gelten als **sicher,** und die **Preise** sind in Ordnung. Landesweit gibt es ca. **40 Flughäfen,** zusätzliche 30 Gemeinden verfügen über eine Landebahn, die manchmal auch für touristische Zwecke genutzt wird. Neben ca. 30 regionalen Airlines (oft mit nur ein oder zwei Flugzeugen mit wenigen Sitzen) gibt es zwei Hauptanbieter für (überregionale) Inlandsflüge.

Air New Zealand, Neuseelands Airline Nr. 1, fliegt ca. 20 Flughäfen auf der Nord- und Südinsel sowie zahlreiche internationale Flughäfen an. Sie gehört der Star Alliance an, zu deren Mitgliedern auch die deutsche Lufthansa zählt.

MEIN TIPP: **Grab a Seat** bietet die besten Schnäppchen von Air New Zealand, beispielsweise Flüge von Auckland nach Wellington ab 49 $.

- **www.airnewzealand.co.nz**
- **www.grabaseat.co.nz**

Jetstar, die australische (Billig-)Airline, fliegt neun Flughäfen in Neuseeland an. Beim Buchen wird aufgegebenes Gepäck zusätzlich berechnet.

- **www.jetstar.com**

Fähre

Für Autofahrer ist die Fähre die einzige Möglichkeit, von der Nord- zur Südinsel (und umgekehrt) zu reisen. Auch bei Fußgängern ist die Fährpassage populär. Die Schiffe der beiden Anbieter **Interislander** und **Bluebridge** verkehren täglich etwa sieben Mal zwischen Wellington und Picton. Die Überfahrt dauert 3½ Stunden. Reservierungen sind notwendig, für Autos möglichst mehrere Wochen im Voraus, Fußgänger bekommen auch kurzfristiger einen Platz. Beide Fährunternehmen sind vergleichbar in Qualität und Preis (Auto ab 150 $, Camper 7 m ab 300 $, Fußgänger ab 50 $). Bluebridge ankert in Wellington zentrumsnah am Bahnhof, Interislander liegt ein wenig außerhalb und ist per Shuttle mit dem Bahnhof verbunden.

- **www.interislander.co.nz**
- **www.bluebridge.co.nz**

Zug

Die ersten Eisenbahningenieure traten den Herausforderungen der neuseeländischen Landschaft mit großer Beharrlichkeit entgegen. Auf Dauer mussten sie aber einsehen, dass Eisenbahnstrecken aufgrund von landschaftlichen Gegebenheiten und Naturereignissen wie Erdbeben und starken Regenfällen eher unrentabel sind. Heute unterhält **Kiwirail** den Zugbetrieb auf den Inseln.

- **www.kiwirail.co.nz**

Das **Streckennetz** für Züge ist überschaubar, aber nicht unattraktiv. Züge sind weniger reines Transportmittel, sondern die Fahrt zählt eher als **touristisches Ereignis.** Neben regionalen Verbindungen vor allem in und um Auckland und Wellington gibt es **drei große Bahnstrecken.** Die hier verkehrenden Züge verfügen meist über einen **offenen Waggon,** aus dem man die Landschaft besonders gut beobachten und fotografieren kann. Ausflugspakete können hinzu gebucht werden.

- **www.kiwirailscenic.co.nz**

Northern Explorer

Quer über die Nordinsel verbindet diese Strecke **Auckland** mit **Wellington;** über Otorohanga (Waitomo), National Park und andere Stopps. Die Strecke wird dreimal wöchentlich befahren und kostet ab 99 $, die günstigen Tickets sind oft schon Monate im Voraus ausverkauft. Auch die Buchung von Teilstrecken ist möglich.

Coastal Pacific

Mehr oder weniger immer an der Küste entlang verbindet diese idyllische Zugfahrt **Picton** mit **Christchurch,** mit Stopp in Kaikoura. Die etwa 5½ Std. dauernde Fahrt kostet ab 79 $ und ist von Christchurch aus in einem Tag in beide Richtungen zu schaffen (nicht aber von Picton!). Auch verlängerte Zwischenstopps sind möglich. **Hinweis:** Aufgrund eines **Erdbebens 2016** wurden große Teile der Zugstrecke des Coastal Pacific zerstört. Zum Zeitpunkt der Drucklegung war nicht abzusehen, wann und in welcher Form die Züge wieder verkehren.

TranzAlpine

Die Strecke verbindet die West- und Ostküste der Südinsel und durchquert alpines Terrain. Von **Christchurch** über Arthur's Pass nach **Greymouth** (oder umgekehrt) bieten sich tolle Blicke. Eine Weiterfahrt mit dem Bus zu den Gletschern Fox und Franz Josef ist möglich. Die Tour wird täglich angeboten und kostet ab 99 $. Hin- und Rückfahrt von/nach Christchurch (nicht von Greymouth) an einem Tag oder Übernachtungspakete sind möglich.

Eigenes Fahrzeug

Wer sich den Linksverkehr zutraut, kann auch selber fahren. Ob mit einem Auto, Wohnmobil oder Motorrad, der Vorteil ist die Unabhängigkeit und Flexibilität.

Hinweis: Man sollte wirklich nur dann selbst fahren, wenn man sich absolut sicher fühlt und sich mit seinem Gefährt dem Verkehr anpassen kann.

Wichtige Infos für Selbstfahrer

■ **Führerschein:** Mit einem Internationalen Führerschein darf man bis zu einem Jahr lang in Neuseeland fahren.

■ **Linksverkehr:** In Neuseeland wird auf der linken Straßenseite gefahren.

■ **(Verkehrs-) Regeln:** Den Road Code (Straßenverkehrsregeln) kann man beim Straßenverkehrsamt (www.nzta.govt.nz) einsehen, der Pannendienst AA bietet einen kostenlosen Online-Test für Touristen, der dabei hilft, sich mit den von europäischen Regeln abweichenden Verkehrsregeln vertraut zu machen: www.aa.co.nz/travel/visitors-to-new-zealand/visiting-driver-training-programme.

■ Neuseeländer fahren generell bedeutend **entspannter** als Autofahrer hierzulande und pochen auch nicht ständig auf ihr Recht (z.B. bei Vorfahrtsregeln).

■ Es gilt **Anschnallpflicht** für alle, ansonsten droht eine Geldstrafe für den Fahrer.

■ Der zulässige **Blutalkoholspiegel** von Fahrern über 20 Jahre beträgt 0,5 Promille, für unter 20-Jährige null!

■ **Höchstgeschwindigkeit:** Außerorts darf man 100 km/h, innerorts 50 km/h fahren. Ausnahmen sind ausgeschildert. Für große Wohnmobile, Transporter etc. gelten verringerte Höchstgeschwindigkeiten. Wer zu schnell fährt, bekommt einen Strafzettel, der direkt beim Polizisten bezahlt werden kann. Es gibt keine Toleranzzone. Wer nicht zahlt, wird spätestens bei der Ausreise freundlichst auf sein Versäumnis hingewiesen.

■ **Telefonnummer *555:** Auffälligkeiten auf der Straße können unter dieser Nummer kostenfrei gemeldet werden: Staus, Gegenstände auf der Fahrbahn, Unfälle oder auffälliges Fahrverhalten anderer Verkehrsteilnehmer.

■ **Straßenzustand:** Die Beschaffenheit der Straßen in Neuseeland ist recht unterschiedlich. Sie führen oft durch bergiges Gelände und können sehr schmal und kurvenreich sein. Es gibt kaum Autobahnen, dafür umso mehr Schotterstraßen. Sogar ganze Strände sind als Straßen deklariert. Unbedingt mit dem Fahrzeugvermieter abklären, inwiefern Sand- und Schotterstraßen befahren werden dürfen. Schlaglöcher sind an der Tagesordnung und erfordern besondere Konzentration.

■ **Wetterbedingte Gefahren:** Ob grelle Sonne, Regengüsse, Hagel, Nebel, Sturm oder Schnee, in Neuseeland muss man auf alle Wettergegebenheiten und -umschwünge vorbereitet sein. Wer im Winter, Frühling oder Spätherbst auf der Südinsel unterwegs ist, sollte Schneeketten dabei haben (die meisten Autovermietungen haben welche vorrätig) und auf ausreichenden Sicherheitsabstand achten.

099nz ks

- **Bahnübergänge:** Nur etwa die Hälfte aller Bahnübergänge verfügt über ein automatisches Alarmsystem (Schranken oder Ampeln). Wenn das rote Licht blinkt, nähert sich ein Zug. Also anhalten und erst weiterfahren, wenn das Licht nicht mehr blinkt – auch dann, wenn kein Zug in Sicht ist. Übergänge ohne Alarmsystem sind mit Schildern markiert (Railway Crossing).
- **Fahrzeiten und Entfernungen:** Beim Blick auf eine Landkarte wird die benötigte Fahrtzeit häufig unterschätzt, und auch die Angaben von Google Maps sind nicht verlässlich.
- **Pannendienst AA:** Wer eine Panne hat, kann den AA rufen (Tel. 0800 500 444, www.aa.co.nz). Nicht-Mitglieder zahlen dafür pauschal 195 $, Mitglieder nichts (79 $/Jahr). Siehe auch „Notfälle".
- **Tanken:** Tankstellen gibt es in größeren Orten, doch nicht flächendeckend, und die Entfernungen zwischen Tankstellen können z.B. auf der Südinsel mehrere Hundert Kilometer betragen. Tankstopps müssen daher aktiv geplant werden. Es gibt 91 Oktan (Normal), 95 Oktan (Super), Diesel und manchmal Autogas (LPG). Ein Liter Normalbenzin kostete zum Zeitpunkt der Recherche um die 2 $, ein Liter Diesel ca. 1 $.
- **Verhalten als Tourist:** Gerade mit Touristen kommt es häufig zu schweren Unfällen, teilweise mit Todesfolge. Die Hauptgründe sind zu langsames Fahren bzw. abruptes Abbremsen oder Abbiegen. Neuseeland bietet tolle Landschaften und Ausblicke, aber wer am Steuer sitzt, sollte den Blick auf der Straße halten. Im Übrigen ist es üblich, in einer Haltebucht zu stoppen, um andere Autos passieren zu lassen, wenn man selbst ein langsames Verkehrsmittel fährt (z.B. Wohnmobil am Berg). Wenn überholende Autos hupen, ist das ein freundliches „Dankeschön".

< Schafe auf Wanderschaft sind doch mal eine nette Ursache für einen Stau!

Mietwagen

Autos können problemlos von Deutschland aus oder direkt vor Ort gemietet werden. Die **Preise** variieren je nach Anbieter, Mietdauer, Reisezeit und Versicherungsschutz. Wer ein altes Auto ohne Versicherungsschutz für vier Wochen bucht, zahlt ab 20 $/Tag. Ein Mittelklasse-Fahrzeug mit Vollkasko für einen einzelnen Tag kostet ca. 100 $. Fahrer unter 21 müssen generell mit höheren Preisen rechnen. Bezahlt wird üblicherweise mit Kreditkarte.

Wer ein Fahrzeug **in einer Stadt abholen** und **in einer anderen abgeben** möchte, muss nicht nur auf größere Vermietungen zurückgreifen, sondern auch mit bedeutend höheren Kosten rechnen. Noch teurer wird es, wenn das Fahrzeug auf unterschiedlichen Inseln angemietet und abgegeben wird.

Manche Firmen bieten **Autodachzelte** zur Miete an. Das klingt cool, ist es bei schönem Wetter auch – bei schlechtem aber nicht. Starke Winde lassen Zelt und Auto schwanken (in Neuseeland ist es fast überall windig), und auch bei Regenfällen ist das Klettern auf das Autodach nicht optimal. Außerdem gibt es keinen separaten Raum für nasse Jacken und Schuhe.

Wohnmobil

Jährlich gibt es ca. 75.000 Campervan-Buchungen, wobei 90 Prozent von internationalen Touristen getätigt werden, die durchschnittlich 19,7 Nächte in Neuseeland verbringen. In anderen Worten: Die **Vermietung von Wohnmobilen boomt.** Das Angebot ist riesig und das

Spektrum breit, von einer Schlafstätte im größeren Auto bis zu sechs Betten im Wohnmobil mit Bad, Küche und TV. Equipment wie Campingstühle und -tische, Solarduschen, Extraausstattung für Kinder, Bettdecken, Schneeketten, GPS usw. kann hinzugebucht werden. Die meisten Vermieter findet man in Auckland und Christchurch. Es lassen sich **drei grundsätzliche Kategorien** von Campern unterscheiden:

Backpackervans sind die günstigste und kleinste Variante (ab 30 $ pro Tag für Langzeitmiete ohne Versicherung), basieren auf Peoplemover-Karossen und bieten zwei Schlafmöglichkeiten, eine Kochgelegenheit (vom Kofferraum aus zu benutzen) und oft einen kleinen Kühlschrank. Die Karosse ist meist ein Toyota Estima. Anbieter sind z.B. **Juicy** und **Spaceships.**

- **www.juicy.co.nz**
- **www.spaceshiprentals.co.nz**

Campervans sind ein wenig größer und basieren auf kleinen Bussen wie z.B. dem Toyota Hiace. Auch sie verfügen über zwei Schlafplätze, eine Kochgelegenheit hinter der Heckklappe und oft einen Kühlschrank. Es gibt zahlreiche Anbieter, z.B. **Juicy** (s.o.), **Hippie** und **Escape.** Die Preise starten bei 80 $ pro Tag.

- **www.hippiecamper.co.nz**
- **www.escaperentals.co.nz**

Motorhomes bieten auch mehreren Personen Platz, man kann aufrecht stehen, und es gibt eine richtige Küche, meist auch ein Bad mit WC und Dusche. Modelle basieren auf Ford Transit, Mercedes Sprinter oder Ähnlichem. Die Kosten liegen bei ungefähr 300 $ am Tag. Anbieter sind beispielsweise **Britz, Wendekreisen** oder **Maui.**

- **www.britz.co.nz**
- **www.wendekreisen.co.nz**
- **www.maui.co.nz**

MEIN TIPP: Die meisten Touristen fahren von **Nord nach Süd.** Günstige Preise bekommt, wer gegen den Strom reist. Es lohnt auch, auf sogenannte **Relocation-Angebote** zu achten, bei denen man quasi für einen Autovermieter ein Fahrzeug innerhalb einer bestimmten Frist an einen bestimmten Ort überführt.

Motorrad

Wer mit dem Motorrad fahren will, sollte unbedingt das neuseeländische **Wetter** berücksichtigen: Warmer Sonnenschein wechselt sich mit starken Regenfällen ab, und auch böige Winde sind für Zweiradfahrer nicht ungefährlich. Zudem sind Neuseeländer nicht unbedingt als die besten Fahrer bekannt und können zur Gefahr werden.

Wer sich ein Motorrad **mieten** will, kann bei folgenden Adressen fündig werden; alle bieten auch Touren und geben Tipps:

- **www.motorcycle-hire.co.nz** (Christchurch)
- **www.manzbike.co.nz** (Auckland, Christchurch)
- **www.nzbike.com** (Auckland, Christchurch, Wellington)

⟩ Fahrradfahren in Karamea im Buller District auf der Südinsel

Fahrrad

Fahrradreisen sind in Neuseeland recht beliebt. Hierbei gilt es zu berücksichtigen, dass Neuseeland sehr bergig ist und das Wetter extrem schnell umschlagen kann: Brütende Hitze, lange Regenschauer, starke Winde und überholende Lastwagen machen das Radfahren zur **Herausforderung.** Nicht ohne Grund gilt Helmpflicht.

Wer sein eigenes Fahrrad mit auf den **Flug** nehmen möchte, muss die Modalitäten (Preise, besondere Regeln beim Einchecken, Versicherung usw.) vorab mit seiner Airline abklären. Bei der Einfuhr unbedingt darauf achten, dass das Fahrrad sauber ist, da es sonst am Flughafen mit der **Biosecurity** Probleme geben kann (siehe „Einreise").

Ersatzteile und **Fahrradwerkstätten** findet man in jedem größeren Ort, denn Neuseeländer lieben ihre Fahrräder – vor allem Mountainbikes und Roadbikes. Alle gängigen Teile sind problemlos zu beziehen.

Wer sich in Neuseeland ein **Fahrrad kaufen** möchte, findet in den größeren Städten eine Vielzahl an Fahrradgeschäften, wobei nicht alle in Europa gängigen Marken geführt werden. Beliebt sind beispielsweise Avanti, Giant, Kona, Merida und Specialized in jeder Preislage (800–8000 $).

Mein Tipp: Wer nur eine Teilstrecke fahren will, kann beim **Langstreckenbus Intercity** (siehe „Unterwegs im Land/Fernbusse") sein Fahrrad auf Anfrage mitnehmen. Kurzstrecken müssen in der Regel selber gefahren werden.

100nz kp

Auto oder Camper kaufen

Wer **längere Zeit reist,** für den kann es sich lohnen, ein Auto oder einen Camper zu kaufen. Generell ist die Nachfrage im Frühling (ab Oktober) hoch, im Herbst (ab März) niedrig. Wer antizyklisch reist, muss weniger Geld ausgeben. Generell gibt es für den Autokauf mehrere Möglichkeiten:

- **Automärkte:** Wie auf einem Flohmarkt werden die privat zum Verkauf angebotenen Autos nebeneinander aufgereiht, und es kann gefeilscht werden. Vor Ort noch kann das Auto vom Fachmann geprüft werden, und auch der Papierkram wird erledigt (siehe unten). Man sollte früh vor Ort sein, sonst sind die besseren Autos bereits verkauft. Ein Anlaufpunkt ist z.B. Ellerslie Carfair, Ellerslie Racecourse, Main Gates, Green Lane East, Auckland, www.carfair.co.nz, So 9–12 Uhr. Zum Zeitpunkt der Recherche war der Backpackers Car Market in Christchurch geschlossen.
- **Auto-Auktionen:** Gebrauchtwagen in jeder Preisklasse werden auf Auktionen angeboten. In einer Halle (und online) stehen die Fahrzeuge zur Ansicht, bevor sie versteigert werden. Wer sich mit Autos auskennt, kann hier durchaus ein Schnäppchen machen. Viele Fahrzeuge kommen frisch vom Schiff aus Japan. Turners Auctions (www.turners.co.nz) gibt es an zehn Standorten.
- **Privatverkäufe:** Wer privat kaufen möchte, findet die meisten Angebote auf Trademe (www.trademe.co.nz), wo die Autos versteigert oder zum Festpreis angeboten werden. Die Verkäufer erlauben meist eine Besichtigung und Prüfung des Autos vor Verkauf.
- **Rückkaufgarantie:** Es gibt Autohändler, die solche Garantien anbieten. Hierbei sollte man unbedingt das Kleingedruckte lesen und sämtliche bereits vorhandene Mängel mit in das Protokoll aufnehmen. Wer die Zeit hat, kommt meist günstiger weg, wenn er sein Auto auf eigene Faust wieder verkauft.

Wichtige Stichwörter und Hinweise

- **Qualitätsprüfung:** Eine fachmännische Überprüfung *(car inspection)* inklusive schriftlichem Gutwhaben bietet z.B. der AA (www.aa.co.nz, 149 $ für Mitglieder, sonst 169 $). Unbedingt zu empfehlen!
- **WOF:** Die **Warrant of Fitness** ist eine Art Kfz-Inspektion, die jährlich durchgeführt werden muss. Überprüft werden alle sicherheitsrelevanten Bestandteile des Autos. Es dürfen nur Fahrzeuge mit bestandener WOF verkauft werden. Das Fälligkeitsdatum ist an der Windschutzscheibe zu finden. Unbedingt beim Kauf prüfen! Praktisch ist, wenn die WOF erst nach Ausreise wieder fällig wird. Das spart Zeit und Geld. Wer eine WOF braucht, kann zu ausgewiesenen Werkstätten oder Vehicle Testing New Zealand (www.vtnz.co.nz) gehen. Bei VTNZ wird kein Termin benötigt, die Inspektion dauert ca. 30 Min. Wer nicht besteht, hat zwei Wochen Zeit, die Mängel zu beseitigen und wieder vorzusprechen.
- **Hintergrundcheck:** Vor dem Kauf eines Autos sollte übergeprüft werden, ob der Verkäufer Eigentümer des Autos ist und dass es sich weder um ein verschuldetes noch um ein gestohlenes Auto handelt. Das übernimmt z.B. der AA (www.aa.co.nz, 20 $ für Mitglieder, sonst 25 $).
- **Rego:** Die **Registration** ist die Autosteuer. Der Nachweis dieser Abgabe ist an der Windschutzscheibe sichtbar angebracht. Nur mit geleisteter Steuer darf das Auto gefahren werden. Es fallen je nach Modell ungefähr 20–40 $ monatlich an, die bei der Transportagentur NZTA (www.nzta.govt.nz) online gezahlt werden können.
- **Road User Charges:** Wer einen Diesel fährt, kann billiger tanken, muss aber pro gefahrenen Kilometer eine Straßennutzungsgebühr zahlen. Die Höhe (ca. 60–100$/1000 km) richtet sich nach der Art des Autos und muss vorab bei der Transportagentur NZTA (www.nzta.govt.nz) gezahlt werden.
- **Versicherung:** Versicherungsschutz bei Schaden am eigenen und/oder unfallgegnerischen Auto bietet der AA (www.aa.co.nz).
- Weitere aktuelle Informationen gibt es bei der **Transportagentur NZTA** (www.nzta.govt.nz).

Per Anhalter

Vom Trampen ist grundsätzlich **abzuraten.** Wer trampt, geht bewusst ein gewisses Risiko ein – egal, in welchem Land. Trampen in Neuseeland ist relativ verbreitet, auch Einheimische strecken immer mal den Daumen raus, um eine Mitfahrgelegenheit zu erhaschen. Wer es nicht lassen kann, sollte zumindest jemandem per SMS das Nummernschild und die geplante Strecke mitteilen.

Mitfahrgelegenheiten

Fast jeder Autoreisende in Neuseeland hat im Fahrzeug noch freie Sitzplätze. In den meisten Hostels gibt es **Aushänge** bzgl. Mitfahrgelegenheiten gegen Spritbeteiligung. Es gibt auch diverse Facebook-Seiten und Foren, auf denen Mitfahrgelegenheiten vermittelt werden.

Vergünstigungen

Neuseeland ist ein relativ **teures Reiseland.** Wer Geld sparen will, sollte die Augen nach Vergünstigungen offen halten. In der **Nebensaison** sind **Online-Angebote** für Aktivitäten und Übernachtungen oft günstiger als Buchungen vor Ort. Mehrere Aktivitäten innerhalb einer Stadt oder bei einem Anbieter sind oft günstiger, wenn man sie gleich zusammen bucht. Diese Angebote heißen **Combos** (z.B. bietet Real Journeys 20 Prozent Rabatt bei Buchung von mindestens zwei Ausflügen). Nachfolgend einige Infos für Sparfüchse:

- **AA Smartfuel Card:** Die Karte vom Automobilclub kann jeder beantragen (online möglich). Gespart wird mindestens 0,06 $/Liter Benzin und Diesel an Tankstellen von BP und Caltex.
- **BBH:** www.bbh.co.nz. Die **Club Card** für 45 $ berechtigt zu mindestens 3 $ Einsparung pro Nacht in einem BBH Hostel und einmalig 15 $ bei einer Online-Buchung. Die Karte ist in BBH Hostels, der i-SITE oder online erhältlich.
- **Book Me:** www.bookme.co.nz. Online-Angebote für Aktivitäten, Attraktionen und Restaurants.
- **Countdown:** Sonderangebote in der Supermarktkette bekommt, wer eine **Onecard** hat. Diese erhält man gratis an der Information.
- **Grab a Seat:** www.grabaseat.co.nz. Air New Zealands Seite für Flugangebote.
- **Grab One:** www.grabone.co.nz. Sonderangebote für Restaurants, Unterkünfte, Aktivitäten und mehr. Gibt es auch als App.
- **Groupon:** www.grouponnz.co.nz. Sonderangebote für Restaurants, Unterkünfte, Aktivitäten und mehr. Gibt es auch als App.
- **Kiwi Holiday Park:** www.kiwiholidayparks.com. Die sogenannte **Discount Membership Card** für 35 $ erlaubt 10 % Preisreduktion auf Übernachtungen und anderes.
- **New World:** Sonderangebote in Filialen der Supermarktkette gibt es, wenn man eine **Club Deal Card** vorweisen kann. Gibt es an der Information.
- **Top 10 Holiday Park:** www.top10.co.nz. Für die Mitgliedschaft für 49 $ erhält man 10 % auf Übernachtungen und andere Angebote.

101nz ks

Verhaltenstipps

Neuseeländer haben den Ruf, **freundlich, zuvorkommend** und **hilfsbereit** zu sein. Gleiches wird auch von Besuchern erwartet. Pauschal gesagt, gelten die folgenden Verhaltensregeln.

Kleidung

Neuseeländer sind eher **entspannt,** was ihr optisches Erscheinungsbild angeht. Es wird getragen, was gefällt oder funktionell ist. Barfußlaufen ist nicht nur bei Kindern weit verbreitet. Alternativ werden bei jeder Wetterlage Flipflops (hier *Jandals*) getragen. Nicht selten sieht man Menschen in Daunenjacke, kurzer Hose und Flipflops – für Europäer ein etwas gewöhnungsbedürftiger Anblick. **Dreckige Schuhe** wie Gummistiefel und Wanderschuhe werden vor Supermärkten und Cafés ausgezogen, man geht dann in Strümpfen einkaufen. Wer Neuseeland ausschließlich als Tourist bereist, braucht also **keine schicke Kleidung.** Jeans, Turnschuhe, T-Shirt und Fleece-Jacke sind überall akzeptiert und gehören zum Alltagsbild.

Nacktheit

Nacktheit ist absolut **tabu,** auch am Strand. Es gilt immer, aber auch wirklich immer, Po, Genitalien und Brüste zu verhüllen, auch beim Umziehen am Strand. Wer sich nicht daran hält, muss mit einer **Strafe** von 200 $ rechnen. Selbiges gilt in den (wenigen) Saunen: Auch hier müssen Badesachen getragen werden.

Begrüßung

In Neuseeland begrüßt und behandelt man sich, als wäre man schon **seit Jah-**

Der „Cardrona Bra Fence" in Otago wird kontrovers diskutiert …

ren lose befreundet, inklusive entsprechendem **Smalltalk.** Ist einem die andere Person bekannt, wird neben der Standardbegrüßung erwartet, dass man sich nach dem Befinden des anderen erkundigt („How are you?" oder „How are you doing?"). Anders als bei uns, handelt es sich um eine **Floskel,** die nicht ausführlich beantwortet werden muss. Ein einfaches „danke" oder „gut" reicht vollkommen. Händeschütteln ist in Neuseeland weniger verbreitet als in Europa.

Essen gehen

Anders als in Europa werden **Bestellungen beim Cafébesuch nicht am Tisch aufgenommen.** Es gilt, an die Verkaufstheke zu gehen, dort zu bestellen und auch direkt zu bezahlen. Häufig bekommt man dann eine Plastiknummer ausgehändigt, die man auf seinen Tisch stellt, damit die Bedienung später die Bestellung zuordnen und an den richtigen Tisch bringen kann. Wer nicht direkt bezahlt hat, tut dies vor Verlassen des Lokalität an der Theke. Die Rechnung wird nicht an den Tisch gebracht. Generell gilt es als **unfreundlich,** nach einer **Bedienung zu rufen** oder **zu winken.** Wer etwas will, steht selber auf und trägt sein Anliegen beim Personal vor. **Trinkgelder** werden nicht erwartet.

Etwas Anderes ist es in **besseren Restaurants:** Hier wird die Bestellung am Tisch aufgenommen, manchmal kann man auch am Tisch bezahlen. Für diesen Service kann man ein **Trinkgeld** von etwa zehn Prozent auf die Rechnung aufschlagen, erwartet wird das nicht. In Cafés steht meist ein Glas für Kleingeld an der Kasse.

Adressen

An Häusern gibt es **keine Namensschilder** und nur in seltenen Fällen **Hausklingeln.** Man klopft einfach laut oder ruft ein freundliches „Hello?!".

Schlange stehen

In den seltenen Fällen, in denen in Neuseeland Schlange gestanden wird (z.B. am Bus), gilt **zuvorkommendes Verhalten.** Es wird nicht gedrängelt, andere werden mit einem Lächeln vorgelassen. Es gilt Freundlichkeit vor Recht.

Versicherungen

Für alle Versicherungen gilt: **Notfall- und Policenummern notieren** und mit auf die Reise nehmen oder online speichern. Im Falle eines Schadens ist die entsprechende Versicherung schnellstmöglich zu benachrichtigen – manche Policen haben eine Meldefrist.

Auslandskrankenversicherung

Deutsche und österreichische gesetzliche Krankenversicherungen übernehmen **keine Behandlungskosten** in Neuseeland, Versicherte aus der Schweiz müssen diese Frage mit ihrer Krankenkasse individuell abklären. Werden Kosten nicht übernommen, ist der Abschluss einer separaten Auslandskrankenversicherung unverzichtbar. Die Versicherung sollte folgende **Mindestleistungen** umfassen:

- Vergütung der Arzt-, Zahnarzt- und Krankenhauskosten **ohne Summenbeschränkung**
- Deckung bei **Krankheit und Unfall**
- Vergütung von **Krankentransporten, Rettungskosten und Krankenrücktransport** ohne Einschränkungen und nicht nur, wenn es medizisch notwendig ist oder der Krankenhausaufenthalt länger als 14 Tage dauert (derlei wird nie von gesetzlichen Krankenkassen übernommen, und es gibt viel Kleingedrucktes).
- Abdeckung der **gesamten Aufenthaltsdauer** mit automatischer **Verlängerung** über die festgelegte Zeit hinaus, wenn die Rückreise nicht möglich ist (durch Krankheit oder Unfall)
- Eventuell auch Abdeckung der Reise- und Unterkunftskosten von **Familienangehörigen,** wenn diese zur Betreuung anreisen.
- Bei **Jahresverträgen** sollte man darauf achten, dass der Versicherungsschutz meist für eine bestimmte Anzahl von Tagen pro Reise gilt.
- Bei Bedarf sollten **Risikosportarten** wie Tauchen, Klettern, Surfen, Skifahren und andere Outdoorsportarten abgedeckt sein.
- Die Versicherung als **Familie** ist in der Regel günstiger, als sich als Einzelpersonen zu versichern, aber man sollte die Definition von „Familie" genau prüfen.

Zur Rückerstattung der Kosten **Belege** mit Datum, Namen, Bericht über Art und Umfang der Behandlung, Kosten usw. einfordern.

Accident Compensation Coorporation (ACC)

Die ACC ist eine staatliche Einrichtung, welche die **durch Unfall entstandenen Behandlungskosten** innerhalb Neuseelands für Einheimische und Touristen trägt. Wer sich z.B. beim Fahrradfahren den Arm bricht, wird im Krankenhaus kostenfrei behandelt. Die ACC übernimmt jedoch keine zusätzlichen Kosten für (verschobene) Rückreise, Weiterbehandlung oder Einkommensverluste im Heimatland. Zivilklagen bei Personenschäden können laut Gesetzgebung nicht erhoben werden. ACC deckt ausschließlich Unfälle ab, nicht jedoch Krankheit, ersetzt also keine Auslandskrankenversicherung.

Andere Versicherungen

Reiserücktritt-, Reisegepäck-, Reisehaftpflicht- und andere Versicherungen sind zusätzliche Möglichkeiten, sich und seine Reise abzusichern. Welche Absicherung nötig ist und sich lohnt, muss individuell entschieden werden. Beim Abschluss unbedingt Grundvoraussetzungen und Ausschlusskriterien beachten, oft gibt es böse Überraschungen, und nicht immer lohnt sich eine solche Versicherung.

Tipp: Viele **Gold- und Platin-Kreditkarten** beinhalten Leistungen wie Reisekranken-, Gepäckverlust- und Vollkaskoversicherung für Mietwagen. Ein Preis- und Angebotsvergleich lohnt sich.

- **Autoversicherung:** siehe „Unterwegs im Land".

Zeitverschiebung

Die Hauptinseln Neuseelands stellen ihre Uhren nach der **New Zealand Standard Time** (die Koordinierte Weltzeit UTC bzw. Greenwich Mean Time GMT plus 12, im Sommer plus 13). Die **Sommerzeit** beginnt im letzten Sonntag im September, die **Winterzeit** im ersten Sonntag im April. Im neuseeländischen Sommer beträgt der Zeitunterschied zu Mitteleuropa 12 Stunden, im Winter sind es 10 Stunden. Nach Australien sind es zwei Stunden Differenz.

www.fotolia.de © creativenature.nl

145nz no

14 Outdoor- und Abenteuersport

In Neuseeland kann man schon mal ein Paar Wanderschuhe verschleißen ...

Wandern und Great Walks

Neuseeland ist ein Dorado für Wanderer. Nicht nur die 14 Nationalparks sind mit Wanderwegen durchzogen, das ganze Land bietet **Tausende von Kilometern** an Wanderwegen. Der längste ist Te Araroa, der über 3000 Kilometer von Cape Reinga im Norden bis nach Bluff im Süden führt.

Entlang der Wege gibt es ein Netz aus **Hütten** und **Campingplätzen,** die Wanderern günstig zur Verfügung stehen. Auf der **DOC-Website** www.doc.govt.nz kann die Datenbank der Wanderwege nach Region, Länge und Schwierigkeitsgrad gefiltert werden. Die Ergebnisse werden gut beschrieben, inklusive Karte. Die beste **Wandersaison** ist die Zeit von November bis März, wobei es in den neuseeländischen Sommerferien im Januar auch auf abgelegenen Wegen voll werden kann.

Sicheres Wandern

Immer wieder kommt es zu (teilweise fatalen) **Unfällen** durch mangelnde Vorbereitung, Ausrüstung und das Unterschätzen des neuseeländischen Wetters. Im Folgenden ein paar Anhaltspunkte zum sicheren Wandern und zur Umwelt-Etikette.

Planung

Vor dem Aufbruch zu einer Wanderung sollte man ausreichend Zeit einkalkulieren, um die geplante Route ausführlich zu studieren, zu packen, Essen zu organisieren und mit Einheimischen über die Konditionen des Tracks und zu erwartende Risiken zu sprechen. Die **DOC-Broschüre „Planning a Trip in the Backcountry"** gibt gute Tipps rund um das Thema Planung.

Die eigenen Grenzen kennen

Bei der Wahl einer Wanderung müssen unbedingt individuelle körperliche und psychische Grenzen berücksichtigt werden. Besser **klein anfangen:** Wer noch nie eine Mehrtageswanderung unter-

102nz ks

> Wer sich in die Bergwelt aufmacht, sollte seine Wanderung besonders sorgfältig planen

nommen hat, sollte nicht mit einer Fünf-Tages-Tour starten. Auch sind Great Walks nicht mit Backcountry Tracks zu vergleichen. Zu Unfällen kommt es häufig, weil Wanderer ihre eigene Belastungsfähigkeit nicht kennen oder sie nicht wahrhaben wollen.

Das Vorhaben mitteilen

Vor dem Aufbruch sollte man jemanden über das Vorhaben unterrichten und Informationen über die Route und den Zeitplan hinterlassen. Im Falle eines Unglücks kann das Leben retten! Auf **www.mountainsafety.org.nz** findet man Vorlagen zum Ausfüllen. Auf den größeren und populären Wanderwegen liegen sogenannte **Books of Intention,** in die sich Wanderer eintragen sollten.

Packen

Terrain und Wetter werden oft unterschätzt. Neben **festen Schuhen** und ausreichend Wasser und Nahrung gehören, unabhängig von der Jahreszeit, **warme Kleidung** und eine **Regenjacke** in den Rucksack. Vor allem bei Mehrtageswanderungen besteht die Gefahr, **Rucksäcke** zu schwer zu beladen und sich dann mit dem Tragen zu überfordern. Als Faustregel gilt, dass man dem Rücken maximal 20 Prozent des Körpergewichtes zumuten kann (Beispiel: ein Mensch von 70 Kilogramm sollte maximal 14 Kilogramm tragen). Es empfiehlt sich, jeden einzelnen Gegenstand auf tatsächliche Notwendigkeit zu hinterfragen wobei an Essen und Trinken niemals gespart werden darf.

Wanderkarten

Die **topografischen Karten von LINZ** sind sehr empfehlenswert. Es gibt sie im Maßstab 1:250.000 und 1:500.000. Wer sein Smartphone benutzen will, ist mit der **App „New Zealand Topo Maps“** sehr gut bedient.

Emergency Beacon/ Personal Locator Beacon (PLB)

Wer sich auf Wanderungen abseits der Great Walks und populären Routen macht, sollte unbedingt ein **Notrufgerät** mit sich führen. Auf den meisten Wanderungen bewegt man sich außerhalb des Handynetzes und fernab besiedelter Gebiete. Im Notfall lässt sich mit dem Emergency Beacon über Satellit Hilfe holen. PLBs werden in Neuseeland von DOC und manchen Outdoorläden vermietet, auch manche auf Wanderurlaube spezialisierte Veranstalter in Deutschland bieten PLBs.

Wetter

Das Wetter in Neuseeland kann **schnell wechseln.** Vor allem in höheren, exponierten Gegenden können kalte Winde (und teilweise Schnee) zum Verhängnis werden. Vor dem Aufbruch unbedingt die **lokale Wettervorhersage** berücksichtigen. Im Zweifelsfall sollte man ein besseres Wetterfenster abwarten. Neben dem Wetter muss in den Bergen auch an die Gefahr durch **Lawinen** gedacht werden. Informationen rund um Lawinengefahren findet man auf der Website **www.avalanche.net.nz.**

Zeitplanung

Das DOC macht für viele Wanderungen Zeitangaben (zu finden in den jeweiligen Broschüren und im Netz). Je populärer die Wanderung, desto großzügiger ist die Zeitangabe. Die persönliche Kondition, das Wetter und der Zustand des Tracks beeinflussen die individuellen Zeiten, und man sollte lieber **immer etwas mehr Zeit einplanen.** Wer einen Great Walk besonders schnell gelaufen ist, wird nicht automatisch auf allen Tracks bedeutend schneller sein. Auch die Angaben zur **durchschnittlichen Wandergeschwindigkeit** sollten mit Vorsicht genossen werden, da diese stark vom Terrain abhängt.

Populäre Tracks

Das riesige Netz an Wanderstrecken eröffnet schier unendliche Möglichkeiten, das Land zu Fuß zu erkunden. Von kurzen Spaziergängen bis zu Mehrtageswanderung, von leicht zu fordernd findet jeder das Passende. Im Folgenden eine kleine Auswahl besonders schöner **Spaziergänge** und **Tageswanderungen** von Nord nach Süd (Infos finden sich auf www.doc.govt.nz und in den jeweiligen Kapiteln in diesem Band):

- **Rangitoto Island Summit Walk, Auckland:** 1 Std. einfach.
- **Cathedral Cove Walk, Coromandel:** 2,5 km, 1½ Std. return.
- **Karangahake Gorge Historic Walkway, Zentrale Nordinsel:** 2,5 km, 45 Min. return oder 7 km, 4 Std. return.
- **Tarawera Trail, Zentrale Nordinsel:** 15 km, 5–6 Std. einfach.
- **Tongariro Alpine Crossing, Zentrale Nordinsel:** 19,4 km, 6–8 Std. einfach.
- **Veronica Loop Track, Taranaki:** 3 km, 1½ Std., Rundwanderung.
- **Kaikoura Peninsula Walkway, Canterbury:** 11, 7 km, 3 Std. einfach.
- **Cape Foulwind Walkway, Westcoast:** 3,4 km, 1½ Std. einfach
- **Lake Matheson Walk, Westcoast:** 2,5 km, 1 Std. einfach.
- **Hooker Valley Track, Canterbury:** 5 km, 3 Std. return.
- **Routeburn Key Summit Track, Fiordland:** 3,4 km, 3Std. einfach.

Great Walks

Neben dem allgemeinen Netz an Wanderwegen gibt es neun Great Walks, ein zehnter war zur Drucklegung im Bau. Die Great Walks gelten als besonders schön, sie führen durch spektakuläre, abwechslungsreiche Landschaften und sind besonders gut befestigt und ausgebaut. Da die Walks so populär sind, werden die Besucherzahlen durch Buchungssysteme in Grenzen gehalten. Auch die **Hütten** und **Campingplätze** an den Wegen müssen in der Hauptsaison (etwa Oktober bis März) über das DOC vorgebucht werden, sie sind teurer als die auf herkömmlichen Tracks. Wer sich nicht an Buchungen hält, muss mit einer Geldstrafe rechnen. Im Folgenden die Great Walks von Nord nach Süd, weitere Details sind in den jeweiligen Regionalkapiteln beschrieben:

- **Lake Waikaremoana Track, East Coast:** 46 km, 3–4 Tage einfach.
- **Tongariro Northern Circuit, Zentrale Nordinsel:** 43 km, 3–4 Tage Rundwanderung.

Great Walks
0 100 km
©Reise Know-How 2017
Neus_46
Three Kings Islands
Cape Reinga
Great Exhibition Bay
Aupouri Peninsula
Cape Karikari
Bay of Islands
Kaitaia
Kaikohe
Whangarei
Dargaville
Great Barrier Is.
Kauri Coast
NORDINSEL
Hauraki Gulf
Coromandel Peninsula
AUCKLAND
Papakura
Tasmansee
Bay of Plenty
HAMILTON
Tauranga
Te Awamutu
Rotorua
Whakatane
Te Kuiti
Tokoroa
Lake Waikaremoana Track
East Cape
North Taranaki Bight
Taumarunui
Taupo
Tongariro Northern Circuit
Turangi
Gisborne
New Plymouth
Wairoa
Whanganui River Journey
Opunake
Raetihi
Waiouru
Hawke's Bay
Napier
Hawera
Taihape
Hastings
NEUSEELAND
Whanganui
South Taranaki Bight
Palmerston North
Cape Farewell
Levin
Cape Stephens
Heaphy Track
Tasman Bay
Waikanae
Masterton
Abel Tasman Coast Track
Picton
Nelson
WELLINGTON
Karamea
Blenheim
COOK STRAIT
Cape Palliser
Westport
Bight
Pike 29 Memorial Track
Greymouth
Kaikoura
Hokitika
SOUTHERN ALPS
Rangiora
Pegasus Bay
CHRISTCHURCH
Banks Peninsula
Ashburton
Fairlie
Geraldine
Timaru
Routeburn Track
Canterbury Bight
Milford Track
Wanaka
SÜDINSEL
Queenstown
Cromwell
Oamaru
Alexandra
Palmerston
Kepler Track
DUNEDIN
PAZIFISCHER OZEAN
Gore
INVERCARGILL
Rakiura Track
Foveaux Strait
Stewart Island

Outdoor-Etikette

Leave no trace (Hinterlasse keine Spur)! Konkret bedeutet das, seinen **Müll** einzupacken und im nächsten Ort zu entsorgen, weder Klopapier noch Tampons oder andere Hygieneprodukte in der Wildnis zu hinterlassen und zu versuchen, die **Toilette** an der nächsten Hütte zu benutzen. Sollte es pressieren, muss die Hinterlassenschaft mindestens 50 Meter vom Weg und von Gewässern wie Bächen und Seen vergraben werden. Außerdem sollte man keine **Seifen** oder andere **Chemikalien** beim Waschen von Körper, Geschirr oder Kleidern in natürlichen Gewässern benutzen. Auch **Zigarettenstummel** werden eingepackt und später umweltgerecht entsorgt.

- **Whanganui River Journey, Manawatu:** 87 oder 145 km, 3 oder 5 Tage einfach. Dieser Great Walk ist keine Wanderung zu Fuß, sondern eine Kanutour auf dem Fluss Whanganui.
- **Abel Tasman Coast Track, Nördliche Südinsel:** 60 km, 3–5 Tage einfach.
- **Heaphy Track, Nördliche Südinsel:** 78 km, 4–6 Tage einfach. Kann von Mai bis September auch mit dem Mountainbike bestritten werden.
- **Routeburn Track, Otago:** 32 km, 2–4 Tage einfach.
- **Milford Track, Fiordland:** 53 km, 4 Tage einfach.
- **Kepler Track, Fiordland:** 60 km, 3–4 Tage Rundwanderung.
- **Rakiura Track, Southland/Stewart Island:** 32 km, 3 Tage Rundwanderung.
- In Planung: **Pike29 Memorial Track, West Coast:** 45 km, 3–4 Tage einfach.

Radfahren und Mountainbiking

Radsport sowie Mountainbiking hat in den letzten Jahren seinen Weg vom Nischen- zum **Breitensport** gefunden. Der Neuseeländer radelt Langstrecken auf Straßen, brettert Singletracks mit dem Mountainbike oder rollt mehr oder weniger gemütlich zur Arbeit. Grundsätzlich werden folgende Aktivitäten mit dem Rad unterschieden.

Touring

Neben den üblichen Straßen hat die Organisation **NZ Cycle Trail** etwa 20 besonders schöne Touring-Routen definiert. Diese sind auf ihrer Homepage (www.nzcycletrail.com) nach Region und Schwierigkeitsgrad filterbar. Beim Touring muss beachtet werden, dass Neuseeland extrem bergig ist, dass es dort sehr windig sein kann und dass schlechte Asphaltbeläge das Radeln anstrengender machen und die Gefahr eines „Platten" erhöhen.

Radwandern

In den letzten Jahren hat die neuseeländische Regierung den Wert des **Fahrradtourismus** erkannt: Immer mehr Strecken werden ausgebaut und vermarktet, inzwischen ist das Radwegenetz über 2500 Kilometer lang. Ähnlich dem Prinzip der Great Walks, hat NZ Cycle Trail über 20 **Great Rides** definiert. Es gibt

148nz no

Routen in verschiedenen Schwierigkeitsgraden und Längen, sie folgen gut ausgebauten Strecken, viele davon alte Bahnstrecken oder Straßen. Von kurzen, einfachen Ausflügen bis zu anstrengenden Mehrtagestouren ist alles dabei. Auf der Homepage von NZ Cycle Trail, **www.nzcycletrail.com,** lassen sich die Radwanderwege nach Region und Schwierigkeitsgrad selektieren, und man findet generelle Informationen sowie Höhenprofile und Distanzen. Am Anfang bzw. Ende fast aller Strecken gibt es Fahrradverleihe sowie Shuttleservice.

Mountainbiken

Etliche der Radwanderwege sind anspruchsvolle Mountainbike-Touren. Wer sich in einem klassischem **Mountainbike-Park** austoben möchte, ist in Neuseeland genau richtig. Über das Land verteilt gibt es knapp 50 Parks verschiedener Größen mit qualitativ unterschiedlichen Single Tracks. Meist findet sich ganz in der Nähe auch ein Radverleih. Zu den besten Parks des Landes mit Weltklasse-Qualität gehören die Folgenden (weitere Informationen in den jeweiligen Ortskapiteln):

- **Red Woods/Whakaraewarewa, Rotorua**
- **Makara Peak, Wellington**
- **Port Hills Adventure Park, Christchurch**
- **Skyline MTB Tracks, Queenstown**

Siehe auch Kapitel „Praktische Reisetipps von A bis Z/Unterwegs im Land/Fahrrad“.

⌃ Per Drahtesel unterwegs

Abenteuer- und Extremsport

Neuseeland ist das Land des Abenteuersports: Hier wurde 1988 an der Kawarau Gorge Suspension Bridge bei Queenstown das weltweit erste kommerzielle **Bungee-Jumping** angeboten, und seitdem sind unzählige Adrenalin-Aktivitäten dazugekommen. Je höher, schneller oder weiter, desto besser. Es gibt Riesenschaukeln und endlos lange Seilbahnen in schwindelerregender Höhe. Man kann sich aus Flugzeugen stürzen, durch dunkle Höhlen und über hohe Brücken klettern oder in einem Raft reißende Stromschnellen überwinden. Die **Sicherheitsvorkehrungen** sind sehr hoch, die Wahrscheinlichkeit eines Unfalls ist statistisch gesehen sehr gering.

Hochburg des Adventuresports ist **Queenstown.** Hier gibt es fast jedes Jahr etwas Neues zu entdecken. Auch in anderen Städten wie z.B. Rotorua und Auckland gibt es immer mehr entsprechende Angebote.

Die spannendsten Aktivitäten sind unter „Touristische Highlights/Abenteuer- und Extremsport" im Vorspann beschrieben.

Wassersport

Als Inselstaat mit schier unendlich langer Küstenlinie und unzähligen Flüssen und Seen ist es nicht überraschend, dass in Neuseeland Wassersport ganz groß geschrieben wird. Das **Angebot** an entsprechenden Aktivitäten ist auch für Besucher **riesig.** Benötigtes **Equipment**

104nz ca

kann vielerorts ausgeliehen werden, je nach Sportart werden auch **Kurse** oder geführte **Touren** angeboten. Wer auf eigene Faust loszieht, sollte besondere Vorsicht walten lassen und sich bei Einheimischen nach den örtlichen Gegebenheiten und **möglichen Gefahren** erkundigen. Im Meer herrschen vielerorts gefährliche **Strömungen,** immer wieder ertrinken Menschen, und harmlos erscheinende **Flüsse** können sich nach starken Regenfällen in reißende Ströme entwickeln, die weit über die Ufer treten.

Pauschal gesagt, sind Neuseelands **Gewässer relativ kühl:** Die Wassertemperaturen im Meer variieren von ungefähr 21 Grad im Norden bis 14 Grad im Süden, Flüsse und Seen können noch kälter werden, wobei sich letztere im Sommer auch auf bis zu 25 Grad erwärmen können.

Surfen

Es gibt **unzählige Surfsports** auf der Nord- und Südinsel. Aufgrund der Wassertemperaturen muss fast immer ein **Neoprenanzug** getragen werden. In der Nähe beliebter Surfspots werden Anzüge und Bretter verliehen und **Kurse** angeboten. Beliebte Spots für **Anfänger** sind beispielsweise **Raglan** und **Gisborne, Fortgeschrittene** können einen Blick auf den **Surf Highway 45** um Taranaki und die Küsten im **Westen von Auckland** werfen. Wen das kalte Wasser nicht abschreckt, der findet tolle Surfspots rund um **Dunedin.**

◁ Kitesurfer

Kitesurfen

Das Segeln mit einem Lenkdrachen ist in Neuseeland populär. Es gibt allerdings (noch) nicht viele Anbieter von Kursen und Ausrüstung. Wer den Sport erlernen möchte, sollte sich in **Auckland** und **Nelson** umhören. Wer sein eigenes Equipment dabei hat, kann zudem einen Blick auf die ewigen Strände der **Kapiti Coast** bei Wellington, **Tauranga** und auch das **Northland** werfen.

Stand Up Paddling

Der coolste Trend, sich über das Wasser zu bewegen, ohne nass zu werden (theoretisch jedenfalls). SUP-Ausrüstung wird an mehr oder wenig allen größeren Küstenorten und Seen vermietet.

Segeln

Neuseeland bietet **optimale Bedingungen** zum Segeln, und die Einheimischen sind verrückt danach. Im America's Cup sind die Neuseeländer ernstzunehmende Teilnehmer, und auch ihre Freizeit verbringen viele Kiwis auf einem Segelboot. Touristen können sich im Rahmen von **Touren** chauffieren lassen oder selbst mit Hand anlegen. Von halben Tagen bis zu Mehrtagestouren ist alles dabei. Beste Anlaufstellen sind die größeren Küstenstädte, allen voran **Auckland.** Hier gibt es sogar Ausflugstouren auf einem der America's-Cup-Boote. In **Wellington** kann man u.a. auf einem großen Katamaran einen Cocktail schlürfen, und in **Taupo** geht es in kleinen Segelbooten quer über den See zu Maori-Felskunst.

103nz ks

Kanu und Kajak

Ein Kanu ist ein offener Kanadier, der mit einem Paddel vorwärtsbewegt wird, ein Kajak wird mit einem Doppelpaddel angetrieben.

Kayaking kann man an zahlreichen Küstenabschnitten, Fjorden, Meeresarmen und Seen betreiben. Man kann auf eigene Faust lospaddeln oder sich einer Tour anschließen, die von einigen Stunden bis zu mehreren Tagen dauern kann. Besonders empfehlenswert sind Kajaktouren im **Abel Tasman National Park** sowie im **Milford Sound.**

Kanus sind weniger häufig im Angebot, die schönste Route ist die dreitägige **Whanganui River Journey,** die zu den Great Walks gehört.

Vorbereitung auf eine Kajaktour im Abel Tasman National Park

Rafting

In einem mit vier bis acht Personen besetzten **Schlauchboot** treibt man auf **Flüssen** und über deren **Stromschnellen.** Touren dauern normalerweise einen halben Tag, aber auch Mehrtagestouren sind möglich, die natürlich ihren Preis haben. Es werden Schwierigkeitsgerade von 1 (leicht) bis 5 (extrem) unterschieden. Beliebt sind diese Touren:

- **Kaituna River,** bei **Rotorua** (Grad 5)
- **Tongariro River,** bei **Turangi** (Grad 2–3)
- **Buller River,** bei **Westport** (Grad 2–4)
- **Shotover,** bei **Queenstown** (Grad 2 u. 5)

Tauchen und Schnorcheln

Aufgrund des relativ kühlen Wassers und des Mangels an bunten, tropischen Fischen ist Neuseeland nicht unbedingt als Tauchspot Nummer eins bekannt. Trotzdem gibt es **erstklassige Tauchre-**

viere, die eine beeindruckende Unterwasserwelt mit guter Sicht, vielen Fischen und Pflanzen bieten. Highlights sind die vielen tauchbaren **Schiffwracks** sowie etliche **Meeresreservate.** Zu den empfehlenswertesten Tauchgebieten gehören **Goat Island,** die **Poor Knight Islands, White Island** sowie das **Wrack der „Rainbow Warrior"** in der Bay of Islands. Die benötigte Ausrüstung kann man vor Ort mieten. Oft werden zudem **Touren** und **PADI-Kurse** angeboten. Generell gilt: Wo man tauchen kann, lässt es sich auch schnorcheln.

Angeln

Fishing ist in Neuseeland extrem populär. Ob in Flüssen, an Küsten oder vom Boot aus im Meer oder auf Seen, überall sieht man Angelruten und Netze, die auf Fische und Meeresfrüchte warten. **Anfänger** können sich **Ausflügen** anschließen, Abenteurer und **Erfahrene** können eigenständig loslegen, wobei bestimmten **Regeln** befolgt werden müssen, die je nach Region unterschiedlich sind und deren Verstoß Geldstrafen nach sich ziehen kann. Die Regeln betreffen tägliche Höchstfangmengen, vorgeschriebene Fischgrößen und geschützte Gebiete und Arten. Die Richtlinien werden kontinuierlich den jeweiligen Fischbeständen angepasst und ändern sich häufig. Aktuelle Informationen gibt es unter:

- **www.mpi.govt.nz/travel-and-recreation/fishing**

Wer **hochseeangeln** möchte, kann z.B. von Auckland, Wellington, Kaikoura oder Akaroa aus starten. Auch Ausflüge auf dem Lake Taupo sind beliebt. Informationen über die verschiedenen Süßwassergebiete gibt es hier:

- **www.nzfishing.com**

Wintersport

Mit kalten Wintern und bis zu 3724 Meter hohen Bergen sind in Neuseeland **gute Voraussetzungen** für Wintersport gegeben. **Skifahren** und **Snowboarden** ist auf beiden Inseln populär, wobei die Saison auf der Südinsel länger und das Wetter stabiler ist. Man findet mehrere **Skigebiete,** doch keines davon ist mit denen in Europa zu vergleichen. Es gibt weniger Pisten, und vor allem im Norden werden die Lifte oft wegen zu starken Winden geschlossen. **Ausrüstung** kann in den Orten rund um die Skigebiete ausgeliehen werden, in den größeren Gebieten wird auch Shuttleservice angeboten. In den Ortskapiteln dieses Reiseführers sind die folgenden Wintersportgebiete näher beschrieben:

- **Whakapapa** und **Turoa,** im Tongariro National Park, Zentrale Nordinsel
- **Manganui,** Taranaki
- **Mount Cheeseman, Porters Heights, Mt. Olympus, Broken River, Craigieburn, Temple Basin,** rund um Castle Hill, Canterbury
- **Mount Hutt,** nahe Methven, Canterbury
- **Mount Dobson,** Roundhill, nahe Lake Tekapo Village, Canterbury
- **Coronet Peak,** Remarkables, Cardrona, Nähe Queenstown, Otago

105nz ji

15 Land und Natur

< Lake Matheson verdoppelt die Naturschönheit

Geografie

Geografisch gesehen zählt Neuseeland zu **Ozeanien, geologisch** kann es jedoch keinem der sieben bekannten Kontinente zugeordnet werden. Das Land besteht aus den beiden großen, durch die 35 Kilometer breite Cook Strait voneinander getrennten Hauptinseln **North Island** (**Te Ika a Maui,** 113.729 km²) und **South Island** (**Te Wai Pounamu,** 150.437 km²). Auch die südlich liegende **Stewart Island** (**Rakiura,** 1680 km²) und etwa 700 weitere **kleine Inseln (Offshore Islands)** gehören zu Neuseland. Alle Inseln liegen auf einem unter dem Meeresspiegel liegenden Kontinent, der allgemein als **Zealandia** bezeichnet wird und einst von dem Superkontinent Gondwanaland absplitterte. Der Kontinentalschelf befindet sich hauptsächlich unter Wasser, die aus dem Wasser herausragende Landmasse, die Neuseeland darstellt, beträgt lediglich sieben Prozent des gesamten Kontinentalschelfs.

Die Hauptinseln erstrecken sich von 34° 23' 47" S im äußersten Norden bis 47° 17' 25" S im Süden. Die größte **Ausdehnungsachse** beträgt 1600 Kilometer, das ist fast doppelt so viel wie die Nord-Süd-Achse von Deutschland. Im Süden von Neuseeland liegt die 4800 Kilometer entfernte Antarktis, im Westen Australien (2100 km), im Norden Tonga und Fiji (jeweils 1900 km) und im Osten Chile (9100 km). Würde man in Wellington ein Loch quer durch die Erde bohren, käme man 200 Kilometer nordwestlich von Madrid heraus. Neuseeland ist das von Deutschland am weitesten entfernte Land.

Topografie

Die **Nordinsel** besteht vorwiegend aus Hügellandschaft sowie den **Gebirgsketten Tararua, Ruahine** und **Kaimanawa,** die die Insel in einen Ost- und Westteil unterteilen. Die bis zu 1700 Meter hohen **Berge** sind zum Großteil von Wald bedeckt. Durch die Inselmitte verläuft ein Band aus Millionen Jahre alten **Vulkanen.** Der größte von ihnen ist der Taupo, dessen mit Wasser gefüllter Krater Neuseelands größten See bildet, Lake Taupo.

Die **Südinsel** wird von den **Südalpen** geteilt, die sich fast über die gesamte Insellänge erstrecken und über 3000 Meter Höhe erreichen. Vereinfacht beschrieben, wird der Westen der Alpen von **Regenwäldern** dominiert, der Osten von **landwirtschaftlichen Nutzflächen** wie den Canterbury Plains. Im Süden liegen **große Seen,** die durch die Bewegung von riesigen Gletschern entstanden.

Stewart Island besteht größtenteils aus **Hügellandschaft** und ist, anders als die beiden größeren Inseln, vorwiegend von endemischer Vegetation bewachsen.

Geologischer Ursprung

Rund 400 Millionen Jahre lang schlummerte die **pazifische Kontinentalplatte** unter dem **Superkontinent Gondwanaland,** der das heutige Südamerika, Afrika, Australien, Indien, die Antarktis und Neuseeland umfasste. Vor 125 Millionen Jahren veränderte sich die tektonische Situation: Heiße Steinverbindungen unterhalb Gondwanas dehnten sich aus, initiierten Vulkanausbrüche und massive Erdrisse. Vor ca. 85 Millionen Jahren brach schließlich ein Teil Gondwanas ab, entfernte sich immer weiter von Australien und versank größtenteils im Meer: **Zealandia** war geboren. Vor 23 Millionen Jahren kam noch einmal Bewegung in die Sache. **Plattenkollisionen** erhöhten den Druck auf die Erdmassen und **schoben Neuseeland aus dem Meer,** wobei der Großteil Zealandias nach wie vor unter der Meeresoberfläche blieb. In den letzten 1,8 Millionen Jahren haben massive **Vulkanausbrüche** und **Erdbeben** das heutige Landschaftsbild geschaffen. Das Land liegt auf der pazifischen sowie australischen Platte und ist daher noch immer tektonisch aktiv (siehe „Erdbeben und Vulkane").

Küsten

Neuseelands **Küstenlinie** wird auf stolze 15.000 bis 18.000 Kilometer Länge geschätzt. Grund dafür sind die unendlich vielen Landzungen, Hafenbecken, Fjorde und Meeresengen. Obwohl die Nordinsel kleiner als die Südinsel ist, hat sie eine längere Küstenlinie. Von keinem Ort Neuseelands sind es mehr als **130 Kilometer bis zur nächsten Küste.**

Rund zwei Drittel der Küsten bestehen aus **hartem, steinigem Ufer,** nur ein Drittel aus **Sand** oder **Kies.** 80 Prozent der Küstenlinie liegen am **offenen Meer,** die anderen 20 Prozent in **Hafenbecken** und **geschützten Mündungen.**

Den Norden und Westen umgeben vorwiegend warme **subtropische Strömungen,** auf den Süden treffen weniger salzige, kalte **subantarktische Strömungen.** Die **Wassertemperaturen** variieren von 21 Grad im Norden bis zu 14 Grad im Süden. Die Küsten im Westen und Süden sind tendenziell exponierter.

Erdbeben und Vulkanismus

Neuseeland liegt über zwei **tektonischen Platten,** der **australischen** und der **pazifischen.** Beide sind langsam, aber kontinuierlich in Bewegung und reiben gegeneinander. In dieser **Erdbewegung** haben Vulkane und Erdbeben ihren Ursprung.

Aktuelle Informationen über Erdbeben und vulkanische Aktivität sowie interessante Informationsblätter findet man auf der folgenden Website:

- **www.geonet.org.nz**

Erdbeben

Physikalisch gesehen sind Erdbeben die Freisetzung von **Energie,** die durch das **Aneinanderreiben der Kontinentalplatten** entsteht. An den Rändern der Platten befinden sich sogenannte Brüche. Neuseeland liegt über zahlreichen solcher **Bruchlinien.** Grob vereinfacht gesagt, verlaufen diese in einer geraden Verbindungslinie auf der Nordinsel zwischen der Bay of Islands, Lake Taupo (Volcanic Plateau) und Wellington sowie auf der Südinsel zwischen dem Osten der Marlborough Sounds und dem Nordwesten des Fiordlands (Alpine Fault).

Die auf den Bruchlinien liegenden Steinblöcke werden durch die Reibung der Platten nach oben oder zur Seite geschoben und lassen **Erdbeben** entstehen. Jedes Jahr gibt es über **15.000** sol-

Verhaltensrichtlinien im Falle eines Erdbebens

Obwohl Beben in Neuseeland vermehrt auftreten, ist die Wahrscheinlichkeit, eines zu fühlen, relativ gering. Im Fall eines Erdbebens gelten folgende Verhaltensrichtlinien.

- **In Gebäuden:** drinnen bleiben und dem Prinzip „Drop, Cover, Hold" folgen: auf den Boden gehen, unter einem Tisch o.Ä. Schutz suchen und abwarten. Möglichst weit von Außenwänden, Glas, schweren Regalen usw. entfernen. Auf keinen Fall Aufzüge benutzen.
- **Im Freien:** Schutz auf offenen Flächen suchen und möglichst weit von Bäumen, Strommasten und allem entfernen, das um- oder herunterfallen könnte.
- **Beim Autofahren:** das Fahrzeug am Straßenrand sicher zum Halten bringen. Nicht unter Brücken o.Ä. stoppen und sicheren Abstand zu Bäumen, Laternen usw. halten.
- **In den Bergen:** vor potenziellen Bergrutschen in Schutz bringen, Abstand zu Flüssen halten und die Umgebung besonders genau auf Veränderungen beobachten.
- **In Küstennähe:** umgehende höher gelegene Landabschnitte aufsuchen, denn häufig folgt auf ein Erdbeben ein **Tsunami.** In größeren Orten oder touristischen Gebieten sind Fluchtwege ausgeschildert, Markierungen auf den Straßen weisen sichere Gebiete aus.
- **In einer Menschenmenge:** Ruhe bewahren, nicht rennen, Kopf und Nacken mit den Armen schützen.
- Größeren Erdbeben folgen immer **Nachbeben.** Unabhängig des Aufenthaltsortes gilt deshalb, nach dem zuletzt gespürten Beben noch mindestens **30 Minuten** lang an einem sicheren Ort abzuwarten. Die meisten Verletzungen und Todesfälle passieren, weil Menschen in Panik auf die Straße laufen und von herunterfallenden Häuserteilen o.Ä. erschlagen werden.

cher Erdbewegungen, etwa **150** von ihnen sind stark genug, um sie zu spüren. Nur wenige sind so stark, dass sie größere Schäden anrichten. Das **stärkste Beben** seit Aufzeichnung der Messungen erschütterte 1855 mit einer Stärke von 8,2 auf der Richterskala die Region Wairarapa nordwestlich von Wellington. Geschätzte 5000 Quadratkilometer Land wurden dabei vertikal verschoben und hoben sich um 6,40 Meter an. Die maximale horizontale Verschiebung betrug 18 Meter – die bisher größte gemessene Landbewegung entlang einer vertikalen Bruchlinie.

Im Schnitt wird Neuseeland jährlich von **mehreren Erdbeben der Stärke 6** erschüttert, alle zehn Jahre von einem Beben der Stärke 7 und alle 100 Jahre von einem Beben der Stärke 8. Das letzte größere Erdbeben fand am **14. November 2016** in Kaikoura statt, es hatte eine Stärke von 7,8. Zwei Menschen verloren ihr Leben, es kam zu Sachschäden in Milliardenhöhe. In der Vergangenheit forderten Erdbeben in Napier (1931, Stärke 7,8) und Christchurch (2011, Stärke 6,3) knapp 450 Menschenleben.

Bis heute können Erdbeben **nicht vorhergesagt** werden. Gebiete, die in der Nähe von Bruchlinien liegen, sind mit höherer Wahrscheinlichkeit von Beben betroffen, als solche, die weiter entfernt sind. Vermutungen über den zu erwartenden Zeitpunkt von Erdbeben können ausschließlich auf Basis historischer Werte getroffen werden.

> Der Vulkan Ngauruhoe im Tongariro National Park

Vulkanismus

Der unter der äußeren Schicht der Erde, der Erdkruste, liegende **Erdmantel** besteht aus heißem geschmolzenen, aber nicht flüssigen Stein. Dieses zähplastische **Magma** sammelt sich in mehreren Kilometern Tiefe in sogenannten Magmaherden. Durch die Bewegung tektonischer Platten kann Magma an die Erdoberfläche gedrückt werden. Das an der Oberfläche erscheinende Magma wird als **Lava** bezeichnet. Je nachdem, in welcher Größenordnung verfestigtes Magma austritt, wird von vulkanischer Asche, Lapilli und Bomben gesprochen. Die Vulkane selbst können auf unterschiedlichste Weise ausbrechen. Grundsätzlich unterscheidet man **explosiven und effusiven Vulkanismus.** Letzterer zeichnet sich durch rot glühende Lavafontänen und -ströme aus, bei der die Lava ruhig ausfließt. Explosiv fördernde Vulkane produzieren bei ihren Ausbrüchen häufig graue, hoch in den Himmel aufsteigende Eruptionswolken. Die Lava dieser Vulkane ist gasreicher, zähflüssiger und kühler und verfügt über eine hohes Zerstörungspotenzial. Die klassische Vulkanart dieser Gattung ist der **Stratovulkan,** der über einen symmetrischen Kegel verfügt. Die Insel Rangitoto bei Auckland ist ein solcher Stratovulkan. Insgesamt wird zwischen **zehn Vulkanarten** unterschieden, und zusätzlich zwischen aktiven, schlafenden und erloschenen Vulkanen. Ein Vulkan gilt als **aktiv,** wenn er seit der letzten Eiszeit (also innerhalb der letzten 10.000 Jahre) ausgebrochen ist. Ein schlafender Vulkan ist vor der Eiszeit zum letzten Mal ausgebrochen, ein erneuter Ausbruch ist jedoch wahrscheinlich. Von erloschenen Vulkanen wird keine weitere Eruption erwartet.

Die neuseeländischen Vulkane werden vom Wissenschaftsinstitut **GNS Science** kontinuierlich überwacht. Gemessene Aktivitäten und Warnstufen können auf der Website der Unterorganisation **GeoNet** entnommen werden (siehe Kapitelbeginn).

Ring of Fire

Neuseeland liegt auf dem sogenannten Ring of Fire, einem **Vulkangürtel,** der dem Rand der pazifischen tektonischen Platte in einer Hufeisenform folgt. Rund 90 Prozent der weltweiten Erdbeben finden hier statt, und 75 Prozent der aktiven und schlafenden Vulkane liegen hier. In Neuseeland gibt es **zwölf aktive Vulkane** bzw. vulkanische Zentren, alle befinden sich auf der **Nordinsel** bzw. auf nahe gelegenen Inseln.

Neuseelands Vulkane von Nord nach Süd

Eine Karte der neuseeländischen Vulkane findet man beispielsweise auf der Website www.geonet.org.nz/volcano.

- **Kermandec Islands:** 1000 km nordöstlich von Neuseeland; der letzte Ausbruch fand 2006 auf Raoul Island statt.
- **Northland:** umfasst Kaokohe in den Bay of Islands, Puhipuhi und Whangarei Volcanic Centres. Der Vulkanismus begann hier vor ca. 2,3 Mio. Jahren, als letztes brach hier vor etwa 1500 Jahren der Te Puke bei Peihia aus.
- **Auckland Volcanic Fields:** Auf einer Fläche von 360 km² befinden sich in und um Auckland 50 Vulkane mit einer Geschichte von 250.000 Jahren. Der letzte Ausbruch fand vor ca. 600 Jahren statt (der Rangitoto).
- **Mayor Island:** Die Vulkaninsel 50 km nördlich von Tauranga brach in den letzten 130.000 Jahren mindestens 52 Mal aus, das letzte Mal vor ungefähr 6300 Jahren.
- **White Island:** Neuseelands aktivster und größter Vulkan, 48 km vor Whangarei, liegt größtenteils unter der Meeresoberfläche. Er ist seit 150.000 Jahren aktiv, brach von 1975 bis 2000 kontinuierlich aus – die längste kontinuierliche Ausbruchsepisode weltweit. Der letzte Ausbruch fand 2013 statt, der Vulkan ist nach wie vor unruhig.
- **Okataina Volcanic Centre:** Das Gebiet umfasst mehrere Vulkane, von denen 35 Schlote innerhalb der letzten 21.000 Jahre aktiv waren. 1886 brach der dazugehörige Vulkan Tarawera bei Rotorua aus und forderte 122 Todesopfer, das größte Vulkanunglück in Neuseeland seit Aufzeichnung der Daten.
- **Rotorua:** Der 22 km große Krater des Vulkans ist bei einer einzigen Explosion entstanden; er füllte sich mit Wasser und bildet heute den Lake Rotorua. Der Vulkan ist 220.000 Jahre alt und vor 25.000 Jahren ausgebrochen.
- **Taupo:** brach zum ersten Mal vor 300.000 Jahren aus, zum letzten Mal vor ca. 1800 Jahren. Sein Krater bildet heute Neuseelands größten See.
- **Tongariro:** besteht aus mehreren Kegeln, die sich über die letzten 275.000 Jahren gebildet haben. Die aktivsten Schlote sind Te Mari, Emerald Lakes, North Crater und Red Crater. Te Mari 2012 brach zwischen 1855 und 1897 fünfmal aus, war aber danach lange ruhig, bevor er 2012 erneut zweimal ausbrach.
- **Ngauruhoe:** mit nur 7000 Jahren einer der jüngsten und auch einer der aktivsten Vulkane. Er brach 1975 zum letzten Mal aus.
- **Ruapehu:** Der höchste Berg der Nordinsel hat gleich drei Krater, die in den letzten 10.000 Jahren aktiv waren. Im Südkrater gibt es einen aktiven Schlot, der unter Wasser liegt und regelmäßig Lahare (Schlammflüsse) verursacht. Der letzte Ausbruch von Ruapehu fand 2007 statt und dauerte 7 Minuten.
- **Taranaki:** Der Vulkan bricht seit 130.000 Jahren immer wieder aus, 1854 zum letzen Mal.

⊡ In Neuseeland erlebt man manchmal „Four Seasons in one Day"

Zusammenhang von Erdbeben und Vulkanausbrüchen

Erdbeben sowie Vulkanausbrüche werden durch die Bewegung der tektonischen Platten ausgelöst und geschehen im Prinzip **unabhängig** voneinander. Ein Vulkanausbruch, in dem mit hohem Druck eine große Menge an Magma durch die Erdkruste an die Oberfläche gedrückt wird, kann jedoch weitere Erdbewegungen auslösen, die dann womöglich in Erdbeben resultieren. Der Ausbruch des Vulkans Tarawera im Jahr 1886 beispielsweise wurde von über 30 spürbaren Beben begleitet.

Klima und Wetter

Neuseelands Klima reicht vom warmen subtropischen Zonen im Norden über alpines Klima in den Bergeregionen bis hin zu kühlen Klimata im Süden des Landes. Es ist eines der **komplexesten Klimata der Erde.** Dies wirkt sich auch auf die Qualität der Wettervorhersage aus, die eher als grobe Richtlinie dient und sich innerhalb weniger Stunden massiv ändern kann.

Das Wetter in Neuseeland kann dermaßen schwanken, dass man an ein und demselben Tag kurze Hosen, eine Regenjacke und eine Winterjacke braucht. Man muss immer **auf alles gefasst sein**

106nz ks

und Wanderungen und Ausflüge entsprechend planen. Häufig wird das Wetter unterschätzt, und immer wieder kommt es zu Todesfällen durch Unterkühlung.

Die Westküste der Südinsel ist das feuchteste Gebiet Neuseelands, während das trockenste Gebiet des Landes nur 100 Kilometer entfernt auf der anderen Seite der Southern Alpes liegt. In den meisten Gebieten Neuseelands fallen im Jahresdurchschnitt zwischen 600 und 1600 Millimeter **Niederschlag** (in Deutschland sind es 730).

Die **Durchschnittstemperaturen** reichen von 10 Grad im Süden bis zu 16 Grad im Norden. Der kälteste Monat ist der Juli, der wärmste Januar oder Februar. Die durchschnittlichen Maximaltemperaturen steigen dann von 10 bis 15 auf 20 bis 30 Grad.

107nz ks

Die meisten Regionen Neuseelands kommen auf ansehnliche **2000 Sonnenstunden** im Jahr. Die **UV-Werte** sind sehr hoch und können vor allem im Norden und in den Bergregionen Werte bis zu 13 erreichen (die Weltgesundheitsorganisation stuft Werte ab 10 als extrem ein). **Sonnenschutz** in Form von schützender Kleidung und Sonnencreme mit Lichtschutzfaktor 30 oder 50 ist unabdingbar. Sogar bei stark bewölktem Himmel besteht die Gefahr eines Sonnenbrandes, und es ist so grell, dass das Tragen einer **Sonnenbrille** unerlässlich ist.

Frost kann in fast allen Regionen vorkommen. **Schnee** fällt überwiegend in Bergregionen, seltener an den Küsten. Als 2012 in Wellington Schnee fiel, war das eine wahre Attraktion.

Weitere Informationen zum neuseeländischen Klima findet man auf folgenden Websites:

- **www.niwa.co.nz**
- **www.metservice.com**

In Neuseeland gibt es nicht ohne Grund Sonnencremeautomaten

Flora und Fauna

Nachdem sich Neuseeland vor etwa 80 Millionen Jahren vom Superkontinent Gondwana abgespalten hatte, entwickelten sich die Pflanzen und Tiere auf den abgelegenen Inseln eigenständig und weitgehend **unabhängig** von äußeren Einflüssen (siehe auch „Staat und Gesellschaft/Geschichte"). Neuseeland hat eine der **höchsten Quoten an endemischen Pflanzen und Tieren.** Beispiele sind die Echsenart Tuatara, der seit dem späten 14. Jahrhundert ausgestorbene Moa, der Kiwi, der Graulappenvogel Kokako, der Sattelvogel, der seit 1907 ausgestorbene Huia, der Kakapo, verschiedene Froscharten und fleischfressende Landschnecken. Von den **Säugetieren** sind lediglich zwei Fledermausarten endemisch. **Heimische Pflanzen und Tiere** haben ihren natürlichen Lebensraum in Neuseeland, existieren aber auch anderswo.

Durch die Isolation Neuseelands und die **Abwesenheit von Raubsäugetieren** über Millionen von Jahren bestand für die meisten Tiere keine Notwendigkeit, **Verteidigungsmechanismen** zu entwickeln. Viele endemische Vögel wie beispielsweise der Kiwi können nicht fliegen und nisten auf dem Boden.

Mit den ersten Menschen, den Maori und später den Siedlern aus Europa, kamen auch die ersten **Säugetiere** auf die Inseln: Ratten, Mäuse, Possums, Wiesel, Frettchen, Hermeline, Rehe, Schweine, Katzen und Hunde. Diese eingeführten Tiere, die meisten von ihnen natürliche Jäger, jagten viele der einheimischen, schutzlosen Tiere oder drangen auf andere Weise in ihren Lebensraum ein und fügten ihrer Population einen großen Schaden zu. **Menschliche Aktivitäten,** wie das Abholzen und Niederbrennen von Wäldern und das Trockenlegen von Feuchtgebieten, **zerstörten den Lebensraum vieler Tiere.** Zudem wurde ausgiebig **gejagt.** Innerhalb nur weniger Jahrhunderte wurden Moa, Huia, der weltgrößte Adler, der Haastadler, und andere Tierarten komplett ausgemerzt. Andere wie Takahe, Kakapo und die Langschwanz-Fledermaus überlebten, jedoch nur in geringen Zahlen, und sind bis heute vom Aussterben bedroht. Rund 50 Prozent der Vogelarten wurden ausgerottet, nur vier Froscharten überlebten. Eine Übersicht der auf Neuseeland lebenden, ausgestorbenen und bedrohten Tiere gibt es hier:

- **www.doc.govt.nz**

In Neuseelands Küstengewässern leben Hunderte von **Fischarten** sowie wirbellose Wassertiere. Auch **Robben, Seelö-**

Gifttiere

Anders als im benachbarten Australien, gibt es in Neuseeland nur **drei giftige Tierarten,** alle sind **Spinnen** (Katipo, Redback und White-Tailed Spider). Es wird nur äußerst selten von Bissen berichtet, in den letzten hundert Jahren ist niemand an einem Spinnenbiss gestorben. Wer gebissen wird, sollte trotzdem versuchen, die Spinne zu fangen (zur Sicherstellung der richtigen Behandlung) und sich an ein lokales Krankenhaus wenden. Katipo ist als einzige der drei Spinnen endemisch und zudem vom Aussterben bedroht. Es gibt weniger Katipos als Kiwi-Vögel in Neuseeland.

wen, Delfine und **Wale** halten sich an den Küsten auf. Haie sind sehr selten. Viele Riffe sind mit Seetang bewachsen. Fisch und Meeresfrüchte stehen traditionell weit oben auf der Speisekarte und nehmen einen wichtigen Stellenwert in der Maori-Küche ein

Endemische Pflanzen und Tiere

Vereinfacht gesagt, ist ein Großteil Neuseelands mit sogenanntem **Bush** bedeckt, nicht zu verwechseln mit dem deutschen Begriff „Busch". Gemeint sind dichte grüne **Wälder.** Je nach Region dominieren verschiedene Bäume und Gewächse, charakteristisch sind die häufig zu sehenden **Farne.** Vögel und Insekten bevölkern den Bush, aber trotzdem ist es **sehr leise,** oft ist kein Geräusch zu hören außer dem Rauschen der Zweige und

108nz ks

Blätter im Wind und dem Rieseln eines nahen Baches. Nur vereinzelt ertönt Vogelgesang. Besuchern kann die Stille unheimlich vorkommen.

Nirgendwo auf der Welt gibt es so viele endemische Tiere wie in Neuseeland. Ca. **70.000 verschiedene Arten** von Landtieren, -pflanzen und Pilzen gibt es, wobei Insekten und Pilze dominieren. Es werden immer mehr Tiere und Pflanzen entdeckt, die Entwicklung ist rasant, und die Wissenschaftler kommen kaum mit der Bestimmung nach. Nur einem Bruchteil der Tiere und Pflanzen wurden wissenschaftliche Namen geben. Im Folgenden eine grobe Übersicht über die noch existierenden endemischen Arten:

- 6000 Käfer
- 5800 Pilze
- 2500 höher entwickelte Pflanzen
- 2000 Motten und Schmetterlinge
- 1100 Spinnen
- 1000 Schnecken
- 550 Moose
- 170 Erdwürmer
- 85 Tausendfüßler
- 91 Vögel
- 80 Echsen und Geckos
- 38 Süßwasserfische
- 7 Frösche
- 2 Fledermäuse
- 2 Tuatara

Auffällig ist, dass verschiedene Tierarten kaum oder gar nicht repräsentiert sind, obwohl sie in den meisten anderen Ländern zu finden sind. Es gibt z.B. in Neuseeland **keine endemischen Landsäugetiere** (abgesehen von den Fledermäusen) und Schlangen und nur **wenige Reptilien.** Auch **Ameisen** und andere Wirbellose sind unterrepräsentiert.

Besonderheiten neuseeländischer Tiere

Im Vergleich zu Tieren anderer Länder und Kontinente gibt es einige Eigenschaften neuseeländischer Tiere, die besonders auffällig sind.

Lebensdauer

Im Vergleich zu Tieren in ähnlichen Klimaten leben viele Vertreter der einheimischen Fauna Neuseelands deutlich **länger:** Der Kakapo wird bis zu 70 Jahren alt, der Hihi bis zu 34 Jahren und der Kiwi 30 Jahre. Selbiges gilt für die Welt der Reptilien. Tuatara werden bis zu über 100 Jahre alt. Auch Skinks und Geckos können über 30 Jahre alt werden, und Berichten zufolge wurde eine Riesenschnecke über 30 Jahre lang als Haustier gehalten.

Langsame Vermehrung

Im Vergleich vermehren sich etliche neuseeländische Tiere auffällig langsam. Die neuseeländische Taube beispielsweise legt immer nur ein Ei, der Kakapo legt sogar gar keines, wenn die Nahrung knapp ist. Die Jungen des ausgestorbenen Moa brauchten zehn Jahre, bis sie geschlechtsreif wurden. Ähnlich sieht es in der Welt der Echsen aus, der Whitaker's Skink gebärt nur alle zwei Jahre einen Nachkommen (er legt keine Eier, wie seine Verwandten). Andere langsame Vermehrer sind Kaka, Takahe, Kokako sowie diverse Schnecken. Verständlich, dass eingewanderte **Raubtiere** verheerende Konsequenzen für die Population gerade dieser Tiere hatten.

Anpassungsfähigkeit

In Neuseeland gibt es überdurchschnittlich viele Tiere, die sich an ein **breites Spektrum von Lebensräumen** angepasst haben. Der Moa z.B. lebte quasi überall, auf hohen Berggipfeln ebenso wie an Küsten. Ähnliches trifft auf die Langfühlerschrecke Weta zu, deren 100 verschiedene Arten fast überall leben, einschließlich Gegenden mit Temperaturen unter dem Gefrierpunkt.

Flugunfähigkeit

Aufgrund **mangelnder Feinde** entwickelten sich die Flügel vieler Vogelarten bis zur Flugunfähigkeit zurück. Die bekanntesten Beispiele sind der ausgestorbene Moa, Kiwi, Kakapo und Takahe. Andere Vögel haben kleine Flügel und können nur schlecht oder kaum fliegen. Selbiges gilt für die heimischen **Fledermausarten,** die auf allen Vieren auf dem Boden nach Nahrung suchen. Auch viele Insekten können nicht fliegen, allen voran das schwerste Insekt der Welt, die Weta.

Farnbaum

Größe

Auffällig ist die Größe vieler Tierarten. Fossilien zeigen rund zehn verschiedene Moa-Arten, die bis zu 100 Kilogramm schwer wurden. Der weltweit größte Adler, der Haastadler, hatte eine Flügelspanne von bis zu drei Metern und jagte den riesigen Moa. Auch gab es eine Riesenralle, das Riesenblesshuhn und zwei Arten Aptornis, die bis zu 16 Kilogramm wogen. Überlebt haben der flugunfähige große Kakapo, die riesigen Weta-Insekten, die Wekaralle und der drei Kilogramm schwere Takahe. Andere überdimensional große Exemplare finden sich bei den Käfern, Schnecken und Würmern.

Gedeckte Farben

Die meisten Tiere Neuseelands kleiden sich in **Braun-, Grün- und Grautöne.** Denn obwohl es keine Säugetiere als Feinde gab, jagten einst einheimische Adler und Falken, weshalb eine gedeckte Farbe überlebenswichtig war.

Besonderheiten neuseeländischer Pflanzen

Größe

Etliche Pflanzen, die auf der Nordhalbkugel als Kräuter oder Büsche wachsen, haben sich in Neuseeland zu **Bäumen** entwickelt. Es gibt baumgroße Astern, Lilien, Fuchsien, Heben und Butterblumen. Vergissmeinnicht können bis zu 1,50 Meter groß werden.

Gedeckte Farben, dafür „verhaltensauffällig“: der Kea

109nz kp

Langlebigkeit

Viele neuseeländische Pflanzen können sehr alt werden. Kauri-Bäume werden bis zu 1700 Jahre alt, Miro bis zu 1400, Rimu 1200 und Rata 1100.

Eingeschlechtlichkeit

Die meisten blühenden Pflanzen auf der Erde sind zweigeschlechtlich, sie entwickeln gleichzeitig männliche und weibliche Fortpflanzungsorgane. Nicht so in Neuseeland: Viele der hiesigen Blüten haben nur ein Geschlecht, entweder pro Blüte (Kauri, Kawakawa) oder pro Pflanze (die meisten Koniferen, Asteliaceen, Klematisarten).

Hybriden

Pflanzen, die **aus zwei unterschiedlichen Arten entstanden** sind, sind in Neuseeland weit häufiger verbreitet als anderswo. Folglich können hier einfacher **neue Pflanzenarten** entstehen.

Verflechtungen

Es gibt über 50 Arten von kleinblättrigen Buschgewächsen und niedrig wachsenden Bäumen, deren **Zweige sich dicht miteinander verflechten** und deren **Stämme extrem elastisch** sind. Beispiele sind Arten von Koniferen, Astern, Myrten, Klebsamengewächsen und andere. Ob die Pflanzen sich so entwickelten, um als Nahrung für Moas unattraktiv zu sein oder um sich vor Wind und Frost zu schützen, ist umstritten.

Jungformen

Die Blätter vieler neuseeländischer Bäume sehen beim **Jungholz** anders aus als beim **ausgewachsenen Baum.** Beispiele sind der Matai (ein Steineibengewächs), manche Heben und der Kowhai.

Immergrüne Pflanzen

Es gibt nur **wenige laubwechselnde Pflanzen,** die meisten sind immergrün, mit braun-grünen Blättern. Es sind vor allem diese Pflanzen, die Neuseelands Wälder so grün und saftig erscheinen lassen.

Lebensräume

Alpine Gebiete

Über der Buschlinie gab es bis vor fünf Millionen Jahren keinen Schnee, seitdem hat sich der Lebensraum für Pflanzen und Tiere in den höheren Lagen massiv verändert. Man geht davon aus, dass sich die meisten Pflanzen und Tiere, die ihren Lebensraum heute in höheren Lagen haben, **aus Tieflandarten entwickelt** haben. Wer in den Höhenlagen überleben will, muss **harten Wetterbedingungen** trotzen: Kälte unter dem Gefrierpunkt und eisige Stürme, Dürre und hohe UV-Strahlung.

Dominiert werden alpine Gebiete von Gräsern und vereinzelten Buschgewächsen, Heidekrautarten, Grasbäumen und Dickichten aus Scheinulmen. Bergblumen wie Enzian, Augentrost, Edelweiß, Hahnenfuß sowie Gänseblümchen sind auf alpinen Wiesen und in Sümpfen zu finden. Die harschen Lebensbedingungen sorgen auch dafür, dass es **drei Vogelarten** exklusiv vorbehalten ist, in den Bergen zu leben: dem Kea-Papagei, dem Pipit sowie einem Felsschlüpfer, der sich im Winter unter dem Schnee versteckt. Außerdem gibt es alpine Geckos und Skinks, Spinnen, Libellen, Kakerlaken, Weta, Grashüpfer, Zikaden, Fliegen, Motten, Plattwürmer und eine Riesenschnecke.

Wälder

Es werden **zwei Arten von Wäldern** unterschieden, Südliche Buchenwälder und Koniferenwälder. Beide sind auf beiden Inseln vertreten.

Buchenwälder wachsen vorwiegend in trockeneren Gebieten wie auf der Ostseite von Bergen, an trockeneren Gebirgsausläufern und im kühleren Süden. Buchen, die auch auf schlechten Böden wachsen können, bedecken oft Gipfel und Bergkämme.

Koniferenwälder finden sich vorwiegend auf den feuchteren Westseiten von Bergen, in tieferen Schluchten und an feuchten Gebirgsausläufern. **Kauri-Wälder** gelten als Untergruppe der Koniferenwälder, sie sind auf der nördlicheren Nordinsel zu finden. Koniferenwälder erinnern an tropischen Dschungel. Ihre Bäume haben meist dicke, glänzende, immergrüne Blätter und starke Stämme, an denen auch andere Pflanzen und Blumen wachsen. Das dichte Dach des Waldes lässt wenig Sonne durch und bietet niedrigeren Pflanzen wie Farnen, Büschen, Moosen, Flechten und Pilzen einen optimalen Lebensraum. Auch zahlreiche Tiere leben im Wald: 32 Vogelarten, Tuatara, Frösche und wirbellose Tiere wie Zikaden, Wespen, Ameisen, Käfer, Motten, Fliegen, Spinnen und mehr.

Feucht- und Süßwassergebiete

Die Ufer der Flüsse und Seen waren einst mit einer Vielzahl von endemischen **Seegräsern** bewachsen, die von importierten Arten wie Wasserkresse, Wassergirlande und Laichkräutern verdrängt wurden. Nach wie vor wachsen in Feuchtgebieten u.a. heimische Schilfe, Flachsgewächse, Kohlbäume (Cabbage Trees), Torfmoose und Rohrkolben.

Feuchtgebiete bieten unzähligen **Tieren** einen attraktiven Lebensraum. Als Vertreter der **Vogelwelt** leben hier Rohrdommeln, Weihen, Schieferschnabel, Stelzenläufer, Möwen, Sumpfhühner, Reiher, Königsfischer, Farnsteiger, Haubentaucher und verschiedene endemische Entenarten. Unzählige **Insektenarten** fühlen sich hier wohl, von Eintagsfliegen und Steinfliegen über Libellen, Moskitos und Sandflys bis hin zu Wasserspinnen und Wasserkäfern. **Unter Wasser** leben drei verschiedene Aal-Arten, Neunaugen, zwei Stint-Arten, sieben Arten an Bullies und 25 verschiedene Hechtarten. Zudem gibt es eine kleine Süßwasserlangustenart und vereinzelt Frischwassermuscheln.

› Blüten des Pohutukawa

Küstengebiete

Die unzähligen Küstengebiete sind von **starken, salzhaltigen Winden** geprägt. Hier wachsen überwiegend Pohutukawa, Karaka, Ngaio, Nikau-Palmen und Kohekohe. Sie haben **besonders robuste Blätter.** Die Dünen waren ursprünglich von endemischen **Gräsern** bewachsen, welche inzwischen von eingeführten Gräsern verdrängt wurden. Vereinzelt sind auch **Mangrovenwälder** zu finden. Während die Pflanzenwelt in Küstennähe oft einseitig ist, leben **unzählige Tiere** an Neuseelands Sand- und Steinküsten, allen voran **Vögel.** Es gibt Möwen, Seeschwalben, Reiher, Schnepfen, Regenpfeifer, Löffler und Eisvögel. 57 Arten von Stelzvögeln suchen Nahrung an Stränden und Mündungen. Viele von ihnen sind Zugvögel, die den Sommer in Neuseeland verbringen. Auch Neuseelands einziges endemisches giftiges Tier, die **Katipo-Spinne,** lebt in den Dünen in Meeresnähe. Vereinzelt gibt es auch Grashüpfer und Strandfliegen.

Meer

Das Neuseeland umgebende Meer (das **Tasmanische Meer** im Westen und der **Pazifik** im Osten) beherbergt eine enorme Artenvielfalt. Unzählige Tiere leben in Küstennähe, im Ozean oder in der Tiefsee: Plankton, Algen, Muscheln, Krustentiere, Korallen, Seesterne, Stachelhäuter, Anemonen, Quallen, Tintenfische, Rochen, Haie, Delfine, Wale, Robben und viele mehr.

110nz ks

Interessante neuseeländische Tiere und Pflanzen von A bis Z

Manche der neuseeländischen Pflanzen und Tiere scheinen von besonderem touristischem Interesse, entweder aufgrund ihrer Seltenheit oder ihrer aus europäischer Sicht optischen Besonderheit. Im Folgenden eine Auswahl der bei Touristen beliebtesten Tiere und Pflanzen.

Tiere

Albatros

Der Zugvogel ist der **größte Seevogel der Welt,** er legt jährlich 190.000 Kilometer zurück. Es gibt 24 Arten des Vogels, beispielsweise den **Königsalbatros,** der auf der Otago Peninsula beobachtet werden kann.

Delfine

Neun Arten von Delfinen tummeln sich in den Gewässern um Neuseeland. Einer davon ist der riesige **Orca.** Auch der **Grindwal** lebt hier. Die endemischen **Hector-Delfine** können rund um die Banks Peninsula, in Kaikoura und an anderen Küstenabschnitten der Südinsel beobachtet werden.

Kaka

Der vom Aussterben bedrohte Kaka gehört zur Familie der **Papageien.** Auffällig ist sein starker, gebogener **Schnabel,** der nicht nur zur Nahrungsbeschaffung, sondern auch zum Klettern als „drittes Bein" genutzt wird. Das Gefieder des etwa 40 Zentimeter großen Vogels ist braun, Bauch und Flügelunterseite sind rot, die Stirn weißgrau. Zu beobachten ist der Kaka am besten auf den Inseln Little und Great Barrier sowie Kapiti und Stewart Island – allerdings nur während der Dämmerung und bei Nacht.

Kakapo

Es gibt nur noch unter 100 Exemplare des freundlich dreinschauenden Kakapo. Der **flugunfähige Papagei** ist mit zwei Kilogramm Gewicht der schwerste seiner Art. Er kann mehrere Kilometer am Stück laufen und auf Bäume klettern. Aufgrund seiner Seltenheit ist der Kakapo am besten in Naturparks und Vogelhäusern zu sehen, durch die ein paar wenige Exemplare touren.

Kea

Der dämmerungsaktive Kea gilt als **einer der intelligentesten Vögel,** und er ist der einzige Papagei, der in den Bergen lebt. Der hübsche Vogel mit olivfarbenem Federkleid und orangeroten Flügelunterseiten und Rücken ist vom Aussterben bedroht. Keas gelten als die **„Techniker der Vogelwelt",** es gibt kaum ein Material, das ihrer Neugier und ihren spitzen Schnäbeln dauerhaft widerstehen kann. Eine gute Chance, Keas zu beobachten, hat man in Arthur's Pass.

Kiwi

Der **beliebteste Vogel Neuseelands** ist etwas ganz Besonderes. Er kann nicht fliegen, hat haarartige Federn, starke Beine und keinen Schwanz. Kiwis sind vorwiegend nachtaktiv und leben auf Waldböden. Ihre Nester bauen sie in Erdhöhlen, hohlen Baumstämmen oder unter dichtem Gewächs. Kiwis sind die einzigen Vögel, deren **Nasenlöcher am Ende** ihres (langen) **Schnabels** sitzen, mit dem sie am Erdboden lebende Insekten, heruntergefallene Früchte und andere Nahrung aufspüren. Besonders Auffällig ist ihr extremes **Ei-zu-Körper-Verhältnis:** Ein Ei erreicht bis zu 15 Prozent des Körpergewichtes des Weibchens. Kein anderer Vogel legt solch verhältnismäßig große Eier. Weibchen sind größer als die männlichen Vögel, sie wiegen bis zu 3,3 Kilogramm und werden bis zu 50 Zentimeter groß. Unter sicheren Lebensverhältnissen können Kiwis (je nach Art) **bis zu 50 Jahre alt** werden. Ihre Feinde sind vor allem Hunde, Possums, Ratten, Wiesel und andere kleine Säugetiere. Ihr engster Verwandter ist der auf Madagaskar lebende Elefantenvogel. Etwas weiter entfernt sind sie mit dem Emu, dem australischen Kasuar und dem ausgestorbenen Moa verwandt. Es werden fünf Arten von Kiwis unterschieden, alle gelten in mehr oder minder großem Ausmaß als bedroht.

Wer Kiwis sehen möchte, kann eines der vielen **Kiwi-Häuser** besuchen, die man z.B. in Auckland, Wellington, Rotorua, Queenstown oder Christchurch findet. Wer Kiwis in der freien Natur erleben möchte, sollte **Stewart Island** ansteuern. Glück kann man auch auf dem **Heaphy Track** haben.

- **Nördlicher Streifenkiwi (Brown Kiwi):** Der Streifenkiwi ist mit einer Population von 25.000 **einer der häufigsten seiner Art.** Trotzdem reduziert sich seine Population jährlich um zwei bis drei Prozent. Ohne intensiven Artenschutz würde der Streifenkiwi innerhalb von zwei Generationen aussterben. Alle vier Arten des Streifenkiwis leben auf der **Nordinsel,** vor allem in tiefer gelegenen, küstennahen und subalpinen Wäldern.
- **Großer Fleckenkiwi/Haastkiwi (Roroa/Great Spotted Kiwi):** Der **größte** unter den Kiwis (er wird 50 bis 60 Zentimeter groß) lebt in höheren Lagen auf der nördlichen Hälfte der Südinsel, vorwiegend im Abel National Park, der Paparoa Range und in der Gegend des Arthur's Pass. Die Population von 15.000 wird als stabil eingeschätzt.
- **Zwergkiwi (Little Spotted Kiwi):** Der kleinste unter den Kiwis war einst der häufigste. Die 1400 heute verbliebenen Exemplare leben fast alle auf der Kapiti Island nördlich von Wellington.
- **Okaritokiwi/Rowi:** Der Rowi ist mit 450 Exemplaren **extrem selten** und bedroht. Anders als andere Kiwis, helfen beide Elternteile der Rowi bei der Brut. Sie werden etwas älter als ihre Verwandten und leben vorwiegend im Okarito Forest an der West Coast der Südinsel.
- **Südlicher Streifenkiwi/Tokoeka:** Die 400 verbliebenen Exemplare des Tokoeka leben auf Stewart Island, um Haast und im Fiordland; sie werden je nach Siedlungsgebiet in Unterarten unterschieden. Viele der Tiere leben in **Schutzgebieten** wie z.B. Ulva Island (bei Stewart Island).

Paua

Die **Muscheln** sind nicht nur lecker, sondern auch wegen ihrer perlmuttglänzenden, in allen Blau- und Violettönen schillernden Innenseite beliebt. In Maori-Schnitzereien werdend Paua oft als Augen benutzt. Pro Person dürfen maximal zehn Paua am Tag mit einer Mindestgröße von 125 Millimetern aus dem Meer geholt werden. Was am Strand liegt, darf gesammelt werden.

Pinguine

Es wurden 13 der 18 bekannten Pinguinarten in Neuseeland gesichtet, drei von ihnen nisten auf dem Festland: der **Gelbaugenpinguin,** der **Dickschnabelpinguin/Fiordlandpinguin** und der besonders beliebte **Zwergpinguin.** Zwei der drei Arten sind in Oamaru auf der Südinsel zu beobachten.

Pukeko

Der lustige, **blau schimmernde Vogel** mit seinen **langen roten Beinen** kann zwar fliegen, läuft und schwimmt aber lieber. Er hat sich extrem gut an das besiedelte Neuseeland angepasst und ist oft an Straßenrändern und auf bewirtschafteten Feldern zu sehen.

Robben

Robben sind fester Bestandteil des neuseeländischen Küstenlandschaftsbildes. Der häufigste Vertreter mit einer Population von über 200.000 Exemplaren ist der bis zu 2,50 Meter lange und bis zu 150 Kilo schwere **Seebär.** Oft kann er beim Sonnenbad an steinigen Küsten beobachtet werden.

Wunderschön und sprachbegabt: der Tui

www.fotolia.de © Rafael Ben-Ari

Tui

Der **schönste Vogelgesang** stammt von diesem Vogel aus der Familie der Honigfresser. Der blau schimmernde Tui mit seinen beiden weißen Büscheln am Hals singt auf unterschiedlichen Frequenzen, sodass Menschen nur einen Teil seines Gesanges hören können. Er ist in der Lage, andere Vogelstimmen und auch menschliche Laute zu imitieren. Der Tui lebt in Vorgärten, Parks und Wäldern.

Tuatara

Das eidechsenartige, 50 bis 75 Zentimeter lange Reptil, auch als **Brückenechse** bekannt, stammt von **Dinosauriern** ab, die vor 220 Millionen Jahren lebten und vor 60 Millionen Jahren ausstarben. Es ist einzig in seiner Art und lebt auf Neuseelands vorgelagerten Inseln. Alternativ kann er in Naturparks bestaunt werden.

Wale

In den Gewässern vor Neuseelands Küsten leben zahlreiche Walarten. Die häufigsten sind **Blauwale, Buckelwale, Südkaperwale** und **Pottwale.** Walbeobachtungstouren werden u.a. von Auckland, Kaikoura und der Banks Peninsula aus angeboten.

Weta

Die Langfühlerschrecke Weta existierte bereits zur Zeit der Dinosaurier. Heute werden über 70 verschiedene Arten in fünf Untergruppen geteilt. Eine davon ist der Giant Weta, der bis zu 35 Gramm und damit mehr als eine Hausmaus wiegen kann. Doch auch Exemplare bis zu 70 Gramm Gewicht und neun Zentimetern Länge wurden schon entdeckt. Zu finden sind Weta fast überall: in Wäldern, Höhlen und Gärten.

Wekaralle

Der Weka ist ein frecher, flugunfähiger Vogel, dessen Neugier ihn oft in die **Nähe von Menschen** treibt. Gerne stibitzt er kleine Gegenstände.

Pflanzen

Farne

In Neuseeland werden **200 Farnarten** unterschieden, von zehn Meter hohen Bäumen bis zu kleinen zwei Zentimeter großen Pflänzchen. Rund 40 Prozent der in Neuseeland vorkommenden Farne sind endemisch. Der **Silberfarn** ist eines der neuseeländischen Nationalsymbole.

Kauri

Die mächtigen Kauri-Bäume wachsen über **50 Meter hoch,** mit einem **Stammumfang** bis zu **16 Metern.** Sie werden **über 2000 Jahre alt.** Bevor die ersten Menschen hierher kamen, war der Norden Neuseelands mit 1,2 Millionen Hektar Kauriwäldern bedeckt. Im Laufe der Jahrhunderte wurden diese Wälder abgeholzt, heute gibt es nur noch einige wenige in Northland. Im Waipoua Forest sind die mächtigsten Überlebenden zu finden (siehe auch Kasten „Kauri“ im Kapitel „Northland/Kauricoast“).

Pohutukawa

Der **Neuseeländische Weihnachtsbaum** gehört zur Gruppe der Myrtengewächse und blüht im Sommer (in der neuseeländischen Weihnachtszeit) **strahlend rot.** Er wächst vor allem in der nördlicheren Hälfte der Nordinsel an Küsten, aber auch in Vorgärten anderer Gegenden. Pohutukawa spielen eine besondere Rolle in der **Maori-Mythologie.**

Seltene und gefährdete Tiere

Viele der Tiere in Neuseeland sind vom Aussterben bedroht. Etliche Arten, wie beispielsweise der Moa und der Haastadler, sind bereits ausgestorben. In der Klassifizierung der Bedrohung wird zwischen „gefährdet“ und „bedroht“ unterschieden, wobei beide Kategorien wiederum in Unterkategorien untergliedert sind. Die Kategorie **„Landesweit kritisch“** gilt für die bedrohtesten Arten. 25 Vogelarten sind hier gelistet, darunter der Okaritokiwi, der Chatham-Austernfänger, der östliche Felspinguin, der Kakapo, die Takahe, der östliche Felspinguin und mehrere Albatros-Arten.

Plagen und Schädlinge

Im Laufe der Besiedlungsgeschichte Neuseelands wurden aus diversen Gründen absichtlich und unabsichtlich verschiedene Tiere mit nach Neuseeland gebracht, die sich in der Folgezeit als Plage und **Bedrohung für die heimische Natur** herausstellten. Die folgenden Tiere sind vom Department of Conservation als Schädlinge definiert:

- **Vögel:** Regenbogenpapagei
- **Säugetiere:** Igel, Frettchen, Hase, Hund, Kaimanawa-Pferd, Katze, Kawau Island Wallaby, Possum, Ratte, Rotwild, Himalaya-Tahr, Wiesel, Wildschwein, Wildziege
- **Fische:** Katzenfisch, Koi, Rotfeder, Silberkärpfling
- **Andere Tierarten:** Argentinische Ameise, Großer Kohlweißling, Regenbogen-Skink, Wespe

Die Possum-Plage

Der größte und bekannteste Umweltschädling ist das Possum **(Fuchskusu).** Es wurde 1837 in Neuseeland eingeführt, um einen Fellhandel zu etablieren. Possums haben einen dicken, buschigen Schwanz, eine spitze Nase, fuchsartige Ohren und lange Krallen. Sie sind 60 bis 100 Zentimeter groß und können bis zu 6,5 Kilogramm wiegen. Rein optisch erinnern sie an eine **Mischung aus Katze und Ratte.** Es wird zwischen schwarzen und grauen Possums unterschieden. Aufgrund mangelnder Feinde vermehrt sich das Possum schnell und führt ein sicheres Leben. Schätzungen zufolge gibt es ungefähr 50 Millionen Possums, die täglich 21.000 Tonnen Pflanzen verspeisen. Zwei Drittel der Possums leben auf der Nordinsel.

Possums sind eine **Gefahr für Vögel** und deren **Eier,** sie **zerstören Wälder** und **infizieren Rinder** mit Tuberkulose. Sie fressen mehr oder weniger alles, was ihnen unter die Nase kommt, und kosten Neuseelands Wirtschaft jährlich Unsummen. In den 1950er Jahren wurde vom Staat auf Possums ein Kopfgeld ausgesetzt, nicht wenige Jugendliche verdienten sich ihr Taschengeld mit der Jagd auf die Tiere. 2006 investierte die Regierung 111 Millionen Dollar in den Kampf gegen die Possums.

Ironischerweise sind Possums im Nachbarstaat **Australien** vom Aussterben bedroht und stehen unter Naturschutz.

Umwelt- und Naturschutz

Neuseeland ist ein grünes Land voller Natur und Naturschauspiele. Die ersten Menschen ließen sich vor (erdgeschichtlich gemessen) relativ kurzer Zeit nieder, und man könnte annehmen, dass Neuseeland nicht nur ein grünes, sondern auch ein sauberes Land ist, mit Bewohnern, die einen ausgeprägten Sinn für Umwelt- und Naturschutz haben. Dies ist nicht der Fall ...

Innerhalb weniger Jahrhunderte wurden **drei Viertel der Waldflächen** für die Holzwirtschaft oder den Ackerbau **gerodet.** Lediglich zehn Prozent der ursprünglichen Wälder existieren noch. Viele der **Flüsse** und **Seen** sind derart **verschmutzt,** dass davor gewarnt wird, darin zu baden. Die **Luft** dagegen ist vergleichsweise sauber, vor allem, weil kontinuierliche Winde die schlechte Luft auf den Ozean treiben.

Die **extensive Landwirtschaft** hat starke Auswirkungen auf die neuseeländische Umwelt. Die einstige Abholzung der Wälder ist dabei nur der Anfang. Ein massives Problem ist die Verschlechterung der Böden. Der Verlust der Bäume hinterließ **Brachflächen,** die nicht auf die Aufnahme großer Wassermengen durch Regen eingestellt sind. Auch die **Versäuerung der Böden,** der Verlust vitaler, nährstoffreicher Bodenschichten durch die Dezimierung von Erdwürmern und anderen bodenfreundlichen Organismen ist eine Konsequenz der Landwirtschaft. **Düngemittel** und **Pestizide** sickern in das Grundwasser und verschmutzen Bäche, Flüsse und Seen. Kritiker prangern außerdem ein Mangel an geplanten und sinnvollen Wasserabflüssen an.

Obwohl Neuseeland über eine der größten endemischen Artenvielfalten der Welt verfügt, **sterben immer mehr Arten aus.** Naturreservate verteilen sich fragmentiert über das Land, das Ökosystem wird durch zahlreiche **Schädlinge** aus dem Gleichgewicht gebracht.

Auch der **Alltag** ist von wenig naturfreundlichem Verhalten geprägt: **Müll** wird kaum getrennt bzw. nicht entsprechend entsorgt, der **Verbrauch von Energie und Wasser** in Privathaushalten ist unnötig hoch. Ein **nationales Umweltbewusstsein gibt es kaum,** obwohl viele Menschen ihre Freizeit mit und in der Natur verbringen.

Beim Thema **„Saubere Technologien"** hat Neuseeland den Anschluss an die meisten Wirtschaftsstaaten verpasst und belegt einen beschämenden Platz 40. Das Land hat zwar eine gute Infrastruktur zur Entwicklung und Innovation grüner Technologie, nicht aber zur Finanzierung von Startups. Eine Firma in Wellington hat hocheffiziente elektrische Motoren entwickelt, elektrische Autos sieht man auf den Straßen jedoch kaum, und elektrische Busse in Wellington werden sukzessive durch Diesel-Busse ersetzt. Solarenergie kommt kaum zum Einsatz. Selbiges gilt für Windenergie, auf die unter anderem aus ästhetischen Gründen verzichtet wird.

Aufgrund seiner abgeschiedenen Lage und seiner Nebenrolle im Weltgeschehen hat Neuseeland in Umweltfragen bislang noch nicht die Aufmerksamkeit anderer Länder auf sich gezogen. **Umweltschutz** wird als **weniger dringliches Thema** angesehen, das Budget ist entsprechend niedrig. Einer Studie zufolge würde es unter Beibehaltung des aktuellen Tempos mehrere Jahrhunderte dauern, bis Neuseelands Wasserwege wieder sauber sind.

Ein **Blick auf die Gesellschaft** lässt die Interpretation zu, dass der **generelle Wille da ist,** grüner zu agieren. Was fehlt, sind **klare Anweisungungen,** was nötig ist und hilft, sowie der **äußere Druck,** Umweltschutz eine höhere Priorität einzuräumen. Allzu häufig stufen z.B. Naturliebhaber ihr Verhalten als umweltbewusst ein und gehen dann mit unzähligen Plastiktüten aus dem Supermarkt, lassen ihr Auto unnötig lange laufen und Lichter im Haus brennen ...

111nz ks

Schützenswert: Rob Roy Glacier

Staatlicher Umweltschutz

Neuseelands staatliche Naturschutzorganisation, das **Department of Conservation (DOC),** wurde 1987 von der Labour-Regierung mit dem Ziel gegründet, Nationalparks und Reservate zu verwalten sowie Gewässer und die Tierwelt zu schützen. Gleichzeitig wurden dem Ministry for the Environment die Überwachung von Landnutzung sowie generellen Umweltfragen übertragen. Parallel ist der Parliamentary Commissioner for the Environment dafür zuständig, Umweltprobleme des Landes zu untersuchen und zu melden.

Nationalparks

Neuseeland unterhält **13 Nationalparks,** drei davon auf der Nord-, zehn auf der Südinsel. Sie werden vom Department of Conservation verwaltet und dienen dem Schutz von Tieren und Pflanzen. Sie umfassen Neuseelands schönste Landschaften wie Berge, Gletscher, Flüsse, Vulkane und Fjorde. Nationalparks sind beliebte Ausflugs- und Urlaubsziele von Einheimischen sowie internationalen Besuchern. Sie bieten Möglichkeiten zum Wandern, Klettern, Wintersport und mehr. Neuseelands erster Nationalpark (Tongariro) wurde 1894 gegründet, der jüngste ist Rakiura auf Stewart Island. Fiordland ist mit 1.260.288 Hektar der größte, Abel Tasman mit 23.703 der kleinste. Auf der nebenstehenden Karte sind die Nationalparks eingezeichnet.

112nz br

Im Nelson Lakes National Park

Nationalparks
0 100 km
©Reise Know-How 2017
Neus_47
Three Kings Islands
Cape Reinga
Great Exhibition Bay
Aupouri Peninsula
Cape Karikari
Bay of Islands
Kaitaia
Kaikohe
Whangarei
Dargaville
Great Barrier Is.
Kauri Coast
NORDINSEL
Hauraki Gulf
Coromandel Peninsula
AUCKLAND
Papakura
Tasmansee
Bay of Plenty
HAMILTON
Tauranga
Te Awamutu
Rotorua
Whakatane
East Cape
Te Kuiti
Tokoroa
Te Urewera Park
North Taranaki Bight
Taupo
Taumarunui
Gisborne
Turangi
New Plymouth
Tongariro National Park
Wairoa
Egmont National Park
Raetihi
Waiouru
Hawke's Bay
Opunake
Whanganui Nat. Park
Napier
Hawera
Taihape
Hastings
NEUSEELAND
Whanganui
Abel Tasman National Park
South Taranaki Bight
Palmerston North
Cape Farewell
Levin
Cape Stephens
Tasman Bay
Waikanae
Masterton
Kahurangi National Park
Picton
Nelson
WELLINGTON
Karamea
Westport
Blenheim
COOK STRAIT
Cape Palliser
Bight
Nelson Lakes National Park
Paparoa National Park
Greymouth
Kaikoura
Hokitika
Arthur's Pass National Park
Westland Tai Poutini National Park
Rangiora
Pegasus Bay
SOUTHERN ALPS
CHRISTCHURCH
Mt. Cook National Park
Banks Peninsula
Ashburton
Fairlie
Geraldine
Mt. Aspiring National Park
SÜDINSEL
Timaru
Canterbury Bight
Fiordland
Wanaka
Cromwell
Oamaru
Queenstown
National
Alexandra
Palmerston
DUNEDIN
Park
PAZIFISCHER OZEAN
Gore
INVERCARGILL
Rakiura National Park
Stewart Island
Foveaux Strait

www.fotolia.de © PiLensPhoto

16 Staat und Gesellschaft

Neuseelands Naturschönheiten sind eine wichtige Einnahmequelle

Geschichte

Besiedlung durch die Maori

Neuseeland hat eine **kürzere Besiedlungsgeschichte als jedes andere Land der Welt.** Der genaue Zeitpunkt der ersten Besiedlung durch Menschen ist umstritten. Die fundierteste Theorie besagt, dass im **13. Jahrhundert** die ersten Menschen aus **Polynesien** nach Neuseeland kamen. Physiologische, genetische, linguistische, mythologische, artefaktische und botanische Hinweise unterstützen diese Theorie. Grundsätzlich orientierten sich die Polynesier bei ihren Entdeckungsreisen an Sternen, Wind und Gezeiten, es wird jedoch davon ausgegangen, dass sie Neuseeland **durch puren Zufall** erreicht haben. Es gibt Beweise dafür, dass mehrere bemannte **Waka** (Kanus) innerhalb eines relativ kurzen Zeitraums die Inseln erreichten, sodass davon ausgegangen wird, dass die ersten Kanus zurück nach Polynesien segelten und mit weiteren Kanus und Menschen zurückkamen. Warum die Menschen ihre Heimat verließen, ist umstritten. Unklar ist auch, wann und wo genau die ersten Menschen landeten und welche Anzahl von Menschen die Ahnen der Maori-Bevölkerung bildeten.

Nach dem **Glauben der Maori** entdeckte der Seefahrer und Abenteurer **Kupe** auf einer seiner Reisen von seiner Heimat Hawaiki aus als erster Mensch Neuseeland (siehe auch „Menschen und Kultur/Maori").

Die frühen maorischen Bewohner Neuseelands lebten in **kleinen Verbünden,** die je nach Region **Robben** und **Moas jagten** oder sich von anderen Vögeln, Meeresfrüchten und Fischen ernährten. Endemische **Pflanzen** und ihre Samen und Früchte wurden gegessen oder zu Medizin und Kleidung verarbeitet. Aus ihren Heimatländern wurden die Süßkartoffel **Kumara** und **Yams** eingeführt und in wärmeren Gegenden der Nordinsel großflächig angebaut. Die Maori brachten auch **Hunde** und **Ratten** nach Neuseeland, aus ungeklärten Gründen jedoch keine Schweine und Hühner, obwohl beide in ihrer polynesischen Heimat weit verbreitet waren. Lebensmittel wurden zwischen den Stämmen gehandelt.

Je nach Region kam es zwischen Verbünden und Stämmen zu **Konflikten** und kriegerischen Auseinandersetzungen. Die Gründe waren beispielsweise Streitigkeiten um Land und Ressourcen, das Ansehen einzelner Personen oder Gruppen oder pure Racheakte. Ausgetragen wurden Auseinandersetzungen im **Nahkampf** unter Einsatz von Handwaffen aus Stein, Greenstone, Holz und Knochen.

In friedvollen Zeiten lebten Maori in ungeschützten **Siedlungen** oder saisonalen Camps, in von Auseinandersetzungen geprägten Zeiten zogen sie sich in **Pa (befestigte Dorfanlagen)** zurück.

Als Kapitän *James Cook* **1769** als erster Europäer neuseeländischen Boden betrat, lebten geschätzte **100.000 Maori** in Neuseeland.

Die Golden Bay trug einst einen weniger schmeichelhaften Namen

Entdeckung durch die Europäer

Am **13. Dezember 1642** entdeckte der niederländische Abenteurer **Abel Tasman** als erster Europäer Neuseeland. Er war mit den beiden Schiffen „Heemskerck" und „Zeehaen" im Auftrag der holländischen Flagge unterwegs, um eine Südroute nach Chile zu finden.

Als er auf Neuseeland traf, segelte er an der Küste entlang und **kartografierte** weite Abschnitte beider Inseln. Sein niederländischer Kartograf gab dem neuen Land den Namen „Nieuw Zeeland".

Am Abend des **18. Dezember 1642** fand der **erste Kontakt zwischen Europäern und Maori** in der Golden Bay im heutigen Abel Tasman National Park statt. Was genau dort geschah, wurde ausschließlich von der europäischen Seite aufgezeichnet. Der involvierte **Stamm Ngati Tumatakokiri,** der ursprünglich von der Nordinsel stammte, wurde im Laufe des 18. und 19. Jahrhunderts mehrfach von rivalisierenden, in den Süden ziehenden Nordinsel-Stämmen attackiert und schließlich ausgemerzt. Ihre Perspektive des Zusammentreffens mit *Abel Tasman* und seiner Crew bleibt damit ein Geheimnis. Die Situation hat sich aller Wahrscheinlichkeit nach wie folgt zugetragen: Zwei mit Maori besetzte Kanus näherten sich den Schiffen, um sie zu inspizieren. Sie riefen der Besatzung mit lauten Stimmen etwas zu und bliesen mehrmals auf einer Art Trompete. Die Schiffe antworteten mit Kanonenschüssen. Aus Sicht der Maori signalisierten die Kanonenschüsse das Akzeptieren einer Kampfaufforderung. Vier Seeleute wurden bei der folgenden gewalttätigen Auseinandersetzung getötet. *Tasman* ließ daraufhin den Anker lichten, segelte davon und bedachte die Bucht mit dem wenig schmeichelhaften Namen „Murderers Bay".

114nz ks

Erst über hundert Jahre später erblickte ein weiterer Europäer das Land. Kapitän **James Cook** erreichte Neuseeland am 6. Oktober 1769 in seinem Schiff „Endeavour", das unter englischer Flagge segelte. Sein Schiffsjunge *Nicholas Young* sichtete das Land und erhielt dafür eine Gallone Rum. Die von ihm gesichtete Landspitze wurde nach ihm benannt (Young Nick's Head). Zwei Tage später ankerte *Cook* in der Poverty Bay, wieder kam es aufgrund mangelnder Kommunikationsmöglichkeiten und überschnellen Reaktionen zu **tödlichen Konflikten** mit erhöhter Opferzahl auf Seiten der Maori. Weitere Begegnungen zwischen *Cook* und den Maori fanden statt, und viele davon verliefen friedlicher. Moderne Historiker werfen *Cook* insgesamt **mangelndes interkulturelles Verständnis** und Geduld sowie überschnelle Bereitschaft zu Gewalt vor. Er sei, so heißt es, mehr an Reichtum und Forschung und weniger an Kultur interessiert gewesen. Ein Muster, das sich in den folgenden Jahrhunderten in der neuseeländischen Geschichte immer wieder zeigen sollte.

Auf seinen insgesamt **drei Reisen nach Neuseeland** umsegelte *Cook* die Nord- und Südinsel, kartografierte sie und erstattete in seinem Heimatland England über Einwohner und Ressourcen Bericht. Er war es, der zum ersten Mal Schafe mit an Land brachte (die allerdings nur wenige Tage überlebten). Mit dem Hissen der englischen Flagge in der Mercury Bay am 15. November 1769 beanspruchte er das Land im Namen des britischen Königs **King George III.**

Die frühen Jahre der europäischen Besiedlung

Im späten 18. Jahrhundert kamen vermehrt **Robben- und Walfänger** nach Neuseeland, die sich jedoch nicht niederließen. Die meisten der Jäger waren Europäer, welche die neuseeländischen Jagdgründe von **Australien** aus ansteuerten. Es wurde **Handel** mit Einheimischen betrieben, Flachs und Felle waren beliebte Tauschobjekte, die in Europa und China teuer verkauft wurden.

Im frühen 19. Jahrhundert wurde **Kororareka** (heute Russell) in der Bay of Islands als **erste Stadt Neuseelands** gegründet. Hier ließen sich vorwiegend Robben- und Walfänger, ehemalige Straftäter und zwielichtige Gestalten aus Australien nieder. Maori kamen in die Stadt, um Lebensmittel, Flachs und anderes mit den Europäern zu handeln.

1814 gründete der Kaplan **Samuel Marsden** die erste **christliche Missionsstation** in der Bay of Islands. Zwei Jahre später wurde von **Thomas Kendall** Neuseelands erste **(Missions-)Schule** gegründet. 1840 gab es bereits über zwanzig solcher Missionarsstationen, in denen Maori nicht nur Grundlagen des christlichen Glaubens erlernten, sondern auch Handwerk, Landwirtschaft, Lesen und Schreiben. Die Missionare transkribierten die Sprache der Maori in geschriebene Form und übersetzten u.a. die Bibel in Maori. Die damalige Transkription legte die Grundlage für das heutige **geschriebene Maori.**

Die Präsenz der **Pakeha** (damit wurden alle Nicht-Maori bezeichnet) hatte weitreichende **Konsequenzen** für die Ureinwohner Neuseelands. Durch die

Einführung von **Feuerwaffen** sowie das Einschleppen von **Krankheiten** wie Masern, Influenza, Typhus, Tuberkulose und die Ruhr verloren viele ihr Leben, Tripper und Syphilis reduzierten die Geburtenraten. Die Gesamtbevölkerung der Maori wurde durch Krankheiten und Auseinandersetzungen untereinander und mit den Pakeha bis 1840 um zehn bis dreißig Prozent reduziert.

Kolonialisierung

In den 1830er Jahren geriet die britische Regierung immer mehr unter Druck, den Zustand der **Gesetzlosigkeit** in den britischen Siedlungen Neuseelands zu beenden. Infolgedessen wurde **1833 James Busby** von der Krone als **erster offizieller englischer Einwohner Neuseelands** in die Bay of Islands geschickt, wo er am 17. Mai 1833 von etwa fünfzig Europäern und mehreren Hundert Maori empfangen wurde. Reden wurden gehalten, Geschenke verteilt und ein Bankett veranstaltet. Es war das erste formelle Zusammentreffen von Maori Chiefs und englischen Repräsentanten.

1935 kam *Busby* zu Ohren, die **Franzosen** planten, eine eigene neuseeländische Kolonie zu etablieren. Er berief daraufhin eine Versammlung mit Maori-Stammesführern ein und ließ sie eine **Erklärung** unterschreiben, die sich an König *William IV* richtete und ihn darum bat, als „parent of their infant state (and) its protector from all attempts upon its independence" zu fungieren. Man wolle sich von nun an jährlich treffen, um Gesetze zum Schutze von Frieden, Gerechtigkeit und Handel abzuschließen. Insgesamt unterschrieben 52 Chiefs die **Unabhängigkeitserklärung.** Für die Maori hatte dieses Dokument keine besonderen Auswirkungen, doch außenpolitisch signalisierte es Frankreich, dass im Falle einer Annexion des Landes mit der Schutzmacht Großbritannien zu rechnen war.

1839 berief England **William Hobson** zum Konsul, um vor Ort Ordnung in das Land zu bringen und die Territorialfrage zu lösen. Als der politische Druck stieg, setzte er in wenigen Tagen ein Dokument auf, das die **Übergabe der Unabhängigkeit Neuseelands an England** beinhaltete, ein uneingeschränktes Eigentumsrecht über Land, Wälder, Fischgründe und andere Besitztümer der Maori sowie das Zugeständnis der gleichen Rechte und Privilegien für Briten und Maori. Der Krone wurde das Vorkaufsrecht von Ländereien gewährt. Mit dem Vertrag wurde der britischen Krone die Hoheitsgewalt über Neuseeland zugesprochen. Der **Treaty of Waitangi** wurde am **6. Februar 1840** von über 500 Maori-Stammesführern und Vertretern der Krone unterschrieben, doch einige Stämme, wie z.B. die Ngai Tuhoe, verweigerten ihre Unterschrift. Übersetzungs-, Abschrift- und Interpretationsfehler im bis heute **wichtigsten Verfassungsdokument** Neuseelands führten und führen nach wie vor zu weitreichenden Konflikten (siehe auch Exkurse „ Der Treaty of Waitangi" und „Das Waitangi-Tribunal").

Am **21. Mai 1840** ließ *William Hobson* die **englische Souveränität über Neuseeland** ausrufen. Am 16. November 1840 wurde Neuseeland offiziell zur **britischen Kolonie.** *Hobson* wurde 1841 zum **ersten Gouverneur** von Neuseeland ernannt.

Bereits bevor der Vertrag von Waitangi unterschrieben war, hatte **Edward Gibbon Wakefield** 1825 in London die **New Zealand Company** gegründet. Das kommerzielle Unternehmen spezialisierte sich auf die **organisierte Besiedlung Neuseelands.** Land wurde günstig von den Maori gekauft, Städte auf dem Papier geplant. Die ersten offiziellen Siedler der New Zealand Company trafen im Februar 1942 auf der „Fifeshire" in Nelson ein. Das Unternehmen und seine Folgefirmen gründeten die Städte Wellington, Whanganui, New Plymouth, Nelson, Dunedin und Christchurch bzw. waren an ihrer Gründung beteiligt.

Selbstverwaltung und Unabhängigkeit

Mit der Unterzeichnung des Treaty of Waitangi war Neuseeland zu einer britischen Kronkolonie geworden, verwaltet von Gouverneur *William Hobson.* In den folgenden Jahren wurde jedoch der Wunsch nach Selbstverwaltung immer lauter. 1852 reagierte das britische Parlament schließlich mit dem **New Zealand Constitution Act.** Neuseeland wurde in die **sechs Provinzen** Auckland, New Plymouth, Wellington, Nelson, Canterbury und Otago eingeteilt, die jeweils einen Rat sowie einen vorsitzenden Superintendenten wählten und ihre Region eigenständig verwalteten. Gleichzeitig wurde eine **nationale Regierung** mit einem gewählten House of Representatives (Lower House) und einem Legislative Council (Upper House) gebildet, dessen Abgeordnete vom Gouverneur berufen wurden. Die Zuständigkeiten der beiden Häuser lagen auf Rechtsverwaltung, Währungsfragen, Eherecht und anderen landesweit relevanten Themen. Die ersten **Wahlen** fanden am 14. Juli 1853 statt, der Gouverneur stand bis 1856 weiterhin über der nationalen Verwaltung. Bestimmte Themen wie internationale Beziehungen oder das Verhältnis zu den Maori blieben weiterhin Angelegenheit des Gouverneurs und der englischen Regierung. Tatsächlich aber mischten sich beide immer weniger in Neuseelands Aktivitäten ein.

1901 zeigte Neuseeland seine Unabhängigkeit, indem sich das Land dagegen entschied, **Teil des Commonwealth of Australia** zu werden. Aber erst 1948 wurden die Einwohner Neuseelands offiziell zu **Neuseeländern;** bis dahin waren sie Engländer. Am 1. Januar 1987 erhielt Neuseeland schließlich im Rahmen des **Constitution Act 1986** seine **volle Unabhängigkeit.** 2003 übernahm das neu gegründete Supreme Court (Oberster Gerichtshof) die Rolle des englischen Kronrats, der bis dahin Neuseelands höchstes Berufungsgericht war. Noch heute ist Queen **Elizabeth II** Neuseelands **offizielles Staatsoberhaupt,** repräsentiert durch einen Governor-General. Vereinzelt werden Forderungen laut, sich komplett von der Krone zu lösen. Es bleibt abzuwarten, ob und wann dies passieren wird.

› Maori-Statue

New Zealand Wars – Bürgerkriege

Nach dem Eintreffen der Europäer in Neuseeland kam es immer wieder zu **Konflikten zwischen den Maori** und den **Pakeha.** Häufig ging es um Landbesitz und Handelstransaktionen. Im Laufe der Jahrzehnte spitzten sich die Konflikte immer weiter zu. Auch der Treaty of Waitangi konnte diese nicht eindämmen, sondern trug vielerorts sogar zu einer angespannten Situation zwischen der britischen Krone bzw. englischen Siedlern und den Maori bei. Wann die Kriege genau begannen, ist umstritten da es eine Vielzahl von Konflikten gab, die von Historikern unterschiedlich bewertet werden. **1843** beispielsweise endete im Wairau Valley in Marlborough ein Streit über Land in einem Blutvergießen. In Northland brachen **1845** Kriegshandlungen aus, nachdem der Häuptling **Hone Heke** in **Kororareka** (Russell) Widerstand demonstrierte, indem er die englische Fahne der damaligen Hauptstadt gleich viermal absägte, da er sich der Krone nicht unterwerfen wollte. Seine Taten sprachen vielen Maori aus der Seele. Andere, allen voran die Ngapuhi unter **Tamati Waka Nene,** unterstützten die Briten. Die Auseinandersetzungen hinterließen die Stadt in Schutt und Asche. England schickte rund 500 Offiziere und Soldaten zur Unterstützung, weitere Auseinandersetzungen im ganzen Land folgten: **1846** verhaftete Gouverneur *George Grey* den Ngati Toa Chief **Te Rauparaha,** einen der mächtigsten und einflussreichsten Stammesführer. Zwar schloss *Te Rauparaha* mit der Krone Geschäfte, doch gleichzeitig zeigte er den Willen, sein Land und sein Volk zu verteidigen, und war damit der englischen Krone ein Dorn im Auge.

140nz no

Vielerorts eskalierten Konflikte, englische Siedler fühlten sich bedroht. Die (wenigen) verfügbaren **Truppen** wurden auf Krisengebiete verteilt, doch viele Städte blieben ohne militärische Unterstützung.

In dem Versuch, der englischen Königin einen **Maori-König** auf Augenhöhe entgegenzustellen, hatten sich zahlreiche Maori-Stämme zusammengeschlossen und einen Regenten benannt. Der Krieg um die **Königsbewegung Kingitanga** brach 1863 aus, nachdem die Regierung den damaligen Maori-König und seine Anhänger für ihre unterstützenden Aktivitäten in den Auseinandersetzungen in den Landkriegen um Taranaki bestrafen wollten. Die Kriegshandlungen hielten fast ein Jahr lang an (siehe „Waikato/Nördliches Waikato“).

Vereinfacht gesagt, kämpften englische Truppen von den 1840ern bis 1870ern um die **Nordinsel als Siedlungsstandort.** Gründe für die Konflikte waren die Ausrufung der Souveränität, gefolgt von den Verträgen von Waitangi, die sinkende Bereitschaft der Maori, Land an die Krone zu verkaufen, kombiniert mit dem Druck der Engländer, Land für die schnell steigende Anzahl an Siedlern zu gewinnen. Viele Maori ließen ihr Leben bei dem Versuch, ihr Land zu verteidigen. Andere wiederum verbündeten sich mit der Kolonialmacht, häufig, um anderen Stämmen, aufgrund historischer Animositäten, zu schaden. Insgesamt kamen in den Bürgerkriegen etwa **3000 Menschen ums Leben,** die Mehrzahl davon Maori. Viele der überlebenden Maori wurden mit Landkonfiszierungen unter dem New Zealand Settlements Act 1863 bestraft. Etwa **eine Million Hektar Land,** vorwiegend in Taranaki, Waikato, Süd-Auckland, der Bay of Plenty sowie der Poverty Bay **gingen an die Krone über.** Welche Stammesgemeinschaft Land verlor, unterlag oft purer Willkür. Nahezu ganz Neuseeland war nun in der Hand der Krone. Die Konfiszierungen und der damit verbundene Mangel an Land erschwerten das Leben der Maori massiv.

Die Neuseelandkriege hinterließen auf beiden Seiten tiefe Spuren. Maori wurden aus den Städten vertrieben und mussten sich in ländliche Gegenden zurückziehen. Gleichzeitig stand ihnen nicht ausreichend Land zur Verfügung, um sich adäquat entfalten und ernähren zu können. Die **Konsequenzen** der Kriege sind **heute noch immer spürbar**, und viele gravierende Konflikte schwelen nach wie vor in der neuseeländischen Gesellschaft. Noch immer werden damalige Konfiszierungen und Ungerechtigkeiten vom inzwischen eingerichteten **Waitangi-Tribunal** bearbeitet. Ländereien werden teilweise zurückgegeben und Wiedergutmachungsleistungen gezahlt (siehe auch Exkurs „Das Waitangi-Tribunal“).

Neuseelands frühe Wirtschaft

Während die Kriege die wirtschaftliche Entwicklung der Nordinsel behinderten, **florierte die Südinsel.** Im Mittelpunkt standen Wollwirtschaft und Gold, das 1861 in Otago und später an der Westküste gefunden wurde. Immer mehr Menschen ließen sich aufgrund der Goldfunde und der großzügigen Ländereien auf der Südinsel nieder. Canterbury wurde zur reichsten Region, Dunedin entwickelte sich zur größten Stadt Neuseelands.

Ende der 1860er Jahre wurde immer weniger Gold gefunden, und auch die Wollpreise fielen. Der Premier **Julius Vogel** etablierte ein auf Darlehen gegründetes **Programm zur Förderung der Infrastruktur** wie dem Ausbau eines Eisenbahnnetzes und der Unterstützung von Einwanderern. Innerhalb von zehn Jahren verdoppelte sich die Einwohnerzahl von Pakeha auf eine halbe Million im Jahr 1881. Auf lange Sicht führte *Vogels* auf Krediten basierendes Vorgehen, kombiniert mit der damals herrschenden Wirtschaftskrise, jedoch in eine **Depression.** Harte, körperliche Arbeit war an der Tagesordnung, die Arbeitslosigkeit stieg, Lebensmittel- und Landpreise

141nz no

zogen an, Farmer gingen bankrott. Etliche Menschen verließen das Land, ein Großteil von ihnen wanderte nach Australien aus.

Ab Mitte der 1890er Jahre **erholte sich die Wirtschaft.** Reformen des britischen Schatzmeisters der Kolonialstaaten, *Harry Atkinson,* erwiesen sich als gute Ausgangsposition für den kommenden Wirtschaftsboom.

Politische Entwicklungen

Während der **Wirtschaftskrise** gewannen **Gewerkschaften** immer mehr Einfluss auf die neuseeländische Politik. Eine Allianz aus liberalen Gruppierungen und Arbeitervertretern wurde gebildet; die **Liberals,** Neuseelands erste moderne politische Partei, wurde 1890 an die Macht gewählt. **John Ballance** wurde erster Regierungschef, der vor allem aufgrund weitreichender Reformen seines Arbeitsministers **William Pember Reeves** in die Geschichte einging.

1893 übernahm **Richard Seddon,** ebenfalls ein Liberaler, den Regierungsvorsitz. Er schaffte im Rahmen der **Family Farm Economy** die Grundsteuer ab und führte die gestaffelte Einkommensteuer ein, um u.a. kleine Landwirtschaftsbetriebe zu fördern. Die Agrarwirtschaft vor allem auf der Nordinsel zog wieder an, zehn Jahre später wohnten wieder mehr Pakeha auf der Nordinsel als auf der Südinsel.

Unter *Seddon* wurde 1893 in Neuseeland weltweit erstmalig das **Frauenwahlrecht** eingeführt – nachdem sich die Sozialreformerin *Kate Sheppard* sechs Jahre lang politisch engagiert und für Frauen in der Gesellschaft eingesetzt hatte.

Wollwirtschaft war stets ein wichtiger Wirtschaftszweig Neuseelands

Eine weitere Reform *Seddons* war die Einführung von staatlichen **Altersrenten** im Jahr 1898. Sie markierten den ersten Meilenstein in der Etablierung Neuseelands als **Sozialstaat.** Über lange Jahrzehnte hinweg galt Neuseeland in Bezug auf seine Sozialpolitik als einer der führenden Staaten der Welt, Anfang des 20. Jahrhunderts war der Lebensstandard der Pakeha einer der höchsten weltweit. Nicht jedoch der der Maori ...

Das junge Land Neuseeland war bislang auf innenpolitische Probleme und Krisen fokussiert gewesen. Aufgrund der engen Verbindung und Loyalität zu England mischte sich Neuseeland **1899** in die **Weltpolitik** ein und stellte England Truppen für den **Südafrika-Krieg** zur Verfügung. Zudem verzichtete Neuseeland 1901 darauf, der **australischen Föderation** beizutreten.

Unter Premierminister **Joseph Ward,** auch einem Liberalen, wurde Neuseeland zur **Dominion** („Herrschaftsgebiet“) und somit außenpolitisch autonom. Trotzdem unterstützte Neuseeland die englische Krone weiterhin. Im **Ersten Weltkrieg** kämpften rund zehn Prozent der Bevölkerung auf englischer Seite. Geschätzte 17.000 Neuseeländer fielen, viele davon 1915 auf der türkischen Halbinsel Gallipoli. Das **ANZAC** (Australian and New Zealand Army Corps) wurde im selben Jahr gegründet. Hundert Jahre später wurde Gallipoli zum Symbol militärischer Aktivitäten und der Tag der Landung auf der Halbinsel, der 25. April, zum Gedenktag für die Gefallenen sowie all diejenigen, die sich für die Wiederherstellung des Friedens einsetzten. Die Pakeha-Kriegsheimkehrer wurden mit Weideland entschädigt, Maori-Heimkehrer bekamen nichts.

Weltwirtschaftskrise

Nach dem Ende des Ersten Weltkrieges entwickelte sich Neuseeland gut, es gab Wasserkraftwerke, Fernstraßen und moderne Agrartechnik. Umso härter traf das Land die **Weltwirtschaftskrise Ende der 1920er Jahre.** Exportpreise fielen massiv, Farmer konnten ihre Hypotheken nicht zahlen, Arbeitslosigkeit war weit verbreitet. Zudem gab es Einschnitte bei den Renten und im Gesundheitswesen. Öffentliche Bauvorhaben wurden gestoppt. Die allgemeine Unzufriedenheit spitzte sich zu, es kam zu **Aufständen.** Die 1916 gegründete **Labour Party** gewann immer mehr Anhämger und kam 1935 schließlich unter **Michael Joseph Savage** an die Regierung. Die Wirtschaft war zu diesem Zeitpunkt bereits auf dem Weg der Genesung und wurde durch **pragmatische Strategien** weiter vorangetrieben. 1936 ging die kurz zuvor gegründete Zentralbank Reserve Bank in staatliche Hand über, Ausgaben für öffentliche Bauprojekte wurden erhöht, ein staatliches Wohnbauprogramm wurde etabliert. Gleichzeitig stiegen die Löhne, ein Gesundheitssystem wurde eingerichtet, Sozialleistungen wurden erhöht. Weitere Leistungen wurden im **Social Security Act 1938** manifestiert, mit dem Neuseeland zu einem der führenden Wohlfahrtsstaaten der Welt wurde. Erstmals stand auch das Wohlergehen der **Maori** auf der Agenda. Ziel war es, ihren Lebensstandard anzuheben und Benachteiligungen abzubauen, was teilweise auch gelang.

▷ Maori-Tor am Aotea Square in Auckland

Zweiter Weltkrieg

Auch im Zweiten Weltkrieg **unterstützten neuseeländische Truppen das Vereinigte Königreich.** Sie kämpften in England, Kreta, Nordafrika und im Pazifik. Nach einem Angriff der Japaner auf das australische Sydney im Jahr 1941 bereitete sich Neuseeland auf einen Angriff vor. Das geschwächte England konnte nur minimal unterstützen, amerikanische Truppen wurden für den Bedarfsfall im Land stationiert. Ein Angriff fand letztlich nicht statt, Neuseeland war ausschließlich außerhalb des Landes in Kampfaktivitäten verwickelt. So beispielsweise an den bedeutsamen Feldzügen in **Italien,** die im Mai 1945 zum Sieg über die Deutschen beitrugen. Insgesamt ließen über 11.000 Neuseeländer in den Schlachten ihr Leben.

Nach dem Ende des Zweiten Weltkrieges spielte der Neuseeländer und Labour-Politiker **Peter Fraser** eine bedeutende Rolle bei der Gründung der **Vereinten Nationen.**

In den 1960er Jahren zeigte sich Neuseeland für die unterstützende Militärpräsenz der **Amerikaner** im Zweiten Weltkrieg dankbar. Trotz gewaltiger Proteste aus der Bevölkerung sendete die Regierung unter Premierminister *Keith Holyoake* **Truppen nach Vietnam.**

Wohlstand und Herausforderungen

Bis Anfang der 1950er Jahre wurden Neuseelands **Gewerkschaften** immer präsenter, stärker und militanter. Konflikte mit der Regierung spitzten sich immer weiter zu und eskalierten schließlich 1951 im teuersten **Arbeitnehmerstreik** der neuseeländischen Geschichte, dem **Waterfront Dispute.** Die Gewerkschaft der Hafenarbeiter (Waterside Union) rief aufgrund von Lohnstreitigkeiten 22.000 Arbeitern zu Streiks auf. Gewerkschaft und Arbeitgeber stritten erbittert. Arbeiter wurden massiv unter Druck ge-

setzt, 151 Tage lang befanden sich Teile des Landes im Belagerungszustand. Als die Gewerkschaften schließlich aufgaben, waren mehr als eine Million Arbeitstage verloren, und die führende Gewerkschaft wurde gezwungen, sich in kleine, standortabhängige Gewerkschaften zu splitten.

Abgesehen davon, **florierte Neuseelands Wirtschaft.** Hauptstandbein war der **Export von Agrarprodukten.** Man lebte gut, der Reichtum des Landes war relativ gleichmäßig unter den Pakeha aufgeteilt. Die **Maori** dagegen waren nach wie vor die Leidtragenden der Veränderungen, die die Einwanderung der Europäer mit sich gebracht hatten. Armut, Landmangel und Orientierungslosigkeit innerhalb der neuen Gesellschaft trieb sie in die großen Städte (allen voran nach Auckland). Hier führten sie häufig aufgrund fehlender Sozialstukturen (die eine grundlegende Rolle in der Maori-Kultur spielen) ein **entwurzeltes, unzufriedenes Leben.** Die Konsequenzen waren soziale Unruhen, eine hohe Arbeitslosigkeit und eine überdurchschnittliche Anzahl von Maori in Gefängnissen. Die durchschnittliche **Lebenserwartung** der Maori war ca. 15 Jahre geringer, die **Kindersterblichkeit** doppelt so hoch wie bei den Pakeha.

England spielte sowohl in der neuseeländischen Kultur als auch in der Wirtschaft des Landes nach wie vor eine bedeutende Rolle. Über 50 Prozent der Exporte und Importe gingen nach bzw. stammten aus England. **Wolle, Fleisch und Milchprodukte** waren Neuseelands erfolgreiche Standbeine, die Schafzucht stieg allein in den 1950er Jahren um 40 Prozent. Die Kombination aus hohen Wollpreisen und sicheren Märkten führte zu einem der höchsten Lebensstandards der Welt. Wohlstand und soziale Sicherheit brachten ein massives Bevölkerungswachstum mit sich. Ende 1959 lebten 2,3 Millionen Menschen in Neuseeland. Erst ab 1967 entwickelte sich **Neuseelands Wirtschaft rückläufig.** Die Wollpreise sanken, die Arbeitslosenquote verdoppelte sich auf 12 Prozent, die Inflationsrate stieg rapide.

1973 traf Neuseeland Englands **Beitritt zur Europäischen Wirtschaftsgemeinschaft** und der damit verbundene Verlust des gesicherten Markts für die Abnahme von Landwirtschaftsprodukten wie ein Schlag. Gleichzeitig spürte das Land die Konsequenzen der ersten **Ölkrise** von 1973. Im Verlaufe der zweiten Ölkrise von 1978 versuchte Regierungschef **Robert Muldoon** die Wirtschaft durch seine Strategie „Think Big" aufrechtzuerhalten. Er investierte in riesige Industrie- und Energieprojekte und subventionierte Farmen. Seine Rechnung ging nicht auf, Inflation und Arbeitslosigkeit stiegen weiterhin an.

In den 1970er Jahren tat die Bevölkerung immer öfter ihre Meinung öffentlich kund: Sie **protestierte** gegen den Vietnamkrieg und Neuseelands Beteiligung daran sowie gegen die französischen Atomtests im Pazifik. Letztere eskalierten 1985 mit einem Attentat auf das Greenpeace-Aktivistenschiff „Rainbow Warrior" (siehe „Far North/Von der Bay of Islands Richtung Norden"). Zudem fanden ab den 1970er Jahren Demonstrationen zu Umweltfragen, Homosexualität, Feminismus, Abtreibung und anderen politischen Themen statt. Vermehrt wurden auch Stimmen von **Maori** wieder laut. Allen voran wurden ungerechter Landbesitz sowie der Treaty of Waitangi kritisiert. Als die Proteste immer massiver wurden, gab die Obrigkeit unter Labour-Regierungschef *Bill Rowling* schließlich nach und etablierte das **Waitangi Tribunal.** Die Gerichtsstelle bearbeitet und schlichtet Landstreitigkeiten und Forderungen im Rahmen des Treaty of Waitangi. Bis heute wurden über 2000 Anträge eingereicht (siehe „Menschen und Kultur/Maori/Maori heute/Das Waitangi-Tribunal").

1976 stand Neuseeland im Rampenlicht der Welt, als ihre **Rugby-Mannschaft „All Blacks"** durch **Südafrika** tourte, obwohl die Vereinten Nationen einen Boykott gefordert hatten. Südafrika hatte Sport-Teams unter Gesichtspunkten der Apartheid gebildet, was zu Aufruhr in der Welt führte. Verschiedene afrikanische Staaten hatten bereits gedroht, die kommenden **Olympischen Spiele** in Montreal zu boykottieren, sollte die Tour durch Südafrika stattfinden. Nachdem dies keine Berücksichtigung fand, wurde gefordert, Neuseeland von den Olympischen Spielen auszuschließen. Das Internationale Olympische Komitee kam dem jedoch nicht nach, was zum **Boykott** der Spiele durch 26 afrikanische Staaten führte.

Das Jahrzehnt endete mit dem ersten und bislang einzigen **Absturz eines Flugzeuges** von Air New Zealand über der Antarktis am 28. November 1979. Alle 257 Passagiere an Bord kamen ums Leben.

1984 wechselte die Regierung, der Labour-Politiker **David Lange** wurde Regierungschef. Unter ihm **liberalisierte Finanzminister Roger Douglas die Wirtschaft:** Er minimierte die staatliche Wirtschaftskontrolle, führte eine Mehrwertsteuer ein, privatisierte Staatsunternehmen und stellte grundlegende Bausteine des Wohlfahrtstaates in Frage. Letzteres wurde von großen Teilen der Bevölkerung als Angriff auf Neuseelands auf Gleichheit beruhende Traditionen verurteilt. Die **Schere zwischen Reich und Arm** fing an, sich zu öffnen. Die **Maori** waren besonders schwer von den Konsequenzen der Reformen betroffen, die Arbeitslosigkeit unter ihnen stieg auf bis zu 25 Prozent, im Vergleich zu 10 Prozent im Landesschnitt. 1987 wurde erstmals eine Liste der Reichen veröffentlicht.

Im gleichen Jahr wurde Neuseeland **atomfrei.** Die Entscheidung beeinflusste die Beziehung zu den USA negativ, was als verkraftbarer Preis für die Atomfreiheit in Kauf genommen wurde.

Nach internen Streitigkeiten über Reformen und *Langes* Rücktritt als Konsequenz, übernahm die **National Party** 1990 die Regierung, mit **Jim Bolger** an der Spitze. Der bereits etablierte politische Kurs wurde beibehalten, implementiert wurde zudem der **Employment Contracts Act.** Die umstrittene Regelung öffnete den Arbeitsmarkt und reduzierte den Einfluss von Gewerkschaften. Zudem wurden Sozialleistungen gestrichen. Spätestens zu diesem Zeitpunkt war Neuseelands Sozialpolitik auf dem absteigenden Ast, von Weltprestige konnte keine Rede mehr sein.

Am 22. Mai 1995 unterzeichnete der Stamm der **Waikato-Tainui** als erster einen **Vergleich** mit der englischen Krone **über 170 Millionen Dollar** als Entschädigung für Ungerechtigkeiten der Landkriege und -konfiszierungen. Ein Meilenstein.

1993 stimmten Neuseelands Bürger, noch immer unter *Jim Bolger,* über ein

neues Wahlsystem ab. Bisher stellte die Partei mit den meisten Stimmen die alleinige Regierung. Von nun an wurde die Regierung proportional zum Verhältnis der Wahlstimmen gestellt (MMP – Mixed Member Proportional Representation). Sieben Sitze müssen von Maori besetzt werden und werden ausschließlich von Maori gewählt. Koalitionsregierungen wurden gebildet, National und Labour blieben weiterhin die dominanten Parteien.

1997 wurde **Jenny Shipley** zur **Premierministerin** gewählt, die erste Frau in diesem Amt. Zwei Jahre später wurde sie von einer weiteren Frau, *Helen Clark*, abgelöst, die das Amt neun Jahre lang bekleidete.

1999 zogen erstmals die **Grünen** zusammen mit der Labour Party in das Parlament. Ihre Hauptverdienste waren ein Stopp der Abholzung der Südbuchenwälder an der Westküste und die Ersetzung des seit neun Jahren geltenden Employment Contracts Act durch ein arbeitnehmerfreundliches Gesetz. Ins Schwanken geriet die Regierung 2003, als sie den **Foreshore and Seabed Act** durchsetzte, der Küstenlinien und Meeresboden zu Staatseigentum erklärte, um allen Bewohnern freien Zugang zum Meer zu gewähren. Vor allem Maori fühlten sich vor den Kopf gestoßen. Als Konsequenz trat *Tariana Turia* aus der Labour Partei aus und gründetet zusammen mit *Pita Sharples* die **Maori Party.**

Die Labour Party geriet immer mehr unter Druck. Daraufhin gewann die **National Party** 2008 die Wahlen knapp und koalierte unter *John Key* mit ACT New Zealand und der Maori Party, zu deren erstem Minister *Pita Sharples* ernannt wurde. Der umstrittene Forshore and Seabed Act wurde wieder aufgelöst.

Die **Finanzkrise** der 2000er und 2010er Jahre überstand Neuseeland relativ gut, **sozialpolitisch** geriet das Land allerdings immer mehr **unter Druck.** Die Schere zwischen Reich und Arm klaffte weiter auseinander, Alkoholismus und häusliche Gewalt wurden zum Problem. Praktikable und wirksame Lösungen wurden bisher kaum gefunden.

Am 4. September 2010 wurde die Stadt **Christchurch** von einem **Erdbeben** der Stärke 7,1 erschüttert. Es kam zu erheblichen Sachschäden. Am 22. Februar 2011 ereignete sich dann mit einem erneuten Beben eine der **schwerwiegendsten Naturkatastrophen Neuseelands:** Mit Epizentrum in Lyttelton, einem Vorort von Christchurch, in nur fünf Kilometern Tiefe und mit einer Stärke von 6,3 zerstörte es weite Teile der Stadt und forderte 185 Todesopfer. Weitere hundert kleinere und größere Nachbeben folgten, der Schaden wurde auf über 20 Milliarden Dollar geschätzt (siehe auch „Canterbury/Christchurch").

In der Nacht vom 14. November **2016** fanden eine Reihe von **Erdbeben** in Neuseeland statt. Betroffen waren vor allem die Stadt Kaikoura, die für Tage von der Außenwelt abgeschnitten war, Hanmer Springs und Wellington. Zwei Menschen starben. Längerfristige Folgen der Beben waren zum Zeitpunkt der Recherche nicht bekannt.

> Viktorianische Architektur in Oamaru

Staat und Verwaltung

Staatsform

Neuseeland ist eine **konstitutionelle Monarchie** mit **Einkammer-Parlament** mit derzeit 121 Abgeordneten. Alle drei Jahre wird gewählt, zuletzt 2017. **Staatsoberhaupt** ist **Königin Elizabeth II.,** die von einem Generalgouverneur vertreten wird; sie nimmt heute jedoch überwiegend repräsentative Aufgaben wahr. Neuseeland ist nach wie vor sehr englisch geprägt. Dies spiegelt sich unter anderem in der **Fahne** wider, die den Union Jack beinhaltet, was auch nach einer Volksumfrage 2016 nicht geändert wurde. Besonders verdiente Neuseeländer werden zum Ritter geschlagen und bekommen den Titel „Sir" oder „Dame".

115nz ks

Verwaltet wird das Land **zentral** von der Hauptstadt Wellington aus. Daneben besteht eine **beschränkte regionale Selbstverwaltung** durch elf Regionalräte und 67 Stadt- und Bezirksräte. Neuseeland ist eines von drei Ländern weltweit, die über **keine geschriebene Verfassung** verfügen. Das Verfassungsrecht basiert auf der britischen Habeas-Corpus-Akte von 1679, der britischen Bill of Rights von 1689 und einer Anzahl neuseeländischer Gesetze und Vereinbarungen, allen voran dem Vertrag von Waitangi von 1840, der die Beziehungen zwischen der Krone und den Maori-Stämmen regelt.

Wahlsystem und Parteienlandschaft

1993 wurde durch eine Volksabstimmung das relative Mehrheitswahlrecht durch das gemischte Verhältniswahlrecht mit Fünf-Prozent-Klausel ersetzt, dem **Mixed Member Proportional System** (MMP). Das Wahlsystem ist dem deutschen ähnlich, ein bedeutender Unterschied liegt in den **sieben Sondersitzen für Maori.** Diese sieben Sitze werden ausschließlich von Maori gewählt. Auch alle weiteren Sitze (insgesamt derzeit 121) stehen Maori offen, solange sie im üblichen Wahlvorgang gewählt werden. Die **Legislaturperiode** beträgt drei Jahre, der Premierminister hat das Recht, Wahlen vorzuziehen.

Die **National Party** (Mitte-rechts) und die **Labour Party** (Mitte-links) sind seit den 1940er Jahren die mit Abstand stärksten Parteien. Sie wechseln sich bei der Regierung des Landes immer wieder ab, seit der Einführung des MMP in Koalition mit anderen Parteien. Zum Zeitpunkt der Recherche bildete die National Party (59 Sitze) eine Koalition mit Maori Party (2 Sitze), ACT (1 Sitz) und United Future (1 Sitz). Die Opposition bilden Labour (32 Sitze), Greens (14 Sitze) und New Zealand First (12 Sitze). Die Partei mit den meisten Stimmen stellt den **Premierminister.** Seit Dezember 2016 hat *Bill English* das Amt inne.

Einer Umfrage zufolge begegnen Neuseeländer ihren Politikern mit **Skepsis,** „Parlamentsmitglied" befindet sich auf dem vorletzten Platz der Liste von zehn Berufen, denen Vertrauen geschenkt wird.

Gerichtswesen

Es existiert ein unabhängiges Gerichtswesen, in dem die **Richter** vom **Generalgouverneur** ernannt werden. Die Justiz ist **hierarchisch gegliedert** in District Courts (Amtsgerichte), High Courts (Landgerichte), Courts of Appeal (Berufungsgerichte) und den Supreme Court (Obersten Gerichtshof), der die höchste Instanz darstellt. Insgesamt gibt es landesweit **nur knapp 200 Richter.** Kritiker behaupten, das System würde nur deshalb funktionieren, weil es sich aufgrund hoher Anwaltsgebühren nur wenige Menschen leisten können, vor Gericht zu ziehen.

Außenpolitik

Themen wie **Multilateralismus** u.a. bei der Lösung internationaler Probleme und ein entsprechend hohes internationales Engagement sowie aktive Unterstützung von **Friedensmissionen** stehen im Vordergrund der neuseeländischen Außenpolitik. Das Land pflegt **intensive Beziehungen** mit dem Nachbarn Australien und mit den südpazifischen Inselstaaten, aber auch mit den USA, der Volksrepublik China und der EU.

Nationalhymne

Neuseeland hat gleich **zwei Nationalhymnen: „God Defend New Zealand"** und **„God Save the Queen".** Theoretisch haben beide den gleichen Status. Im Alltag ist „God Defend New Zealand" weitaus verbreiteter, und wer von der Nationalhymne spricht, meint letztere. 1870 schrieb *Thomas Bracken* den Text, vertont wurde er 1876 von *John Joseph Woods.* Zwei Jahre später wurde eine **Maori-Version** mit einer leicht veränderten Übersetzung hinzugefügt. Im Laufe der Jahre wurde die Hymne immer beliebter, 1976 gab es sogar eine Petition, „God Defend New Zealand" als alleinige Hymne einzusetzen. Doch lediglich eine Gleichstellung mit „God Save the Queen" wurde zugelassen. Bei offiziellen **Veranstaltungen** wird üblicherweise die jeweils erste Strophe der englischen und der Maori-Version von „God Defend New Zealand" gesungen.

> Neuseelands Wappen

Englische Version

God of Nations at Thy feet,
In the bonds of love we meet,
Hear our voices, we entreat,
God defend our free land.
Guard Pacific's triple star
From the shafts of strife and war,
Make her praises heard afar,
God defend New Zealand.

Men of every creed and race,
Gather here before Thy face,
Asking Thee to bless this place,
God defend our free land.
From dissension, envy, hate,
And corruption guard our state,
Make our country good and great,
God defend New Zealand.

Peace, not war, shall be our boast,
But, should foes assail our coast,
Make us then a mighty host,
God defend our free land.
Lord of battles in Thy might,
Put our enemies to flight,
Let our cause be just and right,
God defend New Zealand.

Let our love for Thee increase,
May Thy blessings never cease,
Give us plenty, give us peace,
God defend our free land.
From dishonour and from shame,
Guard our country's spotless name,
Crown her with immortal fame,
God defend New Zealand.

May our mountains ever be
Freedom's ramparts on the sea,
Make us faithful unto Thee,
God defend our free land.
Guide her in the nations' van,
Preaching love and truth to man,
Working out Thy glorious plan,
God defend New Zealand.

Auf der Website **www.mch.govt.nz** findet man auch die Maori-Fassung der Hymne sowie deren englische Übersetzung.

Medien

Neuseeland steht auf **Platz 6** (von 180) des **Weltpressefreiheitsindex** 2015 von „Reporter ohne Grenzen". Nur die Nordischen Länder und die Niederlande schneiden besser ab. Österreich belegt Platz 7, Deutschland Platz 12 und die Schweiz Platz 20. In neuseeländischen Medien wird wenig zensiert, und wenn, meist bezogen auf Gewalt und sexuelle Inhalte.

So frei die Presse auch berichten darf, die **Berichterstattung** fällt häufig etwas dünn aus und scheint sich vor allem auf Sport und Klatsch zu fokussieren. Wer nah am Weltgeschehen sein möchte, verfolgt die **internationale Presse.**

Medienkonglomerate wie New Zealand Media and Entertainment, Fairfax New Zealand, MediaWorks New Zealand und Sky TV dominieren den Markt und operieren von Auckland aus. Die Großzahl der ausgestrahlten Programme, Musik und Kolumnen werden aus England und den USA importiert. **Englisch** als Sprache dominiert, es gibt vereinzelte Medien in **Maori** (z.B. Maori Television Service und Te Whakaruruhau o Nga Reo Irirangi Maori).

Die bedeutendsten **Tageszeitungen** sind „New Zealand Herald" (Auckland), „The Dominion Post" (Wellington), „The Press" und „Otago Daily Times" (beide Südinsel).

Aktuell werden elf nationale und 22 regionale kostenfreie sowie einige kostenpflichtige **Fernsehprogramme** ausgestrahlt (nur wenige davon in HD).

- Eine Übersicht über das Programm der kostenfreien Sender gibt es unter **www.tvnz.co.nz.**

Es gibt knapp **30 relevante Radiosender.** Interessant ist, dass viele importiere Autos aus Japan kommen und deren Radios auf eine andere Frequenz eingestellt sind. Wer ein japanisches Auto mit Originalradio hat, kann deshalb nur einige wenige Radiosender empfangen.

- Einen Überblick über alle Sender gibt es unter **www.nzradioguide.co.nz.**

Literatur und **Film** siehe „Menschen und Kultur/Kunst und Kultur".

Wirtschaft

Innerhalb der letzten 30 Jahre hat sich Neuseelands Wirtschaft von einem extrem stark regulierten Markt zu einer **freien Marktwirtschaft** entwickelt. Auf dem Index of Economic Freedom der Heritage Foundation steht Neuseeland auf dem dritten Platz, hinter Hongkong und Singapur.

Neuseeland hat eine relativ **breit aufgestellte Wirtschaft:** Immobilien, Produktion, Dienstleistung, Bau und Landwirtschaft stehen an oberster Stelle und machen 70 Prozent des Bruttoinlandsproduktes aus. Auch Weinwirtschaft und Tourismus spielen dabei eine bedeutende Rolle. Andere relevante Wirtschaftszweige sind Hochleistungstechnologien und Filmproduktion.

Neuseeland hat eine stark **exportorientierte Wirtschaft,** deren Exportanteile rund 30 Prozentdes Bruttoinlandproduktes ausmachen, allen voran mit Molkerei- und Landwirtschaftsprodukten. Die Wirtschaft ist stabil, die Inflation relativ niedrig. Die Geldmarktpolitik und Preisstabilität wird von der unabhängigen Zentralbank Reserve Bank gesteuert.

Im Jahr 2014 betrug das **Jahreswachstum** 3,3 Prozent und war damit innerhalb der OECD ganz weit vorn.

Laut Weltbank ist Neuseeland weltweit das Land, in dem es am **einfachsten** ist, eine Firma zu eröffnen, ein Geschäft zu starten und generell **Geschäfte zu machen.** Unternehmen können online innerhalb von nur wenigen Stunden ins Leben gerufen werden, und es gibt nur wenige Einschränkungen und Regeln bei der Gründung oder Führung einer Firma. Neuseeland steht auf Platz drei in Forbes „Best Country for Business"-Report, welcher von Dänemark und Hongkong angeführt wird.

Tourismus

4,4 Millionen Menschen besuchen Neuseeland jährlich, **1,7 Millionen** davon als **Touristen.** Damit ist der Tourismus Neuseelands größte Quelle an Deviseneinnahmen und schafft 7,5 Prozent aller Arbeitsplätze. 5 Prozent des Bruttoinlandsprodukts haben ihre Quelle im Tourismus, Tendenz steigend. Die meisten Besucher kommen aus Australien, China und den USA. Deutschland liegt mit 92.000 Besuchern jährlich auf dem sechsten Platz.

Deutsche bleiben im Schnitt **53 Tage** und damit überdurchschnittlich lange im Land. Sie geben pro Tag weniger Geld aus als Besucher anderer Länder, aufgrund ihrer langen Aufenthaltsdauer insgesamt aber mehr Geld. Im Schnitt lässt ein deutscher Tourist **6190 Dollar** im Land, das ergibt 537 Millionen Dollar im Jahr. 28 Prozent der deutschen Besucher sind **Backpacker** im Alter von 18 bis 24 Jahren. Reisende möchten die Natur erleben, mit Menschen aus verschiedenen Kulturen in Kontakt kommen, ihren Horizont erweitern und Neues erleben. Die **Hauptsaison** ist die Zeit von Dezember bis Februar.

Bis 2022 erwartet man ein zusätzliches **Wachstum** von 70 Prozent vom deutschen Markt. Auch ein Anstieg der anderen Schlüsselländer ist zu erwarten, und Neuseeland investiert vermehrt in den Tourismus und seine Industrien.

157nz ca

Urlaub im Grünen

17 Menschen und Kultur

< Neuseeländische Gelassenheit ...

Bevölkerung und Mentalität

Neuseeländer gelten als gastfreundlich, nett, aufgeschlossen, hilfsbereit und **an anderen Menschen (und deren Kulturen) interessiert.** Das mag daran liegen, dass Neuseeland nach wie vor ein recht dünn besiedeltes Land ist und man sich daher gegenseitig unterstützt, respektiert und an Neuigkeiten interessiert ist. Fragen wie „Woher kommst du?" und „Wie gefällt dir Neuseeland?" hört man sehr häufig. Neuseeländer hoffen auf **positives Feedback und Anerkennung.** Das ist kaum verwunderlich, spielt das kleine Land doch meist im Weltgeschehen keine größere Rolle und steht oft im Schatten Australiens. Auf einigen Weltkarten fehlt das Land komplett (versammelt sind diese Karten auf www.worldmapswithout.nz).

Neuseeländer sind stolz auf ihr grünes Land, auf ihren Individualismus am Ende der Welt und ihre Laid-Back-Einstellung. Die **Gelassenheit** der benachbarten polynesischen Inseln ist zu spüren. Diese Haltung ist auch in der Einstellung zum Thema **Arbeit** zu finden: Trotz Doktortitel in einem Café arbeiten? Im Schnitt alle sieben Jahre sein Haus verkaufen, um ein neues Projekt zu starten? Einen Job aufgeben, weil Urlaub attraktiver ist? Ein Bäcker als bester Freund eines Juristen? Alles nichts Besonderes. **Networking** ist eines der wichtigsten Stichwörter zum Abschluss erfolgreicher Geschäfte, weshalb diese häufig auf einem Boot oder im Café abgeschlossen werden. Das heißt aber nicht, dass Neuseeländer nicht hart arbeiten oder gar faul sind. Sie scheinen sich über das europäische Bild von Karriere und Sicherheit lediglich weniger Gedanken zu machen. Alles wird schon irgendwie klappen. Und das tut es auch.

In Neuseeland ist **kein klassischer Lebensweg** vorprogrammiert wie beispielsweise in Deutschland, obwohl es natürlich auch hier eine Schulpflicht gibt (das neuseeländische Bildungssystem schneidet im internationalen Vergleich übrigens hervorragend ab). Man arbeitet nicht unbedingt ein Leben lang in seinem erlernten Beruf, sondern orientiert sich öfter mal neu. Auch das **Einkommen** hängt von der individuellen Lebenssituation ab und entwickelt sich nicht automatisch linear.

Was fast alle Neuseeländer gemeinsam haben, ist eine **Overseas Experience.** Für einige Monate oder Jahre schaut man über den Tellerrand des Heimatlandes, bereist die Welt oder lässt sich zum Arbeiten in einem anderen Land nieder. Häufig geschieht das nach dem Studium, doch auch andere Zeitpunkte sind nicht unüblich. Die meisten Neuseeländer stellen letztlich fest, dass es in ihrem Heimatland doch einfach am schönsten ist, und kommen zurück.

Neuseeland ist ein **Einwanderungsland.** Waren es einst die Maori, dann vorwiegend Engländer, stellen heute Australier, Engländer und Chinesen die größte Zahl von Einwanderern. **Zahlreiche Nationalitäten leben friedlich miteinander.** Vor allem in **Auckland** ist der Kulturenmix offenkundig: In keiner anderen Stadt ist das Straßenbild von einer derartigen Vielfalt an Kulturen und Ethnien geprägt wie in Neuseelands wichtigster Wirtschaftsmetropole.

Die Maori

Polynesier waren die ersten Menschen, die im Rahmen von Entdeckungsreisen im 13. Jahrhundert in ihren Kanus nach Neuseeland kamen. Sie landeten in kleinen, unabhängigen Gruppen und ernährten sich von dem, was das Land ihnen bot. Erst mit dem bedeutend späteren Eintreffen der **Europäer** identifizierten sich die verschiedenen Stämme unter dem **Sammelbegriff „Maori“,** was so viel wie „gewöhnlich“ bedeutet. Dies ermöglichte eine Abgrenzung zu den europäischen Siedlern, den **Pakeha.**

Unter dem Begriff **„Maoritanga“** werden Kultur, Traditionen und die Lebensweise der Maori zusammengefasst. Maoritanga beinhaltet Legenden, Bräuche, Riten, Kunst, Ethik, Sozialgefüge sowie alle kulturell bedingten Verhaltens- und Ausdrucksweisen.

Demografische Entwicklung

Rund **660.000** der in Neuseeland lebenden Menschen **identifizieren sich als Maori.** Als Neuseeland-Maori kann sich bezeichnen und registrieren lassen, wer mindestens einen maorischen Großelternteil vorweisen kann.

Zum Zeitpunkt. als Kapitän *Cook* 1769 Neuseeland entdeckte, lebten geschätzte 100.000 Maori in Neuseeland. Es ist anzunehmen, dass ihre Zahl weiterhin wuchs und sich erst im frühen 19. Jahrhundert durch eingeschleppte europäische **Krankheiten** wie Masern, Influenza, Typhus, Tuberkulose und die Ruhr rückläufig entwickelte. Auch die **Kriege** der 1820er und 30er Jahre trugen zu einer erhöhten Sterblichkeit bei. Zum Zeitpunkt des Treaty of Waitangi 1840 hatte sich die Anzahl der Maori auf etwa 80.000 und weitere 50 Jahre später auf 42.000 verringert. In den folgenden Jahren trugen öffentliche **Gesundheitsprogramme** und kostenfreie Gesundheitsfürsorge zur Verdoppelung der durchschnittlichen Lebenserwartung von Maori bei. Auch die Kindersterblichkeit wurde reduziert.

2015 war jeder dritte Maori jünger als 15 Jahre, nur jeder 17. über 65. Es ist zu erwarten, dass sich die Maori-Bevölkerung weiterhin **verjüngt.** Es wird ge-

Das Waitangi-Tribunal

In den **Verträgen von Waitangi** von 1840 wurde den Maori versprochen, ihre Ländereien, Wälder und Fischgründe behalten zu können. Trotzdem **verloren viele Stämme Land:** Die Regierung **kaufte** es zu unsäglich niedrigen Preisen, und Land wurde im Rahmen der **Landkriege** und bei anderen Gelegenheiten von der Regierung konfisziert.

1975 wurde das Waitangi-Tribunal eingerichtet, um diese **Ungerechtigkeiten auszuräumen.** Die Verfahren sind langwierig und schwierig, die erste Schlichtung (über den Besitz der Waitomo Caves) wurde 1989 unterschrieben. Seitdem wurden 54 Schlichtungen mit einer Gesamtsumme von 1,5 Milliarden Dollar beigelegt. Seit 2014 können keine neuen Ansprüche gestellt werden, die 900 noch ausstehenden Forderungen sollen bis 2020 abgearbeitet sein.

schätzt, dass 2038 die Hälfte aller Maori unter 28 Jahren alt sein wird. Die übrige Bevölkerung wird dann im Schnitt 45 Jahre alt sein.

2013 lebten mehr **Asiaten** in Neuseeland als Maori.

Die Maori heute

Maori sind in allen Gesellschaftsschichten und Berufen vertreten, **offiziell** wird **kein Unterschied** zwischen Maori und Nicht-Maori gemacht. **Faktisch** jedoch herrscht unter den Maori eine **höhere Arbeitslosigkeit** und eine **niedrigere Einkommensstruktur.** Nur ein Viertel aller Maori verfügt über einen höheren Bildungsabschluss. **Gesundheitsstatistiken** werden als erschreckend bezeichnet, und die Anzahl an Maori in neuseeländischen **Gefängnissen** ist überproportional hoch.

Die **Gründe** hierfür sind vielfältig und umstritten. Eindeutig ist, dass sich die Maori seit Eintreffen der Europäer in Neuseeland **an die europäisch geprägte Kultur anpassen** mussten und nicht umgekehrt; Maoritanga wurde nicht berücksichtigt. Erst seit den 1980er Jahren machte der Staat einen Schritt auf die Maori zu. **Te Reo Maori** wurde neben Englisch und Zeichensprache zur **Amtssprache,** heute haben alle staatlichen Einrichtungen einen englischen und Maori Namen. Auch maorische Empfangs- und Verabschiedungszeremonien werden bei offiziellen Veranstaltungen immer mehr praktiziert. Es gibt Kindergärten und Schulen, die auf Maori unterrichten, einen Maori-Fernsehsender und 20 Maori-Radiosender.

Das Konzept des **Bikulturalismus** wird kontrovers diskutiert. Den einen geht es zu weit, manche fordern sogar die komplette Trennung der europäisch

116nz ks

geprägten Kultur von derjenigen der Maori. Andere fordern einen Vielkulturen-Ansatz, um auch den Kulturen anderer Einwanderer gerecht zu werden.

Der Trend geht dahin, dass Pakeha Maoritanga nicht nur wahr- sondern auch ernstnehmen. Maori wiederum besinnen sich immer mehr auf ihre lange unterdrückte Vergangenheit und Kultur und treten mit einem **neuen Selbstbewusstsein** auf, das sich in verstärktem Aktivismus zeigt.

Die zehn größten Iwi (Stämme, Clans) sind die Folgenden:

- **Ngapuhi:** 125.601 Zugehörige
- **Ngati Porou:** 71.049
- **Ngai Tahu:** 54.819
- **Waikato:** 40.083
- **Ngati Tuwharetoa:** 35.874
- **Ngati Maniapoto:** 35.358
- **Tuhoe:** 34.890
- **Ngati Kahungunu ki Te Wairoa:** 21.060
- **Te Arawa:** 19.719
- **Ngati Kahungunu:** 18.285

Mythen und Legenden

Die **Entstehungsgeschichte Aotearoas,** wie Neuseeland in der Sprache der Maori heißt, basiert aus ihrer Sicht auf zahlreichen Mythen und Legenden. Die Geschichten ranken sich um Götter, Ahnen und Stammesväter und wurden über unzählige Generationen hinweg mündlich weitergegeben. Die Überlieferung von **Whakapapa** (Genealogie, Abstammungskunde, die sich mit dem Schicksal von Vorfahren beschäftigt) spielt eine bedeutende Rolle in der Kultur der Maori. Nicht alle Stämme erzählen die gleichen Mythen und Legenden, oft finden sich aber bestimmte Themen in verschiedenen Variationen wieder. Im Verlaufe der Geschichte wurden etliche der Mythen und Legenden von Historikern niedergeschrieben und nicht selten ein wenig angepasst. Diese neuen Varianten verbreiteten sich und sind heute nicht selten fester Bestandteil der generalisierten Maori-Kultur. Einige der Mythen, vor allem die um die Entstehungsgeschichte, sind in ähnlicher Form in der heutigen polynesischen Kultur wiederzufinden.

Ranginui und Papatuanuku

Der Maori-Entstehungsgeschichte zufolge wurden der **Himmelsvater Ranginui** und die **Erdmutter Papatuanuku** in der Dunkelheit Te Po geboren. Fest miteinander verbunden, hatten sie mehrere Kinder. Diese Kinder frustrierte es immer mehr, in der Dunkelheit eingeengt zwischen ihren Eltern leben zu müssen. Ihr Sohn **Tane,** der Gott des Waldes, stemmte schließlich seine mächtigen Füße zwischen die Eltern und schob Ranginui nach oben und Papatuanuku nach unten. Die Welt des Lichtes, **Te Ao Marama,** entstand. Ranginui und Papatuanukus Kinder gebaren weitere Kinder wie Vögel, Fische, Winde und Wasser und sind Stammeseltern jeglichen Lebens und aller Naturphänomene. Alles auf der Welt Existierende stammt letztlich von Himmelsvater und Erdmutter ab und ist miteinander verbunden.

◁ Mataatua, „The House that came home", in Whakatane

www.fotolia.de © stockphoto mania

Maui

Der **Halbgott Maui** aus Hawaiki mit seinen überirdischen Kräften und seiner Kreativität ist Hauptfigur vieler Mythen rund um die Entstehungsgeschichte Aotearoas. Eines Tages, als Maui noch jung war, versteckte er sich im Waka (Kanu) seiner älteren Brüder, um sie auf einer Fischfang-Tour zu begleiten. Auf See wurde er entdeckt. Seine Brüder konnten ihn nicht zurück an Land bringen, da Maui seine überirdischen Kräfte benutzte, um die Küste weiter entfernt erscheinen zu lassen, als sie tatsächlich war. Als das Boot weit auf dem Ozean war, ließ Maui seinen magischen Angelhaken an der Seite des Waka ins Wasser. Nach nur einer kurzen Zeit fühlte er ein Zerren an der Leine, das auf den Fang eines gigantischen Fisches schließen ließ. Maui rief seine Brüder zu Hilfe, und nach vielem Reißen und Zerren tauchte **Te Ika a Maui** („Mauis Fisch") auf, heute als **Nordinsel** Neuseelands bekannt. Unter den Brüdern brach ein Streit über die Besitzrechte des neuen Landes aus. Sie zogen ihre Waffen und stampften vor Wut auf. Die zahlreichen Vibrationen erschufen die unzähligen Berge und Täler der Nordinsel. Die Südinsel ist als **Te Waka a Maui** („Mauis Waka")bekannt, und die kleine Insel im Süden, Stewart Island, als **Te Punga a Maui** („Mauis Anker"). Der Mythologie zufolge gehört Neuseeland Maui, weshalb seine Nachfahren, die Maori, den Besitzanspruch auf das Land einfordern.

Kupe

Traditionellen Geschichten zufolge war der **Seefahrer und Abenteurer** Kupe der erste Mensch, der Neuseeland entdeckte. Der Polynesier begab sich von Hawaiki aus auf die Reise, um den Oktopus seines Rivalen Muturangi zu töten. Er folgte ihm über die Meere und lockte die Kreatur schließlich mithilfe seines Begleiters Ngake (oder auch Ngahuhe) im Waka Tawhirirangi in die Cook Strait, wo die Helden den Oktopus besiegten.

Die **Ankunft von Kupe** ist in der Maori-Kultur von besonderer Bedeutung. Viele Stämme berufen sich auf ihre Verwandtschaft mit ihm. Der Legende nach war es Kupes Frau Kuramarotini, der der Namen **Ao Tea Roa** („Lange Weiße Wolke") einfiel, als sie die Nordinsel zum ersten Mal sah. Kupe bereiste vor allem das südliche Wairarapa, die Cook Strait und das Northland. Anderen, vereinzelten Legenden zufolge reiste er bis Arahura an der Westküste der Südinsel und an die Coromandel-Halbinsel im Osten von Auckland. Zahlreiche Legenden ranken sich um seine Abenteuer und die **Entstehung und Benennung von Landmerkmalen.** Viele dieser Namen sind bis heute erhalten. Zu den bekanntesten gehören Hokianga im Norden und Matiu (Somes Island) vor der Kapiti Coast.

Sozialstrukturen

Einst segelten die Vorfahren der Maori in vereinzelten Gruppen von Polynesien nach Neuseeland. Diese Gruppen wurden zu **Iwi (Stämmen),** die die heutige Gesellschaftsstruktur der Maori bilden. Innerhalb der Iwi gibt es verschiedene **Hapu (Stammesgruppen),** die wiederum aus mehreren **Whanau (Familienverbänden)** gebildet werden.

Der **Zusammenhalt der Maori** basiert in erster Linie auf gemeinsamer Verwandtschaft mit einem der ursprünglichen Ahnen sowie der Verbundenheit durch Iwi, Hapu und Whanau. Noch immer haben ursprüngliche Sozialstrukturen ihre Bedeutung im modernen Alltag, wenn auch häufig in abgeschwächter Form. Immer wieder wird interpretiert, dass die Aufweichung der Stammesstrukturen und Familienverbände und der damit einhergehende Verlust eines festen Platzes in der Gesellschaft sowie eines gültigen Verhaltenskodexes zu **Entwurzelung** führen. Alkoholismus, häusliche Gewalt und die erhöhte Kriminalitätsrate könnten (neben anderen Faktoren) damit in Zusammenhang stehen.

Iwi und Hapu

Die Volksgruppe der Maori ist in verschiedene **Iwi (Stämme)** unterteilt. Jeder Iwi umfasst mehrere **Hapu (Stammesgruppen),** denen bis zu mehrere Hundert Personen angehören können. Traditionell lag die Hauptaufgabe eines Hapu darin, Land zu verteidigen und seine Mitglieder zu unterstützen. Einige Iwi führen ihre Abstammungslinie auf die Besatzung der **Kanus** zurück, die einst aus Hawaiki kamen; der Stamm der Waikato beispielsweise kann seine Vorfahren auf das Tainui Waka zurückführen. Andere Iwi etablierten sich aufgrund von **Migration** innerhalb des Landes. Aufgrund von Nahrungs- und Landknappheit verließen manche Menschen ihren ursprünglichen Verbund und taten sich an anderer Stelle mit anderen zusammen. Auch **Kriege** und **Familienfehden** führten zur Bildung neuer Iwi.

Iwi und Hapu sind häufig **nach ihren Vorfahren benannt,** etwa Ngapuhi („Das Volk von Puhi") oder Te Uri O Rata („Die Nachfahren von Rata"). Andere Namen basieren auf **wichtigen Ereignissen** wie Kriegen, in die Vorfahren verwickelt waren.

Manche Hapu, die sich zuvor bekriegt hatten, schlossen sich wieder zusammen, um ihr Territorium und ihre Mitglieder gegen andere Stämme zu verteidigen. Die Hauptfunktion eines Hapu war, **als Gruppe zu überleben.** Hapu kooperierten in vielen Bereichen wie beim Fischen oder beim Bau von Versammlungshäusern, Kanus, Befestigungsanlagen und Dörfern. Jedem Hapu eines Iwi wurde ein **Teil des Stammeslandes** zugeteilt, idealerweise mit Zugang zu natürlichen Ressourcen wie Gewässern oder Jagdgebieten. Kinder, deren Eltern zu unterschiedlichen Hapu gehörten, erhielten bis zu drei Generationen lang die Zugehörigkeitsrechte beider Hapu, in unterschiedlicher Ausprägung für den Hapu des Lebensmittelpunktes und den verlassenen.

Whanau

Hapu bestehen aus einem oder mehreren **Familienverbänden (Whanau)** mit Erwachsenen, Kindern und Enkeln. Alle sind füreinander da, man hilft sich gegenseitig, kümmert sich um Kinder und Senioren. Whanau umfassen 20 bis 30 Personen, die einst in einem oder mehreren Schlafhäusern untergebracht waren. Jede Familie verfügte über einen eigenen Bereich im Feld, ein Jagd- oder Angelgebiet. Dadurch waren Whanau autarke Selbstversorger. In Verteidigungsfragen wurden Whanau von Hapu und Iwi unterstützt.

Te Ao Marama – die natürliche Welt

Aus Sicht der Maori bildet die natürliche Welt eine **kosmische Familie:** Wetter, Lebewesen, Pflanzen, Sonne, Mond und Meere stehen in Beziehung und Wechselwirkung zueinander.

Nach der maorischen Entstehungsgeschichte begann die Welt mit der Erdmutter **Papatuanuku** und dem Himmelsvater **Ranginui,** die zahlreiche Kinder hatten, die zu Göttern wurden und wiederum eigene Kinder gebaren. Der Gott des Meeres beispielsweise brachte die Fische zur Welt. So entstand die natürliche Welt und alles auf und in ihr. Die Welt ist eine große Familie, die Menschen sind Kinder der Erde und des Himmels sowie Cousinen aller Lebewesen. Verschiedene Stämme verehren verschiedene Ahnen. Ngai Tuhoe etwa verehren den Nebel, der die Urewera-Berge umgibt.

> Zahlreiche Orte in Neuseeland sind tapu, und das gilt es auch als Tourist zu respektieren

Tag und **Nacht** werden als **Te Ao** („Licht“) und **Te Po** („Dunkelheit“) bezeichnet. Maori verbinden Te Ao mit Frieden und Verständnis, Te Po mit Konflikten und Konfusion. Der Auf- und Untergang der Sonne symbolisiert den Zyklus von Geburt und Tod. Hinter Licht und Dunkelheit liegt die mysteriöse und spirituelle Welt von Te Kore. Die wichtigste Kraft ist **Mana,** die von Te Kore ausgeht. **Mauri** ist die Energie innerhalb aller Dinge, Mana fließt durch sie hindurch.

Wenn Mana physische Formen umgibt, gelten sie als **Tapu** und fordern spezifische **Beschränkungen und Verhaltensweisen.** Landschaften, Berge oder natürliche Gegebenheiten können genauso *tapu* sein wie Menschen oder Körperteile (z.B. die eines Stammesführers). Die Missachtung von *tapu* führt zu Ächtung und Krankheit. Das Gegenstück von Tapu ist **Noa,** das Alltägliche und Unbedenkliche.

Marae

Herz eines jeden Hapu ist das Marae. Traditionell ist dies der **Bereich vor einem Versammlungshaus,** an dem sich die Gemeinschaft versammelt, um zu **feiern,** zu **trauern** oder um sich zu **beraten.** Umgangssprachlich umfasst der Begriff den **Komplex** aus **Wharenui** (Versammlungshaus), **Wharekai** (Speisesaal mit angeschlossener Küche) und einem **Badezimmer.** Die Räume älterer Marae sind oft voneinander getrennt, in modernen sind sie dem Versammlungshaus angeschlossen.

Erkennungsmerkmal sind die meist kunstvollen **Schnitzereien** am Versammlungshaus, die unter anderem Whakapapa (die Herkunft) des Stammes darstellen.

Im Versammlungshaus werden **Treffen** abgehalten, es wird **gefeiert** und **unterrichtet.** Es ist auch der Ort, an den Verstorbene gebracht werden, um wäh-

146nz no

rend der **Trauerfeier** in der Umarmung der Ahnen zu verweilen.

Generell darf niemand ein Marae betreten, der nicht explizit dazu **eingeladen** wurde. Für jedes Marae gilt **Kawa,** ein Protokoll mit bestimmtem Regelwerk. Die Grundregeln sind für alle Marae dieselben, Details weichen von Hapu zu Hapu ab.

Eine klassische **Willkommenszeremonie (Powhiri)** beginnt mit der von Gesängen begleiteten Prozession, in der Krieger ihre Waffen niederlegen und die Gäste auffordern, diese an sich zu nehmen. Wenn die Prozession das Marae erreicht hat, werden **Ansprachen (Whaikorero)** gehalten und **Lieder (Waiata)** gesungen. Oft wird eine **Spende (Koha)** an den Gastgeber überreicht. Anschließend begrüßen sich Gäste und Gastgeber mit dem **Hongi** (bei dem sich Nase und Stirn berühren) und einem **Hariru (Handschlag).** Häufig folgt ein **Festmahl (Hakari)** und die Vorstellung der Teilnehmer durch das Rezitieren ihrer Ahnenlinien. Auch zur Verabschiedung gibt es bestimmte Rituale.

117nz ks

⌃ Maori-Schnitzerei

Kunst und Kunsthandwerk

Im Mittelpunkt von Kunst und Kunsthandwerk steht die Bearbeitung von **Holz** und **Stein** sowie die **Webkunst.** Im Laufe der Kolonialisierung wurden viele künstlerisch wertvolle Gegenstände außer Landes gebracht, heute bemüht sich das Ministerium für Maori-Entwicklung für die Rückführung möglichst vieler **Taonga** (Schätze).

Holzschnitzereien

Die frühen Schnitzereien sind überwiegend an **Gebäuden** und **Kriegskanus** zu finden. Das Holz, das zum Schnitzen verwendet wird, symbolisiert Tane, den Gott des Waldes. Die Schnitzereien versinnbildlichen Whakapapa, Mana und verschiedene Mythen.

Historische Schnitzereien zeigen große Ähnlichkeiten mit denen aus **Polyne-**

sien, wie beispielsweise Uenuku, die frühe stilisierte Darstellung des Regenbogengottes, die sich ganz ähnlich auf Hawaii findet. Bis 1800 hatte sich ein eigener **Maori-Stil** entwickelt, der runde Muster und Spiralen in Anlehnung an Farne und andere Pflanzen integrierte. Später beeinflusste auch die Kolonisation die Handwerkskunst, und mit dem Einzug des Tourismus wurden viele Schnitzereien auf den Geschmack der Besucher und Käufer abgestimmt.

Um die ursprüngliche Kunst zu wahren wurde 1926 die **Rotorua School of Maori Arts and Crafts** gegründet, in der die traditionelle Schnitzkunst gelehrt wird. Durch diese Initiative wurden viele Versammlungshäuser und Speisesäle wieder auf Grundlage der traditionellen Kunst gestaltet. Zusätzlich hat sich ein Zweig entwickelt, der moderne Aspekte in die Schnitzerei einbringt (wie z.B. in Te Papa zu sehen). Die Ausbildung eines Schnitzmeisters dauerte einst bis zu 20 Jahren.

Greenstone

Pounamu ist ein von Maori hoch geschätzter Stein, auch als **Greenstone** und **New Zealand Jade** bekannt. Er ist von spiritueller Bedeutung, repräsentiert Status und Autorität. Es werden **vier Arten** von Pounamu unterschieden, drei davon sind **Nephritarten,** einer ein **Bowenit.** Jade umfasst geologisch gesehen Nephrit und Jadeit, nicht jedoch Bowenit – streng genommen ist Greenstone also keine Jade.

Pounamu wird ausschließlich auf der **Südinsel** gefunden, vor allem im Westland, um Lake Wakatipu in Otago sowie im Milford Sound. Seit 1947 ist der Export rohen Greenstones verboten.

Ursprünglich wurden aus Pounamu **Werkzeuge** und **Waffen** wie Meißel und Messer hergestellt. Die Waffe **Mere Pounamu** wird als der kostbarste Gegenstand aus Pounamu geschätzt, sie ist das Hauptsymbol einer Stammesführerschaft.

Schmuckstücke wie Ohrringe, Ketten und Anhänger wurden ebenfalls aus Pounamu hergestellt. Das bekannteste Schmuckstück ist **Hei Tiki,** ein Ornament in Form einer verzerrten Figur mit einem großen, schiefen Kopf und verschränkten Beinen. Hei Tiki wurden vorwiegend von Frauen getragen und sollte deren Fruchtbarkeit fördern.

Webarbeiten und Kleidung

Maori stellten ihre Kleidung und deren Verzierungen aus **Pflanzen** (allen voran aus Flachs und Gräsern), **Federn** und **Tierhäuten** her. Sie besaßen eine große Bandbreite an Kleidungsstücken, die wärmten, gegen Regen schützten und den nackten Körper bedeckten. Durch verschiedene Web- und Flechttechniken wurden Muster in die Kleidung eingearbeitet. Kleidung und Frisuren waren dem Status des Trägers angepasst, und besonders feine Kleidung konnte das Mana fördern. Die kostbarsten Umhänge wurden ausschließlich von Stammesführern getragen.

Die Kunst des Webens war schon fast in **Vergessenheit** geraten, bis sie in den 1960er Jahren wiederentdeckt und seitden vermehrt gefördert wurde. Heute ist die maorische Webkunst eine präsente und **anerkannte Kunstform.**

Tätowierungen

Moko, wie die traditionellen Maori-Tätowierungen genannt werden, sind im polynesischen Raum weit verbreitet und haben in Neuseeland ihren eigenen Stil in entwickelt, in dem **Spiralformen** dominieren. Moko haben ihren Ursprung in **Trauerzeremonien,** bei denen Frauen sich mit Muscheln oder Obsidianen schnitten und Ruß in die Wunden rieben. Später wurden die Muscheln durch Meißel aus Knochen von Meeresvögeln ersetzt, und das Farbpigment wurde aus Kohle und Öl oder Pflanzensäften gemischt. Der Prozess des Tätowierens folgte strengen Ritualen, galt als *tapu.*

Tätowierer waren weithin respektiert und wurden hoch bezahlt. Die Tätowierungen repräsentierten den **Status** des Trägers. Manche Stammesführer unterschrieben den Treaty of Waitangi mit der Zeichnung ihres Moko. Besonders hohe Persönlichkeiten galten als *tapu* und durften nicht tätowiert werden.

Traditionell bezeichnete der Begriff „Moko" ausschließlich **Gesichtstätowierungen von Männern, Kauae** war die **Kinntätowierung der Frauen.** Heute fallen im Sprachgebrauch alle Maori-Tätowierungen unter den Begriff „Moko".

Mit dem Eintreffen der Europäer in Neuseeland wurde immer weniger tätowiert, und erst seit den **1970er Jahren** lebt diese Kunst wieder auf. Wurden Moko anfangs vornehmlich von Gang-Mitgliedern getragen, sind sie heute in **allen Gesellschaftschichten** präsent. Tätowierungen werden nicht nur als Schmuck, sondern vermehrt auch als Ausdruck der Verbundenheit mit Maoritanga und/oder einer Stammeszugehörigkeit getragen.

Haka

„Haka" bedeutet „Tanz". Es gibt unzählige **Tänze,** je nach Anlass. **Kapa Haka** sind Tänze, die von einer in Reihen stehenden Gruppe aufgeführt werden und bei denen **Waiata (Lieder)** ein wichtiger Bestandteil sind. Kapa Haka werden extrem ausdrucksstark präsentiert. Traditionell hing der Ruf einer Stammesgruppe auch von der Fähigkeit zu tanzen sowie der Expertise des Haka-Führers ab.

Im 19. Jahrhundert versuchten europäische Missionare, **Tänze, Lieder und Gesänge zu unterbinden,** und ermutigten die Maori, stattdessen Hymnen und europäische Lieder zu singen. Ab den 1880 begannen Kapa-Haka-Gruppen für Touristen aufzutreten, meist zu europäischen Melodien. Manche Konzertgruppen tourten im Ausland, und wichtige Staatsbesucher wie der englische Adel wurden vermehrt mit Maori-Zeremonien und Kapa Haka begrüßt. Mit zunehmender Popularität wurden wieder vermehrt Lieder geschrieben, die den ursprünglichen Gesängen ähnelten. Im Ersten Weltkrieg forderte der Stammesführer *Apirana Ngata* zu sogenannten Kapa-Haka-Parties auf, um Geld für den Maori Soldiers' Fund zu sammeln. 1934 fand im Rahmen der Feierlichkeiten des Jahrestages des Treaty of Waitangi der erste **Kapa-Haka-Wettbewerb** statt. 1972 wurde das erste polynesische Festival abgehalten, ab 1983 durften nur noch Maori daran teilnehmen. Heute zieht der Wettbewerb **Te Matatini** über 40 Gruppen, 2000 Darsteller und 30.000 Besucher an. Seit 2000 wird Kapa Haka an **Universitäten** gelehrt.

Der wohl bekannteste Haka ist heute der der nationalen **Rugby-Mannschaft**

All Blacks. Das Team (das vorwiegend aus Nicht-Maori besteht) führt vor jedem Spiel einen beeindruckenden Haka vor: Es werden Zungen herausgestreckt, böse Blicke verteilt und Kraft und Stärke mit dem Schlagen auf Brust und Oberschenkel gezeigt, um das gegnerische Team einzuschüchtern.

Die Church of the Good Shepherd am Lake Tekapo auf der Südinsel ist interkonfessionell

Religionen

Moderne Weltreligionen waren für die Maori unbekannt, bis europäische und später auch Siedler anderer Kulturen ihre heimischen Glaubensrichtungen „importierten". Die Maori glaubten ausschließlich an die Entstehungsgeschichte durch den Himmelsvater Ranginui und Erdmutter Papatuanuku, die aus der Dunkelheit Te Po geboren wurden und von denen alles Leben und die gesamte Natur abstammten (siehe „Die Maori").

Rund 90 Prozent der frühen Siedler waren **Christen,** drei Viertel von ihnen **Protestanten.** Die ersten Missionare er-

118nz br

reichten 1814 die Bay of Islands. In den folgenden Jahren und vermehrt ab 1820 wurden **Missionsstationen** mit Schulen und Kirchen eingerichtet, um den Maori den christlichen Glauben zu vermitteln. Viele Missionare reisten zu Fuß oder auf Pferden durch das Land, um zu predigen. Mit dem Einzug europäischer **Krankheiten,** die viele Todesopfer unter den Maori forderten, wandten sich etliche dem christlichen Glauben zu; die Mehrzahl wurde **Anglikaner.**

Es entstanden unabhängige **christliche Maori-Bewegungen,** aus denen neue Glaubensrichtungen und Kirchen gegründet wurden. Die größte ist die **Ratana Church,** die 1925 gegründet wurde und der zeitweise zehn Prozent der Maori-Bevölkerung angehörte.

Heute ist Neuseeland eines der **säkularsten** Länder der Welt. Im Jahr 2013 identifizierte sich weniger als die Hälfte der Bevölkerung (48,9 Prozent) mit dem Christentum, 41,9 Prozent gehörten keiner Religionsgemeinschaft an. Lediglich 15 Prozent der Christen gehen noch in die Kirche.

Da Neuseeland auch nach wie vor ein **Einwanderungsland** ist, bringen die Immigranten ihre heimischen Religionen mit und leben ihren Glauben. Die zehn größten Glaubensrichtungen:

- **Katholizismus**
- **Anglikanismus**
- **Presbyterianismus**
- **Allgemeine Christen** (nicht weiter spezifiziert)
- **Methodismus**
- **Hinduismus**
- **Pfingstbewegung**
- **Buddhismus**
- **Baptismus**
- **Islamismus**

In der Umfrage aus dem Jahr 2013 gaben übrigens etliche Befragte an, sie gehörten dem **Jedi-Glauben** (aus „Star Wars") an. Wäre Jedi als Religion anerkannt, wäre sie die zweitgrößte Glaubensgemeinschaft Neuseelands.

Pretty in Pink: Fyffe House in Kaikoura

119nz ks

Architektur

In Neuseeland finden sich eine Reihe interessanter **historischer und moderner Gebäude** vom edwardianischen Stil über Art Déco bis hin zu modernen Häusern aus Glas und Stahl. Allerdings muss man vielerorts genau hingucken, um die vereinzelten Meisterstücke zu finden. Wer sich für Architektur interessiert, sollte einen Blick auf diese Website werfen:

- **www.architecturenow.co.nz**

Die ersten Gebäude der frühen Siedler folgten dem **britischen Vorbild:** Öffentliche Bauten wie Banken und Verwaltungsgebäude sowie Kirchen wurden vorwiegend im **klassischen** und **gotischen Stil** errichtet. Hiermit wurde Stabilität und Beständigkeit assoziiert. Als Neuseelands Städte zu wachsen begannen, wurde vermehrt mit **Stein** gebaut. Besonders schöne Steinhäuser sind heute noch in Oamaru zu sehen. Auch nach der Jahrhundertwende wurden größere Gebäude im europäischen Stil gebaut, allen voran im edwardianischen Stil. Gleichzeitig lebte das **Art Déco** auf, das heute noch im Stadtbild von Napier und Hastings präsent ist. Ab 1930 wurden klare Linien und einfache Formen bevorzugt. **Modernismus** war das neue Stichwort, die ersten Hochhäuser entstanden.

Wer sich für historische Architektur interessiert, wird beispielsweise in Auckland, Napier, Hastings, Oamaru und Dunedin fündig. Gebäude von besonderem architektonischem Wert sind (von Nord nach Süd):

- **Skytower** in **Auckland**
- **Rotorua Museum** in **Rotorua** (Bay of Plenty)
- **Puke Ariki** in **New Plymouth** (Taranaki)
- **National Tabacco Company Building** in **Napier** (East Coast)
- **Serjeant Gallery** in **Whanganui** (Manawatu-Whanganui)
- **Parliament Buildings und Beehive** in **Wellington**
- **Christ Church** in **Nelson** (Nördliche Südinsel)
- **Christchurch Cathedral** in **Christchurch** (Canterbury)
- **Sound Shell** in **Timaru** (Canterbury)
- **Bank Buildings** in **Oamaru** (Otago)
- **Railway Station** in **Dunedin** (Otago)
- **Civic Theatre** in **Invercargill** (Southland)

Kunst und Kultur

Ihren Ursprung hat die neuseeländische Kunst in den Traditionen der **Maori** und später, ab 1840, in den Einflüssen durch die **europäischen Siedler.** Durch den vermehrten Andrang an Einwanderern von den **pazifischen Inseln** und aus ganz **Asien** mischten sich auch deren kulturelle Traditionen in Neuseelands Kunstszene.

Spätestens seit den 1970er Jahren nahmen Kunst und Kultur immer mehr an Bedeutung zu. Öffentliche sowie private **Fördermittel** wurden verstärkt zur Verfügung gestellt, **Kulturprogramme** ins Leben gerufen. Heute gibt es unzählige Institutionen, die Kunst und Kultur lehren, fördern und präsentieren. Im Land gibt es knapp **500 Museen** und unzählige **Festivals** mit unterschiedlichen Schwerpunkten: von klassischer Musik und Theater über Modedesign, Straßen-

120nz ks

kunst bis hin zu Literaturveranstaltungen (Festivalkalender siehe „Praktische Reisetipps von A bis Z/Festivals"). Highlight ist das **New Zealand International Arts Festival,** das alle zwei Jahre stattfindet (das nächste Mal 2018).

Neuseeland hat viele **international renommierte Künstler** hervorgebracht, z.B den Komponisten *Douglas Lilburn,* den Maler *Colin McCahon* und die Autorin *Janet Frame.*

Bildende Kunst und Kunsthandwerk

Kunst und Kunsthandwerk existieren seit der Besiedlung Neuseelands und haben sich durch unterschiedliche kulturelle Einflüsse kontinuierlich entwickelt. Es gibt es unzählige öffentliche und private Galerien sowie Museen, die historische und zeitgenössische Werke von meist nationalen Künstlern ausstellen. Vereinzelte Museen zeigen auch Exponate internationaler Künstler. Eine Studie aus dem Jahr 2002 zeigt, dass 50 Prozent der Neuseeländer mindestens einmal im Jahr eine Kunstgalerie oder ein Museum besuchen. Ein Drittel der Bevölkerung erwirbt einmal im Jahr ein originales Kunstwerk.

Bekannte Namen in der Kunstszene sind die Maler *John Reynolds* und *Bill Hammond,* die Bildhauer *Peter Robin-*

⌃ In Neuseeland finden sich unzählige kleine private Kunstgalerien

son, Neil Dawson und *Jacqueline Fraser,* die Fotografin *Anne Noble* und die Glaskünstlerin *Ann Robinson.*

Sehenswerte Kunst-Museen sind (von Nord nach Süd):

- **Auckland Art Gallery**
- **Govett-Brewster Gallery** in **New Plymouth** (Taranaki)
- **The Dowse** in **Lower Hutt** (Wellington)
- **City Gallery** in **Wellington**
- **Te Papa** in **Wellington**
- **Suter Art Museum** in **Nelson** (Nördliche Südinsel)
- **Dunedin Public Art Gallery**

Literatur

In Neuseeland findet sich ein breites Spektrum an begabten Schriftstellern. Unterschiedliche Kulturen und Lebensräume bieten einen **guten Nährboden für literarische Werke.** Die bekanntesten Künstler ihres Genres sind der Dichter *Bill Manhire,* die Romanautoren *Patricia Grace, Albert Wendt* und *Maurice Gee* und die Kinderbuchautorin *Margaret Mahy.* Sie alle sind über die Grenzen Neuseelands hinaus berühmt. Einer der bekanntesten Maori-Autoren ist der Novelist *Witi Ihimaera.*

Neuseeländer lesen gerne. Nach einer Studie von 2002 hatten 45 Prozent aller Neuseeländer innerhalb der letzten vier Wochen ein Buch gekauft und 40 Prozent hatten eine öffentliche Bibliothek besucht.

Eine **Auswahl** an gefeierten bzw. populären literarischen Werken:

- **Katherine Mansfield:** „The Garden Party And Other Short Stories", 1922 („Das Gartenfest")
- **Dame Ngaio Marsh:** „Colour Scheme", 1943 („Bei Gefahr Rot")
- **Janet Frame:** „Owls Do Cry", 1957 („Wenn Eulen schrein")
- **Heretaunga Pat Baker:** „Behind the Tattooed Face", 1975 („Die Prophezeiung")
- **Maurice Gee:** „Plumb", 1978
- **Albert Wendt:** „Leaves of the Banyan Tree", 1979 („Die Blätter des Banyambaums")
- **Margaret Mahy,** „The Changeover", 1984 („Töchter des Mondes"), Jugendbuch
- **Witi Ihimaera:** „The Whale Rider", 1987 („Whalerider – die magische Geschichte vom Mädchen, das den Wal ritt")
- **Maurice Shadbolt:** „Season of the Jew", 1987

Mein Tipp: **Keri Hulme:** „The Bone People", 1991 („Unter dem Tagmond")

- **Patricia Grace:** „Tu", 2004
- **Lloyd Jones:** „Mr. Pip", 2007 (Mister Pip)

Mein Tipp: **Eleanor Catton:** „The Luminaries", 2013 („Die Gestirne")

Mein Tipp: **Bill Manhire:** „Some Other Country", 1992 („Ein anderes Land: Short Storys aus Neuseeland")

Musik

Populäre Musik

Blues, Jazz und Country Music gelangte von Amerika ab den 1920er Jahren nach Neuseeland, entwickelte sich im Laufe der Zeit weiter und mischte sich mit anderen modernen Stilen. Neuseeland hat eine **breit gefächerte Musikszene,** die immer wieder international erfolgreiche Bands und Musiker hervorbringt. Beispiele sind Crowded House, der Jazzpianist *Mike Nock,* die Sängerin *Bic Runga* und Bands wie Split Enz, The Mutton Birds und The Datsuns. Eine der bemerkenswertesten Rockbands ist Shihad, auch die Sängerin *Lorde* steht im internationalen Rampenlicht. Neben neuseeländischer Musik werden im Radio internationale Welthits in Endlosschleifen gespielt.

Maorimusik und pazifische Musik

Maori-Sänger wie *Howard Morrison, Prince Tui Teka, Dalvanius Prime, Moana Maniapoto* und *Hinewehi Mohi* besetzen eine eigene Nische in der Populärmusik. Ihr Stil ist in der Popmusik anzusiedeln, Spuren von pazifischen Einflüssen sind zu herauszuhören. Noch mehr pazifische Rhythmen und Melodien sind im **Polyfunk** und **Pacific Blues** zu finden, denen Sänger und Bands wie *Ardijah, Che Fu* und *Nesian Mystik* angehören. Als dritte Richtung kann **Maori HipHop** genannt werden; dieser Stil wurde über lange Jahre vom zigfach ausgezeichneten Künstler *Scribe* dominiert.

Folk Music

Neuseeländische Folklore findet ein breites Publikum. War die „Musik des Volkes" ursprünglich von schottischen Dudelsäcken dominiert, gibt es heute verschiedene Strömungen, die sich durch den Einfluss zahlreicher Ethnien entwickelt haben. Bands wie Many Hands schaffen es, die Einflüsse ihrer unterschiedlichen Herkunftsländer in ihre Musik fließen zu lassen und einen einzigartigen Stil zu erschaffen. Zu den international bekannteren Interpreten gehören *Marlon Williams* und *Aldous Harding*, deren Musik zwischen Pop und Folk changiert.

Klassische Musik

Klassische Musik ist in Neuseeland präsent, findet jedoch weniger Anhänger als modernere Musikrichtungen. Seit dem Zweiten Weltkrieg haben Weltklasse-Musiker und Orchester auch Neuseeland (meist Auckland und/oder Wellington) auf ihrem Tourprogramm. Das **New Zealand Symphony Orchestra** (NZSO) wurde 1946 gegründet, das **Kammerorchester** 1987. Weitere professionelle Orchester musizieren in Auckland, Wellington, Christchurch und Dunedin.

Lokale **Instrumentalisten** von internationalem Rang gibt es nur wenige, der Pianist *Maurice Till* war einer der ersten, in seine Fußstapfen trat *Michael Houstoun.* Erfolgreicher ist Neuseeland in der Ausbildung **hochkarätiger Sänger.** Bekannte Namen sind *Donald McIntyre, Malvina Major, Kiri Te Kanawa* und der aktuell gefeierte Bass *Jonathan Lemalu.* Erwähnenswerte moderne Komponisten sind *Jack Body, Gillian Whitehead, Gareth Farr* und *John Psathas.*

Aktuelle **Konzerte** sind unter anderem auf dieser Website gelistet:

- **www.eventfinda.co.nz**

> Neuseeland ist selbst eine Filmschönheit

Film

Ob als DVD oder im Kino, Neuseeländer lieben Filme! Entsprechend hat sich die Filmindustrie entwickelt. Anfangs langsam und schleppend, boomt die neuseeländische Filmwirtschaft seit den 1980er Jahren und explodierte schier mit der Verfilmung der Trilogie **„Herr der Ringe"** ab 2001, die den bisher mit Abstand größten Erfolg der Filmgeschichte feierte. Unter dem Regisseur *Peter Jackson* gewann die Trilogie 17 Academy Awards. Der Effekt auf die neuseeländische Filmindustrie und vor allem das in Wellington ansässige Weta Studio war immens.

Vermehrte internationale Aufmerksamkeit wurde dem neuseeländischen Film ab 1993 geschenkt, als **„The Piano"** („Das Piano") einen Oscar und die Regisseurin *Jane Campion* die Goldene Palme des Cannes Film Festivals gewann. Auch die Verfilmung des Buches **„The Whale Rider"** im Jahr 2003 war ein voller Erfolg und gewann diverse internationale Preise. Neuseeländische Regisseure wie *Lee Tamahori* und *Peter Jackson* sowie die Schauspieler *Sam Neill, Russell Crowe, Kerry Fox* und *Julian Dennison* genießen internationales Renommee. Eine Karriere in der Filmbrache ist gesellschaftlich hoch anerkannt.

Die neuseeländische Filmkommission stellt auf ihrer Homepage eine **Datenbank** aller in Neuseeland gedrehten Filme zur Verfügung (www.nzfilm.co.nz). In den Archiven von Nga Taonga Sound and Vision in Wellington und Auckland kann nach Filmen und Produktionen gesucht werden, die dann kostenlos direkt vor Ort an (etwas veralteten) Bildschirmen angesehen werden können.

Eine Auswahl erfolgreicher neuseeländischer bzw. in Neuseeland gedrehter Filme:

121nz ks

„Der Herr der Ringe" – Filmsets und Einrichtungen

Das **DOC** stellt auf seiner Website Drehorte mit GPS-Koordinaten vor (www.doc.govt.nz).

Nördliche und Zentrale Nordinsel

- **Matamata:** Auenland und Hobbingen Filmset
- **Tongariro National Park** (Mordor, Schicksalsberg)

In und um Wellington

- **Paraparaumu, Queen Elizabeth Park** (Schlacht auf den Pelennor-Feldern)
- **Paraparaumu, Waitare Forest** (Wald von Osgiliath)
- **Kaitoke Regional Park** (Bruchtal, wo sich Frodo von der Messerattacke erholt)
- **Lower Hutt: Hutt River** zwischen Moonshine und Totara Park (Szenen am Fluss Anduin)
- **Lower Hutt: Harcourt Park** (Gärten Isengarts)
- **Wellington, Mount Victoria** (Wald von Hobbiton, in dem sich die Hobbits vor den Schwarzen Reitern verstecken)
- **Wellington, Miramar:** Hier befindet sich das Weta Studio, das maßgeblich an der Filmproduktion beteiligt war.
- **Putangirua Pinnacles, Palliser Bay** (Pfade der Toten)

Im Norden der Südinsel

- **Nelson, Juwelier Jens Hansen:** Hier wurden 40 verschiedene Ringe für die Filmproduktion hergestellt.
- **Takaka Hill** (Chetwald)
- **Kahurangi National Park, Mount Olympus, Mount Owen** (Schattenbachtal)

Canterbury

- **Mount Sunday** (Edoras, die Hauptstadt der Bewohner von Rohan)
- **Twizel** (Schlacht auf den Pelennor-Feldern)

Otago

- **Glenorchy, Mount Earnslaw** (Eröffnungsszene von „Die zwei Türme")
- **Richtung Paradise** (Lothlórien)
- **Arrowtown, River Arrow** (Furt des Bruinen)
- **Arrowtown, Wilcox Green** (Szenen auf den Schwertfeldern)
- **Cardrona, Mount Cardrona** (Blick auf den Fluss Anduin, die Säulen von Argonath, Schattenbachtal, Amon Hen und den Fluss Nen Hithoel)

Fiordland

- **Te Anau, Waiau River** (Fluss Anduin, Landschaft von Bruchtal)
- **Te Anau, Wälder bei Takaro Road** (Wald von Fangorn)

www.fotolia.de © Patrik Stedrak

Auch im Fiordland waren die Hobbits unterwegs

- **Goodbye Pork Pie,** 1981 (Mach's gut Pork Pie)
- **Utu,** 1983 (Die letzte Schlacht der Maori)
- **Meet the Feebles,** 1989
- **The Piano,** 1993 (Das Piano)

MEIN TIPP: **Once Were Warriors,** 1994 (Die letzte Kriegerin)

- **Heavenly Creatures,** 1994 (Himmlische Kreaturen)
- **The Lord of the Rings,** 2001, 2002, 2003 (Der Herr der Ringe)

MEIN TIPP: **Whale Rider,** 2002 (Whale Rider)

- **The Last Samurai,** 2003 (Der letzte Samurai)
- **King Kong,** 2005
- **The World's Fastest Indian,** 2005 (Mit Herz und Hand)
- **The Chronicles of Narnia,** 2005 (Die Chroniken von Narnia)
- **Boy,** 2010
- **The Adventures of Tintin,** 2011 (Tim und Struppi)
- **The Hobbit,** 2012, 2013, 2014 (Der Hobbit)
- **What we do in the Shadows,** 2014 (5 Zimmer, Küche, Sarg)
- **The Dark Horse,** 2014 (Das Talent des Genisis Potini)

MEIN TIPP: **Hunt for the Wilderpeople,** 2016

- **The Patriarch,** 2016 (Mahana)
- **Alien – Covenant,** 2017

Sport

Neuseeländer gelten als **begeisterte Sportler.** Ob als passiver Zuschauer oder aktiv, die meisten Neuseeländer sind in irgendeine Art von Sport involviert. Die **beliebtesten Sportarten** sind mit Abstand Rugby und Kricket, gefolgt von Netzball, Hockey, Leichtathletik, Wassersport, Radsport, Golf und Fischen. Die Liste der Sportarten ist endlos.

Rugby

In der Beliebtheitsskala der neuseeländischen Sportfans ganz oben steht Rugby mit dem **Nationalteam All Blacks.** Die Euphorie ist vergleichbar mit der Fußballbegeisterung der Deutschen. Man geht in Stadien und verfolgt die Spiele in Gesellschaft von Freunden, vor dem Fernseher oder im Pub. Es vergeht kaum ein Tag, an dem die Medien nichts zum Thema Rugby zu vermelden haben. 2015 waren mehr als 150.000 Neuseeländer als Rugbyspieler registriert. Zusätzlich gab es 12.000 Trainer und 2000 Schiedsrichter. Mehr als 50 Prozent der Rugbyspieler sind Maori oder haben polynesische Wurzeln.

Es gibt zwei Arten von Rugby: **Rugby League** und **Rugby Union.** Im Weltcup wird Rugby Union gespielt. Grob gesagt spielen zwei Mannschaften mit je 15 Personen zweimal 40 Minuten lang um Punkte, die auf verschiedene Weise erworben werden können. Beim Weltcup in England 2015 gewann Neuseeland im Finale mit 34:17 und wurde damit das erste Team, das zweimal hintereinander den Titel gewann, und das erste Team das den Titel insgesamt dreimal holte. Die Spieler des groß gefeierten Nationalteams All Blacks sind nicht nur aufgrund ihres sportlichen Erfolges international bekannt, sondern auch durch den Haka, den sie vor den Spielen aufführen.

Der **Besuch** eines hochkarätigen **Rugbyspieles** lohnt sich. Allein die Atmosphäre zu erleben und sich unter begeisterte Kiwis zu mischen, ist schon den Besuch wert.

Wer mehr über Rugby erfahren möchte, kann das **National Rugby Museum** in Palmerston North besuchen.

18 Anhang

Fotosession am Strand

Literaturtipps

Im Folgenden eine Auflistung von **Sachbüchern.** Belletristik wird im Kapitel „Menschen und Kultur/Kunst und Kultur/Literatur" behandelt. Nützliche **Internetseiten** und **Apps** siehe „Praktische Reisetipps von A bis Z/Internet".

Geschichte

- *Michael King:* **The Penguin History of New Zealand.** Penguin Books NZ, 2014. Standardwerk zur neuseeländischen Geschichte.
- *Gavin McLean:* **New Zealanders at War.** Penguin Books NZ, 2009. Auszüge aus Briefen, Tagebüchern und Berichten aus Kriegsgebieten innerhalb und außerhalb Neuseelands.
- *Nicky Hager:* **Other People's Wars. New Zealand in Afghanistan, Iraq and the War on Terror.** Craig Potton Publishing, 2011. Interessantes Buch über Neuseelands Aktivitäten in Afghanistan und dem Irak.

(Maori-)Kultur

- *Joscha Remus:* **Gebrauchsanweisung für Neuseeland.** Piper Verlag, 2012. Erfrischend humorvoll geschriebenes Buch über die Neuseeländer, ihre Kultur und das Land.
- *Claudia Edelmann:* **Maori – Neuseelands verborgener Schatz.** Kühnert, Wolfram Verlag für Belletristik und Reiseliteratur, 2011. Gibt einen recht guten Überblick über die Kultur der Maori.
- *Hartmut Jäcksch:* **Maori und Gesellschaft.** Mana Verlag, 2007. Ein gutes deutschsprachiges Buch, um mehr über die Geschichte und (Alltags-)Kultur der Maori zu erfahren.
- *Trevor Bentley:* **Pakeha Maori: The extraordinary Story of the Europeans who lived as Maori in early New Zealand.** Penguin Books NZ, 2014. Hörbuch
- *Edward Shortland:* **Maori Religion and Mythology.** Create Space Independent Publishing Plattform, 2016. Ein guter Überblick über Religion und Mythen der Maori.

Natur

- *Julian Fitter:* **A Field Guide to wild New Zealand.** David Bateman, 2010. Gibt einen Überblick über Neuseelands Pflanzen und Tiere.
- *Julian Fitter:* **A Field Guide to the Birds of New Zealand.** Princeton University Press, 2012. Bestimmungsbuch für Vögel mit Erläuterungen.
- *George Gibbs:* **Ghosts of Gondwana.** Potter & Burton, 2016. Die Geschichte von Neuseelands Flora und Fauna.
- *Allan, Stu:* **Bushcraft Manual. Outdoor Skills for the New Zealand Bush.** Mountain Safety Council, 2011. Ein Handbuch zum richtigen Verhalten in der Natur. Beschreibt zudem die Besonderheiten neuseeländischer Wälder.

Reisen

- *Peter Albert, Alexandra Albert:* **Neuseeland zu Fuß und per Rad entdecken.** Reise Know-How Verlag, 2016. Die besten Wander- und Radrouten inkl. Tipps für andere Sportarten.
- *Andrea Buchspieß, Johanna Kommer:* **Neuseeland Reisen und Jobben.** Reise Know-How Verlag, 2015. Alles Wissenswerte für einen längeren Neuseelandaufenthalt von der Reisevorbereitung bis zur Jobsuche.
- *Stephen Barnett, John McCrystal:* **Das kuriose Neuseeland-Buch: Was Reiseführer verschweigen.** Fischer Taschenbuch, 2012. Humorvolles Buch über Kurioses, Wissenswertes und weniger Wissenswertes.

Bildbände

- *Karl Johaentges, Jackie Blackwood:* **Neuseeland. Paradies im Pazifik.** National Geographic, NG Buchverlag GmbH, 2015. Schöner Bildband mit begleitenden Texten.
- *Roland F. Karl, Christian Heeb:* **Neuseeland.** Verlagshaus Würzburg – Stürtz, 2013. 400 Bilder, die das Land und deren Sehenswürdigkeiten repräsentieren.

Sprachführer

- *Haupai Puke, Ray Harlow:* **Maori für Neuseeland – Wort für Wort.** Reise Know-How Verlag, 2008, Kauderwelsch-Band 216. Sprachführer und Wörterbuch für Maori. Begleitendes Tonmaterial auf Audio-CD oder als mp3-Download erhältlich.
- *Martin Lutterjohann, Claudia Delay:* **Neuseeland Slang – das andere Englisch.** Reise Know How Verlag, 2015, Kauderwelsch-Band 45. Sprachführer für Kiwi-Englisch. Begleitendes Tonmaterial auf Audio-CD oder als mp3-Download erhältlich.

Landkarten

- **Landkarten Neuseeland Nordinsel und Neuseeland Südinsel,** jeweils 1:550.000. Reise Know-How Verlag, 2016. Reiß- und wasserfeste Karten zum Planen der Reise und Orientieren vor Ort.

Sonstiges

- *Murray Thom:* **Das große Neuseeland Kochbuch, 190 Rezepte gegen das Fernweh.** Knesebeck, 2015. Tolles Kochbuch mit traditionellen neuseeländischen Rezepten.

Glossar

Im Folgenden eine Liste von Wörtern und Ausdrücken, denen man als Tourist auf seiner Neuseelandreise öfter begegnen wird und die nicht unbedingt selbsterklärend sind. Für weitere Begriffe siehe „Literaturtipps/Sprachführer“ und „Kleine Sprachhilfe“.

AA: Das neuseeländische Äquivalent zum deutschen ADAC

All Blacks: Neuseelands Nationalteam in der Rugby Union

ANZAC: Australia and New Zealand Army Corps, das australisch-neuseeländische Armeekorps

Aotearoa: „Lange weiße Wolke“, Maori für Neuseeland

Bach: Ferienhaus

Combo: Preisreduziertes Angebotspaket für verschiedenen Speisen, Aktivitäten u.Ä.

Dairy: kleiner Lebensmittelmarkt

DOC: Abkürzung für Department of Conservation, die staatliche Naturschutzbehörde

EFTPOS: neuseeländisches Äquivalent zur Maestro-Karte

Godzone: umgangssprachlich für Neuseeland („God's Own Country“)

Great Walks: vom DOC als besonders schön und gut ausgebaut vermarktete Wanderwege

Greenstone: Grünstein, *pounamu*

Harbour: Naturhafen bzw. Meeresarme, die weit in die Landschaft fließen, auch Hafen

Hawaiki: die polynesische Heimat der Maori

Hongi: Maori-Begrüßung, bei der Nase und Stirn aneinander gepresst werden

Inlet: Meeres- oder Flussarm

i-SITE: neuseeländische Touristeninformation

Kauri: majestätische endemische Kiefernart

Kiwi: neben der Bezeichnung für Vogel und Frucht auch für Bewohner Neuseelands

Kiwiana: Bezeichnung für alles, was typisch für Neuseeland ist
Koha: Spende (oft anstelle eines festgelegten Eintrittsgeldes)
Kumara: Süßkartoffel
Kupe: polynesischer Seefahrer, der Neuseeland entdeckt haben soll
Maoritanga: die Kultur der Maori
Maui: eine Gestalt der Maori-Mythologie
Marmite: sehr intensiv schmeckender Brotaufstrich mit Hefe-Extrakt
Moa: ausgestorbener, großer, flugunfähiger Vogel
Moko: Tätowierung, häufig im Gesicht
OE: Abkürzung für Overseas Experience, gleichzusetzen mit Auslandsaufenthalt nach Schulabschluss
Pasifika: die auf den pazifischen Inseln verbreitete Kultur
Paua: essbare Muschel, mit bunt schillernder Schaleninnenseite
Pavlova: Baisertorte, oft mit Sahne und Früchten
Pohutukawa: Baum, der im Sommer rot blüht; auch als neuseeländischer Weihnachtsbaum bezeichnet
Poi: Ball aus Flachs
Poppy/Tall Poppy: jemand der durch gute Verdienste heraussticht, nicht nur positiv gemeint
Pounamu: neuseeländischer Grünstein
Rip: starke Strömung im Meer
Silver Fern: Silberfarn, eines der Nationalsymbole
Te Reo: Maori-Sprache
Tiki: Schmuckanhänger in stilisierter Form eines Menschen
Tiki Tour: hübsche Strecke/Tour
Tramping: wandern
Treaty: häufige Kurzform für den Treaty of Waitangi, Neuseelands wichtigstes Verfassungsdokument
Tuatara: endemische Echsenart
Ute: kleiner Lieferwagen mit offener Lieferfläche
Unit: Wohneinheit in Motels u. auf Campingplätzen
Waitangi: Ort in der Bay of Islands, in dem die Verträge von Waitangi unterschrieben wurden
Whitebait: durchsichtiger Jungfisch

Kleine Sprachhilfe

Te Reo Maori

Maori ist eine melodische Sprache, die für deutsche Muttersprachler **relativ leicht auszusprechen** ist. Wörter werden in Silben unterteilt, diese Silben enden auf einen Vokal. Jeder einzelne Buchstabe wird ausgesprochen. Vereinfacht gesagt, klingen die meisten Buchstaben wie im Deutschen, Ausnahme ist **ng**, bei dem das g nur leicht mitschwingt, sowie **wh,** das wie ein schwaches f klingt. Beginnt ein **Diphthong mit i** (ia, ie, io, iu), wird dieses i als schwaches j ausgesprochen. Die **Betonung** liegt wie im Deutschen meist auf der **ersten Silbe.** Ein **Macron** (z.B. Māori) bedeutet eine Dehnung des entsprechenden Vokales. Macrons werden oft uneinheitlich benutzt oder ganz weggelassen.

Im Folgenden sind im Alltag häufig vorkommende Wörter und Ausdrücke aufgeführt. Viele davon sind auch in Ortsnamen zu finden (z.B. Rotorua: *roto* = See, *rua* = zweite, „Der zweite See"). Weitere Informationen finden sich unter **www.maorilanguage.net** sowie im Kauderwelsch-Sprachführer **„Maori – Wort für Wort"** aus dem Reise Know-How Verlag.

Begrüßung/Verabschiedung

Haere mai!	Willkommen!
Kia ora!	Hallo/guten Tag/ viel Glück!
Tena koe/korua/koutou!	Hallo! (zu einer/ zwei/drei oder mehr Personen)
E noho ra.	Auf Wiedersehen. (zu der Person, die bleibt)

Haere ra.	Auf Wiedersehen. (zu der Person, die geht)
Kei te pehea koe/korua/ koutou?	Wie geht es? (zu einer/ zwei/drei oder mehr Personen)
Kei te pai.	Es geht gut, danke.

Zahlen

tahi	eins
rua	zwei
toru	drei
wha	vier
rima	fünf
ono	sechs
whitu	sieben
waru	acht
iwa	neun
tekou	zehn

Ausdrücke von A bis Z

Aotearoa	Neuseeland („Lange weiße Wolke")
atua	Gottheit, Geist
aroha	Liebe
awa	Fluss
haka	Maori-Tanz, oft Kriegstanz
hangi	traditionelles Essen aus dem Erdofen
hapu	Stammesgruppe
hikoi	Spaziergang, Wanderung
hui	Versammlung
iti	klein
iwi	Stamm
kai	Essen
kai moana	Meeresfrüchte
karakia	rituelles Gebet
kaumatua	Ältester (eines Stammes oder einer Gruppe)
kauri	Kauri (Baum)
kia ora!	Hallo! Guten Tag!
koha	Geschenk (üblicherweise in Form von Geld)
mahi	Arbeit, Aktivität
mana	Prestige, Ansehen, übernatürliche Kraft
manuhiri	Gäste, Besucher
manu	Vogel
marae	Gemeinschaftshäuser
mauri	Lebenskraft, -prinzip
maunga	Berg
moana	Meer
motu	Insel
nui	groß, viele
pa	befestigte Siedlung
Pakeha	weiße Einwohner Neuseelands
puke	Hügel
puku	Bauch
rangati ra	Chef, Vorsitzender, ranghohe Person
roto	See
taihoa	abwarten, verschieben
tama	Sohn, junger Mann, Jugend
tamahine	Tochter
tamariki	Kinder
Tane	Mann, Ehemann
tangi	Beerdigung
taonga	wertvolle Gegenstände
tapu	heilig, verboten, tabu
te	der, die, das
tipuna/tupuna	Vorfahre
wahine	Frau
wai	Wasser
waiata	Lied, Gesang
waka	Kanu
whakairo	Schnitzkunst
whakapapa	Genealogie, Abstammung
whanau	erweiterte Familie
whare	Haus
whenua	Land, Heimat

Kiwi-Englisch

Wie jedes englischsprachige Land, hat auch Neuseeland seine **eigenen Vokabeln** und Besonderheiten im Sprachgebrauch. Achtung: Nicht alles ist grammatikalisch korrekt, oft handelt es sich um umgangssprachliche Begriffe. Im Folgenden finden sich für Neuseeland typische Vokabeln, die sich vom britischen (und amerikanischen) Englisch unterscheiden.

Viele weitere Begriffe werden auch im Kauderwelsch-Sprachführer **„Neuseeland Slang – das andere Englisch"** aus dem Reise Know-How Verlag erklärt. Begleitend ist zu diesem Buch ein AusspracheTrainer auf Audio-CD oder als mp3-Download erhältlich.

Begrüßung/Verabschiedung

Kia ora.	Hallo. Guten Tag. (Maori, wird jedoch auch im englischen Sprachgebrauch genutzt)
How are you going?/ How is it going?	Wie geht's?
See ya!	Tschüss!
Cheers!	Tschüss!
bro (Brother)	Anrede für einen Freund
cuz (Cousin)	Cousin, auch Anrede für einen Freund
Bugger off!	Hau ab!

Floskeln und Fragen

Good as gold.	Ja, gut, einverstanden. Großartig.
Good on ya!	Gut gemacht!
Get off it!	Hör auf damit!
Eh?	Wird ans Satzende gehängt, ähnlich dem deutschen „gell?"
Nah.	nein
Neat, eh?	Toll, was?
No worries.	Kein Problem.
Sweet as!	Toll, super. Prima. Ok.
ta (thank you)	Danke
Ya (you)	du
Yeah, nah.	ja/nein (eine Erklärung folgt)
You're all good.	Es ist ok, kein Problem.
Tuck in!	Hau rein!
Pop over/in/around!	Schau doch mal vorbei!

Essen und Trinken

barbie (BBQ/Barbecue)	Grillen
booze	alkoholische Getränke
brekkie (Breakfast)	Frühstück
bring a plate	bei einer Einladung wird ein Beitrag zum Buffet erwartet
BYO (bring your own)	Getränke selbst mitbringen (sowohl zu privaten Feiern als auch in Lokale, die keine Alkohollizenz besitzen)
chilly bin	Kühlbox
chips	Pommes Frites
chippies	Chips
cuppa	eine Tasse (Tee/Kaffee)
mince pie	Hackfleisch-Pastete
meat pie	Pastete mit Fleisch- und Gemüsefüllung
sausage roll	Wurst im Blätterteig
tomato sauce	Ketchup
marmite	vegetarische Würzpaste
vegemite	Brotaufstrich aus konzentriertem Hefeextrakt
sammie	Sandwich
bicuits (bickies)	Kekse
lollies	allg. für Süßigkeiten
pikelets	kleine Pfannkuchen mit Marmelade

pavlova	Süßspeise aus Baiser, Sahne und Früchten
cordial	Sirup, mit Wasser verdünnt
shandy	Limonade mit etwas Bier
ice block	Wassereis
Hokey Pokey	beliebte Eissorte, Vanilleeis mit Karamellstückchen
stone fruits	Steinobst
goosegogs	Kiwi und Stachelbeeren
veggies (vegetables)	Gemüse

Einkaufen

gumboots	Gummistiefel
jandals	FlipFlops (kurz für Japanese Sandals)
togs	Badehose/-anzug
beanie	Mütze
sunnies	Sonnenbrille
ciggies (cigarettes)	Zigaretten
dairy	kleiner Supermarkt oder Tante-Emma-Laden
garage sales	privater Flohmarkt
mates-rates	Freundschaftspreise

Unterkunft

bach	kleines Ferienhaus
motorcamp	Campingplatz
flat/flatting	WG/in einer WG wohnen
manchaster	Bettwäsche

Unterwegs

burbs (suburbs)	Vororte
domain	öffentlicher Park, häufig mit Sportanlage
loo	Toilette
bush	Wald/Naturgebiet
tramping	wandern
(car)park	Parkplatz

Amtliches Verkehrs-Kiwi

Clearway (7–9 am)	Halteverbot (7–9 Uhr)
Falling Debris	Steinschlag
Free Turn	Abbiegen bei roter Ampel erlaubt
Give Way	Vorfahrt achten
L.S.Z.	Langsam fahren!
Metal On Road	Rollsplit
No Exit	Sackgasse
P 40	Parken, max. 40 Min.
Peds Xing	Zebrastreifen
Seal Ends	Asphalt endet
Slip	glatte, rutschige Stelle
Tow Away Zone	Falschparker werden abgeschleppt
Xing (crossing)	Bahnübergang

Weitere Ausdrücke von A bis Z

Aussie	Australier
kindy (kindergarten)	Kindergarten
Kiwis	Neuseeländer
mate	Freund
OE (overseas experience)	Auslandsaufenthalt
postie (postman)	Briefträger
smoko	kurze Pause, Raucherpause

Wir bitten um Ihre Mithilfe

Dieser Reiseführer ist gespickt mit unzähligen Adressen, Preisen, Tipps und Infos. Nur vor Ort kann überprüft werden, was noch stimmt, was sich verändert hat, ob Preise gestiegen oder gefallen sind, ob ein Hotel, ein Restaurant immer noch empfehlenswert ist oder nicht, ob ein Ziel noch erreichbar ist oder nicht, ob es eine lohnende Alternative gibt usw.

Unsere Autoren sind zwar stetig unterwegs und erstellen ca. alle zwei Jahre eine komplette Aktualisierung, aber auf die Mithilfe von Reisenden können sie nicht verzichten.

Darum: Schreiben Sie uns, was sich geändert hat, was besser sein könnte, was gestrichen bzw. ergänzt werden soll. Nur so bleibt dieses Buch immer aktuell und zuverlässig. Wenn sich die Infos direkt auf das Buch beziehen, würde die Seitenangabe uns die Arbeit sehr erleichtern. Gut verwertbare Informationen belohnt der Verlag mit einem Sprachführer Ihrer Wahl aus der über 220 Bände umfassenden Reihe „Kauderwelsch".

Bitte schreiben Sie an:

Reise Know-How Verlag
Peter Rump GmbH | Postfach 140666 | 33626 Bielefeld
oder per E-Mail an: info@reise-know-how.de

Danke!

Register

A

B

C

D

E

F

I

J

K

L

M

▷ Tunnel Beach in Dunedin, Otago

P

158nz ks

Q

R

S

T

U

V

W

Die Autorin

Kaja Schäfer lebt seit 2012 in Wellington. Als Liebe auf den allerersten Blick würde sie ihre Begeisterung für Neuseeland zwar nicht bezeichnen, heute mag sie Land und Leute jedoch umso mehr. Mehrere Monate reiste sie durch das Land, bevor ihr Entschluss feststand, Deutschland den Rücken zu kehren, um auf der Nordinsel ein neues Leben zu beginnen. An ihrer neuen Heimat liebt sie vor allem die Vielfältigkeit der Natur mit ihren Bergen, Vulkanen und dem Meer. Außerdem schätzt sie den entspannten Umgang der Neuseeländer in Bezug auf Status, Geld und Äußerlichkeiten. In ihrer Freizeit trifft man die Autorin häufig beim Wandern, Klettern, Surfen oder Mountainbiken. Kaja Schäfer studierte Pädagogik und Business und hat langjährige Erfahrung als Managerin und Projektleiterin.

159nz ks

Fotonachweis

Diego Villalobos Alberú (di)
Robert Bakos (ro)
Catherine Corbett (ca)
Jimmy De Taeye (ji)
Piotr Nogal (no)
Brendan Paget (br)
Kaja Schäfer (ks)
Kaja Schäfer und Patrick Beath (kp)
Jenny Wilkinson (je)
www.fotolia.de (Nachweis jeweils am Bild)
https://de.dreamstime.com (Nachweis jeweils am Bild)

Danksagungen

Mein Dank gilt in erster Linie dem Land Neuseeland, das ich lieben gelernt habe und das mir die Möglichkeit eröffnete, diesen Reiseführer zu schreiben. *Thorsten Altheide* vom Reise-Know How Verlag bin ich vor allem für seine Geduld und die Ausdauer beim Beantworten meiner zahlreichen Fragen und E-Mails dankbar. Er war es, der mich zum Schreiben des Buches gebracht hat. Selbiger Dank richtet sich an *Patrick Beath,* der mich beim Entscheidungsprozess und beim Durchhalten unterstützt und gefördert hat. Außerdem gilt mein Dank all den Menschen, die mich mit Informationen und Fotos, aber auch mental unterstützt haben. Besonderer Dank geht dabei an: *Alexandra Albert* (Autorin Reise Know-How), *Robert Bakos* (Fotos), Dr. *Rebecca Burke* (Geschichte), Dr. *Hans Grueber* (Politik), *Nick Hall* (Hardware), *Edward Hill* (Insidertipps Christchurch), *Jimmy De Taenye* (Fotos), *Marama Mayrick* (Insidertipps Golden Bay), *Brendan Paget* (Fotos), *Jennifer Wilkinson* und die Klettercrew (emotionale Unterstützung). Ein weiterer Dank geht an diverse Mitarbeiter des DOC und der i-SITEs, NZ Tourism und den Staat, der so viele informative Homepages zur Verfügung stellte.